ERZBISCHOF ALBRECHT VON BRANDENBURG

BEITRÄGE ZUR MAINZER KIRCHENGESCHICHTE

Herausgegeben von
FRIEDHELM JÜRGENSMEIER

3. Band

ERZBISCHOF
ALBRECHT VON BRANDENBURG
(1490–1545)

herausgegeben von
Friedhelm Jürgensmeier

ERZBISCHOF ALBRECHT VON BRANDENBURG (1490–1545)

Ein Kirchen- und Reichsfürst
der Frühen Neuzeit

Herausgegeben von
Friedhelm Jürgensmeier

VERLAG JOSEF KNECHT · FRANKFURT AM MAIN

Die Deutsche Bibliothek – CIP-Einheitsaufnahme

Erzbischof Albrecht von Brandenburg (1490–1545) : ein
Kirchen- und Reichsfürst der Frühen Neuzeit / hrsg. von
Friedhelm Jürgensmeier. – Frankfurt am Main : Knecht, 1991
(Beiträge zur Mainzer Kirchengeschichte ; Bd. 3)
ISBN 3-7820-0638-0
NE: Jürgensmeier, Friedhelm [Hrsg.]; GT

1. Auflage 1991. Alle Rechte vorgehalten. Printed in Germany.
© 1991 by Verlag Josef Knecht · Carolusdruckerei GmbH., Frankfurt am Main
Satz: Fotosatz Otto Gutfreund, Darmstadt
Druck und Bindung: Wiesbadener Graphische Betriebe GmbH, Wiesbaden
ISBN 3-7820-0638-0

INHALT

Friedhelm Jürgensmeier   Vorwort 9

Herkunft – Leben – Quellen

Gerd Heinrich   Kardinal Albrecht von Brandenburg und das Haus Hohenzollern. 17

Ingrid Heike Ringel   Nunquam in aliquo studio generali seu privilegiato ... studuisti. Eine Studiendispens für Albrecht von Brandenburg 37

Leopold Auer   Die Quellen zum Episkopat Albrechts von Brandenburg im Wiener Haus-, Hof- und Staatsarchiv 49

Ulla Jablonowski   Anhaltische Quellen zu einer Biographie des Kardinals Albrecht, Erzbischof von Magdeburg und Mainz (1490–1545) 57

Reformatorische Bewegungen

Bernhard Lohse   Albrecht von Brandenburg und Luther 73

Rolf Decot   Zwischen altkirchlicher Bindung und reformatorischer Bewegung. Die kirchliche Situation im Erzstift Mainz unter Albrecht von Brandenburg . 84

Peter Walter   Albrecht von Brandenburg und Erasmus von Rotterdam 102

Heribert Smolinsky   Albrecht von Brandenburg und die Reformtheologen 117

Herbert Immenkötter   Albrecht von Brandenburg auf dem Augsburger Reichstag 1530 132

Otto Scheib	Erzbischof Albrecht von Brandenburg und die Religionsgespräche	140
Ulman Weiß	Erwartung und Enttäuschung. Erzbischof Albrecht im Urteil des Erfurter Rates	156
Günter Vogler	Bauernkrieg und Täuferbewegung im Erzbistum Magdeburg und Bistum Halberstadt	179
Ilonka Egert	Städtische reformatorische Bewegungen in Mitteldeutschland	196

Recht und Verwaltung

Heinz Duchhardt	›Reform‹ und ›Modernisierung‹ im Reich des frühen 16. Jahrhunderts	215
Günter Christ	Albrecht von Brandenburg und das Mainzer Erzstift	223

Wissenschaft und Kunst

Jürgen Steiner	Albrecht von Brandenburg und die Reform der Mainzer Universität	259
Horst Reber	Albrechts Begegnungen mit der Kunst	277
Hans-Joachim Krause	Albrecht von Brandenburg und Halle	296
Andreas Tacke	Das Hallenser Stift Albrechts von Brandenburg. Überlegungen zu gegen-reformatorischen Kunstwerken vor dem Tridentinum	357
Sigrid von der Gönna	Albrecht von Brandenburg als Büchersammler und Mäzen der gelehrten Welt	381
Bruno Thiebes	Miszelle	478

Rundgespräche

1. Albrecht von Brandenburg und die religiöse Frage im Reich 483
2. Albrecht von Brandenburg-Hohenzollern und die Entwicklungen in Mitteldeutschland 497
3. Albrecht von Brandenburg und seine Bedeutung für Stift, Kirche und Reich 505

Abkürzungsverzeichnis 515
Register 519
Die Autoren 537
Bildnachweis. 540

VORWORT

Die Bearbeitung der Frühen Neuzeit, insbesondere der Reformation, der katholischen Reformbemühungen und des Prozesses der Konfessionalisierung, zeigt in Literatur und Diskussion seit einigen Jahrzehnten eine breite Öffnung der Fragestellung und eine erfreuliche Bereitschaft zur historischen Wahrheitsfindung.

Das macht es sinnvoll, mit Erzbischof Kardinal Albrecht von Brandenburg (1490–1545) eine Persönlichkeit in den Mittelpunkt eines interkonfessionellen und internationalen Symposiums zu stellen, die seit ihrer Zeit umstritten war, häufig zu heftigen polemischen Auseinandersetzungen geführt hat und nach wie vor schwierig einzuordnen ist. Gewichtige Gründe führten dazu, anläßlich der 500. Wiederkehr seines Geburtstages den zu höchsten geistlichen und weltlichen Würden aufgestiegenen Hohenzollern und sein Wirken in einer der bewegtesten Epochen der Kirchen- und Reichsgeschichte wissenschaftlich zu befragen und kritisch zu erörtern:

1. Nach wie vor fehlt eine quellenmäßig abgesicherte, heutigen historischen Ansprüchen genügende und in die großen theologie- und kirchengeschichtlichen sowie sozio-kulturellen Zusammenhänge gebrachte Biographie von Erzbischof Albrecht von Brandenburg. Die Arbeiten von J. H. Hennes (1858) und Jakob May (1865–1875), die Veröffentlichungen von Paul Redlich (1900) und Manfred von Roesgen (1980), dazu eine Vielzahl jüngerer Spezialuntersuchungen über Albrecht und sein Pontifikat sowie ihn einbeziehende Beiträge zur Frühen Neuzeit bieten umfangreiches Material und geben Antwort auf Einzelfragen. Sie schließen jedoch nicht die sein Pontifikat betrefffende Lücke in der Reichs- und Kirchenforschung des 16. Jahrhunderts.

2. Erzbischof Albrecht von Brandenburg ist eine Schlüsselfigur der Reformationszeit. Einmal, weil das von ihm mitgetragene Ablaßgeschäft und Martin Luthers Widerspruch gegen diese wenig christliche Praxis die Reformation auslösten. Viel wesentlicher jedoch, weil Albrecht von Brandenburg in diesen Jahrzehnten größter Dynamik und tiefgreifender Veränderungen einflußreichste Positionen in Reich und Kirche innehatte. Das nahm ihn in die Verantwortung. Sein Reden oder Nichtreden, sein Handeln oder Nichthandeln blieben nie ohne Auswirkung. Er war umworben, blieb aber im Ringen zwischen neuer Bewegung und Beharren auf Bestehendem oft merkwürdig zwiegespalten. Das brachte ihn in den Widerstreit der Meinungen und ließ rasche Urteile und Klischees über ihn entstehen. Sie kamen etwa auf, weil bei den einen, bei Martin Luther und seinen Anhängern, die Enttäuschung wuchs, daß der umworbene Brandenburg sich ihnen nicht anschloß, und weil die anderen, die harten Verfechter der alten Kirche, ihm verargten, daß er sich als der ranghöchste Reichs- und Kirchenfürst lange unent-

schlossen zeigte, konsequent gegen die Neuerer vorzugehen. Wer aber hat dabei je einmal gefragt, ob der Mainzer, als Erzkanzler reichspolitisch zu einer gewissen Neutralität verpflichtet, im Streit der Reichstände um die wahre »Religion« viel anders handeln konnte? Hat er z. B. nicht möglicherweise gerade durch sein als wankelmütig getadeltes Verhalten in der »causa reformationis« die Leitung der Reichskanzlei bzw. das Reichsdirektorium für Mainz gerettet und damit der Germania sacra eines ihrer einflußreichsten reichspolitischen Instrumente erhalten?

3. Die Persönlichkeitsstruktur des erzbischöflichen Hohenzollern, alles andere als konturlos, ist nur schwer zu fassen. Überaus facettenreich nämlich ist das im Porträt von den bedeutendsten Künstlern der Zeit vielmals festgehaltene Bild dieses humanistisch gebildeten, vom Römischen Recht beeindruckten und von der zeitgenössischen Kunst schier unbegrenzt faszinierten Renaissancemenschen, nachgeborener Sohn eines aufstrebenden und ehrgeizigen Fürstenhauses, der, darin ganz Adelskind seiner Zeit, als Bischof seinen Weg nahm, drei Bistümer besetzen konnte und als geistlicher Kurfürst und Erzkanzler trotz struktur- und familienbedingter Einengung in erasmisch-irenischer Zurückhaltung seinen Einfluß geltend machte. Er war modernen Entwicklungen und Strömungen zugeneigt, brachte manches davon in Reich und Territorium erstmals zum Tragen und blieb dennoch in vielem den überkommenen Werten und Formen verhaftet.

Diese Vielfalt aufzudecken und auszuleuchten, damit auch herauszuarbeiten, wo die Schwächen und wo die Stärken von Erzbischof Albrecht liegen, war ein weiterer Grund, sich mit Fachvertretern aus Theologie, Geschichte und Kunstgeschichte zu einem wissenschaftlichen Gespräch zu treffen.

Das Ergebnis dieses Symposiums von 25. bis 27. Juni 1990 in Mainz liegt nun festgehalten in einem Sammelband vor. Er gliedert sich in die Abschnitte »Herkunft–Leben–Quellen«, »Reformatorische Bewegungen«, »Recht und Verwaltung« und »Wissenschaft und Kunst« und gibt zusammenfassend den Diskussionsverlauf der überaus anregenden Rundgespräche wieder.

Allen, die am Zustandekommen und Gelingen des Symposiums und des Sammelbandes beteiligt waren, sei gedankt: den Referenten, Moderatoren und Diskussionsteilnehmern, den Autoren, dem Landesmuseum Mainz unter seinem Direktor Dr. Berthold Roland, das mit Beginn des Symposiums die mit großer Kompetenz von Dr. Horst Reber konzipierte und organisierte Ausstellung »Albrecht von Brandenburg. Kurfürst–Erzkanzler–Kardinal 1490–1545« eröffnet hat, der Deutschen Forschungsgemeinschaft und dem Land Rheinland-Pfalz, die das Symposium förderten, dem Bistum Mainz, das nicht nur die Durchführung des Symposiums ermöglichte, sondern auch den Druck des Sammelbandes großzügig unterstützte, und insbesondere Seiner Exzellenz Prof. Dr. Karl Lehmann, Bischof von Mainz, unter dessen Schirmherrschaft das Symposium stand. Mein herzlicher Dank gilt schließlich meinen Mitarbeiterinnen im »Institut für Mainzer Kirchengeschichte« Alwine Bornheimer, Gabriela Hart und Regina Elisabeth Schwerdtfeger, die das Register erstellte.

Das Symposium 1990 stand unter einem guten Stern. Als es vorbereitet wurde und fünf Kollegen und Fachvertreter aus der DDR um Mitarbeit gebeten wurden, schien die Einheit Deutschlands noch in unerreichbarer Ferne. Auf dem Symposium war die Freude aller über den Fall der Mauer und den offenen Weg zur Einheit groß. Heute ist Berlin, der Geburtsort von Kardinal Albrecht, Hauptstadt der Bundesrepublik und das gewaltsam gespaltene Deutschland Vergangenheit. Möge das innere Zusammenwachsen rasch voranschreiten und ebenso das weitere Aufeinanderzugehen der Konfessionen.

Mainz, am Fest Sankt Bonifatius 1991   *Friedhelm Jürgensmeier*

Albrecht Dürer, Bildnis Albrechts von Brandenburg (Der »Kleine Kardinal«, 1519)

HERKUNFT – LEBEN – QUELLEN

KARDINAL ALBRECHT VON BRANDENBURG UND DAS HAUS HOHENZOLLERN*

Gerd Heinrich

I. Prinzenschaft eines Nachgeborenen: Herkunft und Jugend · II. Vorfahren und Verwandtschaftskreise in Mittel- und Nordostdeutschland · III. »Wohlan die Welt ist Welt, Gott helf uns allen«: Albrechts Wirken im Kreis der Hohenzollern-Regenten · IV. Bilanz: Machtverschiebungen im Osten des Reiches

I. PRINZENSCHAFT EINES NACHGEBORENEN: HERKUNFT UND JUGEND

Albrecht, der spätere Erzbischof von Magdeburg und Mainz, wurde am 28. Juni 1490 im Cöllner Schloß an der Spree geboren[1]. Seine Mutter, Margarete von Sachsen, war damals etwas über dreißig Jahre alt. Es war ihr letztes Kind. Sie starb bereits 1501, so daß der gegenüber seinem Bruder sechs Jahre Jüngere für einige nicht unwesentliche Jahre die Geborgenheit des Elternhauses entbehren mußte. Der Vater Johann starb 1499 nach längerem Siechtum mit vierundvierzig Jahren an Fettleibigkeit und Wassersucht. An Stärke mangelte es ihm, dem Sohne des Albrecht Achilles, nicht. Er war groß gewachsen und mit solchen Körperkräften begabt, daß er nach Auskunft seines Vaters mühelos einen Gegner »mit einem Arm zu einer Tür hinaus« zu tragen vermochte[2]. Aber ein rechter Kriegsmann wurde er dennoch nicht. Geduldiges Verhandeln und Verträgeschließen, das war seine Sache ganz und gar. In der Tat beginnt mit ihm eine lange, fast hundertjährige und kaum unterbrochene Friedenszeit für Kurfürstentum und Markgraf-

---

* Um Anmerkungen erweiterter Vortrag in Mainz, 26. Juni 1990.

 1 Aus der umfangreichen Literatur über den Kardinalerzbischof Albrecht ist hervorzuheben: Jakob MAY, Der Kurfürst, Cardinal und Erzbischof Albrecht II. von Mainz und Magdeburg, Administrator des Bisthums Halberstadt, Markgraf von Brandenburg und seine Zeit. Ein Beitrag zur deutschen Cultur- und Reformationsgeschichte 1514–1545, 2 Bde. München 1865–1875; Walther HUBATSCH, Ein Renaissancefürst im Umbruch der Zeiten: Kardinal und Kurfürst Albrecht von Brandenburg, Erzbischof von Mainz und Magdeburg (1490–1545). In: Ders., Hohenzollern in der deutschen Geschichte. Frankfurt am Main, Bonn 1961, S. 40–59. 116; Anton Philipp BRÜCK, Kardinal Albrecht von Brandenburg, Kurfürst und Erzbischof von Mainz. In: Der Reichstag zu Worms von 1521. Reichspolitik und Luthersache, hrsg. von Fritz Reuter. Worms 1971, S. 257–270; Franz SCHRADER, Kardinal Albrecht von Brandenburg, Erzbischof von Magdeburg, im Spannungsfeld zwischen alter und neuer Kirche. In: Von Konstanz nach Trient. Beiträge zur Geschichte der Kirche von den Reformkonzilien bis zum Tridentinum (= Festgabe für August Franzen), hrsg. von Remigius Bäumer. Wien 1972, S. 419–445; Manfred VON ROESGEN, Kardinal Albrecht von Brandenburg. Ein Renaissancefürst auf dem Mainzer Bischofsthron. Moers 1980; Horst REBER (Bearb.), Albrecht von Brandenburg. Kurfürst, Erzkanzler, Kardinal 1490–1545. Ausstellungskatalog Landesmuseum Mainz, hrsg. von Berthold Roland. Mainz 1990.

 2 Johannes SCHULTZE, Die Mark Brandenburg, II. Berlin 1963, S. 162 Anm. 3.

schaft Brandenburg. Daß Albrechts Vater sich mit den Finanzen schwer tat, wird man im Hinblick auf die Verwaltungswirklichkeit der Landesherrschaften an der Wende zur frühen Neuzeit nicht übermäßig negativ zu bewerten haben; freilich ist der Vorwurf der Verschwendung von seinem Vater mehrfach und deshalb wohl nicht nur aus pädagogischen Gründen erhoben worden[3]. Hier lag unzweifelhaft eine, wenn nicht die Achilles-Ferse des Achilles-Sohnes, dem das hartnäckig-haushälterische Talent seines Vaters offenkundig nicht vererbt und auch nicht anerzogen worden ist. Es verlohnt sich im Hinblick auf das genetische Potential Albrechts noch für einen Augenblick bei den politischen und sonstigen Charakterzügen seines Vaters Johann zu verweilen. Je älter er wurde, desto mehr neigte er zur Bequemlichkeit, belastet durch Körperfülle und schwindende Energie. Von der Liebhaberei der Jugend, der Hetzjagd, blieb in den späteren Jahren nur der beschauliche Vogelfang vor seinem Jagdhaus bei Berlin. Zum Sterben zog er sich in das Schloß Arneburg an der Elbe zurück, gewiß sorgenumwölkt, denn er hinterließ zwei nicht volljährige Söhne, eben Joachim und Albrecht, die sich unmittelbar nach dem Tode den Forderungen einer Vormundschaft des nicht sonderlich tatkräftigen und angesehenen Halbbruders ihres Vaters, Friedrich von Brandenburg-Ansbach (1460–1536), ausgesetzt sahen. Die erbrechtliche »Dispositio« ihres Großvaters Albrecht bestimmte es so[4].

Aber der Onkel hatte den oder auch die Neffen unterschätzt, obwohl Joachim bei seiner Stiefgroßmutter Anna in Neustadt an der Aisch erzogen worden war; zumindest für Joachim ist das sicher belegt[5]. Die offenbar gute juristische Ausbildung, vielleicht auch noch an einer Universität, kehrte sich nun alsbald gegen den im November 1498 mit dem jungen Fürsten nach Berlin gereisten Oheim. Man schied im Februar 1499 in Unfrieden.

Der sechzehnjährige Joachim I. nahm mit seinen ersten Urkunden und Regierungshandlungen demonstrativ den Kurfürstentitel an (7. März 1499). Dies wurde ihm vom Mainzer Erzbischof, vom Papst und auf dem Reichstage zu Köln gestattet. Und noch ein weiteres, was den Regierungswillen beider Prinzen bezeugt: Joachim beteiligte sogleich seinen Bruder, entgegen den Bestimmungen der Goldenen Bulle über die Nachfolge des Erstgeborenen *(primogenitus legitimus laicus)* an Huldigung und Regierungsgeschäften seit März 1499[6]. Kein Wunder, daß der Markgraf, dem für zwei Jahre lediglich die Ausübung des Kurrechts verblieb, mißmutig nach Berlin blickte. Die Berliner Räte mit ihrem klaren Anspruch hatten sich durchgesetzt. Die Mark und die Politik des Nordostens waren nicht

---

3 Zahlreiche Belege zum unsachgemäßen oder verschwenderischen Umgang mit Staatseinkünften: Felix PRIEBATSCH (Hrsg.), Politische Correspondenz des Kurfürsten Albrecht Achilles, II (= Publicationen aus den k. preußischen Staatsarchiven 67). Leipzig 1897, ND Osnabrück 1965, Nr. 798 und S. 243; SCHULTZE, Brandenburg (wie Anm. 2), S. 154–157.

4 Das Erbrechtsproblem: Hermann VON CAEMMERER, Die Testamente der Kurfürsten von Brandenburg und der beiden ersten Könige von Preußen. München, Leipzig 1910, S. 43* ff. 27 ff.

5 Die bisher nicht übertroffene Darstellung bei Georg SCHUSTER und Friedrich WAGNER, Die Jugend und Erziehung der Kurfürsten von Brandenburg. Berlin 1906, S. 245–322; zur allgemeinen Problematik vgl. Laetitia BOEHM, Konservativismus und Modernität in der Regentenerziehung an deutschen Höfen im 15. und 16. Jahrhundert. In: Wolfgang Reinhardt (Hrsg.), Humanismus im Bildungswesen des 15. und 16. Jahrhunderts (= Deutsche Forschungsgemeinschaft, Mitteilungen der Kommission für Humanismus-Forschung 12). Weinheim 1984, S. 61–93.

6 SCHULTZE, Brandenburg (wie Anm. 2), S. 174.

von Ansbach aus dirigierbar. Dem frohgemut regierenden Neffen schrieb er wenig später (9. April 1499): *Aber lieber Joachim, du bist deins vater sun, der glaubet leichtlich und fraget den anderen nicht. Das wilt du auch tun. Du mochst mich nit leiden, das tet dein vater auch, der mußt mit schaden weis werden..., ich wils alles deiner jugent zumessen*[7].

Auf Familienharmonie lassen diese Zeilen nicht schließen, eher auf alte beschwerliche Erinnerungen an die Zeit, da der mächtige Großvater Albrecht von Franken aus Woche für Woche mit Briefen in die Mark hineinregiert und seinem Sohn wenig Selbständigkeit gewährt hatte. Die jüngere Linie nahm gleichsam Rechte und Vorrechte des Stammhauses in Anspruch. Das dürften die Berliner Hohenzollern als ebenso anmaßend wie störend, jedenfalls als unpassend empfunden haben. Und hinter Joachim und Albrecht stand 1499, bei der Huldigung, das »Land« in Gestalt von Vasallen und Städten, Bistümern und Klöstern, Stiften und Orden, denen das »fränkische« als etwas Ausländisches galt.

Werfen wir einen Blick auf jene Lehrjahre, da Albrecht im Gefolge seines Bruders Joachim als Markgraf die brandenburgischen Lande und die moderne Regierungsweise kennenlernte. Gewiß kann man nicht alle Urkunden, in denen er seit 1500 und bis zum Juni 1513 als Mitaussteller erscheint, für sein Itinerar heranziehen[8]. Aber Joachim I. wird ihn doch bei allen größeren Aktionen und Beratungen in die Pflicht genommen haben, schon deshalb, damit Brandenburg über einen weiteren eingearbeiteten Fürsten verfügte, falls ihm etwas zustieße oder er eines männlichen Erben entbehren müßte.

Die Gründung der Universität Frankfurt[9], endgültig am 4. Oktober 1505 von Joachim, ausnahmsweise allein, publiziert, bedeutet auch für Albrechts Leben einen Einschnitt. Er begann dort das Studium. Der Akt der Begründung der Oder-Universität erregte weithin positives Aufsehen. Im ersten Semester 1506 ließen sich unter dem Rektor, dem Theologen und Dominikaner Konrad Wimpina, 928 Personen immatrikulieren, darunter Ulrich von Hutten. Julius II. priviligierte neben dem Römischen König die Hohe Schule und spendete ihr seinen Segen. Die Bedeutung der Frankfurter Beziehungen für die weitere Entwicklung Albrechts ist schwerlich zu überschätzen. Der nun Sechzehnjährige wurde von seinem väterlich handelnden Bruder einem Kreis älterer und junger Humanisten[10] überantwortet.

---

7 Zuverlässiger Abdruck bei SCHUSTER/WAGNER, Erziehung (wie Anm. 5), S. 295.

8 Albrechts Itinerar: Eine moderne Aufarbeitung fehlt; vgl. für die brandenburgischen Jahre: Adolph Friedrich RIEDEL, Codex diplomaticus Brandenburgensis (künftig zitiert: CDB), Chronologisches Register, II. Berlin 1869, S. 417 ff.

9 Zur Gründung der Universität zuletzt: Gerd HEINRICH, Frankfurt und Wittenberg, zwei Universitätsgründungen im Vorfeld der Reformation. In: Peter Baumgart und Notker Hammerstein (Hrsg.), Beiträge zu Problemen deutscher Universitätsgründungen der frühen Neuzeit. Nendeln/Liechtenstein 1978, S. 111–129; DERS., Frankfurt a. d. Oder, Universität. In: TRE XI, 1983, S. 335–342. In das sich rasch entwickelnde kulturelle Umfeld der Messe- und Universitätsstadt führen ein: Heinrich GRIMM, Dietrich von Bülow, Bischof von Lebus. In: Wichmann-Jahrbuch 12 (1958) S. 5–98; DERS., Die Holzschnitt-Illustrationen in den Drucken aus der Universitätsstadt Frankfurt a. d. Oder bis zum Jahre 1528. Mainz 1958, S. 5 ff.; DERS., Altfrankfurter Buchschätze aus der Zeit vor dem Dreißigjährigen Kriege. Frankfurt a. d. Oder 1940; DERS., Der Verlag und die Druckoffizin der Buchbinder [Hansen vnd Friderichen Hartmann. Vater und Sohn Buchhendlern zu Franckfurt an der Oder]. In: Gutenberg-Jahrbuch 35 (1960) S. 237–254.

10 Vgl. Gerd HEINRICH, Neue Kirchenordnung und »stille« Reformation. Die Landesfürsten und die »Luthersache« in der Mark Brandenburg. In: Jahrbuch für Berlin-Brandenburgische Kirchenge-

Man weiß nicht, wie lange dies dauerte. Das Fürsten- und Kirchenrecht des Reiches, so versichern Albrechts biographische Freunde, erlernte er wirklich. Ging sein Wissen in die Tiefe? Oder blieb es nur Kenntnis des Nötigen, geschmackvolle Fürstengelehrsamkeit? Es waren weltläufige Leute, deren Vorlesungen er hörte und die doch wohl seine Vorstellungen von einem modernen und juristisch begründeten Renaissancefürstentum römischer Prägung bestimmt haben. Wie lange studierte er? Zwei Jahre – aber zugleich war er am Regiment beteiligt. Wie es in der Welt zuging, das lernte er hier. In der Frankfurter Zeit ergab sich die enge Verbindung zu seinem ersten Erzieher Caspar von der Schulenburg, zu Georg Sabinus, es begann auch die Freundschaft mit seinem späteren Kanzler Eitelwolf vom Stein und mit Georg von Liebenstein[11]. Er erfuhr so etwas wie eine erste Einführung in die Schule geistlich-fürstlicher Herrschaftskunst und in die Raffinessen der kurialen und sonstigen Diplomatie. Kein Zweifel, daß die Frankfurter Einflüsse fortgewirkt haben.

Zu den frühesten dynastischen Hofereignissen, denen Albrecht sicherlich beizuwohnen hatte, gehörte die Hochzeit Joachims I. mit Elisabeth, der Tochter des Königs Johann von Dänemark. Der noch nicht Sechzehnjährige hatte es eilig, den brandenburgischen Zweig seines Hauses zu begründen. Die Mutter der Braut, Christine von Sachsen, war eine Nichte der Stiefgroßmutter Joachims, der bereits erwähnten Kurfürstenwitwe Anna. Vielleicht hatte diese sogar das Bündnis gestiftet. Die Vermählung wurde 1502 in Stendal mit auffälligem Aufwand gefeiert[12]. Es war eine Doppelhochzeit. Joachims und Albrechts Schwester Anna verband sich am gleichen Tage mit dem Bruder des Dänenkönigs Friedrich, Herzog von Schleswig und Holstein. Die Trauung vollzog ein nahe verwandter Herzog von Sachsen als Erzbischof von Magdeburg: Ernst, der Onkel der Kurfürstenbraut[13]. Die Stendaler Tage besaßen den Charakter eines Familientages, und man wird, wie üblich, auch über die Zukunft Albrechts – weltlich oder geistlich – gesprochen haben. Noch war nicht genau erkennbar, was der Kurfürst mit seinem frühreifen Bruder vorhatte. Aber an eine Landesteilung zugunsten des Jüngeren dürfte er nicht gedacht haben. Während sich Joachim I. gegen mancherlei Schwierigkei-

schichte 57 (1989) S. 66–68; SCHULTZE, Brandenburg (wie Anm. 2), S. 176–179. 242. Spezielle Untersuchungen aus jüngster Zeit: Heiko WULFERT, Ulrich von Hutten und Albrecht von Mainz. In: Ulrich von Hutten. Ritter, Humanist, Publizist (1488–1523). Katalog zur Ausstellung des Landes Hessen in Zusammenarbeit mit dem Germanischen Nationalmuseum anläßlich des 500. Geburtstages, bearb. von Peter Laub. (Nürnberg 1988), S. 175–195; Ralf Rüdiger TARGIEL, Ulrich von Hutten und Frankfurt (Oder). In: Ebd., S. 167–174. Ausgewogene Zusammenfassung mit umfänglichen Literaturnachweisen: Peter WALTER, Albrecht von Brandenburg und der Humanismus. In: Albrecht von Brandenburg. Ausstellungskatalog (wie Anm. 1), S. 65–82; zuletzt, mit etwas zugespitzter ortsabhängiger Betrachtungsweise: Heinz ENTNER, Ulrich von Hutten. Sein Aufenthalt an der Viadrina im Zusammenhang mit seiner Jugendgeschichte. In: Die Oder-Universität Frankfurt. Beiträge zu ihrer Geschichte. Weimar 1983, S. 232–238. Abwägende Darstellung: Heinrich GRIMM, Ulrich von Hutten. Wille und Schicksal (= Persönlichkeit und Geschichte 60/61). Göttingen u. a. 1971; DERS., in: NDB X, 1974, S. 99–102; Margarete KÜHN, Die Universität Frankfurt a. d. Oder und der Humanismus in der Mark Brandenburg. In: Wilmuth Arenhövel (Hrsg.), Berlin und die Antike. Katalog. Berlin 1979, S. 17–23 (Lit.).

11 Vgl. GRIMM, Dietrich von Bülow (wie Anm. 9), S. 40 ff.; über Caspar von der Schulenburg vgl. Hans VOLZ, Erzbischof Albrecht von Mainz und Martin Luthers 95 Thesen. In: Jahrbuch der Hessischen kirchengeschichtlichen Vereinigung 13 (1962) S. 187–228, hier S. 195 Anm. 29.

12 Zur Doppelhochzeit von 1502 vgl. SCHULTZE, Brandenburg (wie Anm. 2), S. 175.

13 SCHUSTER/WAGNER, Erziehung (wie Anm. 5), S. 316 ff.

ten und Widerstände im Lande durchsetzte, konnte der Jüngere wohl ziemlich unbeschwert seinen auf Kunstgut und Gelehrsamkeit gerichteten Neigungen nachgehen. Um 1506 (Empfang der ersten kirchlichen Weihen) fiel die vorläufige Entscheidung. Nachdem 1508/09 der etwas waghalsige Versuch Joachims gescheitert war, dem fast noch Minderjährigen das Bistum Utrecht zu erwerben, verschaffte er ihm 1510 die Kanonikate in Magdeburg und Mainz[14]. Die Weichen für den Weg Albrechts waren damit unzweideutig gestellt.

Freilich: Schmerzfrei verlief der Prozeß der auch finanziellen Ablösung Albrechts von seinen brandenburgischen Ansprüchen nicht. Der bei ihm so unübersehbare Grundzug der Verschwendung, mindestens eines großfürstlichen Umganges mit Geld und Goldeswert, sein sich nun von Jahr zu Jahr verstärkender Thesaurierungszwang (den man auch sonst in den Dynastien als wiederkehrendes Merkmal beobachten kann) forderten von Joachim ein ums andere Mal harte Opfer. Am 1. September 1509 sah er sich zu dem nicht ganz alltäglichen Schritt genötigt, den leichtsinnigen Bruder mit einer Vergleichsverhandlung seiner Landesregierung nebst Urkunde zu binden[15]. Darin heißt es, die Räte hätten zur *Erhaltung bruderlichen Willens* zwischen beiden verhandeln müssen und man habe den folgenden Vergleich geschlossen: Der Kurfürst wolle und solle seinem Bruder die künftige Residenz in Mainz ein Jahr lang mit 16 000 Rheinischen Goldgulden finanzieren; auch solle er Zehrung und gebührliche Kleidung für den Kanonikus und seine Bediensteten entrichten. Dietrich von Diskau, Rat und Doktor, solle auf das folgende Jahr hin bei Albrecht bleiben und diesen beraten in allen Dingen. Albrecht seinerseits mußte seinem Bruder vor den Räten ziemlich feierlich versprechen, diesen nicht weiter mit Geldforderungen zu beschweren und weder bei Dienern noch bei »Fremden« Schulden aufzunehmen. Joachim wolle nunmehr die Schulden Albrechts bezahlen und diesen von seinen Gläubigern, die ihm offenbar schon erheblich zugesetzt hatten, befreien.

Im Grunde wurde Albrecht hier erstmals wegen seines leichtsinnigen Umganges mit Geld unter Kuratel gestellt. Denn Diskau erhielt Vollmacht über Albrechts Apanage, und dieser durfte nicht ohne dessen *Rhat, Wissen und Willen thun oder handeln*. Auch erhielt Diskau offensichtlich auf Betreiben Joachims Vollmacht in allen Personalfragen des kleinen Hofstaates. Das Dokument ist nur so zu verstehen, daß der Prinz längere Zeit wider alles Versprechen in leichtsinniger Gutgläubigkeit mit Menschen und Sachen, mit Geld und Gut umgegangen war. Die Verhandlung, geleitet von dem klugen Bischof Dietrich von Lebus, fand bezeichnenderweise auf dem Schlosse zu Tangermünde statt. Wir wissen nicht, ob der Vertrag viel gefruchtet hat. Joachim mußte nolens volens alles weitere finanzieren.

Eines der letzten Zeugnisse in den brandenburgischen Annalen betrifft nach der Priesterweihe die erste Messe des Prinzen am Osterfeste 1513. Sie wurde festlich begangen. Er lud zu dem Festakt auch den Rat von Spandau ein[16]. Sicher war der gesamte Hof anwesend. Wenig später, nach der raschen Wahl durch die Domkapitel von Magdeburg (31. August 1513) und Halberstadt (9. September 1513), feierte man bereits den Administrator und künftigen Erzbischof an der Grabstätte

---

14 Kanonikate in Magdeburg und Mainz: CDB C. 3, S. 194. 204.
15 1509: CDB C. 3, S. 204–205. 231–232 (19. 12. 1513).
16 Ostern 1513 in Spandau: CDB A. 11, S. 130. Albrecht wird in Urkunden noch bis Juni 1513 als Mitaussteller neben dem Kurfürsten geführt: CDB A. 25, S. 120.

Kaiser Ottos des Großen (14. Mai 1514). Wiederum stand an der Spitze der Fürstlichkeiten und Geistlichkeiten der brandenburgische Kurfürst, der gewiß nicht ohne Nachdenklichkeit während der Feier an die 20000 Gulden gedacht haben mag, die ihn das Pallium für den Bruder gekostet hatte[17]. Um ihn herum bewegten sich zu Ehren des nun 23jährigen Erzbischofs die Bischöfe von Havelberg, Brandenburg, Lebus, Naumburg und Merseburg. Als ein gutes Jahr später der neue, am 9. März 1514 erwählte Erzbischof und Kurfürst von Mainz mit einem Gefolge von dreißig Mainschiffen, geschmückt mit den Bannern von Kurmainz und Brandenburg, landete und zum Dome zog, da begleitete ihn der Franke Eitelwolf vom Stein, den Joachim seinem Bruder wie ein Abschiedsgeschenk als Kanzler und väterlichen Berater mitgegeben hatte[18]. Kein Zweifel, dem Hause Brandenburg machte der Prinz mit der edlen großen Gestalt und den frommen, sehr geistlichen Gesten Ehre. Mit diesen Ereignissen in Magdeburg und Mainz enden die unmittelbaren Beziehungen der Brüder. Fortan standen sie sich als Partner, als Verbündete, als Kurfürsten-Kollegen, jedoch nie als Gegner auf hoher Ebene gegenüber.

Aus der Sicht Joachims I. war ihm trotz aller Kosten mit der Magdeburger Wahl ein beträchtlicher Erfolg gelungen. Zum ersten Male seit dem Spätmittelalter, als ein askanischer Markgraf ein einziges Mal den Magdeburger Bischofsstab ergriffen hatte, war es gegen die ebenfalls auf Magdeburg gerichteten Interessen der albertinischen und ernestinischen Wettiner gelungen, die Mark mit dem begehrten Erzstift in engere Verbindung zu bringen. Und Joachim versäumte es nicht, schon am 14. Oktober 1513 dem Erzstift und seinen Ständen zu versichern, daß er jederzeit zu Schutz und Schirm und zu Rat und Hilfe bereit wäre. Wir wissen nicht, ob Albrecht dies bereits als den Anfang eines langen politischen Bündnisses begriffen hat. Ein solches Denken wäre nicht unzeitgemäß. Einige Indizien sprechen dafür, daß man in den Monaten der Jahre 1513 und 1514 im Hause Hohenzollern im allgemeinen und in der Residenz an der Spree im besonderen mit Triumph-Empfindungen, aber auch nicht ohne Besorgnis auf die politische Landschaft blickte. Nach der Wahl durch das Mainzer Domkapitel und vor dem Einzug Albrechts, als ein großes Erstaunen durch Deutschland ging, erinnerte Joachim seinen Bruder Albrecht noch einmal daran, daß es nicht leicht gewesen sei und nicht ohne Folgen, daß man gegen das Wollen des Kaisers zum Erfolg gekommen sei (21. Juli 1514). Der bald berühmt gewordene Berliner Dr. Johann Blankenfelde, späterer Erzbischof von Riga, schrieb damals an den Hochmeister Albrecht von Preußen: *Ich habe nach meinem Vermögen die Sachen helfen fördern. Ich hoff, das hochlöbl. kurfürstl. Haus Brandenburg und Eure Fürstlichen Gnaden seien mir nu ein gut Kleid wärmer. Ich achte auch, es werden solches nicht alle Nachbarn gleich gern hören*[19]. Im übrigen war man auch im Lande Branden-

---

17 Feier in Magdeburg, 14. Mai 1514: Friedrich Wilhelm HOFFMANN, Geschichte der Stadt Magdeburg, neu bearb. von Georg HERTEL und Friedrich HÜLSSE, I. Magdeburg 1885, S. 300 ff.

18 Eine Untersuchung über die brandenburgischen Tätigkeitsfelder des Eitelwolf vom Stein (gest. 1515) fehlt. Auszugehen ist von F[ranz] FALK, Der Mainzer Hofmarschall Eitel Wolf von Stein. In: Historisch-politische Blätter für das katholische Deutschland 111 (1893) S. 877–894. Der Ratgeber im Dienste der brandenburgischen Brüder: CDB A. 20, S. 98–99. 21, S. 112. 24, S. 480–482; B. 6, S. 210. C. 3, S. 194. 204. 209. 234.

19 Der Brief Joachims vormals Geheimes Staatsarchiv Berlin, Rep. 11, Nr. 164; vgl. Heinrich ULMANN, Kaiser Maximilian I., II. Stuttgart 1891, S. 584 Anm. 2; über die Blankenfelde vgl. HEINRICH, Kirchenordnung (wie Anm. 10), S. 68 Anm. 7.

burg nicht unzufrieden mit dem Aufstieg des jüngeren Markgrafen, denn die Städte brachten in zwei Jahresraten eine freiwillige Sondersteuer für Mainz von 7440 Gulden auf, um die Finanzlage der fürstlichen Brüder zu verbessern[20]. Dies war ein nicht geringes Opfer, wenn man bedenkt, in welch ärmlichen Verhältnissen sich die Masse der brandenburgischen Städte 1513 noch befand.

II. VORFAHREN UND VERWANDTSCHAFTSKREISE IN MITTEL- UND NORDOSTDEUTSCHLAND

Der brandenburgische Kardinal tritt uns seit seinen frühen Jahren als weltläufiger Dynast entgegen. Er erscheint unter seinesgleichen als europäischer Fürst und Dynastensproß reinen Wassers, oder besser: Blutes. An Ebenbürtigkeit auf höchster Reichsebene, auf dem blanken Parkett der Höfe fehlte es ihm nicht; der Name Albrecht, nach dem Großvater, war wie geschaffen für eine Reichstätigkeit gleichsam in der Nachfolge des Albrecht Achilles. Betrachtet man das dynastische »Netzwerk« seiner Vorfahren und seiner Verwandtschaft genauer, so ergibt sich folgendes Bild. In der vierten bis neunten Generation seiner Ahnen (256) erscheinen alle deutschen Könige bis zu Rudolf von Habsburg; es finden sich fernerhin, wie zu erwarten ist, der europäische Hochadel von Kiew bis Aragon. Seine 16 Ahnen, die Ururgroßeltern, gehören den Häusern Brandenburg, Sachsen (zweimal), Bayern (zweimal), Visconti (= Mailand), Baden, Öttingen, Lothringen, Pfalz, Henneberg, Braunschweig, Österreich, Pommern, Luxemburg-Böhmen und Cilly an. Nur 25 Prozent dieser Häuser haben ihre Residenzen im Norden Mitteleuropas. Aber seine nächste Verwandtschaft, soweit er diese erlebte, kam doch aus einem engeren Umfeld zwischen Dänemark und Sachsen, Braunschweig und Polen. Seine fränkischen Vettern in Ansbach waren mit Polen (Friedrich V.), mit Schlesien und Sachsen (Georg von Ansbach), mit Bayern (Kasimir) und mit Dänemark und Braunschweig (Albrecht von Preußen) versippt und verschwägert. Von seiner Mutter her (Margarethe von Sachsen) war er mit dem Wettiner Friedrich dem Weisen (gest. 1525) und mit Johann »dem Beständigen« (gest. 1532) sowie mit Georg (gest. 1539), mit Heinrich V. »dem Frommen« (gest. 1541) jeweils in Vetternschaft zweiten und dritten Grades verbunden. Die Verwandtschaft mit den Stammvätern der sächsischen Linien war fast so intensiv wie die Verwandtschaften innerhalb der Familienzweige des Gesamthauses Brandenburg-Hohenzollern, weil Albrechts Mutter, Stiefgroßmutter sowie eine weitere Ururgroßmutter dem Hause Wettin entstammten.[20a] Auch die Ehen seiner Geschwister blieben in diesem eher norddeutschen Umfeld. Man unterschätzt leicht die Bedeutung auch entfernterer Verwandtschaft, die doch als Ausgangspunkt für zahllose, nur selten in den Quellen erkennbare soziale und ökonomische Verfahren dienen kann. Das engere Beziehungsfeld auf dieser Grundlage stellt sich als ein Vieleck dar, in dem vor weiteren spezifischen Untersuchungen die potentiellen und die

20 CDB C. 3, S. 231; SCHULTZE, Brandenburg (wie Anm. 2), S. 189–190. 201.
20[a] Vgl. auch Hellmuth KRETZSCHMAR, Die Beziehungen zwischen Brandenburg und den wettinischen Landen unter den Kurfürsten Albrecht Achilles und Ernst. 1464–1486. In: Forschungen zur Brandenburgischen und Preußischen Geschichte 35 (1923) S. 21–44.

aktuellen Beziehungen dargestellt werden können, und zwar besser als es eine Stammtafel oder eine Verwandtschaftstafel vermag. Dabei wird nicht verkannt, daß es auch im dynastischen Feld einer Oligarchie mehrfach Beziehungen gibt, die aber eben gerade für die Festigkeit und Beständigkeit einer solchen oligarchischen »Vernetzung« konstitutiv sein können.

Daß Albrecht die hochgewachsene Gestalt von seinem Großvater väterlicherseits geerbt haben mag, wurde angedeutet. Die Ähnlichkeit mit seinem Bruder war wohl etwas schwächer ausgeprägt. Aber wenn er an den hohen Tagen der Reichspolitik Karl V. begegnete und die Herren einen vertraulichen Dialog pflegten, so mag der eine wie der andere mit stiller Belustigung die Unterlippe des Gegenübers betrachtet haben: Es war die habsburgische Unterlippe nebst starkem Unterkiefer, ein genetischer Überrest, wie er sich, hartnäckig kumuliert seit den Tagen der Tiroler Herzogin Margarethe Maultasch, erhalten hat. Alle Porträtisten haben, vielleicht geschönt, dieses Charakteristikum spezifischer reichsaristokratischer Gemeinschaft festgehalten. Albrecht Dürer hat ausdrücklich auf die Lebensnähe der »Lippe« hingewiesen.

Zum besonderen Erbe Albrechts, zumal in seinen jüngeren Jahren, gehörte, daß das Zölibat für ihn keine Grenze darstellte. Nicht wenige Hohenzollern des 16. Jahrhunderts hatten auf die eine oder andere Weise Gespielinnen (oder soll man sagen: Friedel-Frauen), meist bis ins Alter hinein. Die Apostolische Majestät Karls V. mochte dafür im Wandel der Jahrzehnte ebenso ein Vorbild abgeben wie einige Päpste oder italienische Kardinäle. Kaiser Maximilian und Landgraf Philipp von Hessen hatten von ihren Nebenfrauen je acht Kinder empfangen. Die Gewohnheiten und existentiellen Wünsche in der primären Führungsschicht des Reiches blieben sich allemal ähnlich. Man hat mit Kühle festzuhalten, daß der »fürstliche Bastard« ein offenbar notwendiges, ja selbstverständliches Accessoire oder personales Substitut geistlicher und weltlicher Fürsten nicht nur im deutschen Reiche gewesen ist. Das Selbstgefühl großer und kleiner Herren bezeugte sich auch insoweit in einer legitimen engeren und einer weiteren Nachkommenschaft. Albrecht, als geistlicher Reichsfürst, stellte seine erste Gefährtin Ursula Redinger im Medium der Kunst den Fürsten und dem Volke mit einer Offenheit vor, die sein Bruder Joachim gegenüber der Berliner Patriziertochter Katharina Blankenfelde-Hornung von Zeit zu Zeit zu vermeiden suchte. Doch begäbe man sich auf das Gebiet psychologischer Spekulation, wollte man die Frage beantworten, wieweit Albrecht nach dem frühen Tod der Mutter und wegen der kühlen Zeit seiner ausgehenden Kindheit insgeheim und mehrfach einer festen weiblichen Hand bedürftig war. Aus späterer Sicht mag der Ursula-Kult im Rahmen seiner Kunstaufträge wie eine Blasphemie erscheinen. Den Zeitgenossen war es ein offenbar mit Nachsicht zu behandelndes öffentliches Geheimnis, dessen sich Luther hüben wie drüben als Kampfinstrument, als Daumenschraube gegenüber dem altkirchlich-unkirchlichen Territorialfürstentum zu bedienen suchte. In der Verwandtschaft der Häuser Hohenzollern und Sachsen gingen die Meinungen über dergleichen Standeswidrigkeiten wohl auseinander. Georg »der Bärtige« (gest. 1539) kritisierte seine beiden Vettern, obwohl er dann 1533 seinen Sohn Moritz für ein Jahr nach Halle schickte und dem (Paten-)Onkel zur Erziehung überließ. Eine in Rom gedruckte Weissagung, über die Tetleben berichtet (23. Dezember 1521), verheißt beiden Kurfürsten den Tod ihrer Begleiterinnen.

Den Vitalitäten tat das alles keinen Abbruch: Die Gottheiten der Alten, Mars und Venus und Merkur, lagen sich hier wie dort, an Saale und Spree und vielen anderen Flüssen beziehungsreich in den Armen[21].

Wen besaß der Prinz im Wartestand, der junge Kardinal als »Freund«, wem konnte er vertrauen? Man bedenke die große Einsamkeit des Kirchenfürsten. Viele um ihn herum – von Halle bis Mainz – »bereicherten« sich im Stil der Zeit. Wohin sein Blick fiel, sah er Interesse, Verhaltensformen der Unterschleife, erblickte er »Freunde und Kreaturen«[22], die ihn hintergingen. Die Ausgeschlossenheit eines geistlichen Landesherrn, wenn er aus der Ferne kommt, ist gegenüber lokal-landsässigen Kräften oft noch eine viel größere als die des weltlichen Fürsten. Dieser kann Räte und Diener leichter auswechseln als es gegenüber Stiftsherren und sonstigen geistlichen Räten möglich ist. Und gleiches gilt von *des Cardinals Freundschafft* in ganz Deutschland, von der Luther Anfang 1539 schrieb und die dann doch in der Not, wie sich in Albrechts letztem Jahrfünft zeigen sollte, nur wenig abgab. Seine wahren Freunde blieben denn auch allzeit seine Blutsverwandten, die, wie die Fürsten zu sagen pflegten, *verwandten Freunde* oder *blutstam,* waren sie nun Verwandte engeren oder weitläufigeren Grades. Albrecht bedurfte als Substitut der dynastischen Oligarchie. Sie stützte ihn. Er bedachte von Fall zu Fall deren Interessenlage und konnte sich grundsätzlich des Schutzes und des Schirmes der Mächtigeren unter den Verwandten sicher sein. Ein Verzicht auf die Politik der Haus-Freundschaft mit dieser Gruppe wäre nur dann angebracht gewesen, wenn er der Welt vorzeitig hätte entsagen wollen.

III. »WOHLAN DIE WELT IST WELT, GOTT HELF UNS ALLEN«: ALBRECHTS WIRKEN IM KREIS DER HOHENZOLLERN-REGENTEN

Damit wenden wir uns Albrechts Leben und Wirken im Kreis der Hohenzollernregenten und ihrer nächsten Verwandtschaft zu. Zwischen den Angehörigen des Gesamthauses bestand überwiegend ein Zustand der relativen Solidarität in den engeren Fragen der Dynastie oder im Hinblick aller auf einzelne Vorkommnisse in den Familien; es gab Interessenabstimmung oder Abgrenzung von Fall zu Fall in Fragen der äußeren Politik; es gab einen festen Zustand wechselseitiger Duldung in Fragen der Religion. Im persönlichen Umgang sind wie üblich fast alle Verhaltensformen zu beobachten: Die zeitübliche etwas rauhe mündliche Äußerung, die

---

21 Die römische Weissagung über den Tod der Begleiterinnen überlieferte Valentin von Tetleben, vgl. auch VON ROESGEN, Albrecht (wie Anm. 1), S. 118 ff.; vgl. Paul KALKOFF, W. Capito im Dienste Erzbischof Albrechts von Mainz. Quellen und Forschungen zu den entscheidenden Jahren der Reformation (1519–1523) (= Neue Studien zur Geschichte der Theologie und der Kirche 1). Berlin 1907, S. 130–131 Anm. 4.

22 Nepotismus und Hofkabalen in der Residenz Halle bedürfen einer genauen Untersuchung; vgl. zum Grundsätzlichen Wolfgang REINHARD, Freunde und Kreaturen. »Verflechtung« als Konzept zur Erforschung historischer Führungsgruppen. Römische Oligarchie um 1600 (= Schreiben des Philosophischen Fachbereichs der Universität Augsburg Nr. 14). München 1979, S. 32–41, hier S. 36: »Gerade in der frühen Neuzeit ist es aber besonders wichtig, alle Verwandtschaftsbeziehungen nachzuweisen, weil erfahrungsgemäß damals auch die entfernteste Verwandtschaft leicht als Grundlage für soziale Transaktionen aktiviert werden konnte. So leicht, daß man es schätzt, sekundäre Verwandtschaftsbeziehungen künstlich herzustellen«, nämlich durch Verschwägerung und Taufpatenschaft.

vetterliche, brüderliche Zuneigung bis zum herzlichen »Du« in Briefen zwischen Joachim II. und Albrecht von Preußen, aber auch vereinzelt langanhaltende Animositäten über alle Bande des Blutes hinweg, schließlich die Fürsorge aller für die Nachgeborenen und Schwachen. So gut wie nie, freilich mit einer Ausnahme in Franken, ist zu beobachten, daß man sich gegenseitig an Leib und Leben, an Land und Herrschaft des anderen vergriff, wie es wohl sonst nicht selten in Europa vorgekommen ist. Der Grad der dynastischen »Vernetzung« ist ablesbar an der Dichte des Briefwechsels im Gesamthaus, der zugleich mobilisierend, rationalisierend und »entspannend« wirkt.

Joachim I. hat 1512 den zum Hochmeister erwählten Albrecht von Ansbach, seinen Vetter, bei der Durchreise nach Königsberg eher kühl behandelt. Hilfe gegen Polen wollte er nicht gewähren, Brandenburg bliebe an freundlich-nachbarlichen Beziehungen mit Polen interessiert. Die alten Träume von einer dynastischen Verbindung zwischen Brandenburg und Polen hatte er noch und wieder im Hinterkopf, wennschon wohl erst sein Sohn die geostrategische Bedeutung Preußens für den Aufstieg des brandenburgischen Landesstaates erfaßt hat. Joachim I. blieb, mit seinem Bruder Albrecht, der Meinung, wie er sie dem Hochmeister dann mitteilte: Der Pole sei vielleicht ein besserer Nachbar als der Russe. Aber weiter im Thema Solidarität und Konflikte: Jener Joachim zwischen 1511 und 1515 wußte eben vom Beispiel Polen her, mit welcher Doppelzüngigkeit und Wendefähigkeit auch das Haus Habsburg begabt und wie leicht jemand »aufs Eis« zu locken war, mit Geld und fast nie eingehaltenen Versprechungen. Diese Erfahrungen Albrechts an der Seite Joachims und während seiner ersten Kirchenfürst-Jahre müssen ihn tief bewegt, ja getroffen haben. Die Folge war sein umfassender Grundsatz nachdenklicher Vorsicht im Umgang mit seinesgleichen und mit Fernerstehenden. Lieber schrieb er oder diktierte er wohlerwogene Briefe, als daß er kurzerhand den Frieden oder auch nur eine bedeutende Verhandlung aufkündigte. »Alles mit Bedacht« – damit ist er oft, wennschon laut oder leise verspottet, durch Krisen gekommen. Aber wo rascher Sturm aufzieht in der Geschichte und das Schiff nur noch in eine Richtung treibt, da wird der Mann am Sextanten nicht mehr gebraucht. Trifft das Bild auf Albrecht zu? Ja und nein. Die Hilflosigkeit vieler Dynasten gegenüber einem übermächtig gewordenen, Veränderungen erzwingenden Zeitgeist wurde allenthalben offenbar, wie jeder weiß. Sein Magdeburger Schiff hat Albrecht zu steuern versucht, bis ihm das Rad buchstäblich unter den Händen zerbrach. Da sind dann Kraftausdrücke, wie gegenüber Melanchthon, verständlich. Auch sein Neffe in Berlin übernahm 1535 ein fast steuerlos dahintreibendes Schiff, das er nur mit stillen und raffinierten Manövern auf Kurs bringen konnte. Solidarität und Konflikt. Ein anderes Beispiel und Albrecht wiederum als Zeuge und Mittäter. Trotz naher Verwandtschaft zwischen Hohenzollern und Wettinern blieb das Verhältnis besonders zu Kurfürst Ernst durch territorialpolitische Dauerstreitfragen belastet, besonders im Umfeld von Magdeburg und Halberstadt kreuzten sich die Interessen. Joachim folgte exakt der »Staatsraison« Brandenburgs, wie sie bereits Albrecht Achilles formuliert hatte, wenn er seinen Bruder hier gezielt offensiv und nicht spontan inthronisieren half, den Zipfel des Mantels der Geschichte zum rechten Zeitpunkt ergreifend: *Ihr werdet,* so schreibt Joachim seinem Staatsschüler Albrecht am 21. Juli 1514 mit beherrschter Ironie, *vor Euch selbst die Gelegenheit des Markts und*

*Kaufs am besten wissen und die Marktleut erkennen, das Füglichst und Best fürnehmen und unter allen Fürschlägen (sic !) den besten und füglichsten auswählen*²³. Schicksal nimm deinen Lauf. Oder: Der Anfang eines beispiellosen kirchenpolitischen Suizids. Territorialpolitisch gesehen leiteten in der jahrhundertelangen Konkurrenz zwischen Brandenburg und Sachsen die Schachzüge Joachims und Albrechts den Abstieg Sachsens ein.

Solidarität und Konflikt. In der Kaiserwahl von 1519, dem Spiel mit höchstem Einsatz und womöglich tiefer Peinlichkeit²⁴, stellten die beiden Albrechte, damals noch einträchtig, die klügeren Prognosen. Joachim I. aber glich dem Bären aus sarmatischen Weiten, der dem kaiserlichen Prinzessinnen-Honig nachschnüffelte und sich zuletzt mit zerstochener Nase trollen mußte. Die Einzelheiten interessieren hier nicht, aber der Mainzer Albrecht ließ sich nicht von den Sprüchen goldgieriger Astrologen oder französischer Diplomaten verlocken. Er vermochte trotz oder wegen seiner Schulden in Permanenz offensichtlich besser zu rechnen als sein Bruder, *der Narr*, (so Albrecht zum päpstlichen Geschäftsträger); und etwa gleichzeitig ist seine klare Analyse²⁵ aus Spalatins Nachlaß überliefert: Es sei kein deutscher Fürst wohlhabend genug, das Reich von seinen Einkünften zu erhalten; mancher verfüge kaum über das, was er selber für sein eigenes Haus verbrauche. Für das »Haus Brandenburg« würde die Behauptung der kaiserlichen Krone Anstrengungen und Kosten erfordern, welche die Kraft der Mark und der ganzen Familie (!) aufreiben müßten. Die Militärmacht Karls erwähnte Albrecht gar nicht erst. Das ist eine ebenso bemerkenswerte wie aufschlußreiche Notiz aus einer Situation mit europäischen Dimensionen. Doch *kein Ding ohn Ursach*. Auch Karl mußte letztlich für diesen Triumph seiner Doppelzüngigkeiten und für allen verbalen Hochmut der Frühzeit bezahlen. Zumindest Albrecht und seine Neffen erlebten noch, wie er der Landesfürsten nicht mehr Herr wurde und wie die »Deutschen« ihn endlich abschüttelten, den Spanier, weil das Reich und Karls Phantasien eines größeren christlichen Europa sich nicht ineinanderfügen wollten. Das Jahr 1519 hatte Joachim I. schwer getroffen. Es wirkte wie eine Revanche. Wie mochte Joachim fortan insgeheim auf seinen Bruder geblickt haben?

Albrecht als Kardinal (1518) war nun ganz frei. Sein Stern stieg noch, ungeachtet des Wittenberger Reformmönchs. Joachims Stern aber begann trotz einiger Territorialerfolge und trotz des Auftrittes in Worms²⁶ merklich zu sinken. Der Kardinal spürte das und suchte dem ebenso stolzen wie eigensinnigen Grübler

---

23 Vgl. Reinhold KOSER, Geschichte der brandenburgisch-preußischen Politik, I. Stuttgart 1913, S. 198, dort zitiert nach Aloys SCHULTE, Die Fugger in Rom 1495–1523. Mit Studien zur Geschichte des kirchlichen Finanzwesens jener Zeit, 2 Bde. Leipzig 1904, hier I, S. 121.
24 Die Kaiserwahl von 1519 ist besonders aufschlußreich für das diplomatische und finanzpolitische Verhalten Albrechts in der Frühzeit, vgl. Walter DELIUS, Kurfürst Joachim I. und die Wahl des Königs von Spanien zum deutschen König im Jahr 1519. In: Jahrbuch für Berlin-Brandenburgische Kirchengeschichte 46 (1971) S. 9–34; BRÜCK, Kardinal Albrecht (wie Anm. 1); G(ustav) A(dolf) BENRATH, Albrecht von Mainz. In: TRE II, 1978, S. 184–187, übergeht die mannigfachen Rücksichtnahmen des Kardinals auf die Interessen seines Hauses.
25 Vgl. Chr. G. NEUDECKER/L. PRELLER, Georg Spalatins historischer Nachlaß und Briefe, I. Jena 1851, S. 115.
26 Vgl. Gerd HEINRICH, Kurfürst Joachim von Hohenzollern, Markgraf von Brandenburg. In: Der Reichstag zu Worms von 1521. Reichspolitik und Luthersache, hrsg. von Fritz Reuter. Worms 1971, S. 336–351.

(wie ihn etwas später Cranach zeigt), mit viel Vernunft immer wieder einmal zu raten und zu helfen, wobei sich die Brüder in den wenigen Briefen, über die wir bis jetzt verfügen, wie üblich mit *Euer Liebden* oder *Euer Liebe* anzureden pflegten. Konflikt und vetterliche Solidarität. 1524/25, in den Schicksalsjahren der frühen Reformation, schürzten sich auch die Knoten im Beziehungsgeflecht des Hauses Hohenzollern. Die Kurfürstin Elisabeth von Brandenburg floh vor ihrem Gemahl bei Nacht und Nebel ins ernestinische Sachsen, und auch Luther nahm sich ihrer an. Die Konfessionsspaltung erfaßte die Familien der Dynastie. Man blieb gleichwohl, was man war. Nur Luther mit dem »Mächtigen« in seiner Persönlichkeit (so erinnerte sich später Albrechts Neffe und Zögling Joachim II.), saß nun oft genug unsichtbar mit am Tische der Brandenburger, wo diese untereinander berieten. Das fränkische Haus übernahm 1528 die neue Lehre. Der Kardinal, den 1521 der überhebliche Nuntius Aleander in seinen Berichten als zugleich kleinmütig und gutmütig begriff, wollte nicht Büttel und Buhmann des Kaisers und der Kurie werden. Der Hang der Deutschen, so oder so alsbald vor den Altären des Zeitgeistes zu opfern, mochte ihm zuwider sein, dem Erasmianer sui generis. So jedenfalls lassen sich wohl bruchstückhafte Berichte über ihn verstehen. Ihn als »Ja-Sager« (Joachim I.), als »furchtsamen Prälaten« (Reinhold Koser) zu bezeichnen, wie es in sonst seltener Eintracht Vertreter der borussischen und der älteren katholischen Geschichtsschreibung tun, entbehrt des Verständnisses für das luzide Problembewußtsein, das Albrecht ausgezeichnet hat. Sein Umgang mit den anderen Brandenburgern zeigt, daß Albrecht die Nicht-Aussage in der Diplomatie oftmals für klüger hielt und daß er damit den eigenen Standpunkt und Vorteil besser wahren konnte als mit einem harten und nicht aufhebbaren Ja oder Nein. Es gibt von Albrechts innenpolitischer Tätigkeit in Halle, Magdeburg oder Mainz einige Beispiele für raschen, ja brutalen Zugriff und mitunter für die dann daraus erwachsene erhebliche Problematik. Aber so viel ist wohl richtig mit dem Blick auf die Zeit von 1519 bis 1525: Die Gedanken und späteren Schriften Machiavellis dürften in ihren harten Konsequenzen seinem Wesen oder dem Bilde, daß er von sich zu verbreiten wünschte, nicht entsprochen haben. Der Kardinal selbst gibt um 1524 eines der frühen Zeugnisse für den konfessionsbestimmten Wandel in der dynastischen Heiratspolitik. Er lobt durchsichtig seinen Bruder, wenn und damit dieser sich zu den *frommen wahrhaftigen und bestendigen Fürsten* hielte (sc. Georg von Sachsen), während sich Joachim gleichwohl nicht die Freiheit nehmen ließ, den Bund seiner Tochter mit einem Neffen Friedrichs des Weisen vorzubereiten. Joachim stellte die Realpolitik der Heiratsbündnisse noch über das Konfessionelle; der Kardinal hingegen kannte die Grenzen, die er nunmehr seines »Ansehens« (!) wegen zu wahren hatte[27].

Gegen Ende des Jahrzehnts 1530 in Augsburg nahmen die konfessionellen Hit-

---

27 Vgl. KOSER, Politik (wie Anm. 23), S. 223 Anm. 1; SCHUSTER/WAGNER, Erziehung (wie Anm. 5), S. 402 ff. 536 ff. Kardinal Albrecht vermittelte mit Beistand seines Vetters Albrecht, des Hochmeisters, die Ehepakten zwischen Berlin und Dresden, bei denen das Ausmaß seines Einflusses auf Joachim I., aber auch seine diplomatische Energie erkennbar werden. Joachim I. erhält nach längerem Handeln 20 000 Gulden Mitgift, die er offenbar dringend brauchte, mit kurzer Zahlungsfrist, sodann eine kurzfristige Ausleihe beim Domkapitel zu Magdeburg (2000 Gulden) als Liquiditätshilfe. An eine neuerliche *Pension und anderes* sei erst nach längerem Wohlverhalten gegenüber dem Kaiser zu denken (28. 3. 1524).

zigkeiten rasch zu. Joachim I. segelte altersmüde im Fahrwasser des Kaisers, während der Ansbacher Georg (gest. 1543) in einem berühmten Auftritt dem Reichsoberhaupt tapfer die Stirn *des reinen Glaubens* bot. Und Albrecht, den ein Bericht vom Reichstag als *halb evangelisch* bezeichnet[28], betrachtete die Szene (oder soll man sagen: das hohe Spiel) von Bruder und Vetter, von Kaiser und Kapital mit der nicht ganz unangebrachten Immoralität und Ironie *(bald so, bald anders)* des Entrückten, der fürwahr wie Luther sagen konnte: *Wolan die wellt ist wellt, Gott helf uns allen...*[29].

Es ist bekannt, daß nach Albrechts Tod in Magdeburg Markgraf Johann Albrecht (gest. 1550), ein Vetter, seinen Stuhl eingenommen hat. Ebenso ist bekannt, daß von nun an das Haus Brandenburg in diplomatischer Offenheit fast regelmäßig Magdeburg für nachgeborene Prinzen beanspruchte, es fast wie eine Sekundogenitur behandelte und tatsächlich auch bis 1629 an der mittleren Elbe fast ohne Unterbrechung dominant blieb, wennschon in Konkurrenz mit den Wettinern. Weniger geläufig ist, daß es bereits der junge Kardinal war, der um 1520 mit Leo X. und Hadrian VI. darüber verhandelte, daß sein fränkischer Vetter als Koadjutor vorerst für Halberstadt, dann auch in Magdeburg eingesetzt werden sollte, und zwar von vornherein mit dem Recht auf Nachfolge. Albrecht dürfte das mit seinem älteren Bruder so verabredet haben. Die Bistümer Magdeburg und Halberstadt sollten auf Dauer beim Kurhause oder wenigstens ununterbrochen beim Hause Brandenburg bleiben. Es waren vermögende Hochstifte mit Bauernschaften auf überwiegend guten Böden, verglichen mit Havelberg oder Brandenburg. Clemens VII. sanktionierte dieses damals noch auf eine ferne Zukunft hin betriebene Geschäft Ende 1523[30]. Man wird hier nicht zu bezweifeln haben, daß man sich in der Kurie nicht über die Imponderabilien dieses in der Tat folgenreichen Beschlusses im klaren gewesen sein könnte. Aber die konfessionspolitische Situation nach dem Wormser Reichstag 1521[31] ließ keinen anderen Weg offen als jenen, den begehrlichen Brüdern zu willfahren. Der Koadjutor Johann Albrecht mußte lange in relativer Rechtgläubigkeit auf seine Nachfolge warten. An dem Verfall des Erzstiftes Magdeburg vermochte er trotz aller Verwaltungsarbeiten nur wenig zu ändern[32]. Und eben dieser Verfall, wenn man denn die wechselseitige Neutralisierung der Kräfte so pauschal bezeichnen will, führte das Erzstift Magdeburg in den Staat Brandenburg-Preußen. Und auch für Mainz plante Albrecht sein Interesse und das Interesse des Hauses weitsichtig ein: 1535

---

28 Ebd., S. 225.

29 Martin Luther, Brief vom 8. 4. 1535 aus Wittenberg an Dorothea Jörger. In: WA Br 8, S. 172, Nr. 2187.

30 Zum Bündnis zwischen den »Familien« Medici und Brandenburg vgl. Paul KALKOFF, Die Beziehungen der Hohenzollern zur Kurie unter dem Einfluß der lutherischen Frage. In: Quellen und Forschungen aus italienischen Archiven und Bibliotheken 9 (1906) S. 88–139; KOSER, Politik (wie Anm. 23), S. 200.

31 HEINRICH, Kurfürst Joachim I. (wie Anm. 26), S. 348–351.

32 Zuletzt SCHRADER, Kardinal Albrecht (wie Anm. 1), S. 439–445; DERS., Magdeburg. In: Anton Schindling und Walter Ziegler (Hrsg.), Die Territorien des Reichs im Zeitalter der Reformation und Konfessionalisierung. Land und Konfession 1500–1650, II: Der Nordosten (= KLK 50). Münster 1990, S. 68–86; für die Anfänge der Reformation in Magdeburg unter Albrechts Regiment ist immer noch zu vergleichen: K. JANICKE, Magdeburg am Beginne der Reformation. In: Magdeburger Geschichtsblätter 2 (1867) S. 5–34.

suchte er seinen Vertreter in Magdeburg und Halberstadt, eben Johann Albrecht, zum Koadjutor und potentiellen Nachfolger in Mainz erheben zu lassen. Der Plan scheiterte. Aber er erhellt blitzartig das Denken des Kardinals. Er unterhielt vor allem in seinen jüngeren und besseren Jahren eine umfängliche dynastisch-politische Korrespondenz, mit den eben benannten Verwandtengruppen, deren Überreste, zum Teil noch unentdeckt, in den Archiven von Magdeburg, Mainz, Aschaffenburg, Würzburg, München, Wien und Kopenhagen ruhen. Ein Auswahlband seiner Familienbriefe wäre erreichbar und erwünscht. So bestanden enge Korrespondenzbeziehungen zu Herzog Heinrich II. von Braunschweig-Wolfenbüttel[33]. Man war mehrfach verwandt: Blutsverwandtschaft ergab sich durch gemeinsame Vorfahren: Albrechts Neffe, Markgraf Johann von Küstrin, war vermählt mit einer Tochter Heinrichs II.; Albrechts Nichte Elisabeth wiederum war Erich von Kalenberg (gest. 1540), dem Onkel Heinrichs II., ehelich beigelegt worden. Teile der Korrespondenz sind ediert und zeigen die Versuche des Braunschweigers, den Verwandten stärker auf eine aktive Linie der altkirchlichen Partei zu verpflichten. Aber der etwas wirre und aufgeregte Braunschweiger, wohl altgläubig bis zuletzt, vermochte den mit weit größerer humanistischer Distanz vorgehenden und mit vielen Bällen spielenden Diplomaten Albrecht nicht in riskante Aktionen zu lokken. Albrecht blieb auch hier seiner irenischen Linie treu, obschon er wegen der Grenznachbarschaft von Halberstadt und Wolfenbüttel dem Verwandten mit freundlicher Behutsamkeit begegnete.

Die Politik der einzelnen Zweige des Gesamthauses und der jeweils nächsten Blutsverwandten wurde meist auf Familientagen erörtert. Dort nahm man manche bedeutungsvolle Weichenstellung vor. Nur weniges weiß man von diesen Treffen. Anlässe boten häufig die üblichen Familienereignisse wie Trauung und Tod; doch gab es auch besondere Familientage, wann und wenn sich politische Knoten geschürzt hatten oder wenn man sich einem Angriff gemeinsam ausgesetzt sah. 1536 kam es zu einem Familientag der Hohenzollern in Frankfurt an der Oder[34]. Den Anstoß hatte Albrecht von Preußen gegeben, der sich wegen der Gefahr von Übergriffen von seiten des Deutschen Ordens der Unterstützung seiner väterlichen Verwandtschaft versichern wollte. Hier bestand von vornherein das immer noch prekäre Problem, daß der Preußenherzog sich in der Reichsacht befand und man an verschiedenen Orten zögerte, ihn im Rahmen eines solchen Tages zu beherbergen. Nachdem man sich erst auf Zerbst verständigt hatte, weil Kursachsen und Hessen beteiligt sein würden, schlug dann der alte Markgraf von Ansbach Frankfurt an der Oder vor, weil er vermutlich ein Treffen der engeren Angehörigen des Hauses Brandenburg wünschte und demzufolge auf die Anwesenheit Johann Friedrichs von Sachsen und Philipps von Hessen keinen größeren Wert legte. Und sicher wird er auch das Interesse seines Bruders Albrecht beachtet haben, dem das östliche Frankfurt mehr zugesagt haben dürfte. Joachim II., soeben Kurfürst geworden, stimmte nach einigen Bedenklichkeiten zu. Am 8. Okto-

---

33 Einige Briefe ediert von F. STOCK, Auswahl einiger Briefe Herzog Heinrichs des Jüngeren zu Braunschweig-Lüneburg an den Cardinal-Erzbischof von Magdeburg und dessen Coadjutor. In: Neues Archiv zur Geschichte des Preußischen Staates 2 (1836) S. 72–96.

34 Präzise Untersuchung auf Grund neuer Quellen: Iselin GUNDERMANN, Kurfürst Joachim II. von Brandenburg und Herzog Albrecht von Preußen. In: Jahrbuch für brandenburgische Landesgeschichte 41 (1990) S. 141–164; zum »Tag von Frankfurt« vgl. S. 147.

ber 1536 eröffnete man den Tag *zwischen uns den stames verwandten vettern und gebrüdern Marggrafen zu Brandenburg*. Der Geächtete war anwesend. Aber es fehlte der Kardinal, obschon er in diesen Jahren von 1534 bis 1538 ununterbrochen in seinem Schlosse »Mauritiusburg« mit den Seinen lebte[35]. Man wird für sein Ausbleiben Verständnis aufbringen müssen. Sein reichspolitisch bereits gemindertes Ansehen dürfte es ihm nicht gestattet haben, an einem Treffen teilzunehmen, das überwiegend von protestantischen Fürsten bestritten wurde, wennschon aus seiner Familie. Überhaupt blickte Albrecht 1536 nicht hoffnungsvoll in die Zukunft. Rings um Halle, wo er 1533 (24. November) noch mit vier Fürsten den »Halleschen Bund« zur Aufrechterhaltung des Nürnberger Friedens und des alten Glaubens geschlossen hatte, gewann die Reformation von Monat zu Monat größeren Anhang. Seine Finanzlage näherte sich der Illiquidität. Teile des Schatzes mußten verpfändet werden, kaiserliche Subsidien waren versiegt. Aus den Klöstern und Stiften entliefen Mönche, Kanoniker und die zwischen Magdeburg und Meißen immer flinkfüßiger werdenden Nonnen. Luthers frühes Wort vom *Abgott zu Halle* haftete an ihm und seiner Kathedrale wie Pech und Schwefel. Aber der *hellische* Kardinal blieb bestens durch Boten und Briefe informiert. Insbesondere aber hatte er kurz zuvor mit seinem Neffen Joachim und dessen »Außenminister« Eustachius von Schlieben des verschwiegenen Rates gepflogen. Merkwürdigerweise ließ sich der vielgewandte Markgraf Hans von Küstrin nicht blicken, obschon er in vier Stunden von seinem Schloß aus in Frankfurt das Rathaus oder die Universität oder die Herberge des Bischofs von Lebus erreicht haben würde. Er lebte im Erbstreite mit seinem Bruder Joachim und mochte befürchten, von den versammelten Markgrafen mit einem ungünstigen Schiedsspruch überzogen zu werden. Die anderen aber waren erschienen: der Ansbacher, ein wahrer Recke der Reformation[36], mit seinem noch unbescholtenen Neffen Albrecht Alcibiades, dazu Johann Albrecht, das alter Ego des Kardinals, der diesem gewißlich und alsbald genaue Botschaft von den Beratungen wird übermittelt haben, und der, wie sich erkennen läßt, das Interesse und die besonderen Wünsche des Kardinals auch vertreten hat. Einzelheiten der Verhandlungen sind hier nicht auszubreiten. Es gelang nicht, die Sonderinteressen der Markgrafen zu überwinden und etwa doch Wege zu einer mehr oder minder einheitlichen Politik des Gesamthauses Brandenburg einzuschlagen. Eine solche Forderung wäre nicht gänzlich unzeitgemäß gewesen, wie sich 1553 zeigen sollte. Es blieb auch in

---

35 Über Albrechts Aufenthalt in Halle von 1532/33 bis Juli 1538 ist noch nicht hinreichend geforscht worden, vgl. u. a. A. WOLTER, Der Abgott zu Halle. Bonn 1877; STEFFEN, Politik (wie Anm. 1), S. 2–12; Friedhelm JÜRGENSMEIER, Kardinal Albrecht von Brandenburg. Kurfürst, Erzbischof von Mainz und Magdeburg, Administrator von Halberstadt. In: Albrecht von Brandenburg. Ausstellungskatalog (wie Anm. 1), S. 22–41, hier S. 36–37; über Kanzlei und Räte: Georg LIEBE, Die Kanzleiordnung Kurfürst Albrechts von Magdeburg, des Hohenzollern (1538). In: Forschungen zur Brandenburgischen und Preußischen Geschichte 10 (1898) S. 31–54; insbesondere verlangen die konfessionell-politischen Verschichtungen am Hofe in Halle eine genauere Durchleuchtung. Vgl. zu Albrecht im Spiegel des Geschichtsromans Armin STEIN (d. i. H. NIETSCHMANN), Cardinal Albrecht. Historische Erzählung aus der Reformationszeit (= Deutsche Geschichts- und Lebensbilder 7). Halle/S. 1882; Ludwig GROTE, Kardinal Albrecht von Brandenburg und die Renaissance in Halle. Halle 1930; zu vergleichen ist noch immer: C. H. Frhr. VON DER HAGEN, Die Stadt Halle. Halle 1867.
36 Vgl. noch immer K. SCHORNBAUM, Zur Politik des Markgrafen Georg von Brandenburg. München 1906; Gerhard PFEIFFER, in: NDB VI, 1971, S. 204–205.

Frankfurt ein lockerer Bund der Blutsverwandten, die sich im Rahmen des jeweils Möglichen mit und im politischen Tagesgeschäft unterstützten, aber nicht für eines Anderen Interesse ins Feld zogen. So sah sich Albrecht von Preußen[37] erneut enttäuscht, was Hilfe für ihn betraf. Selbst sein Bruder Georg mochte nicht Mitverantwortung für das ferne Herzogtum übernehmen; Albrecht mußte auch weiterhin so lange in Königsberg alle Verantwortung allein tragen, bis sich Joachim II. in den sechziger Jahren mit dem Anspruch und Interesse seines Hauses in die Vorhand brachte.

Neben dem Familiären ist natürlich auch das nunmehr äußerst problematisch gewordene Verhältnis des Kardinals zu Luther erörtert worden, doch die Briefe dieser Tage schweigen. Insbesondere sah sich Albrecht wohl genötigt, den Vettern Bericht geben zu lassen über einen schweren Streit mit seinem vormaligen Günstling und bis in alle Intimitäten hinein vertrauten Kämmerer und Einkäufer Hans von Schönitz (gest. 31. Juni 1535). Dieser besorgte seit 1521 des Kardinals persönliche Finanzen nebst Schulden in Mitteldeutschland, dem Ergebnis nach ein lebensgefährliches Amt[38].

Als Unregelmäßigkeiten und ein spezifischer Vertrauensbruch aufgedeckt waren, ließ der wegen seiner hohen Verschuldung allenthalben angreifbare Albrecht entgegen seiner sonstigen Milde den schuldig-unschuldigen Mann verhaften, foltern und verurteilen und voreilig zu Tode bringen: Ein Zeuge, der seine Schuldgeständnisse widerrufen hatte, wurde mundtot gemacht. Ein Justizverbrechen, mehr noch: ein in seiner Situation nicht überbietbarer Fehler. Die Hinterbliebenen und Freunde riefen Zeter und Mordio und zogen Luther ins offene Geheimnis. Die böse Affaire war nicht mehr zu unterdrücken. Und Luther, der immer wieder den Kardinal in seiner menschlichen Fehlerhaftigkeit zu begreifen versucht hatte und der doch alles andere als ein versponnener Studierstubentheologe war, eben dieser schleuderte nun am 12. Februar 1536 die Ankündigung seiner Schrift »Wider den Bischof zu Magdeburg, Albrecht Kardinal« (1539) gegen Halle. Die Brandenburger Fürsten in Frankfurt steckten also die Köpfe zusammen, um noch guten Rat zu finden. Johann Friedrich von Sachsen, der väterliche Vetter, sollte nun als Nothelfer dem Reformator das angekündigte Pamphlet entwinden und der Schmach vorbeugen, die damit dem Ansehen aller Brandenburger drohte. Es ist bekannt, daß Luther nur zögerte, dann aber doch trotz des Einspruchs seinem Gewissen folgte, weil er nicht schweigen dürfe, wenn das Blut eines ungerecht vom *cardinalischen Henker* kainitisch Hingerichteten zum Himmel schreie. Die folgende krisenhafte Zuspitzung der konfessionspolitischen Situation zwischen 1538 und 1542 kann wie ein Testfall begriffen werden, in welchem Maße der Kardinal seinem Hause im allgemeinen und den Interessen der einzelnen regieren-

---

37 Walther HUBATSCH, Albrecht von Brandenburg-Ansbach, Deutschordenshochmeister und Herzog in Preußen. Köln, Berlin 1960, S. 234–239; GUNDERMANN, Joachim II. (wie Anm. 34), S. 156 und Anm. 35.

38 Zur Schönitz-Affäre vgl. die Briefe und Kommentare, soweit Luther einbezogen war, in den Briefbänden 7 und 10 der Weimarer Ausgabe; außerdem Fr. HÜLSSE, Kardinal Albrecht, Kurfürst und Erzbischof von Mainz und Magdeburg, und Hans Schenitz. In: Magdeburger Geschichtsblätter 24 (1889) S. 1–82. Apokryphe Überlieferungen über persönliche Rivalitäten im Zusammenhang mit einer Gefährtin Albrechts in der stadtgeschichtlichen Literatur; vgl. u. a. Siegmar Baron VON SCHULTZE-GALLÉRA, Geschichte der Stadt Halle, II: Von der Entwicklung des städtischen Rates bis zum Untergang der städtischen Freiheit. Halle 1929, S. 100.

den Angehörigen zumindest eine Art von Gleichberechtigung neben engen konfessionspolitischen Vorgehensweisen eingeräumt hat. Im Herbst 1539, als Joachim II. in seinem Teil Brandenburgs »die Reformation« mit Abendmahlsfeiern und sodann mit einer neuen »Kirchenordnung« freigab und als diese Nachricht manchen Skeptiker unter den Beobachtern des Kurfürsten darin bestärkte, Zeuge einer außerordentlich kunstvollen Diplomatie zu sein, da wurde auch der Kardinal dringlich aufgefordert, seinen Neffen zur echten Altgläubigkeit zurückzuführen; auch sollte er einen Glaubenswechsel der Kurfürstin Hedwig (von Polen), den man nunmehr im altkirchlichen Lager für denkbar hielt, verhindern. Albrecht lehnte dies gegenüber dem polnischen wie dem deutschen König mit kühlem Realismus ab: Er könne dem Kurfürsten, der gleichsam Oberhaupt seiner Familie war, »keine Grenzen« setzen[39]. Dies hieß wiederum doch auch, wie sehr er das familiäre Umfeld höher achtete als politische Wünsche in Konfessionsfragen. Diese lohnten, so wird man den nun von Einsichten wie von Müdigkeiten Gezeichneten zu interpretieren haben, keinen Streit und keinen Mißklang in jenem Ringe der Herrscherfamilien, der auch ihn trug: der dynastischen Oligarchie. Als dann Papst Paul III. mit Breve vom 6. März 1540 den Kardinal aufforderte, auf den beweglichen Neffen einzuwirken, daß dieser die Güter des Kartäuserordens vor Frankfurt an der Oder, die dem Kurfürsten zwei Jahre zuvor von der Kurie als nicht ganz unerhebliches Geschenk für politisches Wohlverhalten überlassen worden waren, zurückgäbe, da verstand sich Albrecht mit zutreffender Einsicht in die Zusammenbruchs-Situation der Kirche in der Mark nicht einmal dazu, Joachim von dem Breve zu unterrichten. Die Rückgabe unterblieb mithin. Und solche Belege für das Setzen von Prioritäten aus landesfürstlicher Sicht ließen sich vermehren. Sie zeigen immer wieder, wie schonend Albrecht mit seinen engsten und natürlichen Beziehungen verfuhr. Das alles geschah zu einem Zeitpunkt, wo er mit Sicherheit mit steigendem Mißvergnügen auf die aus seiner Sicht als Landesherr immer verworrener werdenden Zustände in den Bistumsgebieten und Tafelgutbezirken zwischen Halle, Halberstadt und dem Elbkathedralort blickte. Er hat sich für seine Person für immer am 21. Februar 1541 aus der Moritzburg und dem gesamten Erzstift zurückgezogen. Sein Hab und Gut, das »Heiltum« mit Gold und Silber, das sonstige Kunstgut und seine Bücher nahm er, soweit nicht einiges davon als Pfand zurückgelassen werden mußte, an Main und Rhein mit. Der Dom zu Mainz empfing alsdann den ungewöhnlichen Ausstellungsschatz. Halle und Magdeburg waren ihm unleidlich, weil unregierbar geworden. Fast könnte man von einer Art Flucht sprechen. Aber das, was er in seiner Landesherrschaft hatte erleben müssen und was er weiterhin von dort über Briefe des Koadjutors und der verbliebenen Räte erfuhr, das war es nicht allein, was ihn zum Rückzug gezwungen hatte. Joachim, der ihm im Reliquienkult[40] sogar nacheiferte, blieb

39 Vgl. Walter DELIUS, Die Kirchenpolitik des Kurfürsten Joachim II. von Brandenburg in den Jahren 1535–1541. In: Jahrbuch für Berlin-Brandenburgische Kirchengeschichte 40 (1965) S. 106 (= Nuntiaturberichte aus Deutschland 1533–1559 nebst ergänzenden Aktenstücken, 1. Abt. VI, bearb. von Ludwig CARDAUNS. Berlin 1910, ND Frankfurt 1968, S. 242–243).

40 Dazu jetzt die gründlichen Untersuchungen von Andreas TACKE, hier vor allem: Der Reliquienschatz der Berlin-Cöllner Stiftskirche des Kurfürsten Joachim II. von Brandenburg. In: Jahrbuch für Berlin-Brandenburgische Kirchengeschichte 57 (1989) S. 125–236, hier S. 135 ff. »Die erhaltenen Abbildungen belegen, daß Kardinal Albrecht bemüht war, die sowohl künstlerisch wie materiell wertvollsten Stücke seiner Sammlung dem Neffen in Berlin-Cölln zu geben, um sie vor der drohenden Ein-

ihm verwandtschaftlich und herzlich verbunden. Aber es fehlte ihm nach dem Tode des Bruders doch in der Dynastie der politische Gesprächspartner, und das Ereignis in Brandenburg[41] konnte nicht ohne erhebliche Folgen für das Erzbistum Magdeburg bleiben. Man wird Albrecht zuzutrauen haben, Ursachen und Folgen eines solchen Prozesses zu erfassen. Der Boden unter ihm bebte und schwankte, seine Autorität war in der Tiefe erschüttert und deswegen räumte er das Feld.

Für die alte Kirche war von diesem Zeitpunkt an der Nordosten mit Ausnahme Polens verlorengegangen, zumal auch im albertinischen Sachsen im April 1539 der Wechsel eintrat[42]. Es scheint Albrecht und seinen Beratern nicht deutlich gewesen zu sein oder es wurde von ihm gering geachtet, daß das Haus Brandenburg seit Kurfürst Friedrich I. an der Ostgrenze des Reiches eine besondere, immer noch markgräfliche Aufgabe zu erfüllen hatte. Seinen Vorfahren war dies bewußt gewesen. Der Gedanke einer politisch, doch vor allem dynastisch verbundenen »Kette« von Landesherrschaften des zollernschen Hauses ist so unzeitgemäß nicht gewesen. Doch der alte Kardinal scheint wenig geneigt gewesen zu sein, gleichsam auf verlorenem Posten nur seinem Haus zuliebe in Halle auszuharren. Paradoxerweise hat er eben dadurch, daß er sich in diesem Sinne wissentlich oder unwissentlich zurückzog, der Dynastie noch einmal einen unschätzbaren, weil territorialpolitisch folgenreichen Dienst erwiesen. An diesem grundlegenden Sachverhalt ändert auch die Tatsache nichts, daß Albrecht noch 1545 versucht hat, die geistliche Nachfolge in den Stiftern und die Schutzherrschaft für einen hohen Betrag den Albertinern zu verkaufen (den Herzögen August und Moritz), während dann sein Nachfolger zwar auf die ernestinische Linie des sächsischen Hauses setzte, jedoch nicht verhindern konnte, daß bereits am 20. Februar 1547 erneut ein Brandenburger als Koadjutor gewählt wurde.

IV. BILANZ: MACHTVERSCHIEBUNGEN IM OSTEN DES REICHES

Albrechts Standort in der Dynastie haben wir zu skizzieren versucht. Die Tagespolitik hat nie die grundsätzliche Standortfestigkeit erschüttert. An Albrecht, den Dynasten, ist abschließend die Frage des »Wer bin ich?« zu stellen. War es auch seine Frage? Dem klug-nachdenklichen Fürsten wäre dies wohl zuzutrauen. Von

---

schmelzung zu retten«. Die Pointe dabei ist, daß Joachim II. bei der Liquidation der politisch-wirtschaftlichen Position seines Onkels mit seinen Kapitalisierungsmöglichkeiten mithalf (2. 1. 1541), andererseits seine eigene Schuldenlast erneut vermehrte und damit seine Abhängigkeit von jenen Kräften innerhalb und außerhalb seines engeren Territoriums verstärkte, die an der Unumkehrbarkeit der (verdeckten) Einführung der Reformation interessiert waren. So gesehen hat der Zusammenbruch der Herrschaftsstellung Albrechts dazu beigetragen, das dynastische, das potentiell staatliche und das unausgesprochen konfessionelle brandenburgische Interesse (beider Linien) zu stimulieren.

41 HEINRICH, Kirchenordnung (wie Anm. 10), S. 84ff.; DERS., »Mit Harpffen, Paucken, Zimbeln und Schellen«. Martin Luther, die Kirchenreform und Landeskirchenherrschaft in der Mark Brandenburg, den Herzogtümern Pommerns und in Preußen. In: Hans Dietrich Loock (Hrsg.), »Gott kumm mir zu hilf«. Martin Luther in der Zeitenwende. Berlin 1984, S. 38–43.

42 Herzog Georg, mit dem Albrecht durch die zweifache Abkunft von Friedrich I. von Sachsen (gest. 1428) eng verbunden war, starb am 17. April 1539. Sein Bruder Heinrich V. (gest. 1541) gab die Reformation nach ernestinischem Muster frei, vgl. nunmehr die gründliche Zusammenfassung von Günther WARTENBERG, Landesherrschaft und Reformation. Moritz von Sachsen und die albertinische Kirchenpolitik bis 1546 (= QFRG 55). Weimar 1988, S. 93–102.

spätmittelalterlichen Gewandungen noch gewärmt, hatte er dennoch, wie es scheint, die Schwelle zur Neuzeit überschritten. Vom »Erfolg« her betrachtet hätte Albrecht die großen politischen Möglichkeiten, die in seiner Stellung in der Nähe des Kaisers lagen, nicht genügend ausgeschöpft, hätte er seine Pflichten nicht hinreichend erfüllt. Aus Schwäche, so behaupten manche. Aus Einsicht, sagen andere. Aus schwächlichem Opportunismus, so vermuten dritte Autoren. Und mancher malt sich die denkbaren Erfolge in einer welthistorischen Krise aus – post festum. Doch Albrechts Position und sein Machtgefüge werden wohl überhaupt historiographisch folgenreich überschätzt, weil die Bedeutung der Konfessionsfrage überschätzt und seine internen und externen Abhängigkeiten unterschätzt wurden. So fehlt es noch an einer möglichst genau gearbeiteten Finanzwirtschaftsgeschichte für den Hof des Kardinals und zumindest für das Erzstift Magdeburg. Denn hinter dem Glanz der manchen blendenden hohen Ämter lag das weite und tägliche Elend der Finanzmanipulationen und Steuerverweigerungen. Die kühl Beobachtenden unter seinen Zeitgenossen dürften seinen Bewegungsspielraum realistisch gesehen haben, die lange Zeit unveränderliche Leistungsfähigkeit und die eben doch begrenzten Leistungsmöglichkeiten in einer aufgewühlten Zeit, deren Ausweglosigkeiten oftmals nur durch geduldiges Zuwarten und nicht mit Blut und Eisen wie im Bauernkrieg zu überwinden waren. Der »große Kardinal« hätte dem Weltgeist in die Zügel fallen sollen. Aber der »Große Kardinal« war kein Konstantinus, kein Augustinus und kein Albertus, oder wen immer man von den großen Gestalten und Theologen anrufen will. Er war nur ein mit allen Mängeln und Vorzügen verinzuchteter Dynastien behafteter Fürstensproß, so wenig auf die Zeit nach 1517 vorbereitet, sowenig wie wir es waren und sind auf die Anfechtungen und Folgen eines Jahrhunderts der aufflammenden und abrupt zusammenfallenden Ideologien. Eine Zeit des Umbruches ist insgesamt nicht aufhaltbar, schon gar nicht in den Kernräumen Europas. Soll man die Bewegung in der Zeit, darf man sie aufhalten, mag sich Albrecht im Innersten je länger, desto mehr gefragt haben. Muß man nicht Duldung üben, wo für das gute Alte eine neue Form gesucht wird? Eine Art von »Toleranz« (das noch kaum bekannte Wort) bewegte ihn wohl, in den Spuren des Erasmus bald schwächer, bald stärker wandelnd, den er vormals als den Hersteller der Theologie begrüßt hatte. Der Seelenhirte sollte nicht zum konfessionellen Gewissens-Kommissar werden. Dies war ihm ebenso gewiß, wie er den alten Glauben zu erhalten oder zu festigen suchte. Albrecht sprach es in einem der Schlüsselsätze seines späteren Lebens aus: *Was in unserer Gewalt nicht stehe, weder zu wehren, noch zu erlauben, das müssen wir mit Geduld, wider unseren Willen, geschehen lassen*[43]. *Wider unseren Willen* und *Geduld:* das Wort eines Landesfürsten, kein unmittelbarer theologischer Gedanke. Oder doch? Eine Handreichung in der vielmals erkannten Ausweglosigkeit der sich vollziehenden Kirchenspaltung? Was Albrecht so offen schrieb, das dürfte er auch seinen weltlichen Leuten und den ihm freundschaftlich verbundenen Geistlichen und Verwandten gesagt haben. Gewiß, unübersehbar ist Albrechts wohl auf Krankheit beruhender Pessimismus in den vierziger Jahren. Vielleicht aber war es nur ein Realismus, offen geäußert,

---

43 Leopold VON RANKE, Deutsche Geschichte im Zeitalter der Reformation (= Gesamtausgabe... hrsg. von Paul Joachimsen), IV. München 1925, S. 130.

wie es der Mensch gegen Ende seiner Tage vermag. Nichts war erkennbar, mochte er denken, was zumindest im Osten in den Bistümern noch eine Wende hätte herbeiführen können. Schon gar nicht ein »gewaltsames« Regiment (d. h. ein starkes Regiment bis an die Schwelle von Gewaltsamkeiten) nach dem Vorbild seines Großvaters, der dieses Wort liebte, oder auch seines Bruders[44]. Nein, er hat sich immer moderat dynastieadäquat verhalten, er, der Territorialfürst im Prachtgewand des Krummstab-Reichsfürsten (mit zwei »bürgerlichen« Frauen).

An allem Ende aber stand auch bei ihm das lutherische »Wir sind Bettler«, verschlüsselt in der Sprache des Psalmisten. Der 55. Psalm soll ihm besonders nahegegangen sein, das Wort »wider die falschen Brüder«[45]. Wer waren sie, wann und wo umgaben und verrieten sie ihn? Und dann jene Psalmstrophen im Testament, mit allem Bedacht geschrieben, für die Historiker, die einmal verstehend und suchend in sein Leben eindringen würden:

»Sie haben mich oft gedrängt von meiner Jugend auf;
Aber sie haben mich nicht übermocht.
Die Pflüger haben auf meinem Rücken geackert
Und ihre Furchen lang gezogen.
Der Herr, der gerecht ist,
hat der Gottlosen Seile abgehauen.«

So klingt der 129. Psalm in der klaren und festen Sprache des Reformators[46], der auch in Albrechts Rücken Furchen gezogen hatte.

Albrecht der Kardinal und die Dynastie der Hohenzollern. Sie bildeten in einem doppelten Sinne ein Dreieck. Politisch gingen die Linien von Ansbach über Schlesien nach Königsberg und von Königsberg in den brandenburgisch-magdeburgischen Raum. Ein Dreieck aber auch, weil Wittenberg insgeheim oder offen beteiligt blieb. Luther war es, dessen Worte, Sendschreiben, Drohungen und Beleidigungen, dessen bitterer Spott dem Hause und dem Kardinal immer wieder Unruhe verschafften. Er hat die Hohenzollern dieser Reformationsjahrzehnte mehr zueinander ins politische Gespräch, ja zum weitreichenden politischen Erfolg gebracht, als es diese womöglich ohne den Antrieb der Reformation und ihrer Widersacher je getan und erfahren hätten.

---

44 KOSER, Politik (wie Anm. 23), S. 187.
45 Zitiert nach dem lesenswerten Essay von Hermann FRICKE, Albrecht von Brandenburgs Weg zum Rhein, in dessen »Brandenburgische Beiträge«. Privatdruck 1955, S. 25.
46 Ebd., S. 25.

NUNQUAM IN ALIQUO STUDIO GENERALI SEU PRIVILEGIATO ... STUDUISTI*

Eine Studiendispens für Albrecht von Brandenburg

Ingrid Heike Ringel

In der bisherigen Forschung wurde, indem man Albrechts Biographen Jakob May[1] folgte, fast stets für sicher gehalten, daß Albrecht von Brandenburg an der Universität Frankfurt an der Oder, der Viadrina, studiert bzw. »seine Studien vollendet« hat[2]. Unklar schien nur, wie lange er studiert und welche Fakultät(en) er besucht hat. Allerdings wurde in diesem Zusammenhang hin und wieder in der Literatur darauf hingewiesen, daß in der Matrikel der Viadrina unter den inskribierten Studenten Albrechts Name nicht begegnet[3], obwohl alle in Frage kommenden Jahre von 1506, dem Jahr der Einweihung, bis zum Sommersemester 1513 enthalten sind[4]. Das Fehlen eines Eintrags kann normalerweise durch das bei der Inskription eingeschlagene Verfahren erklärt werden, bei dem der Rektor die vorläufigen Notizen eines Unterbeamten, dem gegenüber die ankommenden Studierenden ihre Angaben gemacht hatten, bald darauf oder auch etwas später endgültig in die Matrikel eintrug bzw. selten durch einen anderen eintragen ließ[5].

---

* Diese Urkunde fand ich erst im März 1991. Den Mitarbeitern des Landeshauptarchivs Sachsen-Anhalt in Magdeburg, besonders Frau Skiba, möchte ich für ihr Entgegenkommen danken.

1 Jakob MAY, Der Kurfürst, Cardinal und Erzbischof Albrecht II. von Mainz und Magdeburg, Administrator des Bisthums Halberstadt, Markgraf von Brandenburg, und seine Zeit. Ein Beitrag zur deutschen Cultur- und Reformationsgeschichte 1514–1545, 2 Bde. München 1865–1875.

2 Ebd., I, S. 15. Bei J[ohann] H[einrich] HENNES, Albrecht von Brandenburg, Erzbischof von Mainz und von Magdeburg. Mainz 1858 ist hinsichtlich eines Studiums noch nichts erwähnt. Von den Autoren, die auf ein Studium Albrechts an der Universität Frankfurt/Oder hinweisen, sei hier nur eine Auswahl genannt: SCHIRRMACHER, in: ADB I, 1875, S. 268–271, hier S. 268; H. GREDY, Kardinal-Erzbischof Albrecht II. von Brandenburg in seinem Verhältnisse zu den Glaubensneuerungen. Mainz 1891, S. 1 und 14 (S. 1 wird sogar für Albrechts Bruder, Kurfürst Joachim, ein Studium erwähnt! Die ebd., S. 2 begegnende Behauptung, in seinem achtzehnten Lebensjahr habe Markgraf Albrecht »das theologische Studium« begonnen, beruht auf der irrigen Vorstellung, schon zur damaligen Zeit sei dieses für eine geistliche Laufbahn erforderlich gewesen); Heinrich GRIMM, in: NDB I, 1953, S. 166–167; Ernst Walter ZEEDEN, in: LThK I, ²1957, Sp. 291–292; Hans VOLZ, Erzbischof Albrecht von Mainz und Martin Luthers 95 Thesen. In: Jahrbuch der Hessischen Kirchengeschichtlichen Vereinigung 13 (1962) S. 187–228, hier S. 197; Friedhelm JÜRGENSMEIER, Kardinal Albrecht von Brandenburg (1490–1545). Kurfürst, Erzbischof von Mainz und Magdeburg, Administrator von Halberstadt. In: Horst Reber (Bearb.), Albrecht von Brandenburg. Kurfürst, Erzkanzler, Kardinal 1490–1545. Ausstellungskatalog Landesmuseum Mainz, hrsg. von Berthold Roland. Mainz 1990, S. 22–41, hier S. 23–24. Nicht erwähnt wird ein Studium von Gustav Adolf BENRATH, in: TRE II, 1978, S. 184–187.

3 So bei VOLZ, Albrecht (wie Anm. 2), S. 197 Anm. 31 und JÜRGENSMEIER, Kardinal Albrecht (wie Anm. 2), S. 24; vgl. dazu Ernst FRIEDLÄNDER (Hrsg.), Ältere Universitäts-Matrikeln I. Universität Frankfurt a. O., 3 Bde. (= Publikationen aus den Königlich-Preußischen Staatsarchiven 32. 36. 49). Leipzig 1887–1891, ND Osnabrück 1965.

4 Ebd., I, S. 1–36, vgl. auch S. VII.

5 Ebd., I, S. VIII.

Doch muß man sogleich fragen, ob eine Auslassung bei einem so repräsentativen Namen wahrscheinlich ist, handelte es sich doch bei Albrecht von Brandenburg um den Bruder des zuständigen Landesherrn und Universitätsgründers, des Kurfürsten Joachim I., und Albrecht war zumindest in der letzten Phase ebenfalls – wenn auch vielleicht nur nominell – an der Gründung beteiligt, wie es dieselbe Matrikel ausweist[6].

Zur Annahme eines Universitätsstudiums dürfte wohl auch die in der Literatur öfter zitierte Übersetzung einer Stelle aus einem Brief des Gothaer Kanonikers und Humanisten Mutianus Rufus an seinen Freund Heinrich Urban vom Jahre 1514 beigetragen haben, in der von Albrecht als einem jungen Mann, *der kaum die Schule(n) verlassen*, die Rede ist[7]. Im lateinischen Urtext lautet der Passus jedoch: *Unus iuvenis vix pedagogos et rudimenta literarum relinquens*, was keineswegs unbedingt als Hinweis auf ein Studium verstanden werden muß.

Es fehlte also bis jetzt der eindeutige Beweis für ein Universitätsstudium Albrechts. Auf der Suche danach haben wir nun den negativen Beweis gefunden, dafür nämlich, daß Albrecht niemals eine Universität besucht hat. Das geht aus einer bisher nicht beachteten im Original erhaltenen Urkunde Papst Leos X. vom 6. Mai 1513 für Albrecht als Magdeburger Kanoniker hervor, die im Landeshauptarchiv Sachsen-Anhalt in Magdeburg im Bestand der »Urkunden des Erzstifts Magdeburg« liegt[8] und in den im Rahmen der »Germania sacra« von Wentz und Schwineköper veröffentlichten Studien zum Magdeburger Domstift kurz angeführt wird[9].

Mit dieser Urkunde, die wir im Anhang edieren, wurde Albrecht von Brandenburg auf seine Bitte hin Dispens von einem im Magdeburger Domstift geltenden Statut erteilt. Seit 26. Januar 1509 Inhaber einer Majorpräbende an diesem Domstift[10], hatte der Markgraf an der Kurie vortragen lassen, daß er nun hier zu residieren, die Präbendeinkünfte zu empfangen und ins Kapitel aufgenommen zu werden wünsche. Dem stand jedoch entgegen, daß ein Statut des Magdeburger Domstifts als eine der notwendigen Voraussetzungen dafür einen dreijährigen un-

---

6 Siehe den Eintrag des Gründungsrektors Konrad Wimpina zum Jahre 1506 (ebd., I, S. 1–2). Zur Gründung der Viadrina vgl. vor allem Gustav BAUCH, Die Anfänge der Universität Frankfurt a. O. und die Entwicklung des wissenschaftlichen Lebens an der Hochschule (1506–1540) (= Texte und Forschungen zur Geschichte der Erziehung und des Unterrichts 3). Berlin 1900.

7 Karl GILLERT (Bearb.), Der Briefwechsel des Conradus Mutianus, 2 Teile (= Geschichtsquellen der Provinz Sachsen und angrenzender Gebiete 18). Halle 1890, II, S. 103–104, Nr. 446. In dieser Übersetzung zitiert z. B. bei MAY, Cardinal Albrecht (wie Anm. 1), I, S. 32 Anm.; ebenso bei Joseph GASS, Zur Mainzer Bischofswahl vom Jahre 1514. In: Der Katholik 74 (1894) II (= 3. F. 10. Bd.), S. 9–26, hier S. 24. Es finden sich allerdings auch korrektere Übersetzungen.

8 Signatur: LHM, Rep. U 1 Tit. IV, Nr. 33. Die dazugehörige Supplik ist abschriftlich überliefert in: Archivo Segreto Vaticano, Registro delle Suppliche 1408, fol. 109', am Rande als *indultum* bezeichnet.

9 Gottfried WENTZ und Berent SCHWINEKÖPER (Bearb.), Das Erzbistum Magdeburg, I, 1. Das Domstift St. Moritz in Magdeburg (= Germania sacra. Die Bistümer der Kirchenprovinz Magdeburg). Berlin, New York 1972, S. 117; nicht aufgeführt bei Joseph HERGENRÖTHER (Hrsg.), Leonis X. pontificis maximi Regesta, I. Freiburg im Brsg. 1884 (Suppliken sind nicht berücksichtigt).

10 WENTZ/SCHWINEKÖPER, Magdeburg (wie Anm. 9), S. 559; vgl. auch Franz SCHRADER, Kardinal Albrecht von Brandenburg, Erzbischof von Magdeburg, im Spannungsfeld zwischen alter und neuer Kirche. In: Ders., Reformation und katholische Klöster. Beiträge zur Reformation und zur Geschichte der klösterlichen Restbestände in den ehemaligen Bistümern Magdeburg und Halberstadt (= Studien zur katholischen Bistums- und Klostergeschichte 13). Leipzig 1973, S. 11–34, hier S. 11.

unterbrochenen[11] Besuch *(triennium)* eines *studium universale seu privilegiatum*, d. h. einer Universität, verlangte, den Albrecht nicht nachweisen könne, habe er doch niemals *in aliquo studio generali seu privilegiato* studiert, sondern sei mehrere Jahre lang von verschiedenen Doktoren beiderlei Rechts, Magistern der freien Künste und anderen gelehrten Männern, die in den humanistischen Studien und der Rhetorik gebildet seien, am Hofe unterrichtet worden. Obwohl in dem betreffenden Statut festgelegt war, daß kein Indult, keine Dispens bzw. kein Privileg dagegen herangezogen werden könne, vielmehr Kanoniker und Kapitel streng zur Einhaltung der Statuten und Gebräuche verpflichtet seien, und diese päpstlicherseits bestätigt worden waren, setzte Leo X. – in Anbetracht der Verdienste Albrechts, wie es heißt, und aus besonderer Gunst – durch diese Urkunde die Statuten für den speziellen Fall außer Kraft; er gestattete Albrecht in Magdeburg Residenz, Pfründgenuß und Aufnahme ins Kapitel, wozu dieses gehalten sein soll, löste ihn und die Kanoniker für diesen Fall von etwa geleisteten Eiden hinsichtlich Beachtung der Statuten und Gebräuche und absolvierte Albrecht zugleich von etwa über ihn verhängten kirchlichen Zensuren.

Bei dem in der Dispens erwähnten Statut über das *triennium* handelt es sich um eine ältere Bestimmung[12], die Erzbischof Friedrich von Magdeburg und sein Kapitel im September 1458 zusammen mit einem anderen Statut, das für die Aufnahme eines Kapitularkanonikers – mit Ausnahme eines Graduierten der Theologie – den Nachweis fürstlicher, adliger oder zumindest ritterlicher Herkunft vorschrieb, hatten erneuern[13] und schon im Januar des folgenden Jahres von Papst Pius II. bestätigen lassen[14]; später hatte sich noch eine Bestätigung durch Alexander VI. angeschlossen[15], die wir nicht im vollen Wortlaut kennen.

Als Zweck des Studien-Statuts wird im notariellen Erlaß von September 1458 und ebenso in der Dispensationsurkunde Papst Leos X. für Albrecht angegeben, die Domkanoniker sollten dadurch gebildeter und erfahrener werden und in den Angelegenheiten des Gemeinwesens, ihrer Kirche und des (Vater-)Landes um so besser und nützlicher Rat schaffen können. Doch ist die Forderung eines dreijährigen Studiums, d. h. eines längeren als in vielen deutschen Stiften, die nur ein

---

11 *Continuum* als Zusatz zu *triennium* fehlt in der Dispensurkunde von 1513, ist aber nach der Supplik (vgl. oben Anm. 8) und der notariellen Statutenaufzeichnung von 1458 (vgl. unten Anm. 13), der dieser Passus entnommen ist, zu ergänzen.

12 Eine Statutenerneuerung vom 11. März 1440, in der am Ende auch die Forderung des *triennium integrum* begegnet, nimmt Bezug auf ein *statutum* Erzbischof Burchards (Burchard II., 1296–1305, oder Burchard III., 1307–1325,?; nicht erwähnt bei WENTZ/SCHWINEKÖPER, Magdeburg, wie Anm. 9), doch ist nicht klar zu ersehen, ob dieses alle folgenden Bestimmungen umfaßte oder nur die erste (LHA Sachsen-Anhalt, Magdeburg, Rep. U 1 Tit. XIX, Nr. 48 – Papierheft mit Überschrift *Statuta Guntheri archiepiscopi Magdeburgensis*, das wohl Teil eines Statutenbuchs war –, fol. 5–6).

13 Notariatsinstrument vom 25. September 1458, LHM, Rep. U 1 Tit. XIX, Nr. 62.

14 Bulle vom 13. Januar 1459, ebd., Rep. U 1 Tit. XIX, Nr. 61, erwähnt von WENTZ-SCHWINEKÖPER, Magdeburg (wie Anm. 9), S. 116–117 zum 13. Januar 1458 [!], d. h. bei Auflösung des Datums wurde der damals gültige *calculus Florentinus* nicht berücksichtigt.

15 Nicht in Magdeburg gefunden; erwähnt in der nochmaligen Bestätigung der Statuten durch Papst Leo X. vom 5. Januar 1514, Original in: LHM, Rep. U 1 Tit. XIX, Nr. 65, erwähnt bei WENTZ/SCHWINEKÖPER, Magdeburg (wie Anm. 9), S. 116 mit Datum 5. Januar 1513, ebenfalls ohne Beachtung des *calculus Florentinus*; Regest nach der Abschrift im Vatikanischen Archiv Rom bei HERGENRÖTHER, Regesta (wie Anm. 9), Nr. 6065 (und 6066), S. 386 mit Datum 4. Januar.

zweijähriges Studium, das sog. *biennium* verlangten[16], in Verbindung mit dem Adelsstatut auch vor dem Hintergrund des besonderen Selbstverständnisses der Magdeburger Kirche zu sehen, die – wie es die Statutenerneuerung von 1458 formuliert – von Kaiser Otto dem Großen gegründet und dotiert und, was mehr ist, *super omnes nationis illius [Germanie] ecclesias primatus gloria et honor* erhalten habe. Unmittelbarer Anlaß aber zur Statutenerneuerung war offenbar gewesen, daß immer mehr Graduierte *de plebe*, auch aus entfernten und feindlichen Gebieten, versehen mit päpstlichen Provisionen ins Magdeburger Domstift drängten und hier zu Dignitäten zu gelangen suchten[17], was man anscheinend durch die Koppelung beider Statuten künftig wirksam verhindern wollte. In seiner Bestätigungsbulle hatte Pius II. den Magdeburgern zugesichert, daß sie in Zukunft solche Kandidaten nicht mehr aufnehmen müßten, selbst wenn jene eine päpstliche Urkunde vorwiesen, in welcher die Statuten außer Kraft gesetzt seien, behielt den Päpsten aber für den Einzelfall eine Dispensierung in besonderer Form vor[18].

Eine derartige Urkunde liegt uns hier für Albrecht von Brandenburg vor, nur daß dem Petenten nicht, wie üblich, der Adel, sondern das Studium fehlte. Ob Albrecht um diese Dispens allein im Einvernehmen mit seinem Bruder Joachim nachgesucht oder das Magdeburger Kapitel den Vorstoß angeregt hat, um Albrecht trotz des Hindernisses ins Kapitel aufnehmen zu können, ist dem Wortlaut der Urkunde nicht zu entnehmen; wenn darin der mögliche Widerstand von Kanonikern und Kapitel erwähnt wird, so deshalb, weil eine Dispens jeden Eventualfall berücksichtigen mußte. Zumindest muß das Domkapitel, da ohne genaue Kenntnis der einschlägigen statutarischen Dokumente eine solche Dispensurkunde in gültiger Form an der Kurie nicht ausgestellt werden konnte, dem Markgrafen oder dessen Vertreter Einsicht in diese gewährt und eine Abschrift der Urkunden von 1458 und 1459 und wahrscheinlich auch der Alexanders VI. oder wenigstens den entsprechenden Auszug aus ihnen zugelassen haben; daß Magdeburger Unterlagen bei Ausstellung der Dispensurkunde vorgelegen haben, wird evident am Passus über das Erfordernis des dreijährigen Studiums, der nahezu wörtlich mit dem Erlaß von 1458 übereinstimmt[19].

---

16 So z. B. im Mainzer Domstift, vgl. dazu Michael HOLLMANN, Das Mainzer Domkapitel im späten Mittelalter (1306–1476) (= QAmrhKG 64). Mainz 1990, S. 19–20 und Günter RAUCH, Das Mainzer Domkapitel in der Neuzeit. Zu Verfassung und Selbstverständnis einer adeligen geistlichen Gemeinschaft (Mit einer Liste der Domprälaten seit 1500), I. Teil. In: ZRG Kan. Abt. 61 (1975) S. 161–227, hier S. 188–189.

17 So in der Bulle Pius' II. vom 13. Januar 1459 (wie Anm. 14).

18 Ebd. In der nicht erhaltenen Bulle Alexanders VI. ist, nach dem Wortlaut der Bestätigungsbulle Leos X., vom 5. Januar 1514 (vgl. oben Anm. 15) zu urteilen, die Dispensierung noch mehr erschwert; dem Erzbischof und Kapitel sollte durch verschiedene päpstliche Urkunden, die ihnen im Intervall von einem Monat präsentiert werden, die unabänderliche Absicht des päpstlichen Stuhles mitgeteilt werden, die Statuten für diesen Fall außer Kraft zu setzen. Ob im Falle Albrechts so verfahren wurde, scheint fraglich und bleibt hier, da wir den vollen Wortlaut der Bulle Alexanders bisher nicht kennen, unberücksichtigt. In Alexanders VI. Bulle sind auch erstmals unter denjenigen, vor deren Aufnahme sich das Magdeburger Domkapitel schützen wollte, ausdrücklich die Kurialen genannt.

19 In der Notariatsurkunde von 1458 (wie Anm. 13) lautet die Stelle folgendermaßen: *Ut autem canonici dicte nostre ecclesie eo doctiores et experienciores reddantur ac causis et negociis rei publice, ecclesie et patrie eo commodius et utilius consulere valeant, predicto statuto adicimus et ordinamus, ut nullus canonicus capitularis maior de cetero ad percepcionem fructuum prebende, dignitatis, personatus aut officii sui vel ad actus capitulares recipiatur seu admittatur, nisi prius per triennium continuum in aliquo studio universali seu privilegiato studuerit, nullo indulto aut dispensacione seu privile-*

Aber nicht nur diese Dokumente aus Magdeburg waren zur Erlangung der Urkunde erforderlich, sondern auch entsprechende Rechtskenntnisse, um die Dispens gegen alle möglichen juristischen Einsprüche abzusichern. Hier ist deshalb zunächst danach zu fragen, wer Albrechts Anliegen am päpstlichen Hof vertrat, womit zugleich das Problem der Glaubwürdigkeit der persönlichen Angaben zu Albrecht in der Dispensurkunde angeschnitten ist. Aller Wahrscheinlichkeit nach handelt es sich dabei um Dr. Johannes Blankenfeld, der sich seit Herbst 1512 an der Kurie aufhielt und hier zugleich Generalprokurator des Deutschen Ordens im Auftrag von dessen Hochmeister, Albrechts gleichnamigem Vetter aus der ansbachischen Linie, sowie des Deutschmeisters und Orator des brandenburgischen Kurfürsten Joachim I. war[20], über dessen Aufträge an Blankenfeld uns bis zur Erwählung Albrechts zum Magdeburger Erzbischof keine Nachrichten vorliegen.

Blankenfeld war nicht zufällig vom brandenburgischen Kurfürsten zum Orator bestimmt worden: Aus Berlin gebürtig, war er, nachdem er im Jahre 1503 sein Studium in Bologna mit der Promotion zum Dr. iuris utriusque abgeschlossen und danach vorübergehend an der Leipziger Juristenfakultät gelehrt hatte, im Herbst 1505 in den Dienst des Hauses Brandenburg gekommen: noch vor der eigentlichen Eröffnung der Universität am 26. April 1506 war er als Professor der Rechte nach Frankfurt an der Oder berufen worden und hatte entscheidenden Anteil an Organisation und Aufbau der neuen Universität, deren zweiter Rektor er wurde. Bald war er daneben von Kurfürst Joachim und dessen Bruder Albrecht zum Hofdienst verpflichtet und im Jahre 1509 zum Assessor am Reichskammergericht bestellt worden[21]. In dieser Zeit hatte er auch Erfahrung in diplomati-

gio sibi contra id quomodolibet suffragante, astringentes nos et successores nostros ad dictam ordinacionem sive statutum in ecclesia nostra in perpetuum inviolabiliter observandum. In der Bestätigungsbulle Pius' II. von 1459 (wie Anm. 14) ist die Stelle verkürzt: *nullusque canonicorum capitularium predictorum ad perceptionem fructuum prebende, dignitatis, personatus, administrationis vel officii eiusdem ecclesie de cetero admitti debeat, nisi prius per triennium continuum in aliqua universitate seu studio privilegiato studuerit,* es fehlen also auch die Begründung und die Klauseln.

20 Die Doppelstellung Blankenfelds geht u. a. aus seinem Eintrag vom 26. April 1513 ins Bruderschaftsbuch der Anima, der deutschen Nationalkirche in Rom, hervor, vgl. Karl JAENIG (Hrsg.), Liber confraternitatis B. Marie de Anima Teutonicorum de Urbe. Rom, Wien 1875, S. 42. Für den Deutschen Orden liegt auch sein Dienstrevers vom 25. August 1512 vor, Geheimes Staatsarchiv Berlin, Depot Staatsarchiv Königsberg, Ordensbriefarchiv Nr. 19566, Regest bei: Erich JOACHIM und Walther HUBATSCH (Bearb.), Regesta Historico-diplomatica Ordinis S. Mariae Theutonicorum 1198–1525, Pars I: Regesten zum Ordensbriefarchiv Vol. 3: 1511–1525. Göttingen 1973, S. 25, dazu seine Instruktion (undatiert) (Ordensbriefarchiv Nr. 19565, JOACHIM–HUBATSCH, S. 25). In einem Briefe vom 20. Oktober 1513 (Ordensbriefarchiv Nr. 19901, JOACHIM–HUBATSCH, S. 43) spricht Blankenfeld davon, daß er jetzt ungefähr ein Jahr in Rom sei. Sein erster datierter Bericht aus Rom an den Hochmeister stammt vom 21. Februar 1513 (Ordensbriefarchiv Nr. 19696, JOACHIM–HUBATSCH, S. 32). In einem Breve an Kurfürst Joachim vom 3. Juli 1513, in dem er für dessen Gratulation zu seinem Regierungsantritt dankt, erwähnt Papst Leo nichts von bestimmten Geschäften Blankenfelds, doch lobt er, daß dieser *iurisperitus ... et agendis rebus imprimis idoneus* sei; abgedruckt in: Petrus BEMBUS, Epistolarum Leonis decimi pontificis Maximi nomine scriptarum libri XVI. Basel 1547, III 24 S. 121, Regest bei HERGENRÖTHER, Regesta (wie Anm. 9), Nr. 3490, S. 205. Zu Blankenfelds Tätigkeit für den Deutschen Orden, nach der Wahl zum Magdeburger Erzbischof auch für Albrecht von Brandenburg, vgl. Wilhelm SCHNÖRING, Johannes Blankenfeld. Ein Lebensbild aus den Anfängen der Reformation (= Schriften des Vereins für Reformationsgeschichte 86). Halle 1905, S. 13 ff.

21 Am ausführlichsten zu diesem Lebensabschnitt SCHNÖRING, Blankenfeld (wie Anm. 20), S. 3–13; vgl. auch Gustav C. KNOD, Deutsche Studenten in Bologna (1289–1562). Biographischer Index zu den Acta nationis Germanicae universitatis Bononiensis. Berlin 1899, ND Aalen 1970, S. 48–49,

schen Geschäften erworben, so war er im Auftrag der beiden Markgrafen bereits 1507/08 an der Kurie in Rom gewesen[22].

Blankenfeld war also mit den Verhältnissen am kurbrandenburgischen Hofe wohlvertraut und kannte Albrecht, wenn er nicht sogar – wenigstens für kurze Zeit – zu dessen Lehrern zu zählen ist. Er konnte mithin zuverlässige Angaben zu Albrechts Person machen. Und es mußte auch im Interesse eines Prokurators – sei es nun Blankenfeld oder ein anderer – wie Albrechts selbst liegen, daß die an der Kurie vorgetragenen und schließlich in die Urkunde aufgenommenen Angaben stimmten, denn beide wußten, daß diese bei Vorlage der Urkunde im Magdeburger Domstift leicht überprüft werden konnten und, im Falle einer Unrichtigkeit oder auch nur eines geringen Zweifels daran, sich wahrscheinlich ein Gegner oder Konkurrent gefunden hätte, der die päpstliche Dispensurkunde angefochten hätte, wie es häufig geschah. Hätte Markgraf Albrecht auch nur einige wenige Semester – selbst mit Unterbrechungen – studiert, so hätte sein Prokurator das sicherlich in die Urkunde aufnehmen lassen, mußte er doch daran interessiert sein, daß der Petent im vorteilhaftesten Lichte erschien, um seiner geistlichen Karriere nicht zu schaden, vielmehr sie zu fördern. Aus den vorgetragenen Gründen erhellt, daß die Angabe, Albrecht habe niemals (das Wort *nunquam* [!] ist unmißverständlich) ein *studium generale seu privilegiatum* besucht, als glaubwürdig angesehen werden muß. Somit scheidet auch die Universität Frankfurt an der Oder aus, denn für deren Gründung hatte der brandenburgische Kurfürst schon am 18. Mai 1498 ein Stiftungsprivileg von Papst Alexander VI. erhalten, welches am 15. März 1506 von Julius II. bestätigt worden war; desgleichen war die Gründung am 26. Oktober 1500 von Kaiser Maximilian privilegiert worden[23].

Ehe wir weiter auf die Urkunde eingehen, ist zu erörtern, warum Albrecht von Brandenburg gerade jetzt die Dispens an der Kurie erwerben ließ. Hier ist nun zunächst etwas auszuholen und darauf hinzuweisen, daß Albrecht im ersten Viertel des Jahres 1513 auch die Priesterweihe empfangen hat[24]. Ermöglichte ihm die päpstliche Dispens, im Magdeburger Domstift Aufnahme ins Kapitel zu finden, so die Priesterweihe im Mainzer Domstift, wo er aufgrund einer Exspektanz Papst Julius' II.[25] am 10. März 1508 als Domizellar admittiert worden war[26] und

---

Nr. 335 und Aloys SCHULTE, Die Fugger in Rom 1495–1523. Mit Studien zur Geschichte des kirchlichen Finanzwesens jener Zeit, I. Leipzig 1904, S. 106–108.

22 Ebd., S. 106 mit Anm. 6; SCHNÖRING, Blankenfeld (wie Anm. 20), S. 11–12.

23 Dazu BAUCH, Universität (wie Anm. 6), S. 6–7.

24 Die zeitliche Festlegung ergibt sich daraus, daß er 1513 *dominica post pascha prima* (= 3. April) seine Primiz feierte, dazu VOLZ, Albrecht (wie Anm. 2), S. 198 mit Anm. 37. VOLZ weist (ebd., S. 197) darauf hin, daß Albrecht zu diesem Zeitpunkt noch nicht das kanonische Weihealter von 25 Jahren hatte, also eine Dispens brauchte; ob diese ebenfalls vom Papst, in diesem Falle wäre an Julius II. zu denken, ausgestellt wurde, entzieht sich unserer Kenntnis.

25 Schon zum 9. November 1506 steht folgender Eintrag im Protokoll des Mainzer Domkapitels: *Recepte sunt littere ab illustrissimo domino Joachim Margravio principe electore, continentes gratias expectativas pro fratre suo Alberto, ut in eis*, StAW, Mz.Domkap.Prot. III, fol. 505, nicht erwähnt bei Friedrich SCHNEIDER, Die Brandenburgische Domstifts-Kurie zu Mainz. In: Hohenzollern-Jahrbuch 3 (1899) S. 34–48. Diese Exspektanz ist bisher nicht aufgefunden.

26 Die Admissio erfolgte auf das Kanonikat des am 4. März verstorbenen Johann Boos von Waldeck *vigore et pretextu quarundam litterarum apostolicarum ac processuum desuper emanatorum* (StAW, Mz.Domkap.Prot. III, fol. 582', Notiz vom Tode seines Vorgängers ebd., fol. 582), vgl. auch SCHNEIDER, Domstifts-Kurie (wie Anm. 25), S. 35.

bereits – vom 2. Februar 1510 bis zum gleichen Tag des folgenden Jahres – die erforderliche Annalresidenz abgeleistet hatte[27], denn im Mainzer Domstift wurde von einem Priester wegen seiner Standeswürde das statutarisch vorgeschriebene *biennium* nicht mehr verlangt[28]. Somit war Albrecht trotz des fehlenden Studiums der Weg geebnet, in zwei der bedeutendsten Domkapitel Deutschlands vollgültiges Mitglied zu werden.

Man gewinnt in diesem Zusammenhang den Eindruck, daß entweder Albrecht, der damals immerhin schon fast dreiundzwanzig Jahre alt war, sich vom brandenburgischen Hof lösen, unabhängig von seinem Bruder werden wollte, oder daß dieser ihn zur Trennung drängte. Ein auslösender Faktor dafür könnten Auseinandersetzungen zwischen den beiden Brüdern gewesen sein, von deren Beilegung wir durch eine Urkunde vom 22. August 1512 hören[29], falls nicht etwa die Trennung vom Hofe selbst Gegenstand der Differenzen war. Gerade um diese Zeit aber war die Abreise Blankenfelds nach Rom aktuell, so daß anzunehmen ist, daß dieser noch persönlich, nicht erst durch spätere Boten, den Auftrag erhalten hat, den Papst für Albrechts Dispensierung zu gewinnen; die späte Ausstellung der Urkunde Anfang Mai 1513 wäre dabei zwanglos mit der Krankheit Julius' II. und dem Wechsel auf dem Papstthron von Julius II. zu Leo X.[30] zu erklären, wodurch wie üblich zunächst viele Sachen unerledigt blieben.

Wir sollten aber noch einen anderen Gesichtspunkt in Erwägung ziehen. Es wäre möglich, daß Priesterweihe und Dispens erstrebt wurden, weil Albrecht sich bereits zu diesem Zeitpunkt Hoffnungen machte – oder vielleicht sogar machen konnte –, in Magdeburg die Nachfolge des bisherigen Erzbischofs Ernst von Sachsen[31] antreten zu können[32], und glaubte, sich damit dem Magdeburger Kapitel in besonderer Weise zu empfehlen.

27 Am 5. Februar 1510 hatte Albrecht dem Kapitel durch den Scholaster mitteilen lassen, daß er *pridie sabbato ipsa die purificationis Marie 2a videlicet februarii* seine Residenz begonnen habe (StAW, Mz.Domkap.Prot. III, fol. 687'); am 3. Februar des folgenden Jahres ließ er ebenso mitteilen, daß die Residenz beendet habe (ebd., fol. 727'), dazu auch SCHNEIDER, Domstifts-Kurie (wie Anm. 25), S. 35–38. Zur Residenz in Mainz begleitete Markgraf Albrecht Dr. Dietrich von Diskau, vgl. die Urkunde vom 1. September 1509 bei Adolph Friedrich RIEDEL (Hrsg.), Codex diplomaticus Brandenburgensis, 3. Hauptteil, 3.Bd. Berlin 1861, Nr. 175, S. 204–205; vgl. auch Fritz MEHL, Die Mainzer Erzbischofswahl vom Jahre 1514 und der Streit um Erfurt in ihren gegenseitigen Beziehungen. Phil. Diss. Bonn 1905, S. 64ff.

28 Statut vom 7. November 1364, vgl. Fritz VIGENER (Bearb.), Regesten der Erzbischöfe von Mainz von 1289–1396, 2. Abteilung, 1.Band. Leipzig 1913, Nr. 1885, S. 425–426; vgl. auch HOLLMANN, Domkapitel (wie Anm. 16), S. 19.

29 RIEDEL, Codex (wie Anm. 27), III, 3, Nr. 184, S. 213–214. Bei der Urkunde handelt es sich um die Verpflichtung der beiden Brüder, künftige Streitigkeiten durch die drei Landesbischöfe und den Meister des Johanniterordens gütlich schlichten zu lassen. Die Differenzen beider werden nicht genauer erwähnt, doch geht aus dem Vertrag hervor, daß es sich um heftige Wortwechsel, auch im Beisein von Dienern, gehandelt haben muß.

30 Vgl. Ludwig Freiherr von PASTOR, Geschichte der Päpste seit dem Ausgang des Mittelalters, III, 2. Freiburg im Brsg. [5-7]1924, S. 867ff. und IV, 1. Freiburg im Brsg. 1906, S. 3ff.

31 Zu ihm vgl. Friedrich Wilhelm HOFFMANN, Geschichte der Stadt Magdeburg, neu bearb. von Georg HERTEL und Friedrich HÜLSSE, 2 Bde. Magdeburg 1885, hier I, S. 251–286.

32 Ernst litt seit 1503 an der Syphilis (ebd., S. 279); das war der Anlaß zur Errichtung seines ersten Testaments (teilweise ediert bei Paul REDLICH, Cardinal Albrecht von Brandenburg und das Neue Stift zu Halle 1520–1541. Eine kirchen- und kunstgeschichtliche Studie. Mainz 1900, Beilage 1, S. 1*–5*). Sein Tod am 3. August 1513 scheint allerdings recht plötzlich eingetreten zu sein, vgl. HOFFMANN, Magdeburg (wie Anm. 31), I, S. 283, so daß nicht evident ist, ob schon Ende 1512/An-

Hatte Albrecht auch kein Universitätsstudium vorzuweisen, so machte sein Vertreter an der Kurie doch die mehrjährige Ausbildung am Hofe durch verschiedene Doktoren beiderlei Rechts, Magister der philosophischen Fakultät und andere gelehrte Männer, die in den humanistischen Studien und der Rhetorik gebildet seien, geltend, d. h. Albrecht ist zwar von Privatlehrern unterrichtet worden, darunter aber von Graduierten, welche die Berechtigung hatten, an der Universität zu lehren.

Auch sein Bruder Joachim und später dessen Sohn Joachim II.[33] sind von Hauslehrern unterrichtet worden; bis zu Johann Georg, dem Sohn Joachims II., war es offensichtlich nicht üblich, die brandenburgischen Kurprinzen auf eine Universität zu schicken[34], und diese Tradition galt anscheinend auch für die nachgeborenen Söhne, selbst wenn diese die höhere geistliche Laufbahn einschlagen sollten, wie es schon früh für Albrecht vorgesehen war[35].

Standesgemäße Erziehung und Unterricht am Hofe brachten für einen Fürstensohn Vorteile mit sich: Sie konnten ihn besser auf Repräsentationsaufgaben in der Öffentlichkeit vorbereiten und gezielt, ohne sich allzu sehr in der Theorie zu verlieren, wie es ein Studium mit sich brachte, Kenntnisse vermitteln, die zum künftigen Regieren befähigten, wobei besonders an Rechtskenntnisse zu denken ist. Welchen Stellenwert Joachim I., der sich nach dem frühen Tode der Eltern zusammen mit seinen Räten um die Erziehung des jüngeren Bruders kümmerte[36], der Kenntnis des römischen Rechts einräumte, geht aus der späteren Belehrung für einen Enkel hervor, dem er einschärfte: *es sollte kein Fürst regieren, er wüßte denn zuvor die Kaiser-Rechte*[37]. Von daher dürfte es nicht zufällig sein, daß in der Dispensurkunde unter Albrechts Lehrern die Doktoren beiderlei Rechts, des römischen wie des kanonischen, an erster Stelle stehen.

Der Privatunterricht konnte aber auch die Neigungen des Schülers stärker berücksichtigen und fördern, und es konnten die besten Lehrer für ihn ausgewählt werden. Falls überhaupt je bewußt eine Entscheidung getroffen worden ist, Albrecht nicht auf die Universität zu schicken – und dafür wäre an sich nur die neue Landesuniversität Frankfurt in Frage gekommen –, dürfte nicht allein die bisherige Tradition eine Rolle gespielt haben, sondern auch die Ansicht bei

---

fang 1513 mit seinem Ableben gerechnet wurde. – Es soll hier noch darauf hingewiesen werden, daß sich im Februar des Jahres 1513 zwei Männer aus Magdeburg in Rom aufhielten, ohne daß bisher eine Verbindung zu Albrechts Angelegenheit ersichtlich ist. Das ist zum einen ein Gesandter des Erzbischofs Ernst, der an der Kurie eine Bulle erwirken sollte, mit der das Magdeburger Domkapitel angewiesen würde, seinen Widerstand gegen die Errichtung einer Kollegiatstiftskirche in Halle aufzugeben (ebd., I, S. 282–283), und außerdem der Magdeburger Dompropst Fürst Adolf von Anhalt, vgl. dessen Eintrag ins Bruderschaftsbuch der Anima vom 10. Februar 1513 bei JAENIG, Liber confraternitatis (wie Anm. 20), S. 39.

33 Dazu Georg SCHUSTER und Friedrich WAGNER, Die Jugend und Erziehung der Kurfürsten von Brandenburg und Könige von Preußen, I (= Monumenta Germaniae Paedagogica 34). Berlin 1906, S. 243 ff. und 323 ff.

34 Ebd., S. VII.

35 Schon 1508/09 hatte Joachim I. versucht, seinem Bruder das Stift Utrecht zu verschaffen, vgl. RIEDEL, Codex (wie Anm. 27), III, 3, Nr. 168, S. 194–195; vgl. auch JÜRGENSMEIER, Kardinal Albrecht (wie Anm. 2), S. 24.

36 Ebenda.

37 Überliefert von seiner Tochter Elisabeth in deren »Unterrichtung und Ordnung« für ihren Sohn Erich, zitiert nach SCHUSTER/WAGNER, Jugend und Erziehung (wie Anm. 33), S. 262.

Hofe, der Unterricht an dieser Universität sei nicht zum besten bestellt. Denn von Eitelwolf vom Stein, der wohl entscheidend an der Erziehung Albrechts beteiligt war[38], wird berichtet, er bedauere, dem Kurfürsten Joachim zur Gründung geraten zu haben, *quoniam ab indoctis doctis possideri, non a Graece et Latine eruditis, ut ipse proposuisset, excoli cerneret*[39], mit anderen Worten, der Humanismus habe hier keine Heimstätte. Das schließt aber nicht aus, daß unter Albrechts Privatlehrern auch Frankfurter Professoren waren, wie wir es von seinem Neffen Joachim II. wissen[40]; schon oben haben wir erwogen, ob der Jurist Blankenfeld, Ordinarius in Frankfurt, nicht unter Albrechts Lehrer einzureihen ist.

Nicht zuletzt ist zu bedenken, daß der Unterricht am Hofe einerseits weitgehend unkontrollierbare Fremdeinflüsse, wie sie an der Universität gegeben waren, ausschalten konnte; andererseits war er in der zeitlichen Ausdehnung flexibel zu gestalten, während ein ununterbrochenes Studium – seien es nun drei oder nur zwei Jahre – mit seinem streng geregelten Stundenplan keinen großen Spielraum gelassen, vielmehr fast ständige Abwesenheit vom Hofe bedingt hätte, was weder für Albrecht noch seinen Bruder allein schon wegen der Repräsentationspflichten akzeptabel gewesen wäre[41].

Auf Inhalt und Umfang seiner Bildung kann hier nicht näher eingegangen werden, dafür sind Spezialstudien notwendig. Sie haben sich vorab wohl an der Aufzählung der verschiedenen Graduierten und Nicht-Graduierten als Lehrer Albrechts in der Dispensurkunde zu orientieren, denn auch wenn diese vielleicht in erster Linie dazu gedacht war, die Bedeutung des Unterrichts im allgemeinen herauszustreichen, so scheint sie doch auch einen gewissen »Fächerkatalog« zu umreißen. Diesem ist zu entnehmen, daß Albrecht außer im Recht auch in den sog. *Humaniora* unterrichtet wurde, d. h. im klassischen Latein (vielleicht auch im Griechischen) anhand antiker Autoren und in der Kunst, sich mündlich und schriftlich elegant auszudrücken, womit zugleich ein neues Lebensgefühl vermittelt wurde. Dieser Unterricht war es wohl, der bei Albrecht eine gewisse humanistische Geisteshaltung förderte, die seine Zeitgenossen bald an ihm rühmten[42]. Bemerkenswert ist, daß unter seinen Lehrern kein Graduierter der Theologie ge-

---

38 S. unten.

39 Erwähnt im Brief Ulrichs von Hutten an Jakob Fuchs vom 13. Juni 1515, vgl. Eduard BÖCKING (Hrsg.), Ulrichs von Hutten Schriften, I. Briefe von 1506 bis 1520. Leipzig 1859, Nr. 26, S. 40–45, hier S. 44, Z. 23–27. An der Frankfurter Universität herrschte noch der übliche spätscholastische Lehrbetrieb, »der den Humaniora nur nebenbei einen gewissen, begrenzten Einfluß gewährte«, vgl. Heinrich GRIMM, Ulrichs von Hutten Lehrjahre an der Universität Frankfurt (Oder) und seine Jugenddichtungen. Ein quellenkritischer Beitrag zur Jugendgeschichte des Verfechters deutscher Freiheit. Frankfurt an der Oder, Berlin 1938, S. 53. Nur in Privatlehrzirkeln und den (Haus-)Vorlesungen der »Poeten« konnten die Studenten Bekanntschaft mit dem Humanismus schließen, ebd., S. 57; vgl. auch die weiteren Ausführungen Grimms.

40 Dazu SCHUSTER/WAGNER, Jugend und Erziehung (wie Anm. 33), S. 343 ff. (allerdings mit Vorsicht zu benutzen).

41 Daß Albrecht, der als Mitregent seines Bruders seit 1499 in amtlichen Dokumenten auftritt, vgl. z. B. RIEDEL, Codex (wie Anm. 27), II, 6. Berlin 1858, Nr. 2357, S. 151, tatsächlich Einfluß auf die Regierungsgeschäfte genommen hat, ist für die frühen Jahre sehr unwahrscheinlich; dazu VOLZ, Albrecht (wie Anm. 2), S. 194 und JÜRGENSMEIER, Kardinal Albrecht (wie Anm. 2), S. 23. Für die spätere Zeit ist es meines Erachtens nicht ganz auszuschließen.

42 Dazu VOLZ, Albrecht (wie Anm. 2), S. 207 ff.

nannt wird. Wenn wir voraussetzen dürfen, daß im allgemeinen Doktoren und Magister ihr Fach lehrten[43], bedeutet das, daß Albrecht nicht in die Anfangsgründe der Theologie eingeführt wurde.

Die Frage nach den Inhalten von Albrechts Ausbildung ist eng verknüpft mit der nach seinen Lehrern, welche ebenfalls eingehender untersucht werden muß. Hier soll nur auf einen Mann hingewiesen werden, der (mit) an erster Stelle im Zusammenhang von Albrechts Erziehung genannt wird[44], der schwäbische Ritter Eitelwolf vom Stein (ca. 1465–1515), einer der angesehensten Räte Joachims I. Dieser[45] hatte nach dem Besuch der bekannten Schule im elsässischen Schlettstadt in Leipzig und anschließend in Bologna studiert und dort Latein besonders bei dem gefeierten Philippus Beroaldus, Professor der Rhetorik und Poesie, gehört; als er sich gerade den griechischen Studien zugewendet hatte, wurde er nach Deutschland zurückgerufen, was er sehr bedauerte. Hier trat er dann in den Dienst des brandenburgischen Kurfürsten Johann Cicero und nach dessen Tod in den seines Sohnes Joachim; beide betrauten ihn mit wichtigen diplomatischen Aufgaben, und 1501 wurde er ans Reichskammergericht geschickt. Wesentlichen Anteil hatte er an der Gründung der Frankfurter Universität. Zu Albrecht hatte er eine besonders gute Beziehung, schreibt doch Ulrich von Hutten[46], Eitelwolf sei von Albrecht über alles geliebt worden, deswegen von ihm zum *aulae praefectus* erhoben worden, und habe auf Albrecht, wie nur wenige, großen Einfluß ausgeübt. In der Tat wurde er von Albrecht im Jahre 1514 zu seinem Magdeburger und Halberstädter Hofmeister ernannt[47].

Selbst Humanist, hatte Eitelwolf unter anderem zu Reuchlin, Mutianus Rufus und Hutten gute Beziehungen. Sie schätzten diesen Mann, nicht nur, weil er sie förderte[48], sondern ebenso, weil er, wie Hutten es ausdrückt[49], als erster und einziger seines Standes in Deutschland die Verwaltung der Staatsgeschäfte mit den humanistischen Studien zu verbinden verstehe. Immer habe Eitelwolf auf seine Dienstritte eines seiner gelehrten Bücher – er liebte Livius und von den »Poeten« Vergil und Lukan – mitgenommen, die er als andere Art der Waffen bezeichnet habe. Auch sein Latein lobte Hutten: es sei gewandt und ohne Fehler, im Schrift-

---

43 Vgl. Erich KLEINEIDAM, Universitas Studii Erffordensis, I (= Erfurter theologische Studien 14). Leipzig ²1985, S 262. Er macht aber darauf aufmerksam, daß sie auch »als wandernde Lehrer der neu entdeckten humanistischen Sprechweise« umhergezogen sind.

44 So besonders von BENRATH (wie Anm. 2), S. 184; gewöhnlich wird außerdem noch der Lebuser Bischof Dr. legum Dietrich von Bülow genannt, vgl. VOLZ, Albrecht (wie Anm. 2), S. 195 und JÜRGENSMEIER, Kardinal Albrecht (wie Anm. 2), S. 23.

45 Biographische Daten nach Franz FALK, Der Mainzer Hofmarschall Eitel Wolf von Stein. In: Historisch-politische Blätter 111 (1893) S. 877–894; Karl HARTFELDER, in: ADB XXXV, 1892, S. 606–607; KNOD, Deutsche Studenten (wie Anm. 21), S. 548–549, Nr. 3643 und GRIMM, Ulrich von Hutten (wie Anm. 39), S. 74–78.

46 Brief an Jakob Fuchs vom 13. Juni 1515 (vgl. Anm. 39), S. 43, Z. 8–10.

47 Eidleistung desselben am 29. August 1514 (StAW, Mainzer Bücher verschiedenen Inhalts 8 = Magdeburgische Briefe, fol. 6–7). In der Literatur wird Eitelwolf häufig irrtümlicherweise als »Hofmarschall« bezeichnet.

48 Vgl. dazu die Briefe des Mutianus Rufus an Valentin Sunthausen, Reuchlin, Urban und Eoban Hesse, hrsg. von GILLERT (wie Anm. 7), II, Nr. 514. 516–518, S. 178–182 und das Schreiben Huttens an Jakob Fuchs vom 13. Juni 1515 (vgl. oben Anm. 39), das eine Art Nekrolog darstellt.

49 Ebd., S. 42, Z. 32–34. S. 44, Z. 18–22. S. 42, Z. 24–25; vgl. auch Huttens an Eitelwolf gerichtete Vorrede zum Panegyricus auf Erzbischof Albrecht von Mainz (ebd., Nr. 22, S. 34–37).

lichen eigne ihm auch *elegantia ac dignitas*. Ebenso apostrophierte Trithemius ihn als *magni ingenii vir, et eloquentiae Romanae vehemens aemulator*[50].

Wenn man nun die etwas geschraubte Wendung in der Dispensurkunde von den *viri docti, in humanitate ac arte oratoria eruditi*, die Albrecht unterrichtet haben, bedenkt, so paßt sie sehr gut auf Eitelwolf vom Stein. Nimmt man dessen höheres Alter hinzu, die bezeugte starke Einflußnahme auf Albrecht und dessen Zuneigung, ferner den mäzenatischen Zug, der beiden eignete, und überhaupt Albrechts humanistische Neigungen, so darf der Schluß gezogen werden, daß Eitelwolf vom Stein einer der Erzieher des jungen Prinzen gewesen ist.

Das Bild von Albrecht als einem »hochgebildeten, von Kaiser Karl V. wie von allen deutschen Fürsten seiner wissenschaftlichen Bildung wegen hochgeachteten ... Kurfürsten, Erzbischof und Kardinal«[51], das Jakob May in seiner Biographie entworfen hat, ist schon öfter erheblich in Zweifel gezogen worden, nur an dem angeblichen Faktum, daß Albrecht in Frankfurt an der Oder studiert habe, kam man nicht vorbei. Aufgrund der päpstlichen Dispensurkunde von 1513 muß diese Vorstellung endgültig aufgegeben werden. Jetzt aber, da feststeht, daß Albrecht von Brandenburg kein Universitätsstudium aufzuweisen hat, sondern »nur« eine – wie es scheint – gute Ausbildung durch Privatlehrer, dürften manche seiner späteren Handlungen und Entscheidungen etwas anders zu beurteilen sein.

1513 Mai 6
Dispens Papst Leos X. für Albrecht von Brandenburg
Landeshauptarchiv Sachsen-Anhalt, Magdeburg, Rep. U 1 Tit. IV, Nr. 3: Dispensatio Illustrissimi principis Alberti ex Marchionibus Brandenburgensibus Canonici Magdeburgensis super studio triennali[a]*;*
Original, Pergament, Bulle hängt an rot-gelben Seidenfäden an.

Leo episcopus servus servorum Dei dilecto filio Alberto ex Marchionibus Brandeburgensibus ac Stetinensis et Pomeranie ducibus Canonico Magdeburgensi salutem et apostolicam benedictionem. Nobilitas generis, vite ac morum honestas aliaque laudabilia probitatis et virtutum merita, super quibus apud nos fidedigno commendaris testimonio, nos inducunt, ut te specialibus favoribus et gratiis prosequamur. Cum itaque, sicut accepimus, in statutis et consuetudinibus ecclesie Magdeburgensis, etiam apostolica auctoritate confirmatis, inter alia caveri et ab immemorabili tempore citra forsan inviolabiliter et inconcusse teneri et observari dicatur expresse, quod, ut canonici dicte ecclesie eo doctiores et magis experti reddantur ac causis et negociis rei publice, ipsius ecclesie et patrie eo commodius et utilius consulere valeant, nullus canonicus capitularis maior dicte ecclesie ad perceptionem fructuum eius prebende, dignitatis, personatus aut officii vel ad actus capitulares recipiatur et admittatur, nisi prius per triennium in aliquo studio universali seu privilegiato studuerit, nullo indulto aut dispensatione aut privilegio contra id quomodolibet suffragante, canonicis et capitulo dicte ecclesie ad statuta

---

50 Johannes TRITHEMIUS, De Scriptoribus ecclesiasticis Liber unus. Köln 1546, S. 390.
51 MAY, Cardinal Albrecht (wie Anm. 1), II, S. 214.
a Jüngerer (Magdeburger) Registraturvermerk auf der Rückseite der Urkunde.

et consuetudines huiusmodi observandum in eadem ecclesia inviolabiliter astrictis, nos te, qui, ut asseris, alterius ex Electoribus Imperii frater germanus existis ac canonicatum et prebendam capitulares ex maioribus dicte ecclesie inter alia obtines et nunquam in aliquo studio generali seu privilegiato, sed in came(ri)s[b] sub diversis utriusque iuris doctoribus et magistris in artibus ac aliis viris doctis, in humanitate ac arte oratoria eruditis, pluribus annis studuisti cupisque in eadem ecclesia residere et ad perceptionem fructuum dictorum canonicatus et prebende ac ad actus capitulares eiusdem ecclesie recipi et admitti, premissorum meritorum tuorum intuitu gracioso favore prosequi volentes ac a quibusvis excommunicationis, suspensionis et interdicti aliisque ecclesiasticis sentenciis, censuris et penis a iure vel ab homine quavis occasione vel causa latis, si quibus quomodolibet innodatus existis, ad effectum presentium duntaxat consequendum harum serie absolventes et absolutum fore censentes, tuis in hac parte supplicationibus inclinati, tibi, ut, quoad vixeris, in eadem residere et in eius stallo in choro et loco in capitulo sedere et ad perceptionem omnium et singulorum fructuum, reddituum et proventuum dictorum canonicatus et prebende necnon capitulares actus eiusdem ecclesie recipi et admitti ac in ecclesia et capitulo predictis quascunque voces activas et passivas canonicis, qui iuxta statuta et consuetudines huiusmodi studuerunt, pro tempore competentes habere et obtinere libere et licite valeas, ac canonici et capitulum eiusdem ecclesie te ad premissa recipere et admittere valeant, debeant et teneantur, premissis ac constitutionibus et ordinationibus apostolicis necnon predictis et quibusvis aliis eiusdem ecclesie statutis et consuetudinibus, quibus etiamsi iuramento, confirmatione apostolica vel quavis firmitate alia, etiam motu proprio et ex certa scientia ac de apostolice potestatis plenitudine ac quibusvis aliis etiam fortioribus, efficacioribus et insolitis clausulis irritantibusque et aliis decretis, et pro illorum sufficienti derogatione de illis eorumque totis tenoribus plena, expressa, specialis, specifica et individua ac de verbo ad verbum, non autem per clausulas generales id importantes, mentio seu quevis alia expressio habenda aut alia exquisita forma servanda foret, tenores huiusmodi presentibus pro sufficienter expressis habentes, illis alias in suo robore permansuris, hac iure duntaxat specialiter et expresse derogamus, ceterisque contrariis nequaquam obstantibus, auctoritate apostolica tenore presentium de specialis dono gratie concedimus et indulgemus tibique ac canonicis et capitulo prefatis iuramenta, quecumque per te et eos tuosque et illorum procuratores de observandis statutis et consuetudinibus predictis quomodolibet forsan prestita, quoad hoc relaxamus, etiamsi tu in premissis absque aliquo indulto te ingesseris dictique canonici et capitulum se nolle dicta statuta infringere responderint, ceterisque contrariis quibuscunque. Nulli ergo omnino hominum liceat hanc paginam nostre absolutionis, derogationis, concessionis, induli et relaxationis infringere vel ei ausu temerario contraire. Si quis autem hoc attemptare presumpserit, indignationem omnipotentis dei ac beatorum Petri et Pauli apostolorum eius se noverit incursurum.

Datum Rome apud Sanctumpetrum anno incarnationis dominice millesimoquingentesimoterciodecimo pridie nonas Maii pontificatus nostri anno primo.

---

[b] Kleines Loch im Pergament, ergänzt nach der Supplik (Archivio Segreto Vaticano, Registro delle Suppliche 1408, fol. 109′).

DIE QUELLEN ZUM EPISKOPAT ALBRECHTS VON BRANDENBURG IM WIENER HAUS-, HOF- UND STAATSARCHIV

Leopold Auer

Das im Haus-, Hof- und Staatsarchiv vorhandene, weit verstreute Material zum Episkopat Albrechts von Brandenburg dokumentiert hauptsächlich seine Reichs- und Kirchenpolitik, sein Wirken als geistlicher Reichsfürst und hoher Würdenträger des Reiches, in geringerem Ausmaß seine landesfürstlichen und geistlichen Aktivitäten, auch als Erzbischof von Magdeburg und Administrator von Halberstadt, sowie seine Territorialpolitik. Der Erzbischof von Mainz stand auf Grund seiner Funktion als Erzkanzler des Reiches wie auf Grund seiner Stellung als erster geistlicher Kurfürst grundsätzlich in einem Nahverhältnis zum Kaiser. Auch wenn Albrecht 1521 nach einem Vertrag mit Karl V. zugunsten des Großkanzlers Gattinara auf die tatsächliche Kontrolle und Führung der kaiserlichen Kanzlei im Falle seiner Abwesenheit vom Hof verzichten mußte[1], blieb er Oberhaupt der Reichskanzlei, dem die Verwahrung des sich aus Wahl-, Reichs- oder Kreistagen ergebenden Schriftverkehrs sowie der Reichsgesetze und der zwischen Reichsständen geschlossenen Verträge anvertraut war[2]. Dazu kam noch die Mitwirkung an der Entgegennahme und Behandlung der auf den Reichstagen eingebrachten Beschwerden und Suppliken[3] sowie an der Verwaltung und Visitation des Reichskammergerichts[4]. Als erstem geistlichen Kurfürsten fiel dem Mainzer außerdem bei Wahl und Krönung eines römischen Königs oder Kaisers eine wichtige Rolle zu, die jene des Erzbischofs von Köln als des eigentlichen Coronators immer mehr in den Hintergrund drängte. Durch alle diese Aufgaben war der Erzbischof von Mainz von vornherein dazu berufen, in dem Dualismus zwischen Kaiser und Reich, wie er sich seit dem Hochmittelalter herausgebildet hatte, eine Mittlerfunktion auszuüben, die die Voraussetzung für das Funktionieren der Verfassung

---

[1] Vgl. dazu zuletzt John M. HEADLEY, The emperor and his chancellor. Cambridge 1983, S. 31–32 mit Hinweisen auf die ältere Literatur. HEADLEY erwähnt dabei unter Berufung auf Andreas WALTHER, Kanzleiordnungen Maximilians I., Karls V. und Ferdinands I. In: Archiv für Urkundenforschung 2 (1909) S. 368, die Diplome Karls vom 30. Jänner und 22. Februar 1521. Unerwähnt läßt er hingegen das gleichfalls im Staatsarchiv Würzburg liegende Diplom vom 2. Mai 1521; vgl. die Abbildung in: Horst REBER (Bearb.), Albrecht von Brandenburg. Kurfürst, Erzkanzler, Kardinal 1490–1545. Ausstellungskatalog Landesmuseum Mainz, hrsg. von Berthold Roland. Mainz 1990, S. 113, Nr. 17 sowie den Druck bei Gerhard SEELIGER, Erzkanzler und Reichskanzleien. Innsbruck 1889, S. 215–216, Nr. 8.

[2] Hans KAISER, Die Archive des alten Reiches bis 1806. In: Archivalische Zeitschrift 35 (1925) S. 211.

[3] Vgl. dazu Helmut NEUHAUS, Reichstag und Supplikationsausschuß. Berlin 1977, S. 187, der ebd., S. 150 Anm. 8 für den Nürnberger Reichstag von 1522 auf Mainzer Aufzeichnungen über den Supplikationsausschuß aus Fz. 4b der Mainzer Reichstagsakten hinweist.

[4] Heinz DUCHHARDT, Kurmainz und das Reichskammergericht. In: Blätter für deutsche Landesgeschichte 110 (1974) S. 181–217.

des Reiches und seiner Institutionen darstellte. Diese Mittlerfunktion, die ebenso dem politischen Interesse wie dem auf Ausgleich bedachten Naturell Albrechts entsprach, wurde schließlich auch im ausbrechenden Religionsstreit von Bedeutung und führte in weiterer Folge zu einer Zuständigkeit des Mainzer Kurfürsten für die Entgegennahme von Religionsbeschwerden. Daß Albrecht 1530 die deutsche Originalfassung des Augsburger Bekenntnisses von Karl V. zur Aufbewahrung erhielt[5], kann zugleich als Symbol wie als Ausgangspunkt dieser Entwicklung angesehen werden. Der schriftliche Niederschlag, der sich aus all diesen reichspolitischen Funktionen ergeben hat, macht den Hauptanteil jenes Materials aus, das heute im Wiener Haus-, Hof- und Staatsarchiv verwahrt wird.

Der Bedeutung nach an erster Stelle stehen dabei jene Teile von Albrechts eigenem Archiv, die mit dem Mainzer Erzkanzlerarchiv im vorigen Jahrhundert nach Wien gelangt sind[6]. Dieses aus den reichspolitischen Aktivitäten der Mainzer Kurfürsten erwachsene Archiv, dem auch Albrecht selbst eine besondere Sorgfalt gewidmet hat[7], war schon früh vom landesfürstlichen Archiv abgesondert worden und erhielt 1782 eine eigene Organisation und Verwaltung[8]. Allerdings waren bis zu diesem Zeitpunkt schon verschiedene Verluste eingetreten, die gerade auch den Episkopat Albrechts betreffen. In der Zeit der schwedischen Besetzung des Kurfürstentums während des Dreißigjährigen Krieges[9] wurden auch die Mainzer Archive geplündert und besonders reformationsgeschichtlich wichtige Stücke entfremdet. Auf diese Weise gelangte etwa auch das Schreiben Luthers vom 31. Oktober 1517, mit dem er Albrecht ein Exemplar seiner Thesen übersandte, in das schwedische Reichsarchiv nach Stockholm, wo es noch heute verwahrt wird[10]. Eher durch Nachlässigkeit dürfte hingegen das deutsche Original des Augsburger Bekenntnisses verlorengegangen sein, das anläßlich seiner Benützung durch Valentin Ferdinand von Gudenus im 18. Jahrhundert zum letzten Mal erwähnt wird[11].

Durch die Umwälzungen im Gefolge der napoleonischen Kriege kamen die Mainzer Archive mit dem übrigen Mainzer Mobiliarvermögen in die Erbmasse des Alten Reiches[12]. Während der Großteil des landesfürstlichen Archivs schließlich nach Würzburg gelangte, wo er gegen Ende des Zweiten Weltkrieges große Verluste erlitt, wurde das Erzkanzlerarchiv nach Konsultationen zwischen den Gesandten Österreichs, Preußens, Bayerns und Hessen-Darmstadts am Bundes-

---

5 Jakob MAY, Der Kurfürst, Cardinal und Erzbischof Albrecht II. von Mainz und Magdeburg, Administrator des Bisthums Halberstadt, Markgraf von Brandenburg und seine Zeit. Ein Beitrag zur deutschen Cultur- und Reformationsgeschichte 1514–1545, 2 Bde. München 1865–1875, hier II, S. 162.

6 Vgl. zu diesem Archiv zuletzt Leopold AUER, Das Mainzer Erzkanzlerarchiv. Zur Geschichte der Bestände und ihrer Erschließung. In: Inventar des Aktenarchivs der Erzbischöfe und Kurfürsten von Mainz, I (= Veröffentlichungen der Landesarchivverwaltung Rheinland-Pfalz 54). Koblenz 1990, S. XVII-XXIX.

7 MAY, Albrecht (wie Anm. 5), I, S. 148.

8 AUER, Erzkanzlerarchiv (wie Anm. 6), S. XVII und Anm. 4.

9 Vgl. dazu Hermann-Dieter MÜLLER, Der schwedische Staat in Mainz 1631–1636. Einnahme, Verwaltung, Absichten, Restitution (= Beiträge zur Geschichte der Stadt Mainz 24). Mainz 1979.

10 Vgl. Albrecht von Brandenburg, Ausstellungskatalog (wie Anm. 1), S. 233–236, Nr. 112.

11 Helmut MATHY (Hrsg.), Die Geschichte des Mainzer Erzkanzlerarchivs 1782–1815. Bestände, Organisation, Verlagerung (= Recht und Geschichte 5). Wiesbaden 1969, S. 93 f.

12 Vgl. zum folgenden AUER, Erzkanzlerarchiv (wie Anm. 6), S. XVIII f.

tag in Frankfurt 1852 nach Wien gebracht und überdauerte seither alle Bedrohungen ohne wesentliche Einbußen. Für die Zeit Albrechts von Brandenburg enthält es umfangreiches Material vor allem zu drei Bereichen: zu den Reichstagen und zur Reichspolitik insgesamt, zu den Wahlen von 1519 und 1530/31 und zur Vermittlungstätigkeit Albrechts im Religionsstreit.

Albrecht von Brandenburg hat auf Grund seiner Funktion als Kurfürst und Erzkanzler, aber auch als Mitglied des Hauses Brandenburg bei den Wahlen von 1519 und 1530/31 eine wichtige Rolle gespielt[13]. Die dazu in den Wahl- und Krönungsakten des Mainzer Erzkanzlerarchivs vorhandenen Akten und Korrespondenzen umfassen drei Kartons[14], deren Inhalt im wesentlichen als bekannt vorausgesetzt werden kann und auch in neueren Arbeiten im Zusammenhang mit den Wahlen von 1519 und 1530/31 ausgewertet wurde[15]. Dabei hat sich gezeigt, daß die Unterlagen über die eigentlich entscheidenden Wahlverhandlungen und Absprachen viel eher im kaiserlichen als im Archiv Albrechts erhalten geblieben sind[16], das seinerseits in erster Linie den offiziellen Schriftverkehr, aber auch Unterlagen zu Kontakten Albrechts über die Wahlfrage mit anderen Reichsständen überliefert. Für die Wahl von 1519 verdient dabei besonders ein Aktenband Interesse, der u. a. Originalschreiben Heinrichs VIII., der Kardinäle Wolsey, Lang und Cajetan an Albrecht samt Konzepten von dessen Antworten enthält[17]. Aus dem Material zur Wahl von 1530/31 ist eine, wie sich auch aus dem erhalten gebliebenen zeitgenössischen Einband ersehen läßt, für Albrecht angefertigte Abschriftensammlung hervorzuheben, die den Text des offiziellen Mainzer Wahlprotokolls überliefert[18]. Einige der hier aufgenommenen Dokumente wie etwa der auch von Albrecht unterschriebene Wahltraktat zwischen Karl V., Ferdinand und den Kurfürsten vom 13. November 1530 sind allerdings daneben auch im Original erhalten[19].

Etwas anders stellt sich die Situation bei den Reichstagsakten dar, deren Edition derzeit etwa bis zur Mitte von Albrechts Episkopat gediehen ist[20]. Bei dem im

---

13 Dazu ausführlich schon MAY, Albrecht (wie Anm. 5), I, S. 229–263. II, S. 187–193.

14 MEA, Wahl- und Krönungsakten Kart. 1–3 (= alt Fz. 1a-2). Einige Ergänzungen dazu in MEA, Reichstagsakten (= RTA) Fz. 21; vgl. Inventar (wie Anm. 6), S. 1. 17.

15 Für die Wahl von 1519 etwa bei August KLUCKHOHN, Deutsche Reichstagsakten unter Karl V. (= Deutsche Reichstagsakten, Jüngere Reihe), I. Gotha 1893; für 1530/31 bei Alfred KOHLER, Antihabsburgische Politik in der Epoche Karls V. (= Schriftenreihe der Historischen Kommission bei der Bayerischen Akademie der Wissenschaften 19). Göttingen 1982.

16 Vgl. unten S. 54 und Anm. 39. Allerdings sind die Abschlüsse über die Wahlverhandlungen vom 26. März 1519 und 17. Oktober 1530 in den Mainzer Urkunden des Haus-, Hof- und Staatsarchivs vorhanden; vgl. Archivbehelf XIV/27, S. 19. 23.

17 MEA, Wahl- und Krönungsakten 2b (= alt Fz. 1b). Ein Großteil der Stücke wird bei KLUCKHOHN, Reichstagsakten (wie Anm. 15), ediert oder zumindest erwähnt, wobei die nicht chronologisch geordneten Originale des Aktenbandes nur mit einiger Mühe verifizierbar sind. So liegt etwa die Korrespondenz Wolsey – Albrecht vom 12. Mai und 13. Juni, fol. 243^r und 201^r, weit hinter den Schreiben des Kardinallegaten Cajetan vom 25. und 26. Mai, fol. 1^r und 4^r. Der Edition bzw. den Hinweisen bei KLUCKHOHN, S. 687–689. 732 Anm. 6 ist das nicht zu entnehmen.

18 MEA, Wahl- und Krönungsakten Kart. 3B (= alt Fz. 2); vgl. KOHLER, Antihabsburgische Politik (wie Anm. 15), S. 171 f.

19 Vgl. zum Wahltraktat MEA, Wahl- und Krönungsakten Kart. 3A (= alt Fz. 1b), fol. 41^r–42^r und KOHLER, Antihabsburgische Politik (wie Anm. 15), S. 166 Anm. 5.

20 Zuletzt erschien Wolfgang STEGLICH (Bearb.), Deutsche Reichstagsakten unter Kaiser Karl V. (= Deutsche Reichstagsakten, Jüngere Reihe), VIII, 1 und 2. Göttingen 1970–71, die Verhandlungen zwischen den Reichstagen von Speyer 1529 und Augsburg 1530 betreffend.

Mainzer Erzkanzlerarchiv vorhandenen Material[21] handelt es sich, von vereinzelten Korrespondenzen abgesehen, um Protokolle über den Gang der auf den Reichstagen geführten Verhandlungen. Diese Aufzeichnungen, die teilweise gleichfalls durch ihre Einbände als zum Archiv Albrechts gehörig erkennbar sind[22], dokumentieren allerdings eher das Geschehen insgesamt als die Rolle des Mainzer Erzbischofs, weil die Kurfürsten in ihnen als geschlossene Gruppe auftreten und gesonderte Protokolle des Kurfürstenrates, die die Haltung der einzelnen Kurfürsten bzw. ihrer Vertreter erkennen lassen, erst für den Speyerer Reichstag von 1544 vorhanden sind[23]. So bleibt die Ausbeute aus diesem Quellenkomplex für Albrechts wichtige Rolle auf den Reichstagen von Mainz 1517 oder Worms 1521[24] enttäuschend, während für die nicht minder wichtigen Augsburger Reichstage von 1518 und 1530 entweder überhaupt eine entsprechende Mainzer Überlieferung fehlt oder, was die Rolle Albrechts betrifft, durch private Aufzeichnungen ergänzt werden muß[25]. Einen Sonderfall stellen die drei Registerbände des Esslinger Reichsregiments dar, die, mit den Wappen Karls V. und Albrechts verziert, ursprünglich einen Teil der Mainzer Reichstagsakten gebildet hatten. Erst 1910/13 wurden sie aus dieser Verbindung mit dem Mainzer Erzkanzlerarchiv gelöst und eher provenienzwidrig den Reichsregistern Karls V. angeschlossen[26].

Einen wichtigen Überlieferungskomplex unter den vereinzelten Korrespondenzen und ungebundenen Akten der Reichstagsakten außerhalb der Protokolle bilden die Schriftstücke über die Vermittlungsaktion in Religionsangelegenheiten, die Albrecht 1531 im Auftrag des Kaisers zusammen mit Kurfürst Ludwig von der Pfalz bei Philipp von Hessen und Johann Friedrich von Sachsen unternommen hat[27]. Ergänzt wird dieser Überlieferungskomplex durch das Material zum Schweinfurter Religionsgespräch von 1532 in der Serie der Religionssachen[28] sowie durch Stücke des Briefwechsels zwischen Albrecht und Ludwig von der Pfalz

---

21 MEA, RTA Fz. 1a, 3b–11; vgl. Inventar (wie Anm. 6), S. 14–16.

22 Die Aktenbände über die Verhandlungen von 1517 und 1531 sind in nicht vollzogene Pergamenturkunden Albrechts von 1516 gebunden.

23 MEA, RTA Fz. 10; vgl. Albrecht Pius LUTTENBERGER, Glaubenseinheit und Reichsfriede. Konzeptionen und Wege konfessioneller Reichspolitik 1530–1552 (Kurpfalz, Jülich, Kurbrandenburg) (= Schriftenreihe der Historischen Kommission bei der Bayerischen Akademie der Wissenschaften 20). Göttingen 1982, S. 264–265 Anm. 45. 49–52. Das Protokoll des Regensburger Reichstages von 1541, MEA, RTA Fz. 7, wird von Georg PFEILSCHIFTER, in: ARC III, S. 378, Nr. 117 zu Unrecht als Kurfürstenratsprotokoll bezeichnet.

24 Vgl. zu Albrechts Rolle auf dem Mainzer Reichstag zuletzt Hermann WIESFLECKER, Kaiser Maximilian I. Das Reich, Österreich und Europa an der Wende zur Neuzeit, IV. Wien, München 1981, S. 280–289; vgl. zu Worms Anton Philipp BRÜCK, Kardinal Albrecht von Brandenburg, Kurfürst und Erzbischof von Mainz. In: Der Reichstag zu Worms 1521. Reichspolitik und Luthersache, hrsg. von Fritz Reuter. Worms 1971, S. 257–270.

25 Vgl. Valentin von TETLEBEN, Protokoll des Augsburger Reichstages 1530, hrsg. von Herbert GRUNDMANN (= SVRG 177). Göttingen 1958.

26 Vgl. AUER, Mainzer Erzkanzlerarchiv (wie Anm. 6), S. XXVIII Anm. 54, sowie zum Mainzer Anteil am Reichsregiment MAY, Albrecht (wie Anm. 5), I, S. 410 f.

27 MEA, RTA Fz. 6a, Konv. 1.

28 MEA, Religionssachen Fz. 2; vgl. Inventar (wie Anm. 6), S. 272. Neben der Religionsfrage hat bei den Verhandlungen auch die Anerkennung der Wahl Ferdinands I. zum römischen König eine Rolle gespielt; Hinweise auf das diesbezügliche Material bei KOHLER, Antihabsburgische Opposition (wie Anm. 15), S. 268 Anm. 77.

in der Serie Korrespondenz des Mainzer Erzkanzlerarchivs[29]. Von vergleichbarem Wert und Umfang sind die Protokolle über die Religionsgespräche von Hagenau, Worms und Regensburg in der Serie der Reichstagsakten[30]. Damit ist zugleich der dritte wichtige Aspekt des Episkopats Albrechts angesprochen, zu dem im Mainzer Erzkanzlerarchiv Material vorhanden ist, nämlich seine religionspolitische Stellung im Anfangsstadium der Reformation. Reichs- und landesfürstliche Funktion gehen hier nahtlos ineinander über und haben ein Schriftgut hervorgebracht, das nicht immer eindeutig dem Reichs- oder Regierungsarchiv zugeordnet werden kann. Neben den bereits erwähnten Serien der Korrespondenz und der Religionssachen kommen hier auch noch die sogenannten Geistlichen und Kirchensachen in Betracht, die unter anderem die Abschrift einer geistlichen Gerichtsordnung Albrechts enthalten[31].

Im Zusammenhang mit seiner Funktion als Erzkanzler des Reiches muß schließlich auch noch Albrechts Zuständigkeit für Reichskanzlei und Reichskammergericht erwähnt werden, die besonders im zweiten Fall zu einem umfangreicheren schriftlichen Niederschlag geführt hat[32]. Zwar ergibt sich daraus kein besonderer Ertrag für die unmittelbare Biographie Albrechts, doch sind aus diesem Material eine Reihe von Informationen über einzelne seiner Berater und Mitarbeiter wie den Dompropst Marquard vom Stein oder Konrad Braun zu gewinnen, der seine Karriere am Reichskammergericht begann, wo er nacheinander die Funktionen des Beisitzers für den fränkischen Kreis, des Mainzer Beisitzers und schließlich des Kanzleiverwalters durchlaufen hat[33].

Nicht vergessen werden darf auch der nach Wien gelangte Teil der Mainzer Urkunden, der ebenso die reichspolitischen wie die territorialen Bestrebungen des Mainzers als Landesfürsten illustriert[34]. Neben den Originalen der Reichsabschiede finden sich hier die Urkunden über den Abschluß der Kammergerichtsvisitationen, Verträge mit dem Reichsoberhaupt und den Reichsständen, etwa des kurrheinischen Kreises, aber auch das Original des überraschenden Bündnisses mit Philipp von Hessen vom 8. November 1532[35]. Nicht zuletzt dokumentieren die Urkunden aber auch wichtige Ergebnisse von Albrechts Vermittlungstätigkeit, etwa die Ratifikation des Nürnberger Religionsfriedens durch Karl V. vom 31. Juli 1532 oder der Kaadener Vertrag vom 29. Juni 1534, an dessen Vermittlung Albrecht führend beteiligt war[36].

---

29 MEA, Korrespondenz Fz. 1; vgl. Inventar (wie Anm. 6), S. 219.

30 MEA, RTA Fz. 6c und 7. Ergänzende Stücke zum Religionsgespräch von Hagenau 1540 liegen auch in Fz. 21. Vgl. auch ARC III (wie Anm. 23), Nr. 23 und 61 sowie LUTTENBERGER, Glaubenseinheit (wie Anm. 23), S. 211 Anm. 412 mit Hinweisen auf Material in den Religionsakten der Reichskanzlei und in den Reichsakten in genere. Die Mainzer Protokolle des Wormser und Regensburger Religionsgesprächs aus MEA, RTA Fz. 7 sind gedruckt in ARC III, S. 196–291, Nr. 99 und S. 378–379, Nr. 117.

31 MEA, Geistliche und Kirchensachen Fz. 3, Liber ordinationum 1670(!)–1739, Nr. 1.

32 MEA, Reichskammergericht Fz. 1–5; vgl. Inventar (wie Anm. 6), S. 93.

33 Vgl. Heinz DUCHHARDT, Die kurmainzischen Reichskammergerichtsassessoren. In: ZRG Germ. Abt. 94 (1977) S. 101 f.

34 Vgl. zum folgenden das Verzeichnis der Urkunden im Archivbehelf XIV/27.

35 Das Wiener Original dieses Vertrages wurde von KOHLER, Antihabsburgische Opposition (wie Anm. 15), S. 294 Anm. 164 übersehen.

36 Ebd., S. 358 ff. Sonst scheint diese Vermittlung in den Wiener Beständen von Albrechts Archiv keine Spuren hinterlassen zu haben.

Die sich aus den Funktionen des Mainzer Kurfürsten ergebenden Kontakte zum Kaiser und dessen Bruder haben im Archiv der Reichskanzlei[37] eine Parallelüberlieferung entstehen lassen, die in teilweise gleich strukturiertem Aufbau – hier wie dort gibt es z. B. Reichstagsakten, Wahl- und Krönungsakten, Religionsakten, Reichskammergerichtsakten usf. – wichtige Ergänzungen zum Material des Mainzer Erzkanzlerarchivs beisteuert. Auch hier bilden die Unterstützung der Wahlen Karls V. und Ferdinands I., die Vermittlungsbemühungen von 1531/32 und die Religionsgespräche der Vierzigerjahre die wichtigsten Überlieferungskomplexe. Das Material der Reichskanzlei reicht dabei nicht nur im allgemeinen weiter zurück[38], es erweist sich für manche Aspekte der Beziehungen Albrechts zum Reichsoberhaupt auch als aussagekräftiger als jenes seines eigenen Archivs. Das gilt vor allem für die Mainzer Forderungen anläßlich der Wahl Ferdinands I., die in erster Linie durch die Wahl- und Krönungsakten der Reichskanzlei quellenmäßig belegt sind[39]; aber auch die Reichsakten in genere steuern wichtige Einzelstücke zu Albrechts Bündnispolitik und seiner Vermittlungstätigkeit im Religionsstreit bei[40]. Gleichfalls der Provenienz Reichskanzlei zugehörig ist der Großteil der erhaltenen Schreiben Albrechts an Karl V., der heute in der Serie der Moguntina der sogenannten Staatenabteilung verwahrt wird[41]. Im Archiv der Reichskanzlei wie des Reichshofrats findet sich nicht zuletzt auch der schriftliche Niederschlag der formal-rechtlichen Beziehungen zwischen Kaiser und Kurfürst in Form zahlreicher Aufzeichnungen über Belehnungen[42] und Verleihungen oder Bestätigungen von Privilegien. Albrechts Wahlzusage für Ferdinand führte zur Verleihung verschiedener Vorrechte und Vergünstigungen für die Stifte Mainz, Magdeburg und Halberstadt, die ihren schriftlichen Niederschlag in entsprechenden Eintragungen der Reichsregister Karls V. und Ferdinands I. gefunden haben[43]; der Inhalt der Verleihungen reicht dabei von Steuerfreiheit bis zur Schiffahrt auf der Saale[44]. Ein weiterer Schwerpunkt in den Jahren um 1540 betrifft vor allem Magdeburger Angelegenheiten einschließlich des dortigen Burggrafenamtes[45].

Schließlich ist auch die Anrufung des Kaisers als obersten Richters durch Albrecht an Hand einiger Schriftstücke nachweisbar, die teils in das Archiv des

---

37 Vgl. dazu Lothar GROSS, Reichsarchive. In: Ludwig Bittner (Hrsg.), Gesamtinventar des Wiener Haus-, Hof- und Staatsarchivs, I. Wien 1936, S. 275–283.

38 In den Maximiliana finden sich auch vereinzelt Albrecht betreffende Stücke aus der Zeit Maximilians.

39 Reichskanzlei (= RK), Wahl- und Krönungsakten Fz. 2; vgl. KOHLER, Antihabsburgische Opposition (wie Anm. 15), S. 134–142 und oben Anm. 16.

40 Vgl. Archivbehelf II/5 sowie den in ARC III (wie Anm. 23), Nr. 32. 131. 132. 137 edierten Briefwechsel zwischen Albrecht, Karl V. und Ferdinand I. aus Fz. 10 und 11 der Reichsakten in genere.

41 Staatenabteilung Moguntina Fz. 1. Ein Brief Albrechts an Ferdinand I. liegt auch im Bestand Große Korrespondenz Fz. 25a.

42 Reichshofrat (= RHR), Reichslehensakten der deutschen Expedition Kart. 106 und 107.

43 Vgl. KOHLER, Antihabsburgische Opposition (wie Anm. 15), S. 139 Anm. 73.

44 Das Privileg für freie Schiffahrt auf der Saale vom 21. Oktober 1530 ist allerdings nur im Privatregister Johann Adlers in der Universitätsbibliothek Heidelberg, Cod. Pol. Germ. 493, fol. 274^v überliefert; vgl. Jakob WILLE, Die deutschen Pfälzer Handschriften des 16. und 17. Jahrhunderts der Universitäts-Bibliothek in Heidelberg. Heidelberg 1903, S. 70.

45 Reichsregister Ferdinands I., Bd. 6, fol. 23^v–25^r. 26^r–27^v. 32^v–33^v; RHR, Confirmationes privilegiorum deutscher Expedition Fz. 123; Cod. Pal. Germ. 492, fol. 175^r und 518^r, vgl. WILLE, Pfälzer Handschriften (wie Anm. 44), S. 67. 69.

Reichshofrats, teils in die Serie der Kleineren Reichsstände der Reichskanzlei gelangt sind und zugleich Aufschlüsse über Einzelfragen der Territorialpolitik und Verwaltung Albrechts in Mainz, Magdeburg und Halberstadt liefern[46]. Mit Material dieser Art, das noch durch Einzelstücke in den Serien der Schwäbischen Bundesakten, der Moguntina und der Reichsakten in genere ergänzt wird, sind auch die Bestände umrissen, die vereinzelte Unterlagen zur landesfürstlichen Politik Albrechts enthalten. Besonders hingewiesen sei in diesem Zusammenhang auch auf die in den Moguntina überlieferten Drucke der Untergerichtsordnung von 1535 und der Hofgerichtsordnung von 1545[47]. Als interessante Beispiele für die Anrufung des Kaisers durch Albrecht in persönlichen Rechtsangelegenheiten seien hier schließlich auch noch die Texte der kaiserlichen Bestätigungen des Vergleichs mit dem Domdekan Lorenz Truchseß von Pommersfelden vom 12. März 1530[48] oder des Testaments Albrechts vom 12. Mai 1541 angeführt[49]. Umgekehrt wurde der Kaiser auch in Rechtssachen so gegen Albrecht angerufen[50]. Von eminenter Bedeutung für die Einordnung eines großen Teils des hier erwähnten Materials in einen kausalen Zuammenhang und zugleich für die Einschätzung Albrechts durch den kaiserlichen Hof ist die habsburgische Familienkorrespondenz zwischen Karl V. und seinen Geschwistern, die zusammen mit ergänzenden Schriftstücken im Archiv der Kanzlei Karls V. erhalten geblieben und gleichfalls teilweise – als Teil des Bestandes Belgien PA[51] – nach Wien gelangt ist. Das Studium dieser Korrespondenz ermöglicht uns sozusagen aus erster Hand einen Einblick in das innere Gefüge der Beziehungen Albrechts zum Kaiser aus habsburgischer Sicht und die Beurteilung seines Stellenwertes in der habsburgischen Reichspolitik. Allerdings ist die Auswertung der Korrespondenz wegen der Disparatheit des Materials und der Schwierigkeit seiner Entzifferung praktisch an das Vorhandensein der Edition gebunden, die derzeit bis zum Jahr 1532 gediehen ist[52]. Völlig unberücksichtigt lassen die Wiener Materialien den Bereich des privaten Lebens, Albrechts geistige und künstlerische Interessen und seine Rolle als Kunstmäzen. Immerhin deuten einige spärliche Indizien darauf hin, daß sich Albrechts künstlerischer Gestaltungswille bis in die Kanzleiführung ausgewirkt hat. So ließ er von wichtigem Aktenmaterial kalligraphische Abschriften mit kunstvollen Einbänden

---

46 Vgl. RHR, Judicialia miscellanea Kart. 57 (Mainz) sowie RK, Kleinere Reichsstände Fz. 140 und 340. Einzelne Hinweise finden sich auch in den Resolutionsprotokollen des Reichshofrats Bd. XVI/1a, fol. 104^v und B20^r sowie 1b, fol. 33^r.

47 Staatenabteilung Moguntina Fz. 1. Die Daten beziehen sich jeweils auf das Erscheinungsjahr der Drucke.

48 Reichsregister Karls V., Bd. 9, fol. 20^v–25^v; vgl. Lothar GROSS, Die Reichsregisterbücher Kaiser Karls V. Wien, Leipzig 1930, S. 78 Reg. 4421, zur Sache selbst MAY, Albrecht (wie Anm. 5), II, S. 72–76.

49 RHR, Confirmationes privilegiorum deutscher Expedition Fz. 123/1; vgl. MAY, Albrecht (wie Anm. 5), II, S. 340f.

50 Vgl. die Intervention für den kaiserlichen Sekretär Gottschalk Eriksson (Erici), RHR, Judicialia miscellanea Kart. 21.

51 Vgl. Oskar SCHMID, Belgien. In: Bittner, Gesamtinventar (wie Anm. 37), IV. Wien 1938, S. 154–183; Peter MARZAHL u. a., Stückverzeichnis zum Bestand Belgien PA des Haus-, Hof- und Staatsarchivs. In: Mitteilungen des österreichischen Staatsarchivs 29–37 (1976–1984).

52 Vgl. zuletzt Herwig WOLFRAM und Christiane THOMAS (Hrsg.), Die Korrespondenz Ferdinands I. (= Veröffentlichungen der Kommission für Neuere Geschichte Österreichs 58), III. Wien 1982, und die dort im Register auf Albrecht bezüglichen Hinweise.

anfertigen, wie zum Beispiel vom Wahl- und Krönungsdiarium Maximilians I. von 1486[53], das, mit dem gemalten Wappen Albrechts verziert und durch ein Widmungsgedicht seines Kanzleisekretärs Andreas Rucker eingeleitet, vermutlich im Zusammenhang mit den Wahlverhandlungen von 1518/19 entstanden ist.

Von den Biographen Albrechts haben weder Jakob May noch seine Nachfolger[54] das Wiener Material berücksichtigt, sondern ihre Darstellung überwiegend auf die Archive in München und Würzburg gestützt. Zwar kann das Wiener Material durch die nach May erschienenen Editionen und Einzeluntersuchungen im großen und ganzen als bekannt vorausgesetzt werden[55], doch steht eine ins einzelne gehende Aufarbeitung, vor allem aber eine zusammenfassende Auswertung und Interpretation im Hinblick auf die Biographie Albrechts noch aus. Für die nächste Zukunft scheinen an weiteren Vorarbeiten vor allem zwei Vorhaben vordringlich, nämlich die inventarmäßige Rekonstruktion von Albrechts Archiv unter Berücksichtigung eingetretener Überlieferungsverluste sowie die systematische Erfassung seiner weitverstreuten Korrespondenz; erst dann könnte eine neue, modernen wissenschaftlichen Ansprüchen genügende Biographie Albrechts mit Erfolg in Angriff genommen werden.

---

53 MEA, Wahl- und Krönungsakten Kart. 1 (= alt Fz. 1a). Der Originaleinband ist in diesem Fall nicht erhalten geblieben, vgl. aber zu anderen Einbänden oben sowie Anm. 22 und 26.

54 Vgl. zuletzt Manfred von Roesgen, Kardinal Albrecht von Brandenburg. Ein Renaissancefürst auf dem Mainzer Bischofsthron. Moers 1980. Auch die Spezialstudie von Brück, Kardinal Albrecht (wie Anm. 24) hat an ungedrucktem Material nur Würzburger Archivalien benützt.

55 Zu erwähnen sind hier vor allem die Editionen der Jüngeren Reihe der Deutschen Reichstagsakten und der ARC sowie die zitierten Arbeiten von Neuhaus (wie Anm. 3), Duchhardt (wie Anm. 4), Kohler (wie Anm. 15) und Luttenberger (wie Anm. 23).

Quellenverzeichnis

1. Mainzer Erzkanzlerarchiv:
Wahl- und Krönungsakten Kart. 1–3; Reichstagsakten Fz. 1a, 3b–11, 21; Reichskammergerichtsakten Fz. 1–5; Korrespondenz Fz. 1; Geistliche und Kirchensachen Fz. 1a, 3 und Religionssachen Fz. 1–2.

2. Reichskanzlei:
Maximiliana Kart. 31–38 (vereinzelte Stücke); Reichsakten in genere Kart. 3–11; Wahl- und Krönungsakten Fz. 1–2; Reichstagsakten Fz. 1–18; Reichskammergerichts-Visitationsakten Fz. 315–317. 320a. 396–397; Religionsakten Fz. 1.4. 15; Kleinere Reichsstände Fz. 140. 340; Schwäbische Bundesakten Fz. 1a–2a. 3 und Reichsregister Karls V. und Ferdinands I.

3. Reichshofrat:
Reichslehensakten deutscher Expedition Kart. 106–107; Confirmationes privilegiorum deutscher Expedition Kart. 123 und Judicialia miscellanea Kart. 21. 38. 53. 57.

4. Staatenabteilung:
Moguntina Fz. 1.

5. Belgien PA (vereinzelte Stücke).

6. Große Korrespondenz Fz 25a.

7. Allgemeine Urkundenreihe.

ANHALTISCHE QUELLEN ZU EINER BIOGRAPHIE DES KARDINALS ALBRECHT, ERZBISCHOF VON MAGDEBURG UND MAINZ (1490–1545)

Ulla Jablonowski

Die räumliche Nähe Magdeburgs zu Anhalt und die Tatsache, daß anhaltische Fürsten von 1489 bis 1553, das heißt im fraglichen Zeitraum, Dompröpste in Magdeburg waren, ließ auch im anhaltischen Staatsarchiv (heutige Bezeichnung: Landeshauptarchiv Magdeburg, Außenstelle Oranienbaum) Quellen vermuten, die für eine Biographie Albrechts von Brandenburg relevant sind.

Wie ein Sperriegel lag Anhalt im Territorium der Erzbischöfe von Magdeburg und teilte es in das nördliche Gebiet um Magdeburg und den südlichen kleineren Teil um Halle. Vielfältige politische, wirtschaftliche und Anfang des 16. Jahrhunderts auch starke kulturelle Beziehungen verbanden die erzstiftischen und anhaltischen Territorien. In kirchlicher Hinsicht gehörte das Kernland von Anhalt mit Archidiakonatssitz in Köthen von jeher zur Magdeburger Diözese.

Leider fanden sich im Staatsarchiv Oranienbaum nur bruchstückhaft Unterlagen zum Thema. Die Aussagen konzentrieren sich in den Briefwechseln erstens zwischen Kurfürst Joachim I. von Brandenburg und Fürst Adolf, Dompropst in Magdeburg, um die Koadjution cum iuro successionis im Erzbistum Magdeburg bzw. Bistum Halberstadt (1509–1512) und zweitens zwischen Erzbischof Kardinal Albrecht und Fürst Georg III., Dompropst in Magdeburg.

Fürst Adolf aus der älteren Zerbster Linie des anhaltischen Fürstenhauses (1458–1526) war von Jugend an für den geistlichen Stand bestimmt, studierte in Leipzig, wurde 1489 Dompropst in Magdeburg, 1507 Koadjutor des Bischofs von Merseburg und 1514 zum Bischof von Merseburg geweiht. 1516 resignierte er die Stelle des Dompropstes in Magdeburg zugunsten seines älteren Bruders Fürst Magnus (1455–1524), der 1508 auf die weltliche Herrschaft verzichtet hatte. Mit den beiden fürstlichen Brüdern starb die ältere Zerbster Linie aus.

Wie aus den wenigen vorliegenden Briefen hervorgeht, war Fürst Adolf ein treuer Parteigänger Brandenburgs beim Magdeburger Metropolitankapitel. Er erklärte sich frühzeitig für die Person Albrechts von Brandenburg als Koadjutor und künftigen Sukzessor des Erzbischofs, vermittelte bei Erzbischof Ernst, berichtete nach Brandenburg über gleichgeartete Aktivitäten zugunsten des jungen Herzogs Ernst von Bayern, einem Schwestersohn des Kaisers, und lenkte die Wahl des Magdeburger Kapitels auf den gewünschten Kandidaten.

Sein Briefpartner Kurfürst Joachim I. von Brandenburg vertraute zu Recht auf seine *Schicklichkeit* im Umgang mit Menschen und auf seine *gut markgräfische Gesinnung*.

Fürst Georg III. von Anhalt aus der Dessauer Linie (1507–1553) studierte ebenfalls in Leipzig, wurde 1514 – als Protegé seines Onkels Fürst Adolf – Domherr in Merseburg, 1522 Koadjutor und 1524 Dompropst in Magdeburg. Als sein älterer Bruder Fürst Johann 1534 Margarete von Brandenburg, die nicht unproblematische Nichte Kardinal Albrechts, heiratete, traten beide geistlichen Fürsten auch in ein nahes verwandtschaftliches Verhältnis.

Der erhaltene Briefwechsel beider setzte im Jahr 1533 ein und nahm mit den Jahren an Umfang, Gehalt und innerer Wärme zu. Die wachsende Vertrautheit überwand auch das kritische Jahr 1534, als die fürstlichen Brüder in Dessau das Abendmahl unter beiderlei Gestalt nahmen und sich damit öffentlich zur evangelischen Lehre bekannten. Vergebens mahnte damals Erzbischof Albrecht seinen Dompropst, Neuerungen in der Lehre zu vermeiden und der Magdeburger Dompropstei das ihr Zustehende an Zinsen, Lehngeldern usw. aus Anhalt zu gewähren.

1536 wurde Fürst Georg, zunächst für drei Jahre, auch zum Magdeburger Rat von Haus aus bestellt. Der Briefwechsel betrifft daher zunächst und vor allem Fragen der Ökonomie und inneren Landesverwaltung. Darüber hinaus schätzten sich die Partner, dank einer verwandten Geisteshaltung, auch persönlich. Beide gingen in den schwierigen Fragen des Umbruchs ähnlich behutsam und abwägend vor, waren sich in der Frage der Einberufung eines allgemeinen Konzils einig, sandten einander Bücher zu. Auch Fürst Georg, Begründer einer nach ihm benannten Bibliothek der Reformationszeit, war ein großer Bücherfreund. Dies alles ungeachtet der Tatsache, daß beide auf verschiedenen Seiten der wachsenden konfessionellen Mauer standen. Fürst Georg wurde 1544 zum »Koadjutor in geistlichen Sachen« des Hochstifts Merseburg bestimmt und 1545 durch Luther zum Bischof ordiniert.

Der hier abgedruckte, nur lückenhaft überlieferte Briefwechsel in Regestenform[1] bedarf der Ergänzung durch Quellenpublikationen aus anderen Archiven, besonders des Landeshauptarchivs Magdeburg, damit ein genaueres Bild der Persönlichkeit und der Wirksamkeit Kardinal Albrechts in seinen östlichen Territorien erarbeitet werden kann.

---

[1] In den Regesten werden die Bezeichnungen Fürst, Kurfürst und Erzbischof mit F, Kf. und Eb. abgekürzt.

Regesten

Landeshauptarchiv Magdeburg (LHM), GAR Nr. 169	Tangermünde, Sim. et Judae 1509	Kf. Joachim von Brandenburg an F Adolf, Dompropst

Bedankt sich für die Bemühungen F Adolfs *belangende meinen freundlichen lieben Bruder des Stifts halben zu Halberstadt*, will die baldige Begegnung beider vermitteln.

Ebd.	1509 (Konzept)	F Adolf an Kf. Joachim

Berichtet im Auftrag von Eb. Ernst von Magdeburg über die Mission des Dr. Caspar Bardt, Dechant zu München, für den Fürsten Wilhelm, Pfalzgraf bei Rhein, Herzog zu Ober- und Niederbayern, bei Eb. Ernst in Halle, mit dem Ziel, dieser möge den jungen Herzog Ernst von Bayern, Bruder des Pfalzgrafen, Ihrer Kaiserlichen Majestät Schwestersohn zum Koadjutor und Sukzessor annehmen. Eb. Ernst erwarte zur Zeit noch die kaiserlichen Gesandten, die ihm die erwünschte kaiserl. Bitte, er möge die Sukzession an Albrecht von Brandenburg übertragen, übermitteln sollen.

Ebd.	Tangermünde, Mittwoch nach Michaelis 1509	Kf. Joachim von Brandenburg an F Adolf

Bitte, sich zur Unterredung darüber in Tangermünde einzustellen.

Ebd.	Crynitz, 1509	Kf. Joachim an F Adolf

Betr. Rückzahlung von 2000 fl. schuldiger Gelder durch Eb. Ernst an Kf. Joachim.

Ebd.	Cölln a. d. Spree, am Tag Franzisci 1512	Kf. Joachim an F Adolf

Bericht des Bischofs von Lebus über die Bemühungen F Adolfs für die Sache Albrechts von Brandenburg. Ihre Kaiserliche Majestät scheint sich endlich gegen den Herzog von Bayern und für Albrecht entschieden zu haben. Er, Joachim, trage das Vertrauen in F Adolf, er werde sich weiterhin in dieser Sache *gut markgräfisch finden lassen*.

Ebd.	Cölln a. d. Spree, Sonntags Kiliani 1526	Kf. Joachim an Fürstin Margarete, geb. Herzogin von Münsterberg

Auf Anfrage der Fürstin rät Kf. Joachim dem jungen Dompropst F Georg ab, *in diesen schweren Läuften* und in Abwesenheit des Erzbischofs Albrecht das Stift Magdeburg aufzusuchen.

| LHM, GAR Nr. 190 | Cölln a. d. Spree, Dienstag nach Convers. Pauli 1499 | die Markgrafen Joachim und Albrecht an F. Woldemar von Anhalt |

Bitte für Fräulein Katherina Gräfin von Hohnstein, die Herren Markgrafen mögen ihr gestatten, ins Jungfrauenkloster nach Gandersheim zu ziehen.

| LHM, GAR Nr. 923 | Halle, Moritzburg, Mittwoch nach Ägidii 1515 | Eb. Albrecht an F Adolf, Bischof zu Merseburg und Dompropst zu Magdeburg |

Dr. Johann Pals, Propst des Klosters zum Neuenwerk vor Halle, erzbischöflicher Rat, zur Unterredung über etliche Sachen nach Merseburg abgefertigt.

| Ebd. | Halle, Montag nach Nativ. Mariae 1515 | derselbe an denselben |

Betr. Angelegenheit Wilhelm Ryders Erben; F Adolf will dem Eb. eine (ungenannte) Summe Geldes leihen.

| Ebd. | Halle, Allerheiligen 1533 | Eb. Albrecht an F Joachim |

Betr. Zusendung von Wildpret.

| Ebd. | Calbe, Montag nach Trinitatis 1533 | Eb. Albrecht an F Johann von Anhalt, Bruder F Georgs |

Auf Ansuchen F Georgs, Dompropst von Magdeburg, ist F Johann bereit, auf bestimmten Termin mit gerüsteter Mannschaft nach Magdeburg zu ziehn und sich dort zu Bestätigung der neuen Schöppen gebrauchen zu lassen.

| Ebd. | Halle, Dienstag nach Martini 1534 | derselbe an denselben |

Glückwunsch zur Geburt des Prinzen Carl.

Ebd.	Halle, am Abend Laurentii 1537 (eigenhändig) und Sonntag nach Laurentii 1537 (eigenhändig)	derselbe an denselben

Krankheit der Fürstin Margarete, Tochter Joachims Kf. von Brandenburg, Eb. Albrecht will seinen Arzt schicken. Diskrete Andeutungen über den Lebenswandel der Fürstin und das gespannte Verhältnis der Ehegatten.

Ebd.	Halle, Freitag nach Nativ. Mariae 1534	Eb. Albrecht an die Fürsten Georg, Johann und Joachim von Anhalt

Protest gegen das Vorgehen der Fürsten, die alle geistlichen Prälaten, Pröpste, Pfarrer, Altarleute des Landes vor sich beschieden und hinsichtlich ihres Glaubens, der geistlichen Güter und Einkommen, desgleichen die Bruderschaften in Hinblick auf Kleinodien, Ornate, Barschaft, examiniert haben. Darstellung der erzbischöflichen Rechtsposition, Ablehnung aller Neuerungen.

Ebd.	Aschaffenburg, Dienstag nach Palmarum	derselbe an dieselben

Eb. Albrecht klagt über Leibesschwachheit; bedankt sich, daß sich die fürstlichen Brüder auf geschehene Einladung nach Aschaffenburg verfügen wollen.

Ebd.	Halle, Montag nach Valentini 1523	Eb. Albrecht an F Wolfgang von Köthen

Zuleitung einer päpstlichen bzw. kaiserlichen Schrift.

Ebd.	Halle, Sonnabend nach Katherine 1524	derselbe an denselben

Tag zu Halle wegen Heinrich Koppe angesetzt.

Ebd.	Calbe, Sonntag nach Inv. S. Stephani 1525	derselbe an denselben

Eb. Albrecht verwendet sich für seinen Leibarzt Dr. Jobst Bucheimer.

Ebd.	Calbe, am Tage Martini 1525	Eb. Albrecht an F Wolfgang und F Johann

Ebd.	Calbe, Dienstag nach Jacobi 1525	derselbe an dieselben
Ebd.	Halle, Michaelis 1525	derselbe an dieselben

Vertretung der Rechte magdeburgischer Untertanen bzw. Stifte gegen die Fürsten von Anhalt.

Ebd.	Calbe, Sonnabend nach Oculi 1538	Eb. Albrecht an F Wolfgang

Vertröstung wegen erzbischöflicher Schulden in Höhe von 400 bzw. 1000 fl.

Ebd.	Aschaffenburg, Dienstag nach Assumpt. Mariae 1540	derselbe an denselben

Verhandlungen der erzbischöflichen Räte mit F Wolfgang wegen (o. gen.?) Schulden; Eb. Albrecht bittet um Stundung.

Ebd.	Cölln a. d. Spree, 1525	Eb. Albrecht an F Wolfgang und F Johann

Beschwerde Bischof Dietrichs von Brandenburg über den Abfall der Zerbster zu Irrtum und Ketzerei, desgl. Vorenthaltung der Zinsen, Verweigerung der Jurisdiktion usw.; Aufforderung Albrechts an die Fürsten, die vorigen Zustände wiederherzustellen und sich päpstlichen und kaiserlichen Mandaten gegenüber gehorsam zu bezeigen.

Ebd.	Halle, Sonntag nach Barbara 1535	Eb. Albrecht an die sämtlichen anhaltischen Fürsten

Betr. Fehde des Hans von Zwickau.

Ebd.	Halle, Freitag nach Oculi 1534	Eb. Albrecht an den Müller von Alickendorf

Betr. Wasserstauung in der Egel, Bestellung zum Mitglied einer Gutachter-Kommission.

Ebd.	Groningen, 9. Februar 1537	Eb. Albrecht an den Bischof zu Aachen

Botschaft Papst Pauls III. betr. allgemeines Konzil.

| Ebd. | Halle, Sonnabend nach | Eb. Albrecht an Äbtissin |
| | Trium regium 1535 | Anna von Gernrode |

Betr. Rückkauf der Vogtei über das Dorf Alickendorf.

| Ebd. | Halberstadt, Mittwoch | derselbe an dieselbe |
| | nach Judica 1539 | |

Aufforderung, die noch ausstehende (Land-)Steuer zu entrichten.

| Ebd. | Halle, Montag nach | Eb. Albrecht an Antonius |
| | Valentini 1536 | Schenitz |

Zurückweisung seiner ungegründeten Beschwerde, weiteres Verfahren; Recht und Billigkeit als Grundsätze des Erzbischofs.

| Ebd. | Magdeburg, Freitag nach | Hofräte des Eb. Albrecht |
| | Divis. Apostolorum 1540 | an die Dessauer Fürsten |

Protest gegen die in Kloster Cölbigk angesetzte Visitation.

| Ebd. | Diverse Konzepte 1540 | |

Betr. Irrungen zwischen dem Eb. und dem Domkapitel Magdeburg wegen *gesuchter Hilfe* einerseits und Stiftsschulden andererseits.

| Ebd. | Erzbischöfl. Konfirmation | |
| | 1516 | |

Betr. Übertragung der Praepositur in Magdeburg von F Adolf, Bischof von Merseburg, auf F Magnus, nach Resignation Adolfs.

Ebd.	Halle, Montag nach	Eb. Albrecht an Kf.
	Convers. Pauli	Joachim II. von
		Brandenburg

Antwort des Kurfürsten v. Brandenburg auf das von den Kurfürsten von Mainz, Trier und Köln ausgegangene Vermittlungsschreiben; Eb. Albrecht über sein Verhältnis zum Kurfürsten von Sachsen, er verwahrt sich gegen dessen Anschuldigung, *daß Wir Uns wider die protestierende Stände in Bundtung begeben haben sollten*. Er, Albrecht, habe die Vermittlerrolle nur auf Drängen des Kurfürsten bei Rhein und seiner Mitkurfürsten von Trier und Köln übernommen und sei jederzeit zu Rat, Frieden und Einigkeit geneigt, ja, *so wär Uns mehr dann zuwider, wo Ausschließung halben Unser Person solcher Frieden nit gesucht und erlangt werden sollt.* Fände sich ein anderer Vermittler, so wollte er um der Sache willen gern zurückstehn, die ohnedies nur Mühe, Arbeit und beschwerliche Reise bedeute.

LHM, GAR Nr. 924 enthält 77 Briefe Eb. Kardinal Albrechts an F Georg von Anhalt, ab 1524 Dompropst von Magdeburg, die hier teilweise summarisch wiedergegeben werden.

GAR Nr. 924   Halle, Montag nach
                   Andreae 1525
                   Halle, Montag nach
                   Reminiscere 1525

Betr. fällige Steuern an die Mageburger Dompropstei, deren Überantwortung ausgeblieben ist.

Ebd.   Aschaffenburg, Sonntag
                   nach Catherinae virg.
                   1529

F Georg wegen einer Pfründe an der Sebastianskirche in Magdeburg. Die Pfründe ist auf kaiserliche Intervention anderweitig vergeben worden. *So mag Uns auch gottlob von niemands mit Wahrheit aufgelegt oder zugemessen werden, daß Wir jemands aus Zuneigung, des er nit Fug und Recht gehabt, etwas zugeeignet und andere dadurch verkürzt* haben.

Ebd.   Aschaffenburg, Dienstag
                   nach Trium regium 1532

Betr. Beilager des erzbischöflichen Rates Heinrich von Hoym; F Georg beauftragt, den Eb. dabei zu vertreten.

Ebd.   Mainz, Montag nach
                   Mauritii 1532

Verschiedene Angelegenheiten des Erzstifts; Eb. Albrecht nimmt den Dank des F Georg für aufgewendete Mühe und Fleiß, die Irrungen des heiligen Glaubens beizulegen, entgegen und zeigt sich weiterhin gern bereit, sich in Angelegenheiten der Christenheit besonders Deutscher Nation als ein unwürdiges Werkzeug des Allmächtigen gebrauchen zu lassen.

Ebd.   Mainz, auf St. Martinstag
                   1532

Eb. Albrecht zugunsten des F Georg bei dessen Streitigkeiten wegen Emolumenta mit dem Magdeburger Domkapitel; Vertröstung auf Christus, *dem in diesen, dergleichen und noch viel mehrern und größern Sachen viel stattlicher Verheißung begegnet, und doch in Vollziehung des Werks die Folge gemangelt.* Angelegenheiten des Erzstifts.

Ebd.   Mainz, Dienstag nach
                        Bartholomäi 1532

Betr. Verhandlungen wegen des Amtes Schlanstedt.

Ebd.   Mainz, Donnerstag nach
                        Bartholomäi 1532

Betr. Pfründe an der Magdeburger Domkirche.

Ebd.   Halle, Vortag Jacobi 1533
                        Halle, Dienstag nach
                        Inv. S. Stephani 1533

Betr. Angelegenheiten des Erzstifts.

Ebd.   Halle, Montag nach Visit.
                        Mariae 1533
                        (eigenhändig)

Einladung an F Georg, zu einer vertraulichen Unterredung auf die Moritzburg zu kommen.

Ebd.   Halle, Dienstag nach
                        Bartholomäi 1533

F Georg nebst anderen erzbischöflichen Räten in die Mark und das Erzstift Magdeburg verordnet; möge sich anschließend nach der Moritzburg verfügen und dort eine Zeitlang verharren, um sich in etlichen Geschäften gebrauchen zu lassen.

Ebd.   Halle, Mittwoch nach
                        Palmarum 1533

Besuch in Halle aufgeschoben.

Ebd.   Halle, Osterabend 1534

Eb. Albrecht über die Bitte des F Georg, ihn aus seinen Diensten zu beurlauben. Eb. Albrecht stimmt dieser Bitte *der Ursachen halben, der Wir uns sonderlich ... zu Euer Liebden nicht versehen und domit Wir billig wären verschont blieben* nur notgedrungen zu (bezieht sich vermutlich auf die Absicht der anhaltischen Fürsten, Ostern 1534 in der Marienkirche Dessau das Abendmahl unter beiderlei Gestalt zu nehmen).

Ebd.	Halle, Sonntag Invocavit 1534	

Antwort auf die Bitte F Georgs, die Reise nach Halle verschieben zu dürfen.

Ebd.	Halle, Freitag nach Nativ. Mariae 1534	

Schreiben Eb. Kardinal Albrechts an die fürstlichen Brüder s. o., F Georg wird im speziellen ermahnt und an seine Stellung als *Unserer Kirchen zu Magdeburg und der Orte* [in Anhalt] *Archidiakon* erinnert.

Ebd.	Magdeburg, Mittwoch nach Mauritii 1534 (Entwurf)	F Georg, auch im Namen seiner fürstlichen Brüder, an Eb. Albrecht

Freundliche Zurückweisung des oben genannten Schreibens.

Ebd.	Halle, Mittwoch nach Corpor. Christi 1535	

Unlängst sei der erzbischöfliche Rat Dr. Horneburg bei F Georg zu Mönchen-Nienburg gewesen (betrifft vermutlich die strittige Landesherrschaft über das damals in Säkularisation befindliche Stift); F Georg möge sich nach dem Petersberge begeben, wo ihm der erzbischöfliche Rat Dr. Horneburg die Absichten des Erzbischofs eröffnen werde.

Ebd.	Dessau, 8. Tag nach Corpor. Christi 1535	F Georg an Eb. Albrecht

Treffen mit Dr. Horneburg auf dem Petersberg bei Halle.

Ebd.	Halle, Montag in der hl. Pfingstwoche 1535 (eigenhändig)	

F Georg möge den Rat Dr. Horneburg allein hören und ihm Glauben geben, *sich auch ihr selbs zu Ehre und Wohlfahrt, desgleichen dem alten ehrlichen löblichen Erzstift zugut* sich erzeigen, *und an den Spruch gedenken und sich sunst nichts irren lassen:* »es ist menschlich zu irren, aber teuflisch, darinnen zu verharrn«; damit sei Euer Liebden Gott befohlen, der wohl das Verlorne wieder zurecht bringet....

Ebd.   Halle, Montag nach
                        Vocem jocund. 1536
                        (eigenhändig)

Betr. das Verfahren gegen Antonius Schenitz/Schantz; F Georg ist zu weiteren Vermittlungen bereit.

Ebd.   Halle, Donnerstag nach
                        Exaudi 1536
                        (eigenhändig)

und ist gewiß, daß das Concilium gewilligt und ausgeschrieben; warte der Boten zu mir aller Stund und Tag, das hab ich Euer Liebden freundlicher Meinung, als der je und allwege groß Verlangen dar nach gehabt, nicht wollen vorhalten; Gott verleihe dazu sein Gnad, Friede und Einigkeit, und tu Euer Liebden demselben treulich befehlen...

Ebd.   Halle, Sonntag nach   Erklärung F Georgs
                        Franzisci

Erklärung F Georgs über seine Bestallung als erzbischöflicher Rat und Diener von Haus aus von Michaelis 1536 bis wieder 1539 für 400 fl. jährlich und andere Vergünstigungen, so wie sie vordem Graf Botho von Stolberg gehabt.

Ebd.   Halle, Sonntag nach Inv.
                        S. Stephani 1536
                        (eigenhändig)

Überlassung der Reformatio des Kammergerichts für einige Zeit.

Ebd.   Halle, Donnerstag in der
                        Pfingsten 1536 (eigenhän-
                        dig)

Will auf Wunsch F Georgs seinen Kanzler nach Mönchen-Nienburg schicken.

Ebd.   Calbe, Montag nach
                        Assumpt. Mariae 1536

Aufforderung, nach Calbe zu kommen.

Ebd.   Halle, Donnerstags
                        Margarete 1536

Ausschreibung des Konzils nach Mantua; Übersendung einer Kopie an F Georg, *dieweil Euer Liebden lang uf ein solch General-Concilium gehoffet.*

Weitere elf Briefe Eb. Albrechts an F Georg aus dem Jahre 1536 betr. dessen Tätigkeit als erzbischöflicher Rat, darunter

> Halle, Montag nach
> Simonis et Judae 1536

Betr. Ansetzung eines Tages zu Zerbst oder Naumburg, um zwischen dem Eb. von Magdeburg einerseits, dem Kurfürsten von Sachsen andererseits, *der Bannesbefehlung halber in Unser Stadt Halle* zu vermitteln, v. a. Briefe betr. das Verfahren gegen Antonius Schenitz, in dessen Angelegenheiten F Georg immer wieder, auch durch Ansetzung verschiedener Tage zu Wittenberg und Zerbst, persönlich zu vermitteln suchte.

Weitere 16 Briefe Eb. Albrechts an F Georg aus dem Jahre 1537 zum Verfahren gegen Antonius Schenitz u. a. das Erzstift betr. Angelegenheiten.
Weitere acht Briefe aus dem Jahre 1538, häufig in der Angelegenheit Antonius Schenitz', darunter

> Ebd.　　　　　Aschaffenburg, Donnerstag nach Michaelis 1538

Eb. Albrecht übersendet F Georg in freundschaftlicher Verbundenheit zwei Bücher.

> Ebd.　　　　　Calbe, Sonnabend nach
> 　　　　　　　Valentini 1538

Antonius Schenitz hat Kopien seiner Klagschriften auch an den Kurfürsten von Sachsen und das Domkapitel in Magdeburg versandt.

Aus dem Jahre 1539:

> Ebd.　　　　　Mainz, 5. März 1539

Eb. Albrecht über die Leibesschwachheit beider Briefpartner; *Und nachdeme Euer Liebden leid und beschwerlich, daß sich dieselb in Unsern Sachen mit der Tat und daß es fruchtbar gewesen wäre, nicht haben bezeigen können, und es sich anders, dann Euer Liebden verhofft, begeben, das müssen Wir Gott befehlen, und können dasselbe Euer Liebden nit zumessen, dann wir derselben guten Willen und Fleiß bis anher stets gespüret...* Was aber die andere Sache angehe: *So werde Euer Liebden und männiglich Uns bisher, weil sie Uns erkannt, nicht anderst dann als einen friedsamen Fürsten des Reiches gespürt und befunden haben, der Fried, Ruhe und Einigkeit ... allwege geliebt und gefördert und Unwillen und Empörung mit Fleiß zuvorkommen und abzulenden sich befleißigt hat ... wie man aber Uns itziger Zeit vor allen andern ausgemustert und bei der Handlung nicht leiden will, das werden Euer Liebden aus hierbei verwahrten Kopien ... vernehmen; derhalb Euer Liebden zu erachten, weil Wir also abgesundert, daß Wir Uns darzu weiter nit dringen werden...,* usw. usw.

Aus dem Jahre 1540:

Ebd.   Aschaffenburg, 31. Juli
                           1540

Aufforderung an F Georg, *als Unsers im Erzstift Magdeburg vornehmlichsten Prälaten und nächsten Blutsverwandten*, mit andern Räten zur Beratung über wichtige Angelegenheiten beider Stifte nach Aschaffenburg zu kommen, bei Verhinderung wenigstens F Hans oder F Joachim zu schicken.

Ebd.   Aschaffenburg,
                           28. August 1540

Verlegung des Termins in Aschaffenburg auf den 20. Oktober des Jahres, F Georg möge sich mit andern Räten vorher in Mühlhausen treffen.

Ebd.   Aschaffenburg,
                           15. November 1540

Ausschreibung eines gemeinen Landtags nach Calbe.

Ebd.   Magdeburg, Sonnabend
                           nach Concept. Mariae
                           1540

Verlegung des Landtags auf Sonntag nach S. Luciae d. J.

Ebd.   Calbe, Mittwoch nach
                           Thomae apost. 1540

Eb. Albrecht will die Weihnachtsfeiertage in der Altstadt Magdeburg verbringen, lädt F Georg zum S. Stephanstag dorthin ein.

Aus dem Jahre 1541:

Ebd.   Altstadt Magdeburg, Freitag nach Trium regium
                           1541

Einladung F Georgs zur Beratung nach Großsalze, Montag nach S. Fabiani und Sebastiani, zusammen mit dem Domkapitel und dem verordneten Ausschuß der Ritterschaft, um über die Angelegenheiten, Land und Leute beider Stifte zu beraten.

Ebd.	Altstadt Magdeburg, Mittwoch nach Ehrhardi 1541	

Verlegung dieses Landtags zum gleichen Termin nach Calbe.

Ebd.	Regensburg, Montag in den Hl. Ostern 1541	

Der magdeburgische Statthalter und F Georg beauftragt, Irrungen zwischen dem Magdeburger Domkapitel und Ehrn Johann von Heiendorff beizulegen.

Ebd.	Magdeburg, Sonntag nach Barbara 1541	Magdeburger Hofräte an F Georg

Mitteilung: Eb. Albrecht wird nächstkünftigen Donnerstag nach Concept. Mariae gegen Abend hier zu Magdeburg einkommen.

GAR Nr. 1373	[ohne Ort], Dienstag nach Reminiscere 1537	Herzog Georg von Sachsen an Eb. Albrecht

Zusicherung, den Antonius Schenitz und seine Freundschaft von Leipzig auf den Tag nach Zerbst geleiten zu lassen.

REFORMATORISCHE BEWEGUNGEN

ALBRECHT VON BRANDENBURG UND LUTHER

Bernhard Lohse

Zu Beginn des Konfliktes, der mit Luthers 95 Thesen über den Ablaß am 31. Oktober 1517 begann, stehen die beiden Gestalten Albrecht von Mainz und Luther im Mittelpunkt[1]. Beide waren nach Herkunft, Stand, Bildung und Interessen außerordentlich verschieden. Was Albrecht betrifft, so war er bei Beginn des Ablaßstreites 27 Jahre alt, hatte allerdings durch die Übernahme des Erzbistums Magdeburg und der Administratur des Bistums Halberstadt im Jahre 1513 sowie vor allem des Erzbistums Mainz im Jahre 1514 eine ebenso hohe politische wie kirchliche Verantwortung. Albrecht war Primas Germaniae. In seiner Hand vereinigte er eine kirchliche Macht, wie sie kein anderer im deutschen Reich damals innehatte. Nicht minder wichtig war freilich seine politische Funktion. Die Tatsache, daß sein Bruder, Joachim I. (1484–1535), seit 1499 Kurfürst von Brandenburg war und daß sein Vetter Albrecht (1490–1568) seit 1510/1511 Hochmeister des Deutschen Ordens war, sicherte den Hohenzollern insgesamt eine erhebliche Hausmacht. Für Albrecht von Brandenburg haben dabei seine dynastischen Verbindungen sowie seine reichspolitischen Verantwortlichkeiten ohne jeden Zweifel den Vorrang gehabt vor seinen Aufgaben in den drei ihm übertragenen Bistümern.

Diese Feststellung gilt an sich schon unabhängig von den berühmt-berüchtigten Vorgängen um die Erlangung des Erzbistums Mainz. Sie wird freilich bestätigt durch Albrechts Verhalten bei dem unwürdigen Handel mit der Kurie und den Fuggern, der ihm die kirchenrechtswidrige Übernahme des Mainzer Erzbistums

---

[1] Folgende Literatur zu Albrecht von Mainz und Luther sei hier genannt. Allgemein zu Albrecht: Heinrich GRIMM, Art. A. In: NDB I, 1953, Sp. 166b–167b; Gustav Adolf BENRATH, Art. A. In: TRE II, 1978, S. 184–187. Zu Luther und seinen Beziehungen zu den Fürsten: Gerhard MÜLLER, Luthers Beziehungen zu Reich und Rom. In: Leben und Werk Martin Luthers von 1526 bis 1546. Festgabe zu seinem 500. Geburtstag, I, hrsg. von Helmar Junghans. Berlin (-Ost), Göttingen 1983, S. 369–402; Bernd MOELLER, Luthers Stellung zur Reformation in deutschen Territorien und Städten außerhalb der sächsischen Herrschaften. In: Ebd., S. 573–589. Zu Albrechts Haltung gegenüber der Reformation im ganzen: Franz SCHRADER, Kardinal Albrecht von Brandenburg, Erzbischof von Magdeburg, im Spannungsfeld zwischen alter und neuer Kirche. In: Von Konstanz nach Trient. Beiträge zur Geschichte der Kirche von den Reformkonzilien bis zum Tridentinum (= Festgabe für August Franzen), hrsg. von Remigius Bäumer. Wien 1972, S. 419–445. Speziell zu Albrecht und Luther gibt es offenbar nur die alte Arbeit: Albrecht WOLTERS, Luther und der Cardinal Albrecht von Mainz. In: Deutsch-evangelische Blätter 2 (1877) S. 705–732. Zu wichtigen Einzelfragen: Anton Philipp BRÜCK, Kardinal Albrecht von Brandenburg, Kurfürst und Erzbischof von Mainz. In: Der Reichstag zu Worms von 1521. Reichspolitik und Luthersache, hrsg. von Fritz Reuter. Worms 1971, S. 257–270; Walter DELIUS, Kardinal Albrecht und die Wiedervereinigung der beiden Kirchen. In: ZKG 62 (1943/44) S. 178–189; Martin BRECHT, Martin Luther, 3 Bde. Stuttgart 1981–1987 (passim, s. die Register).

ermöglichte. Daß für Albrecht nicht seine Aufgaben als Erzbischof im Vordergrund standen, zeigt sich nicht zuletzt aber auch in seinem Verhalten in der Angelegenheit des Ablasses. Man tut Albrecht sicher nicht Unrecht, wenn man feststellt, daß bei der Absprache mit der Kurie und den Fuggern über die Beibringung des von diesen vorgeschossenen Betrages von 29 000 Rheinischen Goldgulden und bei der Durchführung des dafür notwendigen Ablasses theologische Fragen schlechterdings ohne Gewicht waren. Es war ein Bankgeschäft, bei dem die Kurie und die Fugger auf ihre Kosten kamen und bei dem Albrecht eine kirchenrechtswidrige Ämterhäufung vornehmen und demzufolge seine Macht und seinen Einfluß ausdehnen konnte. Aber Gesichtspunkte wie etwa die Frage nach dem Seelenheil derjenigen Menschen, die dann diesen Ablaß erwerben sollten, waren schlicht außerhalb des Interesses. Eben dies war vielleicht der tiefste Schaden in der damaligen Kirche.

Trotzdem wäre es verfehlt, Albrecht jegliches Interesse an einer Kirchenreform abzusprechen. Ganz im Gegenteil, Albrecht hat sich, was hier nicht weiter zu würdigen ist, für eine Reform der Kirche und auch für eine bessere Disziplin im Klerus eingesetzt. Die Leitvorstellungen für eine solche Reform übernahm Albrecht im ganzen von Erasmus, dessen Verständnis des christlichen Glaubens er sich verbunden fühlte. Es bleibt freilich eine schwer zu erklärende Tatsache, daß Albrecht dabei offenkundig zu keiner Zeit irgendwelche Skrupel wegen seines Verhaltens bei der Erlangung des Erzbistums Mainz gehabt hat. Und was Luthers Kritik am Ablaß betrifft, so hat Albrecht, wie es scheint, gar nicht begriffen, worum es Luther eigentlich ging. Albrecht hatte nicht Theologie studiert, sondern war in seine hohen kirchlichen Ämter in der damals üblichen Weise allein auf Grund seiner fürstlichen Abkunft gelangt.

Auf der anderen Seite stand Luther, der zu Beginn des Ablaßstreites 33 Jahre alt war und der bekanntlich mit einer unerhörten Leidenschaft Theologe war, wobei ihn letztlich die Frage nach dem ewigen Heil umtrieb. Luther war keineswegs ohne Verständnis für die Probleme, mit denen ein weltlicher Fürst konfrontiert war. Die zahlreichen Gutachten, welche er später zu den verschiedensten politischen Fragen abgefaßt hat[2], zeigen deutlich, daß er sehr wohl differenziert auf bestimmte politische Konstellationen einzugehen verstand. Sie lassen aber auch nicht minder klar hervortreten, daß Luther stets bemüht war, von klaren, theologisch reflektierten Grundsätzen aus zu seiner Meinung zu gelangen. Auch dort, wo Luther nach heute verbreiteter Meinung geirrt haben dürfte, ist er doch zumindest bemüht gewesen, eine vom Glauben her fundierte Entscheidung zu treffen. Was hingegen die Pflichten eines Bischofs angeht, so hat Luther es in seinem Brief an Albrecht vom 31. Oktober 1517 als das *officium primum et solum* der Bischöfe hingestellt, *daß das Volk das Evangelium und die Liebe Christi lerne*[3]. Neben allen Einzelargumenten, welche Luther in seinem Brief wie auch in seinen

---

2 Hierzu s. vor allem Hermann KUNST, Evangelischer Glaube und politische Verantwortung. Martin Luther als politischer Berater seiner Landesherrn und seine Teilnahme an den Fragen des öffentlichen Lebens. Stuttgart 1976; Eike WOLGAST, Die Wittenberger Theologie und die Politik der evangelischen Stände. Studien zu Luthers Gutachten in politischen Fragen (= QFRG 47). Gütersloh 1977.
3 WA Br 1, Nr. 48, 39–41 ... *cum tamen omnium Episcoporum hoc sit officium primum & solum, vt populus Euangelium discat & Charitatem Christi.*

95 Thesen gegen die »Instructio summaria« Albrechts[4] vorbrachte, war es Luthers schärfste Kritik, daß eben diese Gesichtspunkte in Albrechts Ablaßinstruktion fehlten.

Die Beziehungen zwischen Albrecht und Luther standen von daher weder 1517 noch auch später unter einem guten Stern. Im Gegenteil, sie waren immer wieder konfliktreich, aber doch auch wechselhaft und zeitweilig sogar von einem begrenzten Verständnis je für die andere Seite getragen, ohne daß doch zu irgendeiner Zeit die Chance eines wirklichen Einverständnisses betanden hätte.

Im Folgenden können lediglich die Beziehungen zwischen Albrecht und Luther in ihren verschiedenen, wechselvollen Phasen beleuchtet werden. Das Problem, wie Albrecht im ganzen zur Reformation gestanden hat, soll dabei zwar im Blick sein, muß jedoch hier hinter der spezielleren Frage nach »Albrecht von Brandenburg und Luther« zurückstehen.

I.

Im Grunde zeigt sich die ganze Spannungsbreite der Beziehungen zwischen Albrecht und Luther bereits in dem Konflikt um den Ablaß. Wie schon angedeutet, war es Albrechts »Instructio summaria«, die Luther zu seinem öffentlichen Auftreten veranlaßte. Wie immer man die Frage beantworten mag, ob Albrecht in dieser Instruktion die spätmittelalterliche Ablaßlehre, die freilich lehramtlich noch nicht festgelegt worden war, korrekt wiedergegeben hat oder ob er über die damals in Kirche und Theologie vertretenen Auffassungen hinausgegangen ist: In dieser Instruktion hatte Albrecht vor allem die besonderen Gnaden herausgestellt, welche der hier angebotene Ablaß vermitteln könne. Da hieß es wörtlich: *Die erste Gnade ist die vollkommene Vergebung aller Sünden. Es gibt keine größere Gnade als diese, darum, daß der sündige und der göttlichen Gnade beraubte Mensch durch jene die vollkommene Vergebung und die Gnade Gottes von neuem erlangt*[5]. Auch wenn man versuchte, diese Aussage theologisch abzusichern, so war doch zumindest die Auffassung möglich, daß die mit diesem Ablaß angebotene Gnade alle anderen Gnaden übertrifft.

4 Der Text der »Instructio summaria« sowohl in der Fassung für das Erzbistum Mainz (1516) als auch in der Fassung für das Erzbistum Magdeburg und für das Bistum Halberstadt (1517) ist jetzt bequem zugänglich in der Ausgabe: Dokumente zur Causa Lutheri (1517–1521), I: Das Gutachten des Prierias und weitere Schriften gegen Luthers Ablaßthesen (1517–1518), hrsg. und kommentiert von Peter FABISCH und Erwin ISERLOH (= CCath 41). Münster 1988, S. 224–246. 246–293. Die Differenzen zwischen beiden Fassungen betreffen nicht die Substanz der Aussagen. Der Kommentar von FABISCH und ISERLOH zu der Magdeburger und Halberstädter Fassung der »Instructio summaria« ist merkwürdig milde und entschuldigend. Zu dem hier bei Anm. 5 erwähnten Zitat über die »erste Gnade« sagen sie lediglich: »Zumindest an dieser Stelle der Instructio wird nicht deutlich genug, daß der Ablaß selbst nicht Sünden, sondern nur Strafen für bereits bereute und vergebene Sünden nachläßt« (ebd., S. 249). Zu dem gesamten Problem der Ablaßkampagnen s. Bernd MOELLER, Die letzten Ablaßkampagnen. Der Widerspruch Luthers gegen den Ablaß in seinem geschichtlichen Zusammenhang. In: Lebenslehren und Weltentwürfe im Übergang vom Mittelalter zur Neuzeit. Politik – Bildung – Naturkunde – Theologie, hrsg. von Hartmut Boockmann, Bernd Moeller und Karl Stackmann (= AAWG phil.-hist. Kl. 3 Folge Nr. 179). Göttingen 1989, S. 539–567.

5 Siehe Dokumente (wie Anm. 4), S. 264: *Prima gratia est plenaria remissio omnium peccatorum; qua quidem gratia nihil maius dici potest, eo quod homo peccator et divina gratia privatus per illam perfectam remissionem et dei gratiam denuo consequitur.*

Luther hat sowohl mit seinem Brief an Albrecht vom 31. Oktober 1517 als auch mit den 95 Thesen in seiner Verantwortung als Seelsorger und Theologieprofessor reagiert. Wenn Luther in seinem Brief sagt, das Volk meine, durch den Erwerb von Ablaßbriefen seines Heiles gewiß zu sein, und glaube, daß auch die schwersten Sünden durch diese Ablaßzettel vergeben werden könnten[6], so bezieht er sich der Sache nach auf den zitierten Satz, nämlich in These 33, in welcher es heißt: *Vor denen muß man sich besonders hüten, die sagen, der Ablaß des Papstes sei jene unschätzbare Gnade Gottes, durch welche der Mensch mit Gott versöhnt wird*[7]. In seinen »Resolutiones disputationum de indulgentiarum virtute«, die im Manuskript wohl schon im Februar 1518 fertiggestellt waren, die aber erst im August 1518 erschienen sind[8], hat Luther diesen Satz wörtlich, allerdings ohne Angabe des Verfassers und des Fundortes, zitiert und ihn als die schlimmste Häresie aller Zeiten hingestellt[9]. In den wenigen Monaten zwischen der Abfassung der 95 Thesen und der Niederschrift der Ablaß-Resolutionen hat sich der Ton, den Luther gegenüber Albrecht anschlug, erheblich verschärft. Die gewisse Vorsicht und Rücksicht, wie sie sich in den 95 Thesen finden, sind einem schneidenden Verdikt und dazu auch schon fast einem pamphlethaften Ton gewichen[10]. Das mag zu einem Teil an der bereits im Gang befindlichen scharfen Kontroverse gelegen haben. Wichtiger dürfte jedoch sein, daß Luther, der sich theologisch gegenüber Albrecht voll und ganz im Recht wußte, von diesem nicht einmal einer Antwort gewürdigt worden war. Dabei ist allerdings auch zu bedenken, daß Luthers Thesen, selbst wenn sie von ihm dem Erzbischof zugeschickt wurden, sich doch im Grunde vornehmlich an die akademische Öffentlichkeit wandten, um eine Klärung der Lehre und der Praxis des Ablasses zu erreichen.

Immerhin, Albrecht ging auf Luthers Aktion überraschend sachlich ein. Er sah in ihr zwar keine ernste Anfrage an seine eigene Ablaßinstruktion oder gar an sein Verhalten in dem unwürdigen Geschäft bei der Erlangung des Erzbistums Mainz. Er fühlte sich aber auch nicht weiter persönlich getroffen oder gar durch die Art von Luthers Vorgehen verletzt. Vielmehr hat er[11], als er Luthers Brief mit den Thesen wohl Ende November 1517 in Aschaffenburg erhielt, kurz darauf, nämlich am 1. Dezember 1517, die Mainzer Universität um ein Gutachten gebeten. Bereits zehn Tage später mahnte er das Gutachten an, woraus sich schließen

---

6 WA Br 1, Nr. 48, 18–24: *Videlicet, Quod credunt infelices animae, si literas indulgentiarum redemerint, securi sint de salute sua, Item, Quod animae de purgatorio statim euolent, vbi contributionem in cistam coniecerint. Deinde tantas esse has gratias vt nullum sit adeo magnum peccatum, etiam (vt aiunt) si per impossibile quis Matrem dei violasset, quin possit solui. Item, Quod homo per istas Indulgentias liber sit ab omni poena & culpa.*

7 Siehe These 33. WA 1, 235, 1–2: *Cavendi sunt nimis, qui dicunt venias illas Pape donum esse illud dei inestimabile, quo reconciliatur homo deo.*

8 Siehe WA 1, 522 f.

9 WA 1, 589, 22–28: *Audiamus itaque istum bubulcum sua verba grunnientem. Sic enim in libello suo, postquam indulgentias in quattuor principales gratias distribuerat et multas alias minus principales: Prima, inquit, gratia principalis est plenaria remissio omnium peccatorum, qua quidem gratia nihil maius potest dici eo quod homo peccator et divina gratia privatus per illam perfectam remissionem et dei gratiam denuo consequitur. Haec ille. Obsecro, quae haereticorum sentina tam haeretice unquam locuta est?*

10 Siehe etwa die Sätze in WA 1, 589, 16–21, aber auch das in Anm. 9 genannte Zitat.

11 Zum Folgenden s. WA Br 1, S. 114 f. (Exkurs II: Nächste Folgen unsres Briefes); BRECHT, Martin Luther (wie Anm. 1), I, 1981, S. 195–201.

läßt, daß er die Angelegenheit für eilig hielt. Albrecht hat, noch bevor er das am 17. Dezember 1517 ausgefertigte Gutachten der Mainzer Juristen und Theologen in Händen hatte, bereits am 13. Dezember 1517 die Thesen Luthers an den Papst geschickt, *in der Erwartung, ›päpstliche Heiligkeit werden also zur Sache greifen und tun, daß solchem Irrsal zeitlich nach Gelegenheit und Notdurft widerstanden werde‹*[12].

Sowohl Albrecht als auch die Mainzer Gutachter haben aus Luthers 95 Thesen nur die Tatsache herausgegriffen, daß Luther hier gegenüber der damaligen Praxis die päpstliche Gewalt in dem Ablaßwesen einschränke. Auch darin ähneln sich freilich Albrecht und die Mainzer, daß sie keine Verdammung Luthers anstreben, gegen Luther also auch nicht den Häresieverdacht äußern, sondern lediglich so etwas wie eine Zurechtweisung des Wittenberger Mönches intendieren. Albrecht gehört mit dieser Meinung zu denjenigen Theologen und Kirchenführern auf der Seite der Altgläubigen, die, wie vor allem Cajetan[13], Luther zu diesem Zeitpunkt nicht Irrlehre vorhielten, während andere wie Wimpina und Tetzel oder Eck oder nicht zuletzt auch Silvester Prierias über Luther sehr viel härter urteilten. Es ist schwer zu sagen, was die Motive für Albrechts maßvolles Urteil waren. Man kann vermuten, daß es weniger eine Beschäftigung mit Luthers theologischen Anschauungen als vielmehr die Umsicht und die Klugheit eines vorsichtigen Reichsfürsten waren, der nach Möglichkeit eine Eskalation vermeiden wollte. Freilich hat Albrecht durch dieses Verhalten doch auch dazu beigetragen, daß die von Luther gewünschte Sachdiskussion über den Ablaß, die Buße sowie über das Verständnis des Glaubens und der Sakramente überhaupt nicht zustande kam, sondern statt dessen Fragen der kirchlichen Autorität und des Gehorsams gegenüber den Oberen, besonders gegenüber dem Papst, in den Vordergrund traten.

Die Beziehungen zwischen Albrecht und Luther sind aber von keinem der beiden durch diesen Konflikt schon als abgebrochen oder gar beendet angesehen worden. Beide haben vielmehr, wenn auch in unterschiedlicher Weise, den Kontakt in lockerer Weise fortgesetzt. Was zunächst Luther betrifft, so hat er in einem Brief vom 4. Februar 1520 versucht, das dem Erzbischof vermittelte negative Urteil über sich zurechtzurücken. Sowohl hinsichtlich der Form der Anrede als auch bei den von ihm hier angeschnittenen Sachfragen hat Luther sich hier aller Schärfe enthalten. Man gewinnt den Eindruck, daß Luther mit diesem Brief einen Versuch unternommen hat, den Streit, der sich inzwischen so stark ausgeweitet hatte, zu versachlichen. Luther erklärte hier, wie schon vorher des öfteren, er sei bereit, bessere Belehrung anzunehmen. Zum Streit selbst äußerte Luther, dieser betreffe die *utraque species* beim Abendmahl sowie die *Romani pontificis potestas*[14].

Auf diesen Brief hat Albrecht am 26. Februar 1520 reagiert. Albrecht lobte hier Luthers Bereitschaft, sich belehren zu lassen, betonte jedoch im übrigen, er

---

12 WA Br 1, S. 115.

13 Siehe Jared WICKS, Cajetan und die Anfänge der Reformation (= KLK 43). Münster 1983, S. 103; Bernhard LOHSE, Cajetan und Luther. Zur Begegnung von Thomismus und Reformation. In: Ders., Evangelium in der Geschichte. Studien zu Luther und der Reformation. Göttingen 1988, S. 44–63, hier S. 59.

14 WA Br 2, Nr. 248, bes. 12 ff. 41 ff. 51 ff.

habe bislang nicht die Zeit gefunden, Luthers Schriften zu lesen oder auch nur zu überfliegen. Weiter äußerte Albrecht, es sollten doch vor allem Tumult, Schimpfen und müßige Streitigkeiten vermieden werden; Verhandlungen über theologische Gegenstände gehörten nicht vor die breite Öffentlichkeit. Wenn Luther fromm, milde, ohne Bissigkeit und ohne Anreiz zum Ungehorsam gegen die kirchliche Autorität die Wahrheit der Hl. Schrift lehre, werde sich sein Werk als aus Gott erweisen[15]. Hier zeigt sich deutlich, wie stark Albrecht sich von den Reformgedanken des Erasmus leiten ließ: Frömmigkeit, Milde und Friedfertigkeit müssen auf jeden Fall an erster Stelle stehen.

Noch in dieser ersten Phase der Beziehungen zwischen Albrecht und Luther ist es zu einem erneuten Schlagabtausch wegen des Ablasses gekommen. Von der Wartburg aus hat Luther am 1. Dezember 1521 Albrecht in scharfem Ton aufgefordert, den in Halle wieder aufgerichteten »Abgott«, nämlich den dort erneut angebotenen Ablaß, zu entfernen; außerdem solle Albrecht Priester, die inzwischen geheiratet hätten, nicht belangen. Luther drohte, wenn Albrecht diesem Ansinnen nicht folge, werde er, Luther, sein Büchlein »Wider den Abgott zu Halle« ausgehen lassen[16]. Auf diesen Brief hat Albrecht am 21. Dezember 1521 mit einem eigenhändig geschriebenen Brief geantwortet. In dem Jahr, in welchem Luther gebannt und geächtet worden war, wird er hier von Albrecht als *Lieber Er Doctor* angeredet. Albrecht versicherte, er habe Luthers Brief *zu Gnaden und allem Guten angenommen;* allerdings sei die Ursache für Luthers Brief längst abgestellt[17]. In den folgenden Worten zeigte sich Albrecht nachgiebig: *Und will mich, ob Gott will, dergestalt halten und erzeigen, als einem frommen geistlichen und christlichen Fürsten zustehet, als weit mir Gott Gnade, Stärke und Vernunft verleihet, darumb ich auch treulich bitte und lassen bitten will.* Ja, Albrecht kam selbst Luthers Rechtfertigungslehre etwas entgegen, wenn er sagte: *Denn ich von mir selbs nichts vermag, und bekenne mich, daß ich bin nötig der Gnaden Gottes, wie ich denn ein armer sündiger Mensch bin...*[18].

II.

Es wäre allerdings verfehlt, von solchen Äußerungen her zu schließen, daß Albrecht in den strittigen Fragen ernsthaft daran gedacht hätte, auf die Seite Luthers zu treten. Albrecht konnte zwar, was seine Person betraf, anscheinend etliche Kritik vertragen und konnte darüber hinaus einen konzilianten Ton pflegen; aber er

---

15 WA Br 2, Nr. 259, bes. 9 ff. 19 ff. 49 ff. Bemerkenswert ist hier schon die Anrede an Luther: *Honorabili et religioso nobis in Christo dilecto, Martino Luthero, Sacrae Theologiae professori etc.* (Z. 1–2).

16 WA Br 2, Nr. 442. Luther erinnert hier daran, daß er *im Anfang des lügenhaftigen Ablaß, so unter E. K. F. G. Namen ausging, darinnen ich E. K. F. G. treulich warnet, mich aus christlicher Liebe entgegensetzet den wüsten, verführischen, geldsüchtigen Predigern, und den ketzerischen, abgläubigen Büchern,* wobei er die »Instructio summaria« meint (Z. 4–8). Ein drohender Ton zeigt sich etwa Z. 59–61: *E. K. F. G. denken nur nicht, daß Luther tot sei. Er wird auf den Gott, der den Papst gedemütigt hat, so frei und fröhlich pochen, und ein Spiel mit dem Cardinal von Mainz anfahen, deß sich nicht viel versehen.* Luther wollte Albrecht ohne jeden Zweifel unter Druck setzen, um ihn zur Änderung des noch immer betriebenen Ablasses zu zwingen.

17 WA Br 2, Nr. 448, 1–4.

18 WA Br 2, Nr. 448, 5–10.

hat doch nicht im Ernst daran gedacht, deswegen Luther recht zu geben. Auf evangelischer Seite hat man freilich immer wieder die Hoffnung oder die Illusion gehabt, es könne gelingen, ausgerechnet Albrecht zu der eigenen Seite hinüberzuziehen. Dabei hat man jedoch die Vorsicht des Erzbischofs und Kurfürsten in politischer Hinsicht sowie seine im Grunde erasmische Einstellung zu Frömmigkeit und Reform mit einem geheimen Liebäugeln mit der evangelischen Sache verwechselt. Im Folgenden sollen die unterschiedliche Einschätzung der kurmainzischen Politik bei Luther und den Wittenbergern, das angebliche Schwanken Albrechts und die im ganzen sich wieder verschlechternden Beziehungen an einigen wichtigen Beispielen kurz betrachtet werden.

Was zunächst die Vorsicht Albrechts in seiner Politik als Kurfürst und Erzbischof angeht, so ist es bemerkenswert, daß Albrecht in seiner engsten Umgebung Männer duldete, ja auch gegen manche Kritik in Schutz nahm, die offenkundig für Luther Sympathie empfanden oder gar im Sinne Luthers wirkten. Besonders wichtig war der Einfluß Wolfgang Capitos, der 1520 zunächst als Domherr und dann im Rat Albrechts mitwirkte. Capito konnte für beinahe drei Jahre Albrecht zu einer »stillschweigenden Duldung der lutherischen Bewegung und zur Hintanhaltung von Maßregeln zu ihrer gewaltsamen Unterdrückung« veranlassen[19]. Albrecht hat offenkundig verhindert, daß bereits Ende Dezember 1520 ein im kaiserlichen Rat beschlossenes scharfes Edikt gegen Luther ausging. Albrecht wollte weder bei der Vollstreckung der Bulle noch bei der Durchführung der Reichsacht gegen Luther als einziger Kirchenfürst tätig werden, sondern hier mit den anderen Kurfürsten und Erzbischöfen zusammen handeln[20]. Es kann kein Zweifel sein, daß Albrecht dabei die schwierige Lage, in welcher er wie auch der gesamte Episkopat des deutschen Reiches sich gegenüber der reformatorischen Kritik befand, besser einschätzte, als es der päpstliche Legat Aleander tat, der Albrecht dafür verantwortlich machte, daß man nicht schärfer gegen Luther einschritt.

Daß Albrecht trotz seiner Vorsicht nicht daran dachte, den Übergang seiner Gebiete zur Reformation stillschweigend hinzunehmen, hat er schon 1523 deutlich gemacht. Damals wirkte seit 1522 in dem kurmainzischen Miltenberg Johann Drach als Pfarrer, der kurz zuvor aus seiner Chorherrnstelle am Severistift in Erfurt wegen seiner lutherischen Neigungen vertrieben worden war. Als sich in Miltenberg eine Gruppe reformatorisch gesinnter Bürger bildete, wurde Drach im September 1523 gebannt; er mußte Miltenberg verlassen. Einige von Drachs Anhängern wurden inhaftiert. Die Gemeinde mußte schwören, bei dem alten Glauben zu bleiben. Luther reagierte auf diese Vorkommnisse in zweifacher Weise. Einmal schrieb er am 14. Februar 1524 einen Brief an Albrecht, in welchem er Albrechts Vorgehen gegen die reformatorischen Bestrebungen in Miltenberg kritisierte. Dabei hob Luther hervor, daß es in Miltenberg keinen Aufruhr gegeben habe, vielmehr die dortigen Maßnahmen *allein des Euangelii oder Predigens halber* ergriffen worden seien[21]. Sodann schrieb Luther an die betroffenen Milten-

---

19 Siehe BRÜCK, Kardinal Albrecht (wie Anm. 1), S. 264 f.
20 Ebd., S. 265–269.
21 WA Br 3, Nr. 711, 14–16. Zu den Vorgängen in Miltenberg s. BRECHT, Martin Luther (wie Anm. 1), II, 1986, S. 86 f.

berger »Einen christlichen Trostbrief«[22], in welchem er sie dazu aufforderte, nicht auf Rache zu sinnen, sondern sich dessen zu getrösten, daß sie um Gottes und seines Wortes willen Verfolgung erduldeten. Mit Nachdruck lehnte Luther schon hier jeden Versuch ab, mit weltlicher Gewalt das Evangelium durchzusetzen. Albrecht hat Luther in diesem Fall keiner Antwort gewürdigt.

Ganz anderer Art ist der nächste Kontakt gewesen, zu welchem es 1525 zwischen Luther und Albrecht kam. Hierbei ging es um die Frage der Heirat von Priestern sowie speziell darum, ob Albrecht selbst heiraten und dann nach dem Vorbild seines Vetters, des Hochmeisters Albrecht von Preußen, sein Kurfürstentum säkularisieren sollte[23]. Bekanntlich stand damals schon seit Jahren, wenn Probleme von Reformation oder Reform akut wurden, konkret immer wieder die Frage im Mittelpunkt, ob es geduldet werden sollte, daß Priester heirateten. Albrecht von Mainz hatte nun, wie schon andere weltliche und geistliche Herren auf seiten der Altgläubigen, manche Maßnahmen gegen verheiratete Priester ergriffen. Auf der anderen Seite war es bekannt, daß Albrecht mit seiner Mätresse Ursula Redinger ein eheähnliches Verhältnis hatte. 1525 gingen nun Gerüchte um, Albrecht wolle bald heiraten. Freilich hätte seine Mätresse, da sie von bürgerlicher Herkunft war, wohl kaum eine Chance gehabt, Albrechts Gemahlin zu werden. Immerhin waren diese Gerüchte für Luther Anlaß genug, sich mit einem Sendschreiben an Albrecht zu wenden. Als Mittelsmann diente dabei Dr. Johann Rühel, Mansfeldischer und Magdeburger Rat, der zwar auf seiten Luthers stand, aber für Albrecht doch als Rechtsanwalt tätig war. Rühel war offenbar der Meinung, daß eine von Luther verfaßte freundliche Mahnung zur Eheschließung bei Albrecht vielleicht auf offene Ohren stoßen würde. So hat Luther denn am 2. Juni 1525 einen Brief ausgehen lassen »Dem durchleuchtigsten hochgebornen Fürsten unnd Herren, herren Albrechten, Ertzbischoffen zu Meyntz und Magdeburg, Churfürsten und Marggraffen zu Brandeburg«, in welchem er Albrecht aufforderte, sich zu verehelichen[24]. Auch auf diesen Brief hat Albrecht nicht geantwortet.

Allerdings hat Albrecht, als Luther in demselben Monat heiratete – die rechtskräftige Verlobung mit Katharina von Bora fand am 13. Juni, der öffentliche, festliche Kirchgang mit anschließendem Hochzeitsmahl am 27. Juni 1525 statt –, dem jungen Paar 20 Gulden überreichen lassen, die Luther zurückweisen wollte, die Käthe jedoch behielt[25]. Es muß dahingestellt bleiben, ob dieser Schritt Albrechts eine indirekte Reaktion auf Luthers Brief vom 2. Juni 1525 darstellt oder ob er lediglich zu seinen wiederholten Bemühungen gehört, die Verbindung zu den Evangelischen nicht ganz abreißen zu lassen, auch wenn Albrecht selbst nicht im Ernst daran dachte, auf die Seite der Reformation zu treten. Immerhin läßt die Tatsache, daß der Kölner Erzbischof Hermann von Wied Anfang der 40er Jahre des 16. Jahrhunderts ernsthaft plante, zur Reformation überzuwechseln und sein Erzbistum zu reformieren, einen ähnlichen Schritt Albrechts nicht als ein Ding der Unmöglichkeit erscheinen.

---

22 »Ein christlicher Trostbrief an die Miltenberger, wie sie sich an ihren Feinden rächen sollen, aus dem 119. Psalm« (1524) in: WA 15, 69–78.

23 Zu der Vorgeschichte von Luthers Sendschreiben an Albrecht s. WA 18, 402–405 (O. BRENNER und O. REICHERT).

24 WA Br 3, Nr. 882 = WA 18, 408–411.

25 Siehe BRECHT, Martin Luther (wie Anm. 1), II, 1986, S. 200.

Beachtlich ist auf jeden Fall, daß Albrecht auch nach dem Bauernkrieg offenbar für etwa noch knapp zehn Jahre eine friedliche Verständigung mit den Evangelischen im Auge behielt[26]. Sowohl Albrecht als auch die Wittenberger ließen einander für etliche Jahre manche Aufmerksamkeit zukommen. So hat Melanchthon 1527 seiner Ausgabe von »De bello Rhodio libri tres... Jacobo Fontano Brugensi auctore« ein Widmungsschreiben an Albrecht vorangestellt, in welchem er diesen als den Primas Germaniae lobte, der sich bislang im Unterschied zu anderen Bischöfen keine Gewaltakte gegen die Anhänger Luthers habe zuschulden kommen lassen. Darum könne Albrecht wohl derjenige sein, welcher durch die Einberufung einer Synode Frieden und Eintracht wiederherstelle[27].

Tatsächlich hat Albrecht während des Augsburger Reichstages 1530 zusammen mit manchen anderen wie insbesondere dem Augsburger Bischof Christoph von Stadion und dem Herzog Heinrich von Braunschweig eine Politik betrieben, die auf Frieden hin ausgerichtet war; dies wird aus dem zeitgenössischen Briefwechsel deutlich[28]. Diese Bemühungen Albrechts wurden Luther, der damals bekanntlich auf der Coburg weilte, mitgeteilt. Auf Grund dieser Nachrichten hat Luther sich am 6. Juli 1530 an Erzbischof Albrecht in Augsburg mit einem Brief gewandt, der, wie Luther hervorhebt, nur deswegen sogleich gedruckt wurde, weil Luther bei einem privaten Brief nicht hätte sicher sein können, daß dieser den Erzbischof auch wirklich erreichen würde. Luther betonte hier, daß Albrecht der höchste Prälat in deutschen Landen sei[29]. Weiter lobte Luther die »Confessio Augustana«, die nach Luther das Licht nicht zu scheuen brauchte[30]. Im übrigen mahnte Luther, daß doch vor allem der Friede gewahrt werden müsse[31]. Er warnte vor den Machenschaften des Papstes und vor der Erwartung, daß der Kaiser alles wieder in seinem früheren Zustand herstellen würde[32]. Auch wenn hier nicht mehr die Erwartung angedeutet wird, Albrecht werde womöglich auf die Seite der Reformation überwechseln, so ist es doch bemerkenswert, daß Albrecht und Luther hinsichtlich des Bemühens um Wahrung des gefährdeten Friedens in einem stillschweigenden Einverständnis miteinander handelten.

Freilich ist diese Phase eines gemeinsamen Handelns im Interesse des Friedens

---

26 Siehe WA 18, 405; WA 30 II, 391 (O. CLEMEN und O. BRENNER).

27 CR I, Nr. 451. Melanchthon lobt hier insbesondere Albrechts *bonitas* (col. 875) sowie dessen *singulare pietatis studium* (col. 878). Er weist aber auch darauf hin, daß es an den *schlafenden Bischöfen* gelegen habe, wenn viele Übel *(vitia)* in die Kirche eingedrungen seien (col. 877).

28 Siehe vor allem folgende Briefe: Justus Jonas an Luther am 18. Juni 1530: WA Br 5, Nr. 1590, 91f.: *Der Bischof von Mentz heldet sich biß anher wol, vnnd auch Hertzog Heinrich von Brunswig.* Melanchthon an Luther am 19. Juni 1530: WA Br 5, Nr. 1591, 17–18: *Duo tantum sunt Principes, qui afficiuntur nostro periculo, Moguntinus et Brunsvicensis.* Melanchthon an Luther am 30. Juni 1530: WA Br 5, Nr. 1616, 9–10: *Sublevamur sententiis Moguntini et Augustani et Brunswigii, neque tamen hi valde pugnant.*

29 WA 30 II, 398, 19–22.

30 WA 30 II, 398, 27–399, 16.

31 WA 30 II, 400, 22–26: *Hie bitte ich nu auffs unterthenigst, weil kein hoffnung da ist, daß wir (wie gesagt ist) der lere eins werden, E. K. F. G. wolten sampt andern dahin arbeiten, das yhenes teil fride halte und glaube, was es wölle, und lasse uns auch glauben diese warheit, die itzt für jhren augen bekand und untaddelich erfunden ist.*

32 WA 30 II, 411, 22–412, 17. 409, 33–35: *... das doch fride gestifft würde. Denn das der Babst sich rhümet mit den seinen, inn einer zedel, so gedruckt ist, der Keyser werde yhm alles wider restituiern und ergentzen, das wird yhm feylen...*

bald an ihr Ende gelangt. Albrecht, der noch 1531 auf einen Ausgleich zwischen dem Kaiser und den Angehörigen des Schmalkaldischen Bundes bedacht war[33], hat sich spätestens in der Mitte der 30er Jahre des 16. Jahrhunderts zu einer Politik im Sinne der Gegenreformation entschlossen und durch manche Maßnahmen versucht, das weitere Vordringen der Reformation in seinen Landen gewaltsam zu unterbinden.

Ganz besonders sind hier die Vorgänge in Halle von Bedeutung gewesen, wo Albrecht mit großem Nachdruck alle evangelischen Bestrebungen unterdrückte. Wohl der härteste Schlag, den er führte, war die Hinrichtung des Hans von Schönitz im Sommer des Jahres 1535[34]. Die näheren Umstände, welche dieser Hinrichtung vorangingen, können hier nicht einmal angedeutet werden. Schönitz, ein Großkaufmann, war für Albrecht in Geldgeschäften tätig gewesen. Dabei war es zu manchen fragwürdigen Transaktionen gekommen, die ihn schließlich zu Fall brachten. Was immer Schönitz mit oder ohne Wissen Albrechts getan hat, das Verfahren gegen ihn, unter Anwendung der Folter, war unerhört, ebenso auch die sofortige Hinrichtung nach dem Urteilsspruch. 1539 veröffentlichte Luther seine Schrift »Wider den Bischof zu Magdeburg, Albrecht Kardinal«, in der er mit Albrecht abrechnete. Luther war der Meinung, daß Albrecht in diesem Verfahren Partei gewesen sei und deshalb das Urteil nicht hätte fällen dürfen[35]. Den harten Maßnahmen gegen Schönitz waren verschiedene Schritte gegen die evangelische Bewegung in Halle vorangegangen, die schon 1533 eingesetzt hatten und die im Frühjahr 1534 zur Vertreibung einer Anzahl evangelischer Familien aus Halle führten[36]. Die Ereignisse um den Tod von Schönitz sowie die Vorgänge in Halle haben die Beziehungen zwischen Albrecht und Luther nachhaltig und dauerhaft auf einen Tiefpunkt gebracht. Das wurde auch nicht anders, als Albrecht Halle aufgeben mußte. Nachdem 1539 in dem Herzogtum Sachsen die Reformation eingeführt worden war, konnte Halle, das ja weit in den sächsischen Raum hineinragte, gegen den Einfluß der Reformation nicht mehr abgeschirmt werden, so daß sich dort 1541 die Reformation durchsetzte.

Betrachtet man abschließend die beiden Gestalten Albrecht und Luther, so muß man sagen, daß sie wenig miteinander gemein hatten. Albrecht hat zu keiner Zeit für das, worum es Luther ging, Verständnis aufgebracht. Luther hingegen hat kaum hinreichend die Sachzwänge und auch die Interessen gewürdigt, unter denen ein Mann wie Albrecht als Erzbischof und Kurfürst stand. Er hat über Albrecht allein nach dessen bischöflichem Auftrag geurteilt. Die Lebensumstände beider waren ebenso verschieden wie ihre Herkunft und ihr Charakter.

In den Tischreden Luthers ist eine leider undatierte Äußerung überliefert, die

---

33 Siehe Brecht, Martin Luther (wie Anm. 1), II, 1986, S. 406.

34 Zu den Ereignissen, die zur Hinrichtung von Schönitz führten, siehe WA 50, 386–394 (O. Clemen und O. Brenner); Brecht, Martin Luther (wie Anm. 1), III, 1987, S. 91–100.

35 Die Schrift »Wider den Bischof zu Magdeburg, Albrecht Kardinal« findet sich in WA 50, 395–431. Das Haus Hohenzollern, und zwar außer Albrecht von Mainz auch Joachim II. von Brandenburg und u. a. auch Herzog Albrecht von Preußen, hatte versucht, die drohende Veröffentlichung von Luthers Schrift zu verhindern. Hier zeigt sich besonders deutlich, daß die dynastischen Interessen nicht selten den konfessionellen vorangingen. Siehe hierzu WA 50, 391. Die Vorwürfe wegen Albrechts Parteilichkeit finden sich vor allem WA 50, 401–403. Luther hatte sich vorher schon direkt an Albrecht mit einem Brief gewandt, nämlich am 31. Juli 1535; WA Br 7, Nr. 2215.

36 Kurze Übersicht über die Ereignisse in WA 50, 386 f.

Albrecht von Mainz gegenüber Melanchthon am Rande eines Reichstages wohl Anfang der 40er Jahre getan haben soll und die ein Schlaglicht auf die große Distanz zwischen Albrecht und Luther wirft, auch wenn die Echtheit nicht sicher erwiesen werden kann. Albrecht soll zu Melanchthon gesagt haben: *Wolt ihr Lutherischen vns aus euerm scheis winckel reformirn? Das werdt ihr noch woll laßen!*[37]

---

37 WA Tr 4, Nr. 4857e, S. 550, 22–24: *Episcopus Moguntinus in comitiis ad Philippum Melanthonem dicebat: Wolt ihr Lutherischen vns aus euerm scheis winckel reformirn? Das werdt ihr noch woll laßen!* Diese Tischrede findet sich in der Handschrift Dresd. I 423, 661. Zu dieser Handschrift siehe die Einleitung WA Tr 4, XXVs. aus der Feder von E. KROKER. Hier heißt es von den ersten Tischreden in dieser Handschrift, zu denen auch die zitierte gehört, daß sie »nach Lauterbachs Tagebuch aufs Jahr 1538 und nach einigen Briefen aus den Jahren 1540 und 1546 als Schlußstücke stehen. Ihre Überlieferung verdanken wir wohl ebenfalls der Vermittlung Lauterbachs, doch kann Lauterbach selbst sie nicht nachgeschrieben haben...« Offenbar stammen diese Tischreden aus Mitschriften des österreichischen Edelmannes Ferdinand von Maugis. Die Tischrede Nr. 4857a muß offenbar auf den Sommer 1545 datiert werden. Kroker schreibt S. XXVI, daß wahrscheinlich auch die anderen Tischreden »in die vierziger Jahre« fallen. Genaueres über die Datierung dieser Tischrede läßt sich offenbar nicht sagen.

ZWISCHEN ALTKIRCHLICHER BINDUNG UND REFORMATORISCHER BEWEGUNG

Die kirchliche Situation im Erzstift Mainz unter Albrecht von Brandenburg

Rolf Decot

I. Wahl und Regierungsaufnahme in Mainz · II. Der Ablaßhandel und der Beginn der Reformation · III. Die reformatorische Bewegung im Erzstift Mainz und das Verhalten Albrechts gegenüber der Reformation · IV. Verstärkte Bindung an die alte Kirche und Hoffnung auf das Konzil · V. Die Klerusreform von 1542/43 · VI. Versuch einer Wertung von Albrechts Verhalten gegenüber der Reformation

Die historischen Umstände haben den Mainzer Kurfürsten Albrecht von Brandenburg und den deutschen Reformator Martin Luther zusammengeführt. Für den Kirchenfürsten sollte die Reaktion auf die Herausforderung der Reformation zur Entscheidung über seine geschichtliche Bedeutung werden. Die Haltung Albrechts von Brandenburg zur Reformation wird jedoch bis heute kontrovers diskutiert. Während einige Forscher in ihm nur den leichtlebigen Genußmenschen der Renaissance sehen[1], glauben andere, er habe der Reformation unmittelbar und vielleicht sogar bewußt vorgearbeitet[2] und in schroffem Gegensatz hierzu sehen wieder andere in ihm wenigstens in seinen späteren Jahren einen Wegbereiter der innerkatholischen Reform[3]. Für all diese Ansichten können Belege beigebracht werden. Sein Verhalten scheint nicht eindeutig faßbar und von vielen äußeren Umständen abhängig zu sein. Die Schwierigkeit besteht darin, die unterschiedlichen Gegebenheiten in einen einheitlichen Zusammenhang zu bringen. Solange noch nicht alle Quellen ausgewertet sind und keine gültige Biographie vorliegt, ist man weiterhin auf vorsichtige Mutmaßnahmen angewiesen. Die Sichtung des vorhandenen Materials kann nur zu einer vorläufigen Antwort führen.

---

[1] Paul KALKOFF, Zu den römischen Verhandlungen über die Bestätigung Erzbischof Albrechts von Mainz i. J. 1514. In: ARG 1 (1903/04) S. 381–389; Paul KALKOFF, Die Beziehungen der Hohenzollern zur Kurie unter dem Einfluß der Lutherischen Frage. In: Quellen und Forschungen in italienischen Archiven und Bibliotheken 9 (1906) S. 88–139.

[2] Manfred VON ROESGEN, Kardinal Albrecht von Brandenburg. Ein Renaissancefürst auf dem Mainzer Bischofsthron. Moers 1980.

[3] Hans WOLTER, Kardinal Albrecht von Mainz und die Anfänge der katholischen Reform. In: Theologie und Philosophie 51 (1976) S. 496–511.

1. WAHL UND REGIERUNGSAUFNAHME IN MAINZ

Als Albrecht von Brandenburg[4] am 9. März 1514[5] *einmütiglich*[6] zum Erzbischof postuliert wurde, war er noch keine 24 Jahre alt, aber bereits seit einem halben Jahr Inhaber des Erzbistums Magdeburg und des Bistums Halberstadt[7].

Die Gründe für die Wahl Albrechts liegen im damaligen Zusammentreffen der Interessen des Hauses Hohenzollern und des Erzstiftes Mainz. Albrecht, der jüngere Sohn des Brandenburger Kurfürsten Johann Cicero, war nach dem frühen Tod seines Vaters (1499) zunächst mit seinem älteren Bruder Joachim Mitregent des Kurfürstentums[8]. Von klein auf war er für die geistliche Laufbahn ausersehen. Durch den Erwerb eines geistlichen Territoriums sollte er helfen, die hohenzollersche Hausmacht zu verbreitern[9]. Im Jahre 1508 erhielt Albrecht Kanonikate in Magdeburg, Mainz und wohl auch in Trier[10].

Die Hausmachtpolitik der Brandenburger war sehr erfolgreich. Nachdem schon 1510 Albrecht von Brandenburg-Ansbach aus dem fränkischen Zweig der Familie Deutschordensmeister in Preußen geworden war, fielen Albrecht 1513 das Erzbistum Magdeburg und das Bistum Halberstadt zu. Alle drei Positionen hatten zuvor Vertreter der Wettiner aus Sachsen innegehabt. Es war den Brandenburgern gelungen, die Sachsen zu überflügeln und eine eigene starke Position im mitteldeutschen Raum aufzubauen[11].

Als durch den Tod Uriels von Gemmingen der Mainzer Erzstuhl frei wurde, bot sich die Möglichkeit einer Ausdehnung in den Westen bis an den Rhein sowie eine Stärkung innerhalb des Reiches. Daß es bei dieser Ausweitung um bewußte Hausmachtpolitik ging, zeigt sich vor allem daran, daß bei der Bewerbung Al-

---

4 Literatur zum Leben und Wirken Albrechts: Gustav Adolf BENRATH, Albrecht von Mainz (1490–1545). In: TRE II, 1978, S. 184–187; Anton Philipp BRÜCK, Kardinal Albrecht von Brandenburg, Kurfürst und Erzbischof von Mainz. In: Der Reichstag zu Worms 1521. Reichspolitik und Luthersache, hrsg. von Fritz Reuter. Worms 1971, S. 257–270; Jakob MAY, Der Kurfürst, Cardinal und Erzbischof Albrecht II. von Mainz und Magdeburg, Administrator des Bisthums Halberstadt, Markgraf von Brandenburg und seine Zeit. Ein Beitrag zur deutschen Cultur- und Reformationsgeschichte 1514–1545, 2 Bde. München 1865–1875; Hans VOLZ, Erzbischof Albrecht von Mainz und Martin Luthers 95 Thesen. In: Jahrbuch der Hessischen kirchengeschichtlichen Vereinigung 13 (1962) S. 187–228.

5 Fritz HERRMANN (Hrsg.), Die Protokolle des Mainzer Domkapitels, III: Die Protokolle aus der Zeit des Erzbischofs Albrecht von Brandenburg 1514–1545 (= Arbeiten der Historischen Kommission für den Volksstaat Hessen). Paderborn 1932, ND Darmstadt 1974, hier S. 7; das Wahlprotokoll ist nicht eingetragen.

6 Vgl. VOLZ, Albrecht (wie Anm. 4), S. 189 mit Belegen.

7 Wahl zum Erzbischof von Magdeburg am 30. August 1513, zum Administrator von Halberstadt am 25. September 1513. Vgl. Erhard MALINA, Zur Geschichte der Besetzung der deutschen Bistümer zur Zeit Kaiser Maximilians I. Diss. phil. Breslau 1936, Teildruck Dresden 1936, S. 31 f.

8 Albrecht verzichtete förmlich auf die Mitregentschaft, nachdem durch die Geburt von Kurprinz Joachim II. am 9. Januar 1505 die Erbfolge gesichert und er durch die Wahl zum Erzbischof versorgt war, vgl. VOLZ, Albrecht (wie Anm. 4), S. 196; zum Problem der Reduktion des Adels durch den Eintritt in den geistlichen Stand vgl. Aloys SCHULTE, Der Adel und die deutsche Kirche im Mittelalter. Studien zur Sozial-, Rechts- und Kirchengeschichte. Darmstadt ³1953.

9 Erste Versuche hierzu gab es 1508, als der Erzbischof von Utrecht durch die Zahlung einer Jahrespension von 6000 Gulden zum Verzicht auf sein Amt zugunsten Albrechts bewogen werden sollte.

10 BRÜCK, Kardinal (wie Anm. 4), S. 257–270.

11 Vgl. Gerd HEINRICH, Kurfürst Joachim I. von Hohenzollern, Markgraf von Brandenburg. In: Der Reichstag zu Worms 1521 (wie Anm. 4), S. 336–343.

brechts in Mainz nicht an einen Verzicht auf die Bistümer Magdeburg und Halberstadt gedacht war. Albrecht nahm die Postulation nicht sogleich an und überließ die Entscheidung dem Papst in der Hoffnung, dieser werde ihm alle drei Bischofsstühle belassen[12].

Das Mainzer Domkapitel, das den neuen Erzbischof zu wählen hatte, verfolgte seine eigenen Ziele. Drei Bischofswahlen innerhalb von zehn Jahren (1504 folgte Jakob von Liebenstein auf Berthold von Henneberg, und jenem folgte 1508 Uriel von Gemmingen, der am 9. Februar 1514 starb)[13], und die damit verbundenen Kosten, Taxen und Abgaben hatten die Finanzkraft des Stiftes ruiniert[14]. Diesem Umstand trugen alle Bewerber um das Mainzer Bischofsamt insofern Rechnung, als sie die Übernahme der neuerlichen Kosten aus eigener Tasche sowie die Ablösung verpfändeter Gebiete versprachen[15].

Es ging aber nicht nur um die Erstattung der Palliumskosten. Was Albrecht von Brandenburg vor den anderen Kandidaten auszeichnete, war die wachsende brandenburgische Hausmacht und die Tatsache, daß er mit Magdeburg und Halberstadt bereits über zwei Stifte verfügte, die in unmittelbarer Nachbarschaft zum sächsisch-thüringischen Gebietsanteil des Mainzer Stifts und der Stadt Erfurt lagen. Dieser Besitz wurde dem Erzstift von Kursachsen streitig gemacht. Der Brandenburger Kurfürst Joachim hatte in der Werbung für seinen Bruder ausdrücklich versprochen, das Erzstift mit all seinen eigenen Mitteln und Möglichkeiten gegen jede Anfeindung zu schützen[16]. Dieses Schutzversprechen war Albrecht fast zu weit gegangen, da nicht alle künftigen Konflikte vorausgesehen werden könnten. Offensichtlich aber ist, daß der Schutz Erfurts für die Wahl durch das Mainzer Domkapitel ausschlaggebend war[17].

Albrecht brachte auch für die kirchlich-religiöse Seite seines Amtes Voraussetzungen mit, die nicht bei allen damaligen Bischöfen gegeben waren. Er war von Jugend auf für den geistlichen Stand erzogen worden, hat möglicherweise an der 1506 gegründeten brandenburgischen Landesuniversität in Frankfurt an der Oder studiert, sich zumindest dort längere Zeit aufgehalten und Beziehungen zu Professoren und später berühmten Studenten wie Ulrich von Hutten gefunden. Im Jahre 1513 ließ er sich zum Priester weihen[18], und noch vor seiner Konfirmation in Mainz empfing er am 2. Juni 1514 in Magdeburg die Bischofsweihe[19].

---

12 Vgl. Aloys SCHULTE, Die Fugger in Rom 1495–1523. Mit Studien zur Geschichte des kirchlichen Finanzwesens jener Zeit, 2 Bde. Leipzig 1904, hier I, S. 102 f.

13 Vgl. Friedhelm JÜRGENSMEIER, Das Bistum Mainz. Von der Römerzeit bis zum II. Vatikanischen Konzil (=Beiträge zur Mainzer Kirchengeschichte 2). Frankfurt am Main ²1989, S. 170 f.

14 Vgl. Fritz HERRMANN, Mainzer Palliums-Gesandtschaften und ihre Rechnungen. In: Beiträge zur Hessischen Kirchengeschichte 2 (1905) S. 227–273. 3 (1908) S. 117–134.

15 Die anderen Bewerber waren: Herzog Ernst von Bayern, postuliert vom Kaiser und den bayerischen Herzögen, HERRMANN, Protokolle (wie Anm. 5), S. 6; Herzog Heinrich von der Pfalz oder sein Bruder Georg, Bischof von Speyer, ebd., S. 6 f.

16 HERRMANN, Protokolle (wie Anm. 5), S. 6; vgl. SCHULTE, Fugger (wie Anm. 12), I, S. 101.

17 SCHULTE, Fugger (wie Anm. 12), II, S. 88.

18 Die Primizpredigt hielt ihm der bekannteste Theologe aus Frankfurt an der Oder, Konrad Wimpina, vgl. VOLZ, Albrecht (wie Anm. 4), S. 198; Remigius BÄUMER, Konrad Wimpina (1460–1531). In: Katholische Theologen der Reformationszeit, III (= KLK 46). Münster 1986, S. 8.

19 VOLZ, Albrecht (wie Anm. 4), S. 198; anders (nämlich Bischofsweihe am 14. Mai): SCHULTE, Fugger (wie Anm. 12), I, S. 104; BENRATH (wie Anm. 4), S. 184, u. a.; zu den unterschiedlichen Datierungen vgl. MALINA (wie Anm. 7), S. 35 Anm. 12.

Nach allem was wir wissen, hatte Albrecht von Brandenburg große Freude an den liturgischen Pflichten seines Amtes und nahm sie häufig wahr.

Das Mainzer Domkapitel hatte also in Albrecht von Brandenburg durchaus nach den Maßstäben der Zeit einen geeigneten und für die politische Zukunft des Erzstiftes im Reich vielversprechenden neuen Erzbischof gefunden.

Daß diese Einschätzung nicht völlig trog, sollten die ersten Regierungsjahre Albrechts in Mainz erweisen. Bald nach seiner Wahl widmete er sich seinen Aufgaben als Landesherr. Beraten und umgeben von zahlreichen Humanisten und selbst dem Humanismus nahestehend, nahm er wichtige Reformen in Angriff. Hervorzuheben sind die Neuordnungen im Gerichtswesen. So schuf er eine Hofgerichtsordnung und Ordnungen für die Untergerichte. Sie wurden vorbildlich für andere deutsche Territorien und hatten in Mainz im wesentlichen Bestand bis zum Ende des Alten Reiches[20]. Neugeordnet wurde die Verwaltung des Kurstaates durch die Schaffung von Zentralbehörden mit festumrissenen Kompetenzen. Der Versuch, durch humanistische Reformen das Staatswesen zu modernisieren, ist bei Albrecht durchgängig auch in den späteren Jahren noch feststellbar[21].

Angesichts des desolaten Zustandes des Klerus, – die Domkapitelsprotokolle beispielsweise klagen Jahrzehnte hindurch über den schlechten Besuch und den mangelhaften Vollzug der Gottesdienste, über Trinkgelage und Gewalttaten der Kanoniker –, hat Albrecht bereits in seinem ersten Jahr den Versuch zu einer Reform des Klerus unternommen. Am 24. November 1514 erteilte er den Auftrag, mehrere Kollegiatsstifte, Propsteien, Klöster und Pfarreien zu visitieren. Im folgenden Jahr erließ er ein scharfes Mandat gegen den Güterhandel, Häuserkauf und andere finanzielle Spekulationen des Mainzer Klerus[22]. Über den Erfolg dieser Maßnahmen ist nichts bekannt, wahrscheinlich sind sie im Ansatz steckengeblieben. In den zwanziger[23] und dann noch einmal intensiv in den vierziger Jahren hat Albrecht erneute Ansätze zur Klerusreform unternommen[24], jedoch auch damals ohne Ergebnis.

Albrecht ist also nicht nur der Wunschkandidat des Kapitels gewesen, er zeigte in seinen ersten Regierungsjahren durchaus Ansätze, die zu Hoffnungen auf eine erfolgreiche Amtszeit berechtigten.

---

20 Albert OTTE, Die Mainzer Hofgerichtsordnung von 1516/1521 und die Gesetzgebung auf dem Gebiet der Zivilgerichtsbarkeit im 16. Jahrhundert. Geschichte, Quellen und Wirkung des Gesetzes für die Zentraljustizbehörde eines geistlichen Kurfürstentums. Rechts- und Wirtschaftswiss. Diss. Mainz 1964.

21 Hans GOLDSCHMIDT, Zentralbehörden und Beamtentum im Kurfürstentum Mainz vom 16. bis 18. Jahrhundert (= Abhandlungen zur Mittleren und Neueren Geschichte 7). Berlin, Leipzig 1908, S. 1–70.

22 Vgl. MAY, Albrecht (wie Anm. 4), I, S. 62–63 (Belege).

23 Vgl. HERRMANN, Protokolle (wie Anm. 5), S. 294–295, zum 24. November 1525. Vgl. Albrechts Schreiben an seine Suffragane vom 22. September 1526 mit der Aufforderung zur Kirchenreform und der Ankündigung einer Klerusreform im Erzbistum Mainz, gedruckt bei Fritz HERRMANN, Die evangelische Bewegung zu Mainz im Reformationszeitalter. Mainz 1907, S. 245–247.

24 Überblick und Dokumente: ARC IV, S. 24–113; s. auch unten Abschnitt 5.

II. DER ABLASSHANDEL UND DER BEGINN DER REFORMATION

Nach der Wahl Albrechts zum Mainzer Erzbischof war es zunächst nötig, die päpstliche Konfirmation zu gewinnen. Sowohl das Mainzer Domkapitel als auch das Haus Hohenzollern haben sich hierum bemüht[25]. Joachim I. von Brandenburg, der ältere Bruder Albrechts, beauftragte seinen römischen Prokurator Johannes Blankenfeld[26], die päpstliche Zustimmung zur Kumulation der drei Bistümer zu erhalten. Falls dies nicht möglich sei, erwog er den Verzicht seines Bruders auf ein Bistum, das dann aber einem anderen Mitglied des Hauses Hohenzollern zufallen sollte[27]. Albrecht unterschrieb am 15. Mai 1514 einen Schuldbrief gegenüber dem Bankhaus Fugger über 29 000 Rheinische Gulden, um sich die notwendigen Finanzmittel zu verschaffen. Die Fugger erhielten für ihre Bemühungen 500 Rheinische Gulden[28]. Sie, die schon bei der Konfirmation für Magdeburg zu Diensten gestanden hatten[29], verfügten über eine große Erfahrung bei der Finanzierung kirchlicher Stellen und der Transferierung der Gelder nach Rom[30]. Die Höhe der Mainzer Palliumskosten lagen seit Mitte des 15. Jahrhunderts bei 10 000 Dukaten, so daß einschließlich verschiedener Sonderabgaben und Trinkgelder eine Summe von rund 14 000 Dukaten aufzubringen war[31]. Was die Kurie für die Dispens vom Verbot der Bistumskumulation verlangen würde, war nicht von vornherein klar. Die römischen Verhandlungen der mainzerischen und brandenburgischen Delegationen stießen auf unvorhergesehene Schwierigkeiten und zogen sich in die Länge. Es ist nicht eindeutig auszumachen, welche Ursachen hierfür ausschlaggebend waren. Zu denken ist an das Auftreten eines Mitbewerbers in der Gestalt des damaligen Bischofs von Gurk, Matthäus Lang, der für sich die Nachfolge Albrechts im Erzbistum Magdeburg beanspruchte[32] – zu denken ist auch an kuriale Skrupel wegen der Kumulation –; zwar war die Vereinigung von mehreren Bistümern in einer Hand damals nichts Außergewöhnliches, und Kurfürst Joachim I. bemühte sich um den Nachweis, daß es auch zuvor im Reich bereits Präzedenzfälle gegeben

---

25 SCHULTE, Fugger (wie Anm. 12), I, S. 93–142; HERRMANN, Evangelische Bewegung (wie Anm. 23), S. 55–56; HEINRICH (wie Anm. 11), S. 336–351, bes. S. 338 f.

26 Johann von Blankenfeld, Sohn eines Berliner Bürgermeisters, wurde 1503 zum Dr. juris utriusque promoviert, war Dozent in Leipzig und 1506 erster Ordinarius an der juristischen Fakultät der neuen Universität Frankfurt/Oder. Von 1509–1512 von Brandenburg präsentierter Assessor am Reichskammergericht, wurde er Ende 1512 Prokurator des Deutschen Ordens und des Brandenburger Kurfürsten in Rom. Er nahm am 5. Lateranense teil, wurde Bischof von Reval und seit 1518 auch von Dorpat, 1514 wurde er Erzbischof von Riga. Er starb 1527, vgl. SCHULTE, Fugger (wie Anm. 12), I, S. 106–108.

27 SCHULTE, Fugger (wie Anm. 12), I, S. 94–96.

28 Der Schuldbrief im Staatsarchiv Magdeburg, Erzstift Magdeburg, Urkunden LBa 364, Druck: SCHULTE, Fugger (wie Anm. 12), II, S. 93 f.

29 SCHULTE, Fugger (wie Anm. 12), I, S. 95 f. Die Magdeburger Konfirmationsgelder beliefen sich auf 1079 Dukaten.

30 Dies nachzuweisen ist die Absicht des mehrfach herangezogenen Buches von SCHULTE, Fugger (wie Anm. 12).

31 Fritz HERRMANN, Die Mainzer Servitien-Zahlungen. In: Beiträge zur Hessischen Kirchengeschichte 2 (1905) S. 121–149; vgl. SCHULTE, Fugger (wie Anm. 12), I, S. 97–99.

32 So in einem Schreiben Kurfürst Joachims an die Oratoren seines Bruders in Rom. Köln an der Spree, 21. Juli 1514, Druck: SCHULTE, Fugger (wie Anm. 12), II, S. 105–107.

hatte[33] – aber die Vereinigung von zwei Erzbistümern des Reiches in einer Hand war bis dahin ohne Beispiel –, schließlich ist auch daran zu denken – und einiges spricht dafür –, daß die Gebühren für die zu erteilende Dispens in die Höhe getrieben werden sollten[34].

Am 17. Juni 1514 kam aus der päpstlichen Datarie der Hinweis, der Papst sei bereit, vom Verbot der Kumulation zu dispensieren und Albrecht die drei Bistümer zu belassen, wenn ihm dafür eine »Komposition« von 10 000 Dukaten zukomme[35]. Damit er die Summe aufbringen könne, solle Albrecht die Verkündigung eines Plenarablasses für St. Peter zugestanden werden. Die römische Delegation Albrechts hatte zunächst Bedenken, nicht gegen das Ablaßgeschäft, sondern gegen die Höhe der Summe. Als aus kurialen Kreisen unterschiedliche Warnungen bekannt wurden, nämlich Albrecht ein Bistum zu entziehen oder nur auf Zeit zu verleihen[36], akzeptierten die Gesandten den kurialen Vorschlag.

Auf die konkreten Details des Geschäfts kann hier nicht weiter eingegangen werden. »Rein kaufmännisch« erwies sich der Petersablaß für Albrecht von Brandenburg als »ein schlechtes Geschäft«[37]. So hat er später entgegen seinen ursprünglichen Absichten auf eine Erlaubnis des Papstes zurückgreifen und den Mainzer Klerus zur Finanzierung der Palliumsgelder mit heranziehen müssen[38].

Nachdem das Ablaßgeschäft im Grundsatz beschlossen war, erhielt Albrecht von Brandenburg am 18. August 1514 die Konfirmation als Erzbischof von Mainz unter Beibehaltung des Erzbistums Magdeburg und der Administratur von Halberstadt[39]. Am 6. November 1514 nahm er das Erzbistum Mainz in Besitz[40]. In allen drei Bistümern ordnungsgemäß gewählt, vom Papst bestätigt und von den entgegenstehenden Bestimmungen des Kirchenrechts vom zuständigen Rechtsträger dispensiert, hat dieser Vorgang durchaus legalen Charakter. Ob er pastoral sinnvoll und theologisch zu rechtfertigen war, ist allerdings eine andere Frage.

Wie bei größeren Ablässen üblich, wurden für die konkrete Verkündigung

---

33 In einem Brief vom 21. Juli 1514 teilt Kurfürst Joachim seinem Bruder Albrecht mit, er schicke ihm die Nachricht von einem Beispiel, wie bereits früher ein Bischof drei Bistümer in Deutschland innegehabt habe, SCHULTE, Fugger (wie Anm. 12), II, S. 105.

34 SCHULTE, Fugger (wie Anm. 12), I, S. 115 ff.

35 Der Bericht SCHULTE, Fugger (wie Anm. 12), I, S. 96. Im Bericht der Gesandten hieß es, als Dr. Blankenfeld in den Vatikan ritt, sei ihm unterwegs jemand entgegengekommen *so stattlich und glaubhaft, der sagte, wenn wir gedächten, unsere Sache nach unserem Willen auszurichten, daß wir dann mit dem Papste uns einer Komposition von 10 000 Dukaten wegen einigen sollten. Das sollte doch nicht den Namen einer Komposition haben. Denn der Papst werde dagegen einen Plenarablaß wie einst der Livländer gewesen für das Stift Mainz auf 10 Jahre geben. Das geht uns zu Herzen. Wir sind dessen doch nicht so sehr erschrocken, weil wir unsere Sache und Absicht so durch Geld erlangen, hoffen aber, daß es geringer wird und wir die Stiege nur halb hinunterfallen werden*, vgl. ebd., I, S. 115 die Darstellung.

36 Ebd., I, S. 115 ff.

37 Ebd., I, S. 150.

38 MAY, Albrecht (wie Anm. 4), I, S. 60.

39 Originalbrief der Gesandten an Albrecht von Brandenburg, Rom, den 18. August 1514, Staatsarchiv Magdeburg, Erzbistum Magdeburg XIV, 5, 178, Bl. 35, Druck: SCHULTE, Fugger (wie Anm. 12), II, S. 117; vgl. die Meldung sämtlicher Gesandten an Erzbischof Albrecht, 18. August 1514, Staatsarchiv Magdeburg, Erzbistum Magdeburg XIV, 5, 178, Bl. 35, Druck: SCHULTE, Fugger, II, S. 117–118; Johannes Blankenfeld an Erzbischof Albrecht vom 18. August 1514, ebd., II, S. 118–120.

40 HERRMANN, Protokolle (wie Anm. 5), S. 17.

Subkommissare, Poenitentiare und Prediger eingesetzt. Für sie wurden eigene Dienstanweisungen ausgearbeitet. Für den Petersablaß sind zwei unterschiedliche Dienstanweisungen verwendet worden, eine für das Erzstift Mainz[41] und eine für Magdeburg und Halberstadt. Am bekanntesten ist die »Instructio summaria«[42], die für die sächsischen und thüringischen Gebiete galt. Beide »Instructiones« gingen auf ältere Vorlagen zurück. Die »Instructio summaria« basierte im wesentlichen auf der Ablaßanweisung des päpstlichen Kommissars Giovanni Angelo Archimboldi (ca. 1485–1555)[43]. Johannes Tetzel, den Albrecht von Brandenburg als Subkommissar gewonnen hatte, war bis 1516 Subkommissar Archimboldis im Bistum Meißen[44]. Von der Vorlage unterschied sich die »Instructio summaria« dadurch, daß die einzelnen Ablaßgnaden besonders eindringlich und überschwenglich angepriesen wurden[45]. Trotz dieser Übertreibungen wich sie in ihren inhaltlichen Aussagen nicht von der damals bekannten Ablaßtheorie ab[46].

Die Ablaßverkündigung durch Tetzel begann im Januar 1517. Sie und vor allem die »Instructio summaria« Albrechts veranlaßten Luther zu seinen 95 Thesen vom 31. Oktober 1517. Luthers Thesen und seine Beweggründe sind hier nicht zu behandeln, vielmehr die Reaktion Albrechts auf Luthers Angriff. Luther hatte ein pastorales und theologisches Anliegen[47]. Beim Abschluß des Ablaßhandels war jedoch allen Beteiligten klar, daß der Petersablaß ein Mittel zur Erschließung finanzieller Ressourcen sein sollte. Auch hierin unterschied er sich nicht von anderen Ablässen der Zeit. Sie dienten alle der Finanzierung unterschiedlicher kirchlicher Aufgaben oder Würdenträger. Schulte urteilt: »Uns ist

---

41 Hans VOLZ, Eine unbekannte Ablaßinstruktion von 1516 für die Mainzer Kirchenprovinz. In: 450 Jahre lutherische Reformation 1517–1967. FS für Franz Lau. Göttingen 1967, S. 395–415; der Text in: Dokumente zur Causa Lutheri (1517–1521), I: Das Gutachten des Prierias und weitere Schriften gegen Luthers Ablaßthesen (1517–1518), hrsg. und kommentiert von Peter FABISCH und Erwin ISERLOH (= CCath 41). Münster 1988, S. 229–246.

42 Der Text in: Dokumente (wie Anm. 41), S. 257–293.

43 Zu ihm vgl. J. LENZENWEGER, in: LThKI, ²1957, Sp. 827–828; EUBEL, Hierarchia Catholica III, S. 257. 278.

44 Nikolaus PAULUS, Johann Tetzel der Ablaßprediger. Mainz 1899, S. 29 f.

45 In der »Instructio« heißt es *prius non auditae facultatis*. – Nach Nikolaus PAULUS, Tetzel ein Bullenfälscher? In: HJ 41 (1921) S. 81, stammen die Übertreibungen aus der Kanzlei Albrechts. Nach Eduard BRATKE, Luthers 95 Thesen und ihre dogmenhistorischen Voraussetzungen. Göttingen 1884, S. 18 und VOLZ, Ablaßinstruktion (wie Anm. 41), S. 395 gehen sie auf Tetzel zurück.

46 Bei der Aufzählung der vier Hauptgnaden lehnt sich »Instructio summaria« an die päpstliche Bulle »Sacrosanctis« (Druck: Dokumente, wie Anm. 41, S. 212–224) an. Die Hauptgnaden sind: 1. Der volle Nachlaß der Sünden. In diesem Zusammenhang wird theologisch richtig aufgeführt, daß Voraussetzungen für den Ablaß Reue, Bekenntnis und Absolution sind und der Ablaß letztlich nur ein Nachlaß von Strafen für bereits bereute und vergebene Sünden darstellt. – 2. Die zweite Hauptgnade ist der Beichtbrief (»Confessionale«). Er berechtigt den Inhaber, sich frei einen Beichtvater zu wählen, der ihn von allen Zensuren entbinden und lossprechen kann. Der Beichtbrief kann einmal im Leben und in der Todesstunde in Anspruch genommen werden. – 3. Die dritte Hauptgnade ist die Teilhabe an den allgemeinen Gütern der Kirche, die sich diese durch Bitten, Fürbitten, Almosen, Fasten und dergleichen erwirbt. – 4. Die vierte Hauptgnade besteht darin, daß der Erwerber des Ablasses den Seelen im Fegfeuer einen vollkommenen Nachlaß ihrer Sünden zuwenden kann. Dieser Nachlaß wird durch den Papst den Verstorbenen fürbittweise gewährt, vgl. ebd., S. 264–259, Nr. 20–37.

47 Reinhard SCHWARZ, Martin Luther: Bereit zur Rechenschaft 31. Oktober 1517: Brief an Erzbischof Albrecht von Mainz. In: Luther-Jahrbuch 61 (1990) S. 109–121; Darstellung bei Martin BRECHT, Martin Luther, I: Sein Weg zur Reformation 1493–1521. Stuttgart 1981, S. 181–197.

kein Dokument begegnet, worin die regelmäßige geistliche Obrigkeit, also der Bischof, ausschließlich aus dem Grund um einen Ablaß in Rom bittet, um seinen Untergebenen Anteil an dem Gnadenschatz zu verschaffen«[48].

Albrecht mußte Luthers Vorgehen gegen den Petersablaß als Angriff auf die Geschäftsgrundlage sehen, die zur Dispens vom Kumulationsverbot geführt hatte. Da er um die gleiche Zeit aus Rom Beschwerden über den schleppenden Geldeinlauf und über den zu großen finanziellen Aufwand bei der Verkündigung des Ablasses erhielt[49], ist es leicht verständlich, daß er die gesamte Angelegenheit auf den Vorschlag seiner Räte[50] und der Mainzer Universität[51] an die Kurie in Rom weiterleitete. So konnte er sich entlasten und dem Vorwurf, seinen eingegangenen Verpflichtungen nicht nachgekommen zu sein, entgehen. Die Übersendung der Ablaßkritik Luthers an die römische Kurie durch Albrecht ist also nicht als Anzeige oder Einleitung eines disziplinären oder gar theologischen Prozesses gegen Luther zu verstehen. Auch später wurde Albrecht an der gerichtlichen Verfolgung der Luthersache nicht beteiligt.

Andererseits wird jedoch auch deutlich, daß Albrecht nicht die geringsten Anstalten gemacht hat, um sich mit den von Luther ausgeworfenen theologischen und pastoralen Fragen des Ablasses auseinanderzusetzen. Auch diese Bemerkung gilt für die spätere Zeit. Mit den inhaltlichen Fragen der Reformation scheint Albrecht sich nicht beschäftigt zu haben und man darf zweifeln, ob er sie überhaupt verstanden hat.

III. DIE REFORMATORISCHE BEWEGUNG IM ERZSTIFT MAINZ UND DAS VERHALTEN ALBRECHTS GEGENÜBER DER REFORMATION

Die von Luther ausgelöste reformatorische Bewegung erfaßte schon recht früh das Erzstift und vor allem die Stadt Mainz[52]. Einige Pfarrer und andere Geistliche haben im humanistisch-reformatorischen Sinn gepredigt[53]. Dies heißt aber wohl nicht viel mehr, als daß sie evangeliumsgemäß predigten. Am wichtigsten waren die beiden von Albrecht berufenen Dompfarrer Wolfgang Capito und Kaspar Hedio, die aus dem Baseler Kreis des Erasmus stammten und sich nach ihrem Weggang von Mainz nach Straßburg 1523 offen zum Luthertum bekannten. Hedio und Capito haben sich bemüht, in Mainz das Evangelium zu verkünden, anson-

---

48 SCHULTE, Fugger (wie Anm. 12), I, S. 177 f.
49 Vgl. Albrechts Brief an seine Räte vom 13. Dezember 1517, Text in: Dokumente (wie Anm. 41), S. 305–309; vgl. ebd., S. 304: Historische Vorbemerkungen.
50 Ebd., S. 305 f.
51 Ebd., S. 293–303, vgl. HERRMANN, Evangelische Bewegung (wie Anm. 23), S. 58 f.
52 Detaillierte Darstellung bei HERRMANN, Evangelische Bewegung (wie Anm. 23), bes. S. 105–127.
53 Johann Stumpf, genannt Eberbach, der auch Mitglied der theol. Fakultät war; Melchior Ambach, zunächst Mitglied der theol. Fakultät, ab 1522 Pfarrer in Bingen; Adam Weis, Mitglied der Artistenfakultät und Kanoniker an Liebfrauen in Frankfurt, später Reformator seiner Heimatstadt Crailsheim; der Pfarrer von St. Ignaz, Dietrich Satorius, und der Domvikar Andreas Maier, vgl. HERRMANN, Evangelische Bewegung (wie Anm. 23), S. 107–115; dazu auch Hans-Christoph RUBLACK, Gescheiterte Reformation. Frühreformatorische und protestantische Bewegungen in süd- und westdeutschen geistlichen Residenzen (= Spätmittelalter und Frühe Neuzeit 4). Stuttgart 1978, S. 106 f.

sten waren sie aber sowohl in ihrem Auftreten wie in ihren religiösen Forderungen sehr zurückhaltend und besonnen[54].

Außer den Genannten haben sich, vor allem in der Stadt Mainz, noch verschiedene andere Persönlichkeiten um eine evangeliumsmäßige Erneuerung des Glaubens bemüht[55]. Im einzelnen ist schwer nachzuweisen, wen man in diesen frühen Jahren als Lutheraner bezeichnen kann und wen nicht, wobei hier dann die Trennung von der katholischen Kirche mitgedacht ist. Die fehlende eigene Stadtherrschaft und das Fehlen eines bürgerlichen Patriziats haben retardierend auf den Verlauf der Reformation in Mainz gewirkt[56]. Bei den reformatorischen Ansätzen hat es sich insgesamt eher um eine humanistische als um eine lutherische Bewegung gehandelt. Jedenfalls ist sie über eine Predigtbewegung nicht hinausgekommen, die ihren Rückhalt vornehmlich in Universitätskreisen hatte[57]. Im Geiste der Zeit bekannte man sich zu Reformen und war gegenüber neuaufkommenden Ideen aufgeschlossen.

Diese Haltung ist auch bei Albrecht von Brandenburg festzustellen. Humanistische Reformen im Sinne des Erasmus von Rotterdam waren ihm nicht fremd und er hat seit seinem Regierungsantritt in seiner Umgebung Männer gefördert, die sich um sie bemühten. Noch nach dem Beginn der Reformation versammelte er Mitarbeiter aus diesem Kreise um sich[58]. Dadurch leistete er indirekt auch der Verbreitung reformatorischer Ideen Vorschub[59]. Seine eigene Einstellung skizzierte er wohl zutreffend in seinem Brief an Luther vom 26. Februar 1520: er wünsche nichts mehr, als daß Luther und andere Theologen anständig, bescheiden und ohne Schimpfen ans Werk gingen. Er sehe es höchst ungern, wenn man sich jetzt über die Gewalt des Papstes, den freien Willen und andere unwesentliche, die Frömmigkeit wenig fördernde Meinungen und Fragen und Kleinigkeiten laut und heftig zanke und wenn von einigen in Zweifel gezogen werde, was die Kirche längst auf Konzilien entschieden habe... Wenn Gelehrte sich untereinander freundschaftlich über solche Dinge austauschten, dann habe er nichts dagegen[60]. Dies ist ganz erasmianisch gedacht.

Erasmus hatte Albrecht in einem Brief vom 1. November 1519 seine Haltung

---

54 HERRMANN, Evangelische Bewegung (wie Anm. 23), S. 114 mit Belegen. Zu Capito vgl. Paul KALKOFF, W. Capito im Dienste Erzbischof Albrechts von Mainz. Quellen und Forschungen zu den entscheidenden Jahren der Reformation (1519–1523) (= Neue Studien zur Geschichte der Theologie und der Kirche 1), Berlin 1907; James M. KITTELSON, Wolfgang Capito. From Humanist to Reformer (= Studies in Medieval and Reformation Thought 17). Leiden 1975.

55 HERRMANN, Evangelische Bewegung (wie Anm. 23), S. 105–127.

56 RUBLACK, Gescheiterte Reformation (wie Anm. 53), S. 106; vgl. KALKOFF, Capito (wie Anm. 54), S. 38.

57 RUBLACK, Gescheiterte Reformation (wie Anm. 53), S. 106.

58 Peter WALTER, Albrecht von Brandenburg und der Humanismus. In: Horst Reber (Bearb.), Albrecht von Brandenburg. Kurfürst, Erzkanzler, Kardinal 1490–1545. Ausstellungskatalog Landesmuseum Mainz, hrsg. von Berthold Roland. Mainz 1990, S. 65–82, bes. S. 67–71.

59 Nuntius Aleander beklagte sich über die lutherischen Räte Albrechts, vgl. HERRMANN, Evangelische Bewegung (wie Anm. 23), S. 110 mit Anm. 271; noch 1535 erklärt der Statthalter Johann Albrecht von Brandenburg gegenüber Nuntius Vergerio, sein Oheim sei von lutherischen Räten umgeben, die ihn verblendeten, vgl. Nuntiaturberichte aus Deutschland 1533–1559 nebst ergänzenden Aktenstücken, 1. Abt. 1533–1538, I–IV, bearb. von Walter FRIEDENSBURG. Gotha 1892/93, I, S. 508; ebd., II, S. 65.

60 WA Br 2, Nr. 259, S. 54, 19–48.

in der Lutherfrage entwickelt[61]. Er hatte dort die Empfehlung ausgesprochen, sich aus dem Händel herauszuhalten, um so die eigene Ruhe bewahren zu können. Aus dem Brief des Erasmus mußte Albrecht den Eindruck gewinnen, es handele sich bei der reformatorischen Auseinandersetzung um einen Kampf gegen die Scholastik. Solche wissenschaftlichen Lehrdifferenzen, hier stimmte er Erasmus zu, müßten geistig und nicht mit Gewaltmitteln ausgetragen werden.

Wenn sich Albrecht gelegentlich positiv gegenüber lutherischen Ideen geäußert[62] und selbst auf die Bibel zurückgegriffen haben sollte[63], so fehlte doch bei ihm eine persönliche Auseinandersetzung mit den theologischen Anliegen der Reformation[64].

Wo sich das reformatorische Gedankengut negativ auswirkte, indem es die Disziplinar-, Rechts- oder Herrschaftsgewalt Albrechts als Bischof oder Landesherr beeinträchtigte, ging er von Anfang an entschieden dagegen vor[65]. Insgesamt war er konzilianter und zurückhaltender als sein Domkapitel, doch hat er nirgends die kirchenpolitischen oder gesellschaftlichen Auswirkungen des Luthertums bewußt zugelassen oder gar unterstützt. Zeitlebens hielt Albrecht an der Institution der alten Kirche fest. Dies gilt auch noch 1541 für den Vertrag von Calbe, in dem er, obwohl er in seinen Stiften Magdeburg und Halberstadt fast ohne jeden Einfluß war[66], dennoch keine prinzipiellen Zugeständnisse zur Durchführung der Reformation gemacht hatte.

Albrecht wurde als Landesherr und Reichsfürst auch mit den reichspolitischen Folgen der Reformation konfrontiert. Er hat versucht, sich aus den Reli-

---

61 MAY, Albrecht (wie Anm. 4), I, Beilage 31.

62 Noch im November 1524 soll Albrecht gegenüber Herzog Johann von Sachsen erklärt haben, er wünsche Luther alles Gute, denn er predige und schreibe die Wahrheit, aus Rücksicht auf Papst und Kaiser könne er sich aber in dieser Sache nicht weiter vorwagen, vgl. Theodor KOLDE, Friedrich der Weise und die Anfänge der Reformation. Eine kirchenhistorische Studie mit archivalischen Beilagen. Erlangen 1881, S. 55; HERRMANN, Evangelische Bewegung (wie Anm. 23), S. 138.

63 Vgl. KALKOFF, Capito (wie Anm. 54), S. 78–89. Am 14. Oktober 1521 teilte Capito Erasmus von Rotterdam brieflich mit, Albrecht habe begonnen, sich mit der Bibel zu beschäftigen. Nach einem Hinweis des Mainzer Professors Adam Weis erkundigte sich Albrecht während des Reichstags von 1530 bei ihm, ob die Lehre Luthers aus der Bibel zu widerlegen sei, vgl. ebd., S. 185.

64 In seinem Brief an Luther vom 26. Februar 1520 schreibt er, er finde keine Zeit, dessen Bücher zu lesen, WA Br 2, Nr. 259. – Nach dem in der vorigen Anm. angesprochenen Brief des Capito soll Albrecht geäußert haben, nicht der Glaube sei bedroht, sondern die Geldquellen und Machtmittel der Kirche, vgl. KALKOFF, Capito (wie Anm. 54), S. 80.

65 Im Jahre 1521 ergreift er Maßnahmen gegen unbotmäßige Priester und Prediger im Erzbistum Madgeburg. Franz SCHRADER, Kardinal Albrecht von Brandenburg, Erzbischof von Magdeburg, im Spannungsfeld zwischen alter und neuer Kirche. In: Von Konstanz nach Trient. Beiträge zur Geschichte der Kirche von den Reformkonzilien bis zum Tridentinum (= Festgabe für August Franzen), hrsg. von Remigius Bäumer. Wien 1972, S. 419–445. – Im Jahre 1523 erregte im Mainzer Sprengel das Vorgehen gegen den Miltenberger Pfarrer Johann Drach großes Aufsehen und veranlaßte Luther zu einem Trostbüchlein und weiteren Stellungnahmen, vgl. Martin BRECHT, Martin Luther, II: Ordnung und Abgrenzung der Reformation 1521–1532. Stuttgart 1986, S. 86–87; Fritz HERRMANN, Der Prozeß gegen D. Johann Drach und Anton Scherpfer und die Unterdrückung der evangelischen Bewegung in Miltenberg. In: Beiträge zur Bayerischen Kirchengeschichte 9 (1903) S. 193–209.

66 Franz SCHRADER, Was hat Albrecht von Brandenburg auf dem Landtag zu Calbe im Jahre 1541 den Ständen der Hochstifte Magdeburg und Halberstadt versprochen? In: Ecclesia militans. FS für Remigius Bäumer, II, hrsg. von Walter Brandmüller u. a. Paderborn u. a. 1988, S. 333–361 bes. S. 358 ff.

gionshändeln der Reichsstände herauszuhalten. In der Sickingenfehde[67] brachte ihm seine unklare Haltung eine Kontribution in Höhe von 25 000 Gulden ein. Zwar hatte Ulrich von Hutten, einer der Parteigänger Sickingens, einige Zeit als sein Rat am Mainzer Hof gelebt, und auch zu Franz von Sickingen selbst hatte Albrecht wohl eher ein gutes Verhältnis, dennoch gibt es keine Anhaltspunkte für eine Mitwisser- oder gar Mittäterschaft. Eine andere Frage ist es, ob nicht Eigenmächtigkeiten seiner Beamten, so seines Hofmarschalls Frowein von Hutten, in Rechnung zu stellen sind. Insofern die lutherische Lehre zu politischen Verwicklungen führen konnte, hat er sich nun entschiedener zu Wehr gesetzt. Gestützt auf die Anweisungen des Reichsregiments, erließ er am 10. September 1523 ein erstes Mandat gegen die Anhänger Luthers in seinen Stiften[68]. Eine aktive antilutherische Position nahm er aber auch jetzt nicht ein. Nach dem Bauernaufstand, den das Domkapitel und der bestellte Statthalter Bischof Wilhelm von Straßburg allein zu bewältigen hatten[69], da Albrecht sich in Halle aufhielt, herrschte Milde vor. Nur die Rädelsführer wurden bestraft. Der Mainzer Marktbrunnen ist eine Versöhnungsgeste an die Bürger[70]. Eine nennenswerte evangelische Bewegung gab es seit dieser Zeit in Mainz nicht mehr. Der wichtigere Anteil an dieser Entwicklung gebührte dem Mainzer Domkapitel, das im »Mainzer Ratschlag« den vergeblichen Versuch unternommen hatte, zu einer abgestimmten Abwehr aller geistlichen Territorien gegen das Luthertum zu kommen[71]. Eine schlagkräftige Bündelung der Initiativen Albrechts und des Mainzer Kapitels scheiterte an Kompetenzgerangel und persönlichen Animositäten zwischen dem Erzbischof und dem selbstbewußten Dompropst Lorenz Truchseß von Pommersfelden[72].

Das Mainzer Erzstift war seit Ende der zwanziger Jahre durch die Reformation nicht mehr im Inneren bedroht, sondern seitens der protestantischen Nachbarn von außen. Vor kriegerischen Auseinandersetzungen versuchte er sich nach dem Bauernkrieg durch den Beitritt zu katholischen Defensivbündnissen zu schützen[73]. Bedrohlich wurden die Rüstungen von Hessen und Kursachsen infolge der »Packschen Händel« 1528, die auf gefälschten Nachrichten über militä-

---

67 Karl Hans RENDENBACH, Die Fehde Franz von Sickingens gegen Trier (= Historische Studien 224). Berlin 1933.
68 StA Würzburg, MRA Geistlicher Schrank, Lade 19/3, Druck: HERRMANN, Evangelische Bewegung (wie Anm. 23), S. 224–228.
69 Richard WOLFF, Die Reichspolitik Bischof Wilhelms III. von Straßburg, Grafen von Honstein 1506–1541. Ein Beitrag zur Reichsgeschichte im Zeitalter Maximilians I. und Karls V. (= Historische Studien 74). Berlin 1909, ND Vaduz 1965, S. 203–229.
70 Die gegenteilige Meinung VON ROESGEN, Kardinal (wie Anm. 2), S. 86 ergibt sich nur auf Grund einer unzutreffenden Übersetzung der Widmungsinschrift, ebd., S. 230.
71 Vgl. Martin BRECHT, Luthers Fragment »Wider den rechten aufrührerischen, verräterischen und morderischen Ratschlag der ganzen Mainzischen Pfafferei und Warnung«. Eine Episode der Nachgeschichte des Bauernkrieges. In: Andreas Mehl und Wolfgang Christian Schneider (Hrsg.), Reformatio et Reformationis. FS Lothar Graf zu Dohna. Darmstadt 1989, S. 273–289; D. WALTHER, Zum Mainzer Ratschlag vom Jahre 1525. In: Zeitschrift für Kirchengeschichte 18 (1898) S. 412–419.
72 Vgl. Johannes B. KISSLING, Lorenz Truchseß von Pommersfelden (1473–1543), Domdechant von Mainz. In: Der Katholik 86 (1906) I (=3. F. 33. Bd.), S. 1–27. 93–124. 167–201.
73 Vgl. das Dessauer Defensivbündnis zwischen Brandenburg, Mainz und den Herzogtümern Sachsen und Braunschweig-Wolfenbüttel, hierzu: Josef ENGEL, Von der spätmittelalterlichen res publica christiana zum Mächte-Europa der Neuzeit. In: Theodor Schieder (Hrsg.), Handbuch der Europäischen Geschichte, III. Stuttgart 1971, S. 36 f.

rische Angriffsabsichten katholischer Fürsten unter Einschluß Albrechts beruhten. Der Mainzer Kurfürst konnte einen Angriff nur durch die im Vertrag von Hitzkirchen zugesagten erheblichen Finanzleistungen und den Verzicht auf seine bischöfliche Jurisdiktion in den Gebieten des hessischen Landgrafen und des sächsischen Kurfürsten abwenden[74].

Die ausgleichende Haltung Albrechts war eine Folge der politischen Machtverhältnisse, entsprach aber auch seiner inneren Einstellung. Letzteres wurde von den Lutheranern erkannt, denn sie sahen in ihm bis Mitte der dreißiger Jahre einen Ansprechpartner unter dem Reichsklerus. 1527 forderte ihn Melanchthon auf, als erster Bischof im Reich durch die Berufung von Synoden zur Lösung der religiösen Frage beizutragen[75]. Während des Augsburger Reichstages 1530 sahen sowohl Luther[76] wie auch Melanchthon[77] in ihm einen möglichen Vermittler. Gegen die Zusicherung der freien Predigt und der Priesterehe wollten die Lutheraner sich wieder der bischöflichen Jurisdiktion unterstellen, um dadurch den Frieden im Reich zu wahren[78]. Zwar setzte sich Albrecht damals und auch in späterer Zeit für den Erhalt des Friedens und die Aufnahme des gefundenen Religionskompromisses in den Reichsabschied[79] ein, einen eigenen substantiellen Beitrag zum religiösen Ausgleich oder zur Verständigung auf der politischen Ebene hat er nicht geleistet.

Es mutet schon merkwürdig an, daß er im Jahre 1530 während des Reichstags, als eine theologische Einigung zwischen den Konfessionsparteien immerhin möglich und er als Vermittler gefragt war, sein Hauptinteresse der Bestellung von Koadjutoren in seinen Stiften galt, damit er sich in Muße auf seine Schlösser zurückziehen konnte[80]. Die finanzielle Grundlage eines solchen Lebens in Muße suchte er durch den Verkauf seiner Kurstimme für die 1530 geplante Königswahl zu legen. Ein entsprechender Vertrag wurde zuerst mit Herzog Wilhelm von Bay-

---

74 Vgl. Kurt DÜLFER, Die Packschen Händel. Darstellung und Quellen. Marburg 1957; vgl. HERRMANN, Protokolle (wie Anm. 5), S. 354–369 passim.

75 CR I, Sp. 874 ff. Widmung an Albrecht zur Ausgabe der drei Bücher Johann Fontans über den Rhodischen Krieg. – Im Jahre 1532 widmet Melanchthon Albrecht seinen Kommentar zum Römerbrief, CR II, Sp. 611 ff.

76 Mahnschreiben Luthers an Albrecht im Juli 1530, WA 30, II, S. 397–412.

77 G. BOSSERT, Drei Briefe Melanchthons. In: ARG 17 (1920) S. 67–70; vgl. Heinz SCHEIBLE (Bearb.), Melanchthons Briefwechsel, Regesten I–IV. Stuttgart-Bad Cannstatt 1977–1983, hier I, Nr. 921.

78 Vgl. Heinz SCHEIBLE, Melanchthon und Luther während des Augsburger Reichstags 1530. In: Peter Manns (Hrsg.), Martin Luther »Reformator und Vater im Glauben« (= Veröffentlichungen des Instituts für Europäische Geschichte, Beiheft 18). Stuttgart 1985, S. 40–41; Rolf DECOT, Luthers Kompromißvorschlag an die Bischöfe auf dem Augsburger Reichstag 1530. In: Martin Brecht (Hrsg.), Martin Luther und das Bischofsamt. Stuttgart 1990, S. 109–119.

79 Vgl. HERRMANN, Evangelische Bewegung (wie Anm. 23), S. 184; dort auch Nachrichten über Albrechts damalige Einstellung. Vgl. Luther in einer Tischrede über den Reichstag 1530: *Sicut episcopus Maguntinus dixisse fertur: quid disputatis? Wir wissen wol, das wir unrecht haben!*, WA Tr 3, S. 584, Nr. 3741; vgl. WA Tr 4, S. 205–206, Nr. 5513.

80 Alfred KOHLER, Antihabsburgische Politik in der Epoche Karls V. (= Schriften der Historischen Kommission bei der Bayerischen Akademie der Wissenschaften 19). Göttingen 1982, S. 98–159; Das Mainzer Domkapitel hatte der Ernennung des Straßburger Bischofs und Mitglieds des Kapitels, Wilhelm von Honstein, zum Koadjutor mit dem Recht der Nachfolge zugestimmt, vgl. HERRMANN, Protokolle (wie Anm. 5), S. 462–463. 472–475; WOLFF, Reichspolitik (wie Anm. 69), S. 317–335.

ern[81] und dann zu nahezu gleichen Konditionen mit den Habsburgern geschlossen[82].

Nachdem der Plan, einen Koadjutor für Mainz zu bestellen, gescheitert war[83], setzte sich Albrecht einige Zeit hindurch stärker in der Reichspolitik ein und bemühte sich gemeinsam mit dem Kurfürsten Ludwig von der Pfalz darum, daß der harte Reichsabschied nicht an den Protestanten exekutiert wurde. Er leistete einen wichtigen Beitrag zum Nürnberger Anstand 1532 und zum Kaadener Frieden von 1535[84], der einen Ausgleich zwischen Kursachsen und Habsburg in der Frage der Königswahl brachte.

IV. VERSTÄRKTE BINDUNG AN DIE ALTE KIRCHE UND HOFFNUNG AUF DAS KONZIL

Besonders eng verbunden war Albrecht mit seinem Bruder Joachim, dem Kurfürsten von Brandenburg, und seinem Vetter Georg, dem Herzog von Sachsen. Nach deren Tod 1535 bzw. 1539 und dem unaufhaltsamen Vordringen der Reformation in Magdeburg und Halberstadt trat seine vermittelnde Haltung zurück. Er wurde zunehmend isoliert und hatte nicht die Kraft, aus eigener Überzeugung zu handeln. Mit den Wittenberger Reformatoren war es wegen der »Schönitz-Affäre«, als Albrecht seinen langfristigen Finanzberater wegen Veruntreuung hinrichten ließ, zu einem unüberwindlichen Bruch gekommen. Schönitz galt nämlich als heimlicher Lutheraner, daher wurde die Hinrichtung als Verfolgung des wahren Evangeliums interpretiert[85]. Für den Frankfurter Anstand von 1539 wurde Albrecht von beiden Seiten nicht mehr als geeigneter Gesprächspartner angesehen[86].

Albrecht suchte nun Rückhalt in der stärkeren Hinwendung zur römischen Kirche und ihren Vertretern im Reich, den Legaten. Seit den ersten Konzilsankündigungen Pauls III. und der Werbereise des Nuntius Vergerio 1535 setzte er konsequent auf diese Möglichkeit[87]. Mit großem Interesse und aktiver Unterstützung griff er die päpstlichen Konzilspläne seit 1537 auf. Er war bereit, selbst zum geplanten Konzil nach Mantua zu gehen. 1538 schickte er den Dominikaner Johann Mensing und Johannes Alboni als seine Vertreter zum Konzil[88]. Während

---

81 KOHLER, Antihabsburgische Politik (wie Anm. 80), S. 102–105.

82 Ebd., S. 134–140. 154–158.

83 HERRMANN, Protokolle (wie Anm. 5), S. 503 (24. November 1531); vermutlich veranlaßten die aus Rom geforderten hohen Taxen Wilhelm von Straßburg zum Verzicht auf das Koadjutorenamt, vgl. WOLFF, Reichspolitik (wie Anm. 69), S. 330 f.

84 KOHLER, Antihabsburgische Politik (wie Anm. 80), passim, zum Kaadener Frieden, S. 358–371.

85 Martin BRECHT, Martin Luther, III: Die Erhaltung der Kirche 1532–1546. Stuttgart 1987, S. 92–94. 97–100.

86 Vgl. Albrecht Pius LUTTENBERGER, Glaubenseinheit und Reichsfriede. Konzeptionen und Wege konfessioneller Reichspolitik 1530–1552 (Kurpfalz, Jülich, Kurbrandenburg) (= Schriften der Historischen Kommission bei der Bayerischen Akademie der Wissenschaften 20). Göttingen 1982, S. 185–199.

87 Zur Reise Vergerios' vgl. Nuntiaturberichte (wie Anm. 59), I, S. 53 ff.; in Mainz ebd., S. 508. ebd., II, S. 65; vgl. HERRMANN, Protokolle (wie Anm. 5), S. 644.

88 Nuntiaturberichte (wie Anm. 59), II, S. 113 f.

des Regensburger Reichstages von 1541 äußerte Albrecht gegenüber dem Legaten Contarini, das Generalkonzil sei das einzige menschliche Hilfsmittel für die Nöte der Kirche. Eine deutsche Nationalsynode lehnte er entschieden ab. Möglicherweise auch deshalb, weil er hier selbst initiativ hätte werden müssen. Diese mangelnde Bereitschaft zum eigenen politischen Handeln ist um so erstaunlicher, als Albrecht sich in jungen Jahren um ein Legatenamt auf Lebenszeit für Deutschland beworben hatte[89]. Albrecht hoffte wohl, daß das Generalkonzil alle Stände des Reiches vereinen werde. Wie sehr er seine Hoffnung darauf setzte, wird daraus erhellt, daß er 1543 erneut Vertreter zum nunmehr in Trient geplanten Konzil entsandte[90]. Bei der Eröffnungssitzung des Konzils von Trient am 13. Dezember 1545 war aus dem Reich allein der noch von Albrecht entsandte Weihbischof Michael Helding anwesend[91].

Hoffte Albrecht anfänglich, daß durch ein Konzil der Auseinanderbruch in zwei Religionsparteien verhindert werden könnte, erkannte er in seinen letzten Lebensjahren unter dem Einfluß vor allem der päpstlichen Legaten im Reich, daß eine innere Reform der katholischen Kirche die Voraussetzung hierfür sein müßte. Daher wandte er sich verstärkt wieder der Klerusreform zu, die er bereits seit Anfang seines Episkopats verfolgt hatte. Seine Mainzer Theologen erarbeiteten zwar eine Reformordnung, durchgeführt wurde sie aber nicht[92].

Die Hinwendung Albrechts zur Alten Kirche gab einem Kreis von Reformtheologen wie Valentin von Tetleben[93], Friedrich Nausea[94], Julius Pflug[95] und Michael Helding[96], die schon längere Zeit für eine innere Erneuerung der Kirche wirkten, größeren Spielraum. Der Einfluß dieser Männer, die dem Domkapitel

---

89 Vergeblich bewarb er sich 1521, vgl. BENRATH (wie Anm. 4), S. 185; zugesagt wurde ihm das Legatenamt in den Verträgen, die er 1529/30 mit den Kandidaten der Königswahl schloß, vgl. oben Anm. 81 und 82; in den Protokollen des Mainzer Domkapitels wird er erstmals am 24. November 1531 als *Legatus natus* bezeichnet, vgl. HERRMANN, Protokolle (wie Anm. 5), S. 503; eine päpstliche Bestätigung scheint bisher nicht nachgewiesen worden zu sein.

90 CT IV, ²1964, S. 329: Valentin von Tetleben, Balthasar Fannemann, Konrad Braun.

91 Vgl. Stephan EHSES, Die Vertretung des deutschen Episkopats auf dem Trienter Konzil 1545–1547. In: Vereinsschrift der Görresgesellschaft 1912, S. 18–29; Hubert JEDIN, Die deutschen Teilnehmer am Konzil von Trient. In: Theologische Quartalschrift 122 (1941) S. 238–261.

92 Vgl. hierzu unter V. Die Klerusreform von 1542/43.

93 Seit 1521 Domizellar in Mainz, 1531 Generalvikar, 1532 Kapitular, 1537 Bischof von Hildesheim, gestorben am 19. April 1551, vgl. Valentin von TETLEBEN, Protokoll des Augsburger Reichstages 1530, hrsg. von Herbert GRUNDMANN (= SVRG 177). Göttingen 1958.

94 Geb. um 1490 in Waischenfeld, Studium der Rechte und Theologie in Leipzig, Paris, Padua und Siena, 1525 Pfarrer an St. Bartholomäus in Frankfurt, 1526–1534 Mainzer Domprediger, dann Hofprediger Ferdinands, 1538 Koadjutor, 1541 Bischof von Wien, gestorben 1552 während des Trienter Konzils, vgl. Anton Ph. BRÜCK, Die Mainzer Domprediger des 16. Jahrhunderts. In: Hessisches Jahrbuch für Landesgeschichte 10 (1960) S. 132–148, hier S. 136–137; Remigius BÄUMER, Friedrich Nausea (1490–1552). In: Katholische Theologen der Reformationszeit, II (= KLK 45). Münster 1985, S. 92–103.

95 Geboren 1499, 1530 Domizellar, 1539 Kapitular in Mainz, 1541 Bischof von Naumburg, residiert aber bis nach dem Schmalkaldischen Krieg in Mainz, vgl. Julius PFLUG, Correspondance, 5 Bde, hrsg. von J[acques] V. POLLET. Leiden 1969–1982.

96 Geboren 1506 in Langenenslingen, 1533 Mainzer Domprediger, 1537 Mainzer Weihbischof, 1549 Bischof von Merseburg, 1558 Reichskammergerichtspräsident, 1561 Vorsitzender des Reichshofrates, gestorben am 30. September 1561 in Wien, NDB VIII, S. 466 f; Heribert SMOLINSKY, Michael Helding (1506–1561). In: Katholische Theologen der Reformationszeit, II (= KLK 45). Münster 1985, S. 124–136.

angehörten oder in der Leitung des Erzbistums tätig waren, ist für die weitere Entwicklung im Erzstift Mainz bedeutsam. Albrechts eigener Beitrag zur Reform des Stiftes bleibt hinter ihrem Einsatz eher blaß zurück[97].

V. DIE KLERUSREFORM VON 1542/43

Die Anregung, die Klerusreform erneut in Angriff zu nehmen, ging von der römischen Kurie aus[98]. Der päpstliche Legat Contarini mahnte die geistlichen Fürsten während des Regensburger Reichstages 1541 zur Reform des Klerus. Diese Anregung gab Albrecht von Brandenburg am 2. September 1541 an sein Domkapitel weiter. Gewarnt durch die früheren Reaktionen des Domkapitels erklärte Albrecht, er sei sich noch nicht darüber im klaren, ob er eine solche Reform allein in seinem Bistum oder gemeinsam mit den Suffraganen durchführen solle. Das Kapitel schlug vor, die Suffragane hinzuzuziehen und auch mit den Erzbischöfen von Köln, Trier und mit der Kurpfalz zu einer Übereinkunft zu kommen. Schließlich stellte es Ende September Albrecht das Reformwerk anheim. Dies bedeutete nichts anderes, als daß es sich dem Zugriff des Erzbischofs entziehen wollte. Albrecht ließ jedoch nicht locker und erreichte schließlich, daß das Domkapitel eine Kommission für das Reformwerk bildete. Nur scheinbar ist der Reformwille Albrechts diesmal größer als bei seinen früheren Versuchen. Wenn es von der theoretischen Überlegung zur konkreten Durchsetzung kommen sollte, ist bei ihm immer wieder eine große Zurückhaltung festzustellen. Dem Legaten Morone erklärte er 1542 in Speyer, einer Klerusreform müsse ein Konzil vorausgehen, denn es sei seinen Klerikern nicht zuzumuten, das Konkubinat durch eine Separatreform abzuschaffen. Die Kleriker hätten sich untereinander verschworen, so daß er allein gegen sie nichts ausrichten könne. Eine Visitation sei überflüssig, da er ohnehin wisse, daß nahezu alle seiner Kleriker Konkubinarier seien[99].

Der Reformentwurf, der schließlich fertiggestellt wurde, durchlief verschiedene Stufen. Bei der Überarbeitung kam Valentin von Tetleben eine entscheidende Rolle zu. Auch die Mitarbeit des Mainzer Weihbischofs Michael Helding ist hoch anzusetzen. In die endgültige Fassung sind auch Verbesserungsvorschläge des Legaten Morone und des schottischen Erzbischofes und Theologen Dr. Robert Vauchop eingegangen. Auch Albrecht von Brandenburg scheint einige Beiträge geliefert zu haben. Die Schlußfassung des Textes lag spätestens Anfang 1543 vor und wurde während des Nürnberger Reichstages den dort anwesenden Mainzer Suffraganen übergeben[100].

---

97 Anders WOLTER, Kardinal (wie Anm. 3), S. 496–511; vgl. Rolf DECOT, Religionsfriede und Kirchenreform (= Veröffentlichungen des Instituts für Europäische Geschichte 100). Wiesbaden 1980, S. 8–9. 42–65.

98 Zur Entstehungsgeschichte vgl. die einleitenden Bemerkungen von Georg PFEILSCHIFTER zur Ausgabe der Reformkonstitution. In: ARC IV, S. 25–26, dort weitere Literatur und Quellen.

99 HERRMANN, Evangelische Bewegung (wie Anm. 23), S. 28 unter Berufung auf Judocus LE PLAT, Monumentorum ad historiam concilii Tridentini ... spectantium amplissima collectio, 7 Bde. Löwen 1781–1787, hier III, S. 123 f.

100 Vgl. ARC IV, S. 25; Exemplare sind vorhanden in Freising, München, Würzburg und im Staatsarchiv Würzburg, Mainzer Urkunden, Geistlicher Schrank, Lade 20/3; ein moderner Druck in: ARC IV, S. 29–85.

Der Reformentwurf umfaßt drei Teile. Der erste behandelt Stand, Amt und Leben der Bischöfe[101], der zweite die kirchliche Disziplin und das Leben der Kleriker[102] und der dritte die Disziplin des Volkes[103].

Aufschluß über die Ernsthaftigkeit der Reformabsichten könnte vor allem der erste Teil geben, in dem über die Bischöfe gehandelt wird. Sie werden an ihre traditionellen Aufgaben und Pflichten erinnert. Aufgezählt sind die folgenden: Die Lehre zu überwachen, zu ordinieren, die zu Ordinierenden zu überprüfen, den kirchlichen Gerichten vorzustehen, die Kirche zu visitieren sowie ihre politischen Aufgaben als Reichsfürsten zu erfüllen.

Tetleben immerhin fühlt sich bemüht, an die Spitze dieser Pflichten hinzuzufügen, es sei Aufgabe der Bischöfe, das Evangelium zu lehren[104]. Auffallend ist, daß die Reformordnung kaum Kritik an den Bischöfen selbst übt und daß keine von der Schrift her kommende Umschreibung des Amtes versucht wird. Die bestehenden Verhältnisse werden einfach vorausgesetzt, nur Mißbräuche sollen abgestellt werden. So kommt es, daß es in diesem ersten Teil, der eigentlich von den Bischöfen handelt, nicht über ihr Amt gesprochen wird, sondern über die Art und Weise, wie sie ihrer Aufsichtspflicht gegenüber anderen nachkommen können, d. h. es wird auf die juridischen Aspekte des Amtes abgestellt.

Ein besonderer Artikel (22/28) mahnt die Bischöfe, keine Änderungen vorzunehmen, die Brauch der allgemeinen Kirche sind. Hierzu zählen unter anderem: die Verpflichtung des Zölibats, der Kommunionempfang des zweiten Elements bei der Eucharistie, die öffentliche Aussetzung des Sakraments, die Transsubstantiationslehre; ebenso Veränderungen in bezug auf die Häufigkeit der Privatmessen, den Gebrauch der lateinischen Sprache, die Notwendigkeit, die Zahl der Sünden in der Ohrenbeichte zu nennen. Gewarnt wird auch davor, ehrenhafte, verheiratete Männer zum Priestertum, zur Verkündigung des Evangeliums oder zum Dienst an den Sakramenten zuzulassen, um dadurch etwa die Veröden der Kirchen verhüten zu wollen. Gleiches gilt in bezug auf den Brauch, daß jede einzelne volkreichere Stadt je ihren eigenen Bischof hat sowie in bezug auf die Aufhebung der Klostergelübde und in bezug auf die Überlegung, Jungfrauenklöster in Schulen für Mädchen umzuwandeln, wo man dann ohne das Band der Ge-

---

101 »De Statu, Ministerio ac Vita Episcoporum« (Art. 1–67). In: ARC IV, S. 31–61.

102 »De disciplina ecclesiastica et vita cleri recte instituenda« (Art. 68–111); ARC IV, S. 61–76: Sakramentenspendung, Beerdigung, weitere Ritualien und Pfarrangelegenheiten. Hervorgehoben sind die Verehrung der Eucharistie, die Feier des Offiziums und der Chordienst. Niemand darf ohne Altardiener die Messe zelebrieren. Unter Berufung auf ein Konzil in Toledo wird bestimmt, daß zumindestens ein weiterer Altardiener anwesend ist, der im Notfall die Messe zu Ende führen kann (hierbei handelt es sich wohl um einen Priester). Weiter wird gesagt, daß ein Priester die Messe nur feiern darf, wenn zwei Zeugen gegenwärtig sind (Art. 93).

103 »De disciplina populi restituenda« (Art. 112–133); ARC IV, S. 77–85: Es soll ein katholischer Katechismus fertiggestellt werden, damit die Jugend unterwiesen werden kann (Art. 113). Nachdruck wird auf das Sakrament der Firmung gelegt (Art. 114). Wiederholt werden die Bestimmungen des 4. Laterankonzils, daß jeder Gläubige wenigstens einmal im Jahr beichten und zur Kommunion gehen soll (Art. 115). Durch die Predigt soll das Volk ermahnt werden, das Spazierengehen und Reden in den Kirchen zu unterlassen (Art. 122). Das Volk soll auch darüber unterrichtet werden, was in den einzelnen Sakramenten verhandelt wird. – Zur teilweisen Verwirklichung dieser Forderungen unter dem Nachfolger Sebastian von Heusenstamm vgl. DECOT, Religionsfriede (wie Anm. 97), S. 142–145 (Katechismus und neue Agende).

104 ARC IV, S. 32, Nr. 2: *praecipua sint episcoporum officia docere evangelium.*

lübde lebt. Die Aufzählung schließt: *et si quae alia talia sunt, quae per coniunctos augustanae confessioni abusus ecclesiastici vocantur*[105]

Als Grund dafür, daß all diese Dinge nicht verändert werden dürfen, obwohl es die Verwandten der Augsburger Konfession fordern, wird angegeben, diese Dinge seien göttlichen Rechts. Bei den Dingen, die jedoch geändert werden können, müsse man Rücksicht auf die anderen katholischen Nationen nehmen. Änderungen können nur im Konsens mit Nationen, letztlich mit der universalen Kirche vorgenommen werden.

Selbst in diesen wichtigen Fragen bleibt die Argumentation formal, eine theologische oder gar biblische Auseinandersetzung oder Begründung wird nicht gesucht. Hervorzuheben ist aber, daß alle wirklichen Mißstände angesprochen und Verbesserungen erstrebt werden.

Für Albrecht führte die Erschütterung der Reformation nicht über das seit dem Mittelalter immer wieder geforderte Mittel einer Klerusreform hinaus. Seine Haltung blieb humanistisch, durch Schule, Belehrung und Erziehung wollte er Besserung der Zustände erreichen, nicht aber eine Erneuerung durch radikale Neubesinnung auf das Evangelium.

Diese Haltung hatte zu Beginn seiner Regierungszeit die Ausbreitung reformatorischen Gedankenguts in seiner Umgebung gefördert und ermöglicht. In den vierziger Jahren ermöglichte sie die Entfaltung der Mainzer Vermittlungstheologie, die zwar nicht ihr Ziel, die religiöse Einheit erreichte, aber für die innere Erneuerung der katholischen Kirche wichtige Vorarbeit leistete.

VI. VERSUCH EINER WERTUNG VON ALBRECHTS VERHALTEN GEGENÜBER DER REFORMATION

Es ist nicht leicht, ein zutreffendes Urteil über das Verhalten Albrechts von Brandenburg gegenüber den religiösen und kirchlichen Fragen seiner Zeit zu finden. Man muß sich auch hüten, an ihn Erwartungen heranzutragen, die er nicht erfüllen konnte. Weder hätte er sich an die Spitze der deutschen Reichskirche stellen und der Reformation zum Sieg verhelfen können, noch waren seine hohen kirchlichen Ämter eine hinreichende Grundlage dafür, gerade von ihm die innere Reform einer verderbten Kirche erwarten zu können. Trotz seiner herausragenden Stellung in Kirche und Reich war sein konkreter politischer Spielraum sehr eingegrenzt. Seine Finanzlage war schlecht und zermürbte ihn in seinen letzten Lebensmonaten[106].

Albrecht war kein Theologe und besaß für die theologischen Anliegen der Reformation nicht die nötige Kompetenz. Seine Ämter und Würden, Kardinalat und Legatenamt hat er hauptsächlich erstrebt zur Erhöhung seiner Person und seines Ansehens. Von ihm sind keine Initiativen zur Überwindung der Krise in Kirche und Reich ausgegangen. Als er im Jahre 1530, von den Protestanten als Vermittler angesprochen, einen Beitrag zur Einigung der Konfessionsparteien hätte lei-

---

105 ARC IV, S. 44 f.
106 HERRMANN, Protokolle (wie Anm. 5), S. 1100–1114; vgl. MAY, Albrecht (wie Anm. 4), II, S. 475–482.

sten können, galt sein Hauptinteresse der Erschließung von Finanzmitteln durch die Vergabe seiner Wahlstimme und der Bestellung von Koadjutoren in seinen Stiften, um sich in Muße auf seine Schlösser zurückziehen zu können. Luther schlug den 1530 auf dem Reichstag versammelten Geistlichen in seiner Vermahnung vor, den evangelischen Predigern die Seelsorge und die Verkündigung des Evangeliums zu überlassen, die Reichsbischöfe sollten sich auf die weltliche Verwaltung ihrer Stifter beschränken[107]. Es ist wohl kaum anzunehmen, daß Albrecht damals den Vorschlag Luthers ernsthaft erwog, dennoch scheint es, daß er sich faktisch danach richtete.

Im äußeren Verhalten ist in den Jahren eine Veränderung in Albrechts Verhalten gegenüber der Reformation festzustellen. Sie ist eher vom Wechsel der Ratgeber und der politischen Großwetterlage abhängig als von neuen Einsichten oder bewußten Entscheidungen. Der Weggang von Capito und Hedio aus Mainz, die Sickingenfehde und der Bauernkrieg einerseits und der zunehmende Einfluß von Valentin von Tetleben und des Domkapitels unter Lorenz Truchseß von Pommersfelden sowie der sich formierende Widerstand anderer katholischer Fürsten gegen die territorialen und sonstigen Verluste im Gefolge der Reformation andererseits führten zu einer merklichen Veränderung seines Verhaltens, aber nicht zu einer grundsätzlichen Neuorientierung. Die aus humanistischer Grundhaltung herrührende Kontaktpflege zu reformatorischen Kreisen riß erst ab, als sie von seiten der Wittenberger um 1535 beendet wurde. Nach dem Tod verwandter und vertrauter Fürsten in Brandenburg und Sachsen und dem Verlust des Stifts Magdeburg fand er nur noch Rückhalt in der Institution der Kirche. So ist bei Albrecht auch der späte Einsatz für Konzil und Reform der Kirche eher von außen an ihn herangetragen worden.

Positive und weiterführende Ansätze lagen in der Religionspolitik Albrechts von Brandenburg, insofern er durch seine Gesprächsbereitschaft dazu beigetragen hat, ein frühzeitiges Auseinanderdriften der Religionsparteien zu verhindern. Verschiedene Kompromisse, die zwischen 1521 und 1545 gefunden werden konnten, haben dazu beigetragen, daß man in späteren Jahren deutlicher zwischen den theologischen und religionsrechtlichen bzw. politischen Aspekten der Reformation zu unterscheiden lernte. Die konfessionsübergreifenden Bündnisse und Verbindungen Albrechts haben einen Beitrag zum politischen Zusammengehörigkeitsgefühl im Reich geleistet.

Seine moderate Art im Umgang mit den theologisch-inhaltlichen Fragen hat einer Reihe von Vermittlungstheologen im Mainzer Bistum wie Julius Pflug, Michael Helding oder auch seinem Nachfolger Sebastian von Heusenstamm Entfaltungsmöglichkeiten geboten. Die Erkenntnis seiner letzten Lebensjahre, daß ein Konzil und die innere Reform der katholischen Kirche einer möglichen neuen religiösen Gemeinsamkeit im Reich vorausgehen mußte, hat sich als richtig erwiesen, so daß die Politik seiner beiden Nachfolger hieran anknüpfen konnte.

---

107 WA 30 II, S. 334–345.

ALBRECHT VON BRANDENBURG UND
ERASMUS VON ROTTERDAM

Peter Walter

*I. Erasmus auf der Suche nach Unterstützung für seine Studien ·
II. Im Schatten der Luther-Sache*

Es gehört zu den mehr oder weniger kritiklos tradierten Topoi der Reformationsgeschichtsschreibung, Albrecht von Brandenburg wegen seiner Kontakte zu zeitgenössischen Humanisten selber als humanistisch gebildeten und, zumindest im ersten Jahrzehnt seines bischöflichen Wirkens, als an den Idealen des Humanismus orientierten Kirchenfürsten zu bezeichnen[1]. Ja, man hat die Tatsache, daß Albrecht sich mehrfach als heiliger Erasmus malen ließ, als Sympathieerklärung für den Namenspatron des führenden Humanisten und damit für diesen selbst gedeutet[2]. Tatsächlich aber hat die Verehrung des heiligen Erasmus durch den Mainzer Kurfürsten mit Erasmus von Rotterdam nichts zu tun[3], und sein Humanismus nimmt sich im ganzen doch recht bescheiden aus[4]. Dennoch erscheint es nicht uninteressant, das Verhältnis des führenden geistlichen Kurfürsten zu dem bedeutendsten Humanisten der Zeit einmal näher zu untersuchen[5].

---

1 Zum Verhältnis Albrechts zum zeitgenössischen Humanismus und zu den Schwierigkeiten, die einer unbefangenen Würdigung desselben im Wege stehen, vgl. Peter WALTER, Albrecht von Brandenburg und der Humanismus. In: Horst Reber (Bearb.), Albrecht von Brandenburg. Kurfürst, Erzkanzler, Kardinal 1490–1545. Ausstellungskatalog Landesmuseum Mainz, hrsg. von Berthold Roland. Mainz 1990, S. 65–82.
2 Vgl. Edgar WIND, Studies in Allegorical Portraiture: Albrecht von Brandenburg as St. Erasmus. In: Journal of the Warburg Institute 1 (1937/38) S. 142–162. Auch die Darstellungen Albrechts als hl. Hieronymus hat man als Zeichen der humanistischen Gesinnung des Dargestellten interpretiert, galt doch Hieronymus als der Prototyp eines Humanisten, vgl. ebd., S. 153.
3 Möglicherweise geht die Erasmusverehrung Albrechts auf eine in der Familie gepflegte Tradition zurück oder steht mit dem Salinenbetrieb in seiner Lieblingsresidenz Halle – der heilige Erasmus galt als Patron der Bergleute – in Zusammenhang, vgl. Ulrich STEINMANN, Der Bilderschmuck der Stiftskirche zu Halle. Cranachs Passionszyklus und Grünewalds Erasmus-Mauritius-Tafel. In: Staatliche Museen zu Berlin. Forschungen und Berichte 11: Kunsthistorische Beiträge (1968) S. 69–104, hier S. 92–97.
4 So das Ergebnis der in Anm. 1 genannten Untersuchung.
5 Dies geschieht hauptsächlich anhand des erasmischen Briefwechsels, der, in vorbildlicher Weise ediert, eine einzigartige Fundgrube der historischen Forschung darstellt: Opus epistolarum Des. Erasmi Roterodami, 12 Bde., hrsg. von Percy S. ALLEN u. a. Oxford 1906–1958. Zitiert wird im folgenden: ALLEN, Opus epistolarum, Nummer des Briefes, Band- und Seitenzahl sowie gegebenenfalls Angabe der Zeilen.

I. ERASMUS AUF DER SUCHE NACH UNTERSTÜTZUNG FÜR SEINE STUDIEN

Zu den zahlreichen Mäzenen, mit denen Erasmus von Rotterdam im Laufe seines Gelehrtenlebens in mehr oder weniger langem und intensivem Kontakt stand[6], gehörte auch der Mainzer Kurfürst-Erzbischof und Kardinal Albrecht von Brandenburg. Erasmus spricht von ihm zum ersten Mal an recht ungewöhnlichem Ort, nämlich in einer Anmerkung seiner 1516 erschienenen Ausgabe des Neuen Testaments. Die Aussage des Paulus, er sei gegenüber den Thessalonichern wie ein Kind aufgetreten (1 Thess 2,7), nimmt Erasmus zum Anlaß für eine lange Abschweifung, in der er zunächst diese Haltung des Paulus als die für einen Bischof angemessene herausstellt, um dann seinen englischen Gönner William Warham, den Erzbischof von Canterbury, als Beispiel eines solchen Bischofs zu preisen. In diesem Zusammenhang spricht er auch ausführlich vom Mäzenatentum des Erzbischofs, dem er selber die Möglichkeit, seiner freiberuflichen schriftstellerischen Tätigkeit nachzugehen, verdankt[7]. Die Muße, ohne die die humanistischen Studien nicht gepflegt werden können, ist nach Erasmus durch Mäzene zu gewährleisten, die es glücklicherweise in vielen Ländern gibt. In Deutschland zählt er den Erzbischof von Mainz, Albrecht von Brandenburg, dazu, der den Liebling der Musen *(unicum illud musarum delicium)*, Ulrich von Hutten, fördert[8]. Zwischen den fürstlichen Mäzenen und den humanistischen Gelehrten besteht eine Art Handel *(ratio dati et accepti)*: *Denn wenn sie [sc. die Fürsten] ewigen Ruhm bei der Nachwelt begehren – was zu erstreben einst als sehr ehrenwert galt –, dann können nur die Schriften der Gelehrten solchen Ruhm gewährleisten, gewisser und wahrhaftiger als wächserne Ahnenbilder, Pyramiden, Statuen, Inschriften oder Kolosse. Wenn sie [den Ruhm] nicht erstreben, verdienen sie, gerade weil sie ihn nicht begehren, um so mehr Lob*[9].

Erasmus war im Sommer des Jahres 1514, auf seiner ersten Reise nach Basel,

---

6 Vgl. Karl SCHOTTENLOHER, Die Widmungsvorrede im Buch des 16. Jahrhunderts (= RST 76/77). Münster 1953, S. 4–11.

7 Zu den finanziellen Verhältnissen des Erasmus, die hauptsächlich durch eine von Erzbischof Warham (um 1456–1532) ausgesetzte jährliche Pension gesichert waren, vgl. Eckhard BERNSTEIN, Erasmus' Money Connection: The Antwerp Banker Erasmus Schets and Erasmus of Rotterdam, 1525–36. In: Erasmus in English 14 (1986) S. 2–7. Erasmus hatte ursprünglich geplant, die Ausgabe des Neuen Testamentes dem Erzbischof von Canterbury zu widmen, dedizierte sie dann aber Papst Leo X. Warham sollte durch die ausführliche Erwähnung in der Anmerkung zu 1 Thess 2,7 und durch die Widmung der kurz darauf fertiggestellten Ausgabe der Werke des Hieronymus, des für Erasmus bedeutendsten Kirchenvaters, entschädigt werden. Dazu und zum Verhältnis zwischen Erasmus und Warham insgesamt vgl. C. S. KNIGHTON in: Contemporaries of Erasmus. A Biographical Register of the Renaissance and Reformation, 3 Bde. Toronto, Buffalo, London 1985–1987, hier III, S. 427–431, bes. S. 429.

8 Zum Verhältnis Albrechts zu Hutten vgl. Heiko WULFERT, Ulrich von Hutten und Albrecht von Mainz. In: Ulrich von Hutten. Ritter, Humanist, Publizist (1488–1523). Katalog zur Ausstellung des Landes Hessen anläßlich des 500. Geburtstages, bearb. von Peter Laub. O. O. u. J., S. 175–195, sowie WALTER, Humanismus (wie Anm. 1), passim.

9 Nouum Instrumentum omne, diligenter ab Erasmo Roterodamo recognitum et emendatum. Basel: Froben 1516, Bd. 2, S. 553–556; Zitat: S. 555. (Diese Erstausgabe des erasmischen Neuen Testamentes ist jetzt leicht zugänglich in ERASMUS VON ROTTERDAM, Novum Instrumentum [Basel 1516]. Faksimile-Neudruck mit einer historischen, textkritischen und bibliographischen Einleitung von Heinz HOLECZEK. Stuttgart-Bad Cannstatt 1986). In der 1527 erschienenen vierten Auflage hat Erasmus übrigens die gesamte Passage getilgt!

auch durch Mainz gekommen und hier mit Ulrich von Hutten erstmals zusammengetroffen[10], der noch vor dem neuen Erzbischof, welcher erst im November in seine Bischofsstadt kam, hier angelangt war. Bei dieser Gelegenheit wie bei der nächsten Begegnung im Frühjahr darauf anläßlich der Buchmesse in Frankfurt[11] wird Hutten seinem humanistischen Idol von der Förderung durch den noch jungen Kirchenfürsten berichtet haben. Erasmus setzt umgehend die gelehrte Welt davon in Kenntnis. Nach der nächsten Frankfurter Frühjahrsmesse konnten es alle in seinem dann ausgelieferten »Nouum Instrumentum« lesen.

Albrecht selber versuchte noch im gleichen Jahr, mit Erasmus in Verbindung zu treten. Dies geschah nicht durch Hutten, sondern durch seinen humanistisch gebildeten Leibarzt Heinrich Stromer von Auerbach[12], der sich Ende 1516 und, da dieser Brief ohne Antwort blieb, nochmals im April 1517 an Erasmus wandte: Der Erzbischof begehre glühend die Freundschaft wie die Gegenwart des Humanisten, den er in damals durchaus üblichem Überschwang *die Zierde des ganzen Erdkreises* nennt[13]. Aus einem weiteren Schreiben Stromers vom 24. Juli 1517, das im Gegensatz zu dem knappen früheren Brief kunstvoll gedrechselt ist, geht hervor, daß auch der damals in Mainz wirkende Historiker Johann Huttich[14] um die Jahreswende 1516/1517 im Auftrag Albrechts an Erasmus geschrieben hat[15]. In diesem Brief verrät Stromer auch, welches das eigentliche Anliegen des Erzbischofs ist: Erasmus solle an seinen Hof kommen, um Lebensbeschreibungen wichtiger Heiliger zu verfassen, da die bisher vorliegenden Viten ungelehrt und barbarisch geschrieben und reine Lügenmärchen seien. Niemand sei zu diesem Unterfangen geeigneter als der hochgelehrte Erasmus, der das Meer der Schrift und der Geschichte durchschwommen habe[16].

Einen Monat später, am Fest des Apostels Bartholomäus, antwortete Erasmus

---

10 Zu dem Verhältnis des Erasmus zu Hutten, das aus einer Freundschaft schließlich zu offener Gegnerschaft wurde, vgl. Werner KAEGI, Hutten und Erasmus. Ihre Freundschaft und ihr Streit. In: Historische Vierteljahrsschrift 22 (1924/25) S. 200–278. 461–514; Volker HONNEMANN, Erasmus von Rotterdam und Ulrich von Hutten. In: Ulrich von Hutten in seiner Zeit. Schlüchterner Vorträge zu seinem 500. Geburtstag, hrsg. von Johannes Schilling und Ernst Giese (= Monographia Hassiae 12). Kassel 1988, S. 61–86; Heinz HOLECZEK, Hutten und Erasmus. Ihre Freundschaft und ihr Streit. In: Ulrich von Hutten (wie Anm. 8), S. 321–335.

11 Zu dieser Begegnung zwischen den Humanisten Johannes Reuchlin, Hermann von dem Busche, Ulrich von Hutten und Erasmus in Frankfurt vgl. Ulrichi Hutteni equitis Germani opera quae reperiri potuerunt omnia, hrsg. von Eduard BÖCKING, 5 Bde. und 2 Supplementbde. Leipzig 1859–1870, hier I, S. 43–44. Die vier Humanisten trafen nicht, wie in der Literatur wiederholt zu lesen ist, bereits 1514 in Mainz zusammen, vgl. dazu auch Paul Oskar KRISTELLER, A little-known letter of Erasmus, and the date of his encounter with Reuchlin. In: J. G. Rowe u. a. (Hrsg.), Florilegium Historiale. Essays presented to Wallace K. Ferguson. Toronto, Buffalo 1971, S. 52–61.

12 Zu Heinrich Stromer (1482–1542) vgl. WALTER, Humanismus (wie Anm. 1), S. 69 f.

13 *Tuae dignationi ante Cal. Ianuarias scripseram reuerendissimum Archiepiscopum Maguntinensem, dominum meum clementissimum, ardenter desyderare tuam et amicitiam et praesentiam ... Vale, totius orbis lumen:* ALLEN, Opus epistolarum Nr. 578, Bd. 2, S. 554. Erhalten hat sich nur der spätere der beiden Briefe.

14 Zu Johann Huttich (ca. 1490–1544) vgl. WALTER, Humanismus (wie Anm. 1), S. 70 f.

15 Vgl. ALLEN, Opus epistolarum Nr. 614, Bd. 3., S. 31.

16 Vgl. ebd. Möglicherweise meint Stromer hier die auf Bitten Albrechts von Johannes Trithemius noch kurz vor seinem Tod verfaßten »Lebensbeschreibungen« der beiden Mainzer Bischöfe Hrabanus Maurus und Maximin, die historisch vollkommen wertlos sind, vgl. dazu Klaus ARNOLD, Johannes Trithemius (1462–1516) (= Quellen und Forschungen zur Geschichte des Bistums und Hochstiftes Würzburg 23). Würzburg 1971, S. 157–159.

von Löwen aus. Er bedankt sich höflich für Stromers wie des Erzbischofs Interesse an seiner Person und spricht davon, daß er sich mit dem Gedanken getragen habe, dem Erzbischof seine Sueton-Ausgabe zu widmen. Offen teilt er Stromer mit – wohl, damit dieser es seinerseits dem Kurfürsten sage –, er sei davon wieder abgekommen, da er bislang noch keine Gunst von ihm erfahren habe. Dennoch möchte er das Mäzenatentum des Fürsten, von dem er so manches gehört habe, auf fromme und heilige Gegenstände lenken. Im Klartext: Erasmus möchte Albrecht gewinnen, seine eigene wissenschaftliche Arbeit zu unterstützen. Von den Heiligenviten aber will er nichts wissen. Er schiebt sein Alter und seine Gesundheit vor, die ihn, den mit verschiedenen Studien Beschäftigten, von dieser Arbeit abhielten. Für den Fall, daß er wieder einmal durch Mainz komme, kündigt Erasmus seinen Besuch an[17].

Nach diesen Vertröstungen, die Erasmus dem kurfürstlichen Emissär zuteil werden läßt, wendet sich Albrecht persönlich an den sich zierenden Humanisten. Am 13. September 1517 – also unmittelbar, nachdem Stromer den Brief aus Löwen erhalten haben kann – schreibt er von Steinheim am Main aus an Erasmus: Neulich habe er in von Erasmus herausgegebenen Bänden – gemeint ist wohl das »Nouum Instrumentum« – gelesen und habe dabei dessen göttliche Begabung und reichhaltige Bildung wie dessen fast über die Fassungskraft dieses Jahrhunderts und des Vaterlandes hinausgehende Beredsamkeit bewundert. Dabei sei ihm das große Verlangen gekommen, ihn zu sehen. Aufschlußreich ist, wie der Erzbischof diesen Wunsch nun im folgenden begründet: Nichts habe er mehr als seiner Würde entsprechend erachtet, da er aus Gottes Gnade zum Ersten der Bischöfe aufgestiegen sei, als jenen Mann zu fördern, der nicht nur in Deutschland, sondern nahezu in ganz Europa im Bereich der Bildung den ersten Platz einnehme. Wie er es als ein großes Unglück betrachten müsse, zu sterben, ohne Erasmus gesehen zu haben, so sehe er es als Glück an, zu einer Zeit geboren zu sein, in der ein solcher Mann mit diesen Werken und mit dieser Schaffenskraft ganz Deutschland von dem schändlichen Ruf der Barbarei befreie und der Theologie, die bereits vor Jahrhunderten aus der alten, echten in eine neue, unreine deformiert worden sei, ihren ursprünglichen Glanz zurückgebe. Dann wird dieser literarische Höhenflug durch einen kleinen, aber entscheidenden Fehler jäh unterbrochen: Der Erzbischof lobt Erasmus für die Verbesserung des *Alten* Testamentes. Daß er anschließend auch die Hieronymus-Ausgabe erwähnt und ihren Herausgeber die Zierde Deutschlands nennt, der auf diese Weise unsterblichen Ruhm erlange, vermag diesen Lapsus, der alles Vorhergehende in den Verdacht der literarischen Konvention bringt, kaum wieder gut zu machen. Im letzten Teil seines Schreibens wiederholt Albrecht seine Bitte, Erasmus möge ihn besuchen, und trägt ihm seinen Wunsch vor, er möge die Lebensbeschreibungen einiger Heiliger stilgerecht verfassen[18].

---

17 Vgl. ALLEN, Opus epistolarum Nr. 631, Bd. 3, S. 54 f. Die erwähnte, 1518 bei Froben in Basel erschienene Sueton-Ausgabe hat Erasmus den beiden sächsischen Fürsten, Kurfürst Friedrich dem Weisen und Herzog Georg dem Bärtigen, gewidmet, vgl. ebd., Nr. 586, Bd. 2, S. 578–586.

18 Vgl. ALLEN, Opus epistolarum Nr. 661, Bd. 3, S. 84 f. Die entscheidenden Passagen lauten im Original: *Nuper in voluminum abs te editorum lectionem incidentes, Erasme doctissime, cum diuinum hoc tuum ingenium, omnigenam erudititonem et supra captum pene huius seculi ac patriae eloquentiam admirati essemus, cepit nos ingens quoddam te videndi desyderium: quippe nihil magis*

Diesem Brief des Fürsten liegt ein kurzes Schreiben Stromers bei, aus dem hervorgeht, daß er den Brief veranlaßt hat, um sich für die Gunst, eines erasmischen Schreibens gewürdigt worden zu sein, erkenntlich zu zeigen. Erasmus, so Stromer, möge dem Erzbischof glauben, da es bei ihm keinen Zwiespalt zwischen Herz und Mund gebe[19]. Aber er selber, der den Brief seines Herrn wohl verfaßt hat und für dessen Inhalt verantwortlich ist, hat durch seinen unbemerkten Lapsus gerade eine Dissonanz entstehen lassen. Freilich sollte man dieses Versehen nicht überbewerten. Erasmus dürfte nüchtern genug gewesen sein, von einem vielbeschäftigten Kirchenfürsten keine eingehende Lektüre seiner Werke zu erwarten – und sei es auch des für einen Bischof nicht ganz unwesentlichen Neuen Testaments.

Durch das Handschreiben Albrechts jedenfalls ist der Kontakt nun auf höchster Ebene hergestellt. Der Kirchenfürst hat den literarischen Fürsten gleichsam als ebenbürtig anerkannt. Doch dieser läßt sich nicht vereinnahmen; zwar versucht er im folgenden Jahr zweimal, den Erzbischof in Mainz aufzusuchen[20], aber er zeigt sich nicht bereit, die erwünschten Heiligenviten zu verfassen[21]. Statt dessen widmet er Albrecht seine wohl wichtigste theologische Schrift, die 1518 erschienene »Ratio seu methodus compendio perveniendi ad veram theologiam«, welche die erweiterte Fassung der mittleren von drei der Ausgabe des Neuen Testaments von 1516 beigegebenen Vorreden darstellt[22]. Die Widmungsepistel zu

ex dignitate nostra arbitrati sumus quam, cum nos Dei Optimi Maximi benignitate in principem episcoporum locum euecti sumus, eum virum qui non per Germaniam modo sed vniuersam prope Europam in litteris principatum obtineat, complecti ac fouere. Proinde tantum defuisse fortunae nostrae, si te non viso ab hac vita migrare contingeret, arbitraremur, quantum nobis foelicitatis adscribimus, quod eo tempore nati sumus quo tu tantus vir his litteris, hac industria, communem Germaniam a foeda barbariei appellatione vindicas; imo quo tu diuinam theologiam ab illa antiqua ac germana in nouam quandam et impuram aliquot iam seculis deformatam, suo splendori reddis ac priscum in nitorem restituis. Quid enim desyderari magis etate nostra potuit quam vt emendatiora essent Veteris Instrumenti exemplaria? At te interprete omnes abstersae maculae, omnis additus nitor. Quid dolendum magis fuit quam illum sic ab se immutatum, sic mutilum ac conscissum Hieronymum in manibus haberi? At per te in lucem est reductus et quasi a morte in vitam reuocatus. Macte virtute, decus Germaniae, amabilissime Erasmus; sic itur ad astra (Z. 1–22).

19 Vgl. ALLEN, Opus epistolarum Nr. 662, Bd. 3, S. 85–86: *Verum vt et meam erga te obseruantiam agnoscas, effeci vt illustrissimus Princeps meus, Archiepiscopus verius tuus, tibi propria manu scriberet* (Z. 6–8) ... *Velim credas suis scriptis; sua siquidem amplitudo non facit dissidium oris et cordis. Concordant in eo labia cum mente* (Z. 9–11).

20 Dies geht aus einem jüngst veröffentlichten Brief des Erasmus an Ulrich von Hutten hervor, den der Humanist am 8. September 1518 in Mainz verfaßte. Er hatte sowohl auf der Hinreise nach Basel, Anfang Mai, als auch auf der Rückreise nach Löwen in Mainz Station gemacht und den Erzbischof zu treffen versucht. Doch dieser befand sich beim ersten Termin in Halle, beim zweiten war er auf dem Reichstag in Augsburg, wo ihm die Kardinalswürde übertragen wurde. Vgl. Paul Oskar KRISTELLER, Una lettera inedita di Erasmo a Hutten conservata a Firenze. In: Roberto Cardini u. a. (Hrsg.), Tradizione classica e letteratura umanistica. Per Alessandro Perosa, II. Roma 1985, S. 629–641, hier S. 633–635.

21 Georg Witzel betrachtet sein 1541 erschienenes, Albrecht gewidmetes »Hagiologium« als bescheidenen Ersatz für die von Erasmus nicht geschriebenen Heiligenviten; vgl. dazu den Beitrag von Heribert SMOLINSKY in diesem Band.

22 Der Text dieser auch später noch mehrfach überarbeiteten, im folgenden kurz »Ratio verae theologiae« genannten Schrift ist zugänglich in: Desiderius Erasmus Roterodamus: Ausgewählte Werke, in Gemeinschaft mit Annemarie Holborn hrsg. von Hajo HOLBORN, München ²1964, S. 177–305; vgl. dazu Gerhard B. WINKLER, Erasmus von Rotterdam und die Einleitungsschriften zum Neuen Testament. Formale Strukturen und theologischer Sinn (= RST 108). Münster 1974 sowie

diesem Buch datiert vom 22. Dezember 1518[23]. Aufschlußreich sind die Worte, mit denen Erasmus das Ansinnen des Erzbischofs und Kardinals ablehnt. Er stimmt dem Urteil über die bislang vorliegenden Heiligenviten zwar zu, aber er fühlt sich eher dazu berufen, mit seinem Fleiß auf den Fürsten der Heiligen – gemeint ist Jesus Christus – etwas Licht fallen zu lassen[24]. Der vom Kirchenfürsten Albrecht in den Fürstenstand der Gelehrten erhobene Humanist – so könnte man diese Zeilen deuten – gibt sich nicht mit den Untergebenen, sondern nur mit dem »Fürsten« selber ab! Für die Heiligenviten verweist er ausgerechnet auf Hutten als möglichen Autor.

Im übrigen nimmt die Widmungsepistel höflich die Aussagen des erzbischöflichen Handschreibens vom 13. September 1517 auf und relativiert sie mittels der üblichen Bescheidenheitstopoi: Der Erzbischof habe aus seinen Büchlein eine zu hohe Meinung von ihm gewonnen, betont Erasmus, aber er gratuliere denen, die wahrhaftig dem Bild entsprechen, das sich der hohe Herr von ihm gemacht habe. Wenn Albrecht sich auch im Lob des Erasmus vertan habe, so irre er sich nicht, wenn er es für die Aufgaben der höchsten Fürsten halte, Menschen zu fördern, die herausragende Tugend mit entsprechender Bildung vereinigen. Auch wenn er nicht daran zweifele, so fährt Erasmus fort, daß das Bild, das der Fürst von ihm habe, durch die persönliche Begegnung leiden werde, so habe er doch sein ganzes Trachten danach gerichtet, ihm zu begegnen, und geplant, ihm die Paraphrase zum Römerbrief des Apostels Paulus zu widmen, damit er nicht ohne Geschenk erscheine. Jedoch habe er seinen Entschluß geändert, da es ihm sinnvoller erschienen sei, das, was an die Römer geschrieben war, ihnen nochmals zu schreiben[25]. Aber die jedes Maß überschreitenden Mühen der Studien – gemeint sind die Vorarbeiten zur Neuauflage des Neuen Testaments – hätten ihn daran gehindert, etwas fertigzustellen, was Albrechts ebenbürtig sei. Dieser solle das Büchlein »de Ratione Studii Theologici« nicht als Befreiung von seiner Verpflichtung ihm gegenüber betrachten, sondern als Angeld und um so größere Verpflichtung.

Am Ende seines Briefes preist Erasmus die bischöflichen Tugenden Albrechts: *Glücklich das Volk Christi, wenn es allenthalben solche Bischöfe gibt, denen nichts wichtiger ist als die Ehre Christi, die das Funkeln der Edelsteine, den Glanz des Goldes, das Schimmern des Silbers, das Weiß des Leinens, das Feuer des Purpurs, kurz den ganzen Ornat Aarons durch ihre Sitten und ihr Leben widerspiegeln; in denen man, auch wenn man ihnen Pallium und Bischofsstab nimmt, den-*

---

meine Tübinger Habilitationsschrift: Theologie aus dem Geist der Rhetorik. Zur Schriftauslegung des Erasmus von Rotterdam. Mainz 1991.

23 Vgl. ALLEN, Opus epistolarum Nr. 745, Bd. 3, S. 175–178. P. S. Allen hat wegen des weiten zeitlichen Abstands von über einem Jahr, der zwischen dem Brief Albrechts und der Antwort des Erasmus liegt, das Ausfertigungsdatum der letzteren in Zweifel gezogen und für das Jahr 1517 plädiert; die in dem Schreiben gemachten Anspielungen auf Ereignisse des Jahres 1518 versucht er durch eine vor der Drucklegung erfolgte Überarbeitung des Erasmus zu erklären (vgl. Nr. 745 Einleitung). Der neu aufgefundene Brief des Erasmus an Hutten (vgl. o. Anm. 20) macht diese Konjekturen überflüssig. Erasmus hat zweimal vergeblich dem Wunsch des Erzbischofs nach einer Begegnung zu entsprechen versucht.

24 *At ego conatus sum vt ipsi diuorum principi mea qualicumque industria lucis nonnihil adderem:* ALLEN, Opus epistolarum Nr. 745, Bd. 3, S. 177, Z. 46–48.

25 Erasmus hat seine 1517 erschienene »Paraphrasis ad Romanos« dem Kardinal Domenico Grimani gewidmet, vgl. die Widmungsepistel: ALLEN, Opus epistolarum Nr. 710, Bd. 3, S. 136–140.

noch die Bischöfe erkennt. In dir erscheint Fortuna, die das Altertum blind darstellte, sehend. Du erleuchtest die hochberühmten Wappen deines Geschlechtes mit der Zierde deiner Tugenden. Die erzbischöfliche Würde verdoppelst du durch die Lauterkeit des Lebens. Durch den Kardinalshut scheint dir etwas an Erhabenheit hinzugefügt worden zu sein, nachdem du ihn nicht abgelehnt hast. Was bleibt anderes, als Christus zu bitten, daß er dir diesen Geist und dich uns möglichst lange unversehrt erhalten möge[26].

Nachdem Stromer Anfang 1519 nach Leipzig zurückgekehrt ist, laufen die Kontakte des Erasmus mit dem Mainzer Hof über den, der ihm als erster von der Aufgeschlossenheit des Erzbischofs gegenüber den humanistischen Studien berichtet hatte, über Ulrich von Hutten. Dieser schreibt dem Humanistenfürsten in einem Brief vom 6. März 1519 von der Wirkung, die das dem Fürsten gewidmete Buch auf diesen gemacht habe. Immer wieder erzähle er davon, so daß er, Hutten, sich frage, was das sei, womit Erasmus den Erzbischof ausgezeichnet habe. Dieser, der so gar nicht dem üblichen Bild eines deutschen Fürsten entspreche, liebe Erasmus außerordentlich. Hutten, der des Hoflebens überdrüssig ist, bittet Erasmus, er möge Albrecht in seinem Vorhaben bestärken, ihm ein Stipendium zu geben. Die Erwähnung des erzbischöflichen Mäzenatentums gegenüber Hutten in den Anmerkungen zum Neuen Testament habe das Wohlwollen des Erzbischofs für die Studien gewaltig vermehrt[27].

Am 5. Juni des gleichen Jahres schreibt Hutten nochmals von der Freude des Kardinals über das ihm gewidmete Buch und kündigt Erasmus als Gegengabe einen vergoldeten Silberbecher an, ein eines Fürsten nicht unwürdiges Geschenk. Der Geber sage, er mache dieses Geschenk einem Fliehenden und er werde ihm, wenn er komme, noch viel mehr geben. Er nenne den Becher Pokal der Liebe. Noch mehr wird Erasmus interessiert haben, was Hutten über den Einfluß des Humanisten am kurfürstlichen Hof schreibt: Der Fürst selbst lobe das ihm gewidmete Werk. Stromer sowie der zweite fürstliche Leibarzt, Georg Kopp, seien schon ganz erasmisch. Man zürne dem Erasmus, weil er aus Ärzten Theologen mache[28].

Kurz darauf, am 13. Juni 1519, schreibt Albrecht, der zur Kaiserwahl in Frankfurt am Main weilt, selber an Erasmus, um ihm für die Widmung der »Ratio verae theologiae« zu danken. Einleitend teilt er ihm mit, wie sehr er sich über Briefe des Erasmus freue. Er lasse sich durch nichts von ihrer Lektüre abhal-

---

26 ALLEN, Opus epistolarum, Nr. 745, Bd. 3, S. 178. Was die Kardinalswürde angeht, so äußerte sich Erasmus auch in dem Brief an Hutten skeptisch: *Unde si quid illi accessit vel ornamenti vel commoditatis, est quod magnopere gaudeam. Etiamsi mei sententia suis dotibus suaque fortuna abunde clarus ac felix erat*, KRISTELLER, Lettera inedita (wie Anm. 20), S. 638.
27 Vgl. ALLEN, Opus epistolarum Nr. 923, Bd. 3, S. 501 f.
28 Vgl. ALLEN, Opus epistolarum Nr. 986, Bd. 3, S. 613–615. Dieser Brief Huttens findet sich am Ende der im Juni 1519 von J. Schoeffer in Mainz gedruckten Ausgabe der »Ratio verae theologiae« auf unpaginierten Blättern, was dafür spricht, daß der Drucker Hutten um dieses »Füllmaterial« gebeten hat. Stromer seinerseits schrieb in der Vorrede zur 1519 erschienenen Leipziger Ausgabe der »Ratio verae theologiae«, er habe während der Disputation zwischen Eck und Luther, der sog. Leipziger Disputation, einen Mann beobachtet, der nicht dem Streitgespräch folgte, sondern in ein kleines Buch vertieft war, nämlich in die besagte »Ratio«. Er konnte sogar feststellen, daß es eine andere als die ihm bekannte Ausgabe hatte, vgl. Robert STUPPERICH, Die theologische Neuorientierung des Erasmus in der Ratio seu Methodus 1516/18. In: Actes du Congrès Erasme organisé par la Municipalité de Rotterdam. Rotterdam 27–29 octobre 1969. Amsterdam, Londres 1971, S. 148–158, hier S. 158. – Zu G. Kopp vgl. Ilse GUENTHER in: Contemporaries of Erasmus (wie Anm. 7), II, S. 272 f.

ten. Er ermuntert Erasmus, seinen bewundernswerten Fleiß auf die Heilige Schrift und die Theologie zu richten. Auf diese Weise höre Deutschland auf, barbarisch zu sein. Zu seinem Unterfangen wünscht er ihm Glück und Erfolg und verspricht ihm seine Unterstützung. Wegen des ihm gewidmeten Büchleins solle sich Erasmus keine Sorgen machen, teilt Albrecht abschließend mit. Er habe sich nicht darüber geärgert, daß es von einem anderen einem Dritten gewidmet worden sei, da ja Erasmus es ihm zuerst zugedacht habe. Sein kleines Geschenk (*munusculum*) – der bereits von Hutten angekündigte Silberpokal – sei unterwegs[29].

Erasmus antwortet am 15. August des gleichen Jahres von Antwerpen aus. Sein Brief ist ein getreues Spiegelbild des Schreibens, das er beantwortet. Zunächst dankt er dem Kurfürsten, daß er sich die Zeit nimmt, seine Briefe zu lesen und mit Sorgfalt darauf zu antworten. Sodann ergeht er sich in Lob über den Ausgang der Kaiserwahl. Karl, mit dem Erasmus bereits seit einiger Zeit verbunden ist[30], erscheint ihm als der richtige Mann zur rechten Zeit, damit das christliche Volk in Friede und Ruhe durch Künste und Frömmigkeit blühe. Was seine eigene Beschäftigung mit der Heiligen Schrift angeht, so möchte Erasmus das Urteil darüber anderen überlassen. Ihm sei es gewiß bestimmt, über diesen Arbeiten zu sterben. Er vertraue darauf, daß sie Christus nicht ungenehm seien, und sei es auch nur deswegen, weil sie mit einfachem Gemüt zu seiner Ehre unternommen werden. Nachdem er die Förderung Huttens durch den Fürsten als eine Zukunftsinvestition gelobt und sich artig für die fürstliche Großmut in Hinblick auf die doppelte Zueignung der »Ratio verae theologiae« bedankt hat, vergißt er nicht, darauf hinzuweisen, daß das Geschenk noch nicht angekommen ist[31].

II. IM SCHATTEN DER LUTHER-SACHE

Der Brief, in dem Erasmus am 19. Oktober 1519 von Löwen aus die Ankunft des Pokales bestätigt, hat dem Absender wie dem Empfänger einiges Ungemach bereitet[32]. Da Erasmus sich in seinem Schreiben relativ wohlwollend zur Luther-Sache

29 Vgl. ALLEN, Opus epistolarum Nr. 988, Bd. 3, S. 617 f. – Albrecht nimmt in seinem Brief darauf Bezug, daß fast gleichzeitig mit der ihm von Erasmus selber gewidmeten Ausgabe der »Ratio verae theologiae« (verlegt bei Martens in Löwen Ende 1518) eine bei Froben in Basel gedruckte Fassung erschien (Frühjahr 1519), die Erasmus' Mitarbeiter Beatus Rhenanus Johann Fabri, dem damaligen Konstanzer Generalvikar und späteren Bischof von Wien, gewidmet hat; vgl. Adalbert HORAWITZ und Karl HARTFELDER (Hrsg.), Briefwechsel des Beatus Rhenanus. Leipzig 1886, ND Nieuwkoop 1966, Nr. 85, S. 132; vgl. auch das Entschuldigungsschreiben des Erasmus an Fabri: ALLEN, Opus epistolarum Nr. 976, Bd. 3, S. 601 f.
30 1516 war Erasmus von dem damaligen Herzog Karl zu dessen Rat ernannt worden und hatte diesem daraufhin seine »Institutio Principis Christiani« (Basel: Froben 1516) gewidmet. Jetzt hofft er, daß von diesem Büchlein ein Einfluß auf den ganzen Erdkreis ausgehen werde, vgl. ALLEN, Opus epistolarum Nr. 1006, Bd. 4, S. 57, Z. 45–51. Zum Verhältnis des Erasmus zu Karl vgl. Alfred KOHLER und Peter G. BIETENHOLZ in: Contemporaries of Erasmus (wie Anm. 7), I, S. 295–299.
31 Vgl. ALLEN, Opus epistolarum Nr. 1009, Bd. 4, S. 56 f.
32 Vgl. ALLEN, Opus epistolarum Nr. 1033, Bd. 4, S. 96–107. Der Pokal befindet sich, entgegen der Behauptung P. S. Allens (vgl. Anm. zu Brief Nr. 986, Bd. 3, S. 614, Z. 35), nicht im Basler Historischen Museum. Dies ergibt sich aus der Beschreibung des erasmischen Nachlasses bei Elisabeth LANDOLT, Zum Nachlaß des Erasmus. In: Erasmus von Rotterdam. Vorkämpfer für Frieden und Toleranz. Ausstellung zum 450. Todestag des Erasmus von Rotterdam, veranstaltet vom Historischen Museum Basel. Basel 1986, S. 68 f.

äußert, hat Hutten, der es übermitteln sollte, es veröffentlicht, bevor der Adressat selber es – mit dreimonatiger Verspätung und mit den Markierungen der Setzer verschmiert – zu Gesicht bekam[33]. Daß Briefe zur damaligen Zeit auf diese Weise der Öffentlichkeit zugänglich gemacht wurden, war durchaus nicht ungewöhnlich – erfüllten sie doch den Zweck, den heute Zeitungen und Zeitschriften haben –, stellte sich aber im vorliegenden Fall als besonders ärgerlich heraus, vor allem für Erasmus, dem von seinen Gegnern nachgesagt wurde, Luther zu fördern[34].

Erasmus zieht in seinem Brief Parallelen zwischen dem damals noch immer nicht abgeschlossenen Reuchlin-Pfefferkorn-Streit[35] und der Luther-Sache. Beide Auseinandersetzungen leiten seines Erachtens den Gegnern der humanistischen Bildung und einer entsprechenden Theologie Wasser auf ihre Mühlen und gefährden letztlich sein eigenes Reformwerk. Er behauptet, von Luthers Schriften, deren Autor ihm persönlich völlig unbekannt sei, bislang kaum etwas gelesen zu haben. Ihre Veröffentlichung habe er bedauert, teilweise habe er sich ihr widersetzt, weil er einen Tumult befürchtete[36]. Auf ein höfliches Schreiben Luthers habe er geantwortet und ihn ermahnt, nicht zu provozieren und den Papst nicht anzugreifen, sondern die evangelische Lehre aufrichtig und mit aller Sanftmut zu predigen. Die Bemerkung Luther gegenüber, daß es Leute gebe, die ihm wohlgesonnen seien und an deren Urteil er sich halten solle, hätten die Erasmus-Gegner so gedeutet, als ob er, Erasmus selber, sich als Förderer der Luther-Sache bezeichnet habe. Wenn er Luther fördere, dann nur, weil auch dessen Gegner zugäben, er sei ein guter Mann, und weil es nicht verboten sei, einem Angeklagten und Bedrängten beizustehen. Dies um so mehr, als Luther von denen bedrängt werde, die unter fadenscheinigen Vorwänden bei »frommen Seelen« gegen die humanistische Bildung agitierten. Er halte es für christlich, Luther so beizustehen, daß er, wenn er unschuldig ist, nicht von dem Parteienhaß zermalmt wird; falls er irrt, soll er geheilt, nicht vernichtet werden. Das entspreche dem Beispiel Christi, der den glimmenden Docht nicht auslöschen und das geknickte Rohr nicht zerbrechen wollte. Er möchte, daß Luther, bei dem er manche herrliche Funken der evangelischen Lehre erkennt, nicht unterdrückt, sondern korrigiert und zur Verkündigung der Ehre Christi berufen werde. Luthers Gegner aber seien maßlos und nur auf dessen

---

33 So lautet jedenfalls die Version des Erasmus, die er, nachdem die Freundschaft mit Hutten endgültig zerbrochen war, verbreitete. Vgl. die Einleitung zu Brief Nr. 1033, die zahlreiche »Raubdrucke« anführt. Zu einigen charakteristischen Veränderungen, die wohl auf pro-lutherische »Herausgeber« zurückgehen, vgl. Marie DELCOURT, Notulae Erasmianae. In: Humanisme et Renaissance 5 (1938) S. 571–580, bes. S. 573–577. Vgl. auch die Analyse dieses sowie eines ähnlichen Schreibens an den Kurfürsten Friedrich den Weisen (ALLEN, Opus epistolarum Nr. 939, Bd. 3, S. 527–532) bei Heinz HOLECZEK, Erasmus deutsch, I. Stuttgart-Bad Cannstatt 1983, S. 135–149.

34 Vgl. dazu Erika RUMMEL, Erasmus and his Catholic Critics, 2 Bde (= Bibliotheca Humanistica et Reformatorica 45). Nieuwkoop 1989.

35 Zu diesem Streit, den der getaufte Jude Johann Pfefferkorn (ca. 1469–ca. 1521) durch seine Forderung vom Zaune gebrochen hatte, das gesamte außerbiblische hebräische Schrifttum zu vernichten, und in den der berühmte Hebraist und Jurist Johann Reuchlin (1455–1522) hineingezogen worden war, vgl. noch immer Ludwig GEIGER, Johann Reuchlin. Sein Leben und seine Werke. Leipzig 1871, S. 205–454. Zur Involvierung Albrechts in diese Affäre vgl. WALTER, Humanismus (wie Anm. 1), S. 69.

36 In der Tat grollte Erasmus seinem Basler Drucker Froben, da dieser einige Luther-Schriften verlegt hatte, vgl. P. S. ALLEN, Opus epistolarum, Anm. zu Bd. 4, S. 100, Z. 47.

Unterdrückung aus. Dabei habe Luther durchaus nicht in allem unrecht. Die Quellen des Übels, dem Luther sich mit Recht widersetzt, sieht Erasmus in Mißständen, die er bereits früher immer wieder angeprangert hat: in den die Welt belastenden menschlichen Vorschriften, in den scholastischen Lehrmeinungen, in der Tyrannei der Bettelmönche, die als Helfershelfer des Römischen Stuhles auftreten. Vor allem der Ablaßpredigt der letzteren schreibt er es zu, daß die evangelische Lehre immer mehr erloschen sei. (Gerade diese Aussage des Erasmus verrät Mut, wenn man bedenkt, daß der Adressat dieses Briefes an den kritisierten Ablaßhändeln nicht unbeteiligt ist!) Luther, so fährt Erasmus fort, habe es gewagt, die Ablässe in Frage zu stellen, von der päpstlichen Gewalt etwas maßvoller zu reden, sich über Thomas hinwegzusetzen, bezüglich der Beichte einige Probleme zu diskutieren und die scholastische Theologie zu vernachlässigen. Diese Kritik fiel deshalb so sehr auf, weil man auf den Universitäten sich nicht mehr mit der evangelischen Lehre und mit den Kirchenvätern abgebe, sondern sogar in den Predigten mehr von der Gewalt des Papstes als von Christus rede. *Wer für die evangelische Lehre ist, der ist für den Papst, welcher deren erster Herold ist, wie auch die übrigen Bischöfe die Herolde derselben sind. Alle Bischöfe sind Stellvertreter Christi, aber unter ihnen hat der Papst den Vorrang*[37].

Am Ende seines Briefes macht Erasmus nochmals deutlich, daß er dem in die Luther-Sache unmittelbar verwickelten Albrecht hauptsächlich die Konsequenzen vor Augen führen wollte, auf die der Streit letztlich hinauslaufe, nämlich auf die Unterdrückung der humanistischen, an der Schrift und den Kirchenvätern orientierten Theologie. In diesen Zuammenhang fügt sich auch ein Hinweis auf die in Vorbereitung befindliche, überarbeitete Neuauflage der »Ratio verae theologiae« ein, die im Frühjahr 1520 dann bei Froben erschien.

Dieser Brief wurde, wie auch die davon angefertigten Raubdrucke zeigen, weithin als Unterstützung Luthers durch den Humanistenfürsten gedeutet. Von einer Reaktion Albrechts auf dieses Schreiben ist außer der Aussage des Erasmus, Albrecht habe sich über die Art und Weise der verzögerten Zustellung geärgert[38], nichts bekannt. Der Kardinal zieht es jedenfalls vor, auf diesen Brief nicht zu antworten.

Es ist Erasmus, der im Mai des folgenden Jahres den Kontakt wieder aufnimmt, und zwar durch ein harmloses Billet, mit dem er seinerseits dem Mainzer Kardinal ein Geschenk macht. Da er selber durch verschiedene Verpflichtungen daran gehindert werde, nach Mainz zu kommen, sende er ihm, so schreibt Erasmus dem Fürsten, seinen »Schatten«. Es ist ein Exemplar der berühmten Bildnismedaille, die der Antwerpener Maler Quentin Massys im Jahr zuvor angefertigt hat. Mit ihr möchte Erasmus sich für das Bildnis des Kardinals – wohl eine Münze, die den von diesem geschenkten Silberpokal ziert – bedanken. Das bessere Abbild, schreibt Erasmus in Anlehnung an die griechische Inschrift auf der Vorderseite der Medaille, habe der Kardinal allerdings in seinen Büchern. Wenn noch irgend etwas von Erasmus übrig sei, so könne es der Adressat mit vollem

---

37 *Quisquis fauet Euangelicae doctrinae, is fauet Romano Pontifici, qui huius primus est praeco, cum ceteri episcopi sint eiusdem precones. Omnes episcopi Christi vices gerunt, sed inter hos praecellit Romanus Pontifex:* ALLEN, Opus epistolarum Nr. 1033, Bd. 4, S. 104, Z. 161–164.
38 Vgl. o. Anm. 33.

Recht für sich beanspruchen; ihm sei und bleibe er auch in Zukunft verpflichtet, wo immer er sich aufhalte[39].

Albrecht geht weder auf den Brief noch auf die Medaille ein, zumindest hat sich eine entsprechende Reaktion nicht erhalten. Am 8. Oktober 1520 nimmt Erasmus von Löwen aus erneut einen Anlauf, um mit dem Mainzer Kardinal in brieflichen Kontakt zu treten. Wieder beruft er sich auf verschiedene Geschäfte, die ihn daran hindern, zu Albrecht zu eilen. Wohl in der Vermutung, der Kardinal antworte ihm nicht wegen des kompromittierenden Luther-Briefes, spricht Erasmus diese Angelegenheit geradeheraus an. Ihm tue es leid, daß dieses Schreiben gedruckt worden sei. Er habe es an Hutten geschickt, damit dieser es, je nach Opportunität, überreiche oder zerstöre. Vom Inhalt jedenfalls nimmt Erasmus keine Silbe zurück[40]!

Erstaunlich ist, daß Erasmus trotz gegenteiliger Beteuerungen die Gelegenheit zu einem Zusammentreffen mit Albrecht nicht nutzt, die sich in Aachen anläßlich der Krönung Karls V. am 23. Oktober 1520 bot. Erasmus, der sich im Sommer noch im kaiserlichen Gefolge befindet, scheint an den Krönungsfeierlichkeiten selber nicht teilgenommen zu haben, sondern von Löwen unmittelbar nach Köln gereist zu sein[41]. Auch hier kommt es wohl nicht zu einem Treffen mit dem Mainzer Kurfürsten, der sich gleichzeitig dort aufhält. Erasmus trifft am 25. November lediglich mit dem sächsischen Kurfürsten Friedrich dem Weisen zu einem Gespräch über die Luther-Sache zusammen, derenthalben er sich bereits brieflich an ihn gewandt hat. Ob es zu einem Treffen mit dem anderen kurfürstlichen Adressaten in der gleichen Sache, mit Albrecht, kam, bzw. warum es nicht dazu kam, geht aus den Quellen nicht hervor[42].

Am Nikolaustag des gleichen Jahres erkundigt sich Erasmus bei seinem neuen Mainzer Verbindungsmann, der nun Stromers bzw. Huttens Funktion einnimmt, dem Domprediger Wolfgang Fabricius Capito, danach, wie der Kardinal über ihn denke, und kündigt für den März des kommenden Jahres seinen Besuch an[43].

---

39 Vgl. ALLEN, Opus epistolarum Nr. 1101, Bd. 4, S. 260. Zu der genannten Medaille vgl. den Katalog der Basler Ausstellung (wie Anm. 32), S. 113–115 (Lit). Zum Hintergrund der Medailleninschrift in der antiken Dichtung (Ovid, Martial) vgl. Rudolf PFEIFFER, Die Klassische Philologie von Petrarca bis Mommsen. München 1982, S. 101 Anm 38.

40 Vgl. ALLEN, Opus epistolarum Nr. 1152, Bd. 4, S. 361. Dieser Brief ist eines der zahlreichen von Erasmus verfaßten Empfehlungsschreiben für den Dominikaner Johann Faber (um 1470–um 1530), mit dem zusammen er in der Luther-Sache einen Vermittlungsversuch unternahm, vgl. dazu Rainer VINKE und Peter G. BIETENHOLZ in: Contemporaries of Erasmus (wie Anm. 7), II, S. 4 f.

41 Zum Itinerar des Erasmus in dieser Zeit vgl. die Einleitung zu ALLEN, Opus epistolarum Nr. 1155, Bd. 4, S. 370 f.

42 Zu dem Treffen mit Friedrich dem Weisen vgl. die Einleitung zu ALLEN, Opus epistolarum Nr. 1155, Bd. 4, S. 370–371 sowie ebd., Nr. 1512, Bd. 5, S. 575, Z. 14–20. Heinz HOLECZEK, Erasmus deutsch (wie Anm. 33), S. 145, behauptet, allerdings ohne Belege zu nennen, daß Erasmus in Köln auch Albrecht getroffen habe.

43 ALLEN, Opus epistolarum Nr. 1165, Bd. 4, S. 396, Z. 49–51: *Cum dabitur certus nuncius, fac me certiorem quo in me sit animo Card. Mogontinus. Adero rursus, vt spero, in Martio.* Zu Capito (um 1478–1541) vgl. James M. KITTELSON in: Contemporaries of Erasmus (wie Anm. 7), I, S. 261–264; Marc LIENHARD in: TRE VII, 1981, S. 636–640. Zu Capitos Mainzer Zeit vgl. Fritz HERRMANN, Die evangelische Bewegung zu Mainz im Reformationszeitalter. Mainz 1907, S. 73–104; Paul KALKOFF, W. Capito im Dienste Erzbischof Albrechts von Mainz. Quellen und Forschungen zu den entscheidenden Jahren der Reformation (1519–1523) (= Neue Studien zur Geschichte der Theologie und der Kirche 1). Berlin 1907, ND Aalen 1973; James M. KITTELSON, Wolfgang Capito. From

Erasmus kam aber erst im November 1521 nach Mainz; der Kardinal und sein Berater Capito befanden sich zu diesem Zeitpunkt in Halle[44]. Von dort aus hatte Capito am 14. Oktober 1521 an Erasmus geschrieben und ihm mitgeteilt, der Kardinal studiere die Heilige Schrift[45]. Das gleiche berichtet er Ende Dezember Luther und Melanchthon[46]. Diese Briefpartner und das ihnen Mitgeteilte machen das Spannungsfeld deutlich, in dem Capito agiert. Der Erasmianer versucht, seinen Mainzer Herrn für das erasmische Theologie- und Reformideal zu begeistern und erbittet von Erasmus selber Unterstützung[47]. Zugleich bemüht er sich, Albrecht zu einem Stillhalten Luther gegenüber zu bewegen. Im Gegenzug ist er bestrebt, letzteren von unbedachten Reaktionen gegenüber dem Mainzer Kardinal abzuhalten, der – so unglaublich das klingt – 1521 für seine Reliquiensammlung in Halle einen Ablaß ausgeschrieben hat[48].

Im Sommer des Jahres 1522 legt Capito erneut Zeugnis von der erasmischen Gesinnung seines Mainzer Herrn ab, wenn er Erasmus von der Reaktion desselben auf die Lektüre der Paraphrase des Matthäusevangeliums berichtet: Nichts habe ihn mehr für Christus entflammt. Zugleich übermittelt er den Wunsch des Kardinals, Erasmus möge auch eine Paraphrase des Johannesevangeliums verfassen[49].

Zur gleichen Zeit hat Albrecht möglicherweise auch direkt an Erasmus geschrieben. Die Korrespondenz ist jedoch nicht überliefert, sondern läßt sich höchstens aus anderweitigen Ewähnungen des Erasmus erschließen. Im Juli 1522 jedenfalls nennt Erasmus den Mainzer Kardinal in mehreren fast gleichlautenden Briefen unter den kirchlichen und staatlichen Würdenträgern, die ihn und sein Reformanliegen durch zustimmende Schreiben unterstützen[50]. Es ist freilich fraglich, ob es einen oder mehrere solcher Zustimmungsbriefe Albrechts aus jüngerer Zeit überhaupt gegeben hat. Es scheint eher so zu sein, daß Erasmus sich auf ältere Schreiben bzw. auf Äußerungen des Kardinals bezieht, von denen ihm Capito

---

Humanist to Reformer (= Studies in Medieval and Reformation Thought 12). Leiden 1975, S. 52–82. Während die beiden ersteren in Capito vom Beginn seiner Mainzer Zeit an einen entschiedenen Parteigänger Luthers sehen, hat letzteres das hauptsächlich von Erasmus geprägte humanistische Denken Capitos herausgearbeitet und gezeigt, daß dieser erst am Ende seiner Mainzer Jahre dezidiert ins lutherische Lager überwechselte; vgl. auch Beate STIERLE, Capito als Humanist (= QFRG 42). Heidelberg 1974.

44 Vgl. ALLEN, Opus epistolarum Nr. 1342, Bd. 5, S. 207, Z. 179–185.
45 Vgl. ALLEN, Opus epistolarum Nr. 1241, Bd. 4, S. 597, Z. 29.
46 Vgl. ebd. die Zitate in der Anm. zur Stelle.
47 So fordert Capito Erasmus auf, dem Kardinal zu schreiben, was er tun solle, und zeigt sich gleichzeitig entschlossen, den Dienst bei ihm zu quittieren, wenn er sich von den humanistischen Studien abwende, vgl. ALLEN, Opus epistolarum Nr. 1241, Bd. 4, S. 597, Z. 35 f. S. 598, Z. 44–47.
48 Vgl. Gottfried KRODEL, »Wider den Abgott zu Halle«. Luthers Auseinandersetzung mit Albrecht von Mainz im Herbst 1521. Ein Beitrag zur Lutherbiographie aus der Werkstatt der Amerikanischen Lutherausgabe. In: Luther-Jahrbuch 33 (1966) S. 9–87; WALTER, Humanismus (wie Anm. 1), S. 69–71.
49 Vgl. ALLEN, Opus epistolarum Nr. 1308, Bd. 5, S. 116, Z. 20–22. Die Karl V. gewidmete Paraphrase des Matthäusevangeliums war im Frühjahr 1522 bei Froben in Basel erschienen (vgl. ebd., Nr. 1255, Bd. 5, S. 4–7). Die 1523 ebenfalls von Froben gedruckte Paraphrase des Johannesevangeliums widmete Erasmus dem Bruder des Kaisers, Erzherzog Ferdinand (vgl. ebd., Nr. 1333, Bd. 5, S. 163–172).
50 Vgl. ALLEN, Opus epistolarum Nr. 1299, Bd. 5, S. 86, Z. 41–44. Nr. 1300, Bd. 5, S. 89, Z. 60 f. In Nr. 1302, Bd. 5, S. 97, Z. 63 f. ist von mehreren Schreiben *(saepius)* des Mainzer Kardinals die Rede.

berichtet hat[51]. Falls dies zuträfe, stellt sich die Frage, ob die durch Capito auf indirektem Wege überlieferten Äußerungen des Mainzer Kardinals dessen Meinung überhaupt zutreffend wiedergeben. Da sich kaum authentische Selbstzeugnisse über das Verhältnis Albrechts zu den Humanisten im allgemeinen und zu Erasmus im besonderen ausmachen lassen, steht diese Frage ohnehin ständig im Raum. Die Vermutung ist nicht von der Hand zu weisen, daß die von Capito referierten Äußerungen des Mainzer Kardinals mehr über den Referenten als über den Referierten aussagen. Erasmus jedenfalls hat sie für bare Münze genommen, sonst hätte er sie nicht an Dritte als authentisch weitergegeben.

Auf den 1. Juni 1523 datiert das letzte erhaltene Zeugnis einer Kontaktaufnahme des Humanisten mit dem Mainzer Kardinal. Es handelt sich um die Widmungsvorrede zur Ausgabe letzter Hand der »Ratio verae theologiae«, die 1523 erschien und die Erasmus mit einer neuen Widmung an den Adressaten versah, dem er auch die Erstauflage dediziert hatte[52]. Bei der Formulierung der Adresse ist Erasmus ein Fehler unterlaufen; er nennt als römische Titelkirche Albrechts noch immer St. Chrysogonus, obwohl diesem bereits 1521 auf sein Ersuchen hin die angesehenere Titelkirche St. Petrus ad vincula zugeteilt worden war[53].

Erasmus beginnt sein Widmungsschreiben, indem er die paulinische Warnung vor den mit einer Ehe verbundenen Nöten (vgl. 1 Kor 7,28), die er hauptsächlich auf das Aufziehen und Erziehen von Kindern bezieht, auf die Autoren von Büchern überträgt[54]. Die Nöte der letzteren seien freilich noch größer, da sie nicht nur die von Paulus genannten fleischlichen Drangsale zu erdulden hätten, sondern auch geistige, und da beide für sie größer seien als für die Eltern von Kindern. Erasmus spinnt den Faden weiter, indem er den Autor einer Schrift mit einer Mutter vergleicht, die leichter zu einem Kind komme als jener zu einem geeigneten Gedanken und die zudem nicht für ein mißgestaltetes Kind verantwortlich gemacht werde. Er selber vergleicht sich mit jungen Frauen, die möglichst schnell Mutter werden wollen und ihr Kind zu früh zur Welt bringen, bzw. mit den Bärinnen, die eine unförmige Masse gebären und ihr durch Belecken eine Form geben müssen[55]. *So bin ich; da ich die Unbilden der Schwangerschaft nicht ertragen*

---

51 Für diese Vermutung spricht, daß Erasmus die durch Capito übermittelte Anregung des Kardinals, eine Paraphrase des Johannesevangeliums zu verfassen, dem späteren Widmungsträger dieser Schrift als einen direkt geäußerten Wunsch Albrechts mitteilt, vgl. ALLEN, Opus epistolarum Nr. 1323, Bd. 5, S. 143, Z. 19 f. Ein weiteres Beispiel: Erasmus schreibt an einen Dritten, wie wenn der ihm durch Capito übermittelte Rat, sich gegen die Angriffe des spanischen Exegeten Stunica zu verteidigen (vgl. ebd., Nr. 1290, Bd. 5, S. 74, Z. 38 f.), in einem eigenen Schreiben des Mainzer Kardinals an ihn enthalten gewesen wäre, vgl. ebd., Nr. 1305, Bd. 5, S. 111, Z. 9–11.

52 Vgl. ALLEN, Opus epistolarum Nr. 1365, Bd. 5, S. 286–289. In seiner Einleitung zu diesem Brief versucht P. S. Allen die Drucklegung dieser seltenen Ausgabe der »Ratio verae theologiae« zu erhellen.

53 Vgl. Friedhelm JÜRGENSMEIER, Kardinal Albrecht von Brandenburg (1490–1545). Kurfürst, Erzbischof von Mainz und Magdeburg, Administrator von Halberstadt. In: Albrecht von Brandenburg. Ausstellungskatalog (wie Anm. 1), S. 22–41, hier S. 28. Der gleiche Fehler ist auch Albrecht Dürer unterlaufen, der auf seinem ebenfalls im Jahre 1523 geschaffenen Kupferstich die falsche Titelkirche nennt! Vgl. Albrecht von Brandenburg. Ausstellungskatalog (wie Anm. 1), S. 134 f.

54 Die Metapher von den Büchern als Kinder der Dichter geht wohl auf Platon zurück (Symposion 209 d). In der Antike eher selten gebraucht, erfreut sie sich in Renaissance und Barock großer Beliebtheit, vgl. Ernst Robert CURTIUS, Europäische Literatur und lateinisches Mittelalter. Bern, München ⁴1963, S. 143 f.

55 Die antike Auffassung, daß die Bärin durch Lecken ihr Junges zum Leben formt (vgl. Plinius,

kann und möglichst schnell von der Mühe befreit sein will, muß ich dieselbe Mühe mehrfach auf mich nehmen.

Dazu kommt, daß Eltern eine Tochter zeugen, die nur einem Bräutigam gefallen muß. Der Schriftsteller bringt etwas hervor, das beim Publikum, einer vielköpfigen Hydra, Gefallen finden soll. Dann wechselt Erasmus das Bild und vergleicht das Schicksal der Schriftsteller mit dem der Schauspieler. Auch hier fällt der Vergleich zum Nachteil der ersteren aus; denn niemals seien die Zuschauer so ungerecht gewesen, einen Schauspieler wegen einer wenig geglückten Leistung zu steinigen. Während dieser lediglich ausgepfiffen werde, drohe ihm selber der Tod.

Erasmus, der schließlich die Bildebene verläßt, möchte mit diesen Metaphern nicht nur seine schriftstellerische Tätigkeit als ständiges Abarbeiten am gleichen Thema charakterisieren, sondern auch die Zeitumstände, die seinen Studien nicht günstig sind. Nicht mehr der Inhalt entscheidet über den Wert einer Schrift, sondern die Parteizugehörigkeit des Schriftstellers. Man kann für alles Befürworter und Gegner finden. Erasmus betrachtet es als Unglück, daß seine letzten Lebensjahre in solch eine Zeit fallen, in der Parteigeist ein aufrichtiges Urteil verhindert und die Freiheit der Wissenschaft aufgehoben ist. Unter diesen Umständen möchte er lieber ein Gemüsegärtner sein, der sich christlichen Gleichmuts erfreut und die Einfachheit des evangelischen Geistes genießt, als der größte Theologe, der in solche Streitereien verwickelt ist. Er möchte mit allen ihm zur Verfügung stehenden Kräften für die Wiederherstellung der Einfachheit und der Ruhe arbeiten, die dem Geist des Evangeliums entsprechen, und ruft dazu auf, ihn darin nachzuahmen. Um zu diesem Ziel zu gelangen, sind Haß und Streit zu überwinden, ist die Botschaft des Evangeliums rein und aufrichtig zu verkünden, sind die für alle verpflichtenden Glaubenssätze auf ein Minimum zu beschränken. Wenn die Fürsten, die die Aufgabe haben, dem Gemeinwohl wie der Ehre Jesu Christi zu dienen, ihren Beitrag leisten, dann kann das Vorhaben gelingen. Da Albrecht unter den Fürsten einen besonderen Rang einnehme, könne er auch zur Wiederherstellung der Ruhe der Kirche *(ad restituendam Ecclesiae tranquillitatem)* einen besonderen Beitrag leisten.

Vergleicht man die Widmungsepisteln zu den beiden Ausgaben der »Ratio verae theologiae« von 1518 und 1523, so tritt der Unterschied deutlich zutage. Während in der ersten der humanistische Theologe auf dem Höhepunkt seines wissenschaftlichen Wirkens und seiner öffentlichen Anerkennung erscheint, so wirkt er in der letzteren wie ein Mann, der, auch wenn er seinen Esprit noch nicht verloren hat, resignierend sein Lebenswerk fast schon verloren gibt.

Eine Antwort des Kardinals auf diese Widmung ist nicht überliefert. Mit diesem Schreiben enden die zunehmend nur von einer Seite gepflegten regelmäßigen Kontakte zwischen dem Fürsten der Humanisten und dem Kirchenfürsten, zumindest nach dem gegenwärtigen Stand der Quellen. Seit dem Brief zur Luther-Sache vom Oktober 1519 hat Albrecht auf keines der immerhin drei Schreiben

---

Naturalis historia 8, 126), wurde, vor allem durch Isidor von Sevilla (vgl. Etymologiae 12, 2) vermittelt, im spätmittelalterlichen »Defensorium inviolatae perpetuaeque virginitatis castissimae genetricis Mariae« des Franz von Retz (gest. 1427) als Zeugnis für die jungfräuliche Mutterschaft Mariens gewertet, vgl. Ewald M. VETTER, Art. Defensorium. In: Lexikon der christlichen Ikonographie I, 1968, Sp. 499–503 (Abb.); vgl. auch Liselotte WEHRHAHN-STAUCH, Art. Bär, ebd., Sp. 242–244, bes. Sp. 243.

des Erasmus mehr direkt geantwortet. Persönlich begegnet sind sich die beiden, trotz des anfänglich wohl echten beiderseitigen Wunsches nach einer Begegnung, nie. Freilich stand Erasmus auch nach 1523 mit Mitarbeitern Albrechts in Verbindung, aber von einem Wunsch des Kardinals nach einem Zusammentreffen mit dem Humanisten ist nicht mehr die Rede. Nur einmal noch läßt Albrecht ihn um einen Gefallen bitten: Johannes Cochläus, der von 1526 bis 1528 in Mainzer Diensten stand und auch während dieser Zeit mit Erasmus korrespondierte, teilt letzterem die Sorgen des Kardinals über das Erstarken der Wiedertäufer mit und bittet ihn in dessen Namen um eine Gegenschrift[56]. Erasmus ist auf diesen Wunsch nicht eingegangen.

Aus dem Abbrechen der regelmäßigen Kontakte zu schließen, Albrecht habe sich nun endgültig von den humanistischen Idealen und von ihrem Hauptvertreter Erasmus abgewandt, erscheint zum einen deshalb kurzschlüssig, weil die Beeinflussung des Mainzer Kurfürsten durch den Humanismus und auch durch Erasmus nach wie vor undeutlich bleibt. Weder aus den begeisterten Zustimmungsbriefen zum wissenschaftlichen Werk des Erasmus aus den Jahren 1517 bis 1518, die zwar von Albrecht unterschrieben, aber wohl von Stromer und Hutten verfaßt sind, noch aus den indirekten, durch Capito vermittelten Äußerungen der Jahre 1520 bis 1522 wird die wirkliche Einstellung des Mainzer Kurfürsten zur humanistischen Theologie und zum Reformanliegen des Erasmus deutlich. Zum andern aber kann von einem endgültigen Bruch zwischen Albrecht und Erasmus bzw. dem Humanismus nicht gesprochen werden, weil nach wie vor zahlreiche von Erasmus beeinflußte Männer in der unmittelbaren Umgebung Albrechts tätig waren[57] und sich manche Züge seiner Regierung möglicherweise als Fernwirkungen erasmischer Anregungen deuten lassen[58].

---

56 Vgl. ALLEN, Opus epistolarum Nr. 1928, Bd. 7, S. 287 f.
57 Vgl. WALTER, Humanismus (wie Anm. 1), S. 73–74 sowie den Beitrag von Heribert Smolinsky in diesem Band.
58 Albrecht LUTTENBERGER nennt in seinem Biogramm zwei Aspekte der Politik Albrechts, die möglicherweise auf erasmischen Einfluß zurückgehen: Seine wachsende Einsicht in die Notwendigkeit einer Kirchenreform und seine Bemühungen um die Hebung des Bildungswesens: Contemporaries of Erasmus (wie Anm. 7), I, S. 184–187, hier S. 187. Luttenberger irrt freilich, wenn er die Kontakte zwischen Albrecht und Erasmus sich »über mehr als zwanzig Jahre« erstrecken sieht (S. 186). In direktem brieflichem Kontakt standen beide nur während der Jahre 1517 bis 1523, wobei Albrecht seit 1519 wohl nicht mehr geantwortet hat.

ALBRECHT VON BRANDENBURG UND DIE REFORMTHEOLOGEN[1]

Heribert Smolinsky

I. Albrecht und die Reformtheologen in Mainz · II. Albrecht und die Reformtheologen im Kontext der Reichsreligionspolitik · III. Die Reformtheologen und die Religionsgespräche · IV. Reform oder Konzil? · V. Schlußbemerkungen

Um das Thema »Albrecht von Brandenburg und die Reformtheologen« zu behandeln, ist es notwendig, zu Beginn auf einige Probleme aufmerksam zu machen. Das eine betrifft den Terminus »Reformtheologe«, der historiographisch ungeklärt ist. Die Reformationsgeschichte kennt keinen präzise definierten Begriff dieser Art, und in der Zeit des 15. und 16. Jahrhunderts, wo Reform zunehmend ein theologisch-kirchenpolitisches Leitmotiv wurde, könnte im weitesten Sinne jeder Theologe als Reformtheologe bezeichnet werden[2]. So angewandt, verlöre dieser Terminus jegliche Kontur. Umgekehrt wäre es mit guten Gründen möglich, eine Einengung vorzunehmen und unter »Reformtheologen« humanistisch – vermittlungsbereite, von Erasmus beeinflußte Reformer zu verstehen, die z. B. in Jülich – Kleve – Berg, bei den Kölner Synodalstatuten von 1536 oder am Dresdener Hof Herzog Georgs von Sachsen eine große Rolle spielten[3]. Dieses Profil paßte durchaus auf unser Thema, würde es aber, ausschließlich verwendet, verengen und die notwendige innere Differenzierung verhindern. Deshalb soll pragmatisch eine weite Perspektive gewählt werden. Reformtheologen sind alle, die erkennbar an der Kirchenreform arbeiteten, wobei zu sehen ist, daß diese in den ersten Jahrzehnten der Reformationszeit immer im Zusammenhang mit der erstrebten Kircheneinheit stand. Dies bedeutet für unser Thema, daß zwar in erster Linie erasmianisch gesinnte, an Vermittlung interessierte Theologen vorkommen werden, sich das Spektrum darüber hinaus aber über biblisch orientierte Prediger bis hin zum konservativen, das Kirchenrecht betonenden und wenig kompromißbereiten Reformer erstreckt.

---

1 Vortrag, gehalten am 27. Juni 1990 anläßlich des Symposiums »Erzbischof Albrecht von Brandenburg« in Mainz.

2 Vgl. Gottfried MARON, Katholische Reform und Gegenreformation. In: TRE XVIII, 1988, S. 45–72; Heribert SMOLINSKY, Katholische Reform und Gegenreformation. In: Evangelisches Kirchenlexikon II, ³1989, S. 1003–1007.

3 In diesem Sinne z. B. benutzt von Erwin ISERLOH, Die katholischen literarischen Gegner Luthers und der Reformation. In: Handbuch der Kirchengeschichte, IV, hrsg. von Hubert Jedin. Freiburg u. a. 1967, S. 213. Zur Reform vgl. Heribert SMOLINSKY, »Docendus est populus«. Der Zusammenhang zwischen Bildung und Kirchenreform in Reformordnungen des 16. Jahrhunderts. In: Ecclesia militans. FS für Remigius Bäumer, II, hrsg. von Walter Brandmüller u. a. Paderborn u. a. 1988, S. 539–559. Auf die einzelnen Theologen und den Begriff »Erasmianer« soll hier nicht weiter eingegangen werden.

Ein zweites Problem ergibt sich mit der Schwierigkeit einer Abgrenzung bezüglich des Verhältnisses dieser Reformtheologen zu Albrecht von Brandenburg. Die Literatur spricht seit längerem von einem Kreis reformorientierter Theologen um den Mainzer bzw. Magdeburger Erzbischof. Anton Ph. Brück kennt einen »Mainzer Reformkreis«; Hans Wolter nennt in dem Aufsatz »Kardinal Albrecht von Mainz und die Anfänge der katholischen Reform« die Vorliebe des Kardinals für die Werke der »Reformkatholiken im Gefolge des Erasmus«[4]. Eine Differenzierung der infrage kommenden Theologen untereinander und in ihrem Verhältnis zu Albrecht findet nicht statt. Das liegt u. a. an dem Stand der Forschung, der neue, tiefgreifende Monographien zu Friedrich Nausea, Michael Helding, Julius Pflug und Georg Witzel, die hier gemeint sind, vermissen läßt[5]. Erst umfangreichere Arbeiten könnten belegen, wie weit die Beziehungen Albrechts zu den Reformtheologen reichen. Einstweilen erlaubt die Literatur- und Quellenlage nur punktuelle Erkenntnisse.

I. ALBRECHT UND DIE REFORMTHEOLOGEN IN MAINZ

Albrecht von Brandenburg stand als (Erz-)Bischof der Bistümer Mainz, Magdeburg und Halberstadt, das er administrierte, als Reichsfürst und Erzkanzler in einem Beziehungsgeflecht, das ihn auf die unterschiedlichste Weise mit der gelehrten, an Reformen verschiedenster Art interessierten Welt der Humanisten verband. Diese Beziehungen ergaben sich aus Briefwechseln, dessen bekanntester der von Erasmus von Rotterdam ist[6]. Buchdedikationen, z. B. Johannes Reuchlins Übersetzung des Athanasius von 1519[7] oder am 27. Dezember 1517 Erasmus mit der Widmung der »Ratio seu methodus compendio perveniendi ad veram theologiam«[8] boten weitere Möglichkeiten, mit dem Kardinal in Beziehung zu treten und sich seines Wohlwollens sowie Einflusses zu versichern. Das Interesse am Mäzenatentum des Kardinals kommt in einem Brief des späteren Bamberger Dompredigers Johannes Haner zum Ausdruck, der am 13. August 1535 an den Nuntius Paolo Vergerio schrieb: *Übrigens, wenn Sie den Mainzer Erzbischof tref-*

---

4 Anton Ph. BRÜCK, Mainz vom Verlust der Stadtfreiheit bis zum Ende des Dreißigjährigen Krieges (= Geschichte der Stadt Mainz 5). Düsseldorf 1972, S. 25–26; H. WOLTER, Kardinal Albrecht von Mainz und die Anfänge der katholischen Reform. In: Theologie und Philosophie 51 (1976) S. 498.

5 Die Kurzbiographien in den KLK-Heften der letzten Jahre sind zwar ein erster Einstieg, aber ausbaufähig. Vgl. Katholische Theologen der Reformationszeit, 4 Bde, hrsg. von Erwin Iserloh (= KLK 44–47). Münster 1984–1987. Siehe auch Friedhelm JÜRGENSMEIER, Das Bistum Mainz. Von der Römerzeit bis zum II. Vatikanischen Konzil (= Beiträge zur Mainzer Kirchengeschichte 2). Frankfurt am Main ²1989, S. 187–191.

6 Opus epistolarum Des. Erasmi Roterodami, 12 Bde, hrsg. von Percy S. ALLEN u. a. Oxford 1906–1958, Nr. 661. 745. 968. 988. 1009. 1033. 1101. 1152. 1365; vgl. Peter WALTER, Albrecht von Brandenburg und der Humanismus. In: Horst Reber (Bearb.), Albrecht von Brandenburg. Kurfürst, Erzkanzler, Kardinal 1490–1545. Ausstellungskatalog Landesmuseum Mainz, hrsg. von Berthold Roland. Mainz 1990, S. 65–82.

7 Liber S. Athanasii de variis quaestionibus nuper e Graeco in Latinam traductus, Johanne REUCHLIN interprete. Hagenau 1519, Blatt Aij-Cjb; vgl. Karl SCHOTTENLOHER, Die Widmungsvorrede im Buch des 16. Jahrhunderts (= RST 76–77). Münster 1953, S. 20. 43. 189.

8 ALLEN, Opus epistolarum (wie Anm. 6), Nr. 745. Die Widmung zur Auflage von 1523, welche die veränderte Situation spiegelt und zur Einheit der Kirche aufruft, ebd., Nr. 1365.

fen sollten, mögen sie mich bitte diesem einzigartigen Mäzen der Gelehrten besonders empfehlen[9].

Bot das Mäzenatentum für die Reformtheologen einen ersten Ansatzpunkt, mit Albrecht in Verbindung zu treten, ohne ihm näher verpflichtet zu sein, so baute sich auf einer funktionalen und institutionellen Ebene ein intensiveres Beziehungsgeflecht auf. Das gilt für die Verwendung von Reformtheologen zu gelegentlichen Diensten, für die Stellung eines Mainzer Domkapitulars wie Julius Pflug[10], eines Dompredigers wie Friedrich Nausea[11] oder Johannes Wild[12], eines Mainzer Weihbischofs wie Michael Helding[13], eines Stiftpropstes zu Halle wie Michael Vehe[14] oder eines Generalvikars und langjährigen, konservativ gesinnten Rates wie Valentin von Tetleben[15]. Durch persönliche Kontakte und Briefwechsel waren die meisten dieser Theologen untereinander verbunden[16], so daß man mit einem gewissen Recht von einem »Reformkreis« sprechen kann, solange nicht an Homogenität gedacht ist.

Als erstes ist eine »Mainzer Predigttradition« zu nennen, bei der sich gegenreformatorische und reformerische Impulse miteinander verbanden, und die in einem zweiten Schritt eine »Mainzer katechetische Tradition« hervorbrachte. Dabei war der Druck der wachsenden, sich in Kirchenordnungen, Katechismen, liturgischen Büchern und Bekenntnissen institutionell und doktrinär festigenden Reformation ein Stimulans, das sich auch in Mainz nachweisen läßt[17].

9 Walter FRIEDENSBURG (Hrsg.), Zur Korrespondenz Johannes Haners. In: Beiträge zur Bayerischen Kirchengeschichte, hrsg. von Theodor Kolde 5 (1899) S. 181. Zu Haner vgl. August FRANZEN, Haner. In: LThK IV, ²1960, Sp. 1351 f.

10 Vgl. Julius PFLUG, Correspondance, 5 Bde, hrsg. von J[acques] V. POLLET. Leiden 1969–1982; J[acques] V. POLLET, Julius Pflug. In: Gestalten der Kirchengeschichte, II. Reformationszeit, hrsg. von Martin Greschat. Stuttgart u. a. 1981, S. 129–146; Elmar NEUSS und Jacques V. POLLET (Hrsg.), Pflugiana. Studien über Julius Pflug (1499–1564) (= RST 129). Münster 1990.

11 Vgl. Remigius BÄUMER, Friedrich Nausea. In: Katholische Theologen der Reformationszeit (wie Anm. 5), II, S. 92–103.

12 Vgl. E. PAX, Wild, Johannes. In: LThK X, ²1965, Sp. 1123.

13 Vgl. Heribert SMOLINSKY, Michael Helding. In: Katholische Theologen der Reformationszeit (wie Anm. 5), II, S. 124–136.

14 Vgl. Franz SCHRADER, Michael Vehe. In: Katholische Theologen der Reformationszeit (wie Anm. 5), IV, S. 15–28. Vehe hatte gute Kontakte zu Nausea, wie dessen Briefwechsel zeigt: Friedrich NAUSEA, Epistolarum Miscellanearum ad Fridericum Nauseam Blancicampianum, Episcopum Viennensem, etc. singularium personarum Libri X. Basel 1550, S. 94–96.

15 Vgl. Valentin von TETLEBEN, Protokoll des Augsburger Reichstages 1530, hrsg. von Herbert GRUNDMANN (= SVRG 177). Gütersloh 1958, die Einleitung S. 9–45. Die Aufzählung der von Albrecht zu verschiedenen Diensten eingesetzten bzw. in die Bistümer eingebundenen Theologen ließe sich fortsetzen.

16 Das ergibt sich aus den verschiedenen Briefwechseln: NAUSEA, Epistolarum (wie Anm. 14); Georg WITZEL, Epistolarum, quae inter aliquot Centurias ... Libri quatuor. Leipzig 1537; PFLUG, Correspondance (wie Anm. 10). Andere Indizien wären Buchwidmungen, die Kontakte in Mainz u. ä.

17 Zur Mainzer Predigt- und Katechismustradition, zu der in einem ersten Anlauf auch Wolfgang Capito und Kaspar Hedio gehörten, und die von Nausea gegen die Reformation gerichtet fortgeführt wurde, vgl. Christoph MOUFANG, Die Mainzer Katechismen von Erfindung der Buchdruckerkunst bis zum Ende des 18. Jahrhunderts. Mainz 1877; Fritz HERRMANN, Die evangelische Bewegung zu Mainz im Reformationszeitalter. Mainz 1907, S. 192–198; Anton Ph. BRÜCK, Die Mainzer Domprediger des 16. Jahrhunderts nach den Protokollen des Mainzer Domkapitels. In: Hessisches Jahrbuch für Landesgeschichte 10 (1960) S. 132–148; auch in: Ders., Serta Moguntina. Beiträge zur mittelrheinischen Kirchengeschichte, hrsg. von Helmut Hinkel (= QAmrhKG 62). Mainz 1989, S. 147–163 sowie die Anmerkungen zu Nausea, Helding (der nie offizieller Domprediger war) und Wild. Allgemein zur Ent-

Am Anfang der Entwicklung stand Friedrich Nausea († 1552), dessen Predigttätigkeit Girolamo Aleander, der außerordentliche Nuntius am Kaiserhof, am 28. Februar 1532 als ausgesprochen effizient lobte, weil er reformatorischen Einflüssen wehre und die Leute von weither kämen, um bei ihm Rat zu holen[18]. Der humanistisch gesinnte Nausea hatte nach Studien in Leipzig, Pavia, Padua und Siena den Legaten Lorenzo Campeggio nach Deutschland begleitet, sich 1524 auf dem Nürnberger Reichstag mit den »Gravamina« befaßt und kannte die »Regensburger Ordnung«, also einen ersten Reformversuch anläßlich des Regensburger Konventes aus demselben Jahr[19]. 1525 wurde er zum Pfarrer von St. Bartholomäus in Frankfurt ernannt, wo er dieses Amt wegen Widerstandes in den reformatorisch gesinnten Kreisen der Stadt nicht antreten konnte[20]. Angeblich auf Betreiben Roms und mit Hilfe des Mainzer Domvikars und Dekans an St. Moritz, Eberhard Schießer, ging Nausea nach Mainz und fungierte dort nach der Präsentation am 16. März 1526 bis zur Resignation am 6. November 1534 als Domprediger. In diesem Jahr wechselte er als Hofprediger nach Wien[21].

Seit 1526 sind nähere Kontakte zu Kurfürst Albrecht nachweisbar. Nausea schickte ihm Bücher, korrespondierte mit dem Erzbischof und diente ihm zu Konsultationen. In den Briefen kam die schwierige kirchliche Situation in Frankfurt ebenso zur Sprache wie die Versorgung Nauseas mit Pfründen[22]. Wie weit der Domprediger an dem ersten Reformanlauf Albrechts 1526 nach dem Speyerer Reichstag, der inhaltlich für Mainz keine Konsequenzen hatte, beteiligt war, ist nicht erkennbar[23]. Es wäre möglich, daß die Diözesansynoden 1526–1527 und die dabei gehaltenen Predigten Nauseas, welche in rhetorisch allgemeiner Art von Reform sprachen und in Mainz gedruckt wurden, damit in Beziehung standen.

---

wicklung vgl. Heribert SMOLINSKY, Reformationsgeschichte als Geschichte der Kirche. In: HJ 103 (1983) S. 379–381.

18 Nuntiaturberichte aus Deutschland 1533–1559 nebst ergänzenden Aktenstücken, 1. Abt. 2. Ergänzungsbd.: 1532. Legation Lorenzo Campeggios 1532 und Nuntiatur Girolamo Aleandros 1532, bearb. von Gerhard MÜLLER. Tübingen 1969, S. 39. Zur Bestellung der Domprediger durch das Domkapitel vgl. BRÜCK, Domprediger (wie Anm. 17), S. 134.

19 Die »Regensburger Ordnung« in: Acta Reformationis Catholicae ecclesiam Germaniae concernentia saeculi XVI, 6 Bde, hrsg. von Georg PFEILSCHIFTER. Regensburg 1959–1974 (im folgenden zitiert als ARC), hier ARC I, Nr. 124. NAUSEA schrieb zu den »Gravamina« ein Buch, das er erst 1538 veröffentlichte: Responsa una cum eorundem Declarationibus et moderaminibus Sacrosanctae sedis Apostolicae, ad aliquot inclytae Germanicae nationis adversus illam Gravamina. Köln 1538. Albrecht erbat sich diese Schrift in einem Brief an Nausea vom 25. Juni 1541 für den Reichstag in Regensburg: NAUSEA, Epistolarum (wie Anm. 14), S. 316: *Porro autem recordamur te librum de gravaminibus principum et statuum Imperii scripsisse; quem licet alibi servatum habeamus, tamen cum nobis iam bono usui esse posset, non est ad manum. Quamobrem diligenter et amice rogamus, ut huiusmodi libri exemplar unum nobis transmittere non graveris.* Zu Nausea – Campeggio vgl. auch Nuntiaturberichte aus Deutschland 1533–1559 nebst ergänzenden Aktenstücken, 1. Abt. 1. Ergänzungsbd.: 1530–1531. Legation Lorenzo Campeggios 1530–1531 und Nuniatur Girolamo Aleandros 1531, bearb. von Gerhard MÜLLER. Tübingen 1963, S. LXII f.

20 Vgl. HERRMANN, Evangelische Bewegung (wie Anm. 17), S. 192.

21 Vgl. BRÜCK, Domprediger (wie Anm. 17), S. 136 f.

22 Vgl. NAUSEA, Epistolarum (wie Anm. 14), S. 45. 50. 77–78. 102 u. ö.

23 Vgl. ARC I, Nr. 154–158; HERRMANN, Evangelische Bewegung (wie Anm. 17), S. 24–26. Man wollte mit der Reform den »Gravamina« ihre Ursachen nehmen. Dieses Motiv dürfte für Albrecht immer von Bedeutung gewesen sein; vgl. oben Anm. 19.

Der Briefwechsel zeigt, daß Albrecht 1527 von Nausea wegen des Reichstages und der Religionsverhandlungen Rat erbat[24].

Friedrich Nausea kannte als Humanist den Wert des Kommunikationsmittels Buch und entfaltete eine reiche Publikationstätigkeit. Die meisten seiner Predigtwerke erschienen in Latein, aber 1526 ließ er deutsche Predigten unter dem Titel »Fünff mercklich Sermon oder Predig« bei Johann Schöffer in Mainz erscheinen[25], ohne diese auf ein breiteres Publikum gezielte Form später konsequent durchzuhalten. 1530 widmete Nausea seinem Erzbischof die »Tres Evangelicae veritatis Homiliarum Centuriae«. In der Vorrede schilderte er Albrecht als ein unübertreffliches Muster aller Tugenden, das dem humanistischen Ideal der *erudita pietas*, eines guten Fürsten und Seelenhirten entspreche[26]. 1536 folgte die Widmung einer weiteren Predigtsammlung, der »Sermones Adventuales«[27]. Der katechetischen Tradition, die Nausea anregte, entsprach 1542 die Widmung des sechsten Buches seines »Catholicus Catechismus« an Albrecht, dessen Freude an kirchlichen Zeremonien betont wird[28].

Nach Nauseas Fortgang an den Wiener Hof setzte Michael Helding (†1561), seit dem 20. Januar 1533 Dompfarrer in Mainz, die Predigttradition im Sinne einer biblisch orientierten Verkündigungstheologie fort. Am 18. Oktober 1537 ernannte ihn Albrecht zu seinem Weihbischof; am 4. August 1538 erhielt Helding die Weihe[29]. Von 1539 bis in die 50er Jahre wirkte der Franziskaner Johannes Wild (†1554) mit dem Einverständnis Albrechts als Domprediger in Mainz und

---

24 Friderici NAUSEAE Blancicampiani inclytae ecclesiae Moguntinae divini verbi concionatoris, ad ecclesiasticam nuper in eadam ecclesia synodum oratio. Mainz 1526; De reformanda ecclesia Friderici NAUSEAE Blancicampiani insignis ecclesiae Moguntinae divini verbi concionatoris in nupera Synodo ad Clerum Moguntinum Oratio. Mainz 1527; auch in: Johannes F. SCHANNAT und Josephus HARTZHEIM (Hrsg.), Concilia Germaniae, VI. Köln 1765, ND Aalen 1982, S. 205–209. Beide Reden sind dem Erzbischof gewidmet. Vgl. den Brief Albrechts an Nausea vom 28. Oktober 1526: NAUSEA, Epistolarum (wie Anm. 14), S. 45. Zu den Drucken vgl. F. W. E. ROTH, Die Mainzer Buchdruckerfamilie Schöffer während des 16. Jahrhunderts (= Beihefte zum Centralblatt für Bibliothekswesen III, Heft 9). Leipzig 1892, Nr. 114. 120, S. 68. 71. Nausea widmete 1528 Albrecht seine Friderici NAUSEAE Blancicampiani inclitae ecclesiae Moguntinae Divini Verbi Concionatoris in humanam Jesu Christi generationem Oratio (Oppenheim 1528).

25 Vgl. HERRMANN, Evangelische Bewegung (wie Anm. 17), S. 193.

26 Friderici NAUSEAE Blancicampiani ... Tres Evangelicae veritatis Homiliarum Centuriae. Köln 1530, Blatt A5b.

27 Sermones Adventuales Friderici NAUSEAE. Köln 1536, Blatt Bj–Bij. Albrechts Interesse an der Verkündigung zeigt sich darin, daß er den Ingolstädter Theologen Johannes Eck um Predigten über die Sakramente bat, welche dieser 1534 veröffentlichte: Johannes ECK, Der viert tail Christenlicher Predigen von den siben H. Sacramenten. Augsburg 1534, Blatt aajb–aaij die Vorrede an Albrecht. Vgl. den Brief Ecks an Nikolaus Ellenbog vom 23. April 1533: *Imperavit Moguntinus, ut de sacramentis sermones ederem*. In: Nikolaus ELLENBOG, Briefwechsel, hrsg. von Andreas BIGELMAIR und Friedrich ZOEPFL (= CCath 19–21). Münster 1938, S. 321. Eine interessante Aussage über sein Amt machte Albrecht in einem Brief an Nausea vom 25. Juni 1541 aus Regensburg: *Ac quantum ad personam nostram attinet, recognoscimus nos pro debito pastoralis officii nostri, et ad pacem Deo placentem inter Principes stabiliendam, et ad alia, per quae Ecclesiarum incolumitati consuli potest promovenda obligatos esse. Atque in hoc omnem nobis possibilem laborem et diligentiam non gravatim impendemus* (NAUSEA, Epistolarum, wie Anm. 14, S. 316).

28 Catholicus Catechismus Friderici NAUSEAE. Köln 1543, fol. 191–192b. Auch Köln 1553, S. 389–391. Zu den katechetischen Arbeiten vgl. MOUFANG, Katechismen (wie Anm. 17), S. 14–22.

29 Vgl. SMOLINSKY, Helding (wie Anm. 13), S. 125. Zur Theologie vgl. auch Erich FEIFEL, Grundzüge einer Theologie des Gottesdienstes. Motive und Konzeption der Glaubensverkündigung Michael Heldings (1506–1561) als Ausdruck einer katholischen »Reformation«. Freiburg u. a. 1960.

setzte die eingeschlagene Linie im Sinne einer biblischen Irenik fort, nachdem er schon 1528 an der Franziskanerkirche gepredigt hatte.

Sowohl Helding als Wild publizierten ihre Werke nicht mehr zu Lebzeiten Albrechts, aber 1538 oder 1539 war der Verleger Johann Spengel im Gespräch mit einer Gruppe von Theologen, zu der Johannes Cochläus gehörte und die im Haus des Kanonikers Johannes Agricola (St. Viktor) versammelt war, der Meinung, man solle Wilds Predigten veröffentlichen[30]. Das führt auf die wichtige Funktion der Mainzer Druckpresse hin, die mit dem sich zu einer Art Hofdrucker etablierenden Schöffer sowie den Druckern Peter Jordan und Franz Behem vor allem ab 1541 eine Art Ersatz für das verlorengegangene katholische Druckzentrum Leipzig bildete und auf die nahe Frankfurter Buchmesse einwirken konnte. Die Untersuchung von Mark U. Edwards, Jr., zur katholischen Kontroversliteratur zwischen 1518–1555 belegt dieses Faktum deutlich[31].

II. ALBRECHT UND DIE REFORMTHEOLOGEN IM KONTEXT DER REICHSRELIGIONSPOLITIK

Klarer als bei den Mainzer Verhältnissen, wo immer der Einfluß des Domkapitels zu berücksichtigen ist, lassen sich Albrechts Beziehungen zu den Reformtheologen im Kontext der Reichsreligionspolitik erkennen. Sie ergibt den Leitfaden, an dem man sich orientieren kann. Ausgehend vom Augsburger Reichstag 1530 und den folgenden Vermittlungsaktivitäten des Mainzer Kurfürsten, die seine Position für Vermittlungstheologen attraktiv erscheinen lassen mußten[32], sowie in Verbindung mit dem geforderten Konzil und der kaiserlichen Einigungspolitik bot sich hier ein Feld, auf dem literarische Kontakte hergestellt sowie diplomatische Missionen und konkrete Aufgaben von seiten der Reformtheologen erfüllt werden konnten.

Am 21. Januar 1530 hatte Karl V. einen Reichstag nach Augsburg ausgeschrieben. Im Zuge der Vorbereitung auf die dort zu erwartenden Religionsver-

---

30 Zu dem Vorschlag, Wilds Predigten zu drucken, vgl. die Vorrede des Johannes COCHLÄUS. In: Die Parabel oder Gleichnusz Von dem verlornen Son ... F. Joannem Wild. Mainz 1550, Blatt xij–xijb. WILD hielt 1545 eine – inhaltlich unwesentliche – Leichenpredigt auf Albrecht: Gemeine Christliche und Catholische Bittpredigen. Mainz 1575, Blatt 139–140b. Engere Kontakte hatte er zu Erzbischof Sebastian von Heusenstamm, vgl. Nikolaus PAULUS, Johann Wild. Ein Mainzer Domprediger des 16. Jahrhunderts. Köln 1893, S. 38. Cochläus gehörte ebenso wie der Dominikaner Johannes Dietenberger zu den mit Mainz verbundenen Reformtheologen.

31 Mark U. EDWARDS, Jr., Catholic Controversial Literature, 1518–1555. In: ARG 79 (1988) S. 189–205. Von 1539 auf 1540 stieg der Anteil von Mainz an der katholischen Kontroversliteratur von 6 auf 40 Prozent (S. 194). Zum Mainzer Buchdruck vgl. ROTH, Schöffer (wie Anm. 24); Simon WIDMANN, Eine Mainzer Presse der Reformationszeit im Dienste der katholischen Literatur. Paderborn 1889.

32 Vgl. Albrecht Pius LUTTENBERGER, Glaubenseinheit und Reichsfriede. Konzeptionen und Wege konfessionsneutraler Reichspolitik 1530–1552 (Kurpfalz, Jülich, Kurbrandenburg). Göttingen 1982, S. 164–184. Im August 1532 widmete Philipp Melanchthon seinen Römerbriefkommentar dem Mainzer Kurfürsten und würdigte dessen Arbeit für die Einheit der Kirche: Corpus Reformatorum (im folgenden CR), II, Sp. 611–614; Heinz SCHEIBLE (Bearb.), Melanchthons Briefwechsel, Regesten I–IV. Stuttgart-Bad Cannstatt 1977–1983, hier II, Nr. 1276; vgl. auch CR IV, Sp. 822–823; SCHEIBLE, II, Nr. 1268. 1527 schrieb Melanchthon eine Vorrede an Albrecht in der Ausgabe des Jakob Fontanus, De bello Rhodio libri tres. In: CR I, Sp. 874–879; SCHEIBLE, I, Nr. 546.

handlungen bat Albrecht am 7. April Friedrich Nausea, zusammen mit den beiden Dominikanern Johannes Wiertenberger und Michael Vehe darüber zu konferieren. Man solle eine Liste aufstellen, was in der Kirche mißbräuchlich sei und geändert werden könne. Ebenso solle Kritik am Glauben, den Zeremonien und den Lehren der reformatorischen Gegner geübt werden. Als Frucht der Konferenz entstand der unveröffentlichte »Liber unus Consiliorum super negotio coniugii Sacerdotum, votorum Monasticorum, Iurisdictionis Ecclesiasticae, magistratuumque prophanarum«[33]. Über seine Wirkung ist nichts bekannt. Im Gegensatz zu Vehe und Wiertenberger nahm Nausea am Reichstag nicht teil[34].

Der enge Zusammenhang zwischen Albrechts reichspolitischer Tätigkeit und seinen Kontakten zu Reformtheologen ergibt sich deutlicher aus einem Büchlein, das 1534 in Leipzig erschien und den Titel trug »Kleine Ermahnung« (Adhortatiuncula). Der Verfasser war Georg Witzel (†1573), der gerade eine Konversion vom Lutheraner zurück zur alten Kirche hinter sich hatte und seit 1533 als katholischer Prediger in Eisleben wirkte[35]. U. a. Erasmus und dem Humanismus verpflichtet, gehörte er zu den »Vermittlungstheologen«, die auf Ausgleich und Kircheneinigung hinarbeiteten. Einem Brief Witzels an Albrecht vom 24. August 1534 ist zu entnehmen, daß Verbindungen zwischen beiden bestanden und der Kardinal über das Schicksal des Konvertiten informiert war[36]. Die »Kleine Ermahnung« hatte Witzel 1532 verfaßt und zwei Jahre später drucken lassen[37]. Ihr Inhalt ist eine dezidierte Aufforderung an Albrecht, für das Konzil einzutreten. Diese Initiative und Witzels Vorstellungen dürften mit dem Regensburger Reichstag von 1532 zusammenhängen, dessen Abschied den Kaiser aufforderte, sich mit aller Kraft beim Papst für das Konzil einzusetzen[38]. Witzel sieht das Konzil ganz im Rahmen der Reichspolitik; der Papst ist nur einzuladen. Interessant ist seine Einschätzung Albrechts, dessen Funktion und politischer Linie. *Wenn also ein*

---

33 NAUSEA, Epistolarum (wie Anm. 14), S. 90. 490. Zu Johannes Wiertenberger vgl. Nikolaus PAULUS, Die deutschen Dominikaner im Kampfe gegen Luther (1518–1563). Freiburg 1903, S. 216. 220. 225. Zu Vehe vgl. oben Anm. 14.

34 Vgl. Herbert IMMENKÖTTER (Hrsg.), Die Confutatio der Confessio Augustana vom 3. August 1530 (= CCath 33). Münster 1979, S. 21 f.

35 Georg WITZEL, Adhortatiuncula, ut vocetur Concilium, ad Archiepiscopum Moguntinen(sem). Leipzig 1534; vgl. Gregor RICHTER, Die Schriften Georg Witzels bibliographisch bearbeitet. Fulda 1913, Nr. 3, S. 7. Ein Faksimile in: Schriften zur Förderung der Georg-Witzel-Forschung Nr. 1, 1975. Eine moderne deutsche Übersetzung von Siegfried LENZ, Hagen, nach der im folgenden – mit kleinen Korrekturen – zitiert wird. In: Schriften zur Förderung der Georg-Witzel-Forschung Nr. 16, 1978, S. 96–103. Vgl. Witzel an Nausea, 8. Juni 1533, WITZEL, Epistolarum (wie Anm. 16), Blatt KKjb (Derselbe Brief in leicht veränderter Form bei NAUSEA, Epistolarum, wie Anm. 14, S. 118–119); Witzel an Erasmus, ALLEN, Opus epistolarum (wie Anm. 6), Nr. 2715. 2786. Erasmus solle auf ein Konzil drängen.

36 WITZEL, Epistolarum (wie Anm. 16), Blatt PpIVb–Qqib.

37 Der Text wurde von WITZEL aus seiner Schrift »Methodus Concordiae Ecclesiasticae« (Leipzig 1537) inskribiert (vgl. RICHTER, wie Anm. 35, Nr. 35, S. 34). Ein Abdruck befindet sich bei Melchior GOLDAST, Monarchia Sacri Romani Imperii, I. Hannover 1612, ND Graz 1960, S. 653–655. Ein Zusammenhang zwischen der Entstehung der »Adhortatiuncula«, dem »Methodus« und den Einigungsbemühungen des ersten Leipziger Religionsgespräches 1534, an dem Vertreter Albrechts teilnahmen, wäre möglich; vgl. unten Anm. 44.

38 Neue und vollständigere Sammlung der Reichs-Abschiede, II. Frankfurt 1747, S. 355–356; vgl. Gerhard MÜLLER, Die römische Kurie und die Reformation 1523–1534 (= QFRG 38). Gütersloh 1969, S. 223 ff.; Hubert JEDIN, Geschichte des Konzils von Trient, I. Freiburg ²1951, S. 216–231.

Konzil, in Christi Namen einberufen, so heilsam und notwendig ist ..., dann können Sie, Hochwürdigster Herr, eine solch gewissenhafte und hervorragende Persönlichkeit, nichts Nützlicheres tun, als unermüdlich die gute Sache im Auge zu behalten, damit nicht in Vergessenheit gerät, was in drei Reichstagen seine Kaiserliche Majestät mit Zustimmung der Fürsten hinsichtlich der Einberufung des Konzils verfügt hat ... Bei allen Vornehmsten des Römischen Reiches wird es sehr viel bedeuten, wenn Sie ... sich mit größtem Eifer ins Zeug legen. Wer nämlich ist in der ganzen Reihe der Würdenträger berühmter als Eure Hoheit? Wer weiß nicht, wie Sie ... von der Frömmigkeit, von den guten Sitten und von den rechten Schriften angetan sind?[39] Witzel erinnert an Albrechts Vermittlungstätigkeit nach dem Augsburger Reichstag 1530, die dieser zusammen mit Kurfürst Ludwig von der Pfalz im Interesse des Reichsfriedens entwickelt hatte. *Wir wissen, mit welcher Unrast Sie nicht nur in Augsburg, sondern auch im Frühling darauf in Schweinfurt sich dafür eingesetzt haben, Abtrünnige wieder mit der Kirche zu vereinen, die überaus bedauernswerte Zwietracht zu begraben, welche sich anschickte, Deutschland in Kriege zu verwickeln.* Seine Aufforderung lautet: *Deshalb ... möget Ihr aus dieser Eurer Frömmigkeit heraus alle Sorge, Energie und Mühe darauf verwenden, daß ein Termin und eine geeignete Stadt festgelegt, der Papst eingeladen wird und daß ohne zu säumen man zusammenkommen möge aus allen Provinzen der christlichen Welt*[40].

Es ist unbekannt, wie Albrecht auf diese öffentliche Aufforderung reagierte. Der Reform- und Einigungstheologe Witzel blieb mit ihm in Kontakt und widmete ihm 1541 sein »Hagiologium«, das in Mainz erschien. Die Vorrede, im üblichen rühmenden Stil gehalten, nannte den Kardinal einen Mäzen der Theologie und des Humanismus. Witzel erwähnte, daß Albrecht den Erasmus vor vielen Jahren um eine solche Schrift über die Heiligen gebeten habe, dieser aber die Bitte abschlug. Mit gebührender Bescheidenheit liefere er den Ersatz dafür[41].

Die weiteren Verbindungen zwischen den beiden sind im einzelnen schwer zu erkennen; auf ihre Kontakte im Kontext der Religionsgespräche wird weiter unten eingegangen. In einem anderen Punkte bot der Kurfürst von Mainz indirekt Witzel eine Basis für dessen Tätigkeit. Ab 1541 druckte Behem in Mainz viele von dessen Werken, und ab 1553 siedelte Witzel endgültig in die Stadt am Rhein über[42].

---

39 WITZEL (Übersetzung LENZ, wie Anm. 35), S. 98 f. = Blatt Aijb. Zu den Reichstagen vgl. den o. g. Abschied (Anm. 38).

40 WITZEL (Übersetzung LENZ, wie Anm. 35), S. 99 = Blatt Aijb–Aiij, vgl. LUTTENBERGER, Glaubenseinheit (wie Anm. 32), S. 167.

41 Georg WITZEL, Hagiologium. Mainz 1541, Blatt 5b–6. Unter anderer Überschrift nochmals in Vitae Patrum, per romanam eandemque catholicam ecclesiam, in divorum relatorum numerum (Mainz 1546). Zu Erasmus vgl. ALLEN, Opus epistolarum (wie Anm. 6), Nr. 745, S. 177. Nausea übergab ebenfalls an Albrecht eine Schrift über die Heiligen, welche verlorenging, vgl. NAUSEA, Epistolarum (wie Anm. 14), S. 488 f.

42 Zu den Drucken vgl. RICHTER, Schriften Witzels (wie Anm. 35), Nr. 52 ff. Vgl. auch unten Anm. 53.

III. DIE REFORMTHEOLOGEN UND DIE RELIGIONSGESPRÄCHE

Die These, daß Albrecht die Reformtheologen im sich wechselnden Kontext der Religionspolitik des Reiches brauchte und einsetzte, bestätigt sich, wenn man die Änderung der kaiserlichen Politik Ende der 30er Jahre betrachtet. Statt auf das Konzil setzte Karl V. von 1539–1541 auf das Verständigungsmittel »Religionsgespräche«, die in kurzen Abständen nacheinander in Hagenau, Worms und Regensburg stattfanden[43].

Die komplizierte Vorgeschichte dieser Aktionen soll ebenso offen bleiben wie die Linie Albrechts von Brandenburg in diesem Zusammenhang. Ganz fremd konnte ihm die Idee nicht sein. Immerhin hatten Mainz und Kursachsen vom 29. April bis 3. Mai 1534 den Versuch eines solchen Gesprächs in Leipzig gemacht[44]. Den Hintergrund bildete eine Gruppe sächsischer Reformtheologen, von denen Julius Pflug (†1564), Domherr in Meißen und auf vielen Feldern, nicht zuletzt in Verbindung mit Albrecht, tätig, und Georg von Karlowitz als Vertreter bzw. Beobachter Herzog Georgs von Sachsen an dem Konvent teilnahmen. Michael Vehe sowie der Kanzler Christoph Türk waren die Vertreter Albrechts. Die kursächsische Seite wurde durch Philipp Melanchthon und Gregor Brück vertreten. Das Unternehmen scheiterte vor allem an der Auffassung von der Messe, zeigt aber das frühe Suchen nach Verständigung und die Einbindung Albrechts in den Raum der sächsischen Religionspolitik[45]. Auf diesem Hintergrund wird verständlich, daß Erasmus am 31. Juli 1533 Julius Pflug seine Schrift »De sarcienda Ecclesiae concordia« widmete, und daß Wolfgang Capito in demselben Jahr Albrecht seine deutsche Übersetzung dieses Werkes dedizierte[46].

Für die bedeutenderen Religionsgespräche in Hagenau und Worms 1540–1541 bedurfte Albrecht wieder der Reformtheologen. In Hagenau waren seine Vertreter der Dompropst Marquard von Stein, der Domkapitular Sebastian von Heusenstamm, der Kanzler Johannes Pfaff und der Sekretär Melchior Vogt[47].

---

43 Zu den Religionsgesprächen vgl. Gerhard MÜLLER (Hrsg.), Die Religionsgespräche der Reformationszeit (= SVRG 191). Gütersloh 1980; Marion HOLLERBACH, Das Religionsgespräch als Mittel der konfessionellen und politischen Auseinandersetzung im Deutschland des 16. Jahrhunderts (= Europäische Hochschulschriften Reihe III, 165), Frankfurt am Main, Bern 1982; LUTTENBERGER, Glaubenseinheit (wie Anm. 32), S. 206–249.

44 Günther WARTENBERG, Die Leipziger Religionsgespräche von 1534 und 1539. Ihre Bedeutung für die sächsisch-albertinische Innenpolitik und für das Wirken Georgs von Karlowitz. In: Müller, Religionsgespräche (wie Anm. 43), S. 35–41.

45 Vgl. WARTENBERG, Leipziger Religionsgespräche (wie Anm. 44), S. 35–36; SCHEIBLE, Melanchthon (wie Anm. 32), II, Nr. 1433; Franz SCHRADER, Kardinal Albrecht von Brandenburg, Erzbischof von Magdeburg, im Spannungsfeld zwischen alter und neuer Kirche. In: Ders., Reformation und katholische Klöster. Beiträge zur Reformation und zur Geschichte der klösterlichen Restbestände in den ehemaligen Bistümern Magdeburg und Halberstadt (= Studien zur katholischen Bistums- und Klostergeschichte 13). Leipzig 1973, S. 11–84.

46 Die Widmung des Erasmus in PFLUG, Correspondance (wie Anm. 10), I, Nr. 84; Wolfgang CAPITO (Übers.), Von der kirchen lieblichen Vereinigung, und von Hinlegung dieser zeit haltender Spaltung in der glauben leer geschrieben durch den hochgelerten und weitberiempten herren Des. Eras. von Roterdam. Straßburg 1533. Vgl. James M. KITTELSON, Wolfgang Capito. From Humanist to Reformer (= Studies in Medieval and Reformation Thought 17). Leiden 1975, S. 207–208; Heinz HOLECZEK, Erasmus Deutsch, I: Die volkssprachliche Rezeption des Erasmus von Rotterdam in der reformatorischen Öffentlichkeit 1519–1536. Stuttgart-Bad Cannstatt 1983, S. 260–266.

47 ARC III, S. 131 Anm. 177.

Friedrich Nausea, jetzt in Wien, nahm ebenfalls teil. Auf dem Wormser Religionsgespräch vertraten den Mainzer Erzbischof Michael Helding, der Dominikaner Ambrosius Pelargus, der Jurist und Vizekanzler Konrad Braun, der Domdekan Johann von Ehrenberg, Jodokus Hoetfilter u. a. Für Albrecht in seiner Funktion als Erzbischof von Magdeburg waren die Dominikaner Konrad Necrosius und Johannes Mensing in Worms. Ebenfalls nahm Julius Pflug an dem Gespräch teil, wobei unklar blieb, ob er das Mainzer Domkapitel oder den Erzbischof repräsentierte[48].

Man möchte gerne wissen, wie weit irenisch – erasmianische Reformtheologen wie Julius Pflug, der nach seiner durch die Reformation des albertinischen Herzogtums Sachsen bedingten Flucht seit 1539 als Domkapitular in Mainz lebte, die religionspolitische Linie Albrechts in dieser Zeit beeinflußten. Eine präzise Antwort scheint bei dem derzeitigen Forschungsstand kaum möglich, aber thesenhaft kann man behaupten, daß es mindestens partielle Einflüsse bis zum Beginn der Religionsgespräche 1540 gab, obwohl Albrecht schon im Vorfeld Probleme mit einer solchen Unternehmung verbunden sah[49]. Diese These soll erstens durch Beobachtungen, die auf einen möglichen Einfluß Pflugs hinweisen, und zweitens durch den Gang der Entwicklung bewiesen werden.

Der erste Beleg betrifft einen Brief, den Julius Pflug im Auftrag Albrechts am 21. September 1539 von Mainz aus an den französischen Kardinal Jean du Bellay schrieb[50]. Darin kommt zum Ausdruck, daß der Erzbischof alle Mittel suchte, den verwirrten Zustand der deutschen Kirche zu beenden. Er habe von dem Auftrag des französischen Königs gehört, daß Theologen gebeten wurden, Wege zur Beseitigung der Spaltung zu finden. Albrecht möchte gerne darüber informiert werden. Bellays Antwort mußte den Kardinal enttäuschen, denn es handelte sich nicht um Einigung, sondern um eine oberflächliche Kirchenreform, an die Franz I. dachte. Folgerichtig ging Pflug auf dieses Projekt nicht mehr ein, als er am 25. Oktober 1539 im Auftrag Albrechts an den französischen König selber wegen eines anderen Anliegens schrieb[51]. Ein am 22. Februar 1540 von König Ferdinand auf Wunsch Morones an den Mainzer Kardinal gerichtetes Schreiben, welches als Hintergrund das Verschicken der »Leipziger Artikel« von 1539 durch Albrecht an seine Suffragane hatte, könnte mit diesen Aktivitäten zusammenhängen. Darin verbot der König dem Erzbischof, Religionsgespräche ohne Wissen und Zustimmung von Kaiser und Papst zu führen[52]. In die Bemühungen um einen Religionsvergleich paßt es, daß Georg Witzel am 5. Dezember 1540 in einem

48 ARC III, S. 196 Anm. 273 und S. 197. 216, wo Pflug als Vertreter des Kurfürsten genannt ist. Nach PFLUG, Correspondance (wie Anm. 10), II, S. 174 Anm. 4, fungierte er auch als Vertreter des Mainzer Domkapitels. Zu Konrad Braun vgl. Maria Barbara RÖSSNER, Konrad Braun (ca. 1495–1563) – ein katholischer Jurist, Politiker, Kontroverstheologe und Kirchenreformer im konfessionellen Zeitalter. Phil. Diss. masch. Bonn 1990, S. 75. 83–94.

49 Vgl. ARC III, S. 39 sein Schreiben vom 25. April 1539. Das Mainzer Domkapitel war kompromißbereiter, vgl. Max LENZ (Hrsg.), Briefwechsel Landgraf Philipp's des Großmütigen von Hessen mit Bucer, I. Leipzig 1880, S. 431; PFLUG, Correspondance (wie Anm. 10), II, S. 101.

50 PFLUG, Correspondance (wie Anm. 10), II, Nr. 145, S. 113–116. Dort die Daten zu Jean du Bellay.

51 PFLUG, Correspondance (wie Anm. 10), II, Nr. 146, S. 116–123. Nr. 149, S. 133–135.

52 Vgl. Nuntiaturberichte aus Deutschland 1533–1559 nebst ergänzenden Aktenstücken, 1. Abt. V: Nuntiaturen Morones und Poggios, Legationen Farneses und Cervinis (1539–1540), bearb. von Ludwig CARDAUNS. Berlin 1909, ND Frankfurt 1968, S. 111 Anm. 2. Zum Verschicken der Artikel vgl. ARC III, Nr. 28, S. 46 f.

Brief an Morone zu sagen schien, er habe seinen »Typus ecclesiae prioris« auf Befehl des Mainzer Kurfürsten drucken lassen[53].

Die Einflußnahme Pflugs kann durch eine Analyse der Instruktion erhärtet werden, welche der Kardinal für seine Räte anfertigte, die am Hagenauer Tag teilnehmen sollten[54]. Sie ist datiert auf den 20. Mai 1540; ein Termin, an dem Pflug durchaus in der Umgebung Albrechts sein konnte.

Albrecht war danach bereit, den Laienkelch und unter bestimmten Bedingungen die Priesterehe zuzugestehen. Das waren Konzessionen, die im Kreise der Reformtheologen und humanistischen Räte 1538–1539 in Dresden bedacht wurden, mit denen Pflug in Verbindung stand und deren Gedanken z. B. in bezug auf einen differenzierten Zölibat in seinem sog. »Scriptum Latinum« von ca. 1544 wieder auftauchten[55]. Ein weiteres Indiz stützt diese Hypothese. Der Zusammenhang zwischen dem kirchlichen Versagen, der göttlichen Strafe, der Reformation als Mittel dieser Strafe und der Reform als Mittel zur Kircheneinheit, welcher in der Instruktion hergestellt wird, gleicht Formulierungen Pflugs, die sich z. B. 1543 bei ihm in einem Gutachten für Albrecht finden[56]. Zumindest in der Beurteilung der theologischen Begründung und der Funktion einer Kirchenreform dürfte Pflug den Kardinal beeinflußt haben; fragwürdiger ist es, eine Wirkung der »Vermittlungstheologie« anzunehmen.

Wenn diese These stimmt, dann hat im Laufe der Religionsgespräche in Hagenau, Worms und Regensburg der Mainzer Kardinal eine endgültige Wende vorgenommen. Eine harte Linie vertraten Konrad Braun und Ambrosius Pelargus in Worms, wo Mainz mithalf, das Unionsprojekt Granvellas zu vereiteln[57]. Für die ablehnende Haltung gegenüber einem Vergleich und das Einschwenken auf die kuriale Linie, also das Konzil, könnten Kontakte mit Giovanni Morone, der sowohl in Worms als auch in Regensburg als »Gegenpol« im Hinblick auf eine allzu große Kompromißbereitschaft dabei war, wichtig gewesen sein[58]. Der Verlust Magdeburgs auf dem Landtag in Calbe im Frühjahr 1541 dürfte kaum dazu beigetragen haben, Albrecht freundlicher zu stimmen. Die Restitution der Kirchengüter war ihm ein zentrales Anliegen[59]. Ein Indiz für die Ablehnung des Aus-

---

53 Nuntiaturberichte aus Deutschland 1533–1559 nebst ergänzenden Aktenstücken, 1. Abt. VI: Gesandtschaft Campeggios. Nuntiaturen Morones und Poggios (1540–1541), bearb. von Ludwig CARDAUNS. Berlin 1910, ND Frankfurt 1968, S. 279–281. Am 18. April 1541 schrieb Witzel an Johannes Dantiscus, er warte darauf, daß ihn Albrecht nach Regensburg rufe: *Rev. Moguntinus episcopus ad aliquam fortasse functionem evocabit a comitiis*, vgl. RICHTER, Schriften Witzels (wie Anm. 35), S. 176. Es bleibt offen, ob er am Reichstag teilnahm.

54 ARC III, Nr. 69.

55 ARC VI, Nr. 69, S. 111. Vgl. August FRANZEN, Zölibat und Priesterehe in der Auseinandersetzung der Reformationszeit und der katholischen Reform des 16. Jahrhunderts (= KLK 29). Münster 1969, S. 51–54.

56 PFLUG, Correspondance (wie Anm. 10), II, Nr. 233.

57 LENZ, Briefwechsel (wie Anm. 49), S. 228. 265. 269. 530.

58 Vgl. JEDIN, Trient (wie Anm. 38), S. 304–307. Die Kontakte ergeben sich z. B. aus der Beteiligung Morones an der Reform.

59 Vgl. ARC III, Nr. 69, S. 115: *Wurde der restitucion halben tractirt ... sollen unsere rethe mittel und weg furschlagen, das dieselb restitucion beschee;* LENZ, Briefwechsel (wie Anm. 49), S. 530. Zu Magdeburg vgl. Franz SCHRADER, Was hat Kardinal Albrecht von Brandenburg auf dem Landtag zu Calbe im Jahre 1541 den Ständen der Hochstifte Magdeburg und Halberstadt versprochen? In: Ecclesia militans (wie Anm. 3), S. 333–361.

gleichs ist z. B. der Protest von Trier und Mainz am 17. Juli 1541 in Regensburg gegen eine Annahme der verglichenen Artikel. Das solle nach ihrer Meinung auf einem Konzil verhandelt werden. Bedenkt man, wie stark Julius Pflug an diesem Ausgleich interessiert war, dann wird deutlich, daß in diesem Falle Albrecht und der Reformtheologe nicht mehr konform gingen[60].

IV. REFORM ODER KONZIL?

Für die Religionspolitik ergab sich nach dem Scheitern der Gespräche aufs neue die Alternative, ob man sofort mit einer Reform beginnen oder auf das Konzil warten sollte. Albrecht von Brandenburg hatte, wie es scheint, auf das Konzil gesetzt und dürfte im letzten diese Haltung kaum mehr geändert haben. Im Juli 1541 lautete sein Urteil: *Concilium igitur generale et illud citum est unicum nunc humanum remedium*[61]. Nachdem der päpstliche Legat Gasparo Contarini auf Wunsch des Kaisers am 7. Juli 1541 die Bischöfe in Regensburg zur Reform ermahnte[62], handelte der Mainzer Erzbischof. Er trat im November 1541 mit dem Domkapitel in Verhandlungen und bildete eine Reformkommission. Zu ihr gehörten Valentin von Tetleben, Sebastian von Heusenstamm, Michael Helding, der Abt von St. Jakob Johannes Manger, der Professor und Generalvikar Bernhard Scholl, der Domprediger Johannes Wild, der Dominikaner und Theologieprofessor Konrad Necrosius, und seit dem 6. Mai 1542 der Domvikar Valentin Dürr[63]. Man schuf Reformkonstitutionen, deren Entstehungs- und Verhandlungsgeschichte von 1541–1544 reichte. Ihr Inhalt war weitgehend eine Kompilation vorhergehender Reformordnungen, z. B. der Regensburger von 1524, der Kölner Synodaldekrete von 1536, der Mainzer Synodalbeschlüsse von 1451 und der Hildesheimer Reformstatuten von 1539[64]. In einem Gespräch mit Morone hat Albrecht am 18. Februar 1542 in Speyer seine Bedenken geäußert, ob eine Reform ohne Konzil überhaupt durchsetzbar sei[65]. Trotzdem übergab er um den 23. Februar den Entwurf dem Legaten[66]. Ganz ohne Interesse an der Reform kann er

---

60 ARC III, Nr. 128; JEDIN, Trient (wie Anm. 38), S. 312; PFLUG, Correspondance (wie Anm. 10), II, Nr. 176.
61 Concilii Tridentini Actorum Pars Prima, hrsg. von Stephan EHSES (= Concilium Tridentinum, IV, hrsg. von der Görres-Gesellschaft). Freiburg 1904, S. 204. Siehe allerdings Contarini an Farnese, 4. Juni 1541. In: Fr. DITTRICH, Regesten und Briefe des Cardinals Gasparo Contarini (1483–1542). Braunsberg 1881, S. 193. Zu Mainz – Konzil vgl. ARC IV, Nr. 73–105; Anton Ph. BRÜCK, Das Erzstift Mainz und das Tridentinum. In: Georg Schreiber (Hrsg.), Das Weltkonzil von Trient, II. Freiburg 1951, S. 193–243.
62 ARC IV, Nr. 1.
63 ARC IV, Nr. 24; Fritz HERRMANN (Hrsg.), Die Protokolle des Mainzer Domkapitels, III: Die Protokolle aus der Zeit des Erzbischofs Albrecht von Brandenburg 1514–1545 (= Arbeiten der Historischen Kommission für den Volksstaat Hessen). Paderborn 1932, ND Darmstadt 1974, S. 912–913. 916. 918. 920. 942; vgl. HERRMANN, Evangelische Bewegungen (wie Anm. 17), S. 27–43. In diesem Zusammenhang ist auf die Tätigkeit des Jesuiten Peter Faber 1542 in Mainz hinzuweisen.
64 Vgl. ARC IV, Nr. 26, Anm. 23, sowie ebd. die Nr. 7.
65 Hugo LAEMMER (Hrsg.), Monumenta Vaticana historiam ecclesiasticam saeculi XVI illustrantia. Freiburg 1861, S. 412. Morone drängte auf eine Fortsetzung der Reform.
66 Ebd., S. 417. Vgl. auch Nuntiaturberichte aus Deutschland 1533–1559 nebst ergänzenden Aktenstücken, 1. Abt. VII: Berichte vom Regensburger und Speierer Reichstag 1541, 1542. Nuntiatu-

nicht gewesen sein, denn im Frühjahr desselben Jahres schaltete er sich ebenso wie Morone durch kleine Änderungsvorschläge in die immer noch unabgeschlossene Diskussion um den Mainzer Entwurf ein und ließ weiter an ihm arbeiten[67].

Auf mehreren Feldern wird bei alledem der Zusammenhang mit den Reformtheologen sichtbar. Einmal dürfte Michael Helding an dem ersten Entwurf des Reformtextes wesentlich beteiligt gewesen sein[68]. Greifbarer als diese Vermutung sind dessen Katechismuspredigten, die er im Rahmen der Reformarbeit von 1542–1544 im Mainzer Dom hielt und später drucken ließ. Damit stand er in der Linie der genannten »Mainzer katechetischen Tradition«, die von den Predigten Nauseas angefangen über die Drucke der Katechismen von Georg Witzel und Johannes Dietenberger bis in diese Jahre sich fortsetzte[69]. In einer konservativen, am Kirchenrecht orientierten Form arbeitete zweitens Valentin von Tetleben, der frühere Generalvikar und jetzt in Mainz lebende Hildesheimer Bischof an der Ordnung mit, die in ihrer wenig originellen Form nicht mit den vom irenischen Humanismus geprägten Reformordnungen zu vergleichen ist, welche zur selben Zeit z. B. in Jülich-Kleve-Berg entstanden[70]. Im Sinne der vom Humanismus so notwendig erachteten Belehrung war allerdings der Ansatz zu einer Universitätsreform, den Albrecht 1541 machte. Am 14. September wurden Sebastian von Heusenstamm, Bernhard Scholl, Nikolaus Rucker und Anton Pistoris beauftragt, Mängel im Vorlesungsbetrieb der Universität und anderes zu überprüfen[71]. Nachdem die Mainzer Ordnung im Entwurf vorlag und in einem einzigen Satz zur Universität Stellung nahm, kam es 1542 nochmals zu Verhandlungen im Domkapitel über die Schul- und Universitätsreform, welche belegen, daß man diese Kommission weiterhin damit beauftragen wollte. Über die Ergebnisse dieser Arbeiten ist nichts bekannt[72].

Belegt ist die Mitarbeit von Reformtheologen in einer Aufforderung Albrechts an Julius Pflug über ein Gutachten zu diesem Mainzer Entwurf. Pflug, der seit 1542 Bischof von Naumburg-Zeitz war, aber das Amt nicht antreten konnte, legte sein Votum im Februar–März 1543 vor[73]. Er betonte, daß er nicht als Bera-

---

ren Verallos und Poggios. Sendungen Farneses und Sfondratos (1541–1544), bearb. von Ludwig CARDAUNS. Berlin 1912, ND Frankfurt 1968, S. 119.

67 Vgl. ARC IV, Nr. 11, S. 97–99 mit den Änderungsvorschlägen von Giovanni Morone, Robert Vauchop und Albrecht.

68 Vgl. Rolf DECOT, Religionsfrieden und Kirchenreform. Der Mainzer Kurfürst und Erzbischof Sebastian von Heusenstamm 1545–1555 (= Veröffentlichungen des Instituts für Europäische Geschichte 100). Wiesbaden 1980, S. 34.

69 SMOLINSKY, Helding (wie Anm. 13), S. 126; MOUFANG, Katechismen (wie Anm. 17); Peter FABISCH, Johannes Dietenberger. In: Katholische Theologen der Reformationszeit (wie Anm. 5), I, S. 82–89.

70 Zur humanistischen Reform vgl. SMOLINSKY, Docendus (wie Anm. 3); zu Tetlebens Vorstellungen vgl. ARC IV, Nr. 14 sowie seine Hildesheimer Reformstatuten: ARC II, Nr. 137.

71 Jakob MAY, Der Kurfürst, Cardinal und Erzbischof Albrecht II von Mainz und Magdeburg, Administrator des Bisthums Halberstadt, Markgraf von Brandenburg und seine Zeit. Ein Beitrag zur deutschen Cultur- und Reformationsgeschichte 1514–1545, 2 Bde. München 1865–1875, hier II, Beilage 67, S. 523–524; vgl. HERRMANN, Evangelische Bewegung (wie Anm. 17), S. 29–30. 107. 142; Helmuth MATHY, Die Universität Mainz 1477–1977. Mainz 1977, S. 56. 63 (mit Verweis auf frühere Reformversuche).

72 ARC IV, Nr. 80; HERRMANN, Protokolle (wie Anm. 63), S. 950.

73 PFLUG, Correspondance (wie Anm. 10), II, Nr. 233.

ter Albrechts dabei fungiere – obwohl er in Mainz war –, sondern als Suffraganbischof des Magdeburger Erzbischofs; eine unklare Aussage, die den Schluß zulassen könnte, Albrecht habe die Reform theoretisch für alle seine Bistümer betrieben[74].

Die Anfrage an Pflug ist um so interessanter, als er dezidierter als Albrecht die These vertrat: erst Reform, dann das Konzil[75]. Es soll offen bleiben, ob hier der Diplomat Albrecht am Werke war, der einen Auftrag des päpstlichen Legaten entweder rein formal erfüllte oder sich verschiedene Optionen offenhalten wollte. Pflugs Antwort zeigt noch einmal die Anliegen der Reformtheologen, welche teilweise in Albrechts erwähnter Instruktion zum Hagenauer Tag zum Ausdruck kamen. Die Reform muß Gottes Zorn über die Kirche abwenden und ist die Voraussetzung zur Kircheneinheit. Deutlich kommt bei Pflug der Aspekt der Lehre und des Verstehens als wesentliches Anliegen humanistischer Reformtheologie zum Ausdruck. *Und weil die Christliche lhar nach jnnehalt der heiligen schrifft sich mit dem wege vorgleicht, achte ich die christliche lhar und Reformation lauffen dermassen zusammen, das man sich des bestendigen grundes der Reformation nirgent besser dan aus der rechten und wharen christlichen lhar erholen moge... Die dogmata Ecclesiae Catholicae belangend... erfordert die notdurfft auf wege, weise und form zu gedencken, wie solche ding dem volcke mogen mit guethem grunde und am fuglichsten eingebildet werden.* Pflug nahm das Reformkonzept, welches ihm nicht vollständig vorlag, so ernst, daß er für sein eigenes Bistum einen Auszug davon anfertigte[76]. Insgesamt aber blieb der Mainzer Entwurf, wie viele andere seiner Zeit, Papier, und ob der Erzbischof große Hoffnungen darauf setzte, scheint fragwürdig[77].

Damit kommt ein letzter, punktuell erfaßbarer Aspekt in den Beziehungen Albrechts zu den Reformtheologen in den Blick. Im Hin und Her von Reform, Einheit und Konzil stand letzteres 1545 endlich vor seiner Realisierung. Albrecht hatte mehrfach im Vorfeld die Reformtheologen damit befaßt, z. B. Pflug am 16. Februar 1537, der in Calbe als Wortführer des Kardinals den päpstlichen Gesandten Peter van der Vorst begrüßte, als dieser das Mantuaner Konzil ankündigte. Pflug war auch vorgesehen, Mainz dort zu vertreten[78]. Erst mit Trient wurden die Konzilspläne konkret. In einem ersten, nochmals gescheiterten Anlauf war Tetleben seit dem 10. Mai 1543 als Bischof von Hildesheim und Vertreter Albrechts in Trient[79]. 1545 konnte ein zweiter Reformtheologe, Michael Helding, Mainz in Trient wirklich repräsentieren[80]. Ob Albrecht das Konzil förderte, als Witzel es 1532/4 forderte, ist schwer zu sagen, aber in den letzten Jahren seines Lebens wollte er es. Als dann am 13. Dezember 1545 die erste Sitzung stattfand[81], erlebte er das nicht mehr. Am 24. September 1545 war der Mainzer Erzbischof gestorben.

---

74 PFLUG, Correspondance (wie Anm. 10), II, S. 439; vgl. ARC IV, Nr. 13–14. 18.

75 PFLUG, Correspondance (wie Anm. 10), II, S. 448.

76 PFLUG, Correspondance (wie Anm. 10), II, S. 438. 442. 445. 450 Anm. 4.

77 Albrechts Haltung zu dem Reformversuch soll nicht weiter analysiert werden. Vgl. den Brief Morones an Farnese vom 3. März 1542 (Nuntiaturberichte VII, wie Anm. 66, S. 121).

78 Vgl. POLLET, Pflug (wie Anm. 10), S. 131; PFLUG, Correspondance (wie Anm. 10), I, S. 338.

79 Vgl. ARC IV, S. 120 Anm. 167; Concilium Tridentinum (wie Anm. 61), IV, S. 325 Anm. 6.

80 Vgl. ARC IV, Nr. 91; SMOLINSKY, Helding (wie Anm. 13), S. 127; Anton Ph. BRÜCK, Drei Briefe Heldings vom Tridentinum. In: AmrhKG 2 (1950) S. 219–226.

81 Vgl. JEDIN, Trient (wie Anm. 38), S. 456.

V. SCHLUSSBEMERKUNGEN

Zum Schluß seien zwei Fragen angesprochen: 1. Welches Bild vermitteln die Reformtheologen von Albrecht? 2. Läßt sich eine kirchenpolitische Konzeption des Kurfürsten aus dem Gesagten ableiten?

Ad 1: Aus den Aussagen der Reformtheologen ist kein klares Bild von Albrecht zu gewinnen. Ihre unterschiedliche Ausrichtung und Funktion dürfte das verhindern. Die Buchdedikationen lassen zwar den Mäzen sowie Humanistenfreund erkennen, rühmen seine *erudita pietas* und Tugenden; aber gerade Nausea, der sich hierin besonders hervortat, scheute nicht davor zurück, in einem Brief an Morone vom 16. November 1540 den Erzbischof mit dem Vorwurf mangelnder Initiative gegenüber den Lutheranern zu denunzieren. Der vielzitierte Text ist im historischen Kontext zwar zu relativieren, weil Nausea gerade in einem Streit mit Albrecht und dem Mainzer Kapitel von Sancta Maria ad gradus über eine Pfründenfrage lag, aber er zeigt die Variationsbreite des Urteils[82].

Ad 2: Mit der Inhomogenität und Unterschiedlichkeit in den Funktionen der Reformtheologen hängt es zusammen, daß eine stringente Linie im Verhältnis zu Albrecht nicht zu sehen ist. Soweit es die Vermittlungstheologen Pflug und Witzel betrifft, dürfte ihre irenische Linie ab 1540 weniger Einfluß gehabt haben. Die Modifikationen in dem jeweiligen Verhältnis wurden genannt. Ein »spiritus rector« des genannten Kreises war Albrecht nicht. Eher erscheint er als Diplomat, der schwer zu greifen ist, ohne daß ihm Verdienste um die Reformtheologie abgesprochen werden sollen[83].

---

82 Walter FRIEDENSBURG (Hrsg.), Beiträge zum Briefwechsel der katholischen Gelehrten Deutschlands im Reformationszeitalter. In: ZKG 20 (1900) S. 530–532; zum Hintergrund ebd., S. 525–527.

83 So förderte Albrecht z. B. den Dominikaner Johannes Dietenberger (vgl. Hermann WEDEWER, Johannes Dietenberger 1475–1537. Sein Leben und Wirken. Freiburg 1888, S. 149), gab sein Einverständnis zur Bestellung Wilds als Domprediger (vgl. HERRMANN, Protokolle (wie Anm. 63), S. 785) und ernannte Helding zum Weihbischof (vgl. oben Anm. 29).

ALBRECHT VON BRANDENBURG AUF DEM AUGSBURGER REICHSTAG 1530

Herbert Immenkötter

Mit auffälliger Dringlichkeit erging unter dem Datum des 21. Januar 1530 die Einladung zu einem neuen Reichstag, diesmal nach Augsburg[1]. Besondere Aufmerksamkeit im ganzen Reich durfte der Kaiserhof schon deswegen erwarten, weil Kaiser Karl V. in eigener Person erstmals nach neunjähriger Abwesenheit wieder seine Teilnahme zusagen konnte und weil mit der Behandlung von Glaubensfrage und Türkengefahr jene brennenden Themen angekündigt wurden, die in allen Territorien und bei allen Reichsständen seit vielen Jahren für Spannung und Ungewißheit gesorgt hatten. Heftige Diskussionen, vermutlich auch Entscheidungen von großer Tragweite waren da zu erwarten. Trotzdem ließ sich der Erzkanzler des Heiligen Römischen Reiches Deutscher Nation, der Kurfürst und Erzbischof von Mainz, dem der Reichstagsplan schon vorzeitig bekannt geworden war, für seine notwendigerweise aufwendigen Reisevorbereitungen viel Zeit. Obwohl der Reichstag bereits auf den 8. April 1530 ausgeschrieben war, erschien Albrecht erst am 21. desselben Monats persönlich in der Sitzung des Mainzer Domkapitels, um seine Absicht zur Teilnahme kundzutun und das Kapitel um Abordnung von zwei Mitgliedern für die Dauer des Reichstages zu bitten. Außerdem wünschte er – und dies vor allem anderen – für die zu erwartenden hohen Kosten des Reiseunternehmens ein finanzielles Entgegenkommen seines Kapitels, dem er für die Dauer seiner Abwesenheit lediglich in Aussicht stellen konnte, es werde dafür *als die nechsten gelider und erbherren des stifts* von den zurückgelassenen kurfürstlichen Räten in wichtigen Regierungsangelegenheiten zu Rate gezogen werden[2]. Nachdem das Kapitel von den erbetenen 6000 Gulden, die im Vorgriff auf die Pensionen der Erzkanzlei aufgenommen werden sollten, schließlich am 4. Mai 4000 Gulden als Darlehen *auf das Haus Stein bei Neudenau* bewilligt hatte[3], mußte sich der Kurfürst einstweilen zufriedengeben. Die Beurlaubung des Domizellars und kurmainzischen Rates Dr. Valentin von Tetleben[4] erfolgte erst am 9. Juli 1530[5], d. h. nachdem man in Mainz verbindliche Nachricht erhalten hatte, daß der Reichstag in Augsburg auch tatsächlich eröffnet war. Danach findet sich im Mainzer Domkapitelsprotokoll ein Niederschlag der Ereig-

---

[1] Karl Eduard FÖRSTEMANN (Hrsg.), Urkundenbuch zur Geschichte des Reichstages zu Augsburg im Jahre 1530, 2 Bde. Halle 1833–1835, ND Osnabrück 1966, hier I, S. 2–9.

[2] Fritz HERRMANN (Hrsg.), Die Protokolle des Mainzer Domkapitels, III: Die Protokolle aus der Zeit des Erzbischofs Albrecht von Brandenburg 1514–1545 (= Arbeiten der Historischen Kommission für den Volksstaat Hessen). Paderborn 1932, ND Darmstadt 1974, hier S. 437.

[3] HERRMANN, Protokolle (wie Anm. 2), S. 438.

[4] Zu seiner Person vgl. Valentin von TETLEBEN, Protokoll des Augsburger Reichstages 1530, hrsg. von Herbert GRUNDMANN (= SVRG 177). Göttingen 1958, S. 9–45.

[5] HERRMANN, Protokolle (wie Anm. 2), S. 444.

nisse auf dem Konfessionsreichstag erst wieder nach Beendigung der Augsburger Verhandlungen. Am Tage nämlich, nachdem der endgültige Reichstagsabschied bereits verlesen worden war, erhielt das Mainzer Domkapitel vom Erzbischof aus Augsburg die schriftliche Mitteilung, daß Kaiser Karl V. und sein Bruder König Ferdinand auf ihrer Rückreise nach Brüssel auch Mainz besuchen würden[6].

Unmittelbar nach Gewährung des Darlehens durch das Domkapitel verließ Erzbischof Albrecht noch am 4. Mai 1530 die Stadt Mainz mit großem Gefolge, um nach Augsburg zu ziehen, wo er am 18. Mai von den Kurfürsten von Köln, Brandenburg und Sachsen sowie zahlreichen anderen Reichsfürsten feierlich empfangen wurde[7]. Bis zur Ankunft des Kaisers sollten weitere vier Wochen vergehen. In dieser Zeit lebte der schon während des voraufgegangenen Reichstages in Speyer zwischen den Kurfürsten von Sachsen und Mainz ausgetragene Umfragestreit wieder auf, bis dieser schließlich auf Vermittlung kaiserlicher Räte wie im Jahr zuvor mit einem Kompromiß, der nicht als Präjudiz für spätere Gelegenheiten beansprucht werden sollte, beigelegt wurde[8].

I.

Ein unbefangener Beobachter mag geneigt sein anzunehmen, daß der Mainzer Kurfürst während seines mehr als siebenmonatigen Aufenthaltes in der Reichstagsstadt stets im Mittelpunkt der Verhandlungen gestanden haben muß. Als Erzkanzler des Heiligen Römischen Reiches Deutscher Nation und als Kardinal und Primas der Reichskirche sollte er, so möchte man meinen, erster und vornehmster Verhandlungspartner bei den beiden wichtigsten Themen der Reichstagsproposition – Türkengefahr und Glaubensfrage – gewesen sein. Auch bei den anderen anstehenden Problemen hätte man eine Beteiligung des mächtigen Brandenburgers sicher erwartet, ging es doch um zentrale Belange der weltlichen und geistlichen Ordnung des ganzen Reiches. So galt es etwa, die frühkapitalistischen sozialen Ungerechtigkeiten der Gewinnung und Vermarktung einschlägiger Schlüsselprodukte mit einer »Monopolienordnung« unter verantwortbare Kontrolle zu bringen; eng damit verknüpft war auch eine vielfach erhoffte Münzreform; sodann erzwangen neuerliche Aufstände im Reich, den 1495 in Worms verabschiedeten ewigen Landfrieden, der schon in den Bauernkriegsunruhen der Jahre 1524/25 vieltausendfach gebrochen worden war, fortzuschreiben und gemeinsames Vorgehen zu vereinbaren; dazu diente auch die Vereinheitlichung des Strafrechts durch Erstellung und endgültige Verabschiedung einer erstmaligen »Hals- und Peinlichen Gerichtsordnung« für das ganze Reich; sodann galt es, das Reichsregiment und das Reichskammergericht neu zu ordnen und mit ausreichenden Geldmitteln auszustatten; weiterhin waren eine neue Polizeiordnung zur Aufrechterhaltung der öffentlichen Ordnung im Gespräch; schließlich wie schon seit mehr als einem halben Jahrhundert die »Gravamina der deutschen Nation wider den römischen Hof« sowie die »Beschwerden der Weltlichen wider die Geistlichen und der Geistlichen wider die Weltlichen«.

---

6 HERRMANN, Protokolle (wie Anm. 2), S. 456. 458 mit Anm. 1.
7 TETLEBEN (wie Anm. 4), S. 55; Corpus Reformatorum (im folgenden CR), II, S. 55.
8 TETLEBEN (wie Anm. 4), S. 57.

Um es gleich vorweg zu sagen: an den Verhandlungen um all diese Fragen hat der Mainzer Kurfürst und Erzbischof persönlich gar keinen oder doch nur marginalen Anteil genommen. Wohl war Albrecht qua Amt Mitglied in mehreren Reichstagsausschüssen, so im »Großen Ausschuß«[9], im »Achter-Ausschuß«, der katholischerseits den Kaiser bei der Vorbereitung des Religionsabschieds beriet[10], im Gravamina-Ausschuß[11], im Ausschuß für die »beharrliche Türkenhilfe«[12] und in dem Ausschuß, der eine Verringerung der Anlage erarbeiten sollte[13]. Wichtige Impulse aber gingen von ihm nicht aus. Ob er an den Ausschußsitzungen wenigstens regelmäßig teilgenommen hat, läßt sich nicht nachweisen. Unser wichtigster Gewährsmann für eine Antwort auf die Frage nach der genauen Beteiligung Albrechts am Reichstagsgeschehen ist sein kurfürstlicher Rat Valentin von Tetleben, der sich für die Anfertigung seiner Chronik nicht nur auf eigene Beobachtungen stützen konnte, sondern auch Einblick in die Aktensammlung der kurmainzischen Kanzlei nehmen durfte, wie er an vielen Stellen seines ausführlichen Berichts beweist. Diese Aktensammlung der kurmainzischen Kanzlei ist unsere zweite wichtige Quelle zur Rolle Albrechts von Brandenburg auf dem Reichstag. Es ist dies das quasi offizielle Protokoll der Reichstagsverhandlungen[14]. Es verdankt seine Entstehung einer »Dienstleistung«, die der Erzkanzler üblicherweise für das Reich erbrachte[15].

Der Mainzer Kardinal und Erzkanzler hatte entsprechend dieser seiner Doppelfunktion geistliche und weltliche Aufgaben und Pflichten, die ihm das Pontificale, die Goldene Bulle oder altes Herkommen zusprachen.

II.

Als ranghöchstem geistlichen Fürsten des Reiches kamen dem Erzbischof von Mainz und »Primas in Germanien« eine Reihe von liturgisch-zeremoniellen Ehrenpflichten zu, bei deren Beschreibung sich unser Chronist auch verhältnismäßig lange aufhält. So ist es Kardinal Albrecht, der bei der feierlichen Fronleichnamsprozession am 16. Juni unter dem von sechs Fürsten getragenen Baldachin, angetan mit seinen erzbischöflichen Gewändern, flankiert von König Ferdinand zur Rechten und seinem älteren Bruder Kurfürst Joachim I. von Brandenburg zur Linken die Monstranz zu tragen hatte[16]. Wenige Tage später ist es wiederum Albrecht, der am frühen Morgen des 20. Juni 1530 vor dem offiziellen Beginn der

---

9 TETLEBEN (wie Anm. 4), S. 102–103; dazu zuletzt Eugène HONÉE, Der Libell des Hieronymus Vehus zum Augsburger Reichstag 1530. Untersuchungen und Texte zur katholischen Concordia-Politik (= RST 125). Münster 1988, S. 55 f. u. ö.
10 HONÉE, Libell (wie Anm. 9), S. 95 f.
11 TETLEBEN (wie Anm. 4), S. 132.
12 TETLEBEN (wie Anm. 4), S. 18.
13 TETLEBEN (wie Anm. 4), S. 150 f.
14 Haus-, Hof- und Staatsarchiv Wien, Codex MEA RTA 5/II.
15 Karl RAUCH (Hrsg.), Traktat über den Reichstag im 16. Jahrhundert. Eine offiziöse Darstellung aus der Kurmainzischen Kanzlei (= Quellen und Studien zur Verfassungsgeschichte des Deutschen Reiches in Mittelalter und Neuzeit I, 1). Weimar 1905, S. 82. 89.
16 FÖRSTEMANN, Urkundenbuch (wie Anm. 1), I, S. 271; Friedrich Wilhelm SCHIRRMACHER (Hrsg.), Briefe und Acten zu der Geschichte des Religionsgesprächs zu Marburg 1529 und des Reichstages zu Augsburg 1530. Gotha 1876, ND Amsterdam 1968, S. 62.

Reichstagsverhandlungen im Hohen Dom zu Augsburg in Gegenwart des Kaisers und fast aller Reichsstände nach herkömmlicher Gepflogenheit die Messe zum Heiligen Geist zelebriert[17]. Tetleben informiert uns über die bei solchen Anlässen als rechtlich bedeutsam, gegebenenfalls sogar als Präjudiz erachtete genaue Sitzordnung der weltlichen Fürsten, angeführt von Kaiser Karl V., König Ferdinand und den (geistlichen und weltlichen) Kurfürsten auf der Evangelienseite, und den geistlichen Fürsten, angeführt von dem päpstlichen Legaten Lorenzo Campeggio, auf der Epistelseite. Als wenige Tage später Balthasar Merklin, der kaiserliche Vizekanzler und Propst von Waldkirch, im Augsburger Dom die Bischofsweihe empfing, war Albrecht von Brandenburg Hauptspender der Weihe[18]. Ob er über diese beiden feierlichen Anlässe hinaus in Augsburg die Messe zelebriert hat, ist nicht überliefert.

Als ranghöchstem Vertreter der Altgläubigen wuchs ihm eine ähnliche Rolle zu, wie sie auf lutherischer Seite Herzog Johann von Sachsen innehatte. Deshalb findet sich sein Name mehrere Male in den Protokollen der Religionsverhandlungen des August und September[19]. Er selbst aber hat die Religionsgespräche nicht befruchtet.

Trotzdem haben ihm die Protestanten nicht zuletzt auch wegen seiner Haltung während des Augsburger Reichstages 1530 ein ehrendes Andenken gewidmet. Schon die lutherischen Zeitgenossen haben auf den »Primas in Germanien«, auf den Magdeburger und Mainzer Erzbischof und den Administrator von Halberstadt große Hoffnungen gesetzt. Philipp Melanchthon hatte ihn in einer Widmungsvorrede 1527 wegen seines friedfertigen Verhaltens den Lutherischen gegenüber gelobt. Albrecht möge ein Konzil zustandebringen, das die Glaubensfrage an der Heiligen Schrift und den Kirchenvätern messen müsse und so beilegen solle[20]. Von der friedliebenden Gesinnung Albrechts war Melanchthon auch 1530 überzeugt. Schon vor der offiziellen Eröffnung des Reichstages appellierte er deshalb am 3. Juni an dessen Verantwortung zur Erhaltung des Friedens und bot seinerseits an, zur Vermeidung eines Krieges die protestantischen Forderungen erheblich zu reduzieren: auf die Gewährung von Laienkelch und Priesterehe und die Duldung der evangelischen Messe[21]. Und an Martin Luther schrieb er am 19. Juni, daß der Mainzer Kurfürst durchaus zugänglich sei für die Gefahr, in der er, Melanchthon, und seine Freunde schwebten[22], und am 30. Juni, daß derselbe unter den Fürsten eine gemäßigte Haltung einnehme[23]. Denselben Eindruck hatte

---

17 SCHIRRMACHER, Briefe (wie Anm. 16), S. 73–75; TETLEBEN (wie Anm. 4), S. 66–70.

18 Merklin war seit 1529 Bischof von Konstanz und seit 1530 auch Bischof von Hildesheim; Bischofsweihe am 3. Juli 1530, vgl. TETLEBEN (wie Anm. 4), S. 80 f.

19 HONÉE, Libell (wie Anm. 9), S. 255. 264–265. 269. 271; TETLEBEN (wie Anm. 4), S. 134.

20 Heinz SCHEIBLE (Bearb.), Melanchthons Briefwechsel, Regesten I–IV. Stuttgart-Bad Canstatt 1977–1983, hier I, S. 247 f.

21 SCHEIBLE, Melanchthon (wie Anm. 20), S. 388. *Nos autores sumus, ut iurisdictionem ecclesiasticam et oboedientiam ecclesiarum retineatis ac, sicubi videtur adempta, recipiatis, si concesseritis nostris pauca quaedam, videlicet utramque speciem, coniugium sacerdotum et missas parochiales, quales nunc habemus.* Hans VOLZ (Hrsg.), Melanchthons Werke in Auswahl VII, 2: Ausgewählte Briefe 1527–1530. Gütersloh 1975, S. 163–167, hier S. 164 f.

22 SCHEIBLE, Melanchthon (wie Anm. 20), S. 393: *Duo tantum sunt principes, qui afficiuntur nostro periculo, Moguntinus et Brunsvicensis;* WA Br 5, 371.

23 SCHEIBLE, Melanchthon (wie Anm. 20), S. 398; WA Br 5, 423.

zur selben Zeit auch Justus Jonas gewonnen[24]. So verwundert es nicht, daß auch Luther, der die sächsische Reichstagsdelegation bis zur südlichsten Spitze Kursachsens, nach Coburg, begleitet hatte, um dort seinen Freunden möglichst nahe zu sein und gegebenenfalls für brieflichen Rat schnell zur Verfügung zu stehen, die Überzeugung gewann, daß der Mainzer Kurfürst als Anhänger des Friedens gerühmt werde[25] und unter allen geistlichen Fürsten am ehesten für die evangelische Sache zu gewinnen sei. Das veranlaßte ihn, jenen »offenen« Brief zu schreiben, der in gedruckter Form vor dem 30. Juli 1530 in Augsburg durch einen Mittelsmann an den Mainzer Erzbischof übergeben wurde und der die Hochschätzung Albrechts auf evangelischer Seite begründet hat[26]. Nachdem die Lehre der Evangelischen nunmehr vor den Reichsständen offen vorgetragen, eine Annahme dieser Wahrheit durch die Widersacher aber nicht zu erwarten sei[27], so meinte Luther, da möge sich der Mainzer Erzbischof nach dem Vorbild Gamaliels[28] wenigstens für den Erhalt des Friedens im Lande und für eine Duldung der neuen Lehre einsetzen. Die in Augsburg anwesenden Protestanten hofften bis zum Ende des Reichstages, es werde sich der Mainzer Kurfürst dafür einsetzen, daß ein den Frieden garantierender Passus in den Abschied aufgenommen werde[29]. Albrecht tat nichts dergleichen.

Ebensowenig ist aus den Quellen erhebbar, daß Albrecht die förmliche Verlesung des sächsischen Bekenntnisses beim Kaiser oder gegen die altgläubigen Reichsstände durchgesetzt habe[30]. Vielmehr war diese Verfahrensweise bereits im Reichstagsausschreiben[31] angekündigt worden und hatte ihrerseits lange vor Beginn der Verhandlungen den Theologen beider großen Religionsparteien Anlaß gegeben, die in Augsburg vorzutragende Position schriftlich niederzulegen[32]. Karl V. ließ dann in der Reichstagseröffnungsrede[33] präzisieren, wie er die Angelegenheit gehandhabt wissen wollte: in deutscher und lateinischer Sprache, schriftlich und mündlich solle jede Partei ihre Stellungnahme kundtun. In der zweiten allgemeinen Sitzung des Reichstags, am Nachmittag des 24. Juni, hat dann zunächst der Kardinallegat Lorenzo Campeggio seine ausführliche päpstli-

---

24 Brief an Luther vom 18. Juni 1530: *Der Bischof von Mentz heldet sich biß anher wol;* WA Br 5, 369.

25 Luther an Nikolaus Hausmann in Zwickau, 6. Juli 1530: *Maguntinus valde praedicatur pacis studiosus;* WA Br 5, 440.

26 WA 30/2, 397–412.

27 *Habe auch des gar kein hoffnung, das wir der lere solten eins werden;* WA 30/2, 399.

28 Vgl. Apg. 5, 4–42.

29 FÖRSTEMANN, Urkundenbuch (wie Anm. 1), II, S. 749 f.

30 So die gängige Schilderung in der Literatur; vgl. Walter DELIUS, Die Reformationsgeschichte der Stadt Halle a. S. (= Beiträge zur Kirchengeschichte Deutschlands 1). Berlin 1953, S. 47; Franz SCHRADER, Kardinal Albrecht von Brandenburg, Erzbischof von Magdeburg, im Spannungsfeld zwischen alter und neuer Kirche. In: Ders., Reformation und katholische Klöster. Beiträge zur Reformation und zur Geschichte der klösterlichen Restbestände in den ehemaligen Bistümern Magdeburg und Halberstadt (= Studien zur katholischen Bistums- und Klostergeschichte 13). Leipzig 1973, S. 11–34, hier S. 22.

31 FÖRSTEMANN, Urkundenbuch (wie Anm. 1), I, S. 3 f.

32 Herbert IMMENKÖTTER, Der Reichstag zu Augsburg und die Confutatio. Historische Einführung und neuhochdeutsche Übertragung (= KLK 39). Münster 1980, S. 13–14. 24–25.

33 FÖRSTEMANN, Urkundenbuch (wie Anm. 1), I, S. 295–309; SCHIRRMACHER, Briefe (wie Anm. 16), S. 75–79.

che Grußadresse an die Reichsstände vorgetragen[34]. In allgemein gehaltenen Worten antwortete ihm darauf der Mainzer Kardinal[35]. Obwohl die Stände übereingekommen waren, zuallererst die Glaubensfrage und erst danach die Türkengefahr zu behandeln[36], folgte an diesem Nachmittag zunächst eine Supplikation der niederösterreichischen Stände in der drängenden Frage einer »beharrlichen Türkenhilfe«[37]. Erst im Anschluß daran konnten die evangelischen Stände ihr Bekenntnis, das sie in deutscher und lateinischer Sprache gefaßt hatten, dem Kaiser vorlegen. Entsprechend Ausschreiben und Proposition begehrten sie, den Text vor allen Reichsständen trotz der fortgeschrittenen Zeit auch öffentlich vortragen zu dürfen[38]. Dazu aber war es an diesem Tage zu spät. Nach kurzer Bedenkzeit kam man überein, die öffentliche Verlesung auf den nächsten Tag zu verschieben, was bekanntlich auch geschah. Der Mainzer Erzbischof ist zu dieser Verfahrensweise nicht konsultiert worden.

III.

Die erste und vornehmste Pflicht des Erzkanzlers war die offizielle Begrüßung des Kaisers im Namen aller Stände bei dessen Ankunft in den Lechauen vor der Stadt am frühen Morgen des 15. Juni 1530. Albrecht entledigte sich dieser Aufgabe in klassischem Latein[39], wohl wissend, daß Karl V. der deutschen Landessprache kaum mächtig war.

Im Auftrage des Kaisers hatte der Erzkanzler von da an die Instruktionen der Reichstagsgesandten auf Verbindlichkeit und Vollständigkeit zu prüfen oder prüfen zu lassen[40]. Ebenso hatten sich anreisende Botschafter mit ihrem Anliegen zunächst an ihn zu wenden, um von ihm an den Kaiserhof oder den päpstlichen Legaten oder an den jeweils zuständigen Reichstags-Ausschuß weiterverwiesen zu werden[41]. Den äußeren Ablauf des Reichstagsgeschehens konnte der Erzkanzler insofern lenken, als er die Ständeversammlungen, die auf der Kurfürsten- und der Fürstenbank in der Regel getrennt tagten, einzuberufen hatte. Daß er diese Funktion zur Einflußnahme auf den Gang der Verhandlungen genutzt hätte, ist nicht erkennbar.

Zu den weiteren Pflichten des Erzkanzlers gehörte dann seine Anwesenheit bei den feierlichen Belehnungen, die zu den zeremoniellen Glanzpunkten am Rande des Reichstages gehörten. So nahm Albrecht am 26. Juli teil an der Belehnung der Herzöge Barnim und Georg von Pommern sowie noch am selben Tag an der Belehnung des Deutsch- und Hochmeisters des Deutschen Ordens Walter von Kronberg mit dem Ordensland Preußen[42], außerdem an der Belehnung Ferdi-

---

34 Georg COELESTINUS, Historia comitiorum anno MDXXX Augustae celebratorum, I. Frankfurt a. d. O. 1577, S. 124ʳ–131ᵛ.
35 Ebd., S. 131ᵛ–132ᵛ.
36 *Sed principes deliberatione habita iudicabant omnium primo agendum esse de religione;* SCHIRRMACHER, Briefe (wie Anm. 16), S. 81; vgl. CR II, Sp. 127.
37 TETLEBEN (wie Anm. 4), S. 74.
38 TETLEBEN (wie Anm. 4), S. 74–75; CR II, Sp. 127–129.
39 TETLEBEN (wie Anm. 4), S. 59–60; Text: COELESTINUS, Historia (wie Anm. 34), S. 73ᵛ.
40 Vgl. TETLEBEN (wie Anm. 4), S. 107.
41 Beispiele ebd., S. 86–87. 106–107.
42 Am 26. Juli; SCHIRRMACHER, Briefe (wie Anm. 16), S. 414; TETLEBEN (wie Anm. 4), S. 91–94.

nands, des Königs von Ungarn und Böhmen, mit den österreichischen Lehen und mit Württemberg[43] und an der Belehnung der Herzöge Erich von Braunschweig-Kalenberg und Heinrich von Braunschweig-Wolfenbüttel mit dem besetzten Hildesheimer Stiftsgut[44]. Gegen die von Seiten der böhmischen Krone beabsichtigte Belehnung des Markgrafen Georg von Brandenburg-Ansbach mit Ratibor und Oppeln protestierte offenbar erfolgreich eine schlesische Gesandtschaft, die sich zunächst an den Erzkanzler des Reiches wandte, von diesem dann an den Kaiser selber verwiesen wurde[45]. Daß Albrecht darüber hinaus an der Wahl Ferdinands zum römischen König beteiligt werden mußte, war verbrieftes Recht des Kurfürsten[46]; aber auch hier wird nicht sichtbar, daß Albrecht im Vorfeld oder während der Wahl besonders tangiert gewesen wäre. Die feierliche Verleihung der Lehen an König Ferdinand am 5. September 1530 außerhalb von Schloß Wellenburg westlich von Augsburg behielt dem Erzkanzler vor, im Namen des Kaisers zu sprechen, später auch den Eid vorzulesen[47].

Am 26. August wurde Albrecht in den Ausschuß gewählt, der die unterschiedlichen Gravamina der Geistlichen und der Weltlichen gegeneinander beraten sollte[48]; daß diese Verhandlungen über eine Aufstellung der geistlichen und weltlichen Beschwerden hinaus zu keinem greifbaren Ergebnis führten, entsprach den Erfahrungen der vorausgegangenen Reichstage.

Gegen die vom Kaiserhof energisch betriebene reichseinheitliche Kodifizierung des bis dahin von Land zu Land unterschiedlichen, z. T. gewohnheitsrechtlich begründeten, z. T. positiv erlassenen Strafrechts und der Strafprozeßordnung protestierte Albrecht in seiner Eigenschaft als Erzbischof von Magdeburg und Administrator von Halberstadt und mit ihm viele andere Reichsstände, die es bei ihren lokalen Rechtsgepflogenheiten, vor allem dem Sachsenspiegel, belassen wollten, weil sie in einem reichseinheitlich geltenden Strafrecht eine Gefährdung ihrer eigenen Gerichtshoheit sahen. *Denn ein jeder Kurfürst und Fürst im Reich will Kaiser und König in seinem Fürstentum sein*, so kommentierte Tetleben aus der Sicht der kurmainzischen Kanzlei das Verhalten der Reichstagsmehrheit[49]. Dabei stand sein mächtiger Landesherr in einem kuriosen Dilemma: für seine Länder Magdeburg und Halberstadt unterstützte er den Protest Kursachsens, für Mainz aber das Anliegen des Kaiserhofes. Trotz der Proteste wurde der Text der »Peinlichen Halsgerichtsordnung« in Augsburg doch so weit präzisiert und redigiert, daß das Gesetz zwei Jahre später in Regensburg als »Constitutio Criminalis Carolina« endgültig verabschiedet werden konnte und danach langlebiges Reichsgesetz blieb, das erst im 19. Jahrhundert von Grund auf reformiert wurde[50]. Albrecht nahm daran keinen Anteil. Um so mehr sein Rat Valentin von

---

43 Am 5. September; FÖRSTEMANN, Urkundenbuch (wie Anm. 1), II, S. 377–379; SCHIRRMACHER, Briefe (wie Anm. 16), S. 256–257; TETLEBEN (wie Anm. 4), S. 138–140.
44 Am 28. September; TETLEBEN (wie Anm. 4), S. 172 f.
45 FÖRSTEMANN, Urkundenbuch (wie Anm. 1), II, S. 316–335; TETLEBEN (wie Anm. 4), S. 86–88. 95.
46 Vgl. TETLEBEN (wie Anm. 4), S. 191 f.
47 FÖRSTEMANN, Urkundenbuch (wie Anm. 1), II, S. 378.
48 Ebd., S. 132.
49 TETLEBEN (wie Anm. 4), S. 97 f.
50 Gerhard RADBRUCH (Hrsg.), Die Peinliche Gerichtsordnung Karls V. von 1532. Leipzig 1926, ND 1962.

Tetleben, wie überhaupt der wichtigste Beitrag des Mainzer Kurfürsten zum Augsburger Reichstagsgeschehen durch diesen seinen rechtsgelehrten Verhandlungsführer erfolgte.

Am 20. November 1530 verließ Albrecht von Brandenburg die Reichstagsstadt, nachdem er dort sieben Monate lang vor allem Repräsentationspflichten wahrgenommen hatte.

ERZBISCHOF ALBRECHT VON BRANDENBURG UND DIE RELIGIONSGESPRÄCHE

Otto Scheib

Zu den besonderen Ereignissen des Reformationskampfes und der abendländischen Konfessionsbildung der frühen Neuzeit gehören die »Religionsgespräche«, das sind Diskussionen der theologischen und religiösen Vorkämpfer der werdenden und etablierten Konfessionen, die unterschiedliche Rechts- und Gesprächsformen annehmen konnten[1]. Sobald nämlich der Streit und die neue Lehre und Praxis die Einheit der sichtbaren Kirche zerstörte und damit die Grundlagen der mittelalterlichen Gesellschaft bedrohte, waren die Beteiligten gezwungen, ihren Streit zu klären oder eine gütliche Einigung herbeizuführen. Da die Reformationsanhänger aufgrund ihres Schriftprinzips die Lehrautorität der Hierarchie und die Irrtumslosigkeit der kirchlichen Lehrentscheidungen und die offiziellen Kirchenlehre und -praxis ablehnten, fielen alle bisherigen Instanzen der Lehrentscheidung: Konzil, Papst und Sentenz der theologischen Magister (Doktoren) weg; nur das wissenschaftliche Gespräch über die »richtige« Auslegung der einzigen gemeinsam gebliebenen Glaubensquelle, der Heiligen Schrift, blieb übrig, also die wissenschaftliche Klärung der Streitfragen durch akademische Diskussionen oder durch theologische Kompromißverhandlungen bzw. Vergleiche (collatio).

Sowohl das Reich, besonders aber die Städte sahen zu Lebzeiten Albrechts zahlreiche und zum Teil weit beachtete »colloquia religiosa«. Denn die Vorkämpfer der Reformation suchten die Berechtigung ihrer Lehre und neuen Praxis in ihnen zu beweisen und so das Ringen auch theologisch und rechtlich für sich zu entscheiden. Humanistisch Orientierte bemühten sich, mit freundschaftlichen Religionsgesprächen die Einheit der Kirche und der abendländischen Christenheit zu erhalten bzw. wieder herzustellen[2].

Albrecht hatte Zeit seines Lebens in allen Funktionen als Erzbischof, Kurerz-

---

1 Die Forschung über die Religionsgespräche als Institution steht noch in den Anfängen, vgl. Bernd MOELLER, Zwinglis Disputationen. 2 Teile. In: ZRG Kan. Abt. 56 (1970) S. 270–324. 60 (1974) S. 213–364, hier 60, S. 214–215. 349–364; Otto SCHEIB, Die Reformationsdiskussionen in der Hansestadt Hamburg 1522–1528 (= RST 112). Münster 1976, hier S. 2–5. 196–200; DERS., Die Religionsgespräche in Norddeutschland in der Neuzeit und ihre Entwicklung. In: Jahrbuch der Gesellschaft für niedersächsische Kirchengeschichte 75 (1977) S. 39–88, hier S. 39–40. 84–88; Marion HOLLERBACH, Das Religionsgespräch als Mittel der konfessionellen und politischen Auseinandersetzung im Deutschland des 16. Jahrhunderts (= Europäische Hochschulschriften Reihe III, 165). Frankfurt am Main, Bern 1982, hier S. 1–13; Vinzenz PFNÜR, Johann Ecks Verständnis der Religionsgespräche, sein theologischer Beitrag in ihnen und seine Sicht der Konfessionsgegensätze. In: Erwin Iserloh (Hrsg.), Johannes Eck (1486–1543) im Streit der Jahrhunderte (= RST 127). Münster 1988, S. 223–249, hier S. 223–234.

2 MOELLER, Zwingli (wie Anm. 1), 60 (1974), S. 349–364; SCHEIB, Hamburg (wie Anm. 1); DERS., Norddeutschland (wie Anm. 1), S. 41–67; HOLLERBACH, Religionsgespräch (wie Anm. 1), S. 14–170; vgl. außerdem die Territorial- und Ortsgeschichten.

kanzler und Landesherr mit den Religionsgesprächen zu tun. Auf welche Weise und warum er bei den einen mitwirkte, bei den anderen nicht, soll Gegenstand der folgenden Untersuchung sein. Bei ihm dürfen wir als einem humanistisch und juristisch gebildeten, zeitaufgeschlossenen Fürsten und Kleriker Verständnis für Diskussionswünsche erwarten. Seine Rolle als Primas Germaniae und Kurerzkanzler prädestinierten ihn zu einer führenden Figur in den Verhandlungen um die Erhaltung der Einheit der Reichskirche und Beilegung der Glaubensspaltung. In der Tat ist Albrecht mit den zentralen Verhandlungen von Anfang an befaßt.

Der Beginn der Reformation ist mit dem Ringen um eine akademische Magistraldisputation über den Ablaß verknüpft. Luther hatte am 31. Oktober 1517 zunächst Albrecht als dem Verantwortlichen für die Verkündigung des Petersablasses und als seinem zuständigen Metropoliten einen Beschwerdebrief über die Ablaßverkündigung Tetzels und die »Instructio summaria« zugesandt und diesen Thesen über den Ablaß beigefügt, die die Fraglichkeit des Ablasses beweisen sollten[3]. Sein Brief wurde am 17. November in Halle von den Räten Albrechts geöffnet und diesem zusammen mit Luthers »Tractatus de indulgentiis« und anderen Artikeln ins Kurfürstentum Mainz nach Aschaffenburg nachgesandt[4]. Dort forderte der Erzbischof die Theologen und Kanonisten seiner Universität Mainz am 1. Dezember zu einem Gutachten über die 95 Thesen auf[5] und beriet auch mit seinen Räten und anderen verständigen Leuten die Angelegenheit[6]. Das am 11. Dezember angemahnte Gutachten kam erst am 17. des Monats an[7]. Wie Albrecht schon am 13. Dezember seinen Hallenser Räten schrieb[8], hatte er inzwischen den »prozessus inhibitorius« eröffnet und gleichzeitig die Unterlagen an den Papst in der Hoffnung gesandt, daß an der Kurie das Nötige veranlaßt werde. Auch die Mainzer rieten zu diesem Schritt, da Luthers Thesen auch die päpstliche Gewalt beträfen[9]. Albrecht verlangte nun von seinen Räten in Halle, daß sie den beigelegten Prozeß an Tetzel übergeben sollten, der Luther in Wittenberg zu intimieren habe. Wie Albrecht betonte, bewegte ihn zu seinem Vorgehen weniger das

---

3 WA Br 1, S. 110–112; vgl. Remigius BÄUMER, Martin Luther und der Papst (= KLK 30). Münster 1970, S. 15–20.

4 WA Br 1, S. 114; Erwin ISERLOH, Luther zwischen Reform und Reformation (= KLK 23–24). Münster 1966, S. 48.

5 Dokumente zur Causa Lutheri (1517–1521), I: Das Gutachten des Prierias und weitere Schriften gegen Luthers Ablaßthesen (1517–1518), hrsg. und kommentiert von Peter FABISCH und Erwin ISERLOH (= CCath 41). Münster 1988, S. 299f., 301–303; Fritz HERRMANN, Miscellen zur Reformationsgeschichte. Aus Mainzer Akten. In: ZKG 23 (1902) S. 263–268, hier S. 265 f.

6 Franz SCHRADER, Kardinal Albrecht von Brandenburg, Erzbischof von Magdeburg, im Spannungsfeld zwischen alter und neuer Kirche. In: Von Konstanz nach Trient. Beiträge zur Geschichte der Kirche von den Reformkonzilien bis zum Tridentinum (= Festgabe für August Franzen), hrsg. von Remigius Bäumer. Paderborn 1972, S. 419–445, hier S. 421.

7 Dokumente (wie Anm. 5), S. 301.

8 Ebd., S. 305–309; Jakob MAY, Der Kurfürst, Cardinal und Erzbischof Albrecht II. von Mainz und Magdeburg, Administrator des Bisthums Halberstadt, Markgraf von Brandenburg und seine Zeit. Ein Beitrag zur deutschen Cultur- und Reformationsgeschichte 1514-1545, 2 Bde. München 1865–1875, hier I, S. 50–52 (Beilage XX); SCHRADER, Kardinal Albrecht (wie Anm. 6), S. 421–422; Paul KALKOFF, Zu Luthers römischem Prozeß. Das Verfahren des Erzbischofs von Mainz gegenüber Luther. In: ZKG 31 (1910) S. 48–65.

9 Fritz HERRMANN, Das Gutachten der Universität Mainz über Luthers Thesen. In: ZKG 23 (1902) S. 265–268; Wilhelm BORTH, Die Luthersache (causa Lutheri) 1517–1524 (= Historische Studien 164). Lübeck, Hamburg 1970, S. 32.

Verhalten Luthers als der Schaden beim Volk[10]. Die Hallenser unterließen aber aus Rücksicht auf den benachbarten sächsischen Kurfürsten und die vielfachen Streitigkeiten, besonders um die Landesherrschaft in Erfurt, das Magdeburger Burggrafenamt und das Recht der Umfrage auf dem Reichstag, die von Albrecht geforderten Schritte[11]. Albrecht hatte damit den Streit von der akademischen auf die gerichtliche und kirchenpolitische Ebene verschoben und legte mit seinen Räten den Akzent statt auf die Bußfrage auf das Problem der päpstlichen Gewalt, die Luther allerdings in seinen Thesen ebenso angesprochen hatte wie den Ablaß selbst; über die päpstliche Autorität zu disputieren, war aber verboten[12].

Luther behielt die Vorgänge trotzdem in der Hand. Als er von seinem Metropoliten gar keine und von den ebenfalls angeschriebenen Bischöfen von Brandenburg, Lebus, Merseburg und Naumburg nur ausweichende oder beschwichtigende Antworten erhielt[13], sandte er im November 1517 seinen Freunden Abschriften der Thesen und lud nun zu einer akademischen Magistraldisputation ein. Durch Druck wurden die Thesen bald bekannt[14]. Dieses Vorgehen des Wittenbergers provozierte offenbar den Gegenschritt an der Universität Frankfurt an der Oder, die von Albrecht und seinem Bruder Joachim I. 1506 als Konkurrenz zu dem wettinischen Wittenberg unter der maßgeblichen Mitwirkung seines Mentors, des in Frankfurt residierenden Bischofs von Lebus, Dietrich von Bülow, gegründet wurde[15]. Der ebenfalls zu Albrechts Frankfurter Lehrern zählende Theologieprofessor Dr. Konrad Wimpina ließ nun Tetzel anläßlich des Provinzkapitels der niederdeutschen Dominikaner im Januar 1518 über die von ihm selbst verfaßten Thesen über Ablaß und Papstgewalt eine Schuldisputation unter seiner Leitung abhalten und bestehen[16], die die Grundlage der Promotion des Ablaßpredigers Albrechts zum Doktor der Theologie bildete und die zugleich die Orthodoxie und Legalität des verkündigten Ablasses, ja des Ablasses überhaupt und damit die Rechtgläubigkeit seines Kommissars beweisen sollte. Die von Luther gewünschte Disputation kam nicht zustande. Sie wurde nach akademischen Brauch auch überflüssig, da ihm die breite Öffentlichkeit zustimmte – und Rom unter dem Einfluß des berühmten Thomisten und Verhörers Luthers, Kardinal Thomas de Vio Cajetano OP, die Ablaßfrage im Dezember 1518 in einer päpstlichen Dekretale autoritativ entschied[17] und damit einer magistralen Erörterung und Entscheidung den Boden entzog.

10 MAY, Albrecht (wie Anm. 8), I, S. 50–52 (Beilage XX), hier S. 50.

11 ISERLOH, Luther (wie Anm. 4), S. 49; Anton Philipp BRÜCK, Kardinal Albrecht von Brandenburg, Kurfürst und Erzbischof von Mainz. In: Der Reichstag zu Worms von 1521. Reichspolitik und Luthersache, hrsg. von Fritz Reuter. Worms 1971, S. 257–270, hier S. 258 f.

12 HERRMANN, Gutachten (wie Anm. 9), S. 267; BÄUMER, Martin Luther (wie Anm. 3), S. 15 f.

13 ISERLOH, Luther (wie Anm. 4), S. 49–54.

14 WA 1, 233–238; ISERLOH, Luther (wie Anm. 4), S. 66–80.

15 Friedhelm JÜRGENSMEIER, Kardinal Albrecht von Brandenburg (1490–1545). Kurfürst, Erzbischof von Mainz und Magdeburg, Administrator von Halberstadt. In: Horst Reber (Bearb.), Albrecht von Brandenburg. Kurfürst, Erzkanzler, Kardinal 1490–1545. Ausstellungskatalog Landesmuseum Mainz, hrsg. von Berthold Roland. Mainz 1990, S. 22–41, hier S. 23–24; Peter WALTER, Albrecht von Brandenburg und der Humanismus. In: Ebd., S. 65–82, hier S. 65–67.

16 Texte: Dokumente (wie Anm. 5), S. 310–320 (Erläuterungen), S. 321–337 (Text); Thesen Tetzels, ebd., S. 369–375; Walther KÖHLER, Dokumente zum Ablaßstreit. Tübingen ²1934, S. 128–143.

17 Text: Dokumente (wie Anm. 5); KÖHLER, Dokumente (wie Anm. 16), S. 158–160; ISERLOH, Luther (wie Anm. 4), S. 89; Nikolaus PAULUS, Die Ablaßdekretale Leos X. vom Jahre 1518. In: Zeitschrift für katholische Theologie 37 (1913) S. 394–400.

Es war damals selbstverständlich, daß ein Erzbischof und Kurfürst nicht persönlich gegen einen Professor, zumal aus einem Bettelorden, auftrat. Albrecht glaubte wohl ebenso wie seine Umgebung, mit der Frankfurter Disputation und seinem diplomatisch-juristischen Vorgehen das von Luther bereitete Problem sachlich gelöst zu haben. Der werdende Reformator und sein Landesherr setzten aber der päpstlichen Definition und der Anklage vor dem päpstlichen Gericht die Forderung nach Anzeige des Irrtums und Widerlegung aus der Schrift durch eine akademische Disputation oder durch ein Gelehrtengericht oder ein Kommissorium unter dem Vorsitz des Erzbischofs von Trier entgegen[18]. Die vom Ingolstädter Theologieprofessor Dr. Johannes Eck betriebene Leipziger Magistraldisputation von 1519 sah Luther zeitweise als Erfüllung seiner Forderung an, fühlte sich dann aber doch nicht durch sie widerlegt[19]. Das Gelehrtengericht kam nie zustande. Die Idee einer Klärung des Streites durch eine wissenschaftliche Aussprache blieb aber lebendig.

Die nächste Station, auf der Albrecht mit Gesprächen über die neue Lehre zu tun hatte, war der Wormser Reichstag 1521, der Luther durch die Vermittlung Albrechts vorlud[20]. Der Mainzer Kardinal hatte nämlich Kontakt mit seinem mitteldeutschen Nachbarn Kursachsen gehalten und deswegen auch das vom päpstlichen Nuntius Hieronymus Aleander geforderte Achtmandat gegen Luther beim neuen Kaiser verhindert[21]. Von Amts wegen unterzeichnete Albrecht als Kurerzkanzler das in freundlichem Ton gehaltene Einladungsschreiben an den gebannten Luther, auf dem Reichstag zu erscheinen[22]. Das Verhör Luthers vor den versammelten Ständen hielt allerdings Johann von der Ecken, Kanzler des Kurfürsten von Trier, der nach kursächsischer Vorstellung Vorsitzender des geforderten Kommissorium sein sollte[23]. Nach Luthers Widerrufsverweigerung waren es aber Kurfürst Joachim von Brandenburg und sein Bruder Albrecht, die vorschlugen, mit Luther durch Gelehrte vor einem kleinen Kreis von Fürsten zu verhandeln, worauf dies die Stände bei Karl V. beantragten und genehmigt bekamen[24]. Die Ständeverhandlung fand zwar wieder vor dem Trierer Erzbischof statt. Anwesend als Ständevertreter waren aber Kurfürst Joachim, Herzog Georg von Sachsen, die Bischöfe von Augsburg und Brandenburg, der Deutschmeister Graf Georg von Wertheim, Konrad Peutinger für die Stadt Augsburg und Hans Bock für die Stadt Straßburg, die teilweise Vertraute Albrechts waren[25]. Albrecht war an diesen Verhandlungen nicht direkt beteiligt, sondern im Hintergrund auf Ausgleich be-

18 BORTH, Luthersache (wie Anm. 9), S. 88–99.
19 Erwin ISERLOH, Johannes Eck (1486–1543). Scholastiker, Humanist, Kontroverstheologe (= KLK 41). Münster 1981, S. 30.
20 Deutsche Reichstagsakten unter Kaiser Karl V. (= Deutsche Reichstagsakten. Jüngere Reihe, hrsg. durch die Historische Kommission bei der Bayerischen Akademie der Wissenschaften I–IV. VII, VIII, 1–2. Gotha, Stuttgart, Göttingen 1893–1970; im folgenden zitiert als RTA), hier II, S. 460. 469; BRÜCK, Kardinal Albrecht (wie Anm. 11), S. 257–270.
21 RTA (wie Anm. 20), II, S. 469; BRÜCK, Kardinal Albrecht (wie Anm. 11), S. 265.
22 RTA (wie Anm. 20), II, S. 507. 526.
23 RTA (wie Anm. 20), II, S. 863.
24 RTA (wie Anm. 20), II, S. 596. 598–599; BRÜCK, Kardinal Albrecht (wie Anm. 11), S. 265, S. 265–266.
25 RTA (wie Anm. 20), II, S. 559. 560–563. 600–611; Teilnehmer: ebd., S. 565 f. Auch Trier bemühte sich noch einmal geheim um einen Ausgleich (ebd., S. 566–567). Auch waren Peutinger und Vehus am 25. April privat bei Luther (ebd., S. 565–566).

dacht. Es irritierte ihn darum sehr, daß er gleichzeitig auf einem Maueranschlag als Lutherfeind angegriffen und bedroht wurde[26]; hierzu hatte er durch die Verbrennung von Luthers Schriften am 28. November 1520 in Mainz Anlaß gegeben. Auch stand sein Name als einziger in der Bannbulle gegen Luther, die am 3. Januar 1521 veröffentlicht wurde. Der Kurerzkanzler ließ darum seinen Vizekanzler die Reichsacht unterschreiben und verkündete diese in seinen Territorien erst ab 1522[27]. Aleander lobte trotzdem den Mainzer Kardinal in einem Brief an Giulio de Medici, Albrecht war eben kein Lutheranhänger, sondern nur ein Reformfreund, der auf ein rechtlich einwandfreies Verfahren drang und jede Chance zu einem friedlichen Ausgleich nutzte. So ist es auch zu verstehen, daß er 1521 vorübergehend ein Nationalkonzil erwog[28].

Für das weitere Verhältnis des Mainzer Kurfürsten zur Reformation und zu ihrem Instrument Religionsgespräch sind seine persönlichen Erfahrungen mit der Reformationsbewegung in seinen Territorien und Bistümern von entscheidender Bedeutung. 1521 und 1523 erschütterte der »Pfaffensturm« das von Kurmainz und Kursachsen umkämpfte Erfurt. Der Übergang der Altstadt Magdeburgs 1521–1524 zur neuen Lehre und reformatorische Regungen in Halle und den Kurmainzer Gebieten bewirkten, daß Albrecht sofort von 1521 an und konsequent sein Leben lang die Prediger der neuen Lehre absetzte, den Verkauf reformatorischer Bücher unterband, die verkaufenden Kleriker bestrafen ließ und die widerspenstigen Städte durch Anrufung des Reichsfiskals, Reichsregiments oder Reichskammergerichts sofort ab 1521 in Schach zu halten versuchte[29]. Die Forderungen der Angegriffenen, etwa des Kemberger Propstes 1521[30] oder der Magdeburger Prädikanten[31], nach einer Widerlegung aus der Schrift übersah er. Diplomatische Verhandlung und Mahnung, Schutz der Geistlichkeit durch Verträge und schließlich Einsatz von Gericht und Reichsgewalt waren die Mittel, mit denen der Kirchenfürst sich gegen die Zudringlichkeiten der Neuerer wehrte, niemals aber der Ketzerprozeß. Positiv setzte er ihnen bessere Prediger und Katecheten und gute Kontroversschriften entgegen und erwartete alles von einer innerkirchlichen Reform, besonders des Klerus[32]. Ganz in humanistischem Geist

---

26 RTA (wie Anm. 20), II, S. 559; BRÜCK, Kardinal Albrecht (wie Anm. 11), S. 265.
27 RTA (wie Anm. 20), II, S. 640 Anm. 3; BRÜCK, Kardinal Albrecht (wie Anm. 11), S. 266; Friedhelm JÜRGENSMEIER, Das Bistum Mainz. Von der Römerzeit bis zum II. Vatikanischen Konzil (= Beiträge zur Mainzer Kirchengeschichte 2). Frankfurt am Main ²1989, S. 180.
28 Pietro BALAN, Monumenta reformationis Lutheranae ex tabulariis S. Sedis secretis. Regensburg 1881–1884, S. 267–271.
29 Walter DELIUS, Die Reformationsgeschichte der Stadt Halle a. d. Saale. Berlin 1953; DERS., Kardinal Albrecht und die Wiedervereinigung der beiden Kirchen. In: ZKG 62 (1943–1944) S. 178–189, hier S. 179–181; JÜRGENSMEIER, Bistum Mainz (wie Anm. 27), S. 177–178. 181–188; SCHRADER, Kardinal Albrecht (wie Anm. 6), S. 422–431; Die Stadt Halle a. S. und die Reformation. In: Der Katholik 58 (1878) I (= NF 39. Bd.), S. 316–334; Cardinal Albrecht von Brandenburg und die Reformation in Halle a. S. In: Der Katholik 58 (1878) I (= NF 39. Bd.), S. 415–439.
30 MAY, Albrecht (wie Anm. 8), I, S. 421.
31 Friedrich Wilhelm HOFFMANN, Geschichte der Stadt Magdeburg, neu bearb. von Gustav HERTEL und Friedrich HÜLSSE, 2 Bde. Magdeburg 1885, I, S. 259. 362. 388. 396–397. 400–414; Friedrich GESS, Akten und Briefe zur Kirchenpolitik Herzogs Georg von Sachsen, 2 Bde. Berlin 1905–1917, I, S. 764–768. II, S. 9–10. 95.
32 ARC I, S. 344–397; SCHRADER, Kardinal Albrecht (wie Anm. 6), S. 427–429; JÜRGENSMEIER, Kardinal Albrecht (wie Anm. 15), S. 36; WALTER, Humanismus (wie Anm. 15), S. 73 f.

und aus Vorsicht trat er gegen jeden theologischen Zank und Zelotismus, auch in eigenen Reihen, auf[33]. Hitzige »Disputationen« waren darum nicht seine Sache.

Wenig beteiligt war Albrecht auch am Versuch der Stände 1524, durch eine ausgerechnet vom streng katholischen Bayern betriebene Nationalsynode die Reformationsfrage zu klären[34]. Als Kurerzkanzler und Geschäftsführer des Reichstages sowie als Primas Germaniae hätte der Mainzer Kardinal hier eine einflußreiche Rolle spielen können. Der Gegensatz zwischen den weltlichen und geistlichen Fürsten in der Gravaminafrage und der Eingriff der Stände durch diesen Schritt in kaiserliche und päpstliche Rechte brachte den ganzen Plan durch ein energisches Verbot Karls V.[35] zu Fall. Albrecht blieb Zeit seines Lebens ein Gegner der Nationalsynode. Auch als Melanchthon ihn 1527 aufforderte, eine solche abzuhalten, reagierte er nicht[36].

Der Augsburger Reichstag von 1530 steht am Anfang der Reunionsgespräche des Kaisers[37]. Auch auf diesem Reichstag wirkte der Kurerzkanzler gegen jede Gewaltanwendung gegen Luther und seine Anhänger, ja er setzte durch, daß diese ihre »Augsburgische Confession« vor Kaiser und Reich verlesen konnten[38]. Aber an den Gesprächsausschüssen des Kaisers war Albrecht nicht beteiligt, obwohl er als Primas und Reichskanzler dazu allen Anlaß gehabt hätte. Nur seine Hoftheologen beteiligten sich an den Beratungen der »Confutatio« und wirkten wie Friedrich Nausea durch Gutachten mit[39]. Auch ließ er und Herzog Georg von Sachsen sich von Eck beraten, ehe sie ihre Zustimmung zu den Ausschußverhandlungen gaben[40].

Obwohl die mageren Ergebnisse des Augsburger Reichstages Albrecht veranlaßten, seinen Abschied nach Möglichkeit in seinen Territorien Geltung zu verschaffen, so etwa in seiner Residenz Halle[41], beschwor Luther den Kirchenfürsten, an seiner Politik der Gewaltlosigkeit festzuhalten[42], wie er ihn auch zum Augsburger Reichstag um ein Verhalten nach dem Rat des Gamaliel (Apg. 5,38 f.)

33 SCHRADER, Kardinal Albrecht (wie Anm. 6), S. 423. 429–430. 432.
34 RTA (wie Anm. 20), IV, S. 604; ARC III, S. 294–393; BORTH, Luthersache (wie Anm. 9), S. 144–160.
35 Karl Eduard FÖRSTEMANN (Hrsg.), Urkundenbuch zur Geschichte des Reichstages zu Augsburg im Jahre 1530, 2 Bde. Halle 1833–1835, ND Osnabrück 1966, hier I, S. 204–206.
36 Corpus Reformatorum (im folgenden CR) Supplement VI, Briefwechsel Nr. 588; DELIUS, Kardinal Albrecht (wie Anm. 29), S. 180.
37 Herbert IMMENKÖTTER, Der Reichstag zu Augsburg und die Confutatio (= KLK 39). Münster 1979; DERS., Um die Einheit im Glauben. Die Unionsverhandlungen des Augsburger Reichstages im August und September 1530 (= KLK 33). Münster 1973; HOLLERBACH, Religionsgespräch (wie Anm. 1), S. 108–112.
38 WA 30, 2, S. 392–412; SCHRADER, Kardinal Albrecht (wie Anm. 6), S. 431; CR II, Sp. 280; J[ohann] H[einrich] HENNES, Albrecht von Brandenburg, Erzbischof von Mainz und von Magdeburg. Mainz 1858, S. 295–296.
39 Ludwig PASTOR, Die kirchlichen Reunionsbestrebungen während der Regierung Karls V. Freiburg 1879, S. 160–161.
40 IMMENKÖTTER, Einheit (wie Anm. 37), S. 31; Friedrich Wilhelm SCHIRRMACHER (Hrsg.), Briefe und Acten zu der Geschichte des Religionsgesprächs zu Marburg 1529 und des Reichstages zu Augsburg 1530. Gotha 1876, ND Amsterdam 1968, S. 203–208.
41 DELIUS, Kardinal Albrecht (wie Anm. 29), S. 181; SCHRADER, Kardinal Albrecht (wie Anm. 6), S. 431–432.
42 SCHRADER, Kardinal Albrecht (wie Anm. 6), S. 431.

gebeten hatte[43]. Albrecht galt weiterhin auf beiden Seiten als zurückhaltend und kompromißbereit und so als geeigneter Vermittler. Nach Gründung des Schmalkaldischen Bundes 1531 und angesichts der neuerlichen Bedrohung Österreichs durch die Türken 1532 beauftragte der Kaiser seinen Kurerzkanzler, Albrecht von Brandenburg, und seinen Pfalzgrafen und Reichsvikar, Kurfürst Ludwig V. von der Pfalz, Vergleichsverhandlungen mit dem protestantischen Militärbund aufzunehmen[44]. Sie brachten nach Zwischenverhandlungen und zweimaliger Änderung der kaiserlichen Instruktionen am 23. Juli 1532 den »Nürnberger Anstand« zustande, der bis zum Konzil und nächsten Reichstag die Kammergerichtsprozesse sistierte und den Verzicht auf Gewaltanwendung in Religionsfragen zusicherte.

Die Fortschritte der Reformation besonders in Mitteldeutschland veranlaßten Albrecht, einerseits die katholische Gegenwehr zu organisieren – so wollte er sein Neues Stift in Halle zu einer antireformatorischen Universität ausbauen, konnte hierzu aber nur Crotus Rubeanus und Michael Vehe als Theologen gewinnen[45], andererseits erneuerte er mit Herzog Georg das Dessauer Bündnis, nun Hallisches Bündnis, zusammen mit seinem Domkapitel, seinem Bruder Joachim und den Herzögen Erich und Heinrich von Braunschweig zur Abwehr der neuen Lehre in ihren Ländern[46]. Gleichzeitig versuchte er zusammen mit Herzog Georg von Sachsen, einen friedlichen Ausgleich mit Kursachsen herbeizuführen. Das Scheitern der Konzilsberufung Klemens VII., die Albrecht begrüßt hatte, gab ebenso Anlaß wie der Umstand, daß die regierungsfähigen Söhne Georgs starben, der erbberechtigte Bruder Heinrich der neuen Lehre anhing und auch die Vertreibung lutherisch gesinnter Kaufleute aus Sachsen die Wirtschaft schwer schädigte. Der Sieg der Reformation im Herzogtum mußte unweigerlich auch ihren Durchbruch in den Hochstiften Halberstadt und Magdeburg nach sich ziehen, wo die Bevölkerung schon weitgehend lutherisch gesinnt war. Das einzige Mal in seinem Leben beteiligte sich Albrecht an einem Religionsgespräch[47]. Auf Anregung der humanistisch orientierten Räte Herzog Georgs, seines Kanzlers Georg von Karlowitz und Julius Pflug, fand am 29. und 30. April 1534 im Paulinum, also dem Dominikanerkloster in Leipzig, ein freundliches, unverbindliches Gespräch zwischen Karlowitz und Pflug als Vertretern Herzog Georgs, des Magdeburger Kanzlers Dr. Christoph Türk, des Halberstädter Weihbischofs Heinrich Leucker OP

---

43 Martin LUTHER, »Ein Brieff an den Cardinal Ertzbischoff zu Mentz«. In: WA 30, II, S. 393–412; SCHRADER, Kardinal Albrecht (wie Anm. 6), S. 431.

44 Melanchthon, in: CR II, Sp. 611–614; DELIUS, Kardinal Albrecht (wie Anm. 29), S. 181–182; SCHRADER, Kardinal Albrecht (wie Anm. 6), S. 432–434; MAY, Albrecht (wie Anm. 8), II, S. 214–216. 221–222.

45 JÜRGENSMEIER, Kardinal Albrecht (wie Anm. 15), S. 37.

46 SCHRADER, Kardinal Albrecht (wie Anm. 6), S. 434.

47 Bericht Melanchthons, CR II, Sp. 722–726; des Kanzlers Brück, ebd., Sp. 726–727; Günther WARTENBERG, Die Leipziger Religionsgespräche von 1534 und 1539. Ihre Bedeutung für die sächsisch-albertinische Innenpolitik und für das Wirken Georgs von Karlowitz. In: Gerhard Müller (Hrsg.), Die Religionsgespräche der Reformationszeit (= SVRG 191). Gütersloh 1980, S. 35–41; Robert STUPPERICH, Der Humanismus und die Wiedervereinigung der Konfessionen (= SVRG 160). Leipzig 1936, S. 39; PASTOR, Reunionsbestrebungen (wie Anm. 39), S. 89. 139–140; HOLLERBACH, Religionsgespräch (wie Anm. 1), S. 119–120; Otto SCHEIB, Die Auslegung der Augsburgischen Konfession auf den Religionsgesprächen. In: Erwin Iserloh (Hrsg.), Confessio Augustana und Confutatio. Der Augsburger Reichstag 1530 und die Einheit der Kirche (= RST 118). Münster 1980, S. 653–667, hier S. 656.

und des Hallenser Stiftspropstes Dr. Michael Vehe OP als Vertreter Albrechts einerseits, sowie der kursächsischen Vertreter Kanzler Dr. Gregor Brück und Philipp Melanchthon andererseits statt. Disputatoren waren Melanchthon und Vehe. Cochläus und die Leipziger Theologen waren wohl als zu polemisch nicht geladen. Inhaltlich setzte man die Augsburger Ausgleichsverhandlungen von 1530 fort, übernahm deren Ordnung, aber nicht die damals vereinbarten Kompromißformeln. Die Kursachsen lehnten sie schon damals als von Eck teilweise und nach seinem Gefallen formuliert und zu dunkel ab und wünschten eine offene Aussprache über die »Confessio Augustana«. Bei den ersten drei Artikeln war man sich wieder sehr schnell einig. Beim vierten Artikel, dem über die Rechtfertigung, diskutierte man lange über die Rolle der guten Werke und brachte auch einen leidlichen Kompromiß zustande. Das Gespräch scheiterte schließlich an der Frage des Opfercharakters und der genugtuenden Funktion der Messe und an der Erlaubtheit der Feier der »Privatmesse«. Melanchthon lehnte am Abend des 30. April eine Fortführung des Gespräches ab, da sein Kanzler Brück in andere Verhandlungen gegangen war und weil er selbst weder die Verdienstlichkeit der Messe für andere noch die Privatmesse annehmen wollte. Man beschloß, das Ergebnis den beteiligten Fürsten mitzuteilen und mit ihnen zu überlegen, ob ein weiteres Treffen stattfinden sollte. Dies lehnten dann Brück und Melanchthon in Stellungnahmen an ihre Fürsten als sinnlos ab, da die Gegenseite doch nur die alte Sache in neuen Worten behaupten wolle. Das Scheitern des Gespräches und die Vorgänge in seinen Territorien zerstörten Albrechts Hoffnung auf einen friedlichen Ausgleich. Von jetzt ab setzte er allein auf eine kirchliche Selbstreform und die konsequente Aufrechterhaltung der katholischen Ordnung, wenn nötig auch mit Gewalt[48]. Als 1534 in Halle Reformationsanhänger in den Rat gewählt wurden, wies er die Unnachgiebigen aus[49]. Andererseits untersagte er Crotus Rubeanus 1532 und Vehe 1534 die Herausgabe von Kontroversschriften und ging gegen aggressive Prediger beider Seiten vor[50]; er wollte den Streit nicht noch mehr anfachen. Durch diese Maßnahmen blieb Halle bis 1541 äußerlich katholisch. Aber die Bevölkerung haßte ihren Landesherrn und Bischof und blieb dem katholischen Gottesdienst fern[51].

Albrecht von Brandenburg hatte aus dem Scheitern des Leipziger Reunionsgespräches von 1534 und den bisherigen Vermittlungsversuchen gelernt, nur noch von einem Konzil eine Klärung der Streitfragen zu erwarten[52]. Es gehörte aber seit 1521 zu seiner Linie, in Sachen des Reiches und der Religion immer in Verbindung mit den übrigen und vor allem mit den katholischen Reichsständen zu handeln und das Vorgehen mit ihnen abzustimmen. Zugleich wollte der Mainzer Kardinal nichts von den päpstlichen Rechten und dem kirchlichen Glauben preisgeben und gar nichts ohne die Zustimmung Roms verändern; nur sinnvolle Zuge-

---

48 DELIUS, Kardinal Albrecht (wie Anm. 29), S. 183.
49 Ebd., S. 182; SCHRADER, Kardinal Albrecht (wie Anm. 6), S. 434–435.
50 SCHRADER, Kardinal Albrecht (wie Anm. 6), S. 432; Paul REDLICH, Cardinal Albrecht von Brandenburg und das Neue Stift zu Halle 1520–1541. Eine kirchen- und kunstgeschichtliche Studie. Mainz 1900, S. 76–77.
51 DELIUS, Kardinal Albrecht (wie Anm. 29), S. 182–183; SCHRADER, Kardinal Albrecht (wie Anm. 6), S. 431–432. 434–435. 438.
52 DELIUS, Kardinal Albrecht (wie Anm. 29), S. 183–185.

ständnisse im »jus humanum« hielt er für möglich[53]. Auch verfolgte er mit vielen Reichsständen weiterhin die Linie des Konzils[54]. Die Absage der Schmalkaldener an die Konzilseinladung 1533 bestärkte ihn in dieser Absicht. Damit trat er allerdings seit 1535 in Gegensatz zu Karl V., der seitdem immer wieder ein Nationalkonzil für möglich hielt und immer mehr auf eigene Religionsverhandlungen zusteuerte[55]. Die prekäre Lage des Kaisers zwischen Türkengefahr und französischer Angriffslust und die damit verbundene Blockierung des Konzils durch Frankreich und durch das schismatische England veranlaßten nämlich Karl V., den Ausgleich mit den Protestanten direkt unter Umgehung der Kurie und auf dem Verhandlungsweg zu suchen[56]. Aber der Mainzer Erzbischof hatte sich aufgrund seiner persönlichen Erfahrungen anders als die Erasmianer am Kaiserhof und im Reich für den Konzilsweg entschieden, den er inzwischen als den allein erfolgreichen erkannt hatte. Da er als prominenter Reichsfürst und Primas an der kaiserlichen Politik, zumal als Kurerzkanzler, nicht vorbei konnte, verhielt er sich zu den kaiserlichen Religionsgesprächen der folgenden Jahre widersprüchlich.

Die Vorgeschichte der Beteiligung Kardinal Albrechts an den Religionsgesprächen des Kaisers beginnt mit der Einladung zum Konzil nach Mantua 1535. Der Nuntius P. P. Vergerio hatte Albrecht vom 3. bis 5. Mai 1535 und der Nuntius Peter van der Vorst am 7. März 1537 nach seinem enttäuschenden Besuch bei den Schmalkaldenern in Halle besucht und ihn zu dem wiederholt vertagten Konzil eingeladen. Der Mainzer Erzbischof begrüßte die Abhaltung des Konzils sehr[57]. Trotzdem fürchtete er sich in den Jahren 1536 und 1537, seine Suffragane zu versammeln oder selbst auf das Konzil zu ziehen, da er glaubte, *damit die Protestanten zu reizen*[58]. Als der Nuntius am Kaiserhof, Morone, ihn 1537 und am 1. Januar 1538 aufforderte, das Konzil vorzubereiten[59], schickte Albrecht als Metropolit pflichtgemäß die Berufungsbulle an seine Suffragane und Universitäten und lud die Magdeburger auf den 3. Juni 1538 zu einer Provinzialsynode ein, um mit ihnen über die Glaubensfrage und die Reform zu beraten[60]. Zugleich schloß er sich 1538 nach der glatten Absage der Schmalkaldener an das Konzil dem Nürnberger Bund an, um so politisch den Rücken frei zu haben[61]. Der von Albrecht bevorzugte Lösungsweg, das Konzil, ließ aber auf sich warten, da vor allem Frankreich, aber auch England, das Konzil aus eigensüchtigen politischen Gründen immer wieder hintertrieben[62]. Angesichts der bedrohlich werdenden Türken und des immer noch vorhandenen Verständigungswillens unter den deutschen Konfessionsparteien nutzte der neue Brandenburger Kurfürst Joachim II., der der

---

53 Vgl. seine Instruktion von 1540: ARC III, S. 110–116.
54 DELIUS, Kardinal Albrecht (wie Anm. 29), S. 183; Hubert JEDIN, Geschichte des Konzils von Trient, I. Freiburg 1949, S. 223–225.
55 DELIUS, Kardinal Albrecht (wie Anm. 29), S. 184–185.
56 JEDIN, Trient (wie Anm. 54), S. 299–300.
57 DELIUS, Kardinal Albrecht (wie Anm. 29), S. 183–185; JEDIN, Trient (wie Anm. 54), S. 227. 239.
58 ARC III, S. 324–326.
59 DELIUS, Kardinal Albrecht (wie Anm. 29), S. 185.
60 Ebd., S. 185. 188–189; SCHRADER, Kardinal Albrecht (wie Anm. 6), S. 437.
61 JÜRGENSMEIER, Kardinal Albrecht (wie Anm. 15), S. 37.
62 JEDIN, Trient (wie Anm. 54), S. 274–286.

neuen Lehre zuneigte, seine Huldigungsfahrt zu König Ferdinand nach Bautzen im Mai 1538, um einen Vermittlungsversuch anzubieten, den der bedrängte König gerne annahm. Wegen des weiterbestehenden französisch-habsburgischen Gegensatzes und des Scheiterns der Konzilseinladung nach Vicenza vereinbarten Karl V. und Papst Paul III. in Genua am 28. Juni 1538 angesichts der Gefahr des Abfalls auch Frankreichs, die Eröffnung des Konzils wieder einmal, und zwar auf Ostern 1539 zu verschieben und eine Union auf einem Religionsgespräch zu versuchen[63]. Im Herzogtum Sachsen unternahm nun der Kanzler Karlowitz wegen des nahe bevorstehenden Todes von Herzog Georg noch einmal einen Gesprächsversuch mit den Führern der Schmalkaldener[64]. Auf den Grundlagen der Lehre und der Ordnung der Kirche des ersten Jahrtausends glaubte er eine Verständigung zu erreichen. Er erreichte, daß im Januar 1539 wieder im Paulinum als Vertreter von Kursachsen, Hessen und seinem Herrn, deren Kanzler Brück, Feige und Karlowitz, sowie die Theologen Melanchthon, Bucer und Georg Witzel teilnahmen; Witzel hatte den Plan von Karlowitz inspiriert und zu seiner theologischen Unterstützung seinen »Methodus ecclesiae prioris« verfaßt[65]. An diesem zweiten Leipziger Religionsgespräch war Albrecht nicht mehr beteiligt, obwohl er mit Herzog Georg verbündet war. Sein entschiedenes Vorgehen gegen die Reformationsanhänger in seinen mitteldeutschen Bistümern und besonders in Halle seit 1534 und Luthers Streitschrift gegen ihn machten Albrechts Beteiligung ebenso wenig sinnvoll wie sein Eintreten für das Konzil[66]. Auch widersprach der Ansatz seiner Provinzialsynode ganz den Vorstellungen von Karlowitz, der einen eigenen Weg zwischen den Parteien versuchte und eine laikale Erneuerung der Kirche ohne Papst und Kaiser erstrebte[67].

Albrechts Festhalten am Konzil und seine im besten Glauben berufene Provinzialsynode bewirkten, daß der Kurerzkanzler von den Reunionsverhandlungen seines Kaisers zunächst ausgeschlossen blieb. Morone argwöhnte, daß Albrecht ebenso vorsichtig wie sein Neffe zur neuen Lehre übergehen würde, und er-

63 Ebd., S. 287; HOLLERBACH, Religionsgespräch (wie Anm. 1), S. 114.
64 Melanchthon, in: CR III, Sp. 620–626; Georg WICEL, Warer Bericht von den Acten der Leipzischen und Speirischen Collocution zwischen Martinum Bucern und Georg Wicelien ..., Köln 1562. ^AII–^AIV; Max LENZ, Briefwechsel Landgraf Philipp's des Großmütigen von Hessen mit Bucer, I (= Publikationen aus den königlich preußischen Staatsarchiven 5). Leipzig 1880, S. 63–68 (= Unionsentwurf); JEDIN, Trient (wie Anm. 54), S. 238–239. 293–294; Ludwig CARDAUNS, Zur Geschichte der kirchlichen Unions- und Reformbestrebungen 1538–1542 (= Bibliothek des königlich preußischen historischen Instituts Rom 5). Rom 1910, S. 1–31. 85–108; WARTENBERG, Religionsgespräche (wie Anm. 47), S. 39–40; C. AUGUSTIJN, De Godsdienstgesprekken tussen Rooms-Katholieken en Protestanten van 1538 to 1541. Haarlem 1967, S. 16–24; STUPPERICH, Humanismus (wie Anm. 47), S. 42–48; PASTOR, Reunionsbestrebungen (wie Anm. 39), S. 147–150; HOLLERBACH, Religionsgespräch (wie Anm. 1), S. 120–123; SCHEIB, Auslegung (wie Anm. 47), S. 657.
65 Georg WICEL, Methodus concordiae ecclesiasticae post omnium sententias a minimo fratre monstrata et praescripta. Leipzig 1537; DERS., Typus ecclesiae prioris. Anzeigung, wie die heilige Kirche Gottes, inwendig sieben und mehr hundert Jaren nach unseres Herren Auffart Gestalt gewesen sey. 1540.
66 DELIUS, Kardinal Albrecht (wie Anm. 29), S. 182–183; SCHRADER, Kardinal Albrecht (wie Anm. 6), S. 434–435. 438; Cardinal Albrecht. In: Der Katholik (wie Anm. 29), S. 430–432.
67 PASTOR, Reunionsbestrebungen (wie Anm. 39), S. 148–150; HOLLERBACH, Religionsgespräch (wie Anm. 1), S. 120–121; JEDIN, Trient (wie Anm. 54), S. 293–294; WARTENBERG, Religionsgespräche (wie Anm. 47), S. 40; CARDAUNS, Unions- und Reformbestrebungen (wie Anm. 64), S. 85 (= Unionsartikel Bucers und Witzels).

reichte, daß Albrecht von den Verhandlungen direkt ausgeschlossen wurde[68]. Den Kaiserhof und Ferdinand störten allerdings Albrechts unbedingtes Festhalten am Konzilsplan und sein Mißtrauen gegen den kaiserlichen Alleingang[69]. Die Folge war, daß der Kurerzkanzler nicht an den Verhandlungen Karls V. beteiligt wurde, die sein Kanzler Johann von Weeze mit den Schmalkaldenern in Frankfurt führte[70]. Gegen das Ergebnis – Sistierung der Kammer-Gerichtsprozesse und die Abhaltung eines Religionsgespräches am 1. August 1539 in Nürnberg, bei dem der Papst ausdrücklich ausgeschlossen sein sollte –, protestierte Albrecht am 25. April beim Kaiser und legte diesem die Artikel des zweiten Leipziger Religionsgespräches bei, um so Karl V. von der Unmöglichkeit der Reunionsgespräche zu überzeugen[71]. Gleichzeitig ließ er seinen Rat Konrad Braun eine Flugschrift gegen den am 19. April vereinbarten Anstand veröffentlichen[72]. Da auch die Kurie den Anstand verwarf, ratifizierte der Kaiser ihn nicht[73]. Die Verhandlungen über ein Religionsgespräch kamen erst wieder in Gang, als im Herbst 1539 der Waffenstillstand mit den Türken ablief und sich die politische Lage des Kaisers allgemein verschlechterte[74]. Inzwischen war Herzog Georg von Sachsen am 17. April gestorben und sein Land der Reformation zugeführt worden[75], woran auch der Neffe Albrechts, Joachim II., im stillen arbeitete[76]. Der Kaiser schickte wieder Weeze ins Reich, der am 6. Dezember den sächsischen Kurfürsten zum Religionsgespräch einlud[77]. Im Frühjahr 1540 gab Karl V. den Weg für das Religionsgespräch endgültig frei und lud am 18. April die Stände nach Speyer ein[78]. Die Kurie war zunächst gegen das Kolloquium, sandte schließlich aber Cervini an den Kaiserhof, Morone als Nuntius und Gasparo Contarini als Legaten zum Gespräch. Die katholischen Stände waren gespalten. Bayern und Braunschweig waren strikte Gegner des Kolloquiums, pessimistisch die Bischöfe von Freising, Salzburg und Würzburg. Albrecht gab seinen Vertretern eine bemerkenswerte Instruktion mit, in der er Kompromißbereitschaft in den Fragen des Laienkelches und der Priesterehe zeigte, in den übrigen Fragen aber den Konsens mit den katholischen Ständen beachtet wissen wollte. In den Religionsfragen betonte er,

68 ARC III, S. 46–47.
69 ARC III, S. 302.
70 DELIUS, Kardinal Albrecht (wie Anm. 29), S. 186; JEDIN, Trient (wie Anm. 54), S. 299–300; STUPPERICH (wie Anm. 47), S. 57–64; Text: W[ilhelm] H. NEUSER (Hrsg.), Die Vorbereitung der Religionsgespräche von Worms und Regensburg 1540/41 (= Texte zur Geschichte der evangelischen Theologie 4). Neukirchen-Vluyn 1974, S. 75–85.
71 DELIUS, Kardinal Albrecht (wie Anm. 29), S. 186; HOLLERBACH, Religionsgespräch (wie Anm. 1), S. 124–125; ARC III, S. 38–41.
72 Konrad BRAUN, Ain Gespräch aines Hofrats mit zwaien Gelehrten ... 1539; HOLLERBACH, Religionsgespräch (wie Anm. 1), S. 125.
73 Ebd.; JEDIN, Trient (wie Anm. 54), S. 300–301; vgl. CR III, Sp. 869.
74 JEDIN, Trient (wie Anm. 54), S. 299–301; PASTOR, Reunionsbestrebungen (wie Anm. 39), S. 181–182.
75 Heribert SMOLINSKY, Albertinisches Sachsen. In: Anton Schindling und Walter Ziegler (Hrsg.), Die Territorien des Reiches im Zeitalter der Reformation und Konfessionalisierung. Land und Konfession 1500–1650, II: Der Nordosten (= KLK 50). Münster 1990, S. 9–32, hier S. 18–19.
76 PASTOR, Reunionsbestrebungen (wie Anm. 39), S. 162–163; sein Onkel, Kardinal Albrecht von Mainz, hatte ihn für die alte Kirche zu halten versucht: DELIUS, Kardinal Albrecht (wie Anm. 29), S. 184; ARC III, S. 41.
77 HOLLERBACH, Religionsgespräch (wie Anm. 1), S. 125.
78 JEDIN, Trient (wie Anm. 54), S. 301; HOLLERBACH, Religionsgespräch (wie Anm. 1), S. 127.

nicht vom Papst und der Kirche abweichen und nichts ohne die Zustimmung der Kurie genehmigen, auf jeden Fall aber eine Nationalsynode vermeiden zu wollen[79].

In Hagenau, das statt des verpesteten Speyer Tagungsort wurde, fehlten die meisten katholischen Stände, »wegen Krankheit« auch der wirklich kranke Albrecht[80], von den Protestanten alle Bundesfürsten und Melanchthon. In dem als Reichstagsausschuß organisierten Gespräch saß nicht Mainz, sondern Trier in dem von Ferdinand berufenen Vermittlungsausschuß, zusammen mit Kurpfalz, Bayern und dem Bischof von Straßburg. Auf Betreiben Morones verbot Ferdinand dem Mainzer die Teilnahme am Religionsgespräch, da Albrecht in bester Absicht seine Suffragane zur Vorbereitung des Religionsgespräches befragt hatte, was man den Protestanten nachgeben könne[81]. Da Straßburg und Bayern nur über die Frage der Kirchengüter, Trier und Pfalz aber auch über die Religionsfrage diskutieren, die Katholiken die Verhandlungen von Augsburg 1530 fortsetzen wollten, die Protestanten aber gemäß dem Frankfurter Anstand ein Gespräch über die Augsburgische Konfession und Apologie forderten, einigten sich beide Seiten nach langen Verhandlungen auf ein neues Gespräch, bei dem beide Seiten elf Stimmen haben und die lutherischen Bekenntnisschriften die Gesprächsgrundlage bilden sollten. An dem neuen Kolloquium, das vom 25. November 1540 bis 18. Januar 1541 in Worms abgehalten wurde, nahm Mainz wieder führend teil[82]. Albrecht hatte in seiner Antwort vom 13. Juni wieder Zugeständnisse im positiven Recht befürwortet[83]. Auch erklärte er sich in seinem Brief am 22. September an den Kaiser bereit, nach Worms zu kommen und im Präsidium mitzuwirken[84]. Albrechts Vertreter – er fehlte wieder aus echter Erkrankung[85] – nahmen wieder die Stelle Triers in dem zum Präsidium umfunktionierten Vermittlergremium ein; die eigentliche Leitung lag aber beim kaiserlichen »Orator« Granvella. Wie in Hagenau waren die Vorkämpfer der Religionsparteien einem Vergleich abgeneigt, bei den Katholiken besonders das habsburgfeindliche Bayern und Braunschweig. Albrecht behielt seine konziliante Linie bei und war bemüht, soweit der Papst zustimme, sich für Einheit und Frieden einzusetzen[86]. Dies entsprach seiner persönlichen Überzeugung und seinem Verständnis von den Aufgaben eines Kurerzkanz-

---

79 Text: ARC III, S. 110–116; Anton Philipp BRÜCK, Die Instruktion Kardinal Albrechts von Brandenburg für das Hagenauer Religionsgespräch 1540. In: AmrhKG 4 (1952) S. 275–280 (mit Text); HOLLERBACH, Religionsgespräch (wie Anm. 1), S. 129.

80 Zum Verlauf vgl. HOLLERBACH, Religionsgespräch (wie Anm. 1), S. 129–139; PASTOR, Reunionsbestrebungen (wie Anm. 39), S. 184–198; R. MOSES, Die Religionsgespräche zu Hagenau und Worms 1540 und 1541. Jena 1889; ARC III, S. 98–99. 131 (Teilnehmer); Julius PFLUG, Correspondance, 5 Bde, hrsg. von J[acques] V. POLLET. Leiden 1969–1982, hier I (1510–1539), S. 102–105; STUPPERICH, Humanismus (wie Anm. 47), S. 64–69; AUGUSTIJN, Godsdienstgeprekken (wie Anm. 64), S. 36–45.

81 ARC III, S. 302.

82 HOLLERBACH, Religionsgespräch (wie Anm. 1), S. 139–154; PASTOR, Reunionsbestrebungen (wie Anm. 39), S. 198–217; AUGUSTIJN, Godsdienstgeprekken (wie Anm. 64), S. 46–58; STUPPERICH, Humanismus (wie Anm. 47), S. 68–75; Teilnehmer: ARC III, S. 207 (Protestanten). S. 216. 197 (Katholiken); PFLUG, Correspondance (wie Anm. 80), S. 105.

83 ARC III, S. 171. 184; HOLLERBACH, Religionsgespräch (wie Anm. 1), S. 142.

84 ARC III, S. 183–184.

85 HOLLERBACH, Religionsgespräch (wie Anm. 1), S. 132.

86 ARC III, S. 183–184; HOLLERBACH, Religionsgespräch (wie Anm. 1), S. 142.

lers. Sein Friedenswille bedeutete aber keine heimliche Protestantenfreundschaft, wie sie die äußerlich katholischen Stände Kurpfalz, Brandenburg und Kleve-Berg und der mit ihnen verwandte Bischof von Straßburg an den Tag legten. Zusammen mit Bayern erwiesen sich die Vertreter von Kurmainz als in der Sache hart[87], aber eben nicht als intransingent wie die Bayern. Die sachliche Kompromißlosigkeit auch der Mainzer ließ Melanchthon an einem guten Ergebnis zweifeln. Da auch bei den Protestanten Kompromißlose wie Kursachsen und Nachgiebige wie Hessen miteinander rangen, erwiesen sich die Verhandlungen über den Modus als sehr schwierig. Granvella erreichte am 5. Januar 1541 nach geschickten und zielstrebigen Verhandlungen, daß nun zwei Monate nach Eröffnung endlich die Sachdiskussion beginnen konnte. Da stellten sich ihm die Vertreter Bayerns – und von Mainz – in den Weg, um die theologischen Verhandlungen zu verhindern. Man habe dafür keine Instruktion[88]! Offenbar befürchteten sie, daß sich die Gespräche über Glaubensfragen doch noch zum Nationalkonzil entwickeln würden. Dieser Widerstand veranlaßten den kaiserlichen Kanzler, am 11. d. M. Karl V. um die Auflösung des Gesprächs zu bitten. Aber am 13. d. M. machte die plötzliche Zustimmung Bayerns und von Mainz den Weg für das theologische Gespräch frei[89], das dann am 14. bis 18. d. M. über die Artikel der »Confessio Augustana« zwischen Eck und Melanchthon als Sprecher beider Seiten mit Erfolg abgehalten wurde. Granvella ging es aber viel zu langsam fort, obwohl die ausführlichen Debatten erwiesen, daß sich auf diese Weise Klärungen und Annäherungen erzielen ließen[90]. Trotzdem verschob der kaiserliche Kanzler das Gespräch am 18. d. M. auf den kommenden Reichstag zu Regensburg, auf dem der Kaiser selbst erscheinen wollte. Grund für diesen Schritt waren erfolgreiche Verhandlungen zwischen W. Capito, Bucer, J. Gropper und dem kaiserlichen Sekretär G. Veltwyk, die während der Tagung geheim geführt wurden und das »Regensburger Buch« zeitigten. Von ihm versprach sich Granvella mehr Erfolg als von Diskussionen über die »Confessio Augustana«; erasmianische Vermittlungstheologie siegte über streng theologische und an der Wahrheitsfrage orientierte Bemühungen. Erzbischof Albrecht und seine Vertreter waren an diesen Geheimverhandlungen ebenso wenig wie die übrigen Reichsstände beteiligt, zumal Albrecht bei aller Friedensliebe nicht bereit war, in Fragen des Glaubens und den Grundlinien der Kirchenordnung Kompromisse zu machen[91]. Diese Einstellung wirkte sich auch auf seine Mitwirkung am Regensburger Reichstag und Religionsgespräch aus[92], an dem er ab 31. März persönlich teilnahm. Seine harte und klare Haltung resultierte aus

---

87 ARC III, S. 238; HOLLERBACH, Religionsgespräch (wie Anm. 1), S. 146; LENZ, Briefwechsel (wie Anm. 64), I, S. 200. 206. 530.

88 ARC III, S. 266. 336–337; HOLLERBACH, Religionsgespräch (wie Anm. 1), S. 149. 151. 153.

89 ARC III, S. 289–290; HOLLERBACH, Religionsgespräch (wie Anm. 1), S. 151.

90 Protokoll: CR IV, Sp. 33–37; ARC III, S. 197–198; zur theologischen Qualität vgl. STUPPERICH, Humanismus (wie Anm. 47), S. 75–94; PFNÜR, Johann Eck (wie Anm. 1), S. 234–246.

91 ARC III, S. 183–184. 238. 337; HOLLERBACH, Religionsgespräch (wie Anm. 1), S. 142. 146. 149. 151. 153; DELIUS, Kardinal Albrecht (wie Anm. 29), S. 187.

92 AUGUSTIJN, Godsdienstgeprekken (wie Anm. 64), S. 73–100; HOLLERBACH, Religionsgespräch (wie Anm. 1), S. 154–161; JEDIN, Trient (wie Anm. 54), S. 305–315; STUPPERICH, Humanismus (wie Anm. 47), S. 94–103; PASTOR, Reunionsbestrebungen (wie Anm. 39), S. 218–278; P. VETTER, Die Religionsverhandlungen auf dem Reichstag zu Regensburg 1541. Jena 1884; DELIUS, Kardinal Albrecht (wie Anm. 29), S. 187–188; PFLUG, Correspondance (wie Anm. 80), S. 197–201.

persönlichen Erfahrungen in Mitteldeutschland, die er gerade hinter sich gebracht hatte. Seine Verschuldung von 500 000 Gulden und der Verlust seiner Verbündeten Georg von Sachsen und Joachim I. von Brandenburg zwangen ihn, mit den Landständen seiner Hochstifte Magdeburg und Halberstadt einen Vergleich zu schließen. Er mußte die Herrschaft an seinen Koadjutor Johann Albrecht von Brandenburg-Kulmbach abtreten und das Neue Stift aufheben, dessen Güter mit zur Zahlung der Schulden herangezogen wurden. Die freie reformatorische Religionsausübung wurde von ihm wiederholt ausdrücklich abgeschlagen[93]. Albrecht hatte im Februar Halle verlassen, nachdem er schon im Vorjahr die ihm gehörenden Reliquiensammlung der Stiftskirche nach Mainz und die Gemälde und sein Grabmal nach Aschaffenburg hatte überführen lassen[94]. Am 9. März war er in Aschaffenburg angekommen. Nun erschien er am 31. März als entschiedener Anhänger des Konzils und des Papstes auf dem Reichstag, der der Höhepunkt der kaiserlichen Reunionspolitik sein sollte[95].

In Regensburg nahm Albrecht wohl seine Rolle als Kurerzkanzler und Präsident des Reichstages wahr, aber von der Religionspolitik des Kaisers war er ausgeschlossen. Dem Gespräch des vom Kaiser eingesetzten Theologenausschusses (J. Eck, J. Pflug, J. Gropper – Ph. Melanchthon, M. Bucer, J. Pistorius) waren Vertreter der Stände, aber nicht Albrechts beigegeben. Es ist möglich, daß J. Pflug, der schon in Leipzig 1534 auch in seinem Namen wirkte, jetzt mit ihm in Verbindung stand. Er war aber nur wegen seiner bekannten vermittlerischen Einstellung Gesprächsteilnehmer. Das Gespräch scheiterte am 22. Mai an der Eucharistie, der Kirchengewalt und anderen zentralen Fragen. Die Protestanten legten am 3. Mai dem Kaiser eine Liste vor, die neben den wenigen verglichenen die lange Liste der unverglichenen Probleme enthielt. Aber selbst die vereinbarten waren nicht zu halten. Man hatte sich zu früh über die Einigung in der Rechtfertigungslehre gefreut, denn weder Luther noch die Kurie konnten sie anerkennen. Sie fanden darum sowohl bei den katholischen Ständen im Fürstenrat geschlossene Ablehnung, wie bei den Kurfürsten von Mainz und Trier, die betonten, daß nur der Papst oder ein Konzil solche Fragen entscheiden könnten[96]. Trotzdem war Albrecht wieder bereit, im Namen des Kaisers die Friedensmöglichkeiten zu sondieren, wobei Bayern ausdrücklich das Konzil forderte[97]. Da König Ferdinand wegen der Türkengefahr den Protestanten geheime Zugeständnisse machen mußte, wandte sich Albrecht an ihn und bat um die Mitteilung der Deklaration

---

93 Franz SCHRADER, Was hat Kardinal Albrecht von Brandenburg auf dem Landtag zu Calbe im Jahre 1541 den Ständen der Hochstifte Magdeburg und Halberstadt versprochen? In: Ecclesia militans. Studien zur Konzilien- und Reformationsgeschichte. FS für Remigius Bäumer, II, hrsg. von Walter Brandmüller u. a. Paderborn, München, Wien, Zürich 1988, S. 333–361.

94 Friedhelm JÜRGENSMEIER, Reliquien im Mainzer Dom. In: Die Bischofskirche St. Martin zu Mainz (= Beiträge zur Mainzer Kirchengeschichte 1). Frankfurt am Main 1986, S. 34–57, hier S. 47; DERS., Kardinal Albrecht (wie Anm. 15), S. 37; DERS., Bistum Mainz (wie Anm. 27), S. 191.

95 DELIUS, Kardinal Albrecht (wie Anm. 29), S. 187; JEDIN, Trient (wie Anm. 54), S. 307; Heinz SCHEIBLE, Melanchthons Briefwechsel, Regesten I–IV (1514–1546). Stuttgart 1977–1983, hier III, S. 199–202; ARC III, S. 366; LENZ, Briefwechsel (wie Anm. 64), II, S. 25. 31. 41. 50; STUPPERICH, Humanismus (wie Anm. 47), S. 131.

96 ARC III, S. 394. 399–401; CR IV, Sp. 450–457; HOLLERBACH, Religionsgespräch (wie Anm. 1), S. 159–160.

97 ARC III, S. 371.

und um die Sicherung der Rechte des Klerus, worauf Ferdinand dies dem Klerus zusicherte[98]. Da der Entwurf des Abschiedes doch die Anerkennung der vereinbarten Artikel und ihre Duldung bis zum Konzil enthielt, protestierten Albrecht, Trier und die übrigen katholischen Stände[99]; trotzdem erschien dies zusammen mit der Eröffnung der Möglichkeit einer Berufung eines Religionsgespräches oder einer Nationalsynode ebenso wie die Suspendierung aller Reformationsprozesse am Kammergericht im Abschied[100]. Die Aufforderung des Kaisers zur »Reformation« der Kirche löste auch bei Albrecht entsprechende Aktivitäten aus und ließ ihn Verbindung zu den Jesuiten aufnehmen[101]. In die gleiche Richtung ging die Ermahnung, die der Nuntius Morone vor den versammelten Bischöfen hielt. Von beiden forderten diese aber das Konzil[102]. – Auf dem Wormser Reichstag von 1544 wehrten sich Mainz und Trier zusammen mit der katholischen Mehrheit gegen ein weiteres Religionsgespräch, das der Kaiser aus politischen Gründen dann doch 1546 in Regensburg durchführen ließ. Kurmainz und Kurtrier forderten statt dessen wieder das Konzil[103]. Albrecht hatte es 1537 beschickt und 1543 als seine Gesandtschaft seinen Rat Valentin von Tetleben, jetzt Bischof von Hildesheim, abgeordnet; ebenso schickte er 1545 Vertreter auf das wieder angesagte Konzil nach Trient[104]. Er selbst erlebte die Eröffnung dieses weltgeschichtlichen und seine Hoffnung erfüllenden Konzils nicht mehr, vielmehr verstarb er am 24. September in der Martinsburg in Mainz und wurde vier Tage später im Dom beigesetzt. Anders als die Vermittlungspolitik des Kaisers hatte aber die Politik seines Kurerzkanzlers auf lange Sicht Erfolg.

Kardinal Albrecht von Brandenburg hat als Erzbischof und Kurerzkanzler mit Religionsgesprächen von Beginn der Reformation zu tun gehabt. Abgesehen von der von ihm indirekt mit inszenierten Frankfurter Disputation hat er sich nur um Reunionsgespräche bemüht und war hier selbst nur 1534 in Leipzig und 1540 in Worms beteiligt. Infolge seiner humanistischen Einstellung war er allem Theologengezänk abgeneigt. Im Laufe seiner Wandlung vom vorsichtigen Reformationsfreund, hier durch Erasmus beeinflußt[105], über den zwar konsequenten Bekämpfer reformatorischer Verkündigung und Umgestaltung zum Verfechter päpstlichen Standpunktes verhielt er sich den Neuerern selbst gegenüber fair und besonnen, ermöglichte ihnen, sich zu verteidigen, und unterstützte sinnvolle Ausgleichs- und Kompromißverhandlungen. Seine Erfahrungen mit den Schmalkal-

---

98 ARC III, S. 407–409. 413; CR IV, Sp. 623–626; JEDIN, Trient (wie Anm. 54), S. 313–314; HOLLERBACH, Religionsgespräch (wie Anm. 1), S. 161; PASTOR, Reunionsbestrebungen (wie Anm. 39), S. 275.

99 ARC III, S. 399–401; JEDIN, Trient (wie Anm. 54), S. 313.

100 Abschied: CR IV, Sp. 626–630; HOLLERBACH, Religionsgespräch (wie Anm. 1), S. 160–161; JEDIN, Trient (wie Anm. 54), S. 312–313.

101 JÜRGENSMEIER, Kardinal Albrecht (wie Anm. 15), S. 37; DERS., Bistum Mainz (wie Anm. 27), S. 189–191; ARC IV, S. 24–121 (Reformstatuten); PASTOR, Reunionsbestrebungen (wie Anm. 39), S. 290; DELIUS, Kardinal Albrecht (wie Anm. 29), S. 187–188.

102 JEDIN, Trient (wie Anm. 54), S. 313–314.

103 ARC III, S. 472–473; HOLLERBACH, Religionsgespräch (wie Anm. 1), S. 168–169.

104 JÜRGENSMEIER, Kardinal Albrecht (wie Anm. 15), S. 37; DERS., Bistum Mainz (wie Anm. 27), S. 189–191; ARC I, S. 282–283. IV, S. 269–321; DELIUS, Kardinal Albrecht (wie Anm. 29), S. 186–187.

105 MAY, Albrecht (wie Anm. 8), I, S. 73–80 (Beilage XXXI); WALTER, Humanismus (wie Anm. 15), S. 72–73.

denern und den Reformationsanhängern in den eigenen Territorien bewogen ihn aber ab 1533 zu einem Kurswechsel zu einer konsequent antireformatorischen Politik. Sie traf sich mit seinem schon frühen Bemühen um die Abhaltung eines Konzils, das er konsequent erstrebte. Die Schwenkung Karls V. zu eigenen politischen und theologischen Religionsverhandlungen machte er nicht mit, obwohl er als humanistisch eingestellter und vorsichtiger, Gewaltanwendungen abgeneigter Kirchenfürst für sie Verständnis haben mußte. Zusammen mit Bayern trat er für eine konsequente gegenreformatorische Politik ein. Dabei blieb er aber anders als Bayern und Wolfenbüttel in Verfahrensfragen konziliant. Durch seine Rolle als Präsident des Reichstages suchte er möglichst mit den Ständen zusammenzugehen und für alle tragbare Kompromisse zu erreichen. Gleichzeitig war er gegenüber dem Kaiser bereit, für ihn zu sondieren und Friedensmöglichkeiten zu erkunden. Er wirkte auch auf Einladung des Kaisers am Gespräch von Worms mit, obwohl er sich seitdem von der Nutzlosigkeit solcher Verhandlungen überzeugte, in theologischen Fragen keine Zugeständnisse machte und immer wieder versuchte, den Kaiser für den konziliaren Weg und eine päpstliche Entscheidung zu gewinnen. Während seines ganzen Wirkens erwartete er nicht von der theologischen Debatte, sondern von der Lebensreform den entscheidenden Beitrag und setzte sich hierfür bis zu seinem Lebensende nach Kräften ein[106]. Hierbei hatte er auf Dauer im Erzstift Mainz ebenso Erfolg, wie er durch seine Kompromißbereitschaft und gleichzeitige konsequente Kirchenpolitik in seinen mitteldeutschen Territorien den Klöstern eine Überlebenschance sicherte, die bis heute nachwirkt[107]. Daneben spielten die Religionsgespräche nur eine sehr untergeordnete Rolle, auch wenn er an ihnen persönlich oder durch seine Räte mitzuwirken hatte.

---

106 JÜRGENSMEIER, Kardinal Albrecht (wie Anm. 15), S. 37; DERS., Bistum Mainz (wie Anm. 27), S. 188–190.
107 Franz SCHRADER, Ringen, Untergang und Überleben der katholischen Klöster in den Hochstiften Magdeburg und Halberstadt von der Reformation bis zum Westfälischen Frieden (= KLK 37). Münster 1977.

ERWARTUNG UND ENTTÄUSCHUNG

Erzbischof Albrecht im Urteil des Erfurter Rates

Ulman Weiß

Als man in Erfurt erfuhr, daß Papst Leo X. die Postulation des jungen Albrecht von Brandenburg zum Mainzer Erzbischof bestätigt hatte, schienen die Ratsherrn erleichtert aufzuatmen. Jedenfalls zögerten sie nicht, dem konfirmierten Erzbischof sogleich zu versichern, daß sie als seine und des Erzstifts *verwanten unnd underthanen* über diese Nachricht *mit frolockung alles unsers hertzlichen gemuts hoch erfrawet wurden*. *Der Almechtige got*, so wünschten sie, *wolle e(uer) Churf(ürstlichen) g(naden) In solchen hochwurdigen stante zu loblicher und nutzparlicher des Stiffts und aller e(uer) Churf(ürstlichen) g(naden) und Stiffts Regirunge langetzeit froliche gesunthheit stercke und macht verleyhen, auch seliglich Enthalten*[1].

Gewiß diktierten solch einen Brief deutliche Devotion und ergebene Ehrerbietung, aber auch – mag sein – ein ehrlicher Ernst. Und dies nicht von ungefähr. Immerhin tobten bereits seit einem halben Jahrzehnt tolle Tribulationen in der Stadt, die Bürgerschaft war untereinander zerstritten, die Wirtschaft lag darnieder, und der Geldsäckel war leer. So richteten sich auf Albrecht von Brandenburg, daß er Frieden und Eintracht schaffen möge, lauter hohe Hoffnungen[2]. Dies um so mehr, als die Gefahr drohte, daß die Stadt, die seit Menschengedenken eine FIDELIS FILIA MOGONTINE SEDIS[3] war, dem Erzbistum verlorengehen könne. Zwar hatte Bonifatius einst ein eigenes Thüringer Bistum gegründet, in Erfurt einen Bischofsstuhl errichtet und einen Bischof geweiht, doch das Bistum war nicht lebensfähig gewesen, und Bonifatius hatte es seiner und seines Nachfolgers Verwaltung unterstellt. Und das war so geblieben ein für allemal. Späterhin waren den Erzbischöfen auch weltliche Rechte zugekommen, und der Ort war ihnen zeitweise sogar zum Refugium geworden, wenn ihnen die Herrschaft am Rhein verwehrt gewesen war. So hatten sie an der Gestaltwerdung des Ortes nach Kräften mitgewirkt, Kirchen und Klöster gegründet, einen Weihbischof eingesetzt und ein Generalgericht geschaffen. Ihre ehedem uneingeschränkte Stadtherrschaft war indes immer mehr gekümmert worden, während der Stadtrat zu nahezu unbegrenzter Gewalt gelangt war. Und jedesmal, wenn ein Erzbischof seinen Einritt gehalten, hatte er neue Einräumungen machen müssen. Schließlich verfügte er über nicht mehr als das Freizinsrecht, eine eingeschränkte weltliche Gerichts-

---

1 Stadtarchiv Erfurt (StAE), 1–1. XXI. 1a. 1c. (1512–1518) Bd. 2, Bl. 114ᵃ f. 114ᵃ (6. 9. 1514) (im folgenden zitiert: Liber dominorum).
2 Vgl. hierzu ebd., Bd. 1, Bl. 101ᵇ.
3 So die Umschrift auf dem ältesten Stadtsiegel von 1217, vgl. Carl BEYER (Bearb.), Urkundenbuch der Stadt Erfurt, I. Halle 1889, Abb.

barkeit, den Wirtschaftshof im Brühl und Reste der Markthoheit[4]. Gleichwohl besaß die Stadt für das Erzstift unschätzbaren Wert. Sie war die größte im Bistum, eine der volkreichsten in deutschen Landen, sie hatte eine von der Bürgerschaft gegründete Universität und somit ein glänzendes geistiges Leben, und sie war nicht zuletzt das kirchlich-administrative Zentrum für den gesamten Ostteil der Mainzer Diözese. Insofern hatte es durchaus politischer Vernunft entsprochen, wenn das Mainzer Domkapitel seit der Erhebung Diethers von Isenburg regelmäßig verlangte, die dem Erzstift entfremdeten Gebiete – und das hieß: auch Erfurt – wieder fest einzubinden[5]. Erzbischof Diether, wiewohl glücklos, war der Mann, der das entschieden erstrebt und sich zu diesem Zweck mit den thüringischen Landesherrn, den Wettinern, verbündet hatte, ein Alignement, das nur deshalb zustande gekommen war, weil der sächsische Prinz Albert zum Koadjutor erhoben und als Nachfolger Diethers vorgesehen worden war. Als Diether gestorben, hatte er die Administratorschaft erhalten und gemeinsam mit seinen wettinischen Verwandten die Stadt in die Knie zwingen und ihr einen Vertrag aufnötigen können, in dem sie das Erzstift als *rechter erbe herre* hatte anerkennen müssen[6]. Auch die Wettiner hatten zu dieser Zeit, im Winter 1483, mit der Stadt eine Vereinbarung getroffen, in der ihnen das Recht der Lehns- und Schutzherrschaft übertragen worden war, wodurch ihr natürliches Interesse an der Stadt, die mitten in ihrem Gebiet lag, den Anspruch rechtskräftiger Verbindlichkeit erhalten hatte. – Was alles dem Erzstift, kaum daß der Administrator im Jahre 1484 gestorben war, nur hatte mißfallen können. – Mainz und Sachsen sahen sich fortan, wenn es um Erfurter Belange ging, konsequent als Konkurrenten. Gewiß hatte es der Rat geschickt auszunutzen gewußt, aber gerade daß er zu soviel Geschick gezwungen war und trotzdem zuweilen noch zurückweichen mußte, zeigt, wie bedroht die Stellung der Stadt war. Überdies verschlang die Politik, die die territorialfürstlichen Bedrängungen abwehren sollte, gewaltige Geldsummen, sie bürdete der Stadt Schulden auf und führte sie letztlich zum Bankrott.

Im Frühjahr 1509 wurde er offenbar, und das Volk begann zu tumultuieren[7]. Es wählte Männer seines Vertrauens, die vom Rat die Rechnungslage, den militärischen Oberbefehl und die Versammlungsfreiheit verlangten. Doch war der Rat mitnichten entmachtet. Er suchte Rückhalt bei den sächsischen Fürsten, der gemeine Mann indes beim Mainzer Erzbischof. Der ließ sich gern anrufen. Gedachte er doch ebenso wie die Wettiner, die Gelegenheit nutzen zu können zur Erweiterung seiner Rechte. Und die Volksgunst, die seine Ämtlinge am Ort trefflich zu steuern wußten, kam ihm zupaß. So gelang es, die militärische Befehlshaberschaft mainzisch Gesinnten zu übertragen, im Januar 1510 einen mainzhörigen Rat zu installieren und ihn sogar zu einer neuen Eidformel zu bewe-

---

4 Vgl. genauer Friedrich BENARY, Die Vorgeschichte der Erfurter Revolution von 1509. In: Mitteilungen des Vereins für die Geschichte und Altertumskunde von Erfurt 33 (1912) S. 38–50.

5 Manfred STIMMING, Die Wahlkapitulationen der Erzbischöfe und Kurfürsten von Mainz (1233–1788). Göttingen 1909, S. 48.

6 StAE, o-o A VI 9 (1483). Hierzu und zum folgenden vgl. Friedrich BENARY, Zur Geschichte der Stadt und der Universität Erfurt am Ausgang des Mittelalters, hrsg. von Alfred Overmann. Gotha 1919, S. 174–193.

7 Zum folgenden vgl. Theodor NEUBAUER, Das tolle Jahr von Erfurt, hrsg. von Martin Wähler. Weimar 1948.

gen⁸. Damit hatte Erzbischof Uriel von Gemmingen Beachtliches erreicht. Überdies stieg sein Ansehen in der Bevölkerung noch, als er ein kaiserliches Moratorium erwirkte, das die Stadt sechs Jahre lang aller Schuldverpflichtungen gegenüber ihren Gläubigern enthob. Allein viele von ihnen kehrten sich nicht daran und suchten mit Raub und Plünderung zu ihrem Recht zu gelangen. Für die Erfurter waren alle Wege außerhalb der Stadt unsicher geworden, und innerhalb der Stadtmauern herrschten nach wie vor Zank und Zwist. Da starb Erzbischof Uriel.

In Erfurt, als man es erfuhr, war man ehrlich betroffen. Entsprechend feierlich war das Begängnis, das ihm zu Ehren unter großer Anteilnahme des Volkes stattfand⁹. Denn Uriel, so fand man, war der Stadt *mit gnaden wol geneigt* und *nicht weniger dann ein vater und frommer furst* gewesen[10]. Ob sich der Nachfolger ebenso erzeigen würde, war nicht gewiß, zudem war nun, während der Sedisvakanz, noch mehr Drangsal von Sachsen zu befürchten, ja, vielleicht würde die Stadt sogar *mit der that und gewalt ferrer angetast*[11], und so bat der Rat nachdrücklich um Schutz und Schirm des Erzstifts, wie er seinerseits an Treuebekundung es nicht fehlen ließ. Und beides war nötig: Kurfürst Friedrich der Weise machte Miene, militärisch gegen Erfurt vorzugehen. Es wurde Rüstung betrieben und Musterung gehalten, und in Erfurt glaubte man, es werde *uber uns unnd die unsern gehenn*[12].

Zu diesem Zeitpunkt indes hatte das Mainzer Domkapitel bereits Albrecht von Brandenburg postuliert, und dies mit Rücksicht auf Erfurt, einen Aspekt, unter dem bezeichnenderweise alle Bewerber präsentiert worden waren[13]. Aber allein für Albrecht sprachen sich die Kapitulare aus. Eine Überraschung war das freilich nicht: Hatte man doch schon 1510 erwogen, dem Erzstift einen Koadjutor zu erwählen, selbstredend einen aus fürstlichem Hause, denn nur er würde den nötigen Beistand finden, wenn es galt, erzstiftische Bestrebungen zum Erfolg zu führen – in Erfurt zumal. Und nur deshalb, *sonderlich der anfechtung Erfordt belangen*[14], war der Gedanke einer Koadjutorschaft überhaupt ersonnen worden. Erzbischof Uriel, wie seinerzeit schon Erzbischof Dieter, hatte sich eines Verbündeten versichern wollen. Damals war es ein Wettiner gewesen, jetzt hingegen war es ein Sproß jenes Hauses, das sich in Mitteldeutschland anschickte, die Vormacht der Wettiner zu brechen: Albrecht von Brandenburg. Die Aussichten wa-

---

8 *Wir geloben unnd schweren, das wir unnserm gnedigsten Herrn dem Ertzbischove zu Mentz, unnserm Rechten Erbherrn, unnserm herrn dem Greven, unnserm herrn dem Vitzthum, der Stadt Erffurt unnd den Burgern, Reichen unnd armen getrewe und holt sein sollen unnd wollen, Ihre Recht behalten ohne alle ubel list, also ferre als wir das wissen und vermogen, unnd den Rate helen, als wir zu Rechte sollen, Das unns got helff unnd alle heyligen*, ebd., S. 68–69. Die Zusätze des neuen Eides sind gesperrt.

9 Richard THIELE (Bearb.), Erphurdianus Antiquitatum Variloquus incerti Auctoris, nebst einem Anhange historischer Notizen über den Bauernkrieg in und um Erfurt im Jahre 1525. Halle 1906, S. 176.

10 StAE, Liber dominorum (wie Anm. 1), Bd. 1, Bl. 82ᵃ.

11 Ebd., Bl. 82ᵇ.

12 Ebd., Bl. 104ᵃ; vgl. auch Variloquus (wie Anm. 9), S. 200; Carl August Hugo BURKHARDT, Das tolle Jahr zu Erfurt und seine Folgen 1509–1523. In: Archiv für die sächsische Geschichte 12 (1874) S. 410–413.

13 Vgl. genauer Fritz MEHL, Die Mainzer Erzbischofswahl vom Jahr 1514 und der Streit um Erfurt in ihren gegenseitigen Beziehungen. Bonn 1905, S. 62. 81.

14 Ebd., S. 92.

ren günstig gewesen, allein das Vorhaben – man weiß nicht, warum – war Ende des Jahres 1510 aufgegeben worden. Nun zeigte sich jedoch, daß die Gründe, die vor vier Jahren für Albrechts Koadjutorschaft gesprochen hatten, auch für seine Stuhlerhebung gültig waren: Die Rivalität der beiden Fürstenhäuser, so kalkulierten die Kapitelsherrn, würde am ehesten sicherstellen, daß Erfurt dem Erzstift erhalten bliebe; zudem war der junge Albrecht von Brandenburg bereits Erzbischof von Magdeburg und Administrator von Halberstadt und saß mithin auf Bischofsstühlen, die bisher die Wettiner eingenommen hatten; Erfurt und das Eichsfeld erhielten für Albrecht, wenn er auch Erzbischof von Mainz würde, den Wert eines »natürlichen Bindegliedes«[15] zwischen seinen Herrschaftsgebieten in Mitteldeutschland und am Rhein. Daß ihm die Unterstützung des älteren Bruders, des Kurfürsten Joachim, gewiß sein würde, durften die Kapitulare um so eher erwarten, als der Kurfürst die Kandidatur seines Bruders mit dem Versprechen verbunden hatte, *ecclesiam Mog. suis propriis expensis in suo iure defendere*[16], und das hieß auch: die Mainzer Rechte in Erfurt bewahren[17]. All diese Erwägungen waren Albrecht bestens bekannt, und er wußte auch, daß gerade an seine Postulation die Hoffnung geknüpft war, es könne die *irrung von wegen der stadt Erfordt* beigelegt werden[18]. Und dieser Hoffnung schien er gerecht werden zu wollen und es auch zu können: befand er sich doch Erfurt gegenüber in einer weitaus besseren Position als viele seiner Vorgänger.

Das empfanden auch etliche Erfurter Magistratsmänner, dies allerdings in einer Weise, die ihnen Sorge um die Unabhängigkeit des Gemeinwesens eingab[19]. Deshalb beeilten sie sich wohl, mit den sächsischen Fürsten zu einem Ausgleich zu kommen; sie knüpften, ganz insgeheim, Verbindungen und verhandelten unter hennebergischer Mittlerschaft und näherten sich auch einer Übereinkunft. Aber man fand zu keinem Vertrag. Albrechts Gesandten, als sie von alledem erfuhren, vereitelten es. Sie wiegelten den gemeinen Mann gegen die sächsisch Gesinnten in der Stadt auf. Sie zettelten zuerst gegen den Syndikus Berthold Bobenzahn, dann gegen dessen Gewährsleute im Rat und gegen alle, die sächsischer Neigungen verdächtig waren. Schlag auf Schlag wurden sie verhaftet[20]. Jetzt erst, von den Vorgängen völlig verwirrt, verstanden sich die noch regierenden Ratsherrn dazu, für den postulierten Erzbischof Position zu beziehen. Sie ließen einen Brief an Papst Leo X. ausgehen und baten ihn als getreue Untertanen des Erzstifts, Albrecht das Pallium zu verleihen. Denn nur von ihm, so schrieben sie, erhofften sie *mittel, Rath, hulffe unnd beistand,* daß er ihre Stadt *schutzen und schirmen und uß* ...

---

15 Wilhelm Schum, Cardinal Albrecht von Mainz und die Erfurter Kirchenreformation (1514–1533). Halle 1878, S. 6–7; vgl. auch die bei Mehl, Erzbischofswahl (wie Anm. 13), S. 80 zitierte Äußerung von Kurfürst Joachim.

16 Fritz Herrmann (Hrsg.), Die Protokolle des Mainzer Domkapitels, III: Die Protokolle aus der Zeit des Erzbischofs Albrecht von Brandenburg 1514–1545 (= Arbeiten der Historischen Kommission für den Volksstaat Hessen). Paderborn 1932, ND Darmstadt 1974, S. 6. Diese Zusicherung fehlt merkwürdigerweise in der Wahlkapitulation, vgl. Stimming, Wahlkapitulationen (wie Anm. 5), S. 51.

17 Aloys Schulte, Die Fugger in Rom 1495–1523. Mit Studien zur Geschichte des kirchlichen Finanzwesens jener Zeit, 2 Bde. Leipzig 1904, hier I, S. 120.

18 Mehl, Erzbischofswahl (wie Anm. 13), S. 79 f.

19 In diesem Sinne kann auch die verzögerte Gratulation zur Postulation Albrechts gedeutet werden, vgl. StAE, Liber dominorum (wie Anm. 1), Bd. 1, Bl. 86 (2.4.1514).

20 Vgl. genauer Variloquus (wie Anm. 9), S. 177–192.

*beswerunge furen magk*²¹. Unterdes gingen Albrechts Gesandte weiterhin brutal und barbarisch vor. Es wurde verhört und gefoltert, gevierteilt und geköpft. Der Rat, klein und kirre gemacht, fügte sich nun Albrechts Ansinnen: er übersandte Kopien des Schriftwechsels mit den Wettinern²² und brach, wie der Erzbischof verlangt hatte²³, die Verhandlungen mit ihnen ab: Aus *pflichte unnd trewe,* hieß es, wolle man ohne den Verordneten des Erzbischofs *kein ferrer handelung* vornehmen²⁴.

Schon Wochen später zeigte sich, daß diese Botmäßigkeit geraten war. Denn Anfang September kam vom Mainzer Domkapitel die Nachricht, daß Albrecht die ersehnte Konfirmation erhalten habe. So hatte man sich nun auf einen mächtigen Erzbischof einzustellen, und man wollte es auch. Sogleich verordnete der Rat, daß am Sonntag, dem 3. September, in allen Pfarreien die Glocken geläutet und am nächsten Tag eine Messe gesungen und eine Prozession zur Stiftskirche St. Mariae abgehalten würden²⁵. Dem Erzbischof selbst sandte er ein ehrerbietiges Gratulationsschreiben und wünschte ihm Gottes Segen²⁶. Dem Brief war die Bitte angefügt, der Erzbischof möge eine städtische Abordnung in Angelegenheiten, die nur mündlich vorzutragen seien, gnädig empfangen. Allein Albrecht, ganz hoheitsvoller Landesherr, lehnte ab und verwies auf seine Räte, die er nach Erfurt zu schicken gedachte. Doch der Magistrat bat beharrlich und erreichte endlich, daß seine Deputierten vorgelassen wurden²⁷. Sie dürften dem Erzbischof ein Gespür dafür gegeben haben, daß er mit brachialer Brutalität nicht zum Ziel kommen würde.

Es waren moderatere Mittel gefragt, und Hartmann, Burggraf von Kirchberg, war der Mann, sie zu handhaben. Er war Abt von Fulda, ein geistlicher Herr und als solcher auf einen christlichen Frieden bedacht, wie sein Herr, der Erzbischof, ihn verstand. Gemeinsam mit Valentin Sunthausen, dem Kanzler Albrechts, mit dem Sekretär Georg Griegker und Ulrich von Hutten traf er am 15. Dezember in Erfurt ein²⁸. Drei Tage drauf stellte er seine Gesandtschaft dem Magistrat vor und bot namens des Erzbischofs eine »Versöhnung« an. Der Rat mußte sich bedenken. Unterdes waren die Mainzer in den Vierteln geschäftig und trieben dahin, daß nicht, wie es dem Turnus entsprochen hätte, der Rat des Jahres 1511 gewählt wurde, er wurde vielmehr eingeschüchtert, flüchtete sich in den Mainzer Wirtschaftshof im Brühl und blieb dort bis Mitte Januar. Nun konnte Hartmann von Kirchberg mit frommer Formel zu Frieden und Eintracht mahnen; denn der Rat nach Mainzer Wünschen war bereits im Amt: eine Mannschaft von lauter kleinen Handwerkern, von denen einer, der dritte Ratsmeister, vor Jahren Anführer der

---

21 StAE, Liber dominorum (wie Anm. 1), Bd. 1, Bl. 98ᵃ f.; lateinische Fassung: Bl. 96ᵃ–97ᵇ [13. 5. 1514]; vgl. auch die ähnliche Argumentation der brandenburgischen Gesandten an der Kurie bei SCHULTE, Fugger (wie Anm. 17), II, Nr. 52.
22 StAE, Liber dominorum (wie Anm. 1), Bd. 2, Bl. 92.
23 MEHL, Erzbischofswahl (wie Anm. 13), S. 83.
24 StAE, Liber dominorum (wie Anm. 1), Bd. 2, Bl. 106ᵃ (20. 7. 1514).
25 Ebd., Bl. 115.
26 Vgl. oben S. 156 mit Anm. 1.
27 StAE, Liber dominorum (wie Anm. 1), Bd. 2, Bl. 116. 120. 130ᵇ f.; vgl. auch MEHL, Erzbischofswahl (wie Anm. 13), S. 84.
28 Zu den Personen vgl. Variloquus (wie Anm. 9), S. 205. 206 Anm. 5. 208 Anm. 5. 220 Anm. 3.

mainzhörigen Schwarzen Rotte gewesen war[29]. Daß dieses Gremium mancherorts nur als Spottfigur eines städtischen Regiments angesehen werden konnte, war unverkennbar. Mehr als einmal, bezeichnenderweise vom wettinischen Hof, langten Schreiben an, die adressiert waren *an die so sich der Rath zcu Erffurt nennen*[30]. Diese Ratsriege, so mutete es an, würde sich gut dirigieren lassen. Hartmann von Kirchberg stand mit ihr in einer ununterbrochenen Unterhandlung, die gleichwohl nicht nur förmlich geführt wurde. An einem Punkt waren die Positionen sogar unvereinbar: ob das Friedensgebot, wie es Albrecht erstrebte, die ins Sächsische emigrierten Bürger einbegreifen sollte oder nicht. Der Rat wünschte, keinen Bürger auszuschließen; denn das Friedensgebot sei ja *ein grundfeste und fundament aller zukunfftigen handelunge;* allenfalls war er dazu bereit, der *ußwendischen burger* keinerlei Erwähnung zu tun[31]. Geschah das mit Vorbedacht? Gleichviel, der Rat setzte sich nicht durch. Das Mainzer Domkapitel beriet und billigte das *statutum super pace servanda,* wie es Albrechts Räte ausgehandelt hatten[32], und Albrecht selbst erließ es am 9. April. Tage später gab der Erfurter Rat seinen Revers[33].

In dem Papier beteuerte Albrecht als der *Rechte herr* der Stadt, daß er Zank und Zwietracht, die in Erfurt herrschten, nicht länger dulden wolle und deshalb beabsichtige, *Zum Erstenn unnd forderstenn fride einigkaitt und guetenn willenn aufzurichtenn* und hernach zu beraten, *wie gemeine statt aus dem schwerenn last unnd unrathe wider Inn auffnemenn unnd gedeyenn* kommen könne. Demzufolge verfügte er jetzt eine allgemeine Amnestie für alle *widerwertigkaitt zwyspaldt verdrieß unnd uneinigkaitt,* sei es mit Worten oder Werken – freilich, soweit es jene betraf, die *vonn der gemeinn nit abgewichenn.* Keinem von ihnen dürfe künftig etwas vorgeworfen oder nachgetragen werden, doch keinem solle auch seine rechtmäßige Klage, die vor des Erzbischofs weltlichem Gericht oder vor dem sitzenden Rat erhoben werden könne, verwehrt sein. Wer sich aber an das *fridgepott,* das alle Einwohner sowie die gegenwärtigen und künftigen Ratsherrn einbegreife, nicht zu halten gedenke, werde vom weltlichen Gericht gebührend gestraft[34]. Damit erhob sich der Erzbischof zum alleinigen Schiedsrichter über die inneren Verhältnisse in der Stadt, was ihn seinem Ziel, der völligen Stadtherrschaft, ein Stück näher brachte. Ganz in diesem Sinne stand auch Hartmanns Bemühen, der Stadt einen Hauptmann aufzudrängen, einen Mann des Adels, den Albrecht benennen und einsetzen sollte, und dies, wie Hartmann in der Sitzung des Gesamtrates darlegte, mit Rücksicht auf die Bürgerkämpfe und die Zerrüttung im Gemeinwesen[35]. Die Ratsherren gingen darauf ein, sie erwogen den Vorschlag im Kreis der Gelehrten, und die wiederum berieten mit dem Abt und formulierten vorsichtige Vorbehalte: daß die Neuerung nicht die Rechte des Erzbi-

---

29 Robert William SCRIBNER, Civic Unity and the Reformation in Erfurt. In: Past and Present 66 (1975) S. 37. Zu den bei Variloquus (wie Anm. 9), S. 202 aufgeführten Ratsmitgliedern vgl. die biographischen Angaben bei Ulman WEISS, Die frommen Bürger von Erfurt. Die Stadt und ihre Kirche im Spätmittelalter und in der Reformationszeit. Weimar 1988, S. 313–316.
30 StAE, Liber dominorum (wie Anm. 1), Bd. 2, Bl. 158^b, vgl. auch 160^a.
31 Ebd., Bd. 1, Bl. 124^b f.
32 HERRMANN, Protokolle (wie Anm. 16), S. 23. 30.
33 StAE, 0–0 A XI 15 (14. 4. 1515).
34 Ebenda.
35 Variloquus (wie Anm. 9), S. 207.

schofs als geistlicher Hirte berühren dürfe[36]. Vermutlich spürte Hartmann im Zögern einen gewissen Widerstand, und er hielt es für angezeigt, den Plan aufzugeben. Stattdessen wurde über Angelegenheiten verhandelt, die seit den Zeiten Erzbischof Bertholds strittig waren: die Heerfolge und das Zollhaus. Beide Fragen konnten sehr schnell geklärt und in Verträgen geregelt werden. In der einen Übereinkunft gab der Rat den Widerstand seiner Vorgänger auf und gestattete den Neubau eines Zollhauses *In ein ander und besser form und gestalt,* in der zweiten Übereinkunft verpflichtete er sich zur *volge Reyse und dienst* in Angelegenheiten des Reiches, des Glaubens und des Erzstiftes, und dies auch dann, wenn es Bündnisverpflichtungen des Erzstiftes betraf; doch sollte dieser Vertrag hinfällig sein, sobald die Erfurter anderslautende Privilegien würden vorweisen können[37]. Die Konsequenzen der Vereinbarung über die Heerfolge waren erheblich, und der Rat, der dies klar begriff, drang deshalb wohl darauf, daß ihm so etwas wie eine Sicherheitsgarantie gewährt würde, eine Versicherung, die Erfurter zu *verteidingen, schuetzen unnd schirmen,* falls sie von den sächsischen Fürsten oder den geflohenen Bürgern angefochten werden sollten[38].

Nun, nachdem all die Verträge gesiegelt waren, dachte Erzbischof Albrecht an das feierliche Zeremoniell seines Einreitens, eines Einreitens freilich, das, ganz anders als vormals, den Erzbischof nicht zu Zugeständnissen an den Rat, vielmehr den Rat zu Zugeständnissen an den Erzbischof nötigen sollte: die Leistung eines Treueides, mit dem sich die Stadt auf Gedeih und Verderb dem Erzbischof unterworfen und auf alle Rechte verzichtet hätte. So bedeutete das Einreiten in diesem Jahre 1515 schlechthin das Niederreiten der städtischen Freiheit, für die jahrzehntelang gekämpft worden war. Die Verhandlungen über den Einritt zogen sich seit Juni über Monate hin und gestalteten sich schwieriger als anfangs zu erwarten war. Noch am selben Tag, an dem Albrecht die Verträge über das Zollhaus, die Heerfolge und den Beistand siegelte, bat ihn der Rat um Geleit für seine Deputierten, die mit ihm das Einreiten erörtern sollten[39]. Der Erzbischof war sogleich bereit. Er gab sein Geleit und den Gesandten sein Gehör. Schon am 11. Juni waren sie bei ihm[40]. Was sie ihm bei dieser Gelegenheit sagten, wurde Tage später dem Domkapitel vorgetragen: Die Erfurter wünschten, daß sich der Erzbischof – dies vor allem – *personaliter* nach Erfurt begebe, um *rebus adversis et labentibus* beitun zu helfen. Dazu gehöre, daß er die Rückkehr der Exilanten verhindere, das von Herzog Georg eingenommene Schloß Vargula wieder an die Stadt gelangen lasse und gegen all die vielen Stadtfeinde mit Rat und Tat behilflich sei[41]. Albrecht selbst ersuchte die Kapitulare, die Artikel gut zu erwägen, er jedenfalls wolle, was er vermöge, *pro utilitate ecclesiae Mog.* einsetzen[42]. Das Kapitel mußte sich nicht bedenken: Der Einzug, ganz ohne Frage, hatte zu erfolgen, die Form freilich war reiflich zu überlegen. Das geschah seitens der Kapitelsherrn und der erzbischöfli-

---

36 Ebd., S. 207f.
37 StAE, 0–0 A VII 100. 103 (30. 5. 1515), vgl. auch HERRMANN, Protokolle (wie Anm. 16), S. 36.
38 StAE, 0–0 A VII 102 (30. 5. 1515).
39 StAE, Liber dominorum (wie Anm. 1), Bd. 1, Bl. 130^b.
40 Ebd., Bd. 2, Bl. 149^a f.; Variloquus (wie Anm. 9), S. 209.
41 HERRMANN, Protokolle (wie Anm. 16), S. 40f.
42 Ebd., S. 41.

chen Räte gleich in den nächsten Tagen[43]. Es wurde hin- und herberaten, aber kein Beschluß gefaßt. Unterdes verstrich die Zeit, und die sächsischen Fürsten schickten sich an, dem Erzbischof die Wege nach Erfurt zu verlegen. Denn mit genauem Gespür erfaßten sie, daß der Einritt, wenn er erfolgte, ihre Rechte in Erfurt für immer zerstören würde. Und sie ließen sich auch nicht umstimmen, als Albrecht und sein Bruder Joachim gerade dies ihnen versicherten: der Einritt sollte ihren Rechten nicht abträglich sein. Doch die Wettiner beharrten, und Kurfürst Friedrich hätte gern, wenn sein albertinischer Vetter Georg bereit gewesen wäre, sämtliche Straßen gesperrt[44]. So blieben ihm bloß Drohgebärden: Aufgebote und geschickt gestreute Gerüchte über einen Kriegsschlag gegen Erfurt. Und mit Häme sah er es, wenn auf kursächsischem Boden adlige Stadtfeinde gegen Erfurter Bürger vorgingen, sie überwältigten, ausplünderten und oft genug ermordeten – all dies, um, wie der Rat richtig bemerkte, *under den burgern zcweitracht, widerwertickeit und aufrur zu erwecken*[45]. Sie sollten zermürbt werden, auf daß sie den sächsischen Fürsten *gehorsam und gefolgig* würden[46]. Der Rat sprach das deutlich aus; er stellte dem Erzbischof auch vor, was ihm als dem rechten Erbherrn für Nachteile entstehen könnten[47], und geradezu inständig ersuchte er ihn um *Rath hulffe unnd beistandt*[48] – eine stets wiederkehrende Wendung. Er bat, als täglich kriegerische Gewalt drohte, um gut gerüstete Kriegsmannen und die Mobilmachung des Eichsfeldes, und er erhoffte wohl auch, daß, wie gerüchtweise zu vernehmen war, Erzbischof Albrecht mit Heeresmacht nach Erfurt ziehen würde[49]. Weder das eine noch das andere geschah. Den Erfurtern, die entschlossen die Mainzer Karte spielten, brachte sie kein Glück. Ihr Wille zur kriegerischen Konfrontation, und dies erklärtermaßen um des Erzstifts Gerechtsame in der Stadt zu verteidigen, wurde rundweg brüskiert. Albrecht, mit wichtigen Worten zwar zum Einzug entschlossen[50], meinte aber nicht anders als das Domkapitel, *quod ad bellum non sit consulendum*[51]. Mit Waffen den Einritt zu erzwingen, wäre seiner erasmischen Friedfertigkeit zuwider gewesen. Gleichwohl wurde am Zeremoniell festgehalten, und es sollte selbstredend ein *introitus jucundus* werden[52]. Im Oktober schien es, als käme er doch noch zustande; das Kapitel benannte bereits seine Deputierten[53], und der Rat war bereits *hochlich erfrawet* und traf, wie es Herkommen war, seine Zurüstung: Naumburger und Einbecker Bier wurde eingelagert und ein kostbarer *ciphus argenteus* beschafft, der, angefüllt mit Erfurter Pfennigen, dem Erzbischof verehrt werden sollte[54]. Der Termin war be-

43 Ebd., S. 43.
44 Carl August Hugo BURKHARDT, Ernestinische Landtagsakten, I. Jena 1902, S. 117–118; Staatsarchiv Weimar, Reg G 216, Bl. 28–32. 35 f.; Reg G 222, Bl. 22–30. 70 f.
45 StAE. Liber dominorum (wie Anm. 1), Bd. 2, Bl. 169^a.
46 Ebd., Bl. 159^a, vgl. auch 154^b.
47 Ebd., Bl. 159^a.
48 Ebd., Bl. 169^a.
49 Ebd., Bl. 154, vgl. auch Bl. 160–161 und BURKHARDT, Das tolle Jahr (wie Anm. 12), S. 416.
50 HERRMANN, Protokolle (wie Anm. 16), S. 51.
51 Ebenda.
52 Variloquus (wie Anm. 9), S. 215.
53 HERRMANN, Protokolle (wie Anm. 16), S. 55 f.
54 StAE, Liber dominorum (wie Anm. 1), Bd. 1, Bl. 158^b; Variloquus (wie Anm. 9), S. 234 mit Anm. 3. Zu den Verehrungen vgl. auch Staatsarchiv Magdeburg (in folgenden StAM), Rep A 37 b I.II.I, Nr. 1 (1440), Cop 1378, Bl. 142.

nannt: der 11. November, der Tag des Stiftspatrons – es konnte kein geeigneteres Datum gefunden werden. Jenseits des ausgedehnten Landgebietes rasselten die Ernestiner drohend mit den Waffen: Sie würden den Einritt zu verhindern wissen. Der Rat wurde merklich nervös[55]. Einen Tag vor St. Martin befahl der Rat alle früheren Ratsherrn vor sich, einer von ihnen, Georg Friedrun, wurde wegen sächsischer Neigungen verhaftet[56]. Dann kam der Martinstag, aber nicht Erzbischof Albrecht. Er wollte, wie auch das Kapitel, keinen Waffengang, und der schien unvermeidlich. Gleichwohl war ihm und seinen Räten und nicht anders den Kapitelsherrn bewußt, daß der Einritt, wenn er jemals erfolgen sollte, jetzt vollzogen werden müßte – vor der alljährlichen Ratswahl[57]. Albrecht war das so wichtig, daß er in einer eigens einberufenen Einwohnerversammlung vortragen ließ, wie sich Rat und Gemeinde zu verhalten gedächten, wenn er, der Erzbischof, trotz der sächsischen Verhinderungsversuche seinen Einritt vornehmen würde. Zu beraten gab es nichts; einmütig und entschieden erscholl das Bekenntnis zum Erzbischof; er sollte wissen, daß Rat und Gemeinde *als getrawe underthanen* den Einzug nicht nur herbeisehnten, sondern auch bereit seien, dafür all ihr *vermogen leibs und guts mit Ernst* einzusetzen, was *alle und yde burger in Erfurt in sunderheit zcuthune sich Erbotten und festiglich verheischen haben*[58]. Und zur Bekräftigung dessen wurde das Schreiben nicht allein vom Rat gesiegelt, sondern auch von den Zünften der Fleischer, der Schmiede, der Wollweber, der Kürschner, der Löber, der Krämer, der Schuhmacher, der Schneider, der Bäcker, der Goldschmiede und der Riemer, die dies zugleich für die übrigen Innungen und die Vortorer besorgten, während noch die vier Viertelsvormunde ihre Siegel anhängten[59]: Es war ein mit sechzehn Siegeln versehener Brief, den der Erzbischof am 10. Dezember dem Domkapitel in Mainz vorweisen konnte, als er erneut wissen wollte, ob in der Erfurter Sache *ad publicum bellum* zu raten sei[60]. Sollten Albrechts eigene Entschlossenheit und die Beistandsbekundung der Erfurter die Kapitelsherrn zu einem Placet bewegen? Sie gaben es nicht, beratschlagten gleichwohl noch einige Male[61], dann, als das Jahr 1516 begann, wurde anderes erörtert, und bald ergaben sich auch Umstände, die daran überhaupt nicht mehr denken ließen.

Zweifellos hatte es viele Erfurter enttäuscht, daß der *jucundus introitus... de termino in termino* verschoben wurde[62]. Es begannen sich Zweifel zu regen an der so oft beteuerten Entschiedenheit Albrechts, in eigener Person einzureiten und zum Besten des Gemeinwesens rätig und tätig zu werden. Ohnehin hatte er bis-

55 Vgl. die entsprechenden Mitteilungen bei Variloquus (wie Anm. 9), S. 21.
56 Ebd., S. 213.
57 HERRMANN, Protokolle (wie Anm. 16), S. 60: ... *quid periculi afferat, quod ingressus Erfordensis differatur, cum consulatus in festo Thomae in suo regimine desinat et novi consules ingrediantur, nec sciant domini de capitulo, quid in ea re agatur.*
58 StAE, Liber dominorum (wie Anm. 1), Bd. 2, Bl. 175ᵃ–176ᵇ. 175ᵃ; vgl. auch Variloquus (wie Anm. 9), S. 214.
59 Die Vormunde sind Andreas Utzberg (Johannes-Viertel), Balthasar Utzberg (Viti-Viertel), Hans Greffe (Marien-Viertel) und Eoban Kolman (Andreas-Viertel); zu ihnen vgl. die biographischen Angaben bei WEISS, Die frommen Bürger (wie Anm. 29), S. 186. 314. 315.
60 HERRMANN, Protokolle (wie Anm. 16), S. 61–62.
61 Ebd., S. 63–64 (20. 12., 23. 12.).
62 Variloquus (wie Anm. 9), S. 215, vgl. auch S. 314 und StAE, Liber dominorum (wie Anm. 1), Bd. 1, Bl. 193ᵃ: In der Gemeinde sei *unwillen und verdrieß* wegen des verschobenen Einritts entstanden; viele hätten sich *mit beweglichem gemutt unnd beswerlichen worten* geäußert.

lang nur wenig unternommen: Er hatte Klagen Erfurter Gläubiger vom Reichskammergericht an sein Hofgericht ziehen lassen[63] und sich mehrfach dafür verwandt, daß die verschuldete Kommune nicht mit Geldforderungen überfallen wurde, doch auch dies hatte er nicht immer zu verhindern gewußt, und vor allem hatte er zur Gesundung der Finanzen ganz und gar nichts beigetragen[64] und zu keinem Zeitpunkt wirksame Hilfe geleistet: Zu keinem Zeitpunkt, so oft darum gebeten[65], hatte er Soldaten in die Stadt geschickt oder gar das Eichsfeld aufgeboten, und zu keinem Zeitpunkt hatte er darauf gedrungen, daß den auf offener Straße beraubten Erfurtern Genugtuung geschehen wäre. Nun, Ende des Jahres 1515, verlangte er sogar, der sitzende Rat, auf den er sich verlassen konnte, sollte länger amtieren als die Verfassung es vorschrieb, damit sein Einzug, für den er nach wie vor geschäftig war, nicht von einem ganz anders gesonnenen Ratsgremium vereitelt würde[66]. Tatsächlich bestand die Gefahr. Es verdroß nämlich manch einen, daß der Erzbischof das städtische Recht derart mißachtete, und so fanden seine Räte, die im Januar nach Erfurt kamen, nur wenig Gehör, als sie die Bürger beredeten, einen Magistrat zu wählen, der die Wohlhabenden von vornherein ausschlösse: die Ratsherrn aus der Zeit vor 1509, deren Verwandte und Freunde, die Inhaber fürstlicher oder gräflicher Lehngüter, die Doktoren, Magister und Juristen[67]. Daß so verfahren würde, war, wie gesagt, keineswegs garantiert; dennoch, just am Tag vor der Wahl, reisten die Mainzer ab. Und wirklich wurde anderentags, am 30. Januar 1516, etwas Entgegengesetztes einmütig entschieden: jeder kluge, ehrwürdige, gut beleumundete und wohl besessene Mann, der dem städtischen Gemeinwohl zu dienen willens war, sollte in den Rat gelangen dürfen, und in diesem Sinne traf die gesamte Gemeinde – und nicht, wie im Vorjahr, allein die Versammlung der Vormunde – ihre Wahl, indem sie sich, gemäß dem Turnus, für den Rat des Jahres 1512 erklärte – allerdings mit einer Ausnahme: Adolar Huttener, der Oberratsmeister von 1513, erhielt auch jetzt wieder das höchste Magistratsamt. Von ihm, der 1513 Zeichen gesetzt hatte, erwartete man mit gutem Grund eine neue Orientierung in der Politik, wodurch dem städtischen Geld- und Wirtschaftswesen aufgeholfen und es gesunden würde[68].

Bald bereits deutete sich der Umschwung an. Schon im März ergriff der Rat die Gelegenheit, dem Erzbischof auf andere Art und Weise als bisher die Schwierigkeiten der Kommune darzulegen. Er schrieb davon, daß die Erfurter nirgends sicher ziehen und ihrem Gewerbe nachgehen könnten, daß sie allerorten Bedrängnis und Plünderung befürchten müßten und daß die Stadt deshalb immer mehr in Abnehmen gerate. Sie werde erst wieder aufblühen, wenn Friede und Sicherheit eingekehrt seien[69]. Was sich so treumeinend gab, war in Wirklichkeit ein ganz geschickt gestaltetes Schreiben, in dem sich zwischen den Zeilen Vorwurf und Verlangen zugleich erhoben: der Vorwurf, zum Frieden bislang nicht beigetragen zu

---

63 Z. B. ebd., Bl. 146. Bd. 2, Bl. 173. Das diente natürlich auch der Profilierung des Hofgerichts.
64 Zu berücksichtigen ist freilich der allseits abgelehnte Vorschlag einer allgemeinen *schatzung* (ebd., Bd. 1, Bl. 133[b] f.).
65 Ebd., Bd. 2, Bl. 127. 131 (Oktober 1514). 154–155. 160 f. (August 1515).
66 Variloquus (wie Anm. 9), S. 219.
67 Ebenda.
68 Zu Huttener und den anderen Ratsmitgliedern vgl. die biographischen Angaben bei WEISS, Die frommen Bürger (wie Anm. 29), Anlage 1, S. 313–316.
69 StAE, Liber dominorum (wie Anm. 1), Bd. 2, Bl. 197[b]–198[b].

haben; das Verlangen, die Verpflichtung als rechter Erbherr endlich zu erfüllen. Kaum anders war das auch in weiteren Briefen der nächsten Zeit zu lesen. Aufs genaueste berichteten sie von Geleitverweigerung, von Raub, Schatzung und Totschlag; viele Bürger verließen die Stadt für immer, Häuser stünden verlassen, und Hofstätten würden wüst[70]; und immer wieder dies: die Stadt verderbe mehr und mehr, wenn sie nicht *hulff Rathe und beystandt* des Erzbischofs erfahre[71]. Albrecht selbst spürte das Drängen, und er begriff, daß, wenn er weiter zauderte, womöglich ein Ausgleich wider seinen Willen zustande käme. Diese Einsicht bewog vermutlich auch das Domkapitel, den Erzbischof zu mahnen, daß er den Erfurter Handel beende und eine *amicabilem compositionem* mit den sächsischen Fürsten erreiche[72]. Denen stand nun, da ein richtiges Ratsregiment regierte, gleichfalls der Sinn nach einer Übereinkunft. Doch an ihrer Statt klopfte der bewährte Vermittler, Graf Wilhelm von Henneberg, an die Rathaustür. Das wurde zwar sofort dem Erzbischof rapportiert, allerdings in der Absicht, ihn selbst zum Handeln zu bewegen[73]. Albrecht verstand das, und er verstand auch, was die Erfurter von ihm erwarteten[74]. Und so schickte er, als wieder einmal adlige Stadtfeinde im Land ihr Unwesen trieben, seinen Marschall Frowin von Hutten mit einigen Reisigen nach Erfurt[75]. Der Marschall, mehr noch die Kapitelsdeputierten mit dem genau blickenden Johann von Vilbel, nahmen die Sinnesänderung der Erfurter, die aus ihren enttäuschten Erwartungen herauswuchs, sehr wohl wahr, ja, sie warfen dem Rat schließlich vor, zusammen mit der Gemeinde vom Erzstift und dem Erzbischof als ihrem rechten Erbherrn abfallen zu wollen.

Doch der Rat widersprach entschieden. Er bekannte sich zur treuen Untertanenschaft unters Erzstift und beteuerte, daß man in Erfurt nach wie vor *begerigk* sei, den Erzbischof seinen Einritt halten zu sehen und ihn *vermuge leibs unnd guts,* wie im vergangenen November versichert[76], schützen zu wollen[77]. Was dieses Bekenntnis wirklich wert war, offenbarten schon die nächsten Wochen. Alsbald hieß es, die Erfurter würden sich ohne Wissen und Willen des Erzstifts mit den sächsischen Fürsten in Vertrag begeben wollen, und deshalb seien etliche Ratsherrn – und *nicht die wenigsten personen* – nächtlicherweile heimlich aus der Stadt gewichen und hätten mit den Grafen Wilhelm von Henneberg, Gunter von Schwarzburg und Siegmund von Gleichen Unterhandlungen gepflogen[78]. Das Gerücht kam dem Erzbischof und dem Mainzer Domkapitel zu Ohren, mehr noch: eine Eilepistel meldete, daß der Magistrat bereits mit Sachsen verhandle und eine Vereinbarung gegen das Erzstift getroffen habe. Als diese Nachricht am 7. Juni in der Kapitelsversammlung verlesen wurde[79], konferierten die Erfurter Gesandten

---

70 Ebd., Bl. 209^b. Bd. 1, Bl. 186–187^b. 189^a–190. 192^a–194^b. 200^b–201^b.

71 Ebd., Bd. 2, Bl. 197^b.

72 HERRMANN, Protokolle (wie Anm. 16), S. 67. 72.

73 StAE, Liber dominorum (wie Anm. 1), Bd. 2, Bl. 207^b, vgl. auch 206^b f.

74 Klar hieß es bei anderer Gelegenheit, daß *zcum Ersten der heubtkrieg mit den fursten* von Sachsen durch den Erzbischof beendet werden solle (ebd., Bl. 223^b).

75 Ebd., Bl. 210.

76 Vgl. oben S. 164 mit Anm. 58.

77 StAE, Liber dominorum (wie Anm. 1), Bd. 1, Bl. 198^a; vgl. auch den Reflex dieses Schreibens in der Kapitelssitzung am 15. Mai bei HERRMANN, Protokolle (wie Anm. 16), S. 76.

78 StAE, Liber dominorum (wie Anm. 1), Bd. 2, Bl. 215^a; Variloquus (wie Anm. 9), S. 223.

79 HERRMANN, Protokolle (wie Anm. 16), S. 81.

gerade mit Erzbischof Albrecht in Halberstadt. Namens des Rates und der Gemeinde berichteten sie mit bewegten Worten von der Not des Gemeinwesens, die nun schon das siebte Jahr andauere, und sie baten den Erzbischof, endlich einen Frieden mit den sächsischen Fürsten zu vermitteln und die Bürgerschaft zu versöhnen, damit das Leben in der Stadt wieder gedeihen könne. Albrecht sagte nicht mehr, als daß er bei den Fürsten *pro concordia et unitate* wirke und daß er den Erfurtern zugestehe, das gleiche ihrerseits zu tun[80]. Der Abschied war kühl. Da zog Graf Botho von Stolberg die Gesandten zur Seite und frug nach den verheimlichten Verhandlungen. Dem sei keinen Glauben zu geben, wehrten sie ab[81]. Der Rat, als er von alledem erfuhr, war betroffen und erfreut zugleich: betroffen, daß seine Bestrebungen zur Unzeit bekannt geworden waren; erfreut aber, daß er sie fortan unbemäntelt zum Ziele führen konnte. Gleichwohl schien es ihm geraten, dem Erzbischof noch einmal seine Loyalität zu bekunden: Trotz aller Beschwerung sei man willens gewesen, sich nie vom Erzstift abzusondern, ja, man habe Albrecht ausdrücklich gebeten, unterm Schutz des Heiligen Martin bleiben zu dürfen. Wer dem Erzbischof jetzt etwas anderes sage, wolle nichts weiter, als in der Stadt ein Blutvergießen anrichten. Rat, Vormunde und Gemeinde wünschten nach wie vor, daß Albrecht ihr *gnedigster herre sein und pleiben* möge; sie hätten ihn als jemand erkannt, dem *friden und einickeith hochbeliebt*, weshalb sie ihn um *Rath hulff und beistand* bäten, damit die Stadt endlich aus dem Unrat käme[82]. Vor einem Jahr war solch eine Bitte ernst gemeint gewesen, jetzt war sie zur fixen Formel verkommen. Dem Rat war klar geworden, daß er, wenn die Stadt zu Frieden und Eintracht finden sollte, ihr Geschick selbst in die Hand nehmen mußte, doch dies auf eine Weise, die den Erzbischof nicht verletzen durfte. Immerhin konnte er hier und dort die Umstände günstiger gestalten, Zahlungsaufschub erwirken, Gerichtstermine verschieben, Vergleiche vermitteln...[83].

Konsequent wurde dieser Kurs gesteuert. Kaum etwas zeigt dies deutlicher als die Verhaftung Herebords von der Marthen, eines Ziehkindes der Mainzer, der erst im letzten Jahr als Syndikus bestallt worden war und beschuldigt wurde, er habe danach getrachtet, daß die Stadt in *perpetuam servitutem* falle[84]. Das war, recht besehen, Grund genug für einen peinlichen Prozeß, allein man verzichtete darauf, betagte den Juristen, für den die Erzstiftischen eifrig Fürsprache hielten, in seinem Haus und sorgte ansonsten für den Ausgleich. Es geschah mit aller Umsicht. Als er der Gemeinde sicher sein konnte, ließ der Rat am 4. Juli die Vormunde der Handwerke und Stadtviertel sowie die Einwohner selbst zusammenrufen und sich die Zustimmung zum Vorschlag des Erzbischofs geben. Mit erwünschter Einmütigkeit wurde der Rat zu Friedensverhandlungen mit den sächsischen Fürsten bevollmächtigt und zudem beauftragt, durchaus mit Gewalt gegen jene vorzugehen, die sich dem widersetzen würden[85]. Das war der Wille der Ge-

---

80 Variloquus (wie Anm. 9), S. 222.
81 Ebd., S. 223.
82 StAE, Liber dominorum (wie Anm. 1), Bd. 2, Bl. 215ᵃ–218ᵇ. 216ᵃ.
83 Vgl. etwa ebd., Bd. 1, Bl. 182. 200ᵇ–201ᵇ. 203ᵃ. 218ᵇ. Bd. 2, Bl. 212ᵇ–213ᵇ.
84 Variloquus (wie Anm. 9), S. 224; zur Person vgl. Erich KLEINEIDAM, Universitas Studii Erffordensis. Überblick über die Geschichte der Universität Erfurt im Mittelalter 1392–1521, II. Leipzig 1969, S. 332–333; HERRMANN, Protokolle (wie Anm. 16), S. 84 Anm. 2.
85 Variloquus (wie Anm. 9), S. 225.

meinde, die den Rat in die Pflicht nahm – so jedenfalls stellten es dessen Gesandten bei einer erneuten Audienz dem Erzbischof dar, und er gab seinen Konsens. Nun wurde zügig Zeichen um Zeichen gesetzt: Die Exilierten durften, ohne Nachteile gewärtigen zu müssen, sicher nach Hause zurückkehren; Graf Wilhelm von Henneberg wurde um Vermittlung ersucht und jedes Hindernis weggeräumt. Mitte August setzte der Rat noch einmal ein langes Schreiben an den Erzbischof auf, in dem er an die Not und das Elend in der Stadt und an Albrechts Zusage erinnerte; doch sei er wohl, hieß es weiter, wegen *anderer merglicher Ingefallender geschefft* verhindert worden. Deshalb habe die Gemeinde dem Rat aufgetragen, ihm, dem Erzbischof, zu schreiben, daß *in einer kurtze und aufs allerschirst* die Irrung mit Sachsen vertragen werde, und er, der Erzbischof, hierbei mit *hülff und Rathe* beistehen möge. Wenn er das aber nicht könne, wollten die Erfurter auf eigene Kosten *die sachen zu tagen und gutlicher verhandelung bringen*[86].

Albrecht war erstaunt; was er befürchtet hatte, traf nun ein: Daß die Erfurter, eher als er selbst, mit den sächsischen Fürsten sich einigen würden und er sogar ausgeschlossen bliebe. Sogleich sandte er seine Räte in die Stadt, die sein *gemute und meynunge* kundtun sollten, und zwar wohlweislich vor der Gemeinde, auf die er nach wie vor setzte. Allein der Rat untersagte es, und dagegen war nichts zu machen[87]. Die Mainzer wußten: sie würden nichts erreichen, solange nicht dem Oberratsmeister Adolar Huttener und dem Obervierherrn Mathias Schwengfeldt die Köpfe abgeschlagen wären[88]. In der Tat waren sie die bestimmenden Männer jetzt und in den nächsten Jahren. Jetzt setzten sie es durch, daß Henning Goede, der von seinen Mitkanonikern vertriebene Dekan des Stiftes St. Mariae, gegen deren immer noch vehementen Widerstand in die Stadt zurückkehren konnte, und dies *cum pompa et gloria*[89]. Er wurde an der Grenze des städtischen Gebietes von einem Trupp Berittener erwartet und sodann bis vor seine Kurie hinter St. Mariae geleitet. Es war ein ehrenvoller Empfang zu einer Zeit, wo in einiger Entfernung Erzbischof Albrecht auf seinem Weg zum Kaiser vorüberzog, in Jena und Arnstadt übernachtete, aber wohl nicht geneigt war, den Erfurtern, die darum gebeten hatten, Audienz zu gewähren[90]. Ihr Wille zur Vereinbarung mit Sachsen verdroß ihn und machte ihn ratlos[91], im übrigen weilten gerade seine Räte in der Stadt, die erneut verlangten, daß ohne seine und des Domkapitels Zustimmung keine Übereinkunft mit Sachsen getroffen werde. Doch der Magistrat, es sei mit oder ohne Konsens, war zum Ausgleich entschlossen, und die Mainzer reisten verärgert ab[92]. Zwei Tage später, am 9. September, erschien Henning Goede, der seit dem Tollen Jahr von 1509 in Wittenberg gelebt hatte, im Rathaus und erör-

---

86 StAE, Liber dominorum (wie Anm. 1), Bd. 2, Bl. 230.
87 Ebd., Bl. 233ª; Variloquus (wie Anm. 9), S. 227.
88 Ebd., S. 228; zu Schwengfeldt vgl. WEISS, Die frommen Bürger (wie Anm. 29), S. 315.
89 Variloquus (wie Anm. 9), S. 229; zur Person vgl. Josef PILVOUSEK, Die Prälaten des Kollegiatstiftes St. Marien in Erfurt von 1400–1555 (= Erfurter theologische Studien 55). Leipzig 1988, S. 208–220; vgl. auch Goedes eigenen Bericht vom 12.9.1516 im Staatsarchiv Weimar, Reg G 229, Bl. 119.
90 Variloquus (wie Anm. 9), S. 228–229; StAE, Liber dominorum (wie Anm. 1), Bd. 1, Bl. 224ª–225ª (6.9.1516). Bd. 2, Bl. 236ᵇ (5.9.1516).
91 HERRMANN, Protokolle (wie Anm. 16), S. 90.
92 Variloquus (wie Anm. 9), S. 229–230; StAM, Rep A 37 b I.II.XV. Nr. 48 a, Bl. 3ᵇ f.

terte mit den maßgeblichen Magistratsmännern, wie eine Vereinbarung mit Sachsen zu befördern sei.

Zunächst richtete der Rat an alle drei sächsischen Fürsten, an Kurfürst Friedrich, Herzog Johann und Herzog Georg, gleichlautende Briefe, in denen er die fürstliche Ungnade wegen der Irrung beklagte und um Entschuldigung bat. Rat und Gemeinde seien *begirig und erbottig*, unter den Fürsten *schutz und schyrm* zu sein und sich gemäß der aufgerichteten Verträge zu verhalten. Schließlich bat er um eine Tagzeit, um alle *anligende notturfft* vortragen zu können[93]. Die Tagzeit wurde bald anberaumt, es wurde verhandelt und am 2. Oktober ein Vertrag geschlossen, der anderntags bereits ratifiziert wurde. In ihm wurden die Ernestiner wie ehedem als Lehns- und Schutzherrn anerkannt, und daran änderte auch nichts, daß sie, in Anbetracht der städtischen Finanznot, auf rückständiges Schutzgeld verzichten und sich für die nächsten zehn Jahre mit der Hälfte begnügen wollten; Vargula und Kapellendorf sollten wieder in städtischen Besitz gelangen; die geflohenen Patrizier durften wieder zurückkehren und ihren beschlagnahmten Besitz einnehmen, und alles, was dem Erzstift zwischenzeitlich zugestanden worden war, mußte aufgekündigt werden[94] – kurzum, es wurde im wesentlichen der Zustand vor dem Tollen Jahr wiederhergestellt.

An den Einritt des Erzbischofs dachte nun niemand mehr. Das Schützenfest, das der Rat zur Freude des einziehenden Kirchenfürsten schon seit langem vorbereitet hatte, wurde jetzt ein Freudenfest über den endlich errungenen Frieden; in St. Mariae sang man das Te Deum und ließ die Gloriosa, die große Kirchenglocke, läuten; in St. Severi indes, wo die Prälaten einsinnig *in Parte Moguntini* waren, geschah das nicht[95]. Albrecht selbst protestierte sofort. Er ersuchte den Kaiser und den böhmischen König um Unterstützung und wünschte den Rat des Domkapitels, dem er mit wohlklingenden Worten darlegte, was er in der Erfurter Sache alles getan hatte *pro salute ecclesiae Mog.* und dafür zu wirken er auch fürderhin bereit sei; denn darin war er sich mit den Kapitelsherrn einig: der Vertrag der Erfurter mit den Fürsten von Sachsen durfte nicht ohne weiteres hingenommen werden[96]. Das fand auch Kaiser Maximilian I., der, von Albrecht darum gebeten, den Erfurtern zunächst jegliche Verhandlungen mit den Wettinern verbot und ihnen im zweiten Mandat mit Gewaltmaßnahmen des Reichs drohte, falls der Naumburger Vertrag, der die Rechte des Erzbischofs kränke, nicht aufgesagt werde[97]. Der Rat konsultierte sofort die wettinischen Räte und ließ sich von ihnen und Henning Goede eine Supplikation aufsetzen[98]. Aus ihr sprach die Enttäuschung, ja, der Ärger über den Erzbischof, der, so dringlich er um Schlichtung des Streits mit Sachsen gebeten worden sei, nichts als Vertröstung gewußt hätte, und nicht genug damit, hätte er sogar *alle mittel und furslege* abgewiesen: eine brutale Propaganda, die nichts weniger bezweckte, als dem Kaiser vor Augen zu führen,

---

93 StAE, Liber dominorum (wie Anm. 1), Bd. 2, Bl. 237^a–240^a (11. 9. 1516).

94 Ebd., 0–0 A XI 18; vgl. auch Albrechts Vermittlungsvorschlag, der am 19. 8. 1516 vom Domkapitel beraten wurde, HERRMANN, Protokolle (wie Anm. 16), S. 87.

95 Variloquus (wie Anm. 9), S. 237 f.

96 HERRMANN, Protokolle (wie Anm. 16), S. 94–95. 99.

97 StAM, Rep A 37b I.I.III. Nr. 8, Bl. 148; Variloquus (wie Anm. 9), S. 232. 238; StAE, Liber dominorum (wie Anm. 1), Bd. 1, Bl. 242^a.

98 Ebd., Bl. 232. 237. 238^b. Bd. 2, Bl. 259^a. 267.

daß den Erfurtern, wenn sie Frieden wollten, nur dies noch geblieben war: selbst eine Übereinkunft treffen, die allerdings, wie sie betonten, das alte Herkommen bekräftige und somit gar nicht die Rechte des Erzbischofs beeinträchtigen könne[99].

Die Erfurter, von den Wettinern unterstützt, ließen sich also nicht beirren und hielten an der Vereinbarung fest. Das war ein Gebot der politischen Vernunft – nicht mehr und nicht weniger. Mit einem Landesherrn, der das Geleit besaß, mußte man sich gutstellen. Die mächtigen Handelsbürger hatten das stets getan. Nun hatte es auch die Mehrheit der so leicht manipulierbaren kleinen Zünftler eingesehen. Daß sie die Mainzer Karte gespielt, hatte ihnen keinen Gewinn gebracht. So warfen sie die Karte hin. Die Niederlage, die mithin das Erzbistum erlitt, war hart, hart auch für Erzbischof Albrecht selbst. Auf alle Anersuchungen um *rath hulffe und beistandt* hatte er, wie die Erfurter zu Recht meinten, stets nur *trosts und willens... horen lassen*[100], nie aber, von einer Reiterschar abgesehen, wirksame Hilfe geleistet. Dabei hätte sie, zumal in dem entscheidenden Jahr 1515, wo ein Rat von Mainzer Gnaden regiert hatte, bedeutenden politischen Zugewinn gebracht. Anscheinend glaubte Albrecht, ihn auch mit kleinem Einsatz erzielen zu können. Oder konnte er nicht mehr einsetzen? Wahrscheinlich wollte er einen Waffengang, der unausweichlich schien, um jeden Preis vermeiden, er war wohl auch bereit, dem Hause Wettin alle Gerechtigkeiten, die es in Erfurt hatte, auch künftig zuzugestehen[101]. In Erfurt deutete man sein Zögern und Zaudern gegenüber den sächsischen Fürsten als Schwäche. Die hohen Hoffnungen, die sehr viele Bürger und manche Ratsherrn auf ihn gesetzt hatten, waren einer um so tieferen Enttäuschung gewichen. Nach sieben tollen Jahren, in denen einer des andern Feind gewesen war, kehrte wieder Ruhe in die Stadt. Was blieb, war ein betonteres Bewußtsein städtischer Werte: der Unabhängigkeit und der Bürgereintracht. Sie prägten das politische Handeln der Stadt in den kommenden Jahren, und dies auch gegenüber dem Erzbistum, das sich fortan als Feind städtischen Friedens und städtischer Freiheit diffamiert sah[102].

Vorerst freilich waren die maßgeblichen Magistratsmänner, bei aller erklärten Entschiedenheit, durchaus um ein erträgliches Einvernehmen mit dem Erzbischof bemüht: »Fortiter in re, suaviter in modo« schien ihre Devise zu sein. Bezeichnend waren die Briefe, die in dieser Zeit an den Erzbischof gerichtet wurden. Sie beschrieben weitläufig, warum man mit den Wettinern die Übereinkunft getroffen habe und bedauerten, daß es nicht Albrecht gewesen sei, der sie zustande gebracht habe. Man wünschte, der Erzbischof möge auch künftig der gnädige Herr sein, und zur Bekräftigung dessen verehrte man ihm einen Schimmelhengst. Allein Albrecht zweifelte, ob er das Geschenk annehmen sollte, und er frug das Domkapitel: Auf keinen Fall!, lautete der Bescheid, und das Pferd, das länger als ein Jahr auf seinen neuen Herrn warten mußte, blieb weiter im städtischen Mar-

---

99 Ebd., Bd. 1, Bl. 251–253ª. 252ª.
100 Ebd., Bd. 2, Bl. 230ᵇ.
101 Vgl. BURKHARDT, Das tolle Jahr (wie Anm. 12), S. 418, ferner die Korrespondenz Albrechts mit dem Erfurter Rat über den Weimarer Vertrag von 1483 (StAE, Liber dominorum, wie Anm. 1, Bd. 2, Bl. 223ᵇ) und die Stellung des Domkapitels zu Albrechts entsprechenden Vorschlägen, HERRMANN, Protokolle (wie Anm. 16), S. 87.
102 So auch SCRIBNER, Civic Unity (wie Anm. 29), S. 39.

stall¹⁰³. Damit endete eigentlich die ganze kontinuierlich geführte Korrespondenz zwischen dem Erfurter Rat und Erzbischof Albrecht. In der Zukunft wechselten beide Seiten nur noch selten Briefe. Zumeist, wenn es um erzstiftische Belange ging, wandte sich der Rat an den Statthalter in Mainz¹⁰⁴. Denn die Gnade des Erzbischofs war seiner Ungnade gewichen; und sie wurde sehr bald bemerkbar, als der Rat die beim Kaiser angesetzten Rechtstage abschrieb¹⁰⁵ und sich weigerte, Albrecht Kenntnis zu geben vom Naumburger Vertrag und dem Schriftverkehr mit den Wettinern: das sei nicht der Stadt *gewonheit und gebrauch*¹⁰⁶. Albrecht, keineswegs zum Nachgeben bereit, stimmte sich mit dem Domkapitel ab. Beide, Erzbischof und Kapitel, setzten ihre Hoffnungen auf den Kaiser und auf Verhandlungen in der Stadt¹⁰⁷. Denn in der Gemeinde gab es durchaus noch Gesinnungsgenossen des Erzstifts, die, wurden sie ermutigt, womöglich einen Umsturz anrichten könnten. Dem Rat blieb das nicht verborgen, und er wußte auch, daß es *unverstendige leichtfertige ader unbeguthette burger* waren, die gegen ihrer *vaterstadt friden gedeyenn und auffnehmenn* wühlten¹⁰⁸, und nicht weniger wußte er um ihre Hintermänner. Insofern teilte er dem Erzbischof seinen festen Vorsatz mit, gegen die Störer städtischer Freiheit und städtischen Friedens so einzuschreiten, wie es das Recht verlange¹⁰⁹. Er tat es allerdings mit allem Bedacht. Im Mai 1518 nahm er einen Schneider namens Hans von Gotha in Gewahrsam, der in den Zünften und Stadtvierteln intrigiert, Unwahres über den Naumburger Vertrag ausgestreut und offen davon gesprochen hatte, es werde bald, wenn die erzbischöflichen Räte nach Erfurt kämen, eine andere Gestalt gewinnen; er selbst wolle mit *hellebartten ein processien machen unnd den Rath vom Rathuß zcum fenster hinuß werffen*¹¹⁰. Zweifellos, dieser Mann war ein *Capitaner unnd anleyter* der mainzisch Gesinnten, aber dem Rat schien es ratsam, ihn lediglich bis August in Haft zu lassen und ihn dann auszuweisen, damit nicht, wie er selbst bekannte, *sein anhenger gestcerckt und wider den Rath ubermutlich* würden¹¹¹.

Zu diesem Zeitpunkt war der Streit, wie er zwischen Erfurt und dem Erzbistum seit den Tagen Erzbischof Diethers entbrannt war, erneut aufgelodert, ja, er hatte noch neue Nahrung gefunden. Das wurde sogleich sichtbar, als der Rat des Jahres 1517 sich weigerte, vor dem Schultheiß jenen Eid zu leisten, den Erzbischof Uriel vor einigen Jahren verbindlich gemacht hatte¹¹². Er war nur bereit, den hergebrachten Schwur abzulegen, und der Erzbischof, nach Zustimmung des Mainzer Domkapitels, nahm das vorerst hin, damit, bis eine andere Regelung gefunden wäre, der Eid nicht ganz unterbliebe¹¹³. Neu war auch der Streit um das

---

103 StAE, Liber dominorum (wie Anm. 1), Bd. 1, Bl. 225ᵃ (6. 9. 1516). Bd. 2, Bl. 339ᵃ (5. 12. 1517); HERRMANN, Protokolle (wie Anm. 16), S. 139 (31. 12. 1517). Das Bemühen um ein gutes Verhältnis zum Erzbischof belegt auch Variloquus (wie Anm. 9), S. 247.
104 Erstmals im September 1518, StAE, Liber dominorum (wie Anm. 1), Bd. 1, Bl. 368–370.
105 Ebd., Bd. 2, Bl. 241ᵇ–242ᵇ. Bd. 1, Bl. 250ᵃ f.
106 Ebd., Bl. 266ᵃ f. (20. 2. 1517).
107 HERRMANN, Protokolle (wie Anm. 16), S. 99. 101. 102. 107–108. 112–113. 116–117.
108 StAE, Liber dominorum (wie Anm. 1), Bd. 1, Bl. 265ᵃ–266ᵃ, vgl. auch 283ᵃ.
109 Ebenda.
110 Ebd., Bl. 393ᵃ–394ᵃ. 393ᵃ; vgl. auch Variloquus (wie Anm. 9), S. 244.
111 StAE, Liber dominorum (wie Anm. 1), Bd. 1, Bl. 393ᵇ.
112 Vgl. oben S. 157–158 mit Anm. 8.
113 Variloquus (wie Anm. 9), S. 239; HERRMANN, Protokolle (wie Anm. 16), S. 104. 137.

Recht der Tuchmacher, ihre Gewebe zuhaus feilhalten zu dürfen. Ihnen, die als eine der ältesten Zünfte ihre Privilegien alljährlich vom Erzbischof empfingen, war schon zu Berthold von Hennebergs Zeiten vorübergehend zugestanden worden, die Waren nicht in den erzbischöflichen Gewandgaden, sondern in den Werkstätten anzubieten. Auch Erzbischof Albrecht hatte das, als die Wollweber ihn darum ersuchten, gnädig gewährt. Aber im Februar 1517 kündigte er die Vergünstigung auf; allein die Zünftler kümmerten sich nicht darum und verhielten jetzt auch noch ihre Abgaben an den Erzbischof und verschmähten es, von ihm ihre Zeichen, den Stab und die Heiligen, zu empfangen[114]. Unterdes entspann sich ein neuer Streit um den Zoll. Bislang war es üblich gewesen, daß alle am Trinitatismarkt verkauften und gekauften Waren unverzollt blieben, weshalb gerade auch dieser Markt von weither gern besucht worden war. Jetzt jedoch verlangten die erzbischöflichen Zolldiener Abgaben, wie sie überhaupt alles zu Markt Gebrachte mit einer noch dazu höheren Gebühr belegten. Das brachte den Erfurter Markt in ganz Thüringen in Verruf, und die städtische Wirtschaft, die gesunden sollte, erlitt zusätzlichen Schaden[115]. Der Erzbischof, dem das vorgehalten wurde, war hier wie auch sonst zu keiner Vereinbarung zu bewegen; doch wenige Jahre später zeigte sich, daß die leidige Zollfrage, mit gut evangelischen Argumenten angereichert, nunmehr zur Frage des gemeinen Mannes an den Erzbischof geworden war[116]. Er antwortete, wie nicht anders zu erwarten, mit Machtmitteln.

Schon unmittelbar nach dem Naumburger Vertrag hatte Albrecht Hilfe vom Kaiser erhofft[117], und er tat dies noch zuversichtlicher, nachdem ihm Karl vor seiner Wahl zum deutschen König drei Versprechungen gemacht hatte, deren zweite Schutz in der Erfurter Sache verhieß[118]. Und dazu stand Karl: Auf Albrechts Anersuchen verfügte er am 29. Juli 1521 ein Mandat, das den Erfurtern bei Androhung von Acht und Aberacht auftrug, den Vertrag mit den sächsischen Fürsten zu kündigen, dem rechten Erbherrn in gebührlicher Weise zu huldigen und die eigenmächtig verordneten Steuern sowie sämtliche Neuerungen abzuschaffen, damit die Rechte des Erzbischofs nicht weiter beeinträchtigt würden[119]. Und Karl ließ Albrecht auch wissen, daß er, wenn die Sache es erfordere, auch *ferrer mit ernst*

---

114 StAM, Rep A 37 b I.II.VI. Nr. 5 b, Bl. 1–3ᵃ. Nr. 4, Bl. 7–9; StAE, Liber dominorum (wie Anm. 1), Bd. 1, Bl. 381ᵃ–382ᵇ; HERRMANN, Protokolle (wie Anm. 16), S. 131.
115 Sehr instruktiv hierzu SCRIBNER, Civic Unity (wie Anm. 29), S. 38 f.
116 WEISS, Die frommen Bürger (wie Anm. 29), S. 156 f.
117 HERRMANN, Protokolle (wie Anm. 16), S. 99, vgl. auch S. 102. 117.
118 Jakob MAY, Der Kurfürst, Cardinal und Erzbischof Albrecht II. von Mainz und Magdeburg, Administrator des Bisthums Halberstadt, Markgraf von Brandenburg und seine Zeit. Ein Beitrag zur deutschen Cultur- und Reformationsgeschichte. 1514–1545, 2 Bde. München 1865–1875, hier I, S. 232 mit Beilage 26.
119 StAM, Rep A 37 b I.I.III. Nr. 8, Bl. 152–154; vgl. auch den vom Rat veranlaßten Druck des Mandats mit anderen einschlägigen Dokumenten: Abdruck // Des Keyserlichen Mandats / // welches von weilandt Herrn Albrechten / Cardi- // naln / Ertzbischoffen vnd Churfuᵉrsten zu Meintz / Anno // 1521. wider E. E. Rhat vnd Gemeine Stadt / Erffurdt ausgewonnen. // Auch was darauff im Keyserlichen Cammergericht vor Klage vnd Forderunge / Con et reconveni= // ende, einbracht / Zusampt den Erffurdischen Perem= // ptorialibus Articulis. // Vnd // was endtlich M.D.LXXXVIII. // den XXII. Septembris darauff vor Vrtheil erfol= // get vnd publicirt worden // seindt. (Erfurt: M. Sachse um 1588); Exemplar: StAE, 4-o III 18a, Nr. 3.

darin handeln wolle[120]. Das war ganz in Albrechts Sinne; er frug förmlich beim Domkapitel an, ob das Mandat exequiert werden solle[121] und ließ es dann nach Erfurt gelangen. Hier aber wollte man sich keineswegs beugen; man erläuterte dem Kaiser seinen Standpunkt und wandte sich klagend ans Reichskammergericht[122]. Es kam zum Prozeß. Er wurde ernst und energisch geführt, schien später jedoch einschlafen zu wollen und schleppte sich mühsam über die Jahre. Erst 1578 endete er mit einem Urteil, das dem Erzbistum zwar verschiedene Gerechtsame in der Stadt zusprach, allerdings nicht die in der Klage geforderte *omnimoda subjectio*[123].

Um sie aber ging es Albrecht. Nicht anders erstrebte er auch sonst in seinem Herrschaftsgebiet die Festigung der Landeshoheit und reformierte zu diesem Zweck die Regierung und die Verwaltung[124]. In Erfurt hatte er sich vorerst auf allerdings sehr nötige Personalentscheidungen beschränkt und bald nach seinem Regierungsantritt die diskreditierten Ämtlinge entlassen. An ihre Stelle traten jüngere, gut gebildete Männer, wie der Verwalter im mainzischen Wirtschaftshof, Valentin Schuster oder der Vitztum und Schultheiß Ludwig Rainensis, der ein promovierter Jurist war und die Erfurter Verhältnisse genauestens kannte[125]. Als die beiden obersten Beamten in der Stadt waren sie ihrem Herrn treu ergeben[126], sie rapportierten zuverlässig über alles Belangvolle und versäumten gelegentlich auch nicht, Handlungsvorschläge zu unterbreiten. Sie versahen gleichwohl ihren Dienst in schwerer Zeit. Denn ihnen begegnete nicht schlechthin, wie einst ihren Vorgängern im Amt, das Mißtrauen der Bürger gegenüber der stadtfremden Gewalt, sondern eine unverhüllte, verletzende Feindschaft. Sie waren nachgerade zur Zielscheibe einer populären Propaganda geworden, die mit den aggressiven Argumenten der frühen Reformationsbewegung gespeist wurde. Zeitweise war es so schlimm, daß einer der Subalternen, Valentin Schuster, um Amtsversetzung bitten mußte, weil ihm *zu Erffurt zu wonen geferlich* geworden war[127].

Der Rat registrierte das mit Häme. Er hatte beizeiten erkannt, daß die Reformation politisch zu instrumentalisieren war, und er zögerte folglich nicht, dies konsequent und geschickt zu tun. Das fiel ihm um so leichter, als weder der Erzbischof noch seine Erfurter Dienstleute Position bezogen[128]. Freilich achtete er vor-

---

120 Adolf Wrede (Bearb.), Deutsche Reichstagsakten unter Kaiser Karl V. (= Deutsche Reichstagsakten, Jüngere Reihe), III. Gotha 1901, S. 774.
121 Herrmann, Protokolle (wie Anm. 16), S. 219.
122 StAM, Rep A 37 b I.II.XV. Nr. 54, Bl. 1, vgl. auch den zeitgenössischen Druck der Klage im »Abdruck« (wie Anm. 119).
123 Carl Beyer und Johannes Biereye, Geschichte der Stadt Erfurt von der ältesten bis auf die neueste Zeit. Erfurt 1935, S. 455.
124 Friedhelm Jürgensmeier, Kardinal Albrecht von Brandenburg (1490–1545). Kurfürst, Erzbischof von Mainz und Magdeburg, Administrator von Halberstadt. In: Horst Reber (Bearb.), Albrecht von Brandenburg. Kurfürst, Erzkanzler, Kardinal 1490–1545. Ausstellungskatalog Landesmuseum Mainz, hrsg. von Berthold Roland. Mainz 1990, S. 29.
125 Variloquus (wie Anm. 9), S. 235 Anm. 1; Herrmann, Protokolle (wie Anm. 16), S. 879. 1118; Georg Oergel, Beiträge zur Geschichte des Erfurter Humanismus. In: Mitteilungen des Vereins für die Geschichte und Altertumskunde von Erfurt 15 (1892) S. 41–42; StAM, Cop 1378, Bl. 151^b–152^b.
126 Ihnen war Geheimhaltungspflicht auferlegt (ebd., Bl. 165^b).
127 StAM, Rep A 37 b I.II.IV. Nr. 1, Bl. 1^a.
128 Weiss, Die frommen Bürger (wie Anm. 29), S. 121.

erst noch darauf, daß die öffentliche Meinung nicht gegen das Erzbistum und nicht gegen Erzbischof Albrecht laut wurde; und so schritt er auch mit gewappneter Hand ein, als während des Pfaffenstürmens im Juni 1521 das aufgebrachte Volk nicht nur gegen den Stiftsklerus von St. Mariae und St. Severi vorging, sondern auch erzstiftische Einrichtungen zerstören wollte[129]. Diese *prima Lutheranorum adversus clericos seditio*[130], wie es treffend hieß, wurde Albrecht sofort berichtet. Aber eigenartigerweise, obwohl dazu gedrängt, unternahm er nichts Entscheidendes. Seinem Statthalter und seinen Räten gab er zu bedenken, daß es besser sei, *Ein Zeitlangk gedult* zu tragen und abzuwarten, wie sich andere Obrigkeiten in ähnlichen Fällen verhalten. Von einem Interdikt versprach er sich nichts, auch nichts von dem Beschwerdebrief an Papst Leo X., den er wohl nur aufsetzen ließ, um den nachdrücklichen Bitten seiner Umgebung genüge zu tun. Offensichtlich fürchtete er, Zwangsmaßnahmen könnten das *Tyrannisch gemute* der Erfurter noch mehr aufreizen[131]. Deshalb verfuhr er auch nicht im Sinne des päpstlichen Antwortschreibens, das ihn zu energischem Eingreifen aufforderte, und deshalb wandte er sich auch nicht an Kaiser Karl V., der seinerseits vorhatte, *aus aigner bewegnus* Strafmaßnahmen zu erlassen[132]. Erst später klagte Albrecht beim Reichskammergericht und beim Fiskal in dieser Sache[133].

So wie jetzt hielt sich der Erzbischof auch in den nächsten Jahren zurück: Kein Wort zu den lärmenden Klosteraustritten, zur evangelischen Kanzelpredigt oder zum Bruch des Zölibates, kein Wort zum Abendmahl unter beiderlei Gestalt, zur Änderung des Meßritus oder zu den vielen reformatorischen Flugschriften, die in der Stadt verlegt wurden. Gleichwohl war er über all dies und vieles andere aufs beste unterrichtet. Nur ein einziges Mal trat er hervor – vielmehr, seine Räte waren es, die dies in seinem Namen taten, als ihnen zugetragen worden war, daß der in Miltenberg vertriebene Prediger Johannes Draco in Erfurt ein Pamphlet herausgegeben hatte, in dem er den Erzbischof mit *ungelympffen* angriff[134]: Dies und nichts anderes sollte geahndet werden. Und nur so wurde Albrecht auch in Erfurt erlebt: als ein auf seine weltliche Macht bedachter Mann, nicht aber als geistlicher Hirte, geschweige denn als Autorität der Kirche. Zweifellos erleichterte dies dem Rat, seine eigenen kirchenregimentlichen Bestrebungen auszuprägen, und treumeinend konnte er, zur Rede gestellt, sein Tun mit dem Hinweis rechtfertigen, daß ihm *von der oberhandt dießer geistlichen sachen halber nicht beuelch oder Mandat* zugegangen sei[135]. Im übrigen begab sich der Rat seit dem Jahre 1523 durchaus in Konfrontation zum Erzbischof und zum Erzbistum[136]. Mag sein, er gehorchte solcherart den Wünschen des gemeinen Mannes und der Ernestiner, auf jeden Fall mußte er sich in seiner Politik bestätigt sehen, als Karl V. im Dezember 1524 die Stadt mit Acht und Aberacht belegte, weil sie das Worm-

---

129 Ebd., S. 128.
130 Paul LANGE, Chronicon Numburgense. In: Johann Burkhard Mencke, Scriptores rerum Germanicarum, I. Leipzig 1726, S. 65.
131 StAM, Rep A 37 b I.II.IV. Nr. 2 a, Bl. 3.
132 RTA (wie Anm. 120), S. 775.
133 WEISS, Die frommen Bürger (wie Anm. 29), S. 132.
134 Vgl. genauer ebd., S. 155.
135 StAM, Rep A 37 b I.II.XIV. Nr. 2, Bl. 59.
136 WEISS, Die frommen Bürger (wie Anm. 29), S. 160 f.

ser Edikt nicht befolgte: Dieses Mandat, wie schon jenes vom Juli 1521, konnte nur von Albrecht erwirkt worden sein[137].

Als im nächsten Jahr der Bauernkrieg auch das Thüringische heimsuchte, sahen maßgebliche Magistratsmänner in ihm eine gute Gelegenheit, die jahrhundertealten Bindungen der Stadt an das Erzstift zu zerschneiden. Der Aufruhr der Bauern wurde mit festem Vorsatz gegen die Mainzer Herrschaft gelenkt und der Landwehr, als sie in die Stadt zog, alles Mainzische benannt, das zerstört werden sollte. Was auch, unter Anleitung des Oberratsmeisters Adolar Huttener, wirklich geschah. Und um der städtischen Unabhängigkeit eine rechtskräftige Gestalt zu geben, ging man auch daran, das Stadtsiegel, das den Heiligen Martin mit Bischofsstab zeigte und in der Umschrift die Stadt als treue Tochter des Mainzer Stuhles auswies[138], abzutun und an seiner Stelle ein neues zu schaffen und auch zu gebrauchen[139]. Schließlich, als alle mainzischen Machtinsignien in Trümmer lagen, wurde die Einwohnerschaft zusammengerufen und ihr von den Predigern erklärt, daß der Erzbischof *ausz gottlichem rechten und heiliger schriefft kein werntlich herschafft haben kann nach magk* und daß alle Macht, die ihm bis dahin gehört, nunmehr der Rat als rechte *oberkeit* ausübe[140]. Das Volk nahm es hin. Es applaudierte der evangelischen Umgestaltung des Kirchenwesens, die der Rat jetzt vornahm, und es hatte nichts dagegen, daß bei alledem die Zustimmung Kursachsens gesucht wurde. Sie kostete indes ihren Preis: das Bekenntnis zum Evangelium, das allerdings, politisch brisant wie es war, einen wichtigeren Wert zu bedrohen schien: die städtische Unabhängigkeit. Insofern sah es der Rat gern, daß die von ihm zerschnittene Bindung ans Erzbistum Wochen später schon wieder geknüpft wurde, und wenn es in Gestalt eines Briefes war, in dem der Statthalter, Bischof Wilhelm von Straßburg, aufs gebieterischste die Restitution der Mainzer Gerechtsame verlangte. Jedenfalls kam man ins Gespräch. Während die Ratsherrn so wenig wie möglich restituieren und vor allem die Befugnis fürs Kirchenwesen behaupten wollten[141], bestanden die Erzbischöflichen auf unverzüglichem Schadenersatz. Allein die Erfurter verweigerten sich.

Da nahm sich Erzbischof Albrecht selbst der Sache an. Schon länger war er von den Erfurter Stiftsgeistlichen, die doch nur wenig von ihm erwarteten, darum gebeten worden, und wirklich gab er ihnen auch bloß billigen Trost, der sie vollends enttäuschte. Einige Kapitulare meinten, Albrechts *gemuthe ader meynung* sei nicht erkennbar[142], andere fanden, er sei nur auf seine Macht im Erzstift bedacht[143]. Deutlich zeigte sich indes, daß er die Restitution der Mainzer Rechte in Erfurt mit Hilfe des kaiserlichen Regiments oder der Heeresmacht des Schwäbischen Bundes durchsetzen wollte[144]. Zugleich sollte die katholische Kirche wieder aufgerichtet und das Luthertum ausgetrieben werden. Dies gab Albrecht den Er-

137 Vgl. SCHUM, Albrecht (wie Anm. 15), S. 20.
138 Vgl. oben S. 156 mit Anm. 3.
139 WEISS, Die frommen Bürger (wie Anm. 29), S. 175–177.
140 Walther Peter FUCHS (Hrsg.), Akten zur Geschichte des Bauernkriegs in Mitteldeutschland, II. Jena 1942, Nr. 1639.
141 Hierzu ermunterte sie der zwischen Albrecht und dem Magdeburger Rat abgeschlossene Vertrag, WEISS, Die frommen Bürger (wie Anm. 29), S. 207.
142 StAM, Rep A 37 b I.II.XV. Nr. 56, Bl. 1.
143 Domarchiv Erfurt, Mar XI 3, Bl. 10ᵇ.
144 StAM, Rep A 37 b I.II.XV. Nr. 56 a, Bl. 27. 29.

furter Ratsgesandten herrisch zu verstehen, als er ihnen im Januar 1526 eine Audienz in Querfurt gewährte – die erste nach sechs Jahren[145]. Freilich gab er sich mächtiger als er war, und die Gesandten spürten das. Den Rat mag das zur Ablehnung des Abschieds bewogen haben. Er gedachte erst dann das Entsprechende zu tun, wenn fürs Reich eine Religionsregelung getroffen war. Das wurde zur fixen Formel, eine Entschuldigung, die den Rat andererseits vermeintlich evangelischer, tatsächlich aber eminent politischer Bündnisbestrebungen aus Kursachsen und Hessen enthob. Die Balance, um die sich solcherart beharrlich bemüht wurde, war indes um so schwieriger beizubehalten, als der Druck von beiden Seiten mal stärker und mal schwächer wurde. Allerdings waren die Ernestiner die größere Gefahr.

Und deshalb war eine Übereinkunft mit dem Erzbistum unausweichlich geworden. Auch Albrecht, nun zum Verzicht auf seine Querfurter Forderungen bereit, wünschte einen Ausgleich, zumal er, die kursächsischen Machtgelüste beobachtend, um die verbliebenen Rechte in der Stadt bangte. Man ging also aufeinander zu, willigte in die Mittlerschaft des Schwäbischen Bundes und konnte bereits im Februar 1530 den folgenreichen Hammelburger Vertrag vereinbaren. In ihm verzichtete Albrecht auf alle *ungnade* wegen des Bauernaufruhrs, wofür die Erfurter versprachen, sich als *getrewe underthanen* halten zu wollen. Für die Verwüstung des Mainzer Hofs und die Einbußen an Zoll war Schadenersatz zu leisten, und die immer noch nicht restituierten Gerechtsame sollten innerhalb einiger Monate instand gesetzt werden. In der Religionsfrage wurde das Bedeutsamste bestimmt: daß lediglich in den beiden Stiftskirchen St. Mariae und St. Severi und in St. Peter *nach altem herkomen* Messe gehalten, alles andere aber so belassen werden sollte, wie es war: *alle ander gotsheusßer halb und in sachen den glauben und Ceremonin betreffende* wurde *hiemit und diczmal kheiner parthey ichtz gegeben genommen erlaubt oder verbotten*[146]. So vorläufig es gemeint war, es war doch – unausgesprochen – eine Anerkennung der Protestanten und der religiösen Entscheidungsbefugnis des Rates, ohne daß dessen Botmäßigkeit bezweifelt worden wäre. Indem Albrecht darauf einging, wurde er, noch dazu als Primas des deutschen Reichs, der erste Kirchenfürst, der die reformatorischen Veränderungen vertraglich akzeptierte. Zweifellos erhielt dieser Versuch, die konfessionellen Zwänge juristisch zu meistern, Zukunftswerte und eine Signalwirkung fürs Reich[147]. Daran änderte auch nichts, daß Albrecht, unterm Eindruck des Augsburger Reichsabschieds, schon wenige Monate später die Religionsregelung des Hammelburger Vertrags aufgehoben wissen wollte. Ebenso bedauerte er bald, daß er manches, was die *oberkeyt* berühre, *in ein compromisz gezogen* habe; denn *wer sich in compromiß in leßt*, meinte Albrecht, *hat sein sach halb verloren*[148], und er sann auf einen neuen Vertrag, der sämtliche Streitpunkte, soweit sie seine weltlichen Rechte in der Stadt angingen, ein für allemal klären sollte.

Doch dazu kam es weder jetzt noch später. Denn jetzt und später hatte Al-

---

145 Ebd., Nr. 52 a, Bl. 4ᵃ; hierzu und zum folgenden WEISS, Die frommen Bürger (wie Anm. 29), S. 210–213.

146 StAE, 0–0 AVI 12 (1530).

147 WEISS, Die frommen Bürger (wie Anm. 29), S. 242 f.

148 StAM, Rep A 37b I.II.XV. Nr. 68, Bl. 72ᵃ, vgl. auch Nr. 52 a, Bl. 23 und HERRMANN, Protokolle (wie Anm. 16), S. 435. 432 f.

brecht Mühe, sich in der Stadt zu behaupten: Die Ernestiner handhabten ihr Schutz- und Lehnsrecht auf solch arge Art, daß Albrecht, dessen eigenen Herrschaftsansprüche lädiert wurden, ein kaiserliches Mandat erwirkte, das Kursachsen verbot, Erfurt unter sich zu zwingen[149]. Aber genau dies war das Ziel. Es war so schlimm, daß die Erfurter ihren Bischof um Beistand baten, und er ließ sich auch herbei und vermittelte nach langen Verhandlungen einen Vergleich, der das Herkommen der alten Verträge zwischen Sachsen und Erfurt bekräftigte[150]. Nichtsdestotrotz trachteten die Ernestiner auch künftig danach, ihre Befugnisse in der Stadt zu erweitern. Als sie die Wirtschaftshöfe der in ihrem Fürstentum aufgehobenen Klöster beanspruchten, waren die Erfurter zur kriegerischen Gegenwehr entschlossen. Aber der Erzbischof, um Unterstützung ersucht, gab nicht mehr als ein frommes Unverbindlichkeitswort[151] und bestätigte damit erneut die schon früher erlangte Einsicht des Rates: daß Albrecht, der friedfertig-vermittelnde Fürst, sich nicht bewegen ließ, sein Recht mit Waffengewalt zu erreichen.

Gleichwohl gab er es nicht auf, vielmehr bemühte er sich nicht zufällig gerade seit den dreißiger Jahren sehr angelegentlich um die Festigung seiner weltlichen und geistlichen Zuständigkeiten in der Stadt. Dem weltlichen Gericht gab er eine neue Ordnung[152], an der Stiftskirche St. Mariae errichtete er eine Prädikatur zum Wortkampf gegen die Lutheraner, vor allem aber machte er als Kanzler der Universität geltend, daß niemand, der *zcwinglisch lutterisch ader eynicher anderer unchristlicher sect... anhengig... promouirt werde*[153]. Das hieß letztlich nichts anderes, als die alma mater zu konfessionalisieren, ein Vorhaben, dem sich Rektor und Doktoren, das Für und Wider sorgsam abwägend, schließlich versagten und vorläufig gar nicht promovierten. Nach einigen Jahren fanden sie eine salvatorische Geste: die Bestimmung des Erzbischofs wurde verlesen und hernach ein jeder geprüft, der sich zum Examen gemeldet hatte.

Albrecht, wenn er es erfahren haben sollte, nahm es hin. Auch sonst mußte er sich mit manchem Mangel begnügen[154]. So war seine Bilanz, als er im Herbst 1545 starb, bitter. Die Kondolenz, die der Rat an das Domkapitel in Mainz richtete, ging in der Erfurter Überlieferung verloren; man weiß aber, daß die Exequien in St. Mariae aufs feierlichste zelebriert wurden. Das kirchliche Gedenken an den Erzbischof vereinte nicht nur jene, die ihn immer noch als ihren geistlichen Hirten sahen, sondern auch jene, für die er lediglich der weltliche Herrscher war, und wenn sogar zwei evangelische Prediger ihre Anteilnahme nicht versagten[155], so mag sie dazu ihre Ehrerbietung bewogen haben, die sie einem Kirchenfürsten entgegenbringen wollten, der in der Stadt allzeit Gewalt gegen die Evangelischen vermieden und ihnen statt dessen rechtliche Anerkennung gewährt hatte. Es ist freilich bezeichnend, daß nur wenige Prediger es vermochten, den Kardinal wohlwollend zu würdigen. Nicht anders war ja auch in der katholischen Geistlichkeit,

---

149 StAM, Rep A 37 b I.II.III. Nr. 24, Bl. 33 (1531).
150 StAE, o–o A VIII 9 (1533).
151 Vgl. genauer WEISS, Die frommen Bürger (wie Anm. 29), S. 250 f.
152 StAE, o–o A XXIV 5 (1538).
153 Ebd., 2/122–5, Bl. 280^b.
154 Seit 1530 bemühte sich Albrecht vergebens, für Erfurt einen Weihbischof zu finden, WEISS, Die frommen Bürger (wie Anm. 29), S. 246 f.
155 Chronik des Wolf Wambach: StAE, 5/100–21, Bl. 72^a.

in der Bürgerschaft und im Rat das Urteil über diesen Mann gespalten. Enttäuschung herrschte bei allen; denn während seines langen Pontifikates war er den so unterschiedlichen Erwartungen, die in Erfurt an ihn geknüpft wurden, keineswegs gerecht geworden. Weder hatte er, wie die einen erhofften, die Stadt zum Bürgerfrieden geführt, noch hatte er, wie die anderen erwünschten, sie fest dem Erzbistum eingebunden; und in den Reformationswirren hatte er, wie der Klerus meinte, die Erfurter Kirche ganz und gar im Stich gelassen. Das sind zwar Urteile – noch dazu zeitgenössische – aus Erfurter Perspektive, doch richtig an ihnen ist, daß sie Erzbischof Albrecht als einen Mann zeigen, der die sich verändernden Verhältnisse kaum mitzugestalten wußte, geschweige denn, daß er es vermocht hätte, ihnen seinen Stempel aufzudrücken.

BAUERNKRIEG UND TÄUFERBEWEGUNG IM ERZBISTUM MAGDEBURG UND BISTUM HALBERSTADT

Günter Vogler

Der Herrschaftsbereich Kurfürst/Kardinal Albrechts von Brandenburg wurde vom Bauernkrieg in unterschiedlichem Maße erfaßt. Das Territorium des Mainzer Erzstifts war den Zentren der Erhebungen von 1525 benachbart und ein Teil – namentlich das Oberstift – wurde direkt einbezogen[1]. Um Erfurt wurde unter dem Einfluß der thüringischen Aktionen und des Erfurter Rats ein Aufstand initiiert[2] und das Eichsfeld von Mühlhausen aus überzogen[3]. Das Erzbistum Magdeburg und das Bistum Halberstadt bildeten im Vergleich damit eine Randzone. Doch verschiedene Ursachen bewirkten, daß auch dieser Raum partiell in das Bauernkriegsgeschehen verwickelt wurde.

Albrecht hatte im Oktober 1525 das Mainzer Domkapitel wegen *groß uffrur und wertigkeit* in den Stiftern Magdeburg und Halberstadt (es ging offenbar um die Ausbreitung der lutherischen Reformation in diesem Gebiet) um Beurlaubung für ein Jahr gebeten[4]. Dieser Urlaub wurde ihm mit dem Vorbehalt gewährt, erforderlichenfalls auch schon früher nach Mainz zurückzukehren. So hielt sich Albrecht während des Bauernkrieges in Halle oder an anderen Orten seiner nordöstlichen Territorien auf und kehrte erst im Frühjahr 1526 in das Mainzer Erzstift zurück[5]. Er erlebte den Bauernkrieg also gleichsam an seiner Peripherie.

Die besonders interessierende Frage nach dem persönlichen Verhältnis des Landesherrn und Kirchenfürsten zu den Ereignissen ist schwer zu beantworten. Hans Wolter urteilte über das biographische Quellenmaterial: »Die Konturen des Menschen verschwinden hinter den Umrissen des Politikers, des Verwaltungsre-

---

1 Vgl. Wolf-Heino STRUCK, Der Bauernkrieg am Mittelrhein und in Hessen. Darstellung und Quellen. Wiesbaden 1975, S. 14–16; Norbert HÖBELHEINRICH, Die 9 Städte des Mainzer Oberstifts, ihre verfassungsmäßige Entwicklung und ihre Beteiligung am Bauernkrieg. Buchen 1939, S. 51–138.

2 Vgl. Ulman WEISS, Die frommen Bürger von Erfurt. Die Stadt und ihre Kirche im Spätmittelalter und in der Reformationszeit. Weimar 1988, S. 168–199.

3 Vgl. Manfred BENSING, Thomas Müntzer und der Thüringer Aufstand 1525. Berlin 1966, S. 154–173; Walter PROCHASKA, Der Zug der Mühlhäuser, Thüringer, Eichsfelder und hessischen Aufständischen über das Eichsfeld und durch die angrenzenden Schwarzburger und Hohnsteiner Gebiete vom 1. bis 7. Mai 1525. In: Eichsfelder Heimathefte 17 (1977) S. 198–232.

4 Fritz HERRMANN (Hrsg.), Die Protokolle des Mainzer Domkapitels, III: Die Protokolle aus der Zeit des Erzbischofs Albrecht von Brandenburg 1514–1545 (= Arbeiten der Historischen Kommission für den Volksstaat Hessen). Paderborn 1932, ND Darmstadt 1974, S. 276. 278.

5 Vgl. Franz SCHRADER, Kardinal Albrecht von Brandenburg, Erzbischof von Magdeburg, im Spannungsfeld zwischen alter und neuer Kirche. In: Ders., Reformation und katholische Klöster. Beiträge zur Reformation und zur Geschichte der klösterlichen Restbestände in den ehemaligen Bistümern Magdeburg und Halberstadt (= Studien zur katholischen Bistums- und Klostergeschichte 13). Leipzig 1973, S. 11–13.

formers und auch des Kirchenfürsten«⁶. Hinzuzufügen ist, daß auch seine Einflußnahme auf politische Entscheidungen nicht in jedem Fall zu ermitteln ist. Wir wollen deshalb die Ereignisse in den Stiftern Magdeburg und Halberstadt in einer knappen Übersicht verfolgen, um Anhaltspunkte zu gewinnen, welche Aussagen zur Rolle Albrechts als Landesherr angesichts der sozialen Bewegungen in seinen nordöstlichen Territorien möglich sind.

I.

Während des Bauernkrieges wurde Albrechts Aufmerksamkeit nicht zuerst durch Aktionen in seinen nordöstlichen Bistümern herausgefordert, sondern durch die bäuerlichen Erhebungen in Südwestdeutschland und in den dem Halberstädter Bistum benachbarten Territorien. Über die Situation im Mainzer Erzstift und im Südwesten informierte ihn der bestellte Statthalter Wilhelm von Honstein, Bischof von Straßburg⁷. Am 10. April wies dieser beispielsweise auf die Aktionen der Aufständischen im Odenwald hin: *Dan man wil sagen, ire gemute stee stracks dahin, mit gewalt durch den stieft Meintz an Reinstraum zuziehen*⁸. Seit Mitte April operierten in Thüringen mehrere Bauernhaufen. Ihnen liefen Untertanen von vielen Orten zu, so daß es für die Herrschenden dringlich geboten war, der drohenden Gefahr durch Rüstungen zu begegnen⁹.

Obwohl das magdeburgische und das halberstädtische Territorium nicht direkt bedroht waren, hat Albrecht erstaunlich schnell reagiert. Das Urteil von Hermann Goebke, er habe der Empörung zunächst »vollständig machtlos« gegenübergestanden¹⁰, entspricht nicht den Tatsachen. Bereits am 19. April 1525 wandte er sich von Halle aus an Herzog Georg von Sachsen und schickte ihm *etlich glaubhafte Zeitungen,* denen zu entnehmen sei, wie sich der *Ungehorsam* im Südwesten des Reiches ausbreite. Werde dem nicht rechtzeitig entgegengewirkt, müsse man Schlimmeres befürchten. Er schlug deshalb eine Zusammenkunft vor, an der außer ihm selbst Kurfürst Friedrich der Weise, Herzog Johann von Sachsen, Herzog Georg von Sachsen und sein Bruder Kurfürst Joachim von Brandenburg am Sonntag Jubilate – dem 7. Mai – in Naumburg teilnehmen sollten, um zu beraten, wenn in ihren Landen Empörungen ausbrechen sollten, *wie dem vorzukomen und abzuwenden, auch was sich alsdan unser einer zu dem anderen vorsehen solte*¹¹.

Der Vorschlag löste eine Korrespondenz aus, der zu entnehmen ist, daß der sächsische Kurfürst Bedenken hegte und sich nicht für die Sache engagierte, wenngleich Albrecht hoffte, ihn durch seinen Gesandten noch umstimmen zu

---

6 Hans WOLTER, Kardinal Albrecht von Mainz und die Anfänge der katholischen Reform. In: Theologie und Philosophie 51 (1976) S. 497.

7 Vgl. Staatsarchiv Magdeburg (StAM), Rep. A 1, Nr. 180, fol. 1–11; Nr. 290, fol. 1a.

8 Ebd., Nr. 180, fol. 2. Am 28. Mai gab er der Meinung Ausdruck, es wäre gut, wenn der Kardinal sich im Mainzer Erzstift aufhielte (ebd., fol. 7).

9 Vgl. BENSING, Aufstand (wie Anm. 3), S. 92–247.

10 Hermann GOEBKE, Der Bauernkrieg im Fürstbistum Halberstadt 1525. Unter besonderer Berücksichtigung des familiengeschichtlichen Materials mit einem Steuerregister der Stadt Halberstadt vom Jahre 1531. Halberstadt 1933, S. 8.

11 Staatsarchiv Dresden (StAD), Loc. 9134, Mainzische, Sächsische und Brandenburgische Handlung, fol. 3.

können. Dagegen waren Herzog Georg und Herzog Johann zur Teilnahme bereit[12]. Die Instruktion, die Georg seinen Räten mit auf den Weg gab, plädierte für Rüstungen und für die gewaltsame Niederwerfung der Aufständischen, wenn es zur Empörung kommen sollte. Werde aber vorgeschlagen, mit den Bauern zu verhandeln, sollten sie sich auf einen solchen Vorschlag einlassen, *auf das sie in ein anstandt gebracht, damit wir uns in des sovil stadtlicher rusten und den sachen mit guter fursichtikeit nachtrachten mochten*[13].

Albrecht scheint indes ein anderes Konzept des Vorgehens vor Augen gehabt zu haben. Denn am 8. Mai wurde in Naumburg auf Vorschlag seiner Räte beraten, wie im Falle des Aufruhrs in einem Territorium Hilfe geleistet werden und wie man sich verhalten solle, wenn die Bauern sich wieder in Gehorsam begeben würden. Auf den ersten Artikel antworteten die Räte der anderen Fürsten: Da der Mainzer ihren Herren zuvor nicht angezeigt habe, worüber beraten werden solle, könnten sie sich nicht festlegen. Sie seien aber zuversichtlich, *es wurde sich ein ider in dem kegen den andern des erzeigen, wie er gerne in gleichem fal widerumb wolt getan* haben. Beim zweiten Artikel stimmten die Räte überein, die Bauern sollten in Gnaden angenommen werden, ihren Eid erneut leisten, ihre Wehr ihnen genommen, alle den Obrigkeiten abgedrungenen Verschreibungen aufgehoben und die Hauptleute des Aufruhrs zur Abschreckung anderer gestraft werden[14].

Diese Bemühungen um eine Verständigung zwischen mehreren Fürsten waren von den Anstrengungen Herzog Georgs begleitet, die Hilfe verschiedener Fürsten zu gewinnen, da inzwischen seine thüringischen Besitzungen gefährdet waren und Rüstungen in seinen Territorien auf erhebliche Schwierigkeiten stießen[15]. Am 29. April 1525 wandte er sich von Dresden aus an Albrecht, weil täglich seine Sorge wachse, es könne an verschiedenen Orten seines Territoriums zum Aufruhr kommen. Er bat deshalb, Albrecht solle seine Untertanen zur Rüstung auffordern und die Truppen bereithalten, falls er seiner Hilfe bedürfe, und er solle diese gewähren, wenn er ihn darum ersuche[16]. Am selben Tag berichtete umgekehrt Albrecht dem sächsischen Herzog, in Thüringen hätten sich mehr als 5000 Bauern erhoben, etliche Klöster und Flecken eingenommen, und sie forderten weitere Gemeinden zu sich. Auch signalisierte er Georg seine Bereitschaft, Hilfe zu leisten[17]. Inzwischen ersuchte aber auch Markgraf Kasimir von Brandenburg Albrecht um Hilfe, indem er diesen am 30. April vom Bauernaufruhr in seinem Land informierte und in Eile 100 gerüstete Pferde erbat[18]. Doch auch Albrecht konnte offen-

---

12 Vgl. ebd., fol. 3. 6. 12–13. 14; Loc. 9133, Den Bauernaufruhr belangend 1525, fol. 14. 24–25.
13 Ebd., Loc. 9134, Mainzische, Sächsische und Brandenburgische Handlung, fol. 16–17.
14 Walther Peter FUCHS (Hrsg.), Akten zur Geschichte des Bauernkriegs in Mitteldeutschland, II. Jena 1942, S. 240–241.
15 Vgl. Horst CARLOWITZ, Der Volkswiderstand gegen die Werbung von Knechten und Reisigen für die Niederschlagung des Thüringer Aufstandes 1525 durch die albertinischen Landesherren. In: Probleme der frühbürgerlichen Revolution im Erzgebirge und seinem Vorland. Karl-Marx-Stadt 1975, S. 44–53; Karl CZOK, Der Widerhall des Bauernkrieges in Leipzig 1524/25. In: Gerhard Heitz u. a. (Hrsg.), Der Bauer im Klassenkampf. Berlin 1975, S. 120–126.
16 FUCHS, Akten Bauernkrieg (wie Anm. 14), S. 145–146; StAD, Loc. 9133, Den Bauernaufruhr belangend, fol. 25.
17 FUCHS, Akten Bauernkrieg (wie Anm. 14), S. 146; StAD, Loc. 9134, Mainzische, Sächsische und Brandenburgische Handlung, fol. 6.
18 StAM, Rep. A 1, Nr. 290, fol. 14.

sichtlich seine Rüstungen nicht problemlos tätigen, denn er forderte bei Herzog Heinrich von Braunschweig einen Büchsenmeister an. Der Herzog teilte ihm allerdings am 30. April mit, *die leufte hie umblang unsern landen ye so beschwerlich, aufrurig und emporlich als bei E. L., das wir derselben buchsenmaister vil zu wenig haben*[19].

Am 1. Mai ging aus Calbe ein Schreiben Albrechts an Herzog Georg ab, mit dem er den sächsischen Herzog wiederum über neue Zeitungen aus dem Südwesten unterrichtete und ihn aufforderte, seine Truppen aufzubieten, und *wollen wir dergleichen in unsern stiften auch in bereitschaft sitzen*[20]. Am selben Tag informierte Georg mehrere Fürsten – Kardinal Albrecht, Markgraf Kasimir von Brandenburg und Herzog Erich von Braunschweig –, Bauern aus dem Stift Fulda, der Grafschaft Henneberg und anderen umliegenden Landen seien in seine thüringischen Gebiete eingefallen. Dort seien die Untertanen ihnen zugefallen und hätten etliche Klöster gestürmt. Da es aber nicht ratsam sei, *pauer mit pauer zu schlagen und auch derhalben uns nicht vortreglich sein mucht, diselbigen zu heischen und in vorsamlung zu bringen,* hätten er und seine Vettern Kurfürst Friedrich und Herzog Johann ihre Reisigen aufgeboten und in den Bergstädten erfahrene Knechte mustern lassen. Er bat die angeschriebenen Fürsten zugleich, sie sollten mit Reisigen und einer Anzahl Reitern Hilfe leisten und diese so bald als möglich nach Leipzig entsenden[21].

An Albrecht schrieb Herzog Georg am 4. Mai nochmals, er hoffe auf seine Hilfe und auf die Kurfürst Joachims von Brandenburg[22]. Letzterer verfügte am 2. Mai das Aufgebot der Mannschaft, weil er angesichts des Bauernaufruhrs *nicht ferre von unsern landen... in der eyll einen feltzugk* vorhabe[23]. Auch Kardinal Albrecht bot am 3. Mai die Ritterschaft auf, sich innerhalb einer Woche in Egeln zu sammeln[24]. Am 5. Mai ließ Herzog Heinrich von Mecklenburg Albrecht wissen, er sei bereit, ihm die erbetenen 50 Pferde zum Zug gegen die aufrührerischen Bauern zur Verfügung zu stellen, wenn er sie anfordere[25].

Wolf von Schönburg, Herr zu Glauchau und Waldenfels, der die Truppen Albrechts befehligte, teilte Herzog Georg am 7. Mai mit, er wolle am 12. Mai mit diesen in der Gegend von Mansfeld sein, sich auch bemühen, in Magdeburg und Halberstadt weitere Knechte zu werben[26]. Inzwischen verlangte am 8. Mai auch Graf Gebhard von Mansfeld von Albrecht, angesichts der besorgniserregenden Lage im Amt Sangerhausen, schnellstens Reiter zu schicken[27].

---

19 FUCHS, Akten Bauernkrieg (wie Anm. 14), S. 150. Am 4. Mai erfolgte nochmals ein ablehnender Bescheid (StAM, Rep. A 1, Nr. 290, fol. 17).
20 FUCHS, Akten Bauernkrieg (wie Anm. 14), S. 159; StAD, Loc. 9134, Etliche Schreiben des Kardinals, fol. 7.
21 FUCHS, Akten Bauernkrieg (wie Anm. 14), S. 158 f.
22 Ebd., S. 193.
23 Adolf Friedrich RIEDEL, Codex diplomaticus Brandenburgenis, 3. Hauptteil, 3. Bd. Berlin 1861, S. 347 f.
24 StAM, Rep. A 2, Nr. 617, fol. 167–169.
25 FUCHS, Akten Bauernkrieg (wie Anm. 14), S. 201.
26 Ebd., S. 228; StAD, Loc. 9134, Knechte und Reiter belangend, fol. 31.
27 FUCHS, Akten Bauernkrieg (wie Anm. 14), S. 240; StAD, Loc. 9135, Der Grafen zu Mansfeld Schreiben, fol. 39.

Albrechts Truppen trafen am 14. Mai in Heldrungen ein[28]. Sie nahmen am 15. Mai an der Belagerung und Niederwerfung des auf dem Hausberg vor den Toren Frankenhausens lagernden Bauernhaufens teil[29]. Noch am selben Tag teilte Wolf von Schönburg Albrecht mit, die Verluste unter seinen Leuten betrügen nicht mehr als sechs Mann[30]. Am Tag danach sandte Herzog Georg ein Dankschreiben an Albrecht und unterrichtete ihn über die Niederlage der Aufständischen, die Gefangennahme Thomas Müntzers und die Einnahme der Stadt[31]. Am 17. Mai berichtete auch Wolf von Schönburg dem Kardinal ausführlicher als am Tag der Schlacht von den Ereignissen[32], am 24. Mai und am 26. Mai dann von der Übergabe Mühlhausens[33].

Die Quellen zeigen an, daß Albrecht sowohl über das Geschehen im Südwesten als auch über die Vorgänge im Thüringischen unterrichtet war. Er hat diese in ihrer Bedeutung erkannt, die drohenden Gefahren gesehen und entsprechend reagiert. Er hat das Seine getan, um die Niederwerfung des thüringischen Aufstands zu unterstützen. Wenn er mit der Hilfeleistung beabsichtigte, Gefahren von seinen Territorien fernzuhalten, so ist im Ergebnis tatsächlich ein Übergreifen verhindert worden. Aber unberührt blieben auch seine Stifter Halberstadt und Magdeburg nicht.

II.

Als Kardinal Albrecht angesichts der Erhebungen in Thüringen vorbereitende Schritte zur Abwehr möglicher Übergriffe unternahm, gab es noch keine Anzeichen, daß seine eigenen Territorien in Mitleidenschaft gezogen würden, wenngleich in der unmittelbar benachbarten Herrschaft Wernigerode bereits Klöster gestürmt wurden[34]. Auch wurde Ende April ein Einfall von unruhigem Volk aus der Altmark befürchtet[35].

Ein erstes Signal, daß auch in Albrechts nordöstlichen Territorien die Unzufriedenheit schwelte, kam am 2. Mai 1525 aus Querfurt, als seine Räte informiert wurden, daß sich dort *ein merkliche enporung zwischen einem ratte und der gemeine, die dan aus allen dorfern im ampte ein merkliche anzal erhoben,* ereig-

---

28 FUCHS, Akten Bauernkrieg (wie Anm. 14), S. 292.
29 Ebd., S. 292 f.
30 StAM, Rep. A 1, Nr. 290, fol. 23.
31 FUCHS, Akten Bauernkrieg (wie Anm. 14), S. 302.
32 Ebd., S. 318 f.
33 Ebd., S. 365–366. 380; StAM (Außenstelle Wernigerode), Rep. A 50, Tit. II, Nr. 2a, fol. 20–22.
34 Vgl. Josef WALZ, Der Bauernkrieg im Harzgebiet, insbesondere in den Grafschaften Stolberg und Wernigerode. In: Nordharzer Jahrbuch 7 (1978) S. 23–26; vgl. zum Schicksal einiger Klöster Eduard JACOBS (Bearb.), Urkundenbuch des in der Grafschaft Wernigerode gelegenen Klosters Drübeck. Halle 1874, S. 150 ff.; DERS., Urkundenbuch des Klosters Ilsenburg, 2. H. Halle 1877, S. 184 ff.; DERS., Urkundenbuch der Deutschordens-Commende Langeln und der Klöster Himmelpforten und Waterler in der Grafschaft Wernigerode. Halle 1882, S. 195 ff. 368 ff. Ob die Ereignisse vor den Toren Magdeburgs Ende März 1525 mit dem Bauernkrieg im Zusammenhang stehen, ist nicht zu erkennen (StAM, Rep. A 2, Nr. 617, fol. 164). Zu Magdeburg vgl. Hans-Otto GERICKE, Städtische Volksbewegungen in Magdeburg 1524/25. In: Nordharzer Jahrbuch 7 (1978) S. 27–31.
35 FUCHS, Akten Bauernkrieg (wie Anm. 14), S. 131–132; StAM (Außenstelle Wernigerode), Rep. A 50, Tit. II, Nr. 2a, fol. 23.

nete³⁶. Am selben Tag sah Hans von Werther, Hauptmann des Stifts Halberstadt, angesichts der Unruhe unter den Bauern Schwierigkeiten, die angeforderten Lebensmittelfuhren aus dem nordöstlich Halberstadt gelegenen Amt Gröningen zu tätigen. *Werde ich bericht,* informierte er Kardinal Albrecht, *das sie bereit doran begunen zu mormlen und die kopfe aufzurichten, als wolten sie ouch gerne daran*³⁷.

In der Residenz Halle wandten sich am selben 2. Mai Nickel Slegel, Hauptmann der Moritzburg, und der zu seiner Unterstützung herbeibeorderte Siegmund von Brandenstein an den Landesherrn mit der Mitteilung, *daß teglich allerlei beschwerung vorfallen* und unter *dem gemeinen pöffel allerlei beschwirliche reden* umlaufen. Sie baten deshalb Albrecht, persönlich zu erscheinen³⁸. Dieser trat dann am 5. Mai vor die Gemeinden. Am nächsten Tag ließen diese *nach vielen unterreden* durch einen Ausschuß Artikel übergeben³⁹. Die überlieferten Beschwerden der Gemeinde Unser Lieben Frauen weisen aus, daß unterschiedliche Belange zur Sprache gebracht wurden, reformatorische Anliegen, die Sorgen verschiedener Handwerke und die Kritik an manchen von den Bürgern zu erbringenden Leistungen⁴⁰. Albrecht urteilte in einer Instruktion für Verhandlungen mit dem Rat⁴¹ über die Artikel allerdings, er könne *nichts anders doraus vormerken, das sie... unser erniderung gerne gesehen hetten*⁴².

Die Aktionen in Albrechts Residenz wurzelten in der zuvor schon existenten reformatorischen Bewegung⁴³, dürften aber unter dem Einfluß der Bauernerhebung intensiviert worden sein. Deren Folgen waren in der Stadt auch zu verspüren, als sich Nonnen aus verschiedenen Klöstern hinter deren Mauern flüchteten, um Schutz zu suchen. Während es gelang, die Nonnen des Klosters St. Georgen vor den Toren Halles davon abzuhalten, ihre Habe zu packen und in die Stadt zu ziehen⁴⁴, kamen 36 Klosterfrauen von Naundorf bei Allstedt nach Halle⁴⁵.

Wenn in Halle in dieser Situation die reformatorische Bewegung Auftrieb erhielt, ist daran zu erinnern, daß Albrecht sich in Sachen Reformation zunächst tolerant verhielt⁴⁶, wenngleich er auch schon vor Beginn des Bauernkrieges bemüht gewesen war, sie in verschiedenen Städten seiner beiden Stifter einzudämmen⁴⁷. Als es auf dem Lande unruhiger wurde und auch hier der reformatorische Einfluß anwuchs, wurde dieses Bemühen allerdings erschwert.

---

36 FUCHS, Akten Bauernkrieg (wie Anm. 14), S. 172. Vgl. auch den Bericht des Freiberger Amtmanns an Herzog Georg vom 5. Mai 1525 (StAD, Loc. 9133, Den Bauernaufruhr belangend, fol. 69–70).

37 FUCHS, Akten Bauernkrieg (wie Anm. 14), S. 172.

38 Ebd., S. 173; vgl. generell Walter DELIUS, Die Reformationsgeschichte der Stadt Halle a. S. (= Beiträge zur Kirchengeschichte Deutschlands 1). Berlin 1953, S. 34–38.

39 FUCHS, Akten Bauernkrieg (wie Anm. 14), S. 216.

40 Ebd., S. 216–222.

41 Ebd., S. 223–225.

42 Ebd., S. 225.

43 DELIUS, Reformationsgeschichte (wie Anm. 38), S. 26–34.

44 FUCHS, Akten Bauernkrieg (wie Anm. 14), S. 174; vgl. auch StAM, Rep. A 2, Nr. 1024.

45 FUCHS, Akten Bauernkrieg (wie Anm. 14), S. 174.

46 Vgl. Anton Philipp BRÜCK, Kardinal Albrecht von Brandenburg, Kurfürst und Erzbischof von Mainz. In: Der Reichstag zu Worms von 1521. Reichspolitik und Luthersache, hrsg. von Fritz Reuter. Worms 1971, S. 264–266.

47 Vgl. SCHRADER, Kardinal Albrecht (wie Anm. 5), S. 13–18.

Eine fundierte Erforschung der sozialen Lage ländlicher Untertanen in beiden Stiftern am Vorabend des Bauernkrieges steht noch aus[48]. Insofern bereitet es auch Schwierigkeiten, die Motive genauer zu benennen, aus denen die bäuerlichen Unruhen in beiden Stiftern hervorwuchsen. Hinzu kommt, daß nur von wenigen Gemeinden Artikel vorliegen, aus denen die bäuerlichen Forderungen zu ersehen sind[49]. Es gibt einige Hinweise, daß Hand- und Spanndienste verweigert sowie die Wiederherstellung von Allmenderechten und die Herabsetzung von Steuern verlangt wurden[50]. In der Beschwerdeschrift von Ratsmannen und Gemeinde des Fleckens Hausgröningen an Kardinal Albrecht vom 8. Mai 1525 heißt es beispielsweise, *das wir arme leute ubir unse alt herkomen freiheit, die wir von der bischoflichen kirchen zu Halberstadt von alters her gehabt und dorinne wir bewigbildet gleich der alten stadt Halberstadt, wie wigbildes gerechtigkeit und wonheit ist, mit uberflussigen dinsten von jare zu jaren beschwert wurden seint, und noch mit dinsten und pflugen und sunderlich mit dem neuen vorwerke und gebau zu Hetteborne mit pflugen und zu den gebaue doselbist mit vilen dinsten, daß in vorzeiten gar nicht gewest, sunder in kurtzen jarn ufgekomen ist, daß uns dan an unser narung ganz schetlich und seumig*[51]. Desgleichen verweisen sie auf zu hohe Steuern, die Benachteiligung bei der Nutzung von Wäldern und Gewässern und die sie beeinträchtigenden Schäfereigerechtigkeiten[52].

Obwohl damit zum guten Teil grundherrschaftliche Belange ins Blickfeld treten, ist es auffällig, daß die Aktionen sich hauptsächlich gegen eine Reihe von Klöstern richteten, die ausgeraubt oder zerstört wurden[53]. Genannt werden im besonderen die Klöster bzw. Klosterhöfe Abbenrode, Adersleben, Badersleben, Ballenstedt, Gröningen, Hadmersleben, Hedersleben, Huysberg, Konradsburg, Monchenienburg, Stötterlingenburg und Winningen. An den Aktionen waren allerdings nicht ausschließlich Bauern beteiligt. In manchen Fällen gaben städtische Räte den Anstoß. Im Falle des vor Aschersleben gelegenen Jungfrauenklosters hatte der Rat zwar zunächst versucht, die Kleinodien des Klosters in der Stadt zu verwahren, dies aber offenbar in der Absicht, sie in seine Hand zu bringen. Doch dann war eine Schar Einwohner in das Kloster gefallen und hatte es ausgeplün-

---

48 Vgl. die ältere Darstellung von Friedrich DANNEIL, Geschichte des magdeburgischen Bauernstandes in seinen Beziehungen zu den andern Ständen bis zum Ende des Erzstifts im Jahre 1680. Halle 1898, S. 163–218. Die gründliche Untersuchung von Harnisch setzt erst nach der hier interessierenden Zeit ein: Hartmut HARNISCH, Bauern – Feudaladel – Städtebürgertum. Untersuchungen über die Zusammenhänge zwischen Feudalrente, bäuerlicher und gutsherrlicher Warenproduktion und den Ware-Geld-Beziehungen in der Magdeburger Börde und dem nordöstlichen Harzvorland von der frühbürgerlichen Revolution bis zum Dreißigjährigen Krieg. Weimar 1980.
49 GOEBKE, Bauernkrieg (wie Anm. 10), S. 6; Fritz WÄCHTER, Quellen zum Bauernkrieg im Staatsarchiv Magdeburg. In: Nordharzer Jahrbuch 7 (1978) S. 48.
50 GOEBKE, Bauernkrieg (wie Anm. 10), S. 7.
51 FUCHS, Akten Bauernkrieg (wie Anm. 14), S. 245; vgl. auch GOEBKE, Bauernkrieg (wie Anm. 10), S. 6.
52 FUCHS, Akten Bauernkrieg (wie Anm. 14), S. 245–246; vgl. auch StAM, Rep. A 13, Nr. 513 (Schäfereigerechtigkeit).
53 Vgl. Doris DERDEY, Der Bauernkrieg im Harzgebiet. In: Nordharzer Jahrbuch 11 (1986) S. 82–83; DANNEIL, Bauernstand (wie Anm. 48), S. 214–217; GOEBKE, Bauernkrieg (wie Anm. 10), S. 5–6. 16–17. 18–19; C. von SCHMIDT-PHISELDECK (Bearb.), Die Urkunden des Klosters Stötterlingenburg. Halle 1874, S. 211–214. Dagegen sind kaum Fälle von Attacken auf Klöster aus dem Magdeburger Gebiet bekannt. Eines der wenigen Beispiele beschreibt Wolfgang BUCHHOLZ, Der Bauernaufstand in Groß-Ammensleben. In: Nordharzer Jahrbuch 7 (1978) S. 33–35.

dert⁵⁴. Aschersleber waren es auch, die den Klosterhof Winningen stürmten. In den Verhören heißt es allerdings, der Rat habe sie dorthin beordert, um das Korn wegzufahren. Im Anschluß habe dieser das geraubte Gut an die Gemeinde verteilt bzw. verkauft⁵⁵.

Kardinal Albrecht wurde aber auch mit der Tatsache konfrontiert, daß Untertanen aus Osterwieck in das Gebiet Herzog Heinrichs von Braunschweig eingefallen waren. Dieser beklagte sich am 10. Juni bei Albrechts Räten, die von Osterwieck hätten mitsamt anderen *Mutwilligen* einige Klöster in der Nähe Goslars überfallen und gestürmt. Etliche der dortigen Klosterleute hätten ihr Hab und Gut in das Gericht Vienenburg gebracht. Dort hätten die Osterwiecker deren Vieh weggetrieben *und uns also in unser uberigkeit als aufrurige fridprecher gegriffen und gefallen*⁵⁶. Am 19. Juni informierte der Braunschweiger dann Kardinal Albrecht selbst und erwartete die Bestrafung der Leute von Osterwieck⁵⁷.

Der Landesherr stand den Forderungen der Untertanen nicht grundsätzlich ablehnend gegenüber. Einigen Instruktionen ist zu entnehmen, daß ein Entgegenkommen in Erwägung gezogen wurde. In einer Instruktion für den Hauptmann des Stifts Halberstadt vom 7. Mai 1525 heißt es beispielsweise: Den Halberstädtern solle die Vogtei über die dortige Stiftskirche übertragen werden. *Weiter hat s. cf. g. auch befholen, mit den von Aschersleben und den burschaften uffem lande ufs gnedigst zu handeln, und ab sie anders nit zu settigen weren, denselbigen die zeise auch nachzulassen. Desgleichen der dienst halben und schefferei sol sich der houptman auch ufs lindest kegen sie erbieten, und ab sie anders nit zu stillen, sunder die linderung namhaftich zu machen begern wurd, sol sich unser heuptman mit inen deßhalb auch vorgleichen*⁵⁸.

Das angezeigte mögliche Entgegenkommen schloß ein militärisches Vorgehen nicht aus. Als Markgraf Joachim von Brandenburg am 6. Mai 1525 Herzog Albrecht von Preußen über die Erhebungen im Südwesten des Reiches informierte, ging er auch auf die Lage im Erzstift Magdeburg ein und teilte mit, der Kurfürst von Brandenburg werde am 9. Mai etliche hundert Pferde sowie Geschütz zur Hilfe abfertigen⁵⁹. Auch wurden die von Wolf von Schönburg in Egeln zusammengezogenen Söldner in Richtung Gröningen in Bewegung gesetzt, um die Aufständischen im Stift Halberstadt zu unterwerfen⁶⁰.

Wenngleich die beiden Stifter Albrechts vom Bauernkriegsgeschehen nur am Rande berührt wurden, erzwangen die Ereignisse die volle Aufmerksamkeit des Landesherrn, seiner Räte und seiner Amtleute. Sie waren offenbar vornehmlich bemüht, die Konflikte durch Entgegenkommen und Ausgleich zu schlichten⁶¹. Jedenfalls liegen für das Gebiet beider Stifter keine Nachrichten über den Einsatz von Truppen gegen Aufständische vor, wenngleich Vorbereitungen dafür getrof-

---

54 FUCHS, Akten Bauernkrieg (wie Anm. 14), S. 271. 411–412; StAM, Rep. A 13, Nr. 911, fol. 1–12; Nr. 202, fol. 1–8; Nr. 1203b, fol. 3; GOEBKE, Bauernkrieg (wie Anm. 10), S. 18–21.
55 StAM, Rep. A 13, Nr. 1202, fol. 4. 6–8.
56 StAM, Rep. A 13, Nr. 972, fol. 1; FUCHS, Akten Bauernkrieg (wie Anm. 14), S. 469.
57 StAM, Rep. A 13, Nr. 972, fol. 3.
58 FUCHS, Akten Bauernkrieg (wie Anm. 14), S. 226.
59 Ebd., S. 208.
60 GOEBKE, Bauernkrieg (wie Anm. 10), S. 13.
61 Auch nach 1525 finden sich in den Akten einige Beispiele, wo Untertanen Entgegenkommen gezeigt werden sollte: StAM, Rep. A 2, Nr. 66, fol. 12–13. 16–19.

fen wurden. Die Phase einer möglichen Ausweitung der Unruhen war allerdings kurz, denn nach der Niederlage von Frankenhausen setzte auch hier das Strafen ein.

III.

In der Phase, in der die Strafaktionen dominierten, wurde die Aufmerksamkeit Kardinal Albrechts hauptsächlich auf das Eichsfeld gelenkt. Während der Züge des Mühlhäuser und Thüringer Haufens waren mehrere Klöster und Schlösser ausgeraubt und zerstört worden, und nun suchten die Betroffenen um Entschädigung nach[62]. Nachdem am 2. Juni 1525 mit Duderstadt und am 4. Juni mit Heiligenstadt Sühneverträge geschlossen worden waren[63], wandte sich Albrecht am 15. November 1526 an Bürgermeister und Rat zu Mühlhausen wegen des von Untertanen des Rats während der Erhebung auf dem Eichsfeld angerichteten Schadens[64]. Es ging besonders um die Plünderung und Niederbrennung von zwei Burgen und sieben Klöstern. Angesichts des ständigen Verzögerns einer Regelung strengte Mainz einen Prozeß vor dem Reichskammergericht an[65]. Der Streit zog sich indes zwei Jahrzehnte hin[66].

In den Territorien Magdeburgs und Halberstadts verliefen die Strafaktionen weniger dramatisch, wenngleich auch hier für die Behörden genügend zu tun blieb. Im Zentrum stand das Halberstädter Stift. Die Bemühungen waren darauf gerichtet, durch Verhöre und Befragungen die Vorgänge aufzuklären[67]. Der angerichtete Schaden wurde auf 100 000 fl. beziffert[68]. Ein *Vorzeichnus der straff, wie die im stifft Halberstadt sol furgenomen werden,* gibt Auskunft über die betroffenen Orte und die Höhe verhängter Geldstrafen[69]. Während manche der genannten Dörfer sich ferngehalten oder auch Klöster geschützt hatten, waren die meisten an den Zerstörungen beteiligt, hatten sie Beutegut weggeführt und für ihre Zwecke verwendet. Nur im Fall von Wedderstedt wird vermerkt: *hat etlich unschicklich und beschwerlich artikel ubergeben, wird angesehen, das es auch [aus] unschicklikeit des schreibers vornemlich geschehen und nach dem schreiber trachten*[70].

Das Verzeichnis teilt bei den angeführten Gemeinden mit, welche strafbaren Taten ihnen zur Last gelegt wurden. So heißt es beispielsweise: *Die von Wegeleben haben das closter Adeßleben ausgepocht und zuschlagen, was da ist geweßen, und des closters gut under sich gebeutet und stets ufrur im fleck gehabt, die torn zugehalden, mit buchsen geschossen und sich als kriegsleute gehalden. 500 fl. zu*

---

62 Vgl. zu den Vorgängen die Literatur Anm. 3.
63 FUCHS, Akten Bauernkrieg (wie Anm. 14), S. 434–437; vgl. auch ebd., S. 348. 363.
64 Ebd., S. 857–858; weitere Schreiben S. 858 Anm. 2. 864. 925–927; vgl. auch StAM, Rep. A 1, Nr. 292, fol. 5–6.
65 Vgl. FUCHS, Akten Bauernkrieg (wie Anm. 14), S. 939.
66 Vgl. StAM (Außenstelle Wernigerode), Rep. A 53, Lit. M, Nr. 52, Bd. I–V, Nr. 52 Ia; Ludwig ROMMEL, Die Mainzer Prozeßakten von 1543 und ihr Aussagewert für die Forschungen zum Bauernkrieg auf dem Eichsfeld. In: Eichsfelder Heimathefte 20 (1980) S. 301–321.
67 Vgl. FUCHS, Akten Bauernkrieg (wie Anm. 14), S. 689; StAM, Rep. A 13, Nr. 625, fol. 25 f.
68 FUCHS, Akten Bauernkrieg (wie Anm. 14), S. 692.
69 Ebd., S. 690–692; StAM, Rep. A 13, Nr. 625, fol. 31–33. 36–40.
70 FUCHS, Akten Bauernkrieg (wie Anm. 14), S. 692.

abtrage[71]. Oder in einem anderen Fall: *Die von Ermßleben haben das closter Conradtsburgk helfen zustoren, bei dem adell auch angesonnen, in dem ufrur holtz und wasser lassen gemein sein, dergleichen den zehenden nicht meher zu nhemen. Haben sich auch E. Cf. G. abtrag zu tuen erbotten. 350 [fl.] zu abtrage*[72].

Eine Instruktion von Anfang Oktober 1525 trug dem Hofmeister und den Räten Kardinal Albrechts auf, sie sollten in den Verhandlungen mit den aufrührerischen Dörfern des Stifts Halberstadt *dieselben alle und ein itzlichs in sunderheit nach ermessunge seiner vorwirkunge und vormuglicheit uf ein summa, die ein guet ansehen habe und domit vormarkt mag werden, das es eine billiche straffe sei, anschlagen*[73].

Der Entwurf eines Vertrages zwischen Albrecht und den Städten und Dörfern des Stifts Halberstadt vom Oktober 1525 geht davon aus, der Aufruhr sei *aus unschicklichen predigen etzlicher ufrurigen und unvorstendigen vorgenhomen und hergeflossen*, so daß diese Prediger entfernt werden sollen. Dem Kurfürsten sollen alle Privilegien übergeben, den Klöstern und Geistlichen der ihnen zugefügte Schaden ersetzt und das geraubte Gut unverzüglich wieder zugestellt sowie die schuldigen Zinse und Renten geleistet werden. Die Hauptleute des Aufruhrs sollen Albrechts Räten ausgeliefert und alle Waffen dem Stiftshauptmann übergeben werden[74]. Für einige Dörfer gibt es Hinweise, daß ihnen die Waffen abgenommen wurden[75]. Ob die auferlegten Strafgelder tatsächlich gezahlt wurden, läßt sich im einzelnen nicht nachprüfen.

Neben solchen Festlegungen, die auf Bestrafung, Schadenersatz und Verhütung neuen Aufruhrs abzielten, erwies sich als vordringlich die Klärung des Schicksals der in Mitleidenschaft gezogenen Klöster. Am 30. Mai 1525 wandten sich die Klöster Gröningen, Konradsburg, Alsleben, Hedersleben, Huysburg und weitere an die Räte Albrechts, weil sie niedergebrannt und die Insassen ihrer Habe beraubt worden waren. Sie hofften, der Landesherr werde dafür sorgen, daß sie wieder aufgebaut werden[76]. Ihre Wiedereinrichtung – wenn sie erfolgte – scheint sich jedoch öfters länger hingezogen zu haben und nicht immer zur Zufriedenheit der Insassen verlaufen zu sein[77].

Vordringliches Interesse des Landesherrn dürfte es indes gewesen sein, die aufsässigen Städte wieder zu unterwerfen. Den Halberstädtern wurde unter anderem vorgeworfen, daß sie *di umbligenden closter und gotsheuser haben helfen sturmen, berauben und erbermiglichen zerstoren und zubrechen*[78]. Die Halberstädter suchten zwar bei ihrem Landesherrn um eine gnädige Behandlung nach[79], doch die Instruktion Albrechts für Verhandlungen verlangte die Unterwerfung

---

71 Ebd., S. 691.
72 Ebd., S. 692.
73 Ebenda.
74 Ebd., S. 695–697; vgl. auch die Instruktion S. 692.
75 Ebd., S. 696 f.
76 Ebd., S. 404 f.
77 Vgl. exemplarisch Fuchs, Akten Bauernkrieg (wie Anm. 14), S. 496 (Winningen). S. 596–597 (Monchenienburg). S. 816–817 (Konradsburg).
78 Fuchs, Akten Bauernkrieg (wie Anm. 14), S. 640; vgl. die ganze Instruktion S. 639–641, die Antwort des Rats S. 641 f.
79 Ebd., S. 639. 641.

auf Gnade und Ungnade[80], was dann mit der Strafverschreibung vom 31. August geschah, die ihnen unter anderem die Strafsumme von 7000 fl. auferlegte[81]. Die Strafverschreibung für Querfurt datiert vom 11. September, für Aschersleben vom 30. September[82], für Großsalze, Staßfurt, Magdeburg-Neustadt und Magdeburg-Sudenburg[83] nach dem 9. Oktober.

In Halle wurde eine Reihe von Personen verhört, um zu erfahren, wer die Unruhe geschürt und die Artikel verfaßt habe. Dabei interessierten in einigen Fällen die Beziehungen der Befragten zu Thomas Müntzer. Sie sagten meist aus, ihn zwar gekannt, aber keine Kontakte zu ihm unterhalten zu haben[84]. Ein Zuckermacher ließ sich im Dezember 1525 vernehmen: *Der pauern artikel haben sie vor recht gehalten, deßgleichen die ordnung, derhalben wolten sie widder die paurn nicht tun... Er hab auch gesagt, desgleichen viel andere, wann die pauern kemen, das fleisch, so er in seiner behausung hette, wolt er gerne mit inen teilen... Die artikel der pauern hat er gedruckt der gmein vorgehalten und gesagt: Diß seint die aufgerichten artikel; dieweil sie dan auch artikel zu stellen willens weren, solten sie disse auch vor besichtigen, dormit sie sich dester baß dorein zu schicken hetten*[85]. Ulrich Kreitz, der sich im Mai 1525 beim Mühlhäuser Haufen in der Nähe von Ebeleben aufgehalten und auch mit Müntzer gesprochen hatte, wurde gefragt, warum er sich dafür ausgesprochen habe, den Bauern keinen Widerstand zu leisten und ihre Artikel anzunehmen. Er antwortete, er habe dies *uf Unser Lieben Frauen kirchof wider die gantz gemein geredet*[86]. Auf andere Weise erlangte Magdeburg im Zusammenhang mit dem Bauernkrieg Bedeutung, denn hierhin flüchteten sich eine Reihe von Teilnehmern der Aufstandsbewegung aus Mühlhausen[87].

Obwohl von einer das ganze Territorium beider Stifter erfassenden Aufstandsbewegung 1525 keine Rede sein kann, die Aktionen sich auch mehr auf das halberstädtische Gebiet konzentrierten, wurde mit den Strafaktionen alles getan, um die abgefallenen Untertanen und Stadtbewohner wieder zum Gehorsam zu bringen und Vorkehrungen zu treffen, damit sich Aufruhr nicht wiederhole. Als jedoch Graf Gebhard von Mansfeld vorschlug, 200 Pferde zu unterhalten, die von den Domkapiteln zu Magdeburg und Halberstadt finanziert werden sollten, lehnten diese den Vorschlag am 19. Juni 1525 mit dem Hinweis ab, der Landesherr werde sie und die Untertanen vor unrechter Gewalt schützen[88].

---

80 Ebd., S. 640 f.
81 Ebd., S. 646 f.
82 Ebd., S. 668–669. 687–688; vgl. auch die Regelung über den Modus der Aufbringung der Strafgelder S. 721 f.
83 Ebd., S. 697 f.
84 Vgl. ebd., S. 741–752. 760–761. 783–784; StAM, Rep. A 2, Nr. 794, fol. 26–29.
85 Ebd., S. 745 f.
86 Ebd., S. 784.
87 Vgl. Gerhard GÜNTHER, Magdeburg als Auffangbecken Mühlhäuser Revolutionäre nach dem Bauernkrieg. In: Nordharzer Jahrbuch 11 (1986) S. 86–88.
88 FUCHS, Akten Bauernkrieg (wie Anm. 14), S. 495–496; vgl. dazu die Information von Mühlhausen über einen geplanten Einfall in die Stadt (ebd., S. 793). Am 24. April 1526 informierte Albrecht seinen Hofmeister Graf Botho zu Stolberg-Wernigerode, in Mühlhausen sei ein neuer Aufruhr beabsichtigt, und sollten sich Teilnehmer im Stiftsgebiet aufhalten, sollen sie festgenommen werden (StAM, Rep. A 1, Nr. 292, fol. 4).

IV.

In Hinblick auf die Täuferbewegung bildeten Albrechts Territorien ebenfalls eine Randzone. Aber die Sorge, auch seine Lande könnten von dieser überzogen werden, ließ es ratsam erscheinen, die Vorgänge genau zu verfolgen. Denn wiederholt tauchten Nachrichten auf, die dazu Veranlassung gaben. Der Erfurter Rat teilte beispielsweise am 2. Dezember 1527 dem Schösser Ambrosius Tietz in Weimar mit, es zögen Prediger umher *und habn vil bruder zu Magdeburgk der sachen anhengig*[89]. Den Amtmann zu Salza ließ er am 14. Dezember wissen, *das derselben bruder viel umb den Harz und Magdeburg sich enthalten sollen*[90]. Einen Tag zuvor hatte Herzog Georg dem Schösser zu Weißensee sogar geschrieben, in Magdeburg hätten sich viele Brüder vereinigt, um sich Weihnachten in Naumburg zu treffen[91]. Diese Befürchtungen scheinen mit dem für die Neujahrsnacht geplanten Anschlag auf Erfurt im Zusammenhang zu stehen.

Am 30. Januar 1528 wandte sich Kardinal Albrecht von Mainz aus an seinen Hofmeister Graf Botho zu Stolberg-Wernigerode und ließ ihn wissen, die Sache mit den Täufern lasse sich dergestalt an, *das dadurch nichts anders dan eyn newe uffrühr und entporung der underthanen* zu befürchten sei. Sie sollten deshalb auf die Moritzburg und auf Querfurt achten und – wenn erforderlich – die Hilfe von Nachbarn in Anspruch nehmen. Er übermittelte zugleich gegen die Täufer gerichtete Mandate des Reichsregiments und Herzog Georgs von Sachsen, die in beiden Stiftern bekanntgemacht werden sollten. Auch sollten die Prediger ermahnt werden, das Volk von dem Irrtum abzubringen[92].

Albrecht übermittelte am selben Tag ein eigenes Mandat in gedruckter Form. An vielen Orten, so ist dort zu lesen, kämen neue, schreckliche, unerhörte, verführerische Lehren auf, die besonders die Taufe beträfen. Die Wiedertaufe sei indes seit langem als ketzerisch verdammt. Deshalb solle sich jeder vor ihr hüten. Wer indes Wiedertäufer antreffe, solle sie annehmen oder bei Gericht anzeigen. Nach ihnen solle getrachtet werden, *als weren es dye grösten landes beschediger*[93]. Auf der Grundlage des Reichsabschieds von Speyer 1529 sandte Herzog Georg ein Mandat an den Hauptmann des Stifts Halberstadt[94].

Herzog Georg war es auch, der – ohne Datum – Magdeburg informierte, der Rat zu Erfurt habe etliche Täufer hinrichten lassen, weil sie die Stadt einnehmen wollten, und diese hätten etliche ihrer Anhänger in Magdeburg, *die der widertauf halben eynen vorstandt mit inen hetten, die wurden sich befleissigen, die stadt auch dergleichen durch eynen uffrur an sich zubringen*. Sie hätten einen Eid geleistet, *woe sie die uberhendt behielten, das sie durch auß eyne gleiche teylung machen wolten*[95].

---

[89] Paul Wappler, Die Stellung Kursachsens und des Landgrafen Philipp von Hessen zur Täuferbewegung. Münster 1910, S. 131.

[90] Paul Wappler (Bearb.), Die Täuferbewegung in Thüringen von 1526–1584. Jena 1913, S. 251.

[91] Ebd., S. 254; vgl. auch S. 43; StAM, Rep. A 1, Nr. 296, fol. 1.

[92] Wappler, Täuferbewegung (wie Anm. 90), S. 278 f.

[93] Wappler, Kursachsen (wie Anm. 89), S. 236 f. Ein gedrucktes Exemplar: StAM, Rep. A 2, Nr. 502, fol. 1.

[94] StAM, Rep. A 13, Nr. 839, fol. 1–4.

[95] StAM, Rep. A 1, Nr. 296, fol. 4.

Die Glaubhaftigkeit dieser Informationen ist nicht nachprüfbar, zumal Nachrichten über die Existenz von Täufern in beiden Stiftsterritorien für diese Zeit nicht vorliegen oder nur sehr vage Andeutungen auf deren Existenz hinweisen. Die Warnungen waren wohl hauptsächlich von den Ereignissen in benachbarten Territorien diktiert. Doch mit der Errichtung der Täuferherrschaft in Münster 1534/35 wurde Albrecht noch auf andere Weise mit dem Täuferproblem konfrontiert.

Seit dem Herbst 1534 stand Albrecht in Korrespondenz mit mehreren Fürsten wegen der Ereignisse in und um Münster, darunter mit König Ferdinand, Philipp von Hessen, Johann Friedrich von Sachsen und natürlich auch mit Franz von Waldeck, dem Bischof von Münster[96]. Bei einer Zusammenkunft in Mainz beschlossen am 5. Oktober Mainz, Trier, Köln, Pfalz und Jülich eine finanzielle Hilfe für den Münsteraner Bischof[97]. Am 11. Oktober signalisierte auch Albrecht, der sich wiederum in Halle aufhielt, seine Bereitschaft zur Hilfeleistung an Philipp von Hessen, schränkte aber ein, er müsse sich erst noch mit Domkapitel und Ritterschaft verständigen[98]. Als Philipp am 25. Oktober Albrecht ersuchte, etliche Räte zu einem Tag nach Oberwesel zu entsenden[99], wo wiederum über die finanzielle Unterstützung der Belagerung Münsters beraten werden sollte, antwortete Albrecht am 1. November, die Zeit bis zu dem angesetzten Tag sei zu kurz, so daß er das Schreiben dem Statthalter und dem Domkapitel des Mainzer Erzstifts übermittelt habe[100]. Als sich dann im Dezember Gesandtschaften mehrerer Reichskreise in Koblenz versammelten, um über eine eilende Hilfe zu beratschlagen, sagte Albrecht am 10. Dezember zu, diesen Tag zu beschicken. Da er aber nicht ersucht worden sei, Gesandte der Stifter Magdeburg und Halberstadt abzufertigen, werde er für diese Landesteile keine Gesandtschaft schicken[101].

Am 23. Januar 1535 übermittelten Kardinal Albrecht und Herzog Georg an König Ferdinand ihre Stellungnahme zum Projekt eines Reichstags, der sich unter anderem mit der Münsterschen Sache beschäftigen sollte[102]. Inzwischen hatte Albrecht auch den Koblenzer Abschied erhalten, der eine finanzielle Hilfe durch mehrere Reichskreise festlegte. Da er zugleich aufgefordert wurde, die Stände des niedersächsischen Reichskreises zu dem vereinbarten Tag im April nach Worms einzuladen, erklärte er zwar seine Bereitschaft, diese Aufgabe zu übernehmen, bezweifelte aber, ob dies bei den Kreisständen viel fruchten werde[103].

Am 28. Mai 1535 unterrichtete König Ferdinand den Kardinal über den Inhalt des Wormser Abschieds und forderte ihn auf, die Stände im niedersächsischen Kreis zu ermahnen, die bewilligte Hilfe dem Anschlag gemäß zu erlegen[104].

---

96 Vgl. dazu generell Helmut NEUHAUS, Das Reich und die Wiedertäufer von Münster. In: Westfälische Zeitschrift 133 (1983) S. 9–36; Günter VOGLER, Das Täuferreich zu Münster als Problem der Politik im Reich. In: Mennonitische Geschichtsblätter 42 (1985) S. 7–23.
97 Vgl. Staatsarchiv Weimar, Reg. N., Nr. 1042, fol. 1–5.
98 Staatsarchiv Marburg, Politisches Archiv, Nr. 415, fol. 3–4.
99 StAM, Rep. A 1, Nr. 303, fol. 4.
100 StA Marburg, PA, Nr. 2088, fol. 60.
101 StAD, Loc. 10327, Nr. 3, fol. 38.
102 Haus-, Hof- und Staatsarchiv Wien, Reichskanzlei, Reichsakten, I. Nichtperman. Reichstag, Fasz. 5, C III, fol. 88. 89–91.
103 StAM, Rep. A 1, Nr. 303, fol. 18–19.
104 HHStA Wien, Mainzer Erzkanzlerarchiv, Reichstagsakten, Fasz. 6 b, Konvol. 3, fol. 16–18.

Am 1. Juli erhielt Albrecht dann von Herzog Heinrich von Braunschweig die Mitteilung, die Stadt sei von den Belagerungstruppen am 25. Juni eingenommen worden[105]. Dieses Kapitel war damit für Albrecht abgeschlossen, noch nicht erledigt aber das Täuferproblem in seinen Territorien.

In den Jahren 1534 und 1535 waren im nördlichen Thüringen und im Harz Täufer an verschiedenen Orten besonders aktiv hervorgetreten[106]. Dadurch sah sich Herzog Georg wiederum herausgefordert, da namentlich sein Amt Sangerhausen betroffen war. Deshalb wandte er sich am 22. Dezember 1534 unter anderem an die Äbtissin des Stifts Quedlinburg, wegen der *verdampten secten der widertauf halben* sehe er sich veranlaßt, ein Mandat zu erlassen, wie diese zu strafen seien. Dieses Mandat solle auch in ihrem Stift angeschlagen werden[107]. Es besagte, trotz Strafandrohung verbreiteten etliche Manns- und Weibspersonen diese verdammte Ketzerei. Ihr hingen vornehmlich solche Leute an, die diese Lehre zum Schein widerrufen hätten. Deshalb solle man sie am Leben strafen und ihre Güter konfiszieren. Zugleich sollten alle Geistlichen sich befleißigen, sie zur Reue und zum Widerruf zu bewegen[108].

Es zeigte sich bald, daß auch das Halberstädter Territorium betroffen war. Dieser Aufschwung täuferischer Aktivität steht zwar in keinem direkten Zusammenhang mit der Geschichte des Täuferreichs in Münster, aber das entstandene Klima dürfte förderlich für die neuerlichen Aktivitäten gewesen sein. Als sich 1535 in Halberstadt eine Gruppe von Täufern bildete, brachten die Nachforschungen zutage, daß enge Beziehungen in das Harzgebiet bestanden[109]. Die Täufer trafen sich in einem Haus »in den Weiden hinter dem Dom«, dann im zum Kloster Michaelstein gehörenden »Grauen Hof«, und sie sind wohl zunächst nicht entdeckt worden[110]. Im September jedoch kam man ihnen auf die Spur.

Am 11. September 1535 wandte sich Herzog Johann in Abwesenheit Georgs von Sachsen mit der Mitteilung an Albrecht, ihm sei vom Amtmann zu Sangerhausen das Bekenntnis etlicher Täufer übermittelt worden, in dem auch einige Personen in Halberstadt angegeben würden[111]. Da der Stiftshauptmann abwesend war, nahm sich der Offizial des Bischofs, Heinrich Horn, der Sache an und fand eine Wöchnerin und eine schwangere Frau vor. Am 13. September sandte der zurückgekehrte Stiftshauptmann einige Amtleute in das Haus und ließ die Personen weiter beobachten. Es war sicher ein Zufall, daß gerade zu der Zeit die Täufer Hans Heune und Petronella in dem Haus eintrafen. Sie wurden sofort festgenommen und am 14. September verhört. Stiftshauptmann und Offizial unterrichteten

---

105 StAD, Loc. 10327, Nr. 3, fol. 169.
106 Vgl. WAPPLER, Täuferbewegung (wie Anm. 90), S. 106–155.
107 StAM, Rep. A 20, Tit. VI, fol. 14.
108 Ebd., fol. 105. Das Mandat ging auch an Amtmann und Rat zu Quedlinburg: StAM, Rep. 22, Nr. 1450, fol. 9; Karl JANICKE (Bearb.), Urkundenbuch der Stadt Quedlinburg, 2. Abt. Halle 1882, S. 139.
109 Vgl. WAPPLER, Täuferbewegung (wie Anm. 90), S. 118–119. 128–136; Eduard JACOBS, Die Wiedertäufer am Harz. In: Zeitschrift des Harz-Vereins für Geschichte und Altertumskunde 22 (1889) S. 442–491. Beim Verhör Volkmar Fischers, der an dem Anschlag auf Erfurt beteiligt war, am 12. November 1534 wurde bekannt, daß er sich kurze Zeit in Magdeburg aufgehalten hatte, vgl. WAPPLER, Täuferbewegung, S. 365.
110 JACOBS, Wiedertäufer (wie Anm. 109), S. 444.
111 StAM, Rep. A 13, Nr. 839, fol. 5.

am 14. September den Landesherrn[112]. Als dieser den Bericht erhalten hatte, wies er am 17. September den Hauptmann an, gut acht zu haben, damit das Übel nicht weiter um sich greife, die Gefangenen wohl zu verwahren und zu entscheiden, ob sie in Halberstadt bleiben oder nach Gröningen gebracht werden sollten. Bei weiteren Verhören solle er in Erfahrung bringen, wer sie in den Irrtum geführt habe und wo ihr Anhang sich aufhalte[113]. So fanden dann am 20. und 21. September weitere Verhöre statt, nachdem auch noch zwei weitere Täufer festgenommen worden waren.

Am 25. September riet Albrecht dem Stiftshauptmann, die Gefangenen durch fleißige Unterweisung von ihrem Irrtum wegzuführen. Wer sich allerdings nicht bekehren lasse, solle nach Gröningen gebracht und gemäß dem Reichsabschied gestraft werden[114]. Der weiteren Korrespondenz ist zu entnehmen, daß diese Bemühungen nur einen geringen Erfolg erbrachten[115]. Am 7. Oktober trug Albrecht dem Halberstädter Weihbischof Heinrich Leucker OP auf, die bußfertigen Täufer zur Umkehr zu bewegen und diejenigen anzunehmen, die zum Widerruf bereit seien. Bei dieser Gelegenheit solle er in Gegenwart des Volkes *einen sermon und adhortation thun,* worin der Irrtum der Täufer bestand und dies die Form der Buße sei[116].

Am 8. Oktober verfügte Albrecht, die gefangengehaltenen Täufer nach Gröningen zu bringen und dort vor das peinliche Gericht zu stellen, und er fügte hinzu, daß sie in Säcken im Wasser ersäuft werden sollen[117]. Tatsächlich wurden drei Täufer in der Bode ertränkt[118].

V.

Eingangs wurde schon angemerkt, daß das persönliche Verhältnis des Landesherrn zu den sozialen Bewegungen im Erzbistum Magdeburg und im Bistum Halberstadt, seine persönliche Einflußnahme auf Entscheidungen und Maßnahmen nur schwer zu erfassen sind. Nur einmal, bei den Aktionen in Halle im Mai 1525, trat er persönlich in Erscheinung. Ansonsten müssen wir davon ausgehen, daß die überlieferten Instruktionen und die seinen Namen tragenden Korrespondenzen nur partiell Einblicke ermöglichen.

1. Beide Stifter bildeten in Hinsicht auf den Bauernkrieg und die Täuferbewegung eine Randzone. Doch zur Zeit des Bauernkrieges hielt sich der Landesherr Kardinal Albrecht hier auf und war insofern eher mit dem Geschehen in seinem nordöstlichen Herrschaftsbereich direkt konfrontiert als mit den Aktionen im Mainzer Erzstift, auf dem Eichsfeld oder um Erfurt. Die Randlage, seine Sicht auf die Ereignisse von der Peripherie her, führte nicht dazu, daß er sie weniger aufmerksam verfolgte. Er reagierte frühzeitig, und er gewährte in angemessener Weise die von ihm erbetene Hilfe.

112 Ebd., fol. 40.
113 Ebd., fol. 44–45.
114 Ebd., fol. 35.
115 Ebd., fol. 4a, 36, 51.
116 StAM, Rep. A 2, Nr. 502, fol. 2.
117 Ebd., Rep. A 13, Nr. 839, fol. 39.
118 JACOBS, Wiedertäufer (wie Anm. 109), S. 458; WAPPLER, Täuferbewegung (wie Anm. 90), S. 136.

2. Auf die Initiative Albrechts geht das Treffen mehrerer Fürsten in Naumburg zurück. Die behandelten Punkte lassen erkennen, daß sein Interesse auf die gegenseitige Hilfeleistung und auf die Unterwerfung der sich erhebenden Untertanen gerichtet war. Motiv dafür war offensichtlich, seinen Territorien möglicherweise drohende Gefahren rechtzeitig abzuwenden. Er orientierte indes nicht allein auf repressive Maßnahmen, sondern war angesichts seiner bedrängten Lage auch zu Verhandlungen bereit. Wo angesichts dieser Situation einige Zugeständnisse gemacht wurden, waren diese nicht in jedem Fall von Bestand. Die Sühneverträge und andere Abmachungen zeigen an, daß sie teils zurückgenommen, teils auf ein Minimum reduziert wurden[119].

3. Die Aktionen im Mai 1525 waren – die innerstädtischen Ereignisse bleiben hier außer Betracht – überwiegend antiklerikal motiviert. Wenn Friedrich Danneil die bäuerlichen Erhebungen im Halberstädtischen und Magdeburgischen »als Krawalle, Raubzüge und freche Stehlereien des städtischen und ländlichen Proletariats, als communistische Freibeutereien« diffamierend charakterisiert[120], dann verkennt er die im ganzen Bauernkrieg erkennbare antiklerikale Tendenz, die letztlich in den reformatorischen Forderungen angelegt war. Während Schlösser und Burgen des Adels im Herrschaftsbereich Albrechts offenbar unangetastet blieben, wurden zahlreiche Klöster ausgeplündert oder zerstört[121]. Dies konnte Albrecht als Landesherr und Gegner der reformatorischen Bewegung nicht tolerieren. Das Vorgehen gegen die bäuerliche Aufstandsbewegung war insofern Teil seiner Politik gegen die Reformation.

4. Welchen Platz die beiden nordöstlichen Stifter im Rahmen des Bauernkrieges einnahmen, läßt sich durch den Vergleich verdeutlichen. Während das Mainzer Oberstift mit dem Neckartal-Odenwälder Haufen verhandeln und sich vertraglich unterwerfen mußte, das Eichsfeld von Mühlhausen aus überzogen und ausgeplündert wurde, in Erfurt der Rat in seinem Landgebiet die Bauern mobilisierte und die Mainzer Herrschaft kurzzeitig abwarf, spielten solche Konstellationen in beiden Stiftern keine Rolle. Es bildeten sich keine größeren Bauernhaufen, es wurden keine über lokale Belange hinausgreifenden Artikel artikuliert, es wurde keine Herrschaft vertraglichen Bindungen unterworfen, die Landesherrschaft Albrechts wurde nicht bedroht. Das von Hermann Goebke behauptete Ziel der Beseitigung des Territorialfürstentums ist nicht zu belegen[122].

5. Auch die Täuferbewegung blieb für beide Stifter eine Randerscheinung. Wo deren Anhänger auftauchten, waren die Obrigkeiten zur Stelle, um unter Berufung auf die Reichsgesetze ihre Ausbreitung einzudämmen. In den von den Territorien Thüringens und des Harzes ausgehenden Einflüssen wurde eine Gefahr gesehen, der rechtzeitig begegnet werden sollte. Als Albrecht aufgefordert wurde, die Belagerung der Täufer in Münster zu unterstützen, sagte er – wie auch schon im Bauernkrieg – seine Hilfe zu. Es entsteht aber der Eindruck, daß er es bei dem für den Schutz seines Territoriums und für seine Reputation erforderlichen Minimum beließ.

119 GOEBKE, Bauernkrieg (wie Anm. 10), S. 16.
120 DANNEIL, Bauernstand (wie Anm. 48), S. 216.
121 In das Kloster Hamersleben drangen gemeinsam mit Bauern auch Adlige ein, vgl. GOEBKE, Bauernkrieg (wie Anm. 10), S. 7.
122 GOEBKE, Bauernkrieg (wie Anm. 10), S. 7.

6. Wenn es um Ereignisse außerhalb seiner Landesgrenzen ging, hat Albrecht zwar seine Hilfe zugesagt, diese aber doch in Grenzen gehalten. Erforderlich hielt er dies immerhin, um Gefahren von seinen Territorien fernzuhalten. Ausschließen konnte er dies indes nicht. Hermann Goebke urteilte: »Dem Aufstande gegenüber hat der Kardinalbischof Albrecht von Mainz eine gewisse Uninteressiertheit, Schwäche und Unentschlossenheit gezeigt. Seiner humanistischen Bildung entsprechend, ließ er aber nach dem Zusammenbruche der Empörung größte Milde walten und war darauf bedacht, durch hohe Geldstrafen seine leeren Kassen zu füllen«[123]. Ich kann mich diesem Urteil nicht anschließen, denn Albrecht hat einerseits rechtzeitig auf die beginnende Bauernbewegung reagiert, andererseits angesichts der veränderten Kräftekonstellation nach der Niederlage des Thüringer Aufstands die Untertanen wieder seiner Herrschaft unterworfen. Er handelte in jeder Hinsicht als ein Landesherr, der die Stabilität in beiden Stiftern wahren bzw. sichern wollte, und er stimmte darin mit anderen Landesherrn überein, die auf den Bauernkrieg und auf die Täuferbewegung auf gleiche Weise reagierten.

---

[123] Ebd., S. 24.

STÄDTISCHE REFORMATORISCHE BEWEGUNGEN IN MITTELDEUTSCHLAND

Ilonka Egert

Die reformatorische Bewegung in den Reichsstädten war vor allem im letzten Jahrzehnt Gegenstand der Forschung[1]. Die Einführung und Durchsetzung der neuen Lehre in den Landstädten wurde jedoch weniger beleuchtet[2]. Für die Städte des mitteldeutschen Raumes muß zumeist auf ältere Literatur zurückgegriffen werden[3]. Nur für Erfurt und Magdeburg liegen wissenschaftliche Untersuchungen aus jüngerer Zeit vor[4].

Zu den gesicherten Ergebnissen der Reformations- und Stadtgeschichtsforschung gehört die Erkenntnis, »daß die Reformation ihren Massenerfolg in

---

[1] Einige Beispiele aus der kaum überschaubaren Flut von Literatur mögen genügen: Günter VOGLER, Nürnberg 1524/25. Studien zur Geschichte der reformatorischen und sozialen Bewegung in der Reichsstadt. Berlin 1982; Bernd MOELLER, Reichsstadt und Reformation. Berlin 1987; DERS. (Hrsg.), Stadt und Kirche im 16. Jahrhundert. Gütersloh 1978; Heribert SMOLINSKY, Stadt und Reformation. Neue Aspekte der reformationsgeschichtlichen Forschung. In: Trierer Theologische Zeitschrift 92 (1983) S. 32–44; Peter BLICKLE, Die Reformation im Reich. Stuttgart 1982; Georg SCHMIDT, Der Städtetag in der Reichsverfassung. Eine Untersuchung zur korporativen Politik der Freien Reichsstädte in der ersten Hälfte des 16. Jahrhunderts. Stuttgart 1984; Heinrich SCHMIDT, Reichsstädte, Reich und Reformation. Korporative Religionspolitik 1521–1529/30. Stuttgart 1986.

[2] Für die nordwestdeutschen Landstädte: Heinz SCHILLING, Die politischen Eliten nordwestdeutscher Städte in den religiösen Auseinandersetzungen des 16. Jahrhunderts. In: Wolfgang J. Mommsen (Hrsg.), Stadtbürgertum und Adel in der Reformation. Stuttgart 1979, S. 235–307; DERS., Wandlungs- und Differenzierungsprozesse innerhalb der bürgerlichen Oberschichten West- und Nordwestdeutschlands im 16. und 17. Jahrhundert. In: Marian Biskup und Klaus Zernack (Hrsg.), Schichtung und Entwicklung der Gesellschaft in Polen und Deutschland im 16. und 17. Jahrhundert. Wiesbaden 1983, S. 121–173.

[3] Für Erfurt vgl. u. a.: Walter SCHUM, Cardinal Albrecht von Mainz und die Erfurter Kirchenreformation (1514–1533). Halle 1878; für Halle: Walter DELIUS, Die Reformationsgeschichte der Stadt Halle a. S. (= Beiträge zur Kirchengeschichte Deutschlands 1). Berlin 1953; für Magdeburg: Friedrich HÜLSSE, Die Einführung der Reformation in der Stadt Magdeburg. Magdeburg 1883; Friedrich Wilhelm HOFFMANN, Geschichte der Stadt Magdeburg, neu bearb. von Georg HERTEL und Friedrich HÜLSSE, 2 Bde. Magdeburg 1885; für Halberstadt: Hermann GOEBKE, Der Bauernkrieg im Fürstbistum Halberstadt 1525. Unter besonderer Berücksichtigung des familiengeschichtlichen Materials mit einem Steuerregister der Stadt Halberstadt vom Jahre 1531. Halberstadt 1933.

[4] Ulman WEISS, Die frommen Bürger von Erfurt. Die Stadt und ihre Kirche im Spätmittelalter und in der Reformationszeit (1514–1545). Weimar 1988; Franz SCHRADER, Die Einführung der Reformation im Erzstift Magdeburg und in der Stadt Magdeburg. In: 1050 Jahre Moritzkloster Magdeburg, II. Magdeburg 1988, S. 119–129; DERS., Kardinal Albrecht von Brandenburg, Erzbischof von Magdeburg, im Spannungsfeld zwischen alter und neuer Kirche. In: Ders., Reformation und katholische Klöster. Beiträge zur Reformation und zur Geschichte der klösterlichen Restbestände in den ehemaligen Bistümern Magdeburg und Halberstadt (= Studien zur katholischen Bistums- und Klostergeschichte 13). Leipzig 1973, S. 11–34; DERS., Der Katholizismus im Bistum Halberstadt von der Reformation bis zum Westfälischen Frieden. In: Paderbornensis Ecclesia. Beiträge zur Geschichte des Erzbistums Paderborn. Paderborn 1972, S. 267–301.

Deutschland in erster Linie in den Städten erlebt hat. ... Sie ist ... für alle Städtetypen und Stadtregionen, für wohlhabende wie arme, kleinere wie größere, mehr oligarchisch wie mehr demokratisch regierte Kommunen in mehr oder weniger allen Stadien der politischen Souveränität anziehend gewesen«[5].

Bei der Untersuchung der städtischen Reformationsvorgänge in Mitteldeutschland sollen folgende Fragen erörtert werden:

1. Welche Bedeutung kamen der Zwietracht zwischen Rat und Bürgergemeinde auf der einen sowie der Geistlichkeit auf der anderen Seite in vorreformatorischer Zeit zu?

2. In welchen Bereichen der städtebürgerlichen Gesellschaft wurden während der Reformation Konflikte und Widersprüche sichtbar?

3. Welche sozialen Kräfte waren Träger der reformatorischen Bewegung? Wie gestaltete sich das Verhältnis von Rat und Bürgergemeinde bei der Ausbreitung und Durchsetzung des neuen Gedankengutes?

4. Welche Auswirkungen hatten die Auseinandersetzungen zwischen Stadt und Landesherrn auf die Beziehung von Rat und Bürgergemeinde? In welcher Weise beeinflußten die Streitigkeiten das Durchsetzen der reformatorischen Bewegung?

5. Welche Maßnahmen ergriff Albrecht von Brandenburg zur Zurückdrängung der Reformation in den mitteldeutschen Städten?

I.

Die Stadtgeschichte des späten Mittelalters und der vorreformatorischen Zeit war weithin von sozialen, politischen sowie strukturellen Spannungen und Konflikten gekennzeichnet[6]. Diese waren zwar nicht nur, aber doch zum guten Teil bedingt durch eine Sonderstellung von Kirche und Klerus in der Stadt. »Da ging es um eine Vielzahl einzelner Beschwerden, die die beiden einander in gewisser Hinsicht ausschließenden Sozialkörper Klerus und Stadtgemeinde gegeneinander hatten – von politischen Auseinandersetzungen freier Städte mit ihren einstigen bischöflichen Stadtherren über Streitigkeiten um die klerikalen Immunitäten bis hin zu handfester geschäftlicher Konkurrenz«[7].

Halberstadt, Halle und Magdeburg gehörten zu den mitteldeutschen Orten, die an der Schwelle zur Neuzeit ihre städtischen Freiheiten an den Bischof-Erzbischof abtreten mußten. Halle verlor bereits 1478 seine Unabhängigkeit. In Halberstadt brach 1486 der offene Kampf zwischen der Stadt und dem Bischof aus. Sie wurde unterworfen und ihr Rat verlor 1488 die weltliche Gerichtsbarkeit in-

---

5 MOELLER, Reichsstadt (wie Anm. 1), S. 71.
6 Vgl. u. a.: Karl CZOK, Zunftkämpfe, Zunftrevolutionen oder Bürgerkämpfe. In: Wissenschaftliche Zeitschrift der Karl-Marx-Universität Leipzig 8 (1958/59) S. 129–143; Erich MASCHKE, Verfassungs- und soziale Kämpfe in der deutschen Stadt des späten Mittelalters, vornehmlich in Oberdeutschland. In: Vierteljahrsschrift für Sozial- und Wirtschaftsgeschichte 46 (1959) S. 289–349; Wilfried EHBRECHT, Form und Bedeutung innerstädtischer Kämpfe am Übergang vom Mittelalter zur Neuzeit. In: Ders. (Hrsg.), Städtische Führungsgruppen und Gemeinde in der werdenden Neuzeit. Köln, Wien 1980, S. 115–152; Wilfried FRITZ, Die innerstädtischen Auseinandersetzungen in Halberstadt zu Beginn des 15. Jahrhunderts – Der lange Matz von Halberstadt. In: Nordharzer Jahrbuch 13 (1988) S. 29–36.
7 MOELLER, Reichsstadt (wie Anm. 1), S. 74.

nerhalb der Stadtmauern[8]. Magdeburg mußte seit 1487 bei jeder Neubesetzung des erzbischöflichen Stuhls um die Belehnung mit dem Blutbann nachsuchen, worin die Oberhoheit des Erzbischofs über die Stadt zum Ausdruck kam.

Konflikte resultierten auch aus der Sonderstellung des Klerus in den Städten. Stadträte oder doch zumindest Teile von ihnen exponierten sich, um die wirtschaftstreibende Geistlichkeit in das bürgerliche Leben der Stadt einzugliedern, sie damit ihrer Privilegien zu berauben. Hierin zeigten sich die ersten Versuche, die städtischen Machtbefugnisse auf den geistlichen Bereich auszudehnen.

Für Erfurt[9], Magdeburg[10] und Halberstadt sind solche Bestrebungen nachweisbar. In Halberstadt gab es schon 1514 den ersten Versuch, Klöster aufzuheben und deren Güter in das Eigentum der Gemeinde zu überführen. Träger dieser Bewegung war zwar nicht der Rat, aber immerhin der Bürgermeister und Vorsteher der Gewandschneidergilde, Heinrich Schreiber. Das Unternehmen scheiterte, unter anderem auch deshalb, weil sich ein großer Teil der Ratsmitglieder dagegen stellte. Schreiber wurde ohne Verhör in den Turm geworfen, mußte Urfehde schwören und eine Geldbuße von 1000 Goldgulden zahlen[11].

Diese wenigen Beispiele zeigen, daß es ebenso wie in den meisten anderen deutschen Städten bereits vor der Reformation – aus den unterschiedlichsten Gründen – Gegensätze zwischen der Stadtgemeinde und der Kirche samt dem Stadtklerus gab. Sie trugen dazu bei, daß die Reformation in der städtebürgerlichen Gesellschaft auf einen günstigen Nährboden fiel.

II.

Durch die reformatorische Bewegung wurden diese bisher keiner Lösung zugeführten Konflikte erneut aktuell. Die seit langem vorhandenen »Bestrebungen nach Aufhebung der privilegierten Sonderstellung von Kirche und Klerus, nach ihrer Eingliederung in die städtische Gesellschaft«[12] setzten sich fort.

In Magdeburg verschärften sich im Gefolge der Verbreitung lutherischer Gedanken die Differenzen des Rates und der Bürgerschaft mit dem Domkapitel sowie mit der katholischen Geistlichkeit in ihrer Gesamtheit[13] so sehr, daß Kardinal Albrecht von Brandenburg als Erzbischof und Landesherr dies auf dem Reichstag zu Nürnberg 1523 zur Sprache brachte. Er verklagte die Stadt bei Erzherzog Ferdinand wegen ihrer Weigerung, die Zwistigkeiten mit dem Domkapitel gütlich beizulegen. 1524 schaltete Albrecht das Reichskammergericht ein, da der von der Bürgerschaft unter Druck gesetzte Rat unter anderem verlangt hatte, daß sich die katholische Geistlichkeit in die Bürgergemeinde einfügen sollte. Das hätte die Aufhebung ihrer rechtlichen und fiskalischen Sonderstellung zur Folge

---

8 Karl-Otto SCHULZ, Kardinal-Erzbischof Albrecht von Mainz und Magdeburg, Bischof von Halberstadt und Martin Luther. Probleme der Reformation in Halberstadt. In: Nordharzer Jahrbuch 12 (1986) S. 70–74.
9 WEISS, Die frommen Bürger (wie Anm. 4).
10 HOFFMANN, Magdeburg (wie Anm. 3).
11 GOEBKE, Bauernkrieg (wie Anm. 3), S. 9; SCHULZ, Kardinal (wie Anm. 8).
12 Adolf LAUBE, Die Reformation als soziale Bewegung. In: Zeitschrift für Geschichtswissenschaft 33 (1985) S. 437.
13 HOFFMANN, Magdeburg (wie Anm. 3).

gehabt[14]. Hinzu kamen in den meisten Städten des mitteldeutschen Raumes – oftmals handgreifliche – Streitigkeiten mit den Klosterinsassen. Eines der bekanntesten Beispiele vor dem Bauernkrieg ist der Aufruhr vom Januar 1523 von drei- bis vierhundert Hallensern gegen das Kloster Neuwerk[15]. Größere und gewaltsamere Ausmaße nahmen diese Auseinandersetzungen während des Bauernkrieges an. Bereits im August 1524, als der mitteldeutsche Raum von der bäuerlichen Aufstandsbewegung noch nicht erfaßt war, kam es zu Massenaktionen in Magdeburg. Der Prediger Johann Grauert rief dazu auf, die »Pfaffen« mit eigener Kraft zu vertreiben, falls der Rat dies nicht tun wolle. Daraufhin wurden Bilderstürme in der Stadt durchgeführt sowie Geistliche aus mehreren Klöstern vertrieben[16].

Als im April 1525 der Bauernkrieg auch auf Mitteldeutschland übergriff, wurden in mehreren anderen – auch kleineren – Städten Klöster gestürmt und geplündert. Bürgerschaft und Rat beteiligten sich gleichermaßen. Die Halberstädter verlangten vom Domkapitel und den Stiftsherren Inventare der Kleinodien und deren Übergabe, zwangen den Weihbischof des Kardinals, den Bürgereid zu leisten, verboten Geistlichen, ihr Gut aus der Stadt zu bringen und beteiligten sich an der Einnahme, Raubschatzung und Zerstörung umliegender Klöster[17].

Gleiches geschah in Aschersleben. Auch hier unterstützten die Ratsherren aktiv die Plünderungen. Als in Winningen der Klosterhof gestürmt wurde, beauftragten sie Bürger, das Vieh mitzunehmen, um es anschließend selbst zu erwerben. Die Zerstörer des Jungfrauenklosters zu Aschersleben wurden vom Rat entlohnt[18].

Andersgeartete, aber ebenfalls mit der Reformation in unmittelbarem Zusammenhang stehende – immer wiederkehrende – Unruhen entzündeten sich in den Städten, wenn lutherische Prediger ohne die Zustimmung des Rates auftraten, wenn lutherische Schriften verbreitet wurden, wenn die Bürgergemeinde verlangte, daß nur noch lauter und rein im Sinne des Evangeliums gepredigt werden sollte, und der katholische Klerus diesem Ansinnen nicht entsprach, sondern vielmehr seine althergebrachten Praktiken fortführte. Hier zeigte sich in den Städten oftmals eine differenzierte Kräftekonstellation. Waren Rat und Bürgergemeinde in ihrem Bestreben zur Eingliederung der Geistlichkeit in die städtebürgerliche Gesellschaft sowie in den Konfrontationen mit dem geistlichen Landesherrn meist einig, so war der Rat hinsichtlich der neuen Predigt nur unter dem Druck

---

14 Siegfried Hoyer, Kardinal Albrecht als Erzbischof von Magdeburg. In: 1050 Jahre Moritzkloster Magdeburg, II. Magdeburg 1988, S. 106–118.

15 Delius, Reformationsgeschichte Halle (wie Anm. 3), S. 27; Halle. Geschichte der Stadt in Wort und Bild. Berlin 1979, S. 22.

16 Hans Otto Gericke, Städtische Volksbewegungen in Magdeburg 1524/25. In: Nordharzer Jahrbuch 7 (1978) S. 29.

17 Doris Derdey, Der Bauernkrieg im Harzgebiet. In: Nordharzer Jahrbuch 11 (1986) S. 81; Staatsarchiv Magdeburg, Rep. A 13, Nr. 940: Acta inquisitionis wider Heinrich Schreiber und Andreas Schlecker zu Halberstadt wegen angestifteten Aufruhrs zur Beförderung der Reformation 1523 bis 1524.

18 Derdey, Bauernkrieg (wie Anm. 17); Staatsarchiv Magdeburg, Rep. A 13, Nr. 911: Die Plünderung und Verwüstung des Jungfrauenklosters von Aschersleben im Bauernkrieg 1525 und Disposition über die Güter desselben 1525 bis 1544; Nr. 1202: Die Plünderung des Hofes Winningen bei Gelegenheit der Zerstörung des Jungfrauenklosters zu Aschersleben 1525.

der Bürgergemeinde, gegen die er anfangs oft mit scharfen Mitteln vorging, bereit, deren Forderungen aufzunehmen und Kompromißlösungen zu finden.

In Magdeburg kam es beispielsweise am 6. Mai 1524 zu Unruhen, weil ein Tuchmachergeselle, der Flugschriften mit Liedern Luthers verbreiten wollte, vom Gerichtsdiener verhaftet worden war. Zweihundert Bürger versammelten sich und forderten die Freilassung des Gesellen sowie die Gefangensetzung des Gerichtsdieners. Der Magistrat verhinderte durch Zugeständnisse weitere Ausschreitungen.

Domkapitel und Landesherr gingen gleichfalls gegen lutherische Prediger und Buchverkäufer vor. In der halberstädtischen Martinskirche hatten Johann Wissel und Heinrich Gefferdes, zwei Mönche des Johannisklosters, bereits 1521 evangelisch gepredigt. Beide wurden auf Weisung des Domkapitels aus der Stadt gewiesen. Der Propst des Klosters, Eberhard Wiedensee, wurde vom Erzbischof als Ketzer verdammt und gefangengesetzt, konnte aber fliehen und im Magdeburger Augustinerkloster Aufnahme finden[19]. Ähnliche Vorgänge gab es in Halle[20].

An diesen Beispielen wird erkennbar, daß in den mitteldeutschen Städten während der frühen Reformationsbewegung eine Vielzahl von Interessengegensätzen existierten, die aus dem religiösen Bereich in die Sphären des städtebürgerlichen Lebens hineinwirkten.

Im städtischen Reformationsgeschehen entzündeten sich auch Konflikte, die wirtschaftliche und soziale Ursachen hatten. Infolge großer Teuerung, Holzmangels sowie hoher Abgaben empörte sich am 28. Dezember 1523 in Halle die arme Stadtbevölkerung. Dreihundert Menschen strömten auf dem Markt zusammen. Ihr Unwillen richtete sich besonders gegen den Rat und sie forderten dessen Absetzung. Um den Sturm auf das Rathaus zu verhindern, wurde die Bürgerschaft zu den Waffen gerufen. Daraufhin zog ein Teil der Aufrührer zur Moritzburg und zum Neuen Stift und führte Schmähreden gegen Erzbischof Albrecht. Die 1524 in der Stadt ausbrechenden Streikaktionen der Salinenarbeiter, die über sechs Wochen die Arbeit niederlegten, hatten ebenfalls wirtschaftliche und soziale Hintergründe.

Innerstädtische Auseinandersetzungen wurden auch mit dem Ziel einer Änderung des bestehenden Stadtregiments geführt[21]. Am 24. Februar 1524 empörte sich die Gemeinheit der Stadt Magdeburg – d. i. die nicht zum Innungsbund gehörende Bürgerschaft – gegen den Rat und verlangte, daß die zwei Ratsmänner aus ihrer Mitte zukünftig von ihnen selbst gewählt werden sollten und nicht mehr von den Ratsmitgliedern der Innungen. Eine gütliche Einigung war zunächst nicht möglich. Ein Kompromiß fand sich erst, als die beteiligten Bürger sich bewaffneten und sich anschickten, das Rathaus zu stürmen. Der Vergleich sah vor, daß die Bürgerschaft aus jedem der sechs Pfarrsprengel zwei Personen bestimmen sollte, die dann die zwei Ratsmitglieder wählten. Dieses Verfahren wurde bereits 1526 wieder geändert. Von da an wurden die Ratsherren der Gemeinheit von den neu hinzutretenden Ratsmitgliedern gewählt. Diese bis 1560 gültige Vereinbarung kam mit ausdrücklicher Genehmigung der Gemeinde zustande.

---

19 SCHULZ, Kardinal (wie Anm. 8), S. 72.
20 DELIUS, Reformationsgeschichte Halle (wie Anm. 3).
21 GERICKE, Städtische Volksbewegungen (wie Anm. 16), S. 30.

III.

Diese kurz skizzierten innerstädtischen Konflikte führen zu der Frage nach der sozialen Basis der Reformation – welche sozialen Kräfte waren Träger der reformatorischen Bewegung und wie gestaltete sich das Verhältnis von Rat und Bürgergemeinde. Was Heinz Schilling in diesem Kontext für die nordwestdeutschen Städte feststellt, läßt sich auch für die mitteldeutschen sagen. Die lutherische Reformation war hier in ihren Ursprüngen eine »Volksbewegung«, die sich in der Regel gegen den Widerstand der Stadträte und der sie tragenden Schichten durchzusetzen wußte[22].

Auch in Halle, Magdeburg, Halberstadt und Aschersleben waren es vor allem Teile der Bürgerschaft und städtische Unterschichten, die sich zuerst für die Realisierung reformatorischer Neuerungen einsetzten. In Magdeburg fand die neue Lehre ihre ersten Anhänger sowohl in der Altstadt als auch in den Vorstädten Neustadt und Sudenburg. Bis in das Jahr 1522 hinein versuchte der Rat, die Ausbreitung evangelischer Gedanken zu verhindern. Dazu fand er sich sogar – trotz aller Gegensätze – zu einem zeitweiligen Bündnis mit der katholischen Geistlichkeit bereit. Der Rat führte das Wormser Edikt aus und verhaftete im Frühjahr 1522, der Forderung des Erzbischofs gemäß, einen Kleriker, weil dieser lutherische Bücher verkauft hatte. 1523/24 änderte sich die Haltung des Rates zum reformatorischen Geschehen aus unterschiedlichsten Gründen: Zum einen wurde nun seine Position wesentlich davon beeinflußt, wie sich sein Verhältnis zum Domkapitel und zur Geistlichkeit insgesamt gestaltete. Die politischen und ökonomischen Widersprüche zwischen beiden Seiten verschärften sich; es kam zu keiner Einigung. Zum anderen sah sich der Rat gezwungen, den reformatorischen Forderungen in der Stadt zuzustimmen, wenn er nicht Aufruhr und Empörung gegen seine Herrschaft provozieren wollte – soziale, ökonomische, verfassungsrechtliche und religiöse Konflikte verquickten sich miteinander. Der Rat »lebte auf engstem Raum mit den Bürgern zusammen und wurde bei politischen oder wirtschaftlichen Krisen sofort zur Zielscheibe der innerstädtischen Oppositionsbewegung, so daß er ... bei seinen Entscheidungen mögliche Reaktionen der Bürger mitzubedenken« hatte[23]. Schließlich war das Einschwenken des Rates auf die Linie der Reformation auch eine Folge davon, daß immer mehr seiner Mitglieder selbst dem Luthertum zuneigten.

Der Anlaß für das offene Einschwenken des Rates waren die Unruhen vom 6. Mai 1524. Die Innungsmeister setzten sich beim Magistrat für die Einführung der Reformation ein, um weiteren Ausschreitungen vorzubeugen. Der Rat gab seine Genehmigung zur Wahl einiger Männer aus jedem Kirchspiel, die das dazu Notwendige beraten und anordnen sollten. Evangelische Prediger wurden bestellt, am Gottesdienst selbst änderte sich nichts. Da diese Schritte der Bürgerschaft nicht ausreichten, versammelten sich die mit Genehmigung des Rates gewählten Vertreter der einzelnen Pfarrgemeinden und arbeiteten Artikel[24] aus, die sie dem Rat zur Inkraftsetzung übergaben. Am 23. Juli 1524 befahl dieser darauf-

---

22 SCHILLING, Die politischen Eliten (wie Anm. 2), S. 236.
23 MOELLER, Reichsstadt (wie Anm. 1), S. 78.
24 HOFFMANN, Magdeburg (wie Anm. 3), S. 342 f.

hin, daß *bei schwerer Strafe nichts gegen die neue Ordnung der Messe und der anderen Gottesdienste zu unternehmen*[25] sei. Damit schwenkte er offen auf die Position der Bürgerschaft ein. Auch der Bürgereid wurde abgeändert: *Da auch dem rat oder der stadt durch abschaffung der messe und des angenommenen Evangelij, wie das jetzt lauter und rein gepredigt wird, not entstünde, mit allem vermüge leibes und guts, weil ich ein bürger bin, mich gehorsamlich und treulich will finden lassen, als mir Gott helfe und das heilige Evangelium*[26].

In der Verteidigungsschrift Magdeburgs vom November 1524, die für das Reichskammergericht bestimmt war, erklärte der Rat seine Position. Er versicherte, die Reformation habe ohne seine tätige Hilfe ihren Anfang genommen, er aber habe, um Aufruhr zu verhüten, evangelische Prediger anstellen müssen. Somit habe nicht er, sondern das »Volk« die Abschaffung der katholischen Lehre und die Einführung der lutherischen geboten. Der Rat versuchte auf diese Weise, sich und die Stadt aus der Affäre zu ziehen, die Vorwürfe von Domkapitel und Erzbischof, er habe die Reformation unterstützt, zu entkräften und sein Handeln, aus einer Zwangslage resultierend, zu legitimieren.

Die im Nachhinein vom Magistrat gebilligte Einführung der Reformation in der Altstadt Magdeburgs ließ sich allerdings nicht komplikationslos auf die Vorstädte übertragen. In Sudenburg konnte die Reformation erst 1544 und in der Neustadt erst 1547 endgültig Fuß fassen, da Erzbischof Albrecht von Brandenburg und das Domkapitel hier als Territorialherren nicht bloß die geistliche, sondern auch die weltliche Gerichtsbarkeit inne hatten.

Ein gemeinsames Vorgehen von Rat und Bürgerschaft gegen die katholische Kirche gab es auch in Aschersleben und in Halberstadt. Auf die Klosterplünderungen während des Bauernkrieges wurde bereits hingewiesen. In Aschersleben forcierte der Rat offensichtlich bewußt die Übergriffe gegen das Jungfrauenkloster. *Das toben, plundern, roben werte die gantze nacht bis ahn den tagk. Es worde bevohlen vohm rate, sie solten es in grund rissen unde haben etzliche gulden zu lohne gegeven, die es ummerissen*[27]. Alle später folgenden Beteuerungen des Rates, er und seine Bürger hätten mit der Sache nichts zu tun[28], erwiesen sich angesichts des Bekenntnisses des Paul Schramm aus Aschersleben als unhaltbar[29].

Für Halberstadt muß festgehalten werden, daß trotz der Beteiligung des Rates an den Klosterplünderungen – d. h. seiner direkten Anteilnahme an den Reformationsvorgängen –, die Reformation erst im Februar 1591 endgültig eingeführt werden konnte[30]. Daraus wird ersichtlich, daß ein zeitweiliges Zusammengehen von Rat und Bürgerschaft nicht ausreiche, um der Reformation frühzeitig zum Durchbruch zu verhelfen. Zeugnis des »Auseinandertretens« von Rat und Bür-

---

25 Zitiert nach: HOFFMANN, Magdeburg (wie Anm. 3), S. 362.
26 Ebenda.
27 Ende Mai (?) 1525, Bericht über die Plünderung des Jungfrauenklosters vor der Stadt Aschersleben. In: Walther Peter FUCHS (Hrsg.), Akten zur Geschichte des Bauernkriegs in Mitteldeutschland, II. Jena 1942, S. 411.
28 Ende Mai (?) 1525, Der Rat von Aschersleben an die Räte des Kardinals Albrecht. Verteidigung des Aufruhrs. In: FUCHS, Akten Bauernkrieg (wie Anm. 27), S. 411 f.
29 4. September 1525, Bekenntnis des Paul Schramm von Aschersleben. Beraubung des Klosterhofs zu Winningen, Klostersturm in Aschersleben. In: FUCHS, Akten Bauernkrieg (wie Anm. 27), S. 653–654; 7. September 1525, Zweites Bekenntnis des Paul Schramm. In: Ebd., S. 665–666.
30 SCHULZ, Kardinal (wie Anm. 8), S. 74.

gergemeinde nach der Niederlage des Bauernkrieges ist der Kompromiß, den Halberstadt mit dem Erzbischof schloß. Der Rat erklärte sich bereit, zur Bestrafung der an den Tumulten Beteiligten beizutragen sowie der Wiedereinführung der katholischen Lehre im Johanniskloster und in der Martinskirche zuzustimmen. Erst 1540 konnte wieder an der Martinskirche evangelisch gepredigt werden; bis dahin mußten protestantische Bürger Halberstadts den Gottesdienst außerhalb der Stadt besuchen.

In Halle waren die äußeren Umstände deutlich anders. Die Bischofsstadt hatte im Herrschaftskonzept Albrechts von Brandenburg einen wichtigen Platz; sie galt als seine Lieblingsresidenz. Hier hielt er sich während seiner Regierungszeit häufig, auch über längere Zeiträume zusammenhängend, auf. Dies machte es ihm möglich, stärker in die Belange der städtischen Verwaltung einzugreifen, als das beispielsweise in Magdeburg der Fall war.

Er versuchte, den Rat bei der Abwehr der Reformation zu seinem Instrument zu machen. Das gelang ihm zwar nur partiell und zeitweilig, führte aber dazu, daß ein Zusammenschluß von Rat und Bürgergemeinde behindert wurde. Der Erzbischof erkannte mehr und mehr die Gefahr, die durch das Fortschreiten der Reformation für seine Stellung in Halle und im gesamten Stift entstand.

Nach der Beendigung des Bauernkrieges nutzte er seine landesherrlichen Rechte intensiver. Er versuchte durchzusetzen, daß nur streng katholische Bürger in den Rat gewählt wurden. Die ihm unerwünschten Personen ließ er kraft seiner Rechte entfernen. Durch dieses Vorgehen verschärften sich die Konflikte mit der Bürgerschaft, was offensichtlich die Ausbreitung des reformatorischen Gedankengutes förderte. Das wurde besonders bei den Ratswahlen 1534 offenkundig. Nur einer der neu gewählten Ratsherren war noch katholisch. Albrecht wollte die Wahl aber erst dann bestätigen, wenn jeder Neugewählte Ostern an der Kommunion nach herkömmlicher Weise teilgenommen habe. Die Ratsherren weigerten sich mit dem Hinweis, sie wollten dem Erzbischof wohl in weltlichen Dingen gehorsam sein, das Abendmahl aber nur nach evangelischer Weise nehmen. Daraufhin bestätigte Albrecht sie nicht in ihrem Ratsamt und ließ sie aus der Stadt ausweisen. Erst als Halle 1541 endgültig protestantisch wurde, konnten die vertriebenen Ratsmänner zurückkehren. Dieses massivere Eingreifen Albrechts in die städtischen Belange hatte mit zur Folge, daß die Reformation hier erst etwa zur selben Zeit eingeführt werden konnte wie in den Vorstädten Magdeburgs.

Ebenso wie für die Reichsstädte[31] galt für die Landstädte des mitteldeutschen Raumes, daß die soziale Basis der Reformation nicht einheitlich war. Das resultierte aus verschiedenen Ursachen und hatte zur Konsequenz, daß sich die Reformation zu unterschiedlichen Zeiten durchsetzte. In der Altstadt Magdeburgs zu einem sehr frühen Zeitpunkt, in Halle und Halberstadt erst später. Zwar versuchte auch der Rat Magdeburgs, »das Umsichgreifen nicht nur der verfassungspolitischen und sozialen Opposition, sondern auch der Reformation zu verhindern oder doch einzudämmen«[32], trotzdem kam es – gerade wegen dieser innerstädtischen Gegensätze – zu einem frühzeitigen Zusammengehen von Rat und

---

31 MOELLER, Reichsstadt (wie Anm. 1), S. 83.
32 Horst RABE, Reich und Glaubensspaltung. Deutschland 1500–1600 (= Neue Deutsche Geschichte 4). München 1989, S. 242.

Bürgerschaft bei der Durchsetzung der Reformation. Deshalb konnten hier auch relativ früh die ersten Schritte zur Einführung eines neuen Kirchenwesens unternommen werden[33]. Magdeburg machte deutlich, daß die Stabilisierung und Institutionalisierung der neuen Lehre am ehesten erfolgte, wenn die »politische Elite« die reformatorischen Forderungen der Bürgerschaft frühzeitig aufnahm[34], d. h. in dieser Stadt zu einem Zeitpunkt, zu dem radikale reformatorische Bewegungen noch nicht genügend Rückhalt in der Bevölkerung hatten und sich demzufolge die Konflikte zwischen Rat und Bürgerschaft noch durch ein kompromißbereites Einschwenken des Rates auf die Position der Bürgerschaft lösen ließen. Noch bevor der Bauernkrieg auf Mitteldeutschland übergriff, hatte der Rat Magdeburgs sich »an die Spitze der reformatorischen Bewegung«[35] gesetzt.

Die These Bernd Moellers, daß die Wirkungskraft der Stadtreformation davon mit bestimmt wurde, daß sie weder »eine Sache der Oberschichten blieb noch ausschließlich eine der letzteren abstoßende Popularbewegung war«[36], ist auch für die Vorgänge zur Einführung und Durchsetzung der neuen Lehre in den mitteldeutschen Städten gültig.

IV.

Die Gestaltung des Verhältnisses von Bürgerschaft und Rat während der reformatorischen Bewegung wurde wesentlich vom Gegensatz der Stadt zum Landesherrn mitbestimmt. So wie der Gegensatz zur alten Kirche wirkte auch der zum katholischen Landesherrn »solidarisierend im Innern«[37]. Zumindest für Magdeburg und Halberstadt sind Bestrebungen nachweisbar, die städtischen Freiheiten wiederzuerlangen. In Magdeburg boten dazu die Machtverhältnisse einen günstigen Ausgangspunkt. Hier standen dem Erzbischof ein relativ starker Stadtrat und das Domkapitel gegenüber. Letzteres verhielt sich zunehmend kritisch zur Politik Albrechts, da ihm dessen Handeln gegen die Reformation und zum Schutz der katholischen Geistlichkeit wenig wirksam erschienen. Dies wiederum wirkte sich negativ auf ein gemeinsames Vorgehen von Domkapitel und Erzbischof gegen die Reformation aus und schwächte die Position Albrechts in der Stadt zusätzlich. Hinzu kamen die Auseinandersetzungen mit Kursachsen um das Burggrafenamt. Bis auf einige Restrechte war Albrecht von Brandenburg als Magdeburger Erzbischof zwar der eigentliche Rechtsinhaber, aber Johann Friedrich von Sachsen versuchte, die Restrechte der kursächsischen Linie der Wettiner am Burggrafenamt auszudehnen. Magdeburg unterstützte den Sachsen bei diesen Bestrebungen, wie es sich generell in seinem »Konflikt mit (dem) geistlichen Landesherren an die sächsische Politik« anlehnte und »in Kursachsen den politischen und religiösen Protektor«[38] sah.

33 Vgl. Hoffmann, Magdeburg (wie Anm. 3); Martin Brecht, Luthertum als politische und soziale Kraft in den Städten. In: Franz Petri (Hrsg.), Kirche und gesellschaftlicher Wandel in deutschen und niederländischen Städten der werdenden Neuzeit. Wien 1980, S. 1–21.
34 Schilling, Die politischen Eliten (wie Anm. 2), S. 236.
35 Rabe, Reich und Glaubensspaltung (wie Anm. 32), S. 238.
36 Moeller, Reichsstadt (wie Anm. 1), S. 83.
37 Auf die Reichsstädte bezieht diese Aussage Volker Press, Die Reichsstadt in der altständischen Gesellschaft. In: Zeitschrift für Historische Forschung, Beiheft 3 (1987) S. 20.
38 Volker Press, Reformation und frühmoderner Staat. Die Territorialstruktur des Reiches und

Die Gegensätze zwischen Stadt und Landesherrn rührten schon aus der Zeit des Übergangs vom Mittelalter zur Neuzeit. Erstmals wurde Albrecht von Brandenburg kurz nach seinem Herrschaftsantritt mit diesen Problemen konfrontiert. Am 19. Dezember 1515 verlangte der Erzbischof auf dem Landtag in Magdeburg von den Ständen die Erhebung neuer Steuern, da er die Schulden seines Amtsvorgängers Ernst von Sachsen bezahlen, die von demselben versetzten Tafelgüter wieder einlösen und außerdem die Kosten für seine eigene Amtsbestätigung und seinen Einzug in Magdeburg bestreiten müsse. Magdeburg lehnte zunächst eine Finanzbeteiligung unter Berufung auf die städtischen Privilegien ab, stimmte dann aber doch zu. Als Gegenleistung mußte Albrecht der Stadt am 25. Juni 1516 den Blutbann bestätigen.

Das Verhältnis von Stadt und Landesherrn verschlechterte sich in dem Maße, wie sich im Zusammenhang mit der Reformation die Übergriffe der Bevölkerung auf die katholische Geistlichkeit häuften. Albrecht begann mit massiveren Mitteln gegen Magdeburg vorzugehen (Verklagung der Stadt vor dem Nürnberger Reichstag etc.). Diese von außen kommenden Gefahren erzeugten einen Druck auf die innerstädtischen Parteiungen und veranlaßten den Rat – neben der Furcht vor Aufruhr in der Stadt selbst –, durch sein Einschwenken auf die religiöse Entscheidung der Bürgerschaft den innerstädtischen Konsens wiederherzustellen[39]. Gleichzeitig versuchte Magdeburg, sich durch die Mitgliedschaft in den Bünden der evangelischen Fürsten – 1526 Torgauer und 1532 Schmalkaldischer Bund – gegen die Übergriffe des Landesherrn zu schützen. Der Kampf zur Wiedererlangung der städtischen Freiheiten begünstigte somit die Verbreiterung der sozialen Grundlage der Reformation.

Die Auseinandersetzungen zwischen Erzbischof und Stadt verstärkten sich durch die Weigerung Magdeburgs, an Albrecht Zölle und die Landsteuer zu entrichten. Außerdem verlangte die Stadt freie Schiffahrt auf der Elbe. Erst 1536 schlossen die Kontrahenten einen Vertrag, der jedoch nur für kurze Zeit das Verhältnis zwischen beiden entspannte. Bereits 1537 erfolgte die Achterklärung gegen Magdeburg. Letztendlich erreichte Albrecht es nicht, Magdeburg wirklich zu mediatisieren, wie es wiederum die Stadt nicht schaffte, vollständig ihre Freiheiten wiederzuerlangen. Damit blieb eine Konfliktsituation bis zum Ende der Regierungszeit des Hohenzollern latent vorhanden, die die Gefahr einer Zuspitzung in sich barg.

In Halberstadt verknüpfte sich der Kampf um die Reformation ebenfalls mit dem Bestreben, die Stadtrechte in vollem Umfang zurückzugewinnen. Seit der Unterwerfung der Stadt 1488 hatte es wiederholt solche Versuche gegeben. Aus dem gleichen Grund beteiligten sich nun am Bauernkrieg nicht nur Plebejer und Handwerksgesellen, sondern auch begüterte Bürger Halberstadts[40]. Während der Wirren gelang es dem Rat, die gesamte landesherrliche Gewalt innerhalb der Stadtmauern wieder an sich zu bringen. Sogar nach der Niederlage der Bauern konnte Halberstadt die Gerichtsbarkeit über die Vogtei behaupten und ließ sich

---

die Reformation. In: Franklin Kopitzsch und Rainer Postel (Hrsg.), Reformation und Revolution. Beiträge zum politischen Wandel und den sozialen Kräften am Beginn der Neuzeit. Festschrift Rainer Wohlfeil zum 60. Geburtstag. Stuttgart 1989, S. 250.
39 SCHILLING, Die politischen Eliten (wie Anm. 2), S. 304.
40 SCHULZ, Kardinal (wie Anm. 8), S. 73.

dies von Albrecht von Brandenburg am 31. August 1525 bestätigen. Dieser Vertrag hatte aber gleichzeitig zur Folge, daß sich die »Elite« Halberstadts wieder vom Konsens mit der Bürgerschaft trennte – offensichtlich der Preis für die Behauptung städtischer Rechte.

v.

Betrachtet man Albrechts Politik zur Zurückdrängung der Reformation in den mitteldeutschen Städten[41], so wird eines deutlich: Hier ging er früher gegen die Reformation vor als in seinem mainzischen Erzbistum. Erste Maßnahmen sind kurz nach Verhängung der Reichsacht gegen Martin Luther nachweisbar. Bereits am 5. August 1521 befahl er dem Magdeburger Domkapitel, gegen lutherische Prediger und Buchverkäufer vorzugehen. Am 14. September 1521 ließ Albrecht den dortigen Domprediger Andreas Kauxdorf, ein Anhänger der neuen Lehre, verhaften und aus dem Erzbistum ausweisen[42].

Halle trafen die ersten gegen die Reformation gerichteten Verfügungen ein Jahr später: Noch zum Reliquienfest 1520 hatten die bischöflichen Räte Albrecht von Brandenburg versichern können: *E. Churf. Gnaden Stifte, Lande und Leute gottlob noch in gutem frieden stehen*[43]. Aber schon im Januar 1521 mußte der Neuwerker Propst, Nicolaus Demut, Albrecht mitteilen, daß *der Dechant zu Halle sehr die Meinung D. Martini ausruft und dem Volk einbildet*[44]. Nach diesem Zeugnis breitete sich die Reformation auch im Bürgertum aus, so daß die im erzbischöflichen Schreiben vom 13. Juli 1522 an die Räte zu Magdeburg festgelegten Verordnungen auch für Halle Bedeutung erlangten. In ihm wurde bestimmt, daß Kleriker, die lutherische Bücher verkauften, verhaftet und nur wenn sie Urfehde schwörten und versprachen, künftig keine derartigen Schriften mehr zu verbreiten, freigelassen werden sollten. Zwar läßt sich ein solches Vorgehen Albrechts während der frühen Reformationszeit in fast allen mitteldeutschen Städten nachweisen, die Wirkung der Gegenmaßnahmen blieb allerdings nur begrenzt.

Ein Schlag gegen die Stellung der katholischen Kirche in Halle war 1523 der Übertritt von Nicolaus Demut zum Luthertum. Albrecht von Brandenburg traf diese Entscheidung in besonderem Maße, war Demut doch einer seiner engsten Vertrauten. Dieser Konfessionswechsel veranlaßte den Erzbischof, nun schärfer gegen Protestanten vorzugehen. 1523 ließ er den lutherisch gesinnten Bürgermeister von Halberstadt auf einer Reise überfallen und gefangensetzen. Nach Halle verbracht, wurde er hier von Albrecht zum Tod verurteilt, schließlich aber doch wieder begnadigt. In besonderem Maße sollten in Halle neuangestellte, streng katholische Prediger und die Geistlichen des Neuen Stifts dazu beitragen, die katholische Kirche zu stärken. Das gelang jedoch nur zeitweilig, weil auch sie sich immer mehr der neuen Lehre zuneigten.

Die Ereignisse des Bauernkrieges zwangen Albrecht jedoch zur Nachgiebigkeit. In Halle mußte er einer Gottesdienstreform zustimmen und verhaßte Mit-

41 Vgl. die Arbeiten von SCHRADER (wie Anm. 4); DELIUS, Reformationsgeschichte Halle (wie Anm. 3).
42 SCHRADER, Kardinal Albrecht (wie Anm. 4), S. 15.
43 DELIUS, Reformationsgeschichte Halle (wie Anm. 3), S. 26.
44 Ebenda.

glieder des Stadtregiments entfernen. Mit Magdeburg schloß er am 9. August 1525 ein Abkommen zur Beilegung der Streitigkeiten. Darin verzichtete er auf die Zurücknahme der Reformation in der Altstadt und verlangte nur den Schutz der katholischen Geistlichkeit und Stifter sowie das ungestörte Feiern der katholischen Messe. In den Vorstädten Sudenburg und Neustadt strebte Albrecht danach, die Position der katholischen Kirche zu erhalten. Das bedeutete, daß er in Magdeburg bei seinen weiteren gegen die Reformation gerichteten Schritten die entstandene Kräftekonstellation zwischen Lutheranern und Katholiken in Rechnung stellte, was von politischer Klugheit zeugte. In einem Schreiben an seine Räte im Erzstift Magdeburg verfügte er bezüglich der beiden Vorstädte: *Vnnd die weyl dye Magdeburgische Handlung yren vorgank gewinnet, ist vnser gütlich begir, nochdeme wyr vorhaben dye Neuensteter vnd Sudenburger vmb yren begangegen mutwillen in straff zunehmen, wollit daran seyn damit dieselbigen in disse vortracht nicht getzogen, sunder mit dem Rathe der Altenstat gehandelt werde, sich derselbigen straffe gar nichts antzunehmen...*⁴⁵.

Nachdem die Bauern von den Fürsten geschlagen worden waren, nutzte Albrecht die für die Fürsten entstandene günstigere Lage zu wieder intensiverem Agieren gegen das Vordringen der reformatorischen Bewegung. Allerdings nahm er nicht mit gleicher Härte wie andere Fürsten am Blutgericht der Sieger teil. In Halle gab es während des Bauernkrieges auch Unruhen; diese blieben jedoch begrenzt und standen in keiner direkten Beziehung zur Bewegung der Bauern. Nach deren Niederwerfung zwang Albrecht den Rat zu einer Untersuchung des innerstädtischen Aufruhrs, um der Wortführer habhaft zu werden und der Bestrafung zuzuführen⁴⁶.

Von der größeren Schärfe der Maßnahmen zeugen die Sühne- und Unterwerfungsverträge, die die Städte Mitteldeutschlands nach dem Sieg der Fürsten akzeptieren mußten. Heiligenstadt büßte durch den Sühnevertrag vom 4. Juni 1525 einen großen Teil seiner städtischen Rechte ein. In diesem Vertrag hieß es: *Darnest setzen unde wollen wir, das der raet der stat Heiligenstat an der anzal der personen, so vil der biß an diesse zeit an raet sitzen unde gesessen haben, hinfurder nicht vermeret noch verminnert sal werden. Aber der schultheiße, den unser lieber herre und omhe von Meintz bißher in der stat gehebt hait oder s. l. oder derselben nachkomen kunftig darinen haben werden, sal zu allen zeiten von wegen des stifts zu Meintz mit ime raete sitzen, also das ausserhalb sienem wissen der raet nicht verendert nach verneuert unde umbgesetzt, auch nichtes an sein beisein geratslagt nach etwas verhandelt werden. Da aller Aufruhr aus den Zünften geflossen sei, so haben wir... alle und iglich gilden und zunfte eines iden hantwerks hiemit gentzlich unde gar ufgehaben und tun das auch keinwertigen, also das hinfuder kein gildemeister und gilden von den burgern und gemeinheit zu Heiligenstait nit sein sal, nach erwelt, gemacht nach gestadet werden, sonder der schultheiße sampt dem rate sollen gemeiner stat Heiligenstait ane einicherlei einsage zu allen zeiten hinfure das regiment tragen...*⁴⁷. Für Duderstadt hatte der

---

45 Staatsarchiv Magdeburg, Rep. A 2, Nr. 66, fol. 9: Schreiben Kardinal Albrechts an die Räte des Erzstifts Magdeburg, Calbe, Montag nach Laurentii 1525.
46 Vgl. DELIUS, Reformationsgeschichte Halle (wie Anm. 3).
47 Sühnevertrag der Stadt Heiligenstadt. In: Günther FRANZ und Otto MERX (Hrsg.), Akten zur Geschichte des Bauernkriegs in Mitteldeutschland. Leipzig 1934, ND Aalen 1964, S. 434 f.

Sühnevertrag einen ähnlichen Wortlaut[48]. Hingegen machen die Verträge, die Albrecht mit Halberstadt und Aschersleben schloß, deutlich, daß er unterschiedlich hart gegen die Städte vorging. Aschersleben wurde nur zur Zahlung eines Strafgeldes verurteilt. Hier gab es keine direkten Eingriffe in die Belange der Stadt wie in Heiligenstadt und Duderstadt, was mit Sicherheit durch die unterschiedliche Intensität ihrer Beteiligung am Bauernkrieg verursacht wurde. In der Verschreibung für Aschersleben vom 30. September 1525 hieß es: *...das wir inhen aus gnaden die burgerliche geltstraffe von denjhenen, so sich bei ihnen in disser entporunge vor anderen herfur getan, anhengig gemacht und schuldig befunden, auch derhalb burgerlich sollen gestrafft werden, zugestelt und uf ir untertenig bit gnediglich vorgunst und nachgegeben haben, in bemeleter stadt Ascherslove eine gemeine anlage ufzusetzen, doran sich solcher summa der 6000 gulden mit der zeit widderumb erholen mogen und ir rathaus domit nicht durfte beschwert werden...*[49]. Dem Halberstädtischen Rat gelang es durch Verhandlungen mit Albrecht, die Vertragsbedingungen zu mildern. Sahen die Instruktionen des Kurfürsten für seine Räte[50] von Ende August 1525 noch die bedingungslose Unterwerfung der Stadt vor, beinhaltete der schließlich am 31. August 1525 geschlossene Vertrag vor allem die Zahlung von Strafgeldern an den Landesherrn[51].

Albrechts Bestrebungen, die Reformation einzudämmen, lassen sich bis zum Ende seiner Regierungszeit nachweisen. Wie in Halle versuchte er beispielsweise auch in Aschersleben, die Position der katholischen Kirche durch die Anstellung altgläubiger Prediger zu stärken. 1527, als es um die Neubesetzung einer erledigten Pfarre in Aschersleben ging, schrieb er an seinen Hofmeister, den Grafen Botho zu Stolberg-Wernigerode sowie an die magdeburgischen und halberstädtischen Räte: *haben wyr vorlesen, vnd... Pater Lentz, vnser Stiffthirden zu Halle Cantor, zu sagen will, die lutherischen lehre nit anhengigk zußeyn, Das Evangelium nach außlegung, der doctores durch dye Christlich Kirch angenohmen, lauther ana zußatz vnd zu keinem vffruhr oder widderwillen der vnderthanen widder dye obirkeyt vnd geistlichen zupredigen. Auch in den Sacramenten vnd der Kirchen Ceremonien, kein weigerunge widder alt Herkomen vnd Christlichen hergebrachten brauch zumachen, seynt wyr zufrieden, das yme dye Pfarre zu Aschersleben, oder dye zu Querefurt, welche er am liebsten annehmen wil, zugestelt, doch das angetzeigte Caution vnd gelübde zuvor von yme genohmen werden. Dem Rathe zu Aschersleben meget yr diesse antwort geben*[52].

Ein anderes Mittel des Erzbischofs zur Stärkung der katholischen Kirche und zur Beseitigung der Glaubensstreitigkeiten war der Versuch, den Priesterstand zu reformieren. Bereits am 22. September 1526 – er hielt sich in seiner kurmainzischen Residenz Steinheim am Main auf – gab er einen dementsprechenden Erlaß

---

48 Ebenda.

49 Verschreibung des Kardinals Albrecht für die Stadt Aschersleben. In: FRANZ/MERX, Akten Bauernkrieg (wie Anm. 47), S. 687.

50 Instruktion für die Räte Kardinal Albrechts zu ihrer Werbung bei der Stadt Halberstadt. In: FRANZ/MERX, Akten Bauernkrieg (wie Anm. 47), S. 640 f.

51 Strafverschreibung der Stadt Halberstadt. In: FRANZ/MERX, Akten Bauernkrieg (wie Anm. 47), S. 646 f.

52 Staatsarchiv Magdeburg, Rep. A 2, Nr. 66, fol. 16: Albrecht an Botho, Graf und Herr zu Stolberg-Wernigerode und an die magdeburgischen und halberstädtischen Räte, Mainz, Dienstag nach Allerheiligen 1527.

für das Erzstift Magdeburg. Darin wurden verschiedene Grundsätze zur Besserung des Standes aufgezeigt, unter anderem: *Item alle pfar sovil und muglich mit gelerten frommen redlichen personen zu versehen und den selbigen gepurlich Competentz sovil und muglich zu verordnen verfugen. Und das dieselbigen yren pfarvolck das Heilige Evangelium laueter und clar predigen und das Goteswort leren, auch sunst mit guten Exemplen und underweisung trewlich fur seyn*[53].

Welche Rolle die Ergebnisse des letzten Landtages im Erzbistum Magdeburg, den Albrecht 1541 nach Calbe berief, für die endgültige Durchsetzung der Reformation spielten, ist bis heute nicht eindeutig bestimmbar. Die magdeburgischen Stände erklärten sich bereit, den riesigen Schuldenberg des Erzbischofs zu übernehmen, angeblich aber nur gegen das Zugeständnis der freien Religionsausübung[54]. Der Landtagsabschied enthält darüber allerdings nichts. Inwieweit Albrecht weitreichende Zugeständnisse wirklich machte, muß dahingestellt bleiben. Einiges spricht dagegen. So seine Anweisungen an seinen Statthalter. Franz Schrader, als jüngsthin bester Kenner der magdeburgischen Reformationsgeschichte, stellt fest, daß sich Albrecht bis 1544 gegen die Einführung der Reformation gewehrt habe[55].

Auch für das Bistum Halberstadt läßt sich ein Ankämpfen Albrechts gegen die Reformation über das Jahr 1541 hinaus feststellen. An seinen Statthalter gab er 1542 beispielsweise folgende Instruktion: *Das vnser vnderthanen der voigtey zu Halberstad sich der dominicaner vnd Barfüsser Closters vnderfahen wollen, haben wir nicht gerne vernohmen, vnd hat vnser hauptmann des Stifftes halberstadt recht daran gethan das er sulchs vorkommen, freundlich bittende E. L. wollen Ihme vorfuegen diß vnd dergleichen forder zu vorhüten. Vnd nach dem die vff der voigtei one mittel vnsern vnderthanen, der wir mechtig sein mogen sie vnd sunderlich die vorvrsacher sulchs vornehmens darumb in geburliche straff vnd abtrack zufordern vnd nehmen*[56].

Konstatiert werden kann, daß Albrecht in den Städten seiner mitteldeutschen Herrschaftsgebiete mit etwa gleichen Mitteln gegen die Ausbreitung der Reformation vorging, wenn sich auch graduelle Unterschiede deutlich machen. Verbot von Verkauf und Verbreitung lutherischer Schriften, Einsetzung katholischer Geistlicher, Eingriffe in die Belange der Städte – siehe Unterwerfungsverträge –, Ausweisung und Gefangensetzung unliebsamer Mitglieder der Stadträte sowie evangelischer Prediger und anderer Personen (ein Beispiel auch der bekannte Prozeß gegen Hans von Schönitz), Versuche der Reformierung der katholischen Geistlichkeit. Nur in Magdeburg gelangen Albrecht keine direkten Eingriffe in das Stadtregiment. Hier wandte er andere, zum Teil drakonische Maßnahmen an. Er versuchte, Kaiser und Reich sowie seine fürstlichen Bundesgenossen intensiver einzubeziehen, um der Reformation in Magdeburg entgegenzutreten. Die Anwendung »größerer Geschütze« resultierte zweifellos aus der starken Rechtsposition der Stadt gegenüber ihrem Landesherrn sowie aus deren Bemühungen, die städti-

---

53 Zitiert nach DELIUS, Reformationsgeschichte Halle (wie Anm. 3), S. 45.
54 SCHRADER, Kardinal Albrecht (wie Anm. 4), S. 30.
55 SCHRADER, Kardinal Albrecht (wie Anm. 4), S. 30–33.
56 Staatsarchiv Magdeburg, Rep. A 2, Nr. 72, fol. 54: Albrecht an seinen Statthalter Johann Friedrich, Aschaffenburg, Sonntag Misericordia 1542.

schen Rechte wiederzuerlangen. Konsequenzen dieser schärferen Maßnahmen waren nicht nur Acht und Bann, sondern auch ökonomische Beeinträchtigungen für Magdeburg. So kündigte beispielsweise Kurfürst Joachim von Brandenburg entsprechend seinem Bündnis mit Albrecht in einem Schreiben vom 12. August 1524 den Magdeburgern Schutz und freies Geleit in seinem Gebiet. Als Grund gab er den Ungehorsam der Stadt gegen den Erzbischof an, sie habe trotz kaiserlicher und päpstlicher Edikte die alte christliche Ordnung abgetan[57]. Herzog Georg von Sachsen folgte bald dem Vorbild Brandenburgs. Damit boten die innerdynastischen Rivalitäten Georgs von Sachsen mit den kursächsischen Wettinern sowie die brandenburgische Opposition gegen das kursächsische Übergewicht, verbunden mit der konfessionellen Entscheidung dieser beiden Fürsten, »der exponierten Stellung des Kardinals Albrecht in Mitteldeutschland einen Rückhalt«[58]. Erst nach dem Tod Joachims konnte Magdeburg 1536 einen neuen Schutzvertrag mit Kurbrandenburg schließen.

Im mitteldeutschen Raum setzten sich ab der Mitte des 16. Jahrhunderts die Lutheraner durch. Volker Press konnte durch seine Untersuchungen deutlich machen, daß »zwei Systeme der deutschen Reformation entstanden, eines, das in einer kaiserfernen Zone sich entlang dem kursächsischen Einflußbereich ausbildete... Auf der anderen Seite die hauptsächlich reichsstädtischen Metropolen des Südens...«[59].

VI.

Die reformatorischen Vorgänge in den mitteldeutschen Städten machen folgendes deutlich:
– Neben den Auseinandersetzungen, die aus dem religiösen Bereich resultierten, gab es in den mitteldeutschen Städten eine Vielzahl sozialer, ökonomischer wie auch verfassungsrechtlicher Konflikte, die sich im Kontext der Reformation mit den religiösen Gegensätzen verquickten.
– Soziale Träger der Reformation waren anfangs Teile der Bürgerschaft und die städtischen Unterschichten. Ein Einschwenken des Rates auf die reformatorische Position der Bürgerschaft erfolgte in den mitteldeutschen Städten aus differenzierten Gründen in unterschiedlicher Qualität. Das hatte für die Einführung und Durchsetzung der Reformation zumindest zeitliche Konsequenzen.
– In Magdeburg gingen Rat und Bürgergemeinde frühzeitig zusammen. Religiöse, soziale, ökonomische wie verfassungsrechtliche Auseinandersetzungen in der Stadt führten dazu, daß der Rat um die Fortexistenz seiner Herrschaft fürchten mußte. Diese innerstädtischen Konfliktsituationen waren eine wesentliche Ursache für das Überschwenken des Rates auf die Linie der Bürgerschaft. Hinzu kamen die Gegensätze der Stadt zu ihrem katholischen Landesherrn. Die hieraus – als Reaktion des Erzbischofs – folgende Bedrohung der Stadt von außen, war ein weiterer Grund für die Wiederherstellung des Konsenses zwischen Rat und Bürgerschaft.

---

57 HOFFMANN, Magdeburg (wie Anm. 3), S. 367 f.
58 PRESS, Territorialstruktur (wie Anm. 38), S. 251.
59 Ebd., S. 255.

– In Halberstadt kam es im Kontext des Bauernkrieges ebenfalls zu einer direkten Beteiligung des Rates an den Reformationsvorgängen. Das resultierte vor allem aus dem Versuch der Stadtobrigkeit, die am Ende des 15. Jahrhunderts an den Bischof übergegangenen Stadtrechte zurückzugewinnen. Angesichts der Niederlage der Bauern sah sich der Rat zu einem Kompromiß mit dem Landesherrn gezwungen. In dessen Ergebnis trennte er sich wieder vom Konsens mit der Bürgerschaft, um die erkämpften Stadtrechte behaupten zu können. Die Reformation setzte sich u. a. auch deshalb in Halberstadt mit einer ziemlich großen zeitlichen Verzögerung durch.
– In Halle wurde das Zusammengehen von Rat und Bürgergemeinde vor allem durch die Politik des Erzbischofs behindert, der mit allen Mitteln versuchte, den Reformationsbestrebungen der Stadt entgegenzuwirken. Die Etablierung der Reformation wurde dadurch ebenfalls zeitlich verzögert.
– Bekannt ist die Tatsache, daß sich die Reformation in den mitteldeutschen Städten letztlich behaupten konnte. Auch die Gegenmaßnahmen des Erzbischofs verhinderten das nicht. Nur das Eichsfeld wurde im Zuge der Gegenreformation wieder dem Katholizismus zugeführt. Zu welchem Zeitpunkt sich allerdings die Reformation durchzusetzen vermochte, hing offensichtlich wesentlich davon ab, wann und mit welcher Konsequenz sich die städtische Obrigkeit auf die Seite der Bürgerschaft begab. Von Bedeutung war aber ebenso, wie groß die Möglichkeiten des Landesherrn waren, aufgrund seiner landesherrlichen Rechte in die städtischen Belange einzugreifen und auf diese Weise reformatorische Veränderungen wenn nicht zu verhindern, so doch zu verzögern. Die verfassungsrechtliche Situation in den Vorstädten Magdeburgs zeigt, daß ausgeprägtere landesherrliche Rechte und deren Nutzung eine wesentliche Ursache der zeitlichen Verzögerung bei der Einführung der Reformation sein konnten.

RECHT UND VERWALTUNG

› REFORM ‹ UND › MODERNISIERUNG ‹
IM REICH DES FRÜHEN 16. JAHRHUNDERTS

Heinz Duchhardt

Das beachtliche Reform- und Modernisierungswerk, das die meisten deutschen Landesfürsten seit der Wende vom 15. zum 16. Jahrhundert anzupacken begannen, entsprang nicht nur eigenen Einsichten, daß der nachmittelalterliche Territorialstaat noch deutliche organisatorische und administrative Defizite hatte, daß der Zugriff auf die Untertanen noch nicht optimal gelöst war, daß überkommene Sozial- und Verfassungsstrukturen einer wirklichen Staatsverdichtung immer noch hindernd im Wege standen. Zu einem guten Teil resultierten diese Reform- und Modernisierungsbemühungen vielmehr aus den verfassungsrechtlich-institutionellen Veränderungen auf Reichsebene seit 1495, die mit notwendiger Konsequenz »Folgemaßnahmen« auf Landesebene nach sich zogen. Zu diesem dem Reform- und Gestaltungswillen des Reichstags direkt erwachsenden »innovatorischen Potential« kamen rechtsschöpferische oder kodifikatorische Impulse aus bestimmten Territorien hinzu, die die Reichstage aufgriffen und zu Rahmenordnungen verdichteten, die ihrerseits dann die Gesamtheit der Stände verpflichteten und in einen politisch-rechtlichen Zugzwang brachten. Diesen doppelten Reformaktivitäten »des Reiches« und ihren Auswirkungen gelten die folgenden Ausführungen.

Daß sich im Heiligen Römischen Reich mit seinen archaischen und mehr und mehr als problematisch empfundenen Strukturen – einem Königtum, das sich aus dem Reich immer deutlicher an die Peripherie zurückzog, das Feld dem erstarkenden Landesfürstentum überließ und das seiner primären Aufgabe, der Friedenswahrung, nicht mehr gerecht wurde, mit Institutionen wie dem »Reichstag«, die große Mühe hatten, sich unter gleichzeitiger »Abnabelung« vom Hof und der Person des Königs zu verfestigen, einer Reichskirche, die zunehmend in die Kritik geriet und deren Reorganisation noch Luther als zentraler, essentieller und unabdingbarer Kern jeder Reichsreform überhaupt erschien usw. – etwas ändern mußte, wollte es nicht endgültig den Anschluß an Entwicklungen in den Nachbarstaaten verpassen und wollte es nicht vollends der Paralysierung im Gefolge des Dualismus König – Stände anheimfallen, das hatte spätestens die literarische Reichsreformbewegung des 15. Jahrhunderts erkannt[1]. Freilich waren all diese gutgemeinten Reformvorschläge, die u. a. in der Phase des Konstanzer Konzils quantitativ und qualitativ kulminiert waren, ohne wirklichen Effekt in der praktischen Politik geblieben, so daß die selbstbewußt gewordenen Reichsstände seit dem Ausgang der Regierungszeit Friedrichs III. Krisensituationen des inaktiven

---

[1] Zu diesen Prozessen kurz und eindringlich jetzt Winfried SCHULZE, Deutsche Geschichte im 16. Jahrhundert. Frankfurt 1987, Kap. I/3.

und eher lethargisch werdenden Königtums auszunutzen und auf einen größeren Anteil an der Reichsregierung und die formalisierte Kontrolle des Reichsoberhaupts durch die und auf den Reichstagen hinzuwirken begannen. Nur wenn man diesen Prozeß, der seit 1486 eigentlich irreversibel war[2], einseitig aus der Warte des Königtums sähe, könnte man ihn als »reichszersetzend« disqualifizieren; in Wirklichkeit hatte sich das Reich bereits seit dem Ende der Stauferzeit mehr und mehr »zersetzt«, ein prononcierter Zentralismus, wenn er denn jemals wirklich existiert hatte, war von einem sehr labilen und oft auch diffusen Gleichgewicht von Königtum und Gesamtheit der Stände abgelöst worden, das es nach Meinung der Stände zu fixieren und zu ihren Gunsten weiter zu modifizieren galt. Die Konnotation »reichszersetzend« ginge auch insofern völlig an der Sache vorbei, als das Königtum zumindest seit 1486 Reformen mit dem Effekt einer deutlicheren Einbindung der Stände in die politische Verantwortung selbst ventilierte und zur Diskussion stellte, dann allerdings von der zupackenden Energie und dem die Zentralgewalt zumindest momentan ausmanövrierenden Durchsetzungsvermögen der Männer um Berthold von Henneberg[3] in Worms 1495 überrascht wurde[4].

Von dem auf dem Wormser Reichstag verabschiedeten Reformpaket erwiesen sich zwar nicht alle Einzelteile als wirklich wegweisend; die Einführung einer allgemeinen, von jedem Untertan zu tragenden Reichssteuer (»Gemeiner Pfennig«) beispielsweise stellte sich als ein ziemlicher Fehlschlag heraus. In einem Bereich allerdings erzielte das (vorhandene) Reformpotential einen nachhaltigen auch institutionellen Erfolg, dem des Rechts- und Gerichtswesens, der seinerseits dann auch konkrete Rückwirkungen auf die Territorien nach sich zog.

Vor dem Hintergrund der – ein gemeineuropäischer Vorgang! – sog. Rezeption des Römischen Rechts[5], der für das Reich durch die in Italien ausgebildeten fürstlichen und städtischen Räte und die Verankerung des Römischen Rechts an den jungen deutschen Universitäten beschleunigt wurde, gewann in der Reformdiskussion des 15. Jahrhunderts der Gedanke eines relativ »königsfreien« und zugleich die modernen Prinzipien von Schriftlichkeit und Abbau lokaler und regionaler Sonderrechte umsetzenden Zentralgerichts für alle Belange der (inneren) Friedenswahrung mehr und mehr an Gewicht. Die Reaktionen der Zentralgewalt waren gewissermaßen vorprogrammiert: Vor allem die reklamierte Ausrichtung eines solchen Gerichts auf die Stände war ein für das Königtum prinzipiell ganz schwer verdaubarer Brocken; nicht zufällig ging dem ersten Ständeentwurf einer Reichskammergerichts-Ordnung von 1486, mit dem die Fürsten definitiv die Führung in der Reichsreform übernahmen[6], ein zähes Ringen mit Friedrich III. um den maßgeblichen Einfluß auf das zu gründende Gericht voraus, in dem der alte Habsburger seine Position hartnäckig und nicht ungeschickt verteidigte. Das

---

2 Vgl. Heinz ANGERMEIER, Die Reichsreform 1410–1555. München 1984, S. 145.

3 Vgl. zuletzt Alfred SCHRÖCKER, unio atque concordia. Reichspolitik Bertholds von Henneberg 1484 bis 1504. Phil. Diss. Würzburg 1970.

4 Grundlegend zur Reichsreform das oben Anm. 2 genannte Buch von Heinz ANGERMEIER, Die Reichsreform 1410–1555.

5 Aus einer unüblichen Sicht grundlegend zu diesem Vorgang (mit der älteren Literatur) das Buch von Gerald STRAUSS, Law, Resistance, and the State. The Opposition to Roman Law in Reformation Germany. Princeton 1986.

6 ANGERMEIER, Reichsreform (wie Anm. 2), S. 153.

1495 von den Ständen unter Führung Bertholds von Henneberg schließlich durchgesetzte Reichskammergericht[7] verdankte seine »königsferne« Struktur dem momentanen Durchsetzungsvermögen der Fürsten und einem eher taktischen und nicht prinzipiell monarchische Rechte preisgebenden Nachgeben Maximilians I., der seinen Willen zur Behauptung einer monarchischen Stellung in seinem Widerstand gegen das ständische Reichsregiment ja auch deutlich genug zum Ausdruck brachte. Es war zugleich aber auch eine höchst notwendige Antwort auf die aktuellen Bedürfnisse, das üppiger denn je ins Kraut schießende Fehdewesen als traditionelles Rechtsmittel ein für allemal zu disqualifizieren. Insofern war es bezeichnend, daß in der ersten Reichskammergerichts-Ordnung lokales/regionales Recht und örtliche Gewohnheiten nur noch als subsidiarisches Recht anerkannt wurden, ansonsten aber dem »gemeinen Recht«, also dem Römischen Recht, absolute Priorität eingeräumt wurde, das nur noch ein Gewaltmonopol kannte: das des »Staates«, nicht mehr das des adligen Privatmannes beispielsweise. Der parallel zum Reichskammergericht aufgerichtete »Ewige Landfriede« statuierte dieses absolute Fehdeverbot für jeden einzelnen Reichseinwohner dann auch ausdrücklich: »die verfassungspolitische Wende von der Reichsgewohnheit zur staatlichen Ordnung«[8]. Es ist daher sicher überhaupt nicht abwegig zu konstatieren, daß das Römische Recht, das die Fürsten und (freien) Städte für den Ausbau ihrer jeweiligen Landesherrschaft bereits mit viel Erfolg instrumentalisiert hatten, durch die Etablierung des Reichskammergerichts einen weiteren nachhaltigen Schub erhielt. Wenn das Moment der »Verrechtlichung« von Konflikten und die Monopolisierung der Rechtswahrung Symptome zugleich für erfolgreiche Rezeption wie für Staatlichkeit und Modernität per se sind, dann markiert das Jahr 1495 für das deutsche Reich ganz ohne Frage einen tiefen Einschnitt.

Das (den König aus der obersten Rechtssphäre weitgehend ausschließende) Reichskammergericht mit seinem durchdachten und den Übergang zur juristischen Professionalität in angemessener Weise eher behutsam vollziehenden Besetzungssystem[9], einem »Mischsystem« gelehrter Juristen und Adliger mit zumindest juristischen Grundkenntnissen, setzte als letztinstanzliches Appellationsgericht für Untertanenprozesse eines voraus: den Aufbau eines entsprechenden, auf denselben juristischen Grundlagen beruhenden territorialstaatlichen Instanzenzuges mit einem Hof- oder Stadtgericht als oberster Instanz, von dem aus Appellationen an das Reichsgericht statthaft waren (sofern die Fürsten nicht das ius de non appellando erwarben); das Reich verwies in der Appellationsordnung von 1508 die Stände auch ausdrücklich auf diesen Weg. Freilich bedurfte es in den meisten Staaten oder Reichsstädten allenfalls dieser Initialzündung, denn der Tendenz nach lag der Zug zur Rechtsvereinheitlichung und zum Römischen Recht so im »Trend« der Zeit, daß die reichischen Vorgaben sehr schnell umgesetzt wur-

---

[7] Unentbehrlich nach wie vor Rudolf SMEND, Das Reichskammergericht. Geschichte und Verfassung. Weimar 1911, ND Aalen 1965; vgl. jetzt aber auch Bernhard DIESTELKAMP, Das Reichskammergericht im Rechtsleben des Heiligen Römischen Reiches Deutscher Nation. Wetzlar 1985, sowie Volker PRESS, Das Reichskammergericht in der deutschen Geschichte. Wetzlar 1987.

[8] ANGERMEIER, Reichsreform (wie Anm. 2), S. 174.

[9] Die einzelnen Stufen der Entwicklung bei Bernhard DIESTELKAMP, Zur Krise des Reichsrechts im 16. Jahrhundert. In: Heinz Angermeier (Hrsg.), Säkulare Aspekte der Reformationszeit. München, Wien 1983, S. 49–64, hier S. 54.

den. Die Einrichtung der modernen territorialen Zentralgerichte mit der typischen Schriftlichkeit des Verfahrens und dem (studierten) gelehrten Richter ging in den weitaus meisten Territorien deswegen ganz folgerichtig einher mit Rechts-»Reformationen«, also mit Kodifikationen von Rechtserneuerungen, die das Römische Recht (allenfalls mit vorsichtiger Beibehaltung einiger vorzugswürdiger Elemente des alten, heimischen Rechts) adaptierten; die Wormser Stadtrechtsreformation von 1499 oder das Freiburger Stadtrecht von 1520[10] sind frühe städtische Beispiele dieses Prozesses, die hessische Hofgerichtsordnung von 1500, die kurmainzischen, brandenburgischen und bayerischen von 1516 markante territoriale Beispiele. Durch die rasch einen flächendeckenden Effekt erzielende Masse dieser territorialen Gerichtsordnungen und den Aufbau einer entsprechenden territorialen Gerichtsorganisation – Albrecht von Brandenburg etwa ließ seiner vorbildlichen Hofgerichtsordnung achtzehn Jahre später eine nicht weniger bemerkenswerte Untergerichtsordnung folgen[11] – wurde nicht nur die Rechtssicherheit ganz wesentlich und geradezu konzertiert verbessert, auch das Römische Recht setzte sich damit in gewissermaßen einem großen Anlauf im Reich endgültig durch. In Nachbarländern wie Frankreich und England vollzog sich dieser Prozeß längst nicht so reibungslos bzw. blieb sogar in den Anfängen stecken.

Man darf über all diesen positiven Aspekten, die das Reich moderner machten und ihm zu einer beachtlichen Rechtseinheit verhalfen, Mängel, sogar gravierende Defizite, nicht übersehen, etwa das nur unzulänglich gelöste Problem der Finanzierung des Reichskammergerichts oder das nur halbherzig angegangene der Exekution seiner Urteile, die in der »Handhabung Friedens und Rechts« faktisch (und höchst problematisch) in die Regie der Stände selbst überging; die Dezentralisierung des Rechtserzwingungsverfahrens ohne »professionalisierten Stab«[12] blieb immer ein Schwachpunkt. Dies sind freilich Indizien weniger für mangelnde Einsicht und Weitsicht der »Verfassungsväter« von 1495 als vielmehr Symptome für die Tendenz der Fürsten, den zentralen Reichsbehörden nicht zu viele Kompetenzen und ein zu großes Maß an Selbständigkeit einzuräumen; die Männer von 1495 wollten nicht nur keinen modernen Zentralstaat westeuropäischen Zuschnitts, sie wollten auch die Gefahr ausschließen, daß die monarchische Spitze des Reiches mit Hilfe der neuen Institutionen das Reich doch noch zu einer wirklichen Monarchie umgestaltete. Der Verzicht auf eine Reichsfinanzverwaltung und auf eine Reichsmilitärverfassung belegen das nachdrücklich: Berthold von Henneberg als Motor der Entscheidungen von 1495 hatte alles andere im Sinn als das auf dem Weg zum Staat steckengebliebene Reich doch noch zu »verstaaten« oder verstaaten zu lassen. Überall dort, wo die Staatlichkeit der Territorien berührt wurde, nahmen die Stände von Reformen Abstand oder trieben gegenüber königlichen Initiativen latente oder offene Obstruktionspolitik.

---

10 Dazu jetzt Wendt NASSALL, Das Freiburger Stadtrecht von 1520 – Durchsetzung und Bewahrung. Berlin 1989.

11 Vgl. Albrecht OTTE, Die Mainzer Hofgerichtsordnung von 1516/1521 und die Gesetzgebung auf dem Gebiet der Zivilgerichtsbarkeit im 16. Jahrhundert. Jur. Diss. Mainz 1964. Zur Einordnung und Bewertung vgl. auch Heinz DUCHHARDT, Das Erzstift Mainz unter Albrecht von Brandenburg. In: Das Wappenbuch des Reichsherolds Caspar von Sturm, bearb. von Jürgen Arndt (= Wappenbücher des Mittelalters 1). Neustadt a. d. Aisch 1984, S. 245–251, hier S. 248 f.

12 So DIESTELKAMP, Krise (wie Anm. 9), S. 53.

Aber mit der Etablierung des Reichskammergerichts und seiner rechtssichernden und rechtsvereinheitlichenden Ausstrahlung erschöpften sich die Reform- und Modernisierungsbemühungen auf Reichsebene keineswegs. Von den Wormser Beratungen von 1495 geht eine ganze Reihe von Linien aus zu den großen Reformgesetzen des frühen 16. Jahrhunderts, die sich um zusätzliche Regeln für das friedliche Zusammenleben in der Gesellschaft und um Mechanismen zur Konfliktregelung bemühten und die ein eindrücklicher Beleg dafür sind, daß sich auch Karl V. einer spezifischen deutschen Reichsreformpolitik keineswegs verschlossen hat, die zur Konsolidierung und Verbesserung der inneren Reichsordnung beitrug[13]. Die Forschung spricht, weil sie diese Kontinuitätslinien seit 1495 inzwischen deutlicher und schärfer sieht als die frühere Verfassungsgeschichtsschreibung, geradezu von der Einheit einer Reformperiode zwischen wenigstens 1486/95 und 1555, ja sogar 1410 und 1555[14]. Diese Kontinuitätslinien, die hin zu wichtigen, wenn sicher auch in unserem Sinn nur teilweise »modernen« Gesetzen führten, sollen an zwei Beispielen verdeutlicht werden.

Das ausgehende 15. Jahrhundert empfand den Mangel eines allgemeingültigen Straf- und Strafprozeßrechts, das der richterlichen Willkür entgegentrat und das den (sich wandelnden) Vorstellungen der Zeit von Billigkeit und Gerechtigkeit entsprach, als besonders gravierend. In der vorrezeptorischen Strafrechtspflege lag sicher auch besonders viel im Argen; abgesehen von einer »ungeordneten Vielzahl strafrechtlicher und strafprozeßrechtlicher Regelungen«[15] war der richterlichen Willkür Tür und Tor geöffnet, weil – selbst in Kodifikationen wie der Maximilianischen Halsgerichtsordnung für Tirol von 1499 – insbesondere die gesamte Schuldfrage begrifflich noch nicht bewältigt worden war, so daß sich erhebliche »Freiräume ... für Rechtsunsicherheiten und Ungerechtigkeiten« ergaben[16]. Schon in Worms ist deswegen über ein entsprechendes Reichsgesetz verhandelt worden, das dem »Bedürfnis nach mehr Rationalität, Bestimmtheit und Realität im Rechtsleben«[17] entgegenkam; das setzte sich auf den verschiedenen folgenden Reichstagen – so ganz konkret z. B. 1498[18] – fort, bis sich dann das (2.) Reichsregiment dieses Themas annahm und in enger Anlehnung an eine landesfürstliche Ordnung, die »Bambergensis« von 1507, den Entwurf der »Constitutio Criminalis« erarbeitete, der vom Regensburger Reichstag 1532 schließlich verabschiedet wurde.

Die »Carolina« (CCC)[19] war das erste Gesetzeswerk in Europa – mit einer

13 Heinz ANGERMEIER, Reichsreform und Reformation in der deutschen Geschichte. In: Säkulare Aspekte (wie Anm. 9), S. 1–16, hier S. 6.
14 Dazu das oben Anm. 2 genannte Buch von ANGERMEIER.
15 Wolfgang SELLERT, Die Krise des Straf- und Strafprozeßrechts und ihre Überwindung im 16. Jahrhundert durch Rezeption und Säkularisation. In: Säkulare Aspekte (wie Anm. 9), S. 27–48, hier S. 31.
16 Ebd., S. 34.
17 Ebd., S. 35.
18 Vgl. ebd., S. 39.
19 Die Literatur über die »Carolina« ist abundant. Außer dem mehrfach zitierten Aufsatz von Wolfgang SELLERT (wie Anm. 15) sind aus jüngerer Vergangenheit zu nennen: Gerhard SCHMIDT, Sinn und Bedeutung der Constitutio Criminalis Carolina als Ordnung des materiellen und prozessualen Rechts. In: ZRG Germ. Abt. 83 (1966) S. 239–257; Hellmuth v. WEBER, Die Peinliche Halsgerichtsordnung Karls V. In: ZRG Germ. Abt. 77 (1960) S. 288–310; Friedrich-Christian SCHROEDER, Die Peinliche Gerichtsordnung Kaiser Karls V. (Carolina) von 1532. In: Regensburg – Stadt der Reichs-

weiten Ausstrahlung bis nach Polen und in die Ukraine und bis ins 18. Jahrhundert hinein –, das in umfassender Weise das Strafverfahren, die »Inquisition« und die Aburteilung des Delinquenten nach einem präzisen Verbrechenskatalog regelte. Entscheidend war dabei ihre beachtliche Systematik, die sie über die Kasuistik älterer Ordnungen weit hinaushob, und der relativ konsequente Rückgriff auf das Römische Recht, das in Oberitalien im späten 13. Jahrhundert von Autoren wie Albertus Gandinus und später von Angelus Aretinus auf das Strafrecht angewandt worden war[20] und das auch Johann von Schwarzenberg[21] für seine »Constitutio criminalis Bambergensis« schon bewußt rezipiert hatte, um mit seiner Hilfe das wirre deutsche Straf- und Strafverfahrensrecht rational zu ordnen. Für Europa kam ihr durchaus die Funktion einer Initialzündung zu, und auch in der Rechtspraxis der Territorien hat sie sich ganz unbestreitbar schnell durchgesetzt, auch wenn sie an sich nicht den Anspruch erhob, die einzelnen Landesrechte zu ersetzen. Diese rasche Rezeption und Akzeptanz war natürlich kein Zufall, sondern gründete auf einer wirklich maßvollen, zukunftsweisenden und in der Begrifflichkeit lange unübertroffenen Regelung des prozessualen und materiellen Strafrechts, die die Epoche bis dahin entbehrt hatte. An der »Modernität« der »Carolina« kann insofern gar kein Zweifel bestehen; Begriffe wie Meineid oder Vergewaltigung wurden hier erstmals definiert bzw. festgelegt, beim Schuldproblem wurden erst seitdem besondere Faktoren wie Minderjährigkeit, Fahrlässigkeit, geistige Gesundheit des Täters mit berücksichtigt oder das Prinzip der Verhältnismäßigkeit der Strafe gefordert. Auf der anderen Seite freilich darf man diese »modernen« Züge auch nicht überbetonen: Von einer grundsätzlichen »Humanisierung« des Strafvollzugs war die »Carolina« noch weit entfernt, bei bestimmten Delikten sah sie z. B. durchaus noch Räderung und Vierteilung bei lebendigem Leibe vor, und auch der Gedanke der »Resozialisierung« des Täters spielte in ihr noch keine Rolle. Entscheidend aber war etwas anderes, und damit wies die »Carolina« eben doch deutlich nach vorne: ihre Grundlage über alle rechtstechnischen und auch rechtssichernden Details hinaus war die römischrechtliche Vorstellung, daß jedes Verbrechen ein Delikt gegen den »Staat« sei, gegen das der Staat – und nicht etwa der Geschädigte – vorzugehen habe. »Bambergensis« und »Carolina« überwanden mit dieser uneingeschränkten Zuweisung des Gewaltmonopols an den Staat auch im Bereich des Strafrechtswesens definitiv und unwiderruflich das Mittelalter.

Die Beobachtung, daß bei der »Carolina« bei allen eigenständigen Ansätzen der Reichstage zu einer für das ganze Reich gültigen Reform ein landesfürstliches Gesetzeswerk Pate stand und entscheidende Anstöße vermittelte, wiederholt sich bei dem zweiten Kontinuitätsstrang, den es ins Auge zu fassen gilt. Es war ein wesentliches Signum sich verdichtender territorialer Staatlichkeit, daß die Fürsten

tage. Regensburg 1980, S. 25–49. Die wichtigsten Aufsätze wurden aufgenommen in den von Friedrich-Christian SCHROEDER herausgegebenen Sammelband Die Carolina. Darmstadt 1986. Vgl. darüber hinaus den Sammelband Strafrecht, Strafprozeß und Rezeption. Grundlagen, Entwicklung und Wirkung der Constitutio Criminalis Carolina, hrsg. von Peter LANDAU und Friedrich-Christian SCHROEDER. Frankfurt 1984. – Leicht zugänglich ist die von Gustav RADBRUCH besorgte Reclam-Ausgabe, 6. Aufl. Stuttgart 1984.

20 Vgl. SELLERT, Krise (wie Anm. 15), S. 40 f.

21 Über Schwarzenberg gibt es eine reiche Literatur. Zusammengefaßt ist sie zuletzt bei Friedrich MERZBACHER, Johann Freiherr zu Schwarzenberg. In: Fränkische Lebensbilder IV (1971) S. 173–185.

– insbesondere in der 2. Hälfte des 15. Jahrhunderts – durch sog. »Landesordnungen«[22] die wesentlichen Faktoren und Institute der Sozial- und Territorialverfassung bündelten: Grundlagenverträge, in die häufig auch die Landstände eingebunden wurden, die die bestehenden Rechtsnormen und Verwaltungsprinzipien zwar zunächst »nur« kodifizierten, in die wegen der oft den römisch-rechtlich geschulten Räten übertragenen Autorschaft dann aber doch auch schon rechtsnivellierende Momente mit einflossen. Der Grundtenor dieser Landes- und »Policey«-Ordnungen blieb indes eher konservativ, weil es ihnen vorrangig darum ging, das Prinzip der ständischen Gliederung der Bevölkerung in die Praxis umzusetzen und zu fixieren, indem den einzelnen Gruppen und Schichten präzise und grundsätzlich unveränderliche Rechte zugewiesen wurden, etwa was die Kleidung, die wirtschaftliche Betätigung und den gesamten Bereich der Sozialbeziehungen betraf.

Diese Tendenz zur »Sozialdisziplinierung« der Untertanen – von der Warte des damaligen vormodernen Territorialstaates her gesehen nichtsdestoweniger ein durchaus »moderner«, weil herrschaftsstabilisierender Ansatz – griff das Reich seit 1495 nun energisch auf. Die Ordnung des öffentlichen Lebens, immer auch mit einer patriarchalisch-christlichen Konnotation, beschäftigte bereits den Wormser Reformreichstag; aber wie bei jeder Rahmenordnung dauerte es dann doch Jahrzehnte und bedurfte es vieler Vorentwürfe, um 1530 eine Reichspolizeiordnung zu verabschieden, die in der Folge zwar noch mehrmals überarbeitet und in Details auch modifiziert wurde (1548, 1577), letztlich aber doch das Sozialleben bis ins 18. Jahrhundert hinein prägte. In der Sache gingen diese Reichspolizeiordnungen zwar kaum mehr über den Rahmen der Landesordnungen hinaus – bei grundsätzlicher Konservation eines bestehenden Zustandes und einer Wertordnung suchten sie Sitte und Brauch zu normieren, die ständische Ordnung nach außen sichtbar zu machen und das Wirtschaftsleben in bestimmte Bahnen zu lenken –, aber sie wirkten als Rahmengesetze, die, wo nötig, territorial umzusetzen bzw. an die das territoriale Recht anzupassen war, letztlich doch in hohem Maß rechtsvereinheitlichend. Typisch für diesen Prozeß der Entstehung eines »modernen« Reichsgesetzes und in Parallele zu setzen mit der Genesis der »Carolina« ist freilich nicht nur die Ableitung aus dem territorialen Recht, sondern auch die Fixierung auf den Reichstagen (bzw. in seinen Ausschüssen), die seit 1495 immer deutlicher zum Zentrum aller Reichs- und Verfassungspolitik aufstiegen[23].

Nie zuvor und nie danach hat das Alte Reich eine solche Fülle von wichtigen Reichsgesetzen zustandegebracht wie in dem kurzen Zeitraum zwischen 1495 und 1555; der »Carolina« und der Reichspolizeiordnung könnten etwa die Reichsnotarordnung von 1512, die Erbrechtsordnung von 1529 und die Reichsmünzordnung von 1524/1559 hinzugefügt werden. Zwar sind manche Bereiche relativ unbeackert geblieben wie z. B. ein guter Teil des Privatrechts, aber die Intensität, mit der die Reichsreform über das rein Institutionelle hinaus auf das gesamte Sozial- und Verfassungsleben ausgedehnt wurde, ist in hohem Maß beeindruckend. Grundsätzlich, sofern Königtum und Stände/Reichstag nicht gemein-

---

22 Ausgewählte Beispiele wurden aufgenommen in die Edition von Gustav Klemens SCHMELZEISEN, Polizei- und Landesordnungen, 2 Halbbände. Köln, Graz 1968/69.
23 Vgl. auch ANGERMEIER, Reichsreform und Reformation (wie Anm. 13), S. 13.

sam agierten, sparten die Fürsten nur einen Raum als Reservatbezirk des Königtums aus, in den sie nicht eingriffen, die lehnsrechtliche Verfassungsstruktur[24].

Fassen wir die Ergebnisse dieses kurzen Einblicks in die Reformbemühungen auf Reichsebene zur Zeit Bertholds von Henneberg, Jakobs von Liebenstein, Uriels von Gemmingen und Albrechts von Brandenburg zusammen, so läßt sich sicher grundsätzlich konstatieren, daß ein »Modernisierungs«-Potential vorhanden war, insbesondere, was bei dem aus dem Recht lebenden Reichsorganismus nicht erstaunen kann, auf dem Gebiet des Rechtswesens. Hier zogen alle Fürsten gewissermaßen auch an einem Strang, weil die Rezeption des Römischen Rechts ihrer Tendenz nach Verdichtung und Straffung des Territorialstaates entgegenkam und das Reichskammergericht dieser Tendenz zur Rechtsvereinheitlichung und -nivellierung zum Nutzen der Staatsgewalt gewissermaßen den Segen des Reiches gab; daß das Ganze auch für den Untertan positive Auswirkungen in bezug auf einen Zugewinn an Rechtssicherheit hatte, soll dabei nicht unterschlagen werden. Dies, die Rechtsreform, ist sicher der dominierende »Modernisierungs«-Schub gewesen, den das Reich um und nach 1500 erhielt und der es in dem gemeineuropäischen Vorgang der Rezeption des Römischen Rechts nicht schlecht dastehen läßt. Diesen gewonnenen Eindruck, daß Modernisierungen auf Reichsebene kompatibel sein mußten mit dem Ausbau des Fürstenstaates bzw. ihn nicht behindern durften, bestätigen andere Rahmenordnungen wie die Reichspolizeiordnung oder die »Carolina«, die Rechts- und Sozialstrukturen allenfalls dezent modifizierten; ihrer Tendenz nach waren diese Ordnungen, die schließlich ja auch von den Fürsten initiiert und auf den immer stärker in den Mittelpunkt des Verfassungsgefüges rückenden ständischen Reichstagen verabschiedet wurden, eher konservierend und damit systemstabilisierend. Wogegen sich die Fürsten als diejenigen, die nach 1500 das Gleichgewicht zwischen König und Ständen zu ihren Gunsten in Bewegung brachten, indes immer vehement wehrten, waren Reformen, die die Zentralgewalt potentiell stärkten. Insofern waren aller »Fortschrittlichkeit« letztlich eben doch enge Grenzen gesetzt. Ein kaiserlicher Bund, wie Karl V. ihn in hybrider Überschätzung der Möglichkeiten des Kaiseramtes 1548 plante und den Ständen zu oktroyieren suchte, der tatsächlich manche Schwerfälligkeiten der Reichsverfassung beseitigt hätte, war für sie über alle Konfessionsgrenzen hinweg letztlich natürlich nicht mehr akzeptabel und wurde, erneut unter der Führung eines Mainzer Kurfürst-Erzbischofs, von einer überkonfessionellen Opposition zu Fall gebracht[25]. Diese Reformbemühungen und diese begrenzte Modernisierungsfähigkeit des Reiches waren Phänomene, die durch die Reformation weder ausgelöst noch beschleunigt wurden, sondern waren Prozesse, deren Ursprünge bis weit in die vorreformatorische Zeit zurückreichen und deren Ergebnisse aus dem Reich trotz all seiner politisch-verfassungsrechtlichen Sonderformen und Defizite einen vor allem im Bereich des Justiz- und Rechtswesens bemerkenswert »modernen« Organismus machten.

---

24 ANGERMEIER, Reichsreform (wie Anm. 2), S. 182.
25 Horst RABE, Reichsbund und Interim. Die Verfassungs- und Religionspolitik Karls V. und der Reichstag von Augsburg 1547/48. Köln, Wien 1971.

ALBRECHT VON BRANDENBURG UND DAS MAINZER ERZSTIFT

Günter Christ

I. Herrschaftsstrukturen im Mainzer Erzstift · 1. Das Domkapitel · 2. Landständische Strukturen · II. Die Gesetzgebungs- und Verordnungstätigkeit · 1. Stadt- und Landordnungen Albrechts von Brandenburg nach der Beendigung der Bauernunruhen · 2. Hofgerichtsordnung · 3. Untergerichtsordnung · 4. Hofordnung · 5. Ordnung für »Rat und Kanzlei« · 6. Übrige Verordnungstätigkeit · III. Versuch einer Einordnung des organisatorischen und legislatorischen Wirkens Albrecht von Brandenburg

Der begrenzte, im Rahmen dieses Sammelbandes zur Verfügung stehende Raum erlaubt es lediglich, eine Reihe, für das Verhältnis Albrechts von Brandenburg zum Mainzer Erzstift relevanter, Themenkreise anzusprechen, an ausgewählten Beispielen exemplarisch zu verdeutlichen und auf ihren Stellenwert hin zu befragen. Wenn dabei das »Oberstift« verschiedentlich stärker in den Vordergrund tritt, die übrigen Landesteile, vor allem entlegenere Außenposten wie Erfurt und das Eichsfeld weniger hervortreten, hatte doch der Bezug auf das Gesamtterritorium als leitender Gesichtspunkt zu gelten.

Als Ausgangspunkt soll die im Prinzip duale, durch die Existenz (wenn auch rudimentärer) landständischer Elemente zusätzlich komplizierte Herrschaftsstruktur des Erzstifts gewählt werden. Dabei geht es in erster Linie um die Gewichtung der Rolle des Domkapitels innerhalb des Staatsaufbaus, um dessen unterschiedlich intensive Teilhabe an der »Herrschaft«, aber auch um dessen Funktion als Gegenkraft zur Regierungsgewalt des Erzbischofs – exemplifiziert an den Bereichen von zentraler Regierungstätigkeit wie auch lokaler Administration. Weniger stark akzentuiert erscheinen dagegen Funktion und Wirkungsweise der im Erzstift Mainz ohnehin nur rudimentär entwickelten landständischen Elemente; vor allem deren Fortwirken nach 1525 läßt manche Fragen offen. Der Bauernkrieg als Ereignis bleibt ausgeklammert, er gerät lediglich in seinen verfassungsmäßigen Auswirkungen in den Blick: in den Unterwerfungserklärungen von Untertanenverbänden und Städten, vor allem aber in der Reihe der seit 1526 erlassenen Stadt- und Landordnungen. Diese ihrerseits sollen allerdings nicht allein als Reflex auf den Bauernaufruhr interpretiert, sondern betont im Gesamtzusammenhang der »Staatsreform« Albrechts gesehen werden. Diese selbst stellt sich wiederum in einer Reihe grundlegender Regulative dar, beginnend mit der Hofgerichtsordnung von 1516, über die Hofordnung von 1532, die Untergerichtsordnung von 1534 bis zur Ordnung für »Rat und Kanzlei« von 1541, parallel dazu in einer ausgedehnten Verordnungstätigkeit auf den verschiedensten Gebieten, darunter bedeutsamen Akten der Forstgesetzgebung. Hier geht es wieder nicht allein um die Bedeutung dieser Regelungen für das Territorium im engeren Sinne, sondern nicht weniger um deren Einbettung in den Kontext frühneuzeitlicher legislatorischer Aktivitäten, vor allem auch um Wirkungszusammenhänge. Am Schluß sollen Errungenschaften und Grenzen der Reformtätigkeit Albrechts bilanziert, in aller Behutsamkeit auch die Frage nach der Originalität der »Staatsreform« des Brandenburgers gestellt werden.

I. HERRSCHAFTSSTRUKTUREN IM MAINZER ERZSTIFT

Anders als die geistlichen Territorien im Nordwesten des Reiches[1] kannte das Mainzer Erzstift keine klare Scheidung von Landesherrschaft und Landständen. Was sich herausbildete, kann eher als »Dreiecksverhältnis« zwischen Erzbischof, Domkapitel und Landständen bezeichnet werden[2].

1. Das Domkapitel

Das Domkapitel, um mit diesem zu beginnen, ist grundsätzlich als Teil der »Herrschaft« zu sehen[3] – ein Indiz dafür etwa ist der, wenn auch im Laufe der weiteren Entwicklung modifizierte, Anspruch auf Mithuldigung seitens der Untertanen und der Stiftsbeamten[4]. Dies schloß freilich eine Polarisierung gegenüber dem Landesherrn nicht aus, verstand es doch das Kapitel, seine aus der Eigenschaft als Wahlkörperschaft wie auch als Träger der Stiftsregierung sede vacante erwachsene starke Position in den (seit 1233 in Anfängen faßbaren)[5] Wahlkapitulationen ausgiebig zu nutzen. Vor allem im 15. Jahrhundert ist eine stetige Vermehrung der

---

[1] Rudolfine Freiin VON OER, Landständische Verfassungen in den geistlichen Fürstentümern Nordwestdeutschlands. In: Dietrich Gerhard (Hrsg.), Ständische Vertretungen in Europa im 17. und 18. Jahrhundert (= Veröffentlichungen des Max-Planck-Instituts für Geschichte 27). Göttingen 1969, S. 94–119.

[2] Barthold WITTE, Herrschaft und Land im Rheingau (= Abhandlungen zur Mittleren und Neueren Geschichte 3). Meisenheim/Glan 1959, S. 174.

[3] Hans GOLDSCHMIDT, Zentralbehörden und Beamtentum im Kurfürstentum Mainz vom 16. bis zum 18. Jahrhundert (= Abhandlungen zur Mittleren und Neueren Geschichte 7). Berlin, Leipzig 1908, S. 53.

[4] Für den ersten Beleg eines Anspruchs des Domkapitels auf Huldigung aus dem Jahre 1337 vgl. Manfred STIMMING, Die Wahlkapitulationen der Erzbischöfe und Kurfürsten von Mainz 1233–1788. Göttingen 1909, S. 34 f. Der Anspruch richtete sich zunächst an alle *burgman, dy uf unsern und des stiftes burgen und steden geseßen sind: amptlude burger torknechte portener und wehtere* (ebd., S. 34 f. Anm. 5), wurde aber durch einen gleichzeitigen erzbischöflichen Erlaß auch auf Schultheißen, Bürgermeister, Räte und Gemeinden *in allen unsern und des stiftes zu Mentze steden burgen und vesten* ausgedehnt (ebd.). Die Untertanen des flachen Landes waren offenbar in die Pflicht, dem Domkapitel zu huldigen, nicht einbezogen. Der bereits 1371 aus dem Text der Wahlkapitulation wieder verschwundene Huldigungsanspruch des Kapitels (ebd., S. 36) lebte 1459 in einer abgemilderten Form einer Reservathuldigung für den Fall von Tod, Gefangenschaft oder Resignation des regierenden Erzbischofs wieder auf (ebd., S. 46 und 105) und war auch, wie noch zu zeigen sein wird, unter Erzbischof Albrecht von Brandenburg in Geltung. Die Amtleute waren bereits 1371, 1393 und 1434 sukzessive auf die genannten Reservatartikel verpflichtet worden (ebd., S. 104 f.).

[5] STIMMING, Wahlkapitulationen (wie Anm. 4), S. 22 interpretiert die Bewilligung eines Zwanzigsten von den kirchlichen Einkünften der Diözese im Jahr 1233 als »Keim zu einer Wahlkapitulation«.

Kapitelsansprüche zu konstatieren, dies mit zunehmendem Schwergewicht auf dem Bereich der weltlichen Stiftsregierung[6]. Nachdem die anläßlich der (ersten) Wahl Diethers von Isenburg 1459 aufgestellte Wahlkapitulation noch einmal einen fühlbaren Schub neuer Forderungen gebracht hatte[7], lenkte das Kapitulationswesen seit den beiden letzten Dezennien des 15. Jahrhunderts in ruhigere Bahnen ein[8]. Auch die am 6. November 1514 von Albrecht beschworene Wahlkapitulation liegt auf dieser Linie; sie unterscheidet sich nur wenig von der seines Vorgängers[9]. Die Bindung an die Klauseln des Wahlgedinges war somit durchaus eine Gegebenheit, auf die sich Albrecht in seiner Regierungspraxis einzustellen hatte. Unter den dort fixierten Verpflichtungen war zweifellos der schon erstmals 1371 stipulierte[10] Konsens des Domkapitels für die Auflage außerordentlicher Steuern, verbunden mit einer Kontrolle des Domkapitels über das gesamte Finanz- und Rechnungswesen, eine der weitreichendsten und – für einen Fürsten mit dem Geldbedarf eines Albrecht von Brandenburg – auch drückendsten[11].

6 Ebd., S. 41 f.
7 Ebd., S. 45 f.
8 Dies gilt vor allem für die Wahlkapitulationen Bertholds von Henneberg, Jakobs von Liebenstein und Uriels von Gemmingen (ebd., S. 50). Zur Wahlkapitulation Uriels von Gemmingen vgl. auch Horst FAULDE, Uriel von Gemmingen. Erzbischof von Mainz (1508–1514). Beiträge zu seiner Geschichte. Phil. Diss. Erlangen 1955, wo S. 13–20 die wichtigsten Punkte des Wahlgedinges resümiert werden.
9 STIMMING, Wahlkapitulationen (wie Anm. 4), S. 51. Der einzige neue Artikel im Jurament Albrechts beinhaltet das Verbot für Juden, in Bingen oder anderen Teilen des Erzstifts Wohnsitz zu nehmen (ebd.). Dieser Passus erscheint nicht als eigener Punkt an der Wahlkapitulation, sondern ist in Artikel 48 an Bestimmungen über die päpstliche Konfirmation und dem Domkapitel um Bingen zustehende Bergwerksrechte angefügt. Die Beschwörung des Wahlgedinges durch den neugewählten Erzbischof erfolgte am 6. 11. 1514, die Lesung des *iuramentum* hatte in der Kapitelsitzung vom 2. 3. 1514 stattgefunden; vgl. dazu Fritz HERRMANN (Hrsg.), Die Protokolle des Mainzer Domkapitels, III: Die Protokolle aus der Zeit des Erzbischofs Albrecht von Brandenburg 1514–1545 (= Arbeiten der Historischen Kommission für den Volksstaat Hessen). Paderborn 1932, ND Darmstadt 1974, S. 17 bzw. S. 5. Der Text der Wahlkapitulation StAW, MzDkUrk Libell 9, fol. 2–9. Die einzelnen Artikel sind nicht numeriert, sondern lediglich mit einem vorangesetzten *Item* gekennzeichnet; die im Text verwendete Durchzählung der Artikel wurde zur leichteren Orientierung vorgenommen. Nach dieser Quelle wird im Folgenden zitiert. Ein lückenhafter, mit Fehlern behafteter und zudem mit 37 (statt im Original 58) Artikeln willkürlich numerierter Textabdruck findet sich bei Jakob MAY, Der Kurfürst, Cardinal und Erzbischof Albrecht II. von Mainz und Magdeburg, Administrator des Bisthums Halberstadt, Markgraf von Brandenburg und seine Zeit. Ein Beitrag zur deutschen Cultur- und Reformationsgeschichte 1514–1545, 2 Bde. München 1865–1875, hier I, Beilage III (S. 4–10 der separat numerierten Beilagen und Urkunden). Die unzulängliche Edition der Wahlkapitulation fügt sich ein in die Beurteilung des May'schen Werkes durch Johann Baptist KISSLING, Lorenz Truchseß von Pommersfelden (1473–1543), Domdechant von Mainz. Ein Zeit- und Lebensbild aus der Frühzeit der Kirchenspaltung. In: Der Katholik 86 (1906) I (= 3. F. 33. Bd.), S. 1–27. 93–124. 167–200. Für unseren Zusammenhang sei auf das Verdikt S. 20 Anm. 4 verwiesen: »Das Buch des Dilettanten Jak. May... muß aus der wissenschaftlichen Literatur überhaupt ausgeschieden werden und hat nur durch die mitgeteilten, oft schlecht edierten Dokumente Wert«.
10 STIMMING, Wahlkapitulationen (wie Anm. 4), S. 37. 116.
11 WITTE, Herrschaft im Rheingau (wie Anm. 2), bietet eine Reihe von Belegen für Steuerbewilligungen durch das Domkapitel, so S. 173 für 1390, ferner S. 174 Anm. 48 für 1436, 1439, 1442, 1453 und 1484. Schon STIMMING, Wahlkapitulationen (wie Anm. 4), S. 123 stellt fest, daß das Kapitel seit der Mitte des 14. Jahrhunderts »die Kontrolle über das gesamte Finanzwesen des Erzstifts« an sich gebracht habe, ähnlich auch ebd., S. 46. Die Pflicht der Rechnungslegung der erzstiftischen Finanzorgane war 1505 dahingehend verschärft worden, daß das Domkapitel »eine Kopie sämtlicher Einzelrechnungen erhielt« (ebd., S. 123).

Konnte er sich diesen Beschränkungen auch nicht entziehen – die häufigen Verhandlungen mit dem Kapitel über Steuern belegen dies zur Genüge[12] –, suchte Albrecht doch auf anderen Feldern Spielraum zu gewinnen.

Domkapitel und Zentralinstanzen

Da wäre einmal das Gebiet der Zentralinstanzen. Die Wahlkapitulation hatte, wie schon 1459 festgelegt[13], bestimmt, daß zwei Domherren aktiv mitwirkende Mitglieder des erzbischöflichen Rates sein sollten[14]. Diese Einflußmöglichkeit des Domkapitels wurde jedoch mit der Etablierung eines »beständigen« (»geordneten«) Rates – bei Abwesenheit des Erzbischofs sollte er als »Regiment« fungieren – weitgehend unterlaufen: unter den 13 Mitgliedern, aus denen er sich bei seiner Gründung zusammensetzte, befinden sich die beiden, ohnehin vom Erzbischof ausgewählten, Domherren in der Minderheit[15]. Das Domkapitel hat so auch von Anfang an, und dies ist auch noch für 1541 bezeugt[16], gegenüber diesem Gremium eine zwiespältige Haltung eingenommen: einerseits protestierte es gegen diese Neuerung, boykottierte auch die Rechnungsablage der Räte, ließ es auf der anderen Seite dennoch zu, schon um aus der weltlichen Regierung nicht gänzlich ausgeschlossen zu sein, daß der Erzbischof zwei seiner Mitglieder zu Räten bestimmte; diese wurden jedoch nicht als Repräsentanten des Kapitels, sondern ausschließlich als kurfürstliche Räte angesehen[17].

Überspielt wurden, wenigstens zeitweise, auch in der Wahlkapitulation festgeschriebene Kapitelsrechte bei der Frage der Vertretung des abwesenden Landesherrn. Hier war festgelegt worden, daß bei mehr als einmonatiger Abwesenheit des Erzbischofs mit Rat und Konsens des Kapitels ein Statthalter einzusetzen sei[18]. Dem war der Erzbischof bei der Bestellung von Statthaltern in den Jahren

12 Vgl. dazu Herrmann, Protokolle (wie Anm. 9), S. 1208 die unter dem Stichwort »Landsteuer« ausgeworfenen Seitenverweise. Ein frühes Beispiel für die Bewilligung einer Landsteuer durch das Domkapitel StAW, MzIngrB 52, fol. 2 f. (10. 3. 1514).

13 Stimming, Wahlkapitulationen (wie Anm. 4), S. 107.

14 StAW, MzDkUrk Libell 9, fol. 6' f. (Art. 41). Die beiden, jährlich auszutauschenden, Domherren waren täglich zu den Regierungsgeschäften zuzuziehen, hatten dafür aber auch Anspruch auf Vergütung.

15 Vgl. dazu Norbert Höbelheinrich, Die »9 Städte« des Mainzer Oberstifts, ihre verfassungsmäßige Entwicklung und ihre Beteiligung am Bauernkrieg, 1346–1527 (= Zwischen Neckar und Main. Heimatblätter des Bezirksmuseums Buchen 18). Buchen 1939, S. 44–46, wo die Einrichtung eines »beständigen Rates« als Versuch gewertet wird, »mit Hilfe eines ständisch verbrämten Rates die Macht von Domkapitel und Ständen allmählich... zu brechen« (ebd., S. 45). Auf die Zurückdrängung des domkapitelschen Einflusses hatte bereits Goldschmidt, Zentralbehörden (wie Anm. 3), S. 46 aufmerksam gemacht.

16 Ebd., S. 48; Herrmann, Protokolle (wie Anm. 9), S. 896 (2. 4. 1541).

17 Goldschmidt, Zentralbehörden (wie Anm. 3), S. 46–47; Höbelheinrich, Oberstift (wie Anm. 15), S. 45 f. Für die Weigerung des Kapitels, zur Rechnungsablage von Räten bzw. »Regiment« Vertreter zu entsenden vgl. Herrmann, Protokolle (wie Anm. 9), S. 269, wo am 25. 6. 1524 (nicht 30. 6. 1524, so Goldschmidt, wie Anm. 5) der Bescheid ergeht, daß das Kapitel zwar, wie üblich, zur Rechnungslegung von Kammerschreiber oder Amtleuten Deputierte entsenden wolle, so aber die ret oder regiment, darin ein cap. nit gewilligt hat, rechnung thun, laß es ein erw. thumbcap. geschehen...

18 StAW, MzDkUrk Libell 9, fol. 6' (Art. 40). Der Passus ist auffallend knapp gehalten, heißt es doch lediglich, daß der Erzbischof bei längerer als einmonatiger Abwesenheit vom Stift mit Rat, Wissen und Willen des Kapitels bestellung thun und furnehmen solle.

1515, 1518 und 1521 auch nachgekommen[19], wobei es freilich 1515 bei der Benennung des (nicht dem Kapitel angehörigen) Grafen Eberhard IV. von Königstein als Statthalter erhebliche Widerstände und Bedenken des Kapitels gegeben hatte[20], und auch 1521 der Domdechant Lorenz Truchseß von Pommersfelden nur *mit Mühe* zur Annahme der Statthalterschaft bewogen werden konnte[21]. Die Betrauung des »beständigen« Rates mit den Aufgaben eines »Regiments« für die Zeit der Abwesenheit des Erzbischofs in den Jahren 1522–1524[22] bedeutete jedoch zweifellos einen markanten Bruch nicht nur mit der Tradition, sondern auch mit den Bestimmungen der Wahlkapitulation. In der Kapitelsitzung vom 4. November 1522 wird ausdrücklich festgestellt, daß das Domkapitel *des Eb. Regiment und Ordnung nicht angenommen habe und auch nicht annehmen und verwilligen werde*[23]. Obstruktion des Kapitels und »Zurückhaltung der Stände«[24] führten zwar im Oktober 1524 dazu, daß der Erzbischof mit der Einsetzung des Straßburger Bischofs Wilhelm von Hohenstein als Statthalter wieder in die traditionellen Bahnen zurücklenkte[25] – übrigens auch diesmal nicht ohne daß das Kapitel bestimmte Bedingungen gestellt hätte[26] – und sich damit in seinen eingeschränkten Handlungsspielraum fügte; doch läßt der Umstand, daß der Straßburger Bischof Wilhelm von Hohenstein im März 1532 nicht allein zum Koadjutor *cum successione* bestellt, sondern zugleich *semel pro semper* als Statthalter installiert wurde, erkennen, daß Albrecht die Bestrebungen, das Statthalteramt stärker in den Griff zu bekommen, nicht aufgegeben hatte[27]. Dieser Versuch, über die Verbindung mit der Koadjutorwürde die Statthalterschaft aufzuwerten[28], war

19 Vgl. dazu für 1515 HERRMANN, Protokolle (wie Anm. 9), S. 45–47, für 1518 ebd., S. 140, für 1521 ebd., S. 213–214. Zu 1518 vermerken die Domkapitelsprotokolle lediglich lakonisch, der Erzbischof habe *Statthalter... bestellt* (ebd., S. 140); die förmliche Bestellung des Domdekans (es ist Lorenz Truchseß von Pommersfelden) datiert vom 2. 1. 1518 (ebd., S. 141 Anm. 1).

20 Zur Bestellung Graf Eberhards IV. von Königstein zum Statthalter vgl. HERRMANN, Protokolle (wie Anm. 9), S. 45–47 (7. und 8. 7. 1515). Obwohl das Domkapitel dem Erzbischof zugestanden hatte, *für die Zeit seiner Abwesenheit nach freiem Ermessen Statthalter zu ernennen* (ebd., S. 45), fand die Bestellung Königsteins zum *obersten Statthalter* nicht die Zustimmung der Kapitelsmehrheit – dies obwohl diesem einige erzbischöfliche Räte beigeordnet worden waren und keine wichtigen Angelegenheiten ohne Wissen und Konsens des Kapitels entschieden werden sollten. Das Kapitel befürchtete vor allem, der Graf – selbst auswärtiger Landesherr – könne Geheimnisse des Erzstifts auskundschaften und werde die Statthalterschaft von Königstein aus führen. Am 12. 7. 1515 wird dem Kapitel bekanntgemacht, der Erzbischof habe als (zusätzliche) Statthalter aus dem Kapitel den Domkustos Thomas Graf von Rieneck und den Domherrn Zobel von Giebelstadt bestellt, vgl. HERRMANN, Protokolle (wie Anm. 9), S. 47.

21 HERRMANN, Protokolle (wie Anm. 9), S. 213–214 (17. 7. 1521). Der Erzbischof hatte zunächst das Kapitel als ganzes ersucht, *sich als die obersten statthalter der verwaltung des stifts mitsamt andern, die sein f. gn. inen zuverordnen, annemen wollten* (ebd., S. 213), doch hatte dieses den Wunsch abgeschlagen. Erst *mit Mühe* (ebd.) hatte er den Domdechanten zur Annahme der Statthalterschaft bewegen können, dies in der Form, daß ihm einige erzbischöfliche Räte und zwei bis drei Domherren *die mitsamt ime auch statthelter weren* (ebd.) beigegeben werden.

22 HÖBELHEINRICH, Oberstift (wie Anm. 15), S. 44–46.

23 HERRMANN, Protokolle (wie Anm. 9), S. 237.

24 HÖBELHEINRICH, Oberstift (wie Anm. 15), S. 46.

25 HERRMANN, Protokolle (wie Anm. 9), S. 276–278 (12. und 13. 10. 1524).

26 Ebd., S. 276, das Kapitel verlangt am 12. 10. 1524 über *Dauer und Bedingungen* der Statthalterschaft Hohensteins unterrichtet zu werden.

27 Ebd., S. 472–475 (9.–11. 10. 1532).

28 Ebd., S. 472, wo unter dem Datum vom 9. 10. 1532 vielsagend vermerkt wird, *daß er coadiu-*

freilich nur von kurzer Dauer, da Wilhelm von Hohenstein bereits im November des gleichen Jahres beide Würden niederlegte[29]. Die im Oktober 1532 vorgenommene Übertragung der Statthalterwürde an Johann Albrecht von Brandenburg, einen Vetter des Erzbischofs, könnte unschwer als eine Fortführung dieser Tendenzen gedeutet werden[30], doch machte dessen wiederholte längere Abwesenheit vom Erzstift in den folgenden Jahren eine stärkere Heranziehung des Domdechanten zu Statthalterfunktionen notwendig[31].

Parallel zum »geordneten« Rat, dem späteren Hofrat, ist auch das 1516/21 etablierte Hofgericht im Kontext einer Emanzipierung der Zentralinstanzen vom Kapitelseinfluß zu sehen[32]. Schon dessen Zusammensetzung – der Hofrichter (in der Folge war er mit dem Vizedom der Stadt Mainz identisch)[33], das zu gleichen Teilen sich aus adeligen und gelehrten Räten zusammensetzende Beisitzergremium[34] – zeigt, daß es dem Einfluß des Domkapitels weitgehend entzogen war; das Hofgericht ist so auch wiederholt Zielscheibe der Kritik des Domkapitels. So wird schon 1520 über zu hohe Kosten Klage geführt und eine Reform gefordert *(das solligs geringert und geendert wird)*[35], 1532 erregte das Mißverhältnis von Aufwand und Geschäftsumfang Mißbilligung[36]. Das Kapitel hat diese Institution auch in der Folge, wie spätere Wahlkapitulationen erkennen lassen, im Auge behalten, sein Interesse jedoch auf ein ordnungsgemäßes Funktionieren des Hofgerichts konzentriert[37].

Im übrigen hat Albrecht seine Gesetzgebungs- und Verordnungskompetenz offenbar ohne engere Fühlungnahme mit dem Kapitel wahrgenommen, wenn auch aus dessen Kreis – so etwa im Falle von künftig statt nach Frankfurt nach Mainz zu dirigierender Holzlieferungen aus dem Spessart im Jahre 1520[38] – gele-

---

tor... *dem auch die untertan mer, dann vormals in der stathaltung bescheen were, zu gehorsam und gepurliche leystung zu tun, auch er, der stathalter, zu mererm fleysz, arbeyt und liebe des stifts geneigt sein wurde.*

29 Ebd., S. 503 (24. 11. 1532).

30 Ebd., S. 535 (13. 10. 1532).

31 Für die Heranziehung des Domdechanten vgl. HERRMANN, Protokolle (wie Anm. 9), S. 568 (14. 8. 1533); ebd., S. 660 (31. 12. 1535) und 663 (28. 1. 1536); ebd., S. 876 (20. 11. 1540); ebd., S. 883 (18. 1. 1541).

32 Zum Hofgericht als Institution vgl. ausführlicher unten S. 245–248.

33 GOLDSCHMIDT, Zentralbehörden (wie Anm. 3), S. 153. Schon der erste Hofrichter, Johann von Lune, wurde 1515 auch Vizedom in der Stadt Mainz, das Amt des Hofrichters »zu einem Nebenamt des Vizedoms herabgedrückt«, die Hofrichterwürde deren Inhabern nur »kraft ihres Amtes als Vizedome von Mainz« verliehen (ebd.). Zum Hofrichteramt vgl. auch Albert OTTE, Die Mainzer Hofgerichtsordnung von 1516/1521 und die Gesetzgebung auf dem Gebiet der Zivilgerichtsbarkeit im 16. Jahrhundert. Geschichte, Quellen und Wirkung des Gesetzes für die Zentraljustizbehörde eines geistlichen Kurfürstentums. Rechts- und Wirtschaftswiss. Diss. Mainz 1964, S. 104–106. Im 18. Jahrhundert wurde das Hofrichteramt vollends zur reinen Sinekure, vgl. GOLDSCHMIDT, Zentralbehörden (wie Anm. 3), S. 154; vgl. beispielsweise auch: Kurmainzischer Hof- und Staatskalender Auf das Jahr MDCCLXXI, S. 71.

34 OTTE, Hofgerichtsordnung (wie Anm. 33), S. 104; zur Zusammensetzung dieses Gremiums für das Jahr 1522 ebd., S. 48.

35 GOLDSCHMIDT, Zentralbehörden (wie Anm. 3), S. 142; HERRMANN, Protokolle (wie Anm. 9), S. 195 (15. 7. 1520).

36 GOLDSCHMIDT, Zentralbehörden (wie Anm. 3), S. 142 f.

37 STIMMING, Wahlkapitulationen (wie Anm. 4), S. 136.

38 HERRMANN, Protokolle (wie Anm. 9), S. 195 (15. 8. 1520). Zum kurmainzischen Holzhandel vgl. ausführlicher Bernd PATTLOCH, Wirtschafts- und Fiskalpolitik im Kurfürstentum Mainz vom Be-

gentlich Anregungen kommen konnten. Weder in den (noch zu behandelnden) Stadt- und Landordnungen der zwanziger Jahre noch auch bei ähnlichen legislatorischen Akten wird in den Präambeln auf das Domkapitel in irgendeiner Weise Rekurs genommen[39]. Widersprüchlich erscheint freilich, was in dieser Hinsicht von der Rheingauer Landordnung vom 3. Januar 1527 überliefert ist. Während die endgültige Fassung vom 3. Januar 1527 nach dem Zeugnis der Kapitelsprotokolle *on eins cap. willen, auch durch das selb cap. onbesigelt publicirt... worden*[40], hatten in der ersten Fassung vom 19. September 1526 Dechant und Kapitel des Mainzer Domstifts ausdrücklich erklärt, *daß diese ordnung des gemeinen Ringgaws mit unserem guten wissen und willen dermaß gesatzt und gemacht ist*[41]. An diesem Befund ändert auch nichts der Umstand, daß in den Unterwerfungserklärungen des Jahres 1525 vom Domkapitel regelmäßig und zu wiederholten Malen als *unsern Erbherrn* die Rede ist – es ist dies die Optik der Untertanen, bei denen freilich sehr wohl das Bewußtsein einer dem Erzbischof wie auch dem Kapitel – diesem freilich nur im Rahmen der *dry gewonliche artickel* – geschuldeten Loyalität lebendig ist[42]. Daß der Landesherr auf diesem Gebiet einen so weitgehenden und offensichtlich vom Domkapitel grundsätzlich auch nicht bestrittenen Gestaltungsspielraum hatte, erklärt sich gewiß nicht zum wenigsten daraus, daß derartige, das gesamte Territorium umfassende und in zahlreiche Lebensbereiche eingreifende Regelungen ein Novum darstellten und schon deshalb in der, Geleisen vorhergehender Jahrzehnte folgenden, Wahlkapitulation Albrechts noch keine Berücksichtigung hatten finden können. Als Indiz für das, bei allem gegenseitigen Angewiesensein, dennoch gespannte Verhältnis Albrechts zum Mainzer Domkapitel darf auch die, in Amtsenthebung und vorübergehender Inhaftnahme kulminierende, Auseinandersetzung mit dem Domdechanten Lorenz Truchseß von Pommersfelden gelten[43]. Auf diese, wie auch die Umstände bei

ginn der Reformation bis zum Ausbruch des Dreißigjährigen Krieges. Wirtschaftswiss. Diss. München 1969, S. 71–73.

39 Vgl. vor allem unten S. 235–244.

40 HERRMANN, Protokolle (wie Anm. 9), S. 325 (25. 5. 1527).

41 Wolf-Heino STRUCK, Der Bauernkrieg am Mittelrhein und in Hessen. Darstellung und Quellen (= Veröffentlichungen der Historischen Kommission für Nassau 21). Wiesbaden 1975, S. 275 (Textvariante d) und S. 277 (Textvariante bc); auf die erste, vom Kapitel gebilligte Fassung weist auch WITTE, Herrschaft (wie Anm. 2), S. 184 Anm. 116 hin.

42 Hier seien, stellvertretend für weitere, genannt die Unterwerfungserklärungen für Aschaffenburg vom 19. 6. 1525 sowie für die *Graveschafft vor dem Spechshart, Ostheim und Kleinwalstat* vom gleichen Datum (StAW, MUGS 26/3, Nr. 19 bzw. Nr. 6). Die Unterwerfungserklärung für Mainz (1. 7. 1525) abgedruckt bei STRUCK, Bauernkrieg (wie Anm. 41), S. 146–149, für den Rheingau (27. 6. 1525) ebd., S. 238–243. Zu den Unterwerfungserklärungen vgl. auch Eckhart G. FRANZ, Hessen und Kurmainz in der Revolution von 1525. Zur Rolle des frühmodernen Staates im Bauernkrieg. In: Hermann Bannasch und Hans-Peter Lachmann (Hrsg.), Aus Geschichte und ihren Hilfswissenschaften. FS für Walter Heinemeyer zum 65. Geburtstag (= Veröffentlichungen der Historischen Kommission für Hessen 40). Marburg/L. 1979, S. 628–652, hier S. 637. Zu den *dry gewonliche artickel* vgl. STIMMING, Wahlkapitulationen (wie Anm. 4), S. 104 f.

43 Zu dieser Auseinandersetzung vgl. KISSLING, Truchseß von Pommersfelden (wie Anm. 9), S. 174–187. Der Domdekan war zwar nur von 1. bis 6. 7. 1528 in Haft, doch stand dieses Vorgehen in eklatantem Widerspruch zu Art. 2 der Wahlkapitulation Albrechts (StAW, MzDkUrk Libell 9, fol. 2'), wenn auch der Kurfürst sich damit zu rechtfertigen suchte, er habe Lorenz Truchseß *nit als einen domdechan, sonder als sein cf. gn. rat und diener gefangen*, vgl. HERRMANN, Protokolle (wie Anm. 9), S. 373, Eintrag vom 1. 7. 1528.

der Neubesetzung der Domdechantei (1530)[44] und der Dompropstei (1529)[45] soll im Rahmen dieser vorwiegend institutionengeschichtlich ausgerichteten Ausführungen nicht näher eingegangen werden.

Domkapitel und Lokalverwaltung

Ein weiteres Feld war der Einfluß des Domkapitels auf die Lokalverwaltung. Dieser manifestiert sich vor allem in der Bestellung der die erzbischöfliche Territorialherrschaft tragenden Beamtenkategorie, der Amtleute. Hier wurde Entscheidendes schon früh festgeschrieben: bereits 1328 darf kein Amtmann ohne Zustimmung des Domkapitels eingesetzt werden[46], 1337 müssen sich die Amtleute zur Anerkennung der Wahlkapitulation verpflichten[47], 1371 versprechen, bei einer durch Tod und Resignation eingetretenen Sedisvakanz allein dem Kapitel gehorsam zu sein[48]; 1393 kommt der Fall der Behinderung der Regierungsausübung infolge Gefangenschaft des Erzbischofs hinzu[49], 1434 jener eines ohne Wissen und Willen des Kapitels eingesetzten *fürmunders* (d. h. Koadjutor, Administrator)[50]. Zudem werden die Amtleute verbunden, ihre Reversbriefe dem Kapitel besiegelt vorzulegen[51]. Der in der Wahlkapitulation Albrechts festgeschriebene Kapitelskonsens bei der Einsetzung von Amtleuten[52] (ein gleiches findet sich schon in jener Uriels von Gemmingen von 1508)[53] dürfte jedoch mehr Anspruch denn Realität gewesen sein. Betrachtet man nämlich einige, in den Jahren 1520 und 1521 erfolgte, Amtmannsbestallungen näher, ergibt sich ein anderes Bild: Ein- und Entsetzung der Amtleute zählen durchaus zu den erzbischöflichen Prärogativen; es werden lediglich die bekannten Vorbehalte zugunsten des Domkapitels gemacht. So beschwören am 13. Februar 1520 Philipp Echter sen., Vizedom zu Aschaffenburg, und Wolfgang Morle, genannt Beham, Amtmann zu Bischofsheim, gegenüber dem Domscholaster *in eventum obitus, captivitatis rev^{mi} domini*

---

44 HERRMANN, Protokolle (wie Anm. 9), S. 458–459; in der Kapitelsitzung vom 7. 12. 1530 hatte der persönlich anwesende Erzbischof das Domkapitel zu umgehender Nomination eines neuen Domdechanten gedrängt; der von den Domherren nominierte Johann von Ehrenberg wurde vom Erzbischof umgehend bestätigt; eine formelle Nachwahl erfolgte offenbar nicht. Vgl. dazu Günter RAUCH, Das Mainzer Domkapitel in der Neuzeit. Zu Verfassung und Selbstverständnis einer adeligen geistlichen Gemeinschaft (Mit einer Liste der Domprälaten seit 1500). In: ZRG Kan. Abt. 61 (1975) S. 161–226. 62 (1976) S. 194–278. 63 (1977) S. 132–179; hier 62 (1976) S. 217–219.

45 HERRMANN, Protokolle (wie Anm. 9), S. 418 f. (6. 10. 1529). Die Verleihung an Johann Albrecht von Brandenburg erfolgte kraft erzbischöflicher Provision (Vakanz in päpstlichem Monat), vgl. dazu RAUCH, Domkapitel (wie Anm. 44), 62 (1976) S. 226. Auf beide Fälle – 1529 und 1530 – verweist auch Heinz DUCHHARDT, Das Erzstift Mainz unter Albrecht von Brandenburg. In: Das Wappenbuch des Reichsherolds Caspar Sturm, bearb. von Jürgen Arndt (= Wappenbücher des Mittelalters 1). Neustadt a. d. Aisch 1984, S. 245–251, hier S. 249.

46 STIMMING, Wahlkapitulationen (wie Anm. 4), S. 102.

47 Ebd., S. 103.

48 Ebd., S. 104.

49 Ebd., S. 104 f.

50 Ebd., S. 105.

51 Ebd., S. 105.

52 StAW, MzDkUrk Libell 9, fol. 3' (Art. 9); die Verpflichtung der Amtleute auf die »Reservatartikel« regelt Art. 28 (ebd., fol. 5'); in Art. 18 (ebd., fol. 4') wird das Verbot, Amtleute abzusetzen, ausgesprochen, *es wäre dann umb kuntlich und redlich sach*.

53 FAULDE, Uriel von Gemmingen (wie Anm. 8), S. 15–16 (Artikel 9 bzw. 17).

*necnon resignationis aut coadjutoris receptionis sine consensu et voluntate capituli ... capitulo subesse et cum eorum officiis etiam contra revem^{um} dom. obedire velint*⁵⁴. Ein ähnliches Bild vermitteln eine Reihe auf dem Wormser Reichstag von 1521 vorgenommene Amtsbestallungen⁵⁵. Bei der Bestellung Heinrich Brömsers zum Vizedom im Rheingau treten Dechant und Kapitel im Falle der Gefangenschaft oder des Todes des Erzbischofs in dessen Rechte ein⁵⁶. Bei jener des Bernhard von Hartheim zum Amtmann von Amorbach-Wildenberg kommt noch der Fall der Stiftsübergabe *one wissen und willen* des Kapitels hinzu⁵⁷, bei jener des Philipp Geipel zum Amtmann von Prozelten (= Stadtprozelten) wird dieser Punkt weiter differenziert: nicht nur wenn der Erzbischof einen *fürmunder* setzt, sondern auch bei Aufgabe des Stifts oder von Schloß und Amtssprengel Prozelten *(schloß und gepiet seines ampts)* fällt die Loyalität dem Domkapitel zu⁵⁸. Daß ähnliches auch für das Eichsfeld galt, zeigt die Bestallung des Johann von Mingerode zum Amtmann von Giboldehausen: auch hier greift bei Tod, Gefangenschaft des Erzbischofs oder eigenmächtiger Einsetzung eines *vormunden* der bewußte Vorbehalt⁵⁹. In den einschlägigen Mainzer Domkapitelsprotokollen sind die Bestallungen von 1521 ohnehin lediglich für Heinrich Brömser reflektiert: dieser übergibt am 21. März 1521 seinen Revers und schwört dem Domdechanten *der 3 gewonlichen artikel halb*⁶⁰. Schon 1515 hatte es im Kapitel Klagen gegeben, daß *keiner der vom Eb. eingesetzten Beamten zur üblichen Eidesleistung vor dem Kap. erschienen sei*⁶¹.

Domkapitel und Huldigung

Ein anderes Feld, auf dem das Kapitel seinen Anspruch auf Mitherrschaft zum Ausdruck bringen konnte, war die Erbhuldigung der Untertanen nach dem Regierungsantritt des neugewählten Erzbischofs. Von einem generellen Treueid der Untertanen auf Erzbischof und Domkapitel konnte zwar, trotz anfänglicher Ansätze in dieser Richtung⁶², nicht die Rede sein, doch verstand es das Kapitel, bestimmte Reservatklauseln – es sind die nämlichen, wie sie bei den Amtleuten begegnen – in das dem Erzbischof zu leistende Gelöbnis einzubauen⁶³. Im Falle Albrechts von Brandenburg fand die herkömmliche Erbhuldigung der Untertanen am 16. November 1514, im Rheingau folgte sie Martini. In den übrigen Städten und Ämtern

---

54 HERRMANN, Protokolle (wie Anm. 9), S. 186.
55 Anton Philipp BRÜCK, Kardinal Albrecht von Brandenburg, Kurfürst und Erzbischof von Mainz. In: Der Reichstag zu Worms 1521. Reichspolitik und Luthersache, hrsg. von Fritz Reuter. Worms 1971, S. 257–270, hier S. 267 f.
56 StAW, MzIngrB 53, fol. 266–268.
57 Ebd., fol. 270–271'.
58 Ebd., fol. 275–276'.
59 Ebd., fol. 278–279.
60 HERRMANN, Protokolle (wie Anm. 9), S. 207.
61 Ebd., S. 38 (26. 5. 1515). Ein umfassendes Bild der unter Albrecht von Brandenburg geübten Praxis würde jedoch erst die systematische Durchsicht der Domkapitelsprotokolle ergeben.
62 STIMMING, Wahlkapitulationen (wie Anm. 4), S. 104; vgl. auch oben Anm. 4.
63 STIMMING, Wahlkapitulationen (wie Anm. 4), S. 46 und 105; vgl. auch oben Anm. 4. Zu den Huldigungsakten nach der Regierungsübernahme Uriels von Gemmingen 1508 vgl. FAULDE, Uriel von Gemmingen (wie Anm. 8), S. 26 f.

wurde sie in der ersten Hälfte des folgenden Jahres vorgenommen[64]. Begleitet wurde Albrecht von einer Deputation des Kapitels, die den Untertanen in einem offenen Brief das Faktum der Wahl eines neuen Erzbischofs kundtat – zugleich Anspruch des Domkapitels auf Mitwirkung an diesem herrschaftskonstituierenden Akt und auf Wahrung seiner angestammten Rechte[65]. In diesem Zusammenhang war vor allem jener Artikel der Wahlkapitulation von Bedeutung, der – parallel zu den Bestallungen der Amtleute – für den Fall von Tod, Gefangenschaft oder Stiftsübergabe eine Eventualhuldigung an das Domkapitel vorsah[66]. Es erscheint für die Herrschaftsauffassung des Brandenburgers bezeichnend, daß er sich beim Kapitel beschwerte, daß bei der Huldigung in Mainz auch die drei bekannten Vorbehaltsklauseln verlesen werden sollten; das Kapitel beharrte jedoch auf deren Einfügung in den Huldigungseid[67]. Umgekehrt konnte freilich der Erzbischof in Aschaffenburg die Bürger, die sich – wie auch die Untertanen der beiden »Landschaften« Spessart und Bachgau – zunächst geweigert hatten, auch die *drey artickel* zu beschwören – man berief sich auf das alte Herkommen, von dem erst Jakob von Liebenstein (1504–1508) abgewichen sei –, erst mit Mühe dazu bringen, die Reservatklauseln mit zu beschwören[68]. In Höchst widersetzte sich der Erzbischof der Beschwörung der in der Wahlkapitulation verankerten Klausel[69], daß im Falle eines Bruchs des Wahlgedinges Amtmann, Zollschreiber und Bürger (wie auch in Lahnstein) ihrer Pflichten gegen den Erzbischof ledig sein sollten[70]. Die übrigen Huldigungsakte verliefen, den knappen Huldigungsnotizen zufolge, ohne weitere Zwischenfälle; es bereitete offenbar keine Schwierigkeiten, in die Huldigung auch das Domkapitel einzuschließen.

2. *Landständische Strukturen*

Mit den Landständen hatte es im Erzstift Mainz seine besondere Bewandtnis. Zur Ausbildung einer, das gesamte Territorium vertretenden, Körperschaft ist es nie gekommen – dies schon aufgrund der starken Zersplitterung der Stiftslande. So

---

64 Vgl. dazu zusammenfassend MAY, Albrecht (wie Anm. 9), I, S. 39–42. Der Huldigungsvorgang ist festgehalten StAW, MzIngrB 52, fol. 36–38, der Text des *Heißbriefs* ebd., fol. 34' f.
65 MAY, Albrecht (wie Anm. 9), I, S. 39; StAW, MzIngrB 52, fol. 34'.
66 StAW, MzDkUrk Libell 9, fol. 5 f. (Art. 28). Der Text der Reservatklausel StAW, MzIngrB 52, fol. 37' f.
67 HERRMANN, Protokolle (wie Anm. 9), S. 17 (9. 11. 1514). Die Huldigungsnotiz StAW, MzIngrB 52, fol. 35' vermeldet nur knapp, daß die Mainzer *meinem gnedigsten herrn und dem capitel gehuldet und gelobt* haben, wie zuvor bei Erzbischof Uriel von Gemmingen.
68 StAW, MzIngrB 52, fol. 36' f. Der Erzbischof hatte den Aschaffenburgern an zwei aufeinanderfolgenden Tagen gut zureden müssen, bis schließlich zunächst Bürgermeister, Gemeinde und Rat von Aschaffenburg, dann auch die Bachgauer und Spessarter Untertanen einlenkten.
69 StAW, MzDkUrk Libell 9, fol. 8 f. (Art. 57); der beträchtliche Umfang des Artikels zeigt, welche Bedeutung ihm das Domkapitel zumaß.
70 StAW, MzIngrB 52, fol. 36 f. Albrecht berief sich darauf, daß seine drei Vorgänger die Reservatklausel nicht beschworen hätten. Bei der Huldigung für Uriel von Gemmingen im Jahre 1508 hatten jedoch die Untertanen von Lahnstein den auf die Verbürgungsklausel der Wahlkapitulation bezogenen Reservateid auf das Domkapitel in die Huldigungsformel einbezogen, vgl. FAULDE, Uriel von Gemmingen (wie Anm. 8), S. 27 f. Am 7. 7. 1515 wurde diese Frage auf Initiative des Erzbischofs auch vor dem Kapitel behandelt, vgl. HERRMANN, Protokolle (wie Anm. 9), S. 44.

bildete sich allein im Eichsfeld eine »ausgeprägte landständische Organisation«[71] klassischer Art heraus, nicht aber in den Stammterritorien an Rhein und Main. Hier war es bei den regionalen Einungen geblieben: einmal für den Rheingau (mit Einschluß der 1476 der erzbischöflichen Herrschaft endgültig unterworfenen Stadt Mainz[72]), zum anderen für das »Oberstift«. Beiden Vertretungskörperschaften fehlte jedoch das Mandat des Gesamtterritoriums; es ging ihnen darüber hinaus auch das Merkmal des Mehrkuriensystems ab. Im Rheingau, wo ursprünglich Adel und Bürger bzw. Bauern den Landtag gebildet hatten, zog sich der Adel zunehmend zurück und steuerte auf die Reichsunmittelbarkeit zu (Ritterkanton Mittelrhein seit 1522)[73], so daß man schon in den letzten Jahrzehnten des 15. Jahrhunderts von der »bürgerlichen Landschaft« des Rheingaus sprechen konnte[74]. Die »9 Städte« des »Oberstifts« waren von Anfang an nichts anderes als eine Städtekurie gewesen[75]. Wohl hatten beide Gremien seit der zweiten Hälfte des 15. Jahrhunderts »weitgehenden Einfluß auf die außerordentlichen Steuern« gewonnen[76] – der Höhepunkt liegt hier in den Jahren 1521/22, und damit sind wir wieder bei der Regierungszeit Albrechts, als die »9 Städte« »die Anerkennung ihrer Vertretungsbefugnis für das ganze Oberstift erreichten«[77]; von gemeinsamem Handeln konnte dennoch keine Rede sein[78]. Auch das einzige Indiz einer engeren Gemeinschaft, die Einbeziehung je eines Vertreters der »unteren« und der »oberen« Landschaft in das 1522 gebildete »Regiment« (zugleich »beständiger Rat«)[79], trägt nicht weit: die Absicht des Landesherrn ging nicht etwa dahin, einen gesamtständischen Einfluß im Rat zu konstituieren, sondern zielte vielmehr darauf ab, »mit Hilfe eines ständisch verbrämten Rates die Macht von Domkapitel und Ständen allmählich... zu brechen«[80]. Es erscheint nur folgerichtig, daß sich die beiden »Landschaften«, deren Zustimmung zu dieser Maßnahme der Erzbischof ohnehin nicht eingeholt hatte, zurückhielten und (anders als Prälaten

---

71 WITTE, Herrschaft im Rheingau (wie Anm. 2), S. 172. Zu den, einen Sonderfall innerhalb des Erzstifts darstellenden, Landständen des Eichsfeldes vgl. Johann WOLF und Klemens LÖFFLER, Politische Geschichte des Eichsfeldes. Duderstadt 1921, S. 207–219.

72 Anton Philipp BRÜCK, Mainz vom Verlust der Stadtfreiheit bis zum Ende des Dreißigjährigen Krieges (1462–1648) (= Geschichte der Stadt Mainz 5). Düsseldorf 1972, S. 1–16.

73 WITTE, Herrschaft im Rheingau (wie Anm. 2), S. 177.

74 Vgl. den Überblick bei WITTE, Herrschaft im Rheingau (wie Anm. 2), S. 168–189; das Zitat ebd., S. 180.

75 Vgl. dazu zusammenfassend HÖBELHEINRICH, Oberstift (wie Anm. 15), S. 7–50.

76 WITTE, Herrschaft im Rheingau (wie Anm. 2), S. 175.

77 Ebd., S. 175; vgl. auch HÖBELHEINRICH, Oberstift (wie Anm. 15), S. 39–44.

78 WITTE, Herrschaft im Rheingau (wie Anm. 2), S. 175; HÖBELHEINRICH, Oberstift (wie Anm. 15), S. 38. Es erscheint bezeichnend, daß die Verhandlungen über die Bewilligung einer Landsteuer mit dem Rheingau vom Erzbischof persönlich, mit der *andern landschaft* von Statthalter, Räten und einigen Kapitelvertretern geführt wurden.

79 WITTE, Herrschaft im Rheingau (wie Anm. 2), S. 176; HÖBELHEINRICH, Oberstift (wie Anm. 15), S. 44–46.

80 HÖBELHEINRICH, Oberstift (wie Anm. 15), S. 45. WITTE, Herrschaft im Rheingau (wie Anm. 2), S. 176 betont zwar auch die landesherrliche Initiative, sieht aber in der Konstituierung des »beständigen Rats« in erster Linie einen Versuch Albrechts, »mit Hilfe der Stände das Domkapitel zu überspielen«. Davon, daß »den Ständen eine recht starke Teilnahme an der Landesherrschaft zugebilligt« worden sei, wie GOLDSCHMIDT, Zentralbehörden (wie Anm. 3), S. 10 glaubt feststellen zu können, kann demnach nicht die Rede sein.

und Ritterschaft) keine Vertreter in das neue Gremium entsandten[81]. So entbehrte der »Rat« der ständischen Komponente und entwickelte sich weiter in die Richtung eines landesherrlichen Organs. Es kam weder zur Einbindung ständischer Repräsentanten in »Rat« und »Regiment« des Erzbischofs, noch viel weniger zu gesamtständischer Vertretungskompetenz[82]. Das Debakel des gescheiterten Bauernaufstandes – hier hatte er »den Charakter eines bewaffneten Aufruhrs der Stände gegen den Landesherrn« angenommen[83] – überstand der Rheingau als »Rechts- und Verfassungseinheit« relativ unbeschadet[84]. Die Mainzer Domkapitelsprotokolle überliefern unter dem Datum vom 12. November 1527 bereits, es solle, wie herkömmlich, wegen einer Landsteuer *mit der landschaft gehandelt werden*[85]; 1539 ist ausdrücklich von Steuerverhandlungen mit der Stadt Mainz und den Rheingauern die Rede[86]. Inwieweit es dabei freilich um eine grundsätzliche Steuerbewilligung geht oder lediglich um den Modus der Steueraufbringung, muß offenbleiben[87]. Weniger klar ist das weitere Geschick der »9 Städte« als Korporation. Sie werden ja noch in den ab 1526 publizierten neuen Stadtordnungen ausdrücklich für *gentzlich auffgehoben und abgethan* erklärt[88], die Annahme, sie seien bereits 1528 als ständisches Korpus wiederaufgelebt[89], muß mit einem Fragezeichen versehen werden[90]. Zweifel in dieser Hinsicht werden dadurch bestärkt, daß im gleichen Jahr ausdrücklich davon die Rede ist, der Erzbischof sehe die auferlegte Landsteuer als Strafe und damit nicht als konsensbedürftig von sei-

---

81 HÖBELHEINRICH, Oberstift (wie Anm. 15), S. 46.
82 Ebd., S. 45 f. Bezeichnend erscheint, daß von den elf verbleibenden Vertretern in »Rat« bzw. »Regiment« nicht weniger als neun vom Erzbischof unmittelbar berufen worden waren.
83 WITTE, Herrschaft im Rheingau (wie Anm. 2), S. 181.
84 Ebd., S. 183.
85 Ebd., S. 183; HERRMANN, Protokolle (wie Anm. 9), S. 342.
86 GOLDSCHMIDT, Zentralbehörden (wie Anm. 3), S. 60; HERRMANN, Protokolle (wie Anm. 9), S. 780 (10. 1. 1539). Über Verhandlungen mit dem Klerus, dem, wie es ausdrücklich heißt, nicht mit der Drohung *sub pena excommunicationis* begegnet werden sollte, vgl. ebd., S. 797–798 (29. 4. und 7. 5. 1539).
87 WITTE, Herrschaft im Rheingau (wie Anm. 2), S. 183 stellt fest, daß dem Domkapitel künftig allein das »Recht, die Steuern grundsätzlich zu bewilligen, ihre Erhebung zu überwachen und über ihre Verwendung mitzuverfügen« vorbehalten war. Am 29. 4. 1539 heißt es ausdrücklich, daß sich *sein cf. gn. samt ihrem domcap. einer gemeinen lantsteuer oder anlag verglichen* habe, vgl. HERRMANN, Protokolle (wie Anm. 9), S. 797; auch unterbreitet das Kapitel konkrete Vorschläge, welche Personengruppen (Dienstboten, Gesinde, »ausländische« Begüterte) von der Landsteuer auszunehmen seien. Welcher Rechtsgehalt dem am 10. 1. 1539 (HERRMANN, Protokolle, wie Anm. 9, S. 780) erwähnten *mit der stat M[ainz] und den Ringauern gnediglich handeln* letztlich zukam, scheint eine Frage zu sein, die näherer Untersuchung bedürfte. Handelt es sich hier um eine Steuerbewilligung im strengen Sinn oder lediglich um die Festlegung der Modalitäten der Steueraufbringung?
88 So, anstelle weiterer Beispiele, in der »Albertinischen Ordnung« für Aschaffenburg (StAW, MzIngrB 58, fol. 1–35', hier fol. 1').
89 So WITTE, Herrschaft im Rheingau (wie Anm. 2), S. 182 f.
90 Ebd., S. 183; HERRMANN, Protokolle (wie Anm. 9), S. 355. In diesem Zusammenhang beschloß das Domkapitel, der Erzbischof möge *von etlichen Bewohnern des Rheingaus 5000, in den oberen Städten 4000, in Mainz 2000 und bei der Mainzer Kleisei 1000 fl. entleihen und von der künftigen Landsteuer zurückzahlen* (ebd.). Von Verhandlungen über die Bewilligung einer Steuer verlautet nichts.

ten des Kapitels an[91]. Für die 40er Jahre ist dann eine Mitwirkung des Oberstifts bei der Aufbringung der Landsteuer faßbar: in den Kapitelsprotokollen vom 1. September 1542 ist von *denen im Oberstift* die Rede, die sich für Dreikönig 1543 zur Zahlung von zwei Landsteuerzielen erboten haben (eines davon soll gegen die fällige Türkensteuer ausgetauscht werden)[92]. Ob es sich hier aber um ein (wieder) institutionalisiertes ständisches Korpus zur Steuerbewilligung handelt oder aber lediglich um Mithilfe bei der Steuereinhebung und -abführung im Bereich des zumindest als geographische Einheit zu sehenden Oberstifts, mag dahingestellt bleiben[93].

II. DIE GESETZGEBUNGS- UND VERORDNUNGSTÄTIGKEIT

Nach der Skizzierung der Herrschaftsstrukturen im Mainzer Erzstift des frühen 16. Jahrhunderts soll im folgenden die Gesetzgebungs- und Verordnungstätigkeit Albrechts von Brandenburg in ihren wesentlichen Zügen vorgestellt werden. Dabei ist zunächst auf die seit 1526 erlassenen Stadt- und Landordnungen einzugehen; ein weiterer Abschnitt widmet sich der übrigen legislativen Tätigkeit des Erzbischofs.

1. Stadt- und Landordnungen Albrechts von Brandenburg nach der Beendigung der Bauernunruhen

Ein vordringliches Anliegen war für Albrecht die Neuregelung, und damit verbunden weitgehende Vereinheitlichung, der herrschaftlich-administrativen Verhältnisse. Diesem Ziel dienten vor allem die zwischen 1526 und 1532 erlassenen Stadtordnungen – insgesamt nicht weniger als achtzehn, denen noch die dem gleichen Muster folgende Ordnung für das Dorf Kostheim zuzuzählen ist. Lediglich die Ordnungen von Duderstadt und Heiligenstadt weichen, bedingt durch die besonderen Verhältnisse des Eichsfeldes, von dem ansonst befolgten Schema ab, zielen aber in die gleiche Richtung[94]. Die Mehrzahl dieser Ordnungen erging zwi-

---

91 HERRMANN, Protokolle (wie Anm. 9), S. 360, wo festgehalten wird, der Erzbischof gedenke *als der lantsfurst dieselb straf von den iren zu heben und bedorft keiner bewilligung*; lediglich für Bingen und die anderen Orte des Domkapitels machte er das Zugeständnis, *daß Kap. selbst seine Flecken strafen... lasse.*
92 HERRMANN, Protokolle (wie Anm. 9), S. 958.
93 Ebd., S. 958. Neben *denen im Oberstift* ist hier auch von den *Rheingauern* die Rede, die bereits drei Landsteuerziele entrichtet haben. Am 7. 12. 1541 hatte das Domkapitel seine Zustimmung zur Erhebung einer Landsteuer im Oberstift nach dem bisherigen Modus erklärt (ebd., S. 924); schon am 29. 12. 1540 war von der *an Trium regum* wieder zu erhebenden Landsteuer die Rede gewesen (ebd., S. 881).
94 StAW, MzIngrB 58, fol. 347–351 bzw. fol. 352–365', beide Ordnungen sind auf den 14. 5. 1526 datiert.

schen 1526 und 1528[95]; als Nachzügler dürfen lediglich Neudenau (1530)[96] und Amoeneburg (1532)[97] gelten. Zwei »Landordnungen« – die eine für das Vizedomamt Aschaffenburg *(unser zent der graffschafft zu Ostheim fur dem Spechssart)*[98], die andere für den Rheingau *(... unsers landts des Ringgawes)*[99] – zielen auf die Verhältnisse des flachen Landes ab; von ihnen soll im Anschluß an die Stadtordnungen gesondert gehandelt werden.

Wenn auch in der Mehrzahl der Stadtordnungen auf den Bauernaufruhr *(auffrur und emperung)*[100] und die damit verbundene Verwirkung alter Rechte und Freiheiten Rekurs genommen wird, ist die neue Regelung des Verhältnisses von Landesherr und Kommunen bzw. Landuntertanen dennoch primär als konsequente Fortführung der schon 1522 mit der Einsetzung eines »Regiments« eingeschlagenen Linie zu sehen[101], wurde doch zu dieser Zeit bereits die Reform der im argen liegenden Lokalverwaltung als vordringlich betrachtet[102]. Dafür spricht auch der Umstand, daß auch jene Stadtordnungen, die nicht auf die Bauernkriegsunruhen[103] Bezug nehmen, in allen wesentlichen Punkten diesem Modell

---

95 Es handelt sich um die Stadtordnungen von Krautheim/Ballenberg (für beide Städte wurde eine gemeinsame Ordnung erlassen), Amorbach, Walldürn, Buchen, Külsheim, (Tauber-)Bischofsheim, Miltenberg, Aschaffenburg, Dieburg, Klingenberg, Wörth/Main, Gernsheim und die (einer Stadtordnung gleichzusetzende) Dorfordnung von Kostheim. Mit Ausnahme von Seligenstadt finden sich die Texte sämtlicher Ordnungen in StAW, MzIngrB 58. Texteditionen liegen vor in: Richard SCHRÖDER und Carl KOEHNE (Bearb.), Oberrheinische Stadtrechte (= Fränkische Rechte III, IV u. VIII Heft). Heidelberg 1895–1909: für Krautheim/Ballenberg S. 197–211, Amorbach S. 228–234, Walldürn S. 273–277, Külsheim S. 292–295, (Tauber-)Bischofsheim S. 297–298, Miltenberg S. 355–360, Neudenau S. 1003–1008; vollständig ediert ist lediglich die Ordnung für Krautheim/Ballenberg, für die übrigen Städte werden nur die von Krautheim/Ballenberg abweichenden Passagen wiedergegeben. Für sämtliche in die Edition aufgenommenen Stadtordnungen sind die archivalischen Fundstellen vermerkt. Für eine Übersicht über archivalische Belege wie auch Texteditionen sämtlicher Ordnungen vgl. Hans MÜLLER, Oberhof und neuzeitlicher Territorialstaat. Dargestellt am Beispiel der drei rheinischen Kurfürstentümer. Rechtswiss. Diss. Freiburg/Br. 1978, S. 149–150 Anm. 39. Für die Seligenstädter Stadtordnung ist auf Johann Wilhelm Christian STEINER, Geschichte und Beschreibung der Stadt und ehemaligen Abtei Seligenstadt. Aschaffenburg 1820, S. 368–375 zu verweisen, wo der Text gekürzt abgedruckt ist. Ob Obernburg eine neue Stadtordnung erhalten hat, muß fraglich erscheinen. Johann Wilhelm Christian STEINER, Geschichte und Topographie der alten Grafschaft und Cent Ostheim und der Stadt Obernburg am Main. Aschaffenburg 1821, S. 178 und 222 verneint dies ausdrücklich; vgl. auch Martin Balduin KITTEL, Geschichte der Stadt Obernburg. In: Archiv des Historischen Vereins von Unterfranken und Aschaffenburg 23 (1876) S. 255–420, hier bes. S. 323. Ausführlichere Textresümees finden sich für Miltenberg und Klingenberg, vgl. Wilhelm STÖRMER, Miltenberg. Die Ämter Amorbach und Miltenberg des Mainzer Oberstifts als Modelle geistlicher Territorialität und Herrschaftsintensivierung (= Historischer Atlas von Bayern. Teil Franken, Reihe I, Heft 25). München 1979, S. 137 f. bzw. Hatto KALLFELZ, Die Bevölkerung der Kurmainzer Amtsstadt Klingenberg am Main zwischen Mittelalter und Moderne. In: Ferdinand Seibt (Hrsg.), Gesellschaftsgeschichte. FS für Karl Bosl zum 80. Geburtstag. München 1988, S. 330–343, hier S. 331–333.
96 SCHRÖDER/KOEHNE, Oberrheinische Stadtrechte (wie Anm. 95), S. 1003–1008.
97 StAW, MzIngrB 58, fol. 352–356' (7. 1. 1532).
98 StAW, MzIngrB 58, fol. 40–57; die Ordnung trägt kein Datum.
99 STRUCK, Bauernkrieg (wie Anm. 41), S. 266–277 (= Nr. 132); die Textedition führt auch Textvarianten an.
100 So bei Duderstadt (StAW, MzIngrB 58, fol. 347–351, hier fol. 347).
101 Vgl. DUCHHARDT, Erzstift (wie Anm. 45), S. 249.
102 GOLDSCHMIDT, Zentralbehörden (wie Anm. 3), S. 9.
103 Zum Bauernkrieg im Mainzer Erzstift, vgl. STRUCK, Bauernkrieg (wie Anm. 41), S. 14–16. 23–42. 87–92; ferner FRANZ, Revolution 1525 (wie Anm. 42), S. 628–652, bes. S. 634–637. Die Vor-

folgen. Dies gilt für Wörth/Main[104], das sich nicht am Bauernaufstand beteiligt hatte – hier fehlt überhaupt jede Begründung für den Erlaß einer Stadtordnung –, aber auch für Gernsheim[105], Amoeneburg[106] und Kostheim[107]. Hier wird jeweils, und dies in besonderer Ausführlichkeit bei Amoeneburg, auf *etwa vil unordnung und mißbreuche* verwiesen, die es durch *ehrliche gute ordenungen pollicey satzunge, und sonst andere wege* zu beheben gelte[108], mit dem Ziel, *die underthanen in gepurlicher gehorsam* gegen den Landesfürsten zu erhalten[109]. In dem erst 1521 vom Erzstift wieder zurückgelösten Gernsheim kam der (auch ausdrücklich auf das gleichnamige Amt bezogenen) Stadtordnung zweifellos die Aufgabe zu, die Herrschaftsverhältnisse den Gegebenheiten des erzstiftischen Stadtherrn anzupassen; ein gleiches gilt für das unlängst an das Erzstift gelangte Kostheim, dessen vorherige Herrschaftsverhältnisse in der Präambel resumiert werden[110].

Es verbietet sich in diesem Zusammenhang, auf die Fülle der Details im einzelnen einzugehen; ebensowenig können die unterschiedlichen Akzentsetzungen, die sich aus lokalen Gegebenheiten, aber auch aus dem unterschiedlichen Gewicht der angesprochenen Städte ergaben – man denke nur an den Unterschied zwischen den Kleinstädten des Baulandes und der Zweitresidenz Aschaffenburg[111] – hier im einzelnen berücksichtigt werden.

In den einzelnen Stadtordnungen geht es einmal, und dies ist ein zentrales Anliegen, um die eindeutige Herausstellung unbeschränkter erzbischöflicher Stadtherrschaft, verbunden mit weitestgehender Einengung des Handlungsspielraums von Lokalorganen und Gemeinde. Der Erzbischof ist *rechter naturlicher ober und*

---

gänge im Mainzer Oberstift behandelt ausführlich HÖBELHEINRICH, Oberstift (wie Anm. 15), S. 51–138.

104 StAW, MzIngrB 58, fol. 73–84'. Die Feststellung in Erich KEYSER und Heinz STOOB, Bayerisches Städtebuch Teil 1 (= Deutsches Städtebuch V, 1, Bayern). Stuttgart, Berlin, Köln, Mainz 1971, S. 582, die Stadt sei 1528 »für ihre Fürstentreue im Bauernkrieg mit der Erhebung zum Oberamtssitz begabt« worden, findet in der Stadtordnung vom 26. 1. 1528 keine Stütze; hier wird die Stadt dem Aschaffenburger Vizedom *als oberamptman* unterstellt (StAW, MzIngrB 58, fol. 73).

105 StAW, MzIngrB 58, fol. 314–322' (28. 3. 1528). Die Datierung der Gernsheimer Ordnung bei MÜLLER, Oberhof (wie Anm. 95), S. 77 und 149 ist irrig; die hier angezogene archivalische Quelle ist zweifelsfrei die Stadtordnung von 1528. Damit kann auch von einem Modellcharakter der »Gernsheimer Ordnung von 1522« für die seit 1526 erlassenen Stadtordnungen (wie ebd., S. 149 f.) behauptet wird, nicht die Rede sein. In der Gernsheimer Ordnung von 1528 fehlt jeder Hinweis auf eine frühere Ordnung.

106 StAW, MzIngrB 58, fol. 352–365' (7. 1. 1532).

107 StAW, MzIngrB 58, fol. 324–338' (25. 8. 1528). Diese Ordnung trägt zwar den Titel *Ordnung des dorffs Costheim,* ist aber in den wesentlichen Punkten den Stadtordnungen an die Seite zu stellen.

108 Beide Zitate bei Amoeneburg (StAW, MzIngrB 58, fol. 352).

109 Das Zitat bei Gernsheim (StAW, MzIngrB 58, fol. 314).

110 Vgl. dazu auch Georg Wilhelm SANTE, Handbuch der Historischen Stätten Deutschlands, IV: Hessen. Stuttgart 1960, S. 259.

111 Die Aschaffenburger Stadtordnung vom 17. 11. 1526 (StAW, MzIngrB 58, fol. 1–14, der fol. 14–36 noch eine Reihe auf den 12. 1. 1527 datierter Zunftordnungen angefügt sind), stellt die ausführlichste dieser Stadtordnungen dar. Textabdrucke in: Aschaffenburger Geschichtsblätter 1933, Nr. 4. 5. 7–11; ferner MAY, Albrecht (wie Anm. 9), I, Beilage LI, Anhang S. 152–161. Zur »Albertinischen Ordnung« von 1526 vgl. neuestens Roman FISCHER, Aschaffenburg im Mittelalter. Studien zur Geschichte der Stadt von den Anfängen bis zum Beginn der Neuzeit (= Veröffentlichungen des Geschichts- und Kunstvereins Aschaffenburg 32). Aschaffenburg 1989, S. 145–149. 160. 172–173. 179–180. 183. 185–186. 197.

her, *dem oberkeidt, herligkeit, gebot und verbot on alle mittel* zustehen[112]. Zentrale Figur – *des orts oberster verweser* – bei der Ausübung der Stadtherrschaft ist der landesfürstliche Amtmann[113], in einigen Orten begegnet an dessen Stelle der erzstiftische Keller bzw. Schultheiß[114]. Ihn vertritt fallweise in der Regel der Keller, der Rechnungsbeamte bürgerlicher Herkunft[115]. Die Brücke zur Bürgerschaft im ganzen schlägt der Schultheiß; an dessen Stelle erscheint in Amorbach, Walldürn und Tauberbischofsheim der Centgraf[116] – ein Indiz dafür, daß Stadt und Cent eng miteinander verzahnt waren, die Stadtordnung offensichtlich auch die Verhältnisse der betreffenden Cent mitregeln sollte. Aus der Bürgergemeinde als solcher werden allein die 12 Rats- und Gerichtsleute genommen, aber auch über deren Ergänzung entschieden, wenn auch aufgrund der Vorschläge von Schultheiß und *Zwölfern*, letztlich der Landesherr bzw. an dessen Stelle Amtmann oder Keller. Alle Amtsträger, vom Amtmann bis zu den Rats- und Gerichtsleuten, stehen in engster Bindung zum Landesherrn, sie sind jederzeit ein- bzw. absetzbar. Die Charakterisierung von Schultheiß, Rat und Schöffen als *nachgesatzte underamptleuthe*[117] stellt das Unterordnungsverhältnis in unmißverständlicher Weise heraus. Ihnen steht die Gesamtheit der städtischen Bürgerschaft gegenüber. Dieser ist jede Form von Eigeninitiative verwehrt: sie darf sich ohne Wissen und Befehl von Amtmann bzw. Keller nicht versammeln, Widerspruch oder gar Widerstand gegen die Handlungsweise von Amtmann, Keller, Schultheiß und *Zwölfern* seitens der Gesamtgemeinde und auch Einzelner ist nicht statthaft. Das Amt der Bürgermeister – der herkömmlichen Vertreter der Gemeinde – wird in den meisten Stadtordnungen abgeschafft[118], deren Funktion als Schiedsorgane bei *geringschetzigen händeln, schulden etc.* übernehmen die (gleichfalls auf den Landesherrn

---

112 So, beispielhaft, bei Krautheim/Ballenberg, vgl. SCHRÖDER/KOEHNE, Oberrheinische Stadtrechte (wie Anm. 95), S. 198.

113 Diese Formulierung in der Ordnung für Krautheim/Ballenberg, vgl. ebd., S. 198. Parallel dazu erscheint in Aschaffenburg und Wörth der Aschaffenburger Vizedom in dieser Position (StAW, MzIngrB 58, fol. 1' bzw. fol. 73), in Kostheim der Vizedom in der Stadt Mainz (ebd., fol. 326).

114 Der erzstiftische Keller findet sich in dieser Funktion in Walldürn und Buchen (SCHRÖDER/KOEHNE, Oberrheinische Stadtrechte, wie Anm. 95, S. 273 Anm. 1 bzw. S. 288 Anm. 1), der Schultheiß in Miltenberg als *amptsverweser* (ebd., S. 355).

115 So anstelle weiterer Belege bei Krautheim/Ballenberg, vgl. SCHRÖDER/KOEHNE, Oberrheinische Stadtrechte (wie Anm. 95), S. 198. In Gernsheim ist es, eher untypisch, der erzstiftische Zollschreiber (StAW, MzIngrB 58, fol. 314'), in Wörth und Kostheim der Schultheiß (ebd., fol. 73' bzw. fol. 326).

116 SCHRÖDER/KOEHNE, Oberrheinische Stadtrechte (wie Anm. 95), S. 228 Anm. 1. S. 273 Anm. 1. S. 297 Anm. 1. In Krautheim/Ballenberg sind Stadt und Cent in der Weise miteinander verbunden, daß die Stadtschultheißen zugleich die Cent besorgen (ebd., S. 199). Die Trennung von Stadt- bzw. Centgerichtsbarkeit wird in der Miltenberger Stadtordnung ausdrücklich hervorgehoben (ebd., S. 357).

117 So u. a. bei Krautheim/Ballenberg, vgl. SCHRÖDER/KOEHNE, Oberrheinische Stadtrechte (wie Anm. 95), S. 198.

118 So etwa explizit festgestellt in den Ordnungen für Krautheim/Ballenberg (SCHRÖDER/KOEHNE, Oberrheinische Stadtrechte, wie Anm. 95, S. 203) und Aschaffenburg (StAW, MzIngrB 58, fol. 5). Bezeichnenderweise wurde auch in einer Ordnung, die keinen Strafcharakter hatte, wie jener von Wörth/Main das Amt des Bürgermeisters abgeschafft (ebd., fol. 76'). Dagegen erscheint die Position des Bürgermeisters in den Ordnungen für Gernsheim und Amoeneburg (je eine der zwölf Rats- und Gerichtspersonen ist für ein Jahr als Bürgermeister tätig ebd., fol. 315 bzw. fol. 354), auch die Kostheimer Ordnung erwähnt, unter den *undter amptleuth*, Bürgermeister, deren einer aus dem »Gericht«, deren anderer aus der Gemeinde gewählt wird (ebd., fol. 326 bzw. fol. 328').

verpflichteten) Rentmeister[119]. Zünfte, Gilden und Bruderschaften[120] werden, durch die städtischen Organe ausgeübter, straffer landesherrlicher Kontrolle unterstellt[121]; sie dürfen aber, wiewohl sie grundsätzlich *aller ihrer freiheiten und gerechtigkeiten ... nunmehr privirt und entsetzt seindt*, zwecks Erhaltung von *guter ordnung und pollizei* weiterbestehen[122], jedes Handeln aus eigener Initiative bleibt ihnen aber verwehrt[123]. In dieses Bild der Zerschlagung korporativen Eigenhandelns fügt sich treffend auch die Aufhebung des Verbunds der »9 Städte« ein, soll doch jede Stadt hinfort *furr sich selbst ein abgesunderter fleck sein und pleiben*[124]. Die gesamte Kontrolle der administrativen, gesellschaftlichen und wirtschaftlichen Aktivitäten in den Städten ist in der Hand der erzbischöflichen Funktionsträger konzentriert, dies freilich mit einer gewissen Stufung: eine Reihe von Befugnissen stehen Amtmann bzw. Keller allein zu, andere dürfen nur mit deren Mitwirkung ausgeübt werden; Schultheiß und Rats- bzw. Schöffenkolleg besitzen kaum eigenständigen Bewegungsspielraum. Das Spektrum reicht hier im ganzen von der Bestellung und Vereidigung städtischer Amtsträger und der Kontrolle von deren Rechnungsführung über die Aufsicht über das Gewerbe-, Markt- und Zunftwesen wie auch die Spitäler, die Sorge für einen guten Verteidigungszustand der Stadt, die Ordnung von Hut und Wacht, die Verleihung geistlicher Lehen bis hin zur Verwaltung und Nutzung gemeinheitlicher Waldungen und Wiesen und der Bestellung von »Landscheidern« und Hirten. Bezugspunkt jeglicher Loyalität ist der Erzbischof-Kurfürst: ihm leisten nicht nur Amtmann, Keller, Schultheiß und *Zwölfer* den Treueid, sondern ebenso auch die Inhaber der städtischen Ämter wie auch sämtliche Bürger; vielfach sind die einschlägigen Eidesformeln Teil der Stadtordnungen.

Einen zweiten Gesichtspunkt stellt die Regelung der Wirtschaftstätigkeit innerhalb der Stadt dar. Hier gehen stadtherrliche Ansprüche, Elemente frühneuzeitlicher »Polizei« und Obsorge für das Wohl der Bürger eine enge Verbindung ein. Ordnung der Wochen- und Jahrmärkte, des Verkaufs von Brot und Fleisch, strenge Überprüfung von Maß und Gewicht (besonders bei Bäckern und Metzgern), Schutz vor Übervorteilung durch fremde Händler und zweifelhafte Ge-

119 So etwa bei Krautheim/Ballenberg, vgl. SCHRÖDER/KOEHNE, Oberrheinische Stadtrechte (wie Anm. 95), S. 203. Auch da, wo das Amt des Bürgermeisters erhalten bleibt, hat dieser nur vertretungsweise mit dieser Materie zu tun; in Gernsheim und Amoeneburg ist dies in erster Linie die Aufgabe von Amtmann, Zollschreiber bzw. Keller oder Schultheiß, in Kostheim diejenige des Schultheißen (StAW, MzIngrB 58, fol. 317'. fol. 329'–330'. fol. 357').

120 Der Terminus *Zünfte* bei Miltenberg SCHRÖDER/KOEHNE, Oberrheinische Stadtrechte, wie Anm. 95, S. 357) und Aschaffenburg (StAW, MzIngrB 58, fol. 5), *gilden und zunfft* bei Heiligenstadt und Duderstadt (ebd., fol. 343 f. bzw. fol. 349), *Bruderschaften* bei Amorbach (SCHRÖDER/KOEHNE, S. 229) *zunfft oder bruderschafft* bei Külsheim (ebd., S. 293).

121 In Amorbach werden dafür Amtmann, Keller, Centgraf und die »Zwölfer« benannt (ebd., S. 229), in Aschaffenburg Vizedom, Keller, Schultheiß und die *Zwölfer* (wie Anm. 120), in Heiligenstadt und Duderstadt Schultheiß und Rat (wie Anm. 120).

122 Beide Zitate aus der Miltenberger Stadtordnung, vgl. SCHRÖDER/KOEHNE, Oberrheinische Stadtrechte (wie Anm. 95), S. 357.

123 Für Amorbach heißt es bezeichnenderweise *das keine bruderschaft einich versamlung oder zusamen komens ohne bevelch und wissen amptmans oder kellers furnehmen oder thun* dürfe (wie Anm. 120).

124 In dieser Formulierung in der Ordnung für Krautheim/Ballenberg, vgl. SCHRÖDER/KOEHNE, Oberrheinische Stadtrechte (wie Anm. 95), S. 198; vgl. auch HÖBELHEINRICH, Oberstift (wie Anm. 15), S. 136.

schäftspraktiken *(Fürkauf)*, aber auch Einschränkung der wirtschaftlichen Betätigung der Geistlichkeit im Interesse der Bürger sind immer wieder begegnende Agenden. Regelmäßiger Bestandteil der Stadtordnungen – nur Duderstadt und Heiligenstadt machen hierin eine Ausnahme[125] – sind schließlich Warnungen vor *lutherische und anderer leichtfertiger ungelehrter priester verfuhrliche lere und predig*[126] – Richtschnur sind das Evangelium, wie es kraft päpstlicher Dekrete und kaiserlicher Edikte zu verkünden sei, und die hergebrachten Zeremonien und Gebräuche der Kirche – sowie »polizeiliche« Bestimmungen von der Art, wie sie sich in der »Reichspolizeiordnung« von 1530 und deren Nachfolgeordnungen finden[127]; von *gepurlicher ehrlicher ordnung und pollicei* war bekanntlich schon in den Präambeln der Stadtordnungen die Rede gewesen[128].

Im einzelnen geht es um die Heiligung von Sonn- und Feiertagen, Abstellung von Exzessen bei Kirchweihen, Kindstaufen und *ungepurlichen weingang,* das Verbot von Lästerung, Fluchen und Schwören, Dichten und Singen von *schmachlidlin, zudrincken* wie auch von *freventlich, unordenlich, übermeßig und ungepurliche cleidung.* Mit dieser, nicht zuletzt auf die Vermeidung verschwenderischer Ausgaben gerichteten, Verbotspraxis verbindet sich das, mit *ernstlicher straf und pene* bedrohte, Verdikt über unbedachte, mit Versetzen und Verpfänden von Gütern verbundene, Geldaufnahme, aber auch *ubbermeßig unpillich außleihen* samt den damit einhergehenden Übervorteilungen von Schuldnern[129].

Die Brücke zur territorialen Gesetzgebung bilden die Zivil- und Strafjustiz betreffenden Passagen. In Zivilsachen wird der Rechtszug an die Oberhöfe ausdrücklich unterbunden, das Gericht, falls es ferneren Rates bedürfe, an Kurfürst, Vizedom/Amtmann oder auch zur Hand befindliche Rechtsgelehrte verwiesen, Appellationsinstanz ist das (unlängst etablierte) Hofgericht[130]. Von einer sofortigen Ausschaltung der Oberhöfe als Appellations- und Konsultativinstanz dürfte jedoch, mit Ausnahme von Amorbach und Königshofen[131], nicht die Rede gewe-

---

125 StAW, MzIngrB 58, fol. 347–351. 342–346.

126 So die Formulierung in der Amorbacher Stadtordnung, vgl. SCHRÖDER/KOEHNE, Oberrheinische Stadtrechte (wie Anm. 95), S. 231.

127 Text der Reichspolizeiordnung vom 19.11.1530 bei: Johann Christian SENCKENBERG, Neue und vollständigere Sammlung der Reichs-Abschiede... Frankfurt/M. 1747, II, S. 332–345. Zu den Polizeiordnungen allgemein vgl. Wilhelm EBEL, Geschichte der Gesetzgebung in Deutschland (= Göttinger rechtswissenschaftliche Studien 24). Göttingen 1958, S. 59–60; ferner Hans MAIER, Die ältere deutsche Staats- und Verfassungslehre. München ²1980, S. 74–91. Zu den Reichspolizeiordnungen von 1530, 1548 und 1577 vgl. ausführlich Josef SEGALL, Geschichte und Strafrecht der Reichspolizeiordnungen von 1530, 1548 und 1577 (= Strafrechtliche Abhandlungen 183). Breslau 1914; zur Behandlung der Polizeimaterie auf dem Wormser Reichstag von 1521, vgl. ebd., S. 52–73.

128 In dieser Formulierung in der Aschaffenburger Stadtordnung (StAW, MzIngrB 58, fol. 1); vgl. im übrigen oben S. 237.

129 Die Formulierungen aus der Aschaffenburger Stadtordnung (wie oben Anm. 111).

130 Es verdient Aufmerksamkeit, daß die Appellation nach Maßgabe der Hofgerichtsordnung nicht im Zusammenhang mit der Neuordnung der bürgerlichen Gerichtsbarkeit erwähnt wird, sondern als Ausnahmeregelung von der Pflicht, den Beschlüssen der erzstiftischen Stadtorgane Gehorsam zu leisten, erscheint: *es were dan in gerichtlichen handlungen, daselbst... laut unserer hoffgerichtsordnung appellirt mag werden* – so bei Krautheim/Ballenberg, vgl. SCHRÖDER/KOEHNE, Oberrheinische Stadtrechte (wie Anm. 95), S. 200.

131 MÜLLER, Oberhof (wie Anm. 95), S. 151 sieht in der sofortigen Abschaffung des Rechtszugs an die Oberhöfe für Amorbach und Königshofen eine Sanktion für deren besonderes Engagement

sen sein; der Passus, daß die bisherigen Prozeßmodalitäten bis zum Erlaß der angekündigten neuen Prozeßordnungen in Geltung bleiben sollen, ist wohl in der Weise zu verstehen, daß bis zum Inkrafttreten der Untergerichtsordnung die bisherigen Oberhöfe noch für Appellationen (wie auch Konsultationen) in Anspruch genommen werden konnten[132]. Auf diese *sonderlich ordnung... wie sie in andern teglichen und zufelligen burgerlichen handelungen mit proceß und urtheiln sich halten sollen* wird freilich in den Stadtordnungen regelmäßig verwiesen[133]; zu deren Erlaß ist es allerdings erst 1534 gekommen[134].

Zugleich mit einer besonderen Zivilgerichtsordnung wird auch eine *ordenung der proceß in... malefitz sachen* angekündigt; bei dieser handelt es sich jedoch nicht um einen Akt der Territorialgesetzgebung, sondern um die seit 1521 die Reichstage beschäftigende »Carolina«[135]. Die Regelung von *malefitz und peinlichen sachen* nimmt vor allem in der Aschaffenburger Ordnung breiten Raum ein; Schultheiß und Schöffen von Aschaffenburg wird, zusammen mit Vertretern *beider graveschaft hie und da jenseit des Mains gelegen* sowie des Amts *Walstatt* (Kleinwallstadt), bei der Handhabung der peinlichen Gerichtsbarkeit eine zentrale Funktion eingeräumt[136]. Knapper gefaßt sind die den *malefitz und peinlichen sachen* gewidmeten Passagen in anderen Stadtordnungen[137]. Gerade angesichts des Umstandes, daß die peinlichen Gerichte *an iedem ort... nit mit gelerten personen* besetzt werden können[138], kommt der angekündigten baldigen reichsgesetzlichen Normsetzung besondere Bedeutung zu[139]. Ergänzend sei noch angemerkt, daß in einigen Stadtordnungen auch die Aburteilung von (blutigen und unblutigen) Händeln, Schlägereien, Raufereien sowie Schmähungen Aufnahme

---

während des Bauernaufstands. Die Stadtordnung von (Tauber-)Bischofsheim geht auf diesen Punkt überhaupt nicht ein (ebd., S. 150 Anm. 45).

132 Ebd., S. 150–151; der betreffende Passus lautet: *doch sol mitler zeit... der proceß in gerichtlichen burgerlichen... sachen, wie in geprauch herkomen, gehalten werden* – so bei Krautheim/Ballenberg, vgl. SCHRÖDER/KOEHNE, Oberrheinische Stadtrechte (wie Anm. 95), S. 203.

133 Hier als Beispiel der Wortlaut bei Krautheim/Ballenberg (ebd., S. 202–203).

134 Siehe unten S. 248–250.

135 Der Wortlaut in der Ordnung für Krautheim/Ballenberg bei SCHRÖDER/KOEHNE, Oberrheinische Stadtrechte (wie Anm. 95), S. 203. Ebd., S. 202 wird auf die Behandlung der *reichsordnung des halsgerichts* auf dem Wormser Reichstag (1521) ausdrücklich verwiesen.

136 StAW, MzIngrB 58, fol. 4–5. Vgl. dazu auch Günter CHRIST, Aschaffenburg. Grundzüge der Verwaltung des Mainzer Oberstifts und des Dalbergstaates (= Historischer Atlas von Bayern. Teil Franken, Reihe I, Heft 12). München 1963, S. 76–77, ferner neuestens FISCHER, Aschaffenburg (wie Anm. 111), S. 188 f.

137 Hier fehlen in der Regel, wie etwa am Beispiel von Krautheim/Ballenberg zu ersehen, nähere Angaben über die Art und Weise, wie die peinliche Gerichtsbarkeit ausgeübt werden soll, vgl. SCHRÖDER/KOEHNE, Oberrheinische Stadtrechte (wie Anm. 95), S. 202; eine Ausnahme stellen die in der Miltenberger Stadtordnung getroffenen Bestimmungen dar, daß die Stadt zwei Schöffen zur Cent abzustellen habe, der Centgraf seinen Sitz weiterhin in Bürgstadt haben solle (ebd., S. 357).

138 So bei Krautheim/Ballenberg, (ebd., S. 202, hier auch das Zitat).

139 MÜLLER, Oberhof (wie Anm. 95), S. 150 Anm. 43; schon SCHRÖDER/KOEHNE, Oberrheinische Stadtrechte (wie Anm. 95), S. 170 und 202 Anm. 1 stellen zwischen der Einbeziehung der »Carolina« in die Stadtordnungen und der kurmainzischen Initiative bei deren Ausarbeitung einen Zusammenhang her. Die Integrierung eines Reichsgesetzes in die territoriale Gesetzgebung des Erzstifts erscheint um so bemerkenswerter, als andere bedeutende Reichsstände, so Brandenburg, Kurpfalz und Sachsen, noch 1530 die »Carolina« als »Eingriff in das territoriale Recht« ansahen, vgl. Hermann CONRAD, Deutsche Rechtsgeschichte, II: Neuzeit bis 1806. Karlsruhe 1966, S. 407.

gefunden hat[140]; leitender Gesichtspunkt ist dabei die Betonung des herrschaftlichen Strafmonopols, das ein *heimlich vertragen* ausschloß[141].

Die beiden Landordnungen – die *Ordnung der landtschafft und zennt für dem Spechssartth*[142] wie auch *Ringawer Ordnung*[143] – stellen das auf das flache Land bezogene Pendant der Stadtordnungen dar. Die Akzentsetzung innerhalb beider Ordnungen unterscheidet sich, ungeachtet einer Reihe von Gemeinsamkeiten, nicht unwesentlich.

Die Spessarter Ordnung – ihr Geltungsbereich sind die Cent *für dem Spechssartth,* die Cent bzw. Grafschaft *zu Ostheim* (= Großostheim) sowie das *ampt Kleinwalstat* – ist ganz auf einen weitläufigen, auf dem rechten Mainufer von großen Waldgebieten geprägten Raum zugeschnitten. Dies erweist sich schon bei der Strukturierung des Beamtenapparats: an der Spitze der Vizedom (der zugleich die Klammer zur Stadt Aschaffenburg darstellt), ihm untergeordnet als *under amptleut* Centgrafen, Schultheißen, *landts knecht,* Land- und Gerichtsschöffen; hinzu kommen Landschreiber, reisige Schultheißen und andere *bevelchhaber*. Daß alle Amtsinhaber vom Erzbischof ein- bzw. abgesetzt werden, entspricht dem aus den Stadtordnungen gewohnten Bild. Ebenso trägt das Gerichtswesen landschaftstypische Züge. Das althergebrachte Landgericht hat zum wenigsten viermal im Jahr stattzufinden, weitere »Notgerichte« können auf Kosten der Rechtsuchenden anberaumt werden. Ersatzleute für abgehende Landschöffen werden, nach einer Vorschlagsliste, von Vizedom, Centgraf und Landschreiber ausgewählt, ungeachtet eines unmittelbaren Interventionsrechts des Kurfürsten. Die strenge landesherrliche Aufsicht über die Gerichtshaltung wird durch die Pflicht der Rechnungsablage über die eingenommenen Bußen vor Centgraf, Landschreiber und zwei *rechenmaistern* gewährleistet. Der im Gange befindliche Wandel der gesetzlichen Rahmenbedingungen wird durch den Verweis auf die zu erwartende *sonderliche ordnung* (d. h. die Untergerichtsordnung von 1534), das Verbot des Rechtszugs an Oberhöfe und, in peinlichen Sachen, den Verweis auf die Aschaffenburger Stadtordnung reflektiert. Die Dorfgerichte *(undergericht)* bleiben in ihrem bisherigen Stand, nicht ohne daß dabei auf Gebot und Verbot des Landesherrn rekurriert wird. Die *herpracht hoefgericht, darin unser oberkeidt des Spechssarts und der landtschafft gewiesen wurdt,* sollen wiederaufgerichtet werden; sie dürften, da dort *unser eigen arme leudt... verrecht werden sollen,* die Funktion von Hubgerichten über die erzbischöflichen Eigenleute gehabt haben. Abgeschafft wurden hingegen die dörflichen Haingerichte; die dort behandelten Frevel werden künftig vom Centgrafen bzw. reisigen Schultheißen abgeurteilt. Die Festsetzung und Umlage der Steuern wird in die Hand von Vizedom, Keller, Centgraf und Landschreiber gelegt, die Einhebung in den Dörfern durch drei bzw. vier Geschworene besorgt; über das Ungeld und die Leibsbeth

---

140 So, in unterschiedlicher Formulierung, bei Amorbach und Buchen, vgl. SCHRÖDER/KOEHNE, Oberrheinische Stadtrechte (wie Anm. 95), S. 230 bzw. 288; bei Krautheim/Ballenberg heißt es, es solle, die *wunden betreffendt,* wie bisher gehalten werden (ebd., S. 202).

141 So bei Amorbach (wie oben Anm. 140).

142 StAW, MzIngrB 58, fol. 39'–57; als Ausstellungsort ist Aschaffenburg angegeben, das Datum fehlt.

143 STRUCK, Bauernkrieg (wie Anm. 41), S. 266–277. Die Ordnung datiert vom 3. 1. 1527; die Edition berücksichtigt auch die Textvarianten der Erstfassung vom 19. 9. 1526. Zur Beurteilung vgl. WITTE, Herrschaft im Rheingau (wie Anm. 2), S. 183–185.

übt der Keller die Aufsicht aus. Infolge von Umstimmigkeiten bei der Geschoßeinhebung wird das (als Gerichtseinheit weiterbestehende) *ampt Kleinwalstat* in fiskalischer Hinsicht in der Weise geteilt, daß der Ort Kleinwallstadt an die Cent Ostheim fiel, die übrigen Dörfer und Weiler an die Cent vorm Spessart. Die Verfügung über die Gemeindewaldungen ist beschränkt, die Waldschützen werden auf Vizedom bzw. Centgraf verpflichtet.

Dem waldreichen Charakter der Region entsprechend, nehmen Verfügungen über die herrschaftlichen Waldungen breiten Raum ein. Geregelt werden Fragen der (nur auf bestimmte Amtsträger beschränkten) Atzung, besonders auch der Jägeratzung, Fuhr- und Fronleistungen, Beholzung (Holzentnahme) und Hühnerabgabe. Züge moderner Staatlichkeit lassen sich in der Forderung nach zunehmender Verschriftlichung (Atz-, Fron-, Holz-, Hühnerregister), aber auch in der Einbeziehung der Spessarter »Waldgüter« in die volle Steuer- und Zehntpflicht erkennen.

Parallel zur Aschaffenburger Stadtordnung nehmen schließlich auch »polizeiliche« Vorschriften einen verhältnismäßig breiten Raum ein, beginnend mit der Warnung vor unbedachter Geldaufnahme bis zum Verbot von *zutrincken* und *unordentlich, übermessig und ungeburlich kleydung;* auch der Hinweis auf die Gefahren des Luthertums fehlt nicht.

In einer ganzen Reihe von Punkten ist die Rheingauer Landordnung von anderen Akzentsetzungen bestimmt; sie spiegelt in wesentlichen Zügen die Verhältnisse eines dichter besiedelten, städtischen Strukturen angenäherten Raumes wider.

Die Hierarchie der Amtsträger ist zwar auch auf den Vizedom (hier des Rheingaus) als *oberamtman* ausgerichtet, mit *untervitzthumb,* Landschreiber, Gewaltbote *(waldbotte),* lokalen Schultheißen und (hinfort als *bestendiger rathe* konstituierten) Ratsgremien jedoch anders strukturiert als in dem dörflich geprägten Main-Spessart-Raum. Anders als in den meisten Städteordnungen bleibt das Amt des Bürgermeisters bestehen; dieser ist mit der Einhebung der, zusammen mit Schultheiß und Rat festgesetzten, Bede befaßt und hat, unterstützt durch die Amtshilfe von Schultheiß und Rat, *außgeben und innemen* zu besorgen. Typische Institutionen wie das *feldtheyngereide* und die (mit der Gewerbeaufsicht betrauten) *untherheyngereide* bleiben erhalten; ersteres wird künftig von ein oder zwei ortsansässigen Adeligen, zwei Ratsvertretern und dem Schultheißen gebildet und untersteht der Kontrolle von Vizedom, Untervizedom und Landschreiber. Auch die örtlichen Gerichte, deren personelle Besetzung im einzelnen geregelt wird, bleiben in ihrem bisherigen Stand, ebenso die für alle Untertanen verpflichtenden *dienggericht.* Eine *gemeine versamlung* darf, soweit vonnöten, nur vom Vizedom einberufen und geleitet werden. Die Bürgeraufnahme in einem der *flekken* des Rheingaus wird an den Nachweis geknüpft, daß der Zuziehende *gantz frei* sei und keinen nachfolgenden Herrn oder *anhengigen krigischen handel* habe – Ausdruck der (freilich gegenüber dem Weistum von 1324 geminderten) Rheingauer bäuerlichen Freiheit[144]; in der Spessarter Landordnung fehlt bezeichnenderweise das Erfordernis persönlicher Freiheit, hier werden der Konsens der Amt-

---

144 Im Rheingauer Weistum von 1324 konnte das Bürgerrecht auch erwerben, wer einen *nachfolgenden Herrn* hatte, vgl. WITTE, Herrschaft im Rheingau (wie Anm. 2), S. 143.

leute und das Vorliegen eines schriftlichen Leumundzeugnisses betont. Die Ausübung der peinlichen Gerichtsbarkeit wird ausdrücklich dem Vizedom zugewiesen; einen gewissen Schutz vor Willkür bedeutete in diesem Zusammenhang die Bestimmung, daß niemand *one mergliche ursach* länger als zwei Monate gefangengehalten werden dürfe. Auch ein generelles Jagd- und Fischverbot für die Bewohner des Rheingaus fehlt nicht; es schließt auch den Besitz von Jagdgerät und *weidisch hundt* ein. Einen territorialen Einschnitt brachte schließlich die Ausgliederung von Algesheim aus dem Rheingau. Wie in der Ordnung für den Spessart wird auch im Rheingau den »Polizei«-Materien auffallend viel Platz eingeräumt – auf diese entfallen immerhin 12 von insgesamt 52 Artikeln; auch die Warnung vor den Gefahren der reformatorischen Lehre wurde nicht vergessen.

Zusammenfassend läßt sich feststellen, daß Stadt- wie auch Landordnungen einen unverkennbaren Markstein auf dem Weg zur Festigung der Territorialhoheit darstellen. Sie sind Akte obrigkeitlicher Satzung; ein Passus wie jener der Gernsheimer Ordnung, sie sei *auch zum theil mit vorwissen und willen unserer underthanen zu Gernßheim* erlassen worden[145], hat Ausnahmecharakter und erscheint durchaus untypisch. Auffallend ist, daß nur für zwei Landdistrikte, den Rheingau und die das Vizedomamt Aschaffenburg bildenden »Landschaften« bzw. »Centen«, eigene Ordnungen ergangen sind. Bei den übrigen Ämtern hat offenbar die jeweilige Stadtordnung zugleich die Funktion gehabt, auch die Verhältnisse des zugeordneten ländlichen Raumes mitzuregeln. Bei Gernsheim und Amoeneburg erstreckt sich der Geltungsbereich der Stadtordnungen sogar ausdrücklich auf *flecken und ampt* bzw. *stadt und ampt*[146], bei verschiedenen anderen Ordnungen (so Krautheim/Ballenberg, Amorbach, [Tauber-]Bischofsheim, Walldürn) werden Cent bzw. (der anstelle eines Schultheißen amtierende) Centgraf angesprochen und damit der Bezug zum ländlichen Umland hergestellt[147]. Stadt- und Landordnungen nehmen zusammen damit die Stelle einer, für das Gesamtterritorium nicht vorhandenen, Landes- und Polizeiordnung ein.

Während die seit 1526 erlassenen, jeweils auf eine bestimmte Stadt oder Landschaft bezogenen Stadt- und Landordnungen lediglich in mosaikartiger Zusammenfügung als eine Art flächendeckender Landesgesetzgebung angesehen werden können, zielen weitere legislatorische Akte auf das Territorium als ganzes. Sie setzen bereits in den ersten Regierungsjahren Albrechts ein und begleiten fast dessen ganze Regierungszeit.

---

145 StAW, MzIngrB 58, fol. 314'. Es verdient in diesem Zusammenhang Beachtung, daß Abgesandte der Stadt Gernsheim am 13. 11. 1532 an das Domkapitel mit der Bitte herantreten, *die neue Ordnung auf Grund einer Aufzeichnung der Beschwerden abzuändern*, vgl. HERRMANN, Protokolle (wie Anm. 9), S. 540.
146 StAW, MzIngrB 58, fol. 314 bzw. 352.
147 SCHRÖDER/KOEHNE, Oberrheinische Stadtrechte (wie Anm. 95), S. 199. 230. 297–298. 273 Anm. 1.

2. Hofgerichtsordnung

Den Anfang macht die 1516 erlassene, 1521 von Kaiser Karl V. konfirmierte Hofgerichtsordnung[148]. Ihr kommt in verschiedener Hinsicht wegweisende Bedeutung zu. Es verdient Beachtung, daß schon kurze Zeit nach dem Regierungsantritt Albrechts eine erste Hofgerichtsordnung erwähnt wird[149]; ihr von Eitelwolf vom Stein konzipierter Text gilt als verschollen[150], während das Datum der ersten Sitzung des Hofgerichts – 16. April 1515 – überliefert ist[151]. Der Text der endgültigen, am 19. Januar 1516 publizierten, jedoch erst fünf Jahre später am 21. Mai 1521 von Kaiser Karl V. konfirmierten Hofgerichtsordnung ist noch im Verlauf des Jahres 1515 entstanden[152]. Schon die Daten zeugen von der Vordringlichkeit des Anliegens. Die Hofgerichtsordnung gilt als »das erste Landesgesetz«; zuvor hatte es »im Mainzer Territorium weltliche Gesetze nur in geringer Zahl und auch nur für einzelne Städte und Landesteile« gegeben[153]. Sie leitet die Staats- und Verwaltungsreformen Kurfürst-Kardinal Albrechts von Brandenburg ein, ist »Ausgangspunkt für die Verwaltungs- und Justizreform Erzbischof Albrechts im Erzstift«[154] und gewann »als erstes romanistisches Gesetz in deutscher Sprache im Mainzer Erzstift« bestimmenden Einfluß auf die Justizpflege im Territorium[155]. Der Geltungsbereich umfaßte grundsätzlich das gesamte Erzstift[156], dies allerdings mit das Eichsfeld und Erfurt betreffenden Modifikationen. Im Eichsfeld, wo die mainzische Hofgerichtsbarkeit an sich unstrittig war[157], wurde im Verkehr mit dem Mainzer Hofgericht eine Mittelinstanz, das 1534/40 etablierte Landgericht, eingeschaltet; hier bezeichnet die Hofgerichtsordnung auch, anders als in den kurmainzischen Kernlanden, erst »den Beginn der Rezeption« römisch-kanonischen Rechts[158]. Lediglich in Erfurt – dies vor dem Hintergrund der Auseinandersetzung um die Stadtherrschaft[159] – erlangte die Hofgerichtsordnung keine Geltung, war doch dort »im besonderen Maße die obere Zivilgerichtsbarkeit des Kurfürsten umstritten«[160]. Der dringende Handlungsbedarf für die Etablierung

---

148 Zur Textüberlieferung vgl. OTTE, Hofgerichtsordnung (wie Anm. 33), S. 34–40.
149 Ebd., S. 44 (8. 1. und 24. 6. 1515).
150 Ebd., S. 44; zur Rolle und Person des bereits am 10. 6. 1515 verstorbenen Eitelwolf vom Stein ebd., S. 50.
151 Ebd., S. 44.
152 Ebd., S. 45.
153 Ebd., S. 34.
154 Ebd., S. 61.
155 Ebd., S. 34.
156 Ebd., S. 41.
157 Ebd., S. 42.
158 Ebd., S. 62, dort auch das Zitat. Eine erste Verordnung über die Errichtung eines Landgerichts für das Eichsfeld war 1534 ergangen. 1540 folgte eine vollständige Landgerichtsordnung, die sich an der Hofgerichtsordnung von 1516/21 orientierte (ebd., S. 63). Vgl. dazu auch Christoph LERCH, Die Gerichtsbarkeit in der Goldenen Mark Duderstadt vom Mittelalter bis zur Gegenwart. In: Die Goldene Mark 4/1. Sonderheft (1953), S. 25.
159 Vgl. dazu neuestens (aus marxistischer Sicht) Ulman WEISS, Von der frühbürgerlichen Revolution bis zur völligen Unterwerfung durch Kurmainz vom Ende des 15. Jahrhunderts bis 1664. In: Willibald Gutsche (Hrsg.), Geschichte der Stadt Erfurt. Weimar 1986, S. 103–144. Zu den Auseinandersetzungen um Erfurt unter Albrechts Vorgänger, Uriel von Gemmingen, vgl. ausführlich FAULDE, Uriel von Gemmingen (wie Anm. 8), S. 38–77.
160 OTTE, Hofgerichtsordnung (wie Anm. 33), S. 42–43, das Zitat ebd., S. 43.

eines Hofgerichts hatte sich aus dem desolaten Zustand »der Rechtspflege dieser Instanz, der danach einem Stillstand gleichgekommen sein muß«[161], ergeben; die Sorge um die Hofgerichtsordnung begleitete die gesamte Regierungszeit Albrechts[162]. Als entscheidender Anstoß für die Einrichtung eines Hofgerichts und den Erlaß einer Hofgerichtsordnung muß die Reichskammergerichtsordnung vom 7. August 1495 gelten[163], wenn auch deren unmittelbarer Vorbildcharakter inzwischen ziemlich gering veranschlagt wird[164]. Im ganzen sind, dies soll hier nicht näher ausgeführt werden, in die Hofgerichtsordnung sowohl Elemente des Reichsrechts[165] als auch partikularen Rechts[166] eingegangen. Die enge Bindung an das Reichsrecht manifestiert sich auch in der Person ihres Urhebers, des mainzischen Kanzlers Johann Furderer, eines Mannes, der 1507 von Erzbischof Jakob von Liebenstein als Assessor am Reichskammergericht präsentiert worden war und auch in späteren Jahren dort begegnet[167].

Wie war das Hofgericht im einzelnen organisiert[168]? Gerichtssitz war (und blieb) stets die Stadt Mainz, gleich wo sich die Kurfürsten-Erzbischöfe jeweils aufhielten. Liegt darin schon eine gewisse Absetzung von der Sphäre des Hofes, so noch mehr in der Wahl des Gerichtslokals: es ist das Mainzer Rathaus, später die Kurie »Zum Widder«[169] – erst in der ersten Hälfte des 18. Jahrhunderts übersiedelt das Hofgericht in den Kanzleibau des kurfürstlichen Schlosses. Wie fast alle oberen Gerichte der Territorialstaaten der zweiten Hälfte des 15. Jahrhunderts war es zunächst ein »Quatembergericht«[170], daneben waren auch außerordentliche Gerichtssessionen vorgesehen; die Regelung der Gerichtsferien »ist die

---

161 OTTE, Hofgerichtsordnung (wie Anm. 33), S. 61; GOLDSCHMIDT, Zentralbehörden (wie Anm. 3), S. 141, unter Berufung auf G. C. JOANNIS u. Nicolai SERARII S. J., Rerum Moguntiacarum, libri V. Frankfurt/M. 1727, I, S. 825.
162 OTTE, Hofgerichtsordnung (wie Anm. 33), S. 65.
163 Ebd., S. 69.
164 Ebd., S. 69 f. Hier wird, in Auseinandersetzung mit der von GOLDSCHMIDT, Zentralbehörden (wie Anm. 3), S. 141–142 geäußerten Ansicht, die Mainzer Hofgerichtsordnung weise wenig eigenständige Züge auf, das vor allem den Aufbau und die besonderen Verfahrensarten betreffende »originale Gepräge« der Hofordnung hervorgehoben.
165 In diesem Zusammenhang führt OTTE, Hofgerichtsordnung (wie Anm. 33), S. 70–72 Bestimmungen der Reichsabschiede von 1498/1500, die Kammergerichtsordnung von 1507, die eine die Termine am Kammergericht betreffende Ordnung von 1508, die Notarordnung von 1512 sowie »Beispiele aus dem Formularwesen und der Rechtsprechung« des Reichskammergerichts (ebd., S. 71) an.
166 OTTE, Hofgerichtsordnung (wie Anm. 33), S. 72–73 hält Einflüsse einer (verschollenen) kurpfälzischen Hofgerichtsordnung des 15. Jahrhunderts sowie der württembergischen Hofgerichtsordnung von 1514 für denkbar, räumt aber für letztere ein, daß »kaum Gemeinsamkeiten darin enthalten (seien), die nicht durch die Reichsgesetze bis 1512 begründet wären« (ebd., S. 73). Als sicher gelten Übernahmen einzelner Artikel aus den Stadtrechten von Nürnberg (1479/84 bzw. 1502/22) und Frankfurt/Main (1509), vgl. ebd., S. 74–75, für Nürnberg auch S. 113 Anm. 1.
167 OTTE, Hofgerichtsordnung (wie Anm. 33), S. 49–57, wo Lebenslauf und Wirken Furderers ausführlich behandelt werden.
168 Zur Organisation des Hofgerichts vgl. GOLDSCHMIDT, Zentralbehörden (wie Anm. 3), S. 141–159 (wo die Entwicklung bis zum Ende des 18. Jahrhunderts verfolgt wird); ferner OTTE, Hofgerichtsordnung (wie Anm. 33), S. 101–140 (unter starker Berücksichtigung der prozessualen Elemente).
169 GOLDSCHMIDT, Zentralbehörden (wie Anm. 3), S. 142; bei OTTE, Hofgerichtsordnung (wie Anm. 33), S. 102 als Sitz des Hofgerichts nicht erwähnt.
170 OTTE, Hofgerichtsordnung (wie Anm. 33), S. 103; GOLDSCHMIDT, Zentralbehörden (wie Anm. 3), S. 150 spricht auch von einem »Quartalsgerichtshof«.

erste genaue Ferienordnung in deutscher Sprache«[171]. Besetzt war das Gericht mit dem aus dem Grafen-, Herren- oder Ritterstand entstammenden Hofrichter und zehn Beisitzern, die sich je zur Hälfte aus dem Kreis gelehrter Doktoren oder Lizentiaten (zugleich Professoren der juristischen Fakultät der Mainzer Universität) und der Ritterschaft rekrutierten. Das Gericht handelte aus erzbischöflicher Machtfülle, in der Sedisvakanz trat an die Stelle des Erzbischofs das Domkapitel. Nur in besonderen Fällen urteilte das Hofgericht als erste Instanz, im Regelfall war es Appellationsgericht, wobei sich die Appellationssumme zunächst auf 25 fl. rhein. belief. Damit lag es etwa im Rahmen anderer territorialer Obergerichte[172]. Die Hofgerichtsordnung regelt aber nicht nur die Fragen der personellen Besetzung und der (äußeren) Gerichtsorganisation, unter Einschluß der Taxen, sie ist auf weite Strecken Prozeßordnung.

Bis zum Erlaß der Untergerichtsordnung von 1534, im Rheingau sogar bis zur zweiten Hälfte des 16. Jahrhunderts, mußte sich das Hofgericht, wie bereits erwähnt[173], die Rolle als Appellationsinstanz vielfach noch mit den traditionellen Oberhöfen teilen[174]. Eine gewisse Konkurrenz erwuchs dem Hofgericht auch aus den gerichtlichen Kompetenzen des Hofrats, der u. a. für Rechte und Nutzungen betreffende erstinstanzliche Prozesse, für Appellationen von Urteilen des Burggerichts, aber auch – nach Akteneinsendung – für die Entscheidung schwieriger, von den Untergerichten nicht zu bewältigender Streitfälle zuständig war[175].

Die Rolle der Mainzer Hofgerichtsordnung als »Mustersatzung« kann hier nur angedeutet werden[176]. Sie wirkte einmal auf das Reichsrecht[177], gewann zum anderen auch modellhaften Charakter für eine Reihe von territorialen Hofgerichtsordnungen – dies vor allem deshalb, weil die Reichskammergerichtsordnung von 1548/55 aus einer Reihe von Gründen zu einer unmittelbaren Übernahme nicht geeignet schien[178]. Beginnend mit der, freilich Entwurf gebliebenen, Hofgerichtsordnung von Jülich, Berg, Kleve, Mark und Ravensberg von 1537[179], lassen sich in der Folge zwei Wirkungsbereiche feststellen: ein nordwestdeutscher über Braunschweig-Lüneburg und Wolfenbüttel, der mittelbar bis Pommern,

171 Otte, Hofgerichtsordnung (wie Anm. 33), S. 104.
172 Vgl. die Beispiele bei Otte, Hofgerichtsordnung (wie Anm. 33), S. 116 f.
173 Siehe oben S. 250–241.
174 Vgl. dazu im Überblick bei Müller, Oberhof (wie Anm. 95), S. 144–156. Der Erlaß der Hofgerichtsordnung wird hier zunächst als »Teilerfolg« gewertet (ebd., S. 147); für eine solche Beurteilung sprechen auch die in der Mehrzahl der Stadtordnungen enthaltenen Klauseln, die das Herkommen vorläufig sanktionieren (siehe oben S. 240–241). Die endgültige Ausschaltung der Oberhöfe mit dem Erlaß der Untergerichtsordnung von 1534 darf zumindest für das Mainzer Oberstift als sicher gelten (ebd., S. 155), während für den Rheingau erst die Landordnung von 1579 »das Ende des Eltviller Oberhofs endgültig besiegelt« hat (ebd., S. 156). Instruktive Schemata der bis ins 16. Jahrhundert praktizierten Oberhofsysteme finden sich ebd., S. 132 c–e.
175 Vgl. dazu im einzelnen Goldschmidt, Zentralbehörden (wie Anm. 3), S. 19–20. 147–148.
176 Otte, Hofgerichtsordnung (wie Anm. 33), S. 77–93, das Zitat ebd., S. 77.
177 So auf die Prozeßordnung für das Reichskammergericht von 1523, deren erneuerte Fassung von 1538 sowie die Reichskammergerichtsordnung von 1548/55, vgl. Otte, Hofgerichtsordnung (wie Anm. 33), S. 79 f.
178 Otte, Hofgerichtsordnung (wie Anm. 33), S. 84 stellt fest, daß die Reichskammergerichtsordnung von 1548/55 zwar »alle folgenden territorialen oberen Gerichtsgesetze beeinflußt habe, jedoch wegen ihrer umfangreichen Gerichtsorganisation, ihrer andersartigen Gerichtsbarkeit und Weitläufigkeit des Verfahrens zur unmittelbaren Übernahme nicht geeignet« gewesen sei.
179 Ebd., S. 81 f.

Mecklenburg, Lippe, Ostfriesland und Münster ausstrahlte[180], dazu ein südwestdeutscher, auf Kurpfalz (unter Einschluß der Oberpfalz) und einige pfälzische Nebenlinien konzentrierter[181]; Anfang des 18. Jahrhunderts kamen noch Baden und Kurtrier hinzu[182]. Dabei erscheint bemerkenswert, daß – mit Ausnahme des Hochstifts Münster und des Erzstifts Trier – durchwegs protestantische Territorien in der Gestaltung ihrer Hofgerichtsordnungen unmittelbar oder mittelbar dem Mainzer Beispiel folgen – dies eine Folge der Nähe der Mainzer Ordnung zum Reichskammergericht[183].

3. Untergerichtsordnung

Den zweiten Markstein kurmainzischer Justizreform setzt die Untergerichtsordnung von 1534[184]. Ihr Anliegen war es generell, einheitliches Recht im Territorium zu schaffen, die »schwindende Macht der Untergerichte wieder (zu) stützen«, Richter und Parteien »in ein ihnen völlig unbekanntes Rechtsdenken« einzuführen[185]. Ein gewisser Zwang zu einer Neugestaltung des Untergerichtswesens ging vor allem auch von den als Appellationsinstanzen ausgestalteten oberen Gerichten, besonders den Hofgerichten, aus[186]; die Präambel der Mainzer Untergerichtsordnung spricht ausdrücklich von dem Schaden und den Kosten, die den Untertanen aus nichtigen, d. h. mit Formfehlern behafteten, Prozessen erwüchsen[187]. Es handelt sich im wesentlichen um eine Prozeßordnung, der eides- und

---

180 Ebd., S. 83–90; hier werden die Neufassung der braunschweig-lüneburgischen Hofgerichtsordnung von 1564 (möglicherweise auch schon die Fassung von 1535) sowie die Wolfenbütteler Hofgerichtsordnungen von 1556, 1559 und 1571 namhaft gemacht, ferner mittelbare Einflüsse auf die Hofgerichtsordnungen für Pommern (1566), Mecklenburg (1567), das Hochstift Münster (1571) sowie die Grafschaften Lippe (1593) und Ostfriesland (1590).

181 Ebd., S. 91–93; hier kommen die kurpfälzische Hofgerichtsordnung von 1572/73 (mit einem eigenen Hofgericht für die Oberpfalz in Amberg, erstmals 1606 im Druck erschienen), ferner die Ordnungen der »hinteren« Grafschaft Sponheim von 1586/87 und von Pfalz-Zweibrücken (1605) in Betracht.

182 Ebd., S. 93. Die Hofgerichtsordnung für Baden wurde 1710, jene für Kurtrier 1719 veröffentlicht. Im gleichen Jahr wurde in Kurtrier, als Folge des *Privilegium illimitatum de non appellando*, als dritte Instanz ein Revisionsgericht geschaffen. Ein Hofgericht bestand in Trier bereits seit 1458, vgl. Edwin HAXEL, Verfassung und Verwaltung des Kurfürstentums Trier im 18. Jahrhundert. In: Trierer Zeitschrift 5 (1930) S. 47–88, hier S. 74–76.

183 OTTE, Hofgerichtsordnung (wie Anm. 33), S. 98 betont die »durch den Mainzer Einfluß auf die Reichsgesetze (bewirkte) gegenseitige Übereinstimmung«; dies sei ein Grund, warum »die Juristen, die von ihrer Tätigkeit am RKG in den Kanzleidienst heimischer oder fremder Fürsten gingen, das Schema des Mainzer Gesetzes« bevorzugt hätten.

184 Der Text der *Undergerichs(!)ordnung*, Aschaffenburg (21. 4. 1534) in StAW, MzIngrB 54, fol. 116–138. Zu den gedruckten Ausgaben vgl. Helmut COING, Handbuch der Quellen und Literatur der neueren europäischen Privatrechtsgeschichte, II/2. München 1976, S. 391; OTTE, Hofgerichtsordnung (wie Anm. 33), S. 64.

185 Vgl. Gerhard MARQUORDT, Vier rheinische Prozeßordnungen aus dem 16. Jahrhundert (Mainzer Untergerichtsordnung von 1534 – Trierer Untergerichtsordnung von 1537 – Kölner Gerichtsordnung von 1537 – Jülicher Ordnung und Reformation von 1555). Ein Beitrag zum Prozeßrecht der Rezeptionszeit (= Rheinisches Archiv 33). Bonn 1938, S. 3–6; die Zitate ebd., S. 5 und 2. Das Schwergewicht der Studie liegt auf der vergleichenden Darstellung der Prozeßordnungen (ebd., S. 16–77). Für das Verhältnis zum Oberhofsystem vgl. MÜLLER, Oberhof (wie Anm. 95), S. 154–156.

186 MARQUORDT, Rheinische Prozeßordnungen (wie Anm. 185), S. 3 f.

187 StAW, MzIngrB 54, fol. 116 f.

andere prozeßrelevante Formulare beigefügt sind; darüber hinaus befaßt sich die Untergerichtsordnung noch mit Einkindschaften und Vormundschaftsangelegenheiten[188]. Bei der Behandlung der Appellationen – an Kurfürst oder Hofgericht – wird festgelegt, daß die bekannte Appellationssumme von 25 fl.rhein. nicht gilt bei *schmachsachen* (= Injurien) und bei Sachen, die *oberkeit, gerechtigkeit, persönliche und andere dienst... ewige und unablösliche gülten, zinsen oder nutzungen auch andere dergleichen* betreffen[189]. Es ist auffallend, daß Untergerichtsordnungen etwa zur gleichen Zeit auch in den Erzstiften Trier[190] und Köln[191] (1537 bzw. 1538) erlassen werden; es wurde nachgewiesen, daß sich beide Ordnungen eng an die zu Recht als »eine der wichtigsten Rechtsquellen der Rezeptionszeit« charakterisierte Mainzer Untergerichtsordnung anschließen[192]; über diese hat Mainz mittelbar auch auf die Jülicher »Reformation« von 1555 eingewirkt[193]. Von den weiteren unmittelbaren bzw. mittelbaren Einflüssen der Mainzer Untergerichtsordnung von 1534[194] sei nur jener auf das Solmser Landrecht von 1571

188 MARQUORDT, Rheinische Prozeßordnungen (wie Anm. 185), S. 6; StAW, MzIngrB 54, fol. 128'–131'.
189 StAW, MzIngrB 54, fol. 128.
190 Vgl. MARQUORDT, Rheinische Prozeßordnungen (wie Anm. 185), S. 11–12; HAXEL, Verfassung Trier (wie Anm. 182), S. 74–75; MÜLLER, Oberhof (wie Anm. 95), S. 161–164; COING, Privatrechtsgeschichte (wie Anm. 184), S. 385–386. Eine regestenartige Übersicht über den Inhalt der Untergerichtsordnung vom 9. 4. 1537 bei J. J. SCOTTI, Sammlung der Gesetze und Verordnungen, welche in dem vormaligen Churfürstentum Trier... ergangen sind... 3 Bde. Düsseldorf 1832, hier I, S. 305–312 (= Nr. 69).
191 Vgl. MARQUORDT, Rheinische Prozeßordnungen (wie Anm. 185), S. 12; MÜLLER, Oberhof (wie Anm. 95), S. 175–178; COING, Privatrechtsgeschichte (wie Anm. 184), S. 371 f. Eine kurze Charakterisierung der kurkölnischen »Reformation« bereits bei Conrad VARRENTRAPP, Hermann von Wied und sein Reformationsversuch in Köln. Ein Beitrag zur deutschen Reformationsgeschichte. Leipzig 1878, S. 42–44. Anders als in Kurmainz, wo sich »polizeiliche« Bestimmungen in Stadt- bzw. Landordnungen finden, enthält die Kölner Ordnung einen eigenen, »Polizei«-Materien betreffenden Teil, vgl. J. J. SCOTTI, Sammlung der Gesetze und Verordnungen, welche in dem vormaligen Churfürstentum Cöln... ergangen sind, 2 Bde. Düsseldorf 1830–1831, hier I, S. 167–205 (= Nr. 37). Bei dem Textabdruck handelt es sich zwar um die Polizeiordnung von 1595, doch basiert diese auf ihrer Vorgängerin von 1538; Textabweichungen sind als Fußnoten vermerkt. Der Text der Untergerichtsordnung im engeren Sinne (»Churfürsten Hermanni à Weda Reformatiom der Weltlichen Gerichter. Ausgegangen im Jahr 1537«) in: Vollständige Sammlung der Verfassung des Hohen Erzstifts Cölln betreffender... Verordnungen und Edicten, I/II. Cölln 1772–73, hier I, S. 412–454.
192 MARQUORDT, Rheinische Prozeßordnungen (wie Anm. 185), S. 2–3. 11–12; das Zitat ebd., S. 14.
193 MARQUORDT, Rheinische Prozeßordnungen (wie Anm. 185), S. 13–14; COING, Privatrechtsgeschichte (wie Anm. 184), S. 374 f.
194 MARQUORDT, Rheinische Prozeßordnungen (wie Anm. 185), S. 14–15 erwähnt unmittelbare Einwirkungen der mainzischen Untergerichtsordnung auf die Gerichtsordnungen des Hochstifts Augsburg (1539 und 1552) und das württembergische Landrecht (1555), mittelbare (über Württemberg) auf Kurpfalz (1582) und die Grafschaft Sponheim (1586), wahrscheinlich auch auf die Herrschaft Fürstenberg und die Stadt Donauwörth. Zusammen mit der Kurkölner Gerichtsordnung von 1537 (und der Reichskammergerichtsordnung von 1555) zählt sie auch zu den Quellen der Hof- und Landgerichtsordnungen des Hochstifts Münster (1571); die kurkölnische Ordnung ihrerseits hat die »Reformation der Stadt Cöllen Gerichts Prozess« (1570) beeinflußt. Vgl. zu diesen Einflüssen auch OTTE, Hofgerichtsordnung (wie Anm. 33), S. 94–96; hier werden weiter genannt Untergerichtsordnungen für Baden (1588), Pfalz-Zweibrücken (1536) und Vordersponheim (1544), ferner die Gerichtsordnung der Grafschaft Nassau (1535), die Untergerichtsordnung der Grafschaft Hanau-Welzmitzheim-Münzenberg (1564) und (über das Solmser Landrecht) die Butzbacher reformierte Gerichtsordnung (1578).

genannt[195], das seinerseits wieder (abgesehen von einem weiteren Verbreitungsgebiet) bis zur Einführung des Mainzer Landrechts von 1755[196] in einem erheblichen Teil des Mainzer Erzstifts, vor allem in den Ämtern »zwischen Osttaunus und Mainz« und im Vizedomamt Aschaffenburg Geltung besessen hatte[197].

Die Genese der Mainzer Untergerichtsordnung liegt, schon mangels archivalischer Quellen, weitgehend im dunkeln; zur Entstehungsgeschichte ist nicht viel mehr als eine Empfehlung Albrechts vom 22. Oktober 1532 an seinen Statthalter in Mainz bekannt, den Erlaß der Ordnung nicht länger aufzuschieben[198]; auch war in den einzelnen Stadtordnungen Albrechts, wie sie von 1526 ab erlassen worden waren, bekanntlich auf den bevorstehenden Erlaß einer Zivilgerichtsordnung hingewiesen worden[199]. Weder die Hofgerichtsordnung von 1516/21[200] noch auch die Reichskammergerichtsordnung[201] haben größeren Einfluß auf die Untergerichtsordnung ausgeübt, waren sie doch für gelehrte Richter bestimmt; ebenso ist auch keine stärkere Einwirkung der Ordnungen für kirchliche Gerichte oder älterer deutschrechtlicher Rechtsaufzeichnungen festgestellt worden[202]. Als Hauptquelle für die Untergerichtsordnung wird die »Frankfurter Reformation« von 1509 namhaft gemacht, weiter haben die »Wormser Reformation« von 1499, die Koblenzer Schöffengerichtsordnung von 1515, das Freiburger Stadtrecht von 1520 und die bis 1534 publizierte Reichsgesetzgebung auf die Gestaltung der Mainzer Untergerichtsordnung eingewirkt – eine genaue Herkunftsbestimmung einzelner Artikel der Untergerichtsordnung ist freilich schwer möglich[203].

4. Hofordnung

Haben die Hof- und die Untergerichtsordnung die Regelung der in der Vergangenheit in Unordnung geratenen Justizverhältnisse zum Ziel gehabt, visiert die Hofordnung vom 5. Januar 1532[204] andere Ziele an: einmal geht es hier um die äußere Ordnung des Hofstaats, um Abstellung einer Reihe von Unsitten wie Spiel

---

195 MARQUORDT, Rheinische Prozeßordnungen (wie Anm. 185), S. 15; Quellen zur Neueren Privatrechtsgeschichte Deutschlands. Im Auftrag der Straßburger Wissenschaftlichen Gesellschaft an der Universität Frankfurt herausgegeben und gemeinsam mit Wolfgang Künzel und Hans Thieme bearbeitet von Franz BEYERLE. Weimar 1938, S. XXV.
196 Zum Mainzer Landrecht vgl. Hans FAUST, Das Mainzer Landrecht von 1755. Ein Beitrag zu seiner Entstehungsgeschichte. In: Archiv für hessische Geschichte und Altertumskunde NF 14 (1925) S. 367–402; Heinrich Karl KURZ, Das Churfürstliche Mainz'sche Land Recht vom Jahre 1755... für die Anwendung bearbeitet. Aschaffenburg 1866.
197 MARQUORDT, Rheinische Prozeßordnungen (wie Anm. 185), S. 15; OTTE, Hofgerichtsordnung (wie Anm. 33), S. 96; BEYERLE, Quellen (wie Anm. 195), S. XXVIII, dort auch das Zitat. Der Text *Deren Graveschaften Solms und Herrschaft Mintzenberg Gerichtsordnung und Landrecht* ebd., S. 174–254.
198 GOLDSCHMIDT, Zentralbehörden (wie Anm. 3), S. 13; OTTE, Hofgerichtsordnung (wie Anm. 33), S. 64.
199 Siehe oben S. 241.
200 OTTE, Hofgerichtsordnung (wie Anm. 33), S. 64 stellt fest, daß nur wenige Titel der Hofgerichtsordnung von 1516/21 entnommen seien.
201 MARQUORDT, Rheinische Prozeßordnungen (wie Anm. 185), S. 8.
202 Ebd., S. 9.
203 Ebd., S. 10.
204 GOLDSCHMIDT, Zentralbehörden (wie Anm. 3), S. 12. Text: StAW, MzIngrB 54, fol. 112–115; der Textabdruck bei MAY, Albrecht (wie Anm. 9), II, S. 508–512 ist fehlerhaft.

und ausgedehnte *nachtzech,* Gotteslästerung, Streitsucht, schlechte Tischsitten und Einführung *unzüchtiger frauen,* mehr noch – und dies fällt ganz besonders ins Auge – haben ökonomische Motive die Feder geführt: der Verbrauch in Küche und Keller wird einer sorgfältigen Kontrolle unterzogen, vor allem aber soll auch darüber gewacht werden, daß kein Unbefugter in den Genuß der Verköstigung bei Hof kommt und diejenigen, die dort versorgt werden, nur das ihnen Zustehende an Speis und Trank wie auch an Futter für ihre Pferde erhalten. Das eigentliche Dienstreglement für Kanzler, Kammerräte und Sekretäre nimmt eher eine marginale Stellung ein. Diese Hofordnung ist »nicht zu den grundlegenden Neuerungen Albrechts« zu zählen, fußt sie doch ohnehin auf einer älteren, von Erzbischof Jakob von Liebenstein wahrscheinlich 1505 erlassenen Ordnung[205].

5. Ordnung für »Rat und Kanzlei«

Gewissermaßen die Klammer zwischen der Sphäre der lokalen und der zentralen Organe bildet die am 27. August 1541 erlassene Ordnung für »Rat und Kanzlei«, in der »das Verhältnis des Hofrats zu den Ortsbehörden genau bestimmt« und »der Geschäftsgang ... möglichst einfach gestaltet wurde«[206].

Durch die Trennung der Sachen der Untertanen von *unser und unsers Stifts Sachen*[207] sollte der Hofrat entlastet werden, sollten die Untertanen zunächst an die Amtleute gewiesen werden. Im übrigen nahm der Hofrat, dies auch in Konkurrenz zum Hofgericht, die Funktion einer Beratungs-, Kontroll- und Entscheidungsinstanz ein; in Kriminalfällen konnte er den zuständigen Organen auf Ansuchen Rat erteilen und hatte auch auf eine angemessene Bestrafung zu achten[208].

6. Übrige Verordnungstätigkeit

Es würde in unserem Zusammenhang zu weit führen, auf das Gesamt der Verordnungstätigkeit Albrechts einzugehen. Aus den zahlreichen Belegen, wie sie sich in der einschlägigen Literatur finden[209], seien nur einige Beispiele herausgegriffen wie die Apotheker-Ordnung von 1527[210], eine Verordnung gegen die Teuerung der Brotfrüchte von 1530[211], die »Reformation und Ordnung des Kaufhauses und der Staffel zu Mainz« von 1534[212], eine Reihe zwischen 1515 und 1521 ergangener Akte der Amortisationsgesetzgebung[213] oder etwa die, auf der Linie schon be-

---

205 GOLDSCHMIDT, Zentralbehörden (wie Anm. 3), S. 12 Anm. 3.
206 Ebd., S. 14.
207 Ebd., S. 18 f.
208 Ebd., S. 19–20; siehe auch oben Anm. 175.
209 Neben zahlreichen Belegen bei MAY, Albrecht (wie Anm. 9), passim vgl. vor allem Heinrich SCHROHE, Die Stadt Mainz unter kurfürstlicher Verwaltung (1462–1792) (= Beiträge zur Geschichte der Stadt Mainz 5). Mainz 1920, bes. S. 120–145; PATTLOCH, Wirtschafts- und Fiskalpolitik (wie Anm. 38), passim.
210 MAY, Albrecht (wie Anm. 9), II, S. 84.
211 Ebd., S. 200 f.
212 Text: StAW, MzIngrB 57, fol. 201–251; bei PATTLOCH, Wirtschafts- und Fiskalpolitik (wie Anm. 38), S. 63–64 irrig auf den 22.9.1524; bei MAY, Albrecht (wie Anm. 9), II, S. 295–296 richtig auf den 22.9.1534 datiert.
213 SCHROHE, Kurfürstliche Verwaltung (wie Anm. 209), S. 122–124; PATTLOCH, Wirtschafts- und Fiskalpolitik (wie Anm. 38), S. 39. Zur kurmainzischen Amortisationsgesetzgebung vgl. auch

kannter »polizeilicher« Verfügungen liegende, »Ordnung der Hochzeit und kindt tauff« von 1543 für die Stadt Mainz[214]. Auffallend häufig befaßten sich kurfürstliche Anordnungen mit wirtschaftlichen Materien; hier reicht das Spektrum über die, uns schon bekannte, Regulierung städtischer Markt- und Handelstätigkeit über die Erteilung von Konzessionen zum Abbau von Salpeter[215], Eisen- und Kupfererz[216], die Anlage von Polier- und Getreidemühlen[217] bis zur Holzverflößung auf dem Main[218].

Eine besondere Spezies stellen die Forstordnungen dar; auf sie soll deshalb noch eigens kurz eingegangen werden. Für den Rheingau liegen solche für 1526/29 und 1540 vor[219], für den Spessart, und hier besonders die dort ansässigen Glasmacher betreffend, aus der Zeit zwischen 1518 und 1526[220].

Es geht allgemein um den Schutz des Waldes vor *verwüstung und abnemen* (1518)[221], Folge ungeregelter Bau- und Brennholzentnahme, wie auch um Störung der Jagd infolge unbefugten Jagens oder Einführung von Hunden in den Forst. Im Spessart kommt dazu das Problem der (faktisch seßhaft gewordenen) Glasmacher, die durch Rodung, Deckung des Holzbedarfs für die Hütten, Haltung von Schafen, Hunden und Enten für Wald, aber auch Forellenbäche eine Gefahr darstellten. Es kann in diesem Zusammenhang nicht auf die ambivalente Haltung der Kurfürsten gegenüber der Spessarter Glasmacherei eingegangen werden[222] – 1526 wird schließlich einigen Orten das Recht auf Glasherstellung entzogen[223] –, hier geht es allein um den Ausbau der Territorialhoheit durch die Einbeziehung der Hüttenorte in den Abgabenverband des Erzstifts, deren Gleichstellung mit den übrigen Siedlungen außerhalb des Forstes[224]. Betont werden auch die Aufsichtsrechte der landesherrlichen Instanzen: des Aschaffenburger Vizedoms und Kellers im Falle des Spessarts[225], des Rheingauer Vizedoms und des Landschreibers im Falle des Rheingaus, wo die Förster von

---

Ludwig Andreas VEIT, Der Zusammenbruch des Mainzer Erzstuhles infolge der französischen Revolution. Ein Beitrag zur Säkularisation der deutschen Kirche. In: Freiburger Diözesanarchiv NF 28 (1927) S. 1–141, hier bes. S. 41.

214 StAW, MzIngrB 57, fol. 409–411. Textabdruck bei MAY, Albrecht (wie Anm. 9), II, S. 530–532 (Beilage LXX).
215 SCHROHE, Kurfürstliche Verwaltung (wie Anm. 209), S. 136.
216 PATTLOCH, Wirtschafts- und Fiskalpolitik (wie Anm. 38), S. 58 f.
217 SCHROHE, Kurfürstliche Verwaltung (wie Anm. 209), S. 136.
218 PATTLOCH, Wirtschafts- und Fiskalpolitik (wie Anm. 38), S. 66. 72–73.
219 Für 1526/29 vgl. WITTE, Herrschaft im Rheingau (wie Anm. 2), S. 183, für 1540 StAW, MzIngrB 55, fol. 122–124; Textabdruck bei MAY, Albrecht (wie Anm. 9), II, S. 521–522: Beilage LXVI.
220 Vgl. Stefan KRIMM, Die mittelalterlichen und frühneuzeitlichen Glashütten im Spessart (= Veröffentlichungen des Geschichts- und Kunstvereins Aschaffenburg 18/1), I. Aschaffenburg 1982, S. 52–60.
221 So im »Mandat das nyemants holtz uff dem spessart hawen soll« (StAW, MzIngrB 52, fol. 109–110); das Mandat ist auf den 3.2.1518 datiert. Vgl. auch KRIMM, Glashütten (wie Anm. 220), S. 52.
222 Vgl. dazu den Überblick bei KRIMM, Glashütten (wie Anm. 220), S. 33–78.
223 KRIMM, Glashütten (wie Anm. 220), S. 57–60; Textabdruck ebd., S. 230–233.
224 KRIMM, Glashütten (wie Anm. 220), S. 58. 211. 231.
225 So schon vor 1525, vgl. StAW, MzIngrB 53, fol. 164'; zur Datierung KRIMM, Glashütten (wie Anm. 220), S. 53 Anm. 186.

diesem eingesetzt und eidlich in Pflicht genommen werden[226]. Zumindest im Spessart sind diese Maßnahmen in einen schon in den Tagen Berthold von Henneberg zu beobachtenden Zug zu zunehmender »Territorialisierung, Abrundung und straffer beamtenstaatlicher Organisation der Spessartherrschaft«[227] einzuordnen; die Beteiligung der Glasmacher an den Bauernunruhen – die Unterwerfungserklärung von 1525 macht bezeichnenderweise auch wirtschaftliche Gesichtspunkte geltend[228] – hat diesem Vorgang bestenfalls noch den letzten abschließenden Schub verliehen.

III. VERSUCH EINER EINORDNUNG DES ORGANISATORISCHEN UND LEGISLATORISCHEN WIRKENS ALBRECHTS VON BRANDENBURG

Die bahnbrechende Leistung Albrechts von Brandenburg für die Neuorganisierung des Territoriums wie auch die Straffung der landesherrlichen Leitungsgewalt ist unumstritten – dies gilt für die zentrale wie auch die lokale Ebene[229]. Dies schließt nicht aus, sein Wirken im Kontext zeitgenössischer Bestrebungen zu sehen. Die Tendenz, zahlreiche Lebensbereiche ordnend zu erfassen, ist zweifellos ein Charakteristikum frühneuzeitlicher Staatlichkeit, wie dies die seit der zweiten Hälfte des 15. Jahrhunderts in zunehmender Zahl in Erscheinung tretenden Gerichts-, Hof- und Polizeiordnungen unschwer erkennen lassen[230]. Zumindest in einem Fall, dem der benachbarten hessischen Landgrafschaft, ist eine unmittelbare stimulierende Wirkung legislatorischer Aktivitäten sicherlich in Rechnung zu setzen[231]: 1497 wurde eine Gerichtsordnung für Hessen-Marburg erlassen, 1500 eine (1524 revidierte) Ordnung für das Hofgericht in Marburg, zwischen 1500 und 1543 folgten eine Reihe von Polizeiordnungen[232]. Die Notwendigkeit, mit dem (bald auch politisch bedrohlichen) Nachbarn in Sachen der Landesorganisation Schritt zu halten, lag auf der Hand. Daß die kurmainzische Legislation ihrerseits auf Vorbilder zurückgriff, sich Elemente fremder Satzun-

---

226 So in der »Ordenung den Forst im Ringgaw betreffenn« vom 14. 8. 1540 (StAW, MzIngrB 55, fol. 122–124; MAY, Albrecht, wie Anm. 9, II, S. 521–522: Beilage LXVI).
227 KRIMM, Glashütten (wie Anm. 220), S. 51.
228 Ebd., S. 55–57; Textabdruck ebd., S. 229 f.
229 Den bei DUCHHARDT, Erzstift Mainz (wie Anm. 45), S. 249 getroffenen Feststellungen ist voll beizupflichten.
230 Vgl. den Aufsatz von Heinz DUCHHARDT in diesem Sammelband, S. 215–222; vgl. dazu Belege bei COING, Privatrechtsgeschichte (wie Anm. 184), S. 321–418; als Beispiele aus dem 15. Jahrhundert etwa die kurkölnische Hof- und Kanzleiordnung von 1469 (ebd., S. 372) oder die Oberhofgerichtsordnung für Leipzig von 1488 (ebd., S. 362). Gegen die Bezeichnung der kurkölnischen Ordnung von 1469 als »Hof- und Kanzleiordnung« wendet sich allerdings Wolf-Dietrich PENNING, Die weltlichen Zentralbehörden im Erzstift Köln von der ersten Hälfte des 15. bis zum Beginn des 17. Jahrhunderts (= Veröffentlichungen des Historischen Vereins für den Niederrhein insbesondere das alte Erzbistum Köln 14). Bonn 1977, S. 47 Anm. 1 und schlägt statt dessen den Begriff »Verwaltungsordnung« vor; zur Ordnung im ganzen ebd., S. 47–53. Zum generellen Trend vgl. auch Dietmar WILLOWEIT, Allgemeine Merkmale der Verwaltungsorganisation in den Territorien. In: Kurt G. A. Jeserich, Hans Pohl und Georg Christoph von Unruh (Hrsg.), Deutsche Verwaltungsgeschichte, I: Vom Spätmittelalter bis zum Ende des Reiches. Stuttgart 1983, S. 289–346.
231 Auf diesen Gesichtspunkt weist DUCHHARDT, Erzstift Mainz (wie Anm. 45), S. 248 hin.
232 COING, Privatrechtsgeschichte (wie Anm. 184), S. 380.

gen anverwandelt hat, lassen die beiden wissenschaftlich eingehender untersuchten Ordnungen – die Hofgerichtsordnung von 1516/21 und die Untergerichtsordnung von 1534 – in aller Deutlichkeit erkennen[233]. Dabei hat die besondere Reichsnähe die kurmainzische Gesetzgebungstätigkeit zweifellos befruchtet – hier sei etwa nur an das Gebiet der »Polizei« erinnert[234] –, wenn auch einzelnes noch der Klärung durch weitere, hier nicht zu leistende Untersuchungen bedarf. Eine Wechselwirkung zwischen territorialer und Reichsgesetzgebung muß freilich nicht unbedingt ein singuläres Phänomen sein, wie am Verhältnis erbländischer Polizeiordnungen zur Reichspolizeiordnung von 1530 aufgewiesen werden konnte[235]. Wie immer man bestimmte Vorbilder, aber auch den übergreifenden Trend der Zeit im einzelnen gewichten mag, setzte die legislatorische Tätigkeit Albrechts von Brandenburg unübersehbare Akzente. Dies zunächst im Rahmen des eigenen Territoriums. Hier hat das auf durchgehende, flächendeckende Regelung gerichtete Bemühen um Steigerung der Effizienz landesherrlicher Gewalt in der bisherigen Geschichte des Erzstifts keine Parallele; auch die beachtlichen Leistungen eines Berthold von Henneberg waren über punktuelle Regelungen nicht hinaus gekommen[236]. Die Reaktion auf die zeitweilige Erschütterung der kurfürstlichen Herrschaft durch die Bauernkriegsereignisse, bei der alle herkömmlichen Rechte und Privilegien zur Disposition gestellt werden konnten, hat im Zuge dieser Entwicklung als akzelerierendes Moment gewirkt, war aber keineswegs die eigentliche Triebkraft. Zudem dürfen die Errungenschaften der Regierung Albrechts von Brandenburg nicht allein isoliert für ihre Zeit betrachtet werden; auf den hier gelegten Fundamenten konnten, in Abwandlung und Ergänzung, künftige Stiftsregenten weiterbauen[237]. Darüber hinaus hat das unter Albrecht Geschaffene weit über das Ursprungsland hinaus gewirkt und für fremde Territorialgesetzgebung vielfach Modellcharakter erlangt[238], aber auch

233 Siehe oben S. 245–250.
234 In dem »kleinen« Ausschuß des Wormser Reichstags von 1521, der im März 1521 mit der Beratung der Reichspolizeimaterie begann, war Mainz durch Dr. Sebastian Rotenhan vertreten. Daß die enge Vertrautheit mit der Materie der Reichstagsverhandlungen auf die Territorialgesetzgebung eingewirkt hat, dürfte keinem Zweifel unterliegen, vgl. dazu SEGALL, Reichspolizeiordnungen (wie Anm. 127), S. 50. 52, zu den behandelten Materien ebd., S. 53–55. Für eine Gesetzgebung auf dem Gebiet der »Polizei« hatte sich bereits Berthold von Henneberg eingesetzt (ebd., S. 36–38). Für das Ineinandergreifen von Aktivitäten auf Reichs- wie auch territorialer Ebene zeugt die der Stadt Bingen verliehene, *Regiment und Polycei* betreffende Verfassung (ebd., S. 37). Das »Polizei«-Wesen war übrigens auch Beratungsgegenstand auf den Reichstagen von 1517 und 1518 gewesen (ebd., S. 44–45).
235 Wilhelm BRAUNEDER, Der soziale und rechtliche Gehalt der österreichischen Polizeiordnungen des 16. Jahrhunderts. In: Zeitschrift für historische Forschung 3/2 (1976) S. 205–219, hier bes. S. 207.
236 Auf Berthold von Hennebergs Bemühungen um »die Reform des bürgerlichen Rechts« verweist Richard SCHRÖDER, Kurmainz unter den Erzbischöfen Berthold von Henneberg und Albrecht von Brandenburg als Mittelpunkt der Reichsreformbestrebungen. In: ZRG Germ. Abt. 18 (1897) S. 179–182, hier S. 179–181. Eine Reihe stadtrechtlicher Satzungen begegnen für verschiedene Orte bereits im 15. Jahrhundert, so für Walldürn 1447 (SCHRÖDER/KOEHNE, Oberrheinische Stadtrechte, wie Anm. 95, S. 235–246) und 1492 (ebd., S. 248–272), Buchen 1492 (ebd., S. 285–288), Miltenberg 1488 (ebd., S. 253–254). Eine generelle Normierung der städtischen Verhältnisse fand freilich vor Albrecht von Brandenburg nicht statt.
237 Vgl. dazu GOLDSCHMIDT, Zentralbehörden (wie Anm. 3), passim, wo die Entwicklung der Zentralbehörden bis zum Ende des Kurstaates verfolgt wird.
238 Vgl. die oben S. 247–250 angeführten Beispiele.

die gleichzeitige Reichsgesetzgebung beeinflußt[239]. Im einzelnen wird allerdings zu fragen sein, inwieweit das Mainzer Vorbild überhaupt erst in anderen Territorien gesetzgeberische Aktivitäten ausgelöst oder aber – diese Vermutung liegt überall da nahe, wo der zeitliche Abstand zu den Vorgängen in Kurmainz nur gering ist[240] – auf bereits im Gange befindliche Gesetzesvorhaben einen formprägenden Einfluß ausgeübt hat. Der Antrag auf dem Nürnberger Reichstag 1522/23, »daß die Fürsten des Reiches ihre Gerichtsbarkeit nach dem Muster der Mainzer Ordnung reformieren sollen«[241] ist jedenfalls ein deutliches Indiz dafür, wie sehr sich der Kurfürst des vorbildgebenden Charakters seiner Maßnahmen bewußt war. Entscheidend dürfte in diesem Zusammenhang weniger die Frage nach der Originalität der Gesetzgebungstätigkeit Albrechts als vielmehr jene nach deren Ausstrahlungskraft, deren modellhafter Funktion sein.

Zweifellos mußte sich auch ein Albrecht von Brandenburg in den von den Umständen gegebenen Rahmen fügen. Die Grenzen seiner Handlungsfähigkeit wurden jedoch weniger von den (nur zeitweise und nur sehr bedingt handlungsfähigen) Landständen gezogen, sondern vom Domkapitel, das seine starke Position als Mitregent vor allem auf dem Gebiet des Finanzwesens auszuspielen verstand, aber auch die legislatorische Tätigkeit des Erzbischofs-Kurfürsten immer wieder mit Argwohn begleitete. Dennoch hat dieser seine Prärogativen da zu nutzen verstanden, wo ihm – wie auf dem großteils ein Novum darstellenden Feld territorialer Gesetz- und Verordnungstätigkeit – seine an älteren Vorstellungen landesfürstlicher Regierungstätigkeit orientierte Wahlkapitulation keine Fesseln auferlegte. Alles auf einmal anzufassen und in einem Zug neu zu regeln, war gewiß ein Ding der Unmöglichkeit. Dessen ungeachtet drängt sich der Eindruck mangelnder zeitlicher Koordination auf, liegen doch beispielsweise zwischen dem Erlaß der Hofgerichts- und der Untergerichtsordnung fast zwei Jahrzehnte, greifen die Stadt- und Landordnungen der zwanziger Jahre der endgültigen Regelung zivil- und strafrechtlicher Prozeduren auf der Ebene von Territorium und Reich vor, mit der Konsequenz, daß sich auf Jahre hinaus Altes und Neues überschichteten. Auch fällt auf, daß selbst ein weitgehend einem gleichgerichteten Schema folgender Ablauf wie die Regelung der städtischen Verhältnisse mehr als ein halbes Jahrzehnt in Anspruch nimmt, die Stadtordnungen als solche, sieht man von der Ausnahme der beiden »Landordnungen« einmal ab, zugleich auch das (als Amt oder Cent) auf die Stadt hin orientierte Umland miteinbeziehen. Auch zu einer für das gesamte Territorium gültigen Polizeiordnung hat es, im Gegensatz etwa zu Kurköln[242], das Mainzer Erzstift unter Albrecht von Brandenburg nicht gebracht. So beachtlich das in den drei Dezennien der Regierungstätigkeit des Brandenburgers Erreichte auch war, von einer flächendeckenden Erfassung des Landes, wie sie mit

---

239 Vgl. oben S. 247 Anm. 177.
240 In diesem Zusammenhang wäre etwa zu fragen, ob die kurtrierischen und kurkölnischen Ordnungen von 1537 bzw. 1537/38, ungeachtet der inhaltlichen Abhängigkeit von der Mainzer Untergerichtsordnung von 1534, doch auf eigenständige Intentionen der jeweiligen Landesherren zurückzuführen sind.
241 DUCHHARDT, Erzstift Mainz (wie Anm. 45), S. 248. So schon GOLDSCHMIDT, Zentralbehörden (wie Anm. 3), S. 69 Anm. 1.
242 Vgl. oben S. 249 Anm. 191.

der Anlage von Jurisdiktionalbüchern unter Daniel Brendel von Homburg ihren Anfang nahm[243] und bis zu der akribischen statistischen Erhebung aller Lebensverhältnisse unter den Kurfürsten der Aufklärungsära fortgeführt wurde[244], war man in jenen Jahren noch weit entfernt.

---

243 CHRIST, Aschaffenburg (wie Anm. 136), S. 1. Eine flächendeckende Aufarbeitung dieser, zunächst auf die Feststellung erzstiftischer Rechte konzentrierten, Art der Landesaufnahme stellt ein Desiderat dar.
244 Vgl. dazu exemplarisch Günter CHRIST, Kurmainzische Staatlichkeit im Amorbacher Gebiet. In: Friedrich Oswald und Wilhelm Störmer (Hrsg.), Die Abtei Amorbach im Odenwald. Neue Beiträge zur Geschichte und Kultur des Klosters und seines Herrschaftsgebietes. Sigmaringen 1984, S. 405–422.

WISSENSCHAFT UND KUNST

ALBRECHT VON BRANDENBURG UND DIE REFORM DER MAINZER UNIVERSITÄT

Jürgen Steiner

I. Ausgangslage: Wegestreit, Humanismus und Reformation · II. Reform der universitären Statuten · III. Reform der Professorenbesoldung · IV. Zusammenfassung und Ausblick

I. AUSGANGSLAGE: WEGESTREIT, HUMANISMUS UND REFORMATION

Die Alma Mater Moguntina wurde am 1. Oktober 1477 feierlich eröffnet, nachdem Erzbischof Diether von Isenburg am 23. November 1476 von Sixtus IV. die päpstliche Stiftungsbulle erwirkt hatte[1]. Das Mainzer Studium Generale war im Gegensatz zur 1392 gegründeten städtischen Universität Erfurt eine landesherrliche Institution.

Wie damals üblich, bestand die Mainzer Universität aus den vier klassischen Fakultäten: der Artistenfakultät, jener niederen Studieneingangsstufe *(facultas inferior)*, in welcher durch die Vermittlung der septem artes liberales die Grundlagen des wissenschaftlichen Denkens und Arbeitens gelegt wurden[2], sowie den drei höheren Fakultäten *(facultates superiores)* Theologie, Jurisprudenz und Medizin. Magister und Scholaren lebten gemeinsam in Kollegien. Dort fanden die Lehrveranstaltungen statt, dort nahm man gemeinsam die Mahlzeiten ein, dort hatten sowohl Magister als auch Scholaren ihre Schlafräume. Die Artisten, Theologen und Mediziner bezogen zunächst den Algesheimer Hof, die Juristen das Haus »Zum Gutenberg«, beide bei der St. Christophskirche gelegen.

Die Professoren wurden aus 14 sogenannten Lektoralpräbenden an Stiftskirchen in Mainz und anderen Städten des Erzbistums besoldet[3]. Die Mainzer Universität folgte in dieser Frage dem gängigsten Besoldungsmodell an deutschen Hochschulen, nämlich der Salarierung durch kirchliche Pfründen. Eine Professur war an ein Kirchenamt gebunden, wenngleich nicht alle Weihegrade eines gewöhnlichen Kapitularkanonikers erforderlich waren. Bei der Berufung der Pro-

---

[1] Zur Geschichte der Mainzer Universität vgl. Helmut MATHY, Die Universität Mainz 1477–1977. Mit einem ikonographischen Beitrag von Fritz ARENS sowie einem Bildteil 1946–1977 und einem tabellarischen Anhang. Mainz 1977; zur Gründungsgeschichte vgl. Hermann DIENER, Die Gründung der Universität Mainz 1467–1477 (= Akademie der Wissenschaften und der Literatur. Abhandlungen der geistes- und sozialwissenschaftlichen Klasse Jg. 1973 Nr. 15). Mainz, Wiesbaden 1974.

[2] Vgl. Jürgen STEINER, Die Artistenfakultät der Universität Mainz 1477–1562. Ein Beitrag zur vergleichenden Universitätsgeschichte (= Beiträge zur Geschichte der Universität Mainz 14). Stuttgart 1989.

[3] Vgl. STEINER, Artistenfakultät (wie Anm. 2), S. 279–281; MATHY, Universität (wie Anm. 1), S. 23.

fessoren wirkten die Kollegialbursen, die betreffende Fakultät und das Universitätskonzil zusammen, der Erzbischof providierte die Kandidaten in das Kanonikat[4].

Die 14 Lektoralpräbenden waren zunächst nicht für bestimmte Fakultäten oder gar bestimmte Teildisziplinen derselben reserviert. Erst 1511 einigten sich die vier Fakultäten mit päpstlicher Zustimmung auf eine feste Zuweisung der Lektoralpräbenden auf die einzelnen Fakultäten[5].

In den Jahren nach der Universitätsgründung, die ja in die Zeit der ausgehenden Spätscholastik fiel, bestimmte der sogenannte »Wegestreit«[6] das intellektuelle Leben der Universität, insbesondere das der Artistischen und der Theologischen Fakultät[7]. Der Wegestreit führte in Mainz, wie an allen Hochschulen, an denen beide Schulrichtungen gelehrt wurden, zu einer häuslichen Trennung der konkurrierenden Parteien. Als die via moderna, die der Lehre Wilhelms von Ockham folgte, die Oberhand gewann, verließen die Anhänger der via antiqua, die in der Tradition des Thomas von Aquin standen, den Algesheimer Hof und eröffneten eine eigene Kollegialburse. Die Thomisten mieteten den Schenkenberger Hof an, der zwischen der St. Christophs- und der St. Quintinskirche in der heutigen Altenauergasse lag. Im Jahre 1510 kauften die Thomisten schließlich den Schenkenberger Hof[8].

Obwohl die Mainzer via moderna die via antiqua bedeutungsmäßig übertraf, haben die Anhänger des Thomas von Aquin – wohl bereits 1487 – in der Artistenfakultät eine volle institutionelle Gleichberechtigung erlangt. Alle Organe der facultas inferior wurden alternierend oder paritätisch von Magistern beider Kollegien besetzt. Mit dieser institutionellen Gleichstellung war die Artistenfakultät gewissermaßen in zwei Teile zerfallen; die Kollegien erhielten eine überaus starke Stellung.

Das Vordringen des Humanismus, insbesondere im ersten Dezennium des 16. Jahrhunderts[9], manifestierte sich in der Artistenfakultät durch die Einrichtung einer Professur für Rhetorik und Moralphilosophie sowie einer historischen Lektur – übrigens der ersten an einer deutschen Universität[10]. Neben der Artisti-

4 Ausführlich zum Berufungsverfahren vgl. STEINER, Artistenfakultät (wie Anm. 2), S. 286–295. 303–305.

5 Der Theologischen Fakultät wurden die Präbenden an St. Peter vor und Liebfrauen in Mainz zugeordnet, der Juristischen Fakultät jene an St. Viktor bei Mainz, St. Bartholomäus in Frankfurt, St. Peter und Alexander in Aschaffenburg und St. Peter in Fritzlar, der Medizinischen Fakultät die Pfründe an St. Stephan in Mainz und der Artistenfakultät schließlich die Lektoralpräbenden an St. Johannes in Mainz, St. Alban und Heiligkreuz bei Mainz, Liebfrauen auf dem Berg und St. Leonhard in Frankfurt, St. Martin in Bingen und St. Katharina in Oppenheim, vgl. ebd., S. 319.

6 Einen einführenden Überblick über den »Wegestreit« gibt Maria Elisabeth GÖSSMANN, Der Zwei-Wege-Streit: Via antiqua und via moderna. Ein Beispiel für das Stagnieren von Begriffen. In: Dies., Antiqui und moderni im Mittelalter. Eine geschichtliche Standortbestimmung (= Veröffentlichungen des Grabmann-Institutes zur Erforschung der mittelalterlichen Theologie und Philosophie NF 23) (= Münchener Universitätsschriften. Katholisch-Theologische Fakultät). München, Paderborn, Wien 1974, S. 109–116.

7 Zur Situation in Mainz vgl. STEINER, Artistenfakultät (wie Anm. 2), S. 69–101.

8 Vgl. ebd., S. 101–114; MATHY, Universität (wie Anm. 1), S. 42–44.

9 Vgl. Gustav BAUCH, Aus der Geschichte des Mainzer Humanismus. In: Julius Reinhard Dieterich und Karl Bader (Hrsg.), Beiträge zur Geschichte der Universitäten Mainz und Gießen (= Archiv für hessische Geschichte und Altertumskunde NF 5, 1907). Darmstadt 1907, S. 3–86.

10 Vgl. STEINER, Artistenfakultät (wie Anm. 2), S. 404. 409–415.

schen entwickelte sich die Juristische zur wichtigsten Fakultät, in dem Maße wie römische Rechtsvorstellungen Eingang fanden[11]. In einem Bericht der Universität Wittenberg aus dem Jahr 1511 heißt es, daß in Mainz *iura und poetica ... dye obirhandt haben*[12].

Mit der Wahl Albrechts von Brandenburg zum Mainzer Erzbischof am 9. März 1514 begann in Mainz eine zweite Welle humanistischer Bestrebungen[13]. Albrecht hatte während seines Studiums an der Universität Frankfurt an der Oder, die 1506 von Albrechts Bruder und ihm selbst gegründet worden war[14], humanistische Bildung genossen. »Er galt als eifriger Förderer von Wissenschaft und Kunst und zeigte sich gegenüber den modernen Reformen in Politik und Geisteswissenschaft aufgeschlossen«[15]. Albrechts Förderung des Humanismus konzentrierte sich nach dem Tode des kurfürstlichen Hofmeisters Eitelwolf vom Stein, der 1506 bereits maßgeblich an der Errichtung der Frankfurter Universität beteiligt gewesen war und »der die (Mainzer) Universität zu einer Musteranstalt entwickeln wollte, die die berühmtesten Gelehrten anziehen und ein wissenschaftliches Zentrum in Deutschland werden sollte«[16], im Juni 1515 zunächst nicht mehr auf die Universität, sondern auf den kurfürstlichen Hof selbst. Die Bemühungen Albrechts, Erasmus von Rotterdam nach Mainz zu holen, blieben allerdings vergeblich[17].

Bevor sich der Humanismus endgültig konsolidieren konnte, begann bereits im zweiten Jahrzehnt, vor allem aber in den 20er Jahren des 16. Jahrhunderts der Niedergang der blühenden Universität. Die sich anbahnende »gefährliche Frequenz- und Existenzkrise der Universitäten«[18] war eine allgemeine Erscheinung der damaligen Zeit. Seifert sieht die Krise »von der Reformation in leichter Phasenverschiebung ausgelöst«[19].

Die Mainzer Universität verlor seit dem Beginn der Reformationszeit kontinuierlich an Bedeutung. Kardinal Albrecht von Brandenburg war der lutherischen Lehre, die ja in ihrer Kritik an der Lebensführung des geistlichen Standes sehr stark vom Humanismus beeinflußt war – man denke nur an die »Dunkel-

---

11 Vgl. BAUCH, Mainzer Humanismus (wie Anm. 9), S. 5.

12 Vgl. ebd., S. 4–5.

13 Vgl. MATHY, Universität (wie Anm. 1), S. 493.

14 Vgl. Friedhelm JÜRGENSMEIER, Das Bistum Mainz. Von der Römerzeit bis zum II. Vatikanischen Konzil (= Beiträge zur Mainzer Kirchengeschichte 2). Frankfurt am Main ²1989, S. 178; DERS., Kardinal Albrecht von Brandenburg (1490–1545). Kurfürst, Erzbischof von Mainz und Magdeburg, Administrator von Halberstadt. In: Horst Reber (Bearb.), Albrecht von Brandenburg. Kurfürst, Erzkanzler, Kardinal 1490–1545. Ausstellungskatalog Landesmuseum Mainz, hrsg. von Berthold Roland. Mainz 1990, S. 22–41, hier S. 23; Peter WALTER, Albrecht von Brandenburg und der Humanismus. In: Ebd., S. 65–115, hier S. 65 f.

15 So JÜRGENSMEIER, Bistum Mainz (wie Anm. 14), S. 178.

16 So MATHY, Universität (wie Anm. 1), S. 54; vgl. auch WALTER, Humanismus (wie Anm. 14), S. 67. Zu Eitelwolf vom Stein vgl. F[ranz] FALK, Der Mainzer Hofmarschall Eitel Wolf von Stein. In: Historisch-politische Blätter für das katholische Deutschland 111 (1893) S. 877–894.

17 Zur Beziehung Albrechts zu Erasmus vgl. WALTER, Humanismus (wie Anm. 14), S. 69. 71–73; vgl. auch Peter WALTER, Albrecht von Brandenburg und Erasmus von Rotterdam in diesem Sammelband.

18 So Arno SEIFERT, Logik zwischen Scholastik und Humanismus. Das Kommentarwerk Johann Ecks (= Humanistische Bibliothek. Abhandlungen – Texte – Skripten. Reihe I: Abhandlungen 31). München 1978, S. 74.

19 So SEIFERT, ebd., S. 74.

männerbriefe« –, zunächst mit Toleranz begegnet[20]. Doch mit dem Weggang der Domprediger und Erasmus-Anhänger Wolfgang Fabricius Capito (Mai 1520–Januar 1521)[21] und Kaspar Hedio (Juni 1521–November 1523)[22] im Juni bzw. November 1523 trat bei dem Kardinal ein Sinneswandel ein[23]. Nach dem Nürnberger Reichstag vom Frühjahr 1523 erließ Albrecht, der zunächst auf Ausgleich bedacht war, im September des gleichen Jahres ein Verbot der Abhaltung lutherischer Predigten und der Lektüre lutherischer Schriften[24]. Dieses Dekret blieb auch für die Universität, die in einem Gutachten vom 17. Dezember 1517 zu Luthers Ablaßthesen zwar des Reformators Infragestellung der päpstlichen Gewalt kritisiert, doch eine »förmliche Verdammung der Sätze Martin Luthers ausdrücklich abgelehnt hatte«[25] und an der die reformatorischen Gedanken bei einer Reihe von Professoren und Studenten Anklang gefunden hatten[26], nicht ohne Wirkung. Seit Albrechts Erlaß setzte an der Universität ein Abgang der Humanisten ein.

Die Ereignisse des Bauernkrieges bewogen Albrecht zur endgültigen Abkehr von seiner toleranten Haltung gegenüber den lutherischen Ideen[27].

II. REFORM DER UNIVERSITÄREN STATUTEN

Nicht nur die Entwicklung in der Reformationsfrage, sondern auch der Wegestreit bzw. der Nachhall desselben und die schlechte Zahlungsmoral der Stiftskirchen bezüglich der Lektoralpräbenden brachte die Mainzer Universität in ernsthafte Schwierigkeiten.

Am 15. August 1520 klagten Mitglieder des Domkapitels dem Kardinal-Erzbischof, *item sey die universitet in großer unordnung und auch von noten, darin zu sehen und die in besser wesen und ordnung zu bringen*[28]. Auch der Historiker und Jurist Franz Anton Dürr (1729–1805)[29] berichtet in seiner 1784 geschriebe-

---

20 Vgl. Hans VOLZ, Erzbischof Albrecht von Mainz und Martin Luthers 95 Thesen. In: Jahrbuch der Hessischen Kirchengeschichtlichen Vereinigung 13 (1962) S. 187–228, hier S. 225; JÜRGENSMEIER, Bistum Mainz (wie Anm. 14), S. 179; DERS., Kardinal Albrecht (wie Anm. 14), S. 31–33.

21 Zu Capito vgl. Beate STIERLE, Capito als Humanist (= QFRG 42). Gütersloh 1974; JÜRGENSMEIER, Bistum Mainz (wie Anm. 14), S. 177–178. 180–181; WALTER, Humanismus (wie Anm. 14), S. 70–71.

22 Zu Hedio vgl. JÜRGENSMEIER, Bistum Mainz (wie Anm. 14), S. 177–178. 180. 184; WALTER, Humanismus (wie Anm. 14), S. 71.

23 Vgl. ebd.; MATHY, Universität (wie Anm. 1), S. 57. 60.

24 Vgl. Fritz HERRMANN, Die evangelische Bewegung zu Mainz im Reformationszeitalter. Mainz 1907, S. 224–227; JÜRGENSMEIER, Bistum Mainz (wie Anm. 14), S. 185; DERS., Kardinal Albrecht (wie Anm. 14), S. 35; MATHY, Universität (wie Anm. 1), S. 61.

25 So Irene LANGE, Die kurfürstliche Universität Mainz und der Beginn der Reformation. In: Ebernburg-Hefte 11 (1977) S. 30–34, hier S. 34.

26 Vgl. MATHY, Universität (wie Anm. 1), S. 59–61.

27 Vgl. Wolf-Heino STRUCK, Der Bauernkrieg am Mittelrhein und in Hessen. Darstellung in Quellen (= Veröffentlichungen der Historischen Kommission für Nassau 21). Wiesbaden 1975; JÜRGENSMEIER, Bistum Mainz (wie Anm. 14), S. 185–186.

28 Fritz HERRMANN (Hrsg.), Die Protokolle des Mainzer Domkapitels, III: Die Protokolle aus der Zeit des Erzbischofs Albrecht von Brandenburg 1514–1545 (= Arbeiten der Historischen Kommission für den Volksstaat Hessen). Paderborn 1932, ND Darmstadt 1974, S. 195.

29 Zu Dürr vgl. Helmut MATHY, Franz Anton Dürr, ein Mainzer Historiker des 18. Jahrhunderts. In: Mainzer Almanach 1969, S. 61–80; Verzeichnis der Professoren der alten Universität

nen »Historia universitatis diplomatica«[30], daß unter Albrecht von Brandenburg aufgrund der veränderten Zeitverhältnisse und – nicht näher ausgeführten – sachlichen Umstände eine Verbesserung der Universitätsstatuten[31] notwendig geworden sei[32].

Im Jahre 1521 setzte Albrecht nach reiflicher Beratung *(matura deliberatione)* – ein Indiz dafür, daß eine Reform bereits seit längerer Zeit in der Diskussion stand – eine Kommission von Doktoren und Magistern der Universität zur Überarbeitung der Statuten ein[33]. Die Initiative zur Reform ging also nicht von der Universität selbst, sondern vom Erzbischof aus.

Das aus Mitgliedern aller Fakultäten zusammengesetzte Gremium war offenbar zur Revision sowohl der General-, als auch der Fakultäts-, zumindest der artistischen Fakultätsstatuten, angewiesen. Im Zentrum der Reformbestrebungen stand die Abschaffung der verschiedenen Bezeichnungen zur Unterscheidung der beiden Wege. Dies ergibt sich aus der »Notula reformationis generalis studii Moguntini«, die die Kommission 1523 vorlegte[34]. Durch Herrmann ist eine wichtige Passage erhalten[35], die uns über die bei Dürr angedeuteten veränderten Zeitverhältnisse nähere Auskunft gibt. Es wurde insbesondere Klage geführt über die mit der Unterscheidung der beiden Wege in »antiqui« und »moderni« verbundenen Streitigkeiten, Parteilichkeiten und Haßtiraden. Der Wunsch, die Bezeichnungen »via antiqua« bzw. »via moderna« und »Realisten« bzw. »Nominalisten« aus allen Statuten zu entfernen und sie durch die Namen der von der jeweiligen Partei

---

Mainz, bearb. von Josef BENZING. Im Auftrag von Präsident und Senat der Johannes Gutenberg-Universität hrsg. von Alois GERLICH. Als Manuskript gedruckt. Mainz 1986, S. 70–71.

30 StA Mz, 18/10. Das als Handschrift vorliegende Manuskript wurde nie gedruckt.

31 Diese allgemeinen oder Generalstatuten der Universität regelten die grundsätzlichen, die gesamte Universität betreffenden Verfassungsfragen. Eine verfassungsmäßige Ebene darunter existierten für alle Fakultäten je eigene Fakultätsstatuten, Rechtsvorschriften sowohl für die Organisation und den Studienbetrieb als auch für die sozialen Beziehungen der Mitglieder untereinander sowie zu Personen und Institutionen außerhalb der Universität. Und schließlich gab es noch die Bursenstatuten, die das tägliche Zusammenleben in den Kollegialbursen regelten.

32 DÜRR (wie Anm. 30), fol. 8ᵛ § XVIII: *Sub Alberto II. A[rchi]episcopo Mog[untino] notatu dignum est reformatio Academiae Mog. A. 1523 suscepta; cum enim varia dum dies diem docebat quoad formam Universitatis primaevam partim emendanda, partim supplenda partim mutatis temporibus et rerum circumstantiis mutanda essent, (...).*

33 Dies ergibt sich aus einem Bittschreiben, das die Professoren des Schenkenberger Kollegiums 1546 an den Rektor der Universität richteten. Das Schreiben ist gedruckt bei Heinrich KNODT, Historia Universitatis Moguntinae ... Commentatio II: Catalogus Chronologicus Rectorum Magnificorum in Universitate Moguntina pro illustranda Moguntia Litteraria duplici serie concionnatus. Moguntiae 1752 (StA Mz, HBA IV T/20), S. 20–26, die entsprechende Passage auf S. 26; das Schreiben ist ebenfalls abgedruckt bei STEINER, Artistenfakultät (wie Anm. 2), Anlage 6, S. 597–602, die entsprechende Passage S. 602. Zur Einsetzung der Kommission vgl. ebd., S. 121–122. 130–132 sowie DÜRR (wie Anm. 30), fol. 8ᵛ.

34 Dieses Dokument ging im Zweiten Weltkrieg durch Brandeinwirkung verloren. Es war Bestandteil der Collectanea zur Geschichte der Universität Mainz im Bodmann-Habelschen Nachlaß, der 1907 vom Reichsarchiv München nach Darmstadt kam, vgl. STEINER, Artistenfakultät (wie Anm. 2), S. 122f.

35 Fritz HERRMANN, Die Mainzer Bursen »Zum Algesheimer« und »Zum Schenkenberg« und ihre Statuten. In: Beiträge zur Geschichte der Universitäten Mainz und Gießen (wie Anm. 9), S. 94–124, hier S. 98: *(...) inprimis providendum esse, ut nomina variarum sectarum antiquorum et modernorum et si quae similia sunt, ne sint dissidiorum, factionum, invidiae et simultatis occasio, e statutis omnibus tollantur et in eorum locum nomina domorum, collegiorum aut gymnasiorum sufficienter.*

bewohnten Häuser zu ersetzen, ist einmal ein Indiz dafür, daß die gegenseitigen Titulierungen Anlaß zu Auseinandersetzungen geboten hatten, zum anderen, daß sie im Grunde nicht mehr zeitgemäß waren, insofern als die inhaltlichen und methodischen Gegensätze zu dieser Zeit unter dem Einfluß des Humanismus weitestgehend nivelliert worden waren[36].

Während die »Notula reformationis« mehr die innere Verfassung der Universität betraf, diskutierte die Reformkommission mit der Besoldungsfrage auch das Verhältnis der Universität nach außen, zum Landesherrn und zu den Stiftskirchen. Ohne näher darauf einzugehen, berichtet Dürr über eine Debatte in der ersten Beratung der Kommission um die Besoldung der Magister und Doktoren[37]. Tatsächlich wurde – wir werden darauf zurückkommen – einige Jahre später, in den 30er Jahren, das Besoldungswesen reformiert.

Insgesamt scheint die »Notula reformationis« von 1523 in bezug auf die Revision der Generalstatuten kein durchschlagender Erfolg gewesen zu sein. Über die näheren Gründe für das Scheitern des Reformversuchs von 1521/23 im ganzen – immerhin konnten gewisse Einzelmaßnahmen realisiert werden – liegen keine Quellenaussagen vor. Das Domkapitel stellte am 12. November 1527 jedenfalls fest, *daß die ordnung der universitet yetzutzeyten partheysch furgenomen ist und noch, und der universitet nutz und aufkomen gar wenig bedacht worden*[38]. Demnach waren innerhalb der Universität die Gegensätze der Parteien noch nicht so weit abgebaut, daß die Reformabsicht hätte in die Tat umgesetzt werden können. Gerade die Rivalität der beiden logisch-erkenntnistheoretischen Wege scheint sich hinderlich für einen Aufschwung der Universität ausgewirkt zu haben. Das Domkapitel monierte, daß der Kardinal zwar schon längst Reformen der Universität für notwendig erachtet, doch die gemachten Vorschläge nie realisiert habe. Um aber desto *mer gelerter leut* nach Mainz zu ziehen, sei es an der Zeit, eine *gute ordnung und reformation zu machen und furzenemen*[39]. Kardinal Albrecht versprach daraufhin, die Reform der Universität vornehmen zu wollen[40].

Zwischen 1523 und 1535 – der Zeitpunkt kann nicht näher bestimmt werden – wurden die Bursenstatuten in Kraft gesetzt[41]. Ob die Bursensatzungen auf eine erzbischöfliche Initiative hin ausgearbeitet wurden, etwa von der 1521 eingesetzten Kommission, oder ob der Anstoß von Seiten der Universität kam, geht aus den vorhandenen Quellen ebensowenig hervor[42].

Die Statuten der Kollegialbursen »Zum Algesheimer« und »Zum Schenken-

---

36 Vgl. STEINER, Artistenfakultät (wie Anm. 2), S. 62.

37 DÜRR (wie Anm. 30), fol. 8ᵛ § XVIII: *Visum est hisce Commissorius delegatis, ut prima consultatio fieret De stipendiis Doctorum et Magistrorum in eadem Academia profilentium, qua in re ita deliberatum est.*

38 HERRMANN, Protokolle (wie Anm. 28), S. 344.

39 Ebenda.

40 Ebd., S. 345: *die eb. Räte Teutleben und Kanzler Westhausen bringen namens des Erzbischofs mündlichen Bescheid auf die am 13. 11. überreichten Artikel (...) zu Art. 14) die Reform der Universität will der Erzbischof zum besten vornehmen.*

41 Das Original der »Antiquissima statuta Bursalia et Domestica Domum Schenkenbergiae et Algesheimensis« existiert nicht mehr. HERRMANN, Mainzer Bursen (wie Anm. 35), der die Statuten ediert hat, benutzte als Druckvorlage eine Abschrift aus dem StA Mz, 18/100, fol. 1ʳ–28ᵛ.

42 Zur Frage des Verfassers der Statuten vgl. STEINER, Artistenfakultät (wie Anm. 2), S. 156–157.

berg« existierten unterhalb der General- und Fakultätsstatuten auf einer dritten verfassungsmäßigen Ebene. Im Unterschied zu den General- und Fakultätsstatuten waren die häuslichen Satzungen nicht bereits in den Anfangsjahren der Universität erstellt worden, sondern erst im Zuge der 1521 bzw. 1523 eingeleiteten Reformmaßnahmen.

Die Bursenstatuten bestehen aus einer Vielzahl einzelner Erlasse, die zumindest teilweise bereits vor der Jahrhundertwende verabschiedet worden sein dürften und die zwischen 1523 und 1535 zu einer Gesamtredaktion kompiliert wurden.

Insgesamt beschränkten sich die Bursenstatuten auf die Regelung des Zusammenlebens der Magister und Scholaren in den beiden Wohn- und Studienhäusern: auf die Rekrutierung, Stellung und Kompetenzen der einzelnen Funktionsträger und Personengruppen, die Disziplin der Scholaren, auf die Organisation des täglichen Bursenlebens schlechthin. Die statutarisch genauestens festgelegte Ordnung dieser Studien-, Lebens- und Wirtschaftsgemeinschaften erinnert an die strengen Regeln klösterlicher Gemeinschaften.

Zu den Studieninhalten, zu lehrplan- und studienrelevanten sowie unterrichtsmethodischen Fragen und organisatorischen Angelegenheiten der Fakultät schweigen sie fast gänzlich. Der zur Abfassungszeit zumindest noch latent vorhandene Wegestreit war ebensowenig Gegenstand irgendwelcher Regelungen.

Zwar waren auch die Theologen und Mediziner in den Kollegialbursen Algesheimer und Schenkenberger Hof beheimatet, doch hatten die Artisten die ausschließliche Verfügungsgewalt über die beiden Wohn- und Studienhäuser. Die Theologen und Mediziner wurden demzufolge auch nicht von den Bursenstatuten erfaßt. Sie unterlagen offenbar nicht dem allgemeinen Bursenzwang, wohnten extern in der Stadt und betraten die Kollegien in der Regel wohl nur zur Abhaltung von Lehrveranstaltungen.

Während also die Quellen keine Auskunft darüber geben, ob die Approbation der Bursenstatuten im Zusammenhang mit den erzbischöflichen Reformbemühungen zu sehen sind, war dies bei der Reform der artistischen Fakultätsstatuten im Jahre 1535 nachweisbar der Fall.

Die Urstatuten der *facultas inferior* waren 1481 in Kraft gesetzt und 1487 erstmals revidiert worden[43]. Die reformierte Fassung von 1535 hat der Verfasser vor kurzem ediert[44].

Das Vorwort der reformierten Statuten enthält – ähnlich wie die Monita des Domkapitels aus dem Jahre 1527 – eine Klage über die baufällige und fast zusammengebrochene Universität *(Rempub[licam] nostram literariam iam ruinosam propeque collapsam miseratus)*[45]. In der dem Vorwort folgenden Ermahnung *(cohortatio)* der Fakultät an ihre Studenten werden die Gründe für die Krise näher ausgeführt. Mit der Statutenreform sollte jeglicher Streit in der Artistenfakultät aufgehoben werden. Dieser hatte sich bekanntlich aus dem Wegestreit ergeben. Die Bezeichnungen »via antiqua« und »via moderna«, die die Universität

---

43 Vgl. dazu STEINER, Artistenfakultät (wie Anm. 2), S. 127–129. Diese beiden Statutenversionen sind nicht mehr erhalten.

44 Ebd., Anlage 4, S. 544–592. Es handelt sich um die älteste noch erhaltene Ausgabe der Artistenstatuten (StA Mz, 18/70, fol. 84^r–112^v neuere Paginierung). Zur Datierung vgl. ebd., S. 130.

45 Artistenstatuten (wie Anm. 44), fol. 1^r.

immer wieder in Unruhe versetzen, müßten künftig gänzlich vermieden werden *(ut nomina viarum videlicet antiquorum et modernorum (quae universitatem hactenus subinde turbarunt) exturbantur funditus)*. Auch sollte nicht mehr der eine »Realist«, der andere »Nominalist« genannt werden, denn diese *kindlichen Torheiten* und in Wirklichkeit zerstrittenen philosophischen Schulen böten nicht selten Veranlassung zu Streitigkeiten und Heucheleien[46].

Der Wegestreit bzw. die endgültige Beendigung desselben war wie 1521/23 das Motiv für die Inangriffnahme der Statutenrevision. Bei der Reform der Artistenstatuten im Jahre 1535 handelt es sich demnach um die Wiederaufnahme und Vollendung des vierzehn Jahre vorher begonnenen, zunächst aber gescheiterten Reformversuchs mit dem Ziel, der bereits seit längerem rezipierten Geistesbewegung des Humanismus Rechnung zu tragen. Kardinal Albrecht habe durch eigenen Anstoß seines großmütigen Herzens den Befehl erteilt, seine (!) darniederliegende Universität zu erneuern und in die beste Form zurückzubringen[47]. Die Reform wird von den zeitgenössischen Quellen als Fortsetzung des 1521 begonnenen, aber – wie wir gesehen haben – mehr oder weniger gescheiterten Reformversuchs geschildert. Da ist von einem erneuten Befehl *(novo jussu)* des Kardinals[48] bzw. von einer erneuten Reformation *(nova reformatio)*[49] die Rede. Nach 1521 ging die Initiative 1535 also wiederum vom Landesherrn aus.

Waren diese Einwirkungen des Landesherrn auf die Universität überhaupt mit den rechtlichen Normierungen vereinbar? Bereits durch die landesherrliche Privilegierung vom 27. April 1479 war der Universität und den einzelnen Fakultäten unter Verweis auf die Privilegien der Universitäten Bologna, Paris und Köln ein autonomes Satzungsrecht zugesichert worden[50]. Die Generalstatuten bestätigten dieses Statutarrecht und führten es näher aus[51]. Demnach lag das Satzungsrecht der Fakultäten zwar grundsätzlich in ihrem eigenen Kompetenzbereich, doch hatte das Universitätskonzil gewisse Einwirkungsmöglichkeiten und letztendlich auch einen Zustimmungsvorbehalt.

Prinzipiell verfügten alle Hochschulen und innerhalb derselben alle Fakultäten über ein eigenes Satzungsrecht. Das ius statuendi war der Ausdruck der Selbstverwaltung der Universitäten und Fakultäten. Freilich erlitt dieses Statutarrecht mit der Zeit immer größere Einschränkungen durch Eingriffe von außerhalb der Universität, durch den jeweiligen Landesherrn bzw. die städtische Obrigkeit. Teilweise wurden diese Einwirkungsmöglichkeiten früher oder

---

46 Ebd., fol. 2ʳ: *Neque post hac alter Realista, alter vero nominalis vocetur, nam iste pueriles ineptiae et sectae revera dissectae contentionibus ac simultationibus haud raro ansam praebuerunt.*

47 Ebd., fol. 1ʳ: *proprio quodam generosi pectoris sui motu voluit iussitque Academiam suam reformando instaurari inque optimam universalis studii formam.*

48 Vgl. den Brief der Professoren des Schenkenbergs an den Rektor, 1564; abgedruckt bei STEINER, Artistenfakultät (wie Anm. 2), Anlage 6, S. 597–602, hier S. 602.

49 Vgl. das »Proventus utriusque gymnasii«, einen kleinen, undatierten, 1537 oder kurze Zeit später verfaßten Aktenfaszikel, der der Abschrift der Bursenstatuten beigebunden ist; StA Mz, 18/100, Fasz. 2.

50 Stephan Alexander WÜRDTWEIN, Subsidia diplomatica ad selecta juris ecclesiastici Germaniae ... Tom III. Heidelberg 1774, ND Frankfurt a. M. 1969, Nr. XLVII S. 223–228, hier S. 228.

51 Heinz DUCHHARDT, Die ältesten Statuten der Universität Mainz (= Beiträge zur Geschichte der Universität Mainz 10). Wiesbaden 1977, S. 44 § 23.

später rechtlich fixiert, teilweise wurden sie ohne Rechtsgrundlage vorgenommen[52].

Die Mainzer Statutenrevision von 1487 und der Reformversuch von 1521/23 wurden zwar auf Befehl der Kurfürsten in die Wege geleitet, was jedoch keinesfalls bedeutet, daß sie die Statuten direkt oktroyierten. Denn sowohl 1487 als auch 1521/23 bestanden die Reformkommissionen ausschließlich aus Universitätsprofessoren. Lediglich der Auftrag zu den Revisionen kam vom Landesherrn. Insofern respektierten die Mainzer Erzbischöfe das universitäre Satzungsrecht länger als andere Landesherren.

Allerdings existierte auch in Mainz eine landesherrliche Oberaufsicht über die Universität, die sich aus der Privilegienerteilung von 1479 ergab. Sie wurde von den Nachfolgern des Universitätsgründers Diether von Isenburg nach ihrem Amtsantritt immer wieder bestätigt. Die Aufsichtsklausel implizierte im Extremfall, d. h. in Krisenzeiten der Universität, auch eine weitergehende Eingriffsmöglichkeit in die Verfassung der Universität seitens des Kurfürsten, dann nämlich, wenn die Hochschule ihrem in dem Privileg erteilten Auftrag, Förderung der Bildung und Unterweisung der Menschen, des Glaubens an Gott und des Fortschritts und Nutzens des Staates, der Kirche sowie der Stadt und der Diözese Mainz nicht mehr nachkomme[53]. Dies war schließlich 1535 der Fall.

Außer der Befriedung und Disziplinierung der beiden Kollegien lag ein weiterer Schwerpunkt der Statutenreform auf der inhaltlichen Seite des Studiums. Es wurde festgelegt, mit welchen Künsten und Sitten *(quibus artibus aut quibus ... moribus)* das Studienziel, die Jugend fromm und rechtschaffen zu unterrichten und zu bilden *(ut pie probeque imbuatur formeturque juventus)*[54], zu erreichen sei. Hinter diesen abstrakten Formulierungen stehen natürlich die Inhalte und Bildungsziele des Humanismus, dem trotz der seit etwa 1525 einsetzenden katholischen Reform weiterhin Raum gelassen wurde[55].

Albrecht von Brandenburg hatte die Aufgabe der Erneuerung seinem Generalvikar in geistlichen Sachen, Valentin von Tetleben übertragen. Tetleben habe aufgrund seiner einzigartigen Klugheit, seiner leuchtenden Zuneigung zu allen Studenten und der Förderung der Werke der Gelehrten den Auftrag erhalten[56].

Valentin von Tetleben[57] hatte in Erfurt und Bologna studiert, wo er 1511 zum Dr. iuris utriusque promoviert wurde. In die Dienste Albrechts von Brandenburg war er erstmals 1513 getreten, als er nach dessen Wahl zum Erzbischof von Magdeburg und Koadjutor von Halberstadt bei der Kurie das Pallium für seinen Herrn entgegennahm. Hinsichtlich der Universität trat Tetleben bereits im November 1527 im Zusammenhang mit der vom Domkapitel vorgetragenen Forde-

---

52 Vgl. STEINER, Artistenfakultät (wie Anm. 2), S. 136 f.
53 Vgl. WÜRDTWEIN, Subsidia (wie Anm. 50), S. 223.
54 Artistenstatuten (wie Anm. 44), fol. 1^r.
55 Dies zeigt sich auch in der Tatsache, daß an der Mainzer Universität und am Mainzer Hof weiterhin Humanisten tätig waren, vgl. JÜRGENSMEIER, Bistum Mainz (wie Anm. 14), S. 188–190; WALTER, Humanismus (wie Anm. 14), S. 73–74.
56 Artistensstatuten (wie Anm. 44), fol. 1^{r-v}.
57 Zu Tetleben vgl. am besten Valentin von TETLEBEN, Protokoll des Augsburger Reichstages 1530, hrsg. von Herbert GRUNDMANN (= SVRG 177). Göttingen 1958; vgl. auch JÜRGENSMEIER, Bistum Mainz (wie Anm. 14), S. 187–188; STEINER, Artistenfakultät (wie Anm. 2), S. 141–144.

rung nach einer Reform der Universität als erzbischöflicher Rat in Erscheinung[58]. Ende des Jahres 1532 berief ihn Albrecht zum erzbischöflichen Generalvikar in geistlichen Sachen. Er galt »als ein bemerkenswerter Verfechter des alten Glaubens, nicht ohne Reformwillen, aber durch seine Interessen und Überzeugungen der alten Kirche verhaftet«[59].

Vor diesem Hintergrund mußte es sich bei der Reform der Artistenstatuten, was die Durchsetzung humanistischen Gedankenguts angeht, um einen gemäßigten Ansatz handeln.

Tetleben berief fast ausnahmslos Professoren der Juristischen Fakultät in das Reformgremium: Bernhard Scholl, Johannes Pfaff, Nikolaus Rucker, Konrad Weidmann und Heinrich Herold. Als einziger Nicht-Jurist war der Medizinprofessor Anton Knauer (alias Rasoris) vertreten, und dies wohl auch nur, weil er damals das Rektorenamt innehatte[60]. Der Grund für die Nichtberücksichtigung der Artisten lag offensichtlich in den Auseinandersetzungen der beiden Wege innerhalb der Fakultät, die bereits zum Scheitern des Reformversuchs von 1521/23 geführt hatten. Nun wollte man offenbar einem weiteren Mißerfolg vorbeugen, indem man die Artistenfakultät von außen befriedete.

Die erneuerten Artistenstatuten wurden auf Weisung des Kurfürsten durch den Generalvikar und Kommissionsvorsitzenden Tetleben und den Kanzler Pfaff der gesamten Universität, d. h. dem Großen Konzil, bekanntgemacht, übergeben und anvertraut *(publicata, tradita et commissa sunt)*[61]. Damit war nicht nur das ius statuendi der Artistenfakultät de facto außer Kraft gesetzt, sondern auch das Approbationsrecht der Universität, denn nach den Quellenaussagen war die Rechtskraft dieser Statutenreform nicht an den Zustimmungsvorbehalt des Universitätskonzils gebunden. Auch wenn die Neuredaktion in weiten Teilen aus Bestimmungen der ursprünglichen Statuten bestanden haben mag und sich die inhaltliche Einwirkung der Kommission auf eine sinnvolle, nach juristischen Maßstäben präzisierte und übersichtliche Neu- und Gesamtkonzipierung von längst gefaßten Einzelbeschlüssen der Artistenfakultät beschränkt haben sollte, formal wurde sie oktroyiert. Der Artistenfakultät blieb lediglich die Veröffentlichung der Statuten vor der Versammlung aller Fakultätsmitglieder, wie aus der »Cohortatio« der Fakultät an ihre Studenten[62] hervorgeht.

Mit der Reform der Fakultätsstatuten der Artisten wurden die Parteigegensätze endgültig abgeschafft, indem die Bezeichnungen »via moderna«, »via antiqua«, »Nominalist« und »Realist« aus den Statuten eliminiert und ihre weitere Benutzung untersagt wurde.

Das von einem gemäßigten Humanismus geprägte Studienprogramm[63] war kein völliger Neuansatz, sondern eine vorsichtige Umstellung und Erweiterung unter Berücksichtigung der bisherigen Pflichtvorlesungen. Ein wichtiges Merk-

---

58 Vgl. HERRMANN, Protokolle (wie Anm. 28), S. 345.
59 Vgl. TETLEBEN (wie Anm. 57), S. 9.
60 Zur Kommissionszusammensetzung vgl. STEINER, Artistenfakultät (wie Anm. 2), S. 144–149.
61 Vgl. KNODT, Historia (wie Anm. 33), S. 26; »Proventus utriusque gymnasii« (wie Anm. 49), fol. 1^r.
62 Artistenstatuten (wie Anm. 44), fol. 1^v–2^r.
63 Zu den Studieninhalten und zum Studiengang vgl. STEINER, Artistenfakultät (wie Anm. 2), S. 364–474.

mal ist die straffe Ordnung der Lehrverfassung. Die Vorlesungszeiten und die für die artistischen Grade des Baccalaureats und des Magisteriums jeweils in 1 1/2 bis 2 Jahren zu lesenden Bücher waren auf das genaueste vorgeschrieben. Der Bildungskanon der Mainzer Artistenfakultät stellte sich, wie bei anderen artistischen Professionen auch, als Mischung alter scholastischer Elemente (Logik/Dialektik und Naturphilosophie) und neuer humanistischer Elemente dar. Neben dem scholastischen Schwerpunkt Logik, der nicht mehr nach den spitzfindigen und teilweise verfälschenden mittelalterlichen Aristoteles-Kommentaren, sondern nach Aristoteles selbst oder nach Lehrbüchern frühhumanistischer Autoren gelehrt wurde, traten die *studia humanitatis* Poetik, Ethik, Geschichte, Griechisch und Hebräisch neu hinzu. Andere Disziplinen wie Grammatik und insbesondere Rhetorik erhielten einen neuen Stellenwert. Für das Studium dieser Fächer zog man vorwiegend die römischen Klassiker und Historiographen heran. Dagegen traten die früheren Disziplinen des Quadriviums in den Hintergrund. Die Dominanz der zentralen Fächergruppen Logik/Dialektik, Humaniora und Naturphilosophie/Physik drückte sich dadurch aus, daß sie als ordentliche Vorlesungen während eines 1 1/2-2jährigen Zyklus durchgängig unterrichtet wurden, während die überwiegend als formale Vorlesungen dargebotenen realistischen Disziplinen mehrheitlich bereits innerhalb eines halben Semesters ihren Abschluß fanden. Darüber hinaus wurden neu eingeführte realistische Gegenstände auf das humanistische Bildungsideal zugeschnitten: die »Politik« und »Ökonomie« des Aristoteles waren von einem idealistisch-moralischen, die Geographie »De situ orbis« des Dionysios von einem poetisch-ästhetischen Ansatz geprägt.

Der Grammatik-Unterricht erfuhr durch die Einrichtung von Pädagogien eine Aufwertung. Diese Vorbildungsinstitutionen wurden spätestens mit dem Inkrafttreten der Bursenstatuten geschaffen. Sie sollten die bisher vernachlässigten Grundlagen jeglicher wissenschaftlichen Arbeit, den korrekten Umgang mit der Sprache, fördern. Gerade für das humanistische Bildungsziel kunstgerechte Beredsamkeit war dies unerläßlich, zumal auch in Mainz ein Studienbeginn mit 14 Jahren keine Seltenheit war[64].

Die Mainzer Artistenfakultät lag in ihrer statutenmäßigen Anpassung an die neue Geistesbewegung im allgemeinen Trend der Zeit. Zwischen 1519/20 und der Mitte der 40er Jahre führten alle deutschen Artistenfakultäten zum Teil mehrere Statutenrevisionen durch, um der geistesgeschichtlichen Entwicklung Rechnung zu tragen[65].

Im Zuge der Aufnahme humanistischer Disziplinen gewann die Artistenfakultät eine etwas modifizierte Funktion. Während sie in der Epoche der Scholastik – auch noch zu Beginn des Mainzer Generalstudiums – weitestgehend auf die Theologie ausgerichtet war, als »ancilla theologiae« verstanden wurde[66], erhielt sie mit der Abkehr vom theozentrischen Weltbild mehr Eigengewicht. Man erkannte in ihrem Bildungsideal, der allgemeinen Entwicklung des Geistes und der gesamten Persönlichkeit im Sinne der Sittlichkeit, Tugendhaftigkeit und Moral, einen Wert an sich. Die Artistenfakultät blieb zwar *facultas inferior*, entwickelte

---

64 Vgl. ebd., S. 216 f.
65 Vgl. ebd., S. 132–135.
66 Diese Formulierung geht auf den hl. Petrus Damiani (1007–1072) zurück; vgl. K. REINDEL in: LThK VIII, ²1963, Sp. 358–360 und STEINER, Artistenfakultät (wie Anm. 2), S. 480.

sich aber zum allgemeinen propädeutischen Unterbau aller *facultates superiores*, aller weiterführenden Fachdisziplinen. Ihre unbedingte Orientierung an der Theologie ging vorübergehend – bis zum Eintritt der Jesuiten in die Universität im Jahre 1562 – verloren.

Die Reform der Artistenfakultät 1535 sollte offenbar der Beginn einer umfassenden Reform auch der übrigen Fakultätsstatuten sowie der allgemeinen Universitätssatzungen sein. Aufgrund ihrer Funktion als »Mutter und Pflanzschule der übrigen Fakultäten«, wie sie im Vorwort der Fakultätsstatuten bezeichnet wurde *(professionum reliquarum mater et veluti seminarium)*[67], und ihrer Mitgliederstärke – mehr als 80 % aller Studenten gehörten der Artistenfakultät an[68] – war die Artistenfakultät der Mittelpunkt der Universität, waren die Probleme der Gesamtuniversität stets weitestgehend auch Probleme der Artistenfakultät. Da die Neubelebung des Generalstudiums nicht von den anderen Fakultäten ausgehen konnte, schien es Kardinal Albrecht ratsam, die Gesamtreform mit der *facultas inferior* beginnen zu lassen[69]. Die Reform der Artistenfakultät wurde als erster und wichtigster Schritt erachtet.

Zu einer Revision der anderen Fakultätsstatuten ist es unter Kardinal Albrecht von Brandenburg offenbar nicht gekommen; jedenfalls gibt es keine quellenmäßigen Anhaltspunkte dafür. Von der Theologischen Fakultät liegt lediglich eine Abschrift der Statutenfassung von 1581[70], von der Juristischen Fakultät aus den Jahren 1481 bzw. 1487[71] vor; die Abschrift der medizinischen Fakultätsstatuten[72] enthält keinerlei zeitliche Angaben zur Abfassung oder zum Inkrafttreten derselben.

Das Domkapitel unternahm 1542 einen weiteren Vorstoß zur Reform der allgemeinen Universitätsstatuten, denn es sah in der Erneuerung der Universität zusammen mit anderen Maßnahmen, die insbesondere die Pfarrkirchen betrafen, eine Möglichkeit, die Reformation zurückzudrängen und dem katholischen Glauben zu neuer Autorität zu verhelfen. Dazu sollte die Reformkommission, die die Neuredaktion der Artistenstatuten besorgt hatte – Valentin von Tetleben war 1542 nach seiner Vertreibung als Bischof von Hildesheim nach Mainz zurückgekehrt –, wiederbelebt werden[73].

Schließlich wurde die angestrebte Reform der Generalstatuten im Jahre 1545, noch vor dem Tod Kardinal Albrechts am 24. September, realisiert[74]. Sie fiel allerdings bescheiden aus. Die geänderte Zusammensetzung des *concilium maius*, die

---

67 Artistenstatuten (wie Anm. 44), fol. 1ʳ. Diese Titulierung der Artistenfakultät ist auch in den gleichlautenden Extinktionsurkunden Kardinal Albrechts von Brandenburg für die Lektoralpräbenden an St. Johannes und Heiligkreuz vom 30. April 1537 enthalten, vgl. die Urkunden im StA Mz und STEINER, Artistenfakultät (wie Anm. 2), Anlage 5, S. 593–596, hier S. 594.

68 Vgl. ebd., S. 484 f.

69 Artistenstatuten (wie Anm. 44), Vorwort, fol. 1ʳ: *Id vero quoniam per universas aliorum facultatum professiones cito adeo confieri nequit, visum est opt. Max. principi, ab artium facultate ... rem auspicari.*

70 StA Mz, 18/70, fol. 27ʳ–44ʳ; eine weitere Abschrift ebd., 18/90.

71 StA Mz, 18/70, fol. 50ʳ–74ᵛ; eine weitere Abschrift ebd., 18/90.

72 StA Mz, 18/70, fol. 75ʳ–79ᵛ; eine weitere Abschrift ebd., 18/90.

73 Vgl. HERRMANN, Protokolle (wie Anm. 28), S. 949–951 vom 7. und 12. Juli 1542.

74 Es sind zwei Abschriften aus dem 18. Jahrhundert erhalten: StA Mz, 18/90, Fasz. 1; ebd., Fasz. 8 (Statuta generalia totius universitatis cum reformatione).

bereits 1523 in der »Notula reformationis« gefordert worden war, wurde als wichtigste Neuerung aufgenommen. Nun war jede Fakultät durch ihren Dekan sowie die beiden jeweiligen »seniores« im Universitätskonzil vertreten. Dies bedeutete einen Machtverlust für die Artistenfakultät, denn sie entsandte vorher neun Mitglieder, nämlich den Dekan und je vier Magister des Algesheimer und des Schenkenberger Kollegiums, während von den höheren Fakultäten lediglich alle Doktoren und Lizentiaten dem Konzil angehörten[75].

Abgesehen von wenigen weiteren unbedeutenderen Änderungen beschränkte sich die Reform auf Streichungen überflüssig gewordener und Präzisierungen bereits bestehender Normierungen.

Zieht man in Betracht, daß die 1535 durchgeführte Reform der artistischen Fakultätsstatuten der erste Schritt einer umfassenden Erneuerung der Universität sein sollte, so kam die Reform über diesen Anfang nicht hinaus. Die weiteren Schritte blieben – mit Ausnahme der ziemlich unbedeutenden Reform der allgemeinen Statuten des Jahres 1545 – aus.

Die auf die Universität bezogenen Reformen bzw. Reformversuche, die 1521 einsetzten, sind möglicherweise mit der Verwaltungs- und Gerichtsreform im Zusammenhang zu sehen. Zumindest die zeitliche Nähe deutet darauf hin. Im Jahre 1516 richtete Albrecht ein Hofgericht als ständigen obersten Gerichtshof ein, 1521 wurde die Mainzer Hofgerichtsordnung vom Kaiser bestätigt, 1522 schuf Albrecht einen »beständigen Rat« als oberste Verwaltungs- und Aufsichtsbehörde[76]. Möglicherweise sollte die Universitätsreform ebenfalls dazu beitragen, den »Übergang zum moderneren Staatsgebilde«[77] zu schaffen.

III. REFORM DER PROFESSORENBESOLDUNG

Neben den – freilich Stückwerk gebliebenen – Statutenrevisionen war die Änderung der Professorenbesoldung das zweite Element der Albrechtschen Universitätsreform.

Seit der endgültigen Verteilung der Lektoralpräbenden auf die einzelnen Fakultäten im Jahre 1511 bildeten sich ordentliche Lehrstühle heraus, d. h. bestimmte Lektoralpräbenden wurden als Besoldungsquellen an bestimmte fachbezogene Professuren gebunden. Auch an anderen Universitäten ist die Einführung des Ordinarienprinzips etwa im gleichen Zeitraum, mancherorts etwas früher, mancherorts etwas später, festzustellen[78].

An ihren Stiftskirchen waren die Inhaber der Lektoralpräbenden sowohl von allen liturgischen Aufgaben als auch generell von der Residenzpflicht befreit, um ihren universitären Lehrverpflichtungen nachkommen zu können. Aufgrund dieser Sonderstellung blieben die Professoren-Kanoniker Fremdkörper innerhalb ih-

---

75 Vgl. DUCHHARDT, Statuten (wie Anm. 51), S. 42 § 16–17.
76 Vgl. JÜRGENSMEIER, Bistum Mainz (wie Anm. 14), S. 178; DERS., Kardinal Albrecht (wie Anm. 14), S. 29.
77 So JÜRGENSMEIER, ebd.; vgl. auch Heinz DUCHHARDT, Das Erzstift Mainz unter Albrecht von Brandenburg. In: Das Wappenbuch des Reichsherolds Caspar Sturm, bearb. von Jürgen Arndt (= Wappenbücher des Mittelalters 1). Neustadt a. d. Aisch 1984, S. 245–251. S. 254–258.
78 Vgl. STEINER, Artistenfakultät (wie Anm. 2), S. 349.

rer Stiftskapitel. Dies führte mit der Zeit dazu, daß die Stiftskirchen eine schlechte Zahlungsmoral an den Tag legten und teilweise die Auszahlung der Lektoralpräbenden verweigerten.

Um die häufiger auftretenden Streitigkeiten um die Lektoralpräbenden zu schlichten, stellte Papst Leo X. am 8. September 1514, etwa zwei Monate vor der Inthronisation Albrechts zum Mainzer Erzbischof, die Universität unter seinen besonderen Schutz und setzte drei Geistliche als Schiedsrichter für eventuelle diesbezügliche Zwistigkeiten zwischen der Universität und den Stiftskirchen ein[79]. Doch aufgrund der Unvereinbarkeit der Residenzpflicht der Pfründinhaber zu bestimmten Zeiten und der Präsenzpflicht bei den Gottesdiensten einerseits – wovon die Lektoralkanoniker zwar durch die päpstlichen Verfügungen befreit waren, deren Nichteinhaltung aber dennoch von den Stiften mit finanziellen Restriktionen sanktioniert wurden – und den Obliegenheiten ihres universitären Lehramtes andererseits strebte man eine Lösung des Problems an, die beiden Seiten Rechnung tragen sollte. So forderte die von Erzbischof Albrecht eingesetzte Universitätskommission 1523 in der »Notula reformationis« die Aufhebung der Universitätspfründen und die Ersetzung derselben durch jährliche Pauschalzahlungen seitens der Kollegiatkirchen an die Professoren[80]. Die Reformkommission schlug für die einzelnen Stifte bestimmte Summen vor. Demnach sollten die Professoren der Theologischen Fakultät am besten dotiert werden, gefolgt von den Juristen und Medizinern; die Professoren der Artistenfakultät lagen am unteren Ende der Einkommensskala.

Zunächst gingen die Stiftskirchen nicht auf die finanziellen Forderungen der Universität ein. Sie erfüllten ihre Verpflichtungen gegenüber dem Generalstudium nach wie vor mehr schlecht als recht. Um wenigstens in den Genuß der Präsenzgelder an ihren Kollegiatkirchen zu gelangen, weilten manche Professoren unter Vernachlässigung ihrer Lehrverpflichtungen häufig an ihren, zum Teil weiter von Mainz entfernt gelegenen, Stiften.

Aufgrund der schlechten und unsicheren Dotierung der Mainzer Professoren fanden sich immer weniger Magister, die ihren ständigen Wohnsitz in einem Kollegium nehmen und in der Artistenfakultät lesen wollten[81]. Es wurde Klage geführt, daß, während die Studien an den meisten Artistenfakultäten Deutschlands wieder auflebten, in Mainz die meisten Magister wegen der Kärglichkeit der Bezahlung die Last des Lehrens ablehnten[82].

Diese für die Universität und vor allem für die Artistenfakultät immer ungünstiger werdende Situation veranlaßte Kardinal Albrecht von Brandenburg in den 30er Jahren, mit den Stiften abermals in Verhandlungen zu treten, um die Lekto-

---

79 Die Originalurkunde befindet sich im StA Mz.
80 Vgl. HERRMANN, Mainzer Bursen (wie Anm. 35), S. 104 Anm. 42.
81 Vgl. StA Mz, 18/20 (Valentin Ferdinand von GUDENUS, Vindemiae ad Historiam Universitatis. Anfang 18. Jahrhundert), fol. 4[r–v]: *Suppressionis* [sc. canonicatus et praebendae] *causae wird folgend angezeiget: quod professores non diligenter legerint, sed omnibus horis atque momentis extra Gymnasia evagentur, et avidissime distributionibus quotidiani, quae Canonicis praesentibus duxtaxat distribui solent, inhaerent; qua cupiditate factum, quod Facultati artium non parum splendoris et decoris detractum sit, nec invenire potuerint; qui ob tantillum sacerdotium in gymnasio continuam personalem residentiam facere et legere vellent.*
82 Ebd.: *Cum vero studia in Artium, ut vocant, Facultate, quae in aliis Germaniae Academiis revixerant, hic plerisque stipendiorum tenuitate onus docendi detrectantibus, (...).*

ralpräbenden zu unterdrücken und durch feste jährliche Dotationen zu ersetzen, wie es bereits in den 80er Jahren des 15. Jahrhunderts mit den Stiften St. Bartholomäus, Liebfrauen auf dem Berg und St. Leonhard in Frankfurt geschehen war[83]. Endlich kam es zu rechtswirksamen Vereinbarungen zwischen dem Kardinalerzbischof und einigen Stiften[84]. Die Auflösung der der Medizinischen Fakultät zugeordneten Lektoralpräbende an St. Stephan zugunsten einer jährlichen Zahlung von 40 Gulden an die Universität bildete am 20. März 1534 den Auftakt[85]. Drei Jahre später, am 30. April 1537, erfolgte die Extinktion der Universitätspfründen an den drei Stiftskirchen St. Johannes, Heiligkreuz und St. Alban, die allesamt der Artistenfakultät inkorporiert waren[86]. Mit gleichlautenden Urkunden bestätigte Kardinal Albrecht die Vereinbarungen mit den Kollegiatkirchen St. Johannes[87] und Heiligkreuz[88], wonach beide Stifte künftig 30 Gulden jährlich an die Universität zu entrichten hatten. St. Alban bzw. die Vikarie St. Michael wurde zur Zahlung von 40 Gulden pro Jahr verpflichtet[89].

Die Urkunden St. Johannes und Heiligkreuz betreffend enthalten Klagen über den Verlust von Ruhm und Glanz der Universität und insbesondere der Artistenfakultät, die aufgrund der Ungunst der Zeiten und der Bosheit der Studenten, vor allem aber von jenen Magistern heraufbeschworen wurde, die unter Vernachlässigung ihrer Vorlesungsverpflichtungen außerhalb der Kollegien begierig den täglichen Präsentien der Stiftskirchen nachjagten. Wegen dieser verderblichen Entwicklung fänden sich kaum mehr Magister, die sich dem Bursenzwang unterwerfen und in der Artistenfakultät lehren wollten. Da aber die Artistenfakultät die Pflanzschule aller anderen Fakultäten sei und die Jugend insbesondere in Zeiten, in denen verderbliche Ketzereien an Bedeutung gewännen – dies ist wohl als Anspielung auf die reformatorische Bewegung zu verstehen –, von Kindesbeinen an fromm und gewissenhaft gebildet werden müsse, habe er, der Kardinal, als Exekutor der päpstlichen Verfügungen mit dem Kapitel von St. Johannes (bzw. Heiligkreuz) vereinbart, daß künftig das der Universität reservierte Kanonikat und die dazugehörige Präbende unterdrückt und aufgelöst sowie alle damit zusammenhängenden Auszahlungen eingestellt werden sollen. Statt der Präbenderträge, die der Kirchenfabrik zukommen, habe das Stift in Zukunft 30 Gulden jährlich an die Universität zu überweisen.

Wenn sich ein Professor dreimal des nachlässigen Lesens, Lehrens oder Verwaltens schuldig machen oder ohne die Erlaubnis des Rektors länger als einen Monat seiner Vorlesungsverpflichtung nicht nachkommen sollte, dann könne er seines Amtes enthoben werden. Für den Fall, daß sich Rektoren und Provisoren in

---

83 Vgl. STEINER, Artistenfakultät (wie Anm. 2), S. 337–339.

84 Dies berichtet KNODT, Historia (wie Anm. 33), S. 120 im Zusammenhang einer Bestandsaufnahme unter dem Rektorat des Jahres 1710.

85 Vgl. DÜRR (wie Anm. 30), fol. 9^{r-v} § XXI *(De Extinctione praebendae S. Stephani ab Alberto Brand[enburgi] Electore Mog[untinae] A[nno] 1534 facta;* GUDENUS (wie Anm. 81), fol. 4^r; KNODT, Historia (wie Anm. 33), S. 120.

86 Vgl. dazu STEINER, Artistenfakultät (wie Anm. 2), S. 343–346.

87 Das Original im StA Mz; die Urkunde ist ediert, STEINER, Artistenfakultät (wie Anm. 2), Anlage 5, S. 591–596; vgl. auch KNODT, Historia (wie Anm. 33), S. 121.

88 Das Original im StA Mz; vgl. auch KNODT, Historia (wie Anm. 33), S. 120.

89 Die Urkunde ist offenbar nicht mehr erhalten, vgl. aber StA Mz, 18/60, fol. 36^r und KNODT, Historia (wie Anm. 33), S. 121.

diesen Angelegenheiten als nachlässig erweisen würden, behielt sich der Kardinal das Recht vor, selbst eventuelle Amtsentlassungen und Neubesetzungen vorzunehmen.

Mit Hilfe der Vereinbarungen jährlicher Pauschalzahlungen wollte der Kardinal demnach die nach Präsenzgeldern strebenden Professoren wieder an die Universität, in diesen Fällen an die Artistenfakultät, zurückholen und einen regelmäßigen und ordnungsgemäßen Lehrbetrieb erneut in Gang setzen. Neben der Neuordnung und Absicherung des Besoldungswesens sollte als flankierende Maßnahme eine erweiterte Aufsichts- und Einwirkungskompetenz des Kardinals diesem Ziel dienen.

Auch die Lektoralpräbende am Katharinenstift in Oppenheim wurde – der Zeitpunkt geht aus den Quellen nicht hervor[90] – zugunsten einer festen jährlichen Pension in Höhe von 10 Gulden aufgelöst.

Im Gegensatz zu den Lektoralpräbenden der Artistischen und der Medizinischen Fakultät wurden die Pfründen der Theologischen und der Juristischen Fakultät – mit Ausnahme der den Juristen inkorporierten und bereits 1480 durch eine fixe Zahlung ersetzten Präbende an St. Bartholomäus in Frankfurt – nicht extinguiert. Was die Höhe der jährlichen Zahlungen angeht, so lagen diese erheblich, zum Teil um die Hälfte unter den im Jahre 1523 von der Universitätskommission in der »Notula reformationis« geforderten Beträgen und noch deutlicher unter den tatsächlichen Erträgen der Lektoralpräbenden. Sie bewegten sich zwischen 10 (St. Katharina, Oppenheim)[91] und 40 Gulden im Jahr (St. Alban bei Mainz).

Darüber hinaus wurde damit eine unterschiedliche Besoldung der einzelnen Lehrstühle festgeschrieben, die aber auch bereits beim vorherigen System bestand. Die besoldungsmäßigen Abstufungen existierten freilich nicht nur an der Mainzer Universität, sie waren auch andernorts durchaus üblich[92].

Die unterschiedliche Besoldung der ordentlichen Professoren wurde allerdings wenige Jahre nach der Fixierung der jährlichen Geldzahlungen der Stiftskirchen in der Artistenfakultät durch eine gleichgewichtige Entlohnung ersetzt. Die Beiträge der der Artistischen, Medizinischen und Juristischen Fakultät zugeordneten Stiftskirchen flossen nun nicht mehr an die Kanoniker-Professoren direkt, sondern in die Kasse der Universität, von wo aus die einzelnen Fakultäten bedient wurden. Beispielsweise wurde die der Artistenfakultät insgesamt zur Verfügung gestellte Summe zu gleichen Anteilen den beiden Kollegien zugewiesen, die damit ihren Professoren eine gleich hohe Dotierung von 20 Gulden jährlich zukommen ließen – lediglich die jeweiligen »seniores« erhielten 25 Gulden. Auch die beiden medizinischen Professoren erhielten ein gleiches Gehalt (30 Gulden). Die Dotierung der nunmehr sieben Jura-Professoren blieb unterschiedlich hoch, zwischen 24 und 60 Gulden[93]. Ob diese Reformregelung universitätsintern getroffen oder von Kardinal Albrecht verordnet wurde, geht aus den Quellen nicht hervor.

---

90 Vgl. ebd.
91 Vgl. STEINER, Artistenfakultät (wie Anm. 2), S. 339. 348–349.
92 Vgl. ebd., S. 350.
93 Vgl. die Nachträge im ältesten Statutenbuch, StA Mz, 18/60, fol. 32^r und im Kopial-Statutenbuch, StA Mz, 18/70, fol. 23^{r-v} sowie das Verzeichnis »Annui Proventus Universitatis studii nostri Moguntini in omnibus Facultatibus«, StA Mz, 14/380, fol. 58^v–59^r; vgl. auch STEINER, Artistenfakultät (wie Anm. 2), S. 351–352. 354.

Nach der Extinktion der Lektoralpräbenden waren die jährlichen Pauschalzahlungen der Stifte und einige zusätzliche Einkünfte also zu einem Besoldungsfonds verschmolzen worden. Damit hatte die Mainzer Artistische, Medizinische und Juristische Fakultät hinsichtlich der Unterhaltung ihrer Professoren den Übergang vom Benefizienwesen zum Stipendienwesen vollzogen. Das Professoreneinkommen wurde nicht mehr als »praebenda« oder »beneficium« bezeichnet, sondern als »stipendium«. Bezüglich der Theologischen Fakultät hielt man dagegen an dem Präbendensystem fest.

Im Vergleich zu anderen Universitäten war die Besoldung der Mainzer Professoren sehr spärlich[94]. Wie niedrig das Besoldungsniveau insbesondere der Artistenfakultät war, läßt sich daran erkennen, daß sich die für die Stadt Mainz zuständigen unteren Lokalbeamten des Erzbischofs besoldungsmäßig etwa auf dem gleichen Stand befanden wie die Professoren der Artistenfakultät. Die Dürftigkeit der Remunerierung der Artistenprofessoren wird schließlich deutlich, wenn man vergleichsweise die Summe heranzieht, die im 15. Jahrhundert als für einen Studenten zur Bestreitung eines Studienjahres als ausreichend erachtet wurde. Diese lag bei etwa 20 Gulden, die ein gewöhnlicher Professor der Mainzer Artistenfakultät um 1537 erhielt[95].

Aufgrund seiner eigenen hohen Schuldenlast[96] konnte Kardinal Albrecht selbst keinen Beitrag zur Verbesserung der finanziellen Lage der Universität leisten.

Wegen der Bescheidenheit der Einkommen, die aufgrund der schlechten Zahlungsmoral verschiedener Stifte nochmals reduziert wurden, war ein Lehrstuhl kaum lukrativ. Auf Dauer konnte vor allem die Artistenfakultät mit einer solch schlechten pekuniären und daraus resultierend auch einer ungenügenden personellen Ausstattung den Lehrbetrieb nicht mehr umfassend und angemessen sicherstellen.

Aus der Sicht eines Gutachtens aus dem 18. Jahrhundert wurde die Besoldungssituation der Mainzer Universität unter Albrecht von Brandenburg folgendermaßen geschildert: *In der Folge der Zeit, und zwar gegen das Jahr 1534, ließen sich die Stifter beigehen (...), zum größten Nachteile der Universität mit selber einen Vergleich dahin einzugehen, daß die 14 Präbenden für die Zukunft extinguieret sein, die Gefälle davon den Stiftern verbleiben, jedoch alljährlich für jede Präbende ein gewisses geringes Geldquantum an die gedachte Universität abgereichet werden sollte. Dadurch wurde die Universität in ihrem Auswuchse gehemmt, geriet jählings wiederum in einen Verfall und verblieb auch nachher in einem immerwährenden und so bedaulichen Mißstande, daß niemand mehr eine Professur wegen Abgang des nötigen Gehalts übernehmen wollte*[97].

Albrechts Reform des Besoldungswesens war letzten Endes gescheitert.

94 Vgl. die Beispiele anderer Universitäten ebd., S. 340. 354–356.
95 Vgl. Gerhard RITTER, Die Heidelberger Universität. Ein Stück deutscher Geschichte, I: Das Mittelalter (1386–1508). Heidelberg 1936, S. 146.
96 Vgl. JÜRGENSMEIER, Bistum Mainz (wie Anm. 14), S. 191.
97 »Promemoria der Kurmainzischen Regierung zur Sanierung der Mainzer Universität vom Reichsgrafen Friedrich Wilhelm von und zu Sickingen dem Reichsvizekanzler in Wien überreicht« vom 6. Juli 1779; Original im HHStA Wien, Staatenabteilungen, Moguntina, Fasz. 22, fol. 80–113, abgedruckt bei Leo JUST und Helmut MATHY, Die Universität Mainz. Grundzüge ihrer Geschichte. Trautheim, Mainz 1965, S. 118–125, hier S. 119.

IV. ZUSAMMENFASSUNG UND AUSBLICK

Albrecht von Brandenburg setzte 1521, 1535 und 1545 Kommissionen ein, um die seit dem Beginn der Reformation kränkelnde Universität mit Statutenreformen neu zu beleben. Im Vorfeld der Reformbemühungen von 1521 und 1545 hatte das Domkapitel auf Veränderung der Statuten gedrängt. Die Hauptziele der Statutenreformen waren die Überwindung der auf den spätscholastischen Wegestreit beruhenden Streitigkeiten zwischen den Kollegien und die Erneuerung des Lehrplanes der Artistenfakultät im Sinne des Humanismus. Diese Ziele wurden mit der Reform der artistischen Fakultätsstatuten 1535 erreicht. Die katholische Reformbewegung, 1535 personifiziert in Valentin von Tetleben, ließ Raum für die Einführung humanistischer Elemente im Lehrplan der Artistenfakultät. Die Novellierung der Fakultätsstatuten der Artisten sollte der erste Schritt einer umfassenden Erneuerung auch der anderen Fakultäten und der Gesamtuniversität sein. Doch über diesen ersten, erfolgreichen Ansatz kam die Universitätsreform nicht hinaus.

Insbesondere die seit den 1530er Jahren durchgeführte Reform der Professorenbesoldung, nämlich die Ersetzung der Lektoralpräbenden durch feste jährliche Zahlungen und die Nivellierung der Professorengehälter in der Artistenfakultät, brachte keinen Erfolg. Das Besoldungsniveau, vor allem das der Artistenfakultät blieb auf einem äußerst niedrigen Niveau.

Das leidige Problem der Professorenbesoldung führte fast zum Niedergang der Mainzer Artistenfakultät und der gesamten Universität. Erst als Daniel Brendel von Homburg, angetrieben von gegenreformatorischen Zielsetzungen, 1561 die Jesuiten nach Mainz holte, sie 1562 der Universität inkorporierte und die Dotation der Universitätslehrer auf eine neue, gesunde Grundlage stellte, nahm die Alma Mater Moguntina einen frequenzmäßigen Aufschwung, ohne daß sie allerdings vor dem 18. Jahrhundert eine bedeutende Rolle im deutschen Universitätswesen gespielt hätte[98].

---

98 Zur Epoche der Jesuiten an der Universität Mainz vgl. MATHY, Universität (wie Anm. 1), S. 65–114.

ALBRECHTS BEGEGNUNGEN MIT DER KUNST

Horst Reber

Wenn man das Verhältnis des Mainzer Erzbischofs und Kardinals Albrecht von Brandenburg zur Kunst beschreiben will, dann findet man ein sehr reichhaltiges künstlerisches Werk vor, das mit dem Hohenzoller in Verbindung steht. Es sind zunächst zwei Werkgruppen zu unterscheiden: Einmal die künstlerischen Arbeiten, die Albrecht selbst in Auftrag gegeben hat, und dann jene, die er gesammelt hat. Eine systematische Betrachtung muß versuchen, alle Kunstwerke in ein zeitliches Gerüst zu bringen. Dies ist vor allem deshalb geboten, weil die Gestalt Albrechts in die abendländische Religionsgeschichte in so starkem Maße eingebunden ist. Schließlich wurde durch ihn das Reformationsgeschehen mit ausgelöst. Man sollte also fragen, ob die reformatorischen Umbrüche auf die Kunst um Albrecht Einfluß ausgeübt haben. Untersucht man das Verhältnis Albrechts zur Kunst, dann stellt sich auch als interessante und wichtige Frage, ob er bestimmte Künste bevorzugte und ob sich bestimmte Vorlieben in den unterschiedlichen Epochen seines Lebens feststellen lassen.

Wenn man zu Recht davon ausgehen darf, daß Albrecht von Brandenburg aktiv am künstlerischen Leben seiner Zeit teilgenommen hat, daß er selbst als Auftraggeber Künstler beschäftigt, beauftragt oder berufen hat, dann muß man annehmen, daß er auf seinen Reisen auch auf die Kunst gesehen hat. Er hat sicher in den Regionen des Reiches, in die er durch seine Amtspflichten geführt wurde, mit den Künstlern gesprochen, denen ein besonderer Ruf vorausging, oder mit jenen, deren besondere Begabung ihm bekannt war und die er für bestimmte Zwecke einsetzen zu können glaubte. Es ist bemerkenswert, daß Albrecht, ein Kirchenfürst und Kardinal, nur in den Reichsgebieten gewesen ist; offenbar besuchte er niemals Italien und nur einmal, im Jahre 1517, fuhr er nach Brüssel zu Kaiser Maximilian. Damit bewegte sich der Hohenzoller außerhalb des Reiches, aber immer noch in den habsburgischen Niederlanden[1].

In den folgenden Jahrzehnten war Albrecht oft auf Reisen, hatte er doch die drei Bistümer Magdeburg, Halberstadt und Mainz zu verwalten. Noch mehr zwangen ihn seine Reichsämter, erst beinahe jährlich, dann mit größeren Zwischenräumen, die jeweiligen Reichstage (1516, 1518 und 1530 Augsburg, 1517 Mainz, 1521 Worms, 1522/23 Nürnberg, 1524/26, 1529 und 1542/44 Speyer, 1532 Regensburg) zu besuchen. Albrecht mag dies – vor allem in seinen späteren Lebensjahren – oftmals als Last empfunden haben. Beachtenswert ist es, daß die Reichstage vorwiegend im Süden oder Südwesten Deutschlands stattfanden. Dies

---

[1] Diese und andere biographische Daten verdankt der Verfasser einem unveröffentlichten Manuskript von Regina E. SCHWERDTFEGER.

hat auch kunstgeographische Bedeutung, denn Albrecht von Brandenburg ließ vorwiegend Künstler aus diesen Landschaften für sich arbeiten.

Man darf wohl annehmen, daß auf den Reisen Albrechts wichtige Kontakte zu Künstlern geknüpft worden sind, daß er dort Anregungen für Werke oder für Bildthemen empfangen hat. Es fällt auf, daß unter den Objekten, die Albrecht für sich hat gestalten lassen, kaum eines ist, das mit seiner engeren Heimat Berlin in einem direkten Zusammenhang steht; allenfalls in seinem Halleschen Heiltum fanden sich einige Stücke, die aus Brandenburg stammen. Man darf also festhalten, daß die Künstler aus Berlin und Brandenburg den jungen Hohenzoller nicht so beeindruckt haben, daß er davon sein Leben lang geprägt gewesen wäre.

Bevor wir auf den Zusammenhang zwischen der Reisetätigkeit und den Kunstaufträgen Albrechts näher eingehen, muß noch eine weitere Frage angesprochen werden, die ebenfalls eng mit künstlerischen Problemen in Verbindung steht. Es ist die Frage nach der oder den Residenzen Albrechts. Als Erzbischof von Magdeburg und Administrator von Halberstadt residierte Albrecht besonders gern in Halle, das in der Literatur als der Lieblingssitz des Kardinals gilt[2]. Die Ausbreitung der Reformation in Magdeburg und Halberstadt brachte es mit sich, daß der Erzbischof nach 1540 vorwiegend in seinem rheinischen Erzbistum residierte[3], entweder in Aschaffenburg oder in Mainz selbst. Es mag sein, daß Albrecht die Mainstadt vorzog, weil er dort ein wenig weiter von dem Mainzer Domkapitel entfernt war, mit dem er seine Schwierigkeiten hatte. Vielleicht war aber auch das Schloß von Aschaffenburg ein wenig angenehmer als die Martinsburg in Mainz[4]; zudem lag nicht weit von Aschaffenburg die kleine Residenz Steinheim bei Hanau, in die er seine Bibliothek von Halle aus aufstellen ließ und in der er in seinen letzten Lebensjahren ebenfalls oft weilte.

Verfolgt man den Lebensweg Albrechts, so ist die erste bedeutende Reise, die der Kurfürst und Erzbischof unternahm, jene, die ihn 1517 zum alten Kaiser Maximilian (gest. 1519) nach Brüssel führte[5]. Sicher hatte diese Reise zuerst politische Gründe; der Kaiser hatte Albrecht nach Brüssel gerufen. Es ist sehr wahrscheinlich, daß Albrecht im niederländischen Brüssel mit Künstlern dieser Gegend zusammengetroffen ist. Es ist anzunehmen, daß er bei dieser Gelegenheit mit Simon Bening zum ersten Male Kontakt aufnahm, der in der Folgezeit als Buchmaler große Werke für den Brandenburger schuf. Wo sonst sollte diese Verbindung geknüpft worden sein? Es ist weiter sehr wahrscheinlich, daß der Kurfürst auch Margarete von Österreich traf, die Tochter des Kaisers, die als dessen Statthalterin in den Niederlanden residierte und ebenfalls eine bedeutende Auftraggeberin Simon Benings war[6]. Es ist überaus auffallend, daß Albrecht kurz nach seinem Besuch in Brüssel in den Niederlanden illustrierte Bücher bestellte.

---

2 Paul REDLICH, Cardinal Albrecht von Brandenburg und das Neue Stift zu Halle 1520–1541. Eine kirchen- und kunstgeschichtliche Studie. Mainz 1900; Alfons BIERMANN, Die Miniaturenhandschriften des Kardinals Albrecht von Brandenburg. In: Aachener Kunstblätter 46 (1975) S. 15–301, hier S. 16.

3 REDLICH, Cardinal Albrecht (wie Anm. 2), S. 317–361.

4 Horst REBER (Bearb.), in: Albrecht von Brandenburg. Kurfürst, Erzkanzler, Kardinal 1490–1545. Ausstellungskatalog Landesmuseum Mainz, hrsg. von Berthold Roland. Mainz 1990, Nr. 2 und 3, S. 100–101.

5 SCHWERDTFEGER, Manuskript (wie Anm. 1).

6 REBER, Albrecht von Brandenburg. Ausstellungskatalog (wie Anm. 4), S. 192.

Gerade das erste Werk, das der Kardinal aus dem Atelier Simon Benings in Brügge erhielt – ein zweibändiges Stundenbuch von 294 und 298 Blättern, ist außerordentlich reich ausgestattet[7]. Es ist so, als wollte die Kunst der Miniaturmalerei, die sich zu Beginn des 16. Jahrhunderts ihrem Ende zuneigte, noch einmal allen Glanz und jene Schönheit vorweisen, die ein gedrucktes Buch in der gleichen Vollendung nicht erreichen kann.

Jenes Stundenbuch, das Albrecht bei Simon Bening arbeiten ließ, muß um 1523 gemalt worden sein, denn ein Blatt trägt das päpstliche Wappen Hadrians VI., der nur vom 9. Januar 1522 bis zum 14. September 1523 regierte. Zumindestens diese Miniatur kann nicht vor 1522 gestaltet worden sein; und da das Wappen Albrechts in diesem Stundenbuch (fol. 1') mit einem Kardinalshut versehen ist, muß es nach 1518 entstanden sein, denn erst in diesem Jahr wurde Albrecht von Papst Leo X. zum Kardinal ernannt.

Auf jeden Fall hat Albrecht dieser alten Kunst der Miniaturmalerei auf Pergament noch einmal zu einer Hochblüte verholfen, denn in der Folgezeit hat er noch eine ganze Reihe von Büchern auf Pergament schreiben und illustrieren lassen[8]. Neben dem Stundenbuch, das sich heute in Amsterdam befindet, ist noch ein zweites Gebetbuch mit Miniaturen Simon Benings völlig intakt erhalten[9]. Man muß natürlich annehmen, daß Albrecht auch schon vor jener Reise nach Brüssel illuminierte Bücher gesehen hatte, auch wenn wir keinen näheren Verwandten Albrechts als Auftraggeber oder gar als Sammler solcher Werke kennen; aber gerade jene Stunden- und andere Gebetsbücher sind, wenn man von dem erhaltenen Denkmälerbestand ausgeht, offenbar in Nord- und Ostdeutschland nicht so gebraucht und dann gesammelt worden, wie dies im Westen der Fall war, wo vor allem burgundische und niederländische Einflüsse diese Kunst gefördert haben. Es liegt also durchaus nahe anzunehmen, daß Albrecht bei Maximilian und wohl auch bei Margarete von Österreich 1517 solche Werke kennengelernt hat. Die Reise Albrechts in die Niederlande dürfte im Frühjahr 1517 stattgefunden haben, denn im gleichen Frühjahr und auch im Sommer 1517 war Albrecht in Mainz, wo ein Reichstag und die Reichsstände zusammentreten sollten. Bei dieser Gelegenheit weilte auch Albrechts älterer Bruder, der brandenburgische Kurfürst Joachim, in Mainz.

Zwischen diesen Ereignissen und dem nächsten Reichstag in Augsburg im Sommer 1518 lagen zwei Begebenheiten, von denen die eine für Albrecht bedeutsam war, denn der Papst erhob ihn in das Kardinalskollegium[10]. Die andere sollte mit ihren Folgen das Abendland verändern, denn es war der Thesenanschlag Luthers am 31. Oktober 1517. Die Tragweite dieser Tat dürften weder der neue Kardinal noch seine Berater erkannt haben.

Albrecht dagegen hat seine Anwesenheit auf dem Augsburger Reichstag sicherlich für seine künstlerischen Ambitionen genutzt. Denn hier dürfte Albrecht

---

7 Ebd., Nr. 82, S. 189–192.
8 BIERMANN, Miniaturenhandschriften (wie Anm. 2), S. 18.
9 Ebd., S. 18, Nr. 3; Wilhelm WEBER (Hrsg.) und Joachim M. PLOTZEK (Bearb.), Das Gebetbuch des Kardinals Albrecht von Brandenburg. Ausstellungskatalog. Mainz 1980.
10 Friedhelm JÜRGENSMEIER, Kardinal Albrecht von Brandenburg (1490–1545). Kurfürst, Erzbischof von Mainz und Magdeburg, Administrator von Halberstadt. In: Horst Reber (Bearb.), Albrecht von Brandenburg. Ausstellungskatalog (wie Anm. 4), S. 22–41, hier S. 28.

von Brandenburg erstmals mit Albrecht Dürer zusammengetroffen sein, der bei dieser Gelegenheit die Vorzeichnung für seinen im folgenden Jahr entstandenen Kupferstich mit dem Bildnis des Kardinals schuf[11]. Diese Vorzeichnung ist verhältnismäßig groß, nämlich 42,8 × 32,2 cm; der nach dieser von Dürer gestaltete Kupferstich aus dem folgenden Jahr 1519 mißt dagegen nur 14,6 × 9,6 cm und wird deshalb auch gerne der »Kleine Kardinal« genannt, sicher auch im Gegensatz zu dem Kupferstichporträt Dürers aus dem Jahr 1523, dem sog. »Großen Kardinal« (17,4 × 12,6 cm), von dem noch zu sprechen sein wird[12]. Bei diesen Bildnissen hat der Kardinal sicherlich Neuland betreten, die Kunst der Kupferstich-Bildnisse lebte noch in der ersten Generation. Denn gab es vor Dürer kaum Bildnisse in der deutschen Kunst, so war er es, der das Medium der Druckgraphik für diese neue Kunst als erster benutzte und es sogleich zu einem nie mehr erreichten Gipfel der künstlerischen Qualität führte. Trotzdem war es sicher von den Dargestellten in jener Zeit mutig, sich dieser neuen Kunst zu stellen. Neben Albrecht von Brandenburg waren es nicht viele, aber es waren in jeder Hinsicht Auserwählte. Denn es war sicher auch eine besondere Gunst, von einem so bedeutenden Künstler wie Dürer porträtiert zu werden. Zu jenen, die sich dieser Gunst erfreuen durften, zählte auch Kaiser Maximilian, den Dürer ebenfalls 1519 im Holzschnitt porträtiert hat. Es ist besonders interessant, daß die Vorlage für diesen Holzschnitt Dürers ebenfalls 1518 auf dem Reichstag in Augsburg entstanden ist[13]. Denn die Vorzeichnung Dürers sowohl für die Holzschnittbildnisse wie auch für die beiden Gemälde-Porträts des Kaisers von 1519 trägt die folgende handschriftliche Notiz des Malers: *Das ist keiser maximilian den hab ich albrecht dürer zw awgspurg hoch obn awff der pfaltz in seine kleinen stüble künterfett do man tzalt 1518 am mandag noch Johannis tawffer.* Die beiden Bildnisse Dürers von Kaiser Maximilian und von Kardinal Albrecht sind also beinahe zusammen entstanden, das gilt für die Vorzeichnungen und wohl auch für die Ausführungen. Man darf allerdings vermuten, daß zunächst nur an ein gemaltes Bildnis des Kaisers gedacht war; der plötzliche Tod Maximilians im Januar 1519 könnte dann den Künstler bewogen haben, den Holzschnitt rasch zu publizieren. Man sieht aber aus diesem beinahe zufällig gewählten Einblick in den Augsburger Reichstag, daß ein solches Ereignis neben seiner aktuellen politischen Bedeutung ein auch für künstlerische Begegnungen ungemein wichtiges Ereignis gewesen ist. Und dafür haben wir noch einen weiteren Beleg: Denn es ist sehr wahrscheinlich, daß auf dem Reichstag von 1518 noch ein weiteres Bildnis Albrechts entstanden bzw. vorbereitet worden ist. Es handelt sich um ein Bildnis in Medaillenform von Hans Schwarz, dem Augsburger Medailleur. Dieses Porträt ist 1518 datiert und zählt damit zu den frühesten Medaillonbildnissen des Kardinals, wenn es nicht überhaupt das älteste ist; zumindest ist die noch früher datierte Medaille von 1515 auch schon für eine spätere Nachbildung gehalten worden[14]. Ebenso wie bei dem graphischen Porträt hat Albrecht auch bei diesem zweiten in Augsburg 1518 entstandenen Medaillonbildnis ein Medium für die Verbreitung seines Bildnisses

---

11 REBER, Albrecht von Brandenburg. Ausstellungskatalog (wie Anm. 4), Nr. 38, S. 132–133.
12 Ebd., Nr. 40, S. 134–135.
13 Wolfgang HÜTT (Bearb.), Albrecht Dürer. Das gesamte graphische Werk – Handzeichnungen. Büchergilde Gutenberg o. J. (1971), S. 638.
14 Kunst der Reformationszeit. Ausstellungskatalog. Berlin (DDR) 1983, Nr. B 71, 1 und 2.

gewählt oder zugelassen, das gerade eben erst in die künstlerische Produktion eingeführt worden war. Er hat also hier ebenso wie bei dem graphischen Porträt künstlerisches Neuland betreten.

Wir wissen nicht, warum Albrecht von Brandenburg so rasch nach 1519 noch ein zweites Kupferstichporträt bei Albrecht Dürer in Auftrag gab, denn der »Große Kardinal« trägt die Jahreszahl 1523. Es ist weniger wahrscheinlich, daß der schmale Vorrat von 200 Stück schon verbraucht gewesen wäre wie zu voreilig verteilte Visitenkarten. Es ist eher möglich, daß Albrecht seinen neuen Titel, er besaß nämlich seit Januar 1521 als Kardinal die Titelkirche St. Petrus ad vincula in Rom[15], für das neue Kupferstichporträt als Anlaß genommen hat. Aber gerade dieses muß wohl vergessen worden sein, als Dürer den neuen Auftrag gestaltete, denn auf dem Kupferstich von 1523 steht die gleiche, seit Januar 1521 überholte Inschrift, die als Titelkirche St. Chrysogonus nennt. Und ausgerechnet von diesem Kupferstich wurden Albrecht 500 Exemplare geliefert. Die Vorzeichnung für dieses Bildnis dürfte wieder auf einem Reichstag entstanden sein, der 1522/23 in Nürnberg stattgefunden hat, dort hat Albrecht auch in dieser Zeit mehrmals geweilt. Unter allen Bildnissen Albrechts ist dieser Kupferstich das erste, das in strenger Profilansicht geschaffen worden ist. Das gilt übrigens auch für das Werk Dürers, der erst in seinen letzten Schaffensjahren vor seinem Tod 1528 den Typ des Profilbildnisses gepflegt hat. Es ist wohl kaum möglich festzustellen, ob Dürer oder der Kardinal die Anregung für diesen neuen künstlerischen Weg der Bildnisgestaltung gegeben hat. Es bleibt aber festzuhalten, daß Albrecht gerne in neuen Bahnen gewandelt ist, zumindest gilt dies für den Bereich der Kunst.

Der zweite Kupferstich Dürers diente wohl unmittelbar nach seiner Entstehung als Vorbild für ein getriebenes Bildnis Albrechts, das er für die beiden Buchdeckel des Missale Hallense sicher in Nürnberg in Auftrag gegeben hat[16]. Das Meßbuch war 1524 vollendet, das Datum dürfte dann auch für die Buchdeckel gelten. Auf dem vorderen ist die heilige Magdalena und auf dem Rückdeckel der heilige Mauritius graviert, darunter ist jeweils ein getriebenes Reliefbildnis des Kardinals nach Dürers Kupferstich von 1523 zu sehen. An dem Meßbuch soll seit 1522 gearbeitet worden sein, es liegt also nahe anzunehmen, daß der Auftrag im Frühjahr 1522 erteilt wurde, als Albrecht seit April bis in den Sommer hinein in Nürnberg beim Reichstag weilte[17]. Sicher hatte Albrecht bei dieser Gelegenheit auch seine theologischen Berater im Gefolge, mit deren Hilfe er den Maler Glockendon und alle anderen Künstler, die an der Ausgestaltung dieses prachtvollen Meßbuches beteiligt waren, in die von ihm gewünschte Richtung lenken konnte. In Nürnberg dürfte Albrecht aber auch einen anderen Faden wieder aufgenommen haben, den wir gewissermaßen schon kennengelernt haben. Denn aus dem Jahre 1526 stammt die Bildnismedaille, die der Nürnberger Stempelschneider Ludwig Krug von Albrecht geschaffen hat[18]. Ludwig Krug war nicht nur Stempelschneider, sondern ebenso bedeutend als Goldschmied, und wir wissen, daß Krug auch für das Hallesche Heiltum – die bedeutende Reliquiensammlung

---

15 JÜRGENSMEIER, Kardinal Albrecht (wie Anm. 10), S. 28.
16 Horst REBER, Die Bildnisse des Kardinals Albrecht von Brandenburg. In: Albrecht von Brandenburg. Ausstellungskatalog (wie Anm. 4), S. 83–98, hier S. 85; DERS., ebd., Nr. 83, S. 193–197.
17 REDLICH, Cardinal Albrecht (wie Anm. 2), Beilage Nr. 18.
18 REBER, Albrecht von Brandenburg. Ausstellungskatalog (wie Anm. 4), Nr. 47, S. 141.

Albrechts, die für das Neue Stift in Halle bestimmt war – gearbeitet hat. Ludwig Krug hat also eine Porträtmedaille Albrechts geschaffen, wir kennen sie in zwei Größen, die größere Version (Dm 10,7 cm) ist allerdings einseitig, während die kleinere Fassung auf der Rückseite das Wappen Albrechts und zum ersten Male auf einer Medaille auch den Titel eines Kardinals zeigt. Bei der Krug-Medaille haben wir, wie zuletzt bei Dürer, ein Bildnis in strenger Seitenansicht, gleichwohl doch in einer völlig anderen künstlerischen Lösung als sie Dürer geboten hat. So erstaunlich die Feststellung vielleicht klingen mag, der Relief-Fassung von Krug fehlt die plastische Wucht, die man in der graphischen Gestaltung Dürers verspüren kann. Und die Kraft der Gestaltung Dürers spürt man auch noch in der kleinen plastischen Umsetzung in den Deckeln des Missale Hallense. Wenn man übrigens nachprüfen will, wie Albrecht von Brandenburg die Dürerporträts selbst genutzt hat, so kann man in den Handschrift-Büchern Albrechts manche wiederfinden. So ist im Innendeckel des Missale Hallense der »Große Kardinal« eingeklebt[19], wohingegen der »Kleine Kardinal« im Deckel des »Beicht- und Meßgebetbuches« von 1531 zu finden ist[20]. Albrecht hat also diesen Kupferstich noch 1531 gebraucht. Es ist sicher müßig, darüber zu philosophieren, warum in dem einen Fall dieser und im anderen jener Kupferstich in die Bücher vorne eingeklebt worden ist. Man darf als sicher annehmen, daß dies nicht ohne ausdrückliche Billigung des Kardinals geschehen ist. Man darf wohl am ehesten glauben, daß die Auswahl der Kupferstiche nach dem Format getroffen worden ist. Tatsächlich paßt – wenn man diesen Ausdruck in diesem Zusammenhang überhaupt benutzen darf – der etwas größere Kupferstich eher in das große Meßbuch, dagegen ist das kleinere Gebetbuch vom Format mehr für den kleineren, früheren Kupferstich Dürers geeignet. Am Rande sei bemerkt, daß das gleichzeitig mit dem »Beicht- und Meßgebetbuch« entstandene Stundenbuch, das zusammen mit dem vorgenannten in der Hofbibliothek in Aschaffenburg aufbewahrt wird, ebenfalls ein Bildnis des Auftraggebers enthält[21]. Albrecht hat es hier gleich bei dem Nürnberger Miniator Nikolaus Glockendon malen lassen, und Glockendon hat als Vorlage den »Kleinen Kardinal«, den früheren Kupferstich Dürers von 1519 benutzt. Die beiden Codices enthalten also beide im Grunde das gleiche Bildnis, einmal als Kupferstich und eine gemalte Umsetzung dieses Vorbildes.

Die andere »Nürnberger« Verbindung Albrechts mit der Kunst dürfte schon früher, also vor dem Nürnberger Reichstag von 1522/23 geknüpft worden sein, nämlich die zum oben erwähnten Goldschmied Ludwig Krug, dem wichtige Werke aus dem Halleschen Heiltum zu verdanken sind. Es ist wahrscheinlich, daß Krug schon vor 1522/23 Reliquiare für Albrechts Sammlung entworfen und wohl auch ausgeführt hat. Dem könnte allerdings die bei Redlich überlieferte Nachricht entgegenstehen, daß Krug erst 1523 Meister geworden sei[22]. Demgegenüber weist allerdings Heinrich Kohlhausen in seiner Arbeit über die Nürnberger Goldschmiede Krug auch schon Arbeiten im zweiten Jahrzehnt zu[23]. Gerade im Hin-

19 REBER, Bildnisse (wie Anm. 16), S. 86.
20 REBER, Albrecht von Brandenburg. Ausstellungskatalog (wie Anm. 4), Nr. 84, S. 198–200.
21 Ebd., Nr. 85, S. 201–205.
22 REDLICH, Cardinal Albrecht (wie Anm. 2), S. 250.
23 Heinrich KOHLHAUSEN, Nürnberger Goldschmiedekunst des Mittelalters in der Dürerzeit, 1240–1540. Berlin 1968, S. 145. 309. 357–406.

blick auf Ludwig Krug gibt es aber auch noch einen weiteren Aspekt, der für die Verbindung des Mainzer Erzbischofs und Kardinals zu dem Nürnberger Goldschmied vielleicht ebenfalls nicht unwichtig erscheint. Denn die Mutter von Ludwig Krug war die 1472 geborene Ursula Fugger, die Tochter des Nürnberger Vertreters des berühmten Bankhauses Hans I. Fugger[24]. Und mit dem Bankhaus Fugger stand Albrecht ja nun in einer recht engen Geschäftsverbindung. Da kann es durchaus sein, daß man in Augsburg auf den Nürnberger Neffen hingewiesen haben könnte, wenn es denn eines solchen Hinweises noch bedurft haben sollte. Auf jeden Fall wird man davon ausgehen dürfen, daß Albrecht bei seinem Aufenthalt in Nürnberg 1522/23 mit Ludwig Krug zusammengetroffen sein wird. Es ist bemerkenswert, daß Krug wenige Jahre später jenes Porträtmedaillon des Kardinals in zwei Größenfassungen geschaffen hat. Krug hat vielfach seine Goldschmiedearbeiten mit Reliefs – oft in Perlmutt – versehen, wobei offenbleiben muß und im Rahmen dieses Aufsatzes nicht untersucht werden kann, wie weit der Anteil der Mitarbeiter in der offenbar großen Krug-Werkstatt gegangen sein mag. Man wird annehmen dürfen, daß Aufträge von hochgestellten Persönlichkeiten jeweils von dem Meister ausgeführt worden sind. Albrecht von Brandenburg wird sich kaum mit einem untergeordneten Gesellen abgegeben haben. Es ist in diesem Zusammenhang interessant, daß ein Zusammentreffen Ludwig Krugs mit dem Augsburger Medailleur Hans Schwarz überliefert ist, dem beispielsweise die Bildnismedaillen von Jakob Fugger (1518) und Albrecht Dürer (1520) zu verdanken sind[25]. Der eine zählte zur Verwandtschaft Krugs, der andere war in Nürnberg für den Goldschmied sicher eine künstlerische Leitfigur. Ohne Krug zu nahe zu treten, darf man aber feststellen, daß der Augsburger Meister wohl doch früher Bildnisse geschaffen hat, immerhin stammt das Bildmedaillon Albrechts aus dem Jahre 1518. Die Medaille des Ludwig Krug von 1526 steht künstlerisch dem von Schwarz geschaffenen Werk von 1518 tatsächlich näher als dem Kupferstich Dürers von 1523.

Während des Aufenthaltes in Nürnberg beim Reichstag 1522/23 dürften auch die wesentlichen Verhandlungen Albrechts mit der Gießerwerkstatt Vischer wegen seines für Halle bestimmten Grabmales stattgefunden haben, das dann 1525 von Peter Vischer d. J. geliefert und in Halle aufgestellt wurde[26]. Zumindest wurde damit begonnen, die Grabanlage zu gestalten, denn 1530 lieferte Hans Vischer, der jüngere Bruder von Peter Vischer, der wohl ursprünglich den Gesamtauftrag erhalten haben dürfte, aber durch seinen Tod 1528 daran gehindert wurde, die Grabanlage zu vollenden. Man kann also zusammenfassend sagen, daß der Reichstag in Nürnberg für Albrecht von Brandenburg und seine künstlerischen Interessen außerordentlich wichtig gewesen ist, auch wenn dort wohl keine Verbindung ganz neu geschlossen wurde. Diejenige zu Albrecht Dürer bestand ja schon seit dem Reichstag in Augsburg 1518, und auch Ludwig Krug hat wohl schon früher für das Hallesche Heiltum gearbeitet; eine direkte ältere Beziehung Albrechts zur Vischer-Werkstatt ist zwar nicht nachzuweisen, aber doch

---

24 Ebd., S. 358.
25 THIEMER-BECKER, Allgemeines Künstlerlexikon, XXII, S. 4–7, bes. S. 6.
26 Horst REBER, Einführung. In: Albrecht von Brandenburg. Ausstellungskatalog (wie Anm. 4), S. 9–21, hier S. 14 (dort weitere Literatur); vgl. dazu REDLICH, Cardinal Albrecht (wie Anm. 2), S. 149–160.

wahrscheinlich, denn der Vorgänger Albrechts in Magdeburg, Erzbischof Ernst von Sachsen, ein Bruder des Kurfürsten Friedrich des Weisen, hatte sein Grabmal bereits 1495, also achtzehn Jahre vor seinem Tod, im Dom zu Magdeburg aufstellen lassen. Als Ernst von Sachsen 1513 gestorben und Albrecht sein Nachfolger geworden war, dürften zumindest für die Vorbereitungen zu den Begräbnisfeierlichkeiten zum Öffnen und Schließen des Bronzesarkophages auch Mitarbeiter der Vischerschen Gießerei in Magdeburg gewesen sein. Natürlich wird Albrecht das Grabdenkmal seines Vorgängers in Magdeburg gut gekannt haben und aus diesem Grunde auch die Vischer-Arbeiten in Nürnberg, vor allem das Sebaldus-Grab, besucht haben. Es ist in diesem Zusammenhang von besonderem Gewicht, daß das 1530 von Hans Vischer vollendete Doppelgrab für den Vater und den Bruder Albrechts, für die Kurfürsten Johann Cicero und Joachim I. von Brandenburg, bereits 1524 bestellt worden ist. Dieser Auftrag erfolgte also kurz nach dem Nürnberger Reichstag, auf dem neben dem Mainzer Kardinal ja auch sein Bruder anwesend gewesen sein dürfte. Wahrscheinlich haben die beiden Brüder bei dieser Gelegenheit auch über diese Probleme und Aufgaben gesprochen.

Schließlich sei noch einmal erwähnt, daß der Nürnberger Aufenthalt Albrechts die Verbindung zur Glockendon-Werkstatt festgefügt haben dürfte, was für die Aufträge Albrechts im Bereich der Buchmalerei außerordentlich bedeutsam werden sollte. Wenn man es etwas überspitzt formuliert, dann kann man feststellen, daß nach seiner Rückkehr vom Nürnberger Reichstag für Albrecht alle wichtigen künstlerischen Entscheidungen entweder bereits getroffen oder doch in der Richtung angelegt waren. In den folgenden beiden Lebensjahrzehnten hat Albrecht von Brandenburg eigentlich keine neuen Wege mehr beschritten. Das kann nicht nur daran gelegen haben, daß die nachfolgenden Reichstage oder andere Verpflichtungen den Kardinal nur noch an Orte geführt hätten, wo er keine neuen Anregungen mehr empfangen sollte. So trafen sich 1524 die drei geistlichen Kurfürsten, die Erzbischöfe von Mainz, Köln und Trier in Oberwesel. Der Reichstag von 1524–1526 fand in Speyer statt, und auch 1529 trat man dort zusammen. 1530 fand ein Reichstag in Augsburg statt, dem folgten 1532 und 1541 Regensburg und 1542 und 1544 wieder Speyer. Neue Impulse, die sich in Aufträgen an Künstler ausdrückten, sind dort von Albrecht offenbar nicht mehr empfangen worden. Es bleibt die Frage, ob er sie denn gesucht hat! Wenn man den Lebensweg Albrechts im Hinblick auf seine Verbindungen zur Kunst verfolgt, dann muß man sich fragen, warum er nicht einmal nach Italien gereist ist, was ihm als Kardinal ja ohnehin eine Verpflichtung hätte sein müssen, sind doch in seiner Zeit die Päpste Leo X., Hadrian VI. und Clemens VII. gestorben, und er hätte an den jeweils fälligen Papstwahlen teilnehmen müssen. Fürchtete er den Vatikan oder Italien oder hatte er eine Abneigung gegen italienische Kunst, wenn man das so pauschal sagen darf? Wahrscheinlich muß man solche Fragen verneinen und man findet die Antwort, wenn man die Bildnisse Albrechts[27], vor allem die beiden Kupferstiche Dürers von 1519 und 1523 einmal genau ansieht, denn Albrecht ist zwar viel porträtiert, aber von keinem Künstler so tief gesehen und so genau charakterisiert worden wie von dem Nürnberger Meister. Beide Kupferstiche zeigen einen Mann um die Dreißig, aber doch einen Menschen, den das Leben

27 REBER, Bildnisse (wie Anm. 16), S. 83–86.

oder die Lebensweise schon recht deutlich geprägt hat. Man wird hinter diesem Gesicht keine Persönlichkeit vermuten, die sich gerne größeren Strapazen ausgesetzt hätte. Zweifellos bedeuteten Reisen im 16. Jahrhundert, insbesondere Reisen über die Alpen, große Anstrengungen, und diese wird Albrecht gescheut haben. Albrecht war kein Asket; vielmehr zeichnet Dürer einen Menschen, der die größeren und die kleineren Freuden des irdischen Lebens gerne genossen hat. Und sicher war Albrecht auch kein Visionär, auch wenn er auf Dürers Bildnissen in eine unbestimmte Ferne blickt. Man möchte aber – besonders bei dem »Großen Kardinal« von 1523 – eher vermuten, daß der Blick Albrechts auf einen wohlgedeckten Tisch mit angenehmer Gesellschaft fällt, als daß etwa ein Andachtsbild sein Ziel gewesen sein könnte. Dürer hat in dem Mainzer Kardinal einen Menschen gesehen, der lieber die Blumen am Wege pflückte, als daß er einen neuen Garten für kommende Generationen hätte anlegen lassen. Das muß nicht heißen, daß Albrecht kein frommer Mann gewesen wäre; aber seine Frömmigkeit war wohl mehr eine etwas naive Dankbarkeit dem Schöpfer gegenüber als eine Suche nach Erlösung von irdischer Schuld.

Halten wir fest, daß Albrecht von einem bestimmten Zeitpunkt an auf künstlerischem Gebiet kaum noch neue Impulse aufgenommen hat. Wenn man die Ursachen dafür ergründen will, dann sind es eine Reihe von Kräften gewesen, die es bewirkt haben, daß Albrecht gewissermaßen aus der laufenden Entwicklung ausgestiegen ist. Einmal sind es seine ständigen Geldnöte gewesen, die es Albrecht abverlangten, daß er den vorhandenen Schuldenstand nicht noch weiter ausdehnte. Dazu darf man weiter annehmen, daß der Kardinal die Dinge, die er bereits hatte, nicht noch einmal brauchte. Das gilt für die illuminierten Bücher, für Altarbilder ebenso wie für Reliquiare. Das Kunstbedürfnis des Kardinals hatte etwa um 1530 einen gewissen Sättigungsgrad erreicht, zumal er niemals Kunst um der Kunst willen gestalten ließ, vielmehr dienten die von ihm in Auftrag gegebenen gestalteten Formen seinen Aufgaben, so wie er sie verstand, den Aufgaben des Fürsten wie denen des Priesters und Bischofs.

Es kommt hinzu, daß Albrecht bald nach seinem Regierungsantritt in Mainz mit anderen, nicht-künstlerischen Problemen überhäuft wurde. Schon 1517 brach die Luthersache über ihn herein, die wohl auch ihn und nicht nur das Reich mehr und mehr beschäftigte. In dieser Angelegenheit war Albrecht auch 1534 unterwegs, und es war wohl bei dieser Gelegenheit, daß er – vielleicht zum letzten Male – auf einer Reise wichtige Aufträge im künstlerischen Bereich erteilt hat. Albrecht reiste zum berühmten Leipziger Religionsgespräch nach Sachsen, und 1534 ist er in Dresden mit Cranach und Melanchthon zusammengetroffen. Es wird berichtet, daß der Kardinal den Maler und den Reformator zum Essen eingeladen habe[28]. In diesem Zusammenhang fällt es auf, daß Cranach im Jahre 1535 ein Bild geliefert hat, das von seinem Bildinhalt her eine bemerkenswerte Bestellung eines Kirchenfürsten darstellt. Es handelt sich um eine Fassung einer Szene aus der antiken Mythologie, die von Cranach und seiner Werkstatt mehrfach ausgeführt worden ist: Herakles unter den Frauen der Omphale. Es mag durchaus sein, daß Cranach diese Darstellung des Gefangenseins eines machtvollen Mannes durch die erotische Macht der Frau in einem moralisierenden Sinne

---

28 Lukas Cranach, Ausstellungskatalog. Basel 1974, S. 26. 575.

gedacht hat, denn er hat dieses Thema in Szenen aus dem Alten Testament und aus der antiken Mythologie behandelt: Lot und seine beiden Töchter oder Simson und Delila mögen als Beispiele aus dem Alten Testament genügen. Aber wenn eine solche vielleicht mahnende oder gar ermahnende Gestaltung in Bezug zu einem Bischof zu sehen ist, dann ist dies doch wohl bemerkenswert. Wir erinnern uns, daß Luther 1525 den Kardinal gewissermaßen gemahnt oder doch aufgefordert hat, sich zu verheiraten[29]. Nun trägt zwar Herakles nicht die Züge Albrechts, aber er sitzt doch unter seinem Wappen, und links über dem antiken Helden hängen zwei tote Rebhühner, in denen man Sinnbilder der Wollust sehen darf. Sie kommen übrigens auf allen Fassungen dieses Bildthemas vor und sind keine spezielle Zutat für Albrecht. Ganz sicher hat Albrecht dieses Bild bestellt, denn sonst wäre es nicht mit seinem Wappen versehen[30]. Und da es sich bei dem für Albrecht 1535 gemalten Bild nicht um die erste, früheste Fassung des Themas handelt, darf man annehmen, daß ihm die Gestaltung bekannt und genehm war. Cranach kleidet den antiken Helden und die ihn umgebenden Frauen in die Tracht seiner Zeit, es geht dem Maler also um eine Vergegenwärtigung der antiken Mythologie, ein Ziel, das auch den humanistischen Bestrebungen Albrechts nahe gelegen haben könnte. Sowohl der Maler wie auch Albrecht dürften das Thema über die Metamorphosen des Ovid kennengelernt haben, die in der Renaissance und im Barock eine Hauptquelle des antiken Mythos darstellten.

Aus den Jahren 1535 und 1537 stammen nun auch noch zwei Bildnismedaillen des Kardinals, die mit guten Gründen dem Leipziger Medailleur und Goldschmied Hans Reinhart zugeschrieben werden[31]. Es ist sehr wahrscheinlich, daß Albrecht diesen Künstler bei dem erwähnten Aufenthalt in Dresden und Leipzig 1534 kennengelernt und mit der Gestaltung der beiden Medaillen beauftragt hat. Die beiden Künstler, die bisher Bildnismedaillen für den Kardinal hergestellt hatten, der Augsburger Schwarz und der Nürnberger Krug, waren beide 1532 gestorben, so daß Albrecht von dort keine neuen Exemplare mehr bekommen konnte. Dies mag für ihn ein Grund gewesen sein, sich nach einer neuen Quelle umzusehen. Künstlerisch geht die frühere der beiden Medaillen aus dem Jahre 1535 auf die Gestaltung von Ludwig Krug aus dem Jahre 1526 zurück. Dagegen zeigt die spätere Medaille aus dem Jahr 1537 ihn nicht mehr im Profil, wie bisher auf allen Medaillenbildnissen, sondern schräg von vorne. Ähnliche Bildnisse des Kardinals kennen wir in gemalter Form aus dem Cranach-Kreis, so daß die Annahme naheliegt, daß zumindest eine Bildvorlage von dort gekommen sein könnte. Die oben beschriebenen Umstände des Treffens in Dresden von 1534 machen dies wahrscheinlich. Als ein Beispiel darf auf das Porträt im Mainzer Landesmuseum hingewiesen werden, von dem es noch weitere Fassungen gibt[32]; und tatsächlich hat jene im Berliner Jagdschloß Grunewald mit dem Münzbild von 1537 eine bemerkenswerte Beziehung, denn dort trägt Albrecht ein ähnliches

---

29 REBER, Albrecht von Brandenburg. Ausstellungskatalog (wie Anm. 4), Nr. 113, S. 237–238, hier S. 238.
30 Royal Museum of Fine Arts Copenhagen (Gemäldekatalog, englische Ausgabe) 1951, S. 66, Nr. 152.
31 REBER, Albrecht von Brandenburg. Ausstellungskatalog (wie Anm. 4), Nr. 48 und 49, S. 142–143.
32 Ebd., Nr. 45, S. 139–140.

Brokatgewand wie auf der Medaille. Sicher war Albrecht von Brandenburg ein sensibler Mensch. Deshalb mögen ihn wohl die vielen Todesfälle aus dem Künstlerkreis, der für ihn gearbeitet hat, sehr berührt haben. Denn in den späten zwanziger und in den frühen dreißiger Jahren starben die wichtigsten Künstler, die bis dahin für ihn gewirkt hatten: Kurz hintereinander starben 1528 Dürer am 6. April und Grünewald am 31. August. Aus der Sicht Albrechts waren diese beiden kaum oder überhaupt nicht zu ersetzen. Denn Dürer hatte nicht nur die beiden Bildnisse des Kardinals geschaffen, er war auch als Entwerfer für Goldschmiedearbeiten für das Hallesche Heiltum von weit größerem Einfluß, als wir es heute erahnen können. Die Nürnberger Goldschmiede, besonders die Werkstatt von Ludwig Krug, haben dem genialen Formenerfinder viel zu verdanken. 1532 starben Ludwig Krug und der Augsburger Medailleur Hans Schwarz, der die früheren Medaillenbildnisse Albrechts geschaffen hatte. 1534 folgte diesen dann noch Nikolaus Glockendon in den Tod. Von den großen Künstlern, die bisher für Albrecht gearbeitet hatten, lebte nur noch Lukas Cranach, der aber mehr und mehr durch sein starkes Engagement am kursächsischen Hof und auch für Martin Luther als ein möglicher Gestalter für den Kardinal ausfiel. Zwar hatte die Cranach-Werkstatt noch 1534 für den Hohenzollern ein heute in der Aschaffenburger Stiftskirche aufbewahrtes Passionslektionar geschaffen[33]; aber es wäre der Kunstauffassung Albrechts sicher zuwider gewesen, wenn er noch erlebt hätte, daß Cranach d. J.[34] auf dem Altar der Weimarer Stadtkirche im Mittelbild seinen Vater Lukas Cranach d. Ä. und Martin Luther unter dem Kreuz versammelt hat. Der Umstand, daß schon seit den zwanziger Jahren die beiden Bistümer Magdeburg und Halberstadt sich dem lutherischen Glauben zuwandten, führte schließlich dazu, daß sich Albrecht gänzlich aus diesem Raum zurückziehen mußte.

Zu den zu nennenden Todesfällen gehört auch, daß 1535 Joachim I., der Bruder und Kurfürst von Brandenburg, gestorben war. Dies dürfte für Albrecht sicher der schmerzlichste Verlust gewesen sein, denn nach dem frühen Tod der Eltern war der ältere Bruder für den jungen Prinzen die wichtigste Bezugsperson gewesen. Es kommt hinzu, daß die Karriere des jüngeren von dem regierenden Kurfürsten von Brandenburg gemacht worden war; und wenn es im Leben Albrechts von Brandenburg Ehrgeiz und Tatkraft gegeben hat, dann dürften sie von seinem Bruder gekommen sein[35]. Man geht deshalb sicher nicht fehl in der Annahme, daß der Tod Joachims für Albrechts Leben ein nachhaltiger Einschnitt gewesen ist. Denn es muß hier darauf hingewiesen werden, daß bei den Auseinandersetzungen in den Glaubensfragen der Zeit, in den konfessionellen Diskussionen nur Joachim I. aus dem brandenburgischen Hause eine Stütze für den Kardinal gewesen ist. Joachim blieb Zeit seines Lebens dem alten Glauben treu. Es gleicht einem Bekenntnis, wenn er sich auf seinem 1529 datierten Bildnis von Lukas Cranach mit einem Rosenkranz darstellen ließ[36]. Denn ein Jahr zuvor hatte sich bereits seine Gemahlin, die dänische Prinzessin Elisabeth, zum lutherischen

---

33 Ebd., Nr. 88, S. 209–210.
34 Ausstellungskatalog Cranach (wie Anm. 28), I, S. 76; Friedrich OHLY, Gesetz und Evangelium. München 1985, S. 36–37.
35 JÜRGENSMEIER, Kardinal Albrecht (wie Anm. 10), S. 24.
36 REBER, Albrecht von Brandenburg. Ausstellungskatalog (wie Anm. 4), Nr. 44, S. 138.

Glauben bekannt, und ihr Sohn Joachim II. sollte 1539 ebenfalls zum neuen Glauben übertreten. Damit war das Haus Brandenburg-Hohenzollern evangelisch, denn der Vetter Albrechts, der übrigens wie der Kardinal 1490 geboren wurde, hatte bereits 1525 als Hochmeister des Deutschen Ordens den Übertritt vollzogen und sein geistliches Fürstentum in ein erbliches Herzogtum verwandelt, das er als Lehen von dem polnischen König empfing. Knapp hundert Jahre später fiel es dann durch Erbgang an das Haus Brandenburg-Hohenzollern, die Markgrafen von Brandenburg wurden Herzöge und im frühen 18. Jahrhundert auch Könige von Preußen. Und am Ende des 18. Jahrhunderts gehörten sie als ehemalige Vasallen der polnischen Könige zu den Liquidatoren des polnischen Königreiches zusammen mit Österreich und Rußland.

Im Frühjahr 1541 war Albrecht zum letzen Male in Halle[37]. Der Erzbischof mußte sich in seinen fünf letzten Jahren dem sich verkleinernden Lebensraum in Kurmainz anpassen. Mainz und Aschaffenburg mit ihren Residenzschlössern bildeten seine neuen Schwerpunkte. Seine wichtigste Aufgabe im Bereich der Kunst war es, seine Bestände von Halle und vielleicht auch aus Magdeburg nach Mainz bzw. nach Aschaffenburg zu schaffen[38]. Das galt vor allem für seinen Reliquienschatz, seine Bücher, wohl auch für Gemälde und auch für sein Bronzegrabmal, das er sich im Neuen Stift in Halle hatte errichten lassen. Es ist schwer nachzuvollziehen, warum Albrecht dieses Grabmal nicht in Halle lassen und gewissermaßen mit den anderen Verlusten abschreiben wollte. Dies um so weniger, als er in seinem Testament vom 27. Januar 1540 festgelegt hatte, daß er im Mainzer Dom begraben werden wollte und daß ihm dort auch ein Epitaph errichtet werden sollte[39]. Aus dem Text läßt sich herauslesen, daß er dort seine Bronzetafeln nicht wieder verwandt sehen wollte. Man könnte sich denken, daß Albrecht, der sicher einen ausgeprägten Sinn für Proportionen besaß, die beiden Bronzereliefplatten nach Aschaffenburg und nicht in den Mainzer Dom bringen ließ, weil sie ihm für die gewaltigen Dimensionen des Doms in Mainz zu klein erschienen. Tatsächlich hat das nach dem Tod des Kardinals in Mainz gemäß dem Testament aufgestellte Grabmal eine Höhe von 6,30 m; dagegen erscheint Albrecht auf der heute in Aschaffenburg stehenden Vischerschen Bronzetafel etwa lebensgroß[40]. Sie hätte in Mainz allenfalls als Grabplatte über dem Bodengrab dienen können. Dafür ließ sich Albrecht aber 1540 eine Marmorplatte anfertigen, auf der neben der Grabschrift nur das Wappen des Kardinals zu sehen ist[41]. Noch einmal die Frage, warum wollte Albrecht nicht, daß die Grabmalteile aus Bronze in Halle blieben? Sollte sein Grabmal nicht in einer lutherischen Kirche bleiben? Bei der Erbitterung, mit der in dieser Zeit um den rechten Glauben gerungen wurde, wäre eine solche Einstellung des Kardinals verständlich, zumal es sich bei den beiden Bronzetafeln von Peter Vischer d. J. und von Hans Vischer doch wohl um

37 JÜRGENSMEIER, Kardinal Albrecht (wie Anm. 10), S. 37.
38 REDLICH, Cardinal Albrecht (wie Anm. 2), S. 317–361; REBER, Albrecht von Brandenburg. Ausstellungskatalog (wie Anm. 4), Nr. 57–70, S. 152–172.
39 Ebd., Nr. 56, S. 151.
40 Zu den Grabdenkmälern Albrechts vgl. REBER, Bildnisse (wie Anm. 16), S. 11–18.
41 Rudolf KAUTZSCH und Ernst NEEB, Der Dom zu Mainz (= Die Kunstdenkmäler der Stadt und des Kreises Mainz, II: Die kirchlichen Kunstdenkmäler der Stadt Mainz, Teil 1 = Die Kunstdenkmäler im Freistaat Hessen, hrsg. durch eine von der Hessischen Regierung bestellte Kommission. Provinz Rheinhessen, Stadt und Kreis Mainz). Darmstadt 1919, S. 266–272 und Taf. 52a.

Abb. I: Nikolaus Glockendon, Albrecht von Brandenburg bei der Fronleichnamsprozession, Missale Hallense

Abb. II: Hans Huiuff, Kelch aus dem Halleschen Heiltum, Domkirche in Uppsala

Abb. III: Reliquienbüste der heiligen Magdalena (Hans Huiuff, 1513), Miniatur im Halleschen Heiltumsbuch

Abb. IV: Simon Bening, Heilige Agnes, aus dem Stundenbuch für Albrecht von Brandenburg

Werke handelt, aus denen ein sehr persönliches Engagement Albrechts spricht. Da war einmal seine lebensgroße Gestalt in Pontifikalgewändern mit seinem Wappen auf den Randleisten. Das Pendant dazu war die zweite Tafel von Hans Vischer aus dem Jahre 1530 mit einer Darstellung der Maria Immaculata[42]; auf den Randleisten dieser Tafel finden sich die Symbole der Passion Christi. Albrecht hätte damit rechnen müssen, daß andere diese ihm teuren Tafeln entweder einfach entfernt oder doch verfremdet hätten. Man kann aus der Translatio dieser Tafeln nach Aschaffenburg aber auch noch etwas anderes herauslesen, nämlich das Bekenntnis Albrechts, daß er zu den Glaubensinhalten, wie sie aus den beiden Bronzetafeln zu uns sprechen, nach wie vor stand. So verstanden, handelt es sich bei der Aufstellung der Tafeln in Aschaffenburg weniger um die Rekonstruktion eines nunmehr nicht mehr so benötigten Grabmales als vielmehr um die Bestätigung einer Konfession, für die Albrecht eben auch nach dem zeitlichen Abstand von fünfzehn bzw. zehn Jahren und nach den Erfahrungen der konfessionellen Auseinandersetzungen in dieser Zeit nach wie vor einstehen wollte. Albrecht fühlte sich stets unter dem Schutz der Madonna geborgen.

In dem gleichen Sinne muß man auch die Verlegung des Halleschen Heiltums aus dem Neuen Stift in Halle nach Mainz verstehen. Das war nicht die Verlegung eines Schatzes, der den bösen Feinden nicht in die Hand fallen sollte; vielmehr war es eine Translocierung von heiligmäßigen Reliquien aus einem nicht mehr entsprechenden Raum in einen anderen, bei dem die religiösen Ansprüche des Kardinals gewahrt waren[43]. Es steht dabei auf einem anderen Blatt, daß auch Mainz keine bleibende Heimstatt für diese Sammlung Albrechts werden sollte, daß auch hier die Betrachtung immer mehr sich vom »Heiltum« hin zu einem kostbaren Schatz verwandeln sollte. Albrecht von Brandenburg hätte es sicher als eine Ironie des Schicksals angesehen, daß ausgerechnet im protestantischen Schweden noch einige »kostbare« Stücke aus seiner Reliquiensammlung intakt erhalten sind[44], der Kelch von Hans Huiuff wird sogar gelegentlich noch als Abendmahlskelch verwandt, er ist damit noch nicht profaniert oder zum Museumsstück abgewandelt. Für Albrecht waren die Behältnisse seiner Reliquien die entsprechende Hülle für eine heilsbringende Kostbarkeit, die einen Ablaß der zeitlichen Sündenstrafen gewährleisten sollten. Es ist logisch, daß nach dem Ablaßstreit mit Luther nach Meinung Albrechts diese Stücke nicht in Halle bleiben konnten, wo er sie in seinem Sinne bedroht sah.

Albrecht von Brandenburg hat sich niemals schriftlich zu seinem Verhältnis zur Kunst geäußert, und auch mündliche Bekenntnisse des Kardinals sind zu diesem Thema nicht überliefert. Deshalb sind die Kunstwerke aus dem Kreise Albrechts unsere Quellen auf diesem Gebiet. Natürlich wäre eine persönliche Äußerung Albrechts zu diesem Thema sehr wichtig. Aber ob er zu der eigentlich philosophischen Frage, ob er denn ein Verhältnis zur Kunst habe, überhaupt eine Antwort gehabt hätte, muß man bezweifeln. Es ist aber nicht uninteressant, darüber zu spekulieren, weil damit die Frage verbunden ist, ob denn Albrecht ein Kunstmäzen im Sinne der Renaissance gewesen ist. Wahrscheinlich hätte der Kar-

---

42 Vgl. dazu auch ebd., S. 268.
43 REBER, Albrecht von Brandenburg. Ausstellungskatalog (wie Anm. 4), Nr. 57–70, S. 152–172.
44 Ebd., Nr. 61 und 62, S. 156–161.

dinal auf die Frage in der allgemeinen Form eher konkret zu einzelnen Bereichen der künstlerischen Ausgestaltung geantwortet. Denn eine Ästhetik um ihrer selbst willen, also Kunst um einer abstrakten Schönheit willen, dürfte Albrecht sehr fremd gewesen sein. So wie auch der Zugang Albrechts zu den einzelnen Künsten wohl über bestimmte Künstler und bestimmbare Aufgaben gegangen sein dürfte. Eine der wichtigsten Aufgaben, die sich Albrecht selbst gestellt hatte, war das Neue Stift in Halle[45]. Es gehört zu den tragischen Zügen dieses Lebens, daß es Albrecht erleben mußte, Halle an Luther zu verlieren. Denn für die Aufgabe in Halle hat Albrecht die wichtigsten Künstler seiner Zeit, zumindest die, die er erreichen konnte, aufgeboten: Grünewald, Cranach, Baldung als Maler; es wird allerdings schwer, gleichwertige Bildhauer oder Architekten zu benennen, die dort für ihn tätig gewesen wären. Man nimmt deshalb an, daß Grünewald in Halle so etwas wie der künstlerische Leiter gewesen sei[46]; und auch der Bildhauer Peter Schro, der nachweislich in Halle für Albrecht gearbeitet hat[47], dürfte seine Aufträge dort nur bekommen haben, weil der sicher viel bedeutendere Künstler Hans Backoffen, der in Mainz im Auftrage Albrechts das Grabmal für seinen Vorgänger auf dem Mainzer Erzstuhl, für Uriel von Gemmingen, geschaffen hatte, bereits am 21. September 1519 gestorben ist. Dennoch, auch die Aufgabe in Halle sah Albrecht sicher nicht im Sinne einer ästhetisch anspruchsvollen Ausgestaltung seiner neuen Stiftskirche. Ihm dürfte es vielmehr um die intensive Gestaltung einer von ihm vertretenen Frömmigkeitsvorstellung gegangen sein. Die Ästhetik diente daher allenfalls der Vermittlung, sie war nicht das Ziel des Kardinals.

Wenn man das weitgesteckte Ziel Albrechts für sein Neues Stift in Halle sieht, so erstaunt es, mit wie wenig Architektur im Sinne von Neubauten Albrecht hier auskam[48]. An der eigentlichen Stiftskirche, dem heutigen Dom in Halle, wurde nur wenig verändert. Dafür wurde in Halle die Liebfrauenkirche durch Albrecht neu gebaut; allerdings wurde diese Pfarrkiche dem Stift einverleibt[49], und man darf diesen Neubau nicht isoliert sehen, sondern muß ihn in Verbindung bringen mit dem geplanten Gesamtausbau von Halle als Residenz des Kardinals. Deren Kern sollte zweifellos das Neue Stift als geistliches Zentrum werden, dazu sollte dann auch die Moritzburg als Wohnsitz des Kardinals gehören, und schließlich war auch noch eine Universität als geistiges Zentrum geplant. Hinter diesem Geflecht von Beziehungen stand zweifellos ein theologisches Programm, das wohl nicht an einem Tage entstanden sein dürfte. Vielleicht gehen die Überlegungen dazu schon auf Ernst von Sachsen, den Vorgänger Albrechts als Erzbischof von Magdeburg, zurück. Erzbischof Ernst hatte ja bereits mit der Sammlung von Reliquien begonnen, die Albrecht weiter ausbaute, um seine Heiltums-Sammlung dann in das Zentrum seines Neuen Stiftes zu stellen[50].

45 REDLICH, Cardinal Albrecht (wie Anm. 2); REBER, Albrecht von Brandenburg. Ausstellungskatalog (wie Anm. 4), Nr. 58, S. 154–155.
46 Ebd., Nr. 76–78, S. 180–183.
47 Irnfriede LÜHMANN-SCHMID, Peter Schro, ein Mainzer Bildhauer und Backoffenschüler. In: Mainzer Zeitschrift 70 (1975) S. 1–62. 71–72 (1976–1977) S. 57–100.
48 REDLICH, Cardinal Albrecht (wie Anm. 2), S. 100–119.
49 Ebd., S. 46–47; Reinhardt HOOTZ (Hrsg.), Deutsche Kunstdenkmäler, Provinz Sachsen und Land Anhalt. Darmstadt 1966, S. 112–113. 367.
50 Vgl. dazu auch Philipp Maria HALM und Rudolf BERLINER, Das Hallesche Heiltum. Man. Aschaffenb. 14. Berlin 1931, S. 14.

Wenn man sieht, wieviel Albrecht von Brandenburg für Halle getan hat, so muß um so mehr auffallen, wie wenig er im Grunde in Mainz in Bewegung gesetzt hat. Liebte er Mainz weniger oder gab es da andere Gründe? Zweifellos hatte er es in Mainz mit festgefügten Institutionen zu tun, vor allem mit einem Domkapitel, das sich seiner Bedeutung sehr bewußt war. Sehr bald auch sollten sich die Beziehungen trüben, und am Ende seines Lebens waren sie äußerst gespannt. Dabei hatte Albrecht sicher auch in Mainz neue Ziele im Auge. Das Grabmal für seinen Vorgänger Uriel von Gemmingen ist dafür ein gutes Beispiel. Denn bei diesem Grabdenkmal hat Albrecht die lange Tradition unterbrochen, nach der der tote Erzbischof in machtvoller Pose auf seinem Epitaph zu stehen hatte[51]. Der gleiche Bildhauer, den Albrecht mit dem Grabmal seines Vorgängers beauftragte, hatte in dieser Form den beiden Vorgängern ihre Denkmale geschaffen, es sind die Erzbischöfe Berthold von Henneberg und Jakob von Liebenstein[52]. Es war wohl nicht die Intention des Bildhauers, es hier einmal mit etwas Neuem zu versuchen, dazu hätte er in der Bischofskirche nicht das Recht gehabt. Hier muß der neue Erzbischof selbst eine neue Entscheidung gesucht haben, die seinen Vorstellungen von der Stellung eines Erzbischofs in der Kirche entsprachen. So erscheint denn ein verhältnismäßig kleiner Uriel von Gemmingen vor den Hauptheiligen des Bistums Mainz, vor Martinus und Bonifatius, diese beiden stehen unter dem Kreuz Christi. Für Albrecht muß diese Haltung die angemessene vor dem Kreuz Christi gewesen sein, denn etwa zehn Jahre später hat er sich selbst so von Cranach malen lassen[53]. Wahrscheinlich war aber diese Form des Grabmales doch nicht so gehalten, daß sie in Mainz gefallen hätte, denn man hat nach Albrechts Tod wieder an die alte Tradition angeknüpft, auch wenn man in der äußeren Form die Stilelemente der Zeit gebrauchte: Man war modern. Aber dieses Beispiel macht bereits deutlich, daß es in einer so festgefügten Ordnung, wie es der Mainzer Dom und sein Kapitel darstellten, nicht leicht war, eine kleine Neuerung durchzusetzen. Dies gelang Albrecht eigentlich nur am Anfang seiner Mainzer Regierungszeit, gewissermaßen mit seinem Einzug. Schon bald steuerte das andere bedeutende Machtzentrum des Kurfürstentums, das Domkapitel, einen Kurs gegen seinen Erzbischof. Der Zeitpunkt ist nicht ganz genau zu bestimmen, es ist möglich, daß die gegen den Rat des Kapitels angenommene Kardinalswürde im Jahre 1518[54] den Umschwung herbeigeführt hat. Allerdings darf ein Gegensatz zwischen Erzbischof und Domkapitel auch nicht überbewertet werden, denn er ist im Verlauf der Geschichte immer wieder zu beobachten, und das beschränkt sich auch nicht auf Mainz. Trotzdem wird man in unserem Falle davon auszugehen haben, daß Albrecht in Mainz mehr auf andere hören mußte, als

---

51 REBER, Einführung (wie Anm. 26), S. 11–14.
52 KAUTZSCH/NEEB, Dom (wie Anm. 41), S. 258–262 und Tafel 51a und c; vgl. dazu die Dissertation von Wolf GOELTZER, Der »Fall Hans Backoffen«. In: Mainzer Zeitschrift 84–85 (1989–1990) S. 1–78. Die Arbeit ist bisher nur zur Hälfte publiziert, in dem vorliegenden Text ist von den drei Domgrabdenkmälern nur das Gemmingen-Grabmal behandelt. Goeltzer geht dabei von der falschen Annahme aus, daß die Ikonologie des Grabmals allein das Werk des Bildhauers gewesen sein könnte. Die stilkritische Untersuchung allein führt dann zu falschen Schlüssen, denn in der Werkstatt von Backoffen ist das Problem der Händescheidung (Backoffen oder Peter Schro) nicht die erste und schon gar nicht die einzige Frage.
53 REBER, Bildnisse (wie Anm. 16), Abb. 34, S. 89.
54 JÜRGENSMEIER, Kardinal Albrecht (wie Anm. 10), S. 28.

das wohl in Magdeburg und Halle der Fall war. Er konnte in Mainz nicht ein solches Umgestaltungsprogramm beginnen, wie in Halle. Es bleibt dabei aber natürlich die Frage, ob er dies in dem gleichen Umfang überhaupt gewollt hat. Trotzdem muß man festhalten, daß auch der Mainzer Dom durch Albrecht bedeutend reicher geworden ist, denn die drei Altäre von Matthias Grünewald dürften dem altehrwürdigen Gotteshaus sicher einen neuen Glanz verliehen haben[55]. Wenn man bedenkt, wie viele Besucher in das Museum in Colmar wegen des Isenheimer Altars von Grünewald pilgern, dann kann man sich denken, wie viele Menschen heute in den Mainzer Dom wegen dreier Grünewald-Altäre kommen würden; allein, im Jahre 1632 wurden die drei jeweils dreiflügeligen Altäre nach Schweden abtransportiert, sie sind in der Ostsee untergegangen. Mit den Mainzer Altären werden aus dem erhaltenen Zeichnungsbestand einige Blätter Grünewalds in Verbindung gebracht, die alle in die Zeit um oder bald nach 1520 datiert werden[56]. Demnach hätte Albrecht diese Aufträge erteilt, so wie er den Maler ja auch für seine zweite Mainzer Residenzstadt Aschaffenburg beschäftigte, wo er für die Stiftskirche den Maria-Schnee-Altar schuf, von dem heute noch wichtige Teile in Stuppach bei Bad Mergentheim und in Freiburg im Augustinermuseum erhalten sind[57]. Es ist hier nicht der Ort, das Verhältnis Albrechts zu dem alles überragenden Maler seiner Zeit, zu Grünewald, vollständig zu erhellen, denn das würde den Rahmen dieses kurzen Essays weit sprengen. So können wir auch nicht bestimmen, welche Arbeiten Grünewald wohl auch schon für die Vorgänger Albrechts in Mainz ausgeführt haben könnte.

Da die Gemälde Grünewalds für den Mainzer Dom nicht erhalten sind, bleibt in Mainz neben dem Grabmal des Kardinals im Dom nur der Marktbrunnen als ein Zeugnis seines Kunstwillens[58]. Er ist 1526 nach dem Aufstand der Mainzer Bürger im Bauernkrieg entstanden. Auch wenn sich dieser Aufstand wohl weniger gegen die Person Albrechts als mehr gegen die Institutionen der Obrigkeit richtete, so ist der mahnende, landesväterliche Sinn dieses Brunnens nicht zu übersehen. Albrecht wollte auch hier keinen schönen Brunnen nur für die Wasserversorgung der Mainzer Bürger schaffen lassen, er wollte ihnen vielmehr auch die Gebundenheit des endlichen, irdischen Lebens vor Augen führen. Immerhin ist es schon erstaunlich, daß Albrecht, dem fast noch zwanzig Regierungsjahre nach der Errichtung des Mainzer Marktbrunnens blieben, kein Kunstwerk mehr für die Hauptstadt seines bedeutendsten Territoriums in Auftrag gegeben hat. Man kann dies nur so erklären, daß Albrecht hier keine Aufgaben gesehen hat, zu deren Bewältigung er künstlerisch gestaltete Formen benötigt hätte. Dies spricht auch dagegen, daß er so sehr von der Kunst als Selbstzweck durchdrungen gewesen wäre, als daß er ständig nach neuen Möglichkeiten gesonnen hätte, Werke in Auftrag geben zu können. Zu dieser Feststellung paßt auch die Tatsache, daß Albrecht an keinem seiner Residenzorte einen neuen Wohnbau für sich errichten ließ. Er hat überall die vorhandenen Burgen oder Schlösser weiterbenutzt. Man wird aber nicht in der Annahme fehlgehen, daß der Kardinal seine Wohnräume

---

55 REBER, Einführung (wie Anm. 26), S. 19.
56 Eberhard RUHMER, Grünewald-Zeichnungen. Köln 1970, Kat. Nr. XI und XXXI–XXXVI, S. 85 und 93–95, Taf. 13. 37. 36. 38–51.
57 REBER, Albrecht von Brandenburg. Ausstellungskatalog (wie Anm. 4), Nr. 78, S. 182–183.
58 Ebd., Nr. 4, S. 101–103.

ebenso wie die Repräsentationsräume und sicher auch die Kapellen nach seinen Vorstellungen ausgestalten ließ. Trotzdem bleibt es bemerkenswert, daß er auf Neubauten verzichtete. Leider sind aber auch die von Albrecht benutzten älteren Schloßbauten heute nicht mehr erhalten. Das beginnt bereits mit seinem Geburtsort, denn das Berliner Schloß, in dem er das Licht der Welt erblickte, wurde von seinem Neffen Joachim II. von 1540 an gänzlich neu gebaut, damals blieben nur die Fundamente erhalten[59]. Die Martinsburg in Mainz blieb zwar trotz des neuen kurfürstlichen Schloßbaues vom 17. und 18. Jahrhundert bis in das frühe 19. bestehen, aber dann wurde sie abgerissen. Die Schlösser in Aschaffenburg[60] und in Steinheim[61] bei Hanau wurden ebenfalls umgebaut, wobei man in Aschaffenburg fast von einem vollständigen Neubau des 17. Jahrhunderts sprechen kann. Auch die Moritzburg in Halle erlitt im Dreißigjährigen Krieg starke Zerstörungen[62]. Wir wissen also nicht, in welchen Räumen der Kardinal gelebt hat, wie sie zugeschnitten und ausgestattet waren.

Gerade hier, in einem vielleicht hin und wieder privaten Bereich, ist der persönliche Geschmack zum Tragen gekommen, während er sonst immer wieder auf andere Rücksicht zu nehmen hatte, auf sein Domkapitel wie auf andere Ratgeber, von denen er stets umgeben gewesen sein dürfte. Deshalb muß man, wenn man das ganz persönliche Kunstempfinden Albrechts studieren will, in seinen privaten Bereich gehen, und aus diesem Grunde sind die illuminierten Gebet- und Andachtsbücher so wichtig[63]. Denn sie wurden für ihn ganz persönlich geschaffen, auch wenn für das theologische Programm dieser Bücher sicher Ratgeber herangezogen werden mußten. Das bezog sich aber nur auf den Text, die künstlerische Ausgestaltung war allein auf den Besteller bezogen. Vielleicht kann man deshalb aus den Innenraumgestaltungen in den illuminierten Büchern auf die Innenräume schließen, die Albrecht bewohnte. Besonders in dem Aschaffenburger Beicht- und Meßgebetbuch von 1531 werden Blicke in Innenräume erlaubt[64]. Die farbige Innenraumgestaltung wird man in gleicher oder doch sehr ähnlicher Form in den Schlössern Albrechts vorgefunden haben, und dies wird auch für die Ausgestaltung der Kapellen gelten.

Wenn nun in dem bisher Gesagten der Eindruck erweckt worden sein sollte, als habe Albrecht von Brandenburg vielleicht doch nicht so viele Kunstwerke gestalten lassen, so ist dies so sicher nicht beabsichtigt. Albrecht hat vielmehr nur in einem Abschnitt seines fünfundfünfzigjährigen Lebens Aufträge an Künstler erteilt, etwa von der Mitte des zweiten Jahrzehnts bis in die Mitte der dreißiger Jahre. Es beginnt wohl mit seiner Berufung in Bischofsämter und dauert bis etwa zum Tod seines Bruders, ohne daß dieses Ereignis damit nachweisbar etwas zu tun haben muß. Aus den letzten zehn Jahren seines Lebens kennen wir kaum Aufträge, wenn man von dem letzten Münzbildnis von 1537 absieht. Trotzdem ist es bemerkenswert, daß solche Medaillenbildnisse am Anfang und auch am Ende sei-

---

59 Lieselotte WIESINGER, Das Berliner Schloß. Darmstadt 1989, S. 29–48.
60 REBER, Albrecht von Brandenburg. Ausstellungskatalog (wie Anm. 4), Nr. 2, S. 100.
61 Ebd., Nr. 3, S. 101.
62 HOOTZ, Kunstdenkmäler (wie Anm. 49), S. 114–115. 367–368.
63 REBER, Albrecht von Brandenburg. Ausstellungskatalog (wie Anm. 4), Nr. 82–88, S. 189–209.
64 Ebd., Nr. 84, S. 198–200.

ner Kunstpolitik stehen. In den ersten 23 oder 24 Jahren seines Lebens war Albrecht der jüngere Sohn ohne eigene Macht, in dieser Zeit hat er im Schatten seines älteren Bruders gelebt. In den letzten beinahe zehn Jahren seines Lebens dürfte Albrecht ein sehr einsamer Mann gewesen sein, und vielleicht hat dies mit dazu geführt, daß er der weiteren künstlerischen Entwicklung nicht mehr gefolgt ist. Dennoch: Vergleicht man die von Albrecht ausgehende Kunstproduktion mit dem, was seine Vorgänger und seine Nachfolger auf dem Mainzer Erzstuhl gestalten ließen, dann nimmt sich die Menge und die Vielfältigkeit der von ihm in Auftrag gegebenen Kunstwerke sehr bedeutend aus. Wir kennen z. B. von ihm sehr viele und unterschiedliche Bildnisse, in Metall geschnittene oder gegossene und in Stein geschnittene, gemalte und in Kupfer gestochene ebenso wie in Erz gegossene oder in Miniaturmalerei gestaltete[65]. Unter den vielen ist nur eines, das den Menschen Albrecht von Brandenburg ohne besondere Insignien seines kirchlichen und weltlichen Ranges zeigt, es ist das Bild aus der Cranach-Werkstatt im Landesmuseum in Mainz. Dazu gibt es ein Gegenstück im gleichen Format und in der gleichen Komposition, auf dem er aber anstatt seiner privaten Kleidung ein Meßgewand trägt. Von seinen Vorgängern und den direkten Nachfolgern kennen wir keine solchen Bildnisse, und sie haben auch sonst sehr viel weniger Aufträge an Maler oder Bildhauer gegeben. Erst im 17. Jahrhundert sollte sich das ändern, das Schwergewicht der künstlerischen Bestätigung der Kurfürsten sollte dann aber im Bereich der Architektur liegen.

Gerade aber der Umstand, daß sich die Kunstproduktion für Albrecht von Brandenburg auf einen Zeitraum von etwa zwanzig Jahren beschränkt, macht die Leistung dieser Epoche um so bedeutender, denn hinter jedem dieser Werke steckt eine Aussage. Wenn man den ikonologischen Kosmos, den das Hallesche Heiltum darstellt, auch nur annähernd erfassen will, dann muß man sich in viele Werke vertiefen, in erzählende und in Andachtsbilder. Selbst wenn man unterstellt, daß Albrecht nicht alle Tiefen dieser Werke erfaßt hat, so ist die geistige Leistung, eine solche Sammlung zusammenzutragen, doch sehr hoch zu veranschlagen. Vielleicht war Albrecht kein gelehrter Theologe, gemessen an den Büchern, die er studiert hat; dafür hat er in den von ihm in Auftrag gegebenen Kunstwerken mehr über die Geistesgeschichte seiner Zeit vermittelt, als aus der Theologie seiner Zeit herausgelesen werden kann.

Schließlich muß noch auf die am Anfang gestellte Frage eingegangen werden, ob denn die Reformation durch Martin Luther auf die Kunst um Albrecht von Brandenburg Einfluß ausgeübt hat. Die Antwort muß notwendigerweise mehrschichtig ausfallen. Denn eine ausgeprägt lutherische Ikonologie hatte sich in der Zeit Albrechts, die ja parallel zur Lebenszeit des Reformators verlief, noch nicht endgültig entwickelt. Das hängt sicher mit dem Gang der theologischen Diskussionen zusammen. Dagegen ist festzustellen, daß in den Werken, die Albrecht in Auftrag gegeben hat, ein wie auch immer gearteter Einfluß der evangelischen Theologie nicht spürbar ist. Man kann aber nicht ausschließen, daß die sehr auffällige Enthaltsamkeit des Kardinals von etwa 1535 an, die dazu führte, daß er

---

65 REBER, Einführung (wie Anm. 26), S. 15; DERS., Albrecht von Brandenburg. Ausstellungskatalog (wie Anm. 4), Nr. 38–41, S. 132–135. Nr. 45, S. 139–140. Nr. 47–49, S. 141–143; Ingrid S.-WEBER, ebd., Nr. 50–51, S. 143–145; REBER, ebd., Nr. 80–81. 85, S. 186–188. 201–205; DERS., Bildnisse (wie Anm. 16), S. 83–98.

keine neuen Werke mehr bestellt hat, mit einer durch Luther und seine Reformation ausgelösten Unsicherheit zu tun hat. Ob mit dieser Unsicherheit, die Albrecht wohl auf dem Felde der christlichen Ikonologie gespürt haben könnte, der Umstand zusammenhängt, daß der letzte Auftrag, den Lukas Cranach für den Kardinal ausführte, ein Bildthema aus der antiken Mythologie zum Gegenstand hatte? Man kann das wohl nicht ganz ausschließen, auch wenn es doch wohl nicht nur ein Grund war, der dazu führte, daß Albrecht keine neuen Aufträge mehr an prominente Künstler gab. Sowohl der vorhandene Besitz kostbarer Bücher z. B., an deren schöne Form sich der betende oder die Messe lesende Kardinal gewöhnt hatte und die er nicht ersetzt sehen wollte, als auch die andauernde Geldnot könnten weitere Gründe für Albrecht gewesen sein. Gemessen aber an seinen Vorgängern und auch an seinen Nachfolgern hat Kardinal Albrecht von Brandenburg auf dem Gebiet der Kunst ein sehr reiches Feld bestellt, das weit über die engen Grenzen seiner Territorien hinausreicht. Die Bilderwelt der alten, vorreformatorischen Kirche ist wohl an keiner Stelle vollständiger vertreten.

ALBRECHT VON BRANDENBURG UND HALLE

Hans-Joachim Krause

I. Albrechts Aufenthalte in Halle und die Frage der »Lieblingsresidenz« · II. Schloß Moritzburg zur Zeit Albrechts von Brandenburg · III. Zur Rolle des Giebichenstein zwischen 1514 und 1540 · IV. Das »Neue Stift« und seine Kirche · V. Der »Neue Bau« · VI. Der Glockenturm · VII. Der Neubau der Marktkirche · VIII. Das »Haus« des Hans von Schenitz am »Kühlen Brunnen« · IX. Halle 1540/1541

Seit dem Hochmittelalter war die Burg Giebichenstein, etwa eine halbe Wegstunde nördlich der Altstadt von Halle gelegen, wichtigster Sitz der Erzbischöfe von Magdeburg im erzstiftischen Südterritorium und im 15. Jahrhundert sogar der Herrschaftsmittelpunkt des gesamten Erzstifts. Die in der frühmittelalterlichen Entwicklung begründete räumliche Distanz zwischen dieser Hauptresidenz des Landesherrn und der zwar nahe gelegenen und historisch eng mit ihr verbundenen, aber seit dem 13. Jahrhundert zu weitgehender Selbständigkeit aufgestiegenen Stadt Halle – der im Erzstift nach dem Metropolitansitz Magdeburg größten und wirtschaftlich bedeutendsten – hob erst Erzbischof Ernst (1476–1513) auf. Die bereits 1474 ausgebrochenen innerstädtischen Auseinandersetzungen, die vier Jahre später mit der Besetzung Halles durch den Erzbischof endeten, boten dafür den direkten Anlaß[1]. So wurde in der neuen, die städtische Selbständigkeit drastisch beschränkenden Regimentsordnung von 1479 unter anderem festgelegt, daß der Landes- und Stadtherr *eyn Sloß ader Vestunge jn ader an die gedachte Stadt Halle buwen vnd haben* wird[2]. Das Ziel war offensichtlich die unmittelbare erzbischöfliche Präsenz im Hinblick auf die künftige Sicherung von Ordnung und Macht. Aber auch Ansprüche einer neuen, zeitgemäßen Hofhaltung und damit repräsentative Absichten im Sinne spätmittelalterlicher Herrschaftsdarstellung dürften eine Rolle gespielt haben, wie der imposant sich darbietende und im Innern prächtig gestaltete spätgotische Bau der nach dem Schutzpatron des Erzstifts benannten Moritzburg verdeutlicht. Tatsächlich wählte Erzbischof Ernst die neue Burg schon bald nach ihrer Fertigstellung zur

---

1 Eine neuere Darstellung der Geschichte Halles im Spätmittelalter fehlt. Heranzuziehen sind noch immer: Gustav Friedrich HERTZBERG, Geschichte der Stadt Halle an der Saale im Mittelalter. Nach den Quellen dargestellt (= Geschichte der Stadt Halle a. d. Saale von den Anfängen bis zur Neuzeit 1). Halle 1889; Siegmar Baron von SCHULTZE-GALLÉRA, Das mittelalterliche Halle, II: Von der Entwicklung des städtischen Rates bis zum Untergang der städtischen Freiheit. Halle 1929.

2 Johann Christoph von DREYHAUPT, Pagus Neletici et Nudzici oder Ausführliche diplomatisch-historische Beschreibung des ... Saal-Creyses und aller darinnen befindlichen Städte, Schlösser, Aemter etc. Teil 2. Halle 1750, S. 304–310, Zitat S. 306.

ständigen Residenz³. Die vierseitig-kastellartige Anlage war nach zwei fehlgeschlagenen Versuchen, sie an anderen Plätzen vor der Stadt aufzurichten⁴, schließlich von 1484 bis 1502/03 innerhalb der Ummauerung in der Nordwestecke der Stadt über der Mühlgrabensaale erbaut worden. Nur die völlige Herrichtung der Burgkapelle zog sich etwas länger hin⁵.

Im engen Zusammenhang mit dem Bau dieser Stadtresidenz sind wohl auch die Bemühungen Ernsts zu sehen, die Kapelle der Moritzburg von Anfang an mit einem Kollegiatstift zu verbinden⁶. Dafür dürfte vor allem Wittenberg als Beispiel maßgeblich gewesen sein, wo unter Ernsts Bruder, Kurfürst Friedrich dem Weisen, fast zur gleichen Zeit wie in Halle ein völliger Neubau des Schlosses erfolgte und die neue Schloßkapelle von 1502/06 dem bereits von den Askaniern gegründeten und nunmehr vergrößerten Allerheiligstift diente⁷. Außerdem hat Erzbischof Ernst dem brüderlichen Vorbild in einem weiteren Punkt folgen wollen: in der zur Hebung des Ansehens der Residenzkapelle vorgesehenen Aufrichtung eines zu bestimmten Anlässen auszustellenden großen Heiltums⁸. Doch der Plan der Stiftsgründung, dem die Römische Kurie 1512 bereits ihre Zustimmung erteilt hatte, kam nicht zur Ausführung, da das Domkapitel in Magdeburg sich zunächst dagegen sperrte und der Erzbischof dann vor einer endgültigen Regelung

---

3 Gottfried OLEARIUS, Halygraphia Topo-Chronologica. Das ist: Ort- und Zeit-Beschreibung der Stadt Hall in Sachsen. Leipzig 1667, S. 218; DREYHAUPT, Pagus (wie Anm. 2), S. 541; Paul REDLICH, Cardinal Albrecht von Brandenburg und das Neue Stift zu Halle 1520–1541. Eine kirchen- und kunstgeschichtliche Studie. Mainz 1900, S. 4 Anm. 1; Gustav MORITZ, Geschichte der Moritzburg zu Halle. Halle ⁴1931, S. 8. Zum Problem der bischöflichen Residenz: Bruno DAUCH, Die Bischofsstadt als Residenz der geistlichen Fürsten (= Historische Studien 109). Berlin 1913, ND 1965; Wolfgang MÜLLER, Des Bischofs Pfalz – Burg – Schloß. In: AmrhKG 29 (1977) S. 9–23. Nach Dauchs Beobachtungen (S. 271) weilte Ernst allerdings noch bis 1509 »hauptsächlich in Magdeburg« und ist erst von dieser Zeit an für »dauernd in Halle urkundlich« gesichert.

4 Julius OPEL (Bearb.), Denkwürdigkeiten des hallischen Rathsmeisters Spittendorf (= Geschichtsquellen der Provinz Sachsen und angrenzender Gebiete 11). Halle 1880, S. 412–413. 420; Erich NEUSS, Die Wehrbauten der Stadt Halle, 1. Teil. In: Sachsen und Anhalt 10 (1934) S. 157–191, hier S. 175 f.

5 Eine umfassende monographische Bearbeitung von Baugeschichte und Geschichte der Moritzburg steht aus. Am ausführlichsten noch immer, doch unzureichend: Gustav SCHÖNERMARK (Bearb.), Beschreibende Darstellung der älteren Bau- und Kunstdenkmäler der Stadt Halle und des Saalkreises (= Beschreibende Darstellung d. älteren Bau- u. Kunstdenkmäler d. Provinz Sachsen und angrenzender Gebiete NF 1). Halle 1886, S. 299–326. Vgl. auch Hermann WÄSCHER, Die Baugeschichte der Moritzburg in Halle (= Schriftenreihe der Staatlichen Galerie Moritzburg in Halle 1). Halle (1955); Otto Heinz WERNER, Geschichte der Moritzburg in Halle (Saale) (= ebd. 2). Halle 1955; Andreas HÜNEKE, Die Moritzburg zu Halle (= Baudenkmale 43). Leipzig 1978; Werner PIECHOCKI, Zur Bau- und Wirkungsgeschichte der Moritzburg Halle. In: Galeriespiegel. Staatliche Galerie Moritzburg Halle 9 (1984) H. 2, S. 3–25. Zur Baugeschichte der Kapelle s. unten S. 304–305.

6 Für die gelegentlich vertretene Auffassung, die Errichtung dieses Stifts wäre bei der Marienkirche vorgesehen gewesen, gibt es außer einer zweifelhaften chronikalischen Überlieferung kein sicheres Zeugnis.

7 Sibylle HARKSEN, Schloß und Schloßkirche in Wittenberg. In: 450 Jahre Reformation, hrsg. von Leo Stern und Max Steinmetz. Berlin 1967, S. 341–365; Fritz BELLMANN, Marie-Luise HARKSEN und Roland WERNER (Bearb.), Die Denkmale der Lutherstadt Wittenberg. Mit Beiträgen von Peter Findeisen, Hans Gringmuth-Dallmer, Sibylle Harksen und Erhard Voigt. Weimar 1979, S. 80–97. 235–242.

8 Die Absicht ist indirekt aus der Festlegung im Testament zu erschließen, wonach im Falle eines Scheiterns seines Plans für Halle das neue Heiltum in genau bestimmter Form in Magdeburg zur Ausstellung kommen sollte; s. REDLICH, Cardinal Albrecht (wie Anm. 3), S. 7*.

starb. Aber auch zu Reliquienweisungen – wie in Wittenberg – ist es zur Zeit Ernsts in Halle offenbar nicht mehr gekommen[9].

Die Errichtung der Moritzburg, ein Werk von architektonisch wie städtebaulich hervorragender Wirkung, ist schließlich die einzige große Bauaufgabe gewesen, mit der Ernst auf die bauliche wie künstlerische Gestaltung der Stadt Einfluß genommen hat[10]. Was in den Jahrzehnten seiner Regierung in Halle sonst errichtet wurde – und das war beachtlich – geschah auf Veranlassung des Rats und der Bürgerschaft[11]. Unter der Ägide von Ernsts Nachfolger Albrecht von Brandenburg nahm diese Entwicklung einen gänzlich anderen Verlauf.

I. ALBRECHTS AUFENTHALTE IN HALLE UND DIE FRAGE DER »LIEBLINGSRESIDENZ«

Am 30. April 1513 war der 23jährige Markgraf Albrecht von Brandenburg-Hohenzollern zum Erzbischof von Magdeburg und vier Wochen später auch zum Administrator des Bistums Halberstadt gewählt worden. Im März 1514 postulierte ihn das Mainzer Domkapitel außerdem zum Oberhirten des Erzbistums Mainz. Noch bevor dafür die Konfirmation eingegangen war, kam Albrecht erstmals am 21. Mai 1514 mit seinem Bruder, Kurfürst Joachim I., und dessen Sohn sowie seinem Vetter, Markgraf Johann Albrecht von Brandenburg-Ansbach, und den Bischöfen Dietrich von Lebus und Hieronymus von Brandenburg zur Huldigung durch die Stadt für einige Tage nach Halle. Bald darauf – nach der Bischofsweihe am 2. Juli in Magdeburg – weilte er wiederum und etwas länger hier, ehe er sich Ende Oktober zur Inthronisation und Inbesitznahme des größten der drei geistlichen Territorien nach Mainz begab, wo er im Dezember das aus Rom überbrachte Pallium empfing[12]. Nach knapper Jahresfrist, am 31. August 1515, kehrte Albrecht in seine beiden mitteldeutschen Sprengel zurück und residierte für ein volles Jahr vornehmlich in Halle[13]. Diesem ersten längeren Aufenthalt

---

9 Obwohl beim Tode Ernsts ein umfangreicher, von ihm gesammelter Schatz vorhanden war, wie die Inventare des Nachlasses zeigen; REDLICH, Cardinal Albrecht (wie Anm. 3), S. 83*–100*. Es ist auch kein Ablaßbrief bekannt, der mit der Heiltumsweisung wie sonst üblich verbunden war.

10 Die Grundsteinlegung für den Turmbau der Moritzkirche 1493 hat er nur als eine vom zuständigen Diözesan zu bestellende Aufgabe vorgenommen. Auch an der Burg Giebichenstein erfolgten unter Ernst keine Baumaßnahmen, während andere Residenzen, wie Wolmirstedt und Calbe, seine entschiedene Förderung erfuhren.

11 Werner PIECHOCKI, Zur Geschichte des Marktplatzes von Halle im 15. und 16. Jahrhundert. In: Erbe und Gegenwart, II, hrsg. von Ingrid Schulze (= Wissenschaftliche Beiträge, Martin-Luther-Universität Halle-Wittenberg 1988/21 [H 7]). Halle 1988, S. 26–34. Allgemeiner, im einzelnen mit Vorsicht zu benutzender Überblick auch bei SCHULTZE-GALLÉRA, Halle (wie Anm. 1), S. 456–460.

12 Zu diesen Vorgängen zuletzt: Friedhelm JÜRGENSMEIER, Kardinal Albrecht von Brandenburg (1490–1545). Kurfürst, Erzbischof von Mainz und Magdeburg, Administrator von Halberstadt. In: Horst Reber (Bearb.), Albrecht von Brandenburg. Kurfürst, Erzkanzler, Kardinal 1490–1545. Ausstellungskatalog. Landesmuseum Mainz, hrsg. von Berthold Roland. Mainz 1990, S. 22–41, hier S. 24–28.

13 Wie eine auf der Moritzburg ausgestellte Urkunde vom 3. Juli 1515 belegt, muß Albrecht allerdings zwischenzeitlich bereits einmal in Halle gewesen sein; DREYHAUPT, Pagus (wie Anm. 2), Teil 1. Halle 1749, S. 1036–1037. Am 7. Juli war er aber wohl wieder in Mainz; Jakob MAY, Der Kurfürst, Cardinal und Erzbischof Albrecht II. von Mainz und Magdeburg, Administrator des Bisthums Halberstadt, Markgraf von Brandenburg und seine Zeit. Ein Beitrag zur deutschen Cultur- und

folgten mehrere vergleichbar lange, aber auch einige kürzere, jeweils in Abständen von höchstens einem Jahr: zunächst im Februar 1517 für nur wenige Wochen; dann erst wieder – nach dem an Albrecht gerichteten Protestschreiben Luthers mit den Ablaßthesen vom 31. Oktober 1517 – von Februar 1518 bis zum Februar des folgenden Jahres, unterbrochen lediglich durch den glänzenden Reichstag in Augsburg. Weiterhin von Herbst 1519 bis Anfang September 1520, der Zeitraum, in dem für und in Halle kirchenpolitisch wichtige Entscheidungen, vor allem die Gründung des »Neuen Stifts«, fielen; von Juni 1521 bis wahrscheinlich Juli 1522; im Frühjahr sowie von Spätsommer bis wahrscheinlich Dezember 1523 und dann wieder für länger – die gesamte Zeitspanne der Bauernaufstände bis zur Schlacht von Frankenhausen und die katholischen Fürstentreffen von Dessau, Halle und Leipzig einschließend – von Oktober 1524 bis zum Frühjahr 1526. Jeweils dazwischen lagen die zunächst ähnlich ausgedehnten Aufenthalte im Erzstift Mainz und immer wieder die Teilnahme an den Reichstagen und anderen großen Versammlungen, etwa der Wahl Karls V. 1519 in Frankfurt und seiner Krönung »zum erwählten Römischen Kaiser« 1520 in Aachen, zu denen Albrecht als Kurfürst von Mainz und Reichserzkanzler persönlich im besonderen zur Teilnahme gefordert war. Eine herausragende Rolle spielte zweifellos der von Halle aus besuchte Augsburger Reichstag, auf dem Albrecht die Kardinalsinsignien empfing, und wo er sich – bei seiner Neigung zu Prachtentfaltung und glanzvoller Repräsentation sowie der starken Empfänglichkeit für die Leistungen der bildenden Künste – gleich anderen Teilnehmern, wie Herzog Georg von Sachsen[14], der Ausstrahlung dieser damals mit zahlreichen bedeutenden Künstlern und Werken der Spätgotik und Frührenaissance gesegneten deutschen Kunstmetropole offensichtlich nicht hat entziehen können.

Reformationsgeschichte, 2 Bde. München 1865–1875, hier I, S. 75. Derartige kurze Aufenthalte in Halle gab es offenbar auch später, so z. B. im Mai 1519 (s. DREYHAUPT, Teil 1, S. 1079–1080: Urkunde vom 18. Mai 1519), denn zuvor und danach hat Albrecht sich in Mainz bzw. im Rheinland aufgehalten. – Eine genaue Übersicht sämtlicher Halle-Aufenthalte Albrechts ist ein Desiderat der Forschung. Alle bisherigen Versuche einer Auflistung sind unvollständig und dazu fehlerhaft. Der hier gegebenen Darstellung kann, da es an einer ausreichenden Quellenedition mangelt, ebenfalls nur ein die größeren Zeitabschnitte erfassendes Itinerar zugrunde gelegt werden, für das insbesondere die Quellenwiedergaben folgender Veröffentlichungen herangezogen wurden: DREYHAUPT (wie oben) Teil 1 u. 2; MAY (wie oben); Friedrich Wilhelm HOFFMANN, Geschichte der Stadt Magdeburg, I, neu bearb. von Gustav HERTEL und Friedrich HÜLSSE. Magdeburg 1885; Walther Peter FUCHS (Hrsg.) unter Mitarbeit von Günther FRANZ, Akten zur Geschichte des Bauernkriegs in Mitteldeutschland, II. Jena 1942; Walter DELIUS, Die Reformationsgeschichte der Stadt Halle a. S. (= Beiträge zur Kirchengeschichte Deutschlands 1). Berlin 1953; Franz SCHRADER, Kardinal Albrecht von Brandenburg, Erzbischof von Magdeburg im Spannungsfeld zwischen alter und neuer Kirche. In: Von Konstanz nach Trient. Beiträge zur Geschichte der Kirche von den Reformkonzilien bis zum Tridentinum. Festgabe für August Franzen, hrsg. von Remigius Bäumer. Paderborn 1972, S. 419–445. Wiederabdruck in: Ders., Reformation und katholische Klöster. Beiträge zur Reformation und zur Geschichte der klösterlichen Restbestände in den ehemaligen Bistümern Magdeburg und Halberstadt (= Studien zur katholischen Bistums- und Klostergeschichte 13). Leipzig 1973, S. 11–34. Die wichtigste und wegen ihres reichen Quellenmaterials unentbehrliche Grundlage für jede Beschäftigung mit Albrecht von Brandenburg in seinem Verhältnis zu Halle ist noch immer die umfassende Darstellung von REDLICH, Cardinal Albrecht (wie Anm. 3).

14 Hans-Joachim KRAUSE, Die Grabkapelle Herzog Georgs von Sachsen und seiner Gemahlin am Dom zu Meißen. In: Das Hochstift Meißen. Aufsätze zur sächsischen Kirchengeschichte, hrsg. von Franz Lau (= Herbergen der Christenheit, Sonderband). Berlin (1973), S. 375–402, hier S. 380–382.

Volle fünf Jahre blieb der Kardinal und Erzbischof nach 1526 seinem Magdeburger und Halberstädter Territorium fern, bevor er kurz vor Ostern 1531 wieder nach Halle kam und hier sofort mit Härte gegen die inzwischen beträchtlich fortgeschrittene Ausbreitung der lutherischen Lehre und ihre Anwendung vorging[15]. Es war der Auftakt zu dem Versuch, den alten Glauben und seine überkommene, in ihren äußeren Formen von Albrecht stark betonte Ordnung unter allen Umständen – und sicher auch angesichts des Sieges der Reformation in Magdeburg – wenigstens in diesem Teil des Erzstifts zu bewahren. Zwar nötigten ihn im November dieses Jahres anstehende Beratungen in Mainz, dann der Regensburger Reichstag und die Verhandlungen für einen Religionsfrieden mit den Protestanten nochmals zu einer bis Herbst 1532[16] sich hinziehenden Abwesenheit, doch dann begann jene letzte lange Phase bis Februar 1539, während der er fast ununterbrochen in Halle residierte[17]. Es wurden die Jahre, in denen sich Kardinal Albrecht und der geschrumpfte Kreis seiner Anhänger im Kampf um die Bewahrung des alten Glaubens trotz unablässiger Auseinandersetzungen mit der lutherisch gesinnten Bürgerschaft als Stadtherr noch einmal behaupten und in der Entfaltung gesteigerter spätmittelalterlicher Frömmigkeit und Zeremonien sogar einen letzten Höhepunkt erreichen konnte[18]. Es war aber auch jener Abschnitt, der nicht

---

15 DELIUS, Reformationsgeschichte Halle (wie Anm. 13), S. 47.

16 Albrecht war wohl bald nach dem Weseler Schutzbündnis vom 8. November 1532 ins Magdeburgische abgereist. Am 9. November erschien bereits sein Statthalter Markgraf Johann Albrecht vor dem Mainzer Domkapitel; Fritz HERRMANN (Hrsg.), Die Protokolle des Mainzer Domkapitels, III: Die Protokolle aus der Zeit des Erzbischofs Albrecht von Brandenburg 1514–1545 (= Arbeiten der Historischen Kommission für den Volksstaat Hessen). Paderborn 1932, ND Darmstadt 1974, S. 539. Bereits am 15. Oktober (!) war dem Magdeburgischen Hofmeister, Graf Botho von Stolberg und Wernigerode, aufgetragen worden, die neueingekleideten *diner vnd knechte* am 8. November nach Querfurt oder aber am 9. November nach Kindelbrück dem Kardinal zum Empfang entgegenzuschicken; Eduard JACOBS, Kleine urkundliche Beiträge zur Regierungsgeschichte des Cardinals Albrecht, Erzbischofs von Magdeburg. In: Geschichtsblätter für Stadt und Land Magdeburg 4 (1869) S. 153–166, hier S. 159.

17 Nur einmal, im Juli/August 1538, dürfte Albrecht kurz in Mainz gewesen sein; s. SHStA, Loc. 8948, Summarische Beschreibung de ao. 1513–1541 bel. ErzBischoff Albrechts zu Mayntz und Magdeburg Regierung, Bl. 59ʳ. Am 4. August 1538 weihte der Kardinal den von ihm zum Weihbischof von Mainz ernannten Michael Helding; Heribert SMOLINSKY, Michael Helding (1506–1561). In: Katholische Theologen der Reformationszeit, II (= KLK 45). Münster 1985, S. 124–136, hier S. 125.

18 Hervorzuheben sind die glänzenden Feiern der Karwoche und des Osterfestes 1533 zusammen mit Kurfürst Joachim I. und dessen Söhnen sowie Albrechts Patensohn Moritz von Sachsen, beschrieben von dem brandenburgischen Hofastronom, Historiographen und Mathematicus Johann Carion (s. Johannes VOIGT, Briefwechsel der berühmtesten Gelehrten des Zeitalters der Reformation mit Herzog Albrecht von Preussen. Königsberg 1841, S. 148–149) und zu Ostern 1536 in Anwesenheit Kurfürst Joachims II. und seiner Gemahlin. In diesen Zeitraum fallen auch viele Begegnungen mit in- und ausländischen Persönlichkeiten; s. REDLICH, Cardinal Albrecht (wie Anm. 3), S. 313–316. Besonders zu nennen sind die Besuche der päpstlichen Legaten Ugo Rangone 1533 (zusammen mit dem kaiserlichen Orator Lambert de Briarde), Pietro Paolo Vergerio 1535 und Peter van der Vorst 1537 sowie der kaiserlichen Gesandtschaften 1537 und 1538. Die Eindrücke, die der päpstliche Nuntius und Bischof von Acqui, Peter van der Vorst, bei seinem Aufenthalt im Februar 1537 in Halle empfing, hat dessen Sekretär, Cornelius ETTENIUS, in seinem Reisetagebuch festgehalten: Compte rendu des séances de la Commission royale d'histoire, ou recueil de ses bulletins 3. Série 6. Bruxelles 1864, S. 325–422, zu Halle S. 396–397. Häufige Gäste waren die Herzöge Georg von Sachsen und Heinrich von Braunschweig-Wolfenbüttel d. J. Im September 1533 weilte der Humanist und Dichter Georg SABINUS auf der Durchreise von Brandenburg nach Italien mehrere Tage in Halle und faßte das Gesehene in 260 Versen zusammen in: Brandenburgensis Hodoeporicon Itineris Italici. [Wittenberg] 1535.

nur die Hinrichtung des Hans von Schenitz brachte, sondern nach dem Verlust der beiden Bundesgenossen, seines Bruders Kurfürst Joachim (gest. 1535) und des Herzogs Georg von Sachsen (gest. 1539), den katholischen Führungsanspruch inmitten der inzwischen protestantischen Territorien unmöglich werden ließ und schließlich zum Abbruch aller Bindungen Albrechts an diese Stadt führte. Einen vermuteten Aufenthalt um die Jahreswende 1539/40 hat es wohl nicht gegeben[19]. Ein letztes Mal weilte Albrecht dann vom 14. bis 21. Februar 1541 auf dem Rückweg vom Landtag in Calbe auf der Moritzburg[20], als er seinen Rückzug nach Mainz und Aschaffenburg einschließlich der Verbringung des Halleschen Heiltums bereits weitgehend abgeschlossen hatte und alle notwendigen weiteren Verfügungen getroffen waren.

Die offensichtliche Bevorzugung Halles und der Moritzburg hat in der Forschung schon frühzeitig zu ihrer Charakterisierung als »Lieblingsaufenthalt« oder »Lieblingsresidenz« Albrechts geführt[21]. Man ist aber nie der Frage nach den Gründen hierfür nachgegangen. Tatsächlich ist Halle und nicht die Metropolitan-

Die auf Halle bezüglichen Verse Bl. A 4ᵛ–B 4ᵛ abgedruckt bei REDLICH, Cardinal Albrecht (wie Anm. 3), S. 110*–117*.

19 Angenommen von REDLICH, Cardinal Albrecht (wie Anm. 3), S. 347, und DELIUS, Reformationsgeschichte Halle (wie Anm. 13), S. 16. – Soweit der Zeitraum von September 1539 bis März 1540 mit Aufenthaltsdaten Albrechts zu belegen ist, hielt er sich damals zumeist in Aschaffenburg auf; vgl. HERRMANN, Protokolle (wie Anm. 16), S. 824 (17. 9. 1539). Ende September schlug er zunächst vor, man möge das Allerheiligen-Generalkapitel in Aschaffenburg abhalten (ebd., S. 825), doch im Oktober bat er um eine Verlegung nach Seligenstadt (S. 827 zum 20. 10.), wo es in seinem Beisein dann stattfand (S. 828 zum 4. 11.). Das Schreiben an den Rat in Halle vom 4. Dezember 1539 (s. DELIUS, S. 57–58) kam aus Aschaffenburg; LHA Sachsen-Anhalt, Magdeburg (im folgenden nur mit »LHM« zitiert), Rep. A 2, Nr. 795, Bl. 18ʳ. Über den von Albrecht zu dieser Zeit begehrten dreimonatigen »Urlaub« zu einer Reise in die Stifte Magdeburg und Halberstadt wurde im Domkapitel am 18. Dezember 1539 und 9. Januar 1540 beraten; HERRMANN, Protokolle, S. 832 und 835. Das Testament Albrechts ist von ihm am 27. Januar 1540 in Aschaffenburg aufgesetzt und unterschrieben worden; REDLICH, S. 179*. Wegen seiner »Lieferung« begaben sich Dekan und Kantor dann im März zum Kardinal nach Aschaffenburg; HERRMANN, Protokolle, S. 841 (6. 3. 1540).

20 Franz SCHRADER, Was hat Kardinal Albrecht von Brandenburg auf dem Landtag zu Calbe im Jahre 1541 den Ständen der Hochstifte Magdeburg und Halberstadt versprochen? In: Ecclesia militans. Festschrift für Remigius Bäumer, II, hrsg. von Walter Brandmüller, u. a. Paderborn u. a. 1988, S. 333–361, hier S. 342. Aufgebrochen zu dieser Reise in die Stifte Magdeburg und Halberstadt war Albrecht von Aschaffenburg (oder Mainz?) aus bereits um den 20. bis 23. November 1540; HERRMANN, Protokolle (wie Anm. 16), S. 873 (zum 4. 11. 1540). 876 (20. 11. 1540). Schon am 23. November bemerkte Granvella in einem Gespräch mit Kardinal Lorenzo Campeggio, Albrecht »weile in Halle«; Ludwig CARDAUNS (Bearb.), Nuntiaturberichte aus Deutschland 1533–1559 nebst ergänzenden Actenstücken, VI: Gesandtschaft Campegios. Nuntiaturen Morones und Poggios (1540–1541). Berlin 1910, S. 40. – Zwei später formal zwar für die Anwesenheit in Halle sprechende Verträge Albrechts – gegeben am 9. Mai 1541 *zcu Halle uff sant Moritzburgk* (LHM, Rep. A 2, Nr. 791, Bl. 38ʳ–41ᵛ, Druck bei REDLICH, Cardinal Albrecht, wie Anm. 3, S. 155*–157*) und am 18. April 1544 *vff vnserm schlossze sanct Moritzburgk tzu Halle* (Stadtarchiv Halle, Urk. Abt., Nr. 372; REDLICH, S. 359 Anm. 1 gibt fälschlich 16. April 1544 an) – können nur in seinem Namen von den Räten ausgefertigt worden sein; denn beide Male weilte er jeweils weitab von Halle: 1541 auf dem Reichstag zu Regensburg, 1544 in Speyer; DELIUS, Reformationsgeschichte Halle (wie Anm. 13), S. 79 (20. 4. 1541); REDLICH, S. 157* (15. 5. 1541); MAY, Albrecht (wie Anm. 13), II, S. 420. 438–439 (12. 2.–24. 4. 1544).

21 Bereits im frühen 19. Jahrhundert spricht man von »seiner vorzüglich geliebten Residenz«; Heinrich August ERHARD, Die ersten Erscheinungen der Reformation in Halle. In: Allgemeines Archiv für die Geschichtskunde des Preußischen Staates 2 (1830) S. 97–126. 252–274, Zitat S. 97.

stadt Magdeburg hauptsächlicher Residenzort gewesen[22], wenn der Kirchenfürst sich in seinem Magdeburger und Halberstädter Territorium aufhielt. Die Häufigkeit und die Dauer der nachweislichen Aufenthalte hätte freilich für sich genommen kaum mehr als statistischen Wert. Denn auch Aschaffenburg mit seiner reizvollen, in der Disposition der Moritzburg zudem ähnlichen, wenngleich nicht so »modernen« erzbischöflichen Schloßanlage – sie stammte aus dem 14./15. Jahrhundert[23] – ist von Albrecht nicht erst in den letzten Lebensjahren, nach seinem Weggang von Halle, sondern bereits vorher, und zwar vom Beginn seines Mainzer Pontifikats an, gern und oft aufgesucht worden. Trotzdem hat es offenbar nicht die gleiche umfassende Förderung erfahren wie Halle. Es muß also ein gewichtiges Motiv gewesen sein, das Halle im Leben Albrechts zu einem solchen Vorrang verholfen hat. Wahrscheinlich war es auch nicht nur ein einziger Grund, sondern deren mehrere, die hier zusammenwirkten. Den gerade vollendeten Neubau der Moritzburg – eine den damaligen Wehr- und Wohnansprüchen sicher großzügig entsprechende und auch stattlich-repräsentative Residenz – als Argument anzuführen, würde beispielsweise allein und mit Blick nur auf das Gebiet des Magdeburger Erzstifts schwerlich ausreichen, selbst wenn der alte erzbischöfliche Hof in Magdeburg und die übrigen landesherrlichen Burgen und Schlösser architektonisch einem Vergleich mit Halle sicher nicht standhielten[24]. Wichtig müssen wohl auch territorialpolitische Gesichtspunkte einschließlich der damit verbundenen kirchen- und reichspolitischen Pläne gewesen sein, wozu entsprechende Forschungen aber nahezu vollständig fehlen[25]. Immerhin war Halle die zweitgrößte Stadt des Erzstifts und von beachtlicher wirtschaftlicher Bedeutung, vornehmlich durch seine Salzgewinnung und den Salzhandel. Keine unwesentliche Rolle spielte sicher die günstige geographische Lage im Südteil des erzbischöflichen Territoriums an einer der großen West-Ost-Straßen im Reich. Aber auch eine subjektive Motivation könnte man in Betracht ziehen, wenngleich sie nur schwer zu fassen ist. So spricht es beispielsweise von einem starken persönlichen Verhältnis Albrechts zu Halle, wenn er in einer Instruktion gegenüber dem Magdeburger Domkapitel betont, daß *vns vnd vnserm ertzstifft an der stadt vnnd schloß zu Halle trefflich vnd vil gelegenn* sei[26]. Die Schlußpassage des gleichen

---

22 Das gilt bereits für das erste Jahrzehnt der Regierung Albrechts, also auch bevor ihm Magdeburg durch die Einführung der Reformation 1524 stärker verleidet gewesen sein mag. Ihrem Rang nach blieb Magdeburg dennoch stets vor Halle. Das zeigte sich z. B. 1531, als der Kardinal vom halleschen Rat mit einer Reihe von Forderungen die volle Rückkehr zum alten Glauben verlangte und im Falle des Gehorsams versprach, »die Stadt Halle über Magdeburg zu erhöhen und ihr besondere Vorteile zu gewähren«; DELIUS, Reformationsgeschichte Halle (wie Anm. 13), S. 47. Doch dazu ist es nicht gekommen.

23 Felix MADER (Bearb.), Die Kunstdenkmäler von Unterfranken und Aschaffenburg, 19: Stadt Aschaffenburg (= Die Kunstdenkmäler des Königreichs Bayern 3,19). München 1918, S. 221–222.

24 Von den erzbischöflichen Residenzen, zu denen außer Magdeburg z. B. Egeln, Wanzleben, Wolmirstedt und Gatersleben gehörten, haben unter Albrecht die in Schlanstedt (1524), Gröningen (1535) und vor allem Calbe (1531) eine Förderung durch nennenswerte Baumaßnahmen erfahren.

25 Vgl. Siegfried HOYER, Kardinal Albrecht als Erzbischof von Magdeburg. In: 1050 Jahre Moritzkloster Magdeburg. Manuskriptdruck der Vorträge eines Wiss. Kolloquiums der Pädagogischen Hochschule Magdeburg 1987, S. 106–118.

26 LHM, Rep. A 1, Nr. 455, Bl. 125^v, Instruction vnsers gnedigsten hern des cardinals legaten ertzbischoffs zu Magdeburg vnd Meintz etc. an das thumbcapittel zu Magdeburg. Vgl. Georg LIEBE, Die Kriegsrüstungen Kardinal Albrechts 1536–37. In: Geschichtsblätter für Stadt und Land Magdeburg 37 (1902) S. 112–128, hier S. 115.

Schriftstücks (Bl. 126ᵛ) relativiert freilich diesen Eindruck der Zuneigung wieder durch die hier nachgeschobene wirtschaftliche Begründung, daß für den Fall eines Verlustes von Halle *faste die besten vnd gewisten des erzstiffts einkomen vnd nutzungen damit dahin gingen*. Klarer ergibt sich aus einer anderen zeitgenössischen Quelle der indirekte Hinweis auf die besondere Wertschätzung Albrechts, wenn einer seiner Hofräte in Verhandlungen mit Vertretern der Stadt hervorhob, nach seinem Tode wolle der Kardinal hier begraben werden, weil *seine churfürstliche gnade am leben bey den von Halle gernne gewesen. Also wolde auch seine churfürstliche gnade nach absterben bey ihnen gernne bleyben*[27]. Mag für den bekenntnishaften Teil dieser Äußerung auch diplomatisches Kalkül im Spiel gewesen sein, so trifft dies für den Wunsch der Grablege nicht zu. Denn sie war damals (1525) tatsächlich in der Kirche des »Neuen Stifts« in der Saalestadt und nicht in einer der beiden Kathedralen, in Magdeburg oder Mainz, und auch nicht in Halberstadt vorgesehen, so daß die Äußerung in ihrem Kern als eine Sympathiekundgebung für Halle glaubwürdig ist. In die gleiche Richtung einer persönlich engen Bindung weist – mit umgekehrten Vorzeichen – die offensichtliche Enttäuschung Albrechts, als er 1539/40 nach dem Scheitern seiner Pläne Halle aufgab und große Teile des Heiltums nach Mainz schaffen ließ, während das übrige nach der Auflösung des »Neuen Stifts« an die Domstifte von Magdeburg und Halberstadt übertragen wurde. Die schroffe Ablehnung sämtlicher Bitten des Rates 1541, der Stadt ein paar Dinge zu überlassen und auch verschiedene Rechte zuzugestehen, läßt eine Verbitterung erkennen, die nur aus einer vorhergehenden großen Zuneigung erwachsen konnte[28]. Sichere Zeugnisse von Albrechts Vorliebe für seine Residenzstadt Halle – und dazu von besonderer Eindringlichkeit und Aussagekraft – sind aber nicht zuletzt die zahlreichen Bau- und Kunstwerke, die zwischen 1514 und 1539 in und für Halle und zumeist im Zusammenhang durchgreifender Neu- oder Umgestaltungsmaßnahmen geschaffen wurden.

II. SCHLOSS MORITZBURG ZUR ZEIT ALBRECHTS VON BRANDENBURG

Bereits wenige Wochen nach seinem Einzug in Halle, am 22. Juli 1514, vollzog Albrecht hier seine erste nachweisbare Pontifikalhandlung: die Weihe der Maria-Magdalenen-Kapelle in seiner Residenz, der *nova ecclesia sancte Marie Magdalene et omnium sanctorum*. Der Weiheakt ist durch eine Inschrifttafel überliefert, die zusammen mit einem großen dekorativen Wappenrelief im Innern der Kirche in die Nordwand eingelassen wurde. Das Wappen des Erzbischofs flankieren als Schildhalter die Patrone der beiden Erzstifte Magdeburg und Mainz, Mauritius und Martin, während am Sockel – zu seiten der lateinischen Inschrift – die kleineren Halbfiguren des Schutzheiligen des Bistums Halberstadt, Stephan, und der Titelheiligen der neuen Kapelle, Maria Magdalena, erscheinen. Mit ausgespro-

---

27 Summarische Beschreibung (wie Anm. 17), Bl. 18ʳ.
28 REDLICH, Cardinal Albrecht (wie Anm. 3), S. 158*. – Zu der gleichen Auffassung, daß Albrecht »in höchstem Verdruß von Halle schied«, kam auch Erich NEUSS, Die Erzbischöfe von Magdeburg in ihrem Verhältnis zur Stadt Halle. In: Herbergen der Christenheit 1973/74. Jahrbuch für deutsche Kirchengeschichte (= Beiträge zur deutschen Kirchengeschichte 9). Berlin 1975, S. 31–45, hier S. 44.

nem Selbstbewußtsein und dynastischem Stolz verkündet der Text, daß Albrecht, von dessen Würde und Abkunft diese Wappenzeichen zeugen, dieses Gebäude Gott dem Allmächtigen und der heiligen Magdalena als Schutzpatronin am 22. Juli 1514 selbst übergeben habe[29]. Trotz der teilweise empfindlichen Beschädigungen und entstellenden älteren Ergänzungen läßt das Werk, in dem die überwiegend spätgotischen Formen bereits mit einzelnen Frührenaissancemotiven verbunden sind, eine beachtliche bildhauerische Qualität erkennen. Zugeschrieben wird das aus rheinischem Tuffgestein gearbeitete Relief dem Bildhauer Peter Schro[30]. Er war einer der herausragenden Schüler von Hans Backoffen, der selbst im Auftrage Albrechts das großartige Denkmal für dessen Vorgänger auf dem Mainzer Erzstuhl, Uriel von Gemmingen (gest. 1514), im Mainzer Dom schuf. Beide Bildwerke stehen bis in stilistische Details offensichtlich in einem künstlerisch engen Zusammenhang und dürften auch in ihrer Entstehungszeit nicht weit auseinanderliegen: das wahrscheinlich sogar in Mainz hergestellte hallesche Relief wird um 1516 angesetzt[31].

Die mit der Inschrift angezeigte »dedicatio« der Maria-Magdalenen-Kapelle im Jahre 1514 wirft schwierige, bis heute nicht eindeutig geklärte Fragen der Entstehungsgeschichte des Bauwerks auf. Denn bereits für Erzbischof Ernst ist ausdrücklich bezeugt, er habe die neue Kirche als ein aufwendiges Werk von Grund auf erbaut und geweiht: *novam ecclesiam [...] dedicaverat et consecraverat*[32]. Mit dieser Einweihung ist eine kleine steinerne Wappentafel in Verbindung gebracht worden, die sich an der Westseite der Kapelle oberhalb der Empore befindet. Das flache Relief des gevierteten Schilds gibt nach der Beischrift – ARMA HVIVS ECCL(ESI)E · 15·09 – lediglich das Wappen dieser Kirche und eine Jahreszahl wieder, von der offenbleibt, worauf sie sich bezieht. Von einer Weihe ist jedenfalls nicht die Rede. Ergänzend dazu hat es nach chronikalischer Aussage einst noch eine Bronzetafel gegeben, die im Dreißigjährigen Krieg verlorenging, deren Hexameter-Inschrift aber überliefert ist[33]. Abgesehen davon, daß aufgrund der Textformulierung Zweifel an einer bereits zeitgenössischen Herstellung dieser Tafel bestehen, wird dort zwar in poetischer Umschreibung und allgemein von einer »Weihe« gesprochen, doch nicht im Zusammenhang mit dem gleichfalls genannten Datum 1509. Man hat daher gemeint, diese Jahreszahl wäre auf die Erbauung der Kapelle bezogen, die damals »im Rohbau fertig geworden sein muß«[34]. Aber auch diese Interpretation kann nicht zutreffen; denn höchstwahr-

---

29 OPT(IM)O · MAX(IM)O · AC · DIVE · MAGDALENE · TVTELARI · ALBERTVS · CVIVS · HEC · SIGNA · DIGNITATE(M) · GENVSQVE · DECLARA(N)T · HA(N)C · EDEM · IPSE · DEDICAVIT · AN(NO) : CHRI(STI) : M° · D° · XIIII · KAL(ENDAS) · AVG(VSTI) XI°.

30 Irnfriede LÜHMANN-SCHMID, Peter Schro, ein Mainzer Bildhauer und Backoffen-Schüler. In: Mainzer Zeitschrift 70 (1975) S. 1–62. 71–72 (1976–1977) S. 57–100, hier 70, S. 49–52.

31 Ebd., S. 50 und 51.

32 Erektions- und Konfirmationsbulle Papst Leos X. für die Neue Stiftskirche vom 13. April 1519 s. Johann Peter LUDEWIG, Reliquiae manuscriptorum omnis aevi diplomatum ac monumentorum ineditorum adhuc, XI. Halle 1737, S. 422–444, hier S. 423–424. Wiederholt von Kardinal Albrecht in seinem Fundations- und Dotationsbrief vom 28. Juni 1520: DREYHAUPT, Pagus (wie Anm. 13), S. 881–883, Nr. 264, hier S. 881.

33 OLEARIUS, Halygraphia (wie Anm. 3), S. 24.

34 Karl HELDMANN, Die St. Maria Magdalenen-Kapelle auf der Moritzburg zu Halle. Vierhundert Jahre hallischer Kirchen- und Kulturgeschichte. Halle 1923, S. 12.

scheinlich ist die Architektur der Kapelle schon früher vollendet gewesen. Der Hinweis des Stifters in seinem Testament von 1505, die »neue Kapelle« sei noch »auszubereiten«[35], bezog sich nicht – wie immer wieder angenommen – auf die noch ausstehende bauliche Vollendung, sondern auf die innere Ausgestaltung. Tatsächlich sind bald danach auch wichtige Teile der Ausstattung entstanden, so die beiden großen Altäre von Hans Baldung Grien[36], und auch die erzbischöfliche Bestallung des Ruprecht Kumentaler zum *Hoff-Musico und Organisten* in Halle 1508 darf im Zusammenhang mit der Kapellen»einrichtung« gesehen werden[37]. Folglich könnte das auf der Wappentafel und in der verlorenen Inschrift genannte Jahr 1509 – wenn es sich überhaupt auf eine »Vollendung« bezogen hat – den Zeitpunkt markieren, zu dem der Innenausbau, die *Ausschmückung* der Kapelle zum Abschluß gekommen war. Wann und in welcher Form freilich ihre Einweihung durch Erzbischof Ernst erfolgte, bleibt offen. Sie ist aber nicht zu bezweifeln, da später in den genannten Urkunden von 1519 und 1520 auf sie Bezug genommen wird.

Warum hat aber Albrecht den Bau 1514 dann nochmals geweiht? H. Wäscher glaubte, mit dieser »dedicatio« einen Umbau aufgrund einer Planänderung in Verbindung bringen zu können[38]. Doch gibt es dafür weder architektonisch noch sonst irgendwelche sicheren Anhaltspunkte. Eine andere, häufiger vorgebrachte Begründung ist, daß Albrecht die Schloßkapelle damals zur Stiftskirche geweiht habe[39]. Aber auch diese These erweist sich bei näherer Prüfung als nicht haltbar. Bereits der Wortlaut der Weiheinschrift läßt diesen Schluß nicht zu. Vor allem aber widerspricht einer solchen Annahme die Verpflichtung Albrechts in einem am 6. Juli 1514 in Magdeburg anläßlich der Übernahme des von Ernst hinterlassenen *heiligthumbs* gegebenen Revers, auf der Moritzburg in Halle *keyne stiftung vfrichten* zu lassen[40]. Diese Zusicherung bezog sich zweifellos auf die entsprechenden Bemühungen seines Vorgängers. Dieser hatte nicht nur gewünscht, daß in der Kapelle täglich das Stundengebet abgehalten und das Officium beatae Mariae virginis gesungen, sondern für die Ausführung auch ein 25köpfiges Kapitel eingesetzt werden möge[41]. Trotz großer Anstrengungen bis zu seinem Tod gelang

---

35 REDLICH, Cardinal Albrecht (wie Anm. 3), S. 6*. »Ausbereiten« hat hier die Bedeutung »fertig machen« im Sinne von ausrüsten, ausschmücken.

36 Gert VON DER OSTEN, Hans Baldung Grien. Gemälde und Dokumente. Berlin (1983), S. 42–47. 49–53.

37 Walter SERAUKY, Musikgeschichte der Stadt Halle, I: Von den Anfängen bis zum Beginn des 17. Jahrhunderts (= Beiträge zur Musikforschung 1). Halle, Berlin 1935, S. 150.

38 WÄSCHER, Baugeschichte (wie Anm. 5), S. [8–9].

39 Georg Adalbert VON MÜLVERSTEDT, Verzeichniß der im heutigen landräthlichen Saal- und Stadtkreise Halle früher und noch jetzt bestehenden Stifter, Klöster, Kapellen, Calande, frommen Brüderschaften und Hospitäler. In: Geschichtsblätter für Stadt und Land Magdeburg 2 (1867) S. 449–482, hier S. 463; Gustav Friedrich HERTZBERG, Geschichte der Stadt Halle während des 16. und 17. Jahrhunderts (1513 bis 1717). Nach den Quellen dargestellt (= Geschichte der Stadt Halle a. d. Saale von den Anfängen bis zur Neuzeit 2). Halle 1891, S. 10; SCHÖNERMARK, Kunstdenkmäler (wie Anm. 5), S. 300. Zuletzt: Ulrich STEINMANN, Der Bilderschmuck der Stiftskirche zu Halle. Cranachs Passionszyklus und Grünewalds Erasmus-Mauritius-Tafel. In: Staatliche Museen zu Berlin. Forschungen und Berichte 11: Kunsthistorische Beiträge (1968) S. 69–104, hier S. 70.

40 LHM, Rep. A 2, Nr. 20, Bl. 33ʳ. Nur im Regest bei REDLICH, Cardinal Albrecht, S. 100*.

41 LUDEWIG, Reliquiae (wie Anm. 32), S. 424. Vgl. dazu das Schreiben Erzbischof Ernsts an seinen Gesandten in Rom vom 3. Februar 1513: ebd., S. 414–421, hier S. 416. Zum Vorgang auch REDLICH, Cardinal Albrecht (wie Anm. 3), S. 3–5.

es ihm – wie schon erwähnt – jedoch nicht, das Vorhaben zu verwirklichen: Die Einsetzung eines halleschen Stiftskapitels scheiterte am Widerstand des Magdeburger Domkapitels. Und dieses wollte offensichtlich auch Albrecht nach dessen Amtsantritt mit dem Revers von einer weiteren Verfolgung des Stiftsplans abhalten. Formal gelang das zunächst auch – bis Albrecht dann eine weit umfassendere Stiftsgründung ins Werk setzte. Wenn trotzdem schon 1516 in einer Flugschrift von *der löblichen stifftkirchen sanct Mauritii burg* die Rede ist, die Maria-Magdalenen-Kapelle also in den Augen des Autors, des halleschen Arztes Dr. Balthasar Lothwiger, als *Stiftskirche* galt[42], so wurde damit sicher kein offizieller Titel gebraucht, sondern lediglich eine lokal vertretene Auffassung zum Ausdruck gebracht. Sie war allerdings nicht völlig unbegründet, gab es doch damals bereits einige Kleriker und einen, wenn auch kleinen, Singechor für die geistliche Versorgung der Kapelle[43]. Das bedeutete aber: Wenn sich Albrecht in den ersten Jahren seiner Regierung noch an seine dem Domkapitel gegebene Zusicherung gehalten hat, dann kann der Weiheakt von 1514 auch nicht mit einer Erhebung zur Stiftskirche in Verbindung gebracht werden. So bleibt vorerst die Annahme, daß es sich um eine – aus welchen Gründen auch immer – wiederholte Weihe, vielleicht auch eine »Schlußweihe« gehandelt haben kann, die von Albrecht vorgenommen wurde. An ihr könnte ihm sehr gelegen gewesen sein, um als Vollender der Kirchengründung auch den Anspruch erheben zu können, als ihr Mitstifter zu gelten. In dieser Rolle präsentierte er sich jedenfalls auf dem bald danach, vielleicht sogar aus diesem Anlaß, entstandenen Holzschnitt, der die beiden Erzbischöfe Ernst und Albrecht mit dem Modell der neuen Residenzkirche in ihren Händen und mit dem Kirchenwappen wie auf der Steintafel von 1509 zeigt[44]. Wie sehr Albrecht die Stifterrolle als eine Aufgabe verstand, lassen sein starkes Interesse und die vielfältigen Bemühungen in der Folgezeit erkennen. So sorgte er bald für eine beträchtliche Vermehrung des Reliquienschatzes, besonders durch Translationen aus Mainz (1515), Gottesgnaden bei Calbe und Magdeburg (1516)[45]. Neue Reliquiare mußten dafür hergestellt werden, kamen aber auch als Schenkungen in die Kapelle[46]. Wahrscheinlich im Zusammenhang mit der Übertra-

---

42 Balthasar LOTHWIGER [Ludwiger], Eyn kurtz nutzbar Regiment vnd Rath vor die schweren vnd erschrecklichen kranckheit der Pestilentz. Leipzig 1516. Wiedergabe von Joseph FÖRSTEMANN, Eine Halle'sche Pestordnung aus dem Jahre 1516. In: Neue Mitteilungen aus dem Gebiet historisch-antiquarischer Forschungen 9, H. 3/4 (1862) S. 143–152, hier S. 145.

43 In einem Brief vom 26. Mai 1517 an seinen Hofmeister erwähnt Albrecht den verstorbenen *obercustos er George*, dem die *versorgung* der Kapelle anvertraut war, und den *sangmeister* sowie mehrere neu zu bestellende *person, die mit singen und lesen geschickt*; REDLICH, Cardinal Albrecht (wie Anm. 3), S. 8*–9*.

44 Eva STEINER, Das alte Titelblatt zum Halle'schen Heiligtumsbuch. Ein Beitrag zum Holzschnittwerk Lucas Cranachs d. Ä. In: Mitteilungen der Gesellschaft für vervielfältigende Kunst 1930 = Die Graphischen Künste 53 (1930) Beilage, S. 46–48; Dieter KOEPPLIN und Tilmann FALK, Lukas Cranach. Gemälde, Zeichnungen, Druckgraphik, I. Basel, Stuttgart 1974, S. 57, Nr. 5.

45 Johannes TUBERINUS, Panaegyricus ac Epitome super Celitum Reliquiis vrbi Hallensi per memoratum Archiantistitem introductis. Leipzig 1515; Wiedergabe von Joseph FÖRSTEMANN, Johannis Tuberini Gedicht an den Erzbischof Albrecht von Mainz. In: Neue Mitteilungen (wie Anm. 42), S. 133–142. Zum ganzen Vorgang: REDLICH, Cardinal Albrecht (wie Anm. 3), S. 272–274.

46 Ebd., S. 276–290. – Zugänge zum Reliquienschatz zwischen 1515 und 1519 s. Philipp Maria HALM und Rudolf BERLINER, Das Hallesche Heiltum. Man. Aschaffenb. 14. Berlin 1931, Nr. 19. 76. 111[b]. 186. 190. 201. 202. 240. Das 1516 entstandene, silbervergoldete Reliquiar in Altarform

gung der Gebeine des heiligen Erasmus und dem Beginn der von Albrecht betriebenen Erasmus-Verehrung entstand 1516 das Tafelbild mit dem Erasmus-Martyrium[47]. Neben weiteren Einzeltafeln, die in diesen Jahren für die Kapellenausstattung gemalt wurden[48], gab Albrecht außerdem damals wohl schon die ersten Aufträge an L. Cranach und seine Werkstatt für die Herstellung neuer gemalter Altaraufsätze[49].

Wie bei der Kapelle waren auch an den übrigen Gebäuden des Schlosses, und zunächst ebenso an den Außenanlagen, keine wesentlichen Baumaßnahmen erforderlich. Demgegenüber vertritt die bisherige bau- und stadtgeschichtliche Forschung durchgehend die Auffassung, der Torturm in der Mitte des Ostflügels mit der großen Durchfahrt und der kleinen Fußgängerpforte daneben sei unter der Ägide Albrechts 1514–1517 errichtet worden, als man nach Aufgabe des Haupteinganges im Norden von der Ostseite her einen neuen Burgzugang benötigte[50]. Als Beweis für diese vermeintlich nachträgliche Veränderung gilt das 1517 datierte Sandsteinrelief mit dem von Löwe und Greif gehaltenen und durch die Devise SOLI DEO GLORIA auf einem Spruchband bekrönten Wappen Erzbischof Albrechts, das sich über der Fußgängerpforte befindet. Aufgrund neuer Baubeobachtungen muß aber bezweifelt werden, daß die Herstellung der vorzüglich gearbeiteten Wappentafel 1517 auch für die Datierung des im ganzen einheitlich gestalteten Torturms verbindlich ist. Denn die Osttorlage und das um 1500 errichtete Nordportal gleichen sich in Aufbau und Ausführung bis ins konstruktiv-technische Detail, und auch die Steinmetzen beider Bauabschnitte gehörten nach Ausweis der Steinmetzzeichen derselben Gruppe von Werkleuten an, so daß eine annähernd gleichzeitige oder kurz nacheinander erfolgte Entstehung beider Portale bis zur Vollendung der Moritzburg gegen 1503 anzunehmen ist. Auch sonst entsprechen die Einzelformen der Ostseite denen der anderen Trakte so sehr, daß man die bei einer späteren Errichtung des östlichen Torturms notwendige Bauunterbrechung von zehn bis fünfzehn Jahren ausschließen darf[51]. Der früheren Datierung entspräche im übrigen die Darstellung der heiligen Katharina in dem fialenbekrönten Tabernakel über der Durchfahrt, vertritt sie doch in Figurentypus und Stilstufe eine Gestaltungsweise eher des ausgehenden 15. Jahrhunderts bis

---

(Nr. 111[b]) war ein Geschenk Wolfs I. von Schönburg. Er war Albrecht seit 1515 verbunden und wurde einer seiner Hofräte; Conrad MÜLLER, Schönburg. Geschichte des Hauses bis zur Reformation. Leipzig 1931, S. 355–356.

47 Galerie Aschaffenburg. Katalog, hrsg. von den Bayerischen Staatsgemäldesammlungen. München ²1975, S. 60.

48 Katalog Aschaffenburg (wie Anm. 47), S. 63 (Heilige Sippe) und 64 (Muttergottes auf der Mondsichel), sehr wahrscheinlich auch die Messe des Heiligen Gregorius (S. 61).

49 Jakob ROSENBERG, Die Zeichnungen Lucas Cranachs d. Ä. Berlin 1960, S. 20, Nr. 29. 30; STEINMANN, Bilderschmuck (wie Anm. 39), S. 80. 87. KOEPPLIN/FALK, Cranach (wie Anm. 44), II, 1976, S. 477, Nr. 326 datieren das Altarmodell mit der Kreuzannagelung Christi erst »um 1519/25«, bringen seine Entstehung also bereits direkt mit der Ausstattung der neuen Stiftskirche in Verbindung.

50 Schon zu finden bei: Franz KNAUTH, St. Moritzburg zu Halle a. d. Saale. Historisch-topographisch dargestellt. Halle 1853, S. 10. Zuletzt HÜNEKE, Moritzburg (wie Anm. 5), S. 13 und Peter FINDEISEN, Geschichte der Denkmalpflege, Sachsen-Anhalt. Berlin 1990, S. 46. 208.

51 Nicht nur im heutigen Baubefund, sondern auch auf den fotografischen Aufnahmen vor dem Ausbau des Ostflügels 1911–1912 sind keine Abschnittsfugen auszumachen, die bei sekundärer Turmeinfügung vorhanden sein müßten.

um 1500 als der Zeit um 1517[52]. Und muß nicht die Anbringung der Kompatronin des Erzstifts am Ostportal bereits Bestandteil des ursprünglichen Bau- und Bildprogramms gewesen sein, wenn über dem Nordportal am entsprechenden Platz der heilige Mauritius als das notwendige Pendant aufgestellt war[53]? Die Wappentafel Albrechts von 1517 kann dann aber nicht als eine auf die Ausführung bezogene Bauinschrift gemeint gewesen sein, sondern als nachträglich eingefügtes persönliches Abzeichen, das als Hoheitsform den Anspruch auf diesen Besitz ebenso umschließt wie den der dauernden Repräsentanz – im Sinne jener humanistischen Gedächtnis-Besessenheit, von der Albrecht zeitlebens erfüllt war[54].

Als Bauherr im Bereich der Moritzburg trat der Kardinal erst 1528 in Erscheinung. Damals entstand auf dem mauerumgrenzten Vorplatz östlich des Schlosses das »Reithaus«, ein für die große Hofhaltung unerläßliches Marstallgebäude, über dessen architektonische Gestaltung Einzelheiten nicht bekannt sind[55]. Nach dem Stadtplan von 1667 war es ein in West-Ost-Richtung längsrechteckiger Bau, der im Bereich des ehemaligen Judendorfs nahe der inneren Stadtmauer stand[56]. An seiner Südseite befand sich, wie aus chronikalischen Quellen hervorgeht, das Wappen Albrechts, dazu eine deutsche Inschrift mit Namen und Titeln sowie die Jahreszahl 1528[57]. Später als »Comödien- und Ballhaus« genutzt, wurde der Bau 1738 für eine Erweiterung des »Paradeplatzes« beseitigt[58].

Bald nach der Rückkehr von dem langen Aufenthalt in der Mainzer Diözese, zu Beginn der Periode also, in der Albrecht durch seine persönliche Anwesenheit der weiteren Ausbreitung des Protestantismus in Halle und den erzstiftischen Landen zu wehren suchte, widmete er in den Jahren ab 1533 erhöhte Aufmerksamkeit auch der äußeren Sicherung seiner Residenz. So mußte zunächst der am 5. Mai 1533 zum erzbischöflichen *werkman und bawmeister* bestellte Steinmetz Andreas Günther nach eigener Visierung einen allseits umlaufenden *gefutterten graben* schaffen, entsprechend eingetieft und mit einer vier Ellen starken Mauer versehen, und empfing dafür die beachtliche Summe von 2300 Gulden[59] – eine wesentliche fortifikatorische Verbesserung, mit der das Schloß im kritischen Fall uneinnehmbar werden sollte. Weitere Maßnahmen, wie die auf die gesamte Stadt

---

52 Zum Vergleich wäre vor allem die Skulptur der Magdalena vom Ratskeller heranzuziehen; Rolf HÜNICKEN, Halle in der mitteldeutschen Plastik und Architektur der Spätgotik und Frührenaissance 1450–1550 (= Studien zur thüringisch-sächsischen Kunstgeschichte 4). Halle 1936, S. 18.

53 Die nicht erhaltene Figur des Mauritius war *mit den wapen an dem newgen slosse ewber dem thor* 1504 gesetzt worden; Marienbibliothek Halle MS. 172: Seidenschwanzische Chronik, Bl. 319[v]. Vgl. HÜNICKEN, Halle (wie Anm. 52), S. 21.

54 Vgl. Peter REINDL, Loy Hering. Zur Rezeption der Renaissance in Süddeutschland. Basel 1977, S. 216 f. Anm. 517.

55 Ob von den Fundamenten, die in den Bodenaufschlüssen auf dem Friedemann-Bach-Platz im Zuge der Baumaßnahmen 1984 ff. angetroffen wurden, Teile zum Bau des Reithauses gehört haben, ist auch durch die Untersuchungen des Landesmuseums für Vorgeschichte Halle nicht zu klären gewesen.

56 Wilhelm JAHN, Halles älteste Befestigung im Nordwesten und das Judendorf. In: Neue Mitteilungen (wie Anm. 42), 17 (1889) S. 498–513, hier S. 506.

57 OLEARIUS, Halygraphia (wie Anm. 3), S. 240–241.

58 LHM, Rep. A 9a VIc II, Nr. 11, Zu Erweiterung des Paradeplatzes weggerissenes Ballhaus zu Halle 1738.

59 REDLICH, Cardinal Albrecht (wie Anm. 3), S. 30*–32*.

Halle, Plan der Stadt im 17. Jahrhundert (Ausschnitt). Gezeichnet von Friedrich Daniel Bretschneider, gestochen von Johannes Wüsthoff. Veröffentlicht als Beilage in: Gottfried Olearius, Halygraphia 1667 (s. Anm. 3)

Legende zum wiedergegebenen Ausschnitt:

4 »Fürstlicher Garten«
7 »Salstrom«
9 Saalebrücken
10 Moritzburg
11 Maria-Magdalenen-Kapelle
12 »Fürstliches Jagt-Haus«
13 »Hund-Haus«
14 »Reit-Haus«
15 »Ball-Haus« (= Reithaus von 1528)
21 Wasserkunst
22 Neumühle
23 Mühlpforte
24 Dominikanerkloster St. Pauli
25 »Domhaus«
26 Dom
27 »Domkirchhof«
28 »Fürstliche Alte Residenz«
29 »Fürstliche Neue Residenz« (= urspr. »Neuer Bau«)
30 »Fürstliche Kanzlei«

ausgedehnten Überprüfungen der Verteidigungsfähigkeit (1534 und 1538)[60] und die aufgrund des sog. Magdeburger Burggrafenstreits tatsächlich gegebene Angriffsgefahr, führten dann dazu, daß nicht nur die Stadtbefestigung an verschiedenen Stellen eine Verstärkung erfuhr und außerdem einige neue Basteien erhielt, sondern auch für die Moritzburg 1536–38 noch ein zusätzlicher Schutzbau angelegt wurde: die mächtige Erdschanze vor der Nordseite, der spätere »Jägerberg«, mit Brustwehr und der notwendigen Brücke zum Nordportal[61]. Trotz des Verlustes aller Einzelheiten prägt diese aus Albrechts Zeit stammende Anlage mit ihren Massen und Konturen bis heute das nördliche Vorfeld der Moritzburg.

In besonderer Weise ließ sich der Kardinal die innere Gestaltung und Ausschmückung der Moritzburg über viele Jahre hinweg angelegen sein. Die Nachrichten darüber reichen von 1525 bis 1538, und die beiden Schilderungen, die Johannes Carion und Georg Sabinus 1533 gaben, bezeugen – wenn auch in rhetorischer Übertreibung – die für ihre Zeit glanzvolle Erscheinung der Räumlichkeiten und den prunkenden Reichtum ihrer Einrichtung, die im Brand der Moritzburg 1637 vollständig zugrunde gingen[62]. Einen zumindest andeutenden Eindruck von der prächtigen Ausstattung vermitteln noch heute die Reste farbig glasierter Kachelöfen von 1525, die 1954 im Westflügel bei der Beräumung des Bauschutts aus dem Dreißigjährigen Krieg gefunden wurden[63]. Nichts erhalten hat sich hingegen von den in verschiedenen *gemachen* angebrachten kunstvollen Holzvertäfelungen, die von den Meistern Gabriel und Hans Tuntzel, Mitgliedern einer vielbeschäftigten halleschen Kunsttischlerfamilie, stammten, und von den Wandmalereien; die Visierungen dazu lieferte wiederholt der in Albrechts Dienst tätige Maler Simon Franck[64]. Einmal werden auch Gemälde *(bilder vnd conterfact)* erwähnt, die *in der nawen wunderstubenn vnd in der grunen kammer dauor hingen und weggeschlossen werden sollten*[65].

III. ZUR ROLLE DES GIEBICHENSTEIN ZWISCHEN 1514 UND 1540

Burg Giebichenstein, die nach dem Umzug Erzbischof Ernsts zur Moritzburg ihre frühere Residenzfunktion eingebüßt hatte und damit auch nicht mehr Sitz von Regierungs- und Verwaltungsbehörden war, behielt im wesentlichen nur die dort auch früher schon wahrgenommenen Wirtschaftsaufgaben und blieb Sitz des Amtes Giebichenstein. Eine Bestätigung für den Abzug landesherrlicher Behörden gibt die Aufforderung an die Räte in der erzbischöflichen Kanzleiordnung von 1538, das »Amt Giebichenstein« sollte von ihrem Hoflager verschont werden,

---

60 NEUSS, Wehrbauten (wie Anm. 4), S. 177.
61 LIEBE, Kriegsrüstungen (wie Anm. 26), S. 117 (Berufung des Wallmeisters Jobst Sibicke aus Braunschweig 1536); REDLICH, Cardinal Albrecht (wie Anm. 3), S. 33*.
62 S. Anm. 18. – Peter van der Vorst konnte 1537 wegen der Abwesenheit des Kardinals nur die Pracht der von ihm bewohnten »Stube« bewundern: *Stufa in qua nos fuimus hospitati, fuit valde magnifica, et ita affirmabant de reliqua parte domus, sed propter absentiam cardinalis non potuimus videre*; Reisetagebuch (wie Anm. 18), S. 397.
63 WÄSCHER, Baugeschichte (wie Anm. 5), S. [11].
64 Belege zu den Vertäfelungen s. REDLICH, Cardinal Albrecht (wie Anm. 3), S. 17* und 33*. Wandmalereien: S. 16*. Visierungen: S. 33* und 120*.
65 Ebd., S. 16*.

woraus wiederum zu schließen ist, wie wenig man sich an diese Festlegung bisher gehalten hat⁶⁶. Die Ökonomiefunktion als Vorwerk wurde schon vorher von der Unterburg erfüllt⁶⁷. Sie bot sich jetzt in Ausdehnung und Grundriß und mit dem Kornhaus von 1473 für die Weiternutzung als Wirtschaftshof erst recht an.

Zur Erfüllung dieser Aufgabe hat man zur Zeit Albrechts noch Gebäude hinzugefügt: Einmal ist das die östliche Scheune des Südtrakts, die zwar 1604 erneuert und später weiter verändert wurde, in Teilen aber noch dem frühen 16. Jahrhundert angehört. So besitzen die Giebel mit ihren dekorativen Flächengliederungen aus »gestapelten« Rundbogenarkaden ihre genaue Entsprechung im Ostgiebel des Küchenbaus am Kühlen Brunnen, der im dritten Jahrzehnt des 16. Jahrhunderts entstand (s. S. 348), so daß die Jahreszahl 1526 an der heute in die jüngere Nordwand der Scheune eingelassene Relieftafel mit dem Wappen und der lateinischen Titelinschrift Albrechts in diesem Falle auch die Entstehungszeit des Baus angeben dürfte⁶⁸. Ein zweiter Neubau aus dieser Zeit, ein längsrechteckiges Gebäude, von dem ebenfalls Teile der schmalseitigen Giebelwände erhalten sind, ist später im Nordteil des Westflügels aufgegangen. An der einstigen Außenseite des Südgiebels (heute innerhalb der sog. Albrechtshalle) befindet sich unmittelbar über der vorhandenen Spitze eines im übrigen zerstörten Kielbogenportals eine weitere, jedoch undatierte Tafel mit Wappen und Inschrift⁶⁹ des Kardinals in einer Ädikularahmung, deren reiche Gestaltung in Frührenaissanceformen auf eine gehobene Zweckbestimmung dieses Baus verweisen könnte⁷⁰.

IV. DAS »NEUE STIFT« UND SEINE KIRCHE

Wann Kardinal Albrecht entgegen seiner dem Magdeburger Domkapitel gegebenen Zusicherung dann doch den Entschluß zur Gründung des »Neuen Stifts« mit der Errichtung des »Doms« in Halle faßte, wird kaum noch festzustellen sein. Wichtige Anstöße dazu könnten möglicherweise persönliche Begegnungen auf dem Augsburger Reichstag 1518 vermittelt haben, die ihn letztlich veranlaßten, den bislang unverwirklichten Teil der Planung Erzbischof Ernsts wieder aufzugreifen und in verändertem Rahmen und erweiterter Form zur Ausführung zu bringen. Denn die zu Beginn des Jahres 1519 als eine wiederholte Anfrage formu-

---

66 Georg LIEBE, Die Kanzleiordnung Kurfürst Albrechts von Magdeburg, des Hohenzollern (1538). In: Forschungen zur Brandenburgischen und Preußischen Geschichte 10 (1898) S. 32–54, hier S. 47.
67 Welche Aufgabe die Oberburg damals besaß, bleibt unklar.
68 ALBERTVS·S(ACRO)·S(ANCTAE)·RO(MANAE)·ECCLE(SIAE)·CAR(DINALIS)·ARC(HIEPISCO)PVS · MAGDE(BVRGENSIS) ET · MAGVN(TINENSIS) · PRI(MAS) · MAR(CHIO) · BRANDE(BVRGENSIS) 1526.
69 ALBRECHT · VO(N) · GOTS · GNADE · DER · RO(EMISCHEN) : KIRCHEN · CARDINAL · ZV · MAGDEBVRG · VN(D) · MEINCZ · ERCZBISCHOF · PRI(MAS) : VND · DES · HEI(LIGEN) : RO(EMISCHEN) · REICHS · IN · GERMA(NIEN) : ERCZCANCZLER · VND · CHVR(FÜRST) · VN(D) · MARGRAF · ZV · BRANDE(BVRG).
70 Den Aufgaben einer Residenz im engeren Sinn, wie J. John angenommen hat, haben die Bauten der Unterburg und vornehmlich der Westflügel wohl zu keiner Zeit, auch im 15. Jahrhundert nicht gedient; vgl. Jürgen JOHN, Die Baugeschichte der Unterburg Giebichenstein. Halle, Diplomarbeit (Kunstgeschichte) 1965 (masch.), S. 23–31. Die Baugeschichte nach heutigem Forschungsstand zusammengefaßt von Reinhard SCHMITT, Halle/Saale. Burg Giebichenstein (= Baudenkmale 67). Leipzig 1988.

lierte Bitte an Friedrich den Weisen, er möge ihm doch *die ceremonien der styfft kirchen zu Wittenbergk mit sampt der fundacion und muster des graffs, so man an dem karfreitag gebraucht,* zuschicken[71], ist wahrscheinlich erstmals ein paar Monate zuvor in Augsburg ausgesprochen worden, wo beide Kurfürsten einander begegnet waren. Die genauere Kenntnis der in der Wittenberger Schloßkirche üblichen Gottesdienstordnung und der ungewöhnlichen Form der Karfreitagsfeier scheint Albrecht für sein zu dieser Zeit sicherlich bereits in Betracht gezogenes Vorhaben wichtig gewesen zu sein[72]. Wahrscheinlich kam der Stifts- und Heiltumskirche in Wittenberg überhaupt eine nicht zu unterschätzende exemplarische Bedeutung zu – bis hin zur Stiftsverfassung. Als Papst Leo X. im April 1519 mit seiner Erektions- und Konfirmationsbulle für die Gründung des halleschen »Neuen Stifts« und dessen Kirche seine Zustimmung gab, war zunächst noch – wie schon von Ernst testamentarisch festgelegt – ein Stiftskapitelumfang von 25 Personen vorgesehen. In der zweiten Ausfertigung der gleichen Urkunde erfolgte auf Wunsch des Stifters[73] gerade in diesem Punkt – abgesehen von der Korrektur des Patronatsrechts – eine wesentliche Änderung: Die Zahl der Stiftsmitglieder wurde beträchtlich, auf 53, erhöht, wofür das personell damals fast genau gleich große Wittenberger Stift das unmittelbare Vorbild abgegeben haben wird[74]. In anderer Hinsicht, als Verwahrort eines großen Reliquienschatzes, übertraf Halle jedoch Wittenberg sehr bald: Bestand das Heiltum in Wittenberg 1520 aus annähernd 19000 Partikeln im Vergleich zu »nur« 8133 Partikeln und 42 ganzen Heiligenkörpern in Halle, so verschob sich das Verhältnis infolge des immensen Sammeleifers von Albrecht in kürzester Zeit zugunsten Halles, für das 1521 bereits 21441 Partikel und die gleichen 42 Körper wie vorher verzeichnet wurden, während in Wittenberg infolge des Einflusses vornehmlich von G. Spalatin nach 1520 kein Stück mehr dazukam[75].

Die päpstliche Bulle erlaubte dem Kardinal aber vor allem, das künftige Stift, wenn nicht in der ursprünglich dafür vorgesehenen Maria-Magdalenen-Kapelle, dann auch in einer anderen Kirche einzusetzen. Albrecht hatte um diese Erweiterung der Bestimmungen gebeten, weil der Moritzburg durch den zu erwartenden

---

71 REDLICH, Cardinal Albrecht (wie Anm. 3), S. 8 Anm. 1.

72 Albrechts Nachfrage bezog sich offenbar vor allem auf die erst kurze Zeit zuvor (1517) erfolgte *Stiftung der abnemung des bildnus vnsers lieben hern vnd seligmachers vom creutz vnd wie die besuchung des grabs [...] bescheen soll*; ThHStA, Reg O 158, Bl. 25–32ᵛ. Vgl. Fritz BÜNGER und Gottfried WENTZ (Bearb.), Das Bistum Brandenburg, II (= Germania Sacra, 1. Abt. 3,2). Berlin 1941, S. 102; Gesine und Johannes TAUBERT, Mittelalterliche Kruzifixe mit schwenkbaren Armen. Ein Beitrag zur Verwendung von Bildwerken in der Liturgie. In: Zeitschrift des Deutschen Vereins für Kunstwissenschaft 23 (1969) S. 79–121, hier S. 98–101.

73 So die Interpretation von Paul KALKOFF, Zur Gründungsgeschichte des Neuen Stifts in Halle. In: ZKG 23 (1902) S. 107–109, in der Korrektur der »Fälschungstheorie« von REDLICH, Cardinal Albrecht (wie Anm. 3), S. 12–14.

74 Zum Personalbestand in Wittenberg: BÜNGER/WENTZ, Bistum Brandenburg (wie Anm. 72), S. 96–97; zu Halle: REDLICH, Cardinal Albrecht (wie Anm. 3), S. 12.

75 Wittenberg: Paul KALKOFF, Ablaß und Reliquienverehrung an der Schloßkirche zu Wittenberg unter Friedrich dem Weisen. Gotha 1907, S. 64–65. 66–84; BÜNGER/WENTZ, Bistum Brandenburg (wie Anm. 72), S. 105. Halle: Lignatius STÜRLL [i.e. Andreas Karlstadt], Glosse Des Hochgelarten, erlauchten Andechtigen unn Barmherzigen Ablas, Der tzu Hall in Sachsen mit wunen unn freuden aussgerufen. O.O. 1521. Wiedergabe in: Hallisches Trutz-Rom von 1521. Vorwort von Eduard BÖHMER. Halle 1862, zum Reliquienbestand S. 11; REDLICH, Cardinal Albrecht (wie Anm. 3), S. 260.

Besuch der Stiftskirche – würde die Kapelle im Schloß dazu erhoben – von seiten der Bürgerschaft »Verrat oder eine andere Gefahr« drohen könnte[76]. Inwieweit diese Befürchtung zu Recht bestand oder nur vorgeschoben war, muß dahingestellt bleiben. Entscheidend wird den Kardinal zu seiner Bitte auch die Aussicht mitbestimmt haben, daß in einer anderen Kirche die von ihm angestrebte breitere Entfaltung des Kults gewiß imposanter als in der kleinen Schloßkapelle möglich war. Indem der Papst es sogar freistellte, für die Neugründung entweder einen außerhalb der Burg noch zu errichtenden oder schon vorhandenen Sakralbau zu wählen, schuf er kirchenrechtlich die Voraussetzung für den nun folgenden beispiellosen »Kirchen-Ringtausch«. Ein Neubau verbot sich gewiß schon aus Kosten- und auch aus Zeitgründen. Daher wurde zunächst die Moritzkirche, die größte der vier bestehenden Pfarrkirchen Halles und zugleich die Kirche eines regulierten Augustiner-Chorherrenstifts, für eine Erhebung zur Kollegiatkirche vorgesehen. Die Regularkanoniker sollten in den Stand von Weltgeistlichen versetzt und Mitglieder dieses neuen Stifts werden. Nachdem der Konvent des Regularstifts im August 1519 der Umwandlung bereits zugestimmt hatte[77], kam es zusätzlich noch zu Verhandlungen mit den Dominikanern in Halle. Bereits nach kurzer Zeit war man sich insgesamt einig: Nunmehr sollten die Dominikanermönche in die Moritzkirche umziehen und die neuen Stiftsherren von St. Moritz in die Klosterkirche St. Crucis. Als Grund für diesen doppelten Wechsel ist ausdrücklich angegeben, daß der Bettelordensbau »der größeren Bequemlichkeit wegen« für das »Neue Stift« gewählt worden sei[78]. Faktisch bedeutete das: Nicht nur die kürzere Entfernung zur erzbischöflichen Residenz, sondern auch der bessere bauliche Zustand bei geeigneter Größe sprachen für die Dominikanerkirche, die im ausgehenden 13. Jahrhundert als einheitlicher Gewölbebau errichtet worden war. Die Moritzkirche bot sich demgegenüber nur halbfertig dar: Ihrem 1388 begonnenen Neubau fehlte noch immer fast die gesamte Wölbung – angesichts der Intentionen, die Albrecht in der Ausgestaltung und Zier der neuen Stiftskirche verfolgte, zweifellos ein schwerwiegender Mangel[79].

Schließlich erteilte Leo X. auch zu diesem umfassenden Wechsel die kanonisch erforderliche Konfirmation[80]. Im April 1520 bezogen die Kleriker des »Neuen Stifts« unter Mitführung aller Reliquien und »Kleinodien« der Moritzkirche vorübergehend die Maria-Magdalenen-Kapelle der Moritzburg. Bereits im Sommer, nachdem der Kardinal zum Abschluß des Gründungsvorgangs seinen Fundations- und Dotationsbrief ausgestellt und die Statuten für das »Neue

---

76 LUDEWIG, Reliquiae (wie Anm. 32), S. 434: § XIX. [...] *posset dicte arci proditionis, aut aliud periculum inminere.*

77 DREYHAUPT, Pagus (wie Anm. 13), S. 766–768, Nr. 194; REDLICH, Cardinal Albrecht (wie Anm. 3), S. 14.

78 Schreiben des Domkapitels zu Magdeburg vom 24. November 1519: [...] *ad majorem hujus rei commoditatem monasterium fratrum sancti dominici ordinis mendicantium in predicto opido hallis cum domibus suis* [...]; DREYHAUPT, Pagus (wie Anm. 13), S. 879–880, Nr. 263, hier S. 879.

79 Hans-Joachim KRAUSE, Die spätgotischen Neubauten der Moritzkirche und Marktkirche in Halle. In: Denkmale in Sachsen-Anhalt. Ihre Erhaltung und Pflege in den Bezirken Halle und Magdeburg. Weimar 1983, ²1986, S. 225–252, hier S. 239.

80 Bulle vom 10. Januar 1520, inseriert in Albrechts Processus erectionis vom 28. Juni 1520: DREYHAUPT, Pagus (wie Anm. 13), S. 883–888, Nr. 265, das Insert S. 883–886.

Stift« erlassen hatte[81], konnten sie von ihrem neuen Domizil im ehemaligen Dominikanerkloster Besitz ergreifen, während die Dominikaner in die ehemalige Moritzklausur umsiedelten[82]. Das durch den Kirchenschatz der Moritzkirche und andere »Neuerwerbungen« vermehrte Heiltum verblieb offenbar zunächst in der Kapelle der Moritzburg, da die Dominikanerkirche für die gewandelte Zweckbestimmung erst noch der Herrichtung bedurfte.

Nachdem die Entscheidung zugunsten der ehemaligen Dominikanerkirche gefallen war, wird man mit Planung und Ausführung der Umgestaltung unverzüglich begonnen haben. Nachrichten über die Bau- und Ausstattungsmaßnahmen sind nur spärlich überliefert. Einen sicheren Anhaltspunkt bietet die Bestallung des Steinmetzbaumeisters Bastian Binder am 30. März 1520 zum *bawmeister und werckman* aller erzbischöflichen Gebäude im Erzstift Magdeburg, aber mit der besonderen Auflage, sich unverzüglich für die nächsten etwa einundeinhalb Jahre in Halle niederzulassen[83], was nur bedeuten konnte, daß er dort eine seine ständige Anwesenheit erfordernde größere Aufgabe zu bewältigen hatte. Und das muß die architektonische Umformung des schlichten Bettelordensbaus in die neue Stiftskirche gewesen sein. Binder, der gerade als Dombaumeister in Magdeburg die Westtürme des Doms vollendet hatte und schon 1518 auf einer Steinmetzenversammlung in Halle zum *vorweser vber steinwerck vnd steinmetzenn bruderschaft* in den Ländern Sachsen, Thüringen, Meißen und Schlesien *verordnet* worden war[84], ein erfahrener Werkmeister also, übernahm den Auftrag, der in seiner Durchführung schließlich mehr Zeit erforderte als zunächst veranschlagt war.

Die Arbeiten waren Anfang September wahrscheinlich schon im Gange, als Siegmund von Brandenstein, Burghauptmann von Giebichenstein, berichtete, *wie es sich mit dem gebeude und glockengießen heldt*[85]. Was er über den Bau im einzelnen auszusagen hatte, ist wegen des Verlustes seiner *schrifft* nicht bekannt. Den Guß einer Glocke, von dem hier die Rede ist, hatte Martin Hillger aus Freiberg übernommen. Mit der Arbeit sollte dem Vertrag nach spätestens Ende Juli schon begonnen worden sein, doch kam sie erst 1521 zustande[86]. Danach schweigen die Schriftquellen bis zu dem Bericht des Bauschreibers Conrad Fogelßberger vom 17. Juni 1524. Zu dieser Zeit erfolgte die Erneuerung des Dachwerks und die Aufmauerung des Giebelkranzes, wozu Fogelßberger detaillierte Angaben

---

81 Ebd., S. 881–883, Nr. 264 (Fundations- und Dotationsbrief vom 28.6.1520), S. 891–902, Nr. 268 (Statuta gloriosae et prestantissimae Ecclesiae Collegiatae S. Mauritii et Mariae Magdalenae Hallensis ad Sudarium domini 1520). Dazu erläuternd: REDLICH, Cardinal Albrecht (wie Anm. 3), S. 20–40.

82 Beide Einführungen erfolgten am Sonntag, dem 15. Juli 1520; REDLICH, Cardinal Albrecht (wie Anm. 3), S. 22 mit allen Belegen und dem Hinweis (Anm. 3) auf die falsche Jahresangabe 1521 in der Summarischen Beschreibung (wie Anm. 17), Bl. 4ʳ.

83 REDLICH, Cardinal Albrecht (wie Anm. 3), S. 39*.

84 SHStA, Loc. 8746, Steinmetzenn vnd Wergkleuthe auffgerichte Ordnunge vnd Bruderbuch auff S. Annaberg vbergeben Anno 1518, Bl. 1ʳ.

85 Walter DELIUS, Eine Urkunde zur Reformationsgeschichte der Stadt Halle. In: Zeitschrift des Vereins für Kirchengeschichte der Provinz Sachsen und des Freistaates Anhalt 26 (1930) S. 159–164, hier S. 159.

86 REDLICH, Cardinal Albrecht (wie Anm. 3), S. 41* (Vertrag mit M. Hillger vom 1. Juni 1520); HOFFMANN, Magdeburg (wie Anm. 13), S. 327.

macht⁸⁷. Im folgenden Jahr ist die Überarbeitung des Außenbaus offenbar beendet worden. Jedenfalls zeigt das neu angefertigte östliche Südportal die Jahreszahl 1525. Wenngleich das Entstehungsdatum sich auch innen an der Konsole der Pfeilerstatue des Mauritius findet und die Kanzel als letztes großes Stück der Ausstattung gar erst 1526 fertig war, müssen vor allem die ersten Jahre nach 1520 – und wohl ausschließlich – dem Innenausbau gewidmet gewesen sein. Er hatte einen weitaus größeren Umfang, als heute noch zu erkennen ist, und war zum Zeitpunkt der Weihe sicher so weit fortgeschritten, daß die Kirche danach dem Stiftsgottesdienst zur Verfügung stand. Die Weihe der *gloriose et prestantissime collegiate ecclesie sancti Mauricii ac beate Marie Magdalene ad velum aureum* fand bereits am 23. August 1523 statt[88].

Die äußere Erscheinung, in der die Kirche sich nach ihrer Fertigstellung 1525/26 darbot, ist heute in vielen Einzelheiten zwar verstümmelt, aber im ganzen erhalten. Den besten Gesamteindruck der damals gewonnenen Gestalt vermittelt die älteste Darstellung von 1749. Das aufgehende Mauerwerk der auffallend langen, dreischiffigen Hallenkirche mit mittelschiffbreitem Polygonalchor stammt bis zum Dachansatz noch vom Dominikanerbau des späten 13. Jahrhunderts. Das Hauptgesims wie auch die Abschlüsse der Strebepfeiler mit den gekehlten Verdachungen wurden neu aufgesetzt. Wichtigste Zutaten waren der umlaufende Kranz der halbrund schließenden, dekorativ reich ausgebildeten Dachgiebel und das östliche Südportal als ein durch seine Frührenaissanceformen hervorgehobener Hauptzugang an der Schauseite. Im Gegensatz zum äußeren Bild hat das Innere durch Eingriffe vor allem in der Barockzeit und die Restaurierungen des 19. und 20. Jahrhunderts gründlichere Veränderungen erfahren[89], so daß der unter Kardinal Albrecht geschaffene Zustand nur teilweise und auch nur in Umrissen noch vorstellbar ist[90].

Die einst vorhandene Trennung des Presbyteriums vom Gemeinderaum entsprach der in einer Stiftskirche allgemein üblichen Raumeinteilung. Dem Sanktuarium mit dem Hochaltar schloß sich in den beiden östlichen Mittelschiffjochen der »Chor« des Stiftsklerus mit dem Gestühl an, von dem größere Teile – auseinandergenommen und getrennt an verschiedenen Stellen in der Kirche aufgestellt – erhalten geblieben sind. Während der Chor gegen die Seitenschiffe durch Schranken abgegrenzt war, besaß er an seiner Westseite einen stattlichen Lettner mit zwei Durchgängen und begehbarer Bühne. Ob er in der zu dieser Zeit vorhandenen Form noch vom Bau der Dominikaner stammte oder durch B. Binder neu gestaltet wurde, läßt sich vorerst nicht entscheiden. Sicher ein Werk Binders ist die schöne spätgotische Wendeltreppe am Ostende des südlichen Seitenschiffs, deren ursprüngliche Funktion im Zusammenhang mit den Aufgaben des

---

87 REDLICH, Cardinal Albrecht (wie Anm. 3), S. 40*.

88 Das neue Patrozinium erscheint erstmals urkundlich in der Bulle vom 10. Januar 1520; DREYHAUPT, Pagus (wie Anm. 13), S. 885.

89 Reinhard RÜGER, Denkmalpflege an den Kirchen der halleschen Altstadt. In: Denkmale (wie Anm. 79), S. 252–280, hier S. 253–259.

90 Umfassende bauarchäologische Untersuchungen – seit langem ein Desiderat der Forschung – sind im Rahmen der jetzt notwendigen Gesamtinstandsetzung vorgesehen. Erste Beobachtungen, die in der Vorbereitung dazu möglich waren, deuten bereits auf erhebliche Korrekturen der bisherigen Vorstellung vom Bau des 16. Jahrhunderts. So trifft beispielsweise die Annahme von durchgehenden Seitenschiffemporen für die Zeit Albrechts offensichtlich nicht zu.

Chors, vielleicht sogar als Zugang zu einer kleineren Orgel- und Sängerempore im Bereich oberhalb der südlichen Chorschranke, gesucht werden muß. Auch in der Westhälfte der Kirche gab es eine Reihe von Einbauten. So befanden sich am Westende des Mittelschiffs anstelle der doppelgeschossigen Musikbühne mit der Orgel von 1665–1667 bereits 1525/40 mehrere Emporen übereinander. Die untere Empore, zu der eine heute vermauerte Tür in der Westwand gehörte, war wahrscheinlich identisch mit dem *gange vor vnsers gnedigisten herren hauss, da sein churfurstliche gnade pfleget zu stehen*[91]. Bei der oberen Empore, auf die zwei eingemauerte Reste von stark profilierten Tragbalken verweisen, dürfte es sich um eine Art Schwalbennestempore gehandelt haben, auf der die mehrfach genannte *gross orgel* stand[92]. Ob und in welcher Form beide »Porkirchen« mit dem hohen Wendelstein im Westjoch des südlichen Seitenschiffs in Verbindung standen, ist noch ungeklärt. Zu ebener Erde muß wohl in den zwei westlichen Mittelschiffjochen auch der »kleine Chor« eingerichtet gewesen sein, der mit dem »Chor beate virginis« gleichzusetzen ist, in dem der mit einer Schranke umgebene und von einem Baldachin überfangene Marienaltar stand[93]. Diese Ausbildung des »kleinen Chors« würde der räumlichen Situierung entsprochen haben, wie sie bereits der Magdeburger Dom mit der von Erzbischof Ernst eingerichteten *capella des cleynen chors under den thoermen* und die Wittenberger Schloßkirche besaßen, die beide auch der Jungfrau Maria geweiht waren[94]. Geht man von der Richtigkeit dieser Annahme aus, so wäre der Marienaltar durch seine achsiale Stellung ebenso herausgehoben gewesen wie sein östliches Gegenüber, der Kreuzaltar vor dem Lettner. Die übrigen Nebenaltäre standen zumeist an den Pfeilern. Lediglich die Altäre der beiden Hauptpatrone Mauritius und Maria Magdalena am Ostende des südlichen bzw. nördlichen Seitenschiffs waren davon als wiederum bevorzugt abgesetzt. Eine Sonderstellung kam schließlich dem Altar Omnium Sanctorum zu, der sich in der gleichfalls Allen Heiligen gewidmeten Kapelle befand, die dem Heiltum nach seiner Übertragung aus der Kapelle der Moritzburg[95] ins »Neue Stift« als Verwahrort diente. Hatte man früher angenommen, diese Kapelle müsse im östlichen Teil des nördlichen Seitenschiffs eingerichtet gewesen sein[96], so darf heute aufgrund der Quellenaussagen als

---

91 Staatsbibliothek Bamberg, Ms. Lit. 119: Breviarium Hallense von 1532, Bl. 197ᵛ; s. Paul WOLTERS, Ein Beitrag zur Geschichte des Neuen Stiftes zu Halle (1519–1541). In: Neue Mitteilungen (wie Anm. 42), 15 (1882) S. 7–41, hier S. 38.

92 REDLICH, Cardinal Albrecht (wie Anm. 3), S. 149*. 202*. Auf die hohe Anbringung verweist sogar G. SABINUS in seinem Gedicht (ebd., S. 111*, Vers 25), wenn er schreibt: *pendent sub fornicis arcu*. Redlich (S. 178) bezweifelte diese Aussage, da er den Platz der Orgel fälschlicherweise im Chorbereich suchte.

93 REDLICH, Cardinal Albrecht (wie Anm. 3), S. 175–176, vermutete den Kleinen Chor am Ostende des südlichen Seitenschiffs, was jedoch nicht zutrifft.

94 Magdeburg: Gottfried WENTZ und Berent SCHWINEKÖPER (Bearb.), Das Erzbistum Magdeburg, I, 1. Das Domstift St. Moritz in Magdeburg (= Germania Sacra. Die Bistümer der Kirchenprovinz Magdeburg). Berlin, New York 1972, S. 37–39; Ernst SCHUBERT, Der Magdeburger Dom. Aufnahmen Klaus G. Beyer. Leipzig 1974, S. 43 f. (Die Ernstkapelle). – Wittenberg: BÜNGER/WENTZ, Das Bistum Brandenburg (wie Anm. 72), S. 100; Die Denkmale der Lutherstadt Wittenberg (wie Anm. 7), S. 239.

95 Sie war bezeichnenderweise neben Maria Magdalena auch schon Allen Heiligen geweiht; s. Bulle vom 13. April 1519 bei LUDEWIG, Reliquiae (wie Anm. 32), S. 423.

96 REDLICH, Cardinal Albrecht (wie Anm. 3), S. 174.

sicher gelten, daß sie nur mit dem kleinen, polygonal schließenden Anbau an der Nordseite der Kirche identifiziert werden kann, der schon damals gleichzeitig als Sakristei gebraucht wurde und diese Aufgabe bis heute erfüllt. Seine Funktion als Heiltumskapelle erklärt nicht nur die westlich anschließende, schmale und zur sicheren Schatzunterbringung hinzugefügte Kammer, sondern auch die Auszeichnung des Zugangs vom Seitenschiff aus mit dem prächtig ornamentierten Frührenaissancegewände.

In künstlerischer Hinsicht muß die Ausstattung der Kirche prunkvoll-aufwendig und höchst eindrucksvoll gewesen sein. Eingebunden in eine farbige Raumfassung, von der die Beschreibung des G. Sabinus noch eine andeutende Vorstellung vermittelt[97], war das Sanktuarium mit dem Hochaltar durch eine Fülle silberner, teilweise vergoldeter oder aus anderen edlen Materialien hergestellter Bildwerke, Schreine, Reliquiare und weiterer liturgischer Geräte geradezu üppig geschmückt. Im Schiff standen auf den meisten Altären gemalte Retabel, und dazu ergänzend hing an den Pfeilern und teilweise auch an den Seitenschiffwänden eine beträchtliche Anzahl kleinerer und größerer Einzeltafeln[98]. Die Flügelaltäre gehörten fast alle, wie auch der größte Teil der übrigen Gemälde, zu einem Auftrag, den L. Cranach d. Ä. und seine Werkstatt nach 1520 bis zur Weihe 1523 ausführten[99]. Nachträglich wurde 1524 noch das Retabel des Engelaltars vor dem Lettner hinzugefügt, von dem sämtliche Bilder erhalten blieben, während von den anderen Altären nur einige wenige Tafeln heute noch nachzuweisen sind[100]. Mehrere Einzelbilder wurden offenbar aus der Kapelle der Moritzburg in die Stiftskirche übertragen, darunter die Marter des heiligen Erasmus von 1516, die nunmehr neben dem neuen Erasmus-Altar hing[101]. Mit Sicherheit entstammten aber zumindest zwei Gemälde nicht dem Cranach-Kreis: Das eine, das *brustbilde Christi* beim Dreikönigsaltar[102] ist wohl jenes 1523 entstandene Tafelbild der *barmhertzigkheit* Christi von Albrecht Dürer gewesen, das Kardinal Albrecht später dem Domstift in Mainz vermachte[103], während das andere, das monumentale Altarbild des Mauritius-Altars mit der Begegnung der beiden Kirchpatrone

---

97 Sabinus erwähnt sogar den farbigen Fußboden: *Strata pauimento versicolore nitet*; REDLICH, Cardinal Albrecht (wie Anm. 3), S. 111*, Vers 20.

98 Nur der Nothelferaltar vor dem Lettner besaß statt eines gemalten Aufsatzes ein Reliquienretabel, dessen Abbild im Aschaffenburger Codex festgehalten ist; ebd., S. 51*; HALM/BERLINER, Hallesches Heiltum (wie Anm. 46), S. 66, Nr. 339; Albrecht von Brandenburg. Ausstellungskatalog (wie Anm. 12), S. [59], Abb. 25. Auch auf dem Altar Beatae Mariae Virginis stand zunächst eine *ubersilbertte taffel mitt unser lieben frawen bilde*; REDLICH, ebd., S. 55*. – Auf die »sehr vielen gemalten« Bilder, »die innen ringsumher die Wände der Kirche schmücken«, wird 1537 vom Sekretär des päpstlichen Nuntius in seiner Beschreibung der Stiftskirche an erster Stelle hingewiesen. Dann folgen die Reliquien in ihren Schreinen und der Hochaltar sowie die beiden Bronzeplatten im Chor; ETTINIUS, Reisetagebuch (wie Anm. 18), S. 397.

99 Dazu bisher am ausführlichsten STEINMANN, Bilderschmuck (wie Anm. 39).

100 Zum Engelaltar: Ernst SCHNEIDER, Ein Cranachaltar aus dem Aschaffenburger Stift. In: 1000 Jahre Stift und Stadt Aschaffenburg. Festschrift zum Aschaffenburger Jubiläumsjahr 1957 (= Aschaffenburger Jahrbuch für Geschichte, Landeskunde und Kunst des Untermaingebietes 4,2). Aschaffenburg 1957, S. 625–652. Nahezu vollständig sind, wenn auch verstreut, noch die Bildtafeln des Maria-Magdalenen-Altars erhalten; STEINMANN, Bilderschmuck (wie Anm. 39), S. 74 und 92.

101 S. oben S. 307 mit Anm. 47 und 48. REDLICH, Cardinal Albrecht (wie Anm. 3), S. 52*.

102 Ebd., S. 54*.

103 Ebd., S. 170*. Vgl. Fedja ANZELEWSKY, Albrecht Dürer. Das malerische Werk. Berlin (1971), S. 267–268, Nr. 170K.

Mauritius und Erasmus bekanntlich von Mathis Gotthardt-Neithardt, gen. Grünewald, gemalt wurde[104].

Thematisch stand die Passion Christi im Zentrum der gemalten Darstellungen: Vom Einzug Christi in Jerusalem bis zur Grablegung wurde sie den Gläubigen auf den Mittelbildern der meisten Altäre und auf einigen Einzeltafeln vor Augen geführt und setzte sich mit der Verherrlichung Christi von der Auferstehung bis zur Himmelfahrt fort. Daran schlossen sich nach dem biblischen Heilsplan die Herabkunft des heiligen Geistes und schließlich das Jüngste Gericht an. Eine Reihe von Bildern, die von dieser Folge abgesetzt waren, zeigte weitere Szenen aus dem Leben und Wirken Jesu und dann – räumlich dem Marienchor zugeordnet – auch aus dem Leben der Gottesmutter. Nur wenige Einzeltafeln waren besonders verehrten Heiligen gewidmet. Eine Vielzahl von Heiligengestalten füllte hingegen die Flügel der Altäre, während auf der Predella jeweils eine alttestamentliche Szene typologisch der neutestamentlichen Darstellung des Hauptbildes gegenübergestellt war[105].

Neben den gemalten Altarwerken und Bildern, den im Sanktuarium befindlichen, teilweise monumentalen Werken der Goldschmiede- und anderen Schatzkunst, den zu den Fest- und Feiertagen wechselnd ausgestellten Kostbarkeiten des Heiltums und den in erstaunlicher Zahl vorhanden gewesenen Teppichen und Paramenten hatte insbesondere die Skulptur einen wesentlichen Anteil am künstlerischen Gesamteindruck. Von den Bildwerken der Stiftskirche befinden sich der großartige Zyklus der Pfeilerstatuen und die Kanzel als bedeutende und auch vom Bau- und Bildprogramm her wichtigste Teile des einst Vorhandenen bis heute an ihrem angestammten Platz. Dazu kommen die künstlerisch beachtlichen, geschnitzten Wangenreliefs des bereits erwähnten Chorgestühls[106]. Die ursprünglich farbig gefaßten 17 überlebensgroßen Standbilder des Christus Salvator und der von Petrus und Paulus angeführten Apostel sowie der Titelheiligen Mauritius, Maria Magdalena und Erasmus[107] sind einschließlich ihrer Konsolen und figurenbergenden Baldachine sämtlich Werke von Peter Schro und seinen Mitarbeitern – außerordentlich qualitätvolle Skulpturen, die zwischen 1522/23 und 1525 entstanden und entwicklungsgeschichtlich in der Übergangsphase von der Spätgotik zur Frührenaissance einen hohen Rang beanspruchen[108]. Im Vergleich mit ihrer Formbeherrschung und Ausdrucksstärke wirken die Reliefs und anderen bildhauerischen Arbeiten der 1526 vollendeten Kanzel gestalterisch wie stilistisch weniger überzeugend: Die Flächen von Kanzelkorb und Aufgangsbrüstung gleichsam überwuchernd und im Figurenaufbau gröber, lassen sie die den Pfeilerstatuen eigene, große Spannung ebenso wie die Feinheit der Formensprache vermissen. Die Autorschaft des zu dieser Zeit in Halle nachweisbaren Bildhauers Ulrich Creutz ist nicht eindeutig geklärt, doch kann die Ausführung der

---

104 Alte Pinakothek München, Katalog II: Altdeutsche Malerei. München 1963, S. 93–96. S. auch STEINMANN, Bilderschmuck (wie Anm. 39), S. 97–104.

105 Ebd., S. 91.

106 Sie stellen aber lediglich einen Teil des einstigen Bestands dar; vgl. Heinrich L. NICKEL, Der Dom zu Halle (= Das Christliche Denkmal 63/64). Berlin 1962, S. 52.

107 Die 18. Statue am westlichen Halbpfeiler der nördlichen Pfeilerreihe fehlt. Der Programmfolge nach gehört auf diesen Platz die Figur der heiligen Ursula.

108 LÜHMANN-SCHMID, Schro (wie Anm. 30), hier 70, S. 55–62.

Kanzelreliefs und -ornamente durch eine einheimische Werkstatt kaum bezweifelt werden[109].

Eine eingehende ikonographische und ikonologische Untersuchung der gesamten Bild-Ausstattung der Stiftskirche steht noch aus. Doch sind bereits wesentliche Züge der Sinngebung und diese auch mit ihrem geistesgeschichtlichen Hintergrund erkannt[110]. Vor allem hat man auf eine der Bildaussage zugrundeliegende spätmittelalterliche Theologie und Frömmigkeit hingewiesen, die von humanistischer Auffassung geprägt ist, etwa in der griechischen Inschrift der Paulus-Statue, die wörtlich der 1516 von Erasmus von Rotterdam herausgegebenen griechischen Ausgabe des Neuen Testaments folgt, und in dem Spruchtext am Kanzelgesims (*Omnis sermo Dei*, Spr 30,5–6), der zusammen mit den bildlichen Darstellungen von Mose, den Evangelisten, Kirchenvätern und Briefautoren das humanistische Bekenntnis zur ganzen Heiligen Schrift widerspiegelt[111]. Im gleichen Sinn ist auch die typologische Struktur der Altarbilder gemeint und selbst die Betonung des Leidens Christi innerhalb der gesamten Gemäldefolge hat offenbar ihre entscheidende Voraussetzung in einer humanistisch bestimmten, religiösen Unterweisungs- und Erbauungsliteratur, und zwar besonders in den von einem Anhänger des Erasmus verfaßten »Devotissime Meditationes de vita, beneficiis et passione salvatoris Jesu Christi cum gratiarum actione«, die Kardinal Albrecht gekannt hat[112]. Von dieser Schrift erschien auch eine deutsche Übersetzung, nach der Albrecht, da er sie besonders geschätzt haben muß, drei kostbar illuminierte Abschriften als Andachts-Gebetbücher für seinen privaten Gebrauch herstellen ließ[113]. Hinzu kam eine enge Verbindung zur Liturgie der Stiftskirche und zur Heiltumsfunktion, worauf schon die Fürbittformel an den Apostelfiguren verweist. Bei der Zusammenstellung eines solchen vielschichtigen und zugleich umfassenden Programms für die Gesamtausstattung um 1520/21 dürften dem auftraggebenden Fundator, der selbst »ein begeisterter Anhänger der erasmischen philosophia christiana« war[114], Humanisten und gebildete Theologen als Ratgeber

---

109 Heinz WOLF, Die Kanzel und die Plastik des Domes zu Halle aus der Zeit Kardinal Albrechts. Phil. Diss. masch. Berlin 1957. Zu Ulrich Creutz s. HÜNICKEN, Halle (wie Anm. 52), S. 33–37, und Hans-Joachim KRAUSE, Die spätgotischen Steinmetzzeichen des Doms und der Klausurgebäude. In: Peter Ramm, Der Merseburger Dom. Seine Baugeschichte nach den Quellen. Weimar ²1978, S. 184–210, hier S. 200–203.

110 Insbesondere durch die Arbeiten von Heinz KÄHLER, Der Sinngehalt der Pfeilerfiguren und Kanzelplastiken im Dom zu Halle. In: Wiss. Zeitschrift der Ernst-Moritz-Arndt-Universität Greifswald. Ges.-sprachwiss. Reihe 5 (1955/56) S. 231–248, und STEINMANN, Bilderschmuck (wie Anm. 39).

111 Im einzelnen s. KÄHLER, Pfeilerfiguren (wie Anm. 110).

112 Ulrich STEINMANN, Das Andachts-Gebetbuch vom Leiden Christi des Kardinals Albrecht von Brandenburg. In: Aachener Kunstblätter 29 (1964) S. 139–177, hier S. 172.

113 STEINMANN, Gebetbuch (wie Anm. 112); Alfons W. BIERMANN, Die Miniaturenhandschriften des Kardinals Albrecht von Brandenburg (1514–1545). In: Aachener Kunstblätter 46 (1975) S. 15–310, hier S. 48–104. 198–203. 205–213. – Zur ältesten, von Simon Bening mit Miniaturen versehenen Handschrift: Wilhelm WEBER (Hrsg.) und Joachim M. PLOTZEK (Bearb.), Das Gebetbuch des Kardinals Albrecht von Brandenburg. Ausstellungskatalog. Mainz 1980. Zuletzt Joachim M. PLOTZEK in: Anton von Euw und Joachim M. Plotzek, Die Handschriften der Sammlung Ludwig, II. Köln 1982, S. 286–313.

114 Gottfried G. KRODEL, »Wider den Abgott zu Halle«. Luthers Auseinandersetzung mit Albrecht von Mainz im Herbst 1521. Ein Beitrag zur Lutherbiographie aus der Werkstatt der Amerikanischen Lutherausgabe. In: Luther-Jahrbuch 33 (1966) S. 9–87, hier S. 31.

zur Seite gestanden haben, darunter der Erasmianer Wolfgang Capito, der damals am Hofe des Kardinals als Prediger und kirchenpolitischer Berater eine maßgebliche Rolle spielte[115]. Im ganzen wie in zahlreichen Details wurde das ins Bild gesetzte Programm somit auch eine Selbstdarstellung Albrechts, bei der sich sakrale Würde und hoher Anspruch in der Vertretung der Alten Kirche mit einer hochkultivierten äußeren Versinnlichung paarten. Im Rahmen der alle Möglichkeiten dieser Zeit nutzenden Repräsentation durfte dann aber auch das *gedechtnus* für den Fundator nicht fehlen, das der Nachwelt zu überliefern, vornehmlich die beiden Weihetafeln und die Ausgestaltung der Stiftergrablege bestimmt wurden.

Die größere der beiden, zur Erinnerung an die Weihe der Kirche durch Albrecht angebrachten Tafeln mit seinem Wappen, die in einer Renaissance-Ädikula über der mittleren, zum Kreuzgang führenden Tür im nördlichen Seitenschiff angebracht ist, ging wie die Pfeilerfiguren aus der Werkstatt Peter Schros hervor und entstand wahrscheinlich im Zusammenhang mit der Erhebung der heiligen Ursula zur vierten Schutzheiligen des Stifts um 1524[116]. Das etwas kleinere und stilistisch gänzlich andersartige Relief über dem (heute vermauerten) Portal zum Klausurwestflügel, bei dem das Wappen Albrechts ebenfalls von den Hauptpatronen Mauritius und Maria Magdalena als Schildhaltern flankiert wird, ist wohl etwas älter und vielleicht sogar schon für den Tag der Weihe angefertigt worden. Man hat es Loy Hering zugeschrieben, wogegen aber in neuerer Zeit Einwände erhoben wurden[117]. Ob und inwieweit die stilkritischen Bedenken gegen die Autorschaft des Eichstätter Bildhauers zu Recht bestehen, müßte noch einmal geprüft werden. Unzweifelhaft ist dagegen die Tätigkeit Herings für das Grabmal des Kirchenfürsten.

Die Wahl Halles zum Ort seiner künftigen Grablege hatte Kardinal Albrecht verhältnismäßig früh getroffen[118], die Herstellung und ihre Ausschmückung in der Stiftskirche vollzog sich aber in mehreren Etappen über einen längeren Zeitraum hinweg. Wahrscheinlich sehr bald schon nach Einrichtung der Stiftskirche ins Auge gefaßt, war das von vier großen Leuchtern umgebene *grab Reverendissimj* auf jeden Fall 1525 vorhanden und wohl mit der steinernen Tumba iden-

---

115 Paul KALKOFF, W. Capito im Dienste Erzbischof Albrechts von Mainz. Quellen und Forschungen zu den entscheidenden Jahren der Reformation (1519–1523) (= Neue Studien zur Geschichte der Theologie und der Kirche 1). Berlin 1907; Peter WALTER, Albrecht von Brandenburg und der Humanismus. In: Albrecht von Brandenburg. Ausstellungskatalog (wie Anm. 12), S. 65–82, bes. S. 70 f.

116 Hans VOLKMANN, Die Weihetafeln des Kardinals Albrecht von Brandenburg in der Stiftskirche zu Halle. In: Wiss. Zeitschrift der Martin-Luther-Universität Halle-Wittenberg. Ges.-sprachwiss. Reihe 12 (1963) S. 757–764; LÜHMANN-SCHMID, Schro (wie Anm. 30), hier 70, S. 52–55; STEINMANN, Bilderschmuck (wie Anm. 39), S. 92.

117 VOLKMANN, Weihetafeln (wie Anm. 116); REINDL, Loy Hering (wie Anm. 54), S. 412 B 11.

118 Bis in die Zeit der Stiftsgründung könnte Albrecht, wie REDLICH, Cardinal Albrecht (wie Anm. 3), S. 147, gemeint hat, die Frage tatsächlich offengelassen haben, ob er dereinst im Dom zu Magdeburg oder in einer anderen Kirche beigesetzt werden will. Die alternativen Angaben im Bekenntnis des Domkapitels über den Empfang von 1500 fl. zur Feier der jährlichen Memorie im Magdeburger Dom lassen diesen Schluß zu; LHM, Rep. U 1, XVIII, Nr. 49, und Kop. 113, Bl. 96^r–97^r, Reversale vom 14. Juni 1520. Aber vielleicht war die Unentschiedenheit zu diesem Zeitpunkt nur noch eine scheinbare und diente der Beschwichtigung des Domkapitels, während für Albrecht die Wahl Halles zum Grabort – in der mittelalterlichen Tradition des Zusammenhangs von Fundation und Grablege – bereits ein wesentliches Anliegen der Stiftsgründung darstellte.

tisch, die späteren Nachrichten zufolge *im chor* stand[119]. Im gleichen Jahr goß Peter Vischer d. J. das monumentale Epitaph mit der ganzen Figur des Kardinals, während der die Tumba deckende Grabstein bei Loy Hering spätestens Anfang 1527 in Auftrag gegeben wurde, aber keinesfalls vor April 1528, sehr wahrscheinlich sogar erst einige Zeit danach fertig gewesen ist[120]. Im Jahr 1530 kam das von Hans Vischer gegossene Bronzerelief der Madonna mit dem Kind auf der Mondsichel als das dem Epitaph entsprechende Gegenstück hinzu und wurde wie dieses im Sanktuarium in die Wand eingelassen[121]. Als letztes entstand schließlich 1536 der bronzene, von vier schlanken Pfeilern getragene und in ausgewogenen Renaissanceformen gestaltete Baldachin, der sich über der Tumba erhob und sicherlich ebenfalls aus der Nürnberger Vischer-Werkstatt hervorging[122].

Entsprach der Ort des Stiftergrabes *im chor* weit zurückreichender Tradition, so war das abschnittsweise verwirklichte Bildprogramm ohne Vorbild und ungewöhnlich und folgte wohl bis ins einzelne den ganz persönlichen Wünschen und Vorstellungen des Kardinals, der – und das wiederum entsprach einer vor allem spätmittelalterlichen Gepflogenheit – wie sein Vorgänger bereits zu Lebzeiten für die eigene Grabstätte Vorsorge traf. Besonders auffallend ist der Aufbau des Epitaphs mit der großen, quer über den Unterkörper gelegten Schriftplatte. Die Wahl gerade dieser, dem Gedächtnis nach dem Tode in sehr augenfälliger Form dienenden Gestaltung, dazu mit einem Text, der betont auf den Gründer des Stifts hinwies[123], sollte sicher zuerst dem hohen Repräsentationsverlangen des Kirchenfürsten genügen. Es könnte aber damit außerdem ein bewußter Rückgriff verbunden gewesen sein. Denn zu den wenigen, in der demonstrativen Anordnung der Schrifttafel gleichartigen Grabmälern gehörten auch die beiden Grabplatten des Nikolaus Cusanus (gest. 1464): die »originale« Marmorplatte mit dem Flachrelief des Toten in S. Pietro in Vincoli in Rom und die nach dieser 1488 als gravierte Kupferplatte ausgeführte »Kopie« in Kues[124]. Während unter letzterer in der Kir-

119 1525: REDLICH, Cardinal Albrecht (wie Anm. 3), S. 50*; 1540: ebd., S. 188*. 190*.
120 Zum Epitaph: MADER, Kunstdenkmäler Aschaffenburg (wie Anm. 23), S. 76, Nr. 3; Simon MELLER, Peter Vischer der Ältere und seine Werkstatt. Leipzig 1925, S. 200; Heinz STAFSKI, Der jüngere Peter Vischer. Nürnberg (1962), S. 42; vgl. auch REDLICH, Cardinal Albrecht (wie Anm. 3), S. 149–152. Zum Grabstein: ebd., S. 148 f.; die Zeitangaben nach den Briefen des Nürnberger Ratsherrn Kaspar Nützel an Albrecht, S. 71* und 74*; REINDL, Loy Hering (wie Anm. 54), S. 46–47. 319 A 48.
121 MADER, Kunstdenkmäler Aschaffenburg (wie Anm. 23), S. 76, Nr. 4. Zur Entstehungsgeschichte: REDLICH, Cardinal Albrecht (wie Anm. 3), S. 152–154. Der einstige Anbringungsort der beiden heute in Aschaffenburg befindlichen Reliefs im Sanktuarium der halleschen Stiftskirche muß ebenso wie der Platz des Grabes *im chor* noch bauarchäologisch ermittelt werden.
122 MADER, Kunstdenkmäler Aschaffenburg (wie Anm. 23), S. 76, Nr. 5. Vgl. REDLICH, Cardinal Albrecht (wie Anm. 3), S. 156–159; die Annahme Redlichs, der Baldachin habe ursprünglich den »Sarg« Albrechts getragen, beruht auf einer Fehlinterpretation der verschiedenen Quellenaussagen und verkennt auch den Sinn des Grabziboriums. – Entgegen der bisherigen Forschung ist jetzt auch die Auffassung vertreten worden, der Baldachin sei »wohl von Anfang an für Aschaffenburg bestimmt gewesen«; Horst REBER, Einführung. In: Albrecht von Brandenburg. Ausstellungskatalog (wie Anm. 12), S. 14. Nach der schriftlichen Überlieferung kann aber an der ursprünglichen Aufstellung in Halle kein Zweifel bestehen.
123 Die Veränderung der anfänglichen Bezeichnung *Collegij huius Fundator* in *Collegij huius Amator* wurde erst durch die Umsetzung nach Aschaffenburg notwendig; darauf hat schon REDLICH, Cardinal Albrecht (wie Anm. 3), S. 155–156 hingewiesen.
124 Rom: Joachim AUBERT, Handbuch der Grabstätten berühmter Deutscher, Österreicher und

che des von Cusanus gestifteten Hospitals allein das Herz beigesetzt wurde, ruhten seine Gebeine in der von der Römischen Kurie übertragenen Titelkirche – und das ist wohl nicht zufällig das gleiche Gotteshaus gewesen, das Albrecht auf seine ausdrückliche Bitte hin, statt der zunächst mit der Kardinalswürde empfangenen Kirche St. Chrysogonus 1521 von Papst Leo X. als neue Titelkirche erhielt. Liegt bei einem solchen Zusammentreffen von Bildform und -inhalt nicht die Annahme nahe, daß die eine angestrebte »Nachfolge« – im Amt – auch die andere – im Bild – provoziert hat?

Das Marienrelief muß, da es mit dem Epitaph durch den identischen Aufbau eng zusammengehört, in seiner Aussage auf dieses Gedächtnisbild und somit auf die Grabstätte bezogen gewesen sein. Eigentümlicherweise ist aber in diesem Kontext nicht das Bild der Gottesmutter in Gestalt der Fürbitterin beim Erlöser gewählt worden, die am Grab für die Gewährung der Auferstehung zum Ewigen Leben einsteht. Vielmehr ging es hier bei der Madonna mit dem Jesusknaben, wie die auf dem Rahmen beigefügten Wappen mit den Fünf Wundmalen und den Leidenswerkzeugen Christi deutlich machen, um eine Veranschaulichung des durch die spätmittelalterliche meditative Bildandacht stark aufgekommenen Themas vom kindlichen und mütterlichen Vorleiden, letztlich also wieder um einen Verweis auf die Passion und damit auch um eine Anrufung des Erbarmers[125]. An der Decke des Grabbaldachins ist dieses symbolische Bild der Barmherzigkeit Christi in einer monumentalen Gravierung auf seinen Kern reduziert und – dem steinernen Grabbild des Toten auf der Tumba gleichsam wie ein Spiegel vorgehalten – zu einem Zielpunkt der Andacht angesichts des Todes zusammengefaßt. Die Darstellung der Fünf Wunden Christi in antikischen Blattkränzen, die zusammen mit den hauptsächlichen, von Putten gehaltenen Passionswerkzeugen in ein dichtes Renaissance-Rankenwerk eingebunden sind, verweist als das zentrale ikonographische Motiv der Grabanlage Albrechts auf die gleiche Quelle, die schon für den Passionszyklus der Altarbilder eine grundlegende Voraussetzung war: die »Devotissime Meditationes«. In dieser Schrift steht als letzter Text, der die Gebetfolge über das Leben *des mitlers gottes, vnd des mentschen vnsers herrens Jesu christi, von anfang seiner hailgen mentschwerdung, von allem seinen leyden, biß in das end seines aller bittersten sterbens, ann dem holtz des hailigen creutzes* beschließt, bezeichnenderweise *Ain gebeet von den fijnff wunden vnsers herren Iesu christi*[126]. Und diesem Gebet sind in den gedruckten Ausgaben und ebenso in den für Albrecht illuminierten Handschriften unterschiedliche Darstellungen der Verehrung der Wundmale beigegeben[127]. Gehen die Darstellungen in den Handschriften bei aller thematischen Verbindung als Abbilder der Andacht ikonographisch noch

---

Schweizer. München ²1975, S. 187 und Abb. 33. Kues: Hans VOGTS (Bearb.), Die Kunstdenkmäler des Kreises Bernkastel. Mit einem Beitrag von Hans Eiden (= Die Kunstdenkmäler der Rheinprovinz 15,1). Düsseldorf (1935), S. 119 und Taf. IV.

125 Vgl. Rudolf BERLINER, Arma Christi. In: Münchner Jahrbuch der Bildenden Kunst 3. Folge 6 (1955) S. 35–152, besonders S. 73–74. 92. 101–102.

126 STEINMANN, Gebetbuch (wie Anm. 112), S. 139–140. Zum Gebetstext s. auch: WEBER/PLOTZEK, Gebetbuch (wie Anm. 113), S. 37, Abb. 36.

127 Zu den Holzschnitten: Theodor MUSPER, Die Holzschnitte des Petrarkameisters. München 1927, S. 47, Nr. 354; Hans Burgkmair's Leben und Leiden Christi (= Liebhaber-Bibliothek alter Illustratoren 11). München 1923, S. 38. Zu den Handschriften: BIERMANN, Miniaturenhandschriften (wie Anm. 113), S. 102. 203. 210; WEBER/PLOTZEK, Gebetbuch (wie Anm. 113), S. 19, Abb. 18.

Aschaffenburg, Stiftskirche. Gravierung an der Deckplatte des Bronzebaldachins
(Holzschnittwiedergabe nach einer Aufnahme von H. Groothoff 1876)

weiter, so sind die Holzschnitte der Baldachin-Gravierung formal direkt vergleichbar. In beiden Fällen erschließt sich der Sinn der symbolischen Fünf-Wunden-Darbietung durch den Gebetstext, in dem die Fürbitte für den der Rettung bedürftigen Menschen nach seinem Tod das entscheidende Anliegen ist. Wie in der Privatandacht waren Fürbittgebete wesentlicher Bestandteil der im Chor und somit am Stiftergrab gehaltenen Offizien, insbesondere die Feiern der memoriae defunctorum mit ihren Anniversaren und Commemorationen für den Kardinal[128]. Die Totenfürsorge verband sich mit der Aufforderung zum Gebetsgedächtnis. Und noch ein weiteres Motiv, die indirekte Anrufung des Erlösers, wie sie im großen Madonnenrelief zum Ausdruck gebracht ist, findet sich im Zusammenhang mit dem letzten Gebet der »Devotissime Meditationes« wieder: In der Rahmenzier der Textseite, gegenüber der Miniatur mit der Verehrung der Fünf Wunden, erscheint in dem von Simon Bening illuminierten Exemplar des Gebetbuchs auch eine stehende Muttergottes mit dem Kind[129]. Insgesamt verknüpfen sich so die Aussagen der einzelnen, trotz ungleichzeitiger Entstehung aufeinander bezogenen Teile der Grabanlage zu einem umfassenden Programm des Totengedächtnisses. Über das Ganze ist schließlich noch die aus einem Paulus-Wort und verschiedenen, geringfügig erweiterten Psalmzitaten kombinierte monumentale Friesinschrift am umlaufenden Gebälk des Baldachins wie eine Verheißung gestellt: ABSORPTA EST MORS IN VICTORIA / HEC EST HEREDITAS DOMINI CVM DEDERIT DILECTIS SVIS SOMNVM / DEO LAETATVS SVM HIS QVAE DICTA SVNT MIHI / IN DOMVM DOMINI IBIMVS – »Verschlungen ist der Tod im Sieg. Er ist die Gabe des Herrn, während er seinen Geliebten Schlaf gibt. Deshalb freute ich mich, als man zu mir sprach: Lasset uns zum Hause des Herrn gehen!«[130] Diese Bibelverse, die eine gleichsam triumphierende Gewißheit des durch Fürbitte zu erlangenden Heils nach dem Tode bekunden sollten, gaben fraglos die Überzeugung dessen wieder, der »unter ihnen« bestattet sein wollte. Wenn dazu an der Tumba – vielleicht gar an der Grabplatte(?) – noch die Devise Albrechts *Vivit post funera virtus* – »Die Tugend lebt über das Grab hinaus« wiedergegeben war, wie G. Sabinus zu berichten weiß, so hätte – bezeichnend für die Feinsinnigkeit des Kardinals – die gleiche Heilszuversicht obendrein im Geiste des Renaissance-Humanismus ihren Ausdruck gefunden[131].

Mit der Wahl zur Grablege des Kardinals und Erzbischofs zusätzlich ausgezeichnet, war die bereits durch ihre Rolle als Heiltumsort mit einer reich entfalteten Liturgie[132] herausgehobene Residenz-Stiftskirche von ihrer Gründung an die nach der Kathedrale in Magdeburg ranghöchste Kirche der gesamten Erzdiözese, was die Bulle Leos X. von 1519 und die Fundationsurkunde Albrechts von 1520 nachdrücklich herausstellten[133]. Sie übertraf in der kirchlichen Hierarchie alle an-

128 WOLTERS, Beitrag (wie Anm. 91), S. 15.
129 Fol. 336ʳ: BIERMANN, Miniaturenhandschriften (wie Anm. 113), S. 102, Abb. 131; WEBER/PLOTZEK, Gebetbuch (wie Anm. 113), S. 37, Abb. 36.
130 Zusammengesetzt aus: 1. Kor 15,54; Ps 126,2; Ps 121,1. Die deutsche Übersetzung folgt, soweit die Inschrift den Vulgatatext wörtlich wiedergibt, der Übertragung in: Biblia sacra vulgatae editionis. Die Heilige Schrift des Alten und Neuen Testamentes. Übersetzt und mit erklärenden Anmerkungen versehen von Augustin ARNDT, 3 Bde. Regensburg ⁶1914, III, S. 636; II, S. 199 und 195.
131 REDLICH, Cardinal Albrecht (wie Anm. 3), S. 113*, Verse 106–114 und S. 160.
132 Die Liturgie der halleschen Stiftskirche bedarf einer umfassenden Bearbeitung.
133 LUDEWIG, Reliquiae (wie Anm. 13), S. 436: § XXII. [...] *ecclesia* [...] *diocesis Magdebur-*

deren Kollegiatstiftskirchen des Erzterritoriums, ganz zu schweigen von den Pfarr- und Klosterkirchen[134]. Wie schon mit dem in kurzer Zeit zusammengebrachten, riesigen Reliquienschatz und dem von ihm ausgehenden Reliquienkult, mit Heiltumsweisung und Ablaßverkündigung angestrebt, sollte diese herausragende kirchliche Stellung der jungen Gründung zu einem Ansehen verhelfen, das dem »Neuen Stift« und seiner Kirche nach dem Willen Albrechts als einem Zentrum des alten Glaubens zukam.

Einem solchen hohen Rang und Anspruch entsprach künstlerisch nicht nur die prachtvolle Ausstattung und die Raumgestaltung der Kirche, sondern im gleichen Maße ihre durch bestimmte Zutaten sichtlich bereicherte äußere Erscheinungsform. Vor allem sind es die »modernen« Frührenaissanceformen gewesen, die an diesem Bau in einem für Deutschland bis dahin unbekannten Umfang applikativ zur Anwendung kamen[135]. Die Vorliebe Albrechts für das »Welsche«, die eine Vielzahl der in seinem Auftrag entstandenen Kunstwerke verraten, war auch ausschlaggebend für die Form des Giebelkranzes der Kirche. Konstruktiv handelte es sich – abgesehen von dem Stufengiebel der Westfassade – um eine Folge aneinandergereihter großer Zwerchhäuser, wie sie der spätgotischen Architektur Mitteldeutschlands geläufig waren. Eine weiterlebende spätgotische Einzelheit stellte auch das Motiv der dekorativ aufgelegten, wahrscheinlich anstuckierten Lilienbogenfriese dar, deren Verwendung sich hier aus der Mitwirkung des ausführenden Baumeisters Bastian Binder leicht erklärt. Völlig neuartig waren dagegen die Halbkreisabschlüsse, die heute nördlich der Alpen als älteste erhaltene Beispiele des Motivs des »welschen Giebels« gelten[136]. Der Ursprung dieser Renaissanceform wird allgemein in Norditalien, genauer in der venezianischen Architektur gesucht und sein Auftreten in Halle als eine Übernahme von dort verstanden. Die Rundbogengestalt könnte aber ebenso – und dafür spricht eigentlich mehr – indirekt aus dem Süden vermittelt sein, war sie doch als Baumotiv die Monumentalisierung einer seit dem Beginn des 16. Jahrhunderts in der deutschen Malerei, Skulptur und Kleinkunst, vornehmlich in Süddeutschland, mannigfach rezipierten Form. Dieser

gensis collegiatarum et aliarum ecclesiarum ac monasteriorum post metropolitanam ecclesiam suprema; DREYHAUPT, Pagus (wie Anm. 13), S. 882: *ecclesiam [...] pro ecclesia collegiata erigenda eligimus, eligimusqve per presentes, volentes, eandem esse primam post ecclesiam nostram metropolitanam Magdeburgensem.*

134 Den Titel »Bischofskirche« durfte sie freilich nicht führen, wie DREYHAUPT, Pagus (wie Anm. 13), S. 852 angibt. Denn die Abkürzung CA in der von ihm auch in einem Stich abgebildeten Siegelumschrift S · CA · EC · S · MAV · AC · MARI · MAGDALENE · AD · SVD · DO · ist nicht in CATHEDRALIS, sondern – wie aus dem Text der Urkunde (S. 927–928, Nr. 288) hervorgeht – in CAPITVLI aufzulösen: SIGILLVM CAPITVLI ECCLESIE SANCTI MAVRICII AC MARIE MAGDALENE AD SVDARIVM DOMINI. Zu diesen Siegeln des Stiftskapitels vgl. auch MÜLVERSTEDT, Verzeichniß (wie Anm. 39), S. 465.

135 Hans-Joachim KRAUSE, Das erste Auftreten italienischer Renaissance-Motive in der Architektur Mitteldeutschlands. In: Acta Historiae Artium Academiae Scientiarum Hungaricae 13 (1967) S. 99–114.

136 Eyvind UNNERBÄCK, Welsche Giebel. Ein italienisches Renaissancemotiv und seine Verbreitung in Mittel- und Nordeuropa (= Antikvariskt Arkiv 42). Stockholm 1971, S. 11–12; Henry-Russell HITCHCOCK, German Renaissance architecture. Princeton, New Jersey (1981), S. 45. 49–50. 53–55. – Die vorgeschlagene Frühdatierung der Dachgiebel des Schlosses in Celle vor 1514 müßte erst überprüft werden; Horst MASUCH, Das Schloß in Celle. Eine Analyse der Bautätigkeit von 1378 bis 1499 (= Quellen und Darstellungen zur Geschichte Niedersachsens 95). Hildesheim 1983, S. 174f. Die dort (Anm. 4) am halleschen Baubestand geäußerten Zweifel sind unbegründet.

Übertragungsweg wird durch den Parallelvorgang in Wittenberg besonders nahegelegt, wo im Jahre 1523, also genau gleichzeitig, die beiden in der dortigen Baurechnung als *whelsche* bezeichneten, nicht erhaltenen *heuptgibeln* entworfen wurden, und zwar nicht von einem Steinmetzbaumeister, sondern von dem Maler Lucas Cranach d. Ä.[137]. Ob Cranach, der zu dieser Zeit mit seiner Werkstatt an dem Auftrag der halleschen Altarbilder arbeitete, vielleicht auch die Visierungen für die Giebel der Stiftskirche in Halle geschaffen hat, bleibt in Ermangelung eindeutiger Belege offen; genausogut käme dafür auch Peter Schro in Betracht.

Als »moderne« Form sicher in dekorativer Absicht eingesetzt, dürfte das Rundgiebelmotiv in Halle zugleich als Sinnträger gewählt worden sein. Denn mit dem wie ein Diadem aufgesetzten, an der Westseite aufgipfelnden Giebelkranz kam eine der Hauptaufgaben der Kirche des »Neuen Stifts« symbolisch zum Ausdruck: ihre Funktion als einzigartiger Heiltumsort. Im Kirchenschatz besaßen viele der neuen, von Albrecht beschafften Reliquienbehältnisse Bogengiebel. Vor allem aber war die Reihe der zwölf gleichgestalteten und im Sanktuarium um den Hochaltar aufgestellten Reliquienschränke damit bekrönt[138]. Dieses Binnenmotiv wurde außen in großem Format »wiederholt« und gab dem Dom gleichsam die Gestalt eines riesigen Reliquiars.

V. DER »NEUE BAU«

Neben der als Residenz und von Anfang an auch als Wohnsitz genutzten Moritzburg verfügte Kardinal Albrecht in Halle spätestens seit Mitte der 20er Jahre über eine weitere *Behausung*, die sich nahe dem »Neuen Stift« befand. Der auch als »Propstei« und später als »altes Haus« bezeichnete Bau[139] muß westlich bzw. südwestlich der Stiftskirche an der Stelle gestanden haben, die heute vom sog. Predigerhaus und dem daran anschließenden Alten Schulhaus eingenommen wird. Ob und inwieweit in beiden Gebäuden Teile der einstigen Propstei erhalten sind, bedarf noch der näheren Untersuchung. Wie aus den Schriftquellen hervorgeht, war diese *Behausung* Albrechts mit der Kirche eng verbunden und außerdem von der nördlich des Doms liegenden älteren Klausur erreichbar, von der wiederum ein *Gang* entlang der Stadtmauer und über die Senke an der Neumühle hinweg die direkte Verbindung zur Moritzburg herstellte[140]. Wohl im Zusammen-

---

137 HARKSEN, Schloß (wie Anm. 7), S. 351.

138 HALM/BERLINER, Hallesche Heiltum (wie Anm. 46), S. 58, Nr. 272 und Taf. 152. Für den Bedeutungszusammenhang ist der Formunterschied zwischen den halbkreisförmigen Dachgiebelabschlüssen und den flachbogigen Schrankaufsätzen ohne Belang, da beide Gestaltungen dem Verständnis von »welscher« Art im Gegensatz zur »deutschen« entsprechen; zum Begrifflichen s. Michael BAXANDALL, Die Kunst der Bildschnitzer. Tilmann Riemenschneider, Veit Stoß und ihre Zeitgenossen. München ²1985, S. 144–151.

139 Propstei: FUCHS, Akten Bauernkrieg (wie Anm. 13), S. 788 (7. Februar 1526: Die Vorwürfe gegen Dr. Erhard Milde werden von Albrecht persönlich *in der probstei* erhoben); DREYHAUPT, Pagus (wie Anm. 2), S. 262, Nr. 398 (28. Juli 1529: Das alte Hospital ist *nahend bey dem nauen Stifft vnd des Herrn, Herrn Albrechts [...] Behausung der probstey genant gelegen*). Ein *edificium prepositure* erscheint schon 1520 in den Stiftsstatuten: DREYHAUPT, Pagus (wie Anm. 13), S. 901. Die Benennung *altes Haus* taucht bezeichnenderweise erst auf, als es auch das *neue* Haus gab: REDLICH, Cardinal Albrecht (wie Anm. 3), S. 32* (1538?). 149* (9. Februar 1541). 155* (9. Mai 1541).

140 Die Forderungen der Bürgerschaft an Albrecht 1525 enthielten einen Artikel, wonach *der*

hang damit stand ferner ein Raum an der Westseite der Kirche, der sich im Obergeschoß des quadratischen, turmartigen Annexes vor dem nördlichen Seitenschiff befindet und der werkeinheitlich mit dem Kirchenbau um 1300 errichtet wurde: das sog. Kardinalszimmer[141]. Seine spätgotischen Tür- und Fenstergewände erhielt der kreuzrippengewölbte Raum erst nach 1520. Das reizvolle kleine Relief mit dem Wappen Albrechts zwischen Balustersäulchen über der Nordtür würde – wenn es ursprünglich schon zu diesem Raum gehört hat[142] – darauf hinweisen, daß seine Umgestaltung auf Veranlassung des Kardinals erfolgt ist. Vermutlich handelt es sich hier um das bei der Rückgabe an die Dominikaner 1541 erwähnte, an der Kirche gelegene *gewelbe*, in dem *zcuvor dye liberey gewest*[143].

Albrecht begnügte sich aber nicht mit der Adaptierung der Kirche und der Klostergebäude für die Errichtung des »Neuen Stifts« sowie einzelner Räumlichkeiten in diesem Bereich für sich selbst. Seine Pläne griffen bald weiter aus und zielten auf eine Vergrößerung des Gesamtkomplexes nach Süden. Auf dem Gelände zwischen Stiftskirche und dem Klaustor befand sich damals das von der Stadt um 1340 eingerichtete und nach dem Patrozinium seiner Kapelle benannte Cyriacus-Hospital. Wegen der von ihm ausgehenden Belästigung für das Stift und die *Behausung* des Kardinals drängte dieser jetzt auf eine Verlegung, und so kam 1529 im Zuge verschiedener folgenreicher Vereinbarungen mit der Stadt auch eine vertragliche Regelung zustande, wonach der Rat sich verpflichtete, die bestehenden Hospitalgebäude abzubrechen und als Ersatz bei der Moritzkirche einen Neubau zu errichten[144]. Das Terrain räumte man dem Kardinal ein, der hier wenig später schon die stattliche Vierflügelanlage des »Neuen Baus« bzw. »Neuen Gebäudes« aufführen ließ[145].

Bedingt durch die ringsum vorhandene Bebauung bzw. den Lauf der Mühlgrabensaale, konnte die neue Anlage im Umriß nur als stark verschobenes Rechteck ausgebildet werden. Für die einzelnen Trakte wurde so weit wie möglich eine regelmäßige Grundrißgestaltung angestrebt, was an der Nordseite offenbar durch den Anschluß zur Propstei, im Westen durch die Flußführung und die hier verlau-

gang von dem schloß in den thum mocht abgetan werden; DELIUS, Reformationsgeschichte Halle (wie Anm. 13), S. 35 und 143. Bei der Auflösung 1541 behielt sich der Kardinal diesen *gang* zur eigenen Nutzung weiter vor; REDLICH, Cardinal Albrecht (wie Anm. 3), S. 146* und 156*.

141 Diese Bezeichnung ist erst nach 1900 aufgekommen; s. Arnold HILDEBRAND, Sächsische Renaissanceportale und die Bedeutung der hallischen Renaissance für Sachsen (= Studien zur thüringisch-sächsischen Kunstgeschichte 2). Halle 1914, S. 16f.

142 An seinem heutigen Platz ist die steinerne Wappentafel nach den Ergebnissen einer Putz- und Fassungsuntersuchung des Restaurators Peter Schöne, Halle (1990), Dokumentation im Landesamt für Denkmalpflege, erst im 19. Jahrhundert angebracht worden.

143 REDLICH, Cardinal Albrecht (wie Anm. 3), S. 156*.

144 DREYHAUPT, Pagus (wie Anm. 2), S. 262.

145 Die heute geläufige Bezeichnung »Residenz« erhielt der Gebäudekomplex erst, nachdem Herzog August von Sachsen als Administrator des Erzbistums Magdeburg im 17. Jahrhundert ihn für seine Hofhaltung gewählt hatte. Während er zu dieser Zeit weitgehend im ursprünglichen Zustand verblieb, haben jüngere bauliche Umgestaltungen, vor allem im späten 18. und 19. Jahrhundert das äußere Erscheinungsbild völlig entstellt, und die vielfachen Umnutzungen auch das Innere gründlich verändert. Kürzlich begonnene Bauuntersuchungen und erste Ergebnisse archivalischer Forschungen erlauben aber, bereits jetzt eine in Umrissen verläßliche neue Rekonstruktion der einstigen Baugestalt zu versuchen, die über den bisherigen Erkenntnisstand hinausgeht; zuletzt Hans VOLKMANN, Frühe Bauten der Renaissance in Halle (= Schriftenreihe der Staatlichen Galerie Moritzburg in Halle 9). Halle 1956, S. 3–34.

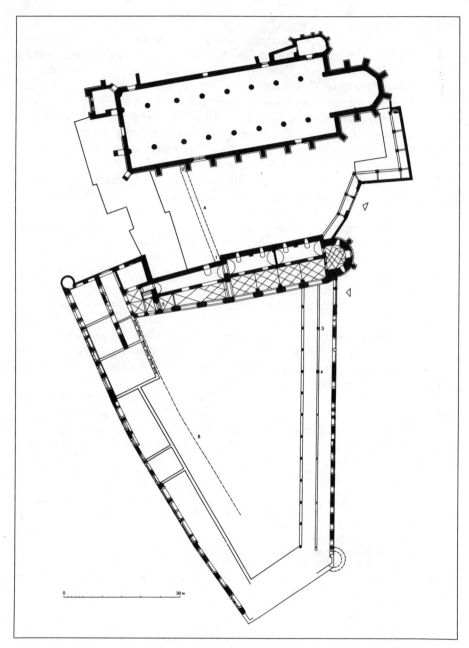

Halle, Grundriß der Kirche des »Neuen Stifts« (Dom) und des »Neuen Baus« (Residenz) mit Rekonstruktion des »Gangs« an der Ostseite des Domhofs

- A = Gang zwischen Nordflügel des »Neuen Baus« und Stiftskirche
- B = Vermuteter ursprünglicher Verlauf der Hofmauer des Westflügels vom »Neuen Bau«
- 1 = Tür zum Gang A im 1. Obergeschoß des »Neuen Baus«
- 2 = Hochgelegene Tür in der Südmauer der Kirche
- 3, 4 = Wiederverwendete romanische Säulen
- 5 = Eingebautes romanisches Portal

fende Stadtmauer und im Süden durch das unmittelbar daran anliegende Klaustor nur mit Einschränkungen gelang. Weitgehend frei war man allein beim Entwurf des zweigeschossigen Ostflügels. Er wurde im Erdgeschoß in seiner vollen Länge von über 65 m als flachgedeckte Halle mit mittlerer Stützenreihe angelegt, zur Hofseite durchgehend in weitgespannten stichbogigen Arkaden geöffnet, zur Stadtseite hingegen vollständig geschlossen. Das wohl als gleichlanger Saal vorzustellende Obergeschoß besaß beidseits Rechteckfenster, die in regelmäßiger Folge mit formal ebenso gebildeten paarigen Blendfeldern wechselten. An der Südostecke dieses Trakts erhob sich ein in seiner Höhe und Dachform unbekannter Rundturm, der einst wahrscheinlich zur Aufnahme einer ins Obergeschoß führenden Treppe diente, während sich am Nordende mit Torfahrt und Fußgängerpforte noch jetzt der Hauptzugang zum »Neuen Bau« befindet.

Der im spitzen Winkel anschließende Nordflügel setzt sich aus zwei ungleichen Teilen zusammen: einem über regelmäßig rechteckigem Grundriß mit eingezogenem, halbkreisförmigem Ostschluß beträchtlich höher aufragenden Baukörper im Osten und einem über asymmetrisch trapezoiden Grundriß schmaler und auch kürzer ausgebildeten, sowie bei gleichbleibender Zweigeschossigkeit niedrigeren Westteil. Beide Teile besitzen im Erdgeschoß jeweils entlang der Hofseite einen netzrippengewölbten Gang, der ebenfalls in Arkaden, hier jedoch – statt der balusterförmigen Säulen des Ostflügels – über starken Wandpfeilern in schwerer Rundbogenform geöffnet war. Die rückwärtigen Schmalräume sind tonnengewölbt und die halbrunde Kammer an der Ostseite von einem engmaschigen Netzrippengewölbe überspannt. Im Obergeschoß des östlichen Teils befand sich die Kapelle des »Neuen Baus«. Ihre äußere Erscheinung war, wie Baunachrichten[146] und alte Ansichten verdeutlichen, ursprünglich wesentlich reicher gestaltet als heute, besaß sie doch, wie der übrige Nordflügel, eine Reihe von Rundgiebelaufsätzen, vielleicht sogar einen Giebelkranz gleich dem Dom. Diese besondere Auszeichnung der Kapelle parallel zur Stiftskirche wurde noch unterstrichen durch die Ausstattung der Apsis mit den beiden mächtigen Dreiviertelsäulen, die zwar als Strebepfeiler formiert sind, aber im Hinblick auf die Rundgestalt der Apsis – auch wenn es sich um einen Gewölbebau gehandelt hat – weniger konstruktiv als dekorativ gemeint gewesen sind: mit diesem demonstrativen Vortrag war offenkundig eine Bedeutungsanzeige verbunden – die Säule als Würdezeichen. Die Frage nach dem einstigen Aussehen des Kapelleninnern, das sich heute als großer, museal genutzter Saalraum mit einem Spiegelgewölbe darbietet, ist derzeit selbst hypothetisch nicht zu beantworten, da die späteren Eingriffe den Erstzustand völlig verwischt haben und die wenigen am Bau außen ablesbaren Indizien wegen ihrer Widersprüchlichkeit auch für den Versuch einer typologisch-allgemeinen Zuordnung nicht ausreichen. Immerhin läßt die stattliche Größe eine einstmals großzügige Raumgestaltung erahnen[147].

146 REDLICH, Cardinal Albrecht (wie Anm. 3), S. 32*–34*, Bericht über Bauarbeiten an der Kapelle und dem »Neuen Bau« sowie an der Moritzburg.
147 Der naheliegenden Annahme, daß die Kapelle gewölbt bzw. auf Wölbung angelegt gewesen ist (ebd., S. 102; VOLKMANN, Renaissance, wie Anm. 145, S. 11), stehen Widersprüchlichkeiten in der Aufrißgestaltung entgegen. Lassen die Langseiten mit den gekuppelten Rechteckfenstern und den darüber verhältnismäßig hoch angeordneten Okuli die Vorstellung eines (rippen)gewölbten Raums nur begrenzt zu, so schließt die ganz andere zweigeschossige Fensteranordnung der Apsis sie weitgehend

Im westlichen Teil des Nordflügels muß im Obergeschoß auf der Nordseite ein Verbindungsgang angelegt gewesen sein, von dem aus man einerseits in die Kapelle, andererseits in den schmalen, zum Westflügel vermittelnden Zwischenbau gelangte. Außerdem gab es hier in der Nordwand eine Tür, die zu einem Übergang führte, der den Nordtrakt direkt mit der Stiftskirche verbunden hat[148]. Im Zwischenbau, der Ende des 19. Jahrhunderts für das große Treppenhaus weitgehend umgeformt wurde, hat sich vielleicht ursprünglich schon eine Treppenanlage befunden; im Erdgeschoß ist der alte Abgang zu den tonnengewölbten Kellerräumen unter dem Westflügel bis heute erhalten. Von der originalen Gestalt dieses einschließlich der Kelleretage dreigeschossigen Trakts sind im bestehenden Baukörper nur noch wenige Partien auf die Gegenwart überkommen. Einen deutlicheren Eindruck der früheren Gesamterscheinung vermittelt am ehesten noch die Westfront entlang der Saale, besonders durch ihre imposante Ausdehnung von fast 100 m. Auch einige aufschlußreiche Details sind an dieser Seite noch zu erkennen, wie etwa das runde Treppentürmchen an der Nordwestecke, die mächtigen Steinkonsolen und die vermauerte große Bogenöffnung, durch die man einst über eine hier vorgelegte Brücke vom »Neuen Bau« aus auf das gegenüberliegende Flußufer gelangen konnte. Im ganzen aber ist gerade dieser Flügel durch eine Vielzahl von Reparatur- und Umbaumaßnahmen des 18. bis 19. Jahrhunderts durchgreifend verändert. Die Hoffront hat man zu Dreivierteln ihrer Länge gänzlich neu aufgeführt, wobei in diesem Bereich die für den ganzen Westtrakt zunächst einheitliche Bautiefe erheblich verkürzt wurde[149]. Die Frage, ob sich das Erdgeschoß zum Hof hin früher in Arkaden analog dem Ostflügel geöffnet hat, war bislang nicht zu klären. An der Westseite fehlen die das Gesamtbild einst entscheidend prägenden dreigeschossigen, mit Rundgiebeln abschließenden Zwerchhäuser, die vor 1788 wegen Schadhaftigkeit abgenommen wurden[150], und die vier sehr unterschiedlich ausgebildeten Treppen- und Balkonerker, die der heute nüchternen langen Front den Charakter einer bewegt gegliederten und eindrucksvollen Schaufassade verliehen haben. Innen sind heute lediglich im nördlichen Abschnitt noch einige formierte Bauteile aus der Erbauungszeit sichtbar, vor allem ein paar Türrahmungen, wie z. B. die in italianisierenden Frührenaissanceformen gehal-

aus. Andererseits sprechen die starken Wandvorlagen im Erdgeschoß für eine Wölbung des Kapellenraums. Als Unterbau für eine Wandpfeilerausbildung – wie etwa bei der Maria-Magdalenen-Kapelle der Moritzburg – sind sie wiederum zu kurz. So drängt sich die Frage auf, ob zwischen Erd- und Obergeschoß vielleicht eine Planänderung eingetreten ist? Oder war die Raum- und Gewölbeausbildung von einer so komplizierten Struktur, möglicherweise mit verschiedenartigen Emporen, daß sie von außen gar nicht abgelesen werden konnte? Wenn überhaupt, können zur Klärung dieser Fragen nur bauarchäologische Untersuchungen weiterhelfen.

148 Auch der etwas höher gelegene Zugang in die Kirche ist noch vorhanden. Die Höhendifferenz zwischen beiden Öffnungen dürfte (auf Oberkante Schwelle bezogen: ca. 130 cm) durch die vom Gang aus in der Kirche erreichbare Empore verursacht und durch Stufen ausgeglichen gewesen sein.

149 Das ergibt sich aus dem ältesten bisher bekannten Grundriß der Residenz von Baumeister Arndt 1736 im Archiv der Martin-Luther-Universität Halle: Rep. 3, Nr. 706 Acta, die zum höchstnötigen Gebrauch gesuchten und ausgebetenen Behältnisse auf der Waage und in dem Residenzgebäude betr. 1734–1736, nach Bl. 31.

150 Archiv der Martin-Luther-Universität Halle: Rep. 3, Nr. 168 Acta, das Theatrum Anatomicum bey der Universität Halle betr. 1697–1791, Bl. 15^r–17^r; Rep. 3, Nr. 729 Acta, den Bau in der Hallischen Residenz betr. 1787–1789, Bl. 9^r–11^v. Vermutlich waren auch zur Hofseite gleichartige Zwerchhäuser vorhanden.

tene des Zugangs zum großen Saal in der Nordwestecke. Sie lassen etwas von der ehemals reichen Ausgestaltung erkennen[151], die gerade diesen Haupttrakt mit seinen Repräsentations- und Wohnräumen besonders ausgezeichnet haben dürfte.

Über den vierten Trakt des »Neuen Baus« schließlich, den sehr kurzen Südflügel, gibt es bis heute hinsichtlich der ursprünglichen Baugestalt keinerlei Erkenntnisse. Er schloß wohl direkt an das hier im Zuge der Stadtummauerung nach Süden folgende Klaustor an und wurde später nicht nur verändert, sondern im 19. Jahrhundert durch einen vollständigen Neubau ersetzt, der alle Reste des 16. Jahrhunderts getilgt hat.

Die Entstehungszeit der ungewöhnlichen Anlage des »Neuen Baus« läßt sich infolge der wenigen überlieferten Daten nur in großen Zügen noch ermitteln. Die genaue Bauabfolge ist, da Baurechnungen und -berichte gänzlich fehlen, nicht mehr zu rekonstruieren. Begonnen wurde mit der Errichtung nicht vor dem Frühjahr 1531, da bis dahin das alte Hospital noch abgetragen und bis *zcum grunde gereumpt* werden mußte. Albrecht hatte gewünscht, daß *man uff die erst fastwochen* [22. Februar/1. März 1531] *hebet ahn zcu mauren*[152]. 1532/33 waren die Bauarbeiten im vollen Gange. Außerdem wurden damals schon Teile der Ausstattung und der Außenanlagen hergestellt. So spricht die Rechnung dieses Jahres von der weitergeführten Arbeit am *lustbad*, für das neben den Kosten für einen Kupferschmied von Leipzig und *meister Jorgen dem badmacher* auch dem Tischler Gabriel Tuntzel größere Summen gezahlt wurden. Sie enthält aber auch Ausgaben *zu dem lustgarten* und *zu des labarinten gebewden*[153]. Offenbar wollte Albrecht bestimmte Partien und Baulichkeiten der Anlage für seine Nutzung zuerst fertiggestellt wissen, obwohl man mit dem übrigen noch in den Anfängen steckte. In Anbetracht der Gesamtgröße des Baus, der sicherlich einem im wesentlichen von Anfang an vorliegenden Entwurf folgte[154], kam man mit der Ausführung der anderen Teile nur nach und nach zum Zuge. So wurde die Kapelle *sambt dem hynder hause* frühestens im Herbst 1536, vielleicht aber auch erst 1537 oder 1538 *gerichtet*; es waren also der gesamte Nordflügel damals unter Dach und gleichzeitig schon ein Teil der Giebel, nämlich *vier gibell am hyndern hause allenthalb vorfertiget*[155]. Fünf weitere Giebel *auff der capellen* sollten noch vor Einbruch des Winters angefangen werden. Bereits drei Wochen arbeitete damals Hans Tuntzel nach eigener Visierung an den Vertäfelungen in der *stuben hinder dem grossen sahle ym hause gegen der Shale*, d. h. im Westflügel[156]. Im Mai 1539

151 S. Anm. 156.
152 REDLICH, Cardinal Albrecht (wie Anm. 3), S. 16*.
153 Ebd., S. 25*–26*.
154 Die schon von REDLICH, ebd., S. 101, und noch von HÜNICKEN, Halle (wie Anm. 52), S. 107, vertretene Meinung, daß der Nordflügel erst später geplant und hinzugefügt worden sei, ist nach der Ausbildung des Anschlusses von Ost- und Westflügel unzutreffend.
155 Der Bericht über diese Arbeiten ist undatiert: LHM, Rep. A 2, Nr. 8, Bl. 2^r–3^r; s. REDLICH, Cardinal Albrecht (wie Anm. 3), S. 32*–34*. In Frage kommen nur die Jahre 1536 bis 1538. REDLICH hielt den Herbst 1538 für die wahrscheinlichste Abfassungszeit (S. 102–105). Nach dem Vermerk über den Stand des Wallbaus an der Moritzburg kann der Bericht tatsächlich nicht vor Herbst 1536 geschrieben sein; denn die Errichtung des Walls war erst im März 1536 verdingt worden (s. oben Anm. 61). Wenn die chronikalische Angabe von OLEARIUS, Halygraphia (wie Anm. 3), S. 248, zutrifft, *die Capell am neuen Gebäude* sei 1537 *zu bauen angefangen* worden, würde das die Entstehungszeit weiter eingrenzen.
156 Tuntzel empfing für zwar nicht direkt benannte, aber aus dem Zusammenhang zu erschlie-

überwies Albrecht aus Mainz noch 1000 Gulden *zu vnnserm newen gebewde*, damit dieses vollendet werden konnte[157]. Da zugleich über die Ausführung des Ganges zwischen der *newen capellen vnnd dem chor der stieftkirchenn*, der auf die bereits fertige, hinterwölbte Mauer mit dem großen Tor an der Ostseite des heutigen Domhofs aufgesetzt werden sollte[158], noch letzte Erkundigungen eingezogen wurden, dürfte der »Neue Bau« zu dieser Zeit mit allen notwendigen Verbindungen zum Stift bzw. zur Stiftskirche im ganzen kurz vor der Vollendung gestanden haben[159].

Als Urheber dieser Anlage wird seit den Studien von L. Grote und R. Hünicken der bereits genannte Steinmetz und Baumeister Andreas Günther angesehen[160]. Er übernahm die Leitung aber erst im Jahre 1533, und zwar spätestens mit seiner Bestallung am 5. Mai dieses Jahres, und hatte sie dann wohl bis zum Schluß 1538/39 inne[161]. Da mit dem Bau jedoch bereits 1532, vielleicht sogar 1531 begonnen wurde, der Baumeister hingegen 1532, aus Glauchau kommend, noch den Elsterbrückenbau in Zeitz übernahm, ist nicht zu erweisen, daß Günther auch für den damals gewiß schon vorliegenden Plan des »Neuen Baus« verantwortlich gewesen sein kann[162]. Zwar läßt sich trotzdem die Möglichkeit einer

---

ßende Kistlerarbeit die stattliche Summe von 130 Gulden und *zwen steyn lichter*; REDLICH, Cardinal Albrecht (wie Anm. 3), S. 33*.

157 LHM, Rep. A 2, Nr. 8, Bl. 6ʳ–7ᵛ; s. REDLICH, Cardinal Albrecht (wie Anm. 3), S. 37*–38*.

158 Nach jüngsten Feststellungen, die ich der Mitarbeit von Herrn Dipl.-phil. Reinhard Schmitt, Halle, verdanke, ist der den Domhof damals abschließende Mauerzug in seinem nördlichen Abschnitt in den äußeren Umfassungsmauern des Küsterhauses weitgehend erhalten geblieben. Bis zu einem Umbau 1801 waren in diesem Bereich auch die zugehörigen inneren Arkadenstellungen in Teilen noch vorhanden, so daß sich die ursprüngliche Gestalt des Ganges sicher rekonstruieren läßt.

159 Ob er einschließlich seines Innenausbaus gänzlich fertiggestellt wurde, läßt sich nicht mit Sicherheit sagen. Wenn Albrecht noch 1544 Ziegelsteine, die *in unserm nawen hause unvorarbeith liegen*, an seinen Kanzler Ch. Türk abgibt, könnte das sowohl ein übrig gebliebenes als auch ein zwar benötigtes, jedoch nicht mehr verbautes Material gewesen sein; REDLICH, Cardinal Albrecht (wie Anm. 3), S. 109. Diese Nachricht läßt die Frage ebenso offen wie die Tatsache, daß der Kardinal seine Urkunden bis zuletzt in der Moritzburg ausgestellt hat – verständlicherweise, da sich dort die Hofhaltung mit der Kanzlei befand. Anderen, indirekten Hinweisen – wie z. B. der Aufforderung 1540, die in der Kapelle des »Neuen Baus« vorhandenen Musikinstrumente und die Gemälde *(tapffeln new und aldt)* herauszunehmen und bis zum Abtransport anderswo im »Neuen Bau« unterzustellen (REDLICH, S. 188* und 192*) – darf man dagegen entnehmen, daß eine Nutzung offenbar erfolgt ist, zumindest bestimmter Räume, wenn nicht sogar des Ganzen.

160 Ludwig GROTE, Kardinal Albrecht und die Renaissance in Halle (= Der Rote Turm 8/9). Halle [1930], S. 32; HÜNICKEN, Halle (wie Anm. 52), S. 106; VOLKMANN, Renaissance (wie Anm. 145), S 5. – HÜNICKEN (S. 57/58) hat zu Recht die Annahme von REDLICH, Cardinal Albrecht (wie Anm. 3), S. 95, der »Bauschreiber« Conrad Fogelßberger (gest. 1535) könne als »technischer Leiter des Baues« eine maßgebliche Rolle bei der Ausgestaltung gespielt haben, mit dem Verweis auf die ihm obliegenden Verwaltungsaufgaben zurückgewiesen.

161 Im Jahre 1538 war Günther dann mit dem Schloßneubau in Bernburg befaßt und 1539 wurde er auch als Bauleiter nach Stolberg gerufen; s. Ludwig GROTE, Andreas Günther, der Baumeister des Wolfgangbaues des Schlosses in Bernburg. In: Montagsblatt. Wiss. Wochenbeilage zur Magdeburgischen Zeitung 71 (1929) S. 377–378; Reinhard SCHMITT, Der »Rote Saal« im Stolberger Schloß. Zum Stand der Forschung. In: Erbe und Gegenwart III, hrsg. vom Kunstgeschichtlichen Institut (= Wissenschaftliche Beiträge, Martin-Luther-Universität Halle-Wittenberg 1991/1 [H 13]). Halle 1991, S. 101–111, hier S. 102.

162 Vertrag über den Brückenbau in Zeitz s. Gustav SOMMER (Bearb.), Beschreibende Darstellung der älteren Bau- und Kunstdenkmäler des Kreises Zeitz. Unter Mitwirkung von Heinrich Otte (= Beschreibende Darstellung der älteren Bau- u. Kunstdenkmäler der Provinz Sachsen und angrenzender

der festen Anstellung vorausgehenden Entwurfstätigkeit für Halle nicht gänzlich ausschließen, zumal eine Vermittlung Günthers an den erzbischöflichen Hof durch die persönlichen Verbindungen Albrechts zu den Grafen von Schönburg auf Glauchau denkbar wäre[163], er könnte aber ebenso 1533 auch nach einem ihm vorgelegten, allgemein gehaltenen Konzept die Ausführung übernommen haben, was nach den Baugepflogenheiten der Zeit noch immer einen weitgehenden Einfluß auf die architektonische Durchbildung zuließ. Auf jeden Fall hat Günther dem »Neuen Bau« im weiteren Verlauf seiner Entstehung – und damit mindestens in der Einzelform – die von ihm gewollte Gestalt gegeben, wie der Vergleich mit dem von ihm früher geschaffenen Schloß Forderglauchau und mit seinen späteren Bauten, insbesondere im Hinblick auf das Motiv der Giebelaufbauten, zeigt[164]. Der »Neue Bau« wurde das Hauptwerk Andreas Günthers, mit dem er in den mittleren 30er Jahren des 16. Jahrhunderts neben Kunz Krebs zum Wegbereiter der mitteldeutschen Frührenaissance aufstieg[165].

Doch was war die Zweckbestimmung dieser Anlage? Ursächlich ist die Errichtung des »Neuen Baus« von der halleschen Geschichtsschreibung stets mit dem Plan Albrechts zur Gründung einer Universität in Verbindung gebracht worden[166]. Für diesen Zusammenhang spricht tatsächlich mancherlei, vor allem die auffallende zeitliche Koinzidenz. Denn nur kurze Zeit nach dem vorgesehenen Beginn der Bauarbeiten in der ersten Fastenwoche 1531 gab Kardinal Lorenzo Campeggio in einem Schreiben vom 27. Mai des Jahres kraft päpstlicher Vollmacht die Erlaubnis zur Einrichtung des Studium generale in Halle[167]. Beide Vorgänge wären bei unmittelbarem Zusammenhang als schon fortgeschrittene Stadien eines etwas älteren Projekts durchaus vorstellbar. Und doch sind an einer solchen planerischen Verbindung Zweifel angebracht, die sich bei genauer Prüfung der Schriftquellen ergeben. Wäre das Fehlen jeglicher Erwähnung des Universitätsvorhabens in Verbindung mit den Nachrichten zum »Neuen Bau« zunächst noch kein Argument, so wird es zu einem solchen durch einige von Anfang an gegebene, bisher ungenügend beachtete Hinweise auf die vorgesehene Funktion des »Neuen Baus«. So schließt die Verpflichtung des Rates der Stadt von 1529, die vorhandenen, nach Norden sich öffnenden Fenster des Klaustores vermauern zu lassen, damit *man in vnsers gnedigisten herren Behausung, hoff oder garthen dauon nicht sehen moge*, doch wohl bereits die Absicht einer derartigen Nutzung des bisherigen Hospitalgeländes auch in der Zukunft ein[168]. In dem Schreiben Albrechts vom 5. Januar 1531, mit dem Hans von Schenitz auch zum

---

Gebiete 1). Halle 1879, S. 73–74; Theodor SCHÖN, Geschichte des Fürstlichen und Gräflichen Gesammthauses Schönburg. Urkundenbuch der Herren von Schönburg, VI. Waldenburg [1904], S. 339.

163 Zu Wolf I. von Schönburg s. Anm. 46. Wolfs Bruder Ernst II. war Bauherr des von A. Günther zwischen 1524 und 1534 teils umgestalteten, teils neu errichteten Schlosses in Glauchau.

164 KRAUSE, Renaissance-Motive (wie Anm. 135), S. 108; HÜNICKEN, Halle (wie Anm. 52), S. 99.

165 Einige der Zuschreibungen von HÜNICKEN, Halle (wie Anm. 52), S. 97–111, sind freilich nicht haltbar.

166 Bereits bei DREYHAUPT, Pagus (wie Anm. 2), S. 540 zu finden. Vgl. REDLICH, Cardinal Albrecht (wie Anm. 3), S. 55.

167 DREYHAUPT, Pagus (wie Anm. 2), S. 64–65, Nr. 359; REDLICH, Cardinal Albrecht (wie Anm. 3), S. 82.

168 DREYHAUPT, Pagus (wie Anm. 2), S. 262, Nr. 397.

bawmeister bzw. *Bauverweser* bestellt wird, ist ausdrücklich von *unserm* [also Albrechts] *baw zu Halle* die Rede und in der Folgezeit kehrt diese oder eine entsprechende Besitzanzeige fast regelmäßig wieder, wobei später der »neue« Bau auch vom »alten Haus«, der Propstei, klar unterschieden wird[169]. Diese Äußerungen sprechen insgesamt dafür, daß Albrecht hier einen von vornherein für sich beanspruchten Neubau errichten lassen wollte. Und wenn man dazu bedenkt, daß dem Kardinal in Halle bereits ein durchaus repräsentativer Wohnsitz in der kaum dreißig Jahre zuvor fertig gewordenen Moritzburg zur Verfügung stand und diese auch für seine Hofhaltung genutzt wurde, so muß man für den »Neuen Bau« davon ausgehen, daß er – in seiner Nutzung abgesetzt von der offiziellen Wirkungsstätte – als *Behausung* nur für den persönlichen Gebrauch bestimmt sein konnte. In den Rahmen einer solchen Bauaufgabe ordnen sich alle sonst bekannten Einzelheiten zwanglos ein: der schon frühzeitig begonnene Lustgarten mit einem Labyrinth und das seinem hohen Preis nach pompös ausgestattete Lustbad; ebenso die den Hof an wenigstens zwei Seiten umgebenden Wandelgänge. Dazu kamen die große Kostbarkeit der Inneneinrichtung, die bereits bei den Holzvertäfelungen der verschiedenen Räume einsetzte[170], und die einzigartige, schon von den Zeitgenossen gerühmte Bibliothek des leidenschaftlichen Bücher- und Handschriftensammlers, von der wichtige Teile hier untergebracht wurden[171].

Die von Albrechts persönlichen Vorstellungen wohl maßgeblich bestimmte, möglicherweise schon durch Einflußnahme auf den Entwurf bedingte Besonderheit des »Neuen Baus« wird durch zwei Äußerungen Außenstehender bereits während seiner Entstehung umrissen. Zum einen ist es die Charakterisierung im Tagebuch von der Reise des päpstlichen Nuntius 1537, wo es nach der kurzen Beschreibung der neuen Stiftskirche heißt: *iuxta autem cardinalis fecit domum solatii valde elegantem* – »daneben aber errichtete der Kardinal ein sehr geschmackvolles Haus zu seinem Troste«[172], zum andern die Erwähnung in der Klageschrift des Anton von Schenitz 1538, der den »Neuen Bau« ein *gemein lusthaus* nannte[173]. Wenngleich diese Kennzeichnungen in literarisch sehr unterschiedliche Aussagen – die eine lobpreisend-umschreibend, die andere vorwurfsvoll-kritisierend – eingebettet sind, so bezeichnen sie beide formelhaft, welcher Sinn dem Ganzen zugrunde gelegen hat. Getragen vom Ideengut der Renaissance und entsprechend den humanistischen Vorstellungen von einem modernen Fürstensitz, denen Albrecht schon aufgrund seiner Herkunft und Bildung anhing, war dem

---

169 Bereits am 7. April 1532 verlangte Albrecht, Hans von Schenitz möge von dem zu beschaffenden Geld *das ubrige zu meinem baw gebrauchen*; REDLICH, Cardinal Albrecht (wie Anm. 3), S. 119*. Die Rechnung von 1532/33 nennt den *Newen baw an der Salen zu irer churf. gnaden behawssunge* (S. 24*, ähnlich S. 25*). Vgl. auch S. 38*: *zu vnnserm Newen gebewde* (1539), S. 149*: *unsere beide nawe und alte heuszere bey dem stifft* (9. Februar 1541), ähnlich S. 155* und 156* (9. Mai 1541).

170 Zum Mobiliar gehörte auch *Schanczen disch, so im neugen haus in m.g.h. stuben stedt*; REDLICH, Cardinal Albrecht (wie Anm. 3), S. 192*.

171 Sigrid VON DER GÖNNA, Hofbibliothek Aschaffenburg. Ihre Geschichte in der Tradition der Kurfürstlich Mainzischen Bibliothek. Ausstellung im Schloß Johannisburg 17. Juli–30. September 1982. Wiesbaden 1982, S. 17–42.

172 ETTENIUS, Reisetagebuch (wie Anm. 18), S. 397.

173 Warhafftiger bericht Anthonij SCHENITZ, wie sich die sachen zwisschen dem Cardinal von Meintz etc. vnd seinem Bruder Hansen Schenitz zugetragen [...]. Wittenberg 1538, S. C 2ᵛ; Auszug bei REDLICH, Cardinal Albrecht (wie Anm. 3), S. 34*.

Kardinal im Verfolg seiner mäzenatischen, fast alle musischen und künstlerischen Bereiche erfassenden Neigungen – und für die Zeitgenossen offenkundig – daran gelegen, mit diesem Komplex des »Neuen Baus« und in der Verbindung von Architektur und Gartenkunst einen für Mitteldeutschland beispiellosen fürstlichen Musenhof zu schaffen. Und daraus wurde schließlich ein riesiges »Lusthaus«, mit dem er den humanistischen Idealen der Zeit zu frönen suchte.

Orientiert war dieses Unternehmen sicher weitgehend an süddeutschen und damit indirekt – oder doch auch auf direktem Wege? – an italienischen Vorbildern. Am ehesten von dort konnte damals beispielsweise das Labyrinth als neues Element der Gartengestaltung rezipiert werden[174]. Auch für das antikisierende Architekturmotiv des Wandelgangs liegt eine Vermittlung aus dem Süden nahe[175], bestimmender war hier vielleicht dennoch ein anderer Einfluß. Denn die für ihre Entstehungszeit in Mitteldeutschland ungewöhnliche Ausbildung des Ostflügels mit dem als zweischiffige, große Wandelhalle ausgebildeten Erdgeschoß und dem gleichlangen und -tiefen Saal darüber entsprach in ihrer Gesamtstruktur jenen Galeriebauten, die im 15. Jahrhundert in Frankreich entstanden waren und im 16. Jahrhundert auch in Deutschland als Bautyp aufgegriffen wurden[176]. Seiner architektonischen Gestalt nach stellt der hallesche »Galerietrakt«, selbst wenn wir dessen ursprüngliche und für seine Definition als »Galerie« wesentliche Funktion – die Verherrlichung des Bauherrn oder die Aufstellung von Kunstwerken und anderen Gegenständen – nicht sicher kennen[177], eines der frühesten Beispiele dieses Raum- und Bautyps in der deutschen Architekturgeschichte dar[178].

Auch andere Eigentümlichkeiten des »Neuen Baus« sind wahrscheinlich nur

---

174 Dieter HENNEBO und Alfred HOFFMANN, Der architektonische Garten. Renaissance und Barock (= Geschichte der deutschen Gartenkunst 2). Hamburg 1965, S. 19. Vgl. auch Hermann KERN, Labyrinth. Erscheinungsformen und Deutungen. 5000 Jahre Gegenwart eines Urbilds. München ²1983.

175 Wie sehr man den hofseitigen Arkadengang nördlich der Alpen damals schätzte, verdeutlichen beispielsweise die Fuggerhäuser am Weinmarkt in Augsburg. In der den italienischen Gestus des nördlichen Anwesens mit seinem Mittelhof preisenden Schilderung von Beatus Rhenanus 1530 wird ausdrücklich auch von den *ambulacris* gesprochen; Norbert LIEB, Die Fugger und die Kunst im Zeitalter der hohen Renaissance (= Schwäbische Forschungsgemeinschaft bei der Kommission für bayerische Landesgeschichte 4,4 = Studien zur Fuggergeschichte 14). München 1958, S. 173.

176 Wolfram PRINZ, Die Entstehung der Galerie in Frankreich und Italien. Berlin 1970; Wolfgang GÖTZ, Beobachtungen zu den Anfängen der Galerie in Deutschland. In: Festschrift für Wilhelm Messerer zum 60. Geburtstag. Köln 1980, S. 273–295.

177 Eine Verwendung in dieser Hinsicht könnte tatsächlich beabsichtigt und vielleicht auch erfolgt sein, da es für Bildnis- und Kunstsammlungen bis hin zu einer Schatz- bzw. »Kunst- und Wunderkammer« Albrechts in Halle eine ganze Reihe von Hinweisen gibt. So ordnete er 1531 an, *alle bilder und conterfact* aus der *nawen wunderstuben und in der grunen kammer davor*, die beide damals in der Moritzburg eingerichtet waren, sollten abgenommen und in Kästen verwahrt werden; REDLICH, Cardinal Albrecht (wie Anm. 3), S. 16*. Und im Testament 1540 wurden alle *gemhalet contrafact* dem Mainzer Domstift geschenkt (ebd., S. 177*). Zur hinlänglich bekannten Sammelleidenschaft für Schatzkunst kam ein offensichtliches Interesse für Kuriositäten – etwa das *indianisch federgewandt* – und für Naturalien – beispielsweise *sylbern ertzstupffen* – (ebd.), aber auch für moderne wissenschaftliche Instrumente wie die große für ihn hergestellte Planetenuhr; Klaus MAURICE, Die deutsche Räderuhr. Zur Kunst und Technik des mechanischen Zeitmessers im deutschen Sprachraum, I. München (1976), S. 56–60; Albrecht von Brandenburg. Ausstellungskatalog (wie Anm. 12), S. 145.

178 Die Reihe der deutschen Beispiele beginnt bei GÖTZ, Galerie (wie Anm. 176) mit der Stadtresidenz in Landshut. Nicht berücksichtigt ist dort im übrigen der Anteil des Bürgerhauses, wie z. B. der Fuggerbauten in Augsburg.

im Zusammenhang mit persönlichen Anliegen des Bauherrn zu verstehen, nicht zuletzt die beachtliche Gestaltung der Kapelle. In ihrem Grund- und Aufriß folgt sie auffallenderweise nicht der in Mitteldeutschland sonst bis weit ins 16. Jahrhundert hinein wirksamen spätgotischen Tradition, sondern bedient sich der romanisierenden Grundform eines Rechtecksaals mit halbkreisförmiger Apsis, dazu in einem ganz »unkirchischen« Renaissancegewand, d. h. mit Fenstern und Türen, deren Form und Detailbildung den übrigen, profanen Teilen des »Neuen Baus« völlig gleichen. Die für ein Privatoratorium ausnehmend stattlichen Maße erklären sich wohl nicht nur aus dem Anspruch sakraler Repräsentanz des ranghöchsten deutschen Kirchenfürsten seiner Zeit, sondern ebenso aus seinem überdurchschnittlichen Hang zur Selbstdarstellung, die sich auch in diesem Kirchenraum mit seinem starken Verlangen nach Entfaltung üppig ausgestatteter Zeremonien gepaart haben dürfte[179]. Als Motivation zu beachten wäre aber außerdem die große Vorliebe Albrechts für Kirchengesang und Kirchenmusik, die einen angemessenen Raum forderten – die in der Kapelle schon vorhandenen Instrumente hatte 1541 der Organist Wolff Heintz in Verwahrung[180].

Eine schließlich noch hervorzuhebende Eigentümlichkeit des »Neuen Baus« stellt die Einfügung von spätromanischen Architekturteilen dar. Es sind mehrere reich ornamentierte Säulen und ein großes Stufenportal, die aus einer der um diese Zeit in Halle abgebrochenen Kirchen – der Tradition nach aus dem Neuwerkstift – stammten[181]. Dem gewählten Anbringungsort und der Form ihrer Einfügung nach – als freie, auf eigens dafür angefertigten hohen Sockeln stehende Stützen für den langen Unterzug im Erdgeschoß des Osttrakts bzw. als Zugang zum »Zwischenbau« – muß ihrer Wiederverwendung eine demonstrative Absicht beigemessen werden. Dergestalt in einem »Privathaus« zur Schau gestellt, dürfte trotz der sakralen Provenienz und der Amtswürde des Bauherrn ein Verständnis dieser Spolien im Sinne einer »interpretatio christiana« und auch einer »renovatio« wohl auszuschließen sein[182]. Als ausschlaggebend ist hier für die Hereinnahme in den Bau vielmehr eine hohe ästhetische Wertschätzung anzusehen, die auch in der Kunst- und Denkmalauffassung dieser Zeit genügend Parallelen besitzt[183]. So spielte gerade die ästhetische Komponente in der Beurteilung der unter Albrecht in Halle errichteten Bauten eine wesentliche Rolle, wie ihre Verteidigung gegen die Vorwürfe des Anton von Schenitz durch die erzbischöflichen Hofräte

---

179 Capito bezeichnete Albrecht in einem Brief an Luther als *ceremoniosior*, allzusehr an Zeremonien hängend; WA Br 2, S. 417, 37–38; Hans VOLZ, Erzbischof Albrecht von Mainz und Martin Luthers 95 Thesen. In: Jahrbuch der Hessischen Kirchengeschichtlichen Vereinigung 13 (1962) S. 187–228, hier S. 204.

180 REDLICH, Cardinal Albrecht (wie Anm. 3), S. 188*.

181 Erhalten haben sich zwei Säulen aus einer ursprünglich wohl größeren Anzahl, die im Ostflügel als Stützen dienten. Vgl. VOLKMANN, Renaissance (wie Anm. 145), S. 6 und REDLICH, Cardinal Albrecht (wie Anm. 3), S. 101.

182 Zur Motivation der Spolienverwendung allgemein: Arnold ESCH, Spolien. Zur Wiederverwendung antiker Baustücke und Skulpturen im mittelalterlichen Italien. In: Archiv für Kulturgeschichte 51 (1969) S. 1–64, bes. S. 49. 55. 60.

183 Den gesamten Problemkreis haben umrissen: Wolfgang GÖTZ, Zur Denkmalpflege des 16. Jahrhunderts in Deutschland. In: Österreichische Zeitschrift für Kunst und Denkmalpflege 13 (1959) S. 45–52, und Donat de CHAPEAUROUGE, Zum Historismus des frühen 16. Jahrhunderts. In: Ebd., 19 (1965) S. 15–25, bes. S. 23.

zeigt[184]. Vielleicht war die Aufstellung von Spolien aber darüber hinaus auch Ausdruck eines neuerwachten antiquarischen Interesses? Obwohl bisher für Kardinal Albrecht nur im literarischen Bereich belegt[185], könnte dieser »Historismus« aus seiner humanistischen Grundhaltung und einem daraus resultierenden Geschichtsbewußtsein zu verstehen sein. Bekanntlich setzte im ersten Drittel des 16. Jahrhunderts auch in Deutschland in humanistisch gebildeten Kreisen die Sammelleidenschaft der Renaissance für Antiquitäten nach dem Beispiel Italiens ein, doch soweit bekannt, handelte es sich dabei im besonderen Maße um Kunstwerke der Antike[186]. Sollten unter diesem Aspekt die als historisch »alt« und zugleich ästhetisch »schön« empfundenen romanischen Bauteile – in Ermangelung echter Importe – gleichsam einen Antiken-Ersatz gebildet haben?

Zur vollen Nutzung des »Neuen Baus« entsprechend der ursprünglichen Konzeption kann es durch den Kardinal kaum noch gekommen sein. Denn im Februar 1539 hatte er, wie bereits erwähnt, Halle nach dem nahezu ununterbrochenen sechsjährigen Aufenthalt vor der Vollendung des Bauwerks verlassen, und kam danach wohl nur noch einmal für sehr kurze Zeit in seine Residenzstadt an der Saale.

VI. DER GLOCKENTURM

Die Dominikaner besaßen an ihrer Kirche entsprechend ihrem Verständnis vom Kirchengebäude keinen massiven Turm zur Aufhängung der Glocken, sondern nur den üblichen Dachreiter, und auch nach der Umwandlung zur Stiftskirche blieb es anscheinend lange bei diesem Zustand[187]. Im Jahre 1534 begann man jedoch, wie die chronikalischen Quellen berichten, mit dem Bau eines großen neuen Glockenturms *am Stifft zu Halle*, der im folgenden Jahr *verfertiget* war und am 4. April 1536 zusammen mit dem *newen kyrhoff* geweiht wurde[188]. Er hatte aber nur sehr kurze Zeit Bestand; denn bereits 1541 mußte dieser Turm auf Geheiß des Kardinals im Zuge der Stiftsauflösung *propter castrum* – »wegen der Sicherheit der Moritzburg« wieder abgebrochen werden[189]. Die Beseitigung erfolgte so gründlich, daß danach keinerlei sichtbare Spuren von seiner einstigen Existenz zeugten und die Stadtgeschichtsschreibung und die Bauforschung zu den unterschiedlichsten – aber wie man heute weiß: allesamt falschen – Theorien über sein Aussehen und seinen Standort verleitet wurden[190]. Die Lösung des Pro-

---

184 [Christoph TÜRCK], Warhafftiger gegrüntter kegenbericht der Magdeburgischen Stadthalters vnd heimuerordenten Rethe, wider Anthoni Schenitz, jüngst zu Wittemberg ausgangen Schandtbuch [...]. Magdeburg 1538, S. H 1ʳ; Auszug bei REDLICH, Cardinal Albrecht (wie Anm. 3), S. 35*.
185 WALTER, Humanismus (wie Anm. 115), S. 70.
186 Beispielsweise bei Anton Tucher und Raymund Fugger; s. CHAPEAUROUGE, Historismus (wie Anm. 183), S. 17; LIEB, Fugger (wie Anm. 175), S. 46–51.
187 Wo die 1521 von Martin Hillger für das Neue Stift gegossene Glocke zunächst untergebracht war, ist nicht festzustellen. Wurde sie (provisorisch?) in einem offenen Glockenstuhl aufgehängt?
188 OLEARIUS, Halygraphia (wie Anm. 3), S. 245. 247; Summarische Beschreibung (wie Anm. 17), Bl. 44ʳ; REDLICH, Cardinal Albrecht (wie Anm. 3), S. 142.
189 Ebd., S. 149*. 202*.
190 So hat REDLICH, ebd., S. 142, den Turm »an der Südseite der Kirche« angenommen, eine Auffassung, der u. a. Max SAUERLANDT, Halle a. S. (= Stätten der Kultur, 30). Leipzig 1913, S. 66, gefolgt

blems ergab sich erst im Zuge der 1984–1988 durchgeführten archäologischen Stadtkernforschungen, als man auf dem Domplatz östlich der Stiftskirche nicht nur eine Reihe von Gräbern, sondern vor allem ein mächtiges Fundament aus Sandstein und Porphyr freilegte, das seinen Dimensionen und dem archäologischen Befund nach nur von dem lange gesuchten ehemaligen Glockenturm stammen konnte[191]. Als freistehendes Bauwerk inmitten des gleichzeitig angelegten Friedhofs muß er im Grundriß die stattliche Ausdehnung von ca. 12,5/13,0 × ca. 25,5/26,0 m bei einer Mauerstärke von ca. 3,50/3,75 m besessen haben[192], war also beträchtlich größer als der zum unmittelbaren Vergleich sich anbietende, in fast 90jähriger Bauzeit von 1418 bis 1506 als »Neuer Turm« errichtete Campanile der halleschen Marienkirche, der spätere Rote Turm auf dem Marktplatz, mit seinen 9,5 × 15 m[193].

Andererseits war er nicht sehr tief gegründet, was auf eine verhältnismäßig geringe Gesamthöhe – im Gegensatz zum Roten Turm – hindeutete. Selbst wenn ihn C. Ettenius als einen »sehr prächtigen Turm« bezeichnet hat, so kann es sich doch nur um ein architektonisch wie technisch bescheidenes Konkurrenzunternehmen gehandelt haben: Vorrangig ging es um die rasche Herstellung eines zweckmäßigen und in Anbetracht des topographisch ohnehin günstigen, erhöhten Standorts auch mit geringerer Höhe ausreichenden Bauwerks »allein für die Glocken«[194]. Dazu kam freilich noch die wichtige Aufgabe als Wachtturm, wofür Albrecht schon am 8. April 1536 einen Hausmann bestallte[195]. Trotz seines vollständigen Verlusts läßt sich von diesem Turmbau noch eine annähernde Vorstellung gewinnen, besaß er doch eine genaue Parallele in dem ebenfalls 1536 durch Ausbau eines Stadtmauerturms entstandenen, freistehenden Campanile des Domstifts in Berlin-Cölln, dessen Gestalt und Einzelausbildung durch eine Reihe von alten Darstellungen gut bekannt ist[196]. So wie dort die ehemalige Dominikaner-

---

ist. Nach der Ansicht von Alfred KOCH, Der hallische Dom St. Pauli zum hl. Kreuz. In: Hallische Nachrichten 17. Oktober 1930, ist er über dem Ostflügel der Klausur unmittelbar neben der Sakristei errichtet gewesen. Diese These hat schon Heinrich L. NICKEL, Das Dominikanerkloster zu Halle (Saale). Ergebnis der baugeschichtlichen Grabungen 1962 und 1964 nördlich des halleschen Domes (= Wissenschaftliche Beiträge, Martin-Luther-Universität Halle-Wittenberg 1966/4 [H 1]). Halle 1966, S. 15, zurückgewiesen. Nach DELIUS, Reformationsgeschichte Halle (wie Anm. 13), S. 18, war der Glockenturm »auf der Westseite der Kirche errichtet« worden. SCHÖNERMARK, Kunstdenkmäler (wie Anm. 5), S. 220, meinte sogar, daß an der Westfront »zwei stattliche Thürme gestanden haben«.

191 Maurizio PAUL, Stadtarchäologie in Halle (Saale). In: Ausgrabungen und Funde 33 (1988) S. 206–215, hier S. 214.

192 Die hier genannten, von den Angaben bei PAUL, Stadtarchäologie (wie Anm. 191) etwas abweichenden Maße ergeben sich aus den Aufzeichnungen der vom Landesmuseum für Vorgeschichte in Halle durchgeführten Grabungen. Für die Einsichtnahme habe ich dem Direktor, Herrn Dr. Dieter Kaufmann zu danken.

193 Hans-Joachim KRAUSE und Gotthard VOSS, Der Rote Turm in Halle. In: Denkmale (wie Anm. 79), S. 280–292.

194 ETTENIUS, Reisetagebuch (wie Anm. 18), S. 397: *Est autem ipsum templum excellens, habens turrim valde magnificam solum pro campanis.*

195 LHM, Kop. 73, Bl. 50ʳ (alt: 39ʳ); vgl. LIEBE, Kriegsrüstungen (wie Anm. 26), S. 118, der den *newen thorm bey vnserm stiffte alhir zu Halle* fälschlich mit dem Turm über dem Osttor der Moritzburg identifizierte.

196 Albert GEYER, Geschichte des Schlosses zu Berlin, 1: Die kurfürstliche Zeit bis zum Jahre 1698, Text. Berlin 1936, S. 20; Karl-Heinz KLINGENBURG, Der Berliner Dom. Bauten, Ideen und Projekte vom 15. Jahrhundert bis zur Gegenwart. Berlin (1987), S. 20 und Abb. 2–4. Vgl. auch: Nikolaus

kirche von Kurfürst Joachim II. von Brandenburg, dem Neffen Kardinal Albrechts, zur Stiftskirche adaptiert und bis ins einzelne nach dem Vorbild von Halle eingerichtet wurde[197], ist auch der Glockenturm in seiner Zuordnung zur Kirche und in seiner architektonischen Gestalt eine absichtsvolle Kopie der halleschen Situation gewesen.

VII. DER NEUBAU DER MARKTKIRCHE

Obwohl Albrecht als Territorial- und Stadtherr die volle weltliche Gewalt besaß, hat er sich samt seinen Räten in Halle in viel geringerem Maße als etwa in Mainz und auch erst später mit Belangen der Stadt befaßt. Im Jahre 1526 aber müssen ihn Fragen der inneren Ordnung bewegt haben, ging es ihm doch zu dieser Zeit in einem Schreiben an die Ratsmeister auch um die Zukunft der *begrebniß, schweinstelle und mulen* der Stadt[198]. Die Lösung der dort angeschnittenen Probleme führte schließlich 1529 zu einer Reihe wichtiger Vereinbarungen: Einmal zur Übereignung der Neumühle an den Rat der Stadt, zum andern zur Auflassung der innerstädtischen Friedhöfe zugunsten des vor der Stadtmauer gelegenen, großen Begräbnisfeldes auf dem Martinsberg, dem späteren Stadtgottesacker, ferner zur Verlegung der *schwein mastung und stelle* aus der Stadt heraus und auch zu dem bereits angedeuteten Abbruch des Cyriacus-Hospitals und seiner Neuerrichtung an der Moritzkirche[199].

Im gleichen Jahr fiel eine weitere schwerwiegende Entscheidung: der endgültige Beschluß zur Vereinigung und Umgestaltung der am Markt gelegenen Pfarrkirchen St. Gertruden und St. Marien. Betrieben wurde auch diese Veränderung während der Abwesenheit Albrechts von Halle vom Rat der Stadt, genauer: von den altgläubigen, Albrecht ergebenen Ratsherren, voran Gregor Ockel, der sich darüber mit Hans von Schenitz, dem langjährigen Vertrauten des Kardinals verständigte[200]. Doch dahinter stand der Wille, ja der Befehl des Stadtherrn selbst[201].

MÜLLER, Die Gründung und der erste Zustand der Domkirche zum hl. Kreuz in Köln-Berlin und das Neue Stift in Halle a. S. In: Jahrbuch für Brandenburgische Kirchengeschichte 2/3 (1906) S. 68–232, hier S. 83–84.

197 Ebd., bes. S. 72. 202–207; Andreas TACKE, Der Reliquienschatz der Berlin-Cöllner Stiftskirche des Kurfürsten Joachim II. von Brandenburg. In: Jahrbuch für Brandenburgische Kirchengeschichte 57 (1989) S. 125–236, bes. S. 128.

198 Das nicht erhaltene Schreiben ist zu erschließen aus einem Brief des halleschen Ratsmeisters Gregor Ockel an den Kardinal vom 7. März 1529: LHM, Rep. A 2, Nr. 791, Acta die neue Stiftskirche in Halle betr. 1520–1667, Bl. 12^r–13^v; s. Paul REDLICH, Zwei Nachrichten zur Baugeschichte Halles. In: Neue Mitteilungen (wie Anm. 42), 20 (1900) S. 449–455, hier S. 452–455 (mit fehlerhafter Wiedergabe).

199 Die einschlägigen Urkunden bei DREYHAUPT, Pagus (wie Anm. 2), S. 370–371, Nr. 444 (25. 7. 1529). S. 371–372, Nr. 445 (26. 7. 1529). S. 262, Nr. 397 (28. 7. 1529). Den neuen Gottesacker weihte der Weihbischof Heinrich Leucker von Halberstadt am 1. September 1529 (DREYHAUPT, ebd., S. 761). Zum Hospital vgl. auch Friedrich August ECKSTEIN, Geschichte des Hospitals S. Cyriaci zu Halle. Zur 5. Secularfeier der Anstalt am 1. Februar 1541. Halle 1841.

200 Dargestellt in dem Briefe Ockels vom 7. März 1529, s. Anm. 198.

201 Vgl. die Ratsverschreibung vom 26. Juli 1529 bei DREYHAUPT, Pagus (wie Anm. 32), S. 911, und die Kirchenrechnung von St. Marien zu 1529/30, Marienbibliothek Halle, Hs. 245, Bd. 1, Bl. 283^r. Außerdem: Chronik des Ignatius LEUDER, Marienbibliothek Halle, Hs. 155, Bl. 140^v–141^r; Annalen des Thomas CRESSE, Stadtarchiv Halle, Ms. A I, Bd. 5, Bl. 138^r.

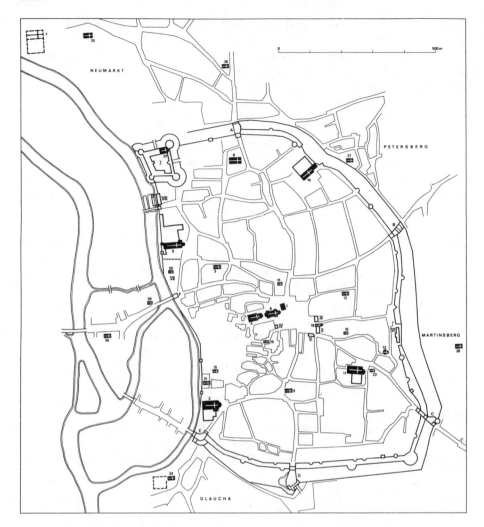

Halle, Plan der Stadt um 1510
1 Augustiner-Chorherrenstift zum Neuen Werk
2 Augustiner-Chorherrenstift und Pfarrkirche St. Moritz
3 Kapelle St. Nikolaus
4 Pfarrkirche St. Gertruden
5 Kapelle St. Michael
6 Pfarrkirche St. Marien (Marktkirche)
7 »Neuer Turm« (Roter Turm)
8 Pfarrkirche St. Ulrich
9 Dominikanerkloster
10 Franziskanerkloster
11 Servitenkloster
12 Kapelle St. Jakob
13 Kapelle St. Paul
14 Kapelle St. Lambert
15 Kapelle zum Heiligen Grab
16 Kapelle zu den Heiligen Drei Königen
17 Kapelle St. Matthias
18 Kapelle zum Heiligen Kreuz
19 Kapelle St. Anna
20 Hospitalkapelle St. Cyriacus
21 Hospitalkapelle St. Johannes
22 Maria-Magdalenen-Kapelle der Moritzburg
23 Kapelle St. Wolfgang
24 Zisterzienserkloster Marienkammer (St. Georg)
25 Pfarrkirche St. Laurentius
26 Kapelle St. Andreas
27 Kapelle St. Peter
28 Kapelle St. Martin
29 Kapelle St. Alexander
30 Kapelle St. Maria Magdalena, Wenzel und Wolfgang

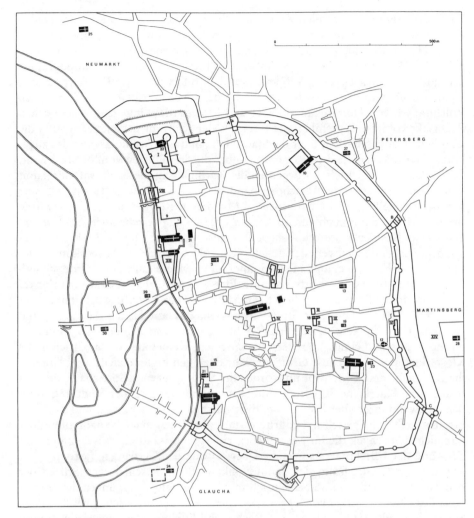

Halle, Plan der Stadt um 1540. Legende s. S. 340, dazu hier:

◁ I	Moritzburg	9	Gebäude und Kirche des »Neuen Stifts«
II	Rathaus	11	Pfarrkirche St. Ulrich
III	Waage	21	Hospitalkapelle St. Cyriacus
IV	Schöffenhaus	31	Glockenturm des »Neuen Stifts«
V	Ratskeller		
VI	Zeug- und Kornhaus	IX	Marstall
VII	Hospital St. Cyriacus	X	Reithaus
VIII	Neumühle	XI	Anwesen des Hans von Schenitz (Kühler Brunnen)
◁ A	Ulrichstor	XII	Neues Hospital St. Cyriacus
B	Steintor	XIII	»Neuer Bau« (Residenz)
C	Galgtor	XIV	neuer Friedhof (Stadtgottesacker)
D	Rannisches Tor		
E	Moritztor		
F	Klaustor		

Die angestrebte und mit allen Konsequenzen durchgesetzte »Union« der beiden Kirchen war letztlich Teil einer weitgreifenden Neuordnung der kirchlichen Hierarchie Halles, die eine erhebliche Veränderung der bisherigen Situation auch im halleschen Kirchenbau bewirkte, äußerlich ablesbar an der Sakraltopographie der Stadt von etwa 1510 im Vergleich mit dem Bild von 1540. Die Entwicklung setzte – nach dem 1520 für die Errichtung des »Neuen Stifts« vorgenommenen Rollentausch von Dominikanerkloster und Moritzstift – mit dem folgenreichen Rechtsakt vom 29. September 1525 ein, als der Konvent des Neuwerkstifts die kirchliche Gerichtsbarkeit über die Stadt Halle und den Archidiakonat des zugehörigen Distrikts sowie die »Regierung« über die drei Pfarren von St. Marien, St. Gertruden und St. Ulrich auf Begehren des Kardinals an diesen abtrat, der damit sicher von vornherein die Absicht verband, sie an das »Neue Stift« zur Stärkung von dessen Stellung weiterzureichen[202]. Mit diesen Rechten ausgestattet wurde die Stiftskirche dann auch zur *Muter vnd oberst Heuptkirche aller Kirchen vnd Closter* der Residenzstadt erhoben[203]. Das einst mächtige und Halles Kirchenwesen beherrschende Neuwerkstift geriet, nicht zuletzt durch die Auswirkungen der reformatorischen Bewegung, in eine immer schwierigere Lage und wurde schließlich von 1528 bis 1531 schrittweise aufgelöst[204]. Seine Gebäude brach man 1532/33 ab. Im Jahre 1527 hatten die letzten Mönche das Kloster der Serviten an der Galgstraße (später Leipziger Straße) verlassen, das mit allen Besitzungen und Rechten von Albrecht gegen eine Zahlung von 500 Gulden übernommen wurde[205]. Es stand einige Jahre leer, bis die reiche Gemeinde von St. Ulrich in die Klosterkirche umzog. Diese Gemeinde war dazu genötigt worden, weil Albrecht ihr altes, nahe dem Ulrichstor im Norden der Stadt gelegenes Gotteshaus, die mittelalterliche Pfarrkiche St. Ulrich, mit Zustimmung des Rats der Stadt und unter dem Vorwand ihrer »der Moritzburg bedrohlichen Lage« schließen und 1531 abbrechen ließ[206]. Folgerichtig bedurfte es nun aber auch einer Neuaufteilung der kirchlichen Sprengel, die im wesentlichen ein Sprengel-Tausch zwischen der Marien- und der Ulrichpfarre sowie die Überweisung der Gertrudenpfarre nach St. Marien war[207]. Gleichsam den Schlußpunkt in dem vielschichtigen Prozeß der Auflösung, Umsetzung und Neueinrichtung bildeten die Verfügungen der Statuta nova des »Neuen Stifts« von 1531. Ausgehend von der inzwischen geschaffenen Situation, regelte sie vor allem neue Rechte und Pflichten der beiden Pfarrer von St. Marien und St. Ulrich, die zu Mitprälaten des »Neuen Stifts« erhoben und somit diesem, wie auch ihre Prediger und die anderen Kirchenbeamten, fest zugeordnet wurden[208]. War der gesamte Vorgang in vielen Einzelmaßgaben zum einen

---

202 Urkunde bei DREYHAUPT, Pagus (wie Anm. 13), S. 733–735, Nr. 179; vgl. REDLICH, Cardinal Albrecht (wie Anm. 3), S. 48; DELIUS, Reformationsgeschichte Halle (wie Anm. 13), S. 43.
203 DREYHAUPT, Pagus (wie Anm. 13), S. 911; REDLICH, Cardinal Albrecht (wie Anm. 3), S. 47.
204 Den Vorgang hat bereits REDLICH, ebd., S. 47–51, im einzelnen dargestellt.
205 DREYHAUPT, Pagus (wie Anm. 13), S. 773; DELIUS, Reformationsgeschichte Halle (wie Anm. 13), S. 43.
206 CRESSE (wie Anm. 201), Bl. 150^r. 151^r; Johannes Crotus RUBEANUS, Apologia qva respondetvr temeritati calumniatorum [...]. Leipzig 1531, S. C 3^r; REDLICH, Cardinal Albrecht, S. 46. 61.
207 CRESSE (wie Anm. 201), Bl. 176^v–178^r: Alte vorgleichung der vier pfarren oder viertel der stadt Halle. – Die Moritzkirche behielt auch als Kirche der Dominikaner die Pfarrechte.
208 Statuten: DREYHAUPT, Pagus (wie Anm. 13), S. 919–922. Dazu REDLICH, Cardinal Albrecht (wie Anm. 3), S. 52–53.

die Reaktion Albrechts auf die ständig sich ausbreitende lutherische Reformation, so lief er zum andern als Bemühen um die Festigung und einen möglichen Ausbau der katholischen Position vor allem auf eine weitere Konsolidierung des »Neuen Stifts« als geistliches Zentrum Halles hinaus.

Der in diesem Rahmen gegen den Willen der Bürgerschaft gefaßte Beschluß zum Neubau der Marktkirche ging davon aus, von den zwei am Markt kurz hintereinander stehenden, mittelgroßen Kirchenbauten die östliche, alte Liebfrauenkirche abzutragen und die westlich davon sich erhebende Gertrudenkirche *grosser* [zu] *machen*, d. h. bis an die Westtürme der Marienkirche heran zu verlängern[209]. Ausgeführt wurde tatsächlich ein gestreckter dreischiffiger Hallenbau zwischen den stehengebliebenen westlichen Turmfronten beider Kirchen. Urheber des Bauplans und leitender Werkmeister war der seit 1528 in städtischen Diensten stehende Steinmetzbaumeister Caspar Krafft. Man begann Ende Mai 1529 mit den Abbrucharbeiten an der Marienkirche. Die Gertrudenkirche blieb, um den Gottesdienst der vereinigten Gemeinden ungehindert fortsetzen zu können, zunächst stehen. Im ersten großen Bauabschnitt von 1530 bis 1539 entstanden nur die östlichen vier Joche der neuen Halle einschließlich der Gewölbe mit ihrer prächtigen spätgotischen Rankenbemalung, von der ein unversehrt erhaltener Streifen während der letzten umfassenden Instandsetzung wiederentdeckt wurde[210]. Bevor die dem Weiterbau im Wege stehende Gertrudenkirche beseitigt und die Arbeit am westlichen Teil der Halle fortgesetzt werden konnte, trat eine Bauunterbrechung ein – sicher zunächst bedingt durch den plötzlichen Tod Kraffts spätestens Anfang März 1540, im weiteren aber durch die Auswirkungen der unaufhaltsam in der Stadt sich durchsetzenden Reformation und den gleichzeitigen Rückzug des Kardinals aus Halle. Als die Bautätigkeit 1542 wieder aufgenommen wurde, war die neue Lehre durch das Wirken von Justus Jonas bereits eingeführt, so daß der Hallenbau 1555 seine Vollendung als protestantische Predigtkirche fand – und zwar ohne einen Planwechsel, in der von Krafft festgelegten und von seinem Nachfolger, dem Ratswerkmeister Nickel Hoffmann grundsätzlich beibehaltenen Gestalt, die bezeichnenderweise nur in der nachträglichen Emporenausbildung mit ihrer Renaissanceornamentik eine Abwandlung erfuhr[211].

Der 1539/40 fertiggestellte Ostteil der neuen Marktkirche, die unter Fortfall des Gertrudenpatroziniums allein Unser Lieben Frauen gewidmet werden sollte[212], konnte nur kurze Zeit die der Kirche 1529 zugedachten kultischen Aufgaben erfüllen: den Altgläubigen der neuen großen, die Nordhälfte der Residenzstadt Albrechts erfassenden Gemeinde als eine würdige Stätte spätmittelalterlicher Frömmigkeit zum reich ausgestalteten Meß- und Pfarrgottesdienst zu dienen. Außerdem sollte der Bau wohl dem in großen Pfarrkirchen damals üblich gewordenen Chorgottesdienst zur Verfügung stehen und eine Vielzahl von Ne-

---

209 S. Kirchenrechnung von St. Marien und Chronik von I. LEUDER (wie Anm. 201) sowie den Brief G. OCKELS (wie Anm. 198). Zur Baugeschichte s. KRAUSE, Spätgotische Neubauten (wie Anm. 79), S. 240–244.

210 RÜGER, Denkmalpflege (wie Anm. 89), S. 270.

211 Eine ausführliche Würdigung des Neubaus der Marktkirche und seiner historischen Bedeutung durch den Verf. wird in den Abhandlungen der Akademie der Wissenschaften in Göttingen veröffentlicht.

212 Chronik von I. LEUDER (wie Anm. 201), Bl. 140^v.

benaltären mit ihren Stiftungen aufnehmen[213]. Von der zum pastoral-liturgischen Vollzug notwendigen Ausstattung kam nur ein geringer Teil noch zur Ausführung bzw. Aufstellung, nachweislich außer *etlichen bencken* die Chororgel und der Hochaltar[214]. Die Orgel war 1514–1517 von Hans Beck für die alte Marienkirche gebaut worden und fand, nachdem man sie dort 1533/34 abgenommen hatte, 1539 auf einer hölzernen Kragempore an der Ostwand der neuen Halle wieder einen Platz. Ein Jahr später erhielt sie ein neues Gesprenge[215]. Die ungewöhnliche und gestalterisch bemerkenswerte Anordnung oberhalb des Altars – noch vor der stets als eine neuartige, protestantische »Erfindung« gewürdigten Lösung in der Torgauer Schloßkirche von 1544 – ergab sich in Halle zwangsläufig aus der Raumsituation. Das große Retabel auf dem Hochaltar, ein Flügelaltar mit durchgehend gemalten Tafeln, bietet sich dem Betrachter noch heute in dreifacher Wandlung dar: In der Werktagsansicht ist die Verkündigung Mariae mit dem Erzengel Gabriel dargestellt, flankiert von der heiligen Ursula und dem heiligen Erasmus; am Rahmen des Bettkastens findet sich die Jahreszahl 1529. In der Sonntagswandlung treten ausschließlich fast lebensgroße Heiligengestalten auf: die reich gewandeten Maria Magdalena und Katharina, dazwischen Johannes der Evangelist und Augustinus. Die am prächtigsten gemalte Feiertagsseite zeigt in der Mitte Maria mit dem Kind in einer Engelglorie. Die festliche Erscheinung der Gottesmutter auf der Mondsichel unterstreichend, thront sie als Himmelskönigin vor goldenem Grund, während der Kardinal in der Verehrung des göttlichen Kindes »auf Erden« kniend verharrt, ins Bild gesetzt zudem als Stifter des Altars. Auf den Flügeln sind in schimmernden Rüstungen die beiden Ritterheiligen Mauritius und Alexander beigegeben. Ikonographisch klingt das Hauptthema dieses Marienaltars auch in der Predella an: Die sonst meist allein auftretenden 14 Nothelfer sind hier um die Madonna mit dem Kind im Zentrum geschart. Bis zum 19. Jahrhundert besaß das Retabel noch sein originales, wenngleich schon defektes Rahmenwerk. Es ging nach 1835, als der Altar für einen neuen klassizistischen Aufsatz beiseite geräumt wurde, samt dem »altfränkisch« geschnitzten Gesprenge verloren[216]. Von den Figuren des Auszugs blieb jedoch – in der Zugehörigkeit bisher nicht erkannt – die reizvolle kleine, heute gesondert aufgestellte Kreuzigungsgruppe in der Marktkirche erhalten.

Wann der große Wandelaltar im Neubau der Kirche aufgerichtet wurde, läßt sich nicht klar ausmachen. Es spricht aber viel dafür, daß er mit der *taffeln vfm hohen altar* identisch ist, deren Flügel Thomas Wyltschütz 1540/41 gangbar machte[217]. Der Altar würde demnach bereits kurze Zeit nach dem Abschluß des

---

213 Die beiden Vorgängerbauten besaßen zusammen mindestens 16 Nebenaltäre, deren Neuerrichtung der Normalfall gewesen wäre.

214 Bänke: Kirchenrechnung von St. Marien (wie Anm. 201) zu 1540/41, Bd. 2, Bl. 52^r. Nicht mehr festzustellen ist, ob die aus den älteren Bauten übernommenen Stücke, z. B. die Bronzetaufe und der große Kruzifixus, sofort wieder einbezogen waren. Da von einem Nebenaltar um 1540 nirgends die Rede ist, muß auch die Wiedereinbringung der gewiß vorhandenen älteren Altarretabel bezweifelt werden. – 1541 vermachte der Kardinal noch *den grossen himel uber dem hohen altar* der Stiftskirche dem Rat der Stadt zum Gebrauch über dem Altar der Marktkirche; LHM, Rep. A 2, Nr. 791, Bl. 53; s. REDLICH, Cardinal Albrecht (wie Anm. 3), S. 202*. Ob er dort aufgestellt wurde, ist unbekannt.

215 SERAUKY, Musikgeschichte (wie Anm. 37), S. 137–144.

216 RÜGER, Denkmalpflege (wie Anm. 89), S. 272.

217 Die nicht genau datierte Herrichtung fällt in den Rechnungszeitraum vom 4. April 1540 bis

ersten Bauabschnitts 1539/40 und im Zuge der Vorbereitungen für den gottesdienstlichen Gebrauch seinen neuen Platz eingenommen haben. Ursprünglich ist der Altar aber für einen anderen Sakralraum bestimmt gewesen. Denn als er zehn Jahre zuvor entstand, kam die alte Marienkirche als Empfänger nicht mehr in Frage – man war gerade im Begriff sie abzubrechen – und der Neubau konnte es noch nicht sein, da der Zeitpunkt seiner Fertigstellung schwerlich abzusehen war. Auch für die Kirche zum Neuen Werk kann er nicht gestiftet worden sein, obwohl eine ikonographische Besonderheit daran zunächst denken läßt: die sehr seltene und außerdem an hervorragender Stelle auf der Festtagsseite plazierte Wiedergabe des heiligen Alexander. Nun war zwar der Märtyrer Alexander Mitpatron des Neuwerkstifts und sein von Kaiser Otto I. aus Italien nach Magdeburg geholter Körper seit der Übertragung 1124 nach Halle die Hauptreliquie des Stifts, doch handelte es sich bei diesem Alexander um einen der Söhne der heiligen Felicitas[218], während auf dem Altar der Marktkirche einer der Märtyrer der Thebäischen Legion dargestellt und als Mitstreiter des – auf dem Flügel gegenüber wiedergegebenen – heiligen Mauritius gemeint ist[219], ein Zusammenhang mit dem Neuwerkstift in dieser Hinsicht also nicht besteht. Außerdem befand es sich 1529 bereits in Auflösung, was eine Altarstiftung des Kardinals zu dieser Zeit ohnehin ausschloß. Von den beiden somit noch als ursprünglicher Bestimmungsort in Betracht kommenden Bauten – die Maria-Magdalenen-Kapelle der Moritzburg und die Kirche des »Neuen Stifts« – besaß die erzbischöfliche Hofkapelle ihre gesamte alte Altarausstattung höchstwahrscheinlich ungeschmälert bis ins 17. Jahrhundert[220], so daß sie ebenfalls entfiele. Damit deutet eigentlich alles auf die neue Stiftskirche als den ursprünglichen Adressaten: angefangen bei ihrer Aufhebung und der Ausräumung bzw. dem Abtransport der beweglichen Ausstattung 1540/41 – zu dem Zeitpunkt also, der mit dem Datum der erwähnten Herrichtung der *taffeln* auf dem Hauptaltar der neuen Marktkirche genau zusammenfällt – bis hin zur ikonographischen und künstlerischen Gestaltung. In der ikonographischen Struktur schließt sich der Altar sichtlich dem von U. Steinmann festgestellten Schema der Passionsaltäre im Dom an und wie diese kam auch der Altar von 1529 aus der Cranach-Werkstatt. Der in formaler wie stilistischer Hinsicht zu beobachtende enge Zusammenhang mit einer ganzen Reihe der von den älteren Altären übriggebliebenen Bildtafeln hat schon E. Flechsig zur begründeten Annahme ihrer Ausführung durch den gleichen Künstler geführt[221]. Ob dieser Künstler der in Albrechts Diensten auch in Halle tätige *meister Simon (der) maler* bzw. Simon Franck (von Aschaffenburg) gewesen ist, hat die Forschung bis heute

24. April 1541; Kirchenrechnung von St. Marien (wie Anm. 214), Bl. 52ʳ. – Zuvor hatte der Tischlermeister Hans Tuntzel schon *dy decke vfm hohen altar* angefertigt; ebd., Bl. 43ᵛ.

218 DREYHAUPT, Pagus (wie Anm. 13), S.700. Dazu: Translatio Sancti Alexandri in monasterium Hallense Novi Operis, ed. Harry BRESSLAU. In: MGH, SS 30,2. Leipzig 1934, S. 954–957.

219 Jacobus de Voragine, Die Legenda aurea. Aus dem Lateinischen übers. von Richard BENZ. Berlin 1963, S. 786–791; vgl. Lexikon der christlichen Ikonographie, VIII. Rom, Freiburg, Basel, Wien 1976, Sonderausgabe 1990, Sp. 429–432, und ebd., V, Sp. 84.

220 LHM, Rep. A 2, Nr. 847, Inventarium der Moritzburg Halle 1608, Bl. 31ʳ–46ʳ. Das meiste davon ging im Brand von 1637 zugrunde.

221 Eduard FLECHSIG, Cranachstudien, 1. Teil. Leipzig 1900, S. 159–160; Max J. FRIEDLÄNDER und Jakob ROSENBERG, Die Gemälde von Lucas Cranach, neu hrsg. von Gary SCHWARTZ. Basel, Boston, Stuttgart 1979, S. 161 Sup 6 A.

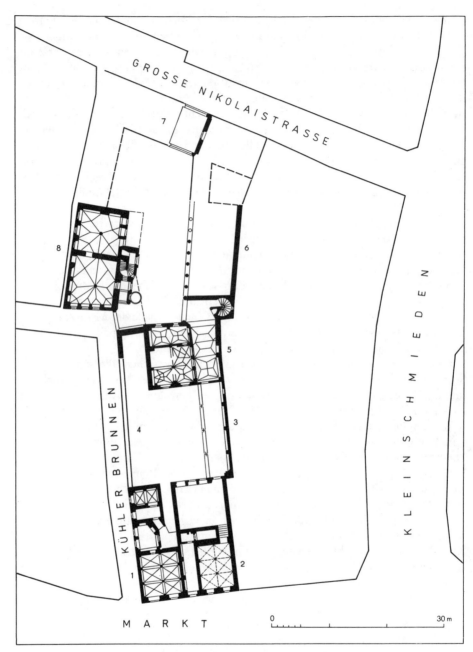

Halle, Anwesen des Hans von Schenitz am »Kühlen Brunnen« (Rekonstruktion)
1 und 2: Wohnhaus am Markt (heute: Markt 15 und 16), 3: östlicher Seitentrakt, 4: vermuteter westlicher Seitentrakt, 5: Küchenhaus, 6: Arkadenbau, 7: Torhaus, 8: Saalbau

nicht entscheiden können. Nach der Größe müßte das Retabel zu einem der herausgehobenen Altäre in der Stiftskirche gehört haben. Die Darstellungen – das zentrale, in drei Bildern vorgetragene Marienthema und die komplette Reihe der Patrone des Magdeburger Erzstifts und des halleschen Stifts – verweisen auf einen Marienaltar. Einziger der Gottesmutter im Dom geweihter Altar war der Altar Beatae Mariae Virginis im Kleinen Chor. Die Vermutung drängt sich auf, daß die anfänglich diesen Altar zierende *cleyne ubersilbertte taffell mitt unser lieben frawen bilde*[222] 1529 durch das prachtvolle große Retabel ersetzt worden ist. Trifft diese Annahme zu, dann wäre der Wandelaltar der Marktkirche nicht nur in Halle, sondern überhaupt der einzige der mehrflügeligen Altaraufsätze aus der Kirche des ehemaligen »Neuen Stifts«, der in seinem ursprünglichen Bestand der gemalten Tafeln bis heute geschlossen erhalten geblieben ist.

VIII. DAS »HAUS« DES HANS VON SCHENITZ AM »KÜHLEN BRUNNEN«

Zeitlich parallel zu den auf Veranlassung Kardinal Albrechts im dritten und vierten Jahrzehnt des 16. Jahrhunderts errichteten Bauten entstand im Zentrum der Stadt der weitläufige Gebäudekomplex des Hans von Schenitz[223]. Er erstreckte sich von der Nordseite des Marktes entlang der Gasse Kühler Brunnen bis hin zur Großen Nikolaistraße und bestand aus unterschiedlich gestalteten, doch weitgehend miteinander verbundenen Bauten, die sich um zwei Höfe gruppierten. Das stattliche viergeschossige Wohnhaus am Markt ist damals nicht neu erbaut, sondern wohl nur »modernisiert« worden. In diesem Sinne muß auch die Inschrift des beachtlichen Frührenaissanceportals am Durchgang zum anschließenden Erdgeschoßraum des östlichen Seitentrakts verstanden werden: /IM.15/DIS.HAVS. HAT.HANS.V.SCHENITZ.GBAVET/31.IAR/. Denn das Eckhaus (Markt 15) hatte man erst wenige Jahre zuvor (1512) neu errichtet und mit dem östlich folgenden (älteren?) Haus (Nr. 16) durch ein einheitliches Dachwerk mit spätgotischen Staffelgiebeln zur Gasse Kühler Brunnen und zur Hofseite zusammengezogen[224]. Was Schenitz freilich im Innern und möglicherweise auch an der platzseitigen Fassade umgestalten ließ, bleibt wegen der späteren durchgreifenden Veränderungen offen. Nach Norden schließt sich an der Ostseite des kleinen Wohnhofs ein schmaler dreigeschossiger Seitentrakt an, der zwei Aufgaben zu erfüllen hatte: Zum einen stellte er die Verbindung zum Küchenhaus her, zum anderen dienten seine Räume teilweise repräsentativen Zwecken. Im Erdgeschoß könnte er durch Arkaden zum Hof geöffnet gewesen sein, was die Durchgangsfunktion unterstrei-

---

222 REDLICH, Cardinal Albrecht (wie Anm. 3), S. 55*.
223 Er ist in seinem Gesamtumfang erst im Zuge der Bauuntersuchungen und denkmalpflegerischen Maßnahmen seit 1977 klarer erkannt worden, bedarf aber noch weiterer Erforschung. Die bisherigen Ergebnisse sind zusammengefaßt in: Reinhard RÜGER, Der Kühlebrunnen und die anderen zum Stadtpalast des Hans von Schönitz gehörenden Gebäude in Halle. Baugeschichte und Denkmalpflege. In: Historische Beiträge, Geschichtsmuseum der Stadt Halle, VI. Halle (1989), S. 58–82. Vgl. auch VOLKMANN, Renaissance (wie Anm. 145), S. 35–71.
224 Zum Haus Markt 15: Denkmale in Sachsen-Anhalt (wie Anm. 79), S. 492. Zur Werkeinheitlichkeit des Daches s. RÜGER, Kühlbrunnen (wie Anm. 223), S. 59. Die folgende Darstellung schließt sich in der Rekonstruktion der Bauten weitgehend der Darstellung von R. Rüger an.

chen würde²²⁵, während beide Obergeschosse zu flurartig langgestreckten Sälen ausgebildet waren. Mit einem Stück der hölzernen Felderdecke, die im ersten Obergeschoß auf geschnitzten Konsolen ruhte, jeweils im Zentrum der achtstrahligen Sterne und der Zwischenteilungen geschnitzte Rosetten aufwies und im ganzen stark farbig gefaßt war, sowie dem Kamin mit wiederverwendeten spätromanischen Säulen im zweiten Obergeschoß blieben hier wichtige Details der Schenitz-Zeit erhalten. Weitere Einzelheiten des »Saals« im ersten Obergeschoß – so die Gestaltung der inneren Fensterwand, des aus mehrfarbig glasierten Fliesen zusammengesetzten Fußbodens und einiger geschnitzter Türeinfassungen – sind durch eine Reihe von Zeichnungen aus dem 19. Jahrhundert bekannt²²⁶. Ob dieser Trakt an der Westseite des Hofs ursprünglich ein Gegenstück besaß, war bislang nicht auszumachen. Es ist aber generell zu vermuten und müßte dann an den niedrigeren Nordteil des Hauses Nr. 15 angesetzt gewesen sein.

Im Zentrum des gesamten Anwesens stand das dreigeschossige Küchenhaus, das noch heute im Erdgeschoß – abgesehen vom Kaminjoch – wie üblich Gewölbe, in den übrigen Etagen Flachdecken aufweist. Sein steiles Satteldach ist an der Ostseite mit einem hohen Backsteingiebel verbunden, dessen mehrgeschossige rundbogige Blendgliederung der schon erwähnten Giebelgestaltung des 1526 datierten Scheunenbaus in der Unterburg Giebichenstein in seiner Form, mit Ausnahme der eingeschriebenen Kleeblattbogen, auffallend gleicht. Vor der in jüngerer Zeit an der Westseite vorgenommenen Kürzung des Dachs entsprach dem östlichen Giebel wohl ein westlicher und vermutlich gleichgestalteter Bogengiebel zur Gasse Kühler Brunnen. Der breite ebenerdige Gang in den drei östlichen Jochen des Küchenbaus setzte sich nach Norden um ein weiteres Joch im Arkadenbau fort, das hofseitig in voller Breite als Durchfahrt geöffnet war und rückwärts eine große Wendeltreppe aufnahm. Die eigentümlich schmalhohe Gestalt der Bogenstellungen des Arkadenbaus, die an der Durchfahrt nach Norden anschlossen und in zeichnerischen und fotografischen Wiedergaben vor dem Abbruch 1907 festgehalten sind, ergab sich aus der Verbindung mit einem halbhoch über den Boden ragenden Kellergeschoß, das als eine zweischiffige, über Säulen gewölbte Halle angelegt war. Die Hofarkaden gehörten demnach mit ihrem oberen, aus Rundsäulen gebildeten Teil zu einer in Hochparterre-Höhe angeordneten Loggia, die als Architekturform auch das folgende Obergeschoß – hier mit Stichbogen – geprägt hat. Die Nordausdehnung des Arkadenbaus und die Art des Anschlusses an das Torhaus sind infolge der schon vor dem mittleren 19. Jahrhundert vorgenommenen Eingriffe nicht mehr festzustellen.

Architektonischer Höhepunkt der Gebäude um den Nordhof ist der Saalbau gewesen²²⁷. In seiner heute wiederhergestellten Erscheinung bietet er sich als ho-

---

225 Ob hier ursprünglich Arkaden vorhanden waren, läßt sich nicht mehr eindeutig feststellen, da die gesamte Hofwand – wie Bauuntersuchungen kürzlich bestätigten – im 19. Jahrhundert neu aufgeführt worden ist. S. auch RÜGER, Kühlebrunnen (wie Anm. 223), S. 62.

226 Es handelt sich um farbig angelegte Zeichnungen des halleschen Baumeisters August Stapel (1801–1871), die um 1840 enstanden, und um Aquarelle des Malers Albert Grell (1814–1891) aus der Zeit um 1857, die in der Marienbibliothek in Halle aufbewahrt werden. Die Grellschen Aquarelle jetzt veröffentlicht in: Romantisches Halle. Album Hallescher Baudenkmäler in 40 Blättern von A. Grell. Halle 1990.

227 Er wurde im Laufe der Jahrhunderte stark dezimiert, hatte sämtliche Giebelaufsätze verloren und war innen durch zahlreiche Einbauten entstellt. Seit den 60er Jahren unseres Jahrhunderts zuneh-

her dreigeschossiger Bau mit einer durch steile »welsche« Giebel betonten Dachzone dar. An der südlichen Schmalseite, im Winkel zur Kleinen Klausstraße, wird die hoch aufsteigende Fassade durch einen schon äußerlich in beiden Obergeschossen hohen Wohnkomfort anzeigenden Erker auf ausladender Konsole ausgezeichnet. Die Schmalseite nach Norden ist bei gleichem Aufriß einfacher und ohne Erker ausgebildet. Den vollen Reichtum architektonischer Gestaltung entfaltet die Hoffassade. An den hier in der Mitte vorgestellten Treppenturm, der oberhalb des Dachansatzes vom quadratischen in einen achtseitigen Grundriß übergeht und mit einer welschen Haube bedeckt ist, schließen sich nach Norden und Süden den beiden Obergeschossen vorgehängte hölzerne Galerien an, die als ursprünglich unverglaste offene Übergänge von der Haupttreppe aus den Zutritt zu den einzelnen Räumen und zum Küchenhaus ermöglichten. Sichtlich als Gegenüber zu den offenen Loggien des Arkadenbaus konzipiert, deuten sie die Vielfalt und das gleichzeitige Nebeneinander bautechnischer wie baugestalterischer Möglichkeiten – auf der einen Seite großzügige hölzerne Zimmermannskonstruktionen, auf der anderen anspruchsvolle Steinmetzarbeiten –, aber auch die Unbekümmertheit im Einsatz dieser stark differierenden Mittel auf so engem Raum an. Am steinernen Gewände des Turmportals werden alle verfügbaren Gestaltungselemente einer italienisierenden Frührenaissance eingebracht: der klare Aufbau mit horizontal gliedernden Gesimsen und rundbogiger Öffnung, die Pilasterform mit vertieftem Feld und darin eingeschriebenen Ringen, der Ädikulaaufsatz, den ehemals wohl eher ein Rundbogenfeld als ein Dreiecksgiebel bekrönte. Die herausragende Qualität des Portals zeigen auch die bildhauerischen Details an, vor allem das in den Aufsatz eingelassene Wappen des Hans von Schenitz mit seiner Devise und der Jahreszahl 1532[228].

Was an der Außenseite sich hier vielversprechend ankündigte, hat das Innere des Hauses ursprünglich mit einer höchstwahrscheinlich sehr aufwendigen Einrichtung fortgesetzt. Waren die beiden Räume des Erdgeschosses jeweils über einer Mittelsäule gratgewölbt, so sind die Säle der Obergeschosse – im ersten waren es zwei, im zweiten ein großer, die ganze Etage einnehmender Saal – flachgedeckt gewesen. Diese dürften in großem Umfang Wand- und Deckenvertäfelungen analog dem östlichen Seitentrakt am Südhof besessen haben. Einziges, aber gewichtiges Zeugnis ihrer früheren Existenz ist die erhaltene Erkerdecke im ersten Obergeschoß: eine mit edlen Hölzern furnierte, auf ein kostbares Erscheinungsbild des Raums angelegte Rippengewölbeimitation[229]. Im Festsaal des zweiten Obergeschosses sind beide Schmalseiten durch flachbogige Arkaden gegliedert, die von phantasievoll gestalteten und ornamentierten Steinsäulen getragen werden.

mend in Verfall geraten, konnte er nur mit großen Anstrengungen vor dem Abbruch bewahrt und von 1977 an nach denkmalpflegerischen Gesichtspunkten instand gesetzt sowie in der Dachzone entsprechend den noch vorgefundenen Resten rekonstruiert werden. Vgl. RÜGER, Kühlebrunnen (wie Anm. 223), S. 76–79.

228 Eine zweite, im Wappenteil vollständig gleiche, in der Wiedergabe der Devise jedoch abgewandelte und dazu mehrfarbig glasierte Platte war früher an der Hofseite des östlichen Seitentrakts eingelassen. Sie ist beim Abbruch der ursprünglichen Hofwand an die Südseite des Küchenhauses umgesetzt worden und wird heute – nachdem sie sich eine Zeitlang in der Burg Giebichenstein befunden hat – in der Staatlichen Galerie Moritzburg aufbewahrt.

229 RÜGER, Kühlebrunnen (wie Anm. 223), S. 75.

Die einst erstaunlich reiche Ausstattung des Saalbaus und die als Bürgeranwesen dieser Zeit im mittleren Deutschland ungewöhnliche und treffend schon als »Stadtpalast« bezeichnete Gesamtanlage lassen sich in ihrer architekturgeschichtlichen Bedeutung und den historischen Zusammenhängen nur mit dem Blick auf die Persönlichkeit des Bauherrn begreifen[230]. Der 1499 geborene Hans (von) Schenitz, der gemeinsam mit seinem Bruder Anton das ererbte Handelshaus in seiner Vaterstadt zu beachtlicher Blüte führte, stand als gewandter und einflußreicher Kaufmann seit 1520 auch mit Kardinal Albrecht in Verbindung, für den er in der Folgezeit nicht nur den Einkauf von Stoffen, Kostbarkeiten unterschiedlichster Art bis zu Reliquiaren und »Tapezereien« vornehmlich aus den Niederlanden zu besorgen hatte, sondern der ihm bald auch wichtige Geldgeschäfte anvertraute. Im Jahre 1531 wurde Schenitz zu des Kardinals *camerdiener und baumeister zu Halle widerumb* angenommen[231]. Weitgereist kannte er Deutschland, insbesondere Süd- und Westdeutschland mit Nürnberg, Augsburg und Frankfurt a. Main, aber ebenso Italien und Flandern. Die Kunstübung der Zeit war ihm in ihren führenden Zentren, vor allem nördlich der Alpen, sicher vertraut, was ihm nicht nur bei seinen Aufträgen für den Kardinal, sondern ebenso für seine eigenen Unternehmungen zugute kam. Und wenn Zeitgenossen äußerten, er wäre *eyn treffenticher, synreycher man, von tapfern fursten gebeude anczwgeben vnd dieselbien selber zw entwerffen, wie ihme alle werckmeyster des ein gros geczeugnus gegeben, serhe geschickt* gewesen[232], so darf man daraus wohl schließen, daß er, wenngleich nur Dilettant, auch an baulichen Planungen in Halle, insbesondere für den Kardinal, und an deren Realisierung mit Kennerschaft und Rat nicht unmaßgeblich beteiligt gewesen ist[233]. Man kann aber auch annehmen, daß er die Konzeption seines eigenen »Hauses« unmittelbar mitbestimmt hat.

Schon 1522 hatte Schenitz mit Unterstützung Albrechts vom Neuwerkstift eine *Hofstette in der Stadt Halle am Kornmarckte gelegen* – die Kaufurkunde spricht auch von *Raum vnd Aream* – erworben[234]. Dieser Platz, auf dem die nach einem Brand 1458 nicht wiederhergestellte und inzwischen profanierte Lamberti-

---

230 REDLICH, Cardinal Albrecht (wie Anm. 3), S. 93–95; Friedrich HÜLSSE, Kardinal Albrecht, Kurfürst und Erzbischof von Mainz und Magdeburg, und Hans Schenitz. In: Geschichtsblätter für Stadt und Land Magdeburg 24 (1889) S. 1–82; Hermann RAUCHFUSS, Hans von Schenitz, hallischer Pfänner und Kaufmann. Kammerdiener, d. h. Kämmerer und Baumeister des Kurfürsten von Mainz, Erzbischofs von Magdeburg, Administrators von Halberstadt, Kardinals Albrecht Markgrafen von Brandenburg. In: Hallischer Kalender 1917–1918, S. 42–52; Walter BECKER, Hans von Schenitz. Ein Kapitel hallischer Stadtgeschichte. In: Kalender für Ortsgeschichte und Heimatkunde von Halle, Saalkreis und Umgebung 1927, S. 62–74. Das 1533 von Conrad Faber gemalte Bildnis des Hans von Schenitz in Sigmaringen zuletzt behandelt bei: Wolfgang BRÜCKER, Conrad Faber von Creuznach (= Schriften des Historischen Museums Frankfurt am Main 11). Frankfurt a. M. 1963, S. 46. 176–177, Nr. 22.

231 REDLICH, Cardinal Albrecht (wie Anm. 3), S. 14*. Das *widerumb* bezieht sich auf die förmliche Aufnahme als Hofdiener 1528; ebd., S. 93.

232 Summarische Beschreibung (wie Anm. 17), Bl. 40ᵛ.

233 Mit Sicherheit war er, wie erwähnt, in die Vorbereitungen zum Neubau der Marktkirche einbezogen. Ebenso hatte er gewiß wesentlichen Anteil am Entstehen des »Neuen Baus«.

234 DREYHAUPT, Pagus (wie Anm. 13), S. 940–941, Nr. 298: Urkunde zwischen dem Stift zum Neuen Werk und Hans Schenitz vom 7. April 1522. Das 1512 entstandene Haus Markt 15 ist vermutlich schon vor 1522, vielleicht sogar vor 1512 im Besitz der Familie Schenitz gewesen.

kapelle stand, ist wohl mit dem von Schenitz bebauten Gelände hinter dem bereits vorhandenen Markthaus bis hin zur Großen Nikolaistraße gleichzusetzen. Diese Bebauung setzte spätestens Ende der 20er Jahre ein. Die beiden überlieferten Jahreszahlen 1527 und 1528 für den östlichen Seitentrakt[235] geben dessen Entstehungszeit an. In den gleichen Zeitraum gehört nach der kürzlich festgestellten Werkeinheitlichkeit beider Gebäude auch das anschließende Küchenhaus. Arkadenbau und Saalbau müssen sich bald angeschlossen haben, so daß der Gebäudekomplex im wesentlichen um 1532, als man die beiden Wappentafeln anbrachte, vollendet war. Diese verhältnismäßig kurze Bauzeit für ein so vielteiliges und kostspieliges Unternehmen – Schenitz selbst hat *den köstlichen baw an seinem hause zu Halle* auf 20000 Gulden veranschlagt[236] – kann angesichts der Stellung des Bauherrn und seiner als Kaufmann zu erwartenden Finanzkraft eigentlich nicht wundernehmen. Es muß aber als sicher gelten, daß Schenitz sich zur Verwirklichung seiner Pläne auch unlauterer Mittel bediente. Denn als der Kardinal ihm unter dem Vorwurf des Betrugs und der Unterschlagung den Prozeß machen ließ, war das »Haus« ein wesentlicher Punkt der Anklage wegen Hinterziehung fürstlicher Gelder und Baumaterialien[237]. Außerdem hat Schenitz seine Zuständigkeit als bestallter Baumeister, der die Aufsicht über die erzbischöflichen Bauunternehmungen in Halle zu führen hatte, genutzt, um einige der für den Kardinal tätigen Werkleute auch für seine eigenen Zwecke zu gewinnen. Nachweisbar gilt das für den Zimmermeister Wolff und – in der kurzen Zeit um 1532 – wohl auch für Andreas Günther. Sehr wahrscheinlich ist außerdem die Beteiligung der Tischler-Werkstatt des Meisters Gabriel Tuntzel an den umfangreichen Holzarbeiten[238].

Die allgemeinen Anregungen für den so großzügig um zwei Höfe angelegten Gebäudekomplex, der als Wohnsitz mit den notwendigen Wirtschaftsräumen und als Handelskontor zugleich zu dienen hatte, dürften aus Süddeutschland gekommen sein, etwa von den eindrucksvollen und auch von der Bauaufgabe her vergleichbaren Haus- und Hofanlagen der Fugger in Augsburg[239]. Wie dort Vorstellungen der italienischen Renaissance dem Auftreten des Kaufherrn und dem persönlichen, von Weltoffenheit und Modernität zeugenden Lebensstil nutzbar gemacht wurden, so hat Schenitz mit seinen Bauten in Halle ähnliche Ziele verfolgt. Die freie Reichsstadt muß über allgemeine Anstöße hinaus sogar konkrete Muster geliefert haben, etwa für die Gestaltung der Portale: Das in Oberitalien,

---

235 Das zweimal für den »Prunksaal« im 1. Obergeschoß des Seitentrakts genannte Jahr 1527 und das Dachziegeldatum 1528 findet sich in den Zeichnungen von A. Stapel (s. Anm. 226); vgl. RÜGER, Kühlebrunnen (wie Anm. 223), S. 63.

236 Kegenbericht (wie Anm. 184), S. B 2ʳ, H 1ᵛ; s. REDLICH, Cardinal Albrecht (wie Anm. 3), S. 36*.

237 RAUCHFUSS, Schenitz (wie Anm. 230), S. 50 (mit irriger Kostenangabe); HÜLSSE, Schenitz (wie Anm. 230), S. 36.

238 Zu A. Günther und Wolff: Antonij SCHENITZ Notwehre, auff das ertichte Buch vnter Graff Philipsen von Mansfelt Stathalters, vnd beider Stiffte Magdeburg vnd Halberstad HofRhete namen ausgegangen. Wittenberg 1539, S. D 1ᵛ–D 2ʳ. Zu Tuntzel: HÜNICKEN, Halle (wie Anm. 52), S. 103.

239 Norbert LIEB, Die Fugger und die Kunst im Zeitalter der Spätgotik und frühen Renaissance. Mit einem Exkurs von Karl FEUCHTMAYR (= Schwäbische Forschungsgemeinschaft bei der Kommission für bayerische Landesgeschichte 4,1 = Studien zur Fuggergeschichte 10). München 1952, S. 92–120, und DERS., Fugger (wie Anm. 175), S. 158–196.

voran in Venedig beheimatete Motiv der rahmenden Pilaster, in deren eingetiefte Felder Ringe oder Reliefscheiben eingelegt sind, kann nur über Augsburg vermittelt sein, wo es erstmals um 1510 an der Fuggerkapelle und dann wiederholt im Werk Hans Hiebers zu finden ist[240]. Die 1531 und 1532 datierten Portale der Schenitz-Bauten sind die frühesten Beispiele dieser italianisierenden Formübernahme in Mitteldeutschland. Die Toranlagen und Türen des »Neuen Baus« und am Domhof, deren Entwürfe aus den gleichen Quellen gespeist wurden, entstanden erst etwas später. Bestimmte Anregungen oder gar Vorbilder für das Arkaden- und das Loggia-Motiv zu benennen, fällt hingegen schwerer, da sie um 1530 bereits eine weitere Verbreitung gefunden hatten und somit auch andere Ausstrahlungszentren in Frage kommen. Die offenen Übergangsgalerien sind zwar auffallend, besaßen aber selbst im sächsischen Raum damals schon Vorläufer[241]. Noch zu untersuchen bleibt die künstlerische Herkunft der in den neuen Formen am Bau beim »Kühlen Brunnen« so unvermittelt und dazu in erstaunlicher Qualität auftretenden Decken- und Wandvertäfelungen[242]. Die geschnitzten Ornamente der Rosetten, Türfüllungen und Pilaster verraten eine handwerklich so virtuose Beherrschung der Formensprache, daß sie von besten Kräften hergestellt sein müssen. Sollten sie tatsächlich um 1530 geschaffen sein, so würden sie außerdem in der deutschen Schreiner- und Schnitzkunst – nach und neben Nürnberg und Augsburg[243] – zu den frühesten Werken dieser Art mit italienischen Renaissancemotiven gehören. Eine Tätigkeit süddeutscher Meister in Halle anzunehmen, liegt eigentlich auf der Hand.

IX. HALLE 1540/1541

Für den Spätsommer 1539 lassen sich erstmals Entscheidungen feststellen, die eine Abkehr Kardinal Albrechts von »seiner vorzüglich geliebten Residenz« Halle anzeigen. Im Frühjahr hatte er die Stadt verlassen und hielt sich seither im Erzstift Mainz auf. Spätestens während dieser Monate muß in ihm der Entschluß gereift sein, einen großen Teil des Halleschen Heiltums und die Ausstattung der Kirche des »Neuen Stifts« dem Mainzer Domstift zu übereignen und für die eigene Grabanlage – statt der halleschen Stiftskirche – nunmehr den Mainzer Dom zu wählen. Anfang September nahm Albrecht mit dem Mainzer Kapitel die dazu notwendigen Gespräche auf[244], deren Festlegungen in das Testament eingingen, das

---

240 Irmgard BÜCHNER-SUCHLAND, Hans Hieber. Ein Augsburger Baumeister der Renaissance. München, Berlin 1962, S. 65. 87; REINDL, Loy Hering (wie Anm. 54), S. 154–155.

241 Z. B. in der für Melchior von Meckau errichteten Dompropstei in Meißen. Der Bauherr war zur Erbauungszeit 1497–1503 bereits Kardinal und Bischof von Brixen; Cornelius GURLITT (Bearb.), Beschreibende Darstellung der älteren Bau- und Kunstdenkmäler in Sachsen, 40: Meißen (Burgberg). Dresden 1919, S. 385–390.

242 Daß sie wahrscheinlich Parallelen in den für Albrecht geschaffenen Einrichtungen der Moritzburg und möglicherweise auch der »Propstei« besessen haben, darf zumindest vermutet werden.

243 Heinrich KREISEL und Georg HIMMELHEBER, Die Kunst des deutschen Möbels, I. München ³(1981), S. 65–76.

244 HERRMANN, Protokolle (wie Anm. 16), S. 820 (6.9.1539). 820–821 (9.9.1539). 823 (16.9.1539). 834 (1.1.1540). 835 (9.1.1540).

Abb. 1: Halle, Moritzburg. Weihetafel in der Maria-Magdalenen-Kapelle

Abb. 3: Halle, Westseite des Domplatzes mit Dom, Küsterhaus und Kapelle des »Neuen Baus« (links)

Abb. 4: Halle, »Neuer Bau« (Residenz). Ansicht von Nordwesten.
Im Hintergrund der Rote Turm (links) und die Marktkirche

◁ Abb. 2: Halle, Dom. Inneres nach Westen

Abb. 5: Halle, Anwesen des Hans von Schenitz. Wappentafel vom Portal des Saalbaus

am 27. Januar 1540 in Aschaffenburg aufgerichtet wurde[245]. Kurz danach gelangte bereits alles, *was von guldenen vnd silbern kleinoten tapezerey ornaten reliquien sambt der zcu geordenthen andern sachen [...] dem dhumstyfft zcu Mentz* als Legat zustand, von Halle aus an seinen künftigen Aufbewahrungsort[246]. Für seine Unterbringung entstand dort in den nächsten Jahren an der Domsakristei ein Erweiterungsbau[247]. Was für die Einrichtung der neuen Sepultur hinter dem Hochaltar im Westchor erforderlich war, ließ Albrecht unverzüglich, und wie es scheint geradezu in Eile, als rechnete er mit seinem baldigen Ableben, neu anfertigen: die Grabplatte trägt das Datum 1540[248].

In Halle hingegen wurde das nun zwecklose *erhobene grab von steynen gantz und gar aus dem choer* herausgenommen, was offenbar seiner Zerstörung gleichkam, da von ihm nirgends mehr die Rede ist. Auch das große Tabernakel und die beiden Reliefs an den Chorwänden mußten auf Geheiß Albrechts entfernt und zunächst zusammen mit den anderen Stücken, die man ihm aus der Schloßkirche und aus dem Stift nachschicken sollte, im »Neuen Bau« eingelagert werden, darunter die gemalten Retabel vom Mauritius- und vom Maria-Magdalenen-Altar sowie die Bibliothek des Stifts[249]. Für eine Wiederaufstellung über und an der Grabstätte in Mainz waren die großen Bronzewerke der halleschen Grabanlage aber bereits damals nicht mehr vorgesehen und kamen deshalb – wohl auch 1540, aber vielleicht später als die Mainzer Sendung – in das ohnehin mit einer beträchtlichen Anzahl von Stücken aus Halle bedachte Aschaffenburg[250]. Die bei-

245 REDLICH, Cardinal Albrecht (wie Anm. 3), S. 159*–180*; VON DER GÖNNA, Hofbibliothek (wie Anm. 171), S. 31, Nr. 9. Am gleichen Tag stellte Albrecht der Domkirche und dem Domkapitel für die ihnen zukommenden Stücke auch einen Schenkungsbrief aus; wiedergegeben bei Hans BÖSCH, Die kirchlichen Kleinodien des Kardinals Albrecht, Erzbischofs und Kurfürsten von Mainz, Markgrafen von Brandenburg. In: Mitteilungen aus dem Germanischen Nationalmuseum 2 (1887–1889) S. 123–152, hier S. 124–126. Dazu: VON DER GÖNNA, S. 30, Nr. 8.

246 Das bei dieser Gelegenheit angefertigte und wohl als Übergabeprotokoll zu betrachtende »Inventar« stammt vom 10. März 1540: BÖSCH, Kleinodien (wie Anm. 245), S. 128–152, Zitat S. 128. VON DER GÖNNA, Hofbibliothek (wie Anm. 171), S. 30–31, nimmt an, auch die Bibliothek des halleschen Neuen Stifts sei mit diesem Transport nach Mainz gekommen. Sie ist aber im »Inventar« nicht genannt und könnte daher ebensogut auch etwas später noch überführt worden sein. Auch weitere *kasten und heyligdhombs* hat Albrecht später erst übergeben; s. HERRMANN, Protokolle (wie Anm. 16), S. 849 (7. 5. 1540). 854 (8. 6. 1540). 857 (18. 7. 1540).

247 Rudolf KAUTZSCH und Ernst NEEB, Der Dom zu Mainz (= Die Kunstdenkmäler der Stadt und des Kreises Mainz, II: Die kirchlichen Kunstdenkmäler der Stadt Mainz, Teil 1 = Die Kunstdenkmäler im Freistaat Hessen, hrsg. durch eine von der Hessischen Regierung bestellte Kommission. Provinz Rheinhessen, Stadt und Kreis Mainz). Darmstadt 1919, S. 341–342. 344. 348. Vgl. auch HERRMANN, Protokolle (wie Anm. 16), mit den entsprechenden Angaben, von denen das Regest S. 974 (3. 1. 1543) in der Auflistung des Inventars S. 342 nachzutragen ist.

248 KAUTZSCH/NEEB, Dom (wie Anm. 247), S. 266–269, Nr. 21; Fritz Victor ARENS (Bearb.), Die deutschen Inschriften II, 1: Der Mainzer Dom. Waldsee, Stuttgart 1951–1952, Lief. 3, S. 199–200. Die Herstellung der Grabplatte ist zuletzt Peter Schro zugeschrieben worden: LÜHMANN-SCHMIDT, Schro (wie Anm. 30), hier 71–72, S. 90.

249 REDLICH, Cardinal Albrecht (wie Anm. 3), S. 188*–200*.

250 Nach der testamentarischen Verfügung sollten die für Aschaffenburg bestimmten *tafelnn, cleinot, reliquien, auch ornaten und tapezereyenn* in die Schloßkapelle kommen; REDLICH, Cardinal Albrecht (wie Anm. 3), S. 174*. Wie jedoch Kleinodienverzeichnisse der Stiftskirche von 1543 und 1554 ausweisen, fand einiges von diesen Stücken schon sehr bald seinen Platz in dieser Kirche, darunter mehrere Reliquiare und liturgische Bücher (MADER, Kunstdenkmäler Aschaffenburg, wie Anm. 23, S. 97 Anm. 1), und auch eine unbestimmte Anzahl von Tafelbildern bzw. Altarretabeln aus der halleschen Stiftskirche.

den Reliefs wurden in der Aschaffenburger Stiftskirche wiederum in die Chorwände eingelassen, während der Baldachin – mit dem hölzernen Margaretenschrein des Heiltums zu einer Art Heiligengrab verbunden – *vor dem Chor* in der Mitte des Langhauses Aufstellung fand[251].

Was den Kardinal bewogen hat, seine früheren Pläne fallenzulassen, kann man nur noch vermuten. Als Hauptgrund wurde bisher angenommen, es sei die in Mitteldeutschland fortschreitende Reformation und ihr immer stärkeres Überhandnehmen auch in Halle gewesen, die Albrecht zur Einsicht geführt hätten, daß er ihr hier keinen Einhalt mehr gebieten könne, und wie W. Delius formuliert hat, »gab er sein Lebenswerk in dieser Stadt für verloren«[252]. Gewiß spricht manches der reformatorischen Entwicklung für eine Resignation Albrechts. Auch der Tod eines in allen Religionsfragen so starken Bundesgenossen wie des Herzogs Georg von Sachsen im April 1539 könnte dazu beigetragen haben. Um die gleiche Zeit starb außerdem der als gelehrter Theologe hervorgetretene Stiftspropst Michael Vehe[253]. Einer solchen Einschätzung würde auch nicht widersprechen, daß Albrecht damals und in der Folgezeit, selbst aus der Ferne noch, an seinem Kurs gegen die lutherische Lehre in Halle festgehalten hat, so z. B. in der Durchsetzung seiner Forderung nach einem nur mit Altgläubigen besetzten Rat von 1540 und in den gleichzeitigen, auf strenger katholischer Religionsübung beharrenden Anweisungen[254], aber ebenso in der Ablehnung eines evangelischen Predigers[255]. Trotzdem bleibt es letztlich offen, ob nicht noch andere und sogar subjektive Gründe – im Zusammenspiel mit dem Reformationsgeschehen oder auch allein – Albrecht zu dem so radikalen Sinneswandel veranlaßt haben könnten. Verdüsterungen des Gemüts, Krankheit, Todesahnung, dazu die übergroße Schuldenlast sind Stichworte, die als mögliche weitere Ursachen schon genannt worden sind[256].

Was auch immer ausschlaggebend gewesen sein mag, den Weiterbestand des »Neuen Stifts« sollte aber die Verbringung des Halleschen Heiltums und anderer Teile des Kirchenschatzes, über die Albrecht verfügen konnte, sowie der Abbau seiner Grabanlage 1540 nicht gefährden. Denn die Auflösung des Stifts scheint zunächst nicht vorgesehen gewesen zu sein[257]. Den Entschluß dazu erzwang erst

---

251 Ebd., S. 113; Martin KLEWITZ, Die Baugeschichte der Stiftskirche St. Peter und Alexander zu Aschaffenburg (= Veröffentlichungen des Geschichts- und Kunstvereins Aschaffenburg e. V. 2). Aschaffenburg 1953, S. 24.

252 REDLICH, Cardinal Albrecht (wie Anm. 3), S. 348; DELIUS, Reformationsgeschichte Halle (wie Anm. 13), S. 68.

253 Zuletzt: Franz SCHRADER, Michael Vehe OP. In: Katholische Theologen der Reformationszeit, IV (= KLK 47). Münster 1987, S. 15–28, hier S. 23.

254 DREYHAUPT, Pagus (wie Anm. 13), S. 971; DELIUS, Reformationsgeschichte Halle (wie Anm. 13), S. 58.

255 SCHRADER, Kardinal Albrecht (wie Anm. 13), S. 30.

256 REDLICH, Cardinal Albrecht (wie Anm. 3), S.347; VON DER GÖNNA, Hofbibliothek (wie Anm. 171), S. 29. Die Jahreszahl 1540 auf der Mainzer Grabplatte hat freilich nichts mit einer an sich möglichen Zwangsvorstellung Albrechts zu tun, »gewiß das Jahr 1540 nicht zu überleben«, wie P. Redlich meinte. Sie ist lediglich Angabe der Herstellungszeit, wie es auch sonst bei Grabdenkmalen zu beobachten ist, die jeweils schon zu Lebzeiten angefertigt wurden. Ähnlich äußerte sich auch ARENS, Inschriften (wie Anm. 248), S. 200, der allerdings die nachträgliche Ergänzung zum Todesjahr für möglich hielt, »was aber offenbar unterlassen wurde«. Dieser Annahme widersprechen der viel zu geringe Platz für eine Zufügung und auch die sehr ausgewogene Verteilung der Zahlenzeichen.

257 Dafür spricht u. a., daß als Ersatz für die entfernten Altaraufsätze des Mauritius- und des Maria-Magdalenen-Altars andere Retabel Aufstellung fanden; REDLICH, Cardinal Albrecht, S. 189*.

der Landtag von Calbe 1541. Auch wenn Albrecht die Vorhaltung zurückwies, »seine« Stiftskirche zu Halle sei eine der Ursachen für die hohe Verschuldung, war er schließlich zur Tilgung der entstandenen Obligationen bereit, die Renten und Einnahmen des »Neuen Stifts« der Kammer zu übertragen[258]. Und das bedeutete nun tatsächlich die Aufhebung des Stifts, die am 9. Februar 1541 vollzogen wurde[259], mit Konsequenzen, die vor allem in die von Albrecht selbst geschaffene Ordnung des städtischen Kirchenwesens eingriffen. So fielen die Gebäude des Stifts mit der weitgehend entleerten Kirche an die halleschen Dominikaner zurück, die daneben im Besitz des ihnen 1520 als Kloster übertragenen Moritzstifts samt zugehöriger Pfarre blieben, so daß der Orden in Halle für kurze Zeit über zwei Klöster verfügte. Der bisher vom Stiftspropst verwaltete Archidiakonat ging an einen Magdeburger Domherrn, dessen Vertreter als Offizial das »große Haus« an der Nikolaistraße zum ständigen Sitz erhielt; es hatte auch anderen Domherrn als Herberge zu dienen. Der noch »neue Glockenturm« auf dem Stiftskirchhof wurde wieder abgebrochen; seine Steine sollten *zu notturfft* der Moritzburg gebraucht werden[260]. Die Glocken und der größere Teil der verbliebenen Kirchenausstattung gingen an das Magdeburger Hochstift. Die übrigen Stücke erhielt das Domstift in Halberstadt. Sein »altes Haus« und den »Neuen Bau« stellte Albrecht der erzbischöflichen Verwaltung zur Verfügung, behielt sich aber seine Eigentumsrechte an beiden Gebäuden und die Verfügungsgewalt über den *Gang* zum Schloß vor.

Nachdem der Kardinal – von Calbe kommend – vom 14. bis 21. Februar zum letzten Male in Halle geweilt hatte, bezog sein Koadjutor Johann Albrecht am 10. März als Statthalter die Moritzburg. Am 22. März feierten die Stiftsherrn in ihrer Kirche die letzte Messe[261] und am 9. Mai wurde den Dominikanern mit Konsens des Magdeburger Kapitels die Kirche endgültig wieder zugestellt[262]. Zwischen beiden Ereignissen liegt die Ankunft von Justus Jonas, den Kurfürst Johann Friedrich von Sachsen nach Halle entsandte, um der neuen Lehre hier endlich zum Durchbruch zu verhelfen. Die Einführung der Reformation begann faktisch mit der ersten Predigt, die Jonas am Karfreitag 1541 in der gerade halbfertigen Marktkirche hielt[263].

Ist auch ein ursächlicher Zusammenhang zwischen der endgültig sich durchsetzenden reformatorischen Bewegung und dem »Verzicht« Kardinal Albrechts auf Halle als der bis dahin bevorzugten Residenz nicht sicher, so verbanden sich beide Vorgänge zeitlich doch so eng, daß sie schließlich auch zusammen eine Zäsur in der künstlerisch-kulturellen Entwicklung der Stadt markierten. Was Erzbischof Ernst für den Weg Halles zur erzbischöflichen Residenzstadt punktuell begonnen hatte, wurde von Albrecht zielgerichtet ausgebaut und mit erheblichen Eingriffen in die gewachsene Stadtstruktur zu einer umfassenden Neulösung ge-

---

258 SCHRADER, Landtag zu Calbe (wie Anm. 20), S. 336.
259 Die Verfügung Albrechts bei REDLICH, Cardinal Albrecht (wie Anm. 3), S. 145*–150*.
260 Ebd., S. 158*.
261 Summarische Beschreibung (wie Anm. 17), Bl. 63ʳ; REDLICH, Cardinal Albrecht (wie Anm. 3), S. 341.
262 Ebd., S. 155*–157*.
263 Walter DELIUS, Justus Jonas 1493–1555. Berlin (1952), S. 83–85. 144–146; DELIUS, Reformationsgeschichte Halle (wie Anm. 13), S. 75. 78.

führt. Während der Wettiner sich noch auf die Errichtung der Moritzburg beschränkte, griff sein Nachfolger räumlich bald darüber hinaus und formte den Nordwestteil der Stadt zu einem neuen »Hofviertel« um: mit dem »Neuen Stift« als dem geistlich-geistigen Zentrum, in das auch eine humanistisch orientierte katholische Universität integriert werden sollte, und mit dem »Neuen Bau« als der fürstbischöflichen Privatresidenz, während Schloß Moritzburg als amtlicher Sitz des Erzbischofs auch der Hofhaltung und Verwaltung diente. Außerhalb dieses Bezirks bewirkte die Umbildung der Kirchenorganisation mit der Auflassung und dem Abbruch mehrerer Sakralbauten und dem Neubau der Marktkirche die architektonisch folgenreichsten Veränderungen im Stadtorganismus, wobei letztere auch dem Marktplatz seine bis 1945 bestandene Grundrißgestalt gab[264]. Von stadtbildprägender Wirkung war ebenso das in seiner Renaissancegestalt der halleschen »Hofarchitektur« Albrechts verpflichtete Anwesen des Hans von Schenitz. Der gesamte Ausbau, mit dem Halle nicht nur eine für ihre Zeit in Mitteldeutschland künstlerisch herausragende Residenzstadt, sondern auch »Kathedralstadt des Erzstifts« wurde[265], dauerte gerade ein Vierteljahrhundert. In der kurzen Zeitspanne zwischen 1514 und 1540/41 entwickelte sich Halle zu einer der bedeutendsten Stätten deutscher Frührenaissance und nahm künstlerisch und architektonisch eine vordere Stelle ein – die sie weitgehend der Förderung und dem Repräsentationswillen des Kardinals verdankte. Als der von den Humanisten gepriesene Mäzen großen Stils[266] verstand er es, die Leistungen vieler, zumeist auswärtiger, aber auch einheimischer Künstler auf die Bauten »seiner« Stadt mit ihrer Einrichtung und auf die von ihm gepflegten Passionen zu konzentrieren. Mit dem Verlust der meisten für Halle geschaffenen oder beschafften beweglichen Kunstwerke und dem Weggang der im Dienste Albrechts tätigen Baumeister und Hofkünstler[267] brach die Entwicklung dieser fürstlichen Renaissancekultur in Halle plötzlich ab. Die Rolle des Auftraggebers reduzierte sich wieder auf den Rat der Stadt und die Bürgerschaft, und damit verringerten bzw. verlagerten sich die Aufgaben. Neu hinzu trat die sich konstituierende evangelische Kirche, die mit der Fortsetzung und Vollendung des von Kardinal Albrecht und den Altgläubigen begonnenen Baus der Marktkirche dem ebenso raschen wie unauffälligen Übergang zur »bürgerlichen Renaissance« in dieser Stadt den Weg bereiten half.

---

264 Die zur Zeit Albrechts geschaffene endgültige Gestalt des Stadtmittelpunkts war somit kein Ergebnis städtebaulich-künstlerischer Absichten, wie F. Schlüter gemeint hat, sondern letztlich die Folgeerscheinung von kirchen- und stadtpolitischen Entscheidungen. Vgl. Fritz SCHLÜTER, Die Grundrißentwicklung der hallischen Altstadt (= Beihefte zu den Mitteilungen des sächsisch-thüringischen Vereins für Erdkunde zu Halle an der Saale 12). Halle 1940, S. 73–79. Einschränkend schon: PIECHOCKI, Marktplatz (wie Anm. 11).

265 NEUSS, Erzbischöfe (wie Anm. 28), S. 43.

266 WALTER, Humanismus (wie Anm. 115), S. 71–72; VOLZ, Albrecht (wie Anm. 179), S. 206–208; LÜHMANN-SCHMID, Schro (wie Anm. 30), hier 70, S. 6–7.

267 Von Bastian Binder gibt es bereits seit 1539 (zuletzt 24. Mai d. J. erwähnt) keine Kunde mehr, und Andreas Günther verließ Halle 1540 endgültig. Caspar Krafft war Ende Februar oder Anfang März 1540 verstorben, der Maler Simon Franck folgte dem Kardinal und zog nach Aschaffenburg. Einige Künstler blieben in Halle – so der Seidensticker Hans Plock und der Hoforganist Wolff Heintz – und wurden evangelisch.

DAS HALLENSER STIFT ALBRECHTS VON BRANDENBURG

Überlegungen zu gegen-reformatorischen Kunstwerken vor dem Tridentinum

Andreas Tacke

Verglichen mit ihren Auswirkungen auf die Kunstgeschichte sind die Festlegungen des Tridentiner Konzils zur bildenden Kunst, die in der Sessio XXV am 3. Dezember 1563 beschlossen wurden, erstaunlich allgemein und kurz ausgefallen[1]. Und dennoch ist das Dekret der Kulminationspunkt, an dem der Anfang für eine »Gegenreformatorische Kunst« gesehen werden muß, wenn auch die zeitweise versuchte Zuordnung von Manierismus und Barock zu weit ging. Die Beurteilung der Folgen des Trienter Dekrets für die Kunst bereitet aber Probleme und nach wie vor ist eine von Hubert Jedin 1963 der Kunstwissenschaft gestellte Frage weitestgehend unbeantwortet geblieben: »Gibt es einen ›Tridentinischen Stil‹, der nicht nur allgemeiner Ausdruck der in Rom zentrierten und vom Papsttum getragenen Erneuerungsbewegung und der Gegenreformation, in die sie mündet, ist, sondern unmittelbar durch das Trienter Bilderdekret (...) beeinflußt wurde«[2]?

Der Begriff der »Gegenreformatorischen Kunst« gehört zu jenen Termini, die zwar häufig gebraucht, aber bisher nicht exakt umrissen wurden. Nur vereinzelt hat die kunsthistorische Forschung den Versuch unternommen, die nach dem Tridentinum erlassenen »Ausführungsbestimmungen« und Kommentare zum Bilderdekret im Hinblick auf ihre Auswirkungen für die bildende Kunst zu beleuchten[3]. Die Ergebnisse sind aber keineswegs geeignet, einen zusammenfassenden Überblick zur Gegenreformatorischen Kunst zu wagen. Für einen solchen hätte die Kunstwissenschaft einen Teil des Weges mit den Historikern zurückzulegen, denn auch sie käme nicht ohne eine genaue Begriffsbestimmung von »Katholischer Reform« und »Gegenreformation«[4] aus, wobei auch sie – je nach weltan-

---

1 Siehe CT IX, ²1965, S. 1077–1079. Zur Entstehung, weniger zur Auswirkung, Hubert JEDIN, Entstehung und Tragweite des Trienter Dekrets über die Bilderverehrung. In: Theologische Quartalschrift 116 (1935) S. 143–188. 404–429.

2 Hubert JEDIN, Das Tridentinum und die Bildenden Künste (...). In: ZKG 4. Folge 74 (1963) S. 321–339, bes. S. 339.

3 Zwei italienische Beispiele seien genannt: Der von Kardinal Gabriele Paleotti (1522–1597) 1582 in Bologna gedruckte »Discorso intorno alle imagini sacre et profane« wurde von Paolo PRODI (Ricerca sulla teorica delle arti figurative nella Riforma Cattolica. Bologna ²1984) untersucht; die von Carlo Boromeo (1538–1584) in Mailand 1576 erlassenen »Instructiones fabricae et suppelectilis ecclesiasticae« von Susanne MAYER-HIMMELHEBER, Bischöfliche Kunstpolitik nach dem Tridentinum. Der Secunda-Roma-Anspruch Carlo Boromeos und die mailändische Verordnung zu Bau und Ausstattung von Kirchen. Phil. Diss. München 1984. Allg. zu den Texten der »Ausführungsverordnungen« Thomas ASCHENBRENNER, Die tridentinischen Bildervorschriften. Eine Untersuchung über ihren Sinn und ihre Bedeutung. Theol. Diss. masch. Freiburg i. Br. 1925. Zur bildenden Kunst ein Überblick bei Émile MÂLE, L'art religieux après le Concile de Trente (...). Paris ¹1932 (²1951).

4 Eine Zusammenfassung bei Gottfried MARON, Katholische Reform und Gegenreformation. In: TRE XVIII, 1988, S. 45–72.

schaulichem Standpunkt – die Gewichtung, was »Aktion« und »Reaktion«, was »Kontinuität« d. h. »Selbstreform« ausmachten, unterschiedlich verteilen wird. Zu klären wäre für die bildende Kunst, welche neuen ikonographischen Programme es in der Kunst der Gegenreformation gab, welche fortfielen, und wie sie durchgesetzt wurden. Sicherlich wird man bei der Beantwortung erst einmal die Untersuchungen regional und zeitlich eingrenzen müssen, nationale Besonderheiten[5] wären zu berücksichtigen.

Ein zweites großes und bis jetzt kaum beachtetes Problemfeld ergibt sich mit den Fragen nach den Voraussetzungen zur Kunst der Gegenreformation. Einer Untersuchung würde die Hypothese zugrundeliegen müssen, daß es schon vor dem Tridentinum eine gegen-die-Reformation gerichtete Kunst gab, die eingebettet in andere gegen-reformatorische Maßnahmen gar nicht erst Gebiete preisgeben wollte, die dann doch verlorengingen und in der Zeit der Gegenreformation zurückgewonnen werden sollten. Für diese Art von Kunst müßte allerdings noch ein Begriff gefunden werden. War die Kunst der Gegenreformation von Italien ausgegangen, so wird man bei der Betrachtung einer ersten Reaktion den Blick auf Deutschland selbst richten müssen. Und hier auf jene Gebiete, in denen die Reformation ohne landesherrschaftliche Hilfe Fuß fassen konnte. Also auf die Teile Deutschlands, in denen sich die Bewohner allmählich der neuen Glaubenslehre zuwandten, während die Herrschaft bei der alten Kirche blieb und dementsprechend gegen-reformatorische Maßnahmen einleitete. Denn nur diese konnte die Kunst in ihren Abwehrkampf mit einbeziehen. Wichtige, schon gleich feststellbare Unterschiede zur Gegenreformatorischen Kunst wären festzuhalten: Diesen buchstäblich gegen die Reformation gerichteten Kunstwerken liegt nichts vergleichbar schriftlich Fixiertes, im Sinne eines Trienter Bilderdekrets zugrunde, und es wachte auch keine Instanz darüber, vom Konzil wurde diese Aufgabe den Bischöfen zugewiesen, daß das Volk in den Glaubensartikeln durch die Bilder der Heilsgeschichte unterrichtet und bestärkt würde[6]. Im Gegensatz zur später erfolgten systematischen Durchsetzung haben wir es hier mit einer unkoordinierten, spontanen Aktion und Reaktion Einzelner in den von der Reformation betroffenen und bedrohten Gebieten zu tun.

Niemand war in der Zeit der Glaubensspaltung aufgrund seiner kirchlichen und weltlichen Stellung in Deutschland, durch die Lage seiner Bistümer und Territorien, durch die zeitliche Verknüpfung seiner eigenen ekklesiastischen Karriere und den Reformationsereignissen derart prädestiniert zu agieren und zu reagieren, wie Kardinal Albrecht von Brandenburg (1490–1545). Wollte man allerdings der Einschätzung der kunsthistorischen Literatur folgen, dann hätte ihn das Schicksal unglücklicherweise in eine solche Situation gebracht. Denn die Kunstwissenschaft behindert eine Vorstellung über Albrecht, die ihm die meisten hier zum ersten Mal vorgetragenen Intentionen und Bilderfindungen nicht zugestanden. Über Forschergenerationen hinweg war man sich, wie ein Teil der Historiographie, einig, daß seine anerkannt reichlich geflossenen Aufträge an Künstler nur der Genußsucht zu verdanken gewesen seien, ja man verstieg sich sogar so-

---

5 Als Beispiel sei John B. KNIPPING, Iconography of the Counter Reformation in the Netherlands. Heaven on earth, 2 Bde. Nieuwkoop, Leiden 1974 (engl. Übers. der holländischen Ausg. Hilversum [1]1939–1942), genannt.
6 Vgl. CT IX, [2]1965, S. 1078, 28–30.

weit darin, daß Albrecht von Kunst nichts verstanden hätte. So geleitet, konzedierte man dem Kardinal, daß die Kunstwerke sich für ihn auf ihr Äußeres reduziert hätten, daß sein Mäzenatentum ausschließlich um der Repräsentation willen durchgeführt worden sei: »Daß dieser Mann für seine Residenzkirchen zentnerweise Bilder und Reliquienbehälter bestellte und sowohl die Künstler als auch die Verfasser der ihm gewidmeten Bücher und Panegyrika fürstlich entlohnte, steht fest. Aber das schiere Quantum der Förderungsausgaben macht den Förderer noch nicht zum Kenner. Im Falle Albrechts steht es jedenfalls in einem eigenartigen Kontrast zur Profilarmut der Person. Ob der Kardinal ein für ihn gemaltes Bild jemals mit Bewußtsein wahrgenommen, eine ihm gewidmete Schrift jemals aufmerksam gelesen hat, ist eine offene Frage. Viel Zeit scheint er dafür kaum gehabt zu haben. Denn aus dem, was aktenkundig wurde, zu schließen, waren seine Hauptbeschäftigungen das Repräsentieren, die Jagd, die Frauen, das Spiel, das Essen und der Reliquienkauf«[7].

Wenn dies zuträfe, welchen Anlaß mag dann aber immer wieder Luther (1483–1546) für seine Wutausbrüche gehabt haben, warum reagierte er zum Beispiel auf Simon Lemnius' (1511–1550) 1538 in Wittenberg gedruckte »Epigrammata«, in denen dieser, zumal noch aus zweiter Hand informiert, Albrecht als Mäzen feierte, derart heftig und ausfallend, daß der Student die Stadt nur noch fluchtartig verlassen konnte und Albrecht mit einer Schimpfkanonade bedacht wurde, deren Vokabular (Scheißbischof) von heutigen Theologen wohl nur noch im Stillen gewagt würde[8]. Richtet man erneut den Blick auf Albrechts Mäzenatentum und besonders auf das von Albrecht mit verschwenderischen Mitteln ausgestattete Hallenser Stift, so werden Luthers Aversionen verständlicher; sie richteten sich gegen einen durchaus einfallsreichen Gegner, der auch mit den Mitteln der Kunst, seine Position zu halten trachtete. Halle ist bekanntlich die Lieblingsresidenz Albrechts von Brandenburg in seinen drei Bistümern gewesen, die er in nur zwei Jahrzehnten in eine blühende Renaissancemetropole verwandelte. Der traurige heutige Zustand der Stadt, ihr Zerfall und die Zerstörungen der historischen Substanz im einstigen Fünfjahresplanrhythmus, lassen kaum noch ahnen, daß Albrecht hier einen Vorposten Roms aufgebaut hatte, der immer wieder den beißenden Spott Luthers und seiner Anhänger auf sich zog. Die Reaktionen aus Wittenberg belegen, daß der Kardinal nur wenige Kilometer vom Geburtsort der Reformation entfernt, die Position Roms zu halten, ja zu stärken suchte. Aufschlußreich ist eine Äußerung Albrechts, die uns Wolfgang Fabrizius Capito (um 1478–1541) in einem lateinischen Brief kolportiert: Der Kardinal würde nach eigener Aussage, keine Mühen und Kosten scheuen, um wie durch ein Lockmittel

---

7 Alexander PERRIG, Lucas Cranach und der Kardinal Albrecht von Brandenburg. Bemerkungen zu den vier Hieronymus-Tafeln. In: Wilhelm Schlink und Martin Sperlich (Hrsg.), Forma et subtilitas. FS für Wolfgang Schöne zum 75 Geburtstag. Berlin, New York 1986, S. 50–62, das Zitat auf S. 51 f. Siehe auch Martin WARNKE, Cranachs Luther. Entwürfe für ein Image (= Reihe Kunststück, hrsg. von Klaus Herding). Frankfurt am Main 1984, denn seiner Interpretation liegen verwandte Einschätzungen von Albrecht zugrunde.

8 Siehe Paul MERKER, Simon Lemnius. Ein Humanistenleben (= Quellen und Forschungen zur Sprach- und Culturgeschichte der germanischen Völker 104). Straßburg 1908, bes. S. 23–49; Lothar MUNDT, Lemnius und Luther (...) (= Arbeiten zur Mittleren Deutschen Literatur und Sprache 14, 1–2). Phil. Diss. Berlin 1982, Bern 1983; WA 50, S. 348–351, bes. S. 351,11.

die Seelen der Einfältigen zum wahren Gottesdienste einzuladen[9]. Es ist zu fragen, was mit *illecebrae* gemeint war, ob der Kunst als »Lockvogel« eine Rolle zufiel. Dabei werden mehr Fragen zu stellen als zu beantworten sein. Sind doch die meisten von Albrecht in Auftrag gegebenen Kunstwerke nicht einmal erfaßt, geschweige erforscht[10]. Erschwert wird der Versuch auch dadurch, daß Albrecht Halle 1540/41 verlassen mußte, da die Stadt lutherisch geworden war. Schon zuvor wurde alles, was nicht niet- und nagelfest war, verpackt und in das Erzbistum Mainz gebracht. Den ursprünglichen räumlichen Kontext der Hallenser Kunstwerke zu rekonstruieren, ist nur noch über Schriftquellen, die aber so lückenhaft sind, daß wir oft nur auf Mutmaßungen angewiesen sind, möglich, da uns zeitgenössische Abbildungen von den einstigen Aufstellungsorten in Halle fehlen.

Konzentrieren muß man sich bei der Frage nach einer spontanen gegen-reformatorischen Kunst naturgemäß auf die religiösen Werke. Vor allem interessieren dabei die für die Öffentlichkeit geschaffenen, d.h. hier die Kunstwerke, die für die von Albrecht geförderten Hallenser Kirchen und Kapellen bestimmt gewesen waren. Da zu den meisten von ihnen hinsichtlich ihrer Ausstattung noch keine Forschungen vorliegen[11], ist die Problematik auf das Hallenser Stift Albrechts selbst einzugrenzen. Die hierfür erbrachten Quellen- und Einzeluntersuchungen erlauben, unsere Überlegungen zu exemplifizieren. Dazu soll die Vorgeschichte des Neuen Stifts weitestgehend außer acht gelassen werden; zum besseren Verständnis muß man aber festhalten, daß Albrecht mit der Errichtung dieses Stifts einen schon von seinem Vorgänger Ernst von Wettin (1464–1513) gehegten Wunsch weiterverfolgte. Doch was für andere Vorzeichen nun: Albrecht, als Erbe des Wettiner Erzbischofs Ernst, hatte quasi über Nacht aus einem wettinischen Stützpunkt eine Vorburg des Gesamthauses Hohenzollern gemacht[12]. Was als verbindliche Geste gemeint gewesen sein könnte, wird vermutlich der Bruder des Verstorbenen, Friedrich der Weise (1463–1525), als Verhöhnung aufgefaßt haben, denn es wurde als Kontinuität betont, was zur Diskontinuität geworden war: Albrecht ließ 1514 und noch einmal, in einer zweiten Fassung, 1520 einen Holzschnitt drucken, welcher ihn und seinen Vorgänger als Gründer des Neuen Stifts, sie halten ein Kirchenmodell zwischen sich, zeigt[13]. Albrechts Fortführung

---

9 Vgl. Hans VOLZ, Erzbischof Albrecht von Mainz und Martin Luthers 95 Thesen. In: Jahrbuch der Hessischen Kirchengeschichtlichen Vereinigung 13 (1962) S. 187–228, bes. S. 202 f. Zitiert wird ein undatiertes Brieffragment der Universitätsbibliothek Basel, Ki Ar 25a, Nr. 142, Bl. 224ᵛ.

10 Ein Überblick zuletzt in: Horst REBER (Bearb.), Albrecht von Brandenburg. Kurfürst, Erzkanzler, Kardinal 1490–1545. Ausstellungskatalog Landesmuseum Mainz, hrsg. von Berthold Roland. Mainz 1990. Ein Beitrag wird in Zukunft auch die Bamberger Dissertation zu den Porträtdarstellungen Albrechts von Karsten TEMME sein.

11 Siehe Horst HÖHNE, Bibliographie zur Geschichte der Stadt Halle und des Saalkreises, I (= Arbeiten der Universitäts- und Landesbibliothek Sachsen-Anhalt in Halle a. d. Saale 8). Halle/Saale 1968. Wenn man den genannten Beispielen erneut nachginge, könnte hilfreich sein Kurt GERSTENBERG, Schnitzaltäre aus der Zeit Kardinal Albrechts in der Umgebung Halles. In: Jahrbuch der Denkmalpflege in der Provinz Sachsen und in Anhalt (1932) S. 5–34.

12 Zu diesem Aspekt siehe Gerd HEINRICH, Neue Kirchenordnung und »stille« Reformation. Die Landesfürsten und die »Luthersache« in der Mark Brandenburg. In: Jahrbuch für Berlin-Brandenburgische Kirchengeschichte 57 (1989) S. 65–98, bes. S. 69.

13 Das Blatt von 1514 zeigt Magdalena als alleinige Patronin und als Modell eine kleine Kapelle, das Blatt von 1520 die Patrone Magdalena, Mauritius und Erasmus (zu dem Wechsel der Stiftspatrone s. u.) und ein großes Kirchenmodell mit zwei Türmen. Weiter unterscheiden sich die Blätter von 1514

des von Ernst begonnenen Vorhabens diente aber nun dem Ruhme des Hauses Hohenzollern, und Albrecht trat damit, nur wenige Kilometer von Wittenberg entfernt, in eine direkte dynastische Konkurrenz zu dem Wettiner. Ein wichtiger Aspekt, den man bei allen folgenden Auseinandersetzungen zwischen Albrecht und Luther nicht aus den Augen verlieren darf und dem der Brandenburger auch immer wieder durch die Kunst Ausdruck verlieh. Welche Pläne Ernst für seine Stiftsausstattung hatte, wissen wir nicht, sie dürften aber auch für Albrecht nicht maßgeblich gewesen sein. Auffallend ist, daß bis 1519/20 ein Stillstand bei der Verwirklichung der Stiftsgründung eingetreten war. Nach einigem Hin und Her fiel dann die Wahl für die Unterbringung des Neuen Stifts, Albrecht war die von Ernst auf der Moritzburg gebaute Magdalenen-Kapelle zu klein, auf die Kirche und das Kloster der Hallenser Dominikaner; Verträge regelten die notwendigen Maßnahmen[14]. Die Wahl war auf eine trotz ihrer Schlichtheit eindrucksvolle Hallenkirche gefallen, die ein frühes Beispiel ihrer Art in Mitteldeutschland darstellt. In den nächsten Jahren ließ der Kardinal bauliche Veränderungen durchführen, um so die mittelalterlich geprägte Kirche der neuen Aufgabe und dem Zeitgeschmack anzupassen[15]. Der größte Vorteil dieser Kirche bestand in ihrer Lage und in dieser ist auch der ausschlaggebende Grund für ihre Nutzung als Stift zu suchen. Nur unweit von der Hallenser Burg gelegen, erlaubt sie eine enge organisatorische und bauliche Verknüpfung mit dieser. Im Herbst 1519 muß die Entscheidung, in der Dominikanerniederlassung das Neue Stift einzurichten, gefallen sein; am 25. April 1520 wechselten die Ordensmitglieder in eine andere Unterkunft. Die offizielle Gründung erfolgte am 28. Juni 1520, dem Tage von Albrechts 30. Geburtstag. Erst um diesen Zeitpunkt herum konnten die Bau- und Ausstattungsplanungen in ein konkretes Stadium getreten sein, so daß man deren Beginn vorsichtig mit frühestens um 1520 annehmen darf. Am 15. August 1520 vermerkt das Mainzer Domkapitel eifersüchtig im Protokoll der Sitzung, daß ihnen zu Ohren gekommen sei, daß der Erzbischof das Neue Stift in Halle aufgerichtet habe und sich *in Schulden vertiefe und es anderswohin wende*[16]. Im besagten Jahr hatten sich die Auseinandersetzungen mit Luther schon soweit entwickelt, daß bereits von unterschiedlichen Auffassungen gesprochen werden kann; die Bannandrohungsbulle gegen Luther fällt ebenfalls in dieses Jahr, und wichtige Reformationsschriften Luthers waren zeitgleich erschienen: »An den christlichen Adel deutscher Nation von des christlichen Standes Besserung« (August), »De captivitate Babylonica ecclesiae praeludium« (Oktober) und »Von der Freiheit eines

---

und 1520 in der Rangfolge der Dargestellten: Albrecht nimmt 1520 die heraldische Seite ein, die er auf dem Blatt von 1514 noch Ernst überlassen hatte. An den beiden Blättern wird demnach der gewachsene Anspruch des Kardinals deutlich. Zu den Drucken, ohne die o.g. Feststellungen, vgl. Eva STEINER, Das alte Titelblatt zum Halle'schen Heiligtumsbuch (...). In: Mitteilungen der Gesellschaft für vervielfältigende Kunst. Beilage der Graphischen Künste 53 (1930) S. 46–48 mit 2 Abb.

14 Nach wie vor unentbehrlich, vor allem wegen seiner Quellensammlung, ist Paul REDLICH, Cardinal Albrecht von Brandenburg und das Neue Stift zu Halle 1520–1541. Eine kirchen- und kunstgeschichtliche Studie. Mainz 1900. Zu weiteren Literaturhinweisen siehe die folgende Anm.

15 Die Baugeschichte des Hallenser Domes zählt zu einem beklagenswerten Desiderat; der Beitrag von Hans-Joachim KRAUSE in diesem Sammelband wird sicherlich zur Klärung beitragen.

16 Fritz HERRMANN (Hrsg.), Die Protokolle des Mainzer Domkapitels, III: Die Protokolle aus der Zeit des Erzbischofs Albrecht von Brandenburg 1514–1545 (= Arbeiten der Historischen Kommission für den Volksstaat Hessen). Paderborn 1932, ND Darmstadt 1974, S. 194 f.

Christenmenschen« (November)[17]. Auffallend ist die Koinzidenz der Publikationen mit dem Umstand, daß Albrecht, obwohl er sich schon am 22. Mai 1514 offiziell in Halle hatte huldigen lassen, erst jetzt die Errichtung des Stifts energisch vorantrieb. Bemerkenswert ist zudem, daß dies geschah, nachdem der Kardinal erstmals mit dem Auftreten der ersten Reformationsanhänger in Halle konfrontiert wurde, für deren frühes Wirken Walter Delius und Franz Schrader zahlreiche Belege anführen[18]. Die Gründung und Ausstattung des Neuen Stifts kann nicht unabhängig von der »Luthersache« betrachtet werden, gleich wie Albrechts anfängliche Überlegungen zur Stiftung gewesen sein mögen.

Albrecht von Brandenburg beauftragte den Wittenberger Hofkünstler und Freund Luthers, Lucas Cranach den Älteren (1472–1553), eine Tatsache, die noch zu würdigen ist, mit der malerischen Ausstattung des Neuen Stifts[19]. Leider sind zum Vorgang der Auftragsvergabe, der Abwicklung und Verrechnung keine Schriftquellen bekannt, die eine genauere Eingrenzung des Datums erlauben würden. Cranach d. Ä. arbeitete zu sechzehn Altar-Retabeln und zwei Einzelgemälden Entwürfe aus, die er als Zeichnungen dem Auftraggeber zur Begutachtung überließ. Ihnen lag ein gemeinsames Programm zugrunde: Heiligenverehrung und eine Passionsfrömmigkeit im Sinne einer Imitatio Christi. Die Altäre zeigten auf den Mittelbildern der Feiertagsseite einzelne Stationen der Passion Christi, vom »Einzug in Jerusalem« bis zur »Auferstehung Christi«. Mit den beiden Einzeltafeln waren das zusammen achtzehn szenische Darstellungen der Leidensgeschichte Christi, die in den beiden Seitenschiffen und am Heiligkreuzaltar des Lettners aufgestellt bzw. aufgehängt waren. Drei weitere Einzeltafeln mit den Themen der »Himmelfahrt Christi«, dem »Pfingstwunder« und dem »Jüngsten Gericht« schlossen sich an. Die Wandelaltäre hatten in der Regel zwei Stand- und zwei bewegliche Flügel; auf den Flügelseiten war jeweils ein ganzfiguriger Heiliger zur Darstellung gelangt. War der Altar an Feiertagen geöffnet, sah man die Passionsszene eingerahmt von je einem Heiligen auf dem linken bzw. rechten Altarflügel. Waren die Altäre geschlossen, was im Laufe des Kirchenjahres überwiegend der Fall war, so sah der Kirchenbesucher eine erstaunliche Ansammlung von Heiligen. Auf den Alltagsseiten der Altäre waren demnach jeweils vier Heilige dargestellt, die – wie bei der Feiertagsseite – durch Kleidung, Attribute und Beschriftungen ausgewiesen waren. Insgesamt macht das allein bei diesen sechzehn Altären Cranachs 108 Heilige! Die Altarpredellen zeigten eine auf das Mittelbild

---

17 WA 6, S. 404–469; WA 6, S. 497–573, und WA 7, S. 20–38.

18 Walter DELIUS, Die Reformationsgeschichte der Stadt Halle a. d. Saale (= Beiträge zur Kirchengeschichte Deutschlands 1). Berlin 1953; Franz SCHRADER, Kardinal Albrecht von Brandenburg, Erzbischof von Magdeburg, im Spannungsfeld zwischen alter und neuer Kirche. In: Von Konstanz nach Trient. Beiträge zur Geschichte der Kirche von den Reformkonzilien bis zum Tridentinum (= Festgabe für August Franzen), hrsg. von Remigius Bäumer. München, Paderborn, Wien 1972, S. 419–445. Wegen seines Quellenabdrucks nach wie vor wichtig D. Heinrich August ERHARD, Die ersten Erscheinungen der Reformation in Halle. In: Leopold von Ledebur, Allgemeines Archiv für die Geschichtskunde des Preußischen Staates 2 (1830) S. 97–126. 252–274.

19 Demnächst ausführlich beschrieben bei Andreas TACKE, Der katholische Cranach. Zu zwei Großaufträgen von Lucas Cranach d. Ä., Simon Franck und der Cranach-Werkstatt 1520–1540. Mainz 1991; solange Ulrich STEINMANN, Der Bilderschmuck der Stiftskirche zu Halle. Cranachs Passionszyklus und Grünewalds Erasmus-Mauritius-Tafel. In: Staatliche Museen zu Berlin. Forschungen und Berichte 11: Kunsthistorische Beiträge (1968) S. 69–104.

bezogene typologische Szene des Alten Testamentes. Damit verwirklichte Albrecht etwas, was bis dato, vor allem in einer solchen Größenordnung, in der deutschen Kunstgeschichte einmalig ist: Die komplette malerische Kirchenausstattung unter einem einheitlichen Programm wurde in wenigen Jahren von nur einem Auftraggeber und nur einem Künstler mit seiner Werkstatt realisiert. Immerhin sind allein von Lucas Cranach d. Ä. und seiner Werkstatt 156 (!) Gemälde für dieses Stift nachzuweisen, der größte Anteil von 142 Bildern entfiel dabei auf den Heiligen- und Passionszyklus. Und es werden noch mehr gewesen sein, da das eine oder andere in den Schriftquellen genannte Bild vermutlich auch aus der Cranach-Werkstatt gekommen sein wird. Vergegenwärtigt man sich die Maße der Altäre, ein kompletter Altar ist 1540 von Halle nach Aschaffenburg gekommen[20] und hat die Maße von 3,00 m (Höhe) x 3,20 m (Breite), so ist dies auch unter quantitativen und organisatorischen Gesichtspunkten eine erstaunliche Leistung gewesen, die Cranach d. Ä. mit seiner Wittenberger Werkstatt vollbracht hat. Der Heiligen- und Passionszyklus war spätestens zum 3. Oktober 1525 fertiggestellt, da er mit diesem Datum in einem Hallenser Inventar aufgeführt wird[21], vielleicht aber auch schon zur Einweihung des Stifts am 23. August 1523; zwei Weihetafeln zeugen von dem Ereignis[22]. Obwohl wir keine genaue Datierung für den Beginn und den Abschluß der malerischen Ausstattung des Stiftes vornehmen, und hier nur einen Zeitrahmen vorschlagen, ist sicher, daß der Hallenser Zyklus zeitlich nach dem Druck von Luthers »Sermon von der Betrachtung der heiligen Leidens Christi«[23] (1519) entstand. Für Albrecht also eine probate Möglichkeit, mit Hilfe der Cranach'schen Passionsgemälde seine theologischen Vorstellungen der Lutherschrift entgegenzusetzen. Doch wann genau entschloß sich Albrecht, einen derartig umfangreichen Gemäldezyklus für sein Neues Stift anfertigen zu lassen? Leider erlauben die erhaltenen Zeichnungen und Gemälde keine auf der Stilkritik basierende »Feindatierung«, so daß in Zukunft nur neugewonnene Schriftquellen eine Klärung bringen können. Von dieser wird abhängen, wie hoch der Grad der Reaktion auf Luthers neue Glaubensvorstellungen anzusetzen ist. Obwohl die dem Heiligen- und Passionszyklus zugrundeliegende Imitatio-Frömmigkeit aus der Tradition gespeist wurde, ist beachtenswert, daß die Kunstgeschichte keinen zeitlich davorliegenden, vergleichbaren Zyklus kennt. Ein Traditionsbruch demnach, da bis zu diesem Zeitpunkt die Passionsszenen auf einem Altar vereint waren[24]. Das durch den Heiligen- und Passionszyklus visualisierte theologische Pro-

20 Die Tafeln sind in der Aschaffenburger Galerie (Inventarnummern 1043, 1045–1047, 9783) und in der Aschaffenburger Stiftskirche St. Peter und Alexander, siehe den Museumskatalog: Galerie Aschaffenburg. Katalog. München ²1975, S. 54–56. 68.
21 Staatsarchiv Würzburg, MUGS 14/56, Bl. 35ʳ–55ʳ; abgedruckt bei REDLICH, Cardinal Albrecht (wie Anm. 14), Beilage 17.
22 Hans VOLKMANN, Die Weihetafeln des Kardinal Albrecht von Brandenburg in der Stiftskirche zu Halle. In: Wissenschaftliche Zeitschrift der Martin-Luther-Universität Halle-Wittenberg, Gesellschafts- und Sprachwissenschaftliche Reihe 12 (1963) S. 757–763.
23 WA 2, S. 136–142; dazu Martin NICOL, Meditation bei Luther (= Forschungen zur Kirchen- und Dogmengeschichte 34). Phil. Diss. Erlangen-Nürnberg 1982/83, Göttingen 1983, bes. S. 117–150.
24 Elisabeth SCHÜRER – VON WITZLEBEN, Der deutsche Passionsaltar. Phil. Diss. masch. München 1953, S. 73, nennt dafür als erstes Beispiel den Zyklus des Meisters von Messkirch, der jedoch etwa anderthalb Jahrzehnte später liegt und wahrscheinlich in Abhängigkeit zu Halle und Berlin entstand.

gramm löste in Wittenberg, und zwar schon im Stadium der Planung, mit dessen Stand man dort offensichtlich vertraut war, heftige Reaktionen aus. Wechselwirkungen müssen konstatiert werden: Die Hallenser Unternehmungen Albrechts können schwerlich unabhängig von Luthers theologischen Anschauungen gesehen werden, und umgekehrt wurden sie schon sehr früh vom Reformator als eine Stärkung der Position Roms vor den Toren Wittenbergs begriffen, die nun ihrerseits Luther und seine Anhänger zu dezidierten Positionen nötigte. Die Abhängigkeiten der Ereignisse untereinander im einzelnen nachzuweisen, ist bei der jetzigen Quellenlage kaum zu bewerkstelligen. Unabhängig von diesen Schwierigkeiten kann überlegt werden, welche Vorgänge in Wittenberg auf diesen Heiligen- und Passionszyklus zu beziehen sind, auch wenn die eine oder andere Annahme im Lichte neuer Funde eine andere Wertung erhalten wird. Ein sichtbarer Ausdruck dafür, was Albrecht in den kommenden Jahren in der Saalestadt, auch mit diesem Gemäldezyklus intendierte, war die erste Reliquienschau, die Albrecht bereits am 8. September 1520 in Halle abhielt[25]. Die ein Jahr später erfolgte Wiederholung löste bei Luther scharfe Reaktionen aus. Zu diesem Zeitpunkt, also im September 1521, dürfen wir den Entwurf für den Cranach'schen Heiligen- und Passionszyklus annehmen. Möglicherweise darf man sogar soweit gehen, daß erst Luthers Kenntnis von dem Zyklus zu seiner deutlichen Antwort geführt hatte; hielt er sich doch nach der ersten Zeigung (1520) noch zurück! Denn man ahnte natürlich nun in Wittenberg, was dieses zur Schau gestellte Heiltum in den folgenden Jahren bedeuten würde: der einmal jährlich verkündete Ablaß war nur der Höhepunkt eines im ganzen Jahr betriebenen Heiligen- und Reliquienkultes. In Wittenberg brauchte man nur die in Arbeit befindlichen sechzehn Wandelaltäre mit ihren 108 ganzfigurigen und z. T. lebensgroßen Heiligendarstellungen in Verbindung mit dem Reliquienschatz zu bringen, und konnte sich so eine lebhafte Vorstellung davon machen, wie zu den Heiligenfesten die Reliquien des Angerufenen auf dem betreffenden Altar Aufstellung und Verehrung finden sollten. In Wittenberg wurde die Frage nach dem Sinn und Zweck solchen Tuns gestellt und eine radikale Abkehr verlangt, aber hier entstand auch mit dem Cranach'schen Bilderzyklus eine bedeutende Stütze für diesen Kult. Unter diesem Gesichtspunkt können einige Vorgänge in Wittenberg neu beleuchtet werden, doch zuvor soll, zum besseren Verständnis der Verzahnungen der Ereignisse, kurz auf den Entstehungsprozeß des Gemäldezyklus eingegangen werden. Lucas Cranach d. Ä. fertigte nach der Auftragserteilung die Zeichnungen an. Albrecht wurde um sein Placet gebeten, da die erste Entwurfsserie wahrscheinlich zu Präsentationszwecken gedacht gewesen war. Bei der Vorlage der für den Auftraggeber bestimmten Zeichnungen muß es zu umfangreichen Veränderungen bei der Zusammenstellung der Heiligen gekommen sein, da Abweichungen zwischen den Modellen und dem

---

25 Zu dieser Walter DELIUS, Eine Urkunde zur Reformationsgeschichte der Stadt Halle. In: Zeitschrift des Vereins für Kirchengeschichte der Provinz Sachsen und des Freistaates Anhalt 26 (1930) S. 159–164. Das von DELIUS ausgewertete Ms. befindet sich heute in der Staatsbibliothek Preußischer Kulturbesitz Berlin, Ms. Germ. fol. 715, Bl. 11ʳ–13ᵛ, Bl. 14 Anschrift. Schon die erste Reliquienschau rief heftige Reaktionen in Wittenberg hervor: Lignactius STÜRLL, Gloße / Des Hochgelarten / erleuchten // Andechtigen / und Barmhertzigen // ABLAS // Der zu Hall in Sachsen // mit wunn und freuden // außgeruffen. o. O. und o. J. (gedruckt 1520). Wiederentdeckt und abgedruckt wurde die Spottschrift von Ed. BÖHMER, Hallesches Trutz-Rom von 1521. Halle 1862.

ausgeführten Zyklus festzustellen sind. Daraus ergibt sich die Frage, wo Albrecht die Zeichnungen Cranachs begutachtete, da er Halle im Juli 1520 für einige Zeit verließ. Waren bis zu diesem Zeitpunkt Cranachs Entwürfe bereits ausgearbeitet gewesen, oder wurden sie dem Kardinal später nachgeschickt? Wenn Albrecht die Änderungen in Halle selbst vornahm und die Zeichnungen vor seiner Abreise im Juli 1520 noch nicht fertig waren, was wahrscheinlich sein dürfte, kommt dafür nur das folgende Jahr in Frage und zwar die Zeit nach der Rückkehr vom Wormser Reichstag, also nach dem Juni 1521[26]. Vielleicht wurde der Auftrag dazu auch jetzt erst erteilt und die Zeichnungen einige Zeit später vorgelegt. Den Korrekturen Albrechts wurde durch neue Handzeichnungen, die nun nur noch für den internen Werkstattgebrauch bestimmt waren, Rechnung getragen. Wie bei einem Puzzle konnte man bei den maßstabgerecht gezeichneten Altar-Modellen die Flügel mit den Heiligendarstellungen untereinander auswechseln oder neue hinzufügen. Im Laufe dieser Tätigkeit verfügte die Werkstatt über ca. zweihundert Zeichnungen, die jedesmal einen Heiligen darstellten, der durch Kleidung, Attribut und Beschriftung zu identifizieren war. Die endgültigen Zeichnungen dienten dann der Cranach-Werkstatt als Kompositions-Vorlage für ihre Gemälde. Mittels der Stilkritik konnte nachgewiesen werden, daß die Ausführung nicht in den Händen des Werkstattleiters selbst, also bei Lucas Cranach d. Ä. lag, sondern in denen eines Meisterschülers, den ich mit Simon Franck (um 1500–1546/47) identifizieren möchte. Dieser Meisterschüler, in der Literatur wird er als »Pseudo-Grünewald«, bzw. später als »Meister der Gregorsmesse«, geführt, hat mit einem Großteil der Cranach-Werkstatt diesen Auftrag nach den Entwürfen des Meisters, an die er sich aber bei der Komposition nicht immer zu halten brauchte, ausgeführt. Wir haben gute Gründe anzunehmen, daß in Wittenberg selbst von ca. 1520 bis ca. 1525 diese 156 Gemälde für Albrecht entstanden. Dadurch könnte klarer werden, warum Luther in dem berühmten Brief an Georg Spalatin (1484–1545) vom 7. Oktober 1521[27], in dem er anläßlich der Wiederholung der Reliquienschau seine Schrift »Wider den Abgott zu Halle« erwägte, bereits von Albrechts Hallenser *lupanari*, vom »Schandhaus« sprechen konnte[28]. Zu diesem Zeitpunkt begannen im Stift die Umbauarbeiten, und das Urteil Luthers wird wohl im Hinblick auf das, was Albrecht vorhatte, als auf eine Baustelle zu beziehen sein. Denn Luther brauchte in jenen Jahren nur zur Werkstatt des kurfürstlichen Hofkünstlers zu gehen, um sich von Cranach erzählen und zeigen zu lassen, was Albrecht in Halle aufzubauen trachtete. Luther und seine Anhänger hatten den wichtigsten Teil der Hallenser Stiftskirchenausstattung für einige Jahre innerhalb ihrer Wittenberger Mauern, und damit einen umfassenden Einblick in die theologische Bilderwelt Albrechts: Heiligenkult, eine Christusfrömmigkeit im Sinne einer Imitatio Christi und einer typologischen Auslegung des Alten Testaments. Die beabsichtigte liturgische Einbindung der Cranach'schen Altar-Retabel sollten die Heiligendarstellungen von Anfang an zu einem Teil des Reliquienkultes werden

---

26 Eine Zusammenstellung der Hallenser Verweildauer Albrechts bei SCHRADER, Kardinal Albrecht (wie Anm. 18), S. 420 f.

27 WA Br 2, Nr. 434; ausführlich zu diesem Gottfried G. KRODEL, »Wider den Abgott zu Halle«. Luthers Auseinandersetzung mit Albrecht von Mainz im Herbst 1521. Ein Beitrag zur Lutherbiographie aus der Werkstatt der Amerikanischen Lutherausgabe. In: Luther-Jahrbuch 33 (1966) S. 9–87.

28 Vgl. WA Br 2, Nr. 434, S. 395, Z. 11–12.

lassen. Und wenn an diesem Verdacht noch Zweifel gehegt worden wären, hätte Capito diese sicherlich mit seinem Brief vom 20./21. Dezember 1521 an Luther endgültig ausräumen können. Er titulierte Albrecht als *ceremonsiosior*[29], eine Bezeichnung, die doch wohl nichts anderes besagen sollte, als daß der so Benannte allzu sehr an Zeremonien hing, d. h. hier an ihrer liturgischen Ausformung[30].

Die Kenntnis um Albrechts Pläne darf bei Luther und in seinem direkten Umkreis vorausgesetzt werden. Verschiedentlich wurde schon ausführlich nachgewiesen, daß Luthers Haltung zur Heiligenverehrung sich in den ersten Jahren des dritten Jahrzehnts insofern änderte, als sich seine Ablehnung verstärkte[31]. War dies vielleicht auch eine Reaktion auf seinen Kontrahenten in Halle und dessen Intentionen hinsichtlich des Heiligen- und Passionszyklus'? Und der Wittenberger Bilderstreit, die Wittenberger Ordnung vom 24. Januar 1522, wie die Schrift »Von Abtuung der Bilder« (1522) von Andreas Karlstadt (1480–1541)[32]? Cranachs Werkstatträume waren natürlich bei einem Auftraggeber wie Kardinal Albrecht während des Wittenberger Bildersturms – quasi als ein exterritoriales Gebiet – unerreichbar gewesen, aber es wäre doch merkwürdig, wenn die 142 Heiligen- und Passionsbilder, die hier für die Bildverehrung geschaffen wurden, bei der Urteilsfindung der Wittenberger Reformatoren über Sinn und Zweck von *gemalten Ölgötzen*[33], keine Rolle gespielt hätten. Daß Albrecht nun seinerseits von den Wittenberger Vorgängen der Jahre 1521–1522 nicht unberührt blieb, mag anhand eines von ihm bei Hans Baldung Grien (1484/85–1545) in Auftrag gegebenen Gemäldes belegt sein, welches leider 1947 in Straßburg verbrannte.

Das Bild, welches in seinen Maßen 172 x 149 cm erstaunlich groß war, zeigte die Steinigung des Heiligen Stephanus. Es ist signiert und mit 1522 datiert[34]. Die Provenienz der Tafel ist unklar, doch da Albrecht im Hintergrund dargestellt ist, können wir von einem Gemälde aus seinem Kunstbesitz ausgehen. Auch das Thema des Bildes steht mit ihm insofern in enger Verbindung, als es sich hier um eine Darstellung des Schutzheiligen seines Bistums Halberstadt handelt. Im Vordergrund des Bildes sieht man die Steinigung des Diakons, dessen prachtvolle Dalmatika auffällt. Im Hintergrund, freilich durch eine Bogenarchitektur beson-

29 WA Br 2, Nr. 447, S. 417, Z. 38.
30 Belege zu Albrechts Vorliebe für liturgische Handlungen bei VOLZ, Albrecht (wie Anm. 9), S. 200–205, und Hans WOLTER, Kardinal Albrecht von Mainz und die Anfänge der katholischen Reform. In: Theologie und Philosophie 51 (1976) S. 496–511, bes. S. 498 f.
31 Zusammenfassend Lennart PINOMAA, Die Heiligen bei Luther (= Schriften der Luther-Agricola-Gesellschaft A 16). Helsinki 1977, bes. S. 63–88, und Erwin ISERLOH, Die Verehrung Mariens und der Heiligen in der Sicht Martin Luthers. In: Ecclesia militans. FS für Remigius Bäumer, II, hrsg. von Walter Brandmüller u. a. Paderborn u. a. 1988, S. 109–115.
32 Siehe Adolf LAUBER u. a. (Hrsg.), Flugschriften der frühen Reformationsbewegung (1518–1524), 2 Bde. Berlin 1983, S. 105–127 (Karlstadt) und S. 1033–1037 (Ordnung); vgl. James Samuel PREUS, Carlstadt's Ordinaciones and Luther's Liberty: A study of the Wittenberg movement 1521–1522 (= Harvard theological studies 27). Cambridge (Mass.) 1974. – Luthers mäßigendes Einwirken auf die Bilderstürmer mag auch durch die Haltung seines Landesherrn und dessen dynastische Rücksichtnahme mitbestimmt worden sein, wird Friedrich in jenen Jahren doch kein Interesse daran gehabt haben, Albrechts Heiligen- und Passionszyklus von seinen Theologen in Frage stellen zu lassen.
33 Margarete STIRM, Die Bilderfrage in der Reformation (= QFRG 45). Theol. Diss. Berlin 1973, Gütersloh, Heidelberg 1977; zusammenfassend Walther von LOEWENICH, Bilder IV: Reformatorische und nachreformatorische Zeit. In: TRE VI, 1980, S. 546–557.
34 Zum Bild siehe Gert VON DER OSTEN, Hans Baldung Grien. Gemälde und Zeichnungen. Berlin 1983, Nr. 52 und die Abb. Tafel 119.

ders hervorgehoben, ist folgende Szene zu beobachten: Zwei Reiter tauschen ein Schriftstück aus; der weltlich Gekleidete überreicht dieses jenem in geistlicher Tracht. Letzterer ist nun durch das Porträt als Albrecht von Brandenburg auszumachen. Dort übergibt also der weltliche Arm dem Vertreter der Kirche die Urkunde mit dem zu vollziehenden Urteil. Wie ist die Szene zu verstehen? Läßt sich Albrecht ein »Echtheitszertifikat« aushändigen? Zum einen wird durch das schriftlich festgehaltene Urteil – Tod durch Steinigung – der Verehrung der leiblichen Überreste des Heiligen Stephanus ein »historischer« Beweis gegeben, und damit mag auch eine besondere Fürsorge für das Bistum Halberstadt zum Ausdruck gebracht sein, zum andern ist dieses Schriftstück aber auch als Exemplum und Legitimationsnachweis – schwarz auf weiß – für den Reliquienkult schlechthin zu verstehen. Die Ikonographie darf als Neuschöpfung Albrechts erachtet werden, deren Thematik eine deutliche Reaktion auf die Kritik des von ihm betriebenen Heiligen- und Reliquienkultes widerspiegelt, zumal das Gemälde in die Zeit der Wittenberger Unruhen zu datieren ist.

Sicherlich werden die Hallenser Kunstunternehmungen Albrechts auch der Ausdruck eines übersteigerten Wunsches nach Repräsentation gewesen sein. Einer Repräsentation, die als Konkurrenz zur Wittenberger Schloßkirche Allerheiligen[35] von Friedrich dem Weisen zu sehen ist, die Albrecht zu übertrumpfen suchte. Zum anderen ist aber auch ein ausgeprägtes und, wie noch zu zeigen sein wird, im Stift zur Schau gestelltes dynastisches und politisches Selbstbewußtsein, welches sich auch gegen Kaiser und Papst zu behaupten suchte, nicht zu übersehen. – Am 14. März 1521 hatte der Kaiser das Hallenser Stift unter seinen und des Reiches besonderen Schutz gestellt. Dazu leistete Albrecht allerdings gewisse Vorarbeiten. Interessant ist in diesem Zusammenhang die Wahl der Hallenser Stiftspatrone, ein Vorgang, der schon zu einem frühen Zeitpunkt Albrechts Kalkül erkennen läßt. Ursprünglich sollten nur zwei Hauptheiligenfeste gefeiert werden, an denen auch großer Ablaß zu gewähren sei, nämlich das der Maria Magdalena und das des Heiligen Erasmus. Maria Magdalena sollte laut päpstlichem Breve vom 13. April 1519 die Patronin des Stifts werden; während sie bereits diese Stellung schon im Stift der Hallenser Burg bekleidet hatte, kam Erasmus nach den Regelungen der Heiligenfeste neu hinzu und war Magdalena nachgeordnet. In einem Vertrag zur Verlegung des Stiftes vom 30. August 1519 wurden die beiden Heiligen Magdalena und Erasmus als Titelheilige des Neuen Stifts explizit genannt. In einem weiteren Breve (10. Januar 1520), welches durch Planungsänderungen notwendig geworden war, wurde nun Erasmus zugunsten des Heiligen Mauritius verdrängt[36]. Verdeutlicht man sich nun, daß Erasmus der Schutzheilige des Hauses Brandenburg, wogegen Mauritius der Reichsheilige[37] war, so ist für den Wechsel ein Grund zu suchen. Vermutlich findet er sich in der

---

35 Zu dieser: Fritz BELLMANN u. a. (Bearb.), Die Denkmale der Lutherstadt Wittenberg. Weimar 1979, S. 90–107. 203–267.

36 Zu den Urkunden siehe Joh. Peter DE LUDEWIG, Reliquiae manuscriptorum (...), XI. Halle 1737, S. 422–444 (Breve vom 13.4.1519), S. 444–473 (Breve vom 10.1.1520); Jo[ann] Christoph von DREYHAUPT, Pagus Neletici et nvdzici (...), I. Halle 1749, S. 766–768 (Vertrag vom 30.8.1519).

37 Zu den Heiligen in bezug auf Albrecht siehe STEINMANN, Bilderschmuck (wie Anm. 19), S. 92–97 (Erasmus); Gude SUCKALE-REDLEFSEN, Mauritius: Der heilige Mohr. The Black Saint Maurice (dt. und engl.). Unter Mitarbeit von Robert Suckale, mit einem Vorwort von Ladislas Bugner. München, Zürich 1987, bes. S. 86–98 mit den entsprechenden Katalognummern.

Wahl Karls V. (1500–1558) am 28. Mai 1519 zum deutschen Kaiser. Bekanntlich hatte Albrecht seine Wahl befürwortet. Anfänglich lag demnach das Gewicht auf dynastischer Selbstdarstellung des Hohenzollern, der Erasmuskult wurde übrigens bis dato in dieser Weise nicht in Halle gepflegt, infolge der Wahl Karls V. gab es eine Akzentverschiebung zugunsten der Reichspolitik, diese bestimmte das Verhältnis Albrechts zum Heiligen Mauritius. Unangenehme Erinnerungen weckte vermutlich dieser Wechsel bei den Hallenser Bürgern, denn Mauritius war auch der Heilige des Erzbistums Magdeburg und seit der Unterwerfung Halles durch den Magdeburger Erzbischof Ernst von Wettin ein Symbol für die weltliche Macht der Kirche. Im Jahre 1480 verschwand der Roland auf dem Markt in einem Holzverschlag und an seiner Stelle wurde am Rathaus eine Mauritiusstatue angebracht. Albrecht wird diese Mehrdeutigkeit, die darin lag, daß Mauritius der Schutzheilige des Reiches aber auch des Bistums Magdeburg war, bei der Wahl seines Stiftsheiligen kaum gestört haben. Schon an diesem Vorgang wird deutlich, daß wir in Albrecht jemand vor uns haben, der mit den Symbolen seiner Zeit und ihren Bedeutungen für die Kunst umzugehen wußte. Es scheint, daß er gerade sie wegen der Möglichkeit der Ambivalenz sehr geschätzt hatte. Man wird, wie die weiteren Beispiele es noch belegen werden, ihm einen hohen Grad an Phantasie und Kunstverstand bescheinigen müssen.

Die besondere Verbundenheit Albrechts mit Karl V. kam in dem Stift mehrmals sinnfällig zum Ausdruck. Sicher erst nach der Krönung Karls in Aachen, also nach dem 22. Oktober 1520, beauftragte der Kardinal den Maler Grünewald mit der Erasmus-Mauritius-Tafel, die heute in der Alten Pinakothek in München verwahrt wird[38]. Erasmus, im prunktvollen bischöflichen Ornat und mit den Porträtzügen Albrechts, empfängt auf dem Bild den schwarzen Mauritius. Abermals eine ikonographische Innovation, da sie sich nicht in den Viten und Legenden zu den beiden Heiligen formuliert findet und umso entschiedener auf den Auftraggeber verweist. Die Begegnung dieser beiden Heiligen wurde zur politischen Allegorie, die ihre Entschlüsselung in den Vorstellungen des Kardinals findet. Das Gemälde muß als Huldigung des Brandenburgers an Karl beurteilt werden, da Mauritius heraldische Anpielungen, Harnisch mit Feuereisen, Königsfarben, Bogen und Pfeil, aufweist. Sehr versteckt und klein ist auf dem Schultertuch, der Humerale des bischöflichen Pontifikalgewandes des Erasmus, die Heilige Magdalena zu sehen, so daß sogar alle Stiftspatrone auf dem Bild vertreten sind. Und das Gemälde muß Albrecht eminent wichtig gewesen sein: um eine Aufstellung im Stift zu ermöglichen, wurde ein bereits vorhandenes Altargemälde des Heiligen- und Passionszyklus' von Cranach entfernt und durch das Grünewald-Bild ersetzt.

Spätestens seit dem Wormser Reichstag (1521) kann kaum noch von einer bloßen Huldigung an Karl gesprochen werden. Vielmehr muß diese über Allegorien vermittelte Darstellung von Primas und Kaiser als kirchenpolitische Aussage, als Bild gewordene gegen-reformatorische Maßnahme beurteilt werden, zeichnet sich doch gerade der Wormser Reichstag durch Beschlüsse aus, die ein energische-

---

38 Inventarnummer 1044, Lindenholz, 226 x 176 cm; siehe den Museumskatalog: Alte Pinakothek München. Erläuterungen zu den ausgestellten Gemälden. München 1983, S. 232 f. mit Farbabb. Tafel VIII; Karin STOBER, Die Erasmus-Mauritius-Tafel von Matthias Grünewald als programmatischer Ausdruck der machtpolitischen Ansprüche eines Kirchenfürsten im Zeitalter der Glaubenserneuerung. M. A. masch., Universität Freiburg 1984.

res Vorgehen gegen Luther und seine Anhänger forderten. Wie wichtig Albrecht die Darstellung der Verbundenheit mit dem Kaiser war, zeigen weitere Kunstwerke. In den nächsten Jahren wurden mehrere Darstellungen von Albrecht und Karl aufgestellt. So standen vor der berühmten überlebensgroßen Reliquienfigur des Mauritius, die wie eine Puppe auch mit dem Prunkharnisch, welchen Karl zu seiner Krönung in Aachen trug, bekleidet werden konnte, die Brustbilder von Albrecht von Brandenburg und Karl V. Und ein weiteres Mal die Verbindung von Kaiser und Primas: Mit Sicherheit in der Nähe von einem Altar, vermutlich sogar zweien, auf denen Albrecht als Heiliger Erasmus zu sehen war, hing ein Teppich mit der Darstellung des Kaisers als Heiliger Eustachius. Unmittelbar neben der Westempore, auf der Albrecht von Brandenburg während der Gottesdienste, die er nicht persönlich leitete, stand, war eine Statue des Reichsheiligen Mauritius angebracht; darüber die des Heiligen Erasmus, bei der man wiederum eine Porträtdarstellung Albrechts vermuten darf[39].

Im Stift visualisierten demnach die Darstellungen der Heiligen Mauritius und Erasmus die Verbindung von Reich und Kirche, personifiziert durch Karl V. und Albrecht von Brandenburg. Da Mauritius ein negroider Heiliger war, mußten Porträtähnlichkeiten mit dem Kaiser ausgeschlossen bleiben, eine Tatsache, die Albrecht bedauert haben mag, aber durch den Umweg über das Zitat der heraldischen Embleme Karls zu lösen suchte. Dies mag der Grund sein, daß vor der großen Standfigur des Mauritius ein Brustbild mit den Porträtzügen Karls aufgestellt wurde.

Albrecht konnte sich ohne Probleme in die Rolle des Bischofs Erasmus begeben. Die Darstellungen dieses Heiligen hatte aber sicherlich immer eine doppelte Funktion zu übernehmen, im Zusammenhang mit Karl bzw. Mauritius lag die Betonung auf der Verbindung zwischen Reich und Kirche, was wir hier mit dem gemeinsamen Ansinnen zur Eindämmung der Reformation gleichsetzen dürfen; die Darstellung des Heiligen Erasmus unterstrich aber auch jedesmal das dynastische Selbstbewußtsein des Brandenburgers selbst. Denn Albrecht hatte nicht irgendeinen Heiligen seiner drei Bistümer gewählt, sondern den des Hauses Brandenburg[40]. Stolz präsentiert sich Albrecht als Heiliger Erasmus auf dem Grünewald-Gemälde, derartig stolz, daß ihm der Künstler auf den Saum seines Gewandes eine bestickte Perlentafel mit dem Wappen seiner drei Bistümer stellen mußte, die zwar beredter Ausdruck für den Erfolg des Dargestellten ist, aber diesem keinen Schritt hin auf den Heiligen Mauritius erlaubte. Dieser bewegt sich auf den Heiligen Erasmus zu, gestikuliert bewegt, während sein Gegenüber starr steht und alle Hände voll zu tun hat: In seiner linken wird der Bischofsstab gehalten und in der rechten Hand die Winde mit dem Gedärm, das Hauptattribut Erasmus. Das solch vorgetragenes Selbstbewußtsein – unbeschadet aller Verbundenheitsbezeugungen – gegenüber dem Kaiser kein Einzelfall war, belegt eine Darstellung, die an Deutlichkeit nichts zu wünschen übrig läßt. Auf einem Reliquien-

---

39 So Irnfriede LÜHMANN–SCHMID, Peter Schro. Ein Mainzer Bildhauer und Backoffen-Schüler. In: Mainzer Zeitschrift 70 (1975) S. 1–62. 71–72 (1976–1977) S. 57–100, hier 70 (1975) S. 56 mit Abb.; der Kopf ist stark beschädigt.

40 Interessant, daß er auf der Weihetafel (um 1514) der Magdalenen-Kapelle der Moritzburg noch Mauritius (Magdeburg) und Martin (Mainz) vereinte; zur Tafel siehe LÜHMANN–SCHMID, Schro (wie Anm. 39), 70 (1975) S. 49–52 mit Abb.

sarg des Hallischen Heiltums, er wurde bei der Zeigung des Heiltums im sechsten Gang an vierter Stelle vorgeführt, begegnen wir dem Heiligen Erasmus wieder. Der Sarg, er barg 2 *heilige Leiber und 6 Partikel,* ist uns durch zwei Abbildungen überliefert, die sich glücklicherweise gegenseitig ergänzen. Eine Längs- und Schmalseite des Reliquiensarges, welche eine Darstellung mit dem Martyrium des Heiligen Erasmus und einen Putto mit dem Kardinalswappen zeigen, bilden das gedruckte Heiltumsbuch von 1520 ab, die beiden anderen Seiten finden sich in der Pergamenthandschrift der Aschaffenburger Hofbibliothek[41]. Letztere kann als eine Art Privatinventar des Kardinals für seinen Hallenser Reliquienschatz angesehen werden. Die aquarellierten Handzeichnungen sind sehr viel detailreicher, als die Holzschnitte des Drucks, wenn auch sie nicht als exakte Wiedergabe angesehen werden können. Die andere Längsseite des Kastenreliquiars zeigt nun eine Darstellung (Abb.), die zum Staunen Anlaß gibt und wiederum eine ikonographische Neuschöpfung des Auftraggebers war: einen »Schutzmantel-Erasmus«. Weit ausgebreitet hält der Bischof, durch das Attribut der Winde mit dem Gedärm als Erasmus deutlich gekennzeichnet, seinen Mantel, unter dem nun ein Papst, Kaiser, Kardinal, Bischof und Fürsten Schutz gefunden haben. Die Ikonographie ist derart auf Albrecht zugeschnitten, daß wir vom Kardinal als Auftraggeber selbst sprechen dürfen. Denn hat man sich einmal die Lesart zu eigen gemacht, die Dar-

---

41 Das gedruckte Werk ist vollständig sehr selten; eine kommentierte Neuauflage plant Heinrich NICKEL, Halle. Unsere Abb. findet sich in der Teilfaksimileausgabe von Richard MUTHER, Hallisches Heiligthumsbuch vom Jahre 1520 (= Liebhaber-Bibliothek alter Illustratoren in Facsimile-Reproduction 13). München 1889, S. 35. Zum Ms. 14 in der Hofbibliothek Aschaffenburg, Bl. 231^v f., siehe Philipp Maria HALM und Rudolf BERLINER, Das Hallesche Heiltum. Man. Aschaffenb. 14. Berlin 1931, Nr. 178. Bei der Zusammenstellung von Vorder- und Rückseite folge ich den Angaben von Halm/Berliner, doch verwundert bei den beiden Abb. der Unterschied beim Aufbau des Reliquiensarges. Zum Abdruck kommt hier eine Einzeichnung der Miniatur aus dem Ms. 14, die ich Octavian Catrici (Nürnberg) verdanke. Kunstgewerblich bearbeitet wurde das Heiltum durch Jörg RASMUSSEN, Untersuchungen zum Halleschen Heiltum des Kardinal Albrecht von Brandenburg. In: Münchener Jahrbuch der bildenden Kunst 3. Folge 27 (1976) S. 59–118. 28 (1977) S. 91–132.

stellungen des Heiligen Erasmus in Albrechts Umgebung mit diesem und dem Haus Brandenburg in Verbindung zu bringen (vielleicht sollte man soweit gehen und sie mit diesem gleichsetzen), ist die Botschaft dieser Arbeit, auch ohne Porträt, überdeutlich, gar aufdringlich: Albrecht von Brandenburg als Beschützer von Kirche und Reich! Der Kardinal hat sich hier nochmals ein tradiertes Motiv der christlichen Kunst, das der Schutzmantelmadonna[42], zu eigen gemacht und umgeformt. Unter ihrem weit ausgebreiteten Mantel bot sie den Gläubigen Schutz. Was mag wohl Luther, der es als *Abgotterei* beschrieb, daß *man weiset die Leute von Christo unter den Mantel Mariae*[43], erst zu dieser Darstellung gesagt haben? Seine gegen Albrecht gerichtete Polemik wird verständlich, sobald man sich dessen altgläubige Aktivitäten im Hallenser Stift genau vor Augen führt. Denn dieses Stift operierte nicht nur durch seine materielle Pracht, seine reich ausgestattete Liturgie gegen Wittenberg, sondern doch wohl auch durch die kalkulierten Ambivalenzen seiner Kunstwerke. Der Reliquiensarg mag sich dem Betrachter als zwar merkwürdiges aber nicht beunruhigendes Heiligenbild präsentiert haben. Erst dem Kenner der politischen Auslegbarkeit dieser Kombination mag die Brisanz des Reliquiars aufgefallen sein. In Wittenberg wird man die Darstellung sehr wohl verstanden haben, Albrecht gebärdet sich als Beschützer des Reiches und der Kirche gegen die Angriffe des neuen Glaubens. Und Albrechts Selbstbewußtsein scheint unerschütterlich gewesen zu sein: Beschützte er auf der Darstellung des Reliquiensargs Kaiser und Papst mit dem »Mantel Brandenburgs« lediglich, so war ihm der Griff nach der Tiara irgendwann die selbstverständliche Konsequenz. Georg Sabinus (1508–1560) reimte 1535 anläßlich seines Aufenthaltes in Halle in einem lateinischen Lobgedicht auf Albrecht: *Glücklich wärs du Rom und beglückt die Gemeinde der Christen / Die anhänglich und treu ehren den römischen Stuhl / Wenn der Tiara Schmuck sein Haupt umgäbe, wenn ihm nur / Welche zerstreut nun irrt, folgte der Herde des Herrn*[44]. Sabinus, der Schwiegersohn Philipp Melanchthons (1497–1560), hatte von Brandenburg aus eine Reise nach Italien unternommen und war über Wittenberg und Bitterfeld auch nach Halle gekommen. Bis jetzt wurden seine Verse lediglich als Schmeicheleien des Poeten bewertet, der anläßlich der sich ihm darbietenden Pracht, man feierte gerade das Fest der Geburt Mariä mit einer feierlichen Prozession, aus dem Staunen nicht herauskam. Vielleicht aber hatte Sabinus mehr wahrgenommen und verdeutlichen wollen. Er konnte während seines Aufenthaltes interessante Beobachtungen tätigen: Der Hallenser Dom ist mit großen Skulpturen geschmückt, die Christus, die Apostel und die Stiftspatrone Maria Magdalena, Mauritius und Erasmus zeigen. In den Baldachinen über diesen Standfiguren sind Maria und die Vierzehn Nothelfer zu sehen. Irnfriede Lühmann-Schmid konnte überzeugend den Backoffen-Schüler Peter Schro (tätig 1522–1544) als Meister dieser bedeutenden Bildhauerarbeit nachweisen[45]. Diese Skulpturen sind im Mittel-

---

42 Zu dieser J. SEIBERT, Schutzmantelschaft. In: Lexikon für christliche Ikonographie. Allgemeine Ikonographie, IV. Rom u. a. 1972, Sp. 128–133.
43 WA 47, S. 276, 21.
44 Georgii SABINI Brandeburgensis / Hodoeporicon Itineris Italici. o. O. (Wittenberg) 1535; hier übersetzt nach dem Abdruck bei REDLICH, Cardinal Albrecht (wie Anm. 14), Beilage 26, S. 114*. 151–154.
45 Siehe LÜHMANN-SCHMID, Schro (wie Anm. 39), 70 (1975) S. 55–62.

schiff an den Pfeilern erhöht angebracht und die Reihe wird durch Petrus und Christus im Chor eröffnet und im Westen mit den Stiftspatronen Magdalena, Mauritius und Erasmus abgeschlossen. Im Westen sind, wie gesagt, Mauritius und Erasmus so montiert, daß sie in die Nähe der Empore kamen, auf der Albrecht während des Gottesdienstes stand. Zelebrierte der Kardinal die Messe selbst, saß er im Chor an der Nordseite. Hier ist nun die Skulptur des Heiligen Petrus zu sehen. Merkwürdig aber, daß auf der heraldisch rechten Seite nicht Christus die Reihe der Dargestellten anführt, sondern Petrus. Auffallend ist zudem, daß Maria, die ebenfalls vor Petrus hätte dargestellt werden müssen, in Halle als Baldachinfigur über Petrus dient. Die Hierarchie ist nämlich zu einer vergleichbaren Ausstattung, den mittelalterlichen Chorpfeilerskulpturen im Kölner Dom, wo Maria, Christus und zuletzt Petrus erschienen, gewahrt. Die Hallenser Anordnung, Petrus, Christus, dieser ist gegenüber auf der heraldisch untergeordneten linken Seite plaziert worden, und dann erst Maria, will begründet sein. Es könnte eine Reaktion auf die heftig entbrannte Auseinandersetzung über das päpstliche Primat gewesen sein, die es, zumindest in diesem Ausmaß, bis dahin in der Geschichte des Christentums noch nicht gegeben hatte und die ihren Ausdruck in der Leipziger Disputation fand.

Petrus, als der erste Papst, hätte demnach in Halle unter den 1525 fertiggestellten Pfeilerfiguren einen Ehrenplatz erhalten[46]. Die Primatfrage mag für Halle auch den Ausschlag für die Anbringung der ersten beiden Pfeilerfiguren gegeben haben. Dem Gottesdienstbesucher, zum Beispiel Sabinus, muß bei dieser Anordnung aber noch etwas anderes aufgefallen sein: In Halle war nun bei der so getroffenen Disposition die Petrusstatue an der Seite im Chor, an der Albrecht während des Gottesdienstes Platz nahm. Jeder konnte sich nun, wenn sein Blick auf den Kardinal und die über ihm angebrachte Petrusstatue fiel, darüber Gedanken machen, ob sich Albrecht als ein möglicher Nachfolger des ersten unter den Päpsten, als zukünftiger Papst also, sehen mochte. Leiteten ihn auch solche Überlegungen, als er den Künstler der Stiftskirchenkanzel (fertiggestellt 1525–26) beauftragte, den dort dargestellten Heiligen Papst Gregor mit seinem, Albrechts, Porträt zu versehen, also sein Haupt mit der Tiara zu zieren[47]? Und ein weiteres Kunstwerk aus Albrechts Hallenser Besitz wäre mit seiner bewußt ambivalent gehaltenen Darstellung in dieser Hinsicht zu interpretieren, ein Gemälde mit der Messe des Heiligen Gregors. Zwei Bilder, leider undatiert, mit dem Thema der Gregorsmesse befanden sich in Albrechts Hallenser Kunstbesitz[48]. Auf beiden Ge-

---

46 Zu erinnern ist, daß die etwa zur gleichen Zeit entstandene Ausmalung der Raffaelstanzen im Vatikanischen Palast, vor allem die der Sala di Costantino, sich ebenfalls mit dem Anspruch der Päpste auf das Primat auseinandersetzen.

47 Diese Frage erscheint schon bei Fritz-Karl DANNEEL, Ein unbekanntes Bildnis Kardinal Albrechts von Brandenburg. In: Deutschland – Italien. Beiträge zu den Kulturbeziehungen zwischen Norden und Süden. FS für Wilhelm Waetzold zu seinem 60. Geburtstage 21. Februar 1940. Hrsg. vom kunstgeschichtlichen Institut der Martin Luther-Universität, Halle-Wittenberg. Berlin 1941, S. 177–184, hier S. 182. Zur Kanzel selbst Heinz WOLF, Die Kanzel und die Plastik des Domes zu Halle aus der Zeit Kardinal Albrechts. Phil. Diss. masch. Humboldt Universität Berlin (Ost) 1957, S. 83–114; Ernst KÄHLER, Der Sinngehalt der Pfeilerfiguren und Kanzelplastik im Dom zu Halle. In: Wissenschaftliche Zeitschrift der Ernst Moritz Arndt-Universität, Gesellschafts- und Sprachwissenschaftliche Reihe 4/5 Jg. 5 (1955/56) S. 231–248, bes. S. 244–248.

48 Beide heute im Besitz der Bayerischen Staatsgemäldesammlung: Inventarnummer 6270, Na-

mälden ist Albrecht zu sehen, wenn auch mit einem relevanten Unterschied: Befindet er sich in einer Fassung des Themas im Kirchengestühl, neben ihm ein Bischof und ein weiterer Kardinal, offenbar beides auch Porträts, so assistiert er auf dem anderen Gemälde dem Heiligen Papst Gregor bei der Messe und hält die auf dem vorigen Bild auf dem Altar abgelegte Tiara nun ostentativ in den eigenen Händen. Albrecht verwandte wieder ein tradiertes Bildschema. Es ist prinzipiell nicht ungewöhnlich, daß Assistenzfiguren Gregors Papstkrone halten, doch scheint in diesem Fall das Halten der Tiara durch den Bildstifter selbst, der die Rolle einer solchen Assistenzfigur übernimmt, singulär zu sein[49].

Nach dem Empfang des Kardinalshutes (1518) aus den Händen der Kardinäle Thomas Cajetan (1469–1534) und Matthäus Lang (1468–1540) wähnte sich Albrecht offensichtlich noch keineswegs am Ende seiner ekklesiastischen Karriere. Gerade durch seinen Einsatz gegen die neue Glaubenslehre scheint er sich als besonders geeignet gefühlt zu haben, die Papstkrone zu tragen, auch wenn wohl nie reale Aussichten bestanden haben mögen, diese auch wirklich zu erhalten.

Dank der Untersuchung von Ernst Kähler sind wir bei der Interpretation des theologischen Programms der Pfeilerfiguren und Kanzel des Hallenser Stifts nicht mehr allzusehr auf Mutmaßungen angewiesen[50]. Seine Ergebnisse können im Zusammenhang mit der oben aufgeworfenen Fragestellung nach einer spontanen gegen-die-Reformation gerichteten Kunst neu bewertet werden. Die aufwendigen Bildhauerarbeiten, darunter fallen auch zwei prachtvolle Portallaibungen, waren 1525/26 abgeschlossen. Der Beginn dieser Arbeiten dürfte demnach einige Jahre nach dem Cranach'schen Passionszyklus zu datieren sein. Für die Pfeilerfiguren konnte Kähler plausibel machen, daß die Abfolge der Apostel auf eine in der Magdeburger Erzdiözese verwendete *Litania maior* zurückzuführen ist. In festgelegter Reihenfolge wurden dort die Apostel mit der Bitte *ora pro nobis* angerufen. Der Schluß, daß die Apostel und die ihnen beigestellten Vierzehn Nothelfer in den Baldachinen, samt der Jungfrau Maria, Magdalena, Mauritius und Erasmus als Fürbitter für die Gläubigen angerufen werden sollten, und in Korrespondenz zu den Heiligen der Cranach'schen Altäre zu begreifen sind, liegt nahe. Damit erhielte der Heiligenkult im Hallenser Stift abermals eine mächtige Stütze. Diese Form der Heiligenauffassung ist eher der Tradition zuzuordnen. Eine zweite von Kähler nachgewiesene Sinnebene kann den Reformbemühungen Albrechts zugeschrieben werden. Bei der Paulusfigur findet sich ungewöhnlicherweise eine in griechisch verfaßte Inschrift, die übersetzt »allen bin ich alles geworden« lautet. Der auf dem Mantelärmel des Apostels applizierte Spruch ist dem griechischen Text des Neuen Testaments (1516) Erasmus' von Rotterdam (1466/69–1536) entnommen. Das Pauluszitat (1 Kor 9,22), so Kähler, verweist auf einen Pro-

---

delholz, 150,2 x 110 cm, ausgestellt in der Galerie Aschaffenburg, und Inventarnummer 6271, Nadelholz, 147 x 107 cm, ausgestellt in der Stiftskirche St. Peter und Alexander in Aschaffenburg. Zu beiden Bildern siehe den Museumskatalog (wie Anm. 20), S. 61–63.

49 Zu dieser Feststellung kommt auch Karsten KELBERG, Die Darstellung der Gregorsmesse in Deutschland. Phil. Diss. Münster 1983, S. 64. Seine Zuschreibung (S. 62) an Hans Apel d. J. ist überholt. Weitere Vergleichsbeispiele im Ausstellungskatalog: Die Messe Gregors des Großen. Vision – Kunst – Realität, bearb. von Uwe WESTFEHLING. Köln 1982.

50 KÄHLER, Sinngehalt (wie Anm. 47), S. 231–248.

grammautor, wohl Albrecht selbst, der seiner Verehrung gegenüber dem bedeutendsten Humanisten seiner Zeit Ausdruck verleihen wollte[51]. In unmittelbarer Nähe dieses Pauluspfeilers fanden sich mehrere Darstellungen Albrechts von Brandenburg als Heiliger Erasmus auf Altären, vermutlich drei. Man wird voraussetzen dürfen, daß Albrecht abermals eine Verbindung zu konstruieren suchte: als Bischof Erasmus, sprich, mit dem Namenspatron des Rotterdamers[52]. Als Bischof Erasmus konnte er nicht allein die bereits genannten Konnotationen vermitteln, sondern nun sogar auf eine Namens- und vielleicht auch Funktionsidentität mit dem Gelehrten Erasmus von Rotterdam anspielen. Der Kombination mit Mauritius (= Karl V.) konnte unter Verwendung des gleichen Ausgangssymbols eine neue Dimension hinzugefügt werden. Wahrscheinlich ist, daß die Überlegungen zur Applikation des Zitats erst zustande kamen, nachdem es 1524 zum Bruch zwischen Erasmus und Luther gekommen war.

Der Abgrenzung gegen Luther diente auch das Skulpturenprogramm der Stiftskirchenkanzel. Albrecht nutzte dieses Kunstwerk, um seine Position zu Luthers Bibelübersetzung und dem Bildgebrauch zu erläutern. Aufschlußreich ist der lateinisch gehaltene Bibelspruch am Gesims der Kanzel und der Treppenwange, welcher in Luthers eigener Übersetzung lautet: *Alle Wort Gottes sind durchleuchtet / und sind ein Schild denen / die auf jn trawen. Thu nichts zu seinen Worten / Das er dich nicht straffe / und werdest Lügenhafftig erfunden* (Sprüche 30,5–6). Man wird wohl nicht fehlgehen, wenn man diese der Vulgata entnommene Textstelle in Verbindung mit Luthers Bibelübersetzung bringt und sie als deutlichen Hinweis und Warnung vor »falschen« Textauslegungen bzw. Bibelübersetzungen versteht. Von Luthers deutscher Bibel waren bis zur Entstehungszeit der Kanzel das Neue Testament und das Alte Testament bis zum Hohenlied erschienen. Zum anderen scheint das gewählte Zitat auch, ex negativo, eine Stellungnahme des Kardinals für die Autorität des Amtes (Papst, Lehramt, Konzil) gewesen zu sein, denn der Heiligen Schrift war nichts mehr hinzuzufügen. Etwa zur gleichen Zeit, in der die Stiftskirchenkanzel entstand, ließ sich Albrecht mehrmals von Lucas Cranach d.Ä. als Heiliger Hieronymus darstellen[53]. Anders jedoch als bei den Flügeltafeln der Altar-Retabel ist hier der Heilige in einer Studierstube bzw. als Einsiedler dargesellt. Die vier Hieronymus-Tafeln, sie entstanden zwischen 1525 und 1527, sind für einen anderen Adressatenkreis bestimmt gewesen als die Heiligendarstellungen im Stift, ihre Empfänger sind uns aber unbekannt geblieben. Die bis jetzt immer vorgetragene Interpretation, Albrecht habe sich hier als Gelehrter, ganz ein Kind der Renaissance, darstellen lassen wollen, ist zu allgemein. Im Zusammenhang mit der Hallenser Stiftskirchenausstat-

51 Vgl. ebd., S. 234–236.

52 Die Verbindung zum Haus Brandenburg lag den Darstellungen Albrechts als heiliger Erasmus zugrunde, die Namensgleichheit zu Erasmus von Rotterdam bot später eine willkommene zweite Ebene der Allusion. Zu einer anderen Gewichtung bei der Interpretation siehe Edgar WIND, Studies in Allegorical Portraiture: Albrecht von Brandenburg as St. Erasmus. In: Journal of the Warburg Institute 1 (1937/38) S. 142–162.

53 Die Bilder behandelt bei PERRIG, Lucas Cranach (wie Anm. 7), dessen Interpretation ich nicht folgen kann. Meine hier vorgestellte Interpretation zu Albrecht als Hieronymus verdankt einem Gespräch mit Kurt Löcher, Nürnberg, eine Präzisierung. Allg. zu Hieronymus als dem Heiligen der Humanisten siehe Eugene F. RICE, Saint Jerome in the Renaissance (= The Johns Hopkins Symposia in comparative history 13). Baltimore, London 1985.

tung, ganz besonders aber im Hinblick auf die zeitgleiche Fertigsstellung der Kanzel, sind diese Bilder intentional sehr viel konkreter: Albrecht läßt sich als Hieronymus, dem Verfasser der Vulgata, darstellen und präsentiert sich damit als die Autorität, nach der sich die Bibelauslegung auszurichten hatte. Der Kirchenvater Hieronymus war der Urheber des bis in die Mitte des 16. Jahrhunderts als kanonisch geltenden lateinischen Bibeltextes, den er aus dem Hebräischen und Griechischen übersetzt hatte. Der Spruch des Kanzelkorbes war Albrechts Warnung vor der falschen Auslegung der Schrift. Die lateinische Vulgata sollte den Gelehrten vorbehalten bleiben, den nicht Schriftkundigen war eine andere Rolle zugewiesen, die der Bildbetrachtung. Etwas zusammenhangslos wirkt heute die Darstellung am Treppenaufgang zur Kanzel, die Christus vor der Kreuzannagelung und »Christus in der Rast«, darüber die Worte »Ecce homo«, zeigen. »Man wird kaum fehl gehen, hinter diesen Bildern die Aufforderung zur Betrachtung des leidenden Christus und seiner Nachfolger im Leiden zu sehen: d. h. hier ist die Frömmigkeit der ›Imitatio Christi‹ wirksam«[54]. Kähler konnte, da er den Heiligen- und Passionszyklus nicht kannte, diese Darstellungen und damit ihre Interpretation als nebensächlich bezeichnen. Bedenkt man aber, daß in den Seitenschiffen die Altäre mit den Darstellungen der Passion Christi, und unmittelbar neben der Kanzel der Dreikönigs-Altar mit der »Kreuzannagelung« standen, werden die Themen dieser beiden Kanzelreliefs verständlicher, ja sie unterstreichen eine immer wieder anzutreffende Hauptthematik im Stift, die Imitatiofrömmigkeit. Hier an dem Kanzelpfeiler hing auch das Dürer-Gemälde »Christus als Schmerzensmann«[55], auf dem ebenfalls die Worte »Ecce homo« zu lesen waren. Dieses und die anderen Bilder sind, vor allem auch im Hinblick auf die Inschrift der Kanzel, eine Aufforderung, keinen falschen Schriftauslegern sondern Christus und den Blutzeugen zu folgen. Die Kanzel scheint, nach der Fertigstellung des Heiligen- und Passionszyklus der Cranach-Werkstatt, diesen Aspekt noch einmal unterstreichen zu wollen. Albrecht in der Rolle des Heiligen Gregors an der Kanzel ist nämlich auch als ein kaum zu übersehender Hinweis zu deuten, daß der Kardinal – wie Gregor der Große – der Auffassung war, daß die Bilder das Buch für die Laien seien. Mit dem Zitat aus der Vulgata wurde den Reformationsanhängern eine deutliche Antwort gegeben. Damit wurde auch Karlstadt (und Gleichgesinnten) widersprochen, der 1522 in der Schrift »Von Abtuung der Bilder« schrieb: *Gregorius der bapst hat seiner bebstlicher Art nit vergessen und den Bildern die Ehre geben, die Got seinem Wort geben hat, und spricht, das Bildnis der leyhen Bücher seind*[56]. Der Cranach'sche Heiligen- und Passionszyklus war aber für Kardinal Albrecht genau eine solche Laienbibel, die das Bemühen um volkssprachliche Übersetzungen theologischer Texte unnötig erscheinen lassen sollte[57].

[54] KÄHLER, Sinngehalt (wie Anm. 47), S. 247.
[55] Sammlung des Grafen von Schönborn-Wiesentheid, Pommersfelden, Inventarnummer 248. Auf das Problem der Eigenhändigkeit kann hier nicht weiter eingegangen werden. Die Zuordnung zum Stift von mir; zuletzt behandelt wurde das Bild im Ausstellungskatalog: Die Grafen von Schönborn. Kirchenfürsten, Sammler, Mäzene. Nürnberg 1989, S. 354–356.
[56] Zitiert nach LAUBER, Flugschriften (wie Anm. 32), S. 104, 18–20.
[57] Keine zehn Jahre später versperrte sich auch Albrecht nicht mehr gegen eine deutsche Bibelübersetzung. 1534 erschien, noch vor Luthers Gesamtausgabe, die erste katholische Übersetzung der ganzen Bibel von dem Dominikaner Johann Dietenberger (1475–1537). Das Titelblatt zeigt u. a. Albrecht mit seinen Wappen.

Betrachtet man das Stift zu seiner »Blütezeit«, wird das Staunen des Sabinus verständlich. Mit beachtlichem materiellen Einsatz hatte Albrecht die Ausstattung nicht nur durch weitere Gemälde und Altäre, der Steigerung des Reliquienschatzes, sondern auch durch Gobelins, liturgische Gewänder, Antependien, liturgisches Gerät, Fahnen, Prozessionsbaldachine im Laufe der Jahre zu steigern gewußt. Ironie der Geschichte ist, daß das Stift von der allmählichen Festigung der Reformation in Halle sogar profitierte: Denn mußte eine Kirche oder ein Kloster wegen ausbleibender Gottesdienstbesucher bzw. wegen Nachwuchsmangel und Abwandern von Mönchen und Geistlichen geschlossen werden, fiel die Hinterlassenschaft dem Stift zu. Der bedeutendste Vorgang dieser Art ist mit der Auflösung und Einverleibung des Besitzes des Neuwerk Klosters, welches vor den Toren Halles lag, genannt. Die Steigerung der materiellen Pracht im Stift mag auch von der Wahl dieser Kirche als Grablege des Hohenzollernsprößlings beeinflußt worden sein. Die Nürnberger Vischer-Werkstatt hatte schon das Grabmal gefertigt. Der ursprüngliche Aufstellungsort im Kircheninnern bliebe noch zu rekonstruieren. Es scheint ein Grabgewölbe geplant gewesen oder gegeben zu haben, zu dem eine Treppe hinabführte. Ob Albrecht mit dieser Grablege die Bollwerkfunktionen des Stiftes auch für die Zukunft zu festigen trachtete? Auch wenn die Beurteilung des Anfangs der Stiftskirchenausstattung problematisch bleibt, und nur unbefriedigend mit »um 1520« angenommen werden darf, so gilt doch festzuhalten, daß das Stift seit der Mitte des dritten Jahrzehnts des 16. Jahrhunderts zum gegenreformatorischen Bollwerk geworden war. Eine Trutzburg, die durch Albrechts häufige langjährige Anwesenheit noch eine personengebundene Unterstützung erhielt. Sein letzter längerer Aufenthalt fiel in die Jahre 1533 bis 1538; Luther spottete in jenen Jahren mit dem Wortspiel *Hallisch – höllisch* und betitelte Albrecht als *hellischen Cardinal*[58]. Vorbereitet worden war Albrechts letzter mehrjähriger Hallenser Aufenthalt durch die Erarbeitung des Stiftsbreviers, welches in der handschriftlichen Fassung (1532) und im Druck (1534) überliefert ist[59]. Bis dato wurde in Halle das »Breviarium Magdeburgense« benutzt, welches Albrecht selbst 1514 bei Georg Stuck in Nürnberg neuauflegen ließ. Doch warum wich man nun, nach mehr als zehn Jahren des Gebrauchs von der Magdeburger Textvorlage ab? Die 1532 verfaßte Schrift belegt eindrucksvoll, daß Albrecht wiederum auf die Anfeindungen seines Heiligenkultes, über dessen Ausmaß man nicht nur in Wittenberg staunte, reagieren wollte. Für den Reliquienkult findet das beredten Ausdruck im Anhang, wo vermerkt wird: *Nota. Wie woll hie vorzeichnet, was man von Heiligtum und Kleinod zu den Festen soll aussetzen, Nicht desteweniger soll man stets daneben das Brevier ansehen, vff das man yme nicht zu wenig tut*[60]. Im Brevier wird minuziös die Verwendung aller liturgischen Ge-

---

[58] WA Br 7, Nr. 2215 (vom 31.7. 1535), S. 217, Z. 14.40.43; weitere Belege in Nr. 3046. Nr. 3086. Nr. 3789 und Nr. 3796.

[59] Das Ms. befindet sich heute in der Staatsbibliothek Bamberg, Ed. VI,3 = Lit. 119; der Druck des Hallenser Breviers erfolgte bei Melchior Lotter in Leipzig. Zu beiden siehe Andreas TACKE, Quellenfunde und Materialien zu Desideraten der Berliner Kirchengeschichte des 16./17. Jahrhunderts. Mit Anmerkungen zu dem Hallenser Vorbild Kardinals Albrecht von Brandenburg. In: Berliner Theologische Zeitschrift, Theologica Viatorum NF 5 (1988) S. 237–248, bes. S. 239 Anm. 5 und S. 247 Anm. 44.

[60] Staatsbibliothek Bamberg, Ed. VI,3 = Lit. 119, Bl. 195^r; der Teil mit den Vorschriften für die Aussetzung der Reliquien (Bl. 187^r–195^r), abgedruckt bei Paul WOLTERS, Ein Beitrag zur Geschichte

räte vorgeschrieben. Festgelegt wird, wie die Stiftsmitglieder, die Statuten führen 59 Personen an, sich zu kleiden hatten, wie ihre Aufstellung bei Prozessionen zu sein hatte. Leider verfügen wir über keine liturgiehistorische Arbeit, die die frühen und späten Hallenser Texte einmal untersucht hätte. Daß dies auch im Hinblick auf die hier aufgeworfene Fragestellung lohnend wäre, belegen nicht nur der Hinweis auf den Reliquienkult und seine liturgische Einbindung sondern auch die Abhandlung von Hans-Joachim Krause, der bei seiner vergleichenden Studie zum »Bild«-Gebrauch auf die Himmelfahrtzeremonie in Halle verweist und deren außergewöhnliche Pracht würdigt[61].

Die vom Autor festgehaltenen Beobachtungen lassen vermuten, daß wir auch Albrechts Hallenser Liturgie als einen Versuch ansehen dürfen, mit ihrer prachtvollen Ausgestaltung der Reformation zu opponieren. Ganz sicher gehörten für Albrecht auch diese aufwendigen und ungewöhnlich prunkvollen liturgischen Handlungen zu den »Lockmitteln«, durch die er »die Seelen der Einfältigen zum wahren Gottesdienst« einladen wollte. Daß dies nicht immer nur die strikte Fortführung und Steigerung des Überkommenen bedeuten mußte, sondern auch mit selbst auferlegten Reformen auf die lutherischen Einwände reagiert wurde, läßt sich mit einem anderen Dokument belegen. Mit Albrechts Zustimmung wurde vom Stiftspropst Michael Vehe (gestorben 1539) das deutsche (!) Kirchengesangbuch »Ein New Gesangbüchlien Geistlicher Lieder«, welches 1537 in Leipzig gedruckt wurde[62], herausgegeben. Die Musik spielte im Stift, wie wir durch die nach wie vor lesenswerte Studie von Walter Serauky wissen[63], eine große Rolle. Ins Profane übertragen würde man das Zusammenkommen der unterschiedlichen Künste als ein von Albrecht geschaffenes »Gesamtkunstwerk« ansehen.

Die von Albrecht während seines letzten längeren Aufenthaltes in Halle getroffenen gegenreformatorischen Maßnahmen, die Ausarbeitung einer neuen Liturgie, der Bau der Neuen Residenz und der Marienkirche lassen, trotz der stetig wachsenden Ablehnung durch die lutherisch gewordenen Landeskinder, auf keinerlei Ermüdungserscheinungen beim Kardinal schließen. Ganz besonders träfen seine anhaltende Schaffenskraft und sein Widerstandswillen auf die Gründung einer Universität zu, deren Einzelheiten aber noch im Dunkeln liegen. Auf eine solche Absicht könnte die Einverleibung Hallenser Klosterbibliotheken weisen, die Albrecht mit Nachdruck betrieb[64]. Eine dem Stift angegliederte Universität hätte ganz sicherlich ein Gegengewicht zur Wittenberger Hochschule gebildet. Der

---

des Neuen Stifts zu Halle (1519–1541). In: Neue Mitteilungen aus dem Gebiete historisch-antiquarischer Forschungen 15 (1882) S. 7–41, bes. S. 17–35.

61 Hans-Joachim KRAUSE, »Imago ascensionis« und »Himmelloch«. Zum »Bild«-Gebrauch in der spätmittelalterlichen Liturgie. In: Friedrich Möbius und Ernst Schubert (Hrsg.), Skulptur des Mittelalters. Funktion und Gestalt. Weimar 1987, S. 281–353, bes. S. 289–296 und S. 351 f. Allg. zur Liturgie und bildenden Kunst: Hans Ruedi WEBER, Die Umsetzung der Himmelfahrt Christi in die zeichenhafte Liturgie (= Europäische Hochschulschriften, Reihe Kunstgeschichte 76). Bern u. a. 1987.

62 Eine mit einem Geleitwort versehene Faksimileausgabe gab Walter LIPPHARDT (Mainz 1970) heraus. Zum Propst siehe Franz SCHRADER, Michael Vehe OP. In: Katholische Theologen der Reformationszeit, IV (= KLK 47). Münster 1987, S. 15–28.

63 Walter SERAUKY, Musikgeschichte der Stadt Halle, I: Von den Anfängen bis zum Beginn des 17. Jahrhunderts. Halle, Berlin 1935, S. 59–180.

64 Zu diesem Vorgang siehe die wenig beachtete Arbeit von Walter NISSEN, Studien zur Geschichte des geistigen Lebens in der Stadt Halle in vorreformatorischer Zeit. Phil. Diss. masch. Halle 1940 (vorgelegt 1938), bes. S. 82–102.

Rückzug des Brandenburgers aus Halle war keineswegs, wie immer behauptet, mit Zugeständnissen an die Vertreter der neuen Glaubenslehre verbunden gewesen[65]. Schon 1539 muß sich Albrecht mit dem Weggang aus Halle konkret beschäftigt haben, sein Testament vom 27. Januar 1540 enthält bereits die Aufteilung der Hallenser Kunstwerke[66]. Demnach *stund* Albrechts Hallenser Stift *nit fiel vber xxii Jar dar nach kunt Er in nit langer Ehalten und der Luther schoss in zu Boden*[67]. Mag sein, daß die Nachricht vom Ableben Georg des Bärtigen (1471–1539) beim Entschluß des Kardinals, die Saalestadt zu verlassen, eine Rolle spielte; denn mit dem Tod Georgs (am 17. April) war nun auch im Herzogtum Sachsen die Reformation nicht mehr aufzuhalten. Die schon längst geschwächte Position war ausweglos, der einstige Vorposten Roms war zu einem verlorenen geworden, eingeschlossen von Gebieten, die sich der Reformation zugewandt hatten. Der größte Teil der Stiftskirchenausstattung ging in das glaubensfeste Erzbistum Mainz, ganz besonders großzügig wurde Aschaffenburg bedacht. Albrechts letzte Residenz sollte das dortige am Main gelegene Schloß sein, welches den größten Teil der Hallenser Kunstwerke aufnahm. Im Markgräflerkrieg sollten sie 1552 verbrennen. Vieles spricht dafür, daß ein weiterer Teil in die Aschaffenburger Beginenkirche[68] kam, zu deren Vorsteherin er seine langjährige Hallenser Mätresse, Agnes Pless (um 1502–1547), machte[69], und anschließend ins dortige Stift St. Peter und Alexander gelangte. Diese Werke stellen heute die größte erhaltene Gruppe der für Halle in Auftrag gegebenen Kunstwerke dar und gelangte zum Teil in den Besitz der Bayerischen Staatsgemäldesammlungen.

Albrechts Mäzenatentum verdient es im Hinblick auf seine Verbindungen zu den Vorgängen der Reformation untersucht zu werden. Daß auch andere Motive seiner Kunstförderung zugrunde lagen, ist damit nicht in Abrede gestellt. In Zukunft wird es die Aufgabe der Kunstwissenschaft sein, Albrechts Einfluß auf die Kunst auch an weiteren Orten seiner Bistümer nachzuweisen. Doch auch andere Orte müßten einbezogen werden. So stiftete der Kardinal in Rom in der deutschen Nationalkirche Santa Maria dell'Anima eine Kapelle, die sogenannte Brandenburger oder Markgrafen-Kapelle, die von keinem geringeren als Francesco Salviati (1510–1563) ausgemalt wurde. Die Arbeiten zogen sich jedoch so lange hin, daß sie nicht mehr zu Lebzeiten des Hohenzollern abgeschlossen werden

---

65 Diese lange tradierte Behauptung ist nun gründlich widerlegt von Franz SCHRADER, Was hat Kardinal Albrecht von Brandenburg auf dem Landtag in Calbe im Jahre 1541 den Ständen der Hochstifte Magdeburg und Halberstadt versprochen? In: Ecclesia militans (wie Anm. 31), II, S. 333–361.

66 Staatsarchiv Würzburg, Mz. Urk. Libell 37. Leider sind die darin genannten Unterinventare offenbar alle verlorengegangen. Ein Abdruck des Testaments bei REDLICH, Cardinal Albrecht (wie Anm. 14), Beilage 37.

67 So der Kommentar des lutherisch gewordenen Seidenstickers Albrechts, Hans Plock, in einer Randnotiz seiner Lutherbibel (Staatliche Museen Berlin, Kupferstichkabinett: Inv. Nr. 387, Vorrede zum Propheten Daniel). Zu Plocks Randglossen siehe Hans KÖRBER, Mainz und Halle. Ein reformationsgeschichtlicher Spannungsbogen. In: Blätter für Pfälzische Kirchengeschichte und Religiöse Volkskunst 38 (1971) S. 682–691.

68 Dazu demnächst meine Abhandlung im Anzeiger des Germanischen Nationalmuseums (1992): Die Heiliggrabkirche der Beginen bei Aschaffenburg. Überlegungen zu einer Memorialkirche Kardinal Albrechts von Brandenburg mit Mutmaßungen zum Spätwerk Grünewalds.

69 Siehe Andreas TACKE, Agnes Pless und Kardinal Albrecht von Brandenburg. In: Archiv für Kulturgeschichte 72 (1990) S. 347–365.

konnten⁷⁰. Immerhin ist dort, ein durch die Phantasie Salviatis arg verfremdeter Albrecht kniend vor einer »Beweinung Christi« dargestellt. An den Stifter erinnern außerdem die beiden Heiligen Mauritius und Stephanus, die Heiligen von Magdeburg bzw. Halberstadt. Unklar bleibt, ob Albrecht auch in seiner zweiten römischen Titelkirche, S. Pietro in Vincoli, eine Stiftung hinterließ, da ein in den frühen römischen Stadtbeschreibungen⁷¹ genanntes *quadro con la Pietà, e le Marie* von *Alberto Duro Tedesco* sich heute nicht mehr in der Kirche befindet.

Albrecht von Brandenburg wurde als Beispiel für eine Überlegung gewählt, ob »Altgläubige« schon vor dem Tridentinum Kunst gegen die aufkeimende Reformation wandten und so auch mit den Mitteln der Kunst, eingebettet in weitere gegenreformatorische Maßnahmen, den alten Glauben zu halten und zu festigen suchten. Es müßte geklärt werden, wo sonst in dieser Form der Reformation getrotzt wurde. Herzog Georg von Sachsen dürfte dabei ein ebenso interessanter Auftraggeber gewesen sein wie Herzog Heinrich von Braunschweig-Wolfenbüttel (1489–1568). Oft dürfte die Aufdeckung der Zusammenhänge schwierig sein, denn diese Kunstwerke wurden von denen in Auftrag gegeben, die zu den späteren »Verlierern« gehörten. Ihr Schicksal dürfte denen von Halle ähnlich gewesen sein; über Jahrhunderte hinweg ist die Kenntnis über ihren ursprünglichen Bestimmungsort und Sinnzusammenhang verloren gegangen. Es ist aber zu hoffen, daß später einmal die zusammengetragenen Beispiele allgemeinere Aussagen zu den Themen der gegen-die-Reformation gerichteten Kunstwerke erlauben werden.

Es wird lohnend sein, auch jene Künstler in eine solche Untersuchung mit einzubeziehen, deren lutherische Standfestigkeit bisher erwiesen schien und denen man deshalb die Tätigkeit für Altgläubige nicht mehr »zumuten« wollte. Doch wenn man sich in Zukunft den Kunstwerken in der Zeit der Glaubensspaltung zuwendet, wird man die eine oder andere liebgewonnene Vorstellung über die Stellung und das Schaffen des Künstlers in der deutschen Reformationszeit aufgeben müssen. Um beim Beispiel zu bleiben: Albrecht von Brandenburg gewann für die malerische Ausstattung seines Stiftes Lucas Cranach d. Ä., also jenen Maler, dessen Name schon fast synonym für die Kunst der Reformation Verwendung findet. Eine Fülle von Beispielen der von ihm geschaffenen reformatorischen Bilder halten die zahlreichen Kataloge zu den Ausstellungen anläßlich des 500. Geburtstages von Martin Luther im Jahre 1983 in Berlin (Ost), Coburg, Hamburg, Nürnberg und Wolfenbüttel fest. Neuere Einzelstudien zu den von Lucas Cranach d. Ä. geschaffenen Bildern mit reformatorischem Inhalt, wie der Heiligen Sippe, Lasset die Kindlein zu mir Kommen, Christus und die Ehebrecherin, den Illustrationen der Lutherbibel, Gesetz und Gnade, der Himmelsleiter des heiligen Bonaventura und zum Bild des Gekreuzigten nach dem Verständnis Luthers, wobei einige Themen eine neue Interpretation erfuhren, andere wiederum zur Gänze Neuschöpfungen waren, liegen vor⁷². Die Ergebnisse können keinen Zweifel auf-

---

70 Zuletzt Luisa MORTARI, Francesco Salviati nella Chiesa di Santa Maria dell'Anima. In: Scritti di storia dell'arte in onore di Federico Zeri, I. Milano 1984, S. 389–400.
71 Zum Beispiel bei Giacomo PINAROLO, L'Antichità di Roma (...), II. Roma 1703, S. 155.
72 Christiane D. ANDERSSON, Religiöse Bilder Cranachs im Dienste der Reformation. In: Lewis W. Spitz u. a. (Hrsg.), Humanismus und Reformation als kulturelle Kräfte in der deutschen Geschichte. Ein Tagungsbericht (= Veröffentlichungen der Historischen Kommission Berlin 51). Berlin,

kommen lassen, daß Luthers Glaubensvorstellungen auch für die Kunst bahnbrechend waren. Ihm zur Seite stand Lucas Cranach d. Ä., der neben seiner hohen künstlerischen Begabung auch Organisationstalent und unternehmerischen Sachverstand mitbrachte, die es ihm erlaubten, eine umfangreiche Werkstatt zu unterhalten, die zudem noch neben der herkömmlichen Malerei auch die Druckgraphik und die Buchdruckerkunst beherrschte. Angesicht des Umfangs seines Œuvres müssen wir von einer Massenproduktion von reformatorischen Werken sprechen, ohne den negativen Beigeschmack der schlechten Qualität, der dem Begriff der Massenproduktion oft anhaftet. Aber Cranach war auch der Künstler der beachtlich zahlreichen Kunstwerke, die ihre Auftraggeber gegen die Vorstellungen der Wittenberger Reformatoren richteten. Wie immer auch Cranachs persönliche Glaubenseinstellung gewesen sein mag, er war unabhängig davon in der Lage, beide Seiten mit Kunstwerken zu beliefern, die diese in einen sich verschärfenden Glaubensstreit einbrachten. Es hat den Anschein, daß manches Urteil über Künstler und Auftraggeber mit dem neuzeitlichen Wissen über einen polarisierten Glaubenskampf zustande kam, wir zumindest bei den ersten Reformationsjahrzehnten nach der konfessionellen Abhängigkeit des Künstlers in jedem Einzelfall erneut fragen müssen. Für Cranach läßt sich in dieser Hinsicht eine Ungebundenheit konzidieren. Für den hier vorgestellten Kontext gilt, daß es dem Künstler noch möglich war, für zwei so unterschiedliche Auftraggeber wie Luther und Albrecht zu arbeiten. Ja, es spricht vieles dafür, daß Luther selbst Pate stand bei Werken für Altgläubige. Cranach wandte sich nämlich bei der Klärung von ihm ungewohnten Themen an die Wittenberger Theologen, zwei spätere Beispiele belegen das[73]. Es dürfte nichts dagegen sprechen, daß dies nicht auch früher schon gegolten hat. Reizvoll der Gedanke, daß Cranach sich bei Luther auch zu Einzelheiten für die Albrecht-Aufträge kundig machte.

New York 1981, S. 43–79; Peter MARTIN, Martin Luther und die Bilder zur Apokalypse. Die Ikonographie der Illustrationen zur Offenbarung des Johannes in der Lutherbibel 1522 bis 1546 (= Vestigia Bibliae 5). Hamburg 1983; Friedrich OHLY, Gesetz und Evangelium. Zur Typologie bei Luther und Lucas Cranach. Zum Blutstrahl der Gnade in der Kunst (= Schriftenreihe der Westfälischen Wilhelms-Universität Münster NF 1). Münster 1985; Gottfried SEEBASS, Die Himmelsleiter des hl. Bonaventura von Lukas Cranach d. Ä. Zur Reformation eines Holzschnitts (= Sitzungsberichte der Heidelberger Akademie der Wissenschaften Bericht 4). Heidelberg 1985; Dieter KOEPPLIN, Kommet her zu mir alle. Das tröstliche Bild des Gekreuzigten nach dem Verständnis Luthers. In: Wissenschaftliche Beibände zum Anzeiger des Germanischen Nationalmuseums 8 (1988) (= SVRG 194) S. 153–199.

73 Siehe WA Tr 1, Nr. 533a (Sommer und Herbst 1533), und den Brief Melanchthons vom 20.9.1544 an den Dichter Johannes Stigel (1515–1562) im CR V, 1838, Nr. 3099.

ALBRECHT VON BRANDENBURG ALS BÜCHERSAMMLER UND MÄZEN DER GELEHRTEN WELT

Sigrid von der Gönna

A: Albrecht als Büchersammler
I. Privatbibliothek und Bibliothek des Neuen Stifts zu Halle – Zeugnisse aus Albrechts Lebenszeit · II. Albrechts Verfügungen zugunsten der Mainzer Dombibliothek: Legat der Privatbibliothek, Schenkung der Stiftsbibliothek (1540) · III. Albrechts Bücher als Teilbestände (Albertinische Sammlungen) der Mainzer Dombibliothek (1540/47–1793). Ihre Zerstreuung und Vernichtung · IV. Ansätze zu einer Rekonstruktion der Bibliotheken Albrechts.

B: Albrecht als Mäzen der gelehrten Welt
I. Erscheinungsformen des literarischen Mäzenatentums, insbesondere zu Albrechts Zeit · II. Zur Charakteristik des Mäzens Albrecht · III. Das Beispiel Ulrich von Huttens · IV. Das Zeugnis der Panegyriker · V. Dedikationen als Indizien · VI. Gelehrte in Albrechts Hofdienst · VII. Gelehrte in Albrechts sonstigem Umkreis.

C: Der Büchersammler und der Mäzen – ihr Ruhm und Nachruhm

Als Sammler und Mäzen ist uns Albrecht heute vorwiegend im Bereich der Kunst gegenwärtig, wenig in dem der Bücher, des literarischen und wissenschaftlichen Lebens. Für das Sammeln bestand der Vorrang der Kunst schon im Bewußtsein der Zeitgenossen, nicht aber für das Mäzenatentum, durch welches dieser Fürst in beiden Sphären zumindest gleichermaßen, wenn nicht gar hauptsächlich in der literarischen und wissenschaftlichen glänzte.

Die Gründe dafür, daß das Büchersammeln Albrechts von Anfang an bis heute so sehr im Schatten seines Kunstsammelns gelegen hat, sind vielfältig. Sie lassen sich aber großenteils darauf zurückführen, daß das Büchersammeln in Albrechts Leben einen ganz anderen, wenn auch keinen unwichtigeren Platz als das Kunstsammeln einnahm. Auf die große Bedeutung, welche auch der Umgang mit Büchern für ihn hatte, weisen die beiden Porträts von Lucas Cranach d. Ä. aus den Jahren 1525 und 1527 hin, die Albrecht als heiligen Hieronymus im Gehäus bzw. »in der Einöde« darstellen[1]. Sie geben einen wesentlichen Aspekt seines Selbstverständnisses als eines erasmischen Humanisten wieder, und daß dies im Medium der Kunst geschieht, die er generell zur Selbstdarstellung gewählt hat,

---

[1] Vgl. Manfred VON ROESGEN, Kardinal Albrecht von Brandenburg. Ein Renaissancefürst auf dem Mainzer Bischofsthron. Moers 1980, S. 222 f. mit Farbtafel 2 und 3; Ludwig GROTE, Kardinal Albrecht und die Renaissance in Halle (= Der rote Turm 8/9). Halle 1930, S. 6 f. Zur erstgenannten Darstellung auch Horst REBER, Die Bildnisse des Kardinals Albrecht von Brandenburg. In: Albrecht von Brandenburg. Kurfürst, Erzkanzler, Kardinal 1490–1545. Ausstellungskatalog Landesmuseum Mainz, hrsg. von Berthold Roland. Mainz 1990, S. 83–98, hier S. 94 und Abb. 42.

drückt zugleich die unterschiedlichen Funktionen aus, die Buch und Kunst für Albrecht hatten.

Das Büchersammeln spielte sich im Gegensatz zum Kunstsammeln nicht auf der Schauseite von Albrechts Leben ab, und dies in mehrfachem Sinne. Es hatte weder die ästhetischen Bedürfnisse des Sammlers zu befriedigen, noch diente es der Repräsentation und Selbstdarstellung oder sollte eine breite Publikumswirkung erzielen. Infolgedessen erreichte es weder in der Substanz, an Umfang und Qualität, den Grad des Außerordentlichen, ja Spektakulären, der Albrechts Kunstsammlungen selbst in ihren einzelnen Komplexen – dem Halleschen Heiltum, den Gemälden, den Werken der Plastik und der Goldschmiedekunst, den Tapisserien – auszeichnete, noch war es von jener sorgsamen Verwaltung begleitet, die sich in detaillierten Verzeichnissen bis zur Übergabe an den Mainzer Dom niederschlug. Gerade weil Albrecht Kunstsammler im großen Stil war und als solcher auch bibliophiler Auftraggeber liturgischer und privatreligiöser Prachthandschriften, hatte er als Büchersammler ein sachlicheres, intellektuelles, nicht ästhetisches Verhältnis zu seiner Privatbibliothek und auch zu der Bibliothek des von ihm gegründeten Neuen Stifts zu Halle. Die Bibliophilie, die andere Sammler ihre Bücher mit schönen und charakteristischen Einbänden ausstatten und mit Exlibris oder Supralibros schmücken ließ, richtete sich bei Albrecht ausschließlich auf liturgische und Gebetbuchhandschriften von kunstobjektgleichem Rang, die deshalb außerhalb der Thematik der vorliegenden Untersuchung liegen. Daß für beide Bibliotheken, die Privatbibliothek und die hallische Stiftsbibliothek, die Besitzkennzeichnung der einzelnen Bände und die Bestandsverzeichnung unterblieben, hat sich aber auf die Erinnerung der Nachwelt und auf die Forschung sehr nachteilig ausgewirkt. Beide Sammlungen gingen dadurch weitgehend unidentifizierbar in der sehr viel berühmteren Mainzer Dombibliothek auf. Sie können nach dem Untergang ihrer meisten Bestände beim Dombrand vom 28. Juni 1793 nicht rekonstruiert werden und sind auch in dem, was sich versprengt in mehreren Bibliotheken erhalten haben mag, allenfalls teilweise erkennbar. Selbst das aber, was nachweislich die Zeiten überdauert hat, stellt nur selten eine sinnfällige Verbindung zur Person Albrechts her. Im Gegensatz dazu hat Albrecht in mehreren Porträts, porträthaften Heiligendarstellungen und in sonstigen auf ihn bezogenen Kunstwerken der Nachwelt ein imposantes Denkmal sehr persönlicher Art hinterlassen und hat außerdem durch sorgfältige Verzeichnung seiner Kunstschätze, insbesondere des Halleschen Heiltums, für einen wenigstens dokumentarischen Ausgleich der großen Verluste gesorgt, welche auch die Kunstsammlungen betroffen haben.

Neben diesen in der Sammlerpersönlichkeit Albrechts begründeten Faktoren haben historische und biographische Ereignisse dazu beigetragen, Albrechts Büchersammeln gegenüber dem Kunstsammeln in den Hintergrund treten zu lassen. Die hallische Stiftsbibliothek hat wegen der vordringenden Reformation nicht einmal die ihr zugedachte eingeschränkte Öffentlichkeit als Universitätsbibliothek erreicht, während Albrechts Kunstschätze in der Stiftskirche eine immense und breite Wirkung entfalteten. Das Scheitern des Universitätsplanes, kaum daß er gefaßt war, hat vermutlich auch den weiteren Bestandsausbau gebremst, so daß die Bibliothek beinahe in ihren Anfängen steckengeblieben ist. Seiner Aktivität als Büchersammler generell mögen ferner das Absinken der humanistischen Hochstimmung nach dem ersten Jahrzehnt seiner Regierung und die zunehmende religionspolitische Beanspruchung seiner Energien abträglich gewesen sein. Sein Kunstsammeln, das von Anfang an auf kirchliche Kunst konzentriert war, konnte ihn dagegen kontinuierlich durch das Leben begleiten. Auch haben die gewaltigen Verluste, welche die Kunst- und Büchersammlungen erlitten haben, letztere ganz besonders in ihrer Nachwirkung beeinträchtigt, weil ihre Überreste naturgemäß weniger Eigengewicht besitzen als jedes einzelne erhalten gebliebene Kunstwerk für sich.

Schließlich mußten die Bibliotheken außerdem von Natur aus eines Moments entbehren, das dem Ruhm und der Erforschung von Albrechts Kunstschätzen in gleicher Weise förderlich war, nämlich der direkten Korrelation mit dem Mäzenatentum. Als Kunstsammler zu einer Zeit, da die gesammelten Objekte in aller Regel noch Auftragsarbeiten waren, wirkte Albrecht zugleich als Mäzen, indem er mit seinen Aufträgen die materielle und künstlerische Existenz der betreffenden Künstler sichern half. Sammeln und persönliches Mäzenatentum waren nur verschiedene Aspekte ein und desselben Tuns. Daß Albrechts Kunstschätze aus der Hand der allerersten Meister ihrer Zeit kamen, prägte auch die Gestalt des Porträtierten und Auftraggebers besonders tief in das Bewußtsein der Nachwelt ein und regte die Forschung an. Beim Büchersammeln hat es eine solche Kongruenz mit dem Mäzenatentum nie gegeben, und es gab sie zu Albrechts Zeit auch selbst hinsichtlich der zeitgenössischen Autoren nicht mehr, da deren Werke Produkte des allgemeinen Büchermarktes waren. Gleichwohl bestand auch zwischen dem Büchersammeln und dem literarischen Mäzenatentum eine, wenn auch weniger augenfällige, differenziertere Wechselbeziehung.

Ein Büchersammler konnte – darin dem Kunstsammler ähnlich – zugleich als Mäzen wirken, aber im Sinne einer generellen Förderung der Wissenschaften, nicht der persönlichen Patronage. Sofern er eine öffentlich zugängliche oder körperschaftliche Bibliothek gründete oder vermehrte, wurde dies als institutionelles Mäzenatentum verstanden und gewürdigt, weil er damit das wissenschaftliche Leben durch eine Einrichtung bereicherte. Unter diesem Gesichtspunkt ist Albrechts Stiftsbibliothek in Halle zu sehen. Aber auch schon die Privatbibliothek eines Fürsten, der im Büchersammeln seinen gelehrten Neigungen folgte, wurde als Ehrung und damit indirekte Förderung der Wissenschaften anerkannt, in einer Zeit, da die Humanisten ihre Hoffnung auf die wissenschaftsfreundlichen Fürsten setzten und um das Ansehen ihrer, der »schönen« Wissenschaften *(bonae litterae)* kämpften. Umgekehrt wurde ein Mäzen der Gelehrten und Literaten von selbst auch zum Besitzer einer Büchersammlung, da ihm – wie Albrecht – von allen Seiten Dedikationsexemplare zugingen. Er erhielt sie zum Dank für und in der Hoffnung auf gewährte Gunst, aber auch nur zu seiner Ehrung als Schutzherr der Wissenschaften.

Es ist diese sekundäre, aus dem Mäzenatentum resultierende Form des Büchersammelns, welche über die thematische Verwandtschaft hinaus die beiden Teile der vorliegenden Untersuchung auch methodisch miteinander verbindet. Die Tatsache, daß Albrecht – ganz im Gegensatz zu seiner geringen Bekanntheit als Büchersammler – einer der berühmtesten Literaturmäzene seiner Zeit war, bietet eine gute Chance, wenigstens seine Privatbibliothek insoweit zu rekonstruieren, als sie aus Widmungsexemplaren bestanden hat. Das geringe Wissen über den Büchersammler, der kaum in Erscheinung getreten ist, kann auf diese Weise dank Albrechts Mäzenatenruhm erweitert werden.

A: *Albrecht als Büchersammler*

Die eingangs geschilderte Ausgangslage hatte zur Folge, daß Albrechts Bücherbesitz bisher nur in größeren Zusammenhängen gesehen, nicht aber von der Person Albrechts aus erforscht worden ist. Selbst den in Albrechts Auftrag entstandenen Prachthandschriften, die als liturgische und Gebetbuchtexte nicht zum Bibliotheksbestand gehörten, als bibliophile Kostbarkeiten höchsten Ranges dem Kunstsammeln und Kunstmäzenatentum zuzuordnen sind und deshalb hier nicht berücksichtigt werden, wurde erst 1975 eine gesonderte Untersuchung gewidmet[2]. Die beiden Bibliotheken, welche allein Gegenstand des vorliegenden Beitrages sind, fanden erstmals als Teile der Mainzer Dombibliothek eingehendere Beachtung 1897 durch Franz Falk[3]. Unter dem Aspekt der Vorgeschichte erschienen sie, herausgelöst aus dem Kontext der Mainzer Dombibliothek, 1982 in einer Ausstellung zur Geschichte der Hofbibliothek Aschaffenburg[4]; ausschlaggebend dafür waren die Prachthandschriften, da diese nach mehr als zwei Jahrhunderten über die Mainzer Dombibliothek in die Fürstliche Bibliothek in Aschaffenburg gelangten. Die hallische Stiftsbibliothek allein wurde 1900 durch Paul Redlich im Rahmen des Neuen Stifts, besonders in baulicher Hinsicht, kurz berücksichtigt[5] und 1940 mit großer Akribie von Walter Nissen[6] unter dem Gesichtspunkt des geistigen Lebens in Halle vor der Reformation untersucht, wobei die klösterlichen Stammbibliotheken den Ausgangspunkt bildeten. Den aus der Mainzer Dombibliothek nach Gotha verbrachten Bänden galten zu Beginn unseres Jahrhunderts zwei kleinere Untersuchungen von Rudolf Ehwald[7].

Auf der Grundlage dieser Forschungsbeiträge und durch weitergehende Auswertung der spärlichen und oft auch nicht eindeutigen Quellen wird im folgenden versucht, wenigstens eine ungefähre Vorstellung von den beiden Bibliotheken Albrechts zu gewinnen. Da die verstreuten Überreste die wichtigsten primären Quellen sind, ist es unerläßlich, den verworrenen Geschicken von Albrechts Bü-

---

2 Alfons W. BIERMANN, Die Miniaturenhandschriften des Kardinals Albrecht von Brandenburg (1514–1545). In: Aachener Kunstblätter 46 (1975) S. 15–310.

3 Franz FALK, Die ehemalige Dombibliothek zu Mainz, ihre Entstehung, Verschleppung und Vernichtung nach gedruckten und ungedruckten Quellen (= Zentralblatt für Bibliothekswesen Beiheft 18). Leipzig 1897.

4 Sigrid VON DER GÖNNA, Hofbibliothek Aschaffenburg. Ihre Geschichte in der Tradition der Kurfürstlich Mainzischen Bibliothek. Ausstellung im Schloß Johannisburg 17. Juli–30. September 1982. Wiesbaden 1982, bes. S. 17–42.

5 Paul REDLICH, Cardinal Albrecht von Brandenburg und das Neue Stift zu Halle 1520–1541. Eine kirchen- und kunstgeschichtliche Studie. Mainz 1900, bes. S. 105–107.

6 Walter NISSEN, Studien zur Geschichte des geistigen Lebens in der Stadt Halle in vorreformatorischer Zeit. Teil I: Die Ordensgeistlichkeit als Träger wissenschaftlicher Bildung in der Stadt [Teil II nicht vorhanden]. Diss. masch. Halle–Wittenberg 1940, S. 11–102. Beilage I. II. IV.

7 Rudolf EHWALD, Geschichte der Gothaer Bibliothek. In: Zentralblatt für Bibliothekswesen 18 (1901) S. 434–463, hier S. 439–442; DERS., Die Gothaer Handschriften aus dem Neuwerkskloster bei Halle. In: Oskar Döring und Georg Voß (Hrsg.), Meisterwerke der Kunst aus Sachsen und Thüringen. Magdeburg 1905, S. 85 f.

chern nachzugehen. Unabhängig von der Aussagekraft des gewonnenen Bildes aber tritt uns Albrecht daraus fast nur als Bücherbesitzer entgegen, kaum als Büchersammler. Die Quellen belegen nur Ergebnisse, nicht die Genese, die Wünsche und Bemühungen. Wie für andere Fragestellungen zur Person Albrechts sind auch für diese die Zeugnisse »ungemein spröde, höchst amtlich, sozusagen wie aus zweiter Hand«[8]. Zu erschließen ist der Büchersammler nur aus wenigen Andeutungen einiger Dedikatoren, also bezeichnenderweise aus Worten, die vorrangig den Mäzen charakterisieren.

I. PRIVATBIBLIOTHEK UND BIBLIOTHEK DES NEUEN STIFTS ZU HALLE – ZEUGNISSE AUS ALBRECHTS LEBENSZEIT

Aus Albrechts eigenen Äußerungen ist über seine Privatbibliothek nichts weiter zu erfahren als deren bloße Existenz, über die Stiftsbibliothek wenig mehr, verbunden mit Hinweisen auf den Unterbringungsort der Bibliotheken. In jedem Fall sind es knappe Anordnungen oder rechtliche Verfügungen, die beide Bibliotheken gleichzeitig betreffen. Das Verzeichnis dessen, was sich Albrecht zu Beginn des Jahres 1540 nach seinem Rückzug aus Halle von dort in sein Mainzer Erzstift nachsenden ließ, enthält die Anweisung: *Item die gantze Liberaria im Stiefft, sollen die bucher zu den andern in mein haus gethan werden. Doch das sie zuvorn gereyniget*[9]. Der Raum der Privatbibliothek, der »anderen Bücher in seinem Haus«, ist nicht eindeutig in der alten Moritzburg oder in dem seit 1531 begonnenen »Neuen Bau«, der Residenz, zu lokalisieren. Bis zur Vollendung des »Neuen Baus« im Frühjahr 1539 war jedenfalls die Moritzburg in Albrechts Lieblingsresidenz Halle sicherlich der Hauptstandort der Privatbibliothek, für welche ein großer Raum neben der Kapelle im nördlichen Obergeschoß angenommen wird[10]. Unklar ist ebenso der endgültige Standort der Stiftsbibliothek, als welcher für 1538 noch eindeutig der Raum im nördlichen Obergeschoß des »Neuen Baus« westlich der Kapelle bezeugt ist[11]. Die wichtigsten Zeugnisse für

8 Hans WOLTER, Kardinal Albrecht von Mainz und die Anfänge der katholischen Reform. In: Theologie und Philosophie 51 (1976) S. 496–511, hier S. 497.

9 StA Magdeburg, Rep. A 2, Nr. 791, fol. 52ᵛ; zit. auch bei REDLICH, Cardinal Albrecht (wie Anm. 5), Beilage 40a, S. 189; die Lesung *zu den andern* abweichend von Redlich (*zu dem andern*); Teil 2 des Verzeichnisses erwähnt nochmals *dy liberaria im Styfft*, ebd., Beilage 40b, S. 192. Zum Zeitpunkt Anfang 1540 vgl. ebd., S. 346.

10 Vgl. Hermann WÄSCHER, Die Baugeschichte der Moritzburg in Halle (= Schriftenreihe der Staatlichen Galerie Moritzburg in Halle 1). Halle 1955, S. 10 und Abb. 6. Offenbar aber hat Albrecht seine *neue behausung* (vgl. Anm. 11) nie bezogen, denn sämtliche bis 1544 ausgestellten Urkunden tragen die Angabe *St. Moritzburg*, vgl. REDLICH, Cardinal Albrecht (wie Anm. 5), S. 109.

11 Im Gegenbericht der Räte Albrechts von 1538 in der Sache des vormaligen Baumeisters Hans Schenitz wird *die schöne herliche liberey neben der capellen daran* erwähnt, vgl. REDLICH, Cardinal Albrecht (wie Anm. 5), Beilage 12, S. 35, zum Datum S. 105; dieselbe Lokalisierung bei Hans VOLKMANN, Frühe Bauten der Renaissance in Halle (= Schriftenreihe der Staatlichen Galerie Moritzburg in Halle 9). Halle 1956, S. 11. 13. Als letzten Standort macht Albrechts Hinweis auf seine *alte und neue behausung mit dem gewelbe, an berurter kyrchen* [Stiftskirche] *gelegen, darynne zcuvor dye liberey gewest*, 9. 5. 1541, StA Magdeburg, Rep. A 2, Nr. 791, fol. 38; vgl. REDLICH, Beilage 35, S. 155 f. – gegen REDLICHS Vermutung (S. 106) – am wahrscheinlichsten den großen gewölbten Raum in dem Gebäudekomplex, der sich von der Westseite der Stiftskirche bis hin zum Neuen Bau (Residenz) erstreckt (freundliche Mitteilung von Dr. Hans-Joachim Krause, Landesamt für Denkmalpflege Halle).

die beiden Bibliotheken sind die Verfügungen, die Albrecht am 27. Januar 1540 über sie traf: das Legat der Privatbibliothek an das Mainzer Domkapitel, die Schenkung der Stiftsbibliothek an den Mainzer Dom. Das Testament bezeichnet die Privatbibliothek als *unsere liberaria* und verdeutlicht deren privaten Charakter außerdem durch die im selben Absatz aufgeführten persönlichen Wertobjekte wie *unsere* Gold- und Silbermünzbücher, alle Porträtgemälde, ein *Indianisch federgewandt* (ein indisches – wohl seidenes – Bett) sowie Silbererzstücke[12]. Das beigegebene Inventar L bezog sich zwar auf alle in diesem Abschnitt genannten Objekte und hätte keinen Bibliothekskatalog ersetzt, wäre aber immerhin die einzige Quelle für Umfang und vielleicht auch Zusammensetzung der Privatbibliothek gewesen; es ist jedoch wie alle anderen im Testament erwähnten Inventare nicht erhalten[13]. Über die Stiftsbibliothek hat schon der originale Schenkungsbrief keine weiteren Angaben zur Größenordnung enthalten, als daß er sie *ein ehrlich bibliotheken*, eine ansehnliche Bibliothek, nennt. Einen Hinweis auf den vorwiegend, aber nicht ausschließlich theologischen Bestand kann man in der Zweckbestimmung der Schenkung sehen, *zu nutz und prauch der jhenigen so das wort gottes leren und verkundigen, auch aller so khunst und tugendt lieben*. Obwohl die mit dieser Urkunde geschenkte Bibliothek nicht als die hallische Stiftsbibliothek bezeichnet wird, geht die Identität zweifelsfrei aus den übrigen donierten Objekten hervor, welche alle Kirchenschätze aus dem Neuen Stift zu Halle sind: *kirchenzire, reliquien, heilthumb, clenodien, pontificalen und tapezereien*[14].

Dieses Gebäude, in welchem der Stiftspropst wohnte, wurde nach Aufhebung des Stifts Albrechts *alte behausung* genannt (REDLICH, S. 91). Die Bibliothek wäre so sehr zweckmäßig zwischen der Propstei und Albrechts neuer Residenz gelegen.

12 *Item setzen und legiren wir post mortem unserm dhumcapittel zu Meintz, unsere montzbucher, gulden und silbern, alle gemhalet contrafact, und Indianisch federgewandt, auch sylbere ertzstupffen Item unsere liberaria secundum Inventarium cum littera L*, StA Würzburg, MzUrk Libell 37, fol 11ʳ, abgedruckt bei REDLICH, Cardinal Albrecht (wie Anm. 5), Beilage 37, S. 177; VON DER GÖNNA, Hofbibliothek (wie Anm. 4), S. 32. Die typographische Zuordnung des Inventars L ausschließlich zur *liberaria* bei Redlich ist unrichtig. Zu den Bedeutungen von »federgewandt« u. a. vgl. Jacob und Wilhelm GRIMM, Deutsches Wörterbuch, 17 Bde. Leipzig 1854–1971. Die Bedeutung von »Münzbuch« als eine Art Sammleralbum für Münzen geht hervor aus einem Bericht der Aschaffenburger Beginenvorsteherin Agnes Plessin vom Januar 1546 (*die bucher mit den schonen frembden munzen welcher funf gewest, 2 bucher von gulden und 3 bucher von silbern muntz*, StA Magdeburg, Rep. A 2, Nr. 20, fol. 28ʳ) und aus den Domkapitelsverhandlungen über den Verkauf der Münzbücher, StA Würzburg, Mz. Domkap. Prot. 8, fol. 409ᵛ, 27. 5. 1547.

13 Kein Kriegsverlust 1945 im StA Würzburg; schon REDLICH, Cardinal Albrecht (wie Anm. 5) hatte die Inventare nicht mehr vorgefunden, vgl. S. 344 zum Inventar A.

14 ... *Das wir demnach ... in crafft einer rechten, stetten, und unwiderrufflichen ubergabe und donacion, so man nennet unther den lebenden ... donirn zustellen tradiren und vermoge dieß brieffs ubergeben, unser Ertzbischofflichen dhumkirchen zu Mentz ... nach benente kirchenzire, reliquien, heilthumb, clenodien, pontificalen und tapezereien ... Wir geben auch und donirn in crafft dietz brieffs gedachter unser dhumkirchen, ein ehrlich bibliotheken und liberey zu nutz und prauch der jhenigen ...*, vgl. zeitgenössische Abschrift des Schenkungsbriefes, dem Inventar der Kirchenschätze vorangestellt, StA Würzburg, MzUrk, Domkap. 24/37ᵃ, fol. 3ʳ–4ʳ, abgedruckt bei VON DER GÖNNA, Hofbibliothek (wie Anm. 4), S. 30.
Parallelabschriften: Bibliothek des Bischöflichen Priesterseminars Mainz, Sammelhandschrift von 1547 (Hs. 92), fol. 186ʳ–187ʳ, abgedruckt bei FALK, Dombibliothek (wie Anm. 3), Beilage 5; Bibliothek des Germanischen Nationalmuseums, Hs. 23077 (sog. Nürnberger Register), fol. 456ʳ–458ʳ, veröffentlicht von Hans BÖSCH, Die kirchlichen Kleinodien des Kardinals Albrecht, Erzbischofs und Kurfürsten von Mainz, Markgrafen von Brandenburg. In: Mitteilungen aus dem germanischen Nationalmuseum 2 (1887–1889) S. 123–152, hier S. 124–126.

Zeugnisse der persönlichen Verbundenheit Albrechts mit seinen Bibliotheken, des Büchersammlers, kommen ausschließlich aus der Feder Außenstehender, überwiegend von Autoren, die ihm ihre Werke gewidmet haben und durch eigene Anschauung oder aus Erzählungen von Albrechts Hofleuten nähere Kenntnis von den Verhältnissen hatten. Albrechts Hofastrologe Johannes Indagine, Pfarrer in Steinheim am Main, dem wegen Albrechts häufigerem Aufenthalt in der Aschaffenburger Residenz eine gute Vertrautheit mit der Lebensweise des Kardinals zugesprochen werden darf, überliefert in seinen Widmungsvorreden von 1522 und 1523[15] ein anschauliches Bild des lesenden Fürsten, eine verbale Parallele zu Cranachs Albrecht-Hieronymus-Porträts. Inmitten der Regierungsgeschäfte unterlasse es Albrecht nicht, *zu ettlichen stunden und zeyt etwas zu leßen und in loblichen künsten sich erkürtzweilen,* täglich »stehle« er sich die Zeit zur Lektüre[16]. Ganz ähnlich äußert sich der Humanist Johannes Sichardus, der solche Einblicke vor allem durch Albrechts Leibarzt Philipp Bucheimer gewonnen haben mag, in seiner Dedikation von 1530; soviel es ihm die Geschäfte erlaubten, suche Albrecht Ruhe bei den Wissenschaften[17]. Im Lichte dieser beiden Aussagen gewinnt die Darstellung Cranachs den Charakter eines Wunschbildes, dem sich der Fürst bei seinen vielfältigen weltlichen und bischöflichen Aufgaben nur ganz entfernt nähern konnte[18], und man mag darüber spekulieren, ob sein Verlangen, sich 1530 durch Bestellung eines Koadjutors etwas zurückziehen zu können[19], solchen gelehrten Neigungen entsprang. Es ist folgerichtig, daß Indagine und Sichardus auch die Privatbibliothek des lesenden Fürsten erwähnen, in welcher sie ihren Werken einen Platz wünschen. Insbesondere Sichardus bezeugt den planvoll tätigen Büchersammler, der so reichlich Bücher aus der ganzen Welt erwerbe und seine Bibliothek, bestens ausgestattet, für die Nachwelt bestimmt habe[20]. Eher auf

---

15 Lat. und dt. Ausgabe seines astrologischen Hauptwerkes, vgl. Anm. 382.

16 *Adeo nulla est dies, qua non furtivas horas suffureris ad legendum aliquid,* Bl. 2ᵛ; dt. Zitat Bl. a 2ᵛ.

17 ...*quantum per publica negocia impetrare potes, in literis conquiescis,* Vorrede zur Eucherius-Ausgabe von 1530, Bl. 2ʳ, vgl. Anm. 400.

18 Zum Mangel an Muße für die Lektüre vgl. z. B. Albrecht an Erasmus 13. 6. 1519, Opus epistolarum Des. Erasmi Roterodami, hrsg. von Percy S. ALLEN u. a., 12 Bde. Oxford 1906–1958, hier III, Nr. 988; zu seiner Flüchtigkeit, die ihn Erasmus' Ausgabe des NT mit dem AT verwechseln ließ, vgl. ebd., III, Nr. 661; vgl. auch Hans VOLZ, Erzbischof Albrecht von Mainz und Martin Luthers 95 Thesen. In: Jahrbuch der Hessischen Kirchengeschichtlichen Vereinigung 13 (1962) S. 187–228, hier S. 210 f. Für den Eifer und die Sorgfalt bei der Ausübung seiner bischöflichen und priesterlichen Amtshandlungen war Albrecht berühmt, vgl. Brief des Würzburger Weihbischofs Augustinus Marius vom 1. 9. 1538 an Albrecht, abgedruckt bei Valentin Ferdinand von GUDENUS, Codex diplomaticus, IV. Frankfurt, Leipzig 1758, S. 641–642, zit. auch bei VOLZ, S. 203; Friedhelm JÜRGENSMEIER, Kardinal Albrecht von Brandenburg (1490–1545). Kurfürst, Erzbischof von Mainz und Magdeburg, Administrator von Halberstadt. In: Albrecht von Brandenburg. Ausstellungskatalog (wie Anm. 1), S. 22–41, hier S. 34.

19 Vgl. Jakob MAY, Der Kurfürst, Cardinal und Erzbischof Albrecht II. von Mainz und Magdeburg, Administrator des Bisthums Halberstadt, Markgraf von Brandenburg und seine Zeit. Ein Beitrag zur deutschen Cultur- und Reformationsgeschichte 1514–1545, 2 Bde. München 1865–1875, hier II, S. 201 f.

20 ...*ut per nos bibliothecae tuae, quam conquisitis toto orbe terrarum libris munificentissime instruis, aliquid accederet*..., Vorrede zur Eucherius-Ausgabe von 1530, Bl. 3ʳ; ...*bibliotheca tua, quam diceris instructissimam posteritati destinasse,* Vorwort zur Chronik-Sammelausgabe von 1529, Bl. a 3ʳ; Indagine erwähnt Albrechts Bibliothek in der Vorrede zu seiner lat. Ausgabe von 1522, Bl. 3ᵛ.

die hallische Stiftsbibliothek als auf die Privatbibliothek verweist 1542 der Mainzer Medizinprofessor Jacob Curio mit der rühmenden Erwähnung der Bibliothek, welche der Fürst so reich ausgebaut habe[21]. Eindeutig der Stiftsbibliothek gelten die beiden stets zitierten Zeugnisse des Mainzer Artistenprofessors Nikolaus Rode (Rhodius) und des Theologen Georg Witzel. Dem Vergleich Rodes dieser Bibliothek, als der vornehmsten von allen, mit keiner geringeren als der ptolemäischen des antiken Alexandria[22] kommt in seiner enkomiastischen Übertreibung wenig Aussagekraft zu. Dagegen charakterisiert Witzel, der im nahen Eisleben wohnende Freund des Stiftsherren Crotus Rubeanus, die Bibliothek auf Grund eigener Anschauung als bestens ausgestattet, durch ihr Alter berühmt, in ihrer Größe bewunderungswürdig und hebt vor allem ihre Vielfalt an lateinischen und griechischen Autoren aller Art hervor[23]. Darüber aber, wie weit der Ruf der Stiftsbibliothek reichte, können die angeführten Zeugnisse allesamt nichts aussagen, da sie ausnahmslos aus dem Mainzer oder Hallenser Umkreis kommen.

Sowenig wie Größe und Bestandsstruktur der Stiftsbibliothek ist auch ihre Geschichte dokumentiert, etwa in der Gründungsurkunde des Stifts, durch eine Bibliotheksordnung, durch die Bestellung eines Bibliothekars, durch Zugangs- oder Rechnungsbücher. Sie ist nur zu erschließen aus der Entstehung des Stifts und aus den Bänden der Mainzer Dombibliothek, welche von den Stammbibliotheken des Stifts Zeugnis geben. Der Bestandsaufbau hat sich zunächst wie von selbst vollzogen im Zuge der Entwicklung des Kollegiatstifts, für welches die Bibliothek, ebenso wie für die geplante Universität, nur ein, wenn auch unverzichtbarer Bestandteil war. Gegründet 1520 als Stift des heiligen Moritz und der seligen Maria Magdalena vom Schweißtuch des Herrn durch Umwandlung des Hallenser Augustinerchorherrenstifts St. Moritz[24], wurde das Neue Stift während des

---

Sichardus kann nur die Privatbibliothek meinen, nicht die hallische Stiftsbibliothek, deren Bestimmung für die Nachwelt selbstverständlich war. Mit seinem Testament, durch welches er die Privatbibliothek tatsächlich der Nachwelt übergeben hat, war Albrecht bereits seit 1524 befaßt, vgl. Fritz HERRMANN (Hrsg.), Die Protokolle des Mainzer Domkapitels, III: Die Protokolle aus der Zeit des Erzbischofs Albrecht von Brandenburg 1514–1545 (= Arbeiten der Historischen Kommission für den Volksstaat Hessen). Paderborn 1932, ND Darmstadt 1974, S. 277.

21 ... *Bibliothecam, quam nunquam absque honoris praefatione nominandus Princeps noster locupletissimam instruxit*, Curio in der Widmungsvorrede an Herzheim zu seiner Gauricius-Ausgabe von 1542, vgl. unten S. 469 mit Anm. 453 sowie S. 473.

22 ... *sciant Alberti personam omnibus honoribus, omnibus titulis ... esse dignam, in comparandis undique bonis libris alterum Ptolemaeum, nam ut huius bibliotheca per Aegyptum celebris fuit, ita illius Hallis est omnium nobilissima*, Widmungsvorrede zu seiner Placentinus-Ausgabe von 1531, fol. 3^v; vgl. unten S. 459 f. mit Anm. 404.

23 Unter Hinweis auf die dem Freund Crotus Rubeanus zur Verfügung stehende Bibliothek ermahnt Witzel diesen zum publizistischen Kampf gegen die Reformation: *Postremo habes Bibliothecam instructissimam, omni utriusque linguae authorum genere variam, antiquitate praeclaram, magnitudine admirandam*, Georg WICELIUS, Epistolarum libri IV. Leipzig 1537, Bl. Rr 3^v, 11. 11. 1534. Witzel hat die Stiftsbibliothek nachweislich benutzt. In einem Brief vom 20. 3. 1558 an Arnold (Wien, Nationalbibliothek, Autograph 9/120-11; freundliche Mitteilung von Frau Dipl. theol. Barbara Henze, Freiburg) berichtet er von einem mozarabischen Missale, das ihm einst Kardinal Albrecht einzusehen erlaubt habe und über welches er in seinem Werk »Typus prioris Ecclesiae« (Teil 1 von »Form und anzeigung wie die heylige Catholische Kirch Gottes vor tausent mehr und weniger Jaren in aller Chrystenheit regiert und geordenet gewesen sei«. Mainz 1546, Bl. 19^r) geschrieben habe. Zu Witzel vgl. unten S. 449–451.

24 Vgl. REDLICH, Cardinal Albrecht (wie Anm. 5), S. 14–22.

nächsten Jahrzehnts durch Inkorporation anderer Klöster weiter bereichert. Als 1527 die hallischen Serviten ihr Kloster wegen des Übertritts vieler Mönche zur reformatorischen Lehre aufgeben mußten, kaufte Albrecht ihnen das Kloster mit allen Gütern und Mobilien für 500 Gulden ab[25]. Den bedeutendsten Zuwachs aber erhielt das Neue Stift durch die Einverleibung des ältesten und reichsten Hallenser Klosters, des Augustinerchorherrenstifts zum Neuen Werk bei Halle im Jahre 1530[26]. Alle drei Klöster haben dem Neuen Stift große Bücherschätze eingebracht. Die Klosterbibliothek von St. Moritz war 1502 ihrerseits durch den Bücherbestand des Klosters Mücheln bei Wettin vermehrt worden[27]. Dem Grundstock der neuen Stiftsbibliothek hinzuzurechnen ist außerdem die von Albrechts Vorgänger, Erzbischof Ernst, ererbte Bibliothek von unbekanntem Umfang und Charakter, aber offenbar selbst wieder in die Zeit von dessen Vorgängern zurückreichend[28].

Keine Kunde gibt es von der planmäßigen Erwerbung von Büchern, von den Eigenerwerbungen der Stiftsbibliothek, weder schriftliche Nachrichten noch Bände, die ihre Zugehörigkeit zu dieser Bibliothek bezeugten. Damit fehlt uns der Einblick in das geistige Leben des Neuen Stifts und in den Bestandsausbau des klösterlichen Grundstocks mit dem Ziel einer Universitätsbibliothek. Es ist außerdem nicht möglich, den Anteil Albrechts an der Entwicklung einzuschätzen, seine finanzielle Förderung aus persönlichen Mitteln und seine Einflußnahme auf die inhaltliche Ausrichtung des Bestandsaufbaus, wodurch allein der Bibliotheksgründer auch als Büchersammler in dem von Nikolaus Rode behaupteten Sinn (vgl. Anm. 22) gelten könnte. Eine Beteiligung Albrechts wird allerdings nicht nur durch seine vielfach bezeugte Liebe zu seinem Neuen Stift, durch seinen Universitätsplan, durch seine Sorge für einen herrlichen Bibliothekssaal (vgl. Anm. 11) wie auch durch das Eigentumsbewußtsein nahegelegt, das der Kardinal bei der späteren Schenkung an den Mainzer Dom zu erkennen gibt. Als gewisse Hinweise können auch dienen seine Dotierung des Stifts aus Eigenmitteln (?)[29], die rühmenden Worte Georg Witzels, daß Albrecht *Bibliotheken unter ungeheuren Kosten einrichte*[30], sowie die Tatsache, daß der Kardinal jedenfalls prächtige liturgische

---

25 Vgl. ebd., S. 45–46.
26 Vgl. ebd., S. 47–50. Von der Kartause Konradsburg bei Ermsleben im Harz, die Albrecht als Administrator von Halberstadt 1530 ebenfalls dem Neuen Stift inkorporierte (ebd., S. 51), sind keine Bücher bekannt, da die zur reformatorischen Lehre übergetretenen Mönche offenbar allen beweglichen Besitz mit sich genommen haben.
27 Vgl. Joh[ann] Christoph von Dreyhaupt, Pagus Neletici et Nudzici, oder Ausführliche diplomatisch-historische Beschreibung des ... Saal-Kreyses, T. 1.2. Halle 1755, hier II, Nr. 595, S. 933; Nissen, Studien (wie Anm. 6), S. 83.
28 Vgl. Erzbischof Ernsts testamentarische Verfügung von 1503: *Sust alle andere bücher in der librarey zu Gebichenstein ader andern enden, lateinisch ader deutzsch ... sollen unserm nachkomen desselbigen stiffts geantwurtit werden*, abgedruckt bei Redlich, Cardinal Albrecht (wie Anm. 5), Beilage I, S. 4. Die Einreihung von Ernsts Bibliothek in die Bestände des Neuen Stifts lag um so näher, als Albrecht mit der Gründung dieses Stifts ja den Plan seines Vorgängers ausgeführt hat. Zu überlieferten Büchern aus dem Besitz von Ernst und dessen Vorgängern vgl. unten S. 412f.
29 *Dotamus autem hoc nostrum institutum ... reliquis etiam bonis per nos donatis...*, Albrechts Fundations- und Dotationsbrief vom 28. 6. 1520, vgl. Dreyhaupt, Pagus (wie Anm. 27), I, Nr. 264, S. 883.
30 ... *quod novas bibliothecas instruit ingenti sumptu*, Widmungsvorrede zum »Hagiologium« von 1541, Bl. 5ᵛ. Vgl. unten S. 451.

Bücher für das Neue Stift auf eigene Kosten drucken ließ[31]. Angesichts der zweifellos engen Verbundenheit Albrechts mit seinem Stift verwundert es, daß eine Besitzkennzeichnung des Bibliotheksbestandes, sei es durch handschriftliche Besitzeinträge, durch Wappen-Supralibros oder vergleichbare Einbandstempelungen, unterblieben ist[32]. Als Überreste der Stiftsbibliothek sind deshalb für immer nur die Bände der klösterlichen Stammbibliotheken St. Moritz und Neuwerk erkennbar, da diese ihre primären Besitzkennzeichen tragen[33]. Da diese Grundstockbestände auch in ihrer Titel- und Signaturbeschriftung der Einbanddecken den ursprünglichen Zustand bewahrt haben und keinerlei Spuren ihrer späteren Eingliederung in die Stiftsbibliothek zeigen, erscheint es sogar möglich, daß die verschiedenen Provenienzgruppen nicht einmal in ein neues Aufstellungssystem integriert worden sind[34]. Vielleicht sollte die Bibliothek erst mit ihrem Status als Universitätsbibliothek ihre endgültige Gestalt erhalten und hat dieses Ziel nach dem alsbaldigen Scheitern des Universitätsplanes[35] nie mehr erreicht. Die Bibliothek scheint sich noch im Stadium des Provisorischen befunden zu haben, als sie 1540 mit dem Rückzug des Kardinals aus Halle bereits aufhörte, eine eigenständige Sammlung zu sein.

II. ALBRECHTS VERFÜGUNGEN ZUGUNSTEN DER MAINZER DOMBIBLIOTHEK: LEGAT DER PRIVATBIBLIOTHEK, SCHENKUNG DER STIFTSBIBLIOTHEK (1540)

Bei der Übergabe der beiden Bibliotheken an die Mainzer Dombibliothek sind drei Fakten von Relevanz: die rechtliche Verschiedenheit der Empfänger, die sehr viel nachlässigere Behandlung der Stiftsbibliothek verglichen mit den anderen Objekten der Schenkung, den hallischen Kirchenschätzen, und im Zusammenhang damit die Tatsache, daß die Frage nach Albrechts Rechten an der Stiftsbibliothek letztendlich ungeklärt geblieben ist.

Wurden die Bücher auch alle in der Mainzer Dombibliothek vereinigt, so unterschied Albrecht doch den Legatar der Privatbibliothek, das Domkapitel (vgl. Anm. 12), von dem Donatar, der »Erzbischöflichen Domkirche zu Mainz« (vgl.

---

31 So z. B. die zwei Lektionare (Leipzig: Lotter 1525), auf Pergament in Schwarz-Rot-Druck und mit zahlreichen Holzschnitt-Initialen geschmückt, *Impensis ... Alberti ... Cardinalis,* nach Aufhebung des Neuen Stifts an das Aschaffenburger Stift St. Peter und Alexander gegeben (heute Hofbibliothek Aschaffenburg, Sign.: A-443 und C-565).

32 Auch die liturgischen Bücher, wie z. B. die in Anm. 31 genannten Lektionare, tragen kein Besitzkennzeichen, sondern sind nur auf Grund ihrer Titel, d. h. ihrer liturgischen Bestimmung, dem Neuen Stift zuzuweisen.

33 St. Moritz: *Liber Sancti Mauricii in Hallis Ordinis Canonicorum Regularium.* Neuwerk: *Liber Beatae dei genitiricis Sanctique Alexandri Monasterii novioperis prope et extra muros hallenses Ordinis canonicorum regularium Sancti Augustini Magdeburgensis diocesis* und andere Varianten, vgl. VON DER GÖNNA, Hofbibliothek (wie Anm. 4), S. 19; NISSEN, Studien (wie Anm. 6), S. 180. Vom Servitenkloster haben sich keine Bände erhalten.

34 Die erhaltenen Rückenetiketten mit Kurztitel und Signatur (z. B. UB Würzburg) gehen auf die Neuordnung der Mainzer Dombibliothek 1723/27 durch Weyer (vgl. Anm. 55) zurück.

35 Nach dem Stiftungsbrief für die Universität von Kardinal Lorenzo Campeggi vom 27. 5. 1531 (DREYHAUPT, Pagus, wie Anm. 27, II, Nr. 359) ist nur noch im Juli 1531 in der »Apologia« des Joh. CROTUS RUBEANUS von dem Universitätsplan etwas zu hören, vgl. unten S. 425 mit Anm. 195 und S. 472 sowie REDLICH, Cardinal Albrecht (wie Anm. 5), S. 82–83.

Anm. 14). Die Stiftsbibliothek wurde damit Teil des Gotteshausvermögens und Eigentum der Kirchenstiftung oder Kirchenfabrik *(fabrica ecclesiae)*, war Anstaltsvermögen; ihre Verwaltung oblag dem Erzbischof im Verein mit dem Domkapitel. Das Domkapitel als kollegiale juristische Person wurde unabhängig davon Eigentümer der Privatbibliothek als Körperschaftsvermögens und ihr alleiniger Verwalter[36]. Die Unterscheidung wird in den Domkapitelsprotokollen strikt eingehalten (vgl. Anm. 43 und 53) und wirkt sich später auf die Besitzkennzeichnung der jeweiligen Bestände aus.

Die Hauptmasse der Schenkung, die hallischen Kirchenschätze, hat Albrecht auch in sein am selben Tag, dem 27. Januar 1540, in Aschaffenburg ausgestelltes Testament aufgenommen, während die Stiftsbibliothek offenbar Inhalt einer dem Testament angehängten »Nota« war (vgl. Anm. 43)[37]. Diese Verflechtung von Donation und Legat, die auch in den Domkapitelsprotokollen von September 1539 bis März 1540 festzustellen ist, und vor allem die auffällige Verzögerung der endgültigen Übergabe der geschenkten Kirchenschätze an die Verwalter der Kirchenfabrik bis wenige Monate vor Albrechts Tod[38] lassen die Donation de facto als eine Schenkung von Todes wegen erscheinen[39]. Dieses »aus letztwilliger und lebzeitiger Zuwendung gemischte Geschäft«[40] bot Albrecht die Möglichkeit, bis zu seinem Tode Eigentümer zu bleiben, aber die Gegenstände sofort und jederzeit tatsächlich zu übergeben, wie dies im Falle der hallischen Kirchenschätze und der Stiftsbibliothek angezeigt war. Auch konnte er damit – im Gegensatz zum Testament – die Verfügung unwiderruflich machen (vgl. den Text des Schenkungsbriefes, Anm. 14) und dadurch eine Rechtslage schaffen, die vom Erzstift Magdeburg schon zu seinen Lebzeiten nicht mehr anzufechten war. Im Hinblick auf den Aufschub der Eigentumsübertragung bis zu seinem Tode konnte er die Objekte der Schenkung noch einmal in das Testament einbeziehen, so daß dieses seine Zu-

---

36 Zur Unterscheidung vgl. Eduard Eichmann, Lehrbuch des Kirchenrechts auf Grund des Codex juris canonici, hrsg. von Klaus Mörsdorf, 3 Bde. Paderborn ¹¹1964–1979, hier I, S. 203. 438; Heribert Jone, Gesetzbuch der lateinischen Kirche. Erklärung der Kanones, 3 Bde. Paderborn ²1950–1953, hier II, S. 319 f.

37 Erwähnung der Kirchenschätze im Testament unter dem Hauptpunkt 3, bes. im Unterabschnitt 5, worin das Heiltum mit einem beigegebenen Inventar A genannt ist, vgl. Redlich, Cardinal Albrecht (wie Anm. 5), Beilage 37, S. 165–169, bes. ab S. 167. Schon Redlich (S. 344–346) hat auf die Doppelerwähnung in Testament und Schenkungsinventar hingewiesen, ohne aber dieses Inventar als Anhang des Schenkungsbriefes zu sehen; ähnliche Vermengung bei Falk, Dombibliothek (wie Anm. 3), Beilage 5, S. 144: Text des Schenkungsbriefes als Testament.

38 Die ab März 1540 sukzessive aus Aschaffenburg in den Mainzer Dom gelieferten Kirchenschätze (Protokollnotizen bis Juni 1540, vgl. Herrmann, Protokolle, wie Anm. 20, S. 857) wurden am 16. 3. 1540 *(tertia post dominicam Judica)* in Albrechts Beisein dem Domvikar und Sendnermeister Konrad Kling nur zur vorläufigen Verwahrung übergeben, vgl. Sammelhandschrift von 1547 (wie Anm. 14), fol. 187ᵛ. Kling hat diese Kleinodien nach seinem eigenen Zeugnis *vier* (vielmehr: fünf) Jahre in seiner *gwalt und custodia gehabt*, ehe er sie am 26. 3. 1545 endgültig den Verwaltern der Kirchenfabrik, Siegfried Hundt und Johannes Fock, übergab (ebd.).

39 Eine diesbezügliche mündliche Anordnung mochte Albrecht anstelle einer expliziten urkundlichen Bezeichnung für angemessen halten, da er sich schon seit Herbst 1539 dem Tode nahe fühlte, vgl. Redlich, Cardinal Albrecht (wie Anm. 5), S. 347.

40 Manfred Harder, Zuwendungen unter Lebenden auf den Todesfall (= Berliner juristische Abhandlungen 18). Berlin 1968, S. 69; zu diesem Rechtsinstitut im kanonischen Recht vgl. Eichmann/Mörsdorf, Kirchenrecht (wie Anm. 36), II, S. 514; Jone, Gesetzbuch (wie Anm. 36), II, S. 680.

wendungen an Dom und Kapitel vollständig enthielt. Es geschah wohl zur zusätzlichen Absicherung gegen eventuelle Ansprüche der Stifte Magdeburg und Halberstadt, daß er sich außerdem 1541 das Testament von Kaiser Karl V. und König Ferdinand bestätigen ließ[41].

Der gewisse Mangel an eigentumsrechtlicher Eindeutigkeit, der solchen Vorkehrungen wohl zugrunde lag, trat bereits bei den Verhandlungen zwischen Albrecht und dem Mainzer Domkapitel im September 1539 zutage und führte nach Albrechts Tod zu Rückforderungen durch die Stifte Magdeburg und Halberstadt. Bei beiden Gelegenheiten fand die Stiftsbibliothek neben den immensen Kirchenschätzen keine oder kaum eine Erwähnung. Sowohl die vom Domkapitel im September 1539 geäußerten Bedenken hinsichtlich des Verfügungsrechts Albrechts über die in Aussicht gestellten Geschenke und Legate (9. September) als auch Albrechts Bestätigung seiner Rechte (16. September) galten ausschließlich den Kirchenschätzen[42]. Die am Ende der Sitzung vom 9. September einmalig erwähnte Stiftsbibliothek, *libraria ad ecclesiam Mog*[untinam], zusammen mit dem Kinnbacken des heiligen Moritz, als Gegenstand einer dem Testament angehängten »Nota«, scheint von solchen Bedenken nicht berührt gewesen zu sein[43].

Aus der Sicht Albrechts war es nur konsequent, nach seinem Rückzug aus Halle, einer Folge der Reformation, und der Aufhebung des Neuen Stifts im Februar 1541[44] die Hauptmasse der dortigen Kirchenschätze sowie die Stiftsbibliothek nach Mainz zu transferieren. Der Mainzer Dom trat an die Stelle der hallischen Stiftskirche als glanzvoller Mittelpunkt von Albrechts kirchlicher Herrschaft und als seine künftige Grablege[45]; auch die vorwiegend religiöse Bestimmung der Stiftsbibliothek geht aus dem Schenkungsbrief klar hervor. Daß aber Albrechts Vorsichtsmaßnahmen, die Unwiderruflichkeit der Schenkung und die kaiserliche und königliche Testamentbestätigung, nicht unbegründet waren, zeigt die Rückforderung nach seinem Tod durch den Magdeburger Nachfolger und Vetter Johann Albrecht. Wiederum wird bei den nachfolgenden Auseinandersetzungen die Stiftsbibliothek nahezu stillschweigend übergangen. Zwar erwähnt Johann Albrecht in seiner Instruktion vom 28. Dezember 1545, die er den Abgesandten nach Mainz mitgab, im Anschluß an die Kirchenschätze, Urkunden und Privilegien auch die *bibliothecken*[46]. In seiner lange verzögerten Antwort vom

---

41 Drei Konzepte der kaiserlichen Bestätigung im HHStA Wien, Archiv des Reichshofrats, Serie »Confirmationes privilegiorum deutscher Expedition« Kart. 123/1 (freundliche Mitteilung von Dr. Leopold Auer, HHStA Wien). Zur kaiserlichen und königlichen Bestätigung vgl. auch Anm. 47 und 48.

42 9. September: StA Würzburg, Mz. Domkap. Prot. 6, fol. 321^r = HERRMANN, Protokolle (wie Anm. 20), S. 820–821; 16. September: Mz. Domkap. Prot. 6, fol. 324^v = HERMANN, Protokolle, S. 822.

43 *Nota: mandibula St. Mauricii, item libraria ad ecclesiam Mog. – Das angehenkt nota wirt pillich mit untertheniger danksagung angenommen und mit hochsten ehern[!] und vleysz verwart werden*, vgl. StA Würzburg, Mz. Domkap. Prot. 6, fol 323^r = HERRMANN, Protokolle (wie Anm. 20), S. 822.

44 Urkunde von Calbe 9. 2. 1541. Darin übergab Albrecht alle Güter, aus denen das Neue Stift sein Einkommen bezogen hatte, den Stiften Magdeburg und Halberstadt, ebenso einen Teil der Kirchenschätze den jeweiligen Domkirchen, vgl. REDLICH, Cardinal Albrecht (wie Anm. 5), S. 339–340. Beilage 33, S. 145–150.

45 Vgl. ebd., S. 347 f.

46 StA Magdeburg, Rep. A 2, Nr. 20, fol. 3^v = Konzept, abgedruckt bei REDLICH, Cardinal Al-

5. März 1546 weist Albrechts Mainzer Nachfolger Sebastian von Heusenstamm die Forderung generell mit formalen Begründungen, der kaiserlichen Testamentsbestätigung u. a., zurück, fügt aber das sachliche Argument hinzu, daß die Kleinodien *auf unseres stiffts costen und mit desselben grossen nachteil und schaden erzeugt* worden seien[47]. Von der Stiftsbibliothek aber ist in dem Antwortschreiben überhaupt nicht die Rede, und so fehlt auch jeder Versuch, Albrechts Verfügungsrecht über die Bibliothek mit dessen materiellen Zuwendungen für oder ideellen Verdiensten um diese zu begründen. Die Stifte Magdeburg und Halberstadt überzeugten sich an Hand der ihnen zur Einsichtnahme übersandten Dokumente von der Unanfechtbarkeit von Schenkung und Testament und quittierten unter förmlichem Verzicht auf weitere Forderungen die Rückgabe von *pontificalia, regalia, brieve, schlussel und sigill*[48].

Dem überragendem materiellen Wert der Kirchenschätze ist es auch zuzuschreiben, daß sich der vom Mainzer Domkapitel erzwungene Widerruf des Veräußerungsverbots, welches Albrecht in Schenkungsbrief und Testament aufgenommen hatte, ausschließlich auf die *clinodien und kirchengezirdt*, nicht etwa auch auf die Stiftsbibliothek bezieht[49]. Die sehr ungleiche Bewertung hat ferner zur Folge, daß die Übergabe der Stiftsbibliothek an den Mainzer Dom mit keinem Wort belegt ist, in scharfem Gegensatz zu der detaillierten Dokumentation der Kirchenschatz-Übergabe[50]. Als wahrscheinlichstes Datum der Überführung kommt der 16. März

---

brecht (wie Anm. 5), Beilage 44, S. 235; Reinschrift mit papiergedecktem Siegel: StA Magdeburg, Rep. U 1, Tit. VI, Nr. 7, fol. 1ᵛ. Nach dem Wortlaut des Konzepts war dem Kardinal von den Stiften und Domkapiteln der Gebrauch dieser Güter bis zu seinem Tod zugebilligt, danach aber die Rückgabe erwartet worden (fol. 3ᵛ–4ʳ). Nach Streichung dieses Passus beschränkt sich die Reinschrift auf die Feststellung, daß Albrecht diese Dinge bis zu seinem Tod behalten habe und daß dies *noch alles im erzstieft Meintz erhalten wirdet*. Das Datum der Instruktion, 28. 12. 1546 *(am tage Innocentiorum)*, ist entsprechend REDLICH auf das Jahr 1545 vorzuverlegen wegen des damaligen Jahresanfangs mit Weihnachten, vgl. »Weihnachtsanfang« bei Hermann GROTEFEND, Zeitrechnung des deutschen Mittelalters und der Neuzeit, 2 Bde. Hannover 1891–1898, hier I, S. 205.

47 StA Magdeburg, Rep. 2, Nr. 20, fol. 34ᵛ. Kurfürst Sebastian verweist darauf, daß Albrechts Testament *mit Bäbstlicher Heyligkeit zulassung und verwilligung uffgericht, auch zu mehreren uberflus durch* [Kaiser und König] *confirmirt und bestettigt* worden sei. In den Mainzer Domkapitelsprotokollen ist die Rückforderung unter dem 16. 1. 1546 behandelt, aber nicht abschließend, StA Würzburg, Mz. Domkap. Prot. 8, fol. 245. Das fast unleserliche Protokoll bricht am Ende von fol. 245ᵛ ab, und es folgen drei leere Seiten.

48 StA Magdeburg, Rep. 2, Nr. 20, fol. 30–31 (Abschrift) = REDLICH, Cardinal Albrecht (wie Anm. 5), Beilage 44, S. 244; Konzept: StA Magdeburg, Rep. U 1, Tit. VI, Nr. 8, fol. 4ʳ–5ʳ. Vor diesem Konzept und hinter Johann Albrechts Reinschrift der Rückforderungs-Instruktion liegt ein Verzeichnis von Schriftstücken (Rep. U 1, Tit. VI, Nr. 7, fol. 2ʳ–3ᵛ), die offenbar aus Mainz zur Kenntnisnahme übersandt worden sind, enthaltend u. a. Albrechts Testament (fol. 2ʳ, Nr. 1), Bescheinigung über Zustellung der Kirchenschätze an das Mainzer Domkapitel (ebd., Nr. 2), Revers des Domkapitels, die Bedingungen der Donation einzuhalten (ebd., Nr. 5) sowie die kaiserlichen und königlichen Testamentsbestätigungen (fol. 3ᵛ, Nr. 2 und 4).

49 Widerruf der Donations-Klausel *(Indultum ... Alberti de alienandis ... clinodiis...*, gefaltetes Pergamentblatt) vom 20. 9. 1545 *(Sontag nach Exaltationis Crucis)* mit kaum lesbarer Unterschrift des todkranken Kardinals und Siegel, StA Würzburg, MzUrk, Domkap. 18/71; im Schenkungsbrief hatte Albrecht die Bibliothek ausdrücklich in das Veräußerungsverbot einbezogen, vgl. VON DER GÖNNA, Hofbibliothek (wie Anm. 4), S. 30. Widerruf der Testamentsklausel vom 23. 9. 1545, am Tag vor Albrechts Tod, nur mit Siegel und notarieller Beglaubigung durch Johann Fabri, anhängend am Testament, vgl. StA Würzburg, MzUrk Libell 37 = REDLICH, Cardinal Albrecht, Beilage 37, S. 180.

50 Vor allem in der Sammelhandschrift von 1547 (wie Anm. 14), vgl. Anm. 38; vgl. auch Anm. 48 (Bescheinigung über Zustellung).

1540 in Betracht, als die Kirchenschätze in die Obhut des Sendnermeisters Konrad Kling gegeben wurden (vgl. Anm. 38)[51].

Dagegen wird die Übernahme von Albrechts Privatbibliothek, der *liberaria capitulo legata*, von den Domkapitelsprotokollen recht eingehend im Zusammenhang mit Baumaßnahmen in den Bibliotheksräumen bezeugt, und zwar erst im April 1547, eineinhalb Jahre nach Albrechts Tod. Die Bücher waren offensichtlich zunächst von Aschaffenburg, wo Albrecht seit seinem Weggang aus Halle fast ausschließlich residiert hatte, ins Schloß Steinheim am Main, eine zweite Sommerresidenz der Mainzer Kurfürsten[52], ausgelagert worden, bis notwendige Bauarbeiten für den Umzug der Dombibliothek in größere Räume durchgeführt waren. Am 2. April 1547 beschloß das Kapitel zum Betreff *liberaria capitulo legata, Herrn Ludwigen Carpentarij und Theobald Spengel hinuff gen Steynheym zu verordnen, die buch so weiland Herr Albrecht, Cardinal und Ertzbischoff zu Meintz, Churfurst hochloblich gedechtniß eynem hochwirdigen thumbcapitel legirt hat hieher zu pringen und wen solchs bescheen wollen alßdann meyne gn.herren die liberarei alhie besichtigen und widerumb notturfftiglich bauen und uffrichten lassen*[53].

III. ALBRECHTS BÜCHER ALS TEILBESTÄNDE (ALBERTINISCHE SAMMLUNGEN) DER MAINZER DOMBIBLIOTHEK (1540/47–1793). IHRE ZERSTREUUNG UND VERNICHTUNG

Nachrichten über die Vermehrung der berühmten Mainzer Dombibliothek durch Kardinal Albrecht setzen erst um 1720 ein. Zuvor haben weder Nicolaus Serarius 1604 noch der Kapuzinerpater Urban in seinem Handschriftenkatalog der Dombibliothek von 1654[54] diesen Zuwachs auch nur erwähnt. Über summarische Be-

---

51 Am Freitag, 12. 3. 1540, wird dem Domkapitel angekündigt, daß der Kardinal am Montag nach Judica (15. 3.) *das Heiltum und anderes gem. testament durch die testamentarien liefern lassen wolle*, StA Würzburg, Mz. Domkap. Prot. 6, fol. 358ᵛ = HERRMANN, Protokolle (wie Anm. 20), S. 842.

52 Erst im Sommer 1545 hatte sich der todkranke Kardinal von Aschaffenburg in die Mainzer Martinsburg begeben, vgl. MAY, Albrecht (wie Anm. 19), II, S. 475. 480. Albrecht hatte sich für den Fall seines Rücktritts wegen Alters oder Krankheit die Ämter Steinheim und Höchst zur Sicherung seines Unterhaltes vom Domkapitel bewilligen lassen, vgl. HERRMANN, Protokolle (wie Anm. 20), S. 825. 828. 834–835; vgl. auch VON DER GÖNNA, Hofbibliothek (wie Anm. 4), S. 33.

53 StA Würzburg, Mz. Domkap. Prot. 8, fol. 379ᵛ. Domkapitelsbeschluß vom 28. 1. 1547: *Deßgleichen ist beschlossen wie die liberaria alhie wiederumb zugericht damit die verschaffte buch von Steynheym darin geliefert und der notturfft nach gepraucht werden mogen*, StA Würzburg, Mz. Domkap. Prot. 8, fol. 361ᵛ. Nach Meinung von FALK, Dombibliothek (wie Anm. 3), S. 53–54, beziehen sich die angedeuteten Baumaßnahmen auf eine Verlegung der Dombibliothek von den beiden oberen Hallen des Ostchores in die gewölbten Räume (*conclave maius* und *conclave minus*) über dem Kreuzgang im Süden, in dessen größerem Raum (*conclave maius*) sie bis zum Dombrand 1793 verblieb. Diese Vermutung unterstützt von der letzten diesbezüglichen Protokolleintragung vom 30. 1. 1548 (Mz. Domkap. Prot. 9, fol. 14ʳ; lt. FALK, Dombibliothek, S. 54, vom 27. 1.), deren unklarem Wortlaut unter dem Betreff *liberariae structura* vielleicht zu entnehmen ist, daß Bücherbretter aus dem »Binger Gewölbe« (den oberen Hallen des Ostchores) in die neuen Bibliotheksräume gebracht werden sollen.

54 Nicolaus SERARIUS, Moguntiacarum rerum … libri quinque. Mainz 1604 (Kap. 35 über die Mainzer Bibliotheken). Urbans »Catalogus librorum manuscriptorum Bibliothecae S. Martini…«,

richte gehen aber auch die Autoren des 18. und frühen 19. Jahrhunderts nicht hinaus; sie gedenken vorwiegend der Handschriften und deren hallischer Herkunft und weisen in keinem Fall auf die verschiedenen Komplexe der hallischen Stiftsbibliothek und der Privatbibliothek hin. Der Domkaplan Johann Franz Jakob Weyer rühmt im Vorwort zu seinem handschriftlichen Dombibliothekskatalog von 1723/27 Albrechts Munifizenz, womit dieser der Bibliothek neuen Glanz verliehen habe durch eine Menge kostbarer und denkwürdiger Bücher *(multitudine librorumque memorabilium pretiositate)*[55]. Nach Georg Christian Joannis (1722) hat die Dombibliothek durch Albrecht keinen geringen Zuwachs erfahren, da die vorhandenen Handschriften großenteils *(magnam partem)* durch diesen aus Halle hierher gebracht worden seien[56]. Auch Philipp Wilhelm Gercken erfuhr bei seinem Besuch der Dombibliothek, daß Albrecht »vieles« von Magdeburg hierher gebracht habe[57]. Schließlich erwähnt 1827 Franz Werner die Bestandsvermehrung durch Albrecht »mit einer großen Anzahl schätzbarer Codices« aus Halle[58].

Die Dürftigkeit der Angaben, welche somit nichts zur Rekonstruktion der Albertinischen Sammlungen beitragen können, ist begründet und hat ihre Entsprechung darin, daß die Bücher Albrechts auf keine Weise gesondert behandelt wurden. Sie waren in der Aufstellung spätestens seit der Neuordnung der Bibliothek durch Pater Urban nach der Schwedenzeit vollkommen in den allgemeinen Bestand integriert[59] und wurden auch in den Katalogen nicht mit Provenienzvermerken versehen, selbst wenn sie ihre primären Besitzkennzeichen trugen wie die Stiftsbibliotheksbände aus St. Moritz und Neuwerk. Für die frühere Zeit läßt sich mangels überlieferter Verzeichnisse[60] nichts aussagen. Jedenfalls aber wurden die Bände selbst nicht als Schenkung bzw. Legat Albrechts ausgewiesen durch Donatoren-Exlibris oder vergleichbare sekundäre Provenienzeintragungen, welche die nur teilweise vorhandenen primären, nämlich die Besitzvermerke von St. Moritz und Neuwerk, ergänzt hätten. Selbst eine Kennzeichnung als Eigentum der Dombibliothek, der *libraria sancti Martini Moguntinensis*, unterblieb, die mit zugefügter Jahresangabe nach 1540 ebenfalls die Herkunft von Albrecht belegt hätte; generell sind Besitzeinträge nach 1479 nicht mehr vorgenommen worden[61]. Ein-

---

als Abschrift Zacharias Conrad von Uffenbachs in der StadtB Hamburg, vgl. FALK, Dombibliothek (wie Anm. 3), S. 30–31, vollständig abgedruckt als Beilage VII.

55 Johann Franz Jakob WEYER, Index atque series renovationis Bibliothecae Metropolitanae; begonnen 1723, vollendet 1727, Original in BSB München, Cod. bav. cat. 537, vgl. FALK, Dombibliothek (wie Anm. 3), S. 36–37, auszugsweise abgedruckt als Beilage VII, hier S. 159.

56 Georg Christian JOANNIS, Rerum Moguntiacarum volumen 1–3. Frankfurt a. M. 1722–1727, hier I, S. 109.

57 Philipp Wilhelm GERCKEN, Reisen durch Schwaben, Baiern ... in den Jahren 1779–1787, 4 Bde. Stendal, Worms 1783–1788, hier III, S. 42.

58 Franz WERNER, Der Dom zu Mainz und seine Denkmäler, 3 Bde. Mainz 1827–1836, hier I, S. 350.

59 Im 16. Jahrhundert ist eine separate Aufstellung denkbar, für die Privatbibliothek als Domkapitelsches Eigentum erscheint sie sogar naheliegend, vgl. Anm. 70.

60 Für 1585, nach Umzug und anschließender Neuordnung der Bibliothek, ist ein Inventar bezeugt, vgl. FALK, Dombibliothek (wie Anm. 3), S. 28.

61 1479 Eintragungen durch den Domsyndikus Macarius von Buseck: *Iste liber pertinet ad librariam sancti Martini Moguntinensis*. M[acarius] synd[icus] ssit [scripsit] 1479, vgl. FALK, Dombibliothek (wie Anm. 3), S. 2. Eine Variante in der Inkunabel I.t.f.38, UB Würzburg (HUBAY 2010).

zig das Domkapitel als Empfänger von Albrechts Privatbibliothek hat sein Eigentum durch den Eintrag *Canonicorum Moguntie* gekennzeichnet, jedoch – soweit bisher festzustellen ist – nur die Handschriften, nicht auch die Drucke (vgl. Anm. 78). Dieser Besitzvermerk findet sich in drei erhalten gebliebenen Handschriften aus der Privatbibliothek. Er gewinnt somit zugleich den Charakter einer sekundären Provenienzkennzeichnung, ist in anderen, neutralen Bänden zumindest ein starkes Indiz für deren Zugehörigkeit zu Albrechts Privatbibliothek, wenn auch die Möglichkeit sonstiger Eigenbestände des Domkapitels mit diesem Besitzvermerk nicht ganz auszuschließen ist. Primäre Besitzkennzeichnungen durch handschriftliche Einträge Albrechts oder durch eingeklebte Kupferstich-Exlibris von Dürers »Großem« oder »Kleinem Kardinal«, mit denen Albrecht seine Prachthandschriften versehen hat[62], sind für seine sonstige Privatbibliothek nicht bezeugt.

Vom ursprünglichen Umfang und Inhalt der Albertinischen Sammlungen aber könnten selbst die genannten Quellen des 17. und 18. Jahrhunderts keine Kunde mehr geben. Denn bereits vor dieser Zeit haben diese Bestände, wie der Altbestand der Dombibliothek auch, erhebliche Verluste durch Kriegsplünderungen erlitten. Davon betroffen waren hauptsächlich die neueren Bücher und somit Albrechts Privatbibliothek und die Eigenerwerbungen des Neuen Stifts, weniger der Altbestand der Stiftsbibliothek. Eine Ahnung vom Ausmaß dieser frühen Verluste vermittelt die Feststellung, daß von den Drucken und Handschriften, die Albrecht gewidmet und daher in seiner Privatbibliothek waren, nur weniger als die Hälfte noch im Dombibliothekskatalog von Weyer aus den Jahren 1723/27 enthalten ist und sich darüber hinaus auch nur wenig mehr aus dem Raubgut in fremden Bibliotheken erhalten hat. Die Hauptmasse dieser neueren verschleppten Bände ist beim Abtransport verlorengegangen; nur für vereinzelte Bände gereichte der Raub zur Rettung vor dem Mainzer Dombrand von 1793, dem sie – im Gegensatz zu einer Anzahl der ältesten rechtzeitig geflüchteten Handschriften und Inkunabeln – nicht entgangen wären. Dagegen entkam ein großer Komplex von Stiftsbibliotheks-Handschriften dem Dombrand dadurch, daß er im 17. Jahrhundert aus der Schwedenbeute nach Gotha gebracht wurde.

1. Handschriften für Ottheinrich von der Pfalz (1552–1554). Von der Heidelberger Bibliotheca Palatina in die Vatikanische Bibliothek (1623)

Unter den lateinischen Palatina-Handschriften der Vaticana sind neben 18 Codices aus dem Altbestand der Mainzer Dombibliothek[63] drei oder vier Handschriften aus Albrechts Privatbibliothek nachweisbar. Die drei bereits von Falk[64] ermittelten Widmungsexemplare Cod. Pal. lat. 850/II (Trithemus, Vita Rabani Mauri und Vita S. Maximi Moguntini), 952 (Peter Harer, De seditione rustica) und 1567/III (Peter Harer, Relatio de rebus Turcicis) mit der Besitzeintragung *Canonicorum Moguntie* sind es, welche diesen Besitzvermerk als wahrscheinliches Provenienzkennzeichen für eine vierte Handschrift ausgeben, für Cod. Pal. lat. 1497,

---

62 Vgl. VON DER GÖNNA, Hofbibliothek (wie Anm. 4), S. 27.
63 Mit der Besitzeintragung von 1479, vgl. Anm. 61.
64 Vgl. FALK, Dombibliothek (wie Anm. 3), S. 132–136, Nr. 11. 15. 16.

eine italienische Cicero-Handschrift aus dem 15. Jahrhundert[65]. Außer dieser kleinen Zahl identifizierbarer Dombibliotheks-Codices und Albertinischer Handschriften wurden in der Zeit von 1552 bis 1554 nach allgemeiner Annahme jedoch erheblich mehr Bände aus der Mainzer Dombibliothek nach Heidelberg verbracht, die entweder bisher nicht ermittelt worden sind oder für immer unerkennbar bleiben[66].

Zwei verschiedene Anlässe und Wege kommen für die Bücherverschleppungen nach Heidelberg in Betracht. In jedem Fall erfolgten sie im Auftrag oder zumindest zugunsten des passionierten Büchersammlers Ottheinrich von der Pfalz. Die überwiegende Zahl dürfte aus der Mainzer Beute des Markgrafen Albrecht Alcibiades von Brandenburg-Kulmbach im Zweiten Markgräfler Krieg von 1552 stammen[67]. Die damalige Plünderung der Mainzer Dombibliothek ist zwar nicht belegt, aber höchst wahrscheinlich allein schon durch die gesicherten Fakten: den vorbereiteten Abtransport der Speyerer Dombibliothek durch den Markgrafen an seinen Stiefvater Ottheinrich sowie die Plünderung des Mainzer Domes, wobei im besonderen der Raub von Kardinal Albrechts *Tapezereien*, liturgischen Geräten und Ornaten bezeugt ist[68]. Des weiteren ist sowohl für die Trithemius-Viten wie auch für die Handschriften Peter Harers die zweite mögliche Quelle der Mainzer Palatina-Bände fast auszuschließen, nämlich die für 1553 und 1554 dokumentierten Entleihungen, denen vermutlich keine Rückgabe folgte[69]. Dagegen war gerade Kardinal Albrechts Privatbibliothek ein naheliegendes Objekt der Plünderung sei-

---

65 Freundliche Mitteilung der bei der Katalogisierung der lateinischen vatikanischen Palatina-Handschriften an der UB Heidelberg zusammengestellten Provenienzliste durch Dr. Ludwig Schuba. Handschriften aus St. Moritz und Neuwerk sind nicht darunter. In Cod. Pal. lat. 952 fehlt der Besitzeintrag.

66 Griechische und deutsche Handschriften sind bisher nicht bekanntgeworden. Alle bisherigen Kataloge der mehr als 6000 Palatina-Drucke in der Vaticana sind nicht durch Provenienz-Register erschlossen, weder der von Henry STEVENSON jun. (Rom 1886–1891), für die lateinischen Drucke ergänzt durch Giovanni MAZZINI 1953, noch die 1989 angelaufene Microfiche-Volltext-Edition unter dem Titel: Bibliotheca Palatina. Druckschriften, hrsg. von Leonard BOYLE und Elmar MITTLER. München u. a. 1989 ff.

67 Das Ausmaß der Plünderung wäre bekannt, könnte man die 400 abgelösten Bücherdeckel, welche Weyer 1723 bei seiner Neuordnung der Dombibliothek in einer Kiste fand und auf die Schwedenbeute von 1632/35 zurückführte (vgl. FALK, Dombibliothek, wie Anm. 3, S. 37) statt dessen eindeutig mit dem Raub durch Albrecht Alcibiades in Zusammenhang bringen (diese Möglichkeit erwogen auch von Gustav BINZ, Literarische Kriegsbeute aus Mainz in schwedischen Bibliotheken. In: Mainzer Zeitschrift 12/13 (1917/18) S. 157–165, hier S. 161). Zu klären ist die Frage nicht. Alle genannten Mainzer Palatina-Handschriften – gleich fast allen lateinischen und griechischen Codices – wurden in Rom neu gebunden, vgl. Ilse SCHUNKE, Die Einbände der Palatina in der Vatikanischen Bibliothek, I–II,1.2 (= Studi e testi 216–218). Città del Vaticano 1962, hier I, S. 9. Die Einbandbeschreibungen in II,2. Es läßt sich deshalb nicht erkennen, ob die Handschriften mit oder ohne Einbände von Mainz nach Heidelberg gebracht worden sind. Für den Zusammenhang der 400 abgelösten Bücherdeckel mit der Plünderung von 1552 spricht allerdings die Tatsache, daß alle in Schweden erhaltenen Beutestücke aus Mainz und anderen Bibliotheken ihre originalen Einbände haben.

68 Vgl. FALK, Dombibliothek (wie Anm. 3), S. 59–60.

69 Zu diesen Entleihungen vgl. ebd., S. 60–61. 84–85; Karl SCHOTTENLOHER, Pfalzgraf Ottheinrich und das Buch. Ein Beitrag zur Geschichte der evangelischen Publizistik (= RST 50/51). Münster 1927, S. 12; VON DER GÖNNA, Hofbibliothek (wie Anm. 4), S. 34. Werke von Peter Harer, der Kanzleisekretär seines Onkels Kurfürst Ludwigs V., war und vermutlich bis 1555 in Heidelberg lebte, hätte Ottheinrich wohl nicht aus Mainz ausleihen müssen.

nes protestantischen Verwandten Albrecht Alcibiades[70]. Ottheinrich hat die daraus geraubten Handschriften während seiner folgenden Regierungszeit als Kurfürst von der Pfalz (1556–1559) offenbar nicht in seiner Kammerbibliothek im Schloß behalten, sondern der öffentlichen Bibliotheca Palatina, der »Landbibliothek« in der Heiliggeistkirche, übergeben[71]. Deren Hauptbestand sowie 132 Bände der Kammerbibliothek wurden 1623 als Geschenk des Herzogs Maximilian I. an Papst Gregor XV. in die Vatikanische Bibliothek gebracht[72].

Abseits dieses Hauptweges haben andere Teile der Palatina und der überwiegende Bestand der Kammerbibliothek viele Stationen auf ihren Wanderungen durchlaufen[73]. In keiner der letzten Empfänger-Bibliotheken sind bisher Bände aus den Albertinischen Sammlungen oder dem sonstigen Bestand der Mainzer Dombibliothek bekanntgeworden, sei es nun mangels solcher Überreste, sei es mangels ihrer Erkennbarkeit oder mangels Provenienzerschließung in den betreffenden Bibliotheken[74].

2. Schwedische Kriegsbeute (1632–1635), ihre Überreste in Uppsala und Gotha

Im Gegensatz zur Plünderung im Markgräflerkrieg, die nur aus den Mainzer Palatina-Bänden zu erschließen ist, wird eine umfangreiche schwedische Bücherbeute vielfach überliefert, vom Zeitpunkt der anschließenden Bibliotheksneuordnung 1654 durch Pater Urban an bis zum Ende des 18. Jahrhunderts. Nach Georg Christian Joannis (1722) wurde die Dombibliothek damals *misere ... expilata,* ihrer Drucke sogar größerenteils *(maiore ex parte)* beraubt, nach Würdtwein (1787) ebenso ihrer Handschriften. Joannis und Weyer bekräftigen die hohen

70 Albrecht Alcibiades war ein Sohn des Markgrafen Kasimir von Brandenburg, eines Vetters des Kardinals. Der Vorgang könnte zugleich darauf hindeuten, daß die Privatbibliothek damals noch separat aufgestellt und deshalb von Albrecht Alcibiades leicht zu erkennen war, vgl. Anm. 59.

71 Erwiesen ist dies für Harers »De seditione rustica«, da 1611 Marquard Freher diese Handschrift unter dem latinisierten Autorennamen Petrus Crinitus *ex Bibliotheca Palatina Electorali* ediert hat, vgl. M. FREHER, Germanicarum rerum scriptores aliquot insignes, III. Hannover 1611, Bl. 5ᵛ Inhaltsverzeichnis, S. 194–232 Text.

72 Vgl. SCHOTTENLOHER, Ottheinrich (wie Anm. 69), S. 17–18. 30; Elmar MITTLER u. a. (Hrsg.), Bibliotheca Palatina. Katalog zur Ausstellung vom 8. Juli bis 2. November 1986 Heiliggeistkirche Heidelberg. Heidelberg 1986, S. 1.

73 Vgl. dazu insgesamt MITTLER, Bibliotheca Palatina (wie Anm. 72), S. 483–493. – 1. Endstation StadtB Mainz: Mindestens 300 Palatina-Drucke, die nicht in die Vaticana kamen, gelangten über das Heidelberger und Mainzer Jesuitenkolleg, sodann über die alte Universitätsbibliothek Mainz dorthin, darunter 58 Ottheinrich-Bände, vgl. ebd., S. 412. 420. 483; VON DER GÖNNA, Hofbibliothek (wie Anm. 4), S. 35; Helmut PRESSER, Unbekannte Ottheinrich-Bände in Mainz. In: Gutenberg-Jahrbuch 30 (1955) S. 281–290. – 2. Endstation BSB München: Dorthin Palatina-Bände teils direkt, teils über die Mannheimer Hofbibliothek Karl Theodors, dazu große Teile der Kammerbibliothek über die Schloßbibliothek Neuburg/Donau (1909 »Neuburger Auslieferung« aus der Provinzialbibliothek Neuburg). Die 98 Neuburger Handschriften verzeichnet bei Hermann HAUKE, Katalog der lat. Handschriften der Bayerischen Staatsbibliothek München. Clm 28111–28254 (= Catalogus codicum manu scriptorum Bibliothecae Monacensis 4,7). Wiesbaden 1986. Die Neuburger Inkunabeln verzeichnet bei Ilona HUBAY, Incunabula aus der Staatl. Bibliothek Neuburg/Donau. In der Benediktinerabtei Ottobeuren (= Inkunabelkataloge bayerischer Bibliotheken). Wiesbaden 1970. – 3. Viele Bibliotheken mit einzelnen versprengten Stücken, u. a. LB Kassel, Stadt- und UB Köln, LB Darmstadt.

74 Die einzigen in der StadtB Mainz bis jetzt nachgewiesenen Bände aus der hallischen Stiftsbibliothek sind dorthin nicht über die Palatina gekommen, vgl. unten S. 401, 406, 409.

Verluste mit den darauf bezüglichen Inschriften, die nach der Schwedenzeit über den beiden Bibliothekstüren angebracht wurden[75].

Von den Albertinischen Sammlungen wie von der Dombibliothek insgesamt waren die neueren Drucke einerseits, die Handschriften und Inkunabeln andererseits Gegenstand zweier ganz verschiedener Beuteanteile und Zweckbestimmungen. Die Hauptmasse gehörte zu den planmäßig ausgewählten Büchern, die zusammen mit den Beständen der Universitätsbibliothek und dem Rest der Kurfürstlichen Bibliothek 1635 mit dem zweiten Transport nach Schweden abgingen und insbesondere für das Gymnasium Arhusiense in Västerås bestimmt waren. Entsprechend diesem und dem generellen Verwendungszweck der schwedischen Bücherbeute galt die Auswahl neueren Büchern, die von praktischem Wert waren, und betraf somit hauptsächlich Albrechts Privatbibliothek und die neueren Eigenerwerbungen der hallischen Stiftsbibliothek[76]. Die gesamte Fracht dieses zweiten Transports ist in der Ostsee untergegangen. Für diese neueren Drucke bedeutete deshalb die Schwedenbeute nicht die Rettung vor der Vernichtung, welcher sie später auch beim Mainzer Dombrand von 1793 anheimgefallen wären. Erhalten haben sich in Schweden nur Einzelstücke, die vor der Konfiskation aus der Dombibliothek geraubt worden waren. Gemeinsam mit dem Hauptbestand der Kurfürstlichen Bibliothek und Bänden aus mehreren anderen Mainzer Bibliotheken müssen sie bereits mit dem ersten Transport Anfang 1632 weggebracht worden sein, welcher sein Ziel, die Universitätsbibliothek Uppsala, erreichte[77]. Aus den Albertinischen Sammlungen sind darunter bislang nur zwei Drucke aus Albrechts Privatbibliothek nachgewiesen, kenntlich als Dedikationsexemplare des Verfassers Friedrich Nausea[78].

Nach anderen, bibliophilen Gesichtspunkten wählte Herzog Bernhard von Weimar, dem als General in schwedischen Diensten ein Anteil an der Beute über-

---

75 P. Urban verzeichnete die Codices, *qui post non satis deplorandam depopulationem devastationemque Suecicam remanserunt* (aus dem Vorwort), vgl. FALK, Dombibliothek (wie Anm. 3), Beilage VII, S. 145; JOANNIS (wie Anm. 56), S. 109–110; Stephan Alexander WÜRDTWEIN, Bibliotheca Moguntina. Augsburg 1787, S. 9; WEYER, Index (wie Anm. 55), Teilabdruck bei FALK, Dombibliothek (wie Anm. 3), S. 160. Über die Schwedenbeute in Gotha zuerst Ernst Salomon CYPRIAN, Catalogus codicum manuscriptorum Bibliothecae Gothanae. Leipzig 1714.

76 Als einzige Zimelie unter den entführten neueren Drucken nennen JOANNIS (wie Anm. 56), S. 109, und WEYER, Index (wie Anm. 55), S. 160, die »Polyglotta regia«, die achtbändige Antwerpener Polyglottenbibel, 1569–1573 im Auftrag König Philipps II. von Spanien bei Plantin gedruckt und der Dombibliothek von Herzog Karl von Lothringen geschenkt.

77 Zu den Vorgängen im einzelnen vgl. VON DER GÖNNA, Hofbibliothek (wie Anm. 4), S. 35–36. 75–81. S. 81 auch über mögliche weitere Bibliotheken, in welche versprengte Mainzer Bände aus der Schwedenbeute gelangt sein können. Aus den Albertinischen Sammlungen sind unter diesem Streubesitz bisher keine Bände bekanntgeworden.

78 Vgl. dazu unten S. 414 und S. 448 f.; vgl. VON DER GÖNNA, Hofbibliothek (wie Anm. 4), S. 22–23, Nr. 2 und 3. Diese Drucke tragen nicht den Besitzeintrag *Canonicorum Moguntie* und lassen deshalb darauf schließen, daß der Eintrag den Handschriften vorbehalten war (vgl. oben S. 396). Die Möglichkeit, daß Albrecht die beiden Widmungsbände der Stiftsbibliothek übergeben hat, ist auszuschließen; denn zum Zeitpunkt des Erscheinens des einen Drucks, 1543, war die Stiftsbibliothek bereits in den Mainzer Dom gebracht worden. Als weitere Beutestücke aus der Dombibliothek sind bisher in Uppsala zwei Dedikationsbände für Albrechts Nachfolger Sebastian von Heusenstamm nachweisbar (vgl. ebd., S. 44 Anm. 12), dazu vermutlich zwei Bände, welche laut handschriftlicher Eintragung kurfürstliche Schenkungen an die *Bibliotheca Moguntina* (wohl Dombibliothek) waren, vgl. ebd., S. 54 Anm. 31.

lassen wurde. Er beschränkte sich dabei auf die Dombibliothek, die für ihre Schätze berühmt war. Die 70 Mainzer Dombibliotheks-Handschriften aus Bernhards Besitz, heute in der Forschungsbibliothek Gotha, sind der weitaus größte entfremdete und gerettete Bestandskomplex aus dieser Bibliothek[79]. Ebenso bilden die darunter befindlichen 45 Handschriften aus der hallischen Stiftsbibliothek (36 aus Neuwerk, neun aus St. Moritz)[80] die mit Abstand umfangreichste Gruppe von Überresten aus der Stiftsbibliothek und aus den Albertinischen Sammlungen überhaupt[81]. Abgesehen von einer einzigen Ausnahme (Boethius, De consolatione philosophiae) sind es allesamt Bibeln und Bibelkommentare und offensichtlich ihrer schönen Ausstattung wegen, nicht – wie manche älteren Dombibliothekshandschriften – wegen ihres Wertes für die Textüberlieferung ausgewählt. An Drucken aus der hallischen Stiftsbibliothek sind mangels weitergehender Provenienzerschließung des Gothaer Bestandes nur die drei bereits von Ehwald[82] ermittelten bekannt: eine Bibel-Inkunabel und ein Bibel-Frühdruck aus dem Neuwerkskloster, eine Bibel-Inkunabel aus St. Moritz.

3. Die Rettung älterer Bestände vor dem Dombrand (1793), ihre Verteilung auf die Kgl. Hofbibliothek in München und die Universitätsbibliothek Würzburg (1824)

Beim Mainzer Dombrand vom 28. Juni 1793, ausgelöst vom Beschuß der belagernden Verbündeten vor der Rückeroberung der Stadt aus französischer Hand, ging die ganze Dombibliothek in Flammen auf. Im Lichte dieses Ereignisses erscheinen die Bücherentwendungen der früheren Jahrhunderte als glückliche Fügungen, soweit die Beutestücke im fremden Eigentum erhalten geblieben sind. Besonders glücklich waren sie für die Albertinischen Sammlungen. Denn von deren Drucken aus dem 16. Jahrhundert und verhältnismäßig jungen Handschriften wurde nichts, von den Inkunabeln nur wenig in das nach dem Alter ausgewählte Fluchtgut einbezogen, das 1792 die Dombibliothek zusammen mit dem Domschatz und dem Domkapitelsarchiv verließ. Von den schließlich 79 geretteten Bänden (ohne Weyers Katalog von 1723/27) – nach einem offenbar noch auf dem Rücktransport eingetretenen Verlust von 73 Bänden – stammen nur 16 Bände (= 23 Werke) aus den Albertinischen Sammlungen, und zwar ausschließlich Inkunabeln aus der hallischen Stiftsbibliothek. Im Gegensatz dazu haben sich von

---

79 Über die näheren Umstände ihrer Erwerbung ist nichts bekannt. Nach Gustav Droysen, Bernhard von Weimar, I. Leipzig 1885, S. 108, hat Bernhard »im Jahr 1633 die ›mainzische Bibliothek‹ für 15 000 Taler angekauft«. Als ungenannte Quelle Droysens ist laut Auskunft von Bibl. Dir. Dr. Claus, Forschungsbibliothek Gotha, eher der Hofprediger Rückert zu vermuten als der ebenfalls von Droysen benutzte Nachlaß Bernhards (Forschungsbibliothek Gotha, Chart. A 721–734a und Chart. A 1174–1183, die Jahre 1634–1639 umfassend) und als nicht zuverlässig zu betrachten.

80 Diese Zahlen nach Nissen, Studien (wie Anm. 6), S. 92 und Anhang I, S. 180–187. Die Zahl 44 (davon 35 aus Neuwerk) dagegen bei Ehwald, Geschichte (wie Anm. 7), S. 441–442 mit Anm. 21, sowie bei Joachim Rockar, Abendländische Bilderhandschriften der Forschungsbibliothek Gotha. Gotha 1970, S. 12. Gesamtzahl der Mainzer Dombibliotheks-Handschriften damit auf 70 erhöht.

81 »Gleichzeitig aber stellen sie auch die umfangreichste und geschlossenste Sammlung von Zeugnissen aus dem literarischen Leben des mittelalterlichen Halle dar, die heute noch in Deutschlands Bibliotheken vorhanden ist.« Vgl. Nissen, Studien (wie Anm. 6), S. 92–93.

82 Vgl. Ehwald, Geschichte (wie Anm. 7), S. 441. 460 Anm. 21.

Albrechts Büchern dank den früheren Verschleppungen aus dem Mainzer Dom nachweislich 54 Bände erhalten, dazu elf teils noch von Halle aus einzeln versprengte Bände.

Aus dem im März 1803 aus Prag, dem endgültigen Ort der Auslagerung, nach Aschaffenburg zurückgeholten Fluchtgut[83] erhielt die dortige Kurfürstliche Bibliothek mehrere Prachthandschriften aus dem Mainzer Domschatz, darunter auch fünf aus Albrechts Besitz. Aus der Dombibliothek und deren Albertinischen Sammlungen ist im Bestand der jetzigen Hofbibliothek Aschaffenburg jedoch nichts nachzuweisen[84]. Die geretteten Bände der Dombibliothek wurden vielmehr erst 1824 unter den Archivalien wiederentdeckt und daraufhin auf die Kgl. Hofbibliothek in München und die Universitätsbibliothek Würzburg verteilt. Von den 50 Bänden (14 Handschriften ohne Weyers Katalog, 30 Bänden Inkunabeln und sechs Bänden aus dem 18. Jahrhundert), welche der Münchener Bibliothek zugingen, gehörten fünf Bände Inkunabeln (= zehn Werke) zur hallischen Stiftsbibliothek, davon vier Bände (= neun Werke) aus dem Neuwerkskloster, ein Band aus St. Moritz. Unter den 29 Bänden (sieben Handschriften und 22 Bänden Inkunabeln), welche die Universitätsbibliothek Würzburg erhielt, befinden sich elf Bände Inkunabeln (= 13 Werke) aus der Stiftsbibliothek, davon acht Bände (= zehn Werke) aus dem Neuwerkskloster, drei Bände/Werke aus St. Moritz[85].

4. Einzelne versprengte Bände aus der hallischen Stiftsbibliothek

Abseits der bisher nachgezeichneten Wege, die Albrechts Bücher genommen haben, sind einzelne Bände der Stiftsbibliothek auf ungeklärte Weise in mehrere andere Bibliotheken versprengt worden, teils aus der Mainzer Dombibliothek, teils noch von Halle aus.

Aus der Mainzer Dombibliothek gelangte über die alte Universitätsbibliothek in die Stadtbibliothek Mainz die Sammelschrift Hs. II 7 aus St. Moritz, vermutlich über das Mainzer Minoritenkloster als einziger bislang dort nachgewiesener Druck die Postinkunabel Ink. 487 aus Neuwerk[86].

Diejenigen Bände, welche bereits von Halle aus in andere mitteldeutsche Bibliotheken – teils über unbekannte Zwischenstationen – verschlagen worden sind, können allerdings nicht unbedingt der Stiftsbibliothek zugewiesen werden, sondern wurden möglicherweise noch vor deren Gründung von den Stammbibliotheken abgesprengt[87]. Direkt in die zur Zeit des Neuen Stifts schon lange be-

---

83 Darüber gab es ein »Verzeichnis der von Prag mit dem Mainzer Domschatz anher gekommenen Verschläge usw.« von 1803, StA Würzburg, Mz. Geh. Kanzlei, Nr. 191, I, fol. 70 ff., Kriegsverlust 1945; auszugsweise über Kleinodien, Ornate und Meßbücher mitgeteilt von A[ndreas] L[udwig] VEIT, Etwas über den Mainzer Domschatz. In: Mainzer Journal 10 (1912), Beilage: Feierstunde Nr. 133 und 134 vom 10. und 11. Juni 1912.
84 Eventuell drei juristische Handschriften aus Eltville, vgl. VON DER GÖNNA, Hofbibliothek (wie Anm. 4), S. 104. 163. Erkennbare Provenienzen im Aschaffenburger Bestand sind bis 1550 erschlossen. Darüber hinaus konnten dort keine Spuren ehem. Dombibliotheks-Etiketten auf den Einbandrücken (zu solchen im Würzburger Bestand vgl. Anm. 34) festgestellt werden.
85 Zu den Vorgängen im einzelnen vgl. ebd., S. 37–40. 162–163.
86 Freundliche Mitteilung von Dr. Klaus Behrens, StadtB Mainz.
87 Für beide Möglichkeiten sind Beispiele bekannt. Außer zwei Stiftsbibliothekshandschriften aus Neuwerk und St. Moritz erhielt die StadtB Leipzig auch einen Breviarium-Druck des Neuen Stifts

stehende Universitätsbibliothek Leipzig mag die Sammelhandschrift Ms. 177 mit dem Besitzvermerk des Neuwerker Propstes Johannes Palz gekommen sein. Von den Bibliotheken, die erst später gegründet wurden, erhielten zu unbekannten Zeiten die Stadtbibliothek Leipzig eine Augustinus-Handschrift aus Neuwerk (Cod. 148) und eine Vergil-Handschrift aus St. Moritz (Cod. 35)[88]; die Universitätsbibliothek in Halle eine niederdeutsche Sachsenspiegel-Handschrift aus St. Moritz (Ye 2°63); die Marienbibliothek in Halle eine Inkunabel aus St. Moritz[89] sowie zwei Inkunabeln und zwei Postinkunabeln aus Neuwerk (in drei Bänden: L 3.19, P 1.1, S 1.68). Erst 1708 erwarb Barth. Christian Richard für die Universitätsbibliothek Jena eine Handschrift Bernhards von Clairvaux aus Neuwerk (Ms. Rec. adj. f. 1)[90].

IV. ANSÄTZE ZU EINER REKONSTRUKTION DER BIBLIOTHEKEN ALBRECHTS

Der Versuch, eine Vorstellung von Umfang und Bestandscharakter der beiden Bibliotheken zu gewinnen, kann sich nur auf spärliche Daten stützen: hinsichtlich der Größenverhältnisse 1. auf gewisse quantitative Anhaltspunkte und Vergleichszahlen und 2. für die Stiftsbibliothek auf die Tradition, welche die Gelehrsamkeit in den Stammklöstern des Neuen Stifts hatte, für die Privatbibliothek auf das, was im zweiten Teil der vorliegenden Untersuchung über Albrechts Mäzenatentum und seine Beziehungen zum geistigen Leben seiner Zeit in Erfahrung zu bringen ist, in beiden Fällen also auf den geistigen Hintergrund der jeweiligen Sammlungen. Dieser bietet zugleich einen Hinweis auf den Bestandscharakter, neben 3. den wenigen identifizierbaren Überresten, 4. einigen Editionen und Abschriften von Stiftsbibliotheks-Handschriften, die 1793 vernichtet wurden, und 5. den Aufzeichnungen, welche Gudenus im 18. Jahrhundert über ebensolche Handschriften und Inkunabeln überliefert hat[91].

Will man eine Schätzung der Bestandsgröße überhaupt wagen, so kann man vom Gesamtbestand der Mainzer Dombibliothek an Handschriften und Frühdrucken ausgehen, den Franz Joseph Bodmann um das Jahr 1790 mit 2700 Handschriften und ca. 3800 Frühdrucken (bis 1557) angegeben hat[92]. Abzüglich

(Leipzig 1534; seit 1963 in der UB Leipzig, vgl. Anm. 88). Dagegen war die wertvolle Handschrift des mitteldeutschen Evangelienbuches des Matthias von Beheim (UB Leipzig, Ms. 34) aus dem Servitenkloster noch vor 1514 ins Marienkloster Altzelle gewandert und kam also nicht mehr in die Stiftsbibliothek, vgl. Anm. 96.

88 Beide 1963 an die UB Leipzig abgegeben, wo die alten Signaturen beibehalten werden.

89 Z 1.33 laut NISSEN, Studien (wie Anm. 6), S. 62 Anm. 46; laut Auskunft der Marienbibliothek jedoch dort unbekannt.

90 Freundliche Auskunft von Frau Kratzsch, UB Jena.

91 Valentin Ferdinand VON GUDENUS, Sylloge I variorum diplomatariorum monumentorumque... Darin S. 337-444: »Recensus codicum antiquorum complurium, tam manuscriptorum quam impressorum, Moguntiae in R^{mi} Capituli Metropolitani Bibliotheca latitantium«. Pars I. Frankfurt a.M. 1728 (zit.: GUDENUS I). Fortsetzung in: DERS., Codex diplomaticus... Tom. 2. Darin S. 563-646: »Recensio partis codicum MSS. Bibliothecae R^{mi} Capituli Metropolitani Moguntini«. Frankfurt a. M. 1747 (zit.: GUDENUS II). Diese Angaben auf Grund der erwähnten Schreiber, Autoren oder Auftraggeber zusammengestellt bei NISSEN, Studien (wie Anm. 6), Anhang II.

92 Mitgeteilt von WERNER, Dom (wie Anm. 58), I, S. 353. Diese Zahlen werden als Werke, nicht als Bände, gerechnet.

der Erwerbungen von Drucken aus den Jahren 1540–1557 und zuzüglich der durch Plünderungen im 16. und 17. Jahrhundert verlorengegangenen Bestände, für die nach der Überlieferung bei den Drucken wenigstens 50 % zu veranschlagen sind – bei den Handschriften seien 10 % angesetzt –, kann die Dombibliothek nach der Vermehrung durch die Albertinischen Sammlungen vielleicht auf maximal 6000 Drucke und 3000 Handschriften, also auf 9000 Werke in etwa 7000–8000 Bänden geschätzt werden. Die Albertinischen Sammlungen mögen daran bis zu einer knappen Hälfte, also mit etwa 3000 bis 3500 Bänden beteiligt gewesen sein[93].

Diese Schätzung wird durch die mutmaßlichen Bestandszahlen der drei Stammbibliotheken der hallischen Stiftsbibliothek unterstützt. Was über Größe und Reichtum der einzelnen Stammklöster bekannt ist, stimmt in etwa mit den unterschiedlichen Mengen der erhalten gebliebenen und der nachrichtlich überlieferten Bände aus diesen drei Klöstern überein. Ausgehend von der kleinen Servitenbibliothek, von der sich kein einziger Band erhalten hat, über deren Umfang von mehr als 300 Bänden wir aber durch einen Katalog unterrichtet sind, dürfte der Bestand des reichsten Klosters, Neuwerk, – bei 57 erhaltenen Bänden – auf maximal 1000 Bände zu schätzen sein[94]. Dazwischen ist die Bibliothek von St. Moritz mit vielleicht 500–600 Bänden anzusiedeln. Einschließlich der ererbten Bibliothek der Magdeburger Erzbischöfe und der Eigenerwerbungen des Neuen Stifts dürfte mit einem Bestand von mehr als 2000 Bänden, etwa 2500 bis 3000 Bänden, zu rechnen sein. Für Albrechts Privatbibliothek können wohl mindestens 300 Bände, vielleicht bis zu 500 Bände veranschlagt werden[95].

Übersicht über die nachweisbaren Überreste der Albertinischen Sammlungen (in Klammern diejenigen des sonstigen Bestandes der Mainzer Dombibliothek sowie die Gesamtzahl der erhaltenen Bände aus der Dombibliothek):

a) Verschleppte Bände (1552–1554, 1632–1635): 54 (47, insgesamt = 101)

Davon in

- Vaticana (Palatina) : 4 Hss. der Privatbibliothek (18 Hss.)
- Gotha : 45 Hss. der Stiftsbibliothek (25 Hss.)
  36 aus Neuwerk, 9 aus St. Moritz
  3 Frühdrucke
  – 1 Inkunabel aus St. Moritz,
  1 Inkunabel + 1 Postinkunabel aus Neuwerk
- Uppsala, UB : 2 Drucke der Privatbibliothek (4 Drucke)

---

[93] Zum Vergleich: Die Kurfürstlich Mainzische Bibliothek umfaßte 1590 ca. 2800 Bde (vgl. VON DER GÖNNA, Hofbibliothek, wie Anm. 4, S. 48), die ältere Herzogliche Bibliothek in Wolfenbüttel 1614 ca. 5000 Bde, die Palatina 1630 ca. 8000 Bde, Echters Hofbibliothek in Würzburg ca. 2500 Bde, die Kurfürstliche Bibliothek zu Dresden 1580 ca. 2300 Bde, vgl. ebd., S. 73.

[94] Zum Vergleich: Die in Mitteldeutschland als reichhaltig berühmte Klosterbibliothek von Altzelle besaß 1514 ca. 960 Bde; um dieselbe Zeit besaßen das Predigerkloster in Leipzig 930 Bde, das Zisterzienserkloster Grünhain in Sachsen ca. 650 Bde und das Benediktinerkloster Chemnitz 1541 ca. 600 Bde, vgl. Ludwig SCHMIDT, Beiträge zur Geschichte der wissenschaftlichen Studien in sächsischen Klöstern. In: Neues Archiv für sächsische Geschichte und Altertumskunde 18 (1897) S. 201–272, hier S. 202. 204–205. Das Dominikanerkloster in Halle besaß 1540 ca. 780 Werke nach dem erhaltenen Katalog, UB Halle, Ms. Ye Fol. 16, fol. 41–53, abgedruckt bei NISSEN, Studien (wie Anm. 6), Anhang V.

[95] Zum Vergleich damit kann vielleicht die Kammerbibliothek Ottheinrichs von der Pfalz mit etwa 330 Bänden herangezogen werden, vgl. SCHOTTENLOHER, Ottheinrich (wie Anm. 69), S. 17.

b) Vor dem Mainzer Dombrand (1793) gerettete Bände: 16 (63, insgesamt = 79)

Davon in
- *München, BSB* : 5 Inkunabel-Bde der Stiftsbibl. = 10 Werke (25 Ink.-Bde, 6 Bde des 16. Jh., 14 Hss. + Weyers Katalog)
  - 4 Bde = 9 Werke aus Neuwerk
  - 1 Bd/Werk aus St. Moritz
- *Würzburg, UB* : 11 Inkunabel-Bde der Stiftsbibl. = 13 Werke (11 Ink.-Bde., 7 Hss.)
  - 8 Bde = 10 Werke aus Neuwerk
  - 3 Bde/Werke aus St. Moritz

c) Einzelne versprengte Bände aus der Stiftsbibliothek oder deren Stammbibliotheken: 11

Davon in
- *Mainz, StadtB* : 1 Hs. aus St. Moritz, 1 Postinkunabel aus Neuwerk
- *Halle, UB* : 1 Hs. aus St. Moritz
  - *, Marien-B* : 4 Frühdruck-Bde = 5 Werke
    - 1 Ink. aus St. Moritz, 2 Ink. + 2 Postink. aus Neuwerk
- *Jena, UB* : 1 Hs. aus Neuwerk
- *Leipzig, UB* : 1 Hs. aus Neuwerk
  - *, StadtB* : 2 Hss., je 1 aus St. Moritz und aus Neuwerk

Verlorene Handschriften der Stiftsbibliothek, die durch (Teil-)Abschriften oder Editionen überliefert sind: 8

Davon aus
- *St. Moritz* : 1 Teil-Abschrift, 1 Teil-Edition
- *Neuwerk* : 3 Abschriften, 2 Editionen
- *sonstigem Bestand* : 1 Abschrift

Verlorene Handschriften und Inkunabeln der Stiftsbibliothek, die durch Aufzeichnungen von Gudenus (oder ältere Nachrichten) überliefert sind: 31 Handschriften, 2 Inkunabeln

Davon aus
- *Servitenbibliothek* : 5 Hss.
- *St. Moritz* : 6 Hss.
  - *Kloster Mücheln* : 1 Hs.
- *Neuwerk* : 14 (+ 3) Hss., 1 Inkunabel
- *sonstigem Bestand* : 2 Hss., 1 Inkunabel

1. Die hallische Stiftsbibliothek

Die Bibliothek des Servitenklosters

Verglichen mit den reichen Augustinerchorherrenstiften St. Moritz und vor allem Neuwerk gehörte das Anfang des 13. Jahrhunderts gegründete Kloster der Serviten oder Marienknechte zu den ärmeren Konventen in Halle, seine Bibliothek wohl auch zu den kleineren. Aus ihrem Bücherbestand als Teil der Stiftsbibliothek (seit 1527) ist kein einziger Band nachweislich erhalten, wohl aber eine bedeutende Handschrift, die noch vor diesem Zeitpunkt, vor 1514, ins Marienkloster Altzelle abgewandert war: das mitteldeutsche Evangelienbuch von 1343 für den Serviten Matthias von Beheim[96]. Von fünf theologischen Handschriften des 15. Jahrhunderts berichtet Gudenus[97]. Als besonders beredte Quelle aber hat sich der Bibliothekskatalog in einer Abschrift von 1514 erhalten. Als kurfürstlicher Bibliothekar Friedrichs des Weisen von Sachsen fand ihn Georg Spalatin interessant genug, ihn zusammen mit einigen anderen Klosterbibliothekskatalogen, z. B. von Altzelle, abschreiben zu lassen[98]. Die Zahl der in 13 Sachgruppen verzeichneten 270 Titel, ohne Bezeichnung als Handschrift oder Druck und ohne Zeitangaben, ist auf Grund verschiedener Beobachtungen auf mehr als 300 zu erhöhen[99]. Die weltlichen Wissenschaften sind ebenso stark vertreten wie manche theologischen Fächer: die Jurisprudenz (zwar überwiegend Kanonistik, aber auch mit einem wohl lateinischen Sachsenspiegel »Speculum Saxonum« [Nr. 188] und dem »Compendium iuris civilis« des Petrus Ravennas von 1503) mit 14 Titeln, die Geschichte mit elf, die Naturphilosophie mit 19, Metaphysik und Logik mit 18, Rhetorik und Dichtung mit 17 Titeln. Im Vergleich dazu sind es auch bei der Patristik und Frühscholastik nur 18 Titel, bei den Summen 16, den Bibelkompendien (Postillen) nur 12 Titel. Schwerpunkte bilden die Predigtsammlungen (57 Titel), die theologischen Kompendien (50 Titel) und die spekulative Theologie mit verschiedenen Richtungen der Hochscholastik (24 Titel). Das Eindringen humanistischen Geistes ist in verschiedenen Abteilungen dokumentiert (mit Werken von Petrarca, Trithemius, Wimpfeling, Sebastian Brants lateinischer Fassung des »Narrenschiffs«, Boccaccios »De casibus virorum illustrium«, Seneca und Boethius, Platons »Phaidros«), besonders konzentriert in der vorletzten Gruppe der Rhetorik und Dichtung: mit Reuchlins Komödien, Poggio Bracciolinis »Facetiae«, Albrechts von Eyb berühmter Anthologie »Margarita poetica« und den römischen Autoren Terenz, Cicero (»Rhetorica«, »Officia«, »De amicitia«, »Paradoxa«, »De senectute«, »Somnium Scipionis«, »Tusculanae quaestiones«, Briefe), Sallust (»In Catilinam«, »Bellum Jughurtinum«), Horaz (Briefe) und Vergil (»Bucolica«, »Georgica«, »Aeneis«).

Der qualitätvollen, wenn auch kleinen Bibliothek entsprach ein außerordentlich hoher Bildungsstand der Mönche im späten 15. und frühen 16. Jahrhundert; viele der hallischen Serviten absolvierten ein Universitätsstudium in Erfurt, Leipzig, später vor allem in Wittenberg. Durch Gelehrsamkeit und Eifer für die Ordenszucht ragen während dieser Zeit auch zwei Prioren hervor: Dr. Johannes Trost, aus einer hallischen Patrizierfamilie stammend, Prior seit ca. 1480[100], und der vorletzte Prior (seit ca. 1509), Dr. Bartholomäus Cratinus (eigentlich Rost), der vor allem durch seine dem Abt Trithemius gewidmete Schrift von 1514 über

---

96 Ms. 34 der UB Leipzig, vgl. Rudolf HELSSIG, Katalog der lateinischen und deutschen Handschriften der Universitäts-Bibliothek Leipzig, I,1. Leipzig 1926–1935, S. 35–36; SCHMIDT, Beiträge (wie Anm. 94), S. 202–203. 215; NISSEN, Studien (wie Anm. 6), S. 65–67.

97 GUDENUS I (wie Anm. 91), Nr. 20. 47b; GUDENUS II, Nr. 58a. 58b. 61.

98 UB Jena, Ms. App. 22 A (3), vgl. dazu SCHMIDT, Beiträge (wie Anm. 94), S. 203; NISSEN, Studien (wie Anm. 6), S. 73–75, Katalog abgedruckt als Anhang IV.

99 Mehrere zusammenfassende Zusätze am Ende einiger Gruppen; Bibeln und Bibelkommentare offenbar in der Abschrift weggelassen.

100 Biographische Daten bei NISSEN, Studien (wie Anm. 6), S. 146; ferner S. 69–70.

den Ursprung des Servitenordens mit einem Verzeichnis der Ordensschriftsteller bekanntgeworden ist[101].

Die Bibliothek des Augustinerchorherrenstifts St. Moritz

Vom Bücherbestand dieses Klosters, der den Grundstock der Stiftsbibliothek bildete und der selbst knapp zwei Jahrzehnte zuvor (1502) durch die Bibliothek des Klosters Mücheln bei Wettin vermehrt worden war, haben sich zwölf Handschriften und sechs Inkunabeln erhalten, verteilt auf sieben Bibliotheken. Die einzige größere Gruppe von neun Handschriften[102] und einer Koberger-Bibel von 1478 (GW 4232)[103] gehört zu Herzog Bernhards schwedischem Beuteanteil in der Forschungsbibliothek Gotha. Die Handschriften, sämtlich Bibeln und Bibelkommentare vom 13.–15. Jahrhundert, sind ebenso ihrer schönen Ausstattung wegen ausgewählt worden wie später 1792 die vier Inkunabeln bei der Flüchtung aus dem Mainzer Dom, bei denen außerdem das Alter mit ausschlaggebend war. Die drei in der UB Würzburg verwahrten Inkunabeln, zwei kanonistische und ein »Corpus iuris civilis«[104], sind reich illuminiert, besonders prächtig der Schöffer-Druck des Gratian, der außerdem einen wertvollen Lederschnittband mit Jesus-Monogramm und Wappen (Kreuz und Kleeblatt) trägt. Mit Lombarden geschmückt ist die in die BSB München gelangte Inkunabel, ein Pseudo-Augustinus von 1473[105].

Von den einzeln versprengten Bänden, darunter die mit ornamentalen Initialen gezierte Pergament-Sammelhandschrift Hs. II 7 der Stadtbibliothek Mainz[106] und die Inkunabel in der Marienbibliothek Halle[107], zeichnen sich inhaltlich die Vergil-Handschrift des 13. Jahrhunderts Cod. 35 aus der Stadtbibliothek Leipzig[108] und als besonders charakteristisch die niederdeutsche Papierhandschrift des

---

101 »Origo ordinis servorum s. Marie necnon catalogus doctorum ecclesiasticorum eiusdem ordinis...«, Sammelhandschrift 22. 8. Aug. der Herzog August Bibliothek Wolfenbüttel, vgl. Otto von HEINEMANN, Die Handschriften der Herzoglichen Bibliothek zu Wolfenbüttel, Abt. 2: Die Augusteischen Handschriften, IV. Wolfenbüttel 1900, Nr. 3262, abgedruckt bei NISSEN, Studien (wie Anm. 6), als Anhang III; teilweise bei DREYHAUPT, Pagus (wie Anm. 27), I, S. 772; zu Cratinus vgl. NISSEN, S. 72–73. 146–147.

102 Signaturen nach EHWALD, Geschichte (wie Anm. 7), S. 460 Anm. 21: Memb. I 13. 33. 47; Memb. II, 3. 10; Chart. A 4. 11. 16. 18. Von NISSEN, Studien (wie Anm. 6), Anhang I, S. 186–187 zusammengestellt nach Friedrich JACOBS und Friedrich August UKERT, Beiträge zur ältern Litteratur oder Merkwürdigkeiten der Herzog. öffentlichen Bibliothek zu Gotha, 3 Bde. Leipzig 1835–1838, hier II; nach NISSEN vielleicht als 10. Handschrift hinzuzufügen eine Klosterregel (Chart. A 18b), ebenso nach Walter SERAUKY, Musikgeschichte der Stadt Halle, 2 Bde. Halle, Berlin 1935, hier I, S. 40–41. ROCKAR, Bilderhandschriften (wie Anm. 80), S. 39, verzeichnet unter den Bilderhandschriften den Genesis-Kommentar von 1427 (Chart. A 4).

103 Signatur: Mon. typ. 1478 2° 1, vgl. EHWALD, Geschichte (wie Anm. 7), S. 460 Anm. 21.

104 Bonifatius VIII., Liber sextus decretalium. Rom 1472 (GW 4851) = I.t.f.44 (HUBAY 488); Decretum Gratiani. Mainz 1472 (HC 7885) = I.t.f.47 (HUBAY 941, 2. Ex.); Corpus iuris civilis. Basel 1476 (GW 7591) = I.t.f.182 (HUBAY 695).

105 GW 2991, Signatur: Inc.c.a.41ᵃ, vgl. Bayerische Staatsbibliothek, Inkunabelkatalog, I. Wiesbaden 1988, A-911/2. Ex. Laut Inskript gekauft von Propst Walter Liningk (Lunink, 1478–1483).

106 Geschrieben 1225 im Auftrag von Propst Otto, enthaltend: Gregor I., Moralia; Augustinus, Liber exhortationis; Passio sancti Eutropii.

107 Ein reich illuminierter Festkalender, 1500 gebunden für den Kanoniker Jakob Coburck und von diesem mit vielen handschriftlichen Eintragungen versehen (Signatur: Z 1.33), nach NISSEN, Studien (wie Anm. 6), S. 62; laut Auskunft des Bibliotheksleiters H. Koehn derzeit dort unbekannt.

108 Enthaltend außer den »Bucolica«, »Georgica« und der »Aeneis« auch die Idylle »Moretum«

Sachsenspiegels von 1407 in der UB Halle[109] aus. Zusammen mit dem durch Teil-Abschrift überlieferten mitteldeutschen »Codex Moguntinus IV« aus St. Moritz, vier weiteren im ehem. Bestand der Mainzer Dombibliothek bezeugten mitteldeutschen Handschriften und der (lat.?) Handschrift aus dem Katalog der Servitenbibliothek bildet letztere Handschrift eine Gruppe von sieben Sachsenspiegel-Handschriften, welche unter den hallischen Codices einen bemerkenswerten Akzent setzt[110].

Der genannte »Codex Moguntinus IV« ist eine der zwei Handschriften aus St. Moritz, die vor ihrer Vernichtung 1793 im Mainzer Dom noch durch eine Teil-Abschrift bzw. Teil-Edition überliefert worden sind. »Moguntinus IV« wurde als eine von fünf mitteldeutschen Sachsenspiegel-Handschriften aus dem 14. und 15. Jahrhundert (»Moguntinus I–IV« und »Repertorium«) von Christian Ulrich Grupen um 1750 bearbeitet und in seinem seltensten Teil, dem Weichbildrecht mit Glosse, abgeschrieben[111]. Von einem bis 1513 reichenden »Necrologium ecclesiae s. Mauritii in Hallis« hat Würdtwein 1777 sechs Seiten Exzerpte herausgegeben[112].

Von Gudenus verzeichnet sind sechs theologische Handschriften aus der Zeit von 1222–1235 und wiederum von 1456–1496, dazu als einziger Zeuge der Klosterbibliothek Mücheln eine Apokalypsen-Handschrift von 1387[113].

Generell auf den Rang der Bibliothek ist aus der jahrhundertelangen Pflege der Wissenschaften und Buchschreibkunst in diesem 1184 vom Neuwerkstift aus gegründeten Kloster zu schließen[114]. Von den Anfängen des Klosters an wird sich auch der Lehrbetrieb der angeschlossenen Schule auf den Bücherbestand im Bereich der sieben freien Künste ausgewirkt haben[115]. Blütezeiten erlebten Stift und Bibliothek im 12./13. Jahrhundert unter Propst Rudolf (1193–1217) und besonders unter dem dritten Propst Otto (1217/18–1239), der sich in hervorragender

---

der Appendix Vergiliana, mit mehrfarbigen Initialen geschmückt und mit Interlinearglossen versehen, vgl. Emil Wilhelm Robert NAUMANN, Catalogus librorum manuscriptorum qui in bibliotheca senatoria civitatis Lipsiensis asservantur. Grimma 1838, S. 12–13; NISSEN, Studien (wie Anm. 6), S. 54–55. Zur jetzigen Aufbewahrung in der UB Leipzig vgl. Anm. 88.

109 Signatur: Ms.Ye 2°63, vgl. Gustav HOMEYER, Die deutschen Rechtsbücher des Mittelalters und ihre Handschriften, neu bearb. von Conrad BORCHLING, K.A. ECKHARDT und Julius VON GIERKE, Abt. 2: Verzeichnis der Handschriften. Weimar 1931, S. 116, Nr. 505; Bernhard WEISSENBORN, Der hallische Handschriftenschatz in Auswahl. Halle 1939, S. 4 Anm. 34; NISSEN, Studien (wie Anm. 6), S. 55.

110 Vgl. Anm. 111 sowie unten S. 412 f. Zur Pflege der Rechtsstudien in den sächsischen Klöstern und besonderen Wertschätzung des Sachsenspiegels in Halle, hochgeachtet wie die Bibel, vgl. WEISSENBORN, Handschriftenschatz (wie Anm. 109), S. 5.

111 Grupens Manuskripte verwahrt im Oberlandesgericht Celle, vgl. FALK, Dombibliothek (wie Anm. 3), S. 96–97. »Moguntinus IV«, um 1400, Papier mit Pergament durchschossen (Grupens App. B 17), HOMEYER, Rechtsbücher (wie Anm. 109), S. 172, Nr. 761; nach NISSEN, Studien (wie Anm. 6), S. 55 Anm. 9, laut Inskript von Propst Paul Busse erworben.

112 Stephan Alexander WÜRDTWEIN, Subsidia diplomatica, X. Frankfurt, Leipzig 1777, S. 407–412; FALK, Dombibliothek (wie Anm. 3), S. 99; Rolf HÜNICKEN, Geschichte der Stadt Halle, I. Halle 1941, S. 205–206.

113 GUDENUS I (wie Anm. 91), Nr. 1. 4–6. 37. 48 (Mücheln); GUDENUS II (wie Anm. 91), Nr. 119, zusammengestellt bei NISSEN, Studien (wie Anm. 6), Anhang II, S. 195–197.

114 Zur Pflege der Schreibkunst vgl. HÜNICKEN, Geschichte (wie Anm. 112), S. 200.

115 Zur Schultradition von St. Moritz vgl. Walter DELIUS, Das hallische Schulwesen im Mittelalter. In: Thüringisch-Sächsische Zeitschrift für Geschichte und Kunst 24 (1936) S. 108–125, hier S. 113. 116. 120; DREYHAUPT, Pagus (wie Anm. 27), II, S. 189–190.

Weise um die Vermehrung der Bibliothek verdient gemacht hat[116], und wiederum im 15. Jahrhundert unter dem Propst Dr. Paul Busse (1445–1472)[117]. Die Reformbewegung der Windesheimer Kongregation, an welcher Busse neben dem Neuwerker Propst Johannes Busch aktiven Anteil nahm, muß die Entwicklung der Bibliothek außerordentlich belebt haben, war doch der Ausbau guter Klosterbibliotheken eines ihrer wesentlichen Anliegen, durch Förderung der buchkünstlerischen Gestaltung ebenso wie der Studien im Geiste des Humanismus und des landessprachlichen Schrifttums[118]. Erhaltene Bücher in ihren originalen Einbänden geben Zeugnis von der Sorgfalt der Bibliotheksverwaltung. Die soliden Kalb- oder Schweinslederbände, blindgeprägt mit Streicheisenlinien und kleinen Einzelstempeln, vereinzelt auch mit dem höherwertigen Lederschnitt verziert (s. oben), tragen auf dem Vorderdeckel ein Pergament-Schild, das sorgsam mit dem Titel (in Schwarz) und Mo[nasterii] S. Mau[ritii] (in Rot darunter) beschriftet ist. Daß hier – im Gegensatz zur Neuwerksbibliothek – auf Signaturen verzichtet wurde, kann ein Indiz für die geringere Bestandsgröße sein.

Die Bibliothek des Augustinerchorherrenstifts zum Neuen Werk

Nicht zufällig sind von dem ältesten und reichsten Kloster, das in das Neue Stift inkorporiert worden ist, die meisten Bände und die schönsten Handschriften erhalten geblieben und auch besonders viele Werke durch Nachrichten bezeugt. Ohne Zweifel hat der Neuwerker Bücherbestand der Stiftsbibliothek den stattlichsten Zuwachs gebracht.

Auf acht Bibliotheken verteilt haben sich 39 Handschriften, 22 Inkunabeln und vier Postinkunabeln (26 Drucke in 18 Bänden) erhalten. Wie bei den Überresten aus St. Moritz entfällt der Hauptanteil mit 36 Handschriften, einer Inkunabel und einer Postinkunabel auf die Sammlung des Herzogs Bernhard von Weimar in Gotha[119], und ebenso sind auch diese Handschriften, mit Ausnahme einer Predigtsammlung des heiligen Augustinus (12. Jahrhundert) und der »Consolatio philosophiae« des Boethius von 1471, Bibeln und Bibelkommentare aus dem 12.–14. Jahrhundert. Bei seiner bibliophilen Auswahl war Herzog Bernhard hier besonders erfolgreich, fand er doch im Neuwerker Bestand vorzügliche Beispiele sächsischer Buchmalerei, insbesondere der Initialkunst vor[120]. An Drucken sind in

---

116 Vgl. den Zusatz bei seinem Namen im o. g. Kloster-Nekrolog: *qui multos libros scripsit ac multos alios comparavit*, vgl. NISSEN, Studien (wie Anm. 6), S. 54 Anm. 4. Alle vier bei Gudenus verzeichneten Handschriften aus dem 13. Jahrhundert auf Veranlassung Ottos geschrieben.

117 Busse, aus hallischer Patrizierfamilie stammend, lehrte vor seiner Präpositur an der Universität Leipzig; dort auch Vizekanzler der Artistenfakultät, vgl. NISSEN, Studien (wie Anm. 6), S. 56–58.

118 Vgl. dazu Johannes BUSCH, Chronicon Windesheimense und Liber de reformatione monasteriorum, bearb. von Karl GRUBE (= Geschichtsquellen der Provinz Sachsen und angrenzender Gebiete 19). Halle 1886, ND Farnborough 1968, S. XVIII–XX; Chronicon, Kap. 7, S. 23. Kap. 43, S. 125; Anton RULAND, Die Vorschriften der Regular-Cleriker über das Anfertigen oder Abschreiben von Handschriften. In: Serapeum 21 (1860) S. 183–192.

119 Signaturangaben bei EHWALD, Geschichte (wie Anm. 7), S. 460 Anm. 21; von NISSEN, Studien (wie Anm. 6), Anhang I, S. 180–186, die Zahl um eine Apokalypsen-Handschrift des 13. Jahrhunderts (Memb. I 51 = JACOBS/UKERT, Beiträge, wie Anm. 102, II, Nr. 93) vermehrt.

120 Vgl. EHWALD, Gothaer Handschriften (wie Anm. 7), S. 85–87, mit Abb. Drei Codices von ROCKAR, Bilderhandschriften (wie Anm. 80), unter die Bilderhandschriften aufgenommen (Memb. I 42; Memb. II 6. 8).

Gotha noch immer nur die bereits von Ehwald[121] ermittelten bekannt: die Mainzer Bibel Peter Schöffers von 1472 (GW 4211)[122] und eine Konkordanzbibel mit Holzschnitten von 1521[123].

Fast ausnahmslos theologischen und kanonistischen Inhalts sind auch die 1792 für die Auslagerung aus dem Mainzer Dom nach Alter und Schönheit ausgewählten Inkunabeln: die zehn Werke (in acht Bänden) in der UB Würzburg mit Ausnahme von Petrarcas Autobiographie[124] sowie die neun Werke (in vier Bänden) der BSB München, ausgenommen Ciceros »Epistolae ad familiares« und ein zeitgeschichtlicher Text über die türkische Eroberung der Insel Euböa (1470) von Rodericus Sancius de Arevalo, Bischof von Zamora[125].

Aus der Mainzer Dombibliothek abgesprengt und in die Stadtbibliothek Mainz gelangt ist Gregor Reischs Enzyklopädie »Margarita philosophica« (Freiburg: Schott 1503, Ink. 487). Von den in Mitteldeutschland verbliebenen einzelnen Bänden kamen in die Marienbibliothek Halle unter den ansonsten theologischen zwei Inkunabeln und zwei Postinkunabeln (in drei Bänden) der wertvolle Catholicon-Druck von 1460[126], in die UB Jena eine Handschrift des 13. Jahrhunderts mit Bernhards von Clairvaux Predigten über das Hohe Lied, in die Stadtbibliothek Leipzig eine Handschrift des 12. Jahrhunderts von Augustinus' »De civitate Dei«[127]. Von Interesse wegen des Besitzeintrags eines bedeutenden Neuwerker Propstes, des Johannes (von) Palz (Paltz), ist eine Handschrift mit dem Werk des gleichnamigen Erfurter Augustiner-Eremiten von 1488 in der UB Leipzig[128].

Indirekt überliefert, durch Abschriften, Editionen und Aufzeichnungen aus dem 18. Jahrhundert sowie durch zeitgenössische Zeugnisse, sind 22 Handschriften und eine Inkunabel. In einer Abschrift und in einer Edition haben sich die frühesten literarischen Denkmäler des 1116 gegründeten Stifts zum Neuen Werk

---

121 EHWALD, Geschichte (wie Anm. 7), S. 441. 460 Anm. 21.

122 Mon. typ. 1472 2°1 = JACOBS/UKERT, Beiträge (wie Anm. 102), I, S. 339–340; EHWALDS Angabe »Mainzerbibel 1477« irrtümlich (freundliche Mitteilung von Bibl. Dir. Dr. Claus, Gotha).

123 Theol. 2°15/3 Rara. Gedruckt in Lyon von Jacob Sacon für Anton Koberger, vgl. Henri BAUDRIER, Bibliographie Lyonnaise, Sér. 1–12. Lyon 1895–1921, ND Paris 1964 und Sér. 13 (Tables) 1965, hier Sér. 12, S. 357–358. Auf dem Vorderdeckel ist ein Ablaßbrief Kardinal Albrechts aufgeklebt.

124 Ulm ca. 1473 (Beiband zu I.t.f.20, HUBAY 1647). Übrige Signaturen: I.t.f.6 (HUBAY 1990, 2. Ex.), 16 (HUBAY 873), 20 (HUBAY 1242, mit 2 Beibänden), 22 (HUBAY 645, 2. Ex.), 26 (HUBAY 490), 28 (HUBAY 958), 101 (HUBAY 355), I.t.q.129 (HUBAY 806).

125 Cicero, Epistolae. Venedig: Janson 1471 (GW 6806) = 4° Inc. c. a. 17 f.; Rodericus Sancius, Epistola lugubris de infelici expugnatione ac invasione insulae Euboijae ... a Turcis. Köln: Zell 1475? (H 13957) = Beiband 1 in 2°Inc. c. a. 83ª. Übrige Signaturen: 2°Inc. c. a. 241ª und 1694ⁿ, 4°Inc. c. a. 41ª.

126 Signatur: L 3.19. Mit Rubrikatorvermerk von 1478 des Neuwerker Schreibers und Buchmalers Hermann Rheydt, vgl. NISSEN, Studien (wie Anm. 6), S. 28–29. Signaturen der anderen 2 Bde: P 1.1 und S 1.68.

127 Cod. 148, vgl. NAUMANN, Catalogus (wie Anm. 108), S. 45.

128 »De conceptione sine praeservatione a peccato originali sanctissime dei genitricis Marie«, in: Sammelhandschrift Cod. 177 der UB Leipzig, vgl. HELSSIG, Katalog (wie Anm. 96), I,1, S. 235–240. Eintrag des Neuwerker Propstes: *Johannes Palz Doctor, Monasterii novi operis Praepositus & Archidiaconus Hallensis 1511*, vgl. Johann Erhard KAPP, Kleine Nachlese einiger, größten Theils noch ungedruckter und sonderlich zur Erläuterung der Reformations-Geschichte nützlicher Urkunden, Teil 4. Leipzig 1730, S. 431; Salomo STEPNER, Inscriptiones Lipsienses. Leipzig 1675, Nr. 1503; NISSEN, Studien (wie Anm. 6), S. 46 Anm. 111. Zu Palz vgl. Anm. 140.

erhalten: der Nekrolog von 1119–1340[129] sowie der Bericht über die Translation der 962 von Kaiser Otto I. für Magdeburg gestifteten Reliquien des heiligen Alexander ins Neuwerkstift im Jahre 1124 und die Vita des ersten Neuwerker Propstes Lambert[130].

Einblick in den Bestand an historischen Handschriften gewährt ein Zeugnis aus dem Jahre 1516 über die Entleihung solcher Codices aus Neuwerk in das Augustinerchorherrenstift Hamersleben. Danach besaß die Neuwerkbibliothek nicht nur die zwei Klosterchroniken, die Gosecker Chronik und die Pegauer Annalen, die kopiert wurden, sondern nach einem Inskript des Kopisten auch eine »Cronica Magdeburgensis«, die Chronik des Bischofs Thietmar von Merseburg und die Sachsengeschichte des Widukind von Corvey[131].

Die Aufzeichnungen von Gudenus überliefern 14 theologische Handschriften von 1222–1473[132] und einen Pergamentdruck des »Decretum Gratiani« (Mainz: Peter Schöffer 1472), der nicht nur prächtig illuminiert war, sondern im Innendeckel auch eine Notiz über den hochgelehrten Propst Nikolaus Sintram enthielt[133].

Die Bibliothek entwickelte sich unter ähnlichen Voraussetzungen wie im Tochterkloster St. Moritz. Hier wie dort war dem Stift eine Schule angegliedert[134], Bibliothek und Skriptorium hatten ihre Glanzzeiten im 12. und 13. Jahrhundert,

---

129 Abschrift des Bibliothekars Baring (Mitte 18. Jahrhundert) in der LB Hannover (Ms. XIX, 3, No. 1128ª), vgl. Eduard BODEMANN, Die Handschriften der Königlichen Öffentlichen Bibliothek zu Hannover. Hannover 1867, S. 622; DERS. (Hrsg.), Necrologium monasterii Novi Operis prope Hallis. In: Geschichtsblätter für Stadt und Land Magdeburg 2 (1867) S. 154–178. Die Abschrift Barings basiert wiederum auf einer inzwischen ebenfalls verlorenen Abschrift, die im 17. Jahrhundert in Mainz angefertigt worden war (freundliche Mitteilung der LB Hannover); FALK, Dombibliothek (wie Anm. 3), S. 95; NISSEN, Studien (wie Anm. 6), S. 94–95.

130 Edition der zwei zusammengebundenen Werke von Johann Friedrich SCHANNAT, Vindemiae literariae, Collectio 2. Fulda, Leipzig 1724, S. 68–72 (»Vita Lamberti«), S. 73 f. (»Translatio s. Alexandri«). Zuletzt hrsg. von Harry BRESSLAU in: MGH SS XXX, pars 2, S. 947–957; vgl. auch FALK, Dombibliothek (wie Anm. 3), S. 93–94; nach HÜNICKEN, Geschichte (wie Anm. 112), S. 204 ist die »Vita Lamberti« mit ihren Zitaten aus Vergils »Georgica« und Sallusts »Bellum Jughurtinum« zugleich ein Zeugnis für den Bildungsstand des Klosters zu dieser Zeit.

131 Abschrift des »Libellus de fundacione cenobii Bigaugiensis« (Ed. Georg Heinrich PERTZ in: MGH SS XVI, S. 232–270) und des »Liber de fundacione monasterii Gozecensis« (Ed. Rudolf KOEPKE in: MGH SS X, S. 140–157) in der Herzog August Bibliothek Wolfenbüttel, Sammelhandschrift Cod. Aug. chart. fol. 76. 30, fol. 31–45, vgl. HEINEMANN, Handschriften Wolfenbüttel (wie Anm. 101), Abt. 2, Bd. 3. Wolfenbüttel 1898, Nr. 2754. Inskript über die drei anderen Geschichtswerke von Neuwerk in der Wolfenbütteler Handschrift fol. 45ᵛ, wiedergegeben bei NISSEN, Studien (wie Anm. 6), S. 36 Anm. 83. Zwei Handschriften magdeburgischer Chroniken bei BODEMANN, Handschriften Hannover (wie Anm. 129), Nr. 1106. 1107. Zur verlorenen Neuwerker Handschrift Thietmars von Merseburg vgl. F. A. EBERT, Gibt es einen 3. Codex des Thietmar von Merseburg? In: Archiv der Gesellschaft für ältere deutsche Geschichtskunde 5 (1825) S. 524–526; Robert HOLTZMANN (Hrsg.) in : MGH SS, N. S. 9, S. XXXIII Anm. 3; zur Neuwerker Widukind-Handschrift vgl. Paul HIRSCH (Hrsg.) in: MGH SS in usum scholarum, S. XLI und Anm. 5.

132 GUDENUS I (wie Anm. 91), Nr. 2. 3. 27. 32; GUDENUS II (wie Anm. 91), Nr. 74a. 74b. 75b. 75c. 76a. 77. 78. 79b. 106. 113; zusammengestellt bei NISSEN, Studien (wie Anm. 6), Anhang II, S. 188–195. Dazu vielleicht Johannes Buschs »Chronicon Windesheimense«, GUDENUS I, Nr. 53, vgl. Anm. 118 und 136.

133 Mitgeteilt bei GUDENUS I (wie Anm. 91), Druck Nr. 14, abgedruckt bei NISSEN, Studien (wie Anm. 6), Anhang II, S. 195. Darin über Sintram: *fuitque doctissimus quasi in omni scibili, precipue tamen egregie percalluit Historias omnes, et Theologiam;* vgl. auch Anm. 139.

134 Vgl. DELIUS, Schulwesen (wie Anm. 115), S. 112–113. 115.

als mehrere namentlich bezeugte Schreiber wie Meinher (12. Jahrhundert) und Gerhard (13. Jahrhundert) tätig waren[135] und die meisten der Gothaer Handschriften entstanden sind, und wiederum seit der Mitte des 15. Jahrhunderts unter dem Einfluß der Windesheimer Reform. Aus der Zeit des Propstes Johannes Busch (1447–1454)[136], des führenden Windesheimer Reformers in Mitteldeutschland, und dessen Nachfolgers Arnold Holt datieren neun der von Gudenus verzeichneten Handschriften, in welchen sich – mit einer Ausnahme – Hermann Rheydt aus Westfalen[137] als Schreiber und Buchmaler nennt. Unter den Autoren befinden sich die großen Reformschriftsteller der Zeit wie Johannes de Gerson und Jakob von Jüterbog sowie Texte über den Augustinerorden. Die erhaltenen Einbände unterscheiden sich von denjenigen aus St. Moritz nur durch die Signaturen, welche unterhalb des Titels auf den etwas größeren Pergamentschildern anstelle des Klosternamens meist in Rot geschrieben sind. Ein Gothaer Einband ist mit dem Klosterwappen (Egge) geschmückt[138].

Wie die hallischen Serviten und die Kanoniker von St. Moritz durchliefen auch die Chorherren von Neuwerk seit der 2. Hälfte des 15. Jahrhunderts größtenteils ein Universitätsstudium. In den drei Dezennien von 1489–1523 leiteten das Stift in ununterbrochener Folge drei Pröpste von hervorragender wissenschaftlicher Bildung, die bei genereller Förderung des Bibliotheksausbaus auf Grund ihrer speziellen Interessen wohl auch unterschiedliche Schwerpunkte gesetzt haben. Nikolaus Sintram (1489–1504) ist als Polyhistor, vor allem aber als Historiker bezeugt, von dem Zeitgenossen Konrad Wimpina überschwenglich als *der hervorragendste Geschichtsschreiber* des Jahrhunderts gerühmt[139]. Seinen Nachfolger, Johannes (von) Palz (1504–1519), stellt uns Wimpina als eifrigen Förderer der Studien und einen der ersten hallischen Humanisten vor[140]. Rückschlüsse auf den Bestandsaufbau im humanistischen Geist lassen sich ziehen aus der Bezeichnung des Propstes als Erforscher der antiken Philosophie sowie aus der Nachricht, daß er die Studenten von Neuwerk Griechisch lernen ließ und sie nicht nur in theologische, sondern auch in Vorlesungen der humanistischen Fächer schickte. Als erzbischöflich magdeburgischer Rat war Palz außerdem von Kardinal Albrecht wie schon von Erzbischof Ernst in höchsten Ehren gehalten.

In einer anderen Funktion, als Hofkaplan, stand der nachfolgende und vor-

---

135 Vgl. HÜNICKEN, Geschichte (wie Anm. 112), I, S. 200. Seit 1120 außerdem eine Kanzlei in Neuwerk nachgewiesen.

136 Zu Busch (1399–1479/80) vgl. NDB III, S. 62–63; vgl. auch Anm. 118 und 132.

137 Auch Hermannus de Rene und Johannes Renis genannt, vgl. Anm. 126.

138 »Mammotrectus« von 1466 (Memb. I 53), vgl. EHWALD, Gothaer Handschriften (wie Anm. 7), S. 85.

139 Zu Sintram (Syntram) vgl. DBA 1253, 177. Konrad WIMPINA, Scriptorum insignium, qui in celeberrimis praesertim Lipsiensi, Wittenbergensi, Francofurdiana ad Viadum academiis a fundatione ipsarum usque ad annum Christi 1515 floruerunt, centuria, hrsg. von Th. MERZDORF. Leipzig 1839, S. 88; zit. nach NISSEN, Studien (wie Anm. 6), S. 34 Anm. 78. Wimpina-Handschrift in der Herzog August Bibliothek Wolfenbüttel, Cod. 22.8 Aug. Weitere Zeugnisse vgl. Anm. 133 sowie das Werk des Rodericus Sancius über die türkische Eroberung von Euböa (Anm. 125), das Sintram von seinem Onkel erbte, vgl. NISSEN, Studien (wie Anm. 6), S. 35.

140 Eigentlich Johann Gethink; Verwechslung mit dem Erfurter Augustiner-Eremiten Johann (Zenser) von Paltz bereinigt bei ADB XXV, S. 113. Nach Wimpina Doktor des kanonischen Rechts, allseitig hochgelehrt; ließ an der Universität Leipzig ein Collegium einrichten. Die betreffende Passage aus der Wimpina-Handschrift abgedruckt bei NISSEN, Studien (wie Anm. 6), S. 41–43 Anm. 100.

letzte Propst, Nicolaus Demuth (1519–1523), in näherer Beziehung zu Kardinal Albrecht. Humanismus und Reformation waren in seinen Interessen eng miteinander verbunden, seitdem er während seines Leipziger Studiums (seit 1511) mit dem dortigen Medizinprofessor Heinrich Stromer, Albrechts späterem Leibarzt, bekannt geworden war[141]. Im Frühjahr 1523 nahm er entschlossen die reformatorische Lehre an und floh aus seinem Kloster. Den Quellen ist zu entnehmen, daß er während seiner Präpositur die Neuerscheinungen von Humanisten wie Erasmus, Hutten, Pirckheimer, Capito und Melanchthon auf der Leipziger Messe kaufte oder sich von Stromer besorgen ließ[142] und daß er seinen Mönchen die Lektüre von Luthers Werken erlaubte und diese für die Bibliothek anschaffte[143].

Bestände außerhalb der drei klösterlichen Stammbibliotheken. Gesamtwürdigung der Stiftsbibliothek

Die Vermutung, daß Albrecht die von seinem magdeburgischen Vorgänger Ernst (1489–1513) ererbte erzbischöfliche Bibliothek in sein Neues Stift einbrachte (vgl. oben bes. Anm. 28), wird zwar nicht durch erhaltene Bände, aber durch bezeugte Bestände aus der Mainzer Dombibliothek im 18. Jahrhundert bestätigt. Als Besitz von Erzbischof Ernst weist sich ein Catholicon-Druck von 1460 aus[144]. Drei Handschriften nennen Erzbischof Gunther von Schwarzburg (1403–1445) als Auftraggeber und Besitzer: zwei lateinische naturkundliche Werke[145] und die mit Glanzgold-Initialen reich geschmückte Pergamenthandschrift eines mitteldeutschen Sachsenspiegels von 1421, »Codex Moguntinus II«, von dem Grupen eine Abschrift hinterlassen hat[146]. Nicht allein dieser Sachsenspiegel, sondern wahrscheinlich auch die anderen von Grupen bearbeiteten mitteldeutschen Sachsenspiegel-Handschriften aus der Mainzer Dombibliothek, »Moguntinus I. III« und das »Repertorium«[147], sind – wie »Moguntinus IV« aus St. Moritz (vgl. oben

---

141 Stromer widmete Demuth seine akademische Begrüßungsrede für Petrus Mosellanus (Sermo panegyricus Petro Mosellano quo die Lipsiensis academiae rector proclamatus est, dictus. Leipzig 1520). Noch 1521 suchte Demuth Luthers Angriffe gegen Kardinal Albrecht durch persönliche Vermittlung abzuwenden (Brief vom 11.1.1521 an Albrecht, StA Magdeburg, Rep. A 2, Nr. 500, fol. 1–2, neben anderen Briefen aus dieser Korrespondenz veröffentlicht von Heinrich August ERHARD, Die ersten Erscheinungen der Reformation in Halle. In: Allgemeines Archiv für die Geschichtskunde des Preußischen Staates 2 (1830) S. 97–126. 252–274, hier S. 98–100).

142 Vgl. Stromer in seinem Widmungsbrief an Demuth (Anm. 141), Eduard BÖCKING (Hrsg.), Ulrichs von Hutten Schriften, 5 Bde und 2 Supplementbde. Leipzig 1859–1870, hier III, S. 547–548.

143 Schreiben von Prior und Konvent an Demuth vom 19.4.1523 nach dessen Flucht aus dem Kloster: ... das Ir den fratribus gekauft hebt und zu lessen gestatet obgenanths Martini bücher..., StA Magdeburg, Rep. A 2, Nr. 500, fol. 10ʳ.

144 Laut Inskript 1476 von einem Georg von Gechingen zu 13 Gulden für den damals 11jährigen zum Administrator des Erzbistums Magdeburg ernannten Ernst auf Kosten von dessen Vater, des Kurfürsten von Sachsen, gekauft, vgl. GUDENUS I (wie Anm. 91), S. 341 f.

145 »De arboribus, eorumque fructibus« von 1433 sowie ein »Omeon naturalium« (über die Omina der Naturvorgänge?), das Gunther *precogitando pericula futura* aus 22 Büchern durch den Halberstädter Dominikaner Ulrich Popp zusammenstellen ließ, vgl. GUDENUS I (wie Anm. 91), Nr. 39 f.

146 Oberlandesgericht Celle, Grupens App. B 5; HOMEYER, Rechtsbücher (wie Anm. 109), S. 171, Nr. 759; FALK, Dombibliothek (wie Anm. 3), S. 97.

147 »Moguntinus I«: Pergament, 14. Jahrhundert, Abschrift Grupens App. B 1, HOMEYER, Rechtsbücher (wie Anm. 109), S. 171, Nr. 758; »Moguntinus III«: 15. Jahrhundert, ebd., S. 171–172, Nr. 760; »Repertorium«: Pergament, 15. Jahrhundert, ebd., S. 172, Nr. 762.

mit Anm. 111) – aus der Stiftsbibliothek nach Mainz gekommen[148] und könnten zur alten erzbischöflichen Bibliothek gehört haben[149].

Von den jüngeren Eigenerwerbungen der Stiftsbibliothek in den zwei Jahrzehnten von 1520–1540 hat sich aus den oben genannten Gründen nichts erhalten können oder entzieht sich der Identifikation, hat naturgemäß im Gegensatz zu den alten Handschriften auch nicht das Interesse der Gelehrten im 18. Jahrhundert gefunden. Auf einen weiteren planmäßigen Bestandsaufbau läßt sich nur aus verschiedenen Zeugnissen[150] und aus dem lebhaften Interesse schließen, das Albrecht am Gedeihen seines Neuen Stifts nahm. Als geistige Rüstkammer dieser Neugründung mußte die Stiftsbibliothek entsprechend ausgestattet werden: Für ihre Bestimmung als Universitätsbibliothek bedurfte sie einer breiten wissenschaftlichen Fächerung und einer weiten Öffnung für humanistisches Gedankengut; der Humanist Johannes Crotus Rubeanus, seit 1531 Stiftsherr und designierter Professor, konnte hier ein passendes Tätigkeitsfeld finden. Die Zielsetzung des Stifts, die Reformation zu bekämpfen, erforderte den Erwerb reformatorischen Schrifttums. Eine Entwicklung der Stiftsbibliothek in der angedeuteten Richtung bedeutete indes nicht eine Umorientierung, sondern führte nur verstärkt vorhandene Ansätze fort. Auch die klösterlichen Stammbibliotheken ließen, bei besonderem Gewicht auf Theologie und Kanonistik, fachliche Breite und jeweils bestimmte Schwerpunkte erkennen: deutsche Rechtsbücher in St. Moritz, im Neuwerkskloster Geschichte, vermutlich auch griechische Autoren, zuletzt Reformationsschriften. Was von den Klosterbeständen gerettet oder nachrichtlich überliefert worden ist, kann nach Alter, fachlicher Zugehörigkeit und Ausstattung keineswegs als repräsentativ für den Anteil betrachtet werden, den solche Bestände an den drei Klosterbibliotheken oder gar an der späteren Stiftsbibliothek hatten. Es ist vielmehr nur der bestausgestattete Kern der Handschriftenbestände mit vorwiegend biblischen Codices, den Herzog Bernhard von Weimar ausgewählt hat, andererseits ein Teil der ebenfalls meist theologischen Inkunabeln der ersten Jahrzehnte, der noch vor dem totalen Untergang aus der Mainzer Dombibliothek in Sicherheit gebracht wurde. In Wirklichkeit war die Stiftsbibliothek eine Sammlung, die bis ins 12. Jahrhundert zurückreichte, aber stets lebendig geblieben war und nach Umfang und Qualität Albrechts Charakterisierung als eine »ansehnliche Bibliothek« sicher verdient hat.

2. Albrechts Privatbibliothek

Als Sammlung vorwiegend zeitgenössischer Drucke war die Privatbibliothek ebenso wie die Eigenerwerbungen der Stiftsbibliothek der vollständigen Vernichtung und der Nichtbeachtung durch gelehrte Besucher der Mainzer Dombibliothek anheimgegeben oder ist in ihren etwaigen Überresten mangels Besitzkennzeichen im allgemeinen nicht erkennbar. Mehr zufällig als durch bedachte Auswahl

---

148 Diese Annahme schon bei FALK, Dombibliothek (wie Anm. 3), S. 98.

149 Aus der alten erzbischöflichen Bibliothek vermutlich auch die im Auftrag Gunthers von den Theologen Heinrich Tock(en) und Heinrich Solter 1441 dem Bischof von Havelberg vorgetragenen Artikel (GUDENUS I, wie Anm. 91, S. 351, Nr. 19b) sowie die Statuten des Erzbischofs Burchard, gegeben 1336 auf dem Provinzialkonzil, ebd., S. 361, Nr. 35a.

150 Vgl. oben S. 387–390, bes. Anm. 21–23, sowie unten S. 425.

haben sich als Kriegsbeuteanteile zwei Drucke und vier Handschriften erhalten. Erstere sind Dedikationsexemplare des Reformtheologen Friedrich Nausea, der zu Albrechts Mainzer Umkreis gehörte. Beide Werke sind aus Nauseas religionspolitischen Vermittlungsbemühungen und insofern aus seinen mit Kardinal Albrecht gemeinsamen Bestrebungen hervorgegangen. Die schönen goldgestempelten Kalblederbände mit eingeprägten Widmungsinschriften – und nur dank diesen als Albrechts Besitz kenntlich – werden unter der Schwedenbeute in Uppsala aufbewahrt: »Rerum conciliarum libri quinque«. Leipzig: Wolrab 1538 (UB Uppsala, Bokband 1500-t. Tyskl. Fol. 3) und »Catholicus Catechismus«. Köln: Quentel 1543 (UB Uppsala, Teol. Prakt. Katechetik 28:121)[151].

Von den vier über Pfalzgraf Ottheinrich in die Palatina und von dort in die Vatikanische Bibliothek gelangten Handschriften verweisen drei durch ihre Widmungen an Albrecht eindeutig auf die Privatbibliothek; für eine vierte ist auf Grund des mit zwei von den dreien gemeinsamen Besitzeintrags *Canonicorum Moguntie* dieselbe Provenienz wahrscheinlich. Die früheste der drei dedizierten Handschriften enthält die Viten der Mainzer Bischöfe Hrabanus Maurus (847–856) und Maximus (erste Hälfte 5. Jahrhundert), die Johannes Trithemius 1515/16 im Auftrag Albrechts verfaßt hat[152]. Anlaß war die Translation der Gebeine dieser beiden Bischöfe aus ihren vernachlässigten Gräbern in St. Alban zu Mainz nach Halle in die Hofkapelle der Moritzburg im Jahre 1515[153]. Dementsprechend rühmt Trithemius in der Widmungsvorrede zur Hrabans-Vita Albrechts Frömmigkeit und Heiligenverehrung, welche endlich diese Bischöfe der Vergessenheit entrissen haben. Er nennt Albrecht dem Alter nach einen Jüngling, den Sitten nach einen Greis *(aetate iuvenem, sed moribus senem)* und bestätigt ihm, daß alle Deutschen ihn zu Recht als ihr Licht und eine unermeßliche Zierde preisen *(Unde Germani omnes iure te Lumen suum, & decus immensum praedicant).*

Ganz anderen, aktuellen Inhalts sind die zwei Schriften, welche der kurpfälzische Kanzleisekretär Peter Harer[154] Albrecht dedizierte: sein Bericht von 1530

---

151 Vgl. VON DER GÖNNA, Hofbibliothek (wie Anm. 4), Nr. 2 und 3 mit Abb. 1. Beide Werke sind Papst Paul III. gewidmet, vom Katechismus außerdem Buch 6 (über die Zeremonien) Kardinal Albrecht. Zum Inhalt vgl. Joseph METZNER, Friedrich Nausea aus Waischenfeld, Bischof von Wien. Bamberg 1884, S. 75–77.

152 Cod. Pal. lat. 850/II, fol. 75–121, fol. 67ʳ *Canonicorum Moguntie*, vgl. Henry STEVENSON jun. und J. B. de ROSSI, Codices Palatini Latini Bibliothecae Vaticanae, T. 1. Rom 1886, S. 302. Keine Autographen. Ed.: »Vita Hrabani Mauri«, in: Acta Sanctorum, Febr. I. Antwerpen 1658, S. 524–538; Widmungsbrief vom 6. 11. 1515, in: ebd., S. 522–524; »Vita beati Maximi«, in: Laurentius SURIUS, De probatis sanctorum historiis, T. 6. Köln 1581, S. 407–414; Widmungsbrief vom 19. 1. 1516, in: Joh. Burkhard MENCKEN, Scriptores rerum Germanicarum, III. Leipzig 1730, Sp. 439–441. Zu den beiden Viten, die großenteils auf dem fiktiven Fuldenser Chronisten Meginfrid basieren, sowie zu Albrechts Bekanntschaft mit Trithemius, welche auf den achtmonatigen Aufenthalt des Abtes September 1505–April 1506 am Berliner Hof von Albrechts älterem Bruder, Kurfürst Joachim I., zurückgeht, vgl. Klaus ARNOLD, Johannes Trithemius (1462–1516) (= Quellen und Forschungen zur Geschichte des Bistums und Hochstifts Würzburg 23). Würzburg 1972, S. 157–159. 204–207. 246. Zu Bischof Maximus vgl. Karl HEINEMEYER, Das Erzbistum Mainz in römischer und fränkischer Zeit, I (= Veröffentlichungen der Historischen Kommission für Hessen 39,1). Marburg 1979, S. 9–11.

153 Diese Reliquien später im Halleschen Heiltum in einem versilberten Sarg, vgl. Hofbibliothek Aschaffenburg, Ms. 14, fol. 308ᵛ–309ʳ = Philipp Maria HALM und Rudolf BERLINER (Hrsg.), Das Hallesche Heiltum. Man. Aschaffenburg 14. Berlin 1931, Nr. 238.

154 Seit 1518 in der kurpfälzischen Kanzlei, gest. ca. 1555; Schwager Melanchthons, vgl. NDB

über den Bauernkrieg und 1542 Nachrichten über die derzeitigen Verhältnisse im türkischen Reich. Über die Beziehungen Albrechts zu diesem gebildeten Sekretär des Kurfürsten Ludwig V. von der Pfalz ist ansonsten nichts zu ermitteln; die Bekanntschaft erklärt sich indes leicht, war doch der stets auf Ausgleich bedachte Ludwig V. ein Gesinnungsgenosse Albrechts und überdies weitläufig verwandt[155]. Den Bericht über den Bauernkrieg, aus eigenem Erleben und auf Grund von Augenzeugenberichten und amtlichen Schriftstücken zunächst in deutscher Sprache verfaßt, hat Harer selbst unter dem Titel »De seditione rustica« ins Lateinische übersetzt und in dieser Fassung dem neugewählten König Ferdinand am 7. Januar 1531 sowie Kardinal Albrecht dediziert[156]. Gleich dem Widmungsexemplar für Ferdinand und einer dritten lateinischen Papierhandschrift (ohne Widmung, BSB München, Clm 1563) ist Albrechts Exemplar höchstwahrscheinlich ein Autograph[157], sorgfältigst geschrieben und auf dem ersten der 72 Blätter mit Albrechts großem farbigem Wappen geschmückt. Nach den Worten der – undatierten – Widmungsvorrede soll die Schrift ein Unterpfand von Harers Ergebenheit und Dienstfertigkeit sein; in der für die Nachwelt bestimmten lateinischen Version habe er das Werkchen Albrecht zu übersenden für angebracht gehalten, da es auch über die Bauernaufstände in dessen Territorien berichte.

Mit der Widmung der »Relatio de rebus Turcicis« vom 4. März 1542[158], die augenscheinlich ebenfalls ein Autograph ist, kam Harer nach seinen eigenen Worten einer Aufforderung nach, die der Bischof von Hildesheim und Rat Albrechts (Valentin von Tetleben) gelegentlich der Bauernkrieg-Schrift an ihn gerichtet hatte[159]. Der bis heute unveröffentlichte Türkenbericht ist kein eigenständiges

VII, S. 672; Gretl VOGELGESANG, Kanzlei- und Ratswesen der pfälzischen Kurfürsten um die Wende vom 15. zum 16. Jahrhundert. Phil. Diss. masch. Freiburg i. Br. 1942, S. 33 f.

155 Vgl. Albrechts Brief von 1530 an den *lieben Vetter* Ludwig V., abgedruckt bei MAY, Albrecht (wie Anm. 19), II, Beilage 54, S. 493 f. – Die Witwe von Albrechts Vetter Markgraf Kasimir von Brandenburg, Susanna, seit 1528 wiederverheiratet mit Ottheinrich von der Pfalz.

156 Drei Papierhandschriften erhalten. Albrechts Exemplar Cod. Pal. lat 952, hrsg. von M. FREHER 1611 (vgl. Anm. 71). Ferdinands Exemplar in der Nationalbibliothek Wien, Cod. Ms. 8081. Dritte lat. Handschrift in BSB München, Clm 1563. Dt. Originalhandschrift verschollen; sieben spätere Abschriften verzeichnet bei Günther FRANZ (Hrsg.), Peter Harers Wahrhafte und gründliche Beschreibung des Bauernkriegs (= Schriften der Pfälzischen Gesellschaft zur Förderung der Wissenschaften 25). Kaiserslautern 1936, S. 114–117. Edition nach Abschrift von 1551 in LB Karlsruhe, K 2476.

157 Für diese Meinung (vertreten auch von FRANZ, Peter Harer, wie Anm. 156, S. 114 Anm. 11 und anderen) spricht mehreres: Schriftvergleich mit Harers kurpfälzischem Sal- und Lehnbuch (Bad. Generallandesarchiv Karlsruhe); in beiden Widmungen Name des Verfassers von derselben Hand geschrieben wie übriger Text; Text im Hinblick auf den jeweiligen Empfänger mehrfach differierend, z. B. in Albrechts Exemplar an einer Stelle ohne sachliche Motivierung dessen sämtliche Titel aufgeführt, vgl. FREHER (wie Anm. 71), S. 203.

158 Cod. Pal. lat. 1567/III, fol. 62–89. Wie die Trithemius-Viten anderen Palatina-Handschriften beigebunden (Teil I: Pomponius Mela, Cosmographia; aus der Bibliothek Ulrich Fuggers. Teil II: Zwei Schriften des Matthias Flacius Illyricus, vermutlich vom Verfasser direkt an Ottheinrich gegeben), vgl. Elisabeth PELLEGRIN, Les manuscrits classiques latins de la Bibliothèque Vaticane, II,2. Paris 1982, S. 225 Anm. 2. Der Besitzeintrag *Canonicorum Moguntie*, der nur für die Harer-Schrift gilt, offenbar aus dem beschädigten Vorsatzblatt ausgeschnitten und – in irreführender Weise – auf das Vorsatzblatt fol. I. zur 1. Schrift des Sammelbandes aufgeklebt (freundliche Mitteilung von Dr. Ludwig Schuba, UB Heidelberg).

159 *Si quid deinceps scitu dignum acquirerem id R^{me} et Ill^{me} D[ominationi] Tuae communicare deberem*, fol. 62^r; zum Anlaß vgl. auch SCHOTTENLOHER, Ottheinrich (wie Anm. 69), S. 157 Anm. 33.

Werk Harers, sondern gibt die Aufzeichnungen wieder, die der ungarische Erzbischof Franciscus Gregor Graf von Frangepan auf dem jüngsten Reichstag zu Regensburg zugänglich gemacht hatte[160]. Er gibt detaillierte Informationen über das Land, den Sultan, seinen Palast und Hofstaat sowie über den Verwaltungsapparat im ganzen Reich.

Daß Harer bereits 1529 Albrecht auch eine seiner zwei deutschen Reimchroniken in einer Handschrift dediziert hat, die beim Mainzer Dombrand 1793 vernichtet wurde, ist aus Weyers Katalog von 1723/27 (vgl. Anm. 55) zu erfahren. Die ansonsten ohne Titelfassung überlieferte Reimchronik über die Packschen Händel von 1528[161] ist darin unter dem Titel »Ettlicher Churfürsten, und Landgraven Kriegsempörungen in reimen« verzeichnet, mit der Erwähnung einer vorausgehenden Widmung an Albrecht *(Praevia dedicatione ad Albertum Archi-Episcopum Moguntinum Cardinalem)*[162].

Die vierte der vatikanischen Palatina-Handschriften, die – ohne Widmung – Albrechts Privatbibliothek nur auf Grund des Eintrags *Canonicorum Moguntie* mit großer Wahrscheinlichkeit zugewiesen werden kann, ist eine italienische Pergamenthandschrift von Ciceros »Epistolae ad familiares« aus dem 15. Jahrhundert, in humanistischer Minuskel geschrieben, mit ornamentalen Initialen, auf der ersten Textseite auch mit einer dreiseitigen Bordüre illuminiert[163]. Als Erwerbung Albrechts, vielleicht als Geschenk, wäre diese Handschrift ein schönes Zeugnis für seine humanistischen Neigungen.

Eine fünfte Albrecht dedizierte Handschrift, Jakob Wimpfelings Mainzer Bischofsgeschichte mit Widmungsbrief vom 1. August 1515 aus Schlettstadt, hat sich in der Hofbibliothek Aschaffenburg erhalten[164]. Dorthin kam sie jedoch nicht erst 1803 mit Albrechts Prachthandschriften aus dem Mainzer Dom, vielmehr gehörte sie bereits zu Kurfürst Erthals Privatsammlung, dem Grundstock der Aschaffenburger Bibliothek. Mehr noch als diese Tatsache deuten andere Anzeichen darauf hin, daß das Bändchen unerklärlicherweise nie in Albrechts

---

160 Zu Graf von Frangepan, Erzbischof von Colocza (1530–1543) vgl. Pius Bonifacius GAMS, Series episcoporum ecclesiae catholicae. Regensburg 1873, S. 372.

161 UB Heidelberg, Pal. germ. 319, vgl. Jakob WILLE, Die deutschen Pfälzer Handschriften des 16. und 17. Jahrhunderts der Universitäts-Bibliothek in Heidelberg. Heidelberg 1903, S. 50.

162 WEYER, Index (wie Anm. 55), Klasse 6 (Historici), Columna N, Nr. 100, S. 216.

163 Cod. Pal. lat. 1497, vgl. PELLEGRIN, Manuscrits (wie Anm. 158), S. 155. Keines der drei Vorbesitzer-Wappen (das erste unten in dreiseitige Bordüre eingemalt, die zwei anderen einander überdeckend auf Vorsatzblatt) ist identifiziert. Das jüngste entgegen Pellegrins Vermutung nicht das Wappen des Mainzer Domkapitels, soweit nach der Beschreibung zu urteilen.

164 »Catalogus archiepiscoporum Moguntinorum« (Ms. 22), vgl. Josef HOFMANN und Hans THURN, Die Handschriften der Hofbibliothek Aschaffenburg (= Veröffentlichungen des Geschichts- und Kunstvereins Aschaffenburg 15). Aschaffenburg 1978; VON DER GÖNNA, Hofbibliothek (wie Anm. 4), Nr. 4. Nur auszugsweise veröffentlicht von Georg ENGLERT, Commentatio de catalogo archiepiscoporum Moguntinensium Wimphelingiano (= Almae Juliae Maximilianae Herbipolensi peractis ab ortu tribus saeculis...). Aschaffenburg 1882. Von ENGLERT (S. 49 Anm. 6) positiv beurteilt wie auch von Joseph KNEPPER, Jakob Wimpfeling (1450–1528). Sein Leben und seine Werke. Freiburg 1902, ND Nieuwkoop 1965, S. 297; negativ dagegen beurteilt von Wilhelm HEINSE in seinem Bibliothekskatalog (Ms. 52 Hofbibliothek Aschaffenburg, fol. 14) sowie von Joseph MERKEL, Die Miniaturen und Manuscripte der Kgl. Bayer. Hofbibliothek in Aschaffenburg. Aschaffenburg 1836, S. 14, Nr. 28. Zu Vorarbeiten des Freundes Dietrich Gresemund d. J. vgl. ADB XLIV, S. 533; Hans-Heinrich FLEISCHER, Dietrich Gresemund der Jüngere (= Beiträge zur Geschichte der Universität Mainz 8). Mainz 1967, S. 153–154.

Hände gelangt ist[165]. Die geschmackvoll illuminierte und in rotes Ziegenleder gebundene Pergamenthandschrift kann deshalb für die Rekonstruktion von Albrechts Privatbibliothek nur als ein Beispiel handschriftlicher Widmungsbände dienen. Gleich manch anderen Schriften sonstiger Autoren sollte auch diese Bischofsgeschichte mit Merkmalen eines Bischofsspiegels ein Anliegen von öffentlichem Interesse, die Kirchenreform, an den Erzbischof herantragen, dessen Frömmigkeit und Bildung Wimpfeling hat rühmen hören. Mit den Widmungen der dem Mäzen Albrecht zugeeigneten Werke (s. Teil B) hat diese Schrift nur ein beigegebenes Enkomion aus fremder Feder gemeinsam: lateinische Distichen, worin Johannes Sapidus Albrechts Geschlechterwappen allegorisch zum Ruhme von dessen persönlichen Wesenszügen deutet. Über persönliche Beziehungen Wimpfelings zu Albrecht ist ebensowenig bekannt wie über die Resonanz, die eine im selben Jahr gedruckte Schrift bei diesem gefunden hat.

Neben den wenigen erhaltenen Bänden können nur Erkenntnisse über Albrechts Stellung als Mäzen und Kirchenfürst im Geistesleben seiner Zeit etwas zur Rekonstruktion der Privatbibliothek beitragen, wie sie im folgenden zweiten Teil der Untersuchung gesammelt werden. Unbedeutend kann diese Bibliothek nicht gewesen sein, wenn Gelehrte stolz darauf waren, ihre eigenen Werke darin stehen zu wissen, und wenn von ihrer Bestimmung für die Nachwelt gesprochen wurde (vgl. Anm. 20). Daß Albrecht sie letztlich nicht als eigenständige Sammlung, etwa als Grundstock einer Hofbibliothek, hinterlassen, sondern dem Mainzer Domkapitel vermacht hat, kann ebenso darin begründet sein, daß sie die beabsichtigte Größenordnung nicht erreicht hat, wie in der »Kirchlichkeit« Albrechts, die auch sein Kunstsammeln charakterisiert[166].

B: Albrecht als Mäzen der gelehrten Welt

Als Mäzen im Bereich der Wissenschaft und Literatur ist Albrecht von seinen Zeitgenossen und im gesamten Schrifttum bis heute gerühmt worden, in bemerkenswertem Unterschied zum Büchersammler. Die Kenntnis von Fakten über dieses Mäzenatentum steht umgekehrt aber weit hinter dem zurück, was inzwischen über die Büchersammlungen erforscht worden ist. Für die Zeitgenossen war es fester Brauch, Albrechts Verdienste um die Förderung der Wissenschaften und seine eigene humanistische Bildung zu preisen. Was ihnen aber lebendige Erfahrung war, auf die sie mit einigen beispielhaften Namen von Humanisten wie Erasmus, Reuchlin, Ulrich von Hutten, Capito und Heinrich Stromer verwiesen, ist

---

165 Verzeichnet in Heinses Katalog von Erthals Privatbibliothek, 1796–1802 (Ms. 52, fol. 14). Lesevermerk des Straßburger Lateinschulrektors Johann Sturm (1507–1589) – *Johann Sturm I*[egit] – erst ab 1537 wahrscheinlich nach Übersiedlung von Paris nach Straßburg, wo er im selben Jahr Schwiegersohn des ehemaligen Schlettstätter Lateinschulrektors Johannes Sapidus wurde; Sapidus als Beiträger eines Gedichts an Wimpfelings Werk beteiligt (s. S. 435). Um 1630 Besitzeintrag *Joannes D. Dresanus poßeßor:* 1611 immatrikuliert an der Universität Erfurt, 1630 Dr. jur. utr., kurmainzischer Rat und noch 1664 erzbischöflicher Schultheiß in Erfurt, vgl. J. Chr. H. WEISSENBORN (Bearb.), Acten der Erfurter Universität, II. Halle 1884, S. 513; Erich KLEINEIDAM, Universitas studii Erfordensis (= Erfurter theologische Studien 42), III. Leipzig 1983, S. 196. 202. Kurfürst Erthal hat also die Handschrift wohl aus Erfurter Besitz erworben; Weg von Straßburg (Sapidus) nach Erfurt ungeklärt.

166 Vgl. WOLTER, Kardinal Albrecht (wie Anm. 8), S. 498.

uns heute entschwunden; geblieben sind die wenigen Namen als leere Hülsen. Die vielen tradierten und wiederholten Rühmungen wirken daher formelhaft.

Daran ändert auch das vielgebrauchte Zitat Huttens nichts, das Albrechts Mäzenatentum in seiner Weite zu erfassen sucht[167]. Unter Bezug darauf haben den Kardinal 1722 Joannis als »litteratorum Maecenas« und Niklas Vogt 1836 als den »vorzüglichsten Beschützer der Künste und Wissenschaften« gewürdigt[168]. Speziell als Humanistenfreund stellten ihn 1865 der Biograph Jakob May[169] und 1888 Hermann Baumgarten[170] vor. In jüngster Zeit haben Manfred von Roesgen ihn einen »Humanisten auf dem Bischofsthron« genannt[171] und Peter Walter seine Haltung zum Humanismus beleuchtet[172]. Der eigentlich mäzenatische Aspekt ist von der Person Albrechts aus noch nicht erforscht, sondern nur im Rahmen von Untersuchungen zu einzelnen begünstigten Gelehrten mehr oder weniger eingehend behandelt worden. Auch der folgende Versuch, den stereotypen Mäzenatenruhm Albrechts durch die Sammlung von Material zu begründen und anschaulicher zu machen, kann nur ein Anfang sein[173].

167 *Wer ist nun in ganz Deutschland wahrhaft gelehrt, den er* [Albrecht] *nicht kennte, oder von welchem Gelehrten ist er jemals begrüßt worden, den er nicht mit einer ganzen Flut seiner Freigebigkeit überhäuft hätte? Und wie besorgt war er neulich, daß dem guten Capnio* [Reuchlin] *nichts seiner Unwürdiges geschehe, wie begierig hat er mit Briefen Erasmus zu sich gerufen, dessen Namen er stets mit höchster Ehrerbietung nennt, und wie oft fragt er uns, was jeder der Gelehrten tue, wie es ihm gehe,* Hutten, Widmungsvorrede an Stromer zum Dialog »Aula«, 1518, vgl. BÖCKING, Ulrich von Hutten (wie Anm. 142), hier I, S. 219–220.

168 JOANNIS (wie Anm. 56), I, S. 846; Niklas VOGT, Rheinische Geschichten und Sagen, 4 Bde. Frankfurt a. M. 1817–1836, hier IV, S. 23 f. Albrechts Hof nennt er »eine Art von Akademie, wo Genie und Gelehrsamkeit um die Wette eiferten«.

169 MAY, Albrecht (wie Anm. 19), I, S. 55–56, spricht ihm das Verdienst zu, der humanistischen Bewegung in Mainz zum Durchbruch verholfen zu haben und sieht ihn als »Mittelpunkt eines Kreises von geistvollen, der neuen Richtung huldigenden Männern«, bestehend aus Eitelwolf vom Stein, Hutten, Stromer, Sebastian von Rotenhan und verschiedenen Domherren.

170 Hermann BAUMGARTEN, Geschichte Karls V., 3 Bde. Stuttgart 1885–1892, hier II, S. 394: »Er hatte ... in jeder Beziehung den Ruhm erworben, unter den Förderern des neuen Geistes in Deutschland obenan zu stehen.«

171 Vgl. VON ROESGEN, Kardinal Albrecht (wie Anm. 1), S. 59–68.

172 Peter WALTER, Albrecht von Brandenburg und der Humanismus. In: Albrecht von Brandenburg. Ausstellungskatalog (wie Anm. 1), S. 65–82.

173 Die Spärlichkeit der Quellen, die konkrete Fakten liefern können, würde es erfordern, das zeitgenössische Schrifttum und die einschlägige biographische Sekundärliteratur in der ganzen Breite auf verstreute Hinweise zu durchforschen. Die Notwendigkeit solch umfassender Recherchen ergibt sich aus der Natur des literarischen Mäzenatentums, dessen Erscheinungsformen viel weniger greifbar sind als die des Kunstmäzenatentums, das sich in der Auftragskunst deutlich zu erkennen gibt. Aus diesem Grund ist die Thematik nicht nur in bezug auf Albrecht kaum angegangen worden, sondern die literarische Gönnerforschung allgemein ein »Stiefkind der Literaturwissenschaft« geblieben, vgl. Joachim BUMKE (Hrsg.), Literarisches Mäzenatentum. Ausgewählte Forschungen zur Rolle des Gönners und Auftraggebers in der mittelalterlichen Literatur (= Wege der Forschung 598). Darmstadt 1982, S. 16. Am besten erforscht ist das Mittelalter, als die Auftragsliteratur noch größter Bedeutung war; vgl. dazu insbesondere Joachim BUMKE, Mäzene im Mittelalter. Die Gönner und Auftraggeber der höfischen Literatur in Deutschland 1150–1300. München 1979. Aus dem nämlichen Grund hat als Vertreter der deutschen Renaissance Kaiser Maximilian I. besonderes Interesse gefunden, vgl. dazu Jan-Dirk MÜLLER, Gedechtnus. Literatur und Hofgesellschaft um Maximilian I. (= Forschungen zur Geschichte der älteren deutschen Literatur 2). München 1982.

I. ERSCHEINUNGSFORMEN DES LITERARISCHEN MÄZENATENTUMS,
INSBESONDERE ZU ALBRECHTS ZEIT

Dem literarischen Mäzenatentum[174] ist nicht nur schwer auf die Spur zu kommen (vgl. Anm. 173), es ist in der Vielgestaltigkeit des Phänomens an sich und dazu in seinen verschiedenen historischen Ausprägungen auch schwer zu definieren. Die im Kunstbereich vorherrschende mäzenatische Grundstruktur, die materielle und künstlerische Existenzsicherung durch Aufträge, ist auf literarischem Gebiet nur eine von mehreren Spielarten und war zu Albrechts Zeit bereits die seltenste, beschränkt auf ausgesprochene Hofliteratur, wie etwa bei Kaiser Maximilian I. Auch sonstige materielle Unterstützung, sei sie einmalig (als Geldgeschenk), längerfristig (als Ausbildungsstipendium) oder dauerhaft (als Stipendium im Sinne einer Pension oder durch Einstellung in ein Hofamt), ist nicht die alleinige, wenn auch eine häufige und die eindeutigste Form. Schon durch Ehrung der Gelehrsamkeit wird ein Fürst oder eine andere hochstehende und einflußreiche Persönlichkeit zum Mäzen entsprechend dem Cicero-Wort »Honos alit artes« (Tusc. disp. I 4). Die Ehrung kann darin bestehen, daß der Mäzen einzelne Gelehrte durch persönliche Zuwendung, Ermutigung und Freundschaft[175] oder auch auf einmalige Weise durch Ehrengeschenke auszeichnet, zu Albrechts Zeit meist in Form von silbernen und vergoldeten Bechern. Er kann Wissenschaft und Literatur aber auch auf institutioneller Ebene fördern, etwa durch Gründung, Erweiterung oder Reform einer Universität oder durch Einrichtung einer Bibliothek. Durch beiderlei Art einer nicht primär materiellen oder persönlichen Unterstützung wirkt ein Mäzen, indem er für das geistige Leben günstige Bedingungen und ein förderliches Klima schafft. Letztlich entscheidend ist allein das Ergebnis, die Förderung der Wissenschaft oder einzelner Gelehrter, unabhängig vom Motiv des Mäzens, sei dies selbstloser Förderwille, Repräsentationsanspruch, Bewußtsein einer kulturpolitischen Aufgabe oder auch das Streben nach Ruhm und Nachruhm.

Eine solch weite Definition des Mäzenatentums wird von den Autoren der wenigen einschlägigen Untersuchungen befürwortet[176] und von der Auffassung der Begünstigten zur Zeit Albrechts voll bestätigt. Gerade in der Epoche des Humanismus gewann die ideelle Form der Förderung als Ehrung einzelner Gelehrter und als institutionelles Mäzenatentum an Gewicht[177]. Ebenso gab andererseits

---

174 Der Begriff der Literatur ist hier im weiten Sinne der humanistischen »schönen Wissenschaften« *(bonae litterae)* verwendet. Die Humanisten wurden auch als »litterati« oder »poetae« bezeichnet.

175 Dies war schon bei dem namengebenden Prototyp des Mäzens, dem Römer Maecenas, die Grundlage der Literaturförderung, welche der Maecenaskreis mit den Dichtern Horaz, Vergil und Properz genoß.

176 Vgl. die grundsätzlichen Überlegungen außerhalb der Epochenbezogenheit bei Karl Julius HOLZKNECHT, Literary patronage in the Middle Ages. 1923, ND New York 1966; William McDONALD and Ulrich GOEBEL, German medieval literary patronage from Charlemagne to Maximilian I. A critical commentary with special emphasis on Imperial promotion of literature. Amsterdam 1973, S. 4–5.

177 So pries der Leipziger Humanist Petrus Mosellanus seinen Fürsten, den Herzog Georg von Sachsen, für die Einrichtung des Griechischstudiums an der dortigen Universität (Brief vom 25. 8. 1517 an Johannes Caesarius in Köln), vgl. Karl und Wilhelm KRAFFT (Hrsg.), Briefe und Dokumente aus der Zeit der Reformation im 16. Jahrhundert. Elberfeld 1875, S. 134. Desgleichen des Mosellanus Schüler Johann Musler in der Grabrede auf Mosellanus vom 15. 1. 1524 *(studiorum nostrorum Me-*

der mäzenatische Nachruhm damals wie schon in der Antike einen starken Anreiz und wurde als legitime Gegengabe an den Gönner nicht nur gebilligt, sondern geradezu propagiert. Wie sehr sich die Humanisten als Gelehrtenstand in der Auszeichnung einzelner Vertreter geehrt und ermuntert fühlten, wie sie dadurch die wissenschaftliche Arbeit, auch wegen des Ansporns für die Jugend, gefördert sahen und die Rückwirkung auf den Nachruhm des Mäzens als selbstverständlich mit einbezogen, wird treffend von einem Brief Andreas Osianders an Herzog Albrecht von Preußen, Kardinal Abrechts Vetter, belegt[178]. Daß das mäzenatische Verhältnis diese ideelle Ausprägung annehmen konnte, ist begründet ebenso in der geistesgeschichtlichen Situation der Humanisten, die um ihre Anerkennung kämpften und nicht weniger den Ruhm suchten als ihre Gönner, wie in ihrer gewandelten sozialen Position, welche die materielle Abhängigkeit verringerte. Die Humanisten hatten entweder einen Brotberuf, als Jurist oder als Universitätslehrer, eine kirchliche Pfründe oder waren dank dem mit dem Buchdruck entstandenen Büchermarkt zu professionellen Autoren geworden, wie vor allem Erasmus. Andere waren zwar mangels einer größeren Auswahl passender Berufe auf ein Hofamt angewiesen und kamen somit in eine gewisse materielle Abhängigkeit von ihrem Mäzen, der zugleich ihr Dienstherr war. Fürstliche Patronage über ein Hofamt bedeutete jedoch im allgemeinen nicht eine taktvoll verschleierte Existenzsicherung des seinen Studien lebenden Gelehrten, sondern basierte auf einem echten Dienstverhältnis. Die humanistisch Gebildeten als die in Wort und Schrift, in Latein und in der Volkssprache Redegewandten wurden mit zunehmender Verschriftlichung des öffentlichen Lebens und mit wachsender Bedeutung von Diplomatie und Redekunst unentbehrlich als höfische Führungselite[179]. Benötigt wurden bei Hofe auch die juristischen Kenntnisse, die sich Humanisten häufig an den Quellen des römischen Rechts, den italienischen Universitäten, erwarben. Wo aber die Gunst einer materiellen Unterstützung gesucht und erforderlich war, wurde diese von den Humanisten nicht als beschämend oder abhängigkeitsschaffend empfunden, sondern in geistiger Freiheit als Tribut an die *bonae litterae* entgegengenommen; die Gegengabe des Nachruhms war dem Mäzen sicher.

Die Resonanz, welche die verschiedenen mäzenatischen Erscheinungsformen bei den Gelehrten fanden, sei es als Erwartung, als Dank oder als Thema, bekundet sich in ihren Briefen untereinander und an die Mäzene selbst, in Preisgedichten und besonders häufig in den Widmungsvorreden ihrer Werke. Die genannten

---

caenas [!] liberalissimus Dux Georgius), ebd., S. 125. Für die generelle Förderung der Wissenschaften rühmte Mosellanus in seiner an Georg von Sachsen gerichteten Leipziger Universitätsrede über das Sprachstudium vom 1. 8. 1518 (erschienen Basel 1519) unter mehreren anderen fürstlichen Mäzenen auch Albrecht von Mainz, vgl. Karl SCHOTTENLOHER, Die Widmungsvorrede im Buch des 16. Jahrhunderts (= RST 76/77). Münster 1953, S. 18.

178 Osiander am 20. 1. 1540 über die Geschenke von silbernen Bechern von Herzog Albrecht an Melanchthon und Joachim Camerarius: *... da niemand zweifeln kann, daß E. F. G. durch die Beehrung und Auszeichnung jener beiden Männer nicht sowohl sich selbst, als vielmehr die freien Künste, die Gelehrsamkeit und Frömmigkeit ehrt und auszeichnet, so muß der ganze Chor aller Gelehrten ... sich von E. F. G. geehrt und ausgezeichnet fühlen ... denn es ist ein wahres Wort der alten Weisen: Honos alit artes. Ich wünsche daher E. F. G. Glück ob solcher erhabenen Freigebigkeit, womit sie sich alle Gelehrten verpflichtet, die Jugend zur schönsten Hoffnung anregt und E. F. G. sich selbst ein unsterbliches Andenken erwirbt,* vgl. Johannes VOIGT (Hrsg.), Briefwechsel der berühmtesten Gelehrten des Zeitalters der Reformation mit Herzog Albrecht von Preußen. Königsberg 1841, S. 477–478.

179 Vgl. MÜLLER, Gedechtnus (wie Anm. 173), S. 43–55.

literarischen Formen sind deshalb die hauptsächlichen und oft die einzigen Quellen. Deutet die Widmungsvorrede im Gegensatz zum Panegyrikus zwar nicht immer auf eine bestehende oder erhoffte mäzenatische Beziehung hin – da sie auch an gleichgestellte Freunde oder an den »idealen Leser« gerichtet wurde –, so ist sie als charakteristisches Zubehör des gedruckten Buches im 16. Jahrhundert doch das häufigste Indiz. Als öffentliche Kundgebung, die eine »selbständige literarische Erscheinung« geworden war[180], nutzten die Autoren sie aber auch aktiv für ihre Zwecke, jenseits des Dankes für oder der versteckten Bitte um Gunsterweisung. Mit ihr stellten sie vorzugsweise in aller Öffentlichkeit die Beziehung zu dem ausersehenen Mäzen her, verpflichteten diesen zu der erwarteten Gunst und warben zugleich mit dessen großem Namen für ihr eigenes Werk. Indem sie ihr Werk gleichsam unter den Schutz des Widmungsadressaten stellten, verbanden sie kommerzielle Vorteile für sich selbst mit einer sehr weitgehenden Idealisierung der mäzenatischen Rolle: Sie erhöhten die Chancen ihres Markterfolges und kreierten den symbolischen Schutzherrn der Wissenschaften.

II. ZUR CHARAKTERISTIK DES MÄZENS ALBRECHT

Abgesehen von wenigen bekannten objektiven Fakten und von dem seltenen Zeugnis seines Selbstverständnisses als Mäzen, das Albrecht in der kleinen Korrespondenz mit Erasmus hinterlassen hat, sind allgemein gehaltene enkomiastische Äußerungen von Gelehrten und Albrechts Hofleuten in Briefen, Panegyriken und Widmungsvorreden die einzigen Quellen für die Bedeutung Albrechts als Mäzen. Dieser wird deshalb weniger sichtbar in dem, was er als solcher geleistet hat, denn in der Spiegelung, im Bild, das sich die Zeitgenossen von ihm machten, also in seinem Ruhm als Mäzen. Daß sich dieser Ruhm weitgehend auf feststehende Erwartungen gründete, die in Albrechts engstem Umkreis bewußt verbreitet, aber von der Realität nicht immer bestätigt wurden, lehrt das Beispiel Reuchlins. Insofern solche Erwartungen vor allem in dem verheißungsvollen ersten Dezennium von Albrechts Regierungszeit erzeugt worden sind, könnte die Realität hauptsächlich in der darauffolgenden Zeit von ihnen abgewichen sein. Denn gewiß war die Zeitspanne der humanistischen Hochstimmung bis zur Trennung von Hutten im Jahre 1520 oder allenfalls bis zur religionspolitischen Wende um 1523 auch die Periode der größten mäzenatischen Intensität, wenngleich Albrecht auch weiterhin ein großzügiger Gönner blieb.

Zur Charakterisierung von Albrechts Wirkungsfeld als Mäzen bietet sich der Begriff der »gelehrten Welt« an. Ausschließlich der möglichen Konnotation des Internationalen – die nicht zutrifft – umfaßt er das ganze Spektrum von Albrechts Mäzenatentum und Mäzenatenruhm. In seiner Abstraktheit begreift er neben der individuellen Förderung eines engeren Gelehrtenkreises auch das universelle helfende Wohlwollen gegenüber Gelehrten und auch die institutionelle Wissenschaftsförderung ein, dazu das Bild Albrechts als eines Schirmherrn der Wissenschaften, unter welchem seine Rolle von der (faktischen) Patronage zum (symbolischen) Patronat hinübergleitet und entmaterialisiert wird. Die Bezeich-

---

180 Vgl. SCHOTTENLOHER, Widmungsvorrede (wie Anm. 177), S. 1.

nung »gelehrt« trifft die inhaltliche Ausrichtung auf die humanistischen, die »schönen« Wissenschaften einschließlich der neulateinischen Dichtung, bezieht aber auch die Theologie und andere geisteswissenschaftliche Bereiche ein. Das bezeichnete reichgegliederte Feld, auf dem der Mäzen Albrecht wirkte, sei zunächst im Überblick vorgestellt, ehe das gesammelte Material zu einzelnen Gelehrten ausgewertet wird.

Den Mittelpunkt der konzentrischen Kreise dieses Feldes bildeten die Gelehrten im Hofdienst. Ein Kreis von mehreren, der in der Gemeinsamkeit humanistischer Interessen und in der freundschaftlichen Vertrautheit untereinander und mit ihrem Fürsten entfernt an den Maecenaskreis denken läßt (vgl. Anm. 175 und 169), ist nur in Albrechts großem mäzenatischem Jahrzehnt erkennbar[181]. Er hatte den Mainzer Hof zum Zentrum und setzte sich zusammen aus dem Hofmeister Eitelwolf vom Stein, den Räten Ulrich von Hutten und Capito sowie aus den Leibärzten Stromer, Kopp und zuletzt Bucheimer. Nach Eitelwolfs frühem Tod 1515 verbrachten immerhin die übrigen fünf einen Teil ihrer jeweiligen Dienstzeit gemeinsam in den Jahren 1517–1520 oder waren doch über einen aufrechterhaltenen Kontakt zum Hofe miteinander bekannt. Die Begünstigung aller Hofleute bestand in der Auszeichnung durch das Amt selbst, das nach dem Verständnis des Hofastrologen Indagine primär eine Belohnung für die Mühen des durchlaufenen Studiums, weniger die Gewährung einer Studienmuße bedeutete[182]. Umgekehrt war das Verhältnis offenbar bei Hutten, während Erasmus, wäre er Albrechts Ruf gefolgt, wohl ohne jede Dienstverpflichtung am Hofe gelebt hätte. Diese Konzentration von gelehrten, klugen und eloquenten Männern am Hofe galt als Maßstab für den fürstlichen Mäzen, weil zu ihm solche Gebildeten leichten Zutritt fänden; selbst herausragende Mitglieder des Mainzer Domkapitels, vor allem der Dekan Lorenz Truchseß von Pommersfelden, wurden gelegentlich – zu Unrecht – mit einbezogen[183]. Diese gelehrten Hofleute und Domherren potenzierten aber außerdem die Wirkung von Albrechts Hof als einem Zentrum des Humanismus und des Mäzenatentums dadurch, daß mehrere von ihnen ihrerseits als Mäzene hervortraten, sei es in vermittelnder Funktion, indem sie Gelehrten den Weg zum Fürsten ebneten, sei es eigenständig; unter den Hofleuten sind Eitelwolf vom Stein, Stromer, Bucheimer und der magdeburgische Kanzler Christoph Türk am Hof zu Halle dafür bekanntgeworden, unter den Mainzer Domherren neben Truchseß von Pommersfelden vor allem der Domscholaster Dietrich Zobel von Giebelstadt. Hauptsächlich dank den vermittelnden Mäzenen war Albrechts Hof für junge aufstrebende Literaten eine hoffnungspendende Adresse, so etwa für

---

181 Allerdings schrieb Sichardus noch 1530 von den vielen gelehrten Adligen am Hofe, Widmungsvorrede zur Eucherius-Ausgabe, Bl. α 2ᵛ.

182 *Iureconsultus aliquis est: habet apud te quo compensare actum studiorum laborem potest. Medicus est, vel Astrologus: ab archanis habetur. Rhetor: provintiam moderatur, aut linguarum, vel alterius disciplinae. Sic per te sustentatur, ne laboris sui poenitere cum merito possit,* Indagine in seiner Widmungsvorrede von 1522, Bl. 2ᵛ, vgl. unten S. 455 f. mit Anm. 382.

183 So von Reuchlin in der Widmungsvorrede zur Athanasius-Übersetzung von 1519, abgedruckt bei BÖCKING, Ulrich von Hutten (wie Anm. 142), Suppl. II, S. 791–792. Auch Capito verbindet das Wohlwollen der Domherren Truchseß von Pommersfelden und Konrad von Liebenstein mit Albrechts Gunsterweisung, vgl. Widmungsvorrede zur Chrysostomus-Übersetzung von 1519, S. 8–9. Die Domherren gehörten jedoch nicht zum selbstgewählten Kreis Albrechts und standen sogar teils in einem sehr gespannten Verhältnis zu diesem, insbesondere der Dekan Truchseß.

den Dichter Sabinus, und ebenso wußten die älteren, wo sie ihre Schützlinge empfehlen konnten, wie etwa Mutianus Rufus den jungen Eobanus Hessus.

Nächst dem engsten Kreis der Hofleute gehörten zu Albrechts selbstgewählter Umgebung zuerst als reformatorisch gesinnte Domprediger Capito sowie dessen Schüler und Nachfolger Hedio, nach deren Weggang und Albrechts religionspolitischer Wende um 1523 mehrere ebenfalls humanistisch geprägte Reformtheologen wie der Domprediger Nausea und Cochläus, die er als Ratgeber für die Kirchenreform um sich versammelte, aber auch Freunde und Helfer für verschiedene Aufgaben wie Valentin von Tetleben. Nicht alle, aber einige von ihnen erblickten in Albrecht ebenfalls ihren Gönner, so Capito und Nausea. Einen weiteren Kreis in Albrechts mäzenatischem Beziehungsfeld bildeten zu jeder Zeit diejenigen Gelehrten, die ihm persönlich bekannt wurden auf dem Wege ihrer Werkdedikationen oder der Vorsprache bei Hofe. Zu beiden Formen der Annäherung wurden Gelehrte und insbesondere die jungen unter ihnen durch den Ruf von Albrechts väterlicher Güte und im Einzelfall auch direkt von seinen Hofleuten ermutigt[184]. Was dessen allenthalben gerühmte großartige Freigebigkeit veranlaßte, war nicht nur eine bereits erbrachte Leistung, sondern schon das Streben danach, eine echte Liebe zu den Wissenschaften, verbunden mit Rechtschaffenheit und frommem Sinn. Die Anziehungskraft seines Hofes für schon anerkannte Gelehrte wie für junge Talente haben 1519 Hutten und Capito[185], ebenso noch 1530 Christoph Heyll[186] zum Ausdruck gebracht. In der Randzone der Anonymität sind die vielen dem Fürsten nicht persönlich, sondern nur namentlich bekannten Gelehrten zu denken, denen nach den Worten Stromers materielle Unterstützung und Ermutigung zuteil wurden[187]. Als *Freund und Mäzen aller Gebildeten* pries ihn deshalb Stromer[188], und das Zeugnis des Dichters Sabinus, wonach Albrecht nicht Gold für sich gesammelt, sondern alle Gelehrten mit freigebiger Hand reich beschenkt und die Künste gefördert habe[189], wiegt um so schwerer, als es – ein Epitaph – nicht mehr von Schmeichelei beeinflußt war. Dieses universelle fördernde Wohl-

---

184 So wurde Sichardus nach seinen Worten zur Widmung der Chronik-Ausgabe von 1529 an Albrecht durch den Leibarzt Bucheimer und den universal gelehrten Aschaffenburger Dekan Martin Goleius ermuntert, weil ihm diese in ihren Briefen um die Wette *(certatim)* Albrechts gnädigen Sinn gerühmt hatten (Bl. a 3ʳ), vgl. unten S. 458 f. mit Anm. 398.

185 Für beide Arten von Gelehrten sei Albrechts Hof aufs gastfreundlichste geöffnet, und diese flüchteten gleichsam dorthin *(velut asylum)*, wobei der Fürst sie nicht nur nicht daran hindere, sondern die Zögernden geradezu an sich reiße *(verum cunctandes ad te ultro rapis)*, Hutten, Widmungsvorrede zur Mainzer Livius-Ausgabe von 1518/19, Bl. a 2ʳ, vgl. unten S. 457. Ähnlich Capito über Albrechts großherzige Förderung der um die Wissenschaften Bemühten ebenso wie der *lumina huius saeculi*, Widmungsvorrede zur Chrysostomus-Übersetzung von 1519, S. 8. Vgl. Anm. 301.

186 In seiner unglaublichen Güte weise er auch den geringsten Freund der schönen Wissenschaften nicht zurück, Widmungsvorrede zur Galen-Übersetzung von 1530, Bl. a 5ᵛ–6ʳ, vgl. unten S. 461 f.

187 Heinrich Stromer im Widmungsbrief an Nicolaus Demuth, 1. 6. 1520, zur Leipziger Universitätsrede auf den Rektor Petrus Mosellanus, BÖCKING, Ulrich von Hutten (wie Anm. 142), hier III, S. 548.

188 *omnium literatorum virorum et amator et Maecenas*, Stromer an Willibald Pirckheimer 28. 9. 1517, BÖCKING, Ulrich von Hutten (wie Anm. 142), hier I, S. 155, Z. 5–6. Ähnlich Luther im Brief an Albrecht vom 4. 2. 1520, WA Br 2, S. 28, Z. 45–46.

189 SABINUS, Poemata (wie Anm. 260), Liber Hendecasyllaborum, Bl. X 8 *(Nec fulvum sibi congerebat aurum ...* Anspielung auf Tibulls 1. Elegie, Vers 1), abgedruckt auch bei JOANNIS (wie Anm. 56), I, S. 845–846; dt. Übersetzung bei MERKEL, Miniaturen (wie Anm. 164), S. 6. Zu Sabinus vgl. unten S. 436–438.

wollen wurde ebenso als Ausfluß seiner eigenen Bildung und Güte[190] wie in seiner kulturpolitischen Dimension verstanden. Albrecht streue seine Gaben deshalb so breit, schrieb Stromer 1520, weil es sein einziges Bemühen und seine größte Sorge sei, daß die schönen Wissenschaften zusammen mit Sittlichkeit und Frömmigkeit in seinen Ländern wieder aufblühen[191].

Die hier angeklungene Verbindung von Wissenschaft und Religion ist eine Konstante, die Albrecht auf allen Ebenen seines Wirkens als geistlichen Mäzen kennzeichnet, parallel zum kirchlichen Charakter seines Kunst- und Büchersammelns (vgl. Anm. 166). So wie nie versäumt wurde, neben der Wissenschaftsliebe seine Frömmigkeit zu rühmen, so waren der christliche und der sittliche Gesichtspunkt auch stets bestimmend für sein Mäzenatentum. Dies gilt ebenso für die persönlichkeitsorientierte Auswahl der Männer, die er – seien es Juristen, Ärzte oder Literaten – um sich sammelte oder unterstützte, wie für die inhaltliche Ausrichtung der Gelehrsamkeit, die er förderte. Er schätzte persönlich jede wissenschaftliche Disziplin, ehrte und unterstützte die Gelehrten aller Sparten[192], aber aus der erasmischen Position des christlichen Humanismus heraus. Neuheidnische Züge in Poesie und Lebensführung fanden sein Gefallen nicht, wie es das Beispiel des Dichters Lemnius zu beweisen scheint. Die Einheit von Wissenschaft und Religion in Albrechts Gunst hat Witzel formuliert, wenn er Albrecht einen *außerordentlichen Mäzen der frommen und der schönen Wissenschaften,* der Theologie und des Humanismus, nennt[193]. Sie war konstitutiv für sein Mäzenatentum vor und nach der religionspolitischen Wende des Jahres 1523, auch wenn nach diesem Zeitpunkt die humanistischen Interessen hinter der Aufgabe der Kirchenreform zurückzutreten schienen. Wie zuvor dem erasmischen Humanismus in der Ausrichtung auf biblische Theologie und Philologie und generell auf die christlichen, besonders patristischen Quellentexte sein größtes Interesse galt und ihn in die Nähe der Reformatoren brachte, so blieb der humanistische Geist auch danach, wenn auch mehr als Unterströmung, wirksam. Die humanistisch geprägten Reformtheologen in seinem Umkreis[194] belegen diese Tatsache ebenso wie Albrechts fortbestehende Offenheit für die schönen Wissenschaften, die sich in vielen Dedikationen von Werken solcher Art zeigt.

Auf der Ebene institutioneller Wissenschaftsförderung, wo sein kulturpolitisches Programm am besten zu verwirklichen gewesen wäre, war Albrecht kein Erfolg beschieden. Die für seine Konzeption beispielhafte Gründung des Neuen Stifts zu Halle fand nicht ihre geplante Ergänzung in der angegliederten Universität, und auch das Kollegiatstift selbst mußte Albrecht nach zwei Jahrzehnten im Jahre 1541 aufheben. Beide Einrichtungen, das Stift für den Klerus, die Universität für die ganze christliche Gemeinschaft, waren Maßnahmen gegen den Nieder-

---

190 Von Natur aus wolle er allen Gebildeten und Gelehrten wohl, ebenso wie er allen Unkundigen und Verächtern der Wissenschaft übelwolle, Indagine in der Widmungsvorrede von 1522, Bl. 2^r, vgl. Anm. 382.

191 Heinrich Stromer an Nicolaus Demuth (wie Anm. 187).

192 Indagine (wie Anm. 190) Bl. 2^v: *literatos colis, foves, complecteris, praemias, extollis: quacunque tandem disciplina eruditus quispiam sit.* Ähnlich nennt ihn Stromer (wie Anm. 187) einen Mäzen für die Gelehrten *in omni disciplinarum genere.*

193 *piis bonisque literis Mecoenas [!] eximius,* Widmungsvorrede zum »Hagiologium«, 1541, Bl. 5^v; vgl. unten S. 451.

194 Vgl. dazu WALTER, Humanismus (wie Anm. 172), S. 73–75.

gang der Wissenschaften und gegen den Verfall der Frömmigkeit und der Sitten, die Albrecht als interdependente Vorgänge erkannte. Im Hinblick auf die Universitätsgründung, für die Albrecht in seinem väterlichen Sinn keine Kosten scheue, formulierte der Stiftsherr und designierte Professor Crotus Rubeanus das Motiv des Mäzens im Bild des Landwirts, der einen Baum pflanzt, dessen Früchte erst die nächste Generation ernten wird; als Vater der Talente *(parens ingeniorum)* werde man dann Albrecht verehren[195]. Selbst die Stiftsbibliothek aber als immerhin verwirklichte Einrichtung hat ein überregionales Echo nicht gefunden. Speziell in ihrer letzten Bestimmung als Universitätsbibliothek wurden ihre Gründung und bauliche Ausgestaltung – *die schöne herliche liberey* – nur von Albrechts Räten als eine ruhmwürdige Tat in der langen Tradition solcher Gründungen gepriesen[196].

Als Förderer der bestehenden mainzischen Universitäten, in Mainz und in Erfurt, ist Albrecht nicht hervorgetreten. An der Mainzer Hochschule hatte der Humanismus seine Blüte schon im ersten Jahrzehnt des 16. Jahrhunderts unter Albrechts Vorgängern erlebt[197]. Die Initiative zu seiner Konsolidierung und zur Hebung des allgemeinen Niveaus durch Berufung der besten Lehrkräfte, welche Albrecht und sein Hofmeister Eitelwolf vom Stein mitbrachten, brach mit Eitelwolfs vorzeitigem Tod im Sommer 1515 zusammen. Auch von der Einrichtung eines Dreisprachenkollegs durch Hutten auf Kosten Albrechts, von dem 1519 unter Humanisten gesprochen wurde[198], ist nichts bekannt. Albrecht konzentrierte seinen mäzenatischen Eifer zunächst auf seinen Hof und auf sonstige persönliche Förderung[199]. Die Vorrangstellung, die ab 1520 Stift und Universitätsplan in seiner Lieblingsresidenz Halle in Albrechts Denken einnahmen, hat die Mainzer Hochschule wohl in den Hintergrund gedrängt. Das Domkapitel, welches bereits 1520 die Besorgnis geäußert hatte, die hallische Gründung könnte Albrechts *guten willen und zuneygung* zum Mainzer Erzstift *abwenden und mynderung*

---

195 Johannes CROTUS RUBEANUS, Apologia ... Leipzig, Sept. 1531, Bl. C 4ʳ. Auch der päpstliche Autorisationsbrief vom 27. 5. 1531, ausgestellt von Kardinal Lorenzo Campeggi, würdigt die Wissenschaften als kostbares Geschenk, vgl. DREYHAUPT, Pagus (wie Anm. 27), II, Nr. 359, S. 64. Bei der Gründung der Universität Halle im Jahre 1697 durch Kurfürst Friedrich III. von Brandenburg wird Albrechts Gründungsversuchs gedacht, vgl. ebd., Nr. 363, S. 73.

196 Gegenbericht der Räte gegen Anton Schenitz, 1538, abgedruckt bei REDLICH, Cardinal Albrecht (wie Anm. 5), Beilage 12b, S. 35.

197 Zur Gründung der zwei humanistischen Lehrstühle für Rhetorik und Moralphilosophie sowie der Geschichte 1501 bzw. 1508/09 durch Berthold von Henneberg und Jakob von Liebenstein vgl. Jürgen STEINER, Die Artistenfakultät der Universität Mainz 1477–1562 (= Beiträge zur Geschichte der Universität Mainz 14). Stuttgart 1989, S. 404–405. 409–415. 428–429. 519; zum Gönnerlob des Rhagius Aesticampianus auf die beiden Kurfürsten vgl. ebd., S. 404–405. 407–408.

198 Darüber Petrus Mosellanus an Julius Pflug 6. 12. 1519, BÖCKING, Ulrich von Hutten (wie Anm. 142), hier I, S. 316, Z. 30–32. Erasmus hatte 1517 in Löwen ein solches Dreisprachenkolleg (mit Hebräisch neben Latein und Griechisch) eingerichtet, vgl. Léon E. HALKIN, Erasmus von Rotterdam. Eine Biographie. Aus d. Franz. von Enrico Heinemann. Zürich 1989, S. 135–136; Henry DE VOCHT, History of the foundation and the rise of the Collegium Trilingue Lovaniense 1517–1550, P. 1–4 (= Humanistica Lovaniensia 10–13). Louvain 1951–1955. STEINER, Artistenfakultät (wie Anm. 197), S. 520, erwähnt zwar im Zusammenhang mit der Reform der Artistenfakultät von 1535 die Aufnahme auch des Hebräischen in den Studienplan, aber ohne Rückbezug auf eine Initiative von 1519; selbst das Griechische hatte kein großes Gewicht, vgl. ebd., S. 372–373. 427.

199 Ebd., S. 493.

tun[200], war es, das den Anstoß zu den drei Universitätsreformen von 1521/23, 1535 und 1545 gab, die sodann von Albrecht angeordnet und durchgeführt wurden, aber ohne durchschlagenden Erfolg geblieben sind[201]. Die um ein Jahrhundert ältere ehrwürdige Erfurter Universität stand als städtische, nicht kurfürstliche Anstalt sowie auf Grund ihres Sitzes in der Exklave in einem loseren Verhältnis zum Mainzer Landesherrn, bedurfte aber von dieser Seite aus auch nicht der Förderung. Bereits in der 2. Hälfte des 15. Jahrhunderts hatte der Humanismus dort Fuß gefaßt und während Albrechts Regierungszeit eine neue Blüte hervorgebracht, die mit den Namen des Crotus Rubeanus und Eobanus Hessus verknüpft ist[202].

Überpersönlich wie das institutionelle Mäzenatentum, aber ungleich diesem nicht von Albrecht selbst verwirklicht, sondern eine ihm von den Gelehrten zugewiesene Rolle war die Schirmherrschaft über die Wissenschaften und ihre Jünger. Sie konnte deshalb unrealisiert bleiben, wo sie tatsächlich erwartet wurde, wie etwa im Falle Reuchlins. Als ausgesprochen repräsentative Funktion gründet sie mehr noch als die aktive Wissenschaftsförderung auf der persönlichen wissenschaftlichen Bildung Albrechts und seiner daraus resultierenden Kompetenz. Sowenig auch über Albrechts Bildungsgang im einzelnen bekannt ist, so sicher ist doch anzunehmen, daß er schon im Elternhaus unter der Leitung der humanistisch geprägten kurbrandenburgischen Räte Dietrich von Bülow, Bischof von Lebus, und Eitelwolf vom Stein eine ebenso sorgfältige humanistische Erziehung genoß wie sein älterer Bruder Joachim. Die Liebe zu den schönen Wissenschaften, die er damals »singulari diligentia« studierte, veranlaßte ihn, sich 1506 an der Universitätsgründung Joachims in Frankfurt/Oder zu beteiligen[203], wo er nach allgemeiner Meinung seine humanistischen Studien fortführte[204]. Die vielgerühmte allseitige Bildung Albrechts wird vom Hofastrologen Indagine sehr treffend auf ein Maß gebracht, das allein mit den biographischen Bedingungen zu vereinbaren ist: auf die Bildung eines sehr intelligenten, universal interessierten und belesenen Fürsten. Albrecht sei mit einer solch angeborenen Intelligenz *(angeborner weißheit)* begabt, daß es keine Wissenschaft gebe, mit der er sich nicht so weit befaßt habe oder die er sich nicht soweit anzueignen wisse, daß er sie und ihre Jünger würdigen könne[205]. Ganz ähnlich spricht ihm Sichardus auf Grund

---

200 Domkapitelsprotokoll vom 15. 8. 1520, vgl. HERRMANN, Protokolle (wie Anm. 20), S. 194.

201 Zu den Reformen insgesamt vgl. STEINER, Artistenfakultät (wie Anm. 197), S. 115–152. 493–496. 520–527; Helmut MATHY, Die Universität Mainz 1477–1977. Mainz 1977, S. 63–64.

202 Zur wiederholten Verwicklung der Erfurter Universität in den städtischen Streit zwischen der promainzischen und prosächsischen Partei und die vorübergehende Rückgewinnung der bürgerlichen Sympathien für Mainz durch Albrecht bis 1516 vgl. Franz Wilhelm KAMPSCHULTE, Die Universität Erfurt in ihrem Verhältnis zu dem Humanismus und der Reformation, 2 Teile. Trier 1858–1860, ND Aalen 1970, I, S. 133. II, S. 222. Zur Blüte um 1517/21 das Wort aus der Hogelschen Chronik von 1519: *Wer recht studieren will, der ziehe nach Erfurt,* vgl. ebd., I, S. 25. 248–258.

203 JOANNIS (wie Anm. 56), I, S. 823 Anm. 2.

204 Zu Albrechts Erziehung vgl. WALTER, Humanismus (wie Anm. 172), S. 65–67.

205 *... nulla est disciplina, cuius non portionem aliquam tu attigeris. Sic ingenium nullum tam varium, quod tibi non sit exploratum. In summa, sic omnino nihil, cui te scias non magnopere accommodare,* Johannes INDAGINE, Introductiones apotelesmaticae elegantes, in Chyromantiam, Physiognomiam, Astrologiam naturalem ... Straßburg 1522, Bl. 2ᵛ; *uß angeborner weißheit* sei Albrecht *keiner kunst nitt erfaren oder unwissent,* Johannes INDAGINE, Die kunst der Chiromantzey ... Straßburg 1523, Bl. a 2ʳ.

seiner *prudentia* und nicht alltäglichen Bildung eine Urteilsfähigkeit zu, die derjenigen der Gelehrtesten vergleichbar sei[206]. Diese Kompetenz in Fragen der Wissenschaft, in Verbindung mit dem Eindruck seiner majestätischen Gestalt – die häufig gerühmt wird –, ließ nach den Worten des Sichardus viele Gelehrte Albrecht fast als ein göttliches Wesen verehren, das die Götter zum Schutz und zur Ehrung der Wissenschaften auf die Erde gesandt haben[207]. Das Patronat eines solchen Wesens hatte für die Gelehrten viele Facetten. Es bedeutete tatsächlichen Schutz für die eigene Person oder für die Sache des Humanismus, wissenschaftlichen und kommerziellen Erfolg eines Werkes, wurde aber auch in weitergehender Abstraktion als Wirken einer Schutzgottheit in enkomiastischer Manier formuliert.

Der Gedanke des Schutzes wurde vor allem während des Reuchlinschen Streites (ca. 1510–1520) von Albrechts Hofleuten Ulrich von Hutten und Heinrich Stromer verbreitet. Die Humanisten auf der Seite Reuchlins bedienten sich Albrechts Namens gleich eines Feldzeichens im Kampf gegen die Kölner »Dunkelmänner«, die hinter dem getauften Juden Johann Pfefferkorn standen. Über die Rolle, welche Albrecht dabei spielte, gibt es keine verbürgten Fakten, sondern nur propagandistische Äußerungen aus seiner Umgebung[208]. Als besonders effektvoll kursierte ein Bericht in drei verschiedenen Fassungen über die schroffe Ablehnung, die Pfefferkorns Albrecht gewidmete Schrift »Beschyrmung« (1516) bzw. das später im gleichen Jahr erschienene »Streitbüchlein« bei Albrecht gefunden hat[209]. Das Motiv des Schutzes durch Albrechts Autorität und, in Zusammenhang

---

206 Johannes SICHARDUS, Chronicon. Basel 1529, Bl. a 2ʳ.

207 Ebd., sowie DERS., Eucherius-Ausgabe. Basel 1530, Bl. α 2ᵛ.

208 *Albertus cardinalis strenue nos tuetur,* schreibt Hutten am 5. 6. 1519 ermutigend an Erasmus, als dieser sich gerade in einer dem Reuchlinschen Streit ähnlichen Fehde mit dem niederländischen Theologen Jacobus Latomus befindet; ALLEN, Opus epistolarum (wie Anm. 18), III, Nr. 986, Z. 31–32. Zur Fehde mit Latomus vgl. Biographie nationale de Belgique, XI. Brüssel 1890/91, Sp. 435–436. Stromer tadelt den Freund Pirckheimer, weil dieser seine soeben erschienene Verteidigung Reuchlins (im Anhang zu seiner lat. Übersetzung von Lukians »Piscator«, Nürnberg 1517, BÖCKING, Ulrich von Hutten, wie Anm. 142, Suppl. II, Index Nr. XXVII) Albrecht als Reuchlinisten nicht zugesandt habe, 7. 11. 1517, ebd., I, S. 155, Z. 11–12.

209 Die drei Versionen werden üblicherweise alle auf die Schrift »Beschyrmung« bezogen, die Pfefferkorn Albrecht gewidmet hatte und ihm überbringen ließ. Nach dem Bericht Stromers hat Albrecht das Buch nicht entgegengenommen und den Boten nicht einmal empfangen, Stromer an Reuchlin 31. 8. 1516, Ludwig GEIGER (Hrsg.), Johann Reuchlins Briefwechsel (= Bibliothek des Litterarischen Vereins in Stuttgart 126). Tübingen 1875, S. 255. Nach der Version Huttens hat Albrecht das von Verleumdungen strotzende Büchlein, das ihm Stromer überreicht hatte, gelesen und danach sogleich ins Kaminfeuer geworfen mit dem denkwürdigen Ausspruch: *So mögen die zugrunde gehen, die so reden,* vgl. Hutten an Hermann von Neuenar 3. 4. 1518, BÖCKING, Ulrich von Hutten (wie Anm. 142), hier I, S. 168, Z. 14–19. Es spricht mehreres dafür, daß sich Huttens Version nicht auf die »Beschyrmung« bezieht, sondern auf das später erschienene »Streitbüchlein«, das nicht Albrecht gewidmet war (Hutten erwähnt weder Widmung noch Überbringer; Huttens Bezeichnung als *libellum Pepericorni adversum Capnionis amicos* und die inhaltliche Charakterisierung passen viel besser auf das »Streydtpuechlyn... wyder den falschen Broder Doctor Joannis Reuchlyn und syne jungeren« als auf die »Beschyrmung«.) Die 3. Version des Engländers Richard Croke in Leipzig, der diesen Vorfall vermutlich von Stromer erfahren hat, bezieht sich wieder auf die gewidmete »Beschyrmung«; danach hat Albrecht die Schrift zwar entgegengenommen – wie es einem Fürsten gezieme – aber dies nach der Lektüre bedauert, da Pfefferkorn Albrechts Namen für diese antireuchlinische Schrift mißbraucht habe, vgl. Richard CROKE in der Widmungsvorrede an Albrecht zu seiner lateinischen Teilübersetzung der griechischen Grammatik des Theodorus Gaza. Leipzig 1516, vgl. unten S. 461. Keine der beiden

damit, das der »Gefolgschaft« Albrechts, in welche die Gelehrten aufgenommen werden möchten, findet sich aber auch noch später unabhängig vom Reuchlinschen Streit[210].

Die Dedikation an Albrecht als Schutzschild für das einzelne Werk gegen die Verächter der Wissenschaft generell gebrauchte Sichardus wohl eher aus Konvention[211], während Indagine hoffte, mit der Zueignung seines astrologischen Werkes an Albrechts *herrlichen Namen* das »Gebell« der Verleumder der Astrologie zum Verstummen zu bringen[212]. Für Indagine war die Rolle Albrechts als eines Beschützers zugleich mit der eines *arbiter litterarum* verbunden. Unter Anspielung auf eine ähnlich schiedsrichterliche Funktion, die Albrecht im Falle Reuchlins ausgeübt habe, hält er es für diesen nicht nur geziemend, sondern geradezu für dessen Pflicht, mit seinem Urteil in der ihm wohlbekannten Kontroverse um die Astrologie den Gelehrten beizustehen (vgl. Anm. 386). Der enkomiastische Topos, mit dem Albrecht als Schutzgottheit des dedizierten Werkes bezeichnet wird, findet sich 1519 bei Hutten in seiner Widmungsvorrede zur Mainzer Livius-Ausgabe[213] und 1541 bei Johannes Arnold, der sein Preisgedicht auf die Erfindung der Buchdruckerkunst in Mainz Albrechts Patronat und gleichsam Athenes Schild unterstellt[214].

III. DAS BEISPIEL ULRICH VON HUTTENS

Ulrich von Hutten (1488–1523) ist in vielfachem Sinne die Schlüsselfigur für Albrechts Mäzenatentum und Mäzenatenruhm. Er genoß dessen Patronage in umfassender Weise, gewann exemplarische Bedeutung als Erstling dieser Gunstfülle zu Beginn von Albrechts Regierungszeit; er äußerte sich über seinen Gönner in allen oben genannten Formen des Briefes, des Preisgedichts und der Widmungsvorrede, wurde dadurch zum wichtigsten Zeugen für den Mäzen Albrecht, zum vorrangigen Begründer von dessen Mäzenatenruhm und zugleich zum Taktiker des Gönnerlobes.

Beispielhaft ist auch der Weg, auf welchem er seinen Mäzen fand, durch Empfehlung des Hofmeisters Eitelwolf vom Stein als des »vermittelnden Gönners«[215].

Pfefferkornschen Schriften ist im Katalog von WEYER, Index (wie Anm. 55) nachgewiesen; ihre Aufnahme in Albrechts Privatbibliothek ist somit nicht belegt.

210 So bei Johannes SICHARDUS, Widmungsvorrede zur Eucherius-Ausgabe. Basel 1530, vgl. unten S. 459 mit Anm. 399 und 400.

211 Johannes SICHARDUS in der Widmungsvorrede zur Chronicon-Ausgabe. Basel 1529, Bl. a 2ʳ: *Hac de causa cum ... patronum quaereremus, sub cuius nominis splendore veluti clypeo tutus contra nostrorum studiorum obtrectatores exiret, idonea visa est in primis tua Paternitas ...*

212 Johannes INDAGINE, Introductiones (wie Anm. 205), Bl. 3ᵛ: *...ut ... canes illi Astrologiae calumniatores ... desinant aut latrare, aut certe agere modestius*. In der dt. Ausgabe (1523) läßt Indagine das Buch selbst diesen Gedanken in Knittelversen vortragen (Bl. a 3ᵛ).

213 *Ecce Livium tibi igitur, tibi inquam tutelari deo* (Schluß der Widmungsvorrede), vgl. unten S. 458.

214 *...hoc tuae celsitudinis patrocinio, quasi Palladis aegidi tuendum dedico* (Bl. A 2ᵛ), vgl. unten S. 463.

215 Darüber und über Eitelwolfs frühere Zuwendung zu ihm vgl. Hutten an Jakob Fuchs 13.6. 1515, BÖCKING, Ulrich von Hutten (wie Anm. 142), I, S. 42–43. Als wahrscheinlich gilt auch, daß die Bekanntschaft Albrechts mit Hutten auf die gemeinsame Studienzeit 1506/07 an der Universität

Seit der Rückkehr von seinem ersten Italienaufenthalt im März 1514 bis zum erneuten Aufbruch zu seinem italienischen Studienort im Oktober 1515 stand er in einem losen Dienstverhältnis zum Hofe[216]. Auf den dringenden Wunsch Eitelwolfs spendete er mit seinem Panegyrikus auf Albrechts Einzug in Mainz am 6./8. November 1514 nicht nur das bei Fürsteneinzügen von den Dichtern erwartete Fürstenlob, sondern gab auch eine überzeugende Kostprobe seiner rhetorischen Fähigkeiten, wodurch sich ein Humanist für den Hofdienst empfehlen konnte. Albrecht ließ ihm ein üppiges Geldgeschenk von 200 Gulden überreichen, setzte ihm ein Studienstipendium in Höhe von weiteren 200 Gulden aus und gab ihm die Zusage, ihn nach Abschluß seiner juristischen Studien in den Hofdienst zu nehmen[217]. Das verheißungsvolle Vergil-Zitat, mit welchem ihm Albrecht – auf den Panegyrikus? – geantwortet hatte *(Dieser Ruhm wird dir Glück bringen)*[218], erfüllte sich, als Hutten – zwar ohne Studienabschluß, aber inzwischen von Maximilian I. zum Dichter gekrönt – im September 1517 als kurmainzischer Rat in Albrechts Dienst trat.

Das Hofamt als Form der Protektion begünstigte Hutten weit über das übliche Maß hinaus. Selbst die wenigen bekannten amtlichen Tätigkeiten, eine diplomatische Mission in Paris, die mehr formalen Charakter trug[219], seine Reisen mit Albrecht 1518 zum Augsburger Reichstag[220] und 1519 zur Königswahl von Karl V. nach Frankfurt/Main, sowie die im fürstlichen Auftrag geführte Korrespondenz mit Erasmus und wohl auch mit anderen Humanisten, die er von Stro-

---

Frankfurt/Oder zurückgeht, vgl. hierzu und zu anderen Fakten Heiko WULFERT, Ulrich von Hutten und Albrecht von Mainz. In: Peter Laub (Bearb.), Ulrich von Hutten. Ritter, Humanist, Publizist 1488–1523. Katalog zur Ausstellung des Landes Hessen anläßlich des 500. Geburtstages. Kassel 1988, S. 175–196, hier S. 176.

216 Als eine Art Legationssekretär nach Renate NETTNER-REINSEL, Lebensweg Ulrichs von Hutten. In: Ulrich von Hutten. Ausstellungskatalog (wie Anm. 215), S. 405–411, hier S. 407. Das Register der kurfürstlichen Auszahlungsquittungen belegt für 1514 und 1515 je 50 Gulden *Dienstgeld* für Ulrich von Hutten, StA Würzburg, MzIngrB 62, fol. 314ᵛ. In dieser Funktion verfaßte Hutten den im Herbst 1514 erschienenen lateinischen metrischen Bericht über den hallischen Prozeß gegen den getauften Juden Johannes Pfefferkorn. Dazu und zu Albrechts Interesse an der Verbreitung dieser Schrift vgl. Josef BENZING, Ulrich von Hutten und seine Drucker. Wiesbaden 1956, Nr. 39; WULFERT, Ulrich von Hutten (wie Anm. 215), S. 176–177. Angesichts der zufälligen Namensgleichheit dieses Juden Pfefferkorn mit dem Kontrahenten Reuchlins mag Hutten der Auftrag nicht ganz ungelegen gekommen sein.

217 Das von Hutten im Brief an J. Fuchs vom 13. 6. 1515, vgl. BÖCKING, Ulrich von Hutten (wie Anm. 142), I, S. 43, Z. 6–8, im Zusammenhang mit der Zusage des Hofamtes überlieferte Wort: *Dat hoc literis tuis princeps* ist nicht eindeutig als Dank für den Panegyrikus zu deuten, weder inhaltlich *(literis)* noch zeitlich *(aliquando)*, ist aber jedenfalls nicht auf das Studienstipendium in gleicher Höhe zu beziehen. Letzteres wurde ihm ratenweise über seinen Vetter, den Marschall Frowin von Hutten, ausgezahlt, vgl. Quittung Frowins vom 22. 7. 1516 über 50 fl., BÖCKING, Ulrich von Hutten (wie Anm. 142), hier I, S. 105, Nr. 34; ferner 1515 zweimalige Auszahlung von je 50 fl. *zu seinem Studium*, StA Würzburg, MzIngrB 62, fol. 314ᵛ.

218 *feret haec aliquam tibi fama salutem*, HUTTEN in Widmungsvorrede zu »De Guaiaci medicina et morbo Gallico«. Mainz 1518; BÖCKING, Ulrich von Hutten (wie Anm. 142), I, S. 228. Auch dieses Zitat (Vergil, Aeneis I 463) ist zeitlich nicht eindeutig zu fixieren.

219 Albrechts Vollmacht für Hutten vom 20. 9. 1517, BÖCKING, Ulrich von Hutten (wie Anm. 142), V, S. 507–508.

220 Sein Aufruf zum Türkenkrieg, den er dort in dienstlicher Eigenschaft an die Fürsten richten wollte (vgl. Hutten an Julius Pflug 21. 8. 1518, BÖCKING, Ulrich von Hutten, wie Anm. 142, I, S. 187), unterblieb selbst in der auf Rat von Freunden um antirömische Passagen gekürzten Fassung wegen der damals durchgeführten Guajak-Kur.

mer bei dessen Ausscheiden aus dem Hofdienst im Frühjahr 1519 übernahm[221], waren seinen persönlichen Interessen nur förderlich. Mit den Leibärzten Stromer und Kopp, später auch Capito, gehörte er zum vertrautesten Kreis des Fürsten, den er ob seiner Bildung, Großzügigkeit und Güte verehrte. Dadurch erschien ihm das an sich ungeliebte Hofleben zunächst erträglich[222], so daß er Albrechts Hof ausdrücklich von der Hofsatire seines Dialogs »Aula« ausnehmen konnte[223], wenig später sogar als die ihm gemäße Verbindung eines aktiven Lebens unter Menschen mit der Zurückgezogenheit des Literaten. Diese Lebensform, für ihn zugleich ein ritterliches Standesideal, war ihm allerdings nur möglich dank dem besonderen Wohlwollen des Fürsten, der ihn von allem Routinedienst befreite. Nie habe er sich intensiver den Studien gewidmet als an Albrechts Hof, schrieb er 1518 in seinem »Lebensbrief« dem Freund Pirckheimer[224]. Schließlich erreichte er im August 1519 sogar, daß Albrecht ihn unter Gewährung eines Stipendiums vom Hofdienst ganz freistellte, damit er sich in Mainz ausschließlich den humanistischen Studien widmen könnte[225]. Die Großzügigkeit Albrechts, die Hutten bereits während des Hofdienstes erfuhr, schenkte ihm aber nicht nur Befreiung von manchen Dienstpflichten, sondern auch viel geistige Freiheit. Seine Worte an Erasmus: *Albertus cardinalis strenue nos tuetur, meque adhuc habet liberaliter*[226] gelten beiden Aspekten seiner Freiheit, denn unter dem Schutz seines Fürsten scheute er sich nicht, von 1519 bis 1520 mehrere antirömische Schriften zu veröffentlichen. Diesen Schutz konnte ihm Albrecht erst dann nicht länger gewähren, als er durch das päpstliche Breve vom 12. Juli 1520 aufgefordert wurde, gegen Hutten einzuschreiten. Noch suchte er Hutten eine goldene Brücke zu bauen, indem er ihm über Capito einen ehrenhaften Frieden mit Rom anbot, den Hutten

---

221 Huttens erster Brief an Erasmus vom 6.3. 1519, ALLEN, Opus epistolarum (wie Anm. 18), III, Nr. 923. Wenig später übermittelte er als Albrechts Geschenk an Erasmus auch einen vergoldeten Silberbecher, vgl. Hutten an Erasmus 5.6. 1519, ebd., Nr. 986, Z. 34–37.

222 ... *quid non ferendum est apud vere principem Albertum archiepiscopum, sic humanum, sic beneficum ac liberalem, deinde sic erga literas ac literatos omnes affectum?*, Hutten an Conrad Peutinger 25. 5. 1518, BÖCKING, Ulrich von Hutten (wie Anm. 142), I, S. 174, Z. 9–12.

223 Hutten in der an Stromer gerichteten Widmungsvorrede zur »Aula«, erschienen Augsburg März 1519; Vorrede bei BÖCKING, Ulrich von Hutten (wie Anm. 142), I, S. 217–220, hier S. 219. Unterschiede sich Albrechts Hof nicht von anderen Höfen – u. a. durch die Möglichkeit, am Hofe eine Hofsatire zu schreiben –, wären er und Stromer nicht hier.

224 Hutten an Willibald Pirckheimer 25. 10. 1518, BÖCKING, Ulrich von Hutten (wie Anm. 142), I, S. 201, Z. 5–16; dt. Übersetzung von Winfried TRILLITZSCH. In: Ulrich von Hutten. Ausstellungskatalog (wie Anm. 215), S. 211–229, hier S. 217. Er führe stets eine kleine Bibliothek der besten Autoren mit sich, lese und schreibe, wo immer dies möglich sei; ja, er suche einen jungen Gehilfen, der ihm vorlesen und nach Diktat schreiben könne. Aufschlußreich für die unterschiedliche Gewichtung seiner Tätigkeiten am Hofe auch seine Äußerung vor der Rückkehr von einer Reise: *Hinc Moguntiam redibo, ad libros, ad studia, quamquam ad aulam interim etiam*, Hutten an Friedrich Piscator 21.5. 1519, BÖCKING, Ulrich von Hutten (wie Anm. 142), I, S. 273.

225 Von der Hoffnung darauf berichtet Hutten an Erasmus am 6. 3. 1519, ALLEN, Opus epistolarum (wie Anm. 18), III, Nr. 923. Über die erreichte Wendung in seinem Leben, von der er sich Früchte für die humanistischen Wissenschaften verspricht, Hutten an Eobanus Hessus und Peter Eberbach 3. 8. 1519, BÖCKING, Ulrich von Hutten (wie Anm. 142), I, S. 302, Z. 30–33. Zur Vermutung, daß Hutten an der Mainzer Universität ein Dreisprachenkolleg einrichten sollte, vgl. Anm. 198.

226 Hutten an Erasmus 5.6. 1519, ALLEN, Opus epistolarum (wie Anm. 18), III, Nr. 986, Z. 31–32, vgl. auch Anm. 208.

jedoch ablehnte[227] und sich damit endgültig von Albrechts Hof trennte. In dem Verständnis aber, das Hutten für die Situation Albrechts zeigte, bestätigten sich die echte Sympathie und Verehrung, die er für seinen Mäzen empfand[228].

Des exemplarischen Charakters seiner Protektion waren sich Hutten selbst und die anderen Humanisten von Anfang an bewußt. Eitelwolf vom Stein habe ihn mit Erfolg an Albrecht empfohlen, an einen Fürsten, der dafür geschaffen sei, die Wissenschaften zu fördern, und von dessen Regierung die Menschen ein Erstarken der Studien und die Vertreibung der Unbildung erwarteten, schrieb er schon im Juni 1515[229]. Besonders prägnant stellte er seine Erstlingsrolle rückblickend 1518 in der Widmungsvorrede zu seiner Schrift über die Guajak-Therapie dar. Als Albrecht den ersten Beweis für sein Mäzenatentum *(primum Germaniae documentum)* erbracht habe, indem er ihn in seinen vertrauten Umgang und in seine Freundschaft aufnahm, da habe er dunkel die Erwartung aller Gelehrten geahnt[230]. Im Kreis der Humanisten hat zuerst Erasmus das Signal erkannt, das Albrecht mit der Protektion Huttens, des *Lieblings der Musen,* gegeben hatte. Schon im Frühjahr 1516 pries er den Fürsten dafür als einen *vir immortalitate dignus,* dem Maecenas gleich, und wünschte, andere Fürsten möchten ihm nacheifern[231]. Bis August 1519 war diese Protektion Huttens immer wieder Gegenstand des Briefwechsels zwischen Erasmus, Albrecht und Hutten und intensivierte nicht unbeträchtlich die wechselseitige Beziehung zwischen Albrecht und Erasmus[232]. Daß nun endlich auch ein Dichter wie Hutten einen Mäzen gefunden habe wie einst Vergil, Ennius, Ovid und Horaz, berichtete 1517 der Leipziger Humanist Christoph Hegendorfer dem Kollegen Hermann Tulichius und sprach die Vermutung aus, es gebe zu ihrer Zeit deshalb so wenig Dichter, weil sie keine Mäzene hätten[233]. Derselbe Hegendorfer pries 1518 in einem Epigramm Hutten und

---

227 Huttens Andeutung dieses Friedensangebots im Brief an Erasmus vom 15. 8. 1520, ALLEN, Opus epistolarum (wie Anm. 18), IV, Nr. 1135, Z. 10–12. Seine Antwort an Capito vom 28. 8. 1520 aus Fulda enthält die endgültige Ablehnung. Dieser erst 1907 auf dem Antiquariatsmarkt entdeckte Brief mitgeteilt von G. RICHTER, Ulrich von Hutten und das Kloster Fulda. In: Fuldaer Geschichtsblätter 8 (1909) S. 52–55; dazu auch Paul KALKOFF, Ulrich von Hutten und die Reformation (= QFRG 4). Leipzig 1920, S. 241–242.

228 Trauer über die Trennung von Albrecht, nicht Schmähung, ist der Tenor seiner offenen Briefe an diesen vom 13. 9. 1520, BÖCKING, Ulrich von Hutten (wie Anm. 142), I, S. 400–401, und vom 25. 3. 1521, BÖCKING, II, S. 37–38.

229 Brief an Jakob Fuchs vom 13. 6. 1515, BÖCKING, Ulrich von Hutten (wie Anm. 142), I, S. 42, Z. 19–23.

230 BÖCKING, Ulrich von Hutten (wie Anm. 142), I, S. 228, Z. 4–7.

231 Erasmus in den Anmerkungen zum 1. Thessalonicherbrief in seinem »Novum Instrumentum«. Basel 1516; BÖCKING, Ulrich von Hutten (wie Anm. 142), I, S. 103–104. Dabei seine Bemerkung, daß ein Fürst sich auf diese Weise am besten seinen Nachruhm sichern könne.

232 Erasmus beglückwünscht Hutten am 23. 4. 1519 zu einem solchen Mäzen (ALLEN, Opus epistolarum, wie Anm. 18, III, Nr. 951, Z. 6–7) und rühmt Albrecht, der sich viel Lob und Dank bei allen Gelehrten erwerbe (Erasmus an Albrecht 20. 5. 1519, ebd., III, Nr. 968, Z. 20–23). Albrecht seinerseits sieht sich in der Wahl seines Schützlings dadurch bestätigt, daß auch Erasmus Hutten liebe (Albrecht an Erasmus 13. 6. 1519, ebd., III, Nr. 988, Z. 22–23). Wie in Voraussicht der Trennung betrachtet Erasmus die bleibende Gunst Albrechts als Voraussetzung für Huttens glückliche Entfaltung zu einem Dichter, der eine Zierde Deutschlands zu werden verspricht (Erasmus an Albrecht 15. 8. 1519, ebd., IV, Nr. 1009, Z. 67–71).

233 BÖCKING, Ulrich von Hutten (wie Anm. 142), I, S. 191 f.

dessen Mäzen gleichermaßen glücklich, letzteren wegen des Ruhms, der ihm daraus erwachse[234].

Den Ruhm seines Mäzens zu verbreiten, in Briefen an seine Humanisten-Freunde, in seinem Panegyrikus und in den drei Widmungsvorreden des Jahres 1519[235], wurde Hutten nicht müde; er war sich seiner Macht als Mitbegründer von Albrechts Ruhm auch durchaus bewußt[236]. Fürsten- und Gönnerlob zusammen waren ihm persönlich Bedürfnis und Dankespflicht, außerdem aber auch eine öffentliche Deklaration, die dem universalen Mäzen die gebührende Ehre geben und damit indirekt den Wissenschaften und den Gelehrten dienen sollte. Hat Hutten seine Theorie des Gönnerlobes, wonach man die Fürsten durch dieses Lob auf ihre mäzenatische Aufgabe verpflichten, ihre Gunst »einfangen« solle[237], zwar im Hinblick auf ein standes- und bildungspolitisches Ziel und auf die noch zu umwerbenden Fürsten entwickelt, so sah er eine Wirkung solchen Lobes doch auch bei Albrecht, als dieser ihn 1519 vom Hofdienst freistellte[238]. Die überaus großzügige Protektion Huttens, die anfänglich als paradigmatisch betrachtet wurde, sollte infolge der ungünstigen Zeitverhältnisse ein Sonderfall bleiben.

---

234 Epigramm auf Eobanus Hessus und Hutten, Oktober 1518, BÖCKING, Ulrich von Hutten (wie Anm. 142), I, S. 190.

235 Widmungsvorreden an Heinrich Stromer zum Dialog »Aula«. Augsburg März 1519, vgl. Helmut SPELSBERG, Veröffentlichungen Ulrichs von Hutten. In: Ulrich von Hutten. Ausstellungskatalog (wie Anm. 215), S. 412–441, hier Nr. 33; an Albrecht selbst zu seinem eigenen Werk »De Guaiaci medicina et morbo Gallico«. Mainz April 1519 (SPELSBERG Nr. 34) und zur Mainzer Livius-Ausgabe von 1518/19 (SPELSBERG Nr. 39). Die beiden zuletzt genannten Werke waren wegen ihres großen Erfolges vorzüglich zur Verbreitung von Albrechts Mäzenatenruhm geeignet. Die Guajak-Schrift erlebte infolge der damals bedrohlichen Ausbreitung der Syphilis zahlreiche Auflagen, im Erscheinungsjahr selbst noch eine deutsche Übersetzung von Thomas Murner, sowie französische und englische Übersetzungen bis ins Jahr 1540, vgl. BÖCKING, Ulrich von Hutten (wie Anm. 142), I, Index bibliographicus Nr. 23. Sie war ein Standardwerk im ganzen 16. Jahrhundert, vgl. G[eorg] STICKER, Ulrich von Huttens Buch über die Franzosenseuche als heimlicher Canon für die Syphilistherapie im 16. Jahrhundert. In: Archiv für Geschichte der Medizin 3 (1910), S. 197–222. Sie wirkte noch bis ins 18. Jahrhundert hinein, vgl. Michael PESCHKE, Ulrich von Hutten und die Syphilis. In: Ulrich von Hutten. Ausstellungskatalog (wie Anm. 215), S. 309–319, hier S. 316. Die Mainzer Livius-Ausgabe war ein Markstein in der Geschichte der Livius-Editionen, vgl. unten S. 456 f.

236 Vgl. seine Formulierung, der Augsburger Reichstag von 1518 habe Albrecht, durch seine (Huttens) Schriften sowie durch seine eigenen (Albrechts) Vorzüge in ganz Deutschland hochberühmt, zum Kardinal gemacht *(et meis literis ac sua virtute clarissimum per Germaniam principem Albertum)*, Brief an Julius Pflug vom 24. 8. 1518, BÖCKING, Ulrich von Hutten (wie Anm. 142), I, S. 185, Z. 15–16.

237 Der Fürstengunst Netze spannen *(favori principum retia tendere)*, damit die Fürsten wenigstens aus Schamgefühl *(pudore)* die Humanisten fördern; Hutten in seinem »Lebensbrief« an Pirckheimer vom 25. 10. 1518, BÖCKING, Ulrich von Hutten (wie Anm. 142), I, S. 200, Z. 9–17; dt. Übersetzung bei TRILLITZSCH (wie Anm. 224), S. 217.

238 Des Erasmus Gönnerlob in den Anmerkungen zum 1. Thessalonicherbrief (vgl. Anm. 231) sei Albrecht ein Anreiz gewesen; denn sobald er einen Gelehrten fördere, meine er, sogleich von Erasmus dafür gepriesen zu werden, schrieb Hutten am 6. 3. 1519 an Erasmus, ALLEN, Opus epistolarum (wie Anm. 18), III, Nr. 923, Z. 14–17.

IV. DAS ZEUGNIS DER PANEGYRIKER: RICCARDO SBRUGLIO, ULRICH VON
HUTTEN, JOHANNES TUBERINUS, JOHANNES SAPIDUS, HELIUS EOBANUS
HESSUS, PHILIPP NOVENIANUS, GEORG SABINUS, SIMON LEMNIUS

Die Panegyrik ist auch in dem hier verwendeten weiten Sinne des nicht nur festlichen Preisgedichts primär Fürstenlob, nur teilweise zugleich explizites Gönnerlob. Als Zeugnis für den Mäzen Albrecht ist sie dennoch insgesamt in Betracht zu ziehen, wenn auch mit abgestufter Wertigkeit, je nach dem persönlichen Anteil in Dank oder Verehrung. Sie dient zumindest als Hinweis auf eine irgendwie geartete Verbindung des Dichters zu Albrecht, die auch erst durch das Preisgedicht zustande kommen konnte, sehr wenig dagegen als Quelle in ihrer Aussage. Für den Mäzenatenruhm ist sie in jedem Fall eine wichtige Quelle, war sie doch ein nicht unerhebliches Mittel seiner Verbreitung und dies um so mehr, je größer das Ansehen des Dichters war. Im Rahmen der vorliegenden Untersuchung bilden die Preisgedichte – ebenso wie sonstige Werke derselben Dichter und andere dedizierte Werke – außerdem Bausteine zur Rekonstruktion von Albrechts Privatbibliothek[239].

Die frühesten Preisgedichte auf Albrecht sind zwei echte Panegyriken offiziellfestlicher Art auf seine feierlichen Einzüge in die Residenzen Magdeburg und Mainz und von sehr ungleicher Qualität. Der Dichter des »Principalis Marchiae Brandeburgensis Triumphus« (Frankfurt/Oder: Joh. Hanau, Oktober 1514) anläßlich Albrechts Einzug in Magdeburg im Frühjahr 1514, der friaulische Wanderpoet Riccardo Sbruglio (ca. 1480–nach 1525)[240], damals Lehrer an der Universität Frankfurt/Oder, hatte sich bereits im März 1514 mit seinem Epos »Theocharis« bei Albrecht eingeführt. Es ist deshalb denkbar, daß man ihn zu diesem Festgedicht aufgefordert hat, für das er sodann mit Geld und Seide belohnt wurde[241]. Der Panegyrikus, einer von mehreren Sbruglios auf andere Fürsten und Gönner, verherrlicht in konventioneller Manier das Haus Brandenburg, das bis auf Romulus zurückgeführt wird, und ist weder literarisch noch in der Aussage von Bedeutung[242].

239 Im folgenden wird jeweils angemerkt, ob der Titel in WEYERS Katalog der Mainzer Dombibliothek (vgl. Anm. 55) noch nachgewiesen ist. Die Negativfälle deuten den Umfang der Verluste während des 16. und 17. Jahrhunderts an.
240 Sbruglio (lat. Richardus Sbrulius/Sbrolius) war zu Beginn seiner wechselvollen Laufbahn 1507–1513 Universitätslehrer in Wittenberg, 1513–1515 in Frankfurt/Oder, wurde 1513 von Kaiser Maximilian zum Dichter gekrönt und 1518 zum kaiserlichen Dichter und Historiographen ernannt. Zu ihm vgl. Gustav BAUCH, Die Anfänge der Universität Frankfurt a. O. und die Entwicklung des wissenschaftlichen Lebens an der Hochschule 1506–1540 (= Texte und Forschungen zur Geschichte der Erziehung und des Unterrichts in den Ländern deutscher Zunge 3). Berlin 1900, S. 116–119, mit Auszügen aus dem Panegyrikus; DERS., Biographische Beiträge zur Schulgeschichte des 16. Jahrhunderts. In: Mitteilungen der Gesellschaft für deutsche Erziehungs- und Schulgeschichte 5 (1895) S. 1–26, hier S. 12; ALLEN, Opus epistolarum (wie Anm. 18), IV, Nr. 1159 (Anm. zu Erasmus' Brief an Sbruglio vom 13. 11. 1520); Georg ELLINGER, Geschichte der neulateinischen Literatur Deutschlands im 16. Jahrhundert, 2 Bde. Berlin 1929, hier I, S. 350–352; WALTER, Humanismus (wie Anm. 172), S. 67, mit weiteren Literaturangaben.
241 Vgl. BAUCH, Anfänge (wie Anm. 240), S. 118 f. (ohne Quellenangabe).
242 Nicht ermittelt bei WEYER, Index (wie Anm. 55). Inhaltlich ist nur die Erwähnung von Albrechts bischöflicher Demut bemerkenswert als Parallele zu dem späteren authentischen Zeugnis von Augustinus Marius, wonach Albrecht die Riten mit einer solchen Demut vollziehe, als wäre er das geringste Glied seines ganzen Klerus (Belege wie Anm. 18). Als Dichter wurde Sbruglio schon zu sei-

Huttens »In laudem reverendissimi Alberthi Archiepscopi Moguntini ... Panegyricus« (Tübingen: Anshelm, Februar 1515)[243] zu Albrechts Einzug in Mainz am 6./8. November 1514 ist mit seinen 1300 Hexametern ein Muster an Erfindungsreichtum und rhetorischem Glanz[244]. Er feiert den Anbruch einer glückbringenden Herrschaft, unter welcher alle Tugenden und Verdienste ebenso geehrt und belohnt werden wie die Wissenschaften und Künste. Seine Verve erhält das Gedicht bei aller poetischer Technik von der persönlichen Verehrung Albrechts als Fürst und Mäzen, wie sie Hutten in der Widmungsvorrede an Eitelwolf vom Stein noch unmittelbarer zum Ausdruck bringt[245].

In einem großen geistigen Abstand zu Huttens Preisgedicht entstand um dieselbe Zeit ein dritter Panegyrikus aus ganz anderem Anlaß, einer Reliquientranslation durch Albrecht aus Mainz in die Schloßkapelle zu Halle: des Leipziger Artistenprofessors Johannes Tuberinus Erythropolitanus »Ad reverendum ... dominum Albertum ... panegyricus ac epitome super caelitum reliquiis urbi Hallensi per memoratum archiantistitem introductis« (Leipzig: Lotter 1515)[246]. Der Gegenstand dieses Gedichts kennzeichnet die andere, dem Mittelalter zugekehrte Seite des Humanistenfreundes Albrecht, der um diese Zeit und aus ähnlichem Anlaß Trithemius mit der Abfassung von zwei Bischofsviten beauftragte und 1517

ner Zeit sehr unterschiedlich beurteilt: Hutten (vgl. dazu BÖCKING, Ulrich von Hutten, wie Anm. 142, I, S. 345) und Eobanus Hessus (zu dessen Verspottung im »Bucolicon« von 1509 vgl. Carl KRAUSE, Helius Eobanus Hessus. Sein Leben und seine Werke, 2 Bde. Gotha 1879, hier I, S. 84) beurteilten ihn negativ. Von Mutianus Rufus wurde er 1515 bei seinem Besuch nicht mit der erhofften Würdigung bedacht, aber dennoch an Eitelwolf vom Stein in Mainz empfohlen, vgl. Carl KRAUSE (Hrsg.), Der Briefwechsel des Mutianus Rufus (= Zeitschrift des Vereins für hessische Geschichte und Landeskunde NF Suppl. 9). Kassel 1885, Nr. 473–474. Von Erasmus wurde er immerhin mit einem freundlichen Brief vom 13.11.1520 geehrt, ALLEN, Opus epistolarum (wie Anm. 18), IV, Nr. 1159. Heute wird Sbruglio nur noch wegen seiner offenbar anregenden Wirkung auf die neulateinische Dichtung in Deutschland gewürdigt, vgl. ELLINGER, Geschichte (wie Anm. 240), I, S. 350.

243 Mit Albrechts fünffeldigem Wappen auf dem Titelblatt, vgl. SPELSBERG, Veröffentlichungen (wie Anm. 235), Nr. 18; Text bei BÖCKING, Ulrich von Hutten (wie Anm. 142), III, S. 353–400. Nicht ermittelt bei WEYER, Index (wie Anm. 55).

244 Inhalt und Würdigung bei SPELSBERG, Veröffentlichungen (wie Anm. 235); WULFERT, Ulrich von Hutten (wie Anm. 215), S. 178–179; WALTER, Humanismus (wie Anm. 172), S. 67–68. Die rhetorische Perfektion hob auch der Dichter Georg Sabinus in seiner Widmungsvorrede (an Albrechts Kanzler Türk) zur Neuausgabe von 1533 hervor, vgl. BÖCKING, Ulrich von Hutten (wie Anm. 142), II, S. 465; zur Neuausgabe vgl. BÖCKING I, Index bibliographicus, Nr. X, 2, vgl. auch Anm. 263.

245 Zu den betreffenden Stellen im Text vgl. BÖCKING, Ulrich von Hutten (wie Anm. 142), III, S. 353–400, Verse 1246–1253; in der Widmungsvorrede begründet Hutten sein Gedicht mit der doppelten Verpflichtung, aus Dankbarkeit gegen Eitelwolf dessen Wunsch zu entsprechen und das Lob auf die Vorzüge Albrechts zu singen, der ebenso der beste und größte aller deutschen Fürsten sei wie er selbst der schlechteste Dichter (Topos nach Tibull, ebd., I, S. 35, Z. 12–14). Albrecht sei von sich aus, was er sein soll, und von Natur mit allen Vorzügen ausgestattet (*ipse ex semet talis est qualis esse debet...*), ebd., I, S. 36, Z. 1–3.

246 Titelblatt mit Albrechts neunfeldigem Wappen, abgedruckt bei J. FÖRSTEMANN, Johannis Tuberini Gedicht an den Erzbischof Albrecht von Mainz. In: Neue Mittheilungen aus dem Gebiet hist.-antiquarischer Forschungen, hrsg. vom Thüringisch-Sächsischen Verein für Erforschung der vaterländischen Alterthums und Erhaltung seiner Denkmale 9 (1862) S. 133–142; nachgewiesen bei WEYER, Index (wie Anm. 55), Klasse 10, Columna T, Nr. 207, S. 393; desgleichen Tuberinus' Hauptwerk »Musithias«, ebd., Nr. 56, S. 352; zu Translation und Gedicht vgl. REDLICH, Cardinal Albrecht (wie Anm. 5), S. 272–273. Es handelte sich um den vergoldeten Silberschrein mit 17 Körpern der 11000 Gefährtinnen der hl. Ursula, abgebildet im Halleschen Heiltumsbuch Ms. 14 HofB Aschaffenburg, fol. 350ᵛ, vgl. HALM/BERLINER, Hallesche Heiltum (wie Anm. 153), Nr. 271, Taf. 151.

Erasmus um Heiligenviten bat. Auch sprachlich bieten die Hexameter eine wunderliche Mischung von mittelalterlicher Latinität und humanistischen Elementen. Sicherlich wurde der Dichter von Albrecht gebührend belohnt, jedoch ist über sonstige Beziehungen nichts bekannt[247].

Nur als schmückenden Beitrag zur handschriftlichen Mainzer Bischofsgeschichte von 1515 seines Freundes Jakob Wimpfeling hat der angesehene Schlettstätter Humanist und Lateinschulrektor Johannes Sapidus (1490–1561) in sechs lateinischen Distichen eine allegorische Deutung von Albrechts Familienwappen zur Verherrlichung von dessen fürstlichen und bischöflichen Tugenden gegeben[248].

Helius Eobanus Hessus (1488–1540)[249], der berühmteste neulateinische Dichter Deutschlands, Haupt des Erfurter Dichterkreises und von Erasmus als *christlicher Ovid* gepriesen[250], ist hauptsächlich ein Beispiel für eine knapp verfehlte mäzenatische Beziehung zu Albrecht. Im Jahre 1515 wäre er der Verfasser eines vierten Panegyrikus auf Albrecht geworden, hätte Kurfürst Friedrich der Weise von Sachsen nicht Albrechts triumphalen Einzug in die Stadt Erfurt verhindert[251]. Über das zur Vertonung bestimmte Gedicht, das Eoban zu diesem Anlaß auf Wunsch seines Mentors Mutianus Rufus schrieb[252], ist nichts mehr bekanntgeworden. Auch Mutians Plan, seinen Schützling über den eigenen Gönner, Eitelwolf vom Stein, nach Mainz zu empfehlen, wurde im Sommer 1515 durch Eitelwolfs plötzlichen Tod durchkreuzt. Daß Mutian aber wegen Eobans unguter

247 Über Tuberinus (eigentlich Johannes Beuschel, Beusselius) aus Rothenburg/Tauber wenige biographische Daten bekannt, vgl. Joh. Heinr. ZEDLER, Großes vollständiges Universal-Lexicon aller Wissenschaften und Künste, XLV, 1745, Sp. 1404; Christian Gottlieb JÖCHER (Hrsg.), Allgemeines Gelehrten-Lexicon, IV. Leipzig 1751, ND Hildesheim 1960, Sp. 1348; Gustav BAUCH, Geschichte des Leipziger Frühhumanismus (= Zentralblatt für Bibliothekswesen Beih. 22). Leipzig 1899, S. 77; BÖKKING, Ulrich von Hutten (wie Anm. 142), Suppl. II, S. 460; ELLINGER, Geschichte (wie Anm. 240), I, S. 364–368. An der Universität Leipzig belegt seit 1496, vgl. Georg ERLER (Hrsg.), Die Matrikel der Universität Leipzig, 3 Bde. Leipzig 1895–1902, hier I, S. 415 (Student WS 1496/97). II, S. 361 (Baccalaureus WS 1497/98), S. 391 (Magister artium WS 1502), S. 460 (WS 1510 Aufnahme in Artistenfakultät), S. 475 (WS 1512 Dekan). Seit WS 1504 Poetikvorlesungen (nach Bauch). Nach ELLINGER später kaiserlicher Hauskaplan und Feind der Reformation. Als Dekan der Artistenfakultät erwirkte Tuberinus 1512 Vorlesungsverbot gegen Johann Huttich, vgl. dazu Gustav BAUCH, Aus der Geschichte des Mainzer Humanismus. In: Julius Reinhard Dietrich und Karl Bader (Hrsg.), Beiträge zur Geschichte der Universitäten Mainz und Gießen (= Archiv für hessische Geschichte und Altertumskunde NF 5). Darmstadt 1907, S. 3–86, hier S. 65–66; F[erdinand] W[ilhelm] E[mil] ROTH, Johann Huttich (1487–1544). In: Euphorion 4 (1897) S. 772–789, hier S. 776–777. Wegen seiner sprachlichen Mängel und des Werkes »Musithias« wurde Tuberinus Zielscheibe des Spottes im ersten Teil der »Dunkelmännerbriefe« (1515), Brief 17, vgl. BÖCKING, Ulrich von Hutten (wie Anm. 142), Suppl. I, S. 27.

248 Johannes Sapidus (eigentlich Witz, vgl. ADB XXX, S. 369–371) gehörte zu den namhaften elsässischen Humanisten und zum Kreis Wimpfelings. Nach Studium in Paris 1510 erfolgreicher Lateinschulrektor in Schlettstadt, wo er den Griechischunterricht einführte. Als Lutheraner 1525 seines Amtes enthoben; 1526 Übersiedlung nach Straßburg, 1528 Rektor der dortigen evangelischen Lateinschule, vgl. auch Anm. 165.

249 Eigentlich Eoban Koch aus Frankenberg/Hessen, vgl. NDB IV, S. 543–545; Deutsches Literatur-Lexikon, begründet von Wilhelm KOSCH, hrsg. von Bruno Berger und Heinz Rupp, I – Bern, München ³1968 – (zit.: KOSCH³), hier IV, Sp. 349–353; KRAUSE, Eobanus Hessus (wie Anm. 242).

250 Erasmus an Eoban 19. 10. 1518, ALLEN, Opus epistolarum (wie Anm. 18), III, Nr. 874.

251 Zu den mainzisch-kursächsischen Spannungen in Erfurt vgl. Anm. 202.

252 Dazu Mutian an Eoban 25. 7. 1515, KRAUSE, Mutianus Rufus (wie Anm. 242), Nr. 514, S. 577; Eoban an Draconites 28. 11. 1515, Helii Eobani Hessi et amicorum ipsius epistolarum familiarum libri XII. Ed. Draconites. Marburg 1543, S. 22.

Eheverhältnisse und Neigung zu Verschwendungs- und Trunksucht mit seiner Empfehlung an Eitelwolf gezögert hatte, kann als Bestätigung auch des sittlichen Maßstabs betrachtet werden, der am Mainzer Hof für die Förderungswürdigkeit von Gelehrten galt[253]. Die wenigen Verse sehr konventioneller Enkomiastik auf die Stadt Mainz mit ihren römischen Denkmälern und auf Albrecht als den glückspendenden Herrn dieser Stadt, die Eoban einige Jahre später in sein Reisegedicht »A profectione ad Des. Erasmum Roterodamum Hodoeporicon« (Erfurt: Maler, Januar 1519) einstreute[254], entsprangen nicht mehr dem Bedürfnis nach materieller Gunst, denn 1517 hatte er die angestrebte Latein-Professur in Erfurt erlangt. Ein in dem Gedicht in Aussicht gestelltes ausführliches Enkomion auf den *ter Maximus Princeps* Albrecht unterblieb vielleicht infolge Eobans baldigem Übertritt in das reformatorische Lager[255].

Philipp Michael Novenianus (Ende 15. Jahrhundert–1563), Doctor artium et medicinae[256], während seiner akademischen Jahre in Leipzig (1513–1528) zum dortigen Humanistenkreis gehörig[257], war seit 1528 als Arzt und Ratsherr in Halle ansässig, als er 1531 sein Epigramm zum Lobe Albrechts der »Apologia« seines Freundes Crotus Rubeanus vorausschickte. Er preist darin Albrecht als Mäzen der Humanisten (= Dichter, *mecoenas vatum*) und als heiligen Anker für die Gelehrten *(doctis Ancora sacra viris)*, außerdem als einen Fürsten, der dem Frieden dient, und einen Bischof, dem die Auslegung des unverfälschten Evangeliums ein Anliegen ist.

Die Begünstigung des Dichters Georg Sabinus (1508–1560)[258] durch Albrecht wiederholte nach mehr als einem Jahrzehnt in kleinerem Maßstab am Hof zu Halle die Protektion, die Hutten am Mainzer Hof genossen hatte. Die mäzenatische Beziehung war weniger eng, auch nur Teil der Verbundenheit des Sabinus

---

253 Zum sittlichen Maßstab vgl. oben S. 424. Zu diesen Gründen für Mutians Zögern vgl. KRAUSE, Eobanus Hessus (wie Anm. 242), I, S. 153–154. 157. Ob Eoban entsprechend Mutians Aufforderung vom 25. 7. 1515 seine »Christlichen Heroiden« dem mutmaßlichen Nachfolger Eitelwolfs, Valentin von Sunthausen, zusandte, ist unbekannt.

254 Bl. A 3. Das Gedicht beschreibt die Reise Eobans und seiner Erfurter Freunde zu Erasmus im Herbst 1518; nicht ermittelt bei WEYER, Index (wie Anm. 55).

255 Seit 1521; 1536 wurde Eoban von Landgraf Philipp von Hessen an die Marburger Universität berufen und widmete diesem seine metrische Psalterbearbeitung von 1538.

256 Eigentlich Neumann oder Neukam (lt. Leipziger Matrikel), aus Haßfurt/Ufr. gebürtig, vgl. DBA 905, 387–389; Otto CLEMEN, Johannes Reusch von Eschenbach. In: FS zum 75jährigen Jubiläum des Kgl. Sächsischen Altertumsvereins (= Neues Archiv für Sächsische Geschichte und Altertumskunde 21 (1900) Beiheft), S. 111–145, hier S. 114–115 Anm. 10; ERLER, Matrikel (wie Anm. 247), II, S. 74–75: Medizinstudium ab 1520 als Magister artium; REDLICH, Cardinal Albrecht (wie Anm. 5), S. 323 Anm. 2. Verfasser mehrerer philologischer, dichterischer und medizinischer Werke.

257 Schüler des englischen Gräzisten Richard Croke (vgl. unten S. 460 f.), dessen griechische Grammatik er 1520 neu herausgab; Verfasser eines »Elementale Hebraicum« (1520); Freund von Petrus Mosellanus und Christoph Hegendorfer; letzterer nannte ihn einen *iuvenis in utraque lingua ex aequo desudans, in carmine et acutus et facilis*, vgl. Otto GÜNTHER, Plautuserneuerungen in der deutschen Litteratur des 15.–17. Jahrhunderts und ihre Verfasser. Diss. Leipzig 1886, S. 81.

258 Eigentlich Georg Schuler, aus Brandenburg. Zu ihm vgl. ADB XXX, S. 107–111; Max TÖPPEN, Die Gründung der Universität zu Königsberg und das Leben ihres ersten Rectors Georg Sabinus. Königsberg 1844 (mit Werksverzeichnis); Theodor MUTHER, Aus dem Universitäts- und Gelehrtenleben im Zeitalter der Reformation. Erlangen 1866, ND Amsterdam 1966, S. 329–367 der Vortrag »Anna Sabinus«; VOIGT, Briefwechsel (wie Anm. 178), S. 58–62; ELLINGER, Geschichte (wie Anm. 240), II, S. 68–75.

mit anderen Fürsten des Hauses Brandenburg, aber hatte auch in der Distanz Bestand bis zu Albrechts Tod. Das Fürstenlob, das zu singen er frühzeitig als sein besonderes Talent erkannte, wußte er mit aktueller Thematik zu verbinden und ihm dadurch Würde zu verleihen[259]. Der vermittelnde Mäzen wurde für Sabinus der magdeburgische Kanzler Christoph Türk, seitdem er, als Begleiter seines Lehrers Melanchthon, diesen 1530 auf dem Augsburger Reichstag kennengelernt hatte[260]. Nach einer ersten indirekten Huldigung an Albrecht in der Elegia I,2, worin er dessen Begrüßungsrede an Kaiser Karl V. auf dem Augsburger Reichstag poetisch wiedergab[261], wandte er sich 1531 direkt an den ausersehenen Mäzen mit einer lateinischen Übersetzung der Rede des Isokrates an Philipp von Makedonien; er ließ sie durch Türk, an den er die Elegia IV,5 richtete, dem Fürsten überreichen. Die Parallele Isokrates-Albrecht, die in der angefügten Elegia III,12 »Ad Germaniam« gezogen wird, nennt Sabinus in seinem Begleitbrief an Albrecht[262] als besonderes Motiv für die Dedikation neben dem allgemeinen, daß kaum ein Fürst gelehrte Arbeit besser zu würdigen verstehe und reicher belohne als er. Für das opulente Geldgeschenk, das er dafür erhalten haben muß, bedankte er sich hochbeglückt mit der Elegia IV,6. 1532 und 1533 folgten weitere Preisgedichte auf Albrecht zusammen mit ebensolchen auf den Bruder Joachim I. und den Neffen Joachim II.[263] Mit Empfehlungsschreiben Albrechts und Joachims I. an Pietro Bembo versehen, reiste Sabinus im Spätsommer 1533 nach Italien und schrieb in Padua sein berühmt gewordenes Reisegedicht »Hodoeporicon itineris Italici«[264]. Das Erlebnis der Stiftskirche zu Halle, einer der ersten Reisestationen, und der Zeremonien, die Albrecht unter großer Prachtentfaltung darin vollzog, bot ihm Anlaß zu einem ausgedehnten Preisgesang auf Albrechts fürstliche und bischöfliche Tugenden, in den er außerdem einige der Hofleute mit einbezog[265].

259 Daneben hat er sich durch beschreibende Gedichte und durch seine Liebeslyrik ausgezeichnet, weniger durch die später hinzugekommenen philologischen Arbeiten, z. B. eine Erklärung von Ovids »Metamorphosen« (1554) und eine Poetik (1551).
260 Wiederholt hat er in Elegien und Briefen Türk seinen Mäzen genannt, wegen dessen Empfehlung beim Fürsten, aber auch wegen der von ihm erhaltenen Ermutigung, trotz der harten Zeiten der Dichtkunst treu zu bleiben (z. B. Elegia III, 5 und 11; undatierter Brief von 1532, Bl. e⁴); alle Angaben nach der Ausgabe: Georgius SABINUS, Poemata et numero librorum et aliis additis aucta, & emendatius denuo edita (von Eusebius Menius). [Leipzig]: Voegelin 1563.
261 Erschienen 1530, begleitet von Melanchthons Brief über diesen Reichstag und dem Freund Eobanus Hessus gewidmet.
262 Begleitbrief von 1532, SABINUS, Poemata (wie Anm. 260), Bl. e 5ʳ–5ᵛ. Wie Isokrates König Philipp – nach innerer Befriedung – zum Kampf gegen die Perser drängte, so trage Albrecht zum inneren Frieden bei und rufe den Kaiser zum Kampf gegen die Türken auf.
263 1532 »Caesares Germanici descripti«, worin Gedicht auf Albrecht als Friedensfürst, SABINUS, Poemata (wie Anm. 260), Bl. Q 3ᵛ–4ʳ, 1533 Neuausgabe von HUTTENS »Panegyricus« von 1515 auf Albrecht (von Sabinus dem Kanzler Türk gewidmet, vgl. Anm. 244), zusammen mit Gedicht auf Joachims II. Rückkehr aus dem Türkenkrieg 1532 (Wittenberg: Rau 1533).
264 Erschienen 1535; in die Poemata von 1563 (wie Anm. 260) aufgenommen als Buch II der Elegien; als einziges Werk des Sabinus bei WEYER, Index (wie Anm. 55), Kl. 10, Columna T, Nr. 198, S. 390. Bembo bestärkte in Briefen 1534 Albrecht und Joachim I. in ihrer Protektion des Sabinus (SABINUS, Poemata, Bl. f 4ᵛ–6ᵛ), und Sabinus dankte Bembo noch 1538 für sein gutes Zeugnis (ebd., Bl. g 3ʳ–4ᵛ).
265 So den Kanzler Türk, den Leibarzt Bucheimer und den Kämmerer Herzheim; die Namen am Rande vom Hrsg. Crato Mylius in den Ausgaben Straßburg 1538 und 1544 hinzugefügt, vgl. REDLICH, Cardinal Albrecht (wie Anm. 5), Beil. 26, S. 113. 117.

Bei der Hochzeit mit Melanchthons Tochter Anna im November 1536 in Wittenberg ehrte Albrecht den Dichter durch eine Gratulationsgesandtschaft unter Führung des Kanzlers Türk[266] und holte anschließend das junge Paar für eineinhalb Jahre an den Hallenser Hof. Über seine dortige Stellung schrieb Sabinus später nur, daß Albrecht ihn mit einzigartigem Wohlwollen unter seine Höflinge und Vertrauten aufgenommen habe[267]. Danach wurde Sabinus 1538 von Kurfürst Joachim II. als Professor der Rhetorik nach Frankfurt/Oder und 1544 von Herzog Albrecht von Preußen als Rektor an dessen neugegründete Universität Königsberg berufen. Unbekümmert um die konfessionellen Gegensätze – wie er es schon als Wittenberger Student im Schatten Luthers gewesen war – hielt er auch von Königsberg aus die Verbindung mit Albrecht aufrecht. Er huldigte ihm 1544 indirekt in der Veröffentlichung von Melanchthons Schrift »De electione et coronatione Caroli V. Caesaris historia«[268] mit der darin enthaltenen erfolgreichen Rede Albrechts von 1519 zugunsten Karls V. (Bl. A 8^r–B 8^r) und übersandte ihm im selben Jahr seine zweite Gedichtsammlung[269]. In der einleitenden Elegia I,1 schickt er das Büchlein zu Albrecht, der ihn – wie früher – auch jetzt wieder reich beschenken werde, denn dieser schenke beständig wie eine unerschöpfliche Quelle ihr Wasser[270]. Als hochangesehener Dichter[271], dessen »Poemata« nach Albrechts Tod noch mehrere Auflagen erlebten, hat Sabinus zu seiner Zeit viel zum Ruhm seines Mäzens beigetragen, zuletzt mit dem schönen Epitaph (vgl. Anm. 189). Für spätere Jahrhunderte freilich verblaßte seine Gestalt neben der weit volkstümlicheren Huttens.

Der Dichter Simon Lemnius (ca. 1511–1550) aus Graubünden[272], 1534–1538 Studienfreund des Sabinus in Wittenberg und gleich diesem von Melanchthon gefördert, bietet – soweit bekannt – ein Gegenbeispiel zu Sabinus im Bemühen um Albrechts Gunst. Dieser Mißerfolg wiegt um so schwerer, als er den Fürsten und dessen Hofstaat mit einer Vielzahl seiner zu Pfingsten 1538 in Wittenberg erschie-

---

266 Vgl. Fritz HERRMANN, Die evangelische Bewegung zu Mainz im Reformationszeitalter. Mainz 1907, S. 183.
267 Widmungsvorrede an Erzbischof Sigismund von Magdeburg zur Poemata-Ausgabe 1558. In: SABINUS, Poemata (wie Anm. 260), Bl. A 4^r: *erat enim princeps omnium humanissimus, meque inter aulicos & familiares suos singulari benignitate complectabatur*. Die Aussage von Sabinus' Schwiegersohn Eusebius Menius im Vorwort zur Poemata-Ausgabe von 1563, Sabinus habe zu Albrechts ersten Räten gehört *(propter prudentiam & facundiam inter primarios consiliarios coaptus est)*, ist jedenfalls anderweitig nicht belegt, vgl. TÖPPEN, Gründung (wie Anm. 258), S. 45–46; MUTHER, Universitäts- und Gelehrtenleben (wie Anm. 258), S. 340.
268 Von Melanchthon um 1520/21 verfaßt. Sabinus widmete die Schrift Albrechts Leibarzt Bucheimer.
269 Poemata. Straßburg: Crato Mylius 1544; 1. Ausgabe ebd. 1538.
270 In der Widmungsvorrede an Erzbischof Sigismund von Magdeburg zur Poemata-Ausgabe von 1558 (vgl. Anm. 267) erklärte Sabinus diese scherzhafte Freiheit, die er sich genommen, mit seinem freundschaftlichen Verhältnis zu dem gütigen Fürsten.
271 Erasmus, Joachim Camerarius und Eobanus Hessus rühmten seine Begabung, und Bembo verglich ihm mit Ovid, vgl. TÖPPEN, Gründung (wie Anm. 258), S. 31.
272 Vgl. NDB XIV, S. 191; KOSCH³ (wie Anm. 249), IX, Sp. 1202–1203; Paul MERKER, Simon Lemnius. Ein Humanistenleben (= Quellen und Forschungen zur Sprach- und Culturgeschichte der germanischen Völker 104). Straßburg 1908; ELLINGER, Geschichte (wie Anm. 240), II, S. 94–105; DERS., Simon Lemnius als Lyriker. In: Festgabe Friedrich von Bezold, dargebr. zum 70. Geburtstag. Bonn, Leipzig 1921, S. 221–233.

nenen Epigramme umschmeichelte²⁷³, deren Sammlung unter dem Titel »Epigrammaton libri duo« insgesamt Albrecht dediziert war, und als er ein Opfer dieser Huldigungen wurde. Er erregte damit den Zorn des mächtigen Luther derart, daß er von der Universität relegiert und unter Hausarrest gestellt wurde, die unverkauften Exemplare der Ausgabe beschlagnahmt wurden²⁷⁴. Die Gedichte auf Albrecht enthalten wenig Bemerkenswertes, aber neben dem Gedanken der Interdependenz von Dichtern und Mäzenen²⁷⁵ manchen hübschen Einfall²⁷⁶ und zeugen von poetischer Gewandtheit. Auf eine persönliche Bekanntschaft des Dichters mit Albrecht und dem Hallenser Hof gibt es keinen Hinweis; vielmehr dürfte Lemnius seine Kenntnisse aus den Erzählungen des Sabinus gewonnen haben, der im Frühjahr 1538 von Halle nach Wittenberg zurückgekehrt war²⁷⁷. Auch die Hoffnung auf Schutz und Unterstützung, die der aus Wittenberg im Juni 1538 geflüchtete Student in der kurzfristig um ein drittes Buch vermehrten Epigrammausgabe und einer angefügten »Querela ad Principem« aussprach²⁷⁸, scheint sich nicht erfüllt zu haben, obwohl er auf seiner Wanderung in die Schweiz auch in Mainz Station machte²⁷⁹. Gründe dürften der etwas zweifelhafte Ruf des Dichters gewesen sein, der unverhohlen einem antik-heidnischen Lebensideal huldigte und auch der niederen Minne zugeneigt war²⁸⁰, sowie Albrechts bekannte Abneigung gegen alle Polemik; eine solche richtete der verbitterte Lemnius in derber Weise im dritten Buch der Epigramme und 1539 besonders in der zotenreichen Satire der »Monachopornomachia« gegen Luther und dessen Wittenberger Anhänger, besonders gegen Justus Jonas und Georg Spalatin. Der Wittenberger Skandal verschaffte der zweiten Epigrammausgabe wohl eine weite Verbreitung, zumal in ka-

273 Allein 21 Gedichte sind an Albrecht gerichtet oder besingen dessen Residenzen, so das Aschaffenburger Schloß in Buch 2, Bl. E 6ᵛ–7ᵛ, z. T. übersetzt bei MERKEL, Miniaturen (wie Anm. 164), S. 1; weitere neun Epigramme wenden sich an hohe Hofleute (Türk, Bucheimer, Johannes Horneburg und Nikolaus Rücker), acht an den Freund Sabinus.

274 Die angebliche Verleumdung einiger Wittenberger Bürger in einigen Gedichten war für Luther nur Vorwand; sein Hauptmotiv lassen Luthers Schlußworte seiner öffentlichen Erklärung erkennen: *ich wills nicht leiden, daß man den von sich selbst verdammten heillosen Pfaffen* [Albrecht], *der uns alle gerne todt hätte, hie zu Wittenberg lobe*, vgl. MERKER, Lemnius (wie Anm. 272), S. 35. Kein Geringerer als LESSING hat später Partei für Lemnius ergriffen (»Rettung des Lemnius in acht Briefen«. 1752).

275 Ein Epigramm (Buch II, Bl. C 7) feiert Albrechts Zeit als die Erasmus' und Huttens, beherrscht von Kaiser Karl V. (als Augustus) und Albrecht (als Maecenas), der seine Gunst dem Dichter Sabinus (als zweitem Vergil) geschenkt hat; Eobanus Hessus wird mit Ovid verglichen.

276 Anstelle von Klageschriften *(querulos libellos)* wollen die Dichter Albrecht Scherzhaftes und Angenehmes bieten *(scripta iocosa, carmina ... quae placitura putamus,* Buch I, Bl. B 4ᵛ); die Dichter lieben Albrecht nicht seiner reichlichen Geschenke wegen, sondern die Geschenke seinetwegen (Buch II, Bl. D 4ᵛ).

277 Vgl. MERKER, Lemnius (wie Anm. 272), S. 23; MUTHER, Universitäts- und Gelehrtenleben (wie Anm. 258), S. 340; auch bei Sabinus' Hochzeit 1536 wird er Albrechts Gesandte kennengelernt haben.

278 Epigrammaton libri III. Adiecta est quoque eiusdem Querela ad Principem. Datum ex itinere [vermutlich Basel] 1538 (nach MERKER, Lemnius, wie Anm. 272, S. 52); seine Hoffnung auf Schutz bes. in Buch III, Bl. Iᵛ und Querela, Bl. I 4ᵛ; bei WEYER, Index (wie Anm. 55), kein Werk des Lemnius ermittelt.

279 Vgl. MERKER, Lemnius (wie Anm. 272), S. 55.

280 Zum sittlichen Maßstab für die Förderung an Albrechts Hof vgl. oben S. 424 und 436.

tholischen Kreisen[281], und blieb auch mit dem Dichterruhm des Lemnius verknüpft[282]. Weit ehrenvoller für Albrecht und dessen Wertschätzung und Belohnung sicher aber wären die Früchte des gereiften Talentes gewesen, die Lemnius seit Herbst 1539 als Lehrer an der städtischen Nikolaischule in Chur hervorbrachte[283].

V. DEDIKATIONEN ALS INDIZIEN

Im Unterschied zur Panegyrik gilt die Widmung literarischer Werke einerseits dem Inhalt nach mehr dem Mäzen als dem Fürsten, andererseits weist sie weder in der Intention noch im Ergebnis immer auf eine mäzenatische Beziehung hin. In ihrer Grundform setzt eine solche vor allem einen wissenschaftlichen oder literarischen Anspruch des gewidmeten Werkes, eventuell auch eine persönliche Abhängigkeit irgendwelcher Art voraus. In beiderlei Hinsicht stehen sowohl die zeitgeschichtlichen Tatsachenberichte des kurpfälzischen Kanzleisekretärs Peter Harer wie auch die von Albrecht erbetenen Bischofsviten des Abtes Trithemius nicht unter mäzenatischem Vorzeichen. Auch Wimpfelings Mainzer Bischofsgeschichte wendet sich vorrangig an Albrecht als den »idealen Leser«, den das Werk vor allen anderen oder ausschließlich angeht. Gerade in dem von Albrecht bevorzugten Bereich der Theologie gibt es indes zu jener Zeit viele Übergänge von der wissenschaftlichen zur kirchenpolitischen Zielsetzung eines Werkes und damit vom Mäzen zum idealen Leser und Weggefährten in der Person des Widmungsadressaten, gelegentlich sogar bis in die Nähe des offenen Briefes. Aus diesem Grund sowie wegen ihres Beitrags zur Rekonstruktion von Albrechts Privatbibliothek werden auch die nicht oder nicht eindeutig mäzenbezogenen Beispiele vorgestellt (vgl. dazu auch Anm. 239).

1. Theologische und kirchenpolitische Werke

Die zeitliche Abfolge der Dedikationen auf diesem für Albrecht zentralen Gebiet spiegelt dessen eigene Entwicklung wider, von dem noch einheitlichen Fundament des theologischen Humanismus und der internen Kirchenkritik über die reformatorische Position zur altkirchlichen Reformtheologie.

Die ältere Humanistengeneration: Jakob Wimpfeling, Johannes Reuchlin, Erasmus

Weit weniger als mit seiner handschriftlichen Mainzer Bischofsgeschichte von 1515, die bei allen reformerischen Untertönen eine historische Arbeit war und in ihrer kostbaren Ausstattung und mit dem enkomiastischen Beiwerk ein repräsen-

---

281 In der UB Würzburg z. B. zwei Exemplare davon vorhanden, eines aus der Zisterzienserabtei Ebrach, eines aus dem Würzburger Jesuitenkolleg.

282 Vgl. die spätere Hinzufügung zu Lemnius' Namen in der Ingolstädter Universitätsmatrikel von 1533: *poeta tersissimus, graece et latine doctus et acerrimus Lutheromastyx*, vgl. MERKER, Lemnius (wie Anm. 272), S. 15.

283 Philologische und dichterische Arbeiten, u. a. Einleitung in Homers Ilias (1539), erste lateinische Übersetzung von Homers Odyssee (1549). Während des Italien-Aufenthaltes 1542–1544 in Bologna zum Dichter gekrönt (1543).

tatives Geschenk darstellte, hat Jakob Wimpfeling (1450–1528)[284] mit seinen gedruckten »Responsa et replice ad Eneam Silvium« (Straßburg: Beck, Juni 1515) den Mäzen Albrecht angesprochen. Vielmehr wendet er sich hier an den Primas Germaniae, dessen Vortrefflichkeit und Bildung[285] ihm gerühmt worden sind, in der Hoffnung, diesen zum Kampf gegen die Mißstände bei der römischen Kurie und insbesondere gegen die finanzielle Aussaugung der Kirche Deutschlands durch die Kurie zu veranlassen. Er greift damit die Gravamina der Deutschen Nation gegen die römische Kurie wieder auf, stellt sich selbst und implicite Albrecht in die Tradition der Mainzer Erzbischöfe Dietrich Schenk von Erbach (1434–1459) und Berthold von Henneberg (1484–1504)[286]. Über die Resonanz bei Albrecht ist ebensowenig bekannt wie über eine persönliche Bekanntschaft mit Wimpfeling, der zu Albrechts Vorgängern Berthold von Henneberg und Uriel von Gemmingen (1508–1514) gute Beziehungen hatte. Dessenungeachtet blieb Wimpfelings Verehrung für Albrecht bestehen; noch 1520 bezeichnete er dessen ausgleichendes Verhalten in der Luthersache als vorbildlich für die deutschen Bischöfe[287].

Johannes Reuchlin (1455–1522)[288] verband bei der Dedikation seiner lateinischen Athanasius-Übersetzung von 1519[289] die Ehrung Albrechts als Mäzen der Wissenschaften mit einer diskreten Bitte um Hilfe in seinem noch laufenden kirchlichen Prozeß gegen Johann Pfefferkorn. Der Glückwunsch zu Albrechts neuer Kardinalswürde gibt Reuchlin in der Widmungsvorrede Anlaß, dessen sittliche und geistige Vorzüge zu rühmen, sodann die herausragende Stellung als des-

284 Zu ihm vgl. ADB XLIV, S. 524–537; KNEPPER, Jacob Wimpfeling (wie Anm. 164).

285 ... *pro ineffabili tua virtute & doctrina,* Widmungsvorrede vom 19. 5. 1515, *ex eremo* (aus der Einsiedelei im Schwarzwald), abgedruckt bei Josef Anton RIEGGER, Amoenitates litterariae Friburgenses, 3 Bde. Ulm 1775–1776, hier III, S. 433–435. Zum ganzen Werk vgl. Enea Silvio PICCOLOMINI, Deutschland. Der Brieftraktat an Martin Mayer und Jakob Wimpfelings »Antworten und Einwendungen gegen Enea Silvio«. Übersetzt und erläutert von Adolf SCHMIDT (= Die Geschichtschreiber der deutschen Vorzeit 3. Gesamtausg. 104). Köln, Graz 1962; nicht ermittelt bei WEYER, Index (wie Anm. 55).

286 Zu Wimpfelings Stellung in der Tradition der Gravamina vgl. Bruno GEBHARDT, Die gravamina der Deutschen Nation gegen den römischen Hof. Ein Beitrag zur Vorgeschichte der Reformation. Breslau ²1895, S. 77–89. Wimpfeling führt den Schriftwechsel zwischen EB Dietrichs Kanzler Martin Mayer und Kardinal Enea Silvio (später Papst Pius II.) gleichsam fort, indem er Silvios Gegenschrift auf Mayers Gravamina von 1457 angreift. Dazu verwendet er auch Aufzeichnungen Bertholds von Henneberg, die er bereits in seinem ergebnislos gebliebenen Gutachten von 1510 für Kaiser Maximilian I. benutzt hatte. Die Last der Palliengelder hatte infolge der fünfmaligen Neubesetzung des Mainzer Stuhles von 1482–1514 gerade mit Albrechts Wahl neue Aktualität gewonnen.

287 In seinem Widmungsbrief an Christoph von Utenheim, Bischof von Basel, vom 1. 9. 1520, mit dem er die Schlettstädter Ausgabe des Briefes Erasmus' an Albrecht über die Luthersache übersandte, abgedruckt bei RIEGGER, Amoenitates (wie Anm. 285), III, S. 540–541; vgl. auch Gustav KNOD, Neun Briefe von und an Jacob Wimpfeling. In: Vierteljahrsschrift für Kultur und Litteratur der Renaissance 1 (1886) S. 227–243, hier S. 232 Anm. 2.

288 Vgl. KOSCH³ (wie Anm. 249), XII, Sp. 1047–1050; Ludwig GEIGER, Johann Reuchlin. Sein Leben und seine Werke. Leipzig 1871, ND Nieuwkoop 1964; GEIGER, Reuchlins Briefwechsel (wie Anm. 209).

289 Liber S. Athanasii de variis quaestionibus nuper e graeco in latinum traductus, Johanne REUCHLIN interprete. Hagenau: Anshelm, März 1519; nachgewiesen bei WEYER, Index (wie Anm. 55), Kl. 3, Appendix c, Nr. 37, S. 84; Widmungsvorrede bei BÖCKING, Ulrich von Hutten (wie Anm. 142), Suppl. II, S. 789–795; zum Inhalt vgl. GEIGER, Johann Reuchlin (wie Anm. 288), S. 356–357; SCHOTTENLOHER, Widmungsvorrede (wie Anm. 177), S. 20.

jenigen deutschen Fürsten, der die Wissenschaften mehr als alle anderen liebe, weshalb sich so viele gelehrte Männer um ihn scharten²⁹⁰. Der ihm bekanntgewordenen Vorliebe Albrechts für die schönen Wissenschaften und besonders für die Theologie kommt er mit dieser Athanasius-Übersetzung entgegen, die mit ihren ausführlichen philologischen Erläuterungen zum griechischen Original beispielhaft ist für den von Albrecht geschätzten theologischen Humanismus in Gegenstand und Methode. Die Ähnlichkeit des Schicksals, die Reuchlin zwischen sich und dem ebenfalls angefeindeten Athanasius sieht, bringt ihn auf seinen gegenwärtigen Prozeß zu sprechen, wobei er eine Bitte um Unterstützung seiner Sache nur andeutet. Entgegen der von Albrechts engstem Kreis erzeugten Erwartung weist nichts darauf hin, daß sich Albrecht während des noch laufenden Prozesses, den Leo X. am 23. Juni 1520 gegen Reuchlin entschied, oder danach zur Erwirkung einer Revision eingesetzt hätte²⁹¹.

Erasmus (1466–1536)²⁹² genoß von allen Gelehrten die höchsten Ehren bei Albrecht und bei seinem ganzen Hof, nicht nur wegen seiner überragenden Position unter den Humanisten, sondern auch als Begründer der von Albrecht besonders geschätzten theologischen Ausrichtung des Humanismus. Daß er für den Humanistenfürsten Erasmus Mäzen werden sollte, ergab sich für Albrecht aus seiner eigenen Stellung als ranghöchster deutscher Fürst und Bischof²⁹³. Vergebens aber lud er Erasmus wiederholt an seinen Hof, wo er bei glänzender »Besoldung« ganz seinen Studien hätte leben können²⁹⁴. Auf beiden Seiten wurde die bleibende Beziehung jedoch als eine mäzenatische auf der höchsten Ebene gegenseitiger Ehrung verstanden. Es kann angenommen werden, daß die Schriften des Erasmus einigermaßen vollständig in Albrechts Privatbibliothek standen²⁹⁵, wenn auch Erasmus dem Fürsten nur eines seiner Werke dediziert hat, seine Einführung in die Theologie, insbesondere in das Neue Testament, »Ratio seu compendium verae theologiae« (Löwen: Martens, November 1518). Der Ausgabe sind die bei-

---

290 Vgl. BÖCKING, Ulrich von Hutten (wie Anm. 142), Suppl. II, S. 791–792. Als Beispiele nennt Reuchlin Ulrich von Hutten *(orator disertissimus)*, den Leibarzt Stromer als Mäzen der Eloquenz *(eloquentiae studiosis Moecenas)* und den Domdekan Truchseß von Pommersfelden; vgl. auch oben S. 422.

291 Vgl. dazu GEIGER, Johann Reuchlin (wie Anm. 288), S. 356: »Albrecht that Nichts direkt für Reuchlin, aber er liess es nicht ungern geschehen, dass seine Freunde für ihn wirkten.« Hutten suchte über Capito zu erreichen, daß Albrecht eine Urteilsrevision erwirke: *Multum potest uno verbo, si volet; volet autem si tu non dormias,* Hutten an Capito 16. 1. 1521, BÖCKING, Ulrich von Hutten (wie Anm. 142), II, S. 5. Er konzipierte ferner für Franz von Sickingen ein Appellationsschreiben an Kaiser Karl V. (vgl. ebd.) und bat Spalatin, den sächsischen Kurfürsten zur Intervention zu bewegen, Hutten an Spalatin 16. 1. 1521, ebd., II, S. 4.

292 Trotz des dem Verhältnis zwischen Albrecht und Erasmus speziell gewidmeten Beitrages in diesem Band muß hier wenigstens das für unsere Thematik Wichtigste erwähnt werden.

293 Zu diesem Selbstverständnis als Mäzen vgl. Albrecht an Erasmus 13. 9. 1517, ALLEN, Opus epistolarum (wie Anm. 18), III, Nr. 661, Z. 5–9.

294 *complecti ac fovere* (ebd.) sind Albrechts Schlüsselwörter. Konkretere Auskunft über Albrechts Angebote an Erasmus gibt Capito auf Grund dessen, was er vermutlich von Hutten und Stromer gehört hat, in seiner Widmungsvorrede an Albrecht zur Chrysostomus-Übersetzung von 1519 (vgl. unten S. 444), S. 7: *Erasmus Roterodamus ... quem amplissimis, ut audio, stipendiis toties ad te invitasti.* Erasmus lehnte es auch höflich ab, die von Albrecht erbetenen Heiligenviten zu schreiben, vgl. Albrecht an Erasmus 13. 9. 1517, ALLEN, Opus epistolarum (wie Anm. 18), III, Nr. 661; Erasmus an Albrecht 22. 12. 1517, ebd., Nr. 745.

295 Zur eifrigen Lektüre aller Erasmus-Schriften durch Albrecht vgl. Hutten an Graf Hermann von Neuenar 3. 4. 1518, BÖCKING, Ulrich von Hutten (wie Anm. 142), I, S. 168.

den ersten zwischen Albrecht und Erasmus gewechselten Briefe vorangestellt[296]. Den Schutz des Mäzens für sich persönlich und für die Freiheit der Wissenschaft suchte Erasmus, als er seinen handschriftlich – über Hutten – an Albrecht gerichteten Brief vom 19. Oktober 1519 über die Luthersache und die Überspannung des Häresiebegriffes nach mehreren unautorisierten Drucken – Hutten hatte den ersten veranlaßt – zur Klarstellung seiner Position 1520 selbst veröffentlichte[297].

Reformatoren: Wolfgang Fabricius Capito, Philipp Melanchthon

Von allen Theologen in Albrechts Umkreis war Wolfgang Fabricius Capito (1478–1541)[298] derjenige, für den Albrecht in der ausgeprägtesten Weise zum Mäzen geworden ist, wenn auch nicht in vergleichbarem Ausmaß und für längere Zeit wie für Hutten und Stromer, mit denen zusammen er anfangs zum vertrautesten Kreis Albrechts gehörte. Seine Berufung nach Mainz als Domprediger im Juni 1519[299], bei der ihm Albrecht mit viel Studienmuße und außerordentlich hohen Einkünften die glänzendsten Bedingungen bot[300], erfüllte für den humanistischen Theologen aus dem Baseler Erasmus-Kreis die Voraussetzungen einer Patronage auf nahezu ideale Art. Obwohl er in Basel seit 1515 als Münsterprediger und Theologieprofessor zwei angesehene Ämter bekleidete und im dortigen Humanistenkreis eine geistige Heimat hatte, empfand Capito das großzügige Ange-

---

296 Das Werk nicht ermittelt bei WEYER, Index (wie Anm. 55). Erasmus stellte der Ausgabe Albrechts Brief voran, damit andere Fürsten dessen Beispiel als Mäzen folgten, Erasmus an Hutten 23. 4. 1519, ALLEN, Opus epistolarum (wie Anm. 18), III, Nr. 951, Z. 12–15. Zu Stromers Beitrag zur weiteren Druckgeschichte der beiden Briefe vgl. Anm. 380.

297 D. ERASMI ROTERODAMI epistola ad reverendissimum archiepiscopum ac cardinalem Moguntinum, qua commonefacit illius celsitudinem de causa Doctoris Martini Lutheri. Schlettstadt: Schürer 1520. Zur Beteiligung Wimpfelings an dieser Ausgabe vgl. Anm. 287. Zum Brief des Erasmus vgl. ALLEN, Opus epistolarum (wie Anm. 18), IV, Nr. 1033, mit Kommentar.

298 Eigentlich W. Köpfel oder Faber (nach dem Schmiedeberuf seines Vaters), zu ihm vgl. NDB III, S. 132–133; Joh. Wilh. BAUM, Capito und Butzer, Straßburgs Reformatoren (= Leben und ausgewählte Schriften der Väter und Begründer der reformirten Kirche 3). Elberfeld 1860; Paul KALKOFF, W. Capito im Dienste Erzbischof Albrechts von Mainz. Quellen und Forschungen zu den entscheidenden Jahren der Reformation (1519–1523) (= Neue Studien zur Geschichte der Theologie und der Kirche 1). Berlin 1907; Beate STIERLE, Capito als Humanist (= QFRG 42). Gütersloh 1974; James M. KITTELSON, Wolfgang Capito. From humanist to reformer (= Studies in medieval and Reformation thought 17). Leiden 1975; Olivier MILLET, Correspondance de Wolfgang Capiton (1478–1541). Analyse et index (D'après le Thesaurus Baumianus et autres sources) (= Publications de la Bibliothèque Nationale et Universitaire de Strasbourg 8). Straßburg 1982.

299 Zum Zeitpunkt STIERLE, Capito (wie Anm. 298), S. 192, auf Grund von Capitos Brief an Spalatin vom 15. 6. 1519 aus Mainz, abgedruckt bei Hermann BARGE, Andreas Bodenstein von Karlstadt, 2 Bde. Leipzig 1905, hier II, Anlage Nr. 7. Als Domprediger war Capito der Vertreter des Erzbischofs in dieser Funktion, vgl. Anton Philipp BRÜCK, Die Mainzer Domprediger des 16. Jahrhunderts. Nach den Protokollen des Mainzer Domkapitels. In: Hessisches Jahrbuch für Landesgeschichte 10 (1960) S. 132–148, hier S. 132.

300 Außer der Zusicherung der Baseler Dompfründe, derentwegen Capito bei Albrecht vorgesprochen hatte, bot ihm dieser eine der drei einträglichsten Mainzer Pfründen an, dazu bei *tranquilla conditione* ein erhöhtes Gehalt *(adauctum stipendium)*, und sei dies auch auf seine eigenen Kosten; vgl. Capitos Schilderung der Audienz in der Widmungsvorrede an Albrecht zur Chrysostomus-Übersetzung von 1519, S. 5. 8–9; dt. bei BAUM, Capito (wie Anm. 298), S. 38–41. Ebenso schreibt Capitos Schüler Kaspar Hedio am 17. 3. 1520 an Zwingli von den *amplissimis conditionibus,* unter denen Albrecht Capito eingeladen habe, vgl. Huldreich ZWINGLI, Briefwechsel, I (= CR 94). Leipzig 1911, Nr. 124, S. 280.

bot des *in jeder Weise höchsten Fürsten* als eine Gunstfülle, die ans Wunderbare grenzte[301]. Es fehlte bei der von Capito geschilderten Berufungsszene (vgl. Anm. 301) auch nicht an der Konstellation, die als typisch für die Einleitung eines mäzenatischen Verhältnisses bezeichnet werden kann: Hutten und Stromer als die vermittelnden Gönner[302] hatten dem Fürsten zuvor Capitos wissenschaftliche Verdienste gerühmt und trugen Capito auch das Angebot des Mäzens vor, da Albrecht selbst wegen eines plötzlichen Besuches des Kardinals Cajetan verhindert war. Als wichtige Figuren waren ferner der Domdekan Truchseß von Pommersfelden und andere Domherren einbezogen, deren eigenen Wünschen Albrechts nachdrückliche Empfehlung Capitos für die Domprädikatur nur entgegenkam und die später seine Predigertätigkeit als *humanissimi patroni* mit größtem Wohlwollen betrachteten[303]. Für Albrecht mußte Capito in doppelter Hinsicht willkommen sein: als humanistischer Theologe erasmischer Prägung[304] anstelle des Erasmus, der seiner Einladung an den Hof nicht gefolgt war, und als Domprediger, der in seinem Sinne das Evangelium unverfälscht und erfolgreich verkündigte[305]. Das Werk, das Capito seinem Mäzen dedizierte, noch ehe er am 2. Mai 1520 das Predigeramt antrat[306], muß diesen beiden Erwartungen Albrechts ganz und gar entsprochen haben: Johannes Chrysostomus, Paraenesis prior ad Theodorum lapsum (Basel: Froben, November 1519). Denn die lateinische Übersetzung dieser Homilie bezeugte das Anliegen des biblischen Humanisten: das rechte Verständnis der Bibel mittels textnaher Auslegung und die rhetorisch geschickte Exegese[307]. Entgegen den Absichten Capitos und seines Mäzens sollte diese Veröffentlichung die vorläufig letzte sein. Während seiner drei Mainzer Jahre (Mai 1520–Februar 1523) hat Capito kein einziges Werk verfaßt oder ediert[308]. Mit

301 Capito in der Widmungsvorrede (vgl. Anm. 300), S. 5–6. Er preist Albrecht als seinen *benignissimum patronum ... quem non ita pridem avebam vel de facie novisse, quod & futurum arbitrabar felicitatis non exiguam accessionem* (S. 9) und als *amator studiosorum,* der auch die erst um die Wissenschaft Bemühten großzügig fördere (S. 8), vgl. dazu auch Anm. 185. Daß Capito zugleich die Möglichkeit sah, in Albrechts Nähe der reformatorischen Sache dienen zu können, ist vielleicht seinem Brief vom 15.6. 1519 (vgl. Anm. 299) zu entnehmen. MILLET, Correspondance (wie Anm. 298), Nr. 29, sieht in dem erwähnten milden Fürsten zwar Friedrich von Sachsen, aber warum sollte sich Capito zu diesem Fürsten gratulieren?

302 Capito nennt diese beiden ausdrücklich seine *patroni* (Widmungsvorrede, S. 5).

303 Dazu Capito in der Widmungsvorrede, S. 8; Hedio an Zwingli am 10.6. 1520 über die *humanissimi patroni* und die *magna libertas* damals in Mainz, ZWINGLI, Briefwechsel (wie Anm. 300), Nr. 142, S. 319.

304 Er hatte 1516 Erasmus bei der Edition des Neuen Testaments und der Hieronymus-Ausgabe geholfen und erfüllte die humanistische Idealforderung der Dreisprachigkeit (Hebräisch außer Griechisch und Latein), vgl. STIERLE, Capito (wie Anm. 298), S. 39. Seit 1517 nannte sich Capito mit dieser von Erasmus gebildeten Namensform, vgl. ebd., S. 40 Anm. 49.

305 Über Albrechts Forderung des »evangelischen« Predigens vgl. Capitos undatierten Brief an Bonifacius Amerbach, dt. bei BAUM, Capito (wie Anm. 298), S. 59; vgl. VOLZ, Erzbischof (wie Anm. 18), S. 202–203; ähnlich Capito an Zwingli 4.8. 1521, ZWINGLI, Briefwechsel (wie Anm. 300), Nr. 185, S. 465–466, dt. bei BAUM, S. 61.

306 Annahme des Amtes am 10. 2. 1520, bis Mai Vertretung durch Dompfarrer Dr. Johann Eberbach, vgl. HERRMANN, Evangelische Bewegung (wie Anm. 266), S. 74; BRÜCK, Domprediger (wie Anm. 299), S. 134. Das dedizierte Werk nachgewiesen bei WEYER, Index (wie Anm. 55), Kl. 10, Columna T, Nr. 177, S. 367.

307 In beidem war Chrysostomus ihm unter den griechischen Kirchenvätern ebenso vorbildlich wie Hieronymus unter den lateinischen, vgl. STIERLE, Capito (wie Anm. 298), S. 190.

308 Vgl. ebd., S. 193.

dem Eintritt in Albrechts Hofdienst als geistlicher Rat (schon seit August 1520)[309] verlor Capitos Situation schnell den Charakter der Gelehrten-Patronage. Im Zuge der reformatorischen Ereignisse wurde der humanistische Theologe bei Hofe unvermeidlich zum Religionspolitiker und Diplomaten, um religiösen Ausgleich bemüht und zunächst erfolgreich bei seinem Ziel, der reformatorischen Bewegung die Sympathien seines Fürsten zu erhalten[310]. Aufgerieben von den Hofgeschäften[311] und bei beiden Parteien ins Zwielicht geraten, zog er sich nach dem Nürnberger Reichstag von 1522/23 in seine Propstei St. Thomas nach Straßburg zurück, deren Pfründe er 1521 nach zähem Taktieren und mittels Albrechts Fürsprache erlangt hatte[312]. Die gegenseitige Zuneigung aber blieb bestehen. Albrecht rief Capito dreimal vergeblich an seinen Hof zurück und gewährte ihm schließlich auf offizielles Gesuch vom Juni 1523 die Entlassung[313]. Capito seinerseits, der neben Butzer zum Reformator Straßburgs wurde, widmete 1533 Albrecht ein Werk, das nicht mehr an den Mäzen, sondern an den einstigen Mitstreiter um die kirchliche Einheit gerichtet ist: »Von der kirchen lieblichen vereinigung...« (Straßburg: Apiarius 1533), die deutsche Übersetzung von Erasmus' Schrift »De sarcienda Ecclesiae concordia deque sedandis opinionum dissidiis« (Antwerpen 1533)[314].

Philipp Melanchthon (1497–1560)[315], Großneffe Reuchlins und von diesem früh im humanistischen Geist erzogen, ließ sich durch Luther ebensowenig in seiner Verehrung für Albrecht beirren wie sein Schwiegersohn Sabinus. Er hat Albrecht 1527 und 1532 zwei Werke dediziert. Das erste, der Bericht des Jacobus Fontanus über die türkische Eroberung von Rhodos im Jahre 1522 (De bello Rhodio libri tres. Hagenau: Secerius, August 1527)[316], richtet sich nicht an den Mäzen, sondern an den idealen Leser, und die Widmungsvorrede hat die Funktion eines offenen Briefes. Melanchthon spricht darin den ranghöchsten deutschen Fürsten und Bischof an, der im Fürstenkollegium die Sorge einerseits wegen der Türkengefahr, andererseits wegen der inneren kirchlichen Zwietracht »schär-

---

309 Offiziell erst nach Aufgabe des Predigeramtes seit 5.1.1521, vgl. BRÜCK, Domprediger (wie Anm. 299), S. 134. Nachfolger als Domprediger wurde Capitos Baseler Schüler Kaspar Hedio, der ihn bereits seit Oktober 1520 vertreten hatte, vgl. BAUM, Capito (wie Anm. 298), S. 51.

310 Im Gegensatz zu KALKOFF, W. Capito (wie Anm. 298), sehen STIERLE, Capito (wie Anm. 298) S. 193 Anm. 4, und KITTELSON, Wolfgang Capito (wie Anm. 298), S. 52–82, in Capito zu jener Zeit mehr den erasmischen Vermittler als den Lutheraner.

311 Capito an Erasmus 18.6.1523, ALLEN, Opus epistolarum (wie Anm. 18), V, Nr. 1368 und 6.7.1523, ebd., Nr. 1374.

312 Vgl. BAUM, Capito (wie Anm. 298), S. 58; Albrechts Empfehlungsschreiben an Leo X. vom 1.9.1520 bei KALKOFF, W. Capito (wie Anm. 298), S. 133–134, Beil. 1. Zuletzt auch Erhebung in den Adelsstand (17.2.1523), vgl. BAUM, ebd., S. 86.

313 Capito an Erasmus 18.6.1523, vgl. Anm. 311.

314 Capitos Würdigung von Albrechts Bemühungen um die kirchliche Einheit Bl. 3ʳ und a 4ᵛ; nachgewiesen bei WEYER, Index (wie Anm. 55), Kl. 11, Columna V, Nr. 87, S. 390.

315 Vgl. insbes. Wilhelm MAURER, Der junge Melanchthon zwischen Humanismus und Reformation, 2 Bde. Göttingen 1967–1969.

316 Nachgewiesen bei WEYER, Index (wie Anm. 55), Kl. 7, Columna B, Nr. 16, S. 149. Widmungsvorrede in: Ph. MELANCHTHON, Opera quae supersunt omnia, I (= CR 1). Halle 1834, ND 1963, Nr. 451. Fontanus, Appellationsrichter für Rhodos (vgl. Biographie nationale de Belgique VII, 1883, Sp. 192), hatte die erstmals 1525 in Rom erschienene Schrift Melanchthon zur Veröffentlichung in Deutschland gegeben.

fen« solle[317]. Auch mit der Dedikation seines Römerbrief-Kommentars (Commentarii in epistolam Pauli ad Romanos. Wittenberg: Clug 1532)[318] verfolgt Melanchthon das Ziel der religiösen Verständigung, wendet sich aber an den kompetenten Mäzen der Theologie. Diese für die reformatorische Bibelauffassung exemplarische Arbeit widme er ihm nicht nur, weil solche Dedikationen an Fürsten wohlbegründeter Brauch seien, damit die Fürsten wüßten, was im Volke gelesen werde; auch nicht allein deshalb, weil es ihm auf Grund seiner Stellung zukomme, ein Urteil zu sprechen, sondern vor allem deshalb, weil er sich dank seiner herausragenden Weisheit *(propter excellentem sapientiam tuam)* aus diesem Kommentar besser ein Urteil über die reformatorische Lehre bilden könne als aus den Verleumdungen der Ungebildeten. In besonderer Weise würdigt er Albrechts Verständnis für die Bibelphilologie, die zur Überlieferung der christlichen Lehre in gesicherter Form nötig sei, aber von vielen verdammt werde[319]. Daß Melanchthon mit seinem Werk über den sachlichen Zweck hinaus Albrecht auch als Fürsten und Schirmherrn der Theologie ehren wollte, drückte er mit dem erlesenen Einband seines Widmungsexemplars aus. Auch der Empfänger verstand dies offensichtlich so, denn er ließ Melanchthon durch seinen Kämmerer Herzheim als Ehrengeschenk einen mit 30 Gulden gefüllten Pokal überbringen[320].

Reform- und Kontroverstheologen: Friedrich Nausea, Georg Witzel, Johannes Dietenberger, Michael Vehe

Bei theologischen Buchdedikationen dieser Richtung ist der Mäzen in der Person des Widmungsadressaten besonders schwer vom zuständigen Bischof oder Weggefährten zu unterscheiden. Maßgeblich ist zum einen, wieweit sich das gewidmete Werk über aktuelle Fragen der Apologetik, über kirchenpolitische und seelsorgerliche Praxis erhebt, zum anderen – und letztlich entscheidend – die Sicht des Autors selbst, soweit sie in den Widmungsvorreden erkennbar ist. Als persönlicher Gönner, durch finanzielle Unterstützung einzelner Reformtheologen, ist Albrecht offenbar nicht hervorgetreten, obwohl nach dem Zeugnis des Wiener Bischofs Johannes Fabri viele dieser Theologen eines Mäzens bedurft hätten[321]. So

---

317 Melanchthon bezieht sich dabei auf Albrechts ausgleichende Haltung gegenüber den Reformatoren; er, auf den die Hoffnung aller gerichtet sei, möge eine Nationalsynode einberufen. Dahinter steht aber auch das Bild Albrechts als des humanistisch geschulten sprachmächtigen Fürsten, den Melanchthon bereits 1520/21 in der von Sabinus 1544 herausgegebenen Schrift gewürdigt hat, vgl. oben S. 438 mit Anm. 268.

318 Diese Erstausgabe nicht ermittelt bei WEYER, Index (wie Anm. 55); Widmungsvorrede in: MELANCHTHON, Opera (wie Anm. 316), II, Nr. 1076.

319 Eine solche Ablehnung z. B. bei Jacobus Latomus, der Erasmus dieserhalb angriff (vgl. Anm. 208).

320 Über das Widmungsexemplar, die *commentaria in Romanos egregie ligata*, und Albrechts Geschenk, *poculum cum triginta aureis*, vgl. Martin LUTHER, WA Tr V, Nr. 6486. Auch hier Melanchthons Absicht, Albrecht solle daraus die reformatorische Position kennenlernen. Melanchthon dankt Herzheim – der offenbar mit Wittenberg in ständiger Verbindung stand – für das Geschenk am 5. 1. 1533, vgl. MELANCHTHON, Opera (wie Anm. 316), II, Nr. 1090.

321 Fabri an Morone 17. 12. 1536, vgl. Walter FRIEDENSBURG, Beiträge zum Briefwechsel der katholischen Gelehrten Deutschlands im Reformationszeitalter. In: ZKG 20 (1900) Nr. 159. Viele von ihnen, so aus Albrechts Umkreis Cochläus, Mentzinger und Dietenberger, außerdem Witzel, könnten ihrer Armut wegen nicht einmal ihre Bücher drucken lassen. Wie sehr Fabri die Arbeit dieser

hat sich etwa Cochläus vergebens bei Albrecht für den Konvertiten Johannes Haner bemüht³²².

In der Rolle des Mäzens, mehr des universalen als des persönlichen, erscheint Albrecht am deutlichsten und häufigsten in den Dedikationen von Friedrich Nausea (1496–1552)³²³. Von 1526–1534 Domprediger in Mainz, stand Nausea Kardinal Albrecht auch als theologischer Berater nahe, selbst noch nach seiner Berufung als Hofprediger König Ferdinands bis zur endgültigen Übersiedlung nach Wien anläßlich der Ernennung zum Koadjutor (1538) des Bischofs von Wien, Johannes Fabri, dessen Nachfolger er 1541 wurde. Insgesamt hat er Albrecht sechs veröffentlichte Werke gewidmet, davon vier während seiner Jahre als Domprediger, ihm zwei handschriftliche Werke übergeben bzw. in seinem Auftrag angefertigt³²⁴, und ihm von Wien aus noch zwei Widmungsexemplare übersandt. Trotz dieser stattlichen Zahl der Dedikationen war Albrecht nur einer von vielen Widmungsempfängern seiner reichen literarischen Produktion³²⁵ und stand als persönlicher Gönner in Mainz wohl auch erst an zweiter Stelle hinter dem Domdekan Lorenz Truchseß von Pommersfelden, den Nausea 1527 gar *unicus meus Mecenas* nannte³²⁶. Für Albrecht war Nauseas Berufung auf die Domprädikatur nicht wie im Falle Capitos primär mäzenatisch motiviert, sondern kirchenpolitisch, und außerdem durch Truchseß und Kardinal Lorenzo Campeggi nachdrücklich betrieben. Nausea, der als Sekretär Campeggis 1524/25 in Deutschland die Seelsorge und die kirchliche Einheit als seine Lebensaufgabe erkannt hatte, war der geeignete humanistisch geschulte und begabte Prediger, den Albrecht den beliebten reformatorischen Predigern entgegensetzen konnte³²⁷. Eine Begünstigung durch Albrecht kann in der Verleihung (1529) der einträglichen, u. a. mit einem Weingut verbundenen Pfründe bei St. Maria ad gradus in Mainz gesehen werden; den Plan aber, Nausea zu seinem Koadjutor zu ernennen, gab Albrecht

---

Theologen unter dem mäzenatischen Gesichtspunkt betrachtet – nicht anders als die Dichtung –, erhellt aus seinem Zitat des Martial-Epigramms 8, 56, 5, wonach es Dichter wie Horaz und Vergil gibt, sobald sich Mäzene finden.

322 Zu Johannes Haner (gest. ca. 1544) vgl. Realencyklopädie für protestantische Theologie und Kirche, hrsg. von A. HAUCK, 24 Bde. Leipzig ³1896–1913 [zit.: RE], hier VII, S. 400–402. Ein Gönner war ihm Edward Lee, Erzbischof von York. Zu Cochläus' Bemühungen bei Albrecht vgl. Cochläus an Aleander 12. 4. und 23. 4. 1534 in: Walter FRIEDENSBURG, Beiträge zum Briefwechsel der katholischen Gelehrten Deutschlands im Reformationszeitalter. In: ZKG 18 (1898) Nr. 32–33. Auch Haner selbst bat um Empfehlung bei Albrecht, *unico huic studiosorum Maecenati*, im Brief an Vergerio 13. 8. 1535, vgl. Walter FRIEDENSBURG, Zur Korrespondenz Johannes Haners. 12 Briefe. In: Beiträge zur bayerischen Kirchengeschichte 5 (1899) Nr. 9.

323 Eigentlich Friedrich Grau, aus Waischenfeld bei Bamberg (Blancicampianus), zu ihm vgl. Joseph METZNER, Nausea (wie Anm. 151); Hedwig GOLLOB, Bischof Friedrich Nausea (1496–1552). Probleme der Gegenreformation, 2. erw. Ausgabe Nieuwkoop 1967; Nauseas eigene Ausgabe der an ihn gerichteten Briefe unter dem Titel: Epistolarum miscellanearum ad Fridericum Nauseam Blancicampianum ... libri X. Basel 1550, darin S. 481–498 Werkverzeichnis unter dem Titel: Lucubrationum catalogus (zit.: NAUSEA, Luc. cat.).

324 1530 Gutachten zur Vorbereitung auf den Augsburger Reichstag in Albrechts Auftrag (Liber I consiliorum super negotio coniugii sacerdotum), NAUSEA, Luc. cat. (wie Anm. 323), S. 490; METZNER, Nausea (wie Anm. 151), S. 36.

325 Vgl. Liste der Widmungsadressaten am Ende von NAUSEA, Luc. cat. (wie Anm. 323); Vielzahl von Gönnern, u. a. die Brüder Campeggi.

326 Vgl. METZNER, Nausea (wie Anm. 151), S. 37; Truchseß sind auch mehrere Werke gewidmet.

327 Vgl. MAY, Albrecht (wie Anm. 19), I, S. 705.

bald wieder auf[328]. Das persönliche Verhältnis zwischen beiden war sicher weniger vertraulich, von mehr amtlichem Charakter, als zwischen Albrecht und Capito und war manchen Störungen ausgesetzt. Die Heiligenviten (»Libri XII Divorum«)[329], die er 1528 handschriftlich Albrecht zur Begutachtung vorlegte und die er danach, ihm gewidmet, veröffentlichen wollte, hat er *per nullam hactenus commodam occasionem* zurückerhalten können, erfuhr offenbar auch nichts über ihre Beurteilung und ihren Verbleib[330]. Im selben Jahr dürften die Gefangensetzung und anschließende Verbannung seines Gönners Truchseß durch Albrecht das Verhältnis nicht wenig getrübt haben, wie sich dieses Zerwürfnis auch störend zwischen Cochläus und Albrecht schob. Im Jahre 1540 gaben ihm die beabsichtigte Verweigerung seiner Mainzer Pfründenerträge wegen dauernder Abwesenheit[331] und Albrechts Mangel an Entschiedenheit gegenüber der Reformation sowie an Eifer für die Religionsgespräche[332] Anlaß zu heftiger Kritik an seinem einstigen Erzbischof.

Eine tragfähige Grundlage des Einverständnisses bildeten dessenungeachtet das gemeinsame Ziel der kirchlichen Einheit sowie Nauseas außerordentlich breite humanistische Bildung, die er von 1519–1525 an den Universitäten Pavia und Padua erworben hatte[333]. Gleich Cochläus drängte er zwar seine Liebe zu den schönen Wissenschaften hinter die theologische Lebensaufgabe zurück[334], blieb aber der humanistische Theologe, welcher er schon während des Studiums unter dem Leitstern des Erasmus zu werden begann[335]. Humanistischer Geist lebte sich außerdem im Beiwerk seiner Veröffentlichungen aus: in der fast durchgängigen auffallend schönen Buchausstattung[336] und in der Widmungsenkomiastik. Schon die dritte kleine Publikation, die er 1528 Albrecht dedizierte, eine vor dem Mainzer Klerus gehaltene Predigt[337], weist diese beiden Elemente auf. Die Widmungs-

---

328 Vgl. METZNER, Nausea (wie Anm. 151), S. 39 f.

329 NAUSEA, Luc. cat. (wie Anm. 323), S. 488–489; METZNER, Nausea (wie Anm. 323), S. 35 Anm. 3. Unklar, ob Auftragsarbeit für Albrecht und in welchem Zusammenhang mit der schon 1525 in Venedig erschienenen Schrift »In libros divorum praeludia«, NAUSEA, Luc. cat., S. 489; METZNER, ebd.

330 Beiläufige Erinnerung daran in Vorrede zu den »Sermones adventuales« von 1536. Bedauern über die Möglichkeit des Verlustes, NAUSEA, Luc. cat. (wie Anm. 323), S. 489. Albrecht hat die Handschrift in seiner Privatbibliothek aufbewahrt; verzeichnet in Urbans Katalog von 1654 (wie Anm. 54), FALK, Dombibliothek (wie Anm. 3), S. 152; WEYER, Index (wie Anm. 55), Kl. 8, Appendix h, Nr. 56, S. 295.

331 Nausea an Alessandro Farnese 30. 8. 1540, FRIEDENSBURG, Beiträge (wie Anm. 321), Nr. 18.

332 Nausea an Morone 16. 11. 1540, ebd., Nr. 184.

333 Zu dieser grundlegenden Phase vgl. Irmgard BEZZEL, Das humanistische Frühwerk Friedrich Nauseas (1496–1552). In: Archiv für Geschichte des Buchwesens 26 (1986) S. 217–237.

334 Zu seiner gelegentlichen Unterstützung bei der Handschriftenforschung vgl. Anm. 396.

335 Vgl. BEZZEL, Frühwerk (wie Anm. 333), S. 220. Seit der ersten Begegnung zwischen Erasmus und Nausea 1524 in Basel blieben beide im brieflichen Kontakt, vgl. ebd., S. 229–230; METZNER, Nausea (wie Anm. 151), S. 25–26.

336 Zur Buchausstattung mit zahlreichen Holzschnitt-Initialen und z. T. mit Titeleinfassungen vgl. Hedwig GOLLOB, Die Nausea-Illustrationen (= Studien zur deutschen Kunstgeschichte 310). Straßburg 1942; vgl. auch die reich verzierten Widmungseinbände für Albrecht oben S. 414 mit Anm. 151.

337 In humanam Jesu Christi generationem oratio. Oppenheim: Jacob Köbl 1528, 12 Bl., vgl. GOLLOB, Bischof (wie Anm. 323), Werkverzeichnis Nr. 107; Albrecht von Brandenburg. Ausstellungskatalog (wie Anm. 1), Nr. 115. Zuvor 1526 und 1527 je eine vor der Lokalsynode im Mainzer Dom gehaltene Predigt, beide gedr. bei Joh. Schöffer in Mainz, vgl. F[erdinand] W[ilhelm] E[mil]

vorrede hierzu – Albrechts Wappen gegenüber – ist die einzige, in welcher der persönliche Dank für Albrechts *nunquam satis memoranda & plane heroica humanitate & liberalitate animi* vorherrscht. Demgegenüber feiern die Vorreden zur berühmten Homiliensammlung »Tres Evangelicae veritatis homiliarum centuriae« (Köln: Quentel 1530)[338] und zu den 38 Adventspredigten »Liber I sermonum adventualium« (Köln: Quentel 1536)[339] fast ausschließlich den universalen Mäzen der Wissenschaften für seine königliche Freigebigkeit gegenüber den *probos & eruditos* (Bl. A 5ᵛ der Homiliensammlung), den glanzvollen und gütigen Fürsten sowie den Bischof, dem der Ruf evangelischer Frömmigkeit *(Evangelicae pietatis odor,* ebd.) vorausgehe. Besonders die Vorrede zur Homiliensammlung, deren Titelblatt eine reiche Holzschnitteinfassung mit dem thronenden Erzbischof ziert[340], prunkt mit allen Merkmalen humanistischer Widmungspraxis, von der überreichen Enkomiastik bis zur Begründung der Dedikation mit der Absicht, andere zur Nachahmung von Albrechts Frömmigkeit anzuregen, seinen Namen unsterblich zu machen und dank Albrechts Autorität dem Autor die Gunst des Publikums zu verschaffen. In der Vorrede zu den Adventspredigten ist die Enkomiastik weniger aufwendig und endet mit einem Städtelob auf Albrechts goldenes Mainz *(aurea tua Moguntia).* Die letzte Widmungsvorrede an Albrecht, zum 1. Teil des 6. Buches seines »Catholicus Catechismus« (Köln: Quentel 1543)[341] ist im Ton sehr viel nüchterner. Sie begründet die Widmung dieses Teiles über die Zeremonien gerade an ihn unter seinen vielen Gönnern mit dessen besonderer Achtung auf die Einhaltung der Zeremonien und der von allen bewunderten Würde, mit der er sie stets zelebriert habe.

Nächst Nausea war Georg Witzel (1501–1573)[342] der produktivste Reformtheologe unter Albrechts Dedikatoren, hat sich aber nur mit einem einzigen Werk erst 1541 auf diesem Wege an den potentiellen Mäzen und ohne erkennbaren Erfolg gewandt. Unter denen, die Bischof Fabri nannte, hat er gewiß am dringendsten der Gönner bedurft, nicht weniger als Haner und gleich diesem wegen seiner schwierigen Lage als Konvertit. Nach einer brieflichen Äußerung aus den zwei Jahren, während welcher er nach Aufgabe des evangelischen Pfarramtes in Niemegk bei Wittenberg 1531 stellungslos in seiner Heimatstadt Vacha lebte, ver-

---

Roth, Die Mainzer Buchdruckerfamilie Schöffer während des 16. Jahrhunderts (= Zentralblatt für Bibliothekswesen Beiheft 9). Leipzig 1892, S. 68–69, Nr. 114. S. 71, Nr. 120.

338 1532 um eine 4. Zenturie erweitert, mehrere Auflagen. Außer Albrecht auch König Ferdinand gewidmet. Widmungsvorrede an Albrecht in die erweiterte Ausgabe von 1532 und in die Auflagen bis 1545 übernommen, vgl. Nausea, Luc. cat. (wie Anm. 323), S. 491.

339 Nausea, Luc. cat. (wie Anm. 323), S. 492; Metzner, Nausea (wie Anm. 151), S. 46. Als einziges der gedruckten Werke Nauseas bei Weyer, Index (wie Anm. 55), Kl. 9, Columna Q, Nr. 21, S. 309.

340 Die Anton Woensam aus Worms zugeschriebene Titeleinfassung 1534 für die Dietenberger-Bibel wiederverwendet, vgl. bei Dietenberger, S. 451 f., beschrieben auch bei May, Albrecht (wie Anm. 19), I, S. 706 Anm.

341 Nausea, Luc. cat. (wie Anm. 323), S. 494–495; Metzner, Nausea (wie Anm. 151), S. 76–77. Zur Vorbereitung des Tridentiner Konzils entstanden und ingesamt Papst Paul III. gewidmet. Dedikationsband für Albrecht vgl. oben S. 414 mit Anm. 151.

342 Latin. Wicelius, vgl. ADB XLIII, S. 657–662; RE (wie Anm. 322), XXI, S. 399–409; Remigius Bäumer, Georg Witzel (1501–1573). In: Katholische Theologen der Reformationszeit, I (= KLK 44). Münster 1984, S. 125–132; Gregor Richter, Die Schriften Georg Witzels bibliographisch bearb. (= Veröffentlichung des Fuldaer Geschichtsvereins 10). Fulda 1913.

mied er es zunächst, durch Umgang mit katholischen Geistlichen den Verdacht der Protektionssuche zu erwecken[343], da die Lutheraner ihn, ebenso wie Crotus Rubeanus, als Opportunisten verleumdeten[344]. Vergebens hielt Cochläus damals Ausschau nach einem Mäzen für ihn, beim päpstlichen Nuntius Aleander[345] und beim einstigen Mainzer Domdekan Truchseß in Würzburg[346], rühmte Witzel als *egregie doctus*, fleißig und der drei alten Sprachen mächtig. Von Bemühungen des Cochläus oder anderer aus Albrechts Umkreis, diesen als Mäzen für Witzel zu gewinnen, ist nichts bekannt. Dies ist um so erstaunlicher, als Witzel seit 1532 mit Nausea in Mainz korrespondierte, außerdem mit dem Kanoniker Crotus Rubeanus im Neuen Stift zu Halle befreundet war und vom nahen Eisleben aus auch mit Albrechts Genehmigung die Stiftsbibliothek benutzte (vgl. Anm. 23)[347]. Witzel selbst hat sich 1532 mit einer Aufforderung zur Einberufung eines Konzils[348], 1534 mit einem Brief an Albrecht gewandt, worin er diesem seine Bedrängnis als katholischer Prediger im evangelischen Eisleben schilderte[349], aber keine Hilfe erbat. Offen suchte er Albrechts Protektion erst mit der Dedikation seines »Hagiologium seu de sanctis Ecclesiae« (Mainz: Behem 1541)[350], mit welchem er sich als humanistischer Theologe präsentierte[351] und Albrecht die auf den ältesten Handschriften basierenden Heiligenviten vorlegte, die dieser vor Jahren von Erasmus *(ab Hollando illo magno)* vergeblich erbeten hatte (Bl. 5ᵛ der Vorrede). Die Widmungsvorrede, deren Anrede *Domino suo & Mecoenati clementissimo simul ac benignissimo* nur eine Hoffnung, nicht ein Faktum ausdrückt, gibt sich zunächst

---

343 Witzel an Balthasar Fabricius (M. B. F.), Prof. in Wittenberg, 9. 4. 1532, Georg WITZEL, Epistolarum libri IV. Leipzig 1537, hier II, Bl. T 4ʳ, vgl. RICHTER, Schriften (wie Anm. 342), S. 185.

344 So insbesondere Justus Jonas 1533 im Vorwort zu einer Schrift des Pfarrers B. Raida, vgl. Justus JONAS, Briefwechsel, hrsg. von Gustav KAWERAU. 2 Teile. Halle 1884–1885, hier I, S. 188.

345 Brief vom 7. 10. 1532, FRIEDENSBURG, Beiträge (wie Anm. 322), Nr. 27. Aleanders wohlwollende Antwort vom 29. 8. 1533, ebd., Nr. 29.

346 Cochläus an Truchseß 27. 12. 1532, Joh. Bartholomäus RIEDERER, Nachrichten zur Kirchen-, Gelehrten- und Bücher-Geschichte, aus gedruckten und ungedruckten Schriften gesammelt, I. Altdorf 1764, S. 344–348, hier S. 345.

347 Lebensunterhalt boten dem seit seinem Übertritt zur evangelischen Lehre verheirateten Priester Graf Hoyer von Mansfeld 1533–1538 in Eisleben (über diesen, der für die *homines literati* mehr tue als zehn Bischöfe, Pröpste und Dekane, Cochläus an Aleander 6. 5. 1534, vgl. FRIEDENSBURG, Beiträge, wie Anm. 322, Nr. 35), Herzog Georg von Sachsen in Leipzig 1538–1539, Kurfürst Joachim II. von Brandenburg bis 1541, sodann Abt Johann von Fulda. Später brachte Bischof Nausea von Wien eine Verbindung mit König Ferdinand zustande, der 1556 Witzel zum kaiserlichen Rat ernannte. Erst 1553 siedelte Witzel nach Mainz über und erhielt seit 1564 von Maximilian II. eine Jahrespension von 100 fl.

348 Adhortatiuncula, ut vocetur Concilium, ad Archiepiscopum Moguntinen. & c. privatim scripta, handschriftlich bei Albrechts Besuch in Vacha überreicht, gedruckt erst Leipzig 1534, vgl. RICHTER, Schriften (wie Anm. 342), Nr. 3. Darüber Witzel an Nausea 8. 6. 1533, Epistolarum libri (wie Anm. 343), Buch II, Bl. Kk1ᵛ. Die Schrift ist nicht ermittelt bei WEYER, Index (wie Anm. 55).

349 24. 8. 1534, Epistolarum libri (wie Anm. 343), III, Bl. Pp4ᵛ–Qqᵛ.

350 Vgl. RICHTER, Schriften (wie Anm. 342), Nr. 53. Mit reicher Titeleinfassung (sieben Sakramente und drei Szenen aus dem Evangelium). Witzel selbst bezeichnete das Werk *wiewol es mangel hat*, als *der besten eins* in seinem Werkverzeichnis (»Catalogus ...«, dt. Köln 1553, lat. 1555). Cochläus pries es schon 1540 als *opus procul dubio praeclarum ac valde vendibile*, Brief an Robert Vauchop, EB von Armaghan, 20. 11. 1540, FRIEDENSBURG, Beiträge (wie Anm. 322), Nr. 67; nachgewiesen bei WEYER, Index (wie Anm. 55), Kl. 9, Columna S, Nr. 28, S. 329.

351 Trotz relativ kurzen Studiums (zwei Jahre 1516/1517 in Erfurt, später nur ein halbes Jahr Theologie in Wittenberg) gründliche Kenntnisse und Verkehr mit Humanisten wie Erasmus, Beatus Rhenanus, Joh. Draconites.

betont konventionell; ausgehend von dem alten Brauch der Buchdedikation, der ihn nach einem *patronus authoritate ac amplitudine conspicuus* (Bl. 5ᵛ) suchen ließ, feiert sie zunächst den universalen Mäzen der *frommen und der schönen Wissenschaften* und den Bibliotheksgründer, außerdem den besonnenen Fürsten in diesen stürmischen Zeiten. Erst am Schluß bittet er um Schutz und Hilfe[352]. Aber die daraufhin erhoffte Protektion, vom Weihbischof Helding in Aussicht gestellt[353], kam offenbar nicht zustande. Begründet könnte dies sein in Witzels Verstrickung in die interkonfessionelle Polemik, in Albrechts Mißtrauen gegenüber dem Konvertiten[354] oder in einer Abneigung gegen die besondere Richtung von Witzels Frömmigkeit, die nicht frei war von einer Urchristentum-Schwärmerei, wenn auch der humanistische Zug in ihm ihn vor den Gefahren einer »gewissen religiösen Abirrung« bewahrt hat[355].

Für den Dominikaner und Kontroverstheologen Johannes Dietenberger (1475–1537)[356] wurde Albrecht insofern zum Mäzen, als er ihm, nach dessen Übersiedlung von Koblenz nach Mainz ans Liebfrauenstift (1532), die dort freigewordene Lektoralpräbende für Biblische Einleitung an der Universität verschaffte[357]. Dietenbergers berühmte deutsche Bibelübersetzung von 1534[358], Albrecht dediziert, ist eine eindrucksvolle Publikation der katholischen Reform, die in Albrechts Sinne die humanistische Forderung nach Quellenstudium und sprachlicher Eleganz erfüllte. Das Ziel war, für den »gemeinen Christen« das Wort Gottes von den dogmatischen Verfälschungen der »Elimassiterbibeln« zu reinigen und von den sprachlichen Mängeln zu befreien[359]. Die mit mehr als 100 Holzschnitten illustrierte Bibel[360] wurde die weitestverbreitete katholische deutsche Bibel und erlebte im 16. Jahrhundert 21, bis 1776 58 Auflagen. Angesichts

---

352 Seine Bitte, daß Albrecht *me plurimis iactatum casibus, ac diutino tentatum pariter ac probatum exilio commiseretur, defendat, iuvet* (Bl. 6ʳ). Zum übrigen vgl. Anm. 193.

353 Über diese Hoffnung Witzel an Johannes Dantiscus, Bischof von Ermland (seit 1539 ein Mäzen Witzels), 8. 2. 1542 aus Fulda: *Imo spes est, Moguntiae me habitaturum archiepiscopi mei favore*. Im selben Brief nennt er Michael Helding *virum perpetua memoria dignum et meum intimum*, zit. nach RICHTER, Schriften (wie Anm. 342), S. 182 nach Cod. H. 155 (UB Uppsala), vol. II, fol. 55.

354 Von solchem Mißtrauen gegenüber dem Konvertiten Haner bei Herzog Georg von Sachsen schreibt Cochläus an Aleander 23. 4. 1534, FRIEDENSBURG, Beiträge (wie Anm. 322), Nr. 33.

355 Albrecht RITSCHL, Georg Witzels Abkehr vom Luthertum. In: ZKG 2 (1878) S. 386–417, hier S. 389.

356 Vgl. Hermann WEDEWER, Johannes Dietenberger 1475–1537. Sein Leben und Wirken. Freiburg i. Br. 1888, ND Nieuwkoop 1967; Peter FABISCH, Johannes Dietenberger (1476–1537). Leben und Wirken. In: Katholische Theologen der Reformationszeit, I (wie Anm. 342), S. 82–89.

357 Albrechts Schreiben vom 14. 2. 1533 an die Universität, da es nötig sei, *und sonderlich dieser zeit, daß solich lectur mit einem gelerten theologo versehen wird*, WEDEWER, Dietenberger (wie Anm. 356), S. 149.

358 Biblia beider Allt unnd Newen Testamenten... Köln: Quentel 1534, gedruckt Mainz: Peter Jordan; nachgewiesen bei WEYER, Index (wie Anm. 55), Kl. 1, Columna A, Nr. 44. Zur Übersetzung vgl. Franz FALK, Bibelstudien, Bibelhandschriften und Bibeldrucke in Mainz vom 8. Jahrhundert bis zur Gegenwart. Mainz 1901, ND Amsterdam 1969, S. 165–168.

359 Elimassiter = falsche Propheten bzw. Dolmetscher lt. WEDEWER, Dietenberger (wie Anm. 356), S. 174. Dietenberger bediente sich der Kirchenväter-Kommentare in den Ausgaben des Erasmus und Beatus Rhenanus und berücksichtigte auch die verschiedenen literarischen Formen der Bibel.

360 Holzschnitte von Hans Sebald Beham und Anton Woensam; des letzteren Titeleinfassung ursprünglich für Nauseas Homiliensammlung von 1530 (vgl. Anm. 340). Zu Druck und Illustration vgl. Friedrich SCHNEIDER, D. Johan Dietenberger's Bibeldruck, Mainz 1534. Mainz 1900.

des primär pastoralen Anliegens richtet sich die Widmungsvorrede an den Erzbischof, doch läßt der wissenschaftliche Anspruch auch an den Schirmherrn der Theologie denken.

Ganz unter kirchenpolitischem, nicht unter mäzenatischem Aspekt, ist die Stellung zu sehen, welche der Dominikaner Michael Vehe (gest. 1539)[361] aus Wimpfen am Neckar bei Albrecht einnahm. Der als hervorragender und vermittlungsbereiter Theologe bekannte Vehe, seit ca. 1530 Albrechts theologischer Berater, stand von 1532 bis zu seinem Tode als Propst an der Spitze des Neuen Stifts in Halle; als Kanzler der geplanten Universität hätte er allerdings eine bedeutende Position in Albrechts Wirkungsbereich als Mäzen erhalten. Unter den eingeschränkten Bedingungen des Stifts aber wurde Vehe von den Ereignissen zu einigen apologetischen und kontroverstheologischen Schriften gedrängt, die nicht unter dem Patronat Albrechts entstanden, der z.T. sogar die Druckerlaubnis verzögerte oder verweigerte[362]. Gleichsam entschuldigend widmete Vehe Albrecht 1531 seine erste apologetische Schrift angesichts der Forderung nach dem Laienkelch[363]. Ob Albrecht Vehes bis heute unvergessenes Werk, das 1537 herausgegebene erste deutsche katholische Gesangbuch[364], mit veranlaßt hat, ist unbekannt.

2. Medizinische und astrologische Werke: Heinrich Stromer und Johannes Indagine

Mit Ulrich von Hutten und Georg Sabinus gehört Heinrich Stromer von Auerbach (1482–1542)[365], Albrechts Leibarzt von Sommer 1516 bis Februar 1519, zu den wichtigsten persönlichen Zeugen für den Mäzen Albrecht und auch zu den eifrigsten Verkündern von dessen Mäzenatenruhm. Gleich Hutten, mit dem er

---

361 Geboren in Biberach, vgl. ADB XXXIX, S. 529–530; Franz SCHRADER, Michael Vehe OP. In: Katholische Theologen der Reformationszeit, IV (=KLK 48). Münster 1988, S. 15–28; DREYHAUPT, Pagus (wie Anm. 27), I, S. 849–850; REDLICH, Cardinal (wie Anm. 5), S. 69–79. 1520 hatte er bereits zwischen Reuchlin und den Dominikanern vermittelt.

362 Verzögerte Druckerlaubnis für »Errettung der beschueldigten Kelchdyeb vom newen Bugenhagischen galgen« (Leipzig: Lotter 1535) sowie das kontroverstheologische Hauptwerk »Assertio sacrorum quorundam axiomatum«, 1535. Verweigerung der Druckerlaubnis für Schrift gegen Melanchthons Apologie der Augsburger Confession (1532).

363 Von dem Gesatz der nyessung des heiligen hochwirdigen Sacraments in eyner gestalt. Leipzig: Schmidt 1531; nicht ermittelt bei WEYER, Index (wie Anm. 55).

364 New Gesangbuechlin Geystlicher Lieder. Leipzig: Wolrab 1537. Gewidmet dem hauptsächlichen Textautor Caspar Querhamer (Ratsherr von Halle), der neben Albrechts Domorganisten von Magdeburg und Halle, Wolfgang Heintz und Johann Hoffmann, die Melodien komponierte. Von Witzel stammen fünf neue Texte.

365 Zu ihm vgl. ADB I, S. 638; Biographisches Lexikon der hervorragenden Ärzte aller Zeiten und Völker, hrsg. von August HIRSCH, 6 Bde. Wien 1884–1888, hier I, S. 226; Christian Wilh. KESTNER, Medicinisches Gelehrten-Lexicon. Jena 1740, ND Hildesheim 1971, S. 817; Gustav WUSTMANN, Der Wirt von Auerbachs Keller, Dr. Heinrich Stromer von Auerbach, 1482–1542. Mit 7 Briefen Stromers an Spalatin. Leipzig 1902; ergänzend hierzu Otto CLEMEN, Zur Lebensgeschichte Heinrich Stromers von Auerbach. In: Neues Archiv für Sächsische Geschichte und Altertumskunde 24 (1903) S. 100–110; ALLEN, Opus epistolarum (wie Anm. 18), II, Nr. 578 Anm. Eintritt in den Hofdienst nach WUSTMANN (S. 12) Juni/Juli 1516; Eidesleistung verzeichnet ohne Ort und Datum zwischen Einträgen vom 3. Fastensonntag und dem 26.6.1516 (also März–Juni), StA Würzburg, Mz. Bücher verschied. Inhalts, Bd. 8, fol. 81ʳ.

während der gemeinsamen Dienstjahre eng befreundet war, läßt er Albrecht als Mäzen und Fürsten und seinen Hof um so mehr erstrahlen, als er von Natur kein Hofmann war[366]. Noch deutlicher als Hutten ist Stromer auch ein Beispiel für die Anziehungskraft, die Albrechts Hof für gelehrte Männer besaß, war er doch als Professor der Pathologie an der Universität Leipzig (seit 1516) weder in seinen finanziellen noch in seinen geistigen Bedürfnissen der wissenschaftlichen Förderung auf dieses Hofamt angewiesen. Seine Berufung zum Leibarzt muß er dennoch als große Auszeichnung und auch als materielle Verbesserung empfunden haben, rühmte er doch noch später Albrechts Munifizenz[367]. Den Anstoß zur Übertragung dieses Amtes an ihn gab vielleicht das Werk, das er als einziges Albrecht – zugleich auch dem Bruder Joachim I. von Brandenburg – gewidmet hat, seine Pestschrift »Saluberrimae adversus pestilentiam observationes« (Leipzig: Schumann, Mai 1516)[368]. Den beiden Fürsten zur Warnung vor einem damals umgehenden pestähnlichen Fieber, nicht als Frucht hoher Wissenschaft, zugeeignet, erlangte diese nützliche Zusammenstellung alles Wissenswerten einen guten Ruf und wurde mehrfach nachgedruckt[369]. Die Widmungsvorrede feiert Albrecht noch nicht als Mäzen, aber als umfassend gebildeten Fürsten *(miro omnium disciplinarum cognitione praecellis)* mit allen erdenklichen weiteren fürstlichen und bischöflichen Vorzügen. Umgekehrt kann Stromer aber auch als Beispiel für den Maßstab dienen, den Albrecht als Mäzen anlegte: Rechtschaffenheit, Frömmigkeit und Liebe zu den schönen Wissenschaften. Sein aufrechter Charakter und seine wache Religiosität sind vielfach bezeugt[370]. Auf dem humanistischen Feld hatte er sich noch vor seinem Medizinstudium in der Leipziger Artistenfakultät hervorgetan[371], und sich den schönen Wissenschaften wieder mehr widmen zu können, war einer seiner Wünsche für die Zeit nach dem Ausscheiden aus dem

---

366 Vgl. Anm. 223. Noch ehe ihm Hutten 1518 seine Hofsatire »Aula« widmete, hatte Stromer selbst im Juli 1517 des Enea Silvio »Libellus aulicorum miserias copiose explicans« herausgegeben (Mainz: Schöffer 1517).

367 Brief vom 7.1.1520 an Leibarzt Gregor Kopp (zusammen mit dessen Antwort vom 31.8.1520 von Stromers juristischem Leipziger Kollegen Andreas Frank CAMITIANUS hrsg. unter dem Titel: Duae Epistolae Henrici Stromeri Auerbachij & Gregorij Coppi Calvi medicorum quae statum reipublicae Christianae hoc saeculo degenerantis attingunt. Leipzig: Lotter 1520, Bl. B 3ʳ). Zu den üblichen Professoren-Gehältern vgl. Anm. 411; zum Vergleich damit Rotenhans Gehalt als kurmainzischer Rat (vgl. unten S. 468). Über seine Ehrung durch dieses Amt auch der Humanist Johannes REUSCH von Eschenbach in seinem Gedicht »Epistola apologetica in Lypsiomastigas«. Leipzig 1520, vgl. Otto CLEMEN, Johannes Reusch (wie Anm. 256), S. 118.

368 Nachgewiesen bei WEYER, Index (wie Anm. 55), Kl. 8, Columna P, Nr. 157, S. 287. Dt. Bearbeitung im selben Jahr Joachims Gemahlin Elisabeth gewidmet. Für beide Fürsten war Stromer zuvor schon gelegentlich als Arzt tätig gewesen.

369 U. a. von Schöffer in Mainz Dezember 1516 (dt. Übersetzung ebd. August 1517); davon in UB Würzburg ein Exemplar mit eigenhändiger Widmung an einen Kollegen (Signatur: Schoenl. B 470).

370 Vgl. Hutten an Peutinger 25.5.1518, BÖCKING, Ulrich von Hutten (wie Anm. 142), I, S. 174; zu Stromers Religiosität vgl. seinen Briefwechsel mit Kopp (wie Anm. 367). Seit der Leipziger Disputation (Juni/Juli 1519) wandte sich Stromer entschieden Luthers Lehre zu.

371 Als magister artium (seit 1501) Herausgabe von »Utilissima introductio Jacobi Stapulensis in libros de anima Aristotelis«. Leipzig: Thanner 1506 (VD 16 L 964). 1507 Vorlesungen über Petrus Hispanus. 1504 sein Rechenbüchlein »Algorithmus linealis«. Als Mediziner keine humanistischen Veröffentlichungen über antike Ärzte; in den 30er Jahren drei Abhandlungen über Trunksucht, das Alter und den Tod, vgl. WUSTMANN, Stromer (wie Anm. 365), S. 69–73.

Hofdienst³⁷². Seine Stellung am Hofe, wo er vor Hutten in Albrechts Auftrag den Kontakt mit den Humanisten pflegte³⁷³, verschaffte ihm dauerhafte Verbindungen zu diesen, verlieh ihm auch selbst das Ansehen eines Mäzens, dem Werke dediziert wurden³⁷⁴, und außerdem die Funktion eines vermittelnden Gönners, so für Capito und Richard Croke. Mit seinem Abschied vom Hofdienst – vermutlich Ende Februar 1519 –, zu dem ihn sein Wunsch nach Gründung eines eigenen Hausstandes veranlaßte³⁷⁵, brach Stromer die Verbindung zu Albrecht, den er auch weiterhin »seinen Fürsten« nannte, keineswegs ab³⁷⁶, und auch von anderen wurde er noch immer als der von Albrecht Geehrte gesehen³⁷⁷. Nach wie vor nahm er auch jede Gelegenheit wahr, das Lob des Mäzens und Fürsten Albrecht zu singen, da er der Undankbarste aller Sterblichen wäre, wenn er dies unterließe³⁷⁸. Wie er in früheren Jahren den Freund Pirckheimer getadelt hatte, weil dieser offenbar die Gunst Albrechts nicht suchte³⁷⁹, so wachte er auch weiterhin geradezu eifersüchtig darüber, daß der Mäzenatenruhm seines einstigen Herrn nicht durch Nachlässigkeit geschmälert würde³⁸⁰.

372 Brief an Spalatin 29. 1. 1519: *Gebe Gott, daß ich von meinem gnädigen Fürsten entlassen werde, damit ich gute Stunden auf mein Seelenheil und auf die schönen Wissenschaften verwenden kann*, vgl. WUSTMANN, Stromer (wie Anm. 365), S. 29–30.

373 In seinem ersten Brief an Reuchlin 31. 8. 1516 versichert er diesen seiner und Albrechts Verehrung, vgl. Anm. 209. Sein erster Brief an Erasmus (noch 1516) nicht erhalten, erst Brief vom 30. 4. 1517, auf den Erasmus am 24. 8. 1517 antwortete, vgl. ALLEN, Opus epistolarum (wie Anm. 18), II, Nr. 578. III, Nr. 631. Stromer blieb mit Erasmus in Verbindung bis zu dessen Tod, bei dem er Erasmus beistand, ALLEN, Opus epistolarum, II, Nr. 578 Anm.

374 So bei dem schlesischen Dichter Franciscus Faber (1520 an Univ. Leipzig), der Stromer in seinem Gedicht »Silesia Sylva« (Leipzig 1520) einen *singularem bonarum litterarum patronum* nannte, vgl. WUSTMANN, Stromer (wie Anm. 365), S. 46. Reuchlin nannte ihn *eloquentiae studiosis Moecenas* in Widmungsvorrede an Albrecht von 1519, vgl. BÖCKING, Ulrich von Hutten (wie Anm. 142), Suppl. II, S. 791. Selbst Erasmus richtet einen Brief an ihn als *patrono et amico meo incomparabili*, 24. 8. 1517, ALLEN, Opus epistolarum (wie Anm. 18), III, Nr. 631. Hutten über ihn: *candidissimus literarum ac literatorum amator*, Brief an Neuenar 3. 4. 1518, BÖCKING, ebd., I, S. 168. Werke wurden ihm dediziert von Petrus Mosellanus (lat. Übersetzung von Lukians Schrift über das Hofleben, Leipzig 1518), von Christoph Hegendorfer (»Encomium somni«, Leipzig 1519), von Indagine (vgl. unten, S. 456) und von Richard Croke (vgl. unten, S. 461 mit Anm. 409).

375 Heirat Anfang März 1519, nach WUSTMANN, Stromer (wie Anm. 365), S. 30. Sein weiteres Leben verlief in ehrenvollen akademischen und bürgerlichen Bahnen (1520 Ratsherr von Leipzig, 1523 Dekan der Medizinischen Fakultät); er gründete Auerbachs Hof und Keller.

376 Im Juni 1519 muß er sich am Mainzer Hof aufgehalten haben, als Capito dort vorsprach (vgl. oben S. 444). Zu seiner Vermittlungsmission zusammen mit Capito September 1521 bei Luther, um diesen von der Veröffentlichung seiner Schrift gegen Albrecht »Wider den Abgott in Halle« abzubringen, vgl. CLEMEN, Zur Lebensgeschichte (wie Anm. 365), S. 106 mit Anm. 13. Dem am 14. 4. 1523 aus dem Kloster entflohenen Neuwerker Propst Nicolaus Demuth, der sich zunächst nach Wittenberg gewandt hatte, suchte Stromer die Gnade Albrechts zu erhalten; zu Stromers Anwesenheit vgl. Luther an Spalatin 21. 4. 1523, WA Br 3 (1933), Nr. 605.

377 So von Faber (vgl. Anm. 374). Auch Erasmus pries ihn noch 1520 als *virum integritate summa singularique prudentia* im Brief vom 31. 7. 1520 an Herzog Georg von Sachsen, ALLEN, Opus epistolarum (wie Anm. 18), IV, Nr. 1125.

378 Widmungsbrief an Nicolaus Demuth 1. 6. 1520 zur Rede auf Petrus Mosellanus (vgl. Anm. 187).

379 ...*quandoquidem optimo potentissimoque placuisse principi, non minima laus est*, 7. 11. 1517, BÖCKING, Ulrich von Hutten (wie Anm. 142), I, S. 155; vgl. auch Anm. 208.

380 So sorgte er dafür, daß die beiden ersten zwischen Albrecht und Erasmus gewechselten Briefe, die Erasmus' Widmungsausgabe der »Ratio seu compendium verae theologiae« vorangestellt waren, aber in der Anfang 1519 bei Froben in Basel erschienenen Ausgabe fehlten, wieder in eine 1519 bei

Albrechts Hofastrologe Johannes (Rosenbach ab) Indagine (ca. 1467–1537)³⁸¹ bezeugt im Gegensatz zu Stromer, dessen persönliche Erfahrungen mit seinem Mäzen sich erst nach der Buchdedikation in brieflichen Äußerungen niederschlagen konnten, sein Bild vom Mäzen Albrecht ausschließlich in der Widmungsvorrede zu seinem Hauptwerk über die Kunst der Nativitätsstellerei und verwandte Gebiete wie Chiromantie, Physiognomie, natürliche Astrologie, die Temperamentenlehre und die Krankheitsdiagnostik von 1522³⁸². Sein Zeugnis ist von nicht geringerem Gewicht als dasjenige Stromers und Huttens. Als Pfarrer von Steinheim am Main gehörte er zwar nicht zum ständigen Hofstaat und wurde auch an andere Höfe gerufen³⁸³. Aber er pflegte dem Fürsten als *capellanus humillimus* seine Aufwartung in der Aschaffenburger Residenz zu machen und wurde mit freundschaftlichem Händedruck empfangen³⁸⁴. Für die Kaiserwahl von 1519 hat er in Albrechts Auftrag mehrmals ein Horoskop gestellt³⁸⁵ und bei diesen und anderen vertraulichen Besuchen im Schloß die Einblicke in Albrechts Lebensweise gewonnen, dank welchen er wesentliche Züge zur Charakterisierung Albrechts als Mäzen und als Büchersammler beitragen konnte. Die Widmung seines Werkes richtet sich einerseits an den persönlichen Gönner, eingedenk *bewißner gnaden und wolthat* (Bl. a 3ʳ der deutschen Ausgabe von 1523) und schutzsu-

---

Lotter in Leipzig erschienene Ausgabe aufgenommen wurden. Dieser Ausgabe ist auch Stromers Brief an Hutten vom 22. 9. 1519 beigegeben, worin er seinen Ärger über das Fehlen dieser für Erasmus und Albrecht gleich ehrenvollen Briefe damit begründet, daß Albrecht ein der Erinnerung aller Jahrhunderte würdiger Fürst sei, *cum sit princeps omnium seculorum memoria dignus, ex nobilissima vetustissimaque stirpe ortus, facundia, potentia, prudentia, ingenio atque literis clarus, rara foelicique memoria pollens, religione Numam, pietate Aeneam, clementia Julium Caesarem, liberalitate Lucullum, magnanimitate Augustum, iusticia Traianum superans*, abgedruckt bei Otto CLEMEN, Beiträge zur Reformationsgeschichte aus Büchern und Handschriften der Zwickauer Ratsschulbibliothek, 3 Hefte. Berlin 1900–1903, hier I, S. 24–28. Zur Begebenheit selbst DERS., Zur Lebensgeschichte (wie Anm. 365), S. 105. Fast wörtlich wiederholt er den Schluß dieses Enkomion im Brief vom 7. 1. 1520 an Gregor Kopp (wie Anm. 367), Bl. B 3ʳ.

381 Seine Namenswahl nach Geburtsort Hain, vermutlich Dreieichenhain bei Darmstadt. Von 1488 bis zum Tode Pfarrer in Steinheim, seit 1515 auch Stiftsherr und 1521–1527 Dekan in Frankfurt/Main, vgl. NDB X, S. 168; KOSCH³ (wie Anm. 249), VIII, Sp. 374–375; F[erdinand] W[ilhelm] E[mil] ROTH, Johannes ab Indagine 1467–1537. In: Der Katholik 77 (1897) II (= 3. F. 16.Bd.), S. 64–79; Fritz HERRMANN, Der Astrolog Johannes Indagine, Pfarrer zu Steinheim a.M., und die Frankfurter Kaiserwahl des Jahres 1519. In: Archiv für hessische Geschichte und Altertumskunde NF 18 (1934) S. 274–291.

382 Introductiones apotelesmaticae elegantes, in Chyromantiam, Physiognomiam, Astrologiam naturalem, Complexiones hominum, Naturas planetarum.... Straßburg: Schott 1522. Albrecht gewidmet auch die dt. Ausgabe: Die kunst der Chiromantzey.... Straßburg: Schott 1523. In beiden Ausgaben sein fast ganzseitiges Brustbild (Titelblatt bzw. Frontispiz), ein Holzschnitt von Hans Baldung Grien. Beide Ausgaben nachgewiesen bei WEYER, Index (wie Anm. 55), Kl. 5, Columna L, Nr. 105, S. 166 (lat. Ausgabe, aber 1523) und Kl. 6, Columna M, Nr. 95, S. 201 (dt. Ausgabe 1523).

383 Seit 1504 beratend an verschiedenen Höfen gegen reiche Belohnung, vgl. seinen Brief an Otto Brunfels, der lat. Ausgabe angefügt, Bl. G 4ᵛ.

384 *familiarissime arrepta manu;* so Indagine in seinem Bericht, vgl. Anm. 385. Schon 1514 soll Indagine als Mitglied der Palliumsgesandtschaft für Albrecht nach Rom gereist sein, vgl. HERRMANN, Der Astrolog (wie Anm. 381), S. 274.

385 Darüber Indagines handschriftlicher Bericht »Ad augustissimum principem ... regem Carolum de eius in Romanum principatum electione Joannis de Indagine, sacerdotis Germani, rationes astronomicae«, der Kaiser Karl 1530 bei einem Deutschlandbesuch überreicht werden sollte, vgl. ebd., S. 276–290.

chend vor den Feinden der Astrologie, anderseits an den universalen Mäzen und Schiedsrichter, von dem die Gebildeten eine Bewertung der Astrologie erwarten[386]. Mit der zusätzlichen Widmung des Teils über die vier Temperamente an Heinrich Stromer, *expertissimo physico ... amico*, der ihn zu dieser Abhandlung aufgefordert habe, stellt er sein Werk ebenfalls unter den Schutz einer Autorität, die es vor dem Verdacht des Obskurantismus bewahrt[387]. Dem Werk war ein anhaltender Erfolg beschieden; bis in das späte 17. Jahrhundert hinein erlebte es mehrere Auflagen sowie englische und französische Übersetzungen.

3. Philologenarbeit (Editionen, Übersetzungen) und Dichtung: Mainzer Livius-Ausgabe, Johannes Sichardus, Nikolaus Rode, Richard Croke, Christoph Heyll, Riccardo Sbruglio, Johannes Arnold (Georg Sabinus, Simon Lemnius)

Dedikationen aus diesem zentralen Arbeitsbereich der Humanisten wurden Albrecht ebenso wie aus der Theologie durch die ganze Regierungszeit hindurch zuteil und bezeugen ihn am deutlichsten als Humanistenfreund. Monumental und symbolträchtig steht am Anfang der Editionen die berühmte Mainzer Livius-Ausgabe 1518/19[388] von Nicolaus Carbach und Wolfgang Angst. Sie ist ein erstrangiges Dokument Mainzer Wissenschaftspflege unter dem dreifachen Aspekt der Überlieferungs-, Editions- und Druckgeschichte. Die zugrunde liegende Handschrift des 9. Jahrhunderts aus der Mainzer Dombibliothek füllte die Textlücke von Buch 33 (ab Kap. 17) und Buch 40 (ab Kap. 37) der »Ab urbe condita libri« und ermöglichte damit die bis dahin vollständigste Livius-Edition, zugleich die erste nördlich der Alpen. Nicolaus Carbach[389], seit 1512/13 Inhaber des Lehr-

---

386 Vgl. oben S. 428; unter den Humanisten war die Astrologie umstritten, im allgemeinen nur in ihrer »außerchristlichen Entartung« abgelehnt; Anhänger waren in Italien u. a. Ficino, in Deutschland Melanchthon, vgl. MAURER, Melanchthon (wie Anm. 315), I, S. 157. Auch Indagine und Albrecht dienten ihr nicht abergläubisch, vgl. dazu Albrechts Antwort auf die Warnung Indagines bezüglich eines Termins der Kaiserwahl: *Ist Gott für uns, wer mag wider uns sein?* (Indagine in seinem Bericht, Anm. 385). Albrechts Verpflichtung, als Schiedsrichter zu wirken, begründet Indagine mit dem Dank, den er Christus, dem Glück, aber mehr noch den Wissenschaften und der Unterweisung für seine reichen Geistesgaben schulde. Seine vorbildliche Lebensweise und Regierung seien in seiner *prudentia* und *optima institutio* begründet. *Id igitur age quod te decet, immo quod debes. Decet autem, ut fluctuandibus literis iudicio tuo adsis. Debes, ne ingratus videare... Cum enim multum Christo debeas & fortunae, plurimum etiam literis & institutioni* (Bl. 2ʳ).
387 Dem Mainzer Domscholaster Dietrich Zobel von Giebelstadt als Freund und Förderer der Wissenschaften ist der Teil über die Physiognomie gewidmet.
388 T. Livius Patavinus historicus duobus libris auctus. Cum L. Flori epitome.... Mainz: Joh. Schöffer 1518/19. Impressum vom November 1518, auf Grund von Erasmus' Vorrede (23. 2. 1519) und Carbachs Nachwort (15. 3. 1519) aber Erscheinen erst nach März 1519 anzusetzen, vgl. VD 16 L 2090 und 2091; ROTH, Schöffer (wie Anm. 337), S. 41–44, Nr. 46–47; Albrecht von Brandenburg. Ausstellungskatalog (wie Anm. 1), Nr. 99; WALTER, Humanismus (wie Anm. 172), S. 70; Ausgabe nicht ermittelt bei WEYER, Index (wie Anm. 55). Die Handschrift in insularer Schrift (Codex Moguntinus) überlieferte die Bücher 33 (Kap. 17,6)–40 und ist seit der Schwedenzeit verschollen. 1516 in der Dombibliothek entdeckt; Beschluß des Domkapitels vom 5. 5. 1516, dem Drucker Schöffer die Handschrift gegen Ablieferung von zwei Pergament-Druckexemplaren auszuleihen, vgl. HERRMANN, Protokolle (wie Anm. 20), S. 75.
389 Carbach (ca. 1485–1534), eigentlich Fabri, aus Karbach/Ufr., vgl. NDB III, S. 187–188. Zur Ausgabe und zu Carbachs dt. Livius-Übersetzung unter dem Titel: Romische historien Titi Livii. Mainz: Schöffer 1523, vgl. FALK, Dombibliothek (wie Anm. 3), S. 79–80; DERS., Der Livius-Herausgeber und Übersetzer Nicolaus Carbach zu Mainz. In: Zentralblatt für Bibliothekswesen 4 (1887)

stuhls für Alte Geschichte der Mainzer Universität und führend in der Mainzer Liviusforschung, und der Korrektor Wolfgang Angst[390] leisteten vorbildliche textkritische Arbeit. Die bis auf Gutenberg zurückreichende Offizin Johann Schöffers gestaltete die Ausgabe zu einem typographischen Meisterwerk von eindrucksvoller Klassizität[391]. Erasmus als Fürst der Humanisten verlieh ihr mit seinem Vorwort an alle *misobarbari* zusätzliche Weihe, und Hutten nutzte die Gelegenheit, mit seiner Widmung Albrecht als Mäzen der gelehrten Welt ein imposantes Denkmal zu setzen. Die Absicht einer repräsentativen Huldigung an Albrecht durch den ganzen gelehrten Mainzer Umkreis, die Universität (in der Person Carbachs), das Domkapitel (vertreten durch den Dekan Truchseß von Pommersfelden, den Scholaster Zobel von Giebelstadt und Huttens Verwandtem Marquard von Hattstein) und den Hof selbst (in der Person Huttens), bekundet die Widmungsvorrede Huttens. Dessen Deklaration, daß die Genannten ihn kurzfristig (*abreptum ... nudiustertius,* also vorgestern) zu dieser Dedikation gedrängt hätten, damit diese vom Hofe ausginge und dadurch für Albrecht um so ehrenvoller wäre, weist allerdings eher auf eine Initiative Huttens hin[392]. Die Widmungsvorrede feiert Albrecht als den fürstlichen Mäzen und ist ein Beispiel dafür, wie in der Vorstellung der Gelehrten oder zumindest in der Widmungstopik die reale Wissenschaftsförderung in eine symbolische Schirmherrschaft des Mäzens überging. Ausgehend von Albrechts tatsächlichem mäzenatischem Wirken durch generelle Förderung wie durch eine königliche Munifizenz einzelnen Gelehrten gegenüber[393], erhebt sie den Mäzen zum Schutzgott *(tutelaris deus)* des Livius; habe doch dieser für sein Wiedererscheinen keinen geeigneteren Patron wählen können als einen solchen Mäzen. Die Assoziation mit Mainz als der Wiege der Buchdruckerkunst,

S. 218–221; Hans-Heinrich FLEISCHER, Anfänge historischer Forschung und Lehre an der kurfürstlichen Universität Mainz. In: Tradition und Gegenwart. Studien und Quellen zur Geschichte der Universität Mainz mit besonderer Berücksichtigung der Philosophischen Fakultät, I (= Beiträge zur Geschichte der Universität Mainz 11,1). Wiesbaden 1977, S. 63–68; BAUCH, Mainz (wie Anm. 247), S. 81–84; F[erdinand] W[ilhelm] E[mil] ROTH, Beiträge zur Mainzer Schriftstellergeschichte des 15. und 16. Jahrhunderts. In: Der Katholik 78 (1898) II (= 3. F. 18. Bd.), S. 97–117. 234–254. 342–358. 449–457, hier S. 352–358.

390 Vgl. NDB 1, S. 296; Korrektor bei mehreren Offizinen, insbesondere für Klassiker-Ausgaben, seit Herbst 1518 bei Schöffer in Mainz, wo er auch den Druck von Huttens Guajak-Schrift 1519 betreute.

391 Dazu und insbesondere zur epitaphartigen Titelgestaltung (Ähnlichkeit mit dem rückseitig wiedergegebenen Livius-Epitaph) vgl. Gerda FINSTERER-STUBER, Geistige Väter des Abendlandes. Eine Sammlung von 100 Buchtiteln antiker Autoren. Stuttgart 1960, Nr. 21. Reiche Titeleinfassung, gezeichnet von Conrad Faber aus Creuznach (1517–1523 in Mainz tätig), Rahmen für Huttens Widmungsvorrede mit Albrechts neunfeldigem Wappen im unteren Querbalken sowie Zierinitialen von Gabriel Zehender (1518–1522 in Mainz tätig) nach Else THORMÄHLEN, Die Holzschnittmeister der Mainzer Livius-Illustrationen. In: Gutenberg-Jahrbuch 1934, S. 137–154, hier S. 150. 154.

392 Vermutlich hat Hutten nach bereits begonnenem Druck den Wunsch nach dieser Dedikation den mit ihm befreundeten Herausgebern Carbach und Angst vorgetragen. Denn die erste Teilauflage dieser Ausgabe ist nicht Albrecht, sondern Kaiser Maximilian gewidmet, enthält aber auch eine Vorrede des Erasmus und eine Einleitung Huttens; zu dieser seltenen Teilauflage vgl. VD 16 L 2090; ROTH, Schöffer (wie Anm. 337), S. 41–42, Nr. 46.

393 Hutten rühmt Albrechts *in evehendis literarum studiis, ac augendo optimarum disciplinarum cultu, incredibilis ardor ac mira industria, in percolendis vero doctis hominibus immensa liberalitas ac regia plane munificentia.* Wüßte er nicht, daß Albrechts Bescheidenheit dem entgegenstünde, so könnte er hier sagen, wie viele der Fürst beschenkt, mit Geld und mit Ehrung unterstützt habe und wie gastfreundlich sein Hof allen Gelehrten offenstehe.

welche auch im Vorwort des Erasmus hergestellt wird und später wieder bei Nikolaus Rode und Joh. Arnold anklingt, gibt dem Mäzenatentum Albrechts des weiteren eine gewisse historische Dimension: Das goldene Mainz, ebenfalls von Livius auserkoren, erscheint als Zentrum der Wissenschaftsförderung, im vergangenen Jahrhundert durch die technische Leistung des Buchdrucks, nun durch den fürstlichen Mäzen.

Ohne die formale Monumentalität und die textliche Bedeutung der Mainzer Livius-Ausgabe, aber sehr viel wirklichkeitsnäher als jene von Hutten inszenierte Huldigung sind die beiden Dedikationen des Johannes Sichardus (ca. 1499–1552)[394] in den Jahren 1529 und 1530. Nicht allein durch ihre Spontaneität aber werfen sie ein helleres Licht auf Albrechts wirkliche Beziehungen zum Humanismus und seinen Anhängern, selbst noch nach dem großen mäzenatischen ersten Jahrzehnt seiner Regierung. Die Person des Herausgebers und die Entstehung der Widmung geben den gewidmeten Editionen auch exemplarischen Charakter, und ihre Vorreden sind außerdem ähnlich interessante Zeugnisse für den Mäzen und den Büchersammler wie diejenigen Indagines. Der aus Tauberbischofsheim stammende Sichardus, damals Lehrer für Rhetorik und antike Literatur an der Universität Basel und zum dortigen Erasmus-Kreis gehörig, war einer der besten und fruchtbarsten Vertreter humanistischer Textkritik[395]. Indem er nach dem Vorbild des Erasmus die Handschriftenforschung von den antiken Texten auf die frühchristlichen ausdehnte, kam er Albrechts Interessen in besonderer Weise entgegen. Typisch wie der Herausgeber ist ferner sein Kontakt mit Albrechts näherem Umkreis. Schon vor der ersten Dedikation hatten ihn Nausea, Albrechts theologischer Berater Cochläus und der Leibarzt Bucheimer bei seiner Edition des »Breviarium Alarici« von 1528 unterstützt[396]. Zum vermittelnden Gönner beim Fürsten wurde ihm Bucheimer, der ihn zu seiner ersten Dedikation ermunterte[397], einer Sammelausgabe von sieben Chroniken spätantiker und mittelalterlicher Autoren, von Eusebius von Caesarea an, unter Einschluß der Cassiodor-Edition des Cochläus, einer von zwei Erstausgaben in dieser Sammlung[398].

394 Zu ihm vgl. ADB XXXIV, S. 143–146; Paul LEHMANN, Johannes Sichardus und die von ihm benutzten Bibliotheken und Handschriften (= Quellen und Untersuchungen zur lat. Philologie des Mittelalters 4,1). München 1911.

395 Allein in den fünf Baseler Jahren 1526–1530, die ganz der Philologie gewidmet waren, brachte er 24 Editionen heraus, davon mehr als zwei Drittel Erstausgaben, vgl. LEHMANN, Sichardus (wie Anm. 394), S. 74. Verzeichnis der Editionen S. 46–66. Von 1530 an, als er zu seinem früheren Gönner Ulrich Zasius nach Freiburg zurückkehrte, wandte er sich ganz der Jurisprudenz zu, erhielt 1535 eine Professur für römisches Recht in Tübingen und wurde zugleich Rechtsberater Herzog Ulrichs.

396 Zur Berücksichtigung bei der Edition dieses Textes (auch »Lex Romana Visigothorum« genannt, Gesetzbuch Alarichs von 506) hatten ihm jene auch eine Handschrift aus der Mainzer Dombibliothek vermittelt. Die Bekanntschaft geht wohl auf eine der vielen Bibliotheksreisen zurück, die Sichardus, ausgestattet mit einem Privileg König Ferdinands, seit 1526 unternahm. Zu dieser Vermittlerrolle vgl. Brief Sichards an Nausea 20. 2. 1528, LEHMANN, Sichardus (wie Anm. 394), S. 37–38 Brief Nr. 19, nach: Epistolarum ... ad F. Nauseam ... libri (wie Anm. 323), S. 59–60; zur Edition vgl. LEHMANN, ebd., S. 163. Verzeichnis der Editionen, S. 55–56, Nr. 13; FALK, Dombibliothek (wie Anm. 3), S. 82.

397 Vgl. dazu Anm. 184. Bucheimer selbst widmete er im selben Jahr ebenfalls eine Edition, vgl. unten S. 467 mit Anm. 442.

398 Chronicon divinum plane opus eruditissimorum autorum.... Basel: Henricus Petrus 1529; LEHMANN, Sichardus (wie Anm. 394), S. 61–62, Nr. 18; S. 164; VD 16 E 4266. Weitere Auflagen

Da Albrecht ein Fürst sei, der an Gelehrsamkeit und vielen weiteren Vorzügen alle anderen weit hinter sich lasse, und da die Gelehrtesten ihm, dem weitaus berühmtesten unter den Fürsten, ihre Werke widmeten, wolle auch er zu dessen dauerndem Ruhm beitragen, zumal er ein Landeskind sei. Die Sammlung von drei, davon zwei exegetischen, Schriften des heiligen Eucherius, Bischofs von Lyon (5. Jahrhundert)[399], die Sichardus im folgenden Jahr dedizierte, mußte Albrechts Interesse an biblischer Theologie und Patristik ganz besonders entsprechen. Sichardus konnte deshalb auch sagen, daß er der Bibliothek des Fürsten damit nicht nur ein Buch, sondern gleichsam einen Schatz hinzufüge, und daß er dadurch seinen Dank für die empfangene *beneficentia* ausdrücken wolle. Zuvor aber gibt der Vergleich Albrechts mit Eucherius hinsichtlich Gelehrsamkeit und reinem Lebenswandel Sichardus Gelegenheit zu einem weitausholenden Fürsten- und Gönnerlob[400]. Mit seinen Dedikationen hat Sichardus nach dem Zeugnis seines Schülers Konrad Humbracht Kardinal Albrecht als weiteren hochgestellten Mäzen gewonnen, nach König Ferdinand und Bischof Bernhard von Trient und mehreren anderen Adligen, und auch von ihm Briefe und beachtliche Geschenke *(non contemnenda munera)* empfangen[401].

Nikolaus Rode (Rhodius, aus Kamberg, fl. 1520/30) ist als Herausgeber seiner Albrecht dedizierten Erstausgabe rechtshistorischer Texte heute nur noch deswegen bekannt, weil seine Widmungsvorrede eines der wenigen Zeugnisse für die Stiftsbibliothek zu Halle enthält[402]. Nachweisbar ist er einzig als Professor der Mainzer Artistenfakultät in den Jahren 1524–1532[403]. Seine Edition von Schriften der Glossatoren Placentinus und Rogerius (12. Jahrhundert) zum römischen

---

1539, 1542 und 1549; nachgewiesen bei WEYER, Index (wie Anm. 55), Kl. 6, Columna M, Nr. 94, S. 201. Cassiodors »Chronicon« von Cochläus nicht Albrecht gewidmet, sondern Thomas Morus.

399 D. Eucherii ... formularium intelligentiae spiritalis liber. Basel: Cratander 1530, enthält außerdem »Instructionum libri II« und »Epistola paraenetica ad Valerianum«; alles Neuausgaben, letztere nach Ausgabe des Erasmus 1520 mit dessen Scholien; LEHMANN, Sichardus (wie Anm. 394), S. 63–64, Nr. 21; VD 16 E 4126; nachgewiesen bei WEYER, Index (wie Anm. 55), Kl. 7, Appendix g, Nr. 32, S. 253.

400 Er stellt Albrecht als einen Fürsten der glücklichsten Anlagen – in einem Körper voll Majestät – vor, der im Lebensstil von seinen Standesgenossen abweiche, nicht dem Luxus, dem Spiel und der Jagdlust fröne, sondern sich bei den Wissenschaften erhole, auch nicht von Kriegslust beherrscht sei, sondern dem Frieden diene. An seinem Hofe seien so viele vornehme Männer von Gelehrsamkeit jeder Art versammelt, daß es eine Freude wäre, mit diesen zusammen alt zu werden. Doch nicht nur er selbst widme sich den Wissenschaften, sondern er feuere auch andere wie mit einem Trompetenstoß dazu an, indem er sie durch seine Freigebigkeit ernähre und durch seine Autorität schütze *(At tu non modo, quantum per publica negocia impetrare potes, in literis conquiescis, sed & caeteros veluti classico quodam ad easdem hortaris, dum sic liberalitate tueris, & autoritate defendis)*. Durch seine Wissenschaftsförderung werde er seinem Namen ein ewiges Denkmal setzen.

401 Nach einer unveröffentlichten Abschrift der Sichard-Biographie Humbrachts im Nachlaß des Hamburger Pastors J. Chr. Wolf (StadtB Hamburg), abgedruckt bei LEHMANN, Sichardus (wie Anm. 394), S. 17–23, hier S. 23.

402 Vgl. oben S. 388, zit. bei REDLICH, Cardinal Albrecht (wie Anm. 5), S. 107, sowie NISSEN, Studien (wie Anm. 6), S. 84–85, und VON DER GÖNNA, Hofbibliothek (wie Anm. 4), S. 21.

403 Vgl. Heinrich KNODT, De Moguntia litterata commentationes historicae, II: Catalogus chronologicus rectorum magnificorum in Universitate Moguntina. Mainz 1752, S. 66, Nr. X: Nicolaus Rode Cambergensis; danach auch Otfried PRAETORIUS, Professoren der kurfürstlichen Universität Mainz 1477–1797. In: Familie und Volk 1 (1952) S. 90–100. 131–139, hier S. 134; STEINER, Artistenfakultät (wie Anm. 197), S. 323: Nikolaus Rode von 22. 12. 1524–13. 7. 1532 Inhaber einer der Artistenfakultät zugesprochenen Lektoralpräbende von St. Johannis.

Prozeßrecht im Jahre 1530, nach einer unbekannten Handschrift, die er in Mainz gefunden hatte[404], wird von den Rechtshistorikern seit Savigny sehr schlecht beurteilt[405]. Im 16. Jahrhundert aber erlebte die Editio princeps noch weitere acht Ausgaben, darunter gleich im folgenden Jahr 1531 einen unveränderten Nachdruck[406]. Unbekannt wie die sonstige Biographie Rodes ist auch die Resonanz seiner Dedikation, welche manche Anklänge an Huttens Widmungsvorrede zur Mainzer Livius-Ausgabe aufweist und diese eigens erwähnt. Albrechts Stadt Mainz als Wiege des Buchdrucks, als Erscheinungsort der Livius-Ausgabe und als Fundort der edierten Handschrift bildet den Ausgangspunkt der Zueignung, wenn auch ohne explizite Bezugnahme auf den Mäzen Albrecht (Bl. 2^r). Aber wie Huttens Livius hätten auch Placentinus und Rogerius zu ihren Lebzeiten keinen besseren Mäzen finden können als Albrecht, der den Wissenschaften bekanntermaßen so hingegeben sei, daß er ihnen nichts anderes vorziehe, und an dessen Mainzer Universität die Jurisprudenz unter Lehrern wie Konrad Weidmann blühe (Bl. 3).

Neben Editionen lateinischer Originaltexte wurden Albrecht lateinische Übersetzungen griechischer Texte gewidmet, zu denen auch Reuchlins Athanasius-Übersetzung von 1519 gerechnet werden kann. Die früheste Dedikation kam von einem der bekanntesten Gräzisten seiner Zeit, dem Engländer Richard Croke (ca. 1489–1558)[407], als dieser an der Universität Leipzig lehrte (Sommer 1515–März 1517): Theodorus Gaza, Liber quartus & ultimus de constructione (Leipzig: Schumann 1516)[408], eine Teilübersetzung der griechischen Grammatik dieses griechischen Humanisten aus dem 15. Jahrhundert. Daß die Verbindung zu Albrechts Hof in Halle durch den Leibarzt und Leipziger Medizinprofessor Stro-

---

404 PLACENTINUS, De varietate actionum libri sex. Item Rogerii compendium de diversis praescriptionibus.... (Mainz: Joh. Schöffer 1530), vgl. ROTH, Schöffer (wie Anm. 337), S. 76–77, Nr. 132; nicht ermittelt bei WEYER, Index (wie Anm. 55), sondern nur Ausgabe 1535 (ohne Widmung). Rode gibt nicht an (Bl. 2^r), in welcher Mainzer Bibliothek er die Handschrift(en) gefunden hat; nicht verzeichnet in Urbans Katalog (vgl. Anm. 54).

405 Bezeichnet als die Arbeit »eines ganz ungelehrten und urteilslosen Herausgebers« und »außerdem ganz unbekannten Mannes« bei Friedrich Carl VON SAVIGNY, Geschichte des römischen Rechts im Mittelalter, IV. Heidelberg 1850, ND Darmstadt 1956, S. 256 und 265. So übernommen von Ludwig WAHRMUND (Hrsg.), Quellen zur Geschichte des römisch-kanonischen Prozesses im Mittelalter, IV. Innsbruck 1925, Heft 3, S. VI. Den offenbar schlecht überlieferten Text der Handschrift habe Rode bei dem Versuch, ihn »in seiner Weise« zu verbessern, durch »unsinnige Lesarten« noch verschlechtert; ferner fälschliche Zuschreibung von Buch 3–6 an Placentinus und willkürliche Gliederung.

406 Zu den weiteren Ausgaben (nach 1531 ohne Widmung an Albrecht und mit zum Teil abweichender Zusammensetzung) vgl. VON SAVIGNY, Geschichte (wie Anm. 405), S. 259.

407 Latin. Crocus, zu ihm vgl. ADB IV, S. 602–604; DNB 13, S. 119–121; ALLEN, Opus epistolarum (wie Anm. 18), I, Nr. 227 Anm. 25; Herman HAGER, Richard Croke. In: Transactions of the Cambridge Philological Society 2 (1883) S. 83–94; Gustav BAUCH, Die Anfänge des Studiums der griechischen Sprache und Litteratur in Norddeutschland. In: Mitteilungen der Gesellschaft für deutsche Erziehungs- und Schulgeschichte 6 (1896) S. 47–98. 163–193, hier S. 177–183; Oswald Gottlob SCHMIDT, Petrus Mosellanus. Ein Beitrag zur Geschichte des Humanismus in Sachsen. Leipzig 1867, S. 9–10. 20–21. In Leipzig im SS 1515 als Magister immatrikuliert, vgl. ERLER, Matrikel (wie Anm. 247), I, S. 539 S 1. Nach seiner Rückkehr nach England erhielt er 1518 den ersten gräzistischen Lehrstuhl in Cambridge und war verschiedentlich für Heinrich VIII. tätig.

408 Nachgewiesen bei WEYER, Index (wie Anm. 55), Kl. 10, Columna T, Nr. 191, S. 390; außerdem Crokes berühmte griechische Grammatik »Tabulae Graecas literas compendio discere cupientibus sane quam necessariae«. Leipzig 1516 (Kl. 3, Appendix c, Nr. 14, S. 81) und »De lingua Graeca«. Leipzig 1516 (Kl. 10, Columna T, Nr. 149, S. 362).

mer zustande kam, wird hinlänglich belegt von Crokes Widmung seiner Edition einer Ausonius-Ekloge an seinen vermittelnden Gönner[409] wie auch von der Erwähnung Stromers in der Vorrede zur Gaza-Übersetzung (Bl. a 3ʳ). Motiviert war eine solche Protektion nicht nur von der steten Werbung Stromers für den Mäzenatenruhm seines Fürsten, sondern wohl auch von der anfänglichen finanziellen Bedürftigkeit Crokes. Denn obwohl dieser als außerordentlich erfolgreicher Griechischlehrer hohes Ansehen genoß[410], auch beim dortigen als Mäzen berühmten Landesherrn, Herzog Georg von Sachsen, muß seine Besoldung zunächst gering gewesen sein[411]. Crokes Widmungsvorrede an Albrecht vom 31. Dezember 1515 gilt *Mecoenati suo summe observando,* dankt aber noch nicht für empfangene Wohltaten, sondern feiert den wissenschaftsliebenden und frommen Fürsten und Erzbischof auf Grund dessen, was er von ihm hat rühmen hören. Die förmliche Huldigung, unterstrichen durch ein vorausgeschicktes allegorisches Gedicht auf Albrechts Familienwappen – nach Art des Sapidus – und eine reiche Titeleinfassung mit Albrechts Wappen, enthält als individuelle Züge die Erwähnung des Halleschen Heiltums (als Zeichen der Frömmigkeit, Bl. a 3ᵛ), der vielen gelehrten Männer an seinem Hof, u. a. des Kanzlers Lorenz Zoch und Stromers (Bl. a 2ᵛ u. 3ʳ, als Zeugnis für die Wissenschaftsliebe) sowie seiner Haltung im Reuchlinschen Streit (vgl. Anm. 209), von welcher man sich nicht nur in Deutschland, sondern auch in England, Frankreich und Italien erzähle (Bl. a 3ʳ).

Aus der humanistischen Medizin kam 1530 von Christoph Heyll (fl. 1530) die lateinische Übersetzung eines dem Galen unterschobenen Werkes über die Nierenkrankheiten, »Galeni De renum affectus dinotione et medicatione liber. Interprete Christophoro Sotere Limothermaeo« (Mainz: Joh. Schöffer, Mai 1530)[412]. Der hier mit der latinisierten Namensform und der Herkunftsbezeichnung (aus Wiesbaden) genannte Übersetzer, der nach Kestner[413] zu Beginn des 16. Jahrhunderts in Leipzig als Arzt und Professor lebte, ist ansonsten nur bei Roth[414] nachweisbar, und zwar als Albrechts Leibarzt seit 1. Oktober 1528. Auch

---

409 Ecloga in qua Cupido cruciatur. Leipzig 1515 oder 1516; vgl. ALLEN, Opus epistolarum (wie Anm. 18), II, Nr. 578; VD 16 A 4395. Croke dankt in der Vorrede Stromer dafür, daß er ihn mit seinem Wagen habe an den Hof nach Halle bringen lassen, vgl. CLEMEN, Zur Lebensgeschichte (wie Anm. 365), S. 103.

410 Dazu Erasmus an Thomas Linacre 5. 6. 1516: *Crocus regnat in Academia Lipsiensi, publicitus Graecas docens literas,* ALLEN, Opus epistolarum (wie Anm. 18), II, Nr. 415, S. 247.

411 Erst auf eine Eingabe der Artistenfakultät an Herzog Georg vom 12. 3. 1516 erhielt Croke für 1516 ein Jahresgehalt von 80 fl., vgl. Bruno STÜBEL (Hrsg.), Urkundenbuch der Universität Leipzig von 1409–1555 (= Codex diplomaticus Saxoniae Regiae II,11). Leipzig 1879, Nr. 298. Damit »war gut auskommen« laut Felician GESS, Leipzig und Wittenberg. Ein Beitrag zur sächsischen Reformationsgeschichte. In: Neues Archiv für sächsische Geschichte und Altertumskunde 16 (1895) S. 43–93, hier S. 56. Zum Vergleich die Besoldung juristischer Professoren in Wittenberg 1502 (130 fl. und Naturalien), 1507 (100 fl.) nach Theodor MUTHER, Universitäts- und Gelehrtenleben (wie Anm. 258), S. 423–426. Sichardus wurde 1535 mit einem Gehalt vom 100 fl., das später verdoppelt wurde, auf einen juristischen Lehrstuhl nach Tübingen berufen, vgl. Anm. 395.

412 Vgl. ROTH, Schöffer (wie Anm. 337), S. 79–80, Nr. 139; VD 16 G 216. Diese Erstausgabe nicht ermittelt bei WEYER, Index (wie Anm. 55), sondern nur die von 1533 (vgl. Anm. 417) unter Kl. 5, Columna L, Nr. 69, S. 160.

413 KESTNER, Medicinisches (wie Anm. 365), S. 400; so offenbar übernommen von JÖCHER (wie Anm. 247), II, 1750, Sp. 1582.

414 ROTH, Beiträge (wie Anm. 389), S. 453, nach handschriftlichen Aufzeichnungen des Pfarrers Joh. Sebastian Severus (18. Jahrhundert) im Nachlaß des Albrecht-Biographen J. H. Hennes (dazu

wenn die Leipziger Matrikel – entgegen Kestner – nicht einen Christoph Heyl(l)/ Heil, sondern nur einen Christoph Heylman/Heilman aus Wisbach/Wisbaden verzeichnet, zuletzt für das SS 1528 als Lehrer bei der Artistenfakultät, nicht der medizinischen Fakultät[415], so ist dessen Identität mit Albrechts Leibarzt doch sehr plausibel. Die Galen-Übersetzung ist zweifellos die Arbeit eines Gräzisten, der sich erst nach einem philologischen Hauptstudium, nicht schon nach dem obligatorischen Grundstudium in der Artistenfakultät, der Medizin zugewandt hat, und der Herbst 1528 ergibt sich aus der Kombination der beiden biographischen Belege sehr einleuchtend als Zeitpunkt des Wechsels von der Universität an Albrechts Hof. Noch deutlicher als Croke ist Heyll ein Beispiel dafür, wie Albrecht als Mäzen von Halle aus auch auf das nahe Leipzig des Herzogs Georg hinüberwirkte, sicherlich unter dem Einfluß Stromers. Angesichts der im allgemeinen recht bescheidenen Professorenbesoldung (vgl. Anm. 411) bedeutete die Stellung als Leibarzt für Heyll wohl eine spürbare finanzielle Verbesserung, ebenso wie sie es für Stromer gewesen war, und gleich diesem preist er in seiner Widmungsvorrede zur Galen-Übersetzung auch Albrechts Munifizenz mit der Anrede *Domino atque Mecoenati suo munificentissimo*[416]. Der persönliche Dank beschränkt sich auf diese Anrede. Den vorherrschenden Lobpreis des universalen Mäzens bindet Heyll an ein allgemeines Fürstenlob, indem er vom Platonischen Ideal des Philosophenkönigs ausgeht. Angesichts seines Beispiels könne niemand daran zweifeln, daß es dort am besten bestellt ist, wo die Könige Philosophen sind. Denn er habe nicht nur durch großzügigste Besoldung *(largissimis stipendiis)* die gelehrtesten Männer an sich gebunden, sondern auch – dem Atlas gleich – das wankende Staatswesen in Deutschland durch seine wunderbare Wachsamkeit und Weisheit gestützt (Bl. a 5). Dieser ersten Veröffentlichung, die er dem Fürsten im Vertrauen auf dessen Güte und Wohlgefallen an allen Leistungen der schönen Wissenschaften zueignete, wurde die erhoffte Anerkennung auch bei den Gelehrten zuteil. Sie fand – nun unter dem Namen Heyll – Aufnahme in umfangreichere Galen-Übersetzungen, an denen mehrere Gelehrte beteiligt waren[417].

ROTH, S. 99). Heyll soll danach ein Jahresgehalt von 10 Gulden, Kost und Hofkleidung erhalten haben. Heylls Zugehörigkeit zu Albrechts Hofstaat steht im Einklang mit seiner Selbstbezeichnung als Albrechts *civis & cliens* in der aus Aschaffenburg, 22. 4. 1530, datierten Widmungsvorrede (Bl.a VIʳ) sowie mit der Tatsache, daß er andererseits als Aschaffenburger Bürger nicht nachgewiesen ist (freundliche Auskunft von Herrn Carsten Pollnick, Stadt- und Stiftsarchiv Aschaffenburg). Roths Angaben sind allerdings nicht nachprüfbar, da sich die erwähnten Aufzeichnungen von Severus heute weder im Nachlaß Hennes (StA Mz Mainz; freundliche Auskunft von Archivdir. Dr. L. Falck) noch in Roths eigenem Nachlaß (LB Darmstadt) befinden. Dazu und zu Roths zweifelhafter Zuverlässigkeit vgl. Walther LUDWIG, Römische Historie im deutschen Humanismus. Über einen verkannten Mainzer Druck von 1505 und den angeblich ersten deutschen Geschichtsprofessor (= Berichte aus den Sitzungen der Joachim Jungius-Gesellschaft der Wissenschaften Hamburg 5,1). Göttingen 1987, S. 24f.

415 Nach ERLER, Matrikel (wie Anm. 247), I, S. 568 B 72: Immatrikulation SS 1519. II, S. 598: Mag. artium WS 1525, S. 603 und 608: Lehrer der Artistenfakultät WS 1526 und SS 1528.

416 Das Jahresgehalt von nur 10 fl. ist im Hinblick darauf äußerst zweifelhaft, vgl. auch Anm. 411.

417 So zusammen mit zwei weiteren Werken in Baseler Ausgabe von 1533 (vgl. Carl Gottlob KÜHN (ed.), Claudii Galeni opera omnia, I. Leipzig 1821, CCXL) sowie in Bd. 6 einer achtbändigen lat. Galen-Ausgabe, an der u. a. auch Erasmus und Thomas Linacre beteiligt waren, Basel: Froben et Episcopius 1542 (VD 16 G 127). Heyll verfaßte außerdem das auf Galen basierende Werk »Artificialis medicatio, constans paraphrasis in Galeni Librum de artis medicae constitutione«. Mainz: Ivo Schöffer 1534; vgl. ROTH, Schöffer (wie Anm. 337), S. 188–189, Nr. 19; VD 16 H 3438.

Außer den Gedichtsammlungen des Sabinus und Lemnius, die mit ihren einzelnen Preisliedern auf Albrecht diesem auch in ihrer Gesamtheit gewidmet sind, scheint es Dedikationen aus dem poetischen Bereich kaum zu geben. Als frühes Beispiel ist Sbruglios Passionsepos »Theocharis« (Frankfurt/Oder: Joh. Hanau 1514)[418] zu nennen, mit dem er sich noch vor seinem Panegyrikus beim neugewählten Erzbischof von Magdeburg einführte. Das Epos wird zwar heute höher bewertet als Sbruglios Lyrik, wirkt aber oft nicht minder befremdlich als diese in seiner schablonenhaften Verwendung antiker Elemente im christlichen Kontext. Die Widmung vom März 1514 gilt wie der Panegyrikus mehr dem Haus Brandenburg als Albrecht persönlich und ist außer an diesen auch an Dietrich von Bülow, Bischof von Lebus, als Mitbegründer und Kanzler der Universität Frankfurt/Oder gerichtet.

In Albrechts letzte Lebensjahre fällt die Dedikation von Johannes Arnolds berühmtem Preisgedicht auf Gutenbergs Erfindung, »De chalcographiae inventione poema encomiasticum« (Mainz: Behem 1541)[419]. Der Dichter, damals als Korrektor in einer Mainzer Offizin tätig, bringt dieses Enkomion in 454 Versen Albrecht als dem Herrn der Stadt Mainz anstelle eines Gastgeschenkes dar, aber auch als symbolischem Schutzherrn der Wissenschaften *(hoc tuae celsitudinis patrocinio, quasi Palladis aegidi tuendum dedico)*, ohne aber die Parallele zwischen der technischen Wissenschaftsförderung durch den Buchdruck und Albrechts realem Mäzenatentum zu ziehen, wie Hutten dies 1519 anläßlich der Mainzer Livius-Ausgabe getan hat.

---

418 Nachgewiesen bei WEYER, Index (wie Anm. 55), Kl. 10, Columna T, Nr. 183, S. 369 (von Sbruglio außerdem: Moduli. Augsburg 1519 (Nr. 121, S. 357). Eine 2. Auflage erschien 1521. Zum Werk vgl. ELLINGER, Geschichte (wie Anm. 240), I, S. 350; BAUCH, Frankfurt (wie Anm. 240), S. 117.

419 VD 16 A 3689; Faksimile-Ausgabe mit dt. Übersetzung von Otto CLEMEN (= Kleine Drucke der Gutenberg-Gesellschaft 35). Mainz 1940; vgl. dazu auch SCHOTTENLOHER, Widmungsvorrede (wie Anm. 177), S. 43. Nicht ermittelt bei WEYER, Index (wie Anm. 55). Zu dem aus Marktbergel/Mfr. (Kr. Neustadt/Aisch) stammenden Joh. Arnoldus Bergellanus, Korrektor in mehreren Offizinen zu Wittenberg, Mainz und Basel, vgl. DBA 34, S. 433–435; Joh. Peter SCHUNK, Beiträge zur Mainzer Geschichte. Darin: Das gelehrte Mainz, 3 Bde. Frankfurt, Leipzig, Mainz 1788–1790, hier III, S. 141.

VI. GELEHRTE IN ALBRECHTS HOFDIENST: EITELWOLF VOM STEIN, GREGOR KOPP, PHILIPP BUCHEIMER, SEBASTIAN VON ROTENHAN, HANS JORDAN VON HERZHEIM, (HEINRICH STROMER, ULRICH VON HUTTEN, WOLFGANG FABRICIUS CAPITO, JOHANNES INDAGINE, GEORG SABINUS)

Albrechts Höfe in Mainz und Halle glänzten mit einer Reihe humanistisch gebildeter Männer, deren Namen in der gelehrten Welt einen guten Klang hatten. Für die Beurteilung von Albrecht als Mäzen sind diese gelehrten Hofleute unter drei Gesichtspunkten zu sehen. Sie sind 1. Beispiele für die Gunst ihres Mäzens, die sie je nach ihrer Dienststellung und entsprechender Arbeitsbelastung mehr als Förderung und Gewährung von Studienmuße genossen (am deutlichsten Ulrich von Hutten, weniger ausgeprägt der Kämmerer Herzheim und die Leibärzte Stromer, Kopp, Bucheimer und Heyll) oder als Belohnung und Würdigung ihrer Bildung und Tüchtigkeit mittels hochdotierter und ehrenvoller Ämter (so vor allem die promovierten Juristen als Kanzler wie Lorenz Zoch[420] und Christoph Türk[421] in Halle, Johannes Furderer und Caspar von Westhausen[422] in Mainz sowie der Mainzer Hofmeister Eitelwolf vom Stein). Als vermittelnde und als eigenständige Mäzene (wie Eitelwolf vom Stein, Türk, Stromer und Bucheimer) haben sie 2. die mäzenatische Wirksamkeit ihres Fürsten unterstützt und dadurch wie auch durch ihre bloße Konzentration um Albrecht 3. dessen Höfen das Ansehen von Zentren der Wissenschaftsfreundlichkeit und -förderung gegeben. Etwas von dem geistigen Klima am Hofe haben vor allem Sichardus (vgl. Anm. 400) und Ulrich von Hutten vermittelt, letzterer u. a. mit der Feststellung, daß auch der Hofmarschall Frowin von Hutten, obwohl in der Jugend von den Studien abgehalten, von derselben Liebe zu den Wissenschaften beseelt sei wie die Gelehrten[423].

Im folgenden werden einige als gelehrt herausragende Hofleute vorgestellt, soweit sie nicht bereits als Dedikatoren in den Blick getreten sind.

---

420 Lorenz Zoch, Kanzler in Halle etwa im ersten Jahrzehnt, stammte aus Halle, hatte in Leipzig seit 1493 studiert und mit der Promotion zum Dr. iur. abgeschlossen. vgl. ERLER, Matrikel (wie Anm. 247), I, S. 396: Immatrikulation. II, S. 365: Mag. artium WS 1498/99, S. 38 unter den Doktoren der Juristischen Fakultät genannt. Von Richard Croke 1516 in Widmungsvorrede an Albrecht (Bl. a 2ᵛ, vgl. oben S. 461) gerühmt als *rarissima homo facundia, & insigni cum equitate tum prudentia*, deshalb vielleicht auch für Croke als vermittelnder Gönner tätig.

421 Christoph Türk (Turcus) war Zochs Nachfolger seit ca. 1528; nach juristischem Studium und Promotion in Ferrara in die Leipziger Juristenfakultät aufgenommen (1521), vgl. ERLER, Matrikel (wie Anm. 247), II, S. 46. Wurde zum vermittelnden Gönner für Sabinus (vgl. oben S. 437), der an ihm eine perikleische Eloquenz rühmt, vgl. »Hodoeporicon...« von 1535, Bl. D 4ʳ, abgedruckt bei REDLICH, Cardinal Albrecht (wie Anm. 5), Beil. 26, S. 113, sowie des Sabinus Widmung der Neuausgabe 1533 von Huttens »Panegyricus« an Türk, BÖCKING, Ulrich von Hutten (wie Anm. 142), II, Nr. 395, S. 465. Zu Türk ferner REDLICH, S. 45. 70. 87–88. 338. 340. 343.

422 C. von Westhausen (gest. 1535), 1513 Rektor der Mainzer Universität, vgl. KNODT, De Moguntia (wie Anm. 403), S. 12–13; F[erdinand] W[ilhelm] E[mil] ROTH, Thüringisch-Sächsische Gelehrte des XV.-XVI. Jahrhunderts in Mainzer Diensten. In: Jahresbericht des Thüringisch-Sächsischen Vereins für Erforschung des vaterländischen Altertums 1899/1900, S. 5–33, hier S. 17–19. Joh. Furderer, nach juristischem Studium und Promotion (um 1500) in Bologna 1515 Kanzler am Mainzer Hof, Verfasser der Mainzer Hofgerichtsordnung (1521), zu ihm vgl. BAUCH, Mainz (wie Anm. 247), S. 56–57; ROTH, Beiträge (wie Anm. 389), S. 449–451.

423 Huttens Widmungsvorrede an Eitelwolf zum »Panegyricus« 1515, BÖCKING, Ulrich von Hutten (wie Anm. 142), I, S. 36, Z. 23–29.

Der Name Eitelwolfs vom Stein (ca. 1465–1515)[424] ist am engsten mit dem mäzenatischen Charakter von Albrechts Höfen, speziell dem mainzischen, verknüpft. Er hatte dort das höchste Amt des Hofmeisters inne, verlieh diesem mit seiner überragenden wissenschaftlichen Bildung einen einzigartigen Glanz, konnte unter den Bedingungen seiner Position nicht literarisch, sondern nur mäzenatisch produktiv werden und war der geistige Vater und gleichsam der verlängerte Arm seines Fürsten als eines Mäzens. Dank diesen Eigenschaften hat er das Bild des Mainzer Hofes als einer Stätte der Wissenschaftsförderung von Anfang an und dauerhaft geprägt, obwohl ihm hierzu sein vorzeitiger Tod nicht einmal eine Jahresfrist ließ. Hat er außer einem lateinischen Distichon[425] auch keine einzige Zeile hinterlassen, so besaß er doch völlig unabhängig von seiner Stellung bei Hofe bis ins 18. Jahrhundert hinein hohes Ansehen als Gelehrter von eigenem Rang[426]. Mit der für ihn charakteristischen Integration der Gelehrsamkeit in das aktive politische Leben eines Ritters wurde er Vorbild für Ulrich von Hutten, der in diesem kombinierten Geburts- und Bildungsadel ein standespolitisches Ziel sah[427] und in der Totenklage auf seinen Gönner ein anschauliches Bild von diesem gelehrten Ritter zeichnete: von seiner stupenden Belesenheit, seinem ständigen Umgang mit Büchern, die er als eine spezielle Art seiner Waffen bezeichnete und sie auch auf Reisen zu Pferde mit sich führte, von seiner perfekten Beherrschung des Lateins, seinem geschliffenen Stil und seinem regen Verkehr mit den Humanisten[428]. Seine Rolle als Mäzen, als vermittelnder ob seiner Autorität bei Hofe, als eigenständiger ob seines tätigen Wohlwollens, finanziell und ideell, hat Mutianus

424 Aus schwäbischem Rittergeschlecht, nach humanistischen Studien in Leipzig (seit 1482) und Bologna (seit 1489) bei dem Lateiner Philippus Beroaldus und Rechtsstudium im Hofdienst von Albrechts Vater und Bruder, mit Albrecht an den Hof zu Halle, sodann Mainz. Zur Eidesleistung als Hofmeister für Magdeburg und Halberstadt im August 1514 *(dinstags nach Augustini)* in Halle vgl. StA Würzburg, Mz. Bücher versch. Inhalts, Bd. 8, fol. 6ʳ–7ʳ. Zu ihm vgl. Gustav KNOD, Deutsche Studenten in Bologna (1289–1562). Biographischer Index... Berlin 1899, Nr. 3643, S. 548–549; F[ranz] FALK, Der Mainzer Hofmarschall Eitel Wolf von Stein. In: Historisch-politische Blätter für das katholische Deutschland 111 (1893) S. 877–894; Heinr. Aug. ERHARD, Geschichte des Wiederaufblühens wissenschaftl. Bildung, vornehmlich in Teutschland bis zum Anfange der Reformation, 3 Bde. Magdeburg 1827–1832, hier III, S. 230–239; Heinrich GRIMM, Ulrichs von Hutten Lehrjahre an der Universität Frankfurt (Oder) und seine Jugenddichtungen. Frankfurt/Oder, Berlin 1938, S. 74–78.

425 Unter dem Namen *Ololikos* [Hololykos] *de Stein alias Eytelvolff* eingefügt in das Preisgedicht auf Hrotsvit von Gandersheim, das die Mitglieder der Sodalitas litteraria Rhenana der von Conrad Celtis 1501 in Nürnberg erstmals herausgebrachten Hrotsvit-Ausgabe vorausgeschickt haben. Diese Ausgabe bei WEYER, Index (wie Anm. 55) mit drei Exemplaren verzeichnet, Kl. 2, Columna C, Nr. 122–124; sie war wohl auch in Albrechts Privatbibliothek vertreten.

426 Schon Joh. Trithemius nannte ihn 1494 in »De scriptoribus ecclesiasticis« (fol. 204ᵛ der Ausgabe Paris 1512) einen *magni ingenii vir & eloquentiae Romanae vehemens aemulator*. Die von Trithemius erwähnten frühen Werke Eitelwolfs, ein für den Onkel Georg de Lapide geschriebenes Buch »De laudibus heroum et virorum illustrium«, ein »Epistolare cultissimum« und *alia quibus magnam Germaniae laudem apud Romanae linguae cultores pariet* sind offenbar Manuskript geblieben. Eitelwolf ist in die Biographien bedeutender Gelehrter aufgenommen, so von Melchior ADAM, Vitae theologorum, jureconsultorum et politicorum, medicorum, atque philosophorum. Ed. 3. Frankfurt/Main 1706, im Teil der Juristen, S. 4–5. (Teile erschienen 1615 und 1620); ebenso von Joh. Gerhard MEUSCHEN, Vitae summorum dignitate et eruditione virorum ex rarissimis monumentis literato orbi restituto, 4 Bde. Coburg 1735–1741, hier I, S. 61–68 (Wiedergabe von Huttens Totenklage, vgl. Anm. 428).

427 Hutten in Widmungsvorrede an Eitelwolf zum »Panegyricus« von 1515, BÖCKING, Ulrich von Hutten (wie Anm. 142), I, Nr. 22, S. 36, Z. 30–31. S. 37, Z. 12–14.

428 Hutten im Brief an Jakob Fuchs vom 13.6.1515, ebd., Nr. 26, S. 42–45.

Rufus am treffendsten beschrieben, als er bei dessen Tod den schweren Verlust für die *bonae literae* beklagte, deren *Beschützer und einzigartiger Verteidiger* Eitelwolf gewesen sei[429]. Der frühe Tod hat ihm die Krönung seines mäzenatischen Wirkens versagt und damit vielleicht auch Albrecht eines dauernden Denkmals der Wissenschaftsförderung beraubt: die Reform der Mainzer Universität. Nach der Enttäuschung über die Entwicklung der Universität Frankfurt/Oder gedachte er die Mainzer Universität zu einer humanistischen Anstalt zu machen, die in Europa nicht ihresgleichen haben sollte. Mit Hilfe der Munifizenz seines Fürsten wie auch seines eigenen Vermögens wollte er die »unbrauchbaren Professörchen« *(inutiles professorculi)* durch die besten Gelehrten ersetzen[430].

Gregor Kopp aus Kalbe (Coppus Calvus, geb. um 1480/85), Albrechts zweiter Leibarzt neben Stromer und dessen Nachfolger Bucheimer[431], ist fast nur im Zusammenhang mit Hutten und Stromer bekannt, mit denen er in engem Kontakt stand. Vom Humanismus geprägt schon seit seinem Medizinstudium in Frankfurt/Oder, wo die antike Medizin ihren Einfluß ausübte[432], wurde er an Albrechts Hof zum Erasmianer[433] und auf diesem Wege fast zum Theologen. *Medice ac theologe* sprach Stromer in seinem Brief vom 7. Januar 1520[434] den einstigen Kollegen an, der 1520 sogar Hebräisch lernte[435] und die reformatorische Bewegung gleich Stromer mit großer Sympathie verfolgte[436].

Philipp (Jodocus) Bucheimer (Ende 15. Jahrhundert–nach 1545)[437] ist als Al-

---

429 Mutian an Heinrich Urban 3. 7. 1515, KRAUSE, Mutianus Rufus (wie Anm. 242), Nr. 497, S. 561; weitere Äußerungen über Eitelwolfs Einfluß auf Albrecht und seine Leistung für die Humanisten im Brief vom Juli 1515 an Reuchlin (Nr. 498, S. 562–563) und an Eobanus Hessus (Nr. 503, S. 567) sowie vom 30.6. 1515 an Valentin von Sunthausen (Nr. 496, S. 561). Als eifriger Reuchlinist pflegte er Reuchlins Gegner »Reuchlinsläuse« *(pediculos Capnionis)* zu nennen; Hutten an Jakob Fuchs (wie Anm. 428), S. 45, Z. 2–3. Mutianus Rufus, der eine bescheidene Pfründe von 60 fl. hatte, erhielt von Eitelwolf eine regelmäßige Unterstützung, vgl. KRAUSE, Mutianus Rufus, S. VI.

430 Hutten an Jakob Fuchs (wie Anm. 428), S. 45, Z. 15–19.

431 Beides ergibt sich aus dem veröffentlichten Briefwechsel zwischen Stromer und Kopp von 1520 (vgl. Anm. 367), ferner aus Huttens Erwähnung Kopps als *alter principis medicus* im Brief vom 5.6. 1519 an Erasmus, BÖCKING, Ulrich von Hutten (wie Anm. 142), I, S. 274. Vor 1533 muß Kopp aus dem Hofdienst ausgeschieden sein, da Sabinus ihn bei seinem Besuch in Halle 1533 nicht mehr antraf, sondern nur Bucheimer (vgl. Anm. 265). Kopp hatte zunächst in Leipzig studiert (immatrikuliert SS 1500, Bacc. artium WS 1501), vgl. ERLER, Matrikel (wie Anm. 247), I, S. 436 S 26. II, S. 385, Nr. 38, sodann in Frankfurt/Oder (immatrikuliert 1506), vgl. Ernst FRIEDLAENDER (Hrsg.), Ältere Universitätsmatrikeln. Universität Frankfurt a. O., I (1506–1648). Leipzig 1887, S. 8; 45 (ohne Angabe der Fakultät); 1509 Bacc. der Medizin (Zeit und Ort der Promotion zum Dr. med. unbekannt), vgl. BAUCH, Frankfurt (wie Anm. 240), S. 82. 109.

432 Vgl. ebd., S. 83. Als Freund des Humanismus war er einer der drei Widmungsadressaten einer Laktanz-Ausgabe des Humanisten Levinus Emden von 1509, vgl. ebd., S. 109.

433 Darüber Hutten an Erasmus 5.6. 1519 (vgl. Anm. 431); das Beispiel Kopps, der ständig Erasmus' Schriften in den Händen habe, veranlasse viele, dem Erasmus zu zürnen, weil er aus Ärzten Theologen mache.

434 Vgl. Anm. 367.

435 Vgl. BAUCH, Frankfurt (wie Anm. 240), S. 109.

436 Der veröffentlichte Briefwechsel zwischen ihm und Stromer von 1520 (vgl. Anm. 367) setzt sich mit den religiösen Fragen der Zeit auseinander, wobei aber Kopp seinen Fürsten Albrecht gegen die lutherischen Angriffe auf dessen liturgische Prachtentfaltung verteidigt; diese sei ihm nicht leere Form, sondern ein Mittel, das Volk zur Frömmigkeit zu führen, gleichwie Christus sich zu unserer Niedrigkeit herabgelassen habe, um uns zu sich zu erheben (Bl. D 2ᵛ).

437 Auch Buchemer, Buchamer, Puchaimer, meist nur mit Vornamen Philipp, seltener Jodocus, erwähnt.

brechts Leibarzt, vermutlich in der Nachfolge Stromers, von 1519/20 bis zu Albrechts Tod bezeugt, vom selben Zeitpunkt an auch als Professor der medizinischen Fakultät in Mainz und 1531 als Rat Albrechts[438]. Im Unterschied zu Stromer findet er in der Literatur über Albrecht kaum Erwähnung, obwohl er zu seiner Zeit gleich diesem vorwiegend in Verbindung mit Albrechts Hof gesehen wurde und in dieser Stellung bei den Humanisten kein geringeres Ansehen erlangt hat. Wie bei manch anderen Hofleuten hat sich seine außerordentliche Gelehrsamkeit nicht in Publikationen niedergeschlagen, ganz im Gegensatz zu dem 1528 hinzugekommenen Leibarzt Heyll, der ausschließlich durch seine Veröffentlichungen, nicht durch sein Hofamt, bekanntgeworden ist. Bucheimer wurde von Sabinus in seinem »Hodoeporicon« erwähnt[439] und erhielt von Lemnius mehrere Elogen[440], weit gewichtiger sind aber seine Beziehungen zu den Humanisten Sichardus und Beatus Rhenanus. Sichardus hat über Bucheimer, den er einen *vir incredibili eruditione et humanitate* nannte[441], Albrecht als Mäzen gewonnen und offenbar auch manche Unterstützung bei seinen Handschriftenforschungen von ihm empfangen (vgl. Anm. 396 und 397). Zum Dank dafür dedizierte er ihm im August 1529 eine wertvolle Erstausgabe von Schriften zweier antiker Ärzte: des Caelius Aurelianus (5. Jahrhundert) »Tardarum passionum libri V« (über chronische Krankheiten) zusammen mit vier Abhandlungen des Oribasius, des Leibarztes von Kaiser Julian (4. Jahrhundert), in alter lateinischer Übersetzung (Basel: Henricus Petrus 1529)[442]. Auch mit Beatus Rhenanus, über dessen Bekanntschaft mit Albrecht nichts ausgesagt werden kann[443], war Bucheimer befreundet. In ei-

438 Zur Nachfolge Stromers vgl. Anm. 431; WUSTMANN, Stromer (wie Anm. 365), S. 39. Zur Professur vgl. KNODT, De Moguntia (wie Anm. 403), S. 63, Nr. XI; PRAETORIUS Professoren (wie Anm. 403), S. 131 (seit 1520); Heinrich SCHROHE, Zur Geschichte der Mainzer Universität in den ersten Jahrzehnten des 16. Jahrhunderts. In: Archiv für hessische Geschichte und Altertumskunde NF 15 (1928) S. 609–621, hier S. 619, hier auch die Erinnerung des Juristen Justinus Göbler (ADB IX, S. 301) an den Medizinprofessor Buchamer aus seiner Mainzer Studienzeit 1516–1519 in der Vorrede zu seinem Werk »Der gerichtliche Prozeß« 1562. Zum Ratstitel 1531 vgl. Anm. 444. Bucheimer zuletzt erwähnt am Tag vor Albrechts Tod als einer der Zeugen (neben dem Arzt Wilhelm Osterrode) unter Albrechts Widerruf der Testamentsklausel (vgl. Anm. 49).

439 Vgl. Anm. 265. Randbemerkung von Crato Mylius: *vir eximia doctrina et suavitate ingenii praeditus.*

440 Vgl. Anm. 273. An Bucheimer sind vier Gedichte gerichtet: Buch II, Bl. C 6 und H 3; Buch III, Bl. G 4ʳ und F 5; außerdem ein Gedicht an Jakob Curio (vgl. Anm. 473) »De laudibus Philippi Buchameri medici«, Buch III, Bl. H 1.

441 Sichardus an Nausea 20. 2. 1528, vgl. Anm. 396.

442 LEHMANN, Sichardus (wie Anm. 394), S. 62–63, Ed. Nr. 20; VD 16 C 28. Bereits als »editio princeps« kostbarer als die Albrecht gewidmeten Ausgaben, hat die Caelius-Edition als einziger Überlieferungsträger dieses Textes nach dem Verlust der – vermutlich Lorscher – Handschrift zusätzlichen Wert erlangt, vgl. LEHMANN, S. 139–140. Die Oribasius-Schriften nach einer unbekannten Handschrift ediert, LEHMANN, S. 216–218. Abgesehen von dem Dank, den er Bucheimer, *viro inter eruditissimos optimo, inter optimos vero etiam eruditissimo,* für die Empfehlungen beim Fürsten und für seine eigenen Gefälligkeiten schulde, bezeichnet Sichardus Bucheimer auch als würdigen Schutzherrn der antiken Ärzte; habe dieser in Gesprächen doch immer wieder beklagt, wie sehr das Studium der einst so hochstehenden antiken Medizin heute daniederliege. Sichardus hielte es für einen Gewinn, wenn die Texte auch für die Medizinstudenten von Nutzen sein könnten.

443 Eine Bekanntschaft ist eher unwahrscheinlich im Hinblick darauf, daß Joh. Huttich im Brief vom 20. 9. 1535 an Beatus Rhenanus auf Bucheimer als Vermittler zu Albrecht in einem Anliegen verweist, vgl. Adalbert HORAWITZ und Karl HARTFELDER (Hrsg.), Briefwechsel des Beatus Rhenanus. Leipzig 1886, ND Hildesheim 1966, Nr. 292, S. 417–418.

ner an Bucheimer gerichteten Anhangsepistel zu seinem berühmten Werk »Rerum Germanicarum libri tres« (Basel: Froben 1531) gedenkt Rhenanus des gemeinsamen Besuchs in der Antikensammlung Raymund Fuggers und im Hause von Anton Fugger während des Augsburger Reichstages von 1530 und dankt Bucheimer dafür, daß er ihn dort eingeführt habe[444].

Der fränkische Ritter Sebastian von Rotenhan (1478–1532)[445] wird stets unter den humanistisch gebildeten Räten am Mainzer Hof genannt, und er hatte nach Geburt und Ausbildung als »gelehrter Ritter« in vielem eine ähnliche Ausgangsposition wie Eitelwolf vom Stein. Außer seinem Dienstverhältnis, das von 1519–1521 währte und mit dem hohen Jahresgehalt von 360 Gulden zuzüglich Unterhalt für sechs Pferde verbunden war, gibt es jedoch nichts, was auf eine nähere Beziehung zwischen ihm und seinem Fürsten hinwiese, darauf, daß er Albrecht als Mäzen oder gar als seinen persönlichen gesehen und im mäzenatischen Wirkungsbereich des Hofes selbst aktiv gewesen wäre, wie andere prominente Hofleute. Seine Gestalt fügt sich nur schwer in den bekannten Kreis ein, auch in der geographisch-historischen Richtung seiner nebenberuflichen Interessen[446], welche von der vorwiegend theologisch-philologischen und literarischen an Albrechts Hof abweicht. Doch knüpfte er von Mainz aus Kontakte zu Erasmus und Eobanus Hessus[447], verkehrte freundschaftlich mit seinem Ratskollegen Capito und mit Ulrich von Hutten zumindest bis 1520, ehe Huttens antirömische Polemik störend dazwischentrat[448]. Möglicherweise haben ihn die religiösen Auseinandersetzungen dieser Jahre am Mainzer Hof, die auch ihn ins Zwielicht brachten, dazu bestimmt, 1521 in den Dienst des eindeutig altkirchlich gesinnten Würzburger Fürstbischofs Konrad von Thüngen zu treten, wo er zum Hofmeister aufstieg. Eine gewisse innere Distanz zu Albrecht und eine geringere Identifizierung mit dem Mainzer Hof mögen aber auch darin begründet gewesen sein, daß er erst als 40jähriger, mit reicher Berufserfahrung als Assessor am Speyrer Reichskammergericht und mit der Weltkenntnis des Weitgereisten, in mainzische Dienste getreten ist und daß er sich dem Kaiser besonders verbunden fühlte. Dem Kai-

---

444 Anhangsepistel gerichtet an ... *Philippo Puchaimero, rev. domimi cardinalis Magunciacensis medico et consiliario*, vgl. HORAWITZ/HARTFELDER, Briefwechsel (wie Anm. 443), Nr. 274, S. 387–394. Brief handelt von einem Plinius-Kommentar, der Bucheimer zugestellt worden ist.

445 Vgl. ADB XXIX, S. 299–301; Isolde MAIERHÖFER, Sebastian von Rotenhan. In: Fränkische Lebensbilder, hrsg. von Gerhard Pfeiffer (= Veröffentlichungen der Gesellschaft für Fränkische Geschichte Reihe VII A), I. Würzburg 1967, S. 113–140; WALTER, Humanismus (wie Anm. 172), S. 70. Zu seinem ausgeprägten Selbstverständnis als *Ritter und Doctor* vgl. die von ihm gestiftete Würzburger Gedenktafel; dazu MAIERHÖFER, S. 137–138; ergänzend Franz Xaver HERRMANN, Sebastian von Rotenhan. Humanist und Verteidiger der Festung Marienberg. In: Jahresbericht des Riemenschneider-Gymnasiums Würzburg 1984/85, S. 5–11, hier S. 5–6.

446 Außer der Regino-von-Prüm-Ausgabe erschien während der Mainzer Jahre das sog. »Geographiebuch« (Prisci aliquot Germaniae ac vicinorum populi) von 1520, 1533 postum seine berühmte erste Frankenkarte, vgl. dazu Walter M. BROD, Frankens älteste Landkarte. Ein Werk Sebastians von Rotenhan. In: Mainfränkisches Jahrbuch für Geschichte und Kunst 11 (1959) S. 121–142.

447 Erasmus lernte Rotenhan 1520 in Mainz persönlich kennen, vgl. dazu Erasmus an Rotenhan 13. 8. 1520, ALLEN, Opus epistolarum (wie Anm. 18), IV, Nr. 1134. EOBANUS HESSUS richtete an Rotenhan eine Elegie, vgl. Operum farragines duae. Halae Suevorum 1539, Buch 6, Bl. 286^v–287^v.

448 Hutten widmete ihm am 13. 2. 1520 sein antirömisches Pamphlet »Vadiscus« und bezichtigte ihn im Brief vom 13. 9. 1520 der Lauheit, vgl. BÖCKING, Ulrich von Hutten (wie Anm. 142), I, S. 403–405.

ser Karl V. widmete er denn auch seine Erstausgabe der Annalen des Regino von Prüm (Mainz: Joh. Schöffer 1521), die während der Mainzer Jahre entstanden war[449]. Der Mainzer Hintergrund der Publikation wird nur in dem angefügten Brief an den Kollegen Capito[450] spürbar sowie in der Erwähnung (Bl. 2ᵛ) der Mithilfe Huttichs.

Mäzen war Albrecht als Dienstherr in besonderem Maß für den jungen oberbayerischen Ritter Hans Jordan von Herzheim (1503–1573)[451], der etwa von 1530–1540 die Ämter des Kämmerers und des Schatzmeisters, vorwiegend in Halle, bekleidete. Herzheim, den seine Familie von Anfang an für eine höfische Laufbahn bestimmt und ihn als 15jährigen Studenten Ende 1518 in Wittenberg in die persönliche Obhut Melanchthons gegeben hatte[452], fand an Albrechts Hof die besten Bedingungen, seinen Bildungshunger auf vielen Gebieten, insbesondere aber der Kunst, der Geschichte und Philosophie, zu befriedigen. Durch seinen Lerneifer habe er die Liebe und Gunst des verständigsten *(prudentissimus)* und mit den höchsten Geistesgaben ausgezeichneten Fürsten gewonnen und außerdem die Bibliothek benutzen können, welche der Fürst so überreich ausgestattet habe. Dies schrieb 1542 Jacob Curio in der Widmungsvorrede an Herzheim, dem er als dem kunstverständigen einstigen Kämmerer und Schatzmeister das Werk des Neapolitaners Pomponio Gauricio »De sculptura« dedizierte[453]. Galt diese Ehrung nicht mehr dem Hofbeamten, der dem Fürsten als Kämmerer *proximus & intimus* von allen gewesen war, so doch die Dedikation von Boccaccios »Compendium Romanae historiae« durch den Mainzer Verleger Theobald Spengel (Straßburg: Jucundus 1534; 2. Aufl. ebendort 1535). Zum Dank für Herzheims Freundlichkeit, bei der eine göttliche Macht mit im Spiel gewesen sein müsse, wolle er ihn mit dieser Ausgabe erfreuen, wissend, daß Herzheim gute Autoren über alles schätze. Spengels Bemerkung, Herzheim sei nicht nur selbst *literatissimus*, sondern habe sich auch stets bestens um die Gelehrten *(literarum cultores)* verdient gemacht, weist darauf hin, daß auch Herzheim, wie andere Hofleute Albrechts, als Gönner gewirkt hat. Um dieselbe Zeit hat Sabinus in seinem »Ho-

---

449 Gerne hätte er den Kaiser nach dessen Wunsch 1521 auf dem Feldzug gegen Franz I. von Frankreich begleitet, hätten ihn seine Pflichten am Hofe nicht daran gehindert, schreibt Rotenhan.

450 *Eruditissime simul atque amicissime Capito* spricht er ihn an (Bl. 59ᵛ), datiert 15. 7. 1521.

451 Auch Johann Jardanus von Hirtzheim/Herzheimer, vgl. DBA 527, 278. Als Kämmerer ist er zuerst von Sabinus bezeugt, der ihm 1533 bei seinem Besuch am Hallenser Hof begegnet ist (vgl. Anm. 454), sodann 1534/35 als Schatzmeister, vgl. REDLICH, Cardinal Albrecht (wie Anm. 5), Beilage 9, S. 24–25. S. 332–333 und Beilage 29. Kurz nach 1540, von Mainz bzw. Aschaffenburg aus, wohin sich Albrecht aus Halle zurückgezogen hatte, muß er aus dem Hofdienst ausgeschieden sein, um die Verwaltung der väterlichen Güter Herzheim und Salmanskirchen zu übernehmen. Dies ist aus der Widmung von Jacob Curio (vgl. Anm. 453) zu schließen. Curio, der um 1540 aus Ingolstadt als Medizinprofessor nach Mainz gekommen war (vgl. unten S. 473), muß damals Herzheim noch als Kämmerer kennengelernt haben; zur Zeit der Dedikation war Herzheim bereits aus dem Dienst ausgeschieden.

452 Vgl. MAURER, Melanchthon (wie Anm. 315), II, S. 96–97.

453 Pomponius GAURICIUS, De sculptura, ubi agitur de symmetriis, de lineamentis, de physiognomia, de perspectiva. Nürnberg: Petreus 1542. Curio gab das 1504 in Florenz erschienene Werk auf Bitten des Bruders des Autors in Deutschland heraus. Die Annahme, daß Curio mit der erwähnten Bibliothek die Stiftsbibliothek in Halle meint (vgl. Anm. 21), wird auch gestützt von seiner Beschreibung des an Kunstwerken, Bildern, Statuen, Teppichen und goldglänzenden Baldachinen reichen Hofes, welche auf die bezeugte glänzende Hofhaltung in Halle paßt; vgl. z. B. Johann Carion über seinen dortigen Besuch 1533, mitgeteilt von VOIGT, Briefwechsel (wie Anm. 178), S. 148–149.

doeporicon itineris Italici« von 1535 den Kämmerer als einen der glänzendsten Geister an Albrechts Hof gerühmt[454].

VII. GELEHRTE IN ALBRECHTS SONSTIGEM UMKREIS: KASPAR HEDIO, JOHANNES COCHLÄUS, JOHANNES CROTUS RUBEANUS, JOHANN HUTTICH, JACOB CURIO, CONRAD MUTIANUS RUFUS, (FRIEDRICH NAUSEA, JOHANNES DIETENBERGER, MICHAEL VEHE, HELIUS EOBANUS HESSUS)

Unter Ausschluß der Mainzer Domherren, von denen der Dekan Truchseß von Pommersfelden, der Scholaster Zobel von Giebelstadt und Huttens Verwandter Marquard von Hattstein[455] häufig als Gelehrte in der Umgebung des Mäzens Albrecht, aber vorwiegend selbst als Gönner in Erscheinung traten, sollen im folgenden diejenigen aus Albrechts Umkreis berücksichtigt werden – soweit nicht bereits als Dedikatoren behandelt –, denen Albrecht Mäzen war oder hätte sein können.

Hedio als reformatorischer Theologe, Cochläus als altkirchlicher Kontroverstheologe sind beide Gegenbeispiele zu Theologen in vergleichbarer Stellung, die in Albrecht den Mäzen gesehen haben: zu Capito und zu Nausea. Kaspar Hedio (1494–1552)[456], Capitos Baseler Schüler und Nachfolger in der Mainzer Domprädikatur 1521–1523/24, hat sein Amt weder aus der Sicht Albrechts noch aus seiner eigenen unter mäzenatischem Aspekt angetreten. Albrecht berief ihn auf Grund von Capitos Empfehlung als Amtsnachfolger und wegen seiner eigenen Wertschätzung des »evangelischen« Predigens, und Hedio erblickte in diesem Amt nur die Chance, in Mainz als einem zentralen Ort der reformatorischen Sache zu dienen[457]. Nach seiner Übersiedlung nach Straßburg im November 1523 – wenig später als Capito –, wo er offen die neue Lehre annahm, bekundete er als Autor seine religiöse Parteinahme sehr deutlich, indem er Kardinal Albrechts Vetter, den ehemaligen Deutschmeister Herzog Albrecht von Preußen, zum Widmungsadressaten und damit zum Gönner wählte[458].

454 Vgl. Anm. 264; diese Stelle Bl. D 6^v = REDLICH, Cardinal Albrecht (wie Anm. 5), Beilage 26, S. 117.

455 Hattstein (1489–1522) begrüßte im November 1521 feierlich Erasmus auf dessen Durchreise nach Basel; Hermann von dem Busche nennt ihn einen *Freund aller Wissenschaften und Gelehrten*, bes. Erasmus' und Capitos, vgl. Busche an Erasmus 5. 6. 1520, ALLEN, Opus epistolarum (wie Anm. 18), IV, Nr. 1109, S. 277 mit biographischen Anmerkungen.

456 Eigentlich Heid/Heyd, Bock/Böckel, vgl. NDB VIII, S. 188–189; Hartwig KEUTE, Reformation und Geschichte. Kaspar Hedio als Historiograph (= Göttinger theologische Arbeiten 19). Göttingen 1980. Er verließ Mainz um Allerheiligen 1523, legte aber das Domprediger amt offiziell erst am 17. 5. 1524 nieder, vgl. BRÜCK, Domprediger (wie Anm. 299), S. 134–135; vgl. auch Anm. 309.

457 Vgl. dazu Hedio an Zwingli 15. 10. 1520 und 21. 12. 1520, ZWINGLI, Briefwechsel (wie Anm. 300), I, Nr. 157 und 166.

458 Für seine Widmung der dt. Übersetzung von Chrysostomus' Auslegung des Matthäus- und Johannes-Evangeliums an Herzog Albrecht 1540 erhielt er 100 Dukaten, lehnte aber Angebot eines Dienstverhältnisses ab; dankte ihm mit Widmung der 2. Ausgabe der dt. Übersetzung des bis 1543 fortgeführten »Chronicon Abbatis Urspergensis« von 1543; vgl. dazu Albrechts Brief vom 5. 7. 1540 und Hedios Brief vom 7. 3. 1543, VOIGT, Briefwechsel (wie Anm. 178), S. 298. 301–302; Joh. ADAM, Versuch einer Bibliographie Kaspar Hedios. In: Zeitschrift für die Geschichte des Oberrheins 70 (1916) S. 424–429.

Nicht so vollständig dem Amt nach wie Hedio mit Capito, aber dem geistigen Standort nach nicht weniger, ist Cochläus mit Nausea zu vergleichen. Gleich dem Domprediger Nausea hatte Johannes Cochläus (1479–1552)[459], der von Frühjahr 1526 bis Ende 1527 Stiftsherr von St. Viktor in Mainz und Albrechts theologischer Berater war und als unermüdlicher Kontroverstheologe und Luther-Gegner bekanntgeworden ist, eine vorzügliche humanistische Ausbildung genossen. Wie dieser blieb er auch nach der Ende 1520 getroffenen Entscheidung für seine Lebensaufgabe, die Verteidigung der katholischen Lehre, der Neigung nach Humanist; er drängte aber im Unterschied zu Nausea seine humanistischen Interessen ganz aus dem zentralen Arbeitsgebiet der Kontroverstheologie in einen völlig separaten Lebensbereich ab[460]. Ausschließlich der Kontroverstheologe kam bei Albrecht zur Geltung, während der Humanist abseits von ihm wirkte, im Briefwechsel mit Freunden wie Pirckheimer, Erasmus und Thomas Morus sowie in der Arbeit an zahlreichen Erstausgaben theologischer und historischer Texte[461]. Keine seiner Ausgaben, auch nicht die während seiner zwei Mainzer Jahre erschienenen, hat er Albrecht dediziert, sondern König Ferdinand, Heinrich VIII. von England und dem Bischof von Rochester, John Fisher. Nachdem ihn Kardinal Albrecht, nur sehr ungern, im Jahre 1528 in Herzog Georgs von Sachsen Dienste als Hofkaplan hatte ziehen lassen[462], scheint die Beziehung Cochläus' zu seinem einstigen Herrn ganz verlorengegangen zu sein infolge dessen Zerwürfnisses mit dem Domdekan Truchseß von Pommersfelden, welchen er als seinen Gönner schätzte[463]. Seine Cassiodor-Ausgabe, die er 1529 Sichardus zur Aufnahme in die Albrecht gewidmete Chronicon-Ausgabe überließ, dedizierte er separat dem Freunde Thomas Morus (vgl. Anm. 398). Er hat sich aber bei der Suche nach einem Mäzen für Johannes Haner auch an Albrecht gewandt[464].

Als seinen Gönner könnte Johannes Crotus Rubeanus (1480–ca. 1545)[465] Kardinal Albrecht betrachtet haben, als dieser ihm im Mai 1531 ein Kanonikat in seinem Neuen Stift in Halle verlieh und ihn zum Professor der künftigen Universität bestimmte. Crotus repräsentiert zugleich in besonderer Weise die Kontinuität

459 Eigentlich Dobeneck, geb. in Raubersried, Pfarrei Wendelstein (daher Name Cochläus) im Bistum Eichstätt, vgl. Remigius BÄUMER, in: TRE VIII, 1981, S. 140–146; DERS., in: Katholische Theologen (wie Anm. 342), I, S. 73–81; Carl OTTO, Johannes Cochläus der Humanist. Breslau 1874; zum Briefwechsel vgl. FRIEDENSBURG, Beiträge (wie Anm. 322), S. 106–131. 233–297. 420–463.

460 Vgl. dazu seine Antwort an die humanistischen Freunde 1521 auf dem Reichstag von Worms: *Die schönen Wissenschaften habe ich immer in Ehren gehalten und thue es auch heute noch, aber höher als sie steht mir der katholische Glaube*, vgl. OTTO, Cochläus (wie Anm. 459), S. 123.

461 Zu den Editionen von 1525–1549 vgl. ebd., S. 154–186; zur Mithilfe bei den Ausgaben des Sichardus vgl. Anm. 396 und 398.

462 Darüber Cochläus an Erasmus 8. 1. 1528, ALLEN, Opus epistolarum (wie Anm. 18), VII, Nr. 1928, Z. 13–15.

463 Vgl. dazu des Cochläus zwei Briefe an Truchseß nach Würzburg 6. 10. 1532 und 27. 12. 1532 *(Patrono suo colendissimo)* sowie seine handschriftlich überlieferte Elegie über die unwürdige Gefangensetzung des Domdekans durch Albrecht 1528 (»Elegia in Albertum Card. Maguntinum«) bei RIEDERER, Nachrichten (wie Anm. 346), S. 330–350.

464 Vgl. Anm. 322. Cochläus selbst hat für den Druck von Haners Hauptwerk »Prophetia vetus ac nova« von 1534 (Herzog Georg von Sachsen gewidmet) 35 fl. ausgegeben, vgl. Cochläus an Aleander 8. 9. 1534, FRIEDENSBURG, Beiträge (wie Anm. 322), Nr. 38, S. 256.

465 Eigentlich Jäger, daher bis 1509 Venator, später gräzisierend nach dem Sternbild des Schützen »Crotus« genannt, vgl. NDB III, S. 424–425; KOSCH³ (wie Anm. 249), II, Sp. 846–847; REDLICH, Cardinal Albrecht (wie Anm. 5), S. 55–69; WALTER, Humanismus (wie Anm. 172), S. 74.

des humanistischen Geistes bei Albrecht über die religionspolitische Wende von 1523 hinaus, war sein Name doch mit den »Dunkelmännerbriefen« verknüpft, von deren erstem Teil (1515) er der Hauptautor war. Wie manch andere seiner Freunde aus der Erfurter Universität und wie Witzel war er von der Reformation aus den ruhigen Bahnen seines Gelehrtenlebens geworfen worden. Als er sich 1530 vom Luthertum, dem er seit 1524 im Dienste Herzog Albrechts von Preußen angehangen hatte, zu distanzieren begann, fand der nach Halle übergesiedelte Konvertit dort im Neuen Stift nicht nur eine geistige Heimat und eine neue Aufgabe, an der inneren Kirchenreform mitzuwirken, sondern auch Lebensunterhalt[466]. Umgekehrt paßte Crotus, Doktor der Theologie mit einer breiten humanistischen Bildung und einer reflektiert altkirchlichen Überzeugung, vorzüglich in Albrechts Konzeption seines Stifts. Als stiller Bücherfreund und einstiger Hofbibliothekar Herzog Albrechts[467] war er möglicherweise für die Stiftsbibliothek zuständig. Daß er die ihm großzügig gewährte Muße *(liberale ocium)* und die reichhaltige Stiftsbibliothek nicht zur publizistischen Verteidigung des alten Glaubens nutzte, zu der ihn Witzel wiederholt aufforderte (vgl. Anm. 23), scheint mehr an Albrechts Abneigung gegen religiöse Kontroversen als an Crotus selbst gelegen zu haben[468]. Aber auch sonstige wissenschaftliche Werke hat Crotus nicht mehr veröffentlicht, deren Dedikationen sein Verständnis Albrechts als seines Gönners bezeugen könnten. Einen gewissen Ersatz bietet die »Apologia«[469], in welcher er bereits im September 1531 seinen Herrn gegen verschiedene Angriffe seitens der Reformatoren verteidigte. Mit ihrem Preis Albrechts als Universitätsgründer (vgl. Anm. 195), dem vorausgeschickten Enkomion von Novenianus (vgl. Anm. 256) und dem repräsentativen Titelschmuck mit Albrechts Wappen ist diese Schrift auch eine Huldigung an den universalen Mäzen.

Ähnlich wie Rotenhan zu Albrechts bekanntesten Hofleuten zählte, aber im übrigen in keiner näheren Beziehung zu ihm gestanden zu sein scheint, so gibt es auch keine Anzeichen dafür, daß der wohl bekannteste Vertreter des Mainzer Humanismus, der Altertumsforscher Johann Huttich (1490–1544), von 1513–1517 Lehrer an der Mainzer Artistenfakultät[470], je Kontakte zu Albrecht gehabt

---

466 Seine religiöse Entwicklung seit Verlassen Preußens im Sommer 1530 spiegelt sich in seinen Briefen an Herzog Albrecht von Preußen vom 30. 8. 1530–23. 4. 1532, mitgeteilt von VOIGT, Briefwechsel (wie Anm. 178), S. 160–170; im letzten Brief die Worte: *Novitas nunquam sine periculo, rarissime sine errore. Ich will mit der Hülfe Gottes in der Gemeinschaft der heiligen christlichen Kirche bleiben und alle Novität vorüberwehen lassen wie einen saueren Rauch und aufs Ende trachten.* Mitteilung des Eintritts ins Neue Stift.

467 Vgl. Crotus an Herzog Albrecht 30. 8. 1530: *Es ist meine größte Begier, daß ich möchte zufrieden seyn bei meinen lieben Büchern...*, VOIGT, Briefwechsel (wie Anm. 178), S. 162. Über sein eigenhändiges Verzeichnis der für Herzog Albrecht aufgebauten Hofbibliothek mit großem Anteil an klassischen Autoren vgl. ebd., S. 170.

468 Dies der Eindruck nach Witzels Antwortbriefen an Crotus von 7. 10. 1531–Anfang 1535, vgl. WICELIUS, Epistolarum libri IV (wie Anm. 23), Bl. S^{v}f. und Bl. g 2. Zur ähnlichen Situation bei Vehe vgl. Anm. 362.

469 Apologia qua respondetur temeritati calumniatorum, non verentium confictis criminibus in populare odium protrahere Reverendissimum ... do. Albertum. Leipzig: Blum 1531. Zum Inhalt vgl. REDLICH, Cardinal Albrecht (wie Anm. 5), S. 57–62. Nicht ermittelt bei WEYER, Index (wie Anm. 55).

470 Zu Huttich vgl. NDB X, S. 105–106; ROTH, Huttich (wie Anm. 247), S. 772–789; BAUCH, Mainz (wie Anm. 247), S. 63–71. Zur Lehrtätigkeit an der Mainzer Universität vgl. PRAETORIUS, Professoren (wie Anm. 403), S. 134; STEINER, Artistenfakultät (wie Anm. 197), S. 420–421; FLEISCHER, Anfänge (wie Anm. 389), S. 71–72.

hätte⁴⁷¹. Eine Verbindung zum Mainzer Hof ist nur in der Person Rotenhans nachzuweisen, dem Huttich bei der Regino von Prüm-Ausgabe half, zu einer Zeit, da er schon seit längerem Mainz verlassen hatte. Sein in jedem Sinne »mainzisches« Hauptwerk, die »Collectanea antiquitatum in urbe, atque agro Moguntino repertarum« (Mainz: Joh. Schöffer 1520)⁴⁷², hätte sich ebensogut für eine feierliche Huldigung an den Fürsten von Mainz angeboten wie die Mainzer Livius-Ausgabe von 1518/19; Huttich hat diese Inschriftensammlung aber dem Domscholaster Zobel von Giebelstadt als einem Liebhaber alter Münzen zugeeignet.

Eine persönliche Bekanntschaft mit Albrecht ist zu vermuten, aber nicht nachweisbar, bei dem Medizinprofessor Jacob Curio (1497–1572)⁴⁷³, der um 1540 von Ingolstadt nach Mainz gekommen war. Nicht als Arzt, sondern als Humanist mit ausgeprägten historischen Interessen, als welcher er bereits vor der Ingolstädter Zeit an der Heidelberger Artistenfakultät gelehrt hatte, lernte er den Kämmerer Hans Jordan von Herzheim kennen. Seine an ihn gerichtete Widmungsvorrede von 1542 ist nicht weniger ein Enkomion auf Herzheims fürstlichen Mäzen als eine Geste der Freundschaft gegenüber dem einstigen Kämmerer. Da Curios sonstige Veröffentlichungen⁴⁷⁴ erst lange nach Albrechts Tod während Curios Jahren als Mathematik- bzw. Medizinprofessor in Heidelberg (seit 1547) erschienen, können sie kein Indiz mehr für oder gegen eine Beziehung zu Albrecht sein.

Daß Albrecht nicht als Mäzen von Conrad Mutianus Rufus (1470/71–1526)⁴⁷⁵ nachzuweisen ist, verwundert aus mehreren Gründen. Mutian, der

---

471 Huttich empfahl 1535 dem Freund Beatus Rhenanus den Leibarzt Bucheimer als Vermittler zu Albrecht (vgl. Anm. 443).

472 Auf der Grundlage von Dietrich Gresemunds d. J. Mainzer Inschriftensammlung entstanden; 2. Auflage 1525, vgl. ROTH, Schöffer (wie Anm. 337), S. 46–47, Nr. 53. S. 67, Nr. 111.

473 Eigentlich Hoffmann, geb. in Hofheim/Ufr. (Kr. Haßberge), vgl. ADB IV, S. 646–647; ADAM, Vitae (wie Anm. 426), Mediziner, S. 85–86; ROTH, Beiträge (wie Anm. 389), S. 343–345; DERS., Jakob Hoffman, ein deutscher Mathematiker und Arzt (1497–1572). In: Archiv für Geschichte der Medizin 5 (1912) S. 157–160; KNODT, De Moguntia (wie Anm. 403), S. 18–19; PRAETORIUS, Professoren (wie Anm. 403), S. 131: danach Professor erst seit 1542. Für eine nähere und vielleicht auch früher beginnende Beziehung zu Albrechts Hof sprechen folgende Zeugnisse: 1. Gedicht des Simon Lemnius an Curio (erschienen 1538), worin er diesem seine Preislieder auf Bucheimer begründet (vgl. Anm. 440); Lemnius' mögliche Bekanntschaft mit Curio aus seiner Ingolstädter Studienzeit 1533 kann diesen speziellen Bezug nicht erklären. 2. Der Heidelberger Bibliothekar Paulus Melissus hoffte, aus Curios Werk »Chronologicarum rerum libri II« (Basel 1557) etwas Besonderes über die angeblich aus Mainz gebürtige Päpstin Johanna zu erfahren, da Curio *bei Erzbischof Albrecht von Mainz einige Jahre verbracht* habe (Päpstin Johanna bei Curio erwähnt S. 125), vgl. SCHOTTENLOHER, Ottheinrich (wie Anm. 69), S. 129.

474 Sie reichen fachlich von einer Anleitung zum humanistischen Studium (Erudita iuxta ac pia confabulatio de honestarum artium studiis. 1555, vgl. SCHOTTENLOHER, Ottheinrich, wie Anm. 69, S. 57) über einen Kommentar zum 3. Buch der Aphorismen des Hippokrates (postum 1596 erschienen) bis zum oben erwähnten Geschichtswerk von 1557, mit zwei angehängten Büchern über Geschichte und Ursprung der Franken (Widmungsexpl. für den Würzburger fürstbischöflichen Leibarzt Caspar Dirbach in der UB Würzburg, Sign.: H.p.f.405). Zur gleichen Zeit versuchte Curio, Dirbach zur Veröffentlichung der bis dahin nur in drei Handschriften streng gehüteten Chronik des Lorenz Fries anzuregen, vgl. dazu F. A. REUSS, Kurzer Abriß einer Geschichte der Bücher- und Handschriften-Sammlungen im vormaligen Hochstifte Würzburg. In: Serapeum 6 (1845) S. 161–174, hier S. 166 Anm. 3.

475 Eigentlich Mut(h), vgl. KOSCH³ (wie Anm. 249), X, Sp. 1699; KRAUSE, Mutianus Rufus (wie Anm. 242), Einleitung; KRAUSE, Eobanus Hessus (wie Anm. 242), I, S. 33–51; KAMPSCHULTE, Erfurt (wie Anm. 202), I, S. 74–119.

in Italien von 1495–1502 ein beispielhaftes humanistisches Studium durchlaufen hatte, galt den Humanisten neben Erasmus und Reuchlin als Autorität. In der *beata tranquillitas* seines Gothaer Kanonikerhäuschens, wohin er sich seit 1503 zurückgezogen hatte, scharte er im »Mutianischen Kreis« die jüngeren Erfurter Humanisten um sich, enthielt sich aber jeglicher Publikation. In Eitelwolf vom Stein, der ihn unter denen, *qui in literis otiantur*, am höchsten schätzte[476], verlor er bei dessen Tod im Sommer 1515 einen hochherzigen Gönner (vgl. Anm. 429), und eine Übernahme seiner Unterstützung durch den Mainzer Hof hätte nahegelegen[477]. Für seinen Schützling Eobanus Hessus suchte er auf indirektem Wege Albrecht als Mäzen zu gewinnen, scheint sich aber weder mit diesem Anliegen noch in eigener Sache an Albrecht gewandt zu haben. Die einzigen Zeilen aus seiner Feder, die an Albrecht gerichtet sind oder sich über ihn äußern, beide aus dem Jahre 1515, sind ein Brief-Gedicht an den Erzbischof mit der Bitte um Aufhebung eines Interdikts und ein Lobpreis des *pater patriae*, der den Frieden in der zu Kursachsen tendierenden Stadt Erfurt wiederhergestellt hat[478]. Als ein Grund für das Fehlen einer Gönnerbeziehung läßt sich allenfalls Mutians unorthodoxes Christentum vermuten, das unter dem Einfluß des Florentiner Neuplatonismus stand.

C: *Der Büchersammler und der Mäzen – ihr Ruhm und Nachruhm*

Die beiden miteinander verschränkten Themen unterscheiden sich nach der Forschungslage, von der ihre Bearbeitung ausging, und dementsprechend auch nach der Gültigkeit der erreichten Ergebnisse. Während die Untersuchungen zu den Bibliotheken auf Vorarbeiten, fremde und eigene, aufbauen und zu einem gewissen Abschluß gebracht werden konnten, war zur Erkenntnis des Mäzens der gelehrten Welt ganz von vorne mit der Sammlung von Material zu beginnen, und es muß offenbleiben, wieweit der erfaßte Ausschnitt, so vielgestaltig er sich auch darstellt, repräsentativ ist. Verschieden sind die beiden Wirkungsbereiche aber auch in ihrem Gewicht und im Grad der Bekanntheit, den der Sammler und der Mäzen gefunden haben, differenziert nach dem (zeitgenössischen) Ruhm und dem (heutigen) Nachruhm. In beiden Rollen jedoch steht Albrecht in deutlichem Kontrast zum Kunstsammler und Kunstmäzen.

Im Kunstbereich war Albrecht primär Sammler und wurde als Auftraggeber

---

476 Ulrich von Hutten an Jakob Fuchs 13. 6. 1515, BÖCKING, Ulrich von Hutten (wie Anm. 142), I, S. 43, Z. 25–26.

477 Als seinen und aller Humanisten Mäzen betrachtete Mutian neben Eitelwolf vom Stein auch den Fuldenser Abt Hartmann von Kirchberg (Briefe an diesen vom März 1515, KRAUSE, Mutianus Rufus, wie Anm. 242, Nr. 468–469). Selbst mit Kurfürst Friedrich von Sachsen stand er fast bis zu seinem Tode im Briefwechsel und wurde von ihm wiederholt an die Universität Wittenberg gerufen, vgl. KAMPSCHULTE, Erfurt (wie Anm. 202), I, S. 245.

478 Zum Brief-Gedicht vom Juni 1515, das Eitelwolf übermitteln sollte, vgl. KRAUSE, Mutianus Rufus (wie Anm. 242), Nr. 495. Lob des *pater patriae* und die Worte *Quis autem Alberto melior?* im Brief an den Zisterzienser-Freund Heinrich Urban 11. 11. 1515, ebd., Nr. 526. Die Wahl Albrechts zum Mainzer Erzbischof hatte Mutian im August 1514 noch im Brief an Urban mit der oft zitierten Bemerkung kommentiert: *Magna rerum mutatio. Unus iuvenis vix paedagogos et rudimenta literarum relinquens uno anno fit ter praesul et quidem eminentissimus*, ebd., Nr. 396.

zum Mäzen. Sein Sammeln war auf öffentliche Wirkung und Selbstdarstellung ausgerichtet, begründete und sicherte von sich aus Ruhm und Nachruhm. Auf dem Gebiet der Wissenschaft und Literatur wirkte er in erster Linie als Mäzen, sein Büchersammeln war nur Teil seines mäzenatischen Tuns und auch diesem Teil nur akzidentell. Die Stiftsbibliothek ist nicht entstanden, weil Albrecht eine Bibliothek, sondern weil er ein Kollegiatstift gründen wollte, und ihr weiterer Ausbau vollzog sich im Hinblick auf eine geplante Universität. Seine Privatbibliothek spiegelte in vielen Widmungsexemplaren die Wirksamkeit des Mäzens und darüber hinaus seine geistigen Interessen in dem Umfang, den ihm seine fürstlichen und bischöflichen Aufgaben gestatteten. Der Ruhm und der Nachruhm, den die Stiftsbibliothek aber ungeachtet ihrer sekundären Entstehung hätte erwerben können, blieben ihr infolge der Reformation versagt. Sie konnte nicht als Universitätsbibliothek ans Licht der Öffentlichkeit treten, nicht als eigenständige Bibliothek fortdauern und schließlich als Teil der Mainzer Dombibliothek nicht der Zerstörung entgehen. Die Privatbibliothek, welche im bibliotheksgeschichtlichen Rahmen fürstlicher Sammlungen einen gewissen Nachruhm und vor allem als Dokument seines Mäzenatentums Bedeutung hätte erlangen können, ging ebenso in der Mainzer Dombibliothek auf und mit ihr unter. Von beiden Bibliotheken sind nur Splitter übriggeblieben.

Nicht parallel zueinander verliefen dagegen Ruhm und Nachruhm, weder im positiven noch im negativen Sinne, für den Mäzen außerhalb des Bibliotheksbereichs, sondern geradezu konträr. Albrechts Ruhm als Mäzen der gelehrten Welt war sehr groß, wahrscheinlich sogar größer denn als Kunstmäzen, als welcher er hinter dem Kunstsammler zurücktrat. Der Nachruhm aber hat sich in einer formelhaften Überlieferung verflüchtigt. Es war die Aufgabe der vorliegenden Untersuchung, hinter den tradierten Titulaturen Albrechts als Mäzen wieder seine Gestalt sichtbar werden zu lassen. Da Fakten über seine Leistung als Mäzen nur wenige zur Verfügung stehen, mußte sein Ruhm die Hauptquelle bilden, so wie er sich geäußert hat im Dank und in den Huldigungen der Empfänger oder Aspiranten seiner Gunst und mitbegründet worden ist von seinen vertrautesten Hofleuten, die sich zu Sprechern ihres fürstlichen Mäzens machten[479]. Die Problematik solcher Quellen ist einleuchtend. Doch selbst unter Berücksichtigung der enkomiastischen Übertreibungen jener ruhmseligen und ruhmredigen Epoche, mancher rhetorischer Konventionen und der Widmungstopik hat diese erste Materialsammlung genug erbracht, was Albrecht als bedeutenden Mäzen beglaubigt. Die brieflichen Aussagen der Hofleute Hutten und Stromer sind insofern glaubwürdig, als sie nicht an Albrecht gerichtet waren und eigenem Antrieb entsprungen sind, und die Verehrung, die Hutten über die Trennung hinaus für Albrecht bewahrt hat, spricht besonders deutlich. Während diese Zeugnisse wenigstens gewisse Aufschlüsse über Ziele, Ausmaß und Art des mäzenatischen Wirkens geben, weisen die Dedikationen und Preisgedichte auf einzelne Gönnerbeziehungen hin und zeigen den Humanisten-Mäzen mit dem besonderen Interesse des geistlichen Mäzens für humanistische Theologie erasmischer Schule, Bibelforschung und Patristik mit philologischen Methoden.

[479] Zur Dokumentation konnte auf ein Mindestmaß an Zitaten und Inhaltsbeschreibung der Aussagen nicht verzichtet werden, zumal aus Texten, die nicht in neueren Editionen, sondern nur in z. T. schwer zugänglichen Originalausgaben zur Verfügung stehen.

Das gewonnene Bild erklärt zugleich, warum der einstige Ruhm des Mäzens nicht im Nachruhm fortdauern konnte. Auf institutioneller Ebene Mäzen zu werden, wo ihm der Nachruhm sicher gewesen wäre, war Albrecht versagt, da die Reformation seine Universitätsgründung in Halle verhindert hat. Die Reformation, welche schließlich um 1523 Albrecht zu einer entschiedenen gegenreformatorischen Stellungnahme veranlaßte und seine Energien zunehmend beanspruchte, hat außerdem sicherlich den mäzenatischen Elan seiner ersten Regierungsjahre generell gedämpft. Sie hat ferner seiner Wissenschaftsförderung teilweise die Grundlage entzogen, indem sie mit viel beiderseitiger Polemik das geistige Leben störte und durch die religiöse Polarisierung dem kirchentreuen geistlichen Mäzen auch einen Teil der Gelehrten entfremdete. Unabhängig aber von dieser historisch bedingten Beeinträchtigung besaß sein Mäzenatentum außerhalb des institutionellen Bereichs Wesenszüge, die dem Nachruhm nicht günstig waren. Es war nicht werkbezogen, sondern personal, nicht direkt, sondern indirekt. Er förderte Menschen, nicht das Entstehen von Werken. Es ist kein wissenschaftliches oder literarisches Werk bekannt, als dessen Förderer oder gar Auftraggeber er hätte in die Geistesgeschichte eingehen können. War die Auftragsliteratur schon nicht mehr zeittypisch, so scheint sie Albrecht ganz ferngelegen zu sein; einzig seine Bitte an Erasmus um Heiligenviten weist in diese Richtung. Hinzu kommt, daß er auch seine personale Förderung nicht auf wenige Gelehrte konzentrierte, an deren Leistungen sich sein Name ebenfalls dauerhaft geknüpft hätte. Erasmus hätte eine solche Bezugsfigur werden können, wäre er Albrechts Ruf an den Hof gefolgt. Als Gönner Huttens ist Albrecht zwar in Erinnerung geblieben, aber gerade das Beispiel Huttens zeigt, wie der *lutherische Sturm* nicht nur das Talent Huttens *den Musen entrissen*[480], sondern auch Albrecht als Mäzen um manche Früchte seiner Bemühungen gebracht hat.

Charakteristisch war die großzügige Begünstigung eines weiten Personenkreises, und nicht zuletzt junger Menschen, durch materielle Unterstützung unbekannter Art und unbekannten Umfangs sowie durch Ermunterung. Albrechts väterliches Wohlwollen ist oft gerühmt worden und ebenso die Absicht des Landesvaters, die Wissenschaften im Verein mit der Frömmigkeit wieder zum Blühen zu bringen, gleich einem Landmann einen Baum für die kommende Generation zu pflanzen. Für die Unauffälligkeit und Anspruchslosigkeit, mit welcher der Mäzen wirkte, haben sicher nicht zu Unrecht Hutten den Begriff der *modestia* gebraucht (vgl. Anm. 393), Sabinus das Bild von der unerschöpflich sprudelnden Quelle. An diesem breit angelegten Mäzenatentum wirkte auch der Hof mit. Albrechts vertrauteste Hofleute waren in verschiedenen Rollen daran beteiligt: als weithin leuchtende Beispiele der Mäzenatengunst, als Werbende für ihren Mäzen und als Fürsprecher bei diesem sowie als eigenständige Gönner. Ein mäzenatisches Tun solcher Art zielte nicht auf Ruhm und Nachruhm ab, blieb dem Leben verhaftet, dem es dienen wollte, und entzog sich der Dokumentation und der Überlieferung. An die Zeit gebunden blieb aber auch der Ruhm, die lebhafte, ja überschwengliche Resonanz in den Dedikationen und Preisgedichten, obwohl die Autoren darin Albrechts Namen unsterblich machen wollten. Davon abgesehen, daß diese lite-

---

480 Erasmus an Budaeus 16.2.1521, ALLEN, Opus epistolarum (wie Anm. 18), IV, Nr. 1184, Z. 25–26.

rarischen Zeugnisse heute nicht mehr gelesen werden, unterliegen sie auch zu sehr den Gattungsgesetzen, als daß sie etwas von dem vermitteln könnten, was dem Autor in seiner besonderen Situation Albrechts Gunst bedeutet hat. Sie können nur eine Vorstellung vom Wirkungsradius des Mäzens geben, je nach der Fülle des gesammelten Materials, aber nicht von der Wirkungsweise, welche sich nur in Lebenszeugnissen niederschlagen könnte. Neben den Formbedingungen gibt es ein weiteres Phänomen, das die literarischen Quellen so unergiebig für konkrete Fakten macht. Albrechts Mäzenatentum war nicht nur personal in bezug auf eine große Zahl von Begünstigten, sondern auch – in der Vorstellung der Begünstigten – in bezug auf den Mäzen, nämlich repräsentativ. Der Mäzen und sein Hof repräsentierten das, was sie in vielen anderen förderten. Die Weiterentwicklung des Bildes vom persönlichen und universalen Mäzen zu dem eines Schirmherrn der Wissenschaften, analog einem Schutzpatron, ist unschwer nachzuvollziehen. Hat diese Vorstellung in weitgehender Abstraktion auch gelegentlich den Topos von der »Schutzgottheit« oder von »Athenes Schild« hervorgebracht, so ist doch festzuhalten, daß sie nicht nur rhetorische Konvention war, sondern im Bewußtsein der Zeitgenossen wirklich existierte. Stets wird Albrechts Eigenschaft als Mäzen von seiner Person abgeleitet, von seiner Gelehrsamkeit und Frömmigkeit, und oft wird sein Hofstaat als Versammlung gelehrter und rechtschaffener Männer in diese Repräsentanz einbezogen. Eine solche Ablösung des Gönnerbildes von der konkreten mäzenatischen Leistung mußte für die Nachwelt die Konturen des realen Mäzens nur noch mehr verwischen.

Der personale Bezug und die Ausweitung auf einen größeren Personenkreis dürften weitgehend die Albrechts Zeit gemäßen mäzenatischen Merkmale gewesen sein und den Übergang zur modernen öffentlichen Wissenschaftsförderung eingeleitet haben. Die gegenüber dem Mittelalter gewandelte soziale Stellung der Gelehrten machte eine grundlegende Existenzsicherung durch einen Mäzen im allgemeinen unnötig, es sei denn im Hofdienst eines fürstlichen Mäzens. Willkommen waren aber Geldgeschenke zur Aufbesserung der oft bescheidenen Gehälter oder einer kleineren kirchlichen Pfründe; hochgeschätzt außerdem Ehrengeschenke wie silberne Becher und ganz allgemein die Huld eines Mäzens, aus der sich zwischen den Beteiligten ein Zeremoniell gegenseitiger Ehrung und Bestätigung entwickelte. Für junge Menschen waren Studienstipendien erwünscht. Späte Beispiele von Werkbezogenheit in der deutlichsten Form der Auftragsliteratur gab es bis ins frühe 16. Jahrhundert hinein noch etwa in der Hofdichtung Kaiser Maximilians I. oder in der Hofhistoriographie Aventins am bayerischen Herzogshof. Was am Mäzen Albrecht zeittypisch und was ihm eigentümlich war und wie er sich im Zeittypischen dem Umfang seines Wirkens nach im Vergleich mit anderen deutschen Fürsten darstellt, müssen Untersuchungen zu weiteren fürstlichen Mäzenen der Zeit zeigen.

MISZELLE

Vorbemerkung:
Mit freundlicher Erlaubnis von Herrn Domdekan i. R. Bruno Thiebes aus Speyer seien einige Auszüge aus dessen Schreiben vom 23. April 1991 an den Herausgeber veröffentlicht, die bemerkenswerte Informationen über den Verbleib der Sankt Erasmus-Reliquie aus dem Besitz von Kardinal Albrecht von Brandenburg enthalten.

Als in den Jahren der französischen Revolutionskriege der Domschatz von Mainz in das Schloß zu Aschaffenburg in Sicherheit gebracht wurde, kamen auch die Reliquien des Hl. Erasmus nach Aschaffenburg. Nach der napoleonischen Zeit, als die deutschen Länder und die deutschen Diözesen neu gegliedert waren, behielt der neue Großherzog von Baden den alten Speyerer Domschatz größtenteils für sich und das Großherzogtum. Der Dom zu Speyer wurde entschädigt mit einem Teil des früheren Mainzer Domschatzes, im Jahre 1824. Dabei muß sich die einfache Holzkiste befunden haben, die neben anderen Reliquien die des Hl. Erasmus enthielt. In Speyer blieb die Kiste irgendwo aufbewahrt, sicher ohne Untersuchung des Inhalts, bis sie Bischof Nikolaus von Weis, laut Aufschrift, am 25. November 1859 in der Altar-Apsis der St. Afra-Kapelle des Domes unter den Bodenplatten beisetzen ließ. Die deckende Sandsteinplatte erhielt die Inschrift »Hic reliquiae positae sunt, quibus authentia deest«. Die Aufschrift auf dem Kistendeckel selbst besagte noch, daß die Reliquien von Mainz und Aschaffenburg nach Speyer gekommen seien.

Von der Bergung in der St. Afra-Kapelle an geriet alles in völlige Vergessenheit. Am Ende der großen Domrestaurierung 1957–1970 wurde bei der Erneuerung der St. Afra-Kapelle in der Altar-Apsis zunächst die Deckplatte, dann die vergrabene Kiste gefunden.

Nach Hebung des Kistendeckels sah man oben aufliegend eine etwa 30 cm längliche Packung, in rotes Tuch genäht, mit der Aufschrift auf einen Pergamentstreifen »Corpus Sancti Erasmi Episcopi et Martyris«.

Die rote Tuchhülle wurde aufgetrennt. Zu oberst, über den Gebeinen, lag auf einem Buchenholzstäbchen aufgerollt, ein purpurrotes Pergamentblatt mit silbernen und goldenen Buchstaben, das als letztes Blatt des Codex Argenteus, der Ulfilas-Bibel in Uppsala, identifiziert wurde und seitdem den Namen hat »Fragmentum Spirense«.

Das Pergamentblatt war zum Schutze umhüllt von zwei Büttenpapierblättern. Das größere der beiden hat an einem Ende die Aufschrift »Rotula grecis litteris exarata«, am anderen die Aufschrift »Philippo Melanchthoni«.

Da hat also der seinerzeitige Besitzer des Blattes dieses an Melanchthon zur Begutachtung geschickt und von diesem wieder zurückerhalten.

Nach ihrem neuen Bande »Horst Reber (Bearb.), Albrecht von Brandenburg. Kurfürst, Erzkanzler, Kardinal 1490–1545. Ausstellungskatalog Landesmuseum Mainz, hrsg. von Berthold Roland. Mainz 1990«, S. 239 stand Melanchthon mit ihm [Erzbischof Albrecht] in Briefwechsel und hat ihm einen Kommentar zum Römerbrief gewidmet. Da darf der Schluß naheliegend sein, daß der Kurfürst selbst das Ulfilasblatt an Melanchthon schickte. Sollten etwa die Aufschriften auf der Büttenpapierhülle handschriftlich von Albrecht stammen?

Noch eine Mitteilung möchte ich hinzufügen: In der Reliquienkiste fand sich neben einer Anzahl anderer Reliquien auch eine kleine Schädelkalotte, von grobem grauen Leinen fest umspannt, mit der Aufschrift »Caput sancti Werneri«. Iserloh schreibt im LThK, Beitrag »Werner v. Oberwesel«: »Die Gebeine wurden 1621 von spanischen Truppen verschleppt«. Und nun finden wir hier in Speyer den Schädel des Knaben.

Ich habe das vor Jahren unseren Trierer Freunden erzählt.

Nach Erneuerung der St. Afra-Kapelle wurden, nach Mehrheitsbeschluß des Domkapitels, mit Genehmigung des damaligen Bischofs von Speyer, Dr. Friedrich Wetter, die Reliquien des Hl. Erasmus zusammen mit den anderen vorgefundenen, in einer würdigen, aus Bronze geschaffenen Truhe, an der Entdeckungsstelle in der Altar-Apsis der Kapelle wieder beigesetzt.

Ich glaube, daß die hiermit berichteten Einzelheiten zur Erasmus-Verehrung des Kurfürsten Albrecht von Brandenburg auch für Sie reizvoll und wissenswert sind.

Bruno Thiebes

RUNDGESPRÄCHE

Rundgespräch I:

ALBRECHT VON BRANDENBURG UND DIE RELIGIÖSE FRAGE IM REICH

Referenten:
Prof. Dr. Bernhard LOHSE (Hamburg) – »Albrecht von Brandenburg und Luther«

Prof. Dr. Rolf DECOT (Mainz) – »Zwischen altkirchlicher Bindung und reformatorischer Bewegung. Die kirchliche Situation im Erzstift unter Albrecht von Brandenburg«

Podiumsteilnehmer:
Prof. Dr. Gustav A. Benrath (Mainz), Prof. Dr. Peter Blickle (Bern), Prof. Dr. Otto Böcher (Moderator, Mainz), Prof. Dr. Herbert Immenkötter (Augsburg)

Diskussionsbeiträge von:
Prof. Dr. Heinz Angermeier (Regensburg), Dr. Alfons W. Biermann (Brauweiler), Prof. Dr. Martin Brecht (Münster), Prof. Dr. Gerd Heinrich (Berlin), Prof. Dr. Friedhelm Jürgensmeier (Osnabrück/Mainz), Prof. Dr. Volker Press (Tübingen), Dr. Manfred von Roesgen (Bingen), Dr. Otto Scheib (Donaueschingen), Prof. Dr. Anton Schindling (Osnabrück), Dr. Franz Schrader (Magdeburg)

BÖCHER: Im Anschluß an die gehörten Vorträge wüßte ich gerne, ob es einen Zeitpunkt gab, zu dem Albrecht die Einführung des Luthertums erwogen hat. Offensichtlich stand Albrecht von Mainz in der Sickingenschen Fehde (1522/23) auf der Seite Franzens; dem Erzbischof von Trier kam er nicht zu Hilfe, sondern unterstützte vielmehr Franz von Sickingen durch zwei »Militärberater« (Frowin von Hutten, Kaspar Lerch von Dirmstein). Kardinal Albrecht gehörte zu den Verlierern von 1523; das beweisen nicht zuletzt die Reparationszahlungen, die er zu leisten hatte. Hätte Albrecht, einen Sieg des Sickingers vorausgesetzt, sein Erzstift säkularisiert und (vgl. den Versuch Hermanns von Wied in Köln 1543/46) dem Luthertum zugeführt? Und wenn ja: Hatte Albrecht lutherische Neigungen? Oder waren seine Sympathien für einen weltlichen Kurstaat Mainz rein politischer Natur?

LOHSE: Mein Anliegen ist es, deutlich zu machen, daß Albrecht vorwiegend als Reichsfürst gesehen werden muß und daß auch seine bischöflichen Aufgaben, die er als Reichsfürst gehabt hat, zurückgestanden haben. Ich möchte die Frage an Herrn Böcher zurückgeben: Wenn man bei Albrecht von lutherischen Neigungen sprechen möchte, etwa während der Sickingenschen Fehde, sollen das Neigungen auf dem Gebiet der persönlichen Überzeugung gewesen sein, oder sollen das politische Neigungen gewesen sein? Über letzteres ließe ich mit mir reden, über das erstere, so scheint mir, ist schwer zu urteilen, weil es für die Behauptung lutherischer Neigungen bei Albrecht keinen wirklichen Anhalt geben dürfte.

Albrecht ist ein Reichsfürst mit einer persönlichen Überzeugung, die wesentlich durch Erasmus geprägt ist und die sich im Grunde nicht festlegen möchte auf eine der sich anbahnenden Alternativen. Hätte es freilich die Möglichkeit gegeben, daß politisch eine Entwicklung in Richtung auf die Reformation stattfinden könnte, dann wäre das gewissermaßen eine neue Situation gewesen. Aber dazu ist es ja nicht gekommen, so daß eine solche Erwägung gegenstandslos ist.

BÖCHER: Läßt sich über die religiöse Überzeugung Albrechts – um 1520 – wirklich nicht mehr ermitteln? Ein Kirchenfürst – auch der Renaissance – muß doch eine gewisse geistliche Substanz besessen haben, theologische Interessen, kirchliches Verantwortungsbewußtsein. Vermutlich haben Luthers 95 Thesen samt seinem Begleitbrief vom 31. Oktober 1517 den Erzbischof wirklich in seinem Gewissen beunruhigt; das bei der Mainzer Universität in Auftrag gegebene Gutachten hätte doch wohl nicht nur ein politisches, sondern vor allem auch ein theologisches sein sollen. Vielleicht erklärt sich das Zögern der Mainzer Professoren aus der Tatsache, daß ihnen die theologische Position des Erzbischofs nicht hinreichend deutlich war.

DECOT: Zur Beurteilung von Albrechts Haltung in der Religionsfrage muß man unterscheiden zwischen dem theologischen Anliegen der Reformation und ihren politischen Folgen. Die Kompetenz Albrechts auf theologischem Gebiet ist umstritten, nicht jedoch die Tatsache, daß er sich für derartige Fragen interessiert hat. Seine eigenen humanistischen Neigungen und Anregungen aus seiner Umgebung führten durchaus zu Sympathien für einzelne Ansätze der Reformvorschläge und der Kirchenkritik Luthers. Auch der Notwendigkeit theologischer Erneuerung stand er positiv gegenüber. Theodor Kolde (Friedrich der Weise und die Anfänge der Reformation. Erlangen 1881, S. 55) berichtet beispielsweise, daß Albrecht gegenüber Herzog Johann von Sachsen noch im November 1524 geäußert haben soll, Luther habe in vielen Punkten recht, aber aus Rücksicht auf Papst und Kaiser könne er das öffentlich nicht sagen. D. h. es gibt durchaus Verständnis und gar Wohlwollen für theologische und kirchenreformatorische Anliegen Luthers. Wo sich diese Anliegen unmittelbar oder in der Konsequenz gegen die öffentliche Ordnung wandten, gegen das Reichsrecht, gegen den Kaiser und auch gegen den Papst, gegen die Struktur der Kirche, da endete Albrechts Verständnis, und es war für ihn eine Grenze erreicht. Religion war auch eine Sache des Reiches und des öffentlichen Rechts und hier mußte seiner Auffassung nach die Einheitlichkeit und die überkommene Ordnung gewahrt werden. Die Theologen könnten unter sich über alle Fragen diskutieren, aber sobald hierdurch die Belange der Öffentlichkeit berührt werden, müßten andere Rücksichten gelten. Dies entsprach einer erasmianischen Linie. Das soll zu diesem Punkt genügen.

VON ROESGEN: Über Albrechts Rolle bei der Sickingenschen Fehde von 1523 haben sich schon die Zeitgenossen den Kopf zerbrochen. Sickingen hatte im Zeltlager gesagt, er wolle Kurfürst von Trier werden. Aber ich glaube, wir müssen doch sehen, daß Sickingen dieser Kurhut kaum gepaßt hätte. Für ihn war er doch sicher ein paar Nummern zu groß. Womit die Frage auftaucht, ob nicht in Wirklichkeit Albrecht derjenige war, der nach dem Kurhut von Trier gestrebt hat: Das klingt zwar vielleicht auf den ersten Moment etwas überraschend, aber wenn wir Albrechts Sammlertalent nicht nur von Kunstschätzen, sondern auch von Titeln in Betracht ziehen, war vielleicht ein solches Motiv seiner Persönlichkeit gar nicht so fremd; es kommt hinzu, daß der damalige Kurfürst von Trier, Richard von Greiffenclau, zumindest in Fragen der Reichspolitik meist eine gegenteilige Position eingenommen hat, z. B. bei der Wahl Karls V. 1519, bei der Greiffenclau allen Ernstes François I. zum deutschen König gewählt haben wollte. Da waren also gewisse Gegenpositionen. Vielleicht ist das ein Thema, bei dem die Forschung weiter ansetzen kann.

DECOT: Im Hinblick auf die Sickingen-Fehde bin ich der Meinung, daß Albrecht persönlich mit ihr nicht wirklich in Zusammenhang gebracht werden kann. Allerdings kann man ihm mit Recht vorwerfen, daß er sich nicht auf seiten der Sickingen-Gegner engagiert hat, obwohl das seine Bündnispflicht gewesen wäre. Bekannt ist, daß Gegner des Trierer Erzbischofs bzw. Freunde Sickingens an Albrechts Hof in Mainz lebten. Aber ob man ihm auf Grund dieser Tatsache eine Komplizenschaft oder auch nur Mitwisserschaft zur Last legen kann, erscheint eher ungewiß. Frowin von Hutten war sein Hofmeister, Ulrich von Hutten war einige Zeit als Rat an seinem Hof, mit Franz von Sickingen selbst hatte er persönlichen Umgang, – daß er ihn da nicht gerade bekämpfen wollte, kann man verstehen. Er hat sich einfach zurückgehalten, mußte allerdings nachher die Folgen tragen. Aber dafür, daß er tatsächlich vorhatte, einen Mitkurfürsten aus dem Amt zu treiben, gibt es keinen Hinweis.

LOHSE: Ich möchte für die Bedeutung, die die Aufgaben als Reichsfürst für Albrecht hatten, noch auf einen Punkt hinweisen. In meinem Referat bin ich nur kurz auf die Begleitumstände des Prozesses und der Hinrichtung von Hans Schönitz eingegangen. Nach der Hinrichtung von Schönitz zeigt sich besonders deutlich der Vorrang, welchen die dynastischen Interessen hatten. Als nämlich bekannt wurde, daß Luther eine Schrift gegen Albrecht plante, haben die drei Hohenzollern – Albrecht von Mainz, Joachim von Brandenburg und der Hochmeister des Deutschen Ordens Albrecht, der inzwischen Herzog im früheren Ordensland Preußen war, – versucht, gemeinsam Luther davon abzubringen, diese Schrift, die sich ja irgendwie gegen alle Hohenzollern wenden würde, überhaupt in die Öffentlichkeit zu bringen. Da zeigt sich, daß es eine fürstliche und besonders eine dynastische Solidarität gibt, die über die beginnenden Konfessionsgrenzen reicht und das gemeinsame fürstliche Interesse vertritt, gleich ob man nun evangelisch oder katholisch ist. Luther hat dem Wunsch der drei Hohenzollern nicht nachgegeben. Trotzdem tritt hier die gemeinsame Hausmachtpolitik der Hohenzollern besonders deutlich zutage.

IMMENKÖTTER: Daß für Albrecht das ihn leitende Interesse allein aus den Aufgaben des Reichsfürsten erwuchs, beweist auch die Tatsache, daß seine Entscheidung für die alte Kirche zunächst einmal eine familienpolitische Entscheidung gewesen ist. Bekanntlich ist sein älterer Bruder in der alten Kirche verblieben. Bekanntlich sind die anderen Vertragspartner in den riesigen Bankgeschäften und dem Ablaßhandel, nämlich die Fugger in Augsburg, ebenfalls in der alten Kirche verblieben. Aus diesen Rücksichten hat er selbstverständlich diese Strukturen gar nicht verlassen können. Und auch die Abtragung seines riesigen Schuldenberges war nur denkbar auf altgläubiger Basis, denn dieses Großhandelsgeschäft war auf fünf oder acht Jahre angelegt.

JÜRGENSMEIER: Albrecht wird immer wieder, und zwar negativ belegt, mit dem Ablaß in Verbindung gebracht. Dazu zwei Bemerkungen: 1. Die taxierten Pflichtabgaben bei der Konfirmation von Bischofswahlen an die römische Kurie treten seit dem 13. Jahrhundert auf. Im 15. Jahrhundert wurden sie für Mainz von 5000 fl. auf 10 000 fl. aufgestockt. Trotz anfänglichen Widerstandes konnte sich diese hohe Taxe durchsetzen. Stets wurde verhandelt und es wurden auch Kredite aufgenommen, so 1508, als Erzbischof Uriel von Gemmingen mit Zustimmung des Mainzer Domkapitels eine Anleihe bei den Fuggern machte. Im Falle Albrechts agierten also alle nach gehabter Manier, nach vorgegebenem Muster: Gelder für Konfirmationen, Gelder für Dispensen, Kredite – das alles war selbstverständlich. 2. Wie sehr der Ablaß ein Instrument auch des Geldbeschaffens war, zeigt die damals geübte Praxis. Viele brauchten und gebrauchten ihn: die Päpste für den Neubau von St. Peter, der Kurfürst von Sachsen für seine eben gegründete Universität in Wittenberg, die Brandenburger, um möglichst viele Bistümer und Prälaturen an sich zu bringen.

Die Übel sollten zunächst nicht Albrecht angelastet werden, sie lagen tiefer. Albrecht war eine Figur, die mitten im Spiel stand. Ihn vorschnell und einseitig, wie in der Literatur nicht selten geschehen, mit dem Makel »Ablaßhändler«, »Reliquiensammler«, »Reformgegner« usw. zu belegen, hindert, den wirklichen Albrecht von Brandenburg zu sehen und in ihm eine interessante Figur der frühen Neuzeit zu erkennen.

PRESS: Sickingen hat immer mit Rückendeckung von größeren Fürsten operiert und hat diese sichere Basis eigentlich nie zu verlassen versucht. Das Unternehmen ist bekanntlich gescheitert, aber ich könnte mir vorstellen, daß dieses Zusammenspiel mit den Mainzern für Sickingen auch den Hintergrund hatte, die Mainzer auf seine Linie zu ziehen. Insofern ist ein partielles Zusammenspiel da. Klar ist auch, wenn man das Bezugssystem des Kurfürsten Albrecht im Reich betrachtet: die Familie, die starke Anbindung an den Kaiser, die territoriale Stellung und die Rückbindung an den Adel, der über das Mainzer Domkapitel und das Mainzer Lehnssystem gegeben war, daß in dem Augenblick, da das Sickingen-Unternehmen scheitert, die Möglichkeit zusammenbricht, gemeinsam mit dem Adel etwas zu machen. Daher ist von seinem politischen Bezugssystem her gar keine Alternative mehr gegeben, sich der Reformation zuzuwenden. Insofern würde ich das Sickingen-Problem als ein Spiel mit diesen Möglichkeiten ansehen, wobei man auch sagen muß, daß im Jahr 1523 die volle Dynamik der Reformationsentwicklung noch nicht gesehen wurde. Ebenso war das »Erasmische« am Anfang der zwanziger Jahre eine Bewegung, die sich erst noch ausdifferenziert hat.

LOHSE: Den Bemerkungen von Herrn Press möchte ich zustimmen. Albrecht hielt sich immer mehrere Möglichkeiten offen. Das dürfte der eigentliche Grund sein, weshalb er die Kontakte zu den Evangelischen nicht abreißen ließ. Trotz Bann und Reichsacht wahrte er den Charakter der Beziehungen zu Luther, und zwar auf einer persönlich sehr freundlichen, aufgeschlossenen Ebene. So machte er das auch während des Augsburger Reichstages. Das war nicht nur politische Klugheit, das entsprach nicht nur seiner Weisheit und Vorsicht als Reichsfürst, sondern auch seiner inneren Überzeugung: Gegebenenfalls wollte er neue Möglichkeiten in die Wirklichkeit umsetzen.

DECOT: Es wurde die Frage nach der Bewertung der Handlungsspielräume Albrechts und nach seinem tatsächlichen Verhalten gestellt. Geht man davon aus, daß Albrecht nach allen Seiten offen und daß dies eine Grundhaltung bei ihm war, dann wird natürlich von dieser Disposition her schon deutlich, daß er nicht der Mann war, von dem man erwarten konnte, daß er in der Auseinandersetzung um die Reformation eindeutig Partei ergreifen und eine bestimmte Sache durchfechten würde. Die Schwierigkeiten und Mißstände in der Kirche sah er durchaus. Er versuchte ja auch immer wieder, Änderungen und Verbesserungen herbeizuführen – zu erinnern ist an die verschiedenen Versuche zur Klerusreform –, aber bei dem kleinsten Widerstand, etwa aus dem Domkapitel, gab er zumeist schnell auf. Wo es um seine persönlichen Angelegenheiten, Rechte und Verhältnisse ging, konnte er allerdings auch tatkräftig werden. So war er zur Sicherung seiner Finanzen oder sonstigen Dinge manchmal sehr rigoros, was an der Schönitz-Affäre deutlich wird. Gleiches gilt nicht in Fragen der kirchlichen Reform. Von daher war nicht zu erwarten, daß er sich an die Spitze einer Reformbewegung stellte. Hinzu kommt noch, daß er in diesen Fragen Schwierigkeiten mit seinem Domkapitel hatte. Sein sehr tüchtiger Domdekan, Lorenz Truchseß von Pommersfelden, war sehr fest in seiner altkirchlichen Einstellung und versuchte im Mainzer Ratschlag von 1525 die Suffragane des Mainzer Metropolitanverbandes in der Abwehr der Reformation zu einigen und zum gemeinsamen Vorgehen zu veranlassen. Albrecht schwenkte auf diese Linie nie ein, weil er nicht wollte, daß die Anhänger der alten Kirche im Reich als Partei auftraten. Wenn er sich katholischen Bündnissen anschloß, dann waren dies meistens Defensivbündnisse. Wenn dann doch versucht wurde, bestimmte Aktionen in Gang zu setzen und ihm gar ein konkreter Auftrag erteilt wurde, zog er sich immer wieder zurück, weil er sich vor seinen fürstlichen Standesgenossen nicht exponieren wollte. Auf Reichsebene wuchs seine Vorsicht, als die Gravamina, die sich ja ursprünglich gegen die Kurie und gegen den Papst richteten, ab 1524 auch als Beschwerden gegenüber den Reichsbischöfen vorgetragen wurden. Es gibt dann den Entwurf von Gegenbeschwerden bzw. Entschuldigungen der Geistlichen gegenüber den Weltlichen, der in Aschaffenburg unter Führung von Mainz zusammengestellt worden ist, um in diesen Punkten zu einem Ausgleich im Reich zu kommen. Albrecht vermied also alles, was zu Konfrontation im Reich führen konnte. Daher war er sicher nicht der Mann, der aus eigenem Antrieb die notwendige innerkirchliche Reform hätte einleiten können. Andererseits muß man fragen, ob eine Kirchenreform bei den Zuständen, die damals herrschten, partiell möglich gewesen wäre. Wäre es möglich oder sinnvoll gewesen, etwa nur im Erzbistum Mainz oder in der Mainzer Kirchenprovinz den Versuch zur Herstellung besserer kirchlicher Verhältnisse zu unternehmen? Hätte er die Möglichkeit gehabt, in eigener Initiative die Konkubinarier in seinem Sprengel abzuschaffen, oder hätte er allein in seinem Amtsbereich das Pfründenwesen, den Ablaßhandel und ähnliche Mißstände beseitigen können? Dies erscheint als völlig undenkbar – und das sah er wohl auch. Deshalb kam er zunehmend zu der Einsicht, daß diese Fragen nur gesamtkirchlich gelöst werden konnten. Das bedeutete, daß eine solche Lösung weder in einer Diözese, einer Kirchenprovinz, auch nicht in einem Volk, sondern nur für alle Christen gemeinsam auf einem Konzil in Angriff genommen werden konnte. Das war sein Weg, der Weg der alten Kirche, den er vor allem seit den dreißiger Jahren als den einzig gangbaren ansah. Hieraus kann man ihm kaum einen Vorwurf machen.

BRECHT: Sie haben, Herr Decot, die Verantwortung für den römischen Prozeß etwas abgeschoben von Albrecht von Mainz; er habe mit seiner Anzeige nur Entlastung von seinen Schwierigkeiten, daß die Ablaßgelder nicht eingingen, erreichen wollen. Aber mit dieser Annahme entsteht ein neues Problem; nämlich, wer dann den römischen Prozeß ausgelöst hat. Man müßte auf die angebliche Anzeige der Dominikaner verweisen, die sich aber nicht belegen läßt. Die Verantwortung lag aber doch wohl bei Albrecht, auch wenn der Prozeß nicht direkt seinen Absichten entsprach. Die ganze Problematik wird man sich nochmals überlegen müssen.

Die andere Frage ist übergreifender Art und betrifft einen sozialgeschichtlichen Vorgang. Es ist höchst eigentümlich, wie Albrecht persönlich auf Luther reagiert hat. Luthers demütigen Brief von 1517 würdigte er keiner Antwort. Als Luther dann 1521 gegen den erneuten Ablaßhandel in Halle vorzugehen drohte, kuschte Albrecht geradezu und antwortete mit einem willfährigen Brief, den Luther ihm jedoch nicht abnahm. 1525 forderte er Albrecht auf, sich zu verheiraten. Um dieselbe Zeit sandte dieser das Geldgeschenk zu Luthers Hochzeit. Schließlich trug er Luther das Schiedsrichteramt in der Schönitz-Affäre an, obwohl Luther in diesem Fall sein schärfster Kritiker war. Trotz der Standesdifferenzen hat Albrecht also mehrfach nachgiebig auf Luther reagiert. Er erscheint als ein weicher Mensch, der in Schwierigkeiten nach jedem Strohhalm greift. Dieses Verhalten muß bei der Beurteilung von Albrechts Charakter berücksichtigt werden.

BENRATH: Herr Lohse gebrauchte mehrfach den Begriff »erasmisch«. Dieser könnte in einem ganz weiten Sinn gemeint sein, im Sinne einer Zurückhaltung in den heftigen Maßnahmen, also mehr als Tugendempfehlung an den Fürsten. Es könnte natürlich auch im engeren Sinn gedeutet werden, »erasmisch« als humanistisch im Sinne des Erasmus. Können wir bei Albrecht von »erasmischem Humanismus« als einer rezipierten Geisteshaltung sprechen? Sprechen dagegen nicht die starken lebenslangen, »spätmittelalterlichen« Neigungen etwa zum Reliquienkult, zur Liturgie, zur Kunst, etwas, was sich doch nicht ohne weiteres mit der erasmischen Kirchenkritik verbindet?

Der Reiz eines solchen Kolloquiums liegt darin, das Schachspiel noch einmal nachzuspielen, d. h. die Offenheit der Rekonstruktion zu haben, um damit die Erkenntnis des nachher geschlossenen Systems zu gewinnen. Herr Decot legte hohe Maßstäbe an Albrecht von Brandenburg an. Ist es jedoch Unrecht, wenn man fragt, ob nicht der Primas Germaniae mit einer entschlossenen kirchlichen Reform eine Vorbildfunktion hätte wahrnehmen können? Sagt man jedoch von vornherein, die Reform der Reichskirche sei für ihn undurchführbar gewesen, verstellt man sich dadurch das Verständnis für die Möglichkeiten, die sicher am Anfang, aber m. E. selbst bis in die letzten Jahre vorhanden waren.

LOHSE: Es ist richtig, daß es zwischen Albrecht und Erasmus Gemeinsamkeiten, aber auch Unterschiede gibt. Wenn ich von der erasmischen Art der Frömmigkeit bei Albrecht gesprochen habe, dann hatte ich zunächst die engen persönlichen Beziehungen, die in dem Briefwechsel zwischen Albrecht und Erasmus zum

Ausdruck kommen, im Sinne; sodann aber auch die gemeinsame Überzeugung, die Erasmus wie Albrecht gehabt haben, daß das Christentum wesentlich in Frömmigkeit, in Mäßigung, in der Vermeidung von Tumulten usw. besteht. Beide traten also für eine Reform im Geist der Demut, der Bescheidenheit und der Nachfolge ein. Zugleich legten beide aber auch wenig Wert auf die Behandlung schwieriger theologischer Fragen. Herr Decot zeigte ja, daß das Problem der Willensfreiheit für Albrecht ziemlich belanglos war. Albrecht meinte, solche Fragen könne man unter Fachleuten erörtern, nicht jedoch vor der breiten Öffentlichkeit. Das war genau auch die Ansicht des Erasmus. Es ist richtig, daß in anderen Fragen, wie etwa bei der Stellung zum Heiligenkult oder bei der Einhaltung von Riten auch Unterschiede zwischen Albrecht und Erasmus bestanden haben. Doch hatte Albrecht bei dem, was er positiv über den christlichen Glauben sagte, sehr viel mit Erasmus gemeinsam und betonte das seinerseits wiederholt. Eine gesonderte Frage, die sich aber kaum en passant behandeln läßt, wäre die nach dem humanistischen Charakter von Albrechts Werk. Hierauf könnte man kaum mit einigen thesenartigen Sätzen eingehen.

SCHRADER: Wenn ich Herrn Lohse richtig verstanden habe, bedeutet Erasmusfrömmigkeit Milde und Friedfertigkeit. Ich möchte dazu vorlesen, was Albrecht 1528 an Kaspar Nützel geschrieben hat. Es ergibt sich doch die Frage: Friedfertigkeit, was ist das? Das kann ja sehr äußerlich sein. Aber da schreibt er dann folgendes: *Denn da, wo Fried und Einigkeit, da ist Christus der Friedensfürst und wo der ist, da kann es nimmer übel zugehen, denn es folgt nicht allein alsdann der äußerliche Fried, sondern auch der innerliche.* Ich würde das nicht als eine reine Floskel ansehen.

SCHINDLING: Das Adjektiv »erasmianisch« oder »erasmisch« zieht sich durch die Forschungsliteratur zum 16. Jahrhundert hindurch, und es wird eigentlich nirgendwo genau gesagt, was darunter zu verstehen sei. Ich glaube, das ist ein wichtiges Desiderat der reformationsgeschichtlichen und humanismusgeschichtlichen Forschungen, daß wir uns über diese Phänomene des Erasmianismus noch etwas mehr Klarheit verschaffen; denn es sollte eigentlich nicht bei dieser diffusen Verwendung des Adjektivs auf Dauer bleiben. Zunächst muß man sich darüber klar sein, daß nicht jede Äußerung humanistischen Denkens auch gleich »erasmianisch« genannt werden sollte. Man sollte sich im Einzelfall darüber Rechenschaft geben, wo die allgemeine humanistische Prägung aufhört und wo die spezifisch erasmianische Prägung anfängt. Bei Albrecht ist ganz ohne Frage eine humanistische Prägung, ein humanistischer Denkansatz, eine starke humanistische Bildung da. Inwieweit dies nun mit einer spezifischen Erasmuslektüre und Rezeption erasmianischer Gedanken in einem prägnanten Sinn Hand in Hand geht, vermag ich im Augenblick nicht zu entscheiden, aber es hat Kontakte mit Erasmus gegeben, wohl hat Albrecht auch einzelne Schriften des Erasmus gelesen. Ich meine, daß man einen gewissen Kern dessen, was erasmianisch sein könnte, ausmachen und den auch bei Albrecht finden kann, und zwar würde ich als diesen Kern des erasmianischen Denkens definieren: die Reformation, die Reform der Kirche in einem humanistischen Sinn, aber unter gleichzeitiger Wahrung der kirchlichen Tradition, wobei die Tradition sicher eine ganz entscheidende Rolle spielt. Und hier trennen sich dann ja auch die Wege von Erasmus und Luther. Sie trennen sich über den freien Willen. Sie trennen sich aber auch über den Stellenwert der kirchlichen Tradition. In dem Zusammenhang würde ich den Bemühungen Albrechts um die Liturgie einen relativ hohen Stellenwert beimessen; denn die Liturgie spielt ja auch bei anderen Vertretern dieser Via media immer wieder eine große Rolle, etwa bei Albrechts Neffen Joachim II. von Brandenburg, bei Georg von Anhalt, bei Melanchthon in mancher Hinsicht, wenn wir an den Melanchthon des Interim denken. Wenn wir außerhalb von Deutschland einmal die Dinge betrachten, bei Heinrich VIII., bei der englischen Reform, spielte ja die Liturgie eine große Rolle, und man hat die Reform Heinrichs VIII. in England geradezu als den Prototyp einer erasmianischen Kirchenreform bezeichnet. Ich habe den Eindruck, daß man bei Albrecht ähnliche Ansätze sieht und insofern ist Halle mit dem Neuen Stift ein Ansatz, solche Gedanken zu realisieren, vor allem, wenn man an die Universitätsgründung denkt, die projektiert gewesen ist. – Natürlich die Reliquienfrömmigkeit, die gleichzeitig dort praktiziert wurde, ist nicht erasmianisch, sondern das ist spätes Mittelalter. Aber etwa bei Joachim II. von Brandenburg haben wir ja dann im Cöllner Dom genau dieselbe eigentümliche Verbindung von spätem Mittelalter und reformkatholisch-humanistischen Ansätzen.

In diesem Gesamtzusammenhang scheint mir eines sehr wichtig, daß man die Mainzer Predigtbewegung von Capito und Hedio nicht schon als frühen Protestantismus bezeichnet, wie es in der Mainzer lokalen Kirchengeschichtsschreibung oft geschehen ist. Ich meine, daß bei Capito und Hedio die Situation noch relativ offen gewesen ist. Es handelt sich um eine Predigtbewegung, die vom Erzbischof gefördert wurde, weil er hier noch keine kirchentrennenden Faktoren sah. Das, was in Mainz in den frühen 20er Jahren sich abgespielt hat, scheint mir in manchem mit dem Begriff des Evangelismus benennbar zu sein, wie er vor allem von der französischen Forschung verwendet wird; ich halte diesen Begriff des »Evangelismus« für eine sehr brauchbare Begriffsprägung. Er wird ja in Frankreich vor allem auf Faber Stapulensis und auf die Bewegung von Bischof Briçonnet in der Diözese Meaux verwendet, und gerade diese Parallele von Meaux und den Reformen Briçonnets scheint mir für Mainz interessant, denn das ist ja in denselben Jahren. Und ich meine, daß man hier in diesem Mainzer Kreis einen ähnlichen Ansatz haben könnte wie bei Faber Stapulensis und Briçonnet. Es wäre eine Frage, ob es zwischen Paris, Meaux und Mainz Kontakte gegeben hat. Ich könnte mir vorstellen, daß sie, etwa vermittelt über die Universität, durchaus gegeben gewesen sind.

PRESS: Albrecht von Mainz ist als ein sehr moderner Fürst auf der Höhe der Zeit angetreten. Er hat etwas getan, was für einen deutschen Reichsfürsten ungewöhnlich war, er hat sich mit den Humanisten in das »Comercium Litterarum« begeben, hat sich in lateinischer Sprache mit den Humanisten auf eine Ebene gestellt. Man hat relativ formlos verkehrt, man hat sich geduzt, und ich glaube, das war die Ebene, auf die er sich dann auch im Briefwechsel mit Luther angreifbar gemacht hat, d. h., er ist, indem er auf die gleiche Ebene der Humanisten gestiegen ist, vom Podest des Reichsfürsten heruntergestiegen und hat damit erst eine Diskussion ermöglicht.

BLICKLE: Ich möchte nochmals auf die Grundposition dieses Symposiums zurückkommen. Es steht unter zwei leitenden Begriffen: »Albrecht von Brandenburg« und »Die religiöse Frage im Reich«. Man sollte erstens nochmals darüber reden, was »Die religiöse Frage im Reich« ist. Zweitens sollte man fragen, welche

Kriterien der Bewertung einer Person uns überhaupt zur Verfügung stehen, einer Person, die in einem so eminenten Maße politische Verantwortung im frühen 16. Jahrhundert getragen hat, sowohl als Kirchenfürst wie auch als weltlicher Fürst.

Zum ersten: Zur »religiösen Frage« gehört gewiß die Haltung gegenüber der neuen Theologie, wie sie sich in Luther personalisiert. Die »religiöse Frage« ist aber auch eine solche, die die Gesellschaft in ihrer gesamten Breite ungemein beschäftigt und umgetrieben hat. Es ist wohl kaum eine Übertreibung zu sagen, daß in der deutschen Geschichte kaum oder nie ein Problem der Theologie und der Frömmigkeit die Gesellschaft in dieser Breite und Tiefe beschäftigt hat wie in der Reformationszeit. Wir wissen das aus den Städten, wir wissen das mittlerweile auch vom Lande. Die Gesellschaft, so wird man sagen dürfen, erfaßt und begreift zentrale Positionen des theologischen Appells, deren Rezeption ist weder »falsch« noch »marginal«. Die Gesellschaft rezipiert, wie man heute weiß, zumindest ein Proprium der Reformation, nämlich das »reine Evangelium« – das Kürzel für den gesamten Reformationsprozeß. Aus dem reinen Evangelium leitet die bürgerliche und bäuerliche Gesellschaft die Forderung nach Pfarrerwahl durch die Gemeinde ab, sie komplettiert diese Forderung durch die Überzeugung von der Lehrentscheidungskompetenz der Gemeinde, wie sich das in vielen Disputationen ausdrückt, vorwiegend im städtischen Bereich, aber auch im ländlichen. Diese Auffassung konkretisiert sich kirchenorganisatorisch in der Forderung nach einer wohlfeilen Kirche, also nach einem Klerikerstand, der von seinen Benefizien leben kann, und in einer massiven Zurückdrängung der Kompetenz des geistlichen Gerichtes. Mit diesen theologischen, religiösen und kirchenorganisatorischen Positionen verknüpft sich schließlich auch ein ausgeprägter gesellschaftlicher und politischer Erneuerungswille, der sich programmatisch in der Figur des »göttlichen Rechts« ausdrückt, einer vornehmlich in der bäuerlichen, gelegentlich auch in der städtischen Gesellschaft verwendeten Redefigur. Dieses göttliche Recht ist ja sehr eng verzurrt mit dem reinen Evangelium, ihm liegt die Vorstellung zugrunde, man könne eine neue gesellschaftliche und politische Verordnung nach dem Parameter des neuen und alten Testamentes schaffen.

Das Verhalten der breiten gesellschaftlichen Schichten gegenüber der reformatorischen Theologie hat nun bekanntermaßen destabilisierend und systemgefährdend gewirkt. Herr Decot hat diese Probleme in seinem Referat zum Teil aufgenommen.

Ich möchte an diese einleitende Bemerkung die angekündigte zweite knüpfen, nämlich die Vermutung, daß Albrecht von Brandenburg die von mir gemeinte perspektivische Weite der »religiösen Frage« vermutlich deutlich genug erkannt hat. Herr Lohse hat in seinem Referat doch sehr eindringlich gezeigt, wie Luther direkt den Kurfürsten angesprochen und ihn so zur Reaktion herausgefordert hat. Und die Gesellschaft hat das natürlich auch getan – die Beschwerden der Stadt Mainz oder jene der Bauern des Rheingaus und die der Untertanen aus den verschiedenen Herrschaftsgebieten des Kurfürstentums werden wohl an seine Ohren gedrungen sein und damit das Verständnis der Gesellschaft von Religion, Frömmigkeit und politischer Ordnung.

Damit stellt sich die Frage, welche Möglichkeiten uns zur Verfügung stehen, einen Mann in einer derartigen politischen Stellung zu bewerten, ihn einzuordnen und sein Verhalten zu gewichten. Darin liegt ein methodisches Problem, über das heute und in den nächsten Tagen nochmals grundsätzlicher nachzudenken wäre. In den letzten zwei Jahrzehnten hat die europäische Geschichtswissenschaft, und damit natürlich auch die deutsche, die Biographie als früher leitenden Gegenstand der Forschung preisgegeben. Wir haben Gesellschaftsgeschichte geschrieben und das nicht zufällig und unabsichtlich. Und das sollte und muß auch Rückwirkungen darauf haben, wie man heute Biographien schreibt. Die Gesellschaftsgeschichte hat in bezug auf die Biographie zumindest das erreicht, den Handlungsspielraum von Individuen nicht zu überschätzen. Das allerdings ist zu wenig. Mir scheint, daß eine theoretische Neudefinition der Möglichkeiten einer Biographie bislang nicht erfolgt und dringend notwendig ist. In der Praxis hat es gewiß nicht an Versuchen gefehlt, die Geschichte gesellschaftlicher Gruppen mit der Geschichte einzelner Personen zu verknüpfen – gerade am Beispiel der Theologen der Reformationszeit ist das von vielen, die in diesem Raume sitzen, versucht worden. Es ist weniger versucht worden an politisch herausragenden Personen, aber auch über sie könnte und müßte man im Rahmen dieser Tagung sprechen.

Dazu will ich nur mit wenigen Sätzen eine Anregung formulieren. Der Maßstab, der an eine Person gelegt wird, kann natürlich nicht unabhängig sein von der Position, die diese Person innerhalb eines gesellschaftlichen Gefüges einnimmt, und es ist ganz fraglos, daß ein Albrecht von Brandenburg als Erzbischof und Reichskanzler anders zu bewerten ist als ein kleiner Adeliger oder Ritter. Ich gehe davon aus, daß einer gewissen Funktion eine gewisse Verpflichtung entspricht. Das bedeutet nicht, daß man sich bejahend hinter große Entwicklungen stellt, man kann sich durchaus auch verneinend zu einem solchen Prozeß äußern. Ein Maßstab wäre für mich die Entschiedenheit, mit der man das eine oder andere tut. Und zum Maßstab gehört auch die Begründung dieser Entschiedenheit, mit der man etwas tut. Es ist gestern mehrfach davon gesprochen worden, daß Albrecht von Brandenburg in gewissem Sinne eine neutrale Haltung eingenommen habe. Diese neutrale Haltung ist, teilweise wenigstens, damit gerechtfertigt worden, daß eben dies die Funktion eines leitenden Kurfürsten im Reich habe sein müssen. Eine solche Position halte ich für akzeptabel, aber sie sollte dann eben auch von der Person, die sie für sich in Anspruch nimmt – in unserem Fall Albrecht von Brandenburg –, begründet werden, anderenfalls entsteht der Verdacht, daß ein dem Amt nicht angemessenes Desinteresse oder gänzlich andere Interessen zu politischen Entscheidungen oder Nichtentscheidungen geführt haben. Und das wäre freilich ein gänzlich anderer Parameter.

SCHEIB: Es wurde nach Albrecht von Brandenburg auch als Bischof gefragt. Man kennt die Einschränkungen, die ein Bischof im Spätmittelalter in seiner Amtsführung durch Exemtionen, Patronate usw. zu erleiden hatte. Was Albrecht selbst wollte, ist m. E. sowohl an seinen Bemühungen um die Kirchen- und Klerusreform, vor allem aber an seiner Gründung, dem »Neuen Stift« in Halle, abzulesen. Dieses Stift stellte kirchlich und baulich die ganze Stadt auf den Kopf. Die Bettelorden kamen an den Rand, die alten Stifte wurden zum Teil aufgehoben, der Weltklerus kam in die Mitte, und das Weltklerikerstift wurde als geistlich-humanistisches Zentrum zur Pflege des Gottesdienstes, der Seelsorge und der Klerusbildung konzipiert. Konsequent wollte Erzbischof Albrecht es im Kampf um die neue Lehre 1531 zu einer antireformatorischen Universität ausbauen. Auch die gepflegte Bibliothek bekommt in diesem reformkatholischen Zusammenhang ihren besonderen Sinn. Anders als in der nachtridentinischen Zeit konnte damals ein Bischof nicht direkt in seine Diözese hineinwirken, da Exemtionen und Patronate seine Aufsicht durchlöcherten. Albrechts humanistisch-reformkatholische Einstellung zieht sich m. E. wie ein roter Faden durch seine Bemühungen als Bischof von den Reformen um 1514 in Kurmainz bis zu den Reformversuchen der späteren Jahre. Die Zeitumstände, die Überforderung durch seine Ämter und seine abwartende, ja furchtsame Haltung haben viele seiner Initiativen nicht reifen lassen.

BIERMANN: Ist Kardinal Albrecht tatsächlich am Ende mit den an ihn gestellten Anforderungen, bezogen auf sein Amt als Kirchenfürst, als Erzbischof zweier großer Bistümer, als Sprecher der alten Kirche gegenüber den Reformationsgedanken, nicht überfordert gewesen aufgrund seiner mäßigen theologischen Vorbildung? Ließ er deshalb nicht auch gegen Ende seines Lebens eine gewisse Verhärtung erkennen gegenüber denjenigen, denen er anfangs sehr freundschaftlich, kollegial gegenüberstand: Martin Luther, Melanchthon und anderen? Inwieweit war er überhaupt in der Lage, das wirklich reformatorische Gedankengut Martin Luthers und seiner Freunde nachzuvollziehen, auch in seinen Auswirkungen auf die weitere Geschichte?

LOHSE: Ich möchte gern an diese letzte Bemerkung anknüpfen und auf die Gefahr hin, mich etwas pointiert zu äußern, die Behauptung wagen, daß es damals im deutschen Episkopat nicht einen einzigen Bischof gegeben hat, der auf die Probleme, die mit der Reformation aufgeworfen wurden, als Theologe reagiert hat. Die Bischöfe haben sich vielmehr alle, wenn auch in etwas unterschiedlichem Ausmaß, als Reichsfürsten verstanden. Albrecht stellt hier keine Ausnahme dar, sondern bestätigt die Regel. Es gibt da leichte Differenzen, die hier jedoch ohne Gewicht sind. Diese Unfähigkeit, kirchliche und theologische Fragen auch als solche zu behandeln, ist vielleicht der tiefste »Krebsschaden« in der damaligen Kirche gewesen, besonders eben bei der Amtsführung der Geistlichen. Schlimmer als einzelne Mißstände war, daß man offenbar keinen Blick für die eigentlichen Aufgaben einer Kirchenleitung hatte. Wenn ich das hier einmal von der Seite Luthers aus betrachten darf, dann würde ich meinen: der einzige, der Luther wirklich mit sehr viel Verständnis und übrigens auch niemals ohne Kritik begegnet ist, ist sein Ordensgeneralvikar Staupitz gewesen. Das ist nicht hoch genug zu veranschlagen. Staupitz hat Luther nicht zugestimmt; aber er hat es abgelehnt, sich von ihm zu distanzieren. Er hat Luther zunächst als Beichtvater und dann auch theologisch partiell begleitet. Als sich die Fronten verhärteten, ist Staupitz im Grunde zerrieben worden und aus innerem Gram über die entstehende Spaltung gestorben. Aber in der deutschen Hierarchie findet sich nicht ein einziger – dies gilt auch für seinen zuständigen Ortsbischof –, der auf Luthers Fragen theologisch eingegangen wäre.

Und noch eine kurze zweite Bemerkung sei gestattet, die mit der ersten zusammenhängt und die geeignet sein mag, vielleicht Albrecht zwar nicht gerade zu entlasten, sein Verhalten aber doch in ein etwas anderes Licht zu rücken. Als Theologen und Kirchenhistoriker sind wir naturgemäß geneigt, den Finger auf die theologischen Aspekte zu legen; das ist ja auch unsere Aufgabe. Aber die Feststellung über die Gewichte im deutschen Episkopat zwingt zu der Folgerung, daß die theologischen Fragen damals letztlich politisch entschieden wurden. So ist es in der Tat gewesen, und das war ein sehr schmerzvoller Prozeß.

Was Luther mit seinen 95 Thesen anstrebte, war eine Sacherörterung der Fragen um Glaube, um Buße, um Ablaß, um die Sakramente und auch um die Gewalt des Papstes. Was stattdessen stattfand, war die ausschließlich disziplinäre Behandlung von Luthers kritischer Anfrage und dann auch sehr bald der Ketzerprozeß gegen Luther. Dabei sind die theologischen Fragen zugleich auf die politische Ebene hinübergebracht worden.

PRESS: Die Grundsatzfrage über die Gesellschaft, die Peter Blickle ansprach, kann hier nicht im einzelnen diskutiert werden, doch möchte ich besonders auf die gesellschaftliche Vielschichtigkeit vor allem im 16. Jahrhundert hinweisen. Die Gesellschaft war nicht dichotomisch – hier die Herrschenden und dort die Beherrschten. Es gab viele Zwischenstufen.

Bei den biographischen Arbeiten, die in den letzten Jahren eine enorme Renaissance erlebten, hätte man sich manchmal gewünscht, daß sie stärker die Forschungsergebnisse der Sozialgeschichte mitberücksichtigt hätten. Dabei wäre deutlich geworden, in wieviele Zwänge die Menschen durch die vielschichtigen gesellschaftlichen Strukturen eingebunden waren, wie sehr ihr Handlungsspielraum eingeengt war. Es ist die Frage nach der Verantwortung gestellt worden. Verantwortung – vor wem? Ein Erzbischof wie Kardinal Albrecht, den man aus Interessen der Dynastie auf eine solche Stelle geschoben hat, war zunächst, das hat bereits Wolfgang Reinhard sehr schön gezeigt, dem Familienverband verpflichtet. Da hat er wahrscheinlich von der Sozialisation her die erste Verantwortung gehabt, und das war im System. Da frage ich mich, bei starker Bejahung, daß man Biographien in voller Kenntnis dessen, was man an sozialgeschichtlichen Erkenntnissen in den letzten Jahren dazu gewonnen hat, schreibt, warum soll in besonderem Maße nach der Verantwortung des Individuums gefragt werden? Gefordert werden einerseits Strukturuntersuchungen, andererseits aber wird an das Individuum, das biographisch erfaßt werden soll, ganz im Sinne des 19. Jahrhunderts die Frage nach der Verantwortung für eine große Bewegung gestellt. Ich halte das für einen nahezu unauflöslichen Widerspruch. Ich werbe an dieser Stelle für Verständnis für Leute, die in sehr schwieriger Situation in der Politik die Kunst des Möglichen sehen und dann kleine Schritte machen.

Legen wir nicht bei all diesen Überlegungen zu stark den Maßstab der Reformation an Kardinal Albrecht an? Er war zuerst ein Reichsfürst. Man bedenke, daß geistliche Fürsten, sofern sie überhaupt studiert haben, Kanonisches Recht, nicht Theologie studierten, da Kanonistik als »Handwerkszeug« für den »Beruf« des geistlichen Fürsten wichtiger als Theologie angesehen wurde.

HEINRICH: Damit ist die Frage nach einem Studium Albrechts in Frankfurt an der Oder aufgeworfen worden. Dazu haben wir bislang keine einzige Quelle. Es bleibt uns also nichts anderes als das Umfeld abzutasten, zu beschreiben und auch Rückschlüsse daraus zu ziehen, wie das Haus Hohenzollern sonst in Erziehungsfragen verfahren ist. Nimmt man nun den Bruder Albrechts, Joachim I., so hat er ja eine sehr gute Erziehung genossen. Er ist in Franken bei seiner Stiefgroßmutter ausgebildet worden und man kennt auch einen Teil der Lehrer. Von daher kann man in aller Vorsicht schließen, daß der Vater noch, aber dann vor allem der ältere Bruder auf die Erziehung erheblichen Wert gelegt hat. Auf die Bedeutung von

Dietrich von Bülow wurde bereits hingewiesen. Er ist ein ganz erstaunlicher Mann, der auch aus dem Kreis der sonstigen Bischöfe sehr positiv herausfällt. Ich würde generell diese spätmittelalterlich-frühneuzeitlichen Bischöfe doch differenzierter betrachten wollen und auch darauf hinweisen, daß in den Domkapiteln einige außerordentlich gelehrte Leute gesessen haben, wirkliche Theologen, die dann auch neue Schriften oder Lutherschriften konsumierten, und das ist dann über ihre Bischöfe auch zu den Erzbischöfen vorgedrungen, eben auf mündlichem Wege vielleicht.

An der Universität Frankfurt, die nach einer längeren Vorbereitungsphase 1505/06 in Betrieb genommen wurde, war die juristische Fakultät die stärkste gewesen. Dort lernte Albrecht durch den exzellenten Juristen Dietrich von Bülow, der selber in Bologna gewesen war, und andere Bologna-Absolventen das neue Ordnungsdenken kennen. Ich wage zu behaupten, Reformation war zuerst auch Unordnung. Wer so ausgebildet war, dafür gibt es ja auch schriftliche Zeugnisse aus verschiedenen Quellen, der verwandte das Argument der Unordnung sehr stark. Das mußte dann in die Waage gebracht werden, die landesfürstlichen Grundforderungen mit dem Moment des Konfessionellen und der konfessionellen persönlichen Bewegung.

Wie weit Albrecht Theologie studiert hat, läßt sich bislang nicht sagen. Vermutlich hat er Kanonistik gehört. Die allererste Weihe empfing Albrecht 1506, aber das war ja etwas sehr Vorläufiges, was jederzeit auch sozusagen zurückgenommen werden konnte. Seine Ausbildung enthielt wohl all das, was einem jungen Reichsfürsten zukam. Wie lange er studierte, wissen wir nicht.

BLICKLE: Wie Sie wissen, habe ich mit Biographien wenig zu tun und wollte mit meinem Diskussionsbeitrag lediglich ein theoretisches Problem formulieren, ausgehend von dem Verdacht, das zwei große Forschungsstränge unserer Disziplin, nämlich die Gesellschaftsgeschichte auf der einen Seite und die Geschichte der Individuen (Biographie) auf der anderen, theoretisch nicht optimal vermittelt sind. Daß ich »die Verantwortung« als Bewertungsmaßstab hervorgehoben habe, war ein Vorschlag, wobei Verantwortung hier natürlich funktionalistisch gemeint ist, d. h., nach meiner Auffassung gibt es eine Verantwortung gegenüber »dem Amt«, das man bekleidet. Ein Grundherr, der fünfzig untertänige Bauern hat, muß im gegebenen System adeliger Herrschaft diesen Bauern gegenüber irgendwelche Verpflichtungen einlösen, summarisch gesprochen, sie schützen. Insofern mit dem Begriff »Grundherr« bestimmte von der Gesellschaft und Zeit her definierte Funktionen verbunden sind, liegt hier ein Bewertungsmaßstab für den Grundherrn vor; auf diese Weise können gesellschaftsgeschichtliche und individualgeschichtliche Ansätze und Interpretamente aufeinander bezogen werden.

SCHINDLING: Es ist mehrfach jetzt von dem Bischof, der überfordert war, die Rede gewesen. Es ist auch von dem Reichsfürsten mit seiner Stellung im komplizierten Gefüge der Reichsverfassung die Rede gewesen. Ich glaube, wir müssen als dritte Komponente immer daneben auch den Territorialfürsten sehen. Und meiner Meinung nach liegt hier sogar vielleicht die entscheidende Überforderung der Position Albrechts, denn die Verbindung der drei geistlichen Fürstentümer Mainz, Magdeburg und Halberstadt ist wohl praktisch kaum realisierbar gewesen. Allein das Erzstift Mainz mit seinen vielfältigen komplizierten territorialen Nachbarschaften und Verflechtungen von der Nahe bis nach Thüringen hat einen ganzen Mann, wenn man das einmal so ausdrückt, erfordert, um gut regiert zu werden. Und das auch noch mit den mitteldeutschen Problemen von Magdeburg und Halberstadt zu verbinden, ist, glaube ich, territorialpolitisch kaum lösbar gewesen. Albrecht hat das zu lösen versucht, indem er Statthalter eingesetzt hat, den Bischof von Straßburg etwa hier in Mainz. Aber er ist auf dieser Ebene gescheitert, vor allem in Mitteldeutschland. Das zeigt sein Rückzug aus Halle nach Aschaffenburg. Ich glaube, daß man in dieser überzogenen Verbindung von drei Territorien, die jedes, oder zumindest Mainz und Magdeburg jedes für sich, ein Schwergewicht waren, einen entscheidenden Grund für die politische Schwäche des Erzbischofs sehen muß.

ANGERMEIER: Ich möchte meinem Vortrag nichts vorwegnehmen, aber ich glaube, es ist jetzt so oft von Albrecht von Brandenburg als Reichsfürsten die Rede gewesen, daß man einmal mit Betonung sagen muß, so geht es nicht. Albrecht von Brandenburg war nicht irgendein Reichsfürst, sondern er war der Reichskanzler. Er war der erste der Kurfürsten. Albrecht von Brandenburg war berechtigt, den Reichsvizekanzler zu stellen. Albrecht war im Grunde genommen derjenige, der das erste Votum auf den Reichstagen hatte. In allen diesen Dingen ist Albrecht von Brandenburg nicht in Erscheinung getreten. Und das, glaube ich, sollte man einmal auch in seiner Bedeutung herausstellen, um die richtige Perspektive für den Mann zu bekommen.

Rundgespräch II:

ALBRECHT VON BRANDENBURG-HOHENZOLLERN UND DIE ENTWICKLUNG IN MITTELDEUTSCHLAND

Referenten:
Prof. Dr. Gerd Heinrich (Berlin) – »Albrecht von Brandenburg und das Haus Hohenzollern«

Prof. Dr. Günter Vogler (Berlin) – »Bauernkrieg und Täuferbewegung im Erzbistum Magdeburg und Bistum Halberstadt«

Podiumsteilnehmer:
Dr. Ilonka Egert (Berlin), Prof. Dr. Josef Pilvousek (Erfurt), Prof. Dr. Anton Schindling (Moderator, Osnabrück), Dr. Franz Schrader (Magdeburg), Dr. Ulman Weiß (Erfurt)

Diskussionsbeiträge von:
Prof. Dr. Friedhelm Jürgensmeier (Osnabrück/Mainz), Prof. Dr. Martin Brecht (Münster), Dr. M. Dinges (Köln), Prof. Dr. Rudolfine Freiin von Oer (Münster), Prof. Dr. Volker Press (Tübingen)

SCHINDLING: Es stellt sich die Frage, wo für Albrecht von Brandenburg das geographische Zentrum seines politischen und kirchlichen Denkens lag, und ob es sich vielleicht im Laufe der Zeit verschoben hat. Hat dieser Berliner Hohenzoller die Welt aus der Perspektive des Cöllner Residenzschlosses gesehen, hat er sie aus der Perspektive des Magdeburger Domes bzw. der Moritzburg in Halle wahrgenommen, oder hat er das Reich und Europa aus der Perspektive seiner Burgen in Mainz und Aschaffenburg mit dem Mainzer Martins-Dom im Zentrum betrachtet?

Die Ikonographie kann hier vielleicht manche Hinweise geben. Auf einer Bildtafel ließ sich der Kardinal als Heiliger Martin darstellen, womit er zeigt, daß er den Mainzer Dompatron zu seinem eigenen Patron erwählt hat. Anders das berühmte Grünewaldbild in der Alten Pinakothek in München. Dort wird die nordostdeutsche Position an Spree und Elbe, die Albrecht von Brandenburg eingenommen hat, auf sehr eindrucksvolle Weise in der Heiligendarstellung zum Ausdruck gebracht. Die Heiligen Erasmus und Mauritius stehen nebeneinander. Bischof Erasmus, der die Gesichtszüge von Albrecht von Brandenburg trägt, ist der Patron der Cöllner Domkapelle, in der der Hohenzoller wahrscheinlich getauft wurde. Neben Erasmus steht der heilige Mauritius, der Patron des Magdeburger Domes.

VOGLER: Ich bin skeptisch, ob sich klären läßt, wo das Zentrum des politischen und kirchlichen Denkens Albrechts lag. Zunächst muß nach den Kriterien gefragt werden, die man anlegen will, um das Gewicht des einen oder anderen Teils seines Herrschaftsbereichs für seine Politik zu erkennen. Auf jeden Fall ist zu respektieren und in seiner Bedeutung wohl nicht zu unterschätzen, daß er sich ständig wechselnd an verschiedenen Orten aufgehalten hat, und dies sicher nicht ohne Folgen für das jeweilige Gebiet geblieben ist. Wäre er immer in Mainz gewesen, dann – so könnte ich mir vorstellen – wäre manches in den nordöstlichen Stiften Magdeburg und Halberstadt anders gelaufen. Ich will es nur mit dem Verweis auf einen Punkt andeuten: Wäre nicht wiederholt Halle für längere Zeit die bevorzugte Residenz gewesen, bliebe es fraglich, ob dann das Neue Stift die bekannte Gestalt angenommen hätte. Ohne diese seine Schöpfung hätte Halle sicher in seinem Konzept eine andere Rolle gespielt. Das Gegenbeispiel ist Erfurt. Er hat diese Stadt niemals als mögliche Residenz in Anspruch genommen. Es scheinen Schwerpunktverlagerungen in der Bedeutung einzelner Teile des Herrschaftsbereichs Albrechts durch den subjektiven Einfluß – und das heißt: durch persönliche Anwesenheit des Landesherrn – stärker geprägt worden zu sein als vielleicht durch andere Faktoren.

SCHRADER: Ich habe einmal ausgerechnet, daß der Kardinal bis zu seinem Tode 11½ Jahre im Erzstift Magdeburg war, das ist ein Drittel seiner 30jährigen Regierungszeit. Das möge zur Ergänzung dienen.

JÜRGENSMEIER: In meinem Institut wird derzeit anhand der Literatur und der gedruckten Quellen ein Itinerar Albrechts von Brandenburg zusammengestellt. Die in großer Anzahl bisher erfaßten Daten lassen bereits ein erheblich differenzierteres Bild seiner Person und seiner Aktivitäten zu. Es wäre nicht nur wünschenswert, sondern eigentlich notwendig, ein vollständiges Itinerar zu erarbeiten und zu publizieren. Das bedeutete natürlich noch viel intensive Archivarbeit.

HEINRICH: Hier möchte ich gleich auf die schlechte Forschungslage hinweisen. Wir vermissen vier Untersuchungen bzw. vier Quellenkomplexe. Es fehlt erstens eine Edition von Albrechts Briefen. Das ist ein Forschungsprojekt von vier bis fünf Jahren, wenn man einen ganz tüchtigen Bearbeiter hat. Zweitens brauchen wir eine Finanzgeschichte Albrechts, und zwar für beide Erzbistümer. Dies ist ein besonders schwieriges Unterfangen, aber es müßte versucht werden und es würde die Forschung sicher einen großen Schritt nach vorne bringen. Drittens fehlt eine umfassende Untersuchung und Neubewertung des Kunsterbes Albrechts. Hier liegen jedoch schon einige Untersuchungen von Herrn Dr. Tacke vor. Viertens muß eine Verwaltungsgeschichte geschrieben werden, in der die offenbar überdurchschnittlichen Verwaltungsleistungen dargestellt werden. Vorarbeiten für das Mainzer Erzstift sind vorhanden, für Magdeburg fehlen sie ganz.

WEISS: Seit Lebzeiten des Bonifatius waren die Mainzer Erzbischöfe geistliche Herren in Thüringen. An manchen Orten, namentlich im Eichsfeld und in Erfurt, erlangten sie später auch weltliche Herrschaftsrechte. Doch diese Befugnisse wurden in Erfurt immer mehr geschmälert, so daß die Stadt im ausgehenden Mittelalter nahezu autonom war. Erst mit Erzbischof Diether von Isenburg begannen die entschiedenen und erfolgreichen Bemühungen, die erzstiftischen Befugnisse in Erfurt zu bewahren und wieder zu erweitern.

Insofern sah sich der Magdeburger Erzbischof Albrecht, als er 1514 auch den Mainzer Bischofsstuhl einnahm, in einer weit besseren Lage als seine Vorgänger. Im übrigen hatte ihn das Domkapitel gerade deshalb gewählt, weil es mit Recht angenommen hatte, Albrecht, in Besitz des Magdeburger und Mainzer Erzbistums, würde Erfurt und dem Eichsfeld als dem natürlichen Bindeglied zwischen seinen beiden Herrschaftsbereichen besonderes Augenmerk schenken. Diese Erwartungen, alles in allem, erfüllte er nicht.

Zunächst wurde Albrechts Wahl in der von Bürgerkämpfen erschütterten Stadt Erfurt begrüßt. Sie erhoffte sich vom neuen Erzbischof wirksamere Hilfe gegenüber Stadtfeinden und war deshalb auch bereit, angestammte Rechte preiszugeben. Statt oberherrlichen Schutzes erlebte die Stadt die weitergehenden Machtansprüche Albrechts, die er nun mit neu ernannten, sehr geschickten Ämtlingen durchsetzen wollte. Offensichtlich war ihm darum zu tun, alle städtischen Rechte mit dem zielstrebig verfolgten Zeremoniell des Einreitens letztendlich niederzureiten. Allein er scheiterte. Da er zur Gesundung des städtischen Haushalts nicht beitrug, verlor er seine Gunst bei der Bevölkerung; Rat und Gemeinde wandten sich wie ehedem wieder Sachsen zu und kündigten Kurmainz die zwischenzeitlich zugestandenen Rechte auf. Dagegen erwirkte Albrecht ein kaiserliches Rescript und erhob Klage beim Reichskammergericht. Die Stadt antwortete mit einer Gegenklage, und ein jahrzehntelang sich hinziehender Prozeß begann. Einige Jahre später, während des Bauernkrieges, unternahm es die Bürgerschaft sogar, sich gewaltsam von der weltlichen und geistlichen Herrschaft des Erzbistums zu lösen. In den Verhandlungen, die hierüber in der folgenden Zeit geführt wurden, trat Kardinal Albrecht nur einmal persönlich auf, und dies in einem Sinne, der sein Interesse an der Restitution der weltlichen Mainzer Rechte zeigte, aber auch seine Einsicht in die Notwendigkeit einer politischen Regelung der Religionsfrage.

Wie andernorts war Albrecht auch in Erfurt der reformatorischen Bewegung anfangs kaum entgegengetreten: Kein Einschreiten gegen lutherische Prediger, kein Verbot reformatorischen Schrifttums, keine Publikation des Wormser Edikts. Nur zweimal intervenierte er, und zwar wegen des im Pfaffensturm 1521 der Stiftsgeistlichkeit aufgezwungenen Vertrages und wegen des aus Miltenberg vertriebenen Johannes Draco. Aber in beiden Fällen ging es eigentlich nicht um geistliche Belange. Wo es aber um sie ging, nämlich im kaiserlichen Mandat von 1524, war Albrechts persönliche Mitwirkung fraglich. Das änderte sich nach 1525. Albrecht rief die Unterstützung des Schwäbischen Bundes an und erwirkte 1527 ein kaiserliches Mandat, das er mehrfach in der Stadt anschlagen ließ. Seine Sorge, Erfurt könne an Sachsen fallen und dem Erzstift ganz verlorengehen, war groß. In den Verhandlungen wegen der möglichen Königswahl Herzog Wilhelms von Bayern läßt er sich von ihm ausdrücklich eine Versicherung über die Zugehörigkeit der Stadt Erfurt zum Erzbistum geben. Eben weil sie gefährdet war, begab er sich 1530 in den zu Hammelburg vereinbarten Kompromiß. In ihm anerkannte der höchste deutsche Kirchenfürst die vorgenommenen reformatorischen Neuerungen und verzichtete auf die geistliche Jurisdiktion über einen Großteil der Bevölkerung. Diesem Vertrag, gleichsam einer Vorwegnahme des Augsburger Religionsfriedens auf lokaler Ebene, kam zweifellos Signalwirkung zu. Dieses unverkennbare Bemühen, Erfurt beim Erzstift zu halten, sah sich später zumindest zeitweise in Frage gestellt, als Albrecht im Mainzer Domkapitel erwog, ob die Stadt nicht veräußert werden sollte. Auch jetzt, wie während seines ganzen Pontifikates, wurde er seiner Hirtenpflicht in Erfurt nicht gerecht; er nahm es hin, daß jahrelang kein Weihbischof in der Stadt residierte; auch die Stiftsgeistlichkeit sah sich von Albrecht nicht angemessen unterstützt.

Insgesamt war die Erfurt gebenüber verfolgte Politik unter den Erwartungen geblieben, doch nach Lage der Dinge dürften auch beharrlichere Bemühungen keine eindrucksvolleren Erfolge gebracht haben.

PILVOUSEK: In den Erfurter Archiven finden sich wenige Nachrichten über Albrecht von Brandenburg. Weder als Landesherr noch als Erzbischof trat er häufiger in Erscheinung. Sein zögerndes Einschreiten gegen die beginnende Reformation in Erfurt, sein mangelndes Engagement beim Zustandekommen des Hammelburger Vertrages 1530 und seine Zurückhaltung bei der Wiedererlangung von Kirchen und Klöstern und der Restitution des Gottesdienstes lassen wohl den Schluß zu, daß er diesen überaus schwierigen Gegebenheiten und Fragen aus dem Weg ging, vielleicht Auseinandersetzungen scheute. Zahlreich waren die Gruppierungen in Erfurt, die ihn und die Mainzer Herrschaft als Gegner hatten: Der Rat der Stadt, die Sachsen und die sächsischen Parteigänger und schließlich sogar die Geistlichkeit, die ihrem Erzbischof vorwarf, daß er »nur seine Macht im Erzstift verfolge«. Schließlich folgte sogar ein Dekan des Marienstiftes, Johannes Rudolphi (1534–1552), als »oberster« Pfarrer der Stadt mehr der Politik des Stadtrates als der des Erzbischofs.

Daß es Albrecht von Brandenburg dennoch gelang, immer wieder Mainzer Positionen in Erfurt zu vertreten und ausstehende Forderungen in Erinnerung zu rufen, war seiner überaus klugen Personalpolitik zu verdanken. Den von ihm providierten Geistlichen und ernannten weltlichen Beamten gelang zwar nie eine völlige Wiederherstellung der Verhältnisse von 1509, das Bewußtsein aber, in Albrecht den eigentlichen Landesherren zu haben und im Erzbischof von Mainz den Ordinarius, ging der Stadt und der Geistlichkeit nicht verloren.

Als ein Beispiel ist die Ernennung seines Kanzlers Caspar von Westhausen zum Propst des Marienstiftes zu nennen, die er gegen alle Widerstände des Kapitels durchsetzte. Diesem Caspar von Westhausen gelang es, sicher auch aus persönlichem Interesse, einen Vertrag mit der Stadt zu schließen – wohl eine Vorwegnahme des Augsburger Religionsfriedens –, der bezüglich der religiösen Verhältnisse den Status quo festschrieb.

So kann festgehalten werden, daß Albrecht persönlich sich kaum um die Belange Erfurts kümmerte. Die Rechte des Landesherren und die des Bischofs wurden durch Beamte vertreten, die in unterschiedlichem Grad die Abhängigkeit Erfurts von Mainz wachzuhalten verstanden.

Diese Zurückhaltung Albrechts von Brandenburg hinsichtlich Erfurts als Desinteresse deuten zu wollen, scheint unangebracht angesichts der Tatsache, daß er sehr wohl über alles in Erfurt unterrichtet war und es auch wertete. Vielleicht sind Zaghaftigkeit, Halbherzigkeit oder sogar Unfähigkeit, auf schwierige Situationen adäquat zu reagieren, die Gründe, warum man in der komplizierten Situation Erfurts das politische Engagement des Landesherren und die geistliche Leitung des Erzbischofs vermißt.

BRECHT: Kann das, was an den Stiftern Halberstadt und Magdeburg dargestellt worden ist, in Beziehung gesetzt werden zu den frühen spannungsreichen Ereignissen in Miltenberg, in dem mit Friedrich Weigand eine Hauptfigur des Bauernkriegs verwickelt war?

VOGLER: Ich sehe im Moment keinen Ansatzpunkt dafür, daß hier irgendwelche Beziehungsfragen eine Rolle spielen sollten.

VON OER: Läßt sich feststellen, ob aus der Sicht Albrechts ein Zusammenhang bestand zwischen Bauernkrieg und Reformation? Von dem von Ihnen, Herr Vogler, vorgetragenen Material her, also Sturm auf die Klöster, nicht auf die Rittersitze, böte sich da ein Ansatz an, dazu etwas zu sagen? Daran anschließend, jetzt etwas spezieller: Bestand auch eine Vorstellung von einem Zusammenhang zwischen Täufertum und Bauernkrieg? Für Münster/Westfalen glaube ich das aus Verhörsprotokollen entnehmen zu können, es werden verhörte Täufer gefragt, ob sie denn den Aufstand der Bauern erregt hätten (Bsp. Dionysius Vinne). Offenbar war die Erinnerung daran doch noch recht lebendig.

VOGLER: Zu Punkt 1: Wenn Sie danach fragen, ob Albrecht einen Zusammenhang zwischen Bauernkrieg und Reformation sah, dann muß ich sagen, daß ich keine von ihm herrührende Quelle für das Magdeburg-Halberstädter Gebiet kenne, in der das Problem aus seiner Sicht eine Rolle spielt. Es begegnet allerdings generell – wie anderswo auch – die Meinung, Schuld am Bauernaufruhr trügen die lutherischen oder reformatorisch beeinflußten Prediger. Nur dieser Sachverhalt läßt sich feststellen. Andere Zusammenhänge lassen sich meines Wissens aus den Quellen nicht erschließen. Zu Punkt 2: Das Thema der Beziehungen zwischen Täufertum und Bauernkrieg wird in dem behandelten Gebiet in den Quellen nirgendwo direkt angesprochen. Wo der Frage in den letzten Jahren nachgegangen wurde (beispielsweise für Franken), interessierte bekanntlich, ob es eine personelle Kontinuität gab. Ich weiß nicht, ob es für die beiden Stifter lohnen würde, diese Frage aufzunehmen, da es sich nur um sehr wenige namentlich bekannte Personen handelte. Es dürfte sich – nach meinem Eindruck – kaum eine direkte Linie in dem Sinne ziehen lassen, daß wir auf dieselben Leute stoßen, die zuvor im Bauernkrieg engagiert waren. Natürlich kann dies im Einzelfall so gewesen sein. Ich vermag nicht abzusehen, ob es sich angesichts der wenigen Quellen lohnen würde, der Frage weiter nachzugehen. Nachgewiesen ist allerdings, daß mehrere Bürger von Mühlhausen, die 1525 die Stadt verlassen mußten, versucht haben, sich in Magdeburg niederzulassen. Das wäre beispielsweise eine Quelle, wenn sich nachweisen ließe, daß sie zu Anhängern der Täuferbewegung wurden. Aber die wenigen überlieferten Informationen sind so vage, daß man daraus keine exakte Antwort erschließen kann.

SCHRADER: Wenn ich Herrn Heinrich richtig verstanden habe, meint er, daß Kardinal Albrecht keinerlei Versuche unternommen hat, gegen seinen Neffen Joachim II. einzuschreiten. Ich habe ein Schreiben an König Ferdinand aus dem Staatsarchiv Magdeburg veröffentlicht, wo der Kardinal zusammen mit Herzog Georg von Sachsen im Jahre 1535 versucht hat, die Einführung der Reformation in Brandenburg zu verhindern.

HEINRICH: Man darf bei Albrecht einzelne schriftliche Äußerungen niemals so absolut nehmen. Man muß immer bedenken, daß er ein großer Diplomat war, daß er immer zu differenzieren verstand, daß er immer auch Beweismittel brauchte für das weitere in der einen oder anderen Richtung. Manches wurde getan, geschrieben, ins Werk gesetzt, wie es in der Politik nun üblich ist, um sich abzusichern. Er war ja auch in Bündnissen und wurde immer wieder gefragt, was er denn in dieser oder jener Richtung getan hatte.

Als 1535 nach dem Tode von Joachim I. eine ziemliche Aufregung darüber war, ob etwa der junge Joachim sehr schnell zum Konfessionswechsel schreiten würde, gab Albrecht den Fürsten seiner Partei und anderen nach und richtete die eine oder andere Anfrage. Diese Quellen sind mir bekannt. Erstaunlich aber ist, daß er nichts tat, als es 1539 zum Stechen kam. Die Gesamtsituation hatte sich entscheidend verändert, Türkenkrise und Türkenkrieg überschatteten alles. Es scheint mir doch recht fraglich zu sein, ob Albrecht bei dieser schwierigen gesamtpolitischen Situation Neigung gehabt hatte, seinem Neffen, der ja eben eine stille Reformation in seinem Territorium eingeleitet hatte, in den Arm zu fallen und massiver etwas zu unternehmen.

SCHRADER: Ich möchte aus dem Brief, den der Kardinal im Mai 1542 an seinen Statthalter in Halle schreibt, zitieren. Er schrieb (es geht um Halle, um Rückgängigmachen der Reformation, vielmehr, ob er es ihnen erlauben könne, die Reformation einzuführen): *Wie eure Lieben abzunehmen, bei uns alleine oder in unserer Gewalt nicht stehet, der Religion halben einige Neuerungen zu bewilligen, viel weniger, die wissentlich zu erlauben und nachzuhängen, nachdem vermöge des Reichsabschieds in kurz ein gemeinchristlichen Concilium sollt und muß ausgeschrieben und gehalten werden. Was in solchem Concilio in Religionssachen geordert und nachgelassen würde, sollt ihnen auch gestattet, erlaubt und nachgehängt sein.* Dann: *Was in unserer Gewalt nicht stehet zu wehren, viel weniger zu erlauben, müssen wir mit großer Geduld wider unsern Willen ansehen und geschehen lassen. Wie sich aber diese Handlung weiter zuträgt, bitten wir uns jederzeit zu berichten.* Übrigens hat Ranke diesen letzten Passus in seine »Geschichte der Reformation« aufgenommen.

BRECHT: Sie haben, Herr Heinrich, höchst interessant die Rolle Luthers erwähnt, der schließlich den brandenburgischen Interessen im Magdeburger Stift Vorschub geleistet habe. Aber Luther hat doch ursprünglich versucht, Kursachsen die Stadt Halle aufgrund des Burggrafenrechts zuzusprechen. Dieser Rechtstitel stand freilich auf wackligen Füßen. Dennoch fragt sich, wie dieser Vorgang sich in ihre Darstellung einordnet.

HEINRICH: Ja, das würde auch nicht meinem Schlußsatz widersprechen, wo ich gesagt habe, daß Luther in mittelbarer Weise mit am Tische gesessen und daß er Anstöße gegeben hat, die die Angehörigen des Hauses zueinandergeführt und ins Gespräch gebracht haben. Wenn man an den Verlust von Magdeburg denkt, hatte das ja auch weitreichende Folgen. Ich würde den von Ihnen erwähnten Einzelvorgang jedoch nicht so stark bewerten wollen.

DINGES: Meine erste Frage betrifft die Leistungsfähigkeit der Entwicklungspsychologie. Herr Heinrich, Sie haben darauf hingewiesen, daß Albrecht von Brandenburg mit 11 Jahren seine Mutter verliert und bereits zwei Jahre vorher den Vater, und ein Geborgenheitsdefizit festgestellt. Ich frage mich, ob wir mit diesen Modellen des 18., vielleicht 19. Jahrhunderts von Mutterliebe und ähnlichem so für das 16. Jahrhundert argumentieren können. Ich wüßte gerne genauer von Ihnen, wie Sie das einschätzen; auch deshalb, weil das bei Ihnen dann etwas später nochmals als Topos sehr vorsichtig hinsichtlich der Mätressen auftaucht: Daß wegen Elternverlust ein Bedarf an starker weiblicher Führung vorhanden wäre, auch das läßt einen anbetrachts der Geschlechtergeschichte ein bißchen beunruhigt.

Zweite Frage: Sie haben gezeigt, daß in dem Handeln von Albrecht von Brandenburg eine gewisse Dominanz dynastischer Orientierung eine Rolle gespielt hat. Mir scheint das ein Zug der Zeit zu sein, den wir auch sonst aus der Hausmachtpolitik kennen; was ist also die spezifische Erklärungsfähigkeit eines solchen Argumentes in einer Biographie oder aus einer Biographie heraus für die Zeit?

Dritter Punkt: Zum Schluß haben Sie ein hohes Maß an Fatalismus konstatiert, eine Handlungsunmöglichkeit anbetrachts des Weltgeistes, der ja auch – wie meist beim Weltgeist – etwas unvermittelt auftauchte. Ich frage mich, ob man nicht doch etwas genauer die Handlungsspielräume von Politik hätte nachzeichnen müssen, um diesen argumentativen Bruch aufzufangen, zunächst ein handlungsfähiges Subjekt, auch mit unseren Möglichkeiten der Entwicklungspsychologie und ähnlichem, zu kreieren, das sich dann aber nachher sozusagen in Handlungsunfähigkeit auflöst. Ich bitte Sie, meine kritischen Einwände zu nutzen, um die Möglichkeiten des biographischen Genres zu zeigen.

HEINRICH: Jeder, der mit diesen Dingen befaßt ist, weiß natürlich, wie schwierig das ist. Und ich werde mich hüten, mehr zu sagen – müßte ich eigentlich jetzt antworten –, als ich gesagt habe. Ich habe das als Fragen ganz vorsichtig angerührt. Als normale Profanhistoriker sind wir in den Fragen der historischen Psychologie sehr, sehr vorsichtig. Ich wollte in meinem Vortrag dazu beitragen, die Dinge aus verschiedenen Blickwinkeln zu sehen, damit wir etwas aus der monokausalen oder der traditionellen historiographischen Betrachtungsweise mit ganz bestimmten Topoi herausfinden.

Man kann sich auf den Standpunkt stellen, daß die Frage nach der Mutter und die Frage nach den beiden Müttern seiner Bastardkinder nur Randerscheinungen sind. Aber das sind sie wohl nicht, denn es geht hier ja auch um das Selbstverständnis des Menschen.

Sie haben die Frage aufgeworfen: Was ist denn der nucleus in seinem Bewußtsein? Wir haben schon heute vormittag darüber gesprochen: Wie weit war Albrecht Theologe, wer ist er? Ich meine, unabhängig von der Perspektive aus dem Hohenzollerischen und brandenburgischen Bereich heraus, er ist erst mal ein Mann, der von der Familie her, von der ganzen Erziehung her festgelegt ist, der ausgebildet wurde auf Herrschaft und Land oder Land und Herrschaft. Das Spätere ist ihm nicht an der Wiege gesungen worden. Man kann das auch in die Gegenwart transportieren auf uns selbst. Wir sind in einer bestimmten Weise ausgebildet worden. Wir kommen vielleicht aus einer Familie mit gleichen oder ähnlichen Berufen. Wir bleiben das primär unser Leben lang in unserem Selbstverständnis, auch wenn wir ganz andere Berufe einnehmen sollten. Deswegen bitte ich, das territorialfürstliche Moment in Albrecht nicht zu unterschätzen.

PRESS: Wichtiger als das Problem der frühen Waisenschaft Albrechts ist die Frage einer bewußten Erziehung zum geistlichen Stand hin, die ja offenbar in den Adelsfamilien der alten Zeit stark prägend gewirkt hat. Auch Albrechts Universitätsstudium deutet darauf hin. Die bewußte Karrieresteuerung nachgeborener Fürstenkinder in den geistlichen Beruf ist ein Phänomen, das man beim Hause

Pfalz, bei Bayern und bei anderen hat. Hier mußte im Fürstenhaus die Balance gehalten werden zwischen Besitz- und Machterhalt und der Gefahr des Aussterbens.

SCHINDLING: Zum Schluß ein Aperçu. Es wird gern gesagt, daß Kardinal Albrecht in Magdeburg gescheitert sei. Das ist sicher in mancher Hinsicht richtig, aber in einer Hinsicht sollte man ihn doch mit seinen Fernwirkungen berücksichtigen, denn die Universität Halle, die von Kurfürst Friedrich III. von Brandenburg Ende des 17. Jahrhunderts gegründet wurde, ist ohne das Universitätsgründungsprojekt Kardinal Albrechts nicht zu denken. Zumindest ist in Halle die Universität gegründet worden, weil es dieses ältere Projekt mit einem Privileg gab, an das man ja durchaus auch anknüpfte. Wenn diese Universität auch einen ganz anderen Charakter hatte als das Neue Stift des Kardinals, so ist doch zumindest Halle 150 Jahre nach Albrecht letztlich durch ihn noch zur Universitätsstadt geworden. Daß diese Universität heute nach Martin Luther heißt, ist eine besondere Ironie der Geschichte.

EGERT: Im Kontext der städtischen Reformation muß auf ein Problem aufmerksam gemacht werden. Es fällt auf, daß die Art und Weise des Vorgehens Albrechts gegen die Reformation in den einzelnen Städten Mitteldeutschlands unterschiedliche Wirkungen auf diese reformatorische Bewegung hatte, besonders auf ihre soziale Grundlage. Das wird besonders in den beiden größeren Städten Halle und Magdeburg deutlich. Auf den Schönitz-Prozeß ist bereits hingewiesen worden. Es muß aber beachtet werden, daß es in Halle bereits 1523 Versuche Albrechts gab, den Einfluß des Katholizismus zu stabilisieren und zu vergrößern. Im Gefolge des Übertritts seines Vertrauten, Nicolaus Demuth, zum Luthertum intensivierte Albrecht seine Bemühungen, katholische Geistliche nach Halle zu ziehen, um auf diese Weise die katholische Kirche zu stärken. 1528 gab es dann das massive Eingreifen in die Belange des Rates der Stadt Halle. Es gelang Albrecht durchzusetzen, daß vor allem Altgläubige die Ratsherrenstühle besetzten.

Solche direkten und massiven Eingriffe des Erzbischofs sind in Magdeburg nicht festzumachen. Gegen die reformatorische Bewegung geht Albrecht hier mit anderen Mitteln vor; beispielsweise mit wiederholten Klagen beim Kaiser und Reiche gegen die Stadt. Wichtig erscheinen jedoch die Konsequenzen dieses differenzierten Vorgehens Albrechts.

So führte sein massives Auftreten in Halle dazu, daß es zu keinem frühen Zusammengehen zwischen Rat der Stadt und Bürgergemeinde kam. Im Gegenteil: Rat der Stadt und Bürgergemeinde wurden bis zu einem bestimmten Zeitpunkt auseinanderdividiert. Anders in Magdeburg – hier zeigte sich recht frühzeitig das Zusammentreten von Rat und Gemeinde zur Durchsetzung der Reformation.

Neben anderen können möglicherweise zwei Gründe für die unterschiedliche soziale Konstellation in Magdeburg und Halle während der frühen Reformation ausschlaggebend sein: 1. die unterschiedliche Stellung von Magdeburg und Halle in der Herrschaftskonzeption Albrechts, die für Halle ein massiveres und direkteres Vorgehen provozierte; 2. die Bestrebungen der Stadt Magdeburg, sich vom Erzbischof unabhängig zu machen, was ein Zusammengehen von Rat und Bürgergemeinde gegen den Landesherren erforderte.

Rundgespräch III:

ALBRECHT VON BRANDENBURG UND SEINE BEDEUTUNG FÜR STIFT, KIRCHE UND REICH

Referenten:
Prof. Dr. Günter CHRIST (Köln) – »Albrecht von Brandenburg und das Erzstift Mainz«

Prof. Dr. Heribert SMOLINSKY (Freiburg) – »Albrecht und die Reformtheologen«

Podiumsteilnehmer:
Prof. Dr. Heinz Angermeier (Regensburg), Prof. Dr. Martin Brecht (Münster), Prof. Dr. Hermann Weber (Moderator, Mainz)

Diskussionsbeiträge von:
Prof. Dr. Peter Blickle (Bern), Prof. Dr. Friedhelm Jürgensmeier (Osnabrück/Mainz), Prof. Dr. Volker Press (Tübingen), Dr. Manfred von Roesgen (Bingen), Prof. Dr. Pirmin Spieß (Mannheim), Dr. Franz Schrader (Magdeburg)

BRECHT: Kommen in den politischen Ordnungen Albrechts Kirchenzuchtmaßnahmen vor? Falls dem so ist, sind sie im Vergleich zu anderen Ordnungen eher konventionell oder lassen sie eigene Intentionen erkennen?
  CHRIST: Es kommen in den Stadt- und Landordnungen Albrechts von Brandenburg Religionsangelegenheiten im weitesten Sinne vor. Sie erscheinen im Rahmen »polizeilicher« Regelungen, und zwar nach zwei verschiedenen Richtungen hin: Einmal in Abwehr gegen die Lehre Luthers und der Reformatoren schlechthin, als Wahrnehmung vor den Lehren der neugläubigen Prädikanten, verbunden mit einer ausdrücklichen Verpflichtung auf die von Papst und Kaiser ausdrücklich bestätigten altgläubigen Riten und Bräuche; des weiteren in einer zweiten Richtung, und zwar mehr allgemeiner Art, wo es darum geht, alle möglichen unchristlichen Praktiken wie Schwören, Fluchen, Lästern, Schmachlieder usw. zu unterbinden.
  ANGERMEIER: Herr Christ hat überzeugend dargelegt, daß Kurfürst Albrecht sich für Stadtordnung und Rechtspflege in Mainz sehr engagiert hat. Die Frage ist, wie originell war das bzw. – da Sie ja immer wieder auf die Reichskammergerichtsordnung von 1495 zurückgekommen sind – ob das, was Albrecht hier geleistet hat, eine Fortführung im Sinne des Reichs, im Sinne der Verbesserung der Rechtspflege im Reich war, oder ob es nur Modifikationen waren, die er zu Gun-

sten seiner Position in Mainz vorgenommen hat. Wenn man auf seine Stellung als Stadtherr sieht, so ist es richtig, er hat hier ein Stadtregiment eingeführt. Es ist aber schon sein Vorgänger Berthold von Henneberg gewesen, der sich bei der Wahl von Maximilian ausbedungen hat, endgültig und allein der Stadtherr zu sein, was ja seit 1461 strittig war. Während Kaiser Friedrich III. sich bis zu seinem Tod vorbehielt, die Reichsunmittelbarkeit von Mainz zu restituieren, hat Maximilian hier Kompromisse gemacht und versprochen, bei seinem Regierungsantritt die Stadtherrschaft dem Mainzer Erzbischof zurückzugeben. Berthold ist also der Mann gewesen, der schon drei Jahrzehnte vor Albrecht die Stadtherrschaft des Erzbischofs gesichert und hergestellt hat, und wenn ich das recht sehe, hat Albrecht hier eigentlich nur noch Verbesserungen vorgenommen, eine originäre Leistung kann ich darin nicht sehen.

Ähnlich ist nun die Sache mit der Hofgerichtsordnung. Ich kenne die Hofgerichtsordnung von 1516 in Mainz nicht, das Wesentliche der Reichskammergerichtsordnung ist ja, daß sie Rechtsordnung in Deutschland schafft, daß aber diese Rechtsordnung die Landesherren in ihrer Herrschaft nicht tangiert, also weder die Landesherren persönlich dieser Gerichtsordnung unterwirft noch ihre landesherrliche Gerichtsbarkeit einschränkt. Die Kurfürsten von Brandenburg, also der Vater von Albrecht, und von Sachsen haben schon 1498 erklärt, die Reichskammergerichtsordnung, an der sie so viel Interesse gehabt hatten, gelte für sie nicht, denn sie hätten das Privilegium »de non evocando et non appellando«, also, sie seien in ihren Territorien die alleinigen Gerichtsherren. Die Frage ist also, ob bei dieser Hofgerichtsordnung von 1516 auch der Mainzer Erzbischof im Grunde genommen nur die Reichskammergerichtsordnung speziell für seine landesrechtlichen Interessen ausgenützt hat und damit die Reichsgerichtsbarkeit in seinen Territorien weiter präjudiziert hat.

Eine weitere Frage bezieht sich auf die Untergerichtsordnung von 1534. Die Reichskammergerichtsordnung setzt ja fest, daß das Reichsrecht im Reich überall gilt, aber daß daneben auch sämtliche Territorialrechte gelten, und die Landesordnungen und Landesgesetzgebungen sind ja nichts anderes als im Grunde genommen Präjudizierungen der Reichsgesetzgebung. Es erhebt sich also die Frage, ob die Untergerichtsbarkeit von 1534 nicht auch wieder nur ein Schutzschild des Erzbischofs von Mainz für seine Untertanen gegen jeglichen Eingriff von der Reichskammergerichtsordnung war. Die gleiche Frage müßte schließlich hinsichtlich der Polizeiordnung gestellt werden.

SPIESS: Zwei Anmerkungen zur Hofgerichtsordnung: Der »Vorbildfunktion« der Hofgerichtsordnung Albrechts von 1516 kommt wohl eher begrenzte Bedeutung zu, da Kurpfalz beispielsweise schon 1462 eine (heute verlorene) und um 1480 eine weitere Hofgerichtsordnung erlassen hat (hierzu Klaus Bender, Die Hofgerichtsordnung Kurfürst Philipps (1476–1508) für die Pfalzgrafschaft bei Rhein. Diss. Mainz 1967). Auch die Ordnung des königlichen Kammergerichts wird im Jahre 1471 veröffentlicht; sie hat doch eher Ausstrahlungskraft.

Überraschend kommt mir auch die Konfirmation der mainzischen Hofgerichtsordnung durch den Kaiser vor. Albrecht hätte doch ohne Bekräftigung durch das Reich in seinem Territorium selbst die Ordnung in Kraft setzen können. Die hohe Konsensfähigkeit Albrechts scheint hier als politische Schwäche deutlich zu werden.

CHRIST: Die von Herrn Angermeier angesprochenen Probleme sind sehr komplexer Natur. Es geht einmal überhaupt um die Frage der Originalität der Ordnungen Albrechts. Da scheint mir doch ein Gesichtspunkt sehr wesentlich zu sein – ich konnte auf diesen Gesichtspunkt allerdings weder in meinem Vortrag noch auch bei der Durcharbeitung der Materie in wünschenswertem Umfang eingehen –: nämlich inwieweit die Arbeit des Kurfürsten und seiner Beauftragten bei der legislatorischen Tätigkeit des Reichstages in diese Kodifikation eingeflossen ist.

Was das Verhältnis der Hofgerichtsordnung zur Reichskammergerichtsordnung betrifft, bin ich nur kurz auf deren unmittelbaren Vorbildcharakter eingegangen. Zu betonen wäre, daß ein neuerer Bearbeiter der Materie wie Albert Otte (Die Mainzer Hofgerichtsordnung von 1516/1521 und die Gesetzgebung der Zivilgerichtsbarkeit im 16. Jahrhundert. Jur. Diss. Mainz 1964) durchaus mit Hans Goldschmidt (Zentralbehörden und Beamtentum im Kurfürstentum Mainz vom 16. bis 18. Jahrhundert. Berlin, Leipzig 1908) in diesem Punkt nicht einig geht; man veranschlagt diesen Vorbildcharakter heute wesentlich geringer, als man das früher getan hat. Inwieweit nun allerdings der Kurfürst sich überhaupt gegenüber der Reichsgesetzgebung abheben wollte, das ist eine Frage, die im Auge behalten werden muß, sich jedoch aus dem mir vorliegenden Material nicht eindeutig beantworten läßt.

Die Untergerichtsordnung scheint doch zweifelsfrei durch die Neuordnung des Appellationswesens bedingt zu sein. Ich würde sie weniger mit der Kammergerichtsordnung in Zusammenhang bringen, sondern eher mit der Tatsache, daß das Appellationswesen über die Hofgerichtsordnung und die damit einhergehende Zurückdrängung der Oberhöfe (die übrigens im Rheingau noch weit bis in die zweite Hälfte des 16. Jahrhunderts hinein bestanden haben, wie aus einer neueren rechtshistorischen Arbeit von Hans Müller, Oberhof und neuzeitlicher Territorialstaat, dargestellt am Beispiel der drei rheinischen geistlichen Kurfürstentümer. Aalen 1978, zu ersehen ist) einen Wandel erzwang. Das Hauptproblem bestand nicht zuletzt darin, diese noch nicht sehr rechtskundigen Richter auf dem flachen Lande mit Regeln zu versehen, vor allem auch mit Formularen, damit eben die Flut von Fehlurteilen bzw. nicht rechtsförmig abgefaßten Urteilen dadurch eingedämmt werde – dies auch im Interesse, und das wird explizit gesagt, der Untertanen. Daß nun hier sehr vieles auch schon auf die Zeit Bertholds von Henneberg zurückgeht, ist mir durchaus klar geworden, vor allem im Zusammenhang mit der Reichspolizeiordnung, die ja nun schon lange vor Albrecht ein Thema der Reichsgesetzgebung war. Auch auf diese Dinge konnte ich hier im einzelnen nicht näher eingehen, doch zeigt ein Blick in die 1914 erschienene Studie von Segall, daß diese Materie über einen längeren Zeitraum ein Beratungsgegenstand auf Reichstagen war. Im großen und ganzen hat sich mir der Eindruck aufgedrängt, daß hier durchaus Beziehungen bestehen müssen zwischen der Reichstagsaktivität des Kurfürsten sowie seiner Berater und eben dieser aktuellen Gesetzgebung, die sicher nicht so ganz originell ist, die man im Kontext der Zeit sehen muß, und, wie Herr Spieß ja auch betont hat, die auch zeitlich ja erheblich zurückreichende Vorgängererscheinungen aufweist. Ich habe mich hier darauf beschränkt, einige Zeitvergleiche mit dem benachbarten Hessen anzustellen. Wenn man sich aber etwa die Angaben in den Privatrechtsquellen von Coing ansieht, so kann man natürlich ganz klar erkennen, daß eine ganze Reihe von Territorien hier gegenüber dem Mainzer Erzstift einen zeitlichen Vorsprung hatte.

BLICKLE: In der Regierungszeit Albrechts findet im Reich und insbesondere im Süden des Reiches eine große Welle von Kodifikationen statt. Polizei-, Landes- und Gerichtsordnungen haben gewissermaßen Konjunktur. Die gesetzgeberische Hektik könnte man geradezu als Modeerscheinung bezeichnen, aber sicher gibt es auch eine Notwendigkeit, solche Aktivitäten zu entwickeln.

Daher eine erste Frage: Kann man den Eigenanteil der Mainzer Gesetzgebung von den übrigen Territorien ablösen und abgrenzen? Eine zweite Frage ergibt sich aus meinen eigenen Beobachtungen. Untersuchungen von Territorialordnungen haben erbracht, daß sie zumindest gelegentlich, wenn nicht gar häufig, Gravamina, die die Gesellschaft selbst artikuliert, also die Städter oder die Bauern, aufnehmen und in positives Recht umsetzen. Bei der gesamten territorialen Polizeigesetzgebung sollte in stärkerem Maße berücksichtigt, zumindest gefragt werden, inwieweit wirklich gesellschaftliche Bedürfnisse »verrechtlicht« werden, oder inwieweit sie nur, wie es im gehörten Referat sehr stark zum Ausdruck gekommen ist, Instrumente territorialstaatlichen oder territorialfürstlichen Interesses waren.

CHRIST: Die Ausführungen von Herrn Blickle, inwiefern diese Polizeiordnungen eben nicht nur die Optik der Obrigkeit widerspiegeln, einer Obrigkeit, die den Untertanen nur zu reglementieren versucht, sondern ihrerseits wieder auf Gravamina zurückgehen können, ist interessant. Mir ist im einzelnen in den Quellen nichts derartiges begegnet, ich könnte mir aber vorstellen, wenn man etwa die bäuerlichen Gravamina im Zusammenhang und im Vorfeld der Bauernkriegsunruhen einmal speziell auf diese Fragestellung hin untersuchen würde, daß man dann durchaus fündig werden könnte und auf manches stoßen würde, was nun in diese Gesetzgebung wieder Eingang gefunden hat.

SMOLINSKY: Bei Albrecht von Brandenburg und seinen Reformbemühungen muß man ständig den Blick auch auf die Gravamina richten. Zum Beispiel hat Albrecht 1541 bei Nausea erneut dessen Schrift zu den Gravamina, erschienen 1538 (sie ging auf 1524 zurück), angefordert. Was die Reformideen angeht, halte ich Albrecht im ganzen für unprofiliert.

ANGERMEIER: Wir haben eine Fülle von Aspekten zu Albrecht von Brandenburg kennengelernt, und daß überhaupt dem Mann ein so großes Kolloquium gewidmet wurde, ist sicherlich eine bedenkenswerte Angelegenheit. Auch mir geht es hier ganz ernstlich darum, zum Verständnis für uns alle beizutragen, deshalb beabsichtige ich hier keine Extratouren, und ich will auch nicht den wilden Mann spielen, aber aus dem mich speziell interessierenden Fragenkreis, nämlich Albrecht und das Reich, ist doch auf negative Aspekte hinzuweisen.

Herr Jürgensmeier hat ja in seinem Eingangsreferat die vielleicht entscheidende Frage gestellt, nämlich, ob die Bedeutung von Albrecht darin liegt, daß dieser Mann sich nie entschieden hat, oder ob diese Bedeutung nicht vielmehr darin liegt, daß er durch seine Nicht-Entscheidung und letztlich durch seine Unklarheit, den Neutralisierungsprozeß, den Toleranzgedanken gefördert hat, so daß aus diesem ganzen Nichthandeln doch ein großes Ergebnis herausgekommen ist. Auch Herr Heinrich und Herr Press haben eine zum letzteren neigende Position eingenommen.

Wenn man aber die Frage stellt, wo eigentlich die Kriterien für eine Beurteilung liegen, wenn wir einen Mann historisch beurteilen wollen, müssen wir wissen, auf welcher Grundlage wir vorgehen, und da ist von Herrn Blickle das Wort Verantwortung gefallen, aber dies ist dann nicht weiter verfolgt worden. Herr Blickle, Sie dürften mit mir übereinstimmen in der Auffassung, daß eine Verantwortung aus historischer Sicht nur festgestellt werden kann aus der Orientierung am ausgeübten Amt. Hat ein Mann sein Amt, hat er die Möglichkeiten, hat er die Pflichten, hat er die Aufgaben des Amtes wahrgenommen oder nicht. Nun, ich möchte sagen, ich fühle mich hier eigentlich zunächst einmal nur dazu da, um aus der Sicht der Reichspolitik, der Reichsverfassung und der Reichsgeschichte die Frage zu stellen, hat Albrecht seine Verantwortung und die Möglichkeiten seines Amtes ausgeschöpft, hat er aus dem Amt für das Reich was gemacht, was man von diesem Amt erwarten konnte?

Das Amt Albrechts in seiner Verantwortung und auch in seinen Möglichkeiten war nach oben fast unbegrenzt. Er war der Reichserzkanzler, er hatte praktisch alle Geschäfte zu führen, er stand dem Reichstag vor, er war der Führer der Reichsstände, er hatte am kaiserlichen Hof die Möglichkeiten, Reichsvizekanzler einzusetzen und über die Reichsvizekanzler auch auf die kaiserliche Politik einzuwirken. Er war der erste Kurfürst im Reich, er war auf dem Reichstag derjenige, der eigentlich die Geschäfte für die Stände zu lenken und zu initiieren hatte. Wenn man nun auf die Kurmainzer Geschichte schaut, dann muß man auch feststellen, daß die ganze Reichsgeschichte nicht zu erklären ist, wenn man gerade das Verhältnis Reich und Kurmainz nicht ins Auge faßt. Die Eppensteiner, Peter von Aspelt, Heinrich von Virneburg, die drei Nassauer Erzbischöfe, Diether von Isenburg, Dieter von Erbach und Berthold von Henneberg natürlich vor allem: sie alle haben ganz entscheidend auf die Reichsgeschichte eingewirkt, haben sie mitgestaltet, gewiß nicht immer schöpferisch, nicht immer positiv, aber doch entscheidend und tiefgreifend. Sieht man nun insbesondere darauf, daß Albrecht von Brandenburg zwischen Berthold von Henneberg und Sebastian von Heusenstamm steht, so wird es ganz besonders augenfällig, wie hier zwischen zwei historisch höchst bedeutenden Gestalten – auf der einen Seite für die Reichsreform auf der anderen Seite für die Reichstags-, Konfessions- und Kreisordnung – mit Albrecht ein Kurfürst steht, dessen reichspolitisches Engagement und Wirken schlechthin als Lücke, ja als Defizit bezeichnet werden muß.

Albrecht von Brandenburg spielt bei der Wahl Karls V. keine angemessene Rolle. Man kann auch gewiß darüber streiten, ob die Wahlkapitulation Karls V. eine Verfassungsurkunde war, wie Fritz Hartung behauptete, oder eben nur ein politischer Vertrag, wozu ich neige. Aber wenn Albrecht von Brandenburg auf dem Posten gewesen wäre, dann hätte das eine Verfassungsurkunde werden können, denn da steht ja drin, ohne die Kurfürsten darf kein Reichslehen berufen werden, ohne die Kurfürsten darf kein Reichsheer vergeben werden usw. Albrecht tritt aber auch nicht in Erscheinung in der Frage der Ladung Luthers zum Reichstag, auch nicht 1521 bei der Einsetzung des Reichsregiments, und er spielt nicht die geringste Rolle 1524 bei dessen Entlassung. Albrecht wird im Bauernkrieg nicht seiner Stellung gerecht, ebensowenig bei den reichspolitisch höchst wichtigen Reichstagen zu Speyer 1526 und 1529, ebensowenig in Augsburg 1530. Dann wurde Ferdinand 1531 entgegen der Goldenen Bulle in Augsburg zum deutschen König gewählt. Ja, wenn der Kurfürst von Mainz, der erste Kurfürst, auf dem Posten gewesen wäre, dann wäre doch so was nicht passiert. Man muß sich einmal vorstellen, was ein Berthold von Henneberg in dieser Situation getan hätte! Und so geht es weiter bis zu Albrechts Tod! Er spielt in der Reichsgeschichte keine Rolle. Das Reich hat durch Albrecht keine Anregung, keine Initiativen empfangen. Herr Press, Sie haben gestern gesagt, der Kurfürstenrat war seit 1504 eigentlich desolat, – ja woran liegt denn das? Doch daran, weil der erste Kurfürst gar nichts daraus gemacht hat, und erst nach Albrecht erhält der Kurfürstenrat durchaus wieder Bedeutung, er gewann geradezu eine führende Rolle, und das gleiche gilt für den Reichstag, wie Rolf Decot für Sebastian von Heusenstamm gezeigt hat. Schließlich ist auch zu fragen, ob der Reichstag wirklich das rechte Entscheidungsgremium für die Religionsfragen der Reformationszeit war. Aber entgegen vielen anderen Reichsfürsten hat der erste Kurfürst und Repräsentant des Reichstags – der Kurfürst von Mainz Albrecht von Brandenburg – dazu keine Stellung genommen. Wenn es also zu keinem fruchtbaren Verhältnis Reich und Kurmainz gekommen ist zur Zeit Albrechts, dann liegt es sicherlich nicht an Karl V., sondern es liegt auf der anderen Seite.

In Summa: Kaum einmal in der Geschichte des Mainzer Kurfürstentums hat es größere Möglichkeiten gegeben, in die Politik des Reiches gestaltend einzugreifen, und es läßt sich wohl nicht bestreiten, daß die Kurmainzer Chancen nie weniger wahrgenommen wurden als in dieser für Deutschland so entscheidenden Epoche. Für Albrecht aber waren eigentlich nur wichtig der Besitz des Hauses Brandenburg und seine finanziellen Revenuen.

Ich wiederhole darum meine Feststellung, daß aus der Perspektive der Reichspolitik das Erzkanzleramt, das Erzbistum und das Kurfürstentum von Mainz in der Zeit Albrechts von Brandenburg keine tragende Rolle spielt, und folglich hier durchaus ein Defizit besteht. In diesem Sinne habe ich jedenfalls das Wort des Herrn Bischofs von gestern nach dem Vortrag von Herrn Press verstanden: »Die Zeit Albrechts gibt uns ein Zeichen für die Macht und die Melancholie der Geschichte«.

PRESS: Ich stimme mit ihnen, Herr Angermeier, darin überein, daß es der sächsisch-mainzisch-brandenburgische Gegensatz war, der die reichspolitischen Möglichkeiten für Albrecht von Brandenburg vorgegeben hat. Ich habe Bedenken, die Bewertung eines Mannes nur an seiner Rolle als Kurerzkanzler zu messen. Ich habe zweitens Bedenken, den Reichsverband zu sehr als einen festen Verband zu sehen, er war stärker ein System von Territorien. Der Reichstag war eine Konfiguration von Kur- und Reichsfürsten und Reichsstädten, die dort ihre territorialen Interessen verfochten haben. Ihr Konsens war immer auch ein Konsens territorialer Interessen.

Die Situation des Reiches war ausgehöhlt. Karl V. war weitgehend nicht im Reich. Mir liegt es fern, Albrecht von Brandenburg zu einem Heros hochzustilisieren. Er war ein vorsichtiger Mann, der meines Erachtens dann doch spezifische mainzische Positionen im Reich festgehalten hat. Sie, Herr Angermeier, haben ja selbst in früheren Publikationen immer wieder mit Recht betont, wie Friedrich III. durch das Festhalten von Rechtspositionen, auch in seiner Passivität, etwas getan hat für die Kontinuität. Ich glaube, dieses Kriterium sollten wir Albrecht von Mainz nicht verweigern. Ein Heros war er gewiß nicht. Ob er in der Konstellation der Reformation ein Motor einer Reichsverfassung überhaupt gewesen sein konnte, halte ich für fraglich. Es gilt ja auch im 16. Jahrhundert die Aussage: »Die Politik ist die Kunst des Möglichen«, und seine Möglichkeiten waren sehr beschränkt. Albrechts starke Rücksichtnahme auf den Frieden im Reich, die er als Erzbischof von Mainz und Magdeburg und Administrator von Halberstadt in der Religionsfrage durchgehalten hat und der er auch geistliche Positionen geopfert hat, muß auch im Blick bleiben.

JÜRGENSMEIER: Der Bestandsaufnahme von Herrn Angermeier bezüglich der tatsächlich betriebenen Reichspolitik Albrechts kann ich zustimmen. Nach Berthold von Henneberg ist es wohl erst Johann Philipp von Schönborn (1647–1673), der mit großer reichspolitischer Aktivität Mainz, das heißt die mit dem Erzstuhl verbundenen Reichsämter und Positionen, erneut zur Geltung brachte. Und dennoch führt mich die jetzt intensivere Beschäftigung mit Albrecht und seiner Zeit immer wieder zu der Frage, ob nicht gerade seine reichspolitische Zurückhaltung, sein diesbezüglich wie auch immer im konkreten Fall zu beurteilendes Zögern die Ursache dafür waren, daß die kurmainzische Position im Reich damals nicht zur Disposition gestellt wurde, sondern erhalten blieb, wenn auch zugegebener Maßen zunächst eher nur dem Titel nach. Warum hat zum Beispiel die römische Kurie nicht gegen den Religionsfrieden von 1555 offiziell protestiert, obwohl es vom Kirchenrecht her ihre Verpflichtung gewesen wäre? Bis 1644 entschied sie sich zum Protestverzicht und zum Zögern, um noch größere Verluste zu vermeiden. In diese Richtung verstehe ich manches Nichthandeln Albrechts, ohne ihm damit zugleich wieder besondere politische Raffinesse zuschreiben zu wollen.

BRECHT: Albrecht von Brandenburg war der wichtigste Repräsentant des reichskirchlichen Systems während der Reformationszeit, an dessen Bedeutung kein anderer Kirchenfürst heranreichte. Nicht ohne Gaben und Format, war er vor allem geprägt von seiner Rolle, aus der er kaum einmal initiativ oder innovativ ausbrach. Die Widersprüchlichkeiten des Systems werden gerade an ihm sichtbar.

Er war in erster Linie ein Glied seiner hohenzollerischen Dynastie und einer der ersten der Reichsfürsten. Seine Funktionen als Bischof und Priester akzeptierte er in gewissen Grenzen. Mit seiner Aufgeschlossenheit für den Humanismus war er vergleichsweise modern. Ob er mit seiner Lieblingsgründung, dem Neuen Stift in Halle, eine größere geistige Konzeption verband, bedarf weiterer Überprüfung.

Wie die Tagungsbeiträge immer wieder gezeigt haben, ist es auch Albrechts Schicksal geworden, in vielen Hinsichten auf Luther bezogen zu sein.

Fatal wirkten sich die finanziellen Zwänge aus: In der Ablaßangelegenheit wurden sie zum Auslöser der Kirchenspaltung. Mit der Hinrichtung von Hans von Schönitz dürften sie Albrecht in persönliche Schuld geführt haben. Es gibt aber durchaus auch einen positiven Beitrag Albrechts zur Geschichte seiner Zeit: Sein Interesse am Funktionieren von Reich und Kirche, sein Verzicht auf Gewalt, das Akzeptieren der Realitäten, die gelegentliche Vermittlung und die relative Offenheit für Reformen standen einer letzten Zuspitzung der Gegensätze im Reich entgegen. Insofern war er ein Mitträger der Geschichte der Reformationszeit, so wie sie geworden ist.

WEBER: Immer wieder frappiert mich, wie früh doch die Alternative Glaubenseinheit oder Reichsfriede auftritt, und wie früh eben doch Albrecht auf der Linie »Reichsfrieden« steht. Freilich nicht in der begründeten Entschiedenheit, wie Herr Blickle sie in einer Biographie erwartet, sondern in einem unendlichen komplexen Netz von Faktoren: Persönlicher Prägung, dynastischer Prägung, territorialpolitischer Interessen usw. Ein Netz, gewoben aus der »List der Geschichte«. Ein Element, das uns Historikern Schwierigkeiten macht, aber manchmal bleibt uns nur noch das übrig, um bestimmte Dinge zu nennen.

BRECHT: Herr Smolinsky, gibt es einen Zusammenhang zwischen Kaspar Hedio auf der Mainzer Domkanzel und seinen Nachfolgern, z. B. Friedrich Nausea? Wie verhält es sich mit Johannes Wild, der bei Ihnen nicht sehr ausführlich behandelt wurde?

SMOLINSKY: Es ist sehr schwer, aus den Quellen eine »Mainzer Predigttradition« nachzuweisen. Man kann wohl sagen: Zwischen Hedio und Nausea gibt es eine »Kontinuität des Humanismus«. Diese näher zu bestimmen, ist allerdings gleichfalls schwierig. Nausea ist erstens zwar vermittlungsbereit, aber antireformatorisch eingestellt, und zweitens von der Ausbildung her stark in dem Zusammenhang mit Italien und Rom zu sehen. Beides unterscheidet ihn von Hedio, seinem Vorgänger als Domprediger. Zur endgültigen Beantwortung der Frage müßte man z. B. einen Vergleich ihrer Predigten vornehmen, um zu prüfen, ob es tatsächlich einen übergreifenden Zusammenhang gibt.

Interessant und sehr wichtig ist die Frage nach Johannes Wild. Ich habe ihn erstens deshalb nicht breit behandelt, weil eine halbe Stunde Grenzen setzte. Zweitens bedeutet es bei Wild ein großes Problem, daß seine sämtlichen Werke erst ab 1550 erschienen sind; ein Drittel nur zu seinen Lebzeiten, zwei Drittel meist herausgegeben von dem Dompfarrer Philipp Agricola in den sechziger bis in die siebziger Jahre. Das heißt, vom Quellenmaterial her ist Wild für die Zeit Albrechts höchstens durch Rückschlüsse zu definieren, und ich wollte auf diese Fragen nicht weiter eingehen. Vielleicht, daß hier Archivstudien mehr erbringen können. Es gibt Predigten, die überhaupt nicht bearbeitet sind. Wir wissen, daß Wild reformatorischer Neigungen verdächtigt wurde; wir wissen, daß er 1552 weiter predigen durfte; wir wissen, daß er auf den Index gesetzt wurde. Aber eine moderne, umfassende Biographie steht noch aus.

SCHRADER: Herr Smolinsky, Sie hatten die Frage aufgeworfen, ob Kardinal Albrecht hinter dem Vergleichsentwurf von 1541 in Regensburg stand. Dazu folgendes: Zu der Zeit stand sein Koadjutor Johann Albrecht in Halle in regem Briefwechsel mit dem Kardinal, weil die Hallenser aus Leipzig einen evangelischen Pfarrer holen wollten. Er schreibt daraufhin am 5. April dem Kardinal, was er den Hallensern bei seinen Verhandlungen erklärt habe – und er konnte das nur wissen vom Erzbischof selbst und von Michael Helding –: *So wüßten Sie doch, daß die römisch-kaiserliche Majestät, Kurfürsten und Fürsten allermeist dieser Sachen halber sich itzo zu Regensburg versammelt und daselbst freilich eine Vergleichung in der Religion machen würden, welchs dann, dieweil es allbereit im Werke, sich nicht lange verziehen könnte, doch daß sie mittlerweile und bis zum geendigten Reichstage stillstünden.* Das würde beweisen, daß der Kardinal zu diesem Zeitpunkt noch hinter dem Vergleichsentwurf stand, sonst hätte sein Koadjutor das den Hallensern nicht erklären können.

SMOLINSKY: Ich hatte nicht die Absicht, Herr Schrader, die religionspolitischen Verhandlungen im einzelnen zu verfolgen und ihre Kehrtwendungen und Schwenkungen zu vergleichen. Aus dem Briefwechsel des Landgrafen von Hessen, aber auch aus dem Protest der Kurfürsten von Trier und Mainz vom 17. Juli 1541 geht deutlich hervor, daß am Ende Albrecht hier der sogenannten »Aktionspartei« zuzuzählen ist, die den Vergleich nicht mehr wollte. Ob der Koadjutor Johann Albrecht in dem von Ihnen zitierten Brief tatsächlich die dezidierte Meinung Albrechts oder nur einen Lagebericht wiedergibt, wäre näher zu untersuchen.

VON ROESGEN: Ich weiß nicht, ob es ihnen bekannt ist, daß Albrecht von Brandenburg nicht nur eine Person der Geschichte ist, sondern auch eine Opernfigur. Es gibt von Paul Hindemith die Oper »Mathis, der Maler«, die sich mit dem Leben des Matthias Grünewald befaßt. Die Partitur ist beim Musikverlag Schott in Mainz verlegt und kann hier eingesehen werden. Wenn Sie die Besetzungsliste sehen, dann werden sie in einer Hauptrolle Albrecht von Brandenburg finden. Nicht nur ihn, sondern auch die Ursula Riedinger, Capito, Truchseß von Pommersfelden usw. Aber dies ist nicht nur Kuriosität. Vielmehr sehen Sie daraus auch, daß dieser Mann, daß die Bedeutung dieser Person Albrecht in all den Jahrhunderten nicht ganz im Volke verblaßt ist. Denn ein Opernkomponist wählt sich für gewöhnlich nur eine Figur, die populär und noch einigermaßen bekannt ist. Denn wenn niemand die Personen kennt, dann wird auch niemand die Oper hören wollen. Zum Kennenlernen dieser Person trugen das Symposium und die anregenden Diskussionen wesentlich bei.

WEBER: Es ist eine gute Sitte, daß zum Schluß nicht der Veranstalter des Symposiums, sondern ein Teilnehmer das letzte Wort hat. Ein Teilnehmer, der die Möglichkeit ergreift, um dem Veranstalter von seiten der Teilnehmer aus ein ganz herzliches Dankeschön zu sagen, für alles, für alle Bereicherung, die wir in diesen Tagen erfahren konnten. Das Kolloquium war großartig organisiert, ich fand vor allem hervorragend, daß Sie so viel Zeit gelassen haben für die Diskussion. Ich komme gerade von einem internationalen Kolloquium, wo in drei Tagen 42 Referate gehalten wurden, eine völlig sinnlose Veranstaltung. Hier war im Gegenteil das Modell eines vorzüglichen Kolloquiums, ich darf also Ihnen, Herr Jürgensmeier, sehr herzlich danken und all Ihren Mitarbeitern, die mitgewirkt haben für diese gute Organisation, auch all denen, die Geld gestiftet haben, herzlichen Dank, und als Teilnehmer würde ich sehr hoffen, daß man sich sehr bald einmal in einem solchen Kreis hier wiedersieht.

ABKÜRZUNGSVERZEICHNIS

AAWG	Abhandlungen der Akademie der Wissenschaften in Göttingen, Philologisch-Historische Klasse
ADB	Allgemeine Deutsche Biographie. Hrsg. durch die historische Commission bei der Königl. Akademie der Wissenschaften, 56 Bde [davon Bd. 45–55 Nachträge, Bd. 56 Generalregister] Leipzig 1874–1912
AmrhKG	Archiv für mittelrheinische Kirchengeschichte
ARC	Acta Reformationis Catholicae ecclesiam Germaniae concernentia saeculi XVI, 6 Bde, hrsg. von Georg PFEILSCHIFTER. Regensburg 1959–1974
ARG	Archiv für Reformationsgeschichte
B	Bibliothek
BSB	Bayerische Staatsbibliothek
CCath	Corpus Catholicorum
CDB	Ad[olph] Fried[rich] RIEDEL: Codex diplomaticus Brandenburgensis. Sammlung der Urkunden, Chroniken u. sonstigen Quellenschriften für die Geschichte der Mark Brandenburg u. ihrer Regenten, 41 Bde. Berlin 1838–1869
CR	Corpus Reformatorum
CT	Concilium Tridentinum. Diariorum, Actorum, Epistolarum, Tractatuum nova Collectio ed. Societas Goerresiana promovendis inter Germanos catholicos litterarum studiis. Bd. 1 ff., ed. 2, stereot. Freiburg im Breisgau 1963 ff.
DBA	Deutsches Biographisches Archiv. Eine Kumulation aus 254 der wichtigsten biographischen Nachschlagewerke für den deutschen Bereich bis zum Ausgang des 19. Jahrhunderts Microfiche-Edition, hrsg. von Bernhard Fabian. München 1982–1986
DBN	Dictionary of National Biography from the earliest times to 1990, ed. L. STEPHEN and S. LEE, 63 vols., 3 Suppl.bde u. Index. London 1885–1903.
HHStA	Haus-, Hof- und Staatsarchiv in Wien
HJ	Historisches Jahrbuch
HofB	Hofbibliothek
HUBAY	Ilona HUBAY, Incunabula der Universitätsbibliothek Würzburg (= Inkunabelkataloge bayerischer Bibliotheken). Wiesbaden 1966.

KLK	Katholisches Leben und Kirchenreform im Zeitalter der Glaubensspaltung
LB	Landesbibliothek
LHA	Landeshauptarchiv
LHM	Landeshauptarchiv Sachsen-Anhalt, Magdeburg, früher: Staatsarchiv Magdeburg
LThK	Lexikon für Theologie und Kirche, 10 Bde und 1 Registerbd. Freiburg im Breisgau ²1957–1967
MEA	Mainzer Erzkanzler Archiv
MGH	Monumenta Germaniae Historia
MGH SS	Monumenta Germaniae Historia Scriptores
MRA	Mainzer Regierungsarchiv
MzDkUrk Libell	Urkunden des Mainzer Domkapitels, Libelle
Mz. Domkap.Prot.	Mainzer Domkapitelsprotokolle
Mz.Geh.Kanzlei	Mainzer Geheime Kanzlei
MzIngrB	Mainzer Ingrossaturbücher
MzUrk	Mainzer Urkunden
MUGS	Mainzer Urkunden, Geistlicher Schrank
ND	Neu-, Nachdruck
NDB	Neue Deutsche Biographie. Hrsg. von der Historischen Kommission bei der Bayerischen Akademie der Wissenschaften. Bd. 1 ff. Berlin 1953 ff.
QAmrhKG	Quellen und Abhandlungen zur mittelrheinischen Kirchengeschichte
QFRG	Quellen und Forschungen zur Reformationsgeschichte
RHR	Reichshofrat
RK	Reichskanzlei
RKG	Reichskammergericht
RST	Reformationsgeschichtliche Studien und Texte
RTA	Deutsche Reichstagsakten unter Karl V. (= Deutsche Reichstagsakten, Jüngere Reihe), I–IV. VII. VIII, 1–2. Gotha, Stuttgart, Göttingen 1893–1970
SHStA	Sächsisches Hauptstaatsarchiv Dresden
StA	Staatsarchiv
StAD	Staatsarchiv Dresden, heute: Sächsisches Hauptstaatsarchiv Dresden
StadtB	Stadtbibliothek
StAE	Stadtarchiv Erfurt
StAM	Staatsarchiv Magdeburg, heute: Landeshauptarchiv
StA Mz	Stadtarchiv Mainz
StAW	Staatsarchiv Würzburg
SVRG	Schriften des Vereins für Reformationsgeschichte
ThHStA	Thüringisches Hauptarchiv Weimar, früher: Staatsarchiv Weimar
TRE	Theologische Realienenzyklopädie Bd. 1 ff. Berlin, New York 1977 ff.
UB	Universitätsbibliothek

VD	Verzeichnis der im deutschen Sprachbereich erschienenen Drucke des XVI. Jahrhunderts, bearb. von Irmgard BEZZEL. Stuttgart 1983 ff.
WA	Martin LUTHER, Weimarer Ausgabe, Kritische Gesamtausgabe. Weimar 1883 ff., teilweise ND 1961 ff.
WA Br	– Briefwechsel
WA Tr	– Tischreden
ZKG	Zeitschrift für Kirchengeschichte
ZRG Kan.Abt.	Zeitschrift der Savigny-Stiftung für Rechtsgeschichte, – Kanonische Abteilung
ZRG Germ.Abt.	Zeitschrift der Savigny-Stiftung für Rechtsgeschichte, – Germanistische Abteilung

REGISTER

Die Anordnung und Schreibweise der Namen erfolgt im allgemeinen nach den Richtlinien der Neuen Deutschen Biographie, Bd. 1, Berlin 1953, S. XIII. Daher sind alle Angehörigen regierender Fürstenhäuser und alle geistlichen Fürsten unter ihren Vornamen eingeordnet, sodann solche Persönlichkeiten des Mittelalters, deren Beinamen lediglich Herkunfts-, Standes- oder Berufsbezeichnungen sind. Die Zahlen in Klammern nach dem Namen geben die Lebensdaten an, diejenigen nach der Berufsbezeichnung die Regierungszeiten. Albrecht v. Brandenburg (1490–1545), Eb. v. Mainz, Magdeburg u. Administrator von Halberstadt, wird nicht im Register aufgeführt.

Abkürzungen: Bgm.: Bürgermeister; Btm.: Bistum; Bs.: Bischof; Eb.: Erzbischof; Ebtm.: Erzbistum; F.: Fürst; Gf.: Graf; Gfin.: Gräfin; Hg.: Herzog; Hgin.: Herzogin; Hgtm.: Herzogtum; Kf.: Kurfürst; Kfin.: Kurfürstin; Kftm.: Kurfürstentum; Kg.: König; Ks.: Kaiser; Lgf.: Landgraf; Mgf.: Markgraf; Prof.: Professor; Wbs.: Weihbischof; *: Fußnotenbereich

Aachen 112, 299, 368, 369
Abbenrode 185
Acqui, s. Vorst
Adalbert (Albert) v. Sachsen, Administrator in Mainz (1482–1484) 157
Adersleben 185, 187
Adler, Johann 54*
Adolf I. v. Nassau, Eb. v. Mainz (1379–1390) 509
Adolf II. v. Nassau, Eb. v. Mainz (1462–1475) 509
Adolf, F. v. Anhalt (1458–1526), Dompropst in Magdeburg, Bs. v. Merseburg 22, 44*, 57, 59, 63, 142
Agricola, Philipp, Dompfarrer in Mainz (1551–1572) 512
Agricola, Johannes 122
Akkon, s. Leucker
Alarich II. (gest. 507) 458*
Albertus d. Große (um 1200–1280), Kirchenlehrer 35
Albertus Gandinus, Jurist 220
Alboni, Johannes, Theologe 96
Albrecht Alcibiades (1522–1557), Mgf. v. Brandenburg-Kulmbach-Bayreuth 31, 397, 398, 398*
Albrecht III. Achilles (1414–1486), Kf. v. Brandenburg 17, 18, 18*, 19, 23, 23*, 24, 26, 36
Albrecht v. Brandenburg-Ansbach (1490–1568), Hochmeister d. Deutschen Ordens, Hg. von Preußen 22, 23, 26, 28*, 30*, 32, 32*, 41, 73, 80, 82*, 85, 186, 288, 300*, 420, 420*, 438, 470, 470*, 472, 472*, 485
Albrecht v. Eyb (1420–1475), Schriftsteller 405
Aleander, Girolomo (Hieronymus) (1480–1542), Nuntius 28, 92*, 120, 120*, 143, 144, 447*, 450, 450*, 451*, 471*
Alexander VI., Papst (1492–1503) 39, 40, 40*, 42, 79
Alexander, Hl. 344, 345, 410
Alexandria 388
Algesheim/Rheingau 244
Alickendorf 62, 63
Allstedt, s. Naundorf
Alsleben 188
Altzelle 402, 403*, 405
Ambach, Melchior (1490–um 1559), Pfarrer 91*
Amberg, Oberpfalz 248*
Amerbach, Bonifacius (1495–1562), Jurist u. Humanist 444*
Amoeneburg 236, 237, 237*, 238*, 239*, 244
Amorbach 236*, 238, 239*, 240, 240*, 242*, 244, 256*
Amorbach-Wildenberg, s. Hartmann, B.
Amsterdam 279
Angelus Aretinus, Rechtsgelehrter (gest. nach 1445) 220
Angst, Wolfgang (1485–1523), Humanist 456, 457, 457*
Anhalt, Fürstentum 57, 58, 62, s. Adolf; Georg

III.; Joachim; Johann; Karl; Magnus; Woldemar; Wolfgang
Anna v. Brandenburg, Schwester v. Joachim I. (gest. 1514) 20
Anna v. Brandenburg-Ansbach (1437–1512), Stiefgroßmutter Joachims I. 18, 20, 494
Anna v. Gernrode, Äbtissin 63
Ansbach, s. Brandenburg-Ansbach
Antwerpen 103*, 109, 399*, s. Massays; Schets
Apel, Hans d. J., Maler 373*
Aragon 23
Archimboldi, Giovanni Angelo (um 1485–1555), päpstl. Kommissar 90
Aristoteles (384–322 v. Chr.), Philosoph 269
Armaghan, s. Vauchop
Arndt, Baumeister 330*
Arneburg, Schloß 18
Arnold, Johannes Bergellanus (gest. nach 1541), Korrektor 388, 456, 458, 463, 463*
Arnstadt 168
Aschaffenburg 30, 229*, 230, 232, 232*, 234*, 236, 236*, 237*, 238*, 239*, 240*, 241, 241*, 242, 242*, 243, 244, 248*, 250, 252, 345, 378, 378*, 391, 391*, 462, 487
–, Hofbibliothek 282, 293, 317*, 334*, 370, 383, 384, 384*, 390*, 401, 401*, 416, 416*, 434*
–, Schloß 61, 62, 64, 68, 69, 76, 141, 153, 209*, 278, 293, 301, 301*, 302, 353, 363, 363*, 387, 394, 439*, 455, 469*, 478, 496
–, Stiftskirche St. Peter u. Alexander 260*, 287, 288, 289, 292, 321*, 354, 354*, 363, 363*, s. Goleius
Aschersleben 185, 186, 189, 199, 199*, 201, 202, 202*, 208, 208*
Athanasius (296–373), Kirchenlehrer 118, 118*, 422*, 441, 441*, 442, 460
Augsburg 249*, 350, 352, s. Christoph v. Stadion
–, Reichstag (1516) 277
–, Reichstag (1518) 52, 106*, 171, 277, 279, 280, 283, 299, 311, 312, 429, 432*
–, Reichstag (1530) 28, 29, 52, 81, 93*, 95, 95*, 122, 124, 132–139, 145, 145*, 146*, 147, 151, 176, 277, 284, 437, 447*, 468, 486, 509
 – Confessio Augustana 50, 81, 123*, 136*, 145, 147, 151, 152, 452*, 499, 500, 511
–, Reichstag (1547/48) 222*
August, Hg. v. Sachsen, Administrator v. Magdeburg 327*
August, Kf. v. Sachsen (1614–1680) 34
Augustinus (354–430), Kirchenlehrer 35, 344, 408, 409
Augustinus Marius, Wbs. in Würzburg (seit 1523 Bs. v. Salona, seit 1529 Wbs. in W.) 387, 433*

Augustus (63 v. Chr.–14 n. Chr.) 439*
Ausonius Decimus Magnus (309–nach 393), Rhetoriker 461
Aventinus, Johannes (= Turmair) (1477–1542), bayr. Hofhistoriograph 477

Backoffen, Hans (um 1471–1519), Bildhauer 290, 291*, 304, 304*, 369*
Baden 23, 248, 248*, 249*
Badersleben 185
Bad Mergentheim 292
Baldung Grien, Hans (1484/85–1545), Maler 290, 305, 305*, 366, 366*, 455*
Ballenberg 185, 236*, 238*, 239*, 240*, 241*, 242*, 244
Bamberg 376*, s. Haner
Bardt, Kaspar (1476–1532), Dekan in München 59
Baring, Daniel Eberhard (1690–1753), Bibliothekar u. Historiker 410*
Barnim IX. (1501–1573), Hg. v. Pommern-Stettin 137
Basel 91, 103*, 106*, 112*, 360*, 443*, 458, 458*, 463*, 470*, s. Christoph v. Utenheim; Froben
Bautzen 149
Bayern 23, 50, 145, 150, 151, 152, 153, 155, 218, 477, 504, s. Ernst, Hg.; Maximilian I.; Philipp; Wilhelm IV.
Beatus Rhenanus (1485–1547), Humanist 109*, 335*, 450*, 451*, 467, 467*, 473*
Beck, Hans (um 1490–um 1557/1560), Orgelbaumeister in Halle 344
Beham, Hans Sebald (1500–1550), Maler, Kupferstecher 451*
Beheim, Matthias v. 402*, 405
Behem, Franz (1500–1582), Buchdrucker in Mainz 122, 124
Bellay, Jean du, Kardinal 126
Bembo, Pietro (1470–1547), Kardinal, Humanist 437, 437*, 438*
Bening, Simon (1483–1561), Buchillustrator 278, 279, 319*, 324
Berg, Hofgerichtsordnung 247
Bergellanus, Johann Arnoldus, s. Arnold
Berlin (auch B.-Cölln) 17, 18, 22, 28*, 33*, 41, 59, 60, 62, 88*, 278, 286, 293, 293*, 338, 338*, 339, 339*, 379, 414*, 490, 497
Bernburg 332*
Bernhard (1091–1153), Abt v. Clairvaux 402, 409
Bernhard II. Clesius, Bs. v. Trient (1514–1539) 459
Bernhard, Hg. v. Sachsen-Weimar (1604–1639) 400*, 406, 408, 413
Beroaldus, Philippus (1453–1505), Prof. 46, 465*

Berthold v. Henneberg, Eb. v. Mainz (1484–1504) 86, 162, 172, 216, 216*, 217, 218, 222, 225*, 253, 254, 254*, 291, 425*, 441, 441*, 506, 507, 509, 510, 511
Binder, Bastian (vor 1518–nach 1539), Steinmetzbaumeister 314, 315, 356*
Bingen 225*, 234*, 260*, s. Stumpf
Bischofsheim 230
Bitterfeld 371
Blankenfeld(e), Johannes, Bs. v. Reval (1514–1524), Eb. v. Riga (1524–1527) 22, 22*, 41, 41*, 42, 43, 45, 88, 88*, 89
Blankenfelde-Hornung, Katharina, Mätresse Joachims I. 24
Bobenzahn, Berthold (gest. 1514), Erfurter Syndikus 159
Boccaccio, Giovanni (1313–1375), ital. Dichter 405, 469
Bock, Hans, Vertreter der Stadt Straßburg 143
Bodenstein, Andreas, s. Karlstadt
Bodmann, Franz Josef (1754–1820), Historiker 263*, 402
Boethius, Amicus (um 480–524), röm. Philosoph 400, 405, 408
Bologna 41, 46, 266, 267, 357*, 440*, 464*, 465*, 495
Bonaventura, Hl. 380*
Bonifatius (um 690–754), Eb. in Mainz 156, 291, 498
Bonifatius VIII., Papst (1294–1303) 406*
Bora, Katharina v. (1499–1552), Gemahlin Luthers 80
Botho d. J. (1467–1538), Gf. zu Stolberg-Wernigerode 67, 167, 189*, 190, 208, 208*, 300*
Bracciolini, s. Poggio di Guccio Bracciolini
Brandenburg, Bs.: s. Hieronymus Schulze; Dietrich IV. v. Hardenberg
–, Kftm. (auch Haus Hohenzollern) 17–37, 41, 52*, 84*, 86, 88, 94*, 101, 152, 160*, 210, 218, 241*, 278, 288, 360, 361, 369, 371, 433, 437, 463, 485, 486, 494, 506, 510, s. Albrecht III.; Achilles; Anna; Elisabeth; Friedrich III.; Joachim I.; Joachim II.; Johann Cicero; Johann Georg; Margarete
Brandenburg-Ansbach 19, 23, 28, 30, s. Albrecht; Anna; Friedrich V.; Georg; Johann Albrecht; Kasimir; Susanna
Brandenstein, Siegmund v., Burghauptmann (1500–1520) 184, 314
Brant, Sebastian (1457–1521), Humanist 405
Braun, Konrad (1491–1563), Mainzer Vizekanzler 53, 126, 126*, 127, 150, 150*
Braunschweig 23, 151, s. Elisabeth; Erich I.; Erich II.; Sibicke
Braunschweig-Lüneburg 247, 248*
Braunschweig-Wolfenbüttel 94*, 155, 247, 248*, s. Heinrich II.

Bricarde, Lambert de, ksl. Orator 300*
Briçonnet, Guillaume II. (1472–1534), Bs. v. Meaux 490
Brixen, s. Melchior v. Meckau
Brömser v. Rüdesheim, Heinrich, Vizedom im Rheingau 231
Brück, Gregor (1485–1557), kursächsischer Kanzler 125, 147, 149
Brügge 279
Brüssel 133, 277, 278, 279
Brunfels, Otto (1488?–1534), Arzt, Bauernkriegsanführer 455*
Bucer (Butzer), Martin (1491–1551), Reformator 126*, 149, 149*, 152, 153, 443*
Bucheimer, Philipp (Ende 15. Jh.–nach 1545), Arzt 61, 387, 422, 437*, 438*, 439*, 458, 458*, 464, 466–468, 473*
Buchen 236*, 238*, 242*, 254*
Budaeus 476*
Bülow, s. Dietrich v. B.
Bürgstadt 241*
Burchard II., Eb. v. Magdeburg (1295–1305) 39*
Burchard III., Eb. v. Magdeburg (1307–1325) 39*
Busch, Johannes (1399–1479/80), Propst 408, 408*, 410*, 411
Busche, Hermann v. dem (1468–1534), Humanist 104*, 470*
Busse, Paul, Propst (1445–1472) 407*, 408, 408*
Butzbach 249*

Caelius Aurelianus (5. Jh.), Arzt 467, 467*
Cajetan, Thomas de Vio OP (1469–1534), Kardinal 51, 51*, 77, 77*, 142, 373, 444
Calbe 60, 61, 62, 67, 68, 153*, 182, 207*, 209, 298*, 302*, 392*, s. Kopp
–, Landtag 69, 70, 93, 93*, 127, 127*, 130, 301, 301*, 355, 355*, 378*
Cambrigde 460*
Camerarius, Joachim (1500–1574), Humanist 420*, 438*
Camitianus, Andreas Franz, Jurist 453*
Campeg(g)i(o), Lorenz(o) (1474?–1539), Kardinal, päpstl. Legat 120, 120*, 127*, 135, 136, 301*, 333, 390*, 425*, 447
Canterbury, s. Warham
Capito, Wolfgang Fabricius (um 1478–1541) 25*, 79, 92*, 93*, 101, 112, 112*, 113, 113*, 114, 114*, 116, 119*, 125, 125*, 152, 262, 262*, 320, 320*, 336*, 366, 412, 417, 422, 422*, 423, 423*, 430, 431*, 442*, 443–445, 447, 448, 454, 454*, 464, 468, 469, 470, 471, 490, 513
Carbach, Nicolaus (um 1485–1534), Humanist 456, 456*, 457, 457*, 458

Carion, Johann (1499–1537), Chronist 300*, 310, 469*
Carpentarius, Ludwig (16. Jh.), Bibliothekar 394
Cassiodor, Flavius M. A. (um 490–583), röm. Staatsmann 458, 459*, 471
Celle 326*, 407*, 412*
Celtis, Konrad (1459–1508), Humanist 465*
Cervini, päpstl. Nuntius 126*, 150
Chemnitz 403*
Christine v. Sachsen (gest. 1521), Gemahlin Kg. Johanns v. Dänemark 20
Christoph v. Stadion, Bs. v. Augsburg (1517–1543) 81, 143
Christoph v. Utenheim, Bs. v. Basel (1502–1527) 441*
Chrysostomus, Johannes (354–407), Kirchenlehrer 422*, 423*, 442*, 443*, 444, 444*, 470*
Chur 440
Cicero, Marcus Tullius (106–43 v. Chr.), Philosoph 397, 405, 409, 409*, 416, 419
Cilli, Gfn. v. 23
Clemens VII., Papst (1523–1534) 29, 284
Coburck, Simon Jakob v. (gest. 1564), Mathematiker
Coburg 81, 136, 379
Cochläus, Johannes (1479–1552), Theologe 116, 122, 147, 423, 447, 448, 450*, 451*, 458, 459*, 470, 471, 471*
Cölbigk 63
Cölln, s. Berlin-Cölln
Colmar, Isenheimer Altar 292
Colocza, s. Franciscus Gregor
Contarini, Gasporo (1483–1542), Legat 97, 98, 128, 128*, 150
Crailsheim, s. Weis, A.
Cranach, Lucas d. Ä. (1472–1553), Maler (auch: Werkstatt) 28, 102*, 285, 286, 287, 290, 291, 294, 295, 305*, 306*, 307, 307*, 317, 317*, 326, 345, 345*, 359*, 362, 362*, 363, 365, 366, 368, 373, 374, 375, 379, 379*, 380, 380*, 381, 387
–, Lukas d. J. (1515–1586), Maler 287
Cratinus (Rost), Bartholomäus, Abt in Halle, Servitenkloster (seit 1509) 405, 406*
Cresse, Thomas 339*, 342*
Creutz, Ulrich (vor 1516–nach 1535), Bildhauer 318
Croke, Richard (um 1489–1558), Gräzist 427*, 436*, 454, 454*, 456, 460, 460*, 461, 461*, 464*
Crotus, Rubeanus Johannes (1480–um 1545), Theologe 146, 147, 342*, 388, 388*, 390*, 413, 425*, 426, 436, 450, 470, 471, 471*, 472, 472*
Crynitz 59
Curio, Jacob (1497–1572), Prof. f. Medizin 388, 388*, 467*, 469, 469*, 470, 473, 473*

Dänemark 23, s. Christine; Friedrich I.; Johann
Daniel Brendel v. Homburg, Eb. v. Mainz (1555–1582) 276
Dantiscus, s. Johann IV. Flachsbinder
Darmstadt 263*
Delila, Philisterin, Geliebte d. Samson (Richter 16,4 ff.) 286
Demut(h), Nicolaus, Propst in Halle, St. Moritz (1519–1523) 206, 412, 412*, 423*, 454*, 504
Dessau 63, 65, 94*, 146, 299
Dieburg 236*
Dietenberger, Johann OP (1475–1537), Theologe 129, 129*, 131*, 375*, 446, 446*, 449*, 451, 451*, 470
Diether v. Isenburg, Eb. v. Mainz (1459–1461/63. 1475–1482) 157, 158, 171, 225, 259, 267, 498
Dietrich IV. v. Hardenberg, Bs. v. Brandenburg (1521–1526) 62
Dietrich Schenk v. Erbach, Eb. v. Mainz (1434–1459) 441, 509
Dietrich v. Bülow, Bs. v. Lebus (1496–1523) 19*, 20*, 21, 22, 46*, 59, 62, 142, 298, 426, 463, 495
Dirbach, Caspar, Arzt 473*
Diskau, Dietrich v., brandenburgischer Hofmeister 21, 43*
Donauwörth 249*
Drach (Draco, Draconites), Johannes (1494–1566), Pfarrer in Miltenberg 79, 93*, 174, 435*, 450*, 499
Dreieichenhain b. Darmstadt 455*
Dresanus, Joannes D., kurmainzischer Rat 417*
Dresden 28*, 117, 127, 181, 285, 286, 403*
Drübeck, Kloster 183*
Duderstadt 187, 207, 208, 235, 236*, 239*, 240, 245*
Dürer, Albrecht (1471–1528), Maler 24, 114*, 280, 280*, 281, 282, 283, 284, 285, 287, 317, 317*, 375, 396
Dürr, Franz Anton (1729–1805), Historiker 262, 262*, 263, 264
Dürr, Valentin, Mainzer Domdekan 128

Ebeleben 189
Eberbach, Johann, s. Stumpf
Eberbach, Peter 430*
Eberhard IV., Gf. v. Königstein (1498–1535), Statthalter 227, 227*
Ebrach 440*
Echter d. Ä., v. Mespelbrunn, Philipp (gest. 1549) 230
Eck, Johann (1486–1543), Theologe 77, 108*, 140*, 143, 143*, 145, 147, 152, 153, 261*
Ecken, Johann v. der (gest. 1524), kurtrierischer Offizial 143

Egeln 182, 186, 392*
Ehrenberg, Johann v., Mainzer Domdekan (1528–1544) 126, 230*
Eichstätt, s. Hering
Einbeck 163
Eisleben 123, 388, 450, 450*
Eitelwolf vom Stein, s. Stein
Elisabeth v. Brandenburg (1485–1555), Gemahlin Kf. Joachims I. 20, 28, 287, 453*
Elisabeth v. Brandenburg (1510–1558), Gemahlin Erich I. v. Braunschweig-Kalenberg 30, 44*
Ellenbog, Nikolaus OSB (1481–1543), Humanist 121*
Eltville 247*, 401*
Emden, Levinus 466*
Enea Silvio, Kardinal, s. Piccolomini
Ennius, Quintus (239–169 v. Chr.), röm. Dichter 431
Eoban, s. Hessus Eobanus
Erasmus v. Rotterdam, Desiderius (1466/1469–1536), Humanist 35, 74, 78, 91, 92, 93, 93*, 102–116, 118, 118*, 123*, 124, 124*, 125, 125*, 154, 261, 261*, 319, 373, 374, 374*, 387*, 412, 417, 420, 422, 425*, 429, 430*, 431, 431*, 434*, 435, 435*, 436, 436*, 438*, 439*, 440, 441*, 442, 442*, 443, 443*, 444, 445*, 448, 448*, 450, 450*, 451, 451*, 454*, 455*, 456*, 457, 457*, 458, 461*, 463*, 466*, 468, 468*, 470*, 471, 471*, 474, 476, 476*, 484, 488, 489
Erasmus, Hl. 102, 102*, 305*, 307, 317, 318, 344, 360*, 362*, 367, 367*, 368, 368*, 369, 370, 371, 372, 373, 374, 374*, 478, 497, 498
Erfurt 86, 142, 144, 156–178, 179, 179*, 190, 192*, 193, 194, 196, 196*, 198, 223, 245, 245*, 417*, 435, 435*, 474, 489, 499, 500
–, St. Mariae 160, 168, 168*, 174, 176, 500
–, St. Peter 176
–, St. Severi 79, 169, 174, 176
–, Universität 157, 157*, 167*, 177, 259, 267, 405, 425, 426, 426*, 436, 450*, 472
Erich I. (1470–1540), Hg. v. Braunschweig-Kalenberg 30, 138, 146, 150, 182
Erich II. (1528–1584), Hg. v. Braunschweig-Kalenberg 144*
Eriksson, Gottschalk, ksl. Sekretär 55*
Ermland, Bs., s. Johann IV. Flachsbinder
Ermsleben 389*
Ernst (1500–1560), Hg. v. Bayern 57, 59, 86*, 150
Ernst II. v. Schönburg (1484–1534) 333*
Ernst v. Sachsen, Eb. v. Magdeburg, Administrator von Halberstadt (1489–1513) 20, 43, 44*, 57, 59, 205, 284, 290, 296, 297*, 298, 298*, 304, 305, 305*, 306, 310, 311, 316, 355, 360, 361, 361*, 368, 389, 389*, 411, 412, 412*

Ernst, Kf. v. Sachsen (1464–1486) 23*, 26, 412*
Esslingen, Reichsregiment 52
Ettenius, Cornelius, Sekretär 300*, 317*, 334*, 338, 338*
Eucherius, Bs. v. Lyon (5. Jh.) 387*, 428*, 459, 459*
Euchstachius, Hl. 369
Eusebius (um 263–339), Bs. v. Caesarea 458
Eyb, s. Albrecht v.

Faber, Conrad (aus Kreuznach) (um 1500–1552/53), Graphiker 350*, 457*
Faber, Franciscus (eigentl.: Franciscus Köchritz) (gest. 1565), Humanist u. Dichter 454*
Faber, Jakob (Stapulensis) (um 1450–1536), Theologe 453*, 490
Faber, Johann OP (um 1470–1530) 112*
Faber, Peter SJ (1506–1546) 128*
Fabri, Johann (1478–1541), Bs. v. Wien 109*, 393*, 446, 446*, 447, 449
Fabricius, Balthasar (gest. um 1541), Prof. 450*
Farnese, Alessandro (1520–1589), päpstl. Legat 126*, 128, 128*, 130*, 448*
Farnese, Alessandro, s. Paul III.
Feige, Johann (1482–1543), Kanzler in Hessen 149
Felicitas, Hl. 345
Ferdinand I. (1503–1564), Kg. 49*, 51, 52*, 54, 54*, 55*, 56, 97*, 113*, 126, 133, 134, 135, 137, 138, 149, 150, 151, 153, 154, 191, 198, 392, 415, 415*, 447, 449*, 450*, 458*, 459, 471, 501, 509
Ferdinand v. Maugis, österr. Edelmann 83*
Ferrara 464*
Ficino, ital. Astrologe 456*
Fischer, Volkmar (gest. 1535?), Wiedertäufer 192*
Fisher, John (um 1469–1535), Bs. v. Rochester 471
Flacius Illyricus, Matthias (1520–1575), Schüler Luthers 415*
Florenz 469*, 474
Fock, Johannes, Verwalter 391*
Fogelßberger, Conrad (gest. 1535), Bauschreiber 314, 332*
Fontanus, Jacobus, Richter 81, 95*, 122*, 445, 445*
Forderglauchau, Schloß 333
Franciscus Gregor, Gf. v. Frangepan, Eb. v. Colocza (1530–1543) 416
Franck, Simon (um 1500–1546/47), Maler 310, 345, 356*, 362*, 365
Frankenhausen 183, 187, 299
Frankfurt a. d. O. 30, 31, 32, 33, 96, 150, 151, 154
–, Universität 19, 19*, 20*, 37, 41, 44, 45*, 46,

86, 86*, 88*, 142, 261, 426, 429*, 433, 433*, 438, 463, 465*, 466, 494, 495
Frankfurt a. M. 51, 104, 104*, 108, 122, 246*, 250, 299, 350, 429, 455*
–, Kirchen u. Stifte 91, 97*, 120, 260*, 272, 273, 274, 455*
Frankfurt-Höchst, s. Höchst
Franz (François) I. (1494–1547), Kg. v. Frankreich 126, 469*, 485
Franz v. Waldeck, Bs. v. Münster (1532–1553) 191
Freiberg 184*, s. Hillger
Freiburg 218, 218*, 250, 292, 458*
Freising, s. Heinrich III., Bs.
Friedrun, Georg, Erfurter Ratsherr (1521) 164
Friedrich III. (1415–1493), Ks. 215, 216, 506, 510
Friedrich III. (1657–1713), Kf. v. Brandenburg, Kg. in Preußen 425*, 504
Friedrich V. (1460–1536), Mgf. v. Brandenburg-Ansbach-Bayreuth 18, 23
Friedrich I. d. Streitbare (1370–1428) Kf. v. Sachsen 34, 34*
Friedrich III. der Weise (1463–1525), Kf. v. Sachsen 23, 28, 93*, 105*, 112, 112*, 142, 143, 158, 163, 169, 180, 182, 284, 297, 312, 312*, 360, 367, 405, 435, 442*, 444*, 474*, 484,
Friedrich I. (1481/1523–1533), Hg. v. Schleswig u. Holstein, Kg. v. Dänemark 20
Friedrich v. Beichlingen, Eb. v. Magdeburg (1445) 39
Friedrich Karl Joseph v. Erthal, Eb. v. Mainz (1774–1802) 416, 417*
Fries, Lorenz (1491–1550), Historiker 473*
Fritzlar, St. Peter 260*
Froben, Johann (um 1460–1527), Drucker 105*, 109*, 110*, 111, 113*, 454*
Furderer, Johann, Mainzer Kanzler (1515–1521) 246, 464
Fuchs, Jakob 45*, 46*, 428*, 429*, 431*, 465*, 466*, 474*
Fugger, Bankiers in Augsburg 27*, 73, 74, 86*, 88, 159*, 283, 335*, 351, 352, 485, 486
–, Anton (1493–1560) 468
–, Hans I. 283
–, Jakob II. d. Reiche (1459–1525) 283
–, Raymund (1489–1535) 337*, 468
–, Ulrich (1526–1584), Humanist 415*
–, Ursula 283
Fulda 182, 431*, s. Hartmann v. Kirchberg
Fürstenberg, Herrschaft 249*

Gabriel, Erzengel 344
Galen[us], Claudius (um 130–200), Arzt u. Philosoph 423*, 461, 462, 462*

Gamaliel 136, 145
Gandersheim 60
Gatersleben 302*
Gattinarar, Mercurino de (1465–1530), Großkanzler Karls V. 49
Gauricius, Pomponius 388*, 469, 469*
Gaza, Theodorus 427*, 460, 461
Gebhard VII. (1478–1558), Gf. v. Mansfeld 182, 189
Gefferdes, Heinrich, evang. Prediger 200
Geipel, Philipp, Amtmann v. Stadtprozelten 231
Genua 149
Georg, s. Liebenstein, Georg
Georg III., F. v. Anhalt (1507–1553), Dompropst in Magdeburg, evang. Bs. v. Merseburg (1545) 57, 58, 60, 61, 64–69, 490
Georg v. Blumenthal, Bs. v. Lebus (1524–1550) 31
Georg d. Fromme (1484–1543), Mgf. v. Brandenburg-Ansbach 23, 29, 31, 31*, 32, 138
Georg v. Gechingen, Administrator des Ebtm. Magdeburg 412*
Georg I. (1493–1531), Hg. v. Pommern, verh. m. Margarete v. Brandenburg, Tochter Joachims I. 137
Georg d. Bärtige (1471–1539), Hg. v. Sachsen 23, 24, 28, 34*, 70, 96, 101, 105*, 117, 125, 143, 144*, 145, 146, 149, 150, 153, 162, 163, 169, 180, 181, 182, 183, 184*, 190, 191, 192, 210, 299, 299*, 300*, 301, 378, 379, 419*, 420*, 450*, 451*, 454*, 461, 461*, 462, 471, 471*, 501
Georg, Gf. v. Wertheim, Deutschmeister 143
Georg, Hg. v. d. Pfalz, Bs. v. Speyer (1513–1529) 86*
Georg de Lapide (v. Stein) (gest. 1497) 465*
Gercken, Philipp Wilhelm (1722–1791), Historiker 395
Gerhard (13. Jh.), Kopist 411
Gernsheim 236*, 237, 237*, 238*, 239*, 244, 244*
Giboldehausen, s. Mingerode
Giebichenstein 296*, 298*, 310–311, 314, 348, 349*
Glauchau 332, 333, 333*
Glockendon, Nikolaus (gest. 1534), Buchillustrator 281, 282, 284, 287
Göbler, Justinus (1503–1569), Jurist 467*
Goede, Henning (gest. 1521), Dekan in Erfurt 168, 169
Goleius, Martin 423*
Goseck, Chronik 410
Goslar 186
Gotha 384, 384*, 396, 398–400, 403, 406, 406*, 408, 408*, 409, 411, 411*, 474, s. Hans v.

Gottesgnaden 306
Greffe, Hans (1476–1526), Erfurter Bürger 164*
Granvella, Nicolas Perrenot Herr v. (1486–1550), ksl. Orator 127, 151, 152, 301*
Gratian, Flavius Gratianus, röm. Ks. (359–383) 406*, 410
Graubünden, s. Lemnius
Grauert, Johann, evang. Prediger 199
Gregor XV., Papst (1621–1623) 398
Gregor, Hl., Papst (um 540–604) 307*, 372, 373, 373*, 375, 406*
Grell, Albert (1814–1891), Maler 348*
Gresemund, Dietrich d. J. (um 1477–1512), Humanist 416*, 473*
Griegker, Georg, Sekretär 160
Grimani, Domenico (1461?–1523), Kardinal 107*
Gröningen 62, 184, 185, 186, 188, 193, 302*
Gropper, Johann (1503–1559), Theologe 152, 153
Groß-Ammensleben 185*
Großostheim, s. Ostheim
Großsalze 70, 189
Grünewald, Matthias (Mathis Gotthardt-Neithardt) (1475/80–1528/31), Maler 102*, 287, 290, 292, 292*, 305*, 318, 362*, 368, 368*, 378*, 497, 513
Grünhain 403*
Grupen, Christian Ulrich 407, 407*, 412
Gudenus, Valentin Ferdinand v. (1679–1758), Jurist 50, 272*, 407, 407*, 410, 410*, 411
Gunter, Gf. v. Schwarzburg 166
Gunther v. Schwarzburg, Eb. v. Magdeburg (1403–1445) 412, 413*
Günther, Andreas, Steinmetz 308, 332, 332*, 333, 333*, 351, 351*, 356*
Gurk, s. Lang, Matthäus
Gutenberg, Johannes (um 1400–1468?), Buchdrucker 457, 463

Hadmersleben 185
Hadrian VI., Papst (1522–1523) 29, 279, 284
Hagenau, Religionsgespräch (1540) 53, 125, 127, 151, 151*
Halberstadt 63, 167, 180*, 193, 196*, 197, 197*, 198, 199, 200, 201, 202, 203, 204, 205, 206, 208, 208*, 211, 278, 303, 392*, 465*
–, Btm., Domkapitel u. Hochstift 21, 26, 29, 30, 33, 53, 55, 59, 73, 75*, 85, 89, 90, 93, 93*, 96, 118, 127*, 138, 146, 153, 153*, 179–195, 196*, 199, 209, 278, 287, 300, 301*, 302, 303, 355, 366, 367, 392, 392*, 393, 495, 496, 498, 501, s. Ernst v. Sachsen; Leucker

Halle 24, 25*, 28, 31, 31*, 33, 44*, 57, 59, 61–68, 78, 82, 103*, 106*, 113, 113*, 141, 144*, 146, 147, 148, 153, 179, 180, 184, 191, 193, 196*, 197, 199, 199*, 200, 200*, 201, 203, 206, 206*, 207, 208, 211, 278, 288, 289, 290, 291, 292, 296–356, 359, 360, 360*, 362, 365, 371, 381, 407*, 436, 439, 452*, 466*, 469, 502, 504, 512
–, Brevier u. Missale 281, 282, 376, 376*, 401*
–, Cyriacus-Hospital 327, 339, 339*
–, Dominikaner, -kirche, -kloster 313, 314, 315, 327, 337, 342, 355, 361, 403*
–, Grabmal von Kardinal Albrecht 283, 321, 321*, 322, 324, 353
–, Haus des Hans v. Schenitz 347–352
–, Hl. Kreuz (St. Crucis) 313
–, Heiltum 278, 281, 282, 283, 287, 288, 289, 290, 290*, 294, 301, 303, 306*, 312, 317, 318, 325, 326*, 352, 361*, 364, 370, 370*, 382, 390, 391, 393, 394*, 414*, 434*
–, Maria-Magdalena-Kapelle 303, 304, 304*, 305, 306, 306*, 307, 312, 313, 314, 316*, 317, 330*, 345, 360*, 361, 369*, 414, 434
–, Marktkirche 339–347, 350*, 355
–, Moritzburg 31, 33, 60, 65, 184, 190, 200, 290, 293, 296, 297*, 298, 298*, 301, 301*, 302, 303–310, 312, 326, 331*, 332*, 334, 337, 342, 352*, 355, 356, 361, 385, 385*, 422, 438, 461*, 464, 469*, 496, 497, 498
–, »Neuer Bau« (»Residenz«) 326–337, 353, 377, 385, 385*
–, Neuwerk (Kloster) 60, 199, 336, 342, 345, 350, 350*, 376, 389, 407, 409, 410
 – Bibliothek 384*, 390, 395, 400, 401, 402, 403, 404, 408–412
–, »Neues Stift« (»Dom«) 31, 31*, 102*, 146, 206, 278*, 282, 288, 289, 290, 297*, 299, 303, 304*, 305*, 311–326, 327, 329, 330, 337*, 338*, 342, 343, 345, 347, 352, 353, 353*, 355, 357–380, 382, 386, 389, 389*, 392, 401, 408, 424, 437, 452, 471, 472, 492, 498, 504, 511
 – Stiftsbibliothek 278, 352, 382, 383, 384, 385–394, 395, 396, 399, 401, 402, 403, 404–413, 425, 450, 459, 469*, 475, 493
–, St. Georgen 184
–, St. Gertruden 339, 342, 343
–, St. Marien (Liebfrauen) 184, 290, 297*, 339, 339*, 342, 343, 343*, 344, 344*, 345, 377
 – Bibliothek 402, 406, 409
–, St. Moritzkirche, -stift 298*, 313, 314, 327, 339, 342, 342*, 355, 388, 410
 – Bibliothek 390, 395, 400, 401, 402, 403, 404, 406–408, 411, 412, 413,
–, St. Ulrich 342
–, Servitenkloster 389, 390*
–, Universität, -sbibliothek 290, 330*, 333, 377,

382, 388, 390, 390*, 403*, 407, 407*, 424, 425, 425*, 452, 471, 475, 476, 492, 504
Hamburg 140*, 395*, 459*, s. Wolf
Hamersleben 194*, 410
Hammelburg 176, 499
Hanau-Welzmitzheim-Münzenberg (Untergerichtsordnung 1564) 249*
Haner, Johannes (gest. nach 1544), Bamberger Domprediger 118, 119*, 447, 447*, 449, 451*, 471, 471*
Hannover 410*
Hans, Mgf. v. Küstrin, s. Johann I., Mgf. v. Brandenburg-Küstrin
Hans v. Gotha (1493–1525), Schneider in Erfurt 171
Hans v. Zwickau 62
Harer, Peter (eigentlich: Petrus Crinitus) (gest. um 1555), Historiker 396, 397, 397*, 398*, 414, 414*, 415, 415*, 416, 440
Hartmann v. Kirchberg (1466–1529), Abt v. Fulda 160, 161, 162, 474*
Hartmann, Bernhard v., Amtmann v. Amorbach-Wildenberg 231
Hartmann, Hansen (Johann) (1537–1607) und Sohn Friedrich, Buchhändler 19*
Haßfurt, Unterfranken 436*
Hattstein, Marquard v. (1489–1522), Mainzer Domherr 457, 470, 470*
Hausgröningen 185
Hausmann, Nikolaus (1479–1538), Pfarrer in Zwickau 136*
Havelberg 29, s. Johannes S[ch]laberndorf
Hedersleben 185, 188
Hedio, Kaspar (1494–1552), Mainzer Dompfarrer 91, 101, 119*, 262, 423, 443*, 444*, 445*, 470, 471, 490, 512
Hedwig v. Polen (1513–1573), Gemahlin Joachims II. 33, 300*
Hegendorfer, Christoph (1500–1540), Humanist 431, 436*, 454*
Heidelberg, Bibliotheca Palatina 396–398, 414, 414*
–, Universität, -sbibliothek 54*, 416*, 473
Heiligenstadt 187, 207, 207*, 208, 235, 239*, 240
Heinrich VIII. (1491–1547), Kg. v. England 51, 460*, 471, 490
Heinrich II. (1489–1568), Hg. v. Braunschweig-Wolfenbüttel 30, 30*, 81, 81*, 138, 146, 182, 186, 192, 300*, 379
Heinrich V. d. Friedfertige (1479–1547), Hg. v. Mecklenburg 182
Heinrich, Pfalzgraf bei Rhein 86*
Heinrich III. Pfalzgraf bei Rhein, Bs. v. Freising (1540–1551) 150
Heinrich V. d. Fromme (1473–1541), Hg. v. Sachsen 23, 34*, 146

Heinrich v. Akkon OP, s. Leucker
Heinrich v. Virneburg, Eb. v. Mainz (1328–1346) 509
Heinse, Wilhelm (1746–1803), Bibliothekar u. Dichter 416*, 417*
Heintz, Wolff 336, 356*, 452*
Helding, Michael (1506–1561), Mainzer Wbs., Bs. v. Merseburg 97, 97*, 98, 101, 118, 119, 119*, 121, 121*, 126, 129, 129*, 130, 130*, 131*, 300*, 451, 451*, 512
Heldrungen 183
Helius, s. Hessus Eobanus
Henneberg, Gfschaft 23, 159, 182, s. Berthold; Wilhelm
Herakles, griech. Gott 285, 286
Hering, Loy (um 1485–um 1554), Bildhauer 320, 320*, 321, 321*
Hermann (gest. 1528), Gf. v. Neuenahr 427*, 442*, 454*
Hermann v. Wied, Eb. v. Köln (1511–1547, gest. 1552) 63, 89, 98, 133, 249*, 284, 483
Herold, Heinrich, Prof. 268
Herzheim, Hans Jordan v. (1503–1573), Ritter u. Kämmerer 388*, 437*, 446, 446*, 464, 469, 469*, 473
Hessen, Lgschaft 30, 94, 152, 176, 179*, 218, 229*, 262*, 507, s. Philipp I.
Hessen-Darmstadt 50
Hessen-Marburg, Gerichtsordnung 1497 u. a. 253
Hessus Eobanus (1488–1540), Humanist 46*, 423, 426, 430*, 432*, 433, 435–436, 438*, 466*, 468, 470, 474
Hetteborn 185
Heune, Hans u. Petronella, Wiedertäufer 192
Heiendorff, Johann v. 70
Heyll, Christoph, Arzt (1528–1530?) 423, 456, 461, 462, 464, 467
Hieber, Hans (gest. um 1536), Architekt 352, 352*
Hieronymus (um 347–420), Hl. 102*, 103*, 105, 359*, 374, 374*, 375, 381, 387, 444*
Hieronymus Schulze, Bs. v. Brandenburg (1507–1521) 22, 142, 143, 298
Hildesheim 128, 129*, 138, s. Tetleben
–, Reformstatuten (1539) 128, 129*
Hillger, Martin (1484–1544), Glockengießer 314, 314*, 337
Himmelpforten, Kloster 183*
Hindemith, Paul (1895–1963), Komponist 513
Hippokrates (460–377 v. Chr.), Arzt 473*
Hitzkirchen 95
Höchst 232
Hoetfilter, Jodokus (1500–1551), Propst in Erfurt 126
Hoffmann, Jakob (1497–1572), Mathematiker 473*

Hoffmann, Johann, Komponist u. Organist (um 1537) 452*
Hoffmann, Nickel (vor 1543–nach 1589), Steinmetz u. Baumeister 343
Hofheim/Ufr. 473*
Hogel (Chronik v. 1519) 426*
Hohenzollern, s. Brandenburg, Kf.
Hohnstein, Katharina v. (gest. 1517), Gfin. 60
Hohnstein, Wilhelm v., s. Wilhelm v. H., Bs.
Holt, Arnold 411
Homer, griech. Dichter 440*
Horaz (65–8 v. Chr.), röm. Dichter 405, 419*, 431, 447*
Horn, Heinrich, Offizial 192
Horneburg, Johannes, Rat 66, 439*
Hoyer (1484–1540), Gf. v. Mansfeld 450*
Hoym, Heinrich v., erzbischöfl. Rat 64
Hrabanus Maurus (780–856), Eb. von Mainz 104*, 396, 414, 414*
Hrotsvit (Roswitha) v. Gandersheim (um 930–975) 465*
Huiuff, Hans (gest. um 1520), Goldschmied 289
Humbracht, Konrad 459, 459*
Hundt, Siegfried, Verwalter 391*
Hutten, Frow(e)in v. (gest. 1528), kurmainzischer Hofmeister 94, 166, 429*, 464, 483, 485
Hutten, Ulrich v. (1488–1523), Humanist 19, 20*, 45*, 46, 46*, 86, 94, 103, 103*, 104, 106*, 107*, 109, 110, 112, 116, 160, 412, 412*, 417, 418, 418*, 421, 422, 423, 423*, 425, 427, 427*, 428–432, 433, 434, 434*, 438, 439*, 442*, 443, 444, 452, 453*, 454, 455, 455*, 457, 457*, 460, 463, 464, 465, 465*, 466, 466*, 468, 468*, 470, 474*, 475, 476, 485
Huttener, Adolar (1481–1560), Oberratsmeister 165, 165*, 168, 175
Huttich, Johannes (1490–1544), Historiker 104, 104*, 435*, 469, 470, 472, 472*, 473, 473*
Huysburg 185, 188

Ilsenburg 183*
Indagine (Rosenbach ab), Johannes de (um 1467–1537), Pfarrer u. Hofastrologe 387, 387*, 422, 422*, 424*, 426, 426*, 428, 428*, 452, 454*, 455, 455*, 456, 456*, 458, 464
Ingolstadt 440*, 469*, 473, 473*
Isidor v. Sevilla (um 560–633), Kirchenlehrer 115*
Isokrates (436–338 v. Chr.), Rhetoriker 437, 437*

Jakob v. Jüterbog OCIS (1381–1465), Theologe 411
Jakob v. Liebenstein (1504–1508), Eb. v. Mainz 86, 222, 225*, 232, 246, 251, 291, 425*

Jena 168, 402, 402*, 404, 405*, 409
Joachim (1509–1561), F. v. Anhalt 61, 69
Joachim I. Nestor (1484–1535), Kf. v. Brandenburg 20, 21, 22, 22*, 24, 26, 27, 27*, 28, 29, 29*, 36, 37*, 38, 40, 41, 41*, 43, 44, 45, 46, 57, 59, 60, 73, 85, 85*, 86, 88, 88*, 89*, 96, 101, 133, 134, 142, 143, 146, 153, 159, 163, 180, 182, 186, 210, 279, 284, 287, 293, 298, 300*, 301, 414*, 426, 437, 437*, 453, 485, 494, 502
Joachim II. Hektor (1505–1571), Kf. v. Brandenburg 26, 28, 30, 30*, 31, 32, 33, 33*, 34*, 44, 45, 63, 82*, 85*, 148*, 150, 288, 293, 298, 300*, 339, 339*, 437, 437*, 438, 450*, 490, 501, 502
Joannis, Georg Christian (1658–1735), Historiker 395, 395*, 418
Johann Albrecht v. Brandenburg-Ansbach (gest. 1551), Mgf., Statthalter, Eb. v. Magdeburg 29, 30, 30*, 31, 33, 153, 209, 209*, 228, 230*, 298, 300*, 355, 392, 393*, 502, 512, 513
Johann XXI., Papst (1276–1277) 453*
Johann II. (1504–1551), F. v. Anhalt 58, 60, 61, 62, 69
Johann Cicero (1455–1499), Kf. v. Brandenburg 17, 18, 19, 42, 46, 85, 284, 494, 506
Johann Georg (1525–1598), Kf. v. Brandenburg 44
Johann I. (1513–1571), Mgf. v. Brandenburg-Küstrin, Sohn v. Joachim I. v. Brandenburg 30, 31, 300*
Johann IV. Flachsbinder gen. Dantiscus, Bs. v. Ermland (1537–1548) 127, 451*
Johannes Ludwig v. Hagen, Eb. v. Trier (1540–1547) 98, 153
Johann v. Henneberg, Abt v. Fulda (1521/29–1541) 450*
Johannes v. Metzenhausen, Eb. v. Trier (1531–1540) 63
Johann I. v. Nassau, Eb. v. Mainz (1397–1419) 509
Johann d. Beständige (1468–1532), Hg. u. Kf. v. Sachsen 23, 93*, 133, 135, 169, 180, 181, 182, 484
Johann Friedrich d. Großmütige (1503–1554), Kf. v. Sachsen 30, 32, 52, 63, 68, 146, 150, 191, 204, 355
Johann I. (1455–1513), Hg. v. Schleswig u. Holstein, Kg. v. Dänemark 20
Johann Philipp v. Schönborn, Eb. v. Mainz (1647–1673) 511
Johanna, Päpstin (9. Jh.) 473*
Johannes Caesarius, Köln 419*
Johannes Evangelist 344
Johannes de Gerson (1363–1429), Theologe 411
Johannes S[ch]laberndorf, Bs. v. Havelberg (1501–1520) 22

Jonas, Justus (1493–1555), kursächsischer Rat u. Theologe 81*, 136, 343, 355, 355*, 439, 450*
Jordan, Peter, Buchdrucker (gest. nicht vor 1552) 122
Jörger, Dorothea 29*
Julian, röm. Ks. (332–363) 467
Jülich 191, 247, 248*, 249, 249*
Jülich-Kleve-Berg 117, 129, 152
Julius II., Papst (1503–1513) 19, 42, 42*, 43

Kaaden 53, 96, 96*
Kamberg 459
Kapellendorf 169
Karl Borromäus (Carlo Boromeo, 1538–1584), Kardinal 357*
Karl V. (1500–1558), Ks. 24, 27, 27*, 28, 29, 35, 47, 49, 49*, 50–55, 55*, 56, 82, 93*, 95*, 109, 112, 113*, 122, 123, 125, 128, 132, 133, 134, 135, 137, 138, 143, 145, 145*, 148, 149, 150, 151, 153, 154, 155, 172, 173, 173*, 174, 209, 219, 219*, 222, 222*, 245, 271, 299, 367, 368, 369, 374, 392, 429, 437, 438, 439*, 442*, 455*, 468, 469, 469*, 485, 509, 510
Karl, Prinz v. Anhalt (1534–1561) 60
Karl, Hg. von Lothringen 399*
Karl Theodor, Kf. v. d. Pfalz (1777–1799) 398*
Karlowitz, Georg v. (um 1480–1550), Kanzler 125, 125*, 146, 146*, 149
Karlsruhe 415*
Karlstadt, Andreas Bodenstein (1480–1541), Reformator 366, 366*, 375, 443*
Kasimir (1481–1527), Mgf. v. Brandenburg-Ansbach-Kulmbach 23, 181, 182, 398*, 415*
Katharina, Hl. 307, 344
Kauxdorf, Andreas, Domprediger 206
Kemberg 144
Kiew 23
Kindelbrück 300*
Kleinwallstadt 229*, 241, 242, 243
Klemens VII. (Giulio de Medici), Papst (1532–1534) 144, 146
Kleve 247
Kling, Konrad (1483/84–1556?), Domvikar 391*, 394
Klingenberg a. M. 236*
Knauer (Rasoris), Anton, Prof. 268
Koberger, Anton (gest. 1513), Buchdrucker, -händler 409*
Koblenz 191, 250, 451
Koch, Eoban, s. Hessius
Koch, Konrad, s. Wimpina
Kolman, Eoban (um 1476–1547), Erfurter Bürger 164*
Köln 18, 112, 117, 261, 262, 266, 398*, 427

–, Erzstift/Kf. 191, 248*, 249, 249*, 253*, 255, 255*, s. Hermann v. Wied
Königsberg 26, 32, 36, 436*, 438
Königshofen 240, 240*
Königstein 227*, s. Eberhard IV.
Konrad v. Bibra, Bs. v. Würzburg (1540–1544) 150
Konrad v. Thüngen, Bs. v. Würzburg (1519–1540) 105, 468
Konrad, s. Liebenstein, K.
Konradsburg 185, 188, 188*, 389*
Konstantin, röm. Ks. (306–337) 35
Konstanz, Konzil (1414–1418) 215
Kopenhagen 30, 286*
Kopp, Gregor (Georg), Arzt 108, 108*, 422, 430, 453, 455*, 464, 466
Koppe, Heinrich 61
Kostheim, s. Mainz-Kostheim
Köthen 57
Krafft, Caspar (gest. 1540), Steinmetzbaumeister 343, 356*
Krautheim 236*, 238*, 239*, 240*, 241*, 242*, 244
Krebs, Kunz (1491/92–1540), Steinmetzbaumeister 333
Kreitz, Ulrich 189
Krug, Ludwig (1488/90–1532), Goldschmied 281, 282, 282*, 283, 286, 287
Kues, s. Nikolaus Cusanus
Külsheim 236*
Kumentaler, Ruprecht (gest. 1540/41), Organist 305
Kurpfalz, s. Pfalz, Kf.
Kursachsen, s. Sachsen, Kf.
Kurtrier, s. Trier, Kf.

Lactanz (4. Jh.), Kirchenschriftsteller 466*
Lambert, Halle, Propst 410, 410*
Landshut 335*
Lahnstein 232, 232*
Lang, Matthäus (1468–1540), Bs. v. Gurk, Eb. v. Salzburg, Kardinal 51, 88, 150, 373
Langeln, Deutschordenskommende 183*
Langenenslingen 97*
Latomus, Jacobus (um 1475–1544), Theologe 427*, 446*
Lauterbach 83*
Lebus, s. Dietrich v. Bülow; Georg v. Blumenthal
Leipzig 70, 108, 108*, 122, 146, 147, 149, 181*, 253*, 286, 299, 331, 377, 405, 412, 450*, 512
–, Disputation (1519) 108*, 143, 372, 453*
–, Religionsgespräch (1534) 123*, 125, 125*, 147, 153, 154, 285
–, Religionsgespräch (1539) 126, 149, 150
–, Stadtbibliothek 401*, 402, 402*, 404, 406

–, Universität, -sbibliothek 41, 46, 57, 88*, 97*, 120, 402, 402*, 404, 405*, 407*, 408*, 409, 409*, 411*, 412, 419*, 423*, 435*, 436, 453, 453*, 454*, 460, 460*, 461, 461*, 462, 464*, 465*, 466*

Lemnius, Simon (1511–1550), Dichter 359, 359*, 424, 433, 438–440, 456, 463, 467, 473*

Lentz, Kantor 208

Lee, Edward, Eb. v. York 447*

Leo X., Papst (1513–1521) 29, 38, 39, 40*, 47, 103*, 141, 156, 159, 174, 272, 279, 284, 304*, 312, 313, 324, 367, 442, 445*

Lerch v. Dirmstein, Kaspar, Vizedom in Mainz (1528–1532) 483

Lessing, Gotthold Ephraim (1729–1781), Dichter 439*

Leucker, Heinrich OP, Wbs. v. Halberstadt 146, 193, 199, 339*

Leuder, Ignatius, Ratsherr in Halle (1515–1521) 339*, 343*

Liebenstein, Georg v. 20

Liebenstein, Jakob, s. Jakob v. L., Eb.

Liebenstein, Konrad v., Kämmerer (1532–1536) 422*

Linacre, Thomas (1460?–1524), Humanist 461*, 463*

Liningk (Lunink), Walter, Propst in Halle, St. Moritz (1478–1483) 406*

Lippe, Gfschaft 248, 248*

Livius (um 59 v. Chr.–17 n. Chr.), röm. Geschichtsschreiber 46, 423*, 428, 432*, 456, 456*, 457, 457*, 458, 460, 463, 473

Lorsch 467*

Lot 286

Lothwiger, Balthasar, Arzt 306, 306*

Lothringen 23

Lotter, Melchior d. Ä. (gest. um 1542), Buchdrucker 376*, 455*

Löwen 105, 106*, 109, 109*, 112, 425*, s. Martens

Ludwig V. (1508–1544), Pfalzgraf bei Rhein 52, 96, 124, 146, 415, 415*

Lukan (30–65), röm. Schriftsteller 46

Lukian, griech. Schriftsteller 427*, 454*

Lune, Johann v., Hofrichter (1515–nach 1517) 228*

Luther, Martin (1483–1546), Reformator 20*, 24, 25, 27, 28, 29, 29*, 31, 32, 32*, 34*, 36, 50, 58, 73–86, 90, 90*, 91, 92, 93*, 94, 94*, 95, 95*, 101, 108*, 109, 110, 110*, 111, 112, 112*, 113, 113*, 115, 123*, 135, 136, 136*, 141, 141*, 142, 142*, 143, 143*, 144, 145, 146*, 149, 153, 198*, 200, 206, 215, 262, 262*, 279, 285, 286, 287, 289, 290, 294, 295, 299, 319*, 336, 359, 359*, 360, 361, 362, 363, 364, 365, 365*, 366, 366*, 369, 371, 374, 376, 379, 380, 380*, 386, 387*, 412, 412*, 423*, 438, 439, 439*, 441*, 443*, 445, 453*, 454*, 471, 484, 485, 486, 488, 489, 490, 491, 493, 494, 502, 504, 505, 509, 511

Lyon 409*, s. Eucherius

Macarius von Buseck, Domsyndikus 395*

Machiavelli, Niccoló (1469–1527) 28

Maecenas, Gaius (gest. 8 n. Chr.) 419*, 422, 431, 439*

Magdeburg 22, 30, 31, 37, 37*, 41, 57–70, 88*, 89*, 144, 144*, 148, 163*, 175*, 192*, 196, 196*, 197, 198, 199, 199*, 200, 201, 201*, 202, 203, 204, 205, 206, 207, 208, 208*, 209, 210, 211, 284, 288, 296, 297*, 298, 299*, 302, 302*, 305, 306, 345, 376, 410, 433, 452*, 465*, 504

–, Burggrafenamt 53, 142, 204, 310

–, Dom 284, 303, 314, 316, 316*, 320*, 324, 392*, 497, 498

–, Domkapitel/-stift 21, 28*, 38, 39, 40, 42, 43, 44*, 47, 57, 63, 64, 68, 69, 85, 189, 198, 200, 201, 202, 204, 206, 297, 302, 302*, 303, 306, 311, 313*, 320*, 355

–, Ebtm. u. Erzstift 26, 28, 29, 29*, 33, 34, 35, 53, 55, 57, 60, 66, 69, 73, 75*, 85, 86, 88, 88*, 89, 89*, 90, 93, 93*, 96, 101, 118, 127, 127*, 138, 146, 153, 153*, 179–195, 196*, 207, 208, 278, 287, 296, 300, 300*, 301, 302, 303, 314, 324*, 355, 368, 373, 391, 392, 392*, 393, 403, 495, 496, 498, 501, 502, s. Burchard; Ernst; Friedrich v. Beichlingen; Georg v. Gechingen; Gunther v. Schwarzburg; Johann Albrecht; Sigismund

Magdeburg-Neustadt 189, 201, 202, 207, 211

Magdeburg-Sudenburg 189, 201, 202, 207, 211

Magnus (1455–1524), F. v. Anhalt 57, 63

Maier, Andreas, Domvikar in Mainz (1513–1536) 91*

Mailand 375*

Mainz 23, 30, 50, 51, 91, 94, 104, 104*, 105, 106, 108, 108*, 111, 113, 113*, 124, 129, 133, 165, 179, 190, 228, 229*, 233, 233*, 234, 234*, 246, 251, 251*, 252, 278, 285, 286, 291, 292, 294, 298*, 300, 300*, 306, 418*, 433, 434, 436, 439, 449, 450*, 454*, 458, 460, 463*, 491

–, Dom 22, 33, 40*, 129, 153, 154, 288, 288*, 291, 291*, 292, 303, 304, 317, 335*, 352, 353, 353*, 382, 390, 392, 393, 396, 397, 399, 400, 401, 406, 407, 409, 416, 478, 497, s. Agricola; Capito; Eberbach; Hedio; Stumpf; Wild

–, Dombibliothek: 382, 384, 384*, 386, 386*, 388, 389, 390–404, 407, 407*, 409, 412, 413, 413*, 456, 456*, 458*, 475

–, Domkapitel 21, 22, 42, 43, 85, 86, 87, 88, 94, 95*, 98, 126, 126*, 128, 132, 132*, 133, 158, 160, 161, 162, 163, 164, 166, 166*, 168, 169, 169*, 170, 170*, 173, 177, 179, 179*, 191, 223–232, 233, 233*, 234, 234*, 235*, 247, 255, 262, 262*, 264, 265, 267, 276, 278, 291, 293, 298, 300*, 301*, 352, 353*, 361, 361*, 386*, 390, 391, 392, 393, 393*, 394*, 396, 416*, 417, 422, 425, 456*, 457, 486, 487, 500
–, Ebe.: s. Adolf I. v. Nassau; Adolf II. v. Nassau; Berthold v. Henneberg; Bonifatius; Daniel Brendel v. Homburg; Diether v. Isenburg; Dietrich Schenk v. Erbach; Friedrich Karl Joseph v. Erthal; Heinrich v. Virneburg; Hrabanus Maurus; Jakob v. Liebenstein; Johann I. v. Nassau; Johann Philipp v. Schönborn; Peter v. Aspelt; Sebastian v. Heusenstamm; Siegfried II. v. Eppstein; Siegfried III. v. Eppstein; Uriel v. Gemmingen
–, Ebtm. 28, 29, 73, 74, 75*, 76, 87*, 89, 98, 118, 174, 206, 252*, 259, 303, 360, 378, 487
–, Erzstift/Kftm. 29, 53, 55, 86, 90, 90*, 91, 98, 138, 141, 144, 151, 152, 154, 155, 156, 157, 159, 166, 167, 169, 171, 173, 174, 175, 179, 179*, 180, 180*, 187, 191, 193, 194, 218, 218*, 223–256, 271, 271*, 299, 308, 352, 385, 393*, 425, 483, 493, 495, 496, 498, 499, 509, 510
– Ordnungen 245–251, 464*, 505–508
–, Höfe, Bursen
– Zum Algesheimer 259, 260, 263*, 264, 264*, 265, 271, 272, 275
– Zum Gutenberg 259
– Zum Schenckenberg 260, 263*, 264, 264*, 265, 266*, 271
– Zum Widder 246
–, Kirchen 264, 272
– St. Alban 260*, 273, 274, 414
– St. Christoph 259
– Franziskanerkirche, -kloster 122, 401
– Heiligkreuz 260*, 273
– St. Jakob, s. Manger
– St. Johann 260*, 273, 460*
– St. Ignaz, s. Satorius
– St. Maria ad Gradus (Liebfrauenstift) 131, 260*, 447, 451
– St. Michael 273
– St. Moritz 120
– St. Peter 260*
– St. Quintin 260*
– St. Stephan 260*, 273
– St. Viktor 122, 471
–, Kurstaat, s. –, Erzstift
–, Martinsburg 64, 65, 154, 278, 288, 293, 464
–, Reichstag (1517) 52, 277, 279
–, Stadtbibliothek 401, 404, 406, 406*, 409

–, Universität, -sbibliothek 76, 91, 91*, 92, 129, 129*, 141, 141*, 247, 259–276, 398*, 399. 425, 426, 426*, 430*, 451, 451*, 457, 459, 460, 464*, 466, 467, 472*, 484, 490
Mainz-Kostheim 235, 237, 237*, 238*, 239*
Mannheim 398*
Manger, Johannes, Abt 128
Mansfeld 182, 182*, s. Gebhard VII.; Hoyer; Philipp
Mantua 67, 96, 130, 148
Marburg 134*, 145*, 253, 436*, s. Hessen-Marburg
Margarete, Hl. 354
Margarete (1473–1530), geb. Hgin. v. Münsterberg 59
Margarete (1511–nach 1577), Tochter Kf. Joachims I. 58, 61
Margarete v. Österreich (1480–1530), Statthalterin in den Niederlanden 278, 279
Margarete v. Sachsen (1456–1501) 17, 23, 24
Margarethe Maultasch (1318–1369), Hgin. v. Tirol 24
Maria Magdalena, Hl. 281, 303, 304, 308, 308*, 315, 316, 316*, 320, 353, 354*, 360*, 367, 368, 371, 372, 373
Maria, Hl. 289, 307*, 316, 316*, 318, 322, 324, 344, 347, 366*, 371, 372, 373
Mark, Hofgerichtsordnung 247
Marktbergel/Mainfr. 463*
Martens, Buchverleger in Löwen 109*
Marthen, Hereboord v. d., Syndikus in Erfurt 167
Martin, Hl. 175, 291, 497
Massys, Quintin (1465/66–1530), Maler 111
Mauritius, Hl. 102, 281, 296, 303, 305*, 308, 308*, 315, 316, 317, 318, 320, 344, 345, 353, 354*, 360*, 362*, 367, 367*, 368, 369, 369*, 371, 372, 373, 374, 379, 392, 497, 498
Maximilian I. (1459–1519), Ks. 22, 22*, 24, 42, 49*, 52*, 56, 59, 168, 169, 171, 217, 219, 277, 278, 279, 280, 418*, 419, 429, 433*, 441*, 457*, 477, 506
Maximilian I. (1573–1651), Kf. in Bayern 398
Maximilian II. (1527–1576), Ks. 450*
Maximin, Bs. v. Mainz, Hl. 104*, 396, 414, 414*
Mayer (Mair), Martin (gest. 1481), Kanzler v. Dietrich Schenk v. Erbach 441*
Meaux, s. Briçonnet
Mecklenburg 248, 248*, s. Heinrich V.
Medici, Giulio de, s. Klemens VII.
–, ital. Geschlecht 29*
Meginfrid, fiktiver Fuldenser Chronist 414*
Meinher (12. Jh.), Kopist in Halle, St. Moritz 411
Meister d. Gregorsmesse, Maler 365
Meister v. Messkirch, Maler 363*
Meißen 31, 90, 125, 299*, 314, 352*

Mela Pomponius (1. Jh. n. Chr.), röm. Schriftsteller 415*
Melanchthon (verh. Sabinus), Anna 436*, 438
Melanchthon, Philipp (1497–1560), Reformator 26, 81, 81*, 113, 122*, 125, 135, 135*, 145, 146*, 147, 149, 151, 152, 153, 153*, 285, 371, 380*, 412, 420*, 437, 438, 438*, 443, 445, 445*, 446, 446*, 452*, 469, 478, 479, 490, 493
Melchior v. Meckau, Kardinal, Bs. v. Brixen (1482–vor 1501) 352*
Melissus, Paulus (Paul Schede) (1539–1602), Dichter, Offizier u. Bibliothekar 473*
Menius, Eusebius 423*, 438*
Mensing, Johann OP (gest. um 1541), Theologe 96, 126
Mentzinger 446*
Merklin, Balthasar (1479–1531), ksl. Vizekanzler 135, 135*
Merseburg 57, 58, 60, 319*, s. Adolf, F. v. Anhalt; Georg III.; Helding; Thietmar
Michaelstein, Kloster 192
Milde, Erhard 326*
Miltenberg 79, 79*, 80, 80*, 93*, 238*, 239*, 241*, 254*, 499, 501, s. Drach; Scherpfer
Mingerode, Johann v., Amtmann v. Giboldehausen 231
Mönchen-Nienburg 66, 67
Monchenienburg 185, 188*
Moritz (1521–1553), Hg. u. Kf. v. Sachsen 24, 34, 34*, 300*
Moritz, Hl., s. Mauritius
Morle, Wolfgang, gen. Beham, Amtmann 230
Morone, Giovanni (1509–1580), Nuntius 98, 126, 126*, 127, 127*, 128, 128*, 129, 129*, 130*, 131, 148, 149, 150, 151, 154, 301*, 446*
Moses, Prophet 319
Mücheln 389, 404, 406, 407
Mühlhausen i. Thüringen 69, 179, 183, 187, 189, 189*, 194, 501
München 30, 56, 263*, 368, 497, s. Bardt
–, Bibliotheken 400–401, 404, 406, 409
Münster/Westf. 191, 191*, 192, 194, 248, 248*, 249*, 501, s. Franz v. Waldeck
Müntzer, Thomas (1490–1525), Anführer im Bauernkrieg 179*, 183, 189
Murner, Thomas OFM (1475–1537), Humanist 432*
Musler, Johann (1501/1502–1555), Lehrer, Jurist u. Prof. 419*
Mutianus Rufus, Konrad (1470–1526), Humanist 38, 46, 46*, 423, 434*, 435, 435*, 436*, 466, 466*, 470, 473, 473*, 474, 474*
Mylius, Crato, Humanist 437*, 467*

Nassau, Gfschaft 249*
Naumburg 68, 163, 169, 171, 172, 180, 181, 190, 194, s. Philipp, Pfalzgraf; Pflug
Naundorf b. Allstedt 184
Nausea (Grau), Friedrich (1496–1552), Reformtheologe, Bs. v. Wien 97, 97*, 118, 119, 119*, 120, 120*, 121, 121*, 123, 124*, 129, 131, 145, 399, 414, 414*, 423, 446, 447–449, 451*, 458, 470, 471, 508, 512
Necrosius, Konrad OP (gest. 1553) 126, 128
Neuburg/Donau 398*
Neudenau 132, 236, 236*
Neuenahr, s. Hermann, Gf.
Neustadt a. d. Aisch 18
Neustadt, s. Magdeburg-Neustadt
Niemegk 449
Nikolaus Cusanus (von Kues) (1401–1464), Kardinal 321, 322, 322*
Novenianus, Philipp Michael (Ende 15. Jh. –1563), Arzt u. Humanist 433, 436, 436*
Nürnberg 96, 146, 148, 196*, 246*, 281, 284, 350, 379, 386*, 465*
–, Reichstag (1522/23) 49*, 198, 205, 255, 262, 277, 281, 282, 283, 284, 445
–, Reichstag (1524) 120
–, Reichstag (1543) 98
–, Religionsfriede (1532) 31, 53
–, Religionsgespräch (1539) 150
Nützel, Kaspar, Ratsherr 321*, 489

Obernburg a. M. 236*
Oberstift, s. Mainz, Erzstift
Oberwesel 191, 284, s. Werner, Hl.
Ockel, Gregor (gest. 1547), Ratsmeister in Halle 339*
Oppeln 138
Oppenheim, St. Katharina 260*, 274
Oribasius (4. Jh.), Arzt 467, 467*
Osiander, Andreas (1498–1552), Reformator 420, 420*
Osterode, Wilhelm, Arzt 467*
Österreich 23, 26, 50, 96, 96*, 288
Osterwieck 186
Ostheim 229*, 236, 242, 243
Ottheinrich, Kf. v. d. Pfalz (1556–1559) 396–398, 403*, 414
Öttingen 23
Otto d. Gr. (912–973), Ks. 22, 40, 345, 410
Otto, Propst in Halle, St. Moritz (1217/18–1239) 406*, 407, 408*
Ovid (43 v. Chr.–18? n. Chr.), röm. Dichter 286, 431, 435, 437*, 438*, 439*

Pack, Otto v. (1480–1537), Sekretär Georgs v. Sachsen 94, 95*, 416
Padua 97*, 120, 437, 448
Paleotti, Gabriel (1522–1592), Kardinal 357*

Palz (Paltz), Johannes, Erfurter Augustinereremit 409, 411*
Palz (Pals, Paltz), Johannes (von), Halle, Neuwerker Propst (1504–1519) 60, 402, 409, 409*, 411, 411*
Paris 97*, 429, 435*, 490
Paul III., Papst (1534–1549) 33, 62, 96, 149, 414*, 449*
Paulus, Apostel 318, 319, 324, 373, 374
Pavia 120, 266, 448
Pegau, Annalen 410
Pelargus, Ambrosius OP (1493–1561), Theologe 126, 127
Peter v. Aspelt, Eb. v. Mainz (1306–1320) 509
Petersberg bei Halle 66
Petrarca, Francesco (1304–1374), ital. Lyriker 405, 409
Petrus Damiani, Hl. (1007–1072) 269*
Petrus Hispanus, s. Johann XXI.
Petrus Mosellanus (eig. Schade, 1493–1524), Humanist 412*, 419*, 420*, 423*, 425*, 436*, 454*, 460*
Petrus Ravenna (um 1448–1518), Jurist 405
Petrus, Apostel 318, 372
Peutinger, Konrad (1465–1547), Humanist 143, 143*, 430*, 453*
Pfaff, Johannes, Kanzler, Prof. 125, 268
Pfalz, Kf. 23, 98, 151, 152, 191, 241*, 246*, 248, 248*, 249*, 504, s. Georg; Heinrich; Karl Theodor; Ludwig V.; Ottheinrich; Philipp
Pfalz-Zweibrücken, Hgtm. 248*, 249*
Pfefferkorn, Johannes (um 1469–um 1521), Gegner Reuchlins 110, 110*, 427, 427*, 441
Pfefferkorn, Johannes, Halle 429
Pflug, Julius (1499–1564), Bs. v. Naumburg 97, 97*, 101, 118, 119, 119*, 125, 125*, 126, 126*, 127, 128, 129, 129*, 130, 130*, 146, 151*, 153, 425*, 429*, 432*
Philipp I. d. Großmütige (1504–1567), Lgf. v. Hessen 24, 30, 52, 53, 95, 126*, 149*, 190*, 191, 436*
Philipp, Gf. v. Mansfeld 351*
Philipp d. Aufrichtige (1476–1508), Kf. v. d. Pfalz 506
Philipp, Pfalzgraf bei Rhein u. Hg. v. Bayern, Bs. v. Naumburg (1512–1541) 22, 142
Philipp II. (1527–1598), Kg. v. Spanien 399*
Philipp v. Makedonien (359–336 v. Chr.), Kg. 437, 437*
Piccolomini, Enea Silvio, s. Pius II.
Pirckheimer, Willibald (1470–1530), Arzt u. Humanist 412, 423*, 427*, 430, 430*, 432*, 454, 471
Piscator, Friedrich, Humanist 430*
Pistoris, Anton 129
Pistorius, Johannes (1504–1583), evang. Theologe 153

Pius II., Papst (1458–1464) 39, 40, 40*, 441*, 453*
Placentinus (12. Jh.) 388*, 459, 460, 460*
Plantin, Christoph (um 1520–1589), Buchdrukker u. Verleger 399*
Platon (427–347 v. Chr.), Philosoph 114*, 405
Pless, Agnes (um 1502–1547), Begine 36, 378, 378*, 386
Plinius (d. Ä. gest. 79 n. Chr.) 114*, 468*
Plock, Hans (1490–1570), Seidensticker 356*, 378*
Poggio, Nuntius 126*, 127*, 129*, 301*
Poggio de Guccio Bracciolini (1380–1459), Humanist, päpstl. Sekretär 405
Polen 23, 26, 34, 288
Pommern, Hgtm. 247, 248*
Pommersfelden 375*
Popp, Ulrich OP 412*
Prag 401, 401*
Preußen 26, 50, 137
Prierias, Silvester OP (1456–1523), Theologe 75*, 77, 90*, 141*
Properz, Sextus (um 50 v. Chr.–16 n Chr.), röm. Dichter 419*

Quedlinburg, Stift 192, 192*
Querfurt 176, 183, 189, 190, 208, 300*
Querhamer, Caspar (geb. 1557), Ratsherr in Halle, Bgm., Musiker u. Dichter 452*

R(i)edinger, Ursula (gest. 1525), Mätresse 24, 36, 80, 513
Raida, Balthasar, Theologe (um 1533) 450*
Rainensis, Ludwig (1483–1538), Jurist 173
Rangone, Ugo (gest. 1540), päpstl. Legat 300*
Ratibor 138
Raubersried 471*
Ravensberg, Hofgerichtsordnung 246
Regensburg 120, 120*
–, Reichstag (1532/35) 123, 138, 219, 277, 300
–, Reichstag (1541/42) 70, 97, 98, 152, 152*, 153, 284, 301*
–, Religionsgespräch (1541 u. 1546) 53, 53*, 125, 127, 128, 150*, 152, 154, 512
Regino v. Prüm OSB (gest. 915), Geschichtsschreiber 468*, 469, 473
Reinhart, Hans (gest. 1581), Goldschmied 286
Reisch, Gregor (gest. 1525), Karthäuser 409
Reuchlin, Johannes (1455–1522), Humanist u. Hebraist 46, 46*, 104*, 110, 110*, 118, 118*, 417, 421, 422*, 426, 427, 427*, 428, 440, 441, 441*, 442, 442*, 445, 452*, 454*, 460, 461, 466*, 474
Reusch v. Eschenbach, Johannes 453*
Reyder, Wilhelm 60
Rha[e]gius Aesticampianus, Johann (gest. 1520), Humanist 425*
Rheinpfalz, s. Pfalz

Rhenanus, Beatus, s. Beatus
Rheydt, Hermann, Buchillustrator in Halle 409*, 411, 411*
Richard v. Greiffenclau, Eb. v. Trier (1511–1531) 143, 284, 483, 485, 513
Richard, Barth. Christian (1679–1721), Philologe u. Bibliothekar 402
Riemenschneider, Tilmann (um 1460–1531), Bildschnitzer 326*
Rochester, s. Fisher
Rode (Rhodius), Nikolaus, Prof. in Mainz (1524–1532) 388, 389, 456, 458, 459, 459*, 460, 460*
Rodericus Sancius de Arevalo, Bs. v. Zamora (1467) 409, 409*, 411*
Rogerius (12. Jh.) 459
Rom 24, 41*, 43, 114, 281, 298, 305, 322, 372*, 378, 379, 379*, 445*, 486
–, Kurie 28, 29, 33, 38, 40, 41, 44*, 73, 74, 77, 84*, 88, 88*, 89, 89*, 91, 120, 123*, 141, 147, 149, 150, 151, 260, 267, 297, 322, 359, 364, 430, 441, 455*, 468*, 486, 487, 511
–, Vatikanische Bibliothek 396–398, 414, 414*
Romulus 433
Roswitha v. Gandersheim, s. Hrotsvit
Rotenhan, Sebastian v. (1478–1532), Humanist u. Ritter 254*, 418*, 453*, 464, 468, 468*, 472, 473
Rottenburg/Tauber 435*
Rucker, Andreas, Kanzleisekretär 56
Rucker, Nikolaus (gest. 1542/43), Prof. 129, 268
Rudolf v. Habsburg, Ks. (1273–1291) 23
Rudolf, Propst in Halle, St. Moritz (1193–1217) 407
Rudolphi, Johannes, Dekan des Erfurter Marienstiftes (1534–1552) 500
Rücker, Nikolaus 439*
Rückert, Hofprediger 400*
Rühel, Johann, Mansfeldischer und Magdeburger Rat 80

Sabinus (Schuler), Georg (1508–1560), Dichter 20, 300*, 310, 316*, 317, 317*, 324, 371, 371*, 372, 376, 423, 423*, 433, 436–438, 445, 446*, 456, 463, 464, 464*, 466*, 469, 469*, 476
Sabinus, Anna, s. Melanchthon, A.
Sachsen, Hgtm. 23, 34, 34*, 82, 94*, 101, 126, 146, 149, 169, 170, 181*, 314, 378
–, Kftm. 23, 24, 27, 28, 30, 85, 86, 94, 96, 125, 138, 142, 144, 146, 147, 152, 157, 158, 161, 163, 163*, 164, 166–169, 170, 176, 177, 190*, 204, 210, 241*, 253, 287, 314, 474, 486
–, s. Adalbert; August; Christine; Ernst; Friedrich I.; Friedrich III.; Georg; Heinrich V.; Johann; Johann Friedrich; Margarete; Moritz

Sacon, Jacob (röm. Schriftsteller?) 409*
Sallust (86–34 v. Chr.), röm. Geschichtsschreiber 405, 410*
Salmanskirchen 469*
Salviati, Francesco (1510–1563), Maler 378, 379, 379*
Salza 190
Salzburg, s. Lang; Ernst, Hg. v. Bayern
Sangershausen 182, 192
Sapidus (Witz), Johannes (1490–1561), Schlettstätter Lateinschuldirektor 417, 417*, 433, 435, 435*
Satorius, Dietrich, Pfarrer in Mainz, St. Ignaz (1521–1523) 91*
Sbruglio (Sbrulius/Sbrolius), Riccardo (um 1480–nach 1525), Dichter 433, 433*, 434*, 456, 463
Schenitz, Hans v. (um 1499–1535) 32, 32*, 82, 82*, 96, 209, 301, 333, 334*, 339, 347, 347*, 349, 350, 350*, 351, 356, 385, 485, 487, 488, 504, 511, s. Halle, Haus d. H. Sch.
Schenitz (Schantz), Anton(ius) v. 63, 67, 68, 70, 334, 334*, 336, 337*, 350, 351*, 425*
Scherpfer, Anton, Reformator in Miltenberg 93*
Schets, Erasmus, Bankier in Antwerpen 103*
Schießer, Eberhard, Mainzer Domvikar (1505–1531) 120
Schlanstedt 65
Schlecker, Andreas 199*
Schlesien 23
Schlettstadt 46, 416, 417*, 435, 435*, s. Sapidus
Schlieben, Eustachius v., kurbrandenburgischer Rat 31
Schmalkalden, Bund 82, 146, 148, 149, 150, 154, 205
Schöffer, Buchdruckerfamilie 121*, 122, 122*
–, Johannes, Buchdrucker (1503–1531 in Mainz tätig) 108*, 121, 448*, 453*, 456, 457, 457*
–, Peter d. Ä. (gest. 1502/03), Buchdrucker in Mainz 406, 406*, 409
Schönburg, Gf. v. 333, s. Wolf I.
Schönborn-Wiesentheid, Gf. v. 375*
Schönitz, s. Schenitz
Scholl, Bernhard, Prof., Generalvikar in Mainz (1538–1548) 128, 129, 268
Schramm, Paul, Aschersleben 202, 202*
Schreiber, Heinrich, Bgm. in Halberstadt 198, 199*
Schro, Peter, Künstler (tätig 1522–1544) 290, 290*, 291*, 304, 304*, 318, 318*, 320, 320*, 326, 353*, 369*, 371, 371*
Schulenburg, Caspar v. d. (gest. 1527) 20, 20*
Schulze, s. Hieronymus, Bs. v. Brandenburg
Schuster, Valentin (1488–1547), Erfurt 173
Schwäbischer Bund 175, 176

Schwarz, Hans (um 1492–1532), Medailleur 280, 283, 286, 287
Schwarzenberg, Johann Frhr. v., Rechtsgelehrter 220, 220*
Schweinfurt, Religionsgespräch (1532) 52, 124
Schwengfeldt, Mathias (1460–1539), Obervierherr in Erfurt 168, 168*
Sebastian v. Heusenstamm (1545–1555), Eb. v. Mainz 101, 125, 128, 129, 129*, 393, 399*, 509, 510
Seligenstadt 236*, 301*
Seneca, Lucius Annaeus (4 v. Chr.–65 n. Chr.) 405
Serarius, Nicolaus SJ (1555–1609), Exeget u. Historiker 394, 394*
Severus, Johann Sebastian (um 1716–1779), Historiker 462*
Sfondrati, Francesco (1493–1550), Nuntius u. Kardinal 129*
Sibicke, Jobst, Wallmeister 310*
Sichardus, Johannes (um 1499–1552), Humanist 387, 422*, 423*, 426, 427, 428, 428*, 456, 458, 458*, 459, 467, 467*, 471, 471*
Sickingen, Franz v. (1481–1523), Reichsritter 94, 101, 442, 483, 484, 485, 486
Sickingen, Friedrich Wilhelm Frh. v. u. zu 275*
Siegfried II. v. Eppstein, Eb. v. Mainz (1200–1230) 509
Siegfried III. v. Eppstein, Eb. v. Mainz (1230–1249) 509
Siegmund, Gf. v. Gleichen 166
Siena, Universität 97*, 120
Sigismund, Eb. v. Magdeburg (1553) 438*
Sigmaringen 350*
Simson, israelitischer Richter 286
Sintram, Nikolaus, Propst in Halle, St. Moritz (1489–1504) 410, 410*, 411, 411*
Sixtus IV., Papst (1471–1484) 259
Slegel, Nickel, Hauptmann 184
Solms, Gfschaft 249, 249*
Solter, Heinrich 413*
Spalatin, Georg (1484–1545), kursächsischer Rat 27, 27*, 312, 365, 365*, 405, 439, 442*, 443*, 452*, 454*
Spandau 21, 21*
Spengel, Johann, Verleger 122
Spengel, Theobald (16. Jh.), Bibliotheksverwalter 394, 469
Speyer 151, 397, 468, 478, s. Georg, Hg. v. d. Pfalz; Weis; Wetter
–, Reichstag (1524/26) 120, 277, 284, 509
–, Reichstag (1529) 133, 199, 277, 284, 301*, 509
–, Reichstag (1542/44) 52, 98, 128, 128*, 277, 284
–, Religionsgespräch (1540) 149*, 150
Spittendorf, Marcus, Ratsmeister (vor 1468–nach 1486) 297*

Sponheim, Gfschaft 248*, 249*
Staupitz, Johann v. (um 1460–1524), Ordensgeneral 493
Stadtprozelten, s. Geipel
Stapel, August (1801–1871), Baumeister 348*
Stapulens, s. Faber, Jakob
Staßfurt 189
Stein, Eitelwolf vom (um 1465–1515), Kanzler 20, 22, 22*, 45, 46, 46*, 47, 245, 245*, 261, 261*, 418*, 422, 425, 426, 428, 428*, 429, 431, 434, 434*, 436, 464, 465, 465*, 468, 474, 474*
Stein, Marquard vom, Mainzer Dompropst (1530–1559) 53, 125
Steinheim a. M. 105, 208, 278, 293, 394, 455, s. Indagine
Stendal 20
Stephan, Hl. 303, 366, 367, 379
Stigel, Johannes (1515–1562), Dichter 380*
Stockholm, Reichsarchiv 50
Stolberg 183, 332*, s. Botho, Gf. v.
Stoß, Veit (1447–1535), Bildschnitzer 326*
Stötterlingenburg 185, 185*
Straßburg 91, 143, 417*, 435*, 445, 470, s. Wilhelm III. v. Hoh[e]nstein
Stromer v. Auerbach, Heinrich (1482–1542), Arzt 104, 104*, 105, 106, 108, 108*, 112, 116, 412, 412*, 417, 418*, 422, 423, 423*, 424, 424*, 427, 429, 430, 430*, 432*, 442*, 443, 443*, 444, 452–455, 456, 461, 461*, 462, 464, 466, 466*, 467, 467*, 475
Stuck, Georg, Verleger 376
Stumpf, Johann, gen. Eberbach (gest. 1533), Prof., Dompfarrer 91*, 444*
Stunica, span. Exeget 114*
Stuppach 292
Sturm, Caspar v., Reichsherold 218*, 230*, 271*
Sturm, Johann (1507–1589), Humanist 417*
Sudenburg, s. Magdeburg-Sudenburg
Sueton, Gajus (um 120 n. Chr.), röm. Schriftsteller 105*
Sunthausen, Valentin, Kanzler 46*, 160, 436*, 466*
Susanna (1502–1543), Gemahlin v. Ottheinrich 415*

Tangermünde 21, 59
Tauberbischofsheim 236*, 238, 241*, 244, 458
Terenz, Publius (201–159 v. Chr.), röm. Dichter 405
Tetleben (Teutleben), Valentin v., Bs. v. Hildesheim (1532–1551), Mainzer Generalvikar 24, 25*, 97, 97*, 98, 101, 119, 119*, 128, 129, 129*, 132, 132*, 134, 134*, 135, 137*, 138, 138*, 139, 154, 264*, 267, 267*, 268, 268*, 270, 276, 415, 423

Tetzel, Johann OP (1465–1519), Ablaßprediger 77, 90, 90*, 141, 142
Thebäische Legion, Märtyrer 345
Thietmar, Bs. v. Merseburg (gest. 1018), Chronist 410, 410*
Thomas Morus (1478–1535), Lordkanzler v. England 459*, 471
Thomas v. Aquin (1225?–1274), Theologe 111, 260
Thomas, Gf. v. Rieneck, Domkustos (1507–1538, gest. 1548) 227*
Tibull (um 54–19 v. Chr.), röm. Dichter 423*, 434*
Tietz, Ambrosius 190
Tock(en), Heinrich, Theologe 413*
Toledo, Konzil 99*
Torgau 205, 344
Trient, Konzil 97, 97*, 130, 130*, 154, 357, 357*, 358, 449*, s. Bernhard II. Clesius
Trier, auch Kftm. 85, 94*, 128, 154, 191, 248, 248*, 249, 249*, 255*, s. Richard v. Greiffenclau; Johannes v. Metzenhausen; Johannes Ludwig v. Hagen
Trithemius, Johannes (1462–1516), Historiograph u. Abt 47, 104*, 396, 397, 405, 414, 414*, 434, 440, 465*
Trost, Johannes, Abt in Halle, Servitenkloster (seit 1480) 405
Truchseß v. Pommersfelden, Lorenz (1473–1543), Mainzer Domdekan 55, 94, 94*, 101, 225*, 227, 227*, 229, 229*, 422, 422*, 442*, 444, 447, 447*, 448, 450, 450*, 457, 470, 471, 471*
Tuberinus, Johannes (eigentlich: Johannes Beusche, Beusselius), Dichter 306*, 433, 434–435
Tübingen 458*, 461*
Tucher, Anton II. (1458–1524) 337*
Tulichius, Hermann (1486–1540), Leipziger Humanist 431
Tuntzel, Gabriel (gest. 1535), Kunsttischler 310, 331, 351, 351*
Tuntzel, Hans, Kunsttischler (1538–1543/44) 310, 331, 331*, 345*
Türk, Christoph, Magdeburger Kanzler 125, 146, 332*, 337*, 422, 437, 437*, 438, 439*, 464, 464*

Utrecht 21, 44*, 85*
Uffenbach, Zacharias Conrad v. 395*
Ulrich I. (1487–1550), Lgf. u. Hg. v. Württemberg 458*
Uppsala, Bibliothek 398, 403, 414, 451*, 478
Urban, Heinrich, OCIS (gest. 1538) 38, 46*, 466*, 474
Urban, Kapuzinerpater 394
Uriel v. Gemmingen, Eb. v. Mainz (1508–1514) 85, 86, 158, 171, 222, 225*, 230, 230*, 232*, 245*, 290, 291, 291*, 304, 441, 486
Ursula, Hl. 24, 320, 344, 434*
Utzberg, Andreas (gest. 1530), Erfurter Bürger 164*
Utzberg, Balthasar (um 1480–1538), Erfurter Bürger 164*

Vacha 449, 450*
Västerås 399
Vargula, Schloß 162, 169
Vauchop, Robert, Eb. v. Armaghan (1539–1551), Theologe 98, 129*, 450*
Vehe, Michael OP (Ende 15. Jh.–1539), Stiftspropst in Halle 119, 119*, 123, 123*, 125, 146, 147, 377, 377*, 446, 452, 452*, 470
Vehus, Hieronymus, bad. Kanzler 134*, 143*
Veltwyk, Gerhard (um 1505–1555), Sekretär Karls V. 152
Venedig 352, 448*
Vergerio Pietro Paulo (1497/98–1565), Nuntius 92*, 96, 96*, 118, 148, 300*, 447*
Vergil (70–19 v. Chr.), röm. Dichter 46, 402, 405, 406, 410*, 419*, 429, 429*, 431, 439*, 447*
Vicenza 149
Vienenburg 186
Vierzehn Nothelfer, Hll. 371, 373
Vilbel, Johann v. (gest. 1519), Domkapitular 166
Vinne, Dionysius 501
Vischer, Hans (1489?–1550), Künstler 283, 288, 289, 321
–, Peter d. Ä. (um 1460–1529), Künstler 321*
–, Peter d. J. (1487–1528) 283, 288, 321, 321*
–, Werkstatt in Nürnberg 283, 284, 288, 321, 376
Visconti, Geschlecht in Mailand 23
Vogt, Melchior, Sekretär 125
Vogt, Niklas (1756–1836), Historiker 418
Vorder-Sponheim (Untergerichtsordnung 1544) 249*
Vorst, Peter van der (vor 1500–1548), päpstl. Legat, Bs. v. Acqui 130, 148, 300*, 310*

Waischenfeld bei Bamberg 447*
Walldürn 236*, 238, 244, 254*
Walter v. Kronberg (um 1479–1543), Deutsch- und Hochmeister 137
Wambach, Wolf 177*
Wanzleben 302*
Warham, William (um 1450–1532), Eb. v. Canterbury 103, 103*
Wartburg 78
Waterler, Kloster 183*
Wedderstedt 187
Weeze, Johann v., Kanzler 150

Wegeleben 187
Weidmann, Konrad (gest. vor 1556), Prof. 268, 460
Weigand, Friedrich 501
Weimar 163*, 170*, 190, 287, s. auch Bernhard, Hg.
Weis, Adam (um 1480–1534), Prof. in Mainz, Reformator in Crailsheim 91*, 93*
Weis, Nikolaus v. (1796–1869), Bs. v. Speyer 478
Weißensee 190
Wellenburg, Schloß 138
Werner, Franz (1770–1845), Domdekan u. Historiker 395, 395*
Werner, Hl. 479
Wernigerode, Gfschaft 183, 183*
Werther, Hans v., Hauptmann 184
Wesel, Schutzbündnis (1532) 300*
Westhausen, Caspar v., Kanzler u. Rektor der Mainzer Universität (seit 1513, gest. 1535) 264*, 464, 464*, 500
Wetter, Friedrich, Bs. v. Speyer (1842–1869) 479
Wettiner 22, 23, 23*, 26, 29, 85, 157, 158, 159, 160, 161, 169, 170, 204, 210, 360
Weyer, Johann Franz Jakob (17. Jh.), Domkaplan 395, 395*, 396, 398, 400, 401, 416
Widukind v. Corvey OSB (um 920/930 geb.), Geschichtsschreiber 410, 410*
Wiedensee, Eberhard, Propst in Halberstadt 200
Wien 30, 49–56, 120, s. Fabri; Nausea
Wiertenberger, Johannes OP 123, 123*
Wiesbaden 462
Wild, Johannes OFM (gest. 1554), Mainzer Domprediger 119, 119*, 121, 122, 122*, 128, 131*, 512
Wilhelm III. v. Hoh[e]nstein, Bs. v. Straßburg (1506–1541), Statthalter 94, 94*, 95*, 151, 152, 171, 174, 175, 180, 227, 227*, 228, 496
Wilhelm v. Ockham (1300–1349), Theologe 260
Wilhelm IV. (1493–1550), Pfalzgraf bei Rhein, Hg. v. Bayern 59, 95, 499
Wilhelm VII. (1478–1559), Gf. v. Henneberg 166, 168
Wimpfeling, Jakob (1450–1528), elsäss. Humanist 405, 416, 416*, 417, 435, 440, 441, 441*
Wimpfen a. N. 452
Wimpina OP, d.i. Konrad Koch (um 1460–1531), Theologe 19, 38*, 77, 86*, 142, 411, 411*
Windesheim, Kongregation 408, 408*, 410*, s. Busch
Winningen 185, 186, 188*, 199, 199*, 202*
Wissel, Johann, evang. Prediger 200
Wittenberg 36, 68, 79, 81, 96, 101, 168, 297, 297*, 298, 312, 312*, 316*, 326, 337*, 359, 361, 363, 364, 364*, 365, 366, 367, 367*, 371, 376, 380, 405, 433, 438*, 439, 439*, 454*, 463*, 469,
–, Hochschule/Universität 19*, 74*, 142, 261, 377, 439, 450*, 461*, 474*, 486
Witzel, Georg (1501–1573), Theologe 106*, 118, 119*, 123, 123*, 124, 124*, 126, 127, 129, 130, 149, 149*, 388, 388*, 389, 389*, 424, 446, 449–451, 472, 472*
Woensam, Anton 449*, 451*
Wörth/Main 236*, 237, 237*, 238*
Woldemar VI. (1450–1508), F. v. Anhalt-Zerbst 60
Wolf I. v. Schönburg, Herr zu Glauchau u. Waldenfels, Hofrat 182, 183, 186, 307*
Wolf, J. Chr., Hamburger Pastor 459*
Wolfenbüttel 379, 403*, 406*, 410*, 411*, s. Braunschweig-Wolfenbüttel
Wolfgang, F. v. Anhalt-Köthen 61, 62
Wolmirstedt 298*, 302*
Wolff, Zimmermeister 351, 351*
Wolsey, Thomas (um 1474–1530), Kardinal u. engl. Staatsmann 51, 51*
Worms 133, 216, 218, 219, 221, 250, 254*, s. Woensam
–, Abschied (1535) 191
–, Reichstag/Edikt (1521) 29, 52, 143, 174, 201, 231, 365, 368, 471*, 499
–, Reichstag (1544) 154
–, Religionsgespräch (1540/41) 53, 53*, 125, 126, 127, 150*, 151, 154, 155
Würdtwein, Stephan Alexander (1711–1796), Mainzer Wbs. 398, 407, 407*
Württemberg 138, 249*, s. Ulrich I.
Würzburg 30, 56, 378*, 403*, 440*, 468*, 471*, s. Augustinus Marius; Konrad v. Thüringen; Konrad v. Bibra
–, Universität, -sbibliothek 390*, 395*, 400–401, 404, 406, 409, 440*, 453*, 473*
Wyltschütz, Thomas (1528–1540/41 in Halle) 344

York, s. Lee

Zamora, s. Rodericus Sancius
Zasius, Ulrich (1461–1535), Humanist 458*
Zehender, Gabriel 457*
Zeitz 332, 332*
Zerbst 30, 57, 62, 68, 70
Zobel v. Giebelstadt, Dietrich (gest. 1531), Domscholaster 227*, 422, 456*, 457, 470, 473
Zoch, Lorenz, Kanzler in Halle (frühes 16. Jh.) 461, 464, 464*
Zwickau, s. Hausmann
Zwingli, Huldrych (1484–1531), Reformator 140*, 443*, 444*, 470

DIE AUTOREN

Prof. Dr. phil. Leopold AUER: geb. 1944 in Wien; seit 1968 Archivar am Haus-, Hof- und Staatsarchiv in Wien; 1988 Honorarprofessor für Historische Hilfswissenschaften in Wien; Veröffentlichungen über mittelalterliche Kriegsgeschichte, Geschichte der internationalen Beziehungen der frühen Neuzeit, historische Hilfswissenschaften.

Univ.-Prof. Dr. phil. Günter CHRIST: geb. 1929 in Aschaffenburg; seit 1975 Professor für Rheinische Landesgeschichte und Didaktik der Geschichte in Köln; Veröffentlichungen zur Reichskirche der Frühneuzeit und zur Territorialgeschichte (bes. Kurmainz).

Prof. Dr. theol. Rolf DECOT: geb. 1942 in Essen; seit 1981 Professor für Kirchengeschichte an der Phil.-Theol. Hochschule in Hennef; Wissenschaftlicher Mitarbeiter am Institut für Europäische Geschichte in Mainz; Veröffentlichungen zur Reformationsgeschichte und Mainzer Bistumsgeschichte.

Univ.-Prof. Dr. phil. Heinz DUCHHARDT: geb. 1943 in Berleburg/Westfalen; 1977 Professor in Mainz; 1984 Professor in Bayreuth; seit 1988 Professor für Neuere Geschichte in Münster; Veröffentlichungen über Internationale Beziehungen in der Frühen Neuzeit, Verfassungsgeschichte, Zeitalter des Absolutismus.

Dr. phil. Ilonka EGERT: geb. 1956 in Berlin; 1987 Promotion; seit 1982 wissenschaftliche Assistentin an der Sektion Geschichte, Bereich Deutsche Geschichte an der Humboldt-Universität in Berlin; Veröffentlichungen über die preußische Spätaufklärung.

Dr. phil. Sigrid VON DER GÖNNA: geb. 1930 in Rottenburg a. N.; 1959 Promotion; seit 1961 Bibliothekarin an der Universitätsbibliothek Würzburg und seit 1974 im Nebenamt Leiterin der Hofbibliothek Aschaffenburg; Veröffentlichungen u. a. über Geschichte und Bestände der Hofbibliothek Aschaffenburg.

Univ.-Prof. Dr. phil. Gerd HEINRICH: geb. 1931 in Berlin; 1968 Professor an der Päd. Hochschule Berlin; seit 1980 Professor für Historische Landeskunde am FB 13 (Geschichtswissenschaften) an der Freien Universität Berlin; Veröffentlichungen zur Geschichte Brandenburg-Preußens, Nord- und Nordostdeutschlands und Historischen Kartographie.

Prof. Dr. theol. Herbert IMMENKÖTTER: geb. 1938 in Hamm/Westfalen; seit 1980 Professor für Kirchengeschichte des Mittelalters und der Neuzeit an der Universität Augsburg; Veröffentlichungen über Reichstage des frühen 16. Jahrhunderts und über Probleme der Reformationsbewegungen.

Dr. phil. Ulla JABLONOWSKI: geb. 1938 in Eisleben; seit 1972 tätig als Leiterin des Stadtarchivs in Dessau; Veröffentlichungen über Geschichte der Stadt Dessau, Agrar- und Verfassungsgeschichte Anhalts.

Univ.-Prof. Dr. theol. Friedhelm JÜRGENSMEIER: geb. 1936 in Letmathe/Westfalen; 1973 Professor in Mainz; seit 1983 Professor für Historische Theologie: Kirchengeschichte in Osnabrück; seit 1980 Leiter des Instituts für Mainzer Kirchengeschichte; Veröffentlichungen zur Frühen Neuzeit und zur Mainzer Bistumsgeschichte.

Dr. phil. Hans-Joachim KRAUSE: geb. 1930 in Leipzig; 1964 Promotion; seit 1985 tätig als Hauptkonservator im Institut für Denkmalpflege (jetzt Landesamt für Denkmalpflege Sachsen-Anhalt) in Halle; Veröffentlichungen zur Architekturgeschichte und Ikonologie des Mittelalters und der Renaissance.

Univ.-Prof. Dr. theol. Bernhard LOHSE: geb. 1928 in Hamburg; seit 1964 Professor für Kirchen- und Dogmengeschichte in Hamburg; Veröffentlichungen zur Patristik und Reformationsgeschichte, bes. zu Luther.

Dr. phil. Horst REBER: geb. 1929 in Frankfurt; Hauptkustos am Landesmuseum in Mainz; Veröffentlichungen zur mittleren und neuen Kunstgeschichte.

Dr. phil. Ingrid Heike RINGEL: 1977 Promotion; tätig als Akademischer Oberrat am Historischen Seminar der Universität Mainz; Veröffentlichungen u. a. über die Geschichte des Mainzer Erzstifts im Spätmittelalter.

Dr. theol. Otto SCHEIB: geb. 1937 in Köln; 1969–1975 wiss. Assistent am kirchengesch. Seminar der Universität Freiburg; seit 1987 Pfarrer in Donaueschingen; Veröffentlichungen zur Kirchengeschichte, u. a. Religionsgespräche in Europa.

Univ.-Prof. Dr. theol. Heribert SMOLINSKY: geb. 1940 in Waldbreitbach/Rheinland; 1983 Professor in Bochum; seit 1988 Professor für Kirchengeschichte des Mittelalters und der Neuzeit in Freiburg im Breisgau; Veröffentlichungen u. a. über Theologen der Reformationszeit.

Dr. phil. Jürgen STEINER: geb. 1956 in Olsbrücken/Pfalz; 1989 Promotion in Mainz; seit 1989 Archivar bei Schott Glaswerke, Mainz; Veröffentlichungen zur mittelrheinischen Landesgeschichte, zur Mainzer Universitätsgeschichte und zur Geschichte der Schott Glaswerke.

Dr. phil. Andreas TACKE: geb. 1954 in Blankenstein/Ruhr; 1989 Promotion in Kunstgeschichte; 1990–1992 Forschungsprojekt zur deutschen Barockmalerei am Germanischen Nationalmuseum in Nürnberg; Veröffentlichungen zur Kulturgeschichte der Reformationszeit.

Univ.-Prof. Dr. phil. Günter VOGLER: geb. 1933 in Reinhardtsgrimma/Sachsen; seit 1969 Professor für deutsche Geschichte an der Humboldt-Universität in Berlin; Veröffentlichungen u. a. zum Bauernkrieg und zu reformatorischen und sozialen Bewegungen sowie zur Geschichte Preußens.

Univ.-Prof. Dr. theol. Peter WALTER: geb. 1950 in Bingen am Rhein; seit 1990 Professor für Dogmatik in Freiburg im Breisgau; Veröffentlichungen u. a. zur Theologiegeschichte des Humanismus und des 19. Jahrhunderts.

Dr. phil. Ulman WEISS: geb. 1949 in Erfurt; seit 1976 wissenschaftlicher Mitarbeiter an der ehemaligen Akademie der Wissenschaften der DDR; Veröffentlichungen zur Reformationsgeschichte und zur Stadtgeschichte Erfurts.

Bildnachweis

S. 13: Germanisches Nationalmuseum, Nürnberg, S. 309: Landesamt für Denkmalpflege Sachsen-Anhalt, Halle, S. 323: Gunar Preuß, Halle, S. 328, 340, 341, 346: Hans-Joachim Krause, Leipzig, S. 379: Octavian Catrici, Nürnberg

Tafeln (nach Seite 288)
Abb. I–III: Horst Reber, Frankfurt am Main, Abb. IV: Heribert Tenschert, Rothalmünster

Tafeln (nach Seite 352)
Abb. 1: Landesamt für Denkmalpflege Sachsen-Anhalt, Halle, Abb. 2, 5: Karl Geipl, Halle, Abb. 3: Sigrid Schütze-Rodemann, Halle, Abb. 4: Gunar Preuß, Halle

Friedhelm Jürgensmeier (Herausgeber)

»So also, Herr...«

Elisabeth von Thüringen 1207–1231

144 Seiten mit zahlreichen Abbildungen und 4 Kunstdrucktafeln, gebunden DM 39,80

»Diese Heilige der Nächstenliebe, die radikal das Evangelium ernst nahm, wird von den Autoren des vorliegenden Buches lebendig in ihre Zeit hineingestellt. Nicht nur legendäre Begebenheiten aus dem Leben Elisabeths werden hier geschildert, sondern sehr eindrucksvoll die Sozialgeschichte des Hochmittelalters.
Der Mainzer Kirchenhistoriker Friedhelm Jürgensmeier zeigt die kirchlichen, religiösen und geistigen Strömungen auf, die geprägt waren von einem aufkommenden Armutsideal eines Franz von Assisi. Hans H. Lauer, Professor für Medizingeschichte in Marburg, schildert den Pflege- und Hospitaldienst im Hohen Mittelalter. Die soziale Umwelt der heiligen Elisabeth beschreibt der Sozialhistoriker Norbert Ohler. Der Marburger Pfarrer Winfried Leinweber stellt die Bedeutung der heiligen Elisabeth für die Kirche dar. Meditationen von Winfried Abel, Pfarrer in Kassel, sammeln wie in einem Brennspiegel das Leben Elisabeths zu verdichtetem Gebet. Eine wertvolle Bereicherung ist neben den sehr fundierten und gut lesbaren Aufsätzen die Zusammenstellung aller St.-Elisabeth-Patrozinien in der Bundesrepublik Deutschland, die zusätzlich auf einer dem Buch beigelegten Karte eingetragen sind. Weitgehend unbekannte Darstellungen der Heiligen aus der Kunst zeigen die bis in die Gegenwart hereinreichende Verehrung Elisabeths.
Das Buch ist eine historisch saubere, theologisch fundierte, dennoch unkonventionelle Biographie einer Frau, die in den Spannungen und Umbrüchen ihrer Zeit die Botschaft des Evangeliums in aller Radikalität verwirklichte und die hereinleuchtet bis in unsere Tage.«

Anzeiger für die Seelsorge

VERLAG JOSEF KNECHT · FRANKFURT AM MAIN

Heinrich Schipperges

Hildegard von Bingen
Ein Zeichen für unsere Zeit

168 Seiten mit zahlreichen, teils farbigen Abbildungen aus mittelalterlichen Codices, 2. Auflage, gebunden DM 39,80

»Das Buch erschließt dem Leser die außergewöhnliche Gestalt der Äbtissin, der Mystikerin, Ärztin und Politikerin, die im hohen Mittelalter mit Päpsten und vielen geistlichen wie weltlichen Größen ihrer Zeit in Korrespondenz stand, wenngleich sie sich bescheiden als ›armseliges und ungebildetes Weib‹ bezeichnete.
Wir vertiefen uns in das Leben und Wirken dieser menschlich wie geistesgeschichtlich so faszinierenden Frau, in ihr schlüssiges und in sich geschlossenes Weltbild, jenen Kosmos, in dem der Mensch – Schöpfer und Geschöpf – als Opus Dei seinen Standort und seine Heilsgeschichte besitzt. Das der Einstimmung zukommende Kapitel ›Welt-Bild und Bild-Welt‹ lenkt uns mit seinen kurzen, eindringlichen Texten und den Abbildungen symbolträchtiger Bildwerke zur Bild- und Textmeditation.
Welch ein mitreißender Schwung der Sprache in diesem wundervollen Buch, einer treffsicheren Sprache, deren Lebensfrische etwas von der gepriesenen ›Viriditas‹ und der schönen Poesie im Werk Hildegards ahnen läßt. Wie von ferne folgt man hier geistlicher Lehre und prophetischer Lebensschau. Entspannung, Nachdenken, Zuwachs an Wissen und tiefer Einsicht und schließlich ein Hingleiten zu stärkender Kontemplation erwarten jeden geistig sensiblen Leser. Ein Buch, das man gleichermaßen besitzen und schenken möchte.«

Ärzteblatt Baden-Württemberg

VERLAG JOSEF KNECHT · FRANKFURT AM MAIN

Michael Sievernich (Herausgeber)

Friedrich von Spee

Priester – Poet – Prophet

144 Seiten mit 40 Abbildungen, gebunden DM 38,–

»Den Autoren des vorliegenden Bandes gelingt es, das bedrängte Leben dieses Ordenspriesters und Dichters zu erhellen. Ein anschauliches Lebensbild zeichnet E. Brenninkmeyer, besonders hinsichtlich der Leiden durch den eigenen Orden. Die Umstände des Attentats im Zusammenhang mit Spees Mission in Peine untersucht R. Mörchen, K. Schatz beschreibt die Entstehung der ›Cautio Criminalis‹ auf dem Hintergrund der Hexenprozesse dieser Zeit. Das Verhältnis von Gottes- und Nächstenliebe in Spees Mystik bestimmt K. Mertes in der geistlichen Erfahrung Spees...
W. Küppers erschließt die aus Spees Nachlaß veröffentlichte Lyriksammlung »Trutz-Nachtigal« von 1649. Eine wichtige Hilfe, um heute hinter der barocken Allegorese die geistliche Dimension der Dichtung Spees zu erfassen. I. Fetscher interpretiert sehr einfühlsam ein Weihnachtsgedicht Spees in diesem Sinne. Bischof P.-W. Scheele deutet Spees frühe Lyrik als ›Hoffnungsimpuls‹ (65) trotz (›Trutz-Nachtigal‹) eines harten Leidensweges in Kirche und Gesellschaft: ›... die erlittene Not führt Spee mitten hinein ins Geheimnis der Hoffnung. Sein Leid macht ihn sensibel für das Leid, das Jesus Christus auf sich genommen hat, und läßt ihn so die Liebe erahnen, die ihn beseelt.‹ (70 f.)
Als einen Meister ganzheitlicher Gebetspraxis entdeckt J. Sudbrack Spee am Beispiel seines Meditationsbändchens ›Güldenes Tagebuch‹ (1649): ›Was wir mühsam mittels Psychologie und Psychosomatik für die Spiritualität zurückgewinnen müssen und was manch einer in östlichen Meditationsübungen oder charismatischen Gebetsgottesdiensten als Neuheit erlebt, ist für den Jesuiten des 16./17. Jahrhunderts selbstverständlich: Inneres Gebet muß körperlich verankert werden, damit es den Menschen ganz ergreife.‹ (108) Einen Beitrag zur Wirkungsgeschichte Spees in der bildenden Kunst stellt H. Watzka vor, einen Holzschnitt aus dem Zyklus ›Engel der Geschichte‹ von HAP Grieshaber, der am Beispiel der Hexenjustiz und der Person Spees das Ineinander von Heils- und Unheilsgeschichte aufweist.
Der von M. Sievernich eingeleitete und gut zusammengestellte Band schließt mit einem älteren Beitrag von K. Rahner über Spees heutige Bedeutung.«

Geist und Leben

VERLAG JOSEF KNECHT · FRANKFURT AM MAIN